Statica

Ook verschenen bij Pearson Benelux:
Kenneth Budinski en Michael Budinski, *Materiaalkunde*
Rudoph Eggert, *Technisch ontwerpen*
Douglas C. Giancoli, *Natuurkunde deel 1*
Douglas C. Giancoli, *Natuurkunde deel 2*
Russell Hibbeler, *Dynamica*
Russell Hibbeler, *Sterkteleer*
Jos van Kempen, *Besturingstechniek*
Jos van Kempen, *Regeltechniek*
Paul Holmes, *Elektrische netwerken*
Robert L. Mott, *Machineonderdelen, theorie en praktijk*
Robert L. Mott, *Toegepaste stromingsleer*
Jo van de Put, *Moderne industriële productie*

Statica

13e editie

Russell C. Hibbeler

SI-conversie: S.C. Fan

Nederlandse bewerking:
Prof. dr. ir. Dirk Lefeber
Prof. dr. ir. Marc Van Overmeire
Prof. dr. ir. Lincy Pyl

PEARSON

ISBN: 978-90-430-3022-9
NUR: 173
Trefw: statica, natuurkunde

Dit is een uitgave van Pearson Benelux BV, Postbus 75598,
1070 AN Amsterdam
Website: www.pearson.nl – e-mail: amsterdam@pearson.com

Vertaling: Jan Mars, Harlingen en Marianne Kerkhof, Enschede en Louis Rijk, Oegstgeest
Omslag: Kok Korpershoek, Amsterdam
Opmaak: CO2 Premedia, Amersfoort
Vakinhoudelijke beoordeling: Jan Rodenburg, Hogeschool Inholland

Dit boek is gedrukt op een papiersoort die niet met chloorhoudende chemicaliën is gebleekt. Hierdoor is de productie van dit boek minder belastend voor het milieu.

Verkorte inhoudsopgave

1	Algemene principes	3
2	Krachtvectoren	15
3	Evenwicht van een puntmassa	83
4	Resultanten van een krachtenstelsel	115
5	Evenwicht van een star lichaam	195
6	Analyse van constructies	261
7	Interne krachten	329
8	Wrijving	389
9	Aangrijpingspunt van de zwaartekracht en positie van het zwaartepunt	451
10	Traagheidsmomenten	515
11	Virtuele arbeid	565
	Bijlage A Wiskundig overzicht en formules	599
	Bijlage B Fundamentele vraagstukken, gedeeltelijke oplossingen	603
	Bijlage C Geselecteerde vraagstukken, oplossingen	621

Inhoudsopgave

Voorwoord XI
Dankwoord XIX
Fotoverantwoording XXI

1 Algemene principes 3
1.1 Mechanica 3
1.2 Basisbegrippen 4
1.3 Maateenheden 7
1.4 Gebruik van het Internationale Eenhedenstelsel 8
1.5 Numerieke berekeningen 9
1.6 Algemene analyseprocedure 10

2 Krachtvectoren 15
2.1 Scalairen en vectoren 15
2.2 Vectorbewerkingen 16
2.3 Optellen van krachtvectoren 17
2.4 Optellen van een systeem van krachten die in hetzelfde vlak werkzaam zijn 29
2.5 Cartesische vectoren 40
2.6 Optellen van cartesische vectoren 43
2.7 Plaatsvectoren 53
2.8 Krachtvector die langs een lijn ligt 56
2.9 Inwendig product 66

3 Evenwicht van een puntmassa 83
3.1 Voorwaarde voor het evenwicht van een puntmassa 83
3.2 Het vrijlichaamsschema 83
3.3 Tweedimensionale krachtenstelsels 86
3.4 Driedimensionale krachtenstelsels 100

4 Resultanten van een krachtenstelsel 115
4.1 Moment van een kracht – scalaire formulering 115
4.2 Uitwendig product 118
4.3 Moment van een kracht – vectornotatie 120
4.4 Momentenprincipe 124
4.5 Moment van een kracht om een gegeven as 136
4.6 Moment van een koppel 144
4.7 Vereenvoudiging van een stelsel van krachten en koppels 156
4.8 Verdere reductie van een stelsel van krachten en koppels 166
4.9 Reductie van een gelijkmatig verdeelde belasting 179

5 Evenwicht van een star lichaam 195

5.1 Voorwaarden voor evenwicht van een star lichaam 195
5.2 Vrijlichaamsschema's 196
5.3 Evenwichtsvergelijkingen..............................210
5.4 Twee- en driekrachtenstelsels.........................220
5.5 Evenwicht in drie dimensies: vrijlichaamsschema's........233
5.6 Evenwichtsvergelijkingen..............................238
5.7 Verbindingspunten van een star lichaam 238

6 Analyse van constructies 261

6.1 Eenvoudige vakwerken...................................261
6.2 Knooppuntmethode 264
6.3 Nulkrachtstaven..269
6.4 De snedemethode 277
*6.5 Ruimtevakwerken 287
6.6 Draagconstructies en werktuigen 291

7 Interne krachten 329

7.1 Interne krachten die optreden in constructie-elementen . . .329
*7.2 Vergelijkingen en schema's van dwarskrachten en buigmomenten 345
*7.3 Relaties tussen verdeelde belasting, dwarskracht en buigmoment 354
*7.4 Kabels 365

8 Wrijving 389

8.1 Eigenschappen van droge wrijving 389
8.2 Vraagstukken over droge wrijving.......................392
8.3 Wiggen...414
8.4 Wrijvingskrachten op schroeven 416
8.5 Wrijvingskrachten op vlakke riemen.....................424
8.6 Wrijvingskrachten op kraaglagers, taatslagers en schijven . .432
8.7 Wrijvingskrachten op aslagers 434
8.8 Rolweerstand 437

9 Aangrijpingspunt van de zwaartekracht en positie van het zwaartepunt 451

9.1 Aangrijpingspunt van de zwaartekracht, massamiddelpunt en het zwaartepunt van een lichaam.........................451
9.2 Samengestelde lichamen.................................473
*9.3 Stellingen van Pappus en Guldin 487
*9.4 Resulterende kracht van een willekeurig verdeelde belasting 496
*9.5 Vloeistofdruk 496

10 Traagheidsmomenten 515

10.1 Definitie van de traagheidsmomenten voor oppervlakken .515
10.2 De stelling van Steiner voor een oppervlak 516
10.3 Traagheidsstraal van een oppervlak 517
10.4 Traagheidsmomenten van samengestelde oppervlakken . . .526
*10.5 Traagheidsproduct voor een oppervlak..................534
*10.6 Traagheidsmomenten voor een oppervlak om schuine assen 537

*10.7 De Cirkel van Mohr voor traagheidsmomenten 540
10.8 Massatraagheidsmoment 548

11 Virtuele arbeid 565

11.1 Definitie van arbeid..................................565
11.2 Principe van virtuele arbeid 567
11.3 Principe van virtuele arbeid voor een systeem van met elkaar verbonden starre lichamen 568
*11.4 Conservatieve krachten..............................581
*11.5 Potentiële energie 581
*11.6 Het potentiële-energiecriterium voor evenwicht 583
*11.7 Stabiliteit van een evenwichtsconfiguratie...............584

Bijlage A Wiskundig overzicht en formules.......................599
Bijlage B Fundamentele vraagstukken, gedeeltelijke oplossingen....603
Bijlage C Geselecteerde vraagstukken, oplossingen 621
Index 637

Aan de student

We hopen dat dit boek je belangstelling voor de technische mechanica stimuleert en een goede leidraad is om kennis van dit vakgebied op te doen.

Voorwoord

Statica, de dertiende editie in SI-eenheden, is ontwikkeld om studenten een duidelijke en gedegen presentatie van de theorie en toepassingen van dit onderwerp te bieden. Door zijn heldere uitleg en uitgebreide vraagstukkenverzamelingen is Hibbeler momenteel een van de best verkopende studieboeken op dit vakgebied.

In deze editie worden visualisatiehulpmiddelen aangeboden, zoals animaties, praktijkfoto's voorzien van vectoren, en video-uitwerkingen van vergelijkbare vraagstukken die studenten in staat stellen de geleerde concepten beter te begrijpen. De ruime verzameling vraagstukken in dit boek is gerangschikt naar oplopende moeilijkheidsgraad om de vaardigheden van studenten op het gebied van analyse en oplossingsmethoden op te bouwen en ze de benodigde oefening te verschaffen. Tevens zijn er extra verdiepingsparagrafen, die gekenmerkt worden door de asterisk voor de paragraaftitel.

Bij dit boek is het mogelijk om het Engelstalige MasteringEngineering te gebruiken, het technologisch meest geavanceerde en effectieve online systeem dat coaching op maat aanbiedt. In combinatie met Hibbelers gedegen pedagogische aanpak vormt MasteringEngineering de methode bij uitstek voor het doceren van mechanica voor technici.

Dit boek bevat de volgende nieuwe elementen:

1. animaties die kunnen helpen concepten te visualiseren;
2. continu beschikbare Engelstalige video-uitwerkingsschema's van vergelijkbare vraagstukken, waarmee studenten de juiste benadering kunnen leren;
3. een grote verscheidenheid aan vraagstukken voor het oefenen in oplossingsmethoden;
4. optioneel: MasteringEngineering dat studenten begeleiding op maat verschaft;
5. realistische schema's van praktijkvoorbeelden, met bijbehorende vectoren.

1. Animaties die kunnen helpen concepten te visualiseren

Animaties

Op de Pearson XTRA website www.pearsonxtra.nl staan acht animaties van concepten die door de bewerker tot de basis van de technische mechanica worden gerekend. Deze animaties, herkenbaar aan het pictogram in het boek, ondersteunen studenten bij het visualiseren van de relatie tussen de wiskundige uitleg en de echte constructie door het opsplitsen van ingewikkelde berekeningen en het laten zien hoe vrijlichaamsschema's kunnen worden afgeleid. Deze animaties verrijken colleges en instructies met extra beeldmateriaal, waardoor docenten de concepten gemakkelijker en duidelijker kunnen uitleggen.

Elke animatie is aangegeven door een pictogram.

Bekijk de website voor de animatie: *Vrijlichaamsschema voor een A-constructie.*

6.2 Knooppuntmethode

Om een vakwerk te analyseren of te ontwerpen, is het nodig om de kracht in elk van de elementen te bepalen. Een van de manieren hiervoor is de knooppuntmethode. Deze methode is gebaseerd op het feit dat als het gehele vakwerk in evenwicht is, elk van de knopen eveneens in evenwicht is. Daarom kunnen bij het opstellen van het vrijlichaamsschema van elke knoop, de evenwichtsvergelijkingen voor krachten worden gebruikt om de krachten per element op de knoop te bepalen. Omdat de elementen van een *vlak vakwerk* eenvoudige tweekrachtenelementen in hetzelfde vlak zijn, is elke knoop onderworpen aan een *stelsel van krachten in hetzelfde vlak die in één punt samenkomen.* Hierdoor hoeft voor evenwicht alleen te worden voldaan aan $\Sigma F_x = 0$ en $\Sigma F_y = 0$.

Beschouw bijvoorbeeld de pen bij knoop *B* van het vakwerk in fig. 6.7*a*. Op de pen werken drie krachten, namelijk de kracht van 500 N, en de krachten uitgeoefend door de elementen *BA* en *BC*. Het vrijlichaamsschema van de pen is weergegeven in fig. 6.7*b*. Hierin trekt $\mathbf{F}_{BA}$ aan de pen, wat inhoudt ... aan *trek*, terwijl $\mathbf{F}_{BC}$ op de pen drukt en staaf *BC*

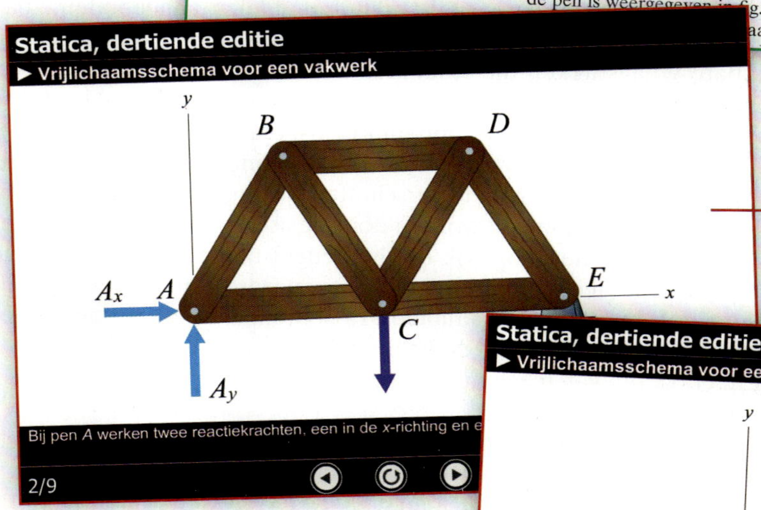

Docenten kunnen stapsgewijs de verschillende analysemethoden laten zien.

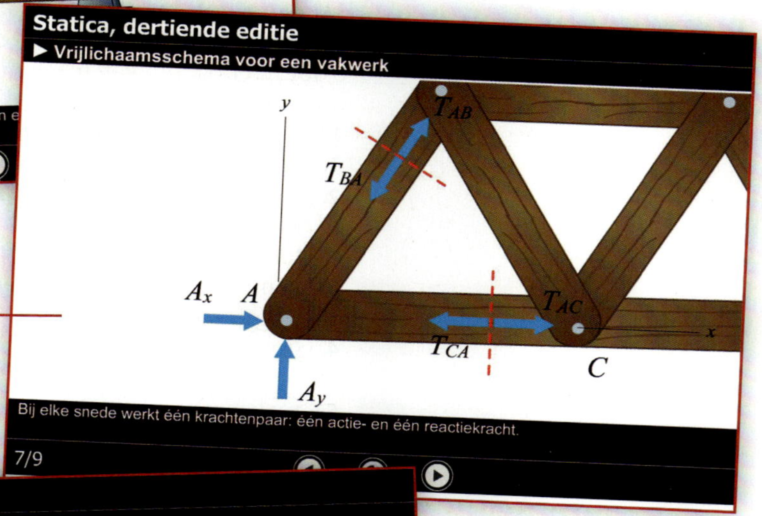

Ze kunnen hun contacturen optimaal benutten.

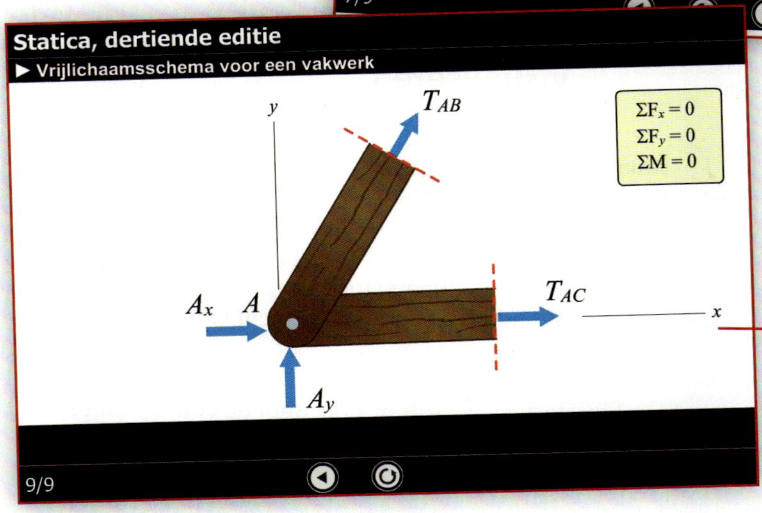

Studenten kunnen visualiseren hoe concepten worden toegepast bij de constructieanalyse.

2. Continu beschikbare Engelstalige video-uitwerkingsschema's waarmee studenten problemen leren oplossen

Video-uitwerkingen

Deze complete Engelstalige uitwerkingsschema's van vergelijkbare vraagstukken uit elk hoofdstuk, met volledig uitgewerkte oplossingen en instructies op maat, zijn continu toegankelijk en vormen een onschatbaar hulpmiddel bij het leren binnen en buiten de lessen. Je kunt ze vinden via de website www.pearsonxtra.nl. Docenten en studenten kunnen van dit hulpmiddel gebruikmaken en zelfstandig toegang krijgen tot een grote verscheidenheid aan voorbeelden van het toepassen van formules op concrete constructies. Deze video-uitwerkingen zijn in SI-eenheden uitgewerkt, maar soms ook in imperial units (Amerikaanse eenheden, zoals inches), afkomstig uit de oorspronkelijke Amerikaanse editie.

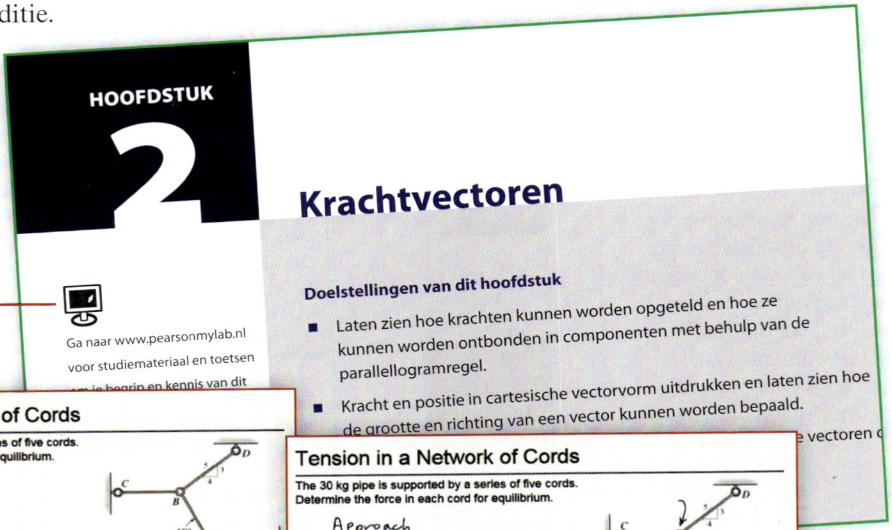

Er zijn video-uitwerkingen beschikbaar voor verschillende opgaven bij dit hoofdstuk.

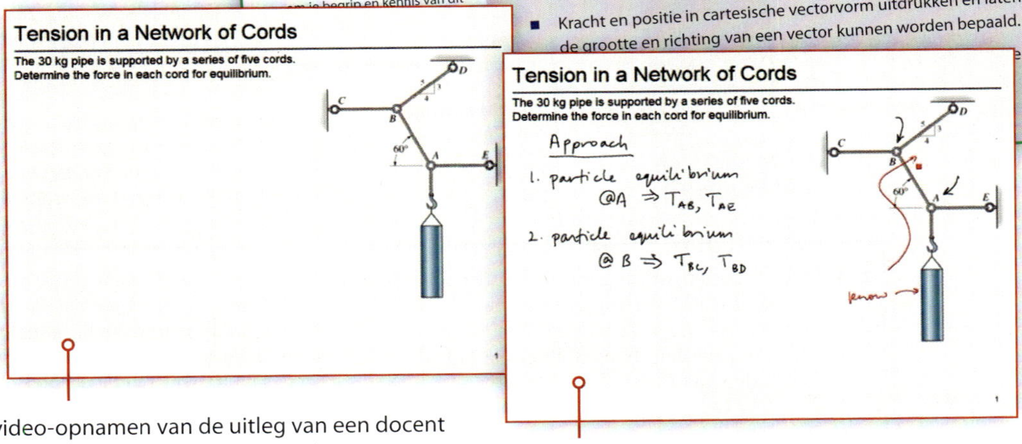

Losse video-opnamen van de uitleg van een docent helpen de student de leerstof beter te begrijpen.

Zorgt dat de docent minder tijd kwijt is aan het herhalen van de uitleg van concepten en toepassingen.

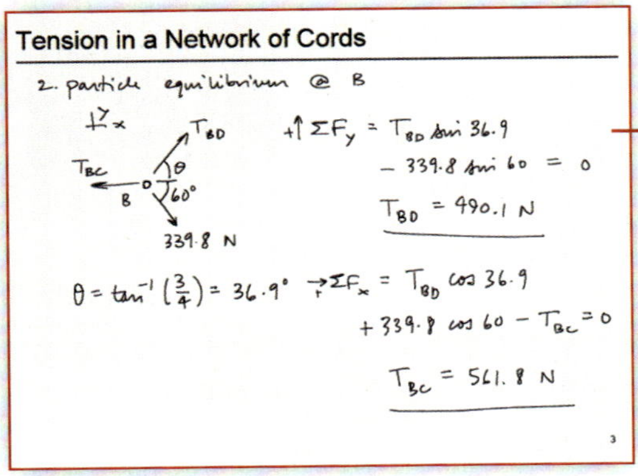

Flexibel leermiddel voor studenten waarmee ze in een rustig tempo kunnen leren zonder te veel op de docent af te gaan.

3. Een grote verscheidenheid aan vraagstukken voor het oefenen in probleemoplossen

35% nieuwe vraagstukken

Deze editie biedt 35%, oftewel 410 nieuwe vraagstukken. Deze nieuwe vraagstukken zijn voorbeelden van moderne toepassingen van technische mechanica in uiteenlopende vakgebieden. De hoeveelheid algebraïsche vraagstukken is flink uitgebreid, zodat een meer algemene oplossing kan worden gevonden.

Een asterisk voor een vraagstuk geeft aan dat er geen antwoord in het boek staat.

Voorbeeldvraagstukken

Deze voorbeeldvraagstukken zijn er om studenten te helpen de achterliggende grondslagen en concepten bij de vraag te begrijpen. Met deze vraagstukken kunnen studenten hun vaardigheden trainen in het oplossen van problemen waarvoor meerdere oplossingsmethoden mogelijk zijn.

(a)

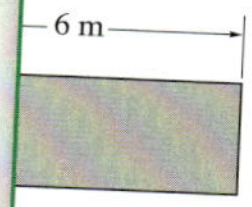

Voorbeeld 7.5

Het uniforme bord dat in fig. 7.8*a* is afgebeeld, heeft een massa van 650 kg en wordt gedragen door de paal die in de bodem is ingeklemd. Ontwerpspecificaties geven aan dat de verwachte, maximale uniforme windbelasting 900 Pa is in het gebied waar het bord staat. Bepaal de interne belastingen in A.

OPLOSSING

Het geïdealiseerde model van het bord is afgebeeld in fig. 7.8*b*. Hierin zijn de benodigde afmetingen aangegeven. We kunnen het vrijlichaamsschema van een segment boven punt A in beschouwing nemen, aangezien de steunpuntreacties er niet bij betrokken zijn.

Vrijlichaamsschema Het bord heeft een gewicht van W = 650(9,81) = 6,376 kN, en de wind creëert een resulterende kracht van F_W = 900 N/m^2(6m)(2,5m) = 13,5 kN, die loodrecht op de voorkant van het bord werkt. Deze belastingen zijn weergegeven in het vrijlichaamsschema in fig. 7.8*c*.

2.14. Het apparaat wordt gebruikt als (operatief aangebrachte) vervanging van het kniegewricht. Als de kracht langs het been 360 N is, bepaal dan de componenten langs de x- en de y'-as.

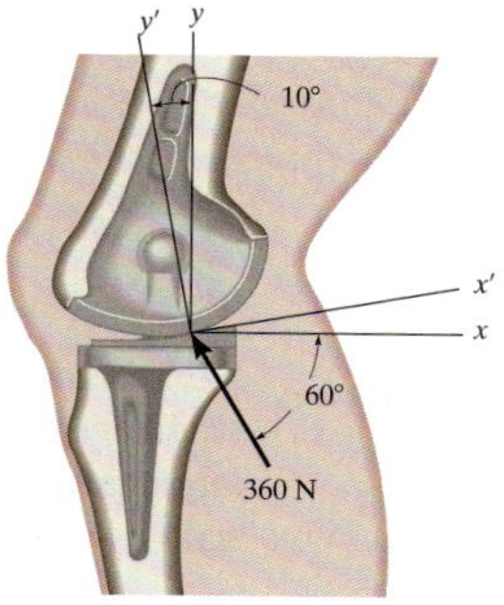

Vraagstukken 2.13/14

Biomechanische toepassingen

9.127. De tank is gevuld met een vloeistof die een dichtheid van 900 kg/m^3 heeft. Bepaal de resulterende kracht die hij uitoefent op de elliptische eindplaat en de plaats van het aangrijpingspunt van de drukresultante van de druk, gemeten vanaf de x-as.

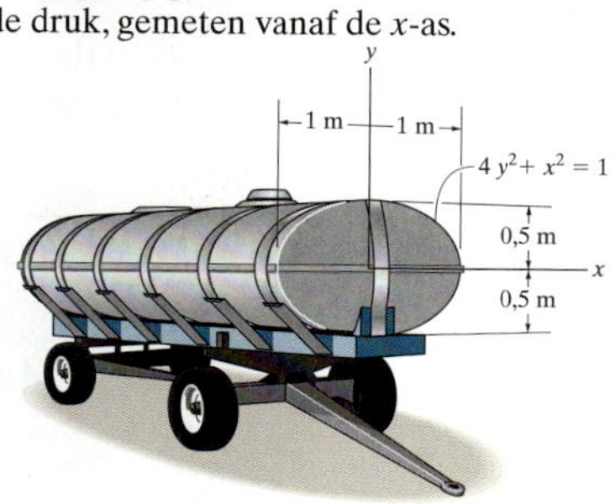

Vraagstuk 9.127

Olie-industrie

Fundamentele vraagstukken

Deze verzameling vraagstukken, die steeds direct volgt op de voorbeeldvraagstukken, vormt een nieuw onderdeel in deze editie. Deze vraagstukken bieden studenten eenvoudige toepassingen van concepten, waarmee ze kunnen nagaan of ze het hoofdstuk hebben begrepen voordat ze gaan proberen andere vraagstukken op te lossen.

Fundamentele vraagstukken

Alle oplossingen van de vraagstukken moeten gebruikmaken van een vrijlichaamsschema.

F3.1. Het krat heeft een gewicht van 2,75 kN. Bepaal de kracht in elke dragende kabel.

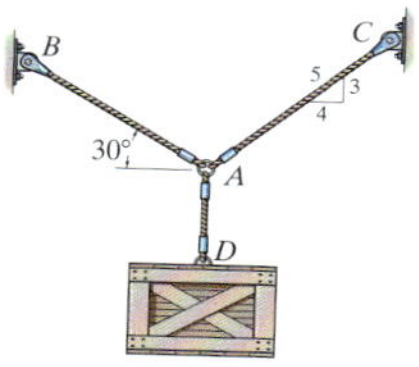

F3.1

F3.2. De balk heeft een gewicht van 3,5 kN. Bepaal de kortste kabel ABC die kan worden gebruikt om het krat op te tillen als de maximale kracht die de kabel aankan gelijk

F3.4. Het blok heeft een massa van 5 kg en is in rust op het gladde vlak. Bepaal de rustlengte van de veer.

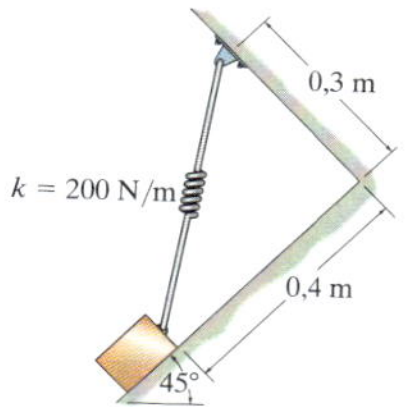

F3.4

F3.5. Als de massa van cilinder C gelijk is

Praktijkvraagstukken

P5.1. Teken het vrijlichaamsschema van de tamelijk zware homogene afvalbak. De bak is met een pen verbonden in A en rust tegen het gladde horizontale element in B. Teken een zijaanzicht van je resultaat. Geef alle benodigde maten.

P5.3. Teken het vrijlichaamsschema van de vleugel van het passagiersvliegtuig. De gewichten van de motor en de vleugel zijn van belang. De banden in B zijn glad.

Praktijkvraagstukken

Deze vraagstukken hebben betrekking op realistische praktijksituaties. Ze zijn opgesteld om het vermogen van de student om concepten toe te passen te toetsen. Studenten worden ook op de hoogte gehouden van de nieuwste toepassingen in de technische mechanica. Docenten hebben een ruime keus aan vragen die ze kunnen aanpassen en als nieuwe vragen aan hun leermiddelen kunnen toevoegen.

4. Optioneel: MasteringEngineering

MasteringEngineering is het technologisch meest geavanceerde online begeleidings- en huiswerksysteem. Het geeft studenten individuele begeleiding en voorziet docenten van uitgebreide onderwijsinformatie.

MasteringEngineering is gebaseerd op hetzelfde platform als MasteringPhysics, het enige online natuurkundehuiswerksysteem waarvan uit onderzoek is gebleken dat het een positief effect heeft op het leren van studenten. Een grote verscheidenheid aan gepubliceerde artikelen gebaseerd op door de NSF gesponsorde onderzoeken en tests illustreren de voordelen van MasteringEngineering. Deze artikelen zijn te vinden op *www.masteringengineering.com*.

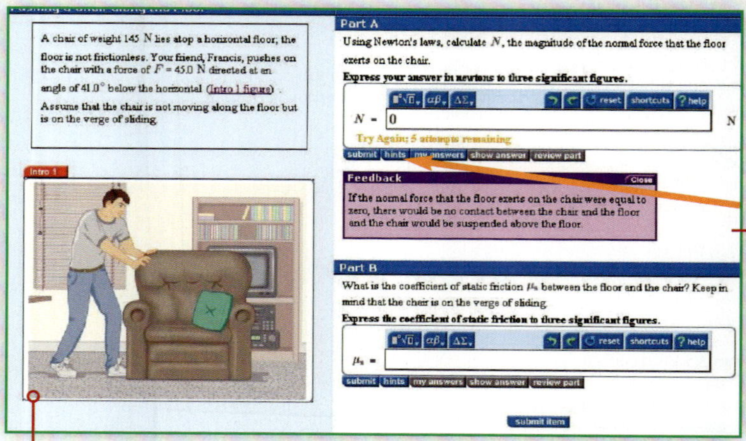

Hints bieden geïndividualiseerde begeleiding. Sla om zo snel mogelijk tot de juiste oplossing te komen de hints die je niet nodig hebt over en ga alleen naar de hints die je wel nodig hebt.

Onmiddellijke en specifieke feedback bij verkeerde antwoorden geeft studenten individuele begeleiding. Specifieke feedback bij veelgemaakte fouten geeft inzicht waarom een bepaald antwoord niet goed is.

MasteringEngineering voor studenten

MasteringEngineering bevordert het inzicht. Het is een voor docenten opgezet huiswerk- en begeleidingssysteem dat bedoeld is om studenten via begeleiding op maat en geïndividualiseerde feedback te helpen hun vaardigheden in het oplossen van problemen te vergroten. Met behulp van studiehandleidingen met gerichte aanwijzingen leren studenten efficiënt en effectief hun huiswerk te maken.

MasteringEngineering voor docenten

Verwerk het dynamische huiswerk in uw lessen door automatische beoordeling en aangepaste begeleiding. Maak een keuze uit een grote verscheidenheid aan stimulerende vraagstukken, waaronder opdrachten voor het tekenen van vrijlichaamsschema's, algoritmisch gegenereerde vraagstukkenverzamelingen enzovoort.

Qua beschikbaarheid overtreft **MasteringEngineering** de docent, en het begeleidt studenten bij het leren van oplossingsmethoden door hun eenvoudige deelvragen te stellen.

Indien u belangstelling hebt om MasteringEngineering in uw cursus te integreren, kunt u contact opnemen met uw consultant bij Pearson Education, of stuur een e-mail naar docent@pearson.com.

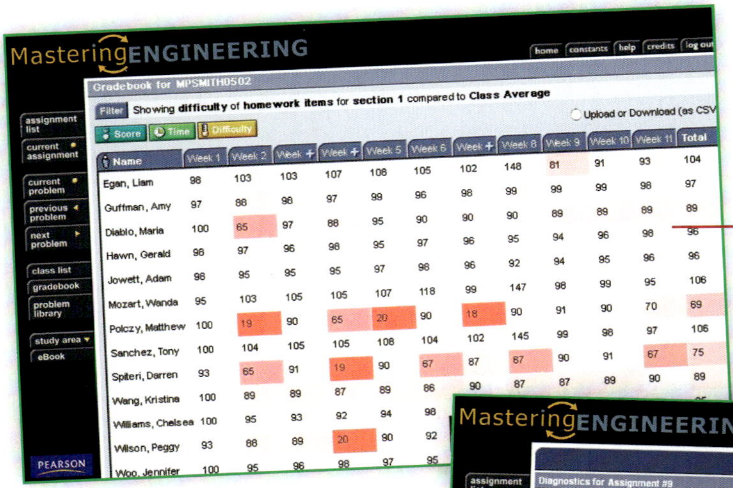

Het cijferoverzicht met kleurcodes laat in één oogopslag zien welke studenten problemen hebben, of wat de aandachtsgebieden voor uw groep studenten zijn.

Eén klik brengt al de door u gewenste onderwijsinformatie in beeld: probleem, cijferverdeling en ook welke studenten het meeste of het minste tijd aan hun huiswerk besteden.

5. Realistische schema's van praktijkvoorbeelden, met bijbehorende vectoren

Figuren met bijbehorende vectoren

De meeste schema's in dit boek zijn in kleur en er zijn veel fotorealistische figuren, voorzien van bijbehorende vectoren. Ze leggen een duidelijk verband met de driedimensionale aard van de techniek. Ook helpen ze de student bij het visualiseren en het zich bewust zijn van de achterliggende ideeën bij de vraag.

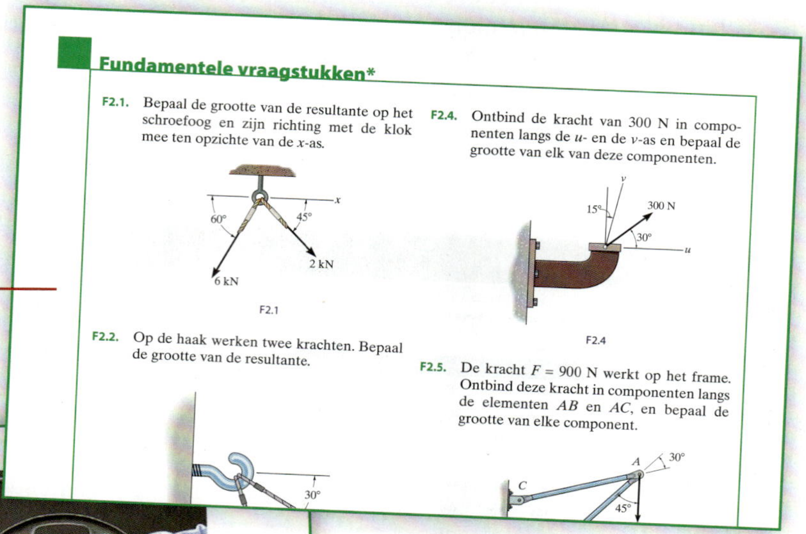

Fundamentele vraagstukken*

F2.1. Bepaal de grootte van de resultante op het schroefoog en zijn richting met de klok mee ten opzichte van de x-as.

F2.1

F2.2. Op de haak werken twee krachten. Bepaal de grootte van de resultante.

F2.4. Ontbind de kracht van 300 N in componenten langs de u- en de v-as en bepaal de grootte van elk van deze componenten.

F2.4

F2.5. De kracht $F = 900$ N werkt op het frame. Ontbind deze kracht in componenten langs de elementen AB en AC, en bepaal de grootte van elke component.

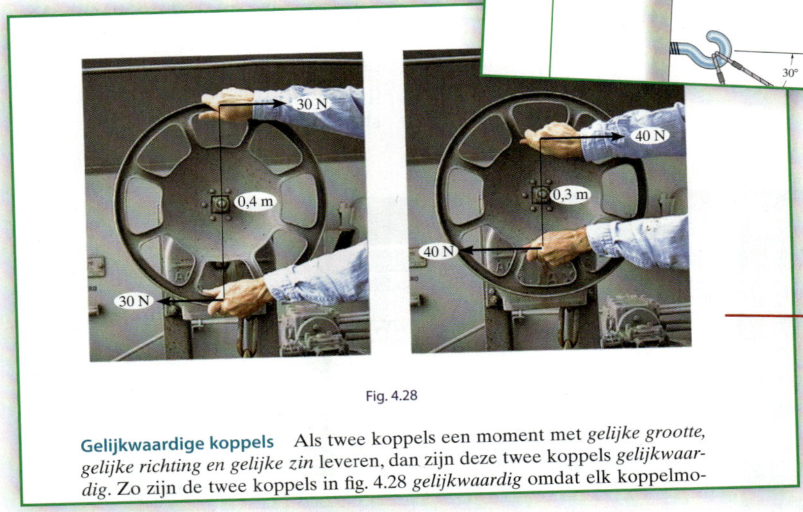

Fig. 4.28

Gelijkwaardige koppels Als twee koppels een moment met *gelijke grootte, gelijke richting en gelijke zin* leveren, dan zijn deze twee koppels *gelijkwaardig*. Zo zijn de twee koppels in fig. 4.28 *gelijkwaardig* omdat elk koppelmo-

Foto's

De relevantie van de kennis van de leerstof komt ook naar voren in de meer dan zestig nieuwe en aangepaste foto's van praktijkvoorbeelden overal in dit boek. Ze worden gebruikt voor het verklaren hoe de verschillende principes van toepassing zijn op praktijksituaties.

Dankwoord

De auteur heeft getracht dit boek zodanig te schrijven dat het zowel studenten als docenten aanspreekt. Door de jaren heen hebben veel mensen bijgedragen aan de ontwikkeling ervan en ik ben blijvend dank verschuldigd voor hun gewaardeerde opmerkingen en adviezen. In het bijzonder wil ik de volgende personen bedanken die hun bijdrage hebben geleverd aan de totstandkoming van de dertiende editie van dit boek, met name O. Barton jr. van de US Naval Academy en K. Cook-Chennault van Rutgers State University of New Jersey.

Enkele mensen wil ik hier persoonlijk noemen, waaronder H. Kuhlman en G. Benson, die me commentaar stuurden. Daarnaast was mijn goede vriend en partner, Kai Beng Yap, een grote steun bij het controleren van het gehele manuscript en het opstellen van de oplossingen van de vraagstukken. Hierbij gaat mijn bijzondere dank eveneens uit naar Kurt Norlin van Laurel Tech Integrated Publishing Services. Ik ben dankbaar voor de hulp tijdens het productieproces van Rose Kernan, al jarenlang mijn productieuitgever, van mijn vrouw Conny en mijn dochter Mary Ann met het proeflezen en het typewerk dat nodig was om het manuscript persklaar te maken. Voor de Nederlandstalige editie bedank ik de inspanningen van Marc Van Overmeire, Dirk Lefeber en Lincy Pyl.

Ten slotte ben ik veel dank verschuldigd aan al mijn studenten en aan de leden van mijn onderwijsgroep die de tijd hebben genomen om mij hun opmerkingen en adviezen te mailen. Omdat dit er te veel zijn om op te noemen, hoop ik dat degenen die mij op deze manier hebben geholpen genoegen willen nemen met deze anonieme dankbetuiging.

Ik zou het erg waarderen om van u te horen als u opmerkingen of suggesties bij of problemen met dit boek hebt.

Russel Charles Hibbeler
hibbeler@bellsouth.net

Over de auteurs

R.C Hibbeler studeerde Civil Engineering (hoofdvak structuren) aan de University of Illinois in Urbania en heeft een master in Nuclear Engineering. Hij haalde zijn PhD in theoretische en toegepaste mechanica aan de Northwestern University. Zijn professionele ervaring behelst onder andere postdoctoraal werk in reactorveiligheid en -analyse aan Argonne National Laboratory, en structureel werk bij Chicago Bridge and Iron en bij Sargent and Lundy in Chicago. Hij is ingenieur geweest in Ohio, New York en Louisiana. Hij is professor aan de University of Louisiana te Lafayette, waar hij les geeft in civiele techniek en mechanica. In het verleden heeft hij lesgegeven aan de

Universiteit van Illinois in Urbania/Champaign, Youngstown State University, het Illinois Institute of Technology en Union College.

Kai Beng Yap is momenteel ingenieur en werkzaam in Maleisië. Hij heeft BS en MS diploma's in civiele techniek van de University of Louisiana, Lafayette en heeft promotiewerk gedaan aan het Virginia Polytechnic Institute in Blacksberg, Virginia. Tot zijn professionele ervaring behoort lesgeven aan de University of Louisiana en consultingwerk als ingenieur met betrekking tot structurele analyse en ontwerp en de daarmee samenhangende infrastructuur.

Over de bewerkers

Fan Sau Cheong, van de Nanyang Technological University (NTU) in Singapore, is gepromoveerd aan de Universiteit van Hongkong. Professor Fan is plaatsvervangend directeur van het Centre for Advanced Numerical Engineering Simulations (CANES) van de NTU. Zijn industriële ervaring omvat werk en onderzoek naar bruggen, hoge gebouwen, skeletbouw, steigers, bestrating, kabelstructuren en glazen scheidingswanden. Professor Fan was tevens de bewerker van de 5e en 6e edities van Hibbelers *Sterkteleer* en de 11e en 12e editie van Hibbelers *Mechanica voor technici: statica en dynamica*.

Marc Van Overmeire is deeltijds verbonden als buitengewoon hoogleraar aan de Ingenieursfaculteit van de Vrije Universiteit Brussel. Tevens is hij Chief Research Officer bij Vinçotte International, een internationaal certificatie- en controleorganisme in Brussel, waar hij verantwoordelijk is voor innovatie in diensten en markten. Hij promoveerde aan dezelfde universiteit in 1983 en was van 1990 tot 2000 voorzitter van de vakgroep Werktuigkunde (thans Toegepaste Mechanica). Zijn onderzoeksdomeinen situeren zich in het domein van trillingsanalyse, betrouwbaarheidsanalyse en betrouwbaarheidstesten. Professor Van Overmeire was samen met zijn collega's Dirk Lefeber en Hugo Sol verantwoordelijk voor de bewerking van de derde editie van *Statica* en *Dynamica* en de tweede editie van *Sterkteleer* uit de *Mechanica voor technici*-reeks van Hibbeler.

Dirk Lefeber is hoogleraar aan de Ingenieursfaculteit van de Vrije Universiteit Brussel. Hij is huidig voorzitter van de vakgroep Toegepaste Mechanica. Hij promoveerde aan dezelfde universiteit in 1986. Hij doceert de cursussen mechanica, kinematica en dynamica van werktuigen, robotica en multibody mechanica. Zijn onderzoek situeert zich in het domein van de multibody mechanica, mechatronica, robotica en revalidatietoepassingen met bijzondere aandacht voor cognitieve en fysische mens machine interactie.

Lincy Pyl is docent aan de Ingenieursfaculteit van de Vrije Universiteit Brussel, vakgroep Mechanica van Materialen en Constructies. Ze doceert onder andere de cursussen 'Elasticiteit en sterkteleer', 'Ontwerp van constructies' en 'Structural analysis and finite elements'. Ze is actief in de werkgroepen voor het opstellen en amenderen van de ontwerpmethoden en rekenregels vervat in de Eurocodes. Haar onderzoeksdomeinen situeren zich in de statische en dynamische analyse van constructies. De nadruk ligt op lichtgewicht toepassingen in metaal en composieten met bijzondere aandacht voor het mechanisch gedrag onder invloed van brand, impact en vermoeiing.

Fotoverantwoording

Hoofdstuk 1, © Roel Meijer / Alamy
Hoofdstuk 2, Atli Mar / Getty Images
Hoofdstuk 3, John Foxx / Getty Images
Hoofdstuk 4, Huntstock / Getty Images
Hoofdstuk 5, © Bettmann / CORBIS
Hoofdstuk 6, © Martin Jenkinson / Alamy
Hoofdstuk 7, © JG Photography / Alamy
Hoofdstuk 8, © INSADCO Photography / Alamy
Hoofdstuk 9, © Corbis Premium RF / Alamy
Hoofdstuk 10, © RubberBall / Alamy
Hoofdstuk 11, © Shaun Flannery / Alamy

Overige foto's geleverd door de auteur, R.C. Hibbeler.

MyLab | Nederlandstalig

Statica, dertiende editie

Wat is MyLab?

MyLab is de digitale leeromgeving van Pearson. Hierin kunnen studenten oefenen met het studiemateriaal. Docenten kunnen hun lessen vooraf klaarzetten en hun studenten monitoren op hun voortgang.

MyLab voor studenten

Met MyLab krijg je de stof sneller en beter onder de knie door te spelen met de inhoud. MyLab helpt daarbij door je studiemateriaal en toetsen te bieden waarmee je kunt oefenen. Zo ben je goed voorbereid en wen je alvast aan het afleggen van tentamens. Kijk op de volgende pagina welk studiemateriaal er beschikbaar is bij dit boek.

Hoe registreer je je?

Om je te registereren heb je nodig:

- een geldig e-mailadres;
- de studententoegangscode;
- eventueel een Klas-ID (deze wordt aangemaakt door je docent).

Volg deze stappen:

1. Ga naar **www.pearsonmylab.nl** (Nederland) of **www.pearsonmylab.be** (Vlaanderen).
2. Klik onder het kopje 'Registreren' op de knop 'Student'.
3. Vul de studententoegangscode in.

Als je al een Pearsonaccount hebt, hoef je slechts je inloggegevens in te vullen. Heb je nog geen account, maak deze aan dan door de aangegeven stappen te volgen.

Je unieke studententoegangscode staat op de binnenzijde van het omslag.

Hulp nodig?

Als er vragen of problemen ontstaan bij het gebruik van MyLab, neem dan contact op met onze klantenservice via het contactformulier op **www.pearsonmylab.nl/help.**

MyLab voor docenten

Doordat studenten oefenen met de theorie, begrijpen ze de stof beter. Daarnaast is er veel exclusief docentenmateriaal te vinden. Op deze manier bespaart u tijd bij het voorbereiden van uw les. Bovendien kunt u uw studenten monitoren en zo bekijken welke onderwerpen extra aandacht verdienen. Vraag een docententoegangscode aan via **docent@pearson.com** om toegang te krijgen tot het exclusieve docentenmateriaal.

MyLab | Nederlandstalig

Statica, dertiende editie

eText

MyLab bevat een interactieve eText. Dit is het volledige boek, dat online te bekijken is of via een app te downloaden op je tablet.

Met de eText kun je interactief leren. Zo kun je notities maken, zoals je zou doen in de kantlijn, belangrijke zinnen markeren en theorie verbergen als je die niet hoeft te bestuderen. Met de handige navigatie- en zoekfunctie vind je precies het onderwerp dat je zoekt.

Toetsen

Bij elk hoofdstuk kun je een toets maken. Hiermee test je of je de stof begrijpt en welke theorie je eventueel beter kunt bestuderen.

Wat bevat MyLab verder aan studiemateriaal?

Begrippentrainer De begrippentrainer is een handige tool waarmee je alle kernbegrippen uit het boek kunt leren. Je kunt zowel de begrippen als de betekenissen trainen.

Figuren & Tabellen Je kunt de figuren en tabellen eenvoudig opslaan en gebruiken in bijvoorbeeld verslagen en presentaties.

Animaties De animaties helpen je bij het bestuderen van de kernconcepten uit het boek. Ze ondersteunen je bij het visualiseren van de relatie tussen de wiskundige uitleg en de constructie door het opsplitsen van ingewikkelde berekeningen. Daarnaast maken de animaties inzichtelijk hoe vrijlichaamsschema's kunnen worden afgeleid.

Video-uitwerkingen De Engelstalige video-uitwerkingen zijn stapsgewijze oplossingsschema's van vraagstukken die aansluiten bij de stof uit het boek. De uitwerkingen bieden geen pasklare oplossingen maar geven aan hoe een vergelijkbare situatie kan worden opgelost.

Om extreem zware lasten te hijsen moeten grote kranen zoals deze worden ingezet. Het ontwerp ervan is gebaseerd op de basisprincipes van de statica en dynamica, twee onderdelen van de mechanica.

HOOFDSTUK

1 Algemene principes

Ga naar www.pearsonmylab.nl voor studiemateriaal en toetsen om je begrip en kennis van dit hoofdstuk uit te breiden en te oefenen. Ook vind je daar video-uitwerkingen bij verschillende opgaven uit dit hoofdstuk.

Doelstellingen van dit hoofdstuk

- Een inleiding geven in de basisgrootheden en idealiseringen van de mechanica.
- Een uiteenzetting geven van Newtons bewegings- en gravitatiewetten.
- Een overzicht geven van de principes voor de toepassing van het Internationale Eenhedenstelsel.
- Een algemene leidraad presenteren voor het oplossen van vraagstukken.

1.1 Mechanica

Mechanica kan worden gedefinieerd als 'dat onderdeel van de natuurkunde dat zich bezighoudt met de toestand van rust of beweging van lichamen die onderhevig zijn aan de werking van krachten'. Dit onderwerp wordt over het algemeen onderverdeeld in drie delen: *de mechanica van starre lichamen*, *de mechanica van vervormbare lichamen* en *de vloeistofmechanica.* In dit boek bestuderen we de mechanica van starre lichamen omdat dit een basisvereiste is voor de studie van de mechanica van vervormbare lichamen en de vloeistofmechanica. Verder is de mechanica van starre lichamen essentieel voor het ontwerp en de analyse van veel types constructie-elementen, mechanische componenten en elektrische apparatuur die een rol spelen in de techniek.

De mechanica van starre lichamen is onderverdeeld in twee gebieden: statica en dynamica. Statica heeft betrekking op het evenwicht van lichamen, dat wil zeggen: het evenwicht van lichamen die in rust zijn of met constante snelheid bewegen, terwijl dynamica betrekking heeft op de versnelde beweging van lichamen. We kunnen statica beschouwen als een bijzonder geval van dynamica, waarbij de versnelling nul is; statica verdient echter een afzonderlijke behandeling in het hoger technisch en universitair onderwijs, aangezien veel voorwerpen worden ontworpen met de bedoeling dat ze in evenwicht blijven.

1.1.1 Historische ontwikkeling

Statica werd al zeer vroeg in de geschiedenis ontwikkeld, omdat de principes ervan eenvoudig geformuleerd konden worden op basis van meetkundige berekeningen en krachtberekeningen. In de geschriften van Archimedes (287-212 v.Chr.) wordt bijvoorbeeld al het principe van de hefboom behandeld. In oude geschriften vinden we ook studies van de katrol, het hellend vlak en de moersleutel, in een periode waarin de technische vereisten zich voornamelijk beperkten tot bouwkundige constructies.

Aangezien de principes van de dynamica afhankelijk zijn van een nauwkeurige tijdmeting, is dit deel van de mechanica pas veel later ontwikkeld. Galileo Galileï (1564-1642) was een van de eersten die belangrijke bijdragen heeft geleverd op dit gebied. Zijn werk bestond uit experimenten met slingers en vallende lichamen. De belangrijkste bijdragen aan de dynamica werden echter geleverd door Isaac Newton (1642-1727), die beroemd is geworden omdat hij de drie fundamentele bewegingswetten en de algemene zwaartekrachtwet formuleerde. Korte tijd nadat deze wetten waren gepostuleerd, werden belangrijke technieken voor hun toepassing ontwikkeld door beroemdheden als Euler, D'Alembert, Lagrange en anderen.

1.2 Basisbegrippen

Voordat we beginnen aan de studie van de mechanica, is het belangrijk om de betekenis van bepaalde basisbegrippen en basisprincipes te kennen.

1.2.1 Basisgrootheden

De volgende vier grootheden worden in de mechanica gebruikt.

Lengte *Lengte* wordt gebruikt om de positie van een punt in de ruimte te bepalen en daarmee de grootte van een fysisch systeem te beschrijven. Als men de standaardeenheid van lengte eenmaal heeft bepaald, kan men deze gebruiken voor het definiëren van de afstanden en meetkundige eigenschappen van een lichaam als veelvouden van deze eenheid.

Tijd *Tijd* wordt opgevat als een opeenvolging van gebeurtenissen. De principes van statica zijn onafhankelijk van de tijd. Deze grootheid speelt wel een belangrijke rol in de dynamica.

Massa *Massa* is een maat voor de hoeveelheid materie waarmee we de werking van het ene lichaam kunnen vergelijken met die van een ander lichaam. Deze eigenschap manifesteert zich als gravitationele aantrekking tussen twee lichamen en biedt een maat voor de weerstand van materie tegen een verandering in snelheid.

Kracht *Kracht* wordt over het algemeen beschouwd als de 'afstoting' of 'aantrekking' die een lichaam op een ander lichaam uitoefent. Deze interactie kan zich voordoen als er direct contact is tussen de lichamen, zoals bij een persoon die tegen een muur duwt, maar ook als er afstand tussen zit en twee lichamen fysisch van elkaar gescheiden zijn. Voorbeelden van het laatste type zijn gravitationele, elektrische en magnetische krachten. In elk geval geldt dat een kracht volledig wordt gekenmerkt door zijn grootte, richting en aangrijpingspunt.

1.2.2 Idealiseringen

Modellen of idealiseringen worden in de mechanica gebruikt om de toepassing van de theorie te vereenvoudigen. We bespreken hier drie belangrijke idealiseringen.

Puntmassa Een *puntmassa* heeft wel massa, maar een omvang die verwaarloosd kan worden. De omvang van de aarde bijvoorbeeld, is onbetekenend als deze wordt vergeleken met de grootte van haar baan om de zon en daarom kan de aarde als een puntmassa worden beschouwd als haar baan om de zon wordt bestudeerd. Wanneer een lichaam wordt geïdealiseerd en als puntmassa wordt beschreven, worden de principes van de mechanica teruggebracht tot een enigszins vereenvoudigde vorm, omdat de afmetingen van het lichaam dan geen rol spelen bij de analyse van het vraagstuk.

Star lichaam Een *star lichaam* kan worden beschouwd als een grote verzameling puntmassa's, waarbij alle puntmassa's op een vaste afstand van elkaar blijven, zowel vóór als ná belasting van het lichaam. Dit model is belangrijk, omdat de vorm van het voorwerp niet verandert wanneer er een belasting op wordt uitgeoefend. Daardoor hoeven we geen rekening te houden met het materiaal waarvan het voorwerp is gemaakt. In de meeste gevallen zijn de feitelijke vervormingen in constructies, machines, mechanismen en dergelijke, relatief klein en kan er bij de analyse van uit worden gegaan dat het een star lichaam betreft.

Puntkracht Een *puntkracht* staat voor het effect van een belasting waarvan wordt verondersteld dat deze op een punt van een lichaam werkt. We kunnen een belasting voorstellen als een puntkracht als het gebied waarop de belasting wordt uitgeoefend heel klein is in vergelijking tot de totale omvang van het lichaam. Een voorbeeld is het contactoppervlak van een wiel en de grond.

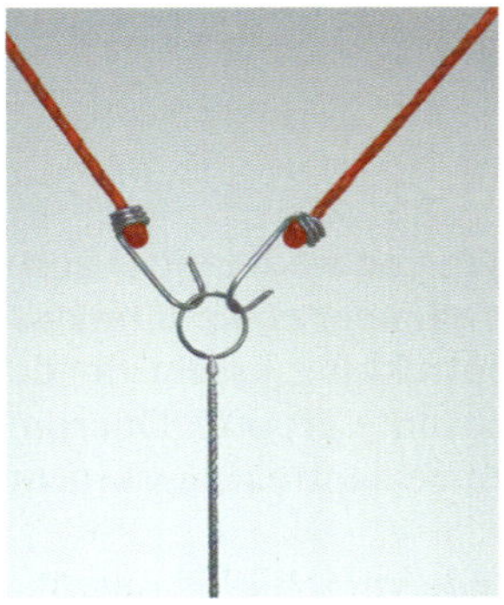

Drie krachten werken op de ring. Omdat deze krachten bij elkaar komen in een punt kunnen we voor elke analyse van krachten, de ring beschouwen als een puntmassa.

Staal is een veelgebruikt bouwmateriaal dat weinig vervormt onder belasting. We kunnen daarom dit treinwiel beschouwen als een star lichaam waarop de kracht in één punt van de rail werkt.

1.2.3 De drie bewegingswetten van Newton

Technische mechanica is geformuleerd op basis van de drie bewegingswetten van Newton, waarvan de juistheid is gebaseerd op observaties bij experimenten. Deze wetten zijn van toepassing op de beweging van een puntmassa zoals gemeten vanuit een *niet-versneld bewegend* referentiekader. Ze kunnen in het kort als volgt worden omschreven.

Eerste wet Een puntmassa die aanvankelijk in rust is, of in een rechte lijn beweegt met een constante snelheid, blijft in deze toestand als op de puntmassa geen nettokracht uitgeoefend wordt, fig. 1.1a.

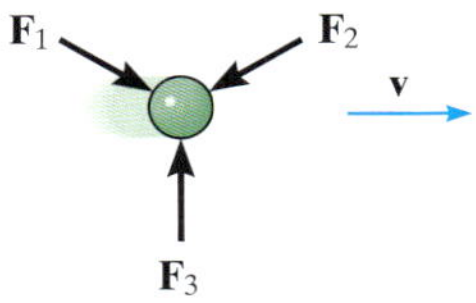

Evenwicht

(a)

Fig. 1.1

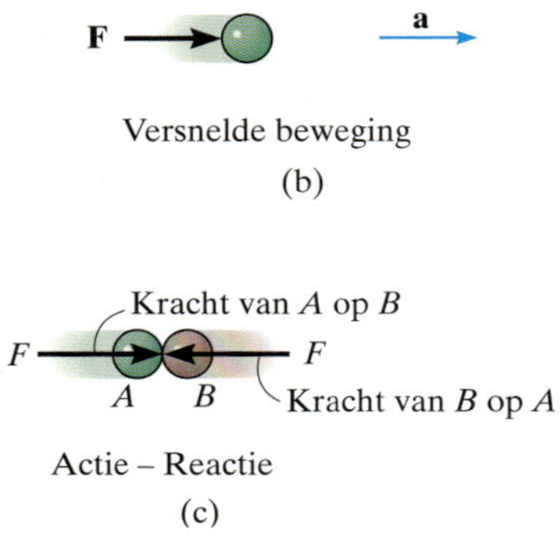

Fig. 1.1 (vervolg)

Tweede wet Een puntmassa waarop een *krachtsresultante** **F** wordt uitgeoefend, ondervindt een versnelling **a** met dezelfde richting als deze kracht en een grootte die direct evenredig is met deze kracht, fig. 1.1*b*.** Als **F** wordt uitgeoefend op een puntmassa met een massa m, dan kan deze wet wiskundig worden weergegeven als:

$$\mathbf{F} = m\mathbf{a} \tag{1.1}$$

Derde wet De wederzijdse krachten van actie en reactie tussen twee puntmassa's zijn even groot, tegengesteld en collineair (hebben dezelfde werklijn of drager), fig. 1.1*c*.

1.2.4 De gravitatiewet van Newton

Kort nadat hij zijn drie bewegingswetten had geformuleerd, postuleerde Newton een wet voor de gravitationele aantrekking tussen twee willekeurige puntmassa's. Wiskundig uitgedrukt:

$$F = G\frac{m_1 m_2}{r^2} \tag{1.2}$$

waarin:
F = aantrekkingskracht tussen de twee puntmassa's
G = gravitatieconstante, bepaald uit experimenten, $G = 66{,}73\ (10^{-12})\ \text{m}^3/\text{kg} \cdot \text{s}^2$
m_1, m_2 = de massa's van de twee puntmassa's
r = de afstand tussen de twee puntmassa's

1.2.5 Gewicht

Het gewicht van de astronaut is kleiner geworden, omdat ze ver verwijderd is van het zwaartekrachtveld van de aarde.

Volgens vgl. 1.2 oefenen twee puntmassa's of lichamen een wederzijdse aantrekkingskracht (zwaartekracht) op elkaar uit. Maar wanneer een puntmassa zich op of vlakbij het aardoppervlak bevindt, is de aantrekkingskracht van de aarde op de puntmassa de enige kracht met een relevante grootte. Daarom zal deze kracht, die het *gewicht* wordt genoemd, de enige aantrekkingskracht zijn die in dit boek wordt behandeld.

Met behulp van vgl. 1.2 kunnen we een benaderende vergelijking ontwikkelen om het gewicht W te vinden van een puntmassa met massa $m_1 = m$. Als we ervan uitgaan dat de aarde een niet-roterende bol is met een constante dichtheid en met een massa $m_2 = M_a$ en r de afstand is tussen het middelpunt van de aarde en de puntmassa, dan geldt:

$$W = G\frac{mM_a}{r^2}$$

Met $g = GM_a/r^2$ levert dit het volgende op:

$$W = mg \tag{1.3}$$

* Krachten stellen zich samen als vectoren. Indien in een punt meerdere krachten inwerken, dan is het punt aan de resultante van deze krachten onderworpen. (parallellogramregel van Simon Stevin, 1586)

** Met andere woorden: de kracht die op de puntmassa werkt, is evenredig met de snelheid waarmee de impuls van de puntmassa verandert.

Als we dit vergelijken met $\mathbf{F} = m\mathbf{a}$, dan zien we dat de term g wordt gebruikt om de versnelling ten gevolge van de gravitatie aan te duiden. Aangezien deze afhankelijk is van r, volgt hieruit dat het gewicht van een lichaam *geen* absolute grootheid is, omdat de grootte van het gewicht afhankelijk is van de plaats waar de meting wordt uitgevoerd. Voor de meeste technische berekeningen wordt g bepaald op zeeniveau en 45° breedte, wat als de 'standaardlocatie' wordt beschouwd.

1.3 Maateenheden

De vier basisgrootheden – lengte, tijd, massa en kracht – zijn niet allemaal onafhankelijk van elkaar; ze zijn in feite met elkaar *verbonden* door de tweede bewegingswet van Newton, $\mathbf{F} = m\mathbf{a}$. Daarom kunnen de *eenheden* die gebruikt worden om deze grootheden te meten niet *allemaal* willekeurig worden gekozen. De formule $\mathbf{F} = m\mathbf{a}$ geldt alleen als drie van de vier eenheden, die *basiseenheden* worden genoemd, *bepaald* zijn en de vierde eenheid vervolgens wordt *afgeleid* uit deze vergelijking.

1.3.1 SI-eenheden

Het Internationale Eenhedenstelsel, afgekort SI, naar het Franse 'Système International d'Unités', is een moderne versie van het metrieke stelsel en is wereldwijd geaccepteerd. Zoals te zien is in tabel 1.1, wordt in het SI-stelsel lengte gedefinieerd in meter (m), tijd in seconde (s) en massa in kilogram (kg). De eenheid van kracht, een newton (N) genaamd, wordt *afgeleid* uit $\mathbf{F} = m\mathbf{a}$. 1 newton is dus gelijk aan de kracht die nodig is om een massa van 1 kilogram een versnelling van 1 m/s^2 ($N = kg \cdot m/s^2$) te geven.

Als het gewicht van een lichaam dat zich op de 'standaardlocatie' bevindt in newton moet worden uitgedrukt, dan moet vgl. 1.3 worden toegepast. Hier geven de metingen $g = 9{,}806\,65$ m/s^2, maar voor berekeningen zal de waarde 9,81 m/s^2 worden gebruikt. We krijgen dan:

$$W = mg \quad (g = 9{,}81 \text{ m/s}^2) \tag{1.4}$$

En hieruit volgt dat een lichaam met een massa van 1 kg een gewicht heeft van 9,81 N, dat een lichaam van 2 kg 19,62 N weegt enz., zie fig. 1.2.

Tabel 1.1 Internationaal eenhedenstelsel (SI)

Lengte	Tijd	Massa	Kracht
meter (m)	seconde (s)	kilogram (kg)	newton* (N) $\left(\frac{kg \cdot m}{s^2}\right)$

* Afgeleide eenheid.

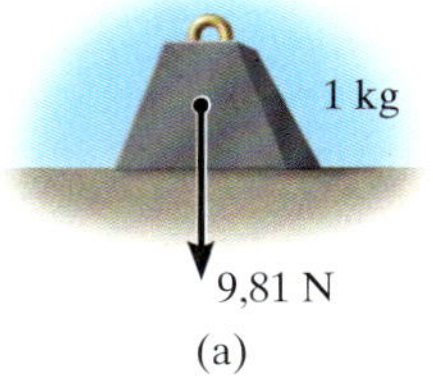

Fig. 1.2

1.4 Gebruik van het Internationale Eenhedenstelsel

In dit boek wordt het Internationale Eenhedenstelsel gebruikt, omdat het de bedoeling is dat dit stelsel de mondiale standaard wordt voor metingen. Daarom volgen hieronder de regels voor het gebruik ervan en een deel van de bijbehorende terminologie die relevant is voor de mechanica.

1.4.1 Voorvoegsels

Wanneer een numerieke hoeveelheid erg groot of erg klein is, kunnen de eenheden die gebruikt worden om haar grootte uit te drukken, worden gewijzigd door een voorvoegsel te gebruiken. Enkele voorvoegsels die in het SI-stelsel worden gebruikt, zijn te zien in tabel 1.2. Elk voorvoegsel is een veelvoud of een factor van een eenheid die, bij herhaalde toepassing, de decimaal van een numerieke hoeveelheid steeds met drie plaatsen opschuift.* Bijvoorbeeld: 4 000 000 N = 4 000 kN (kilonewton) = 4 MN (meganewton), of 0,005 m = 5 mm (millimeter). Merk op dat in het SI-stelsel het veelvoud deca (10) en de factor centi (0,01) die tot het metrieke stelsel behoren, niet zijn opgenomen. Behalve bij enkele inhouds- en oppervlaktemetingen dienen deze voorvoegsels in de wetenschap en de techniek te worden vermeden.

Tabel 1.2 Voorvoegsels

	Exponentionele vorm	Voorvoegsel	SI-symbool
Veelvoud			
1 000 000 000	10^9	giga	G
1 000 000	10^6	mega	M
1 000	10^3	kilo	k
Factor			
0,001	10^{-3}	milli	m
0,000 001	10^{-6}	micro	μ
0,000 000 001	10^{-9}	nano	n

1.4.2 Regels voor het gebruik

Enkele belangrijke regels voor het juiste gebruik van de verschillende SI-symbolen:

- Grootheden die worden uitgedrukt door meerdere eenheden die veelvouden van elkaar zijn, worden gescheiden door een *punt* om verwarring te voorkomen met de voorvoegselnotatie, zoals bij $N = kg \cdot m/s^2 = kg \cdot m \cdot s^{-2}$. Zo ook m · s (meterseconde), ter onderscheiding van ms (milliseconde).
- De exponent bij een eenheid met een voorvoegsel heeft betrekking op de eenheid *en* zijn voorvoegsel. Bijvoorbeeld: $\mu N^2 = (\mu N)^2 = \mu N \cdot \mu N$. Zo is mm^2 gelijk aan $(mm)^2 = mm \cdot mm$.
- Een symbool wordt *nooit* met een meervouds-s geschreven aangezien die s verward zou kunnen worden met de s van seconde.
- Met uitzondering van de basiseenheid kilogram, dient over het algemeen een voorvoegsel te worden vermeden in de noemer van samengestelde eenheden. Schrijf bijvoorbeeld niet N/mm, maar kN/m; en m/mg als Mm/kg.

* De kilogram is de enige basiseenheid met een voorvoegsel.

- Geef bij berekeningen de getallen weer in termen van hun *basiseenheden of afgeleide eenheden* door alle voorvoegsels om te zetten in machten van 10. Het uiteindelijke resultaat zou dan moeten worden uitgedrukt met een *enkel voorvoegsel*. Ook na de berekening is het het beste om de numerieke waarden tussen de 0,1 en 1000 te houden; anders moet een geschikt voorvoegsel worden gekozen. Bijvoorbeeld:

$$\begin{aligned}(50\text{ kN})(60\text{ nm}) &= [50(10^3)\text{N}][60(10^{-9})\text{m}]\\ &= 3000(10^{-6})\text{ N}\cdot\text{m} = 3(10^{-3})\text{ N}\cdot\text{m} = 3\text{ mN}\cdot\text{m}\end{aligned}$$

1.5 Numerieke berekeningen

In de techniek worden vaak computers gebruikt voor geavanceerde ontwerpen en analyses.

In de praktijk worden numerieke berekeningen vaak op een zakrekenmachine of een computer uitgevoerd. Het is echter belangrijk om de antwoorden van een vraagstuk met een rechtvaardigbare nauwkeurigheid te noteren, met het juiste aantal significante cijfers. In deze paragraaf zullen we deze onderwerpen bespreken, evenals andere belangrijke aspecten die een rol spelen bij technische berekeningen.

1.5.1 Dimensionele homogeniteit

De termen van alle vergelijkingen die gebruikt worden om een natuurkundig proces te beschrijven, moeten *dimensioneel homogeen* zijn; dat wil zeggen dat elke term in dezelfde eenheden moet worden uitgedrukt. Als dit het geval is, kunnen alle termen van een vergelijking worden gecombineerd als de variabelen worden vervangen door numerieke waarden. Neem bijvoorbeeld de vergelijking $s = vt + \frac{1}{2}at^2$, waarbij, in SI-eenheden, s de positie in meter (m), t de tijd in seconde (s), v de snelheid in m/s en a de versnelling in m/s^2 is. De vergelijking behoudt zijn dimensionele homogeniteit, ongeacht de wijze waarop deze wordt uitgewerkt. In bovenstaande vorm worden alle drie de termen uitgedrukt in meter $[\text{m}, (\text{m}/\not{\text{s}})\not{\text{s}}, (\text{m}/\not{\text{s}}^2)\not{\text{s}}^2,]$, of als a moet worden berekend uit $a = 2s/t^2 - 2v/t$, worden alle termen uitgedrukt in m/s^2 [m/s^2, m/s^2, (m/s)/s].

Onthoud dat bij mechanicavraagstukken altijd vergelijkingen met gelijke dimensies moeten worden opgelost; dit kan worden gebruikt als een gedeeltelijke controle voor algebraïsche bewerkingen op een vergelijking.

1.5.2 Significante cijfers

Het aantal significante cijfers in een getal bepaalt de nauwkeurigheid van het getal. Zo bevat bijvoorbeeld het getal 4981 vier significante cijfers. Als er echter achteraan een geheel getal nullen staan, kan het onduidelijk zijn hoeveel significante cijfers het getal bevat. Zo kan bijvoorbeeld 23.400 drie (234), vier (2340) of vijf (23.400) significante cijfers hebben. Om deze verschillen in uitleg te vermijden, gebruiken we voor het vermelden van de resultaten de *wetenschappelijke notatie*. Hierbij worden getallen afgerond tot op het juiste aantal significante cijfers en vervolgens uitgedrukt in meervouden van (10^3), zoals (10^3), (10^6) of (10^{-9}). Een voorbeeld: als 23.400 vijf significante cijfers heeft, wordt het geschreven als $23{,}400(10^3)$, maar als het slechts drie significante cijfers heeft, wordt het geschreven als $23{,}4(10^3)$.

Als er in een getal kleiner dan één vooraan nullen voorkomen, dan zijn deze niet significant. Zo heeft bijvoorbeeld 0,00821 drie significante cijfers. In de wetenschappelijke notatie wordt dit getal uitgedrukt als $8{,}21(10^{-3})$. Evenzo kan 0,000582 worden uitgedrukt als $0{,}582(10^{-3})$ of $582(10^{-6})$.

1.5.3 Getallen afronden

Het afronden van getallen is nodig om ervoor te zorgen dat de nauwkeurigheid van het resultaat overeenkomt met die van de gegevens van het vraagstuk. De algemene regel is dat een willekeurig getal dat eindigt op een cijfer hoger dan vijf naar boven wordt afgerond en een cijfer lager dan vijf niet. De regels voor het afronden zijn het gemakkelijkst uit te leggen aan de hand van voorbeelden. Stel dat het getal 3,5587 moet worden afgerond op *drie* significante cijfers. Omdat het vierde cijfer (8) *groter is dan* 5, wordt het derde cijfer afgerond naar 6 en het getal zelf naar 3,56. Getallen die eindigen op het cijfer 5 vormen een speciaal geval. Als regel wordt wanneer het cijfer voor de 5 *even* is, dit cijfer *niet* naar boven afgerond. Als het cijfer voor de 5 *oneven* is, wordt het wel naar boven afgerond. Zo wordt 75,25 afgerond op drie significante cijfers gelijk aan 75,2, 0,1275 gelijk aan 0,128 en 0,2555 gelijk aan 0,256.

1.5.4 Berekeningen

Wanneer een aantal berekeningen achter elkaar worden uitgevoerd, is het aan te raden de tussenresultaten op te slaan in een rekenmachine. Met andere woorden: rond de berekeningen niet af voordat je het eindresultaat gaat weergeven. Op die manier behoud je tijdens de reeks tussenstappen de nauwkeurigheid tot aan de eindoplossing. In dit boek zullen we als regel de antwoorden afronden tot op drie significante cijfers, omdat het merendeel van de gegevens in de technische mechanica, zoals maten en belastingen, op een betrouwbare manier met deze nauwkeurigheid kunnen worden gemeten.

1.6 Algemene analyseprocedure

Probeer bij het oplossen van vraagstukken zo netjes mogelijk te werken. Ordelijk werken stimuleert ordelijk denken en vice versa.

Lessen volgen, dit boek en de voorbeeldvraagstukken bestuderen helpt, maar de meest effectieve manier om de principes van de mechanica onder de knie te krijgen is *het oplossen van vraagstukken*. Om dit met succes te kunnen doen, is het van belang dat het werk altijd op een logische en ordelijke manier wordt gepresenteerd, zoals in de volgende reeks stappen wordt aangegeven:

1. Lees het vraagstuk aandachtig door en probeer een verband te vinden tussen de feitelijke fysische situatie en de bestudeerde theorie.
2. Noteer de gegevens van het vraagstuk op een overzichtelijke manier en *teken op een grote schaal* alle noodzakelijke diagrammen.
3. Pas de relevante principes toe, over het algemeen in wiskundige vorm. Zorg er bij het opstellen van al je vergelijkingen voor dat ze dimensioneel kloppen.
4. Los de noodzakelijke vergelijkingen op en geef het antwoord in niet meer dan drie significante cijfers.
5. Bestudeer het antwoord met technisch inzicht en gezond verstand om te bepalen of het aanvaardbaar lijkt of niet.

Om te onthouden!

- Statica is de studie van lichamen die in rust zijn of met een constante snelheid bewegen.
- Een puntmassa heeft een massa, maar een omvang die verwaarloosd mag worden.
- Een star lichaam vervormt niet bij belasting.
- Puntkrachten worden verondersteld op een punt van een lichaam te werken.
- De drie bewegingswetten van Newton moet je uit je hoofd leren.
- Massa is de maat voor een hoeveelheid materie die onafhankelijk is van de locatie.
- Gewicht heeft betrekking op de gravitationele aantrekking van de aarde op een lichaam of een hoeveelheid massa. De grootte ervan hangt af van de plaats waar het lichaam zich bevindt.
- De eenheid van kracht in het SI-stelsel, de newton, is een afgeleide eenheid. De meter, seconde en kilogram zijn basiseenheden.
- De voorvoegsels G, M, k, m, μ, n worden gebruikt om grote en kleine numerieke hoeveelheden aan te duiden. Hun exponentiële groottes dienen bekend te zijn, evenals de regels voor het gebruik van de SI-eenheden.
- Voer numerieke berekeningen uit met verschillende significante cijfers en rond vervolgens de eindoplossing op drie significante cijfers af.
- Algebraïsche bewerkingen van een vergelijking kunnen gedeeltelijk worden gecontroleerd door te verifiëren dat de vergelijking dimensioneel homogeen blijft.
- Ken de regels voor het afronden van getallen.

Voorbeeld 1.1

Reken 2 km/h om naar m/s.

OPLOSSING

Omdat 1 km = 1000 m en 1 h = 3600 s, kunnen de conversiefactoren op de volgende manier worden gerangschikt, zodat de eenheden tegen elkaar wegvallen:

$$2\text{ km/h} = \frac{2\ \cancel{\text{km}}}{\cancel{\text{h}}}\left(\frac{1000\text{ m}}{\cancel{\text{km}}}\right)\left(\frac{1\ \cancel{\text{h}}}{3600\text{ s}}\right)$$

$$= \frac{2000\text{ m}}{3600\text{ s}} = 0{,}556\text{ m/s} \qquad \textit{Antw.}$$

OPMERKING: Denk eraan om het eindantwoord tot op drie significante cijfers af te ronden.

Voorbeeld 1.2

Druk (a), (b) en (c) uit in SI-eenheden met het juiste voorvoegsel: (a) (50 mN)(6 GN), (b) (400 mm)$(0{,}6\ \text{MN})^2$, (c) 45 MN^3/900 Gg.

OPLOSSING

Herleid eerst elk getal tot basiseenheden, voer de aangegeven bewerkingen uit, en kies vervolgens het juiste voorvoegsel.

Deel (a)

$$
\begin{aligned}
(50\ \text{mN})(6\ \text{GN}) &= [50(10^{-3})\ \text{N}][6(10^{9})\ \text{N}] \\
&= 300(10^{6})\ \text{N}^2 \\
&= 300(10^{6})\ \cancel{\text{N}^2}\left(\frac{1\ \text{kN}}{10^3\ \cancel{\text{N}}}\right)\left(\frac{1\ \text{kN}}{10^3\ \cancel{\text{N}}}\right) \\
&= 300\ \text{kN}^2
\end{aligned}
$$

Antw.

OPMERKING: Let goed op de conventie $\text{kN}^2 = (\text{kN})^2 = 10^6\ \text{N}^2$.

Deel (b)

$$
\begin{aligned}
(400\ \text{mm})(0{,}6\ \text{MN})^2 &= [400(10^{-3})\ \text{m}][0{,}6(10^{6})\ \text{N}]^2 \\
&= [400(10^{-3})\ \text{m}][0{,}36(10^{12})\ \text{N}^2] \\
&= 144(10^{9})\ \text{m}\cdot\text{N}^2 \\
&= 144\ \text{Gm}\cdot\text{N}^2
\end{aligned}
$$

Antw.

We kunnen ook schrijven:

$$
\begin{aligned}
144(10^{9})\ \text{m}\cdot\text{N}^2 &= 144(10^{9})\ \text{m}\cdot\cancel{\text{N}^2}\left(\frac{1\ \text{MN}}{10^6\ \cancel{\text{N}}}\right)\left(\frac{1\ \text{MN}}{10^6\ \cancel{\text{N}}}\right) \\
&= 0{,}144\ \text{m}\cdot\text{MN}^2
\end{aligned}
$$

Antw.

Deel (c)

$$
\begin{aligned}
\frac{45\ \text{MN}^3}{900\ \text{Gg}} &= \frac{45(10^6\ \text{N})^3}{900(10^6)\ \text{kg}} \\
&= 50(10^{9})\ \text{N}^3/\text{kg} \\
&= 50(10^{9})\ \cancel{\text{N}^3}\left(\frac{1\ \text{kN}}{10^3\ \cancel{\text{N}}}\right)^3\frac{1}{\text{kg}} \\
&= 50\ \text{kN}^3/\text{kg}
\end{aligned}
$$

Antw.

Vraagstukken

1.1. Rond de volgende getallen af tot drie significante cijfers: (a) 4,65735 m, (b) 55,578 s, (c) 4555 N, (d) 2768 kg.

1.2. Schrijf elk van de volgende combinaties van eenheden in de juiste SI-vorm: (a) kN/μs, (b) Mg/mN, (c) MN/(kg · ms).

1.3. Schrijf elk van de volgende combinaties van eenheden in de correcte SI-vorm met een passend voorvoegsel: (a) m/ms, (b) μkm, (c) ks/mg en (d) km · μN.

***1.4** Een betonnen zuil heeft een diameter van 350 mm en een lengte van 2 m. De dichtheid (massa/volume) van beton is 2,45 Mg/m^3. Bepaal het gewicht van de zuil in newton.

1.5. Schrijf elk van de volgende combinaties van eenheden in de juiste SI-vorm. (a) Mg/ms, (b) N/mm en (c) mN/(kg · μs).

1.6. Druk de volgende combinaties van eenheden uit in de correcte SI-vorm met een geschikt voorvoegsel: (a) kN/ms, (b) Mg/kN en (c) kN/(kg · μs).

1.7. Een raket heeft op aarde een massa van $3{,}529(10^6)$ kg. Druk (a) de massa en (b) het gewicht ervan uit in SI-eenheden. Als de raket op de maan is waar de valversnelling door zwaartekracht gelijk is aan g_m = 1,61 m/s^2, bepaal dan (c) zijn gewicht tot op drie significante cijfers in SI-eenheden alsook (d) zijn massa in SI-eenheden.

***1.8.** Bepaal de waarde van (a) en (b) met drie significante cijfers en druk de antwoorden uit in SI-eenheden met een correct voorvoegsel: (a) (0,631 Mm) / $(8{,}60\ \text{kg})^2$, (b) (35 mm)2 $(48\ \text{kg})^3$.

1.9. Bepaal de massa in kilogram van een voorwerp met een gewicht van (a) 50 mN, (b) 250 kN en (c) 80 MN. Geef het resultaat weer met drie significante cijfers.

1.10. Bekijk de volgende grootheden en herschrijf ze met een passend voorvoegsel: (a) $(200\ \text{kN})^2$, (b) $(0{,}002\ \text{mg})^2$ en (c) $(230\ \text{m})^3$. Geef het resultaat weer met drie significante cijfers.

1.11. Bekijk de volgende grootheden en herschrijf ze met een passend voorvoegsel: (a) (430 $(\text{kg})^2$, (b)$(0{,}002\ \text{mg})^2$ en (c) $(230\ \text{m})^3$.

***1.12.** Wat is het gewicht van een voorwerp met een massa van (a) 20 mN, (b) 150 kN, (c) 60 mN? Geef het resultaat weer met drie significante cijfers.

1.13. Schrijf elk van de volgende uitdrukkingen in SI-eenheden met behulp van een geschikt voorvoegsel: (a) 8653 ms, (b) 8368 N en (c) 0,893 kg.

1.14 Herschrijf (204 mm)(0,00457 kg)/(34,6 N) met drie significante cijfers en druk het antwoord uit in SI-eenheden met een passend voorvoegsel.

1.15. Twee puntmassa's hebben een massa van respectievelijk 8 kg en 12 kg. Bepaal de zwaartekracht tussen beide puntmassa's als ze 800 mm van elkaar verwijderd zijn. Vergelijk deze uitkomst met het gewicht van elke puntmassa.

***1.16.** Iemand weegt 690 newton op aarde. (a) Wat is de massa van deze persoon in kilogram? Veronderstel dat de persoon op de maan staat, waar de versnelling als gevolg van de zwaartekracht g_m = 1,61 m/s^2 is. (b) Bepaal in dat geval het gewicht in newton van de persoon en (c) diens massa in kilogram.

Deze elektriciteitsmast wordt geschoord met kabels die ter plaatse van de bevestigingen krachten op de toren uitoefenen. In dit hoofdstuk laten we zien hoe deze krachten uitgedrukt kunnen worden als cartesische vectoren en hoe de resultante daarvan kan worden bepaald.

HOOFDSTUK

2 Krachtvectoren

Ga naar www.pearsonmylab.nl voor studiemateriaal en toetsen om je begrip en kennis van dit hoofdstuk uit te breiden en te oefenen. Ook vind je daar video-uitwerkingen bij verschillende opgaven uit dit hoofdstuk.

Doelstellingen van dit hoofdstuk

- Laten zien hoe krachten kunnen worden opgeteld en hoe ze kunnen worden ontbonden in componenten met behulp van de parallellogramregel.
- Kracht en positie in cartesische vectorvorm uitdrukken en laten zien hoe de grootte en richting van een vector kunnen worden bepaald.
- Introductie van het inwendig product om de hoek tussen twee vectoren of de projectie van een vector op een andere te bepalen.

2.1 Scalairen en vectoren

In de technische mechanica worden alle fysische grootheden gemeten met behulp van scalairen of vectoren.

2.1.1 Scalair

Een *scalair* is een positieve of negatieve fysische grootheid die volledig kan worden gespecificeerd door zijn *grootte*. Voorbeelden van scalaire grootheden zijn lengte, massa en tijd.

2.1.2 Vector

Een *vector* is een fysieke grootheid die voor een volledige beschrijving zowel een *grootte* als een *richting en een zin* nodig heeft. Voorbeelden van vectoren die we in de statica zullen tegenkomen, zijn krachtvectoren, plaatsvectoren en momentvectoren. Een vector wordt grafisch weergegeven door een pijl. De lengte van de pijl stelt de *grootte* van de vector voor, en de hoek θ tussen de vector en een vaste as definieert de *richting van de werklijn*. De pijlpunt geeft de *zin van de richting* van de vector aan, fig. 2.1.

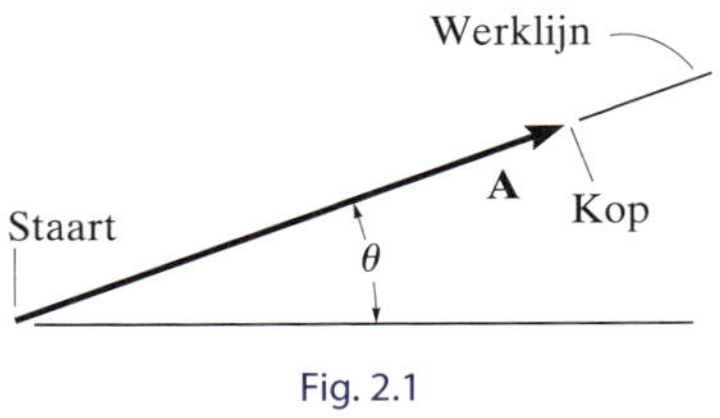

Fig. 2.1

In gedrukte tekst worden vectorgrootheden vaak aangegeven met vetgedrukte letters zoals **A**, en wordt de grootte van de vector cursief weergegeven: A. In handgeschreven werk is het vaak handig om een vectorgrootheid aan te geven door er gewoon een pijl boven te zetten: $\overrightarrow{A}$

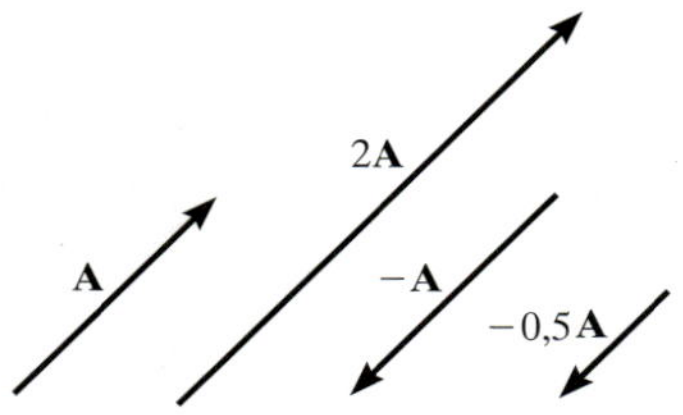

Vermenigvuldigen en delen met scalairen

Fig. 2.2

2.2 Vectorbewerkingen

2.2.1 Een vector vermenigvuldigen met en delen door een scalair

Als een vector wordt vermenigvuldigd met een positieve scalair, wordt de grootte met die waarde vermenigvuldigd. Bij vermenigvuldiging met een negatieve scalair verandert ook de zin van de richting van de vector. Grafische voorbeelden van deze bewerkingen zijn weergegeven in fig. 2.2.

2.2.2 Vectoren optellen

Alle vectorgrootheden voldoen aan de *parallellogramregel voor de optelling*. Ter illustratie: de twee *vectoren* **A** en **B** in fig. 2.3*a* worden opgeteld tot een *resultante* **R** = **A** + **B** met behulp van de volgende procedure:

- Leg eerst de staarten van de componenten in één punt bij elkaar zodat ze elkaar snijden, fig. 2.3*b*.
- Teken vanuit de pijlpunt van **B** een lijn evenwijdig aan **A**.
  Teken nog een lijn vanuit de pijlpunt van **A** die evenwijdig is aan **B**.
  Deze twee lijnen snijden in punt *P* en vormen zo de aangrenzende zijden van een parallellogram.
- De diagonaal van dit parallellogram die zich uitstrekt tot *P* vormt **R**, de resultante **R** = **A** + **B**, fig. 2.3*c*.

Een andere manier om **B** bij **A** op te tellen, zie fig. 2.4*a*, is door gebruik te maken van de *driehoeksregel*. Dit is een speciaal geval van de parallellogramregel, waarbij vector **B** bij vector **A** wordt opgeteld met behulp van een 'kop-staartverbinding'. Dat wil zeggen door de kop van **A** met de staart van **B** te verbinden, zie fig. 2.4*b*. De resultante **R** loopt van de staart van **A** naar de kop van **B**. **R** kan ook worden verkregen door **A** bij **B** op te tellen, zie fig. 2.4*c*. Hieruit volgt dat het optellen van vectoren commutatief is, dat wil zeggen dat de vectoren in elke volgorde kunnen worden opgeteld: **R** = **A** + **B** = **B** + **A**.

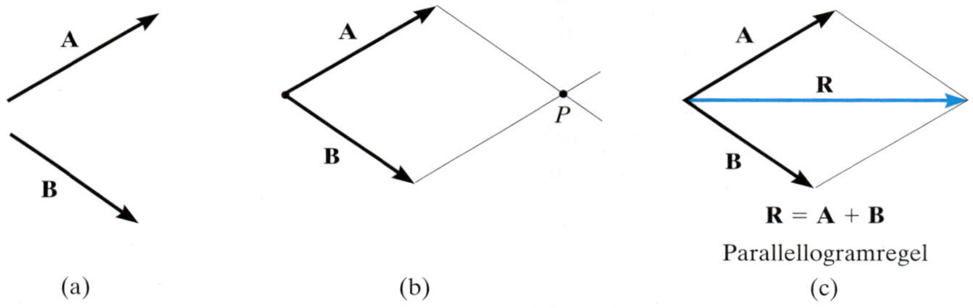

Fig. 2.3

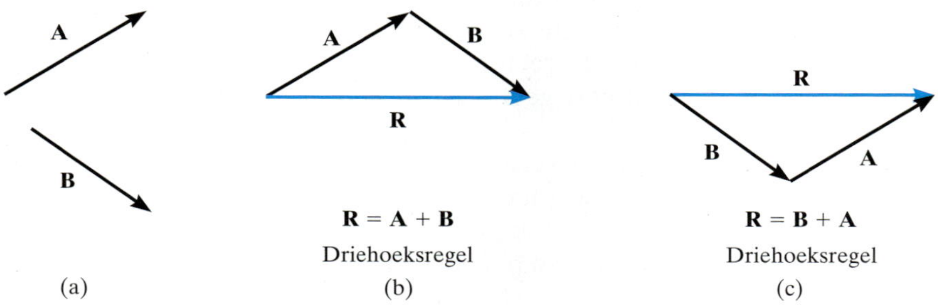

Fig. 2.4

In het bijzondere geval dat de twee vectoren **A** en **B** *collineair* zijn, dat wil zeggen dat ze dezelfde werklijn hebben, wordt de parallellogramregel een eenvoudige *algebraïsche* of *scalaire optelling* $R = A + B$, zoals afgebeeld in fig. 2.5.

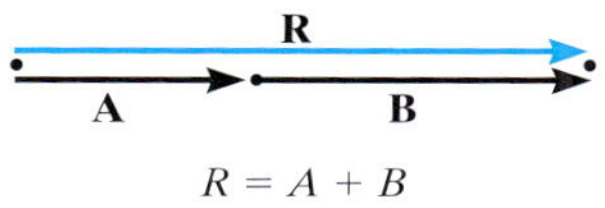

Optelling van collineaire vectoren

Fig. 2.5

2.2.3 Vectoren aftrekken

Het resulterende *verschil* tussen twee gelijksoortige vectoren **A** en **B** kan als volgt worden uitgedrukt:

$$\mathbf{R}' = \mathbf{A} - \mathbf{B} = \mathbf{A} + (-\mathbf{B})$$

Deze vectoroptelling wordt grafisch weergegeven in fig. 2.6. Aftrekken wordt dan ook als een speciaal geval van optellen gedefinieerd, en dus gelden de regels voor het optellen van vectoren ook voor het aftrekken van vectoren.

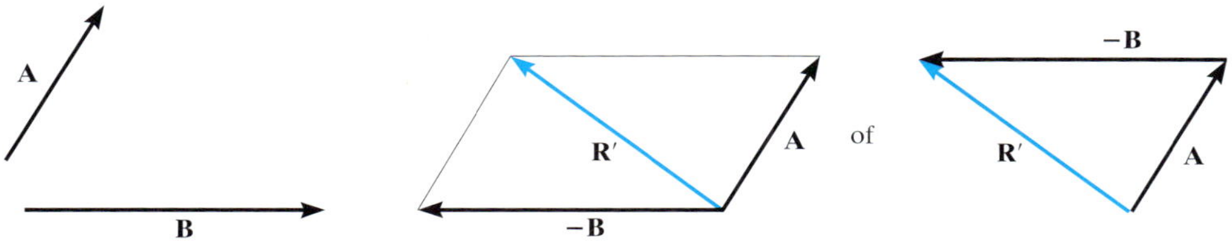

Parallellogramregel

Driehoeksconstructie

Vector aftrekken

Fig. 2.6

2.3 Optellen van krachtvectoren

Uit experimenten is gebleken dat een kracht een vectorgrootheid is, aangezien deze een bepaalde grootte, richting en zin heeft en bij andere krachten kan worden opgeteld volgens de parallellogramregel. Er zijn twee problemen die vaak voorkomen in de statica: ten eerste het vinden van de resulterende kracht (de resultante) als de componenten bekend zijn. Ten tweede het ontbinden van een gegeven kracht in twee componenten. We zullen nu beschrijven hoe elk van deze vraagstukken wordt opgelost met behulp van de parallellogramregel.

2.3.1 De resultante van krachten bepalen

De twee samenstellende krachten $\mathbf{F}_1$ en $\mathbf{F}_2$, werkend op de pen in fig. 2.7*a*, kunnen worden opgeteld tot de resultante $\mathbf{F}_R = \mathbf{F}_1 + \mathbf{F}_2$, zoals te zien is in fig. 2.7*b*. Uit deze constructie, of met behulp van de driehoeksregel in fig. 2.7*c*, kunnen we met behulp van de cosinus- of de sinusregel voor de driehoek de grootte en de richting van de resultante bepalen.

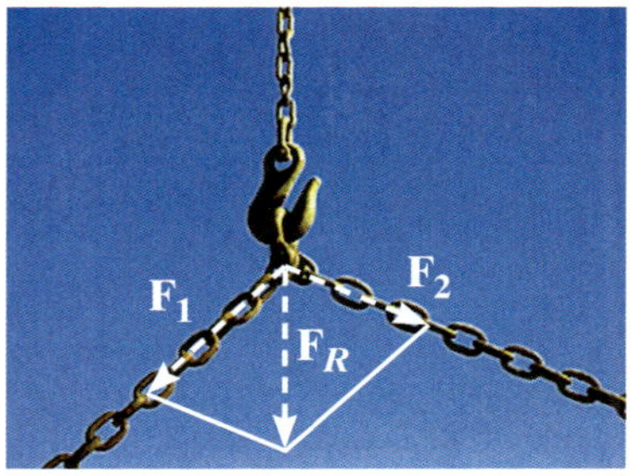

Met behulp van de parallellogramregel kan de resultante van de twee krachten, werkend op de haak, worden bepaald.

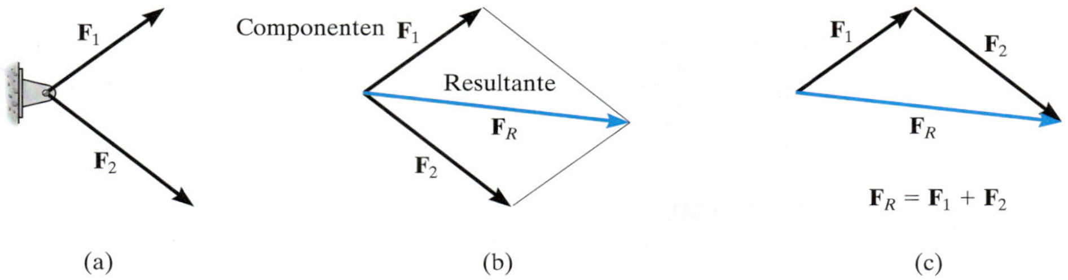

Een vector ontbinden
Fig. 2.7

Met de parallellogramregel kan de kracht **F**, veroorzaakt door het verticale element, worden ontbonden in componenten langs de ophangkabels *u* en *v*.

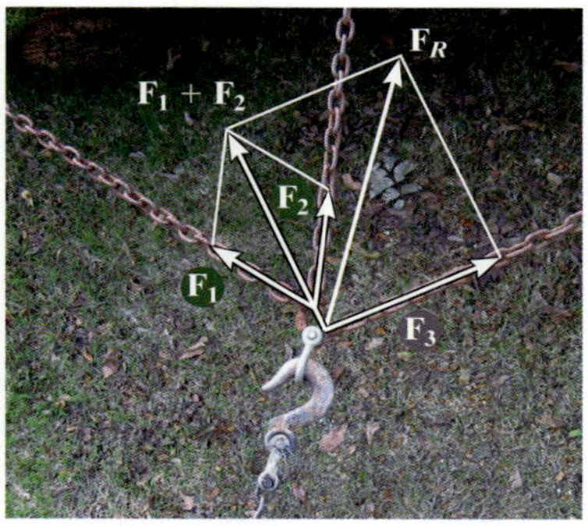

Voor het verkrijgen van de resultante $\mathbf{F}_R$ op de haak moet de optelling $\mathbf{F}_1 + \mathbf{F}_2$ worden uitgevoerd en dit resultaat wordt weer opgeteld bij $\mathbf{F}_3$.

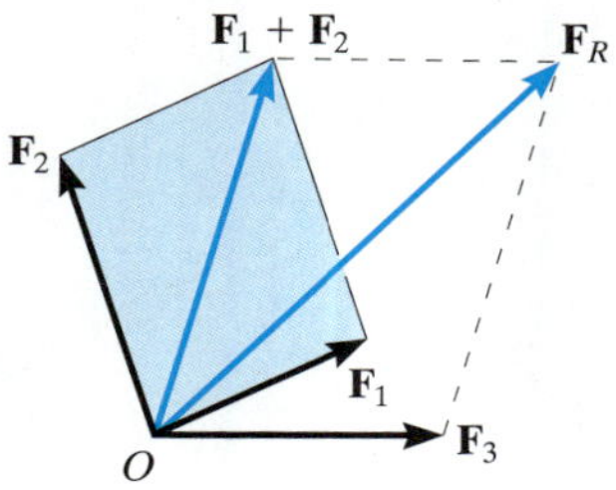

Fig. 2.9

2.3.2 De componenten van een kracht bepalen

Soms is het voor de bestudering van de trek- en duweffecten in twee verschillende richtingen nodig een kracht te ontbinden in twee *componenten*. Zo kan in fig. 2.8*a* **F** worden ontbonden in twee componenten langs de twee elementen, gedefinieerd door de *u*- en *v*-assen. Om de grootte van elke component te bepalen, wordt eerst een parallellogram geconstrueerd. Dit gebeurt door lijnen te trekken vanuit de pijlpunt van **F**, een lijn evenwijdig aan *u* en de andere evenwijdig aan *v*. Deze lijnen snijden zo de *v*- en *u*-assen en vormen een parallellogram. De krachtcomponenten $\mathbf{F}_u$ en $\mathbf{F}_v$ worden vervolgens bepaald door de staart van **F** te verbinden met de snijpunten op de *u*- en *v*-assen, fig. 2.8*b*. Dit parallellogram kan worden teruggebracht tot een driehoek, die voldoet aan de driehoeksregel, fig. 2.8*c*. Hierbij kan de sinusregel worden toegepast om de onbekende groottes van de componenten te bepalen.

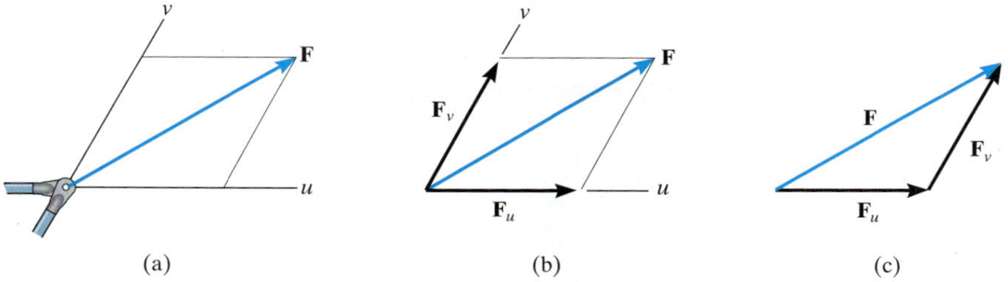

Fig. 2.8

2.3.3 Optelling van meerdere krachten

Wanneer meer dan twee krachten moeten worden opgeteld, kan de parallellogramregel een aantal keren na elkaar worden toegepast om de resultante te verkrijgen. Bijvoorbeeld: wanneer drie krachten $\mathbf{F}_1$, $\mathbf{F}_2$, $\mathbf{F}_3$ werken in punt *O*, zie fig. 2.9, wordt de resultante van twee van de krachten, bijvoorbeeld $\mathbf{F}_1 + \mathbf{F}_2$, bepaald en wordt deze resultante weer opgeteld bij de derde kracht. Dit levert de resultante op van alle drie de krachten, dat wil zeggen: $\mathbf{F}_R = (\mathbf{F}_1 + \mathbf{F}_2) + \mathbf{F}_3$. Wanneer de parallellogramregel op de hier getoonde manier wordt gebruikt om meer dan twee krachten bij elkaar op te tellen, vereist dit vaak uitgebreide geometrische en goniometrische berekeningen om de numerieke waarden van de grootte en richting van de resultante te bepalen. Dit soort problemen kan gemakkelijker worden opgelost met behulp van de 'rechthoekige-componentenmethode', die in paragraaf 2.4 wordt besproken.

Analyseprocedure

Vraagstukken waarbij twee krachten moeten worden opgeteld, kunnen als volgt worden opgelost:

Parallellogramregel

- Maak een tekening van de optelling van vectoren met behulp van de parallellogramregel.
- Twee krachten $\mathbf{F}_1$ en $\mathbf{F}_2$ in fig. 2.10*a* kunnen volgens de parallellogramregel bij elkaar worden opgeteld en leveren een *resulterende* kracht $\mathbf{F}_R$ op, die de diagonaal van het parallellogram vormt.
- Wanneer een kracht **F** moet worden ontbonden in *componenten* langs twee assen *u* en *v*, fig. 2.10*b*, begin dan bij de kop van de kracht **F** en construeer lijnen die evenwijdig lopen aan de assen en zodanig dat een parallellogram wordt gevormd. De componenten worden aangegeven door de zijden van het parallellogram, $\mathbf{F}_u$ en $\mathbf{F}_v$.
- Benoem in de tekening alle bekende en onbekende krachten en de hoeken en bepaal de twee onbekenden zoals de grootte en de richting van $\mathbf{F}_R$, of de groottes van zijn componenten.

Goniometrie

- Teken nog eens de helft van het parallellogram om de driehoekige kop-staartoptelling van de componenten weer te geven.
  Uit deze driehoek kan de grootte van de resulterende kracht worden bepaald met behulp van de cosinusregel en de richting kan worden bepaald met behulp van de sinusregel. De grootte van de twee krachtcomponenten wordt eveneens bepaald met behulp van de sinusregel. De formules zijn gegeven in fig. 2.10*c*.

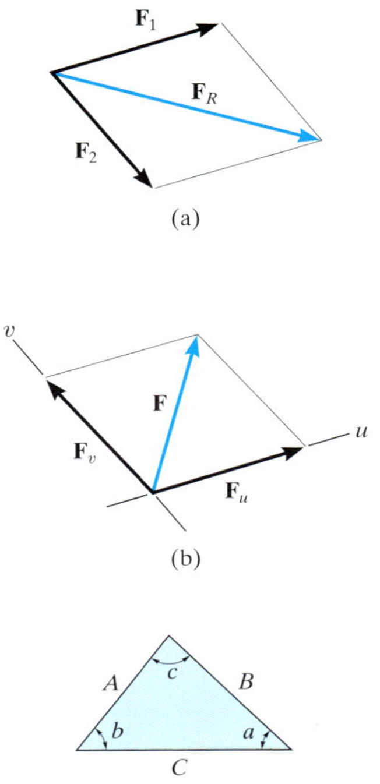

Cosinusregel:
$C = \sqrt{A^2 + B^2 - 2AB\cos c}$
Sinusregel:
$\dfrac{A}{\sin a} = \dfrac{B}{\sin b} = \dfrac{C}{\sin c}$

(c)

Fig. 2.10

Om te onthouden!

- Een scalair is een positief of negatief getal.
- Een vector is een grootheid die een grootte, richting en zin heeft.
- Door vermenigvuldiging met of deling van een vector door een scalair zal de grootte van de vector veranderen. De zin van de vector zal veranderen als de scalair negatief is.
- Een speciaal geval is als de vectoren collineair zijn. De resultante wordt dan verkregen door middel van een algebraïsche of scalaire optelling.

Voorbeeld 2.1

Op het schroefoog in fig. 2.11*a* werken twee krachten, $\mathbf{F}_1$ en $\mathbf{F}_2$. Bepaal de grootte en richting van de resulterende kracht.

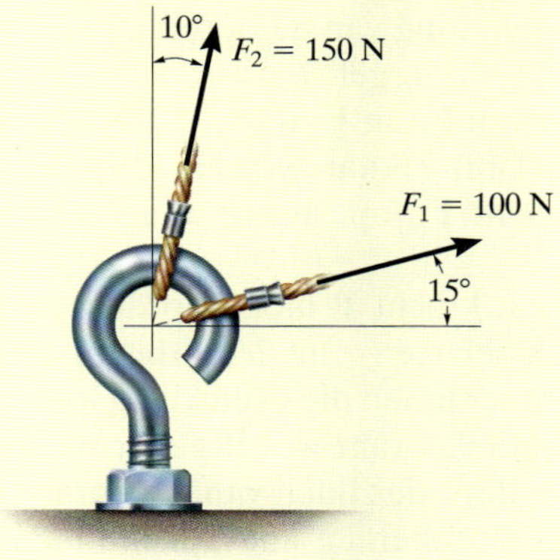

(a)

OPLOSSING

Parallellogramregel Het parallellogram wordt gevormd door een lijn te tekenen vanuit de kop van $\mathbf{F}_1$, evenwijdig aan $\mathbf{F}_2$, en een andere lijn vanuit de kop van $\mathbf{F}_2$, evenwijdig aan $\mathbf{F}_1$. De resultante $\mathbf{F}_R$ loopt tot het snijpunt A van deze twee lijnen, fig. 2.11*b*. De twee onbekenden zijn de grootte van $\mathbf{F}_R$ en de hoek θ (thèta).

Goniometrie Uit het parallellogram wordt de vectordriehoek geconstrueerd, fig. 2.11*c*. Met de cosinusregel vinden we:

$$F_R = \sqrt{(100\text{ N})^2 + (150\text{ N})^2 - 2(100\text{ N})(150\text{ N})\cos 115^\circ}$$
$$= \sqrt{10\,000 + 22\,500 - 30\,000(-0{,}4226)} = 212{,}6\text{ N}$$
$$= 213\text{ N}$$

Antw.

Met de sinusregel om θ te bepalen vinden we:

$$\frac{150\text{ N}}{\sin\theta} = \frac{212{,}6\text{ N}}{\sin 115^\circ} \qquad \sin\theta = \frac{150\text{ N}}{212{,}6\text{ N}}(\sin 115^\circ)$$
$$\theta = 39{,}8^\circ$$

Antw.

De richting ϕ (phi) van $\mathbf{F}_R$, gemeten vanaf de horizontale as, is dus:

$$\phi = 39{,}8^\circ + 15{,}0^\circ = 54{,}8^\circ$$

Antw.

OPMERKING: De resultaten lijken logisch, omdat fig. 2.11*b* laat zien dat $\mathbf{F}_R$ een grootte heeft die groter is dan die van zijn componenten en een richting die er tussenin ligt.

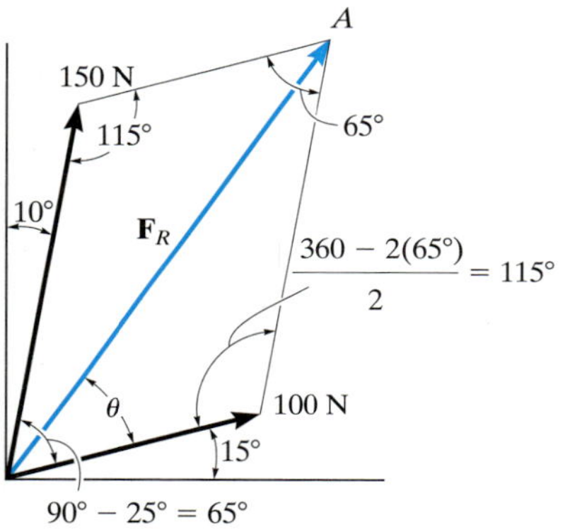

(b)

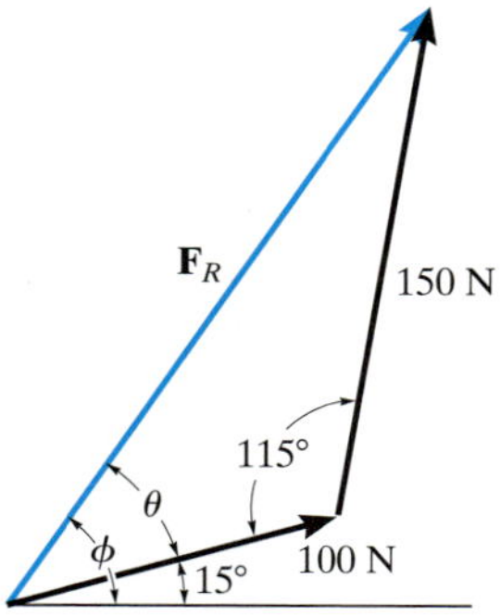

(c)

Fig. 2.11

Voorbeeld 2.2

Ontbind de horizontale kracht van 600 N in fig. 2.12*a* in componenten langs de u- en de v-as en bepaal de grootte van deze componenten.

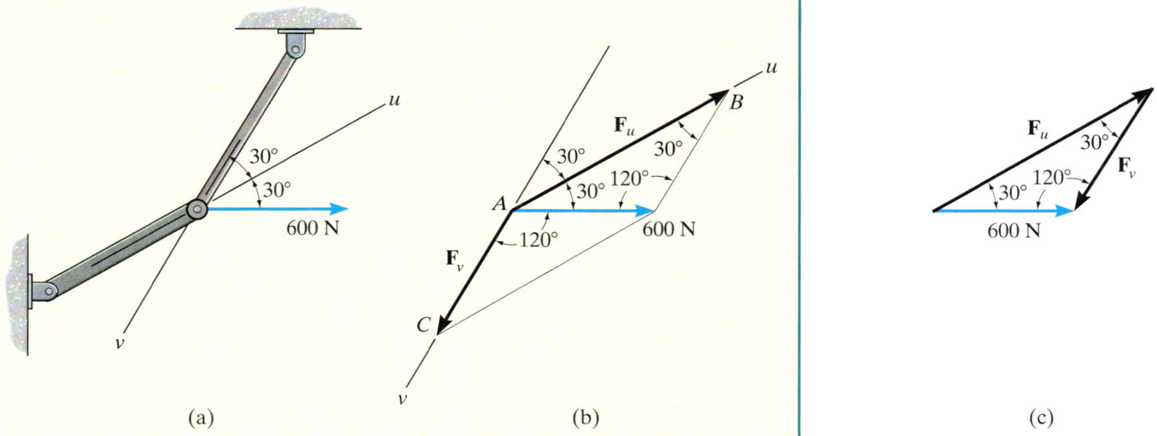

Fig. 2.12

OPLOSSING
Het parallellogram wordt geconstrueerd door een lijn te trekken van de *kop* van de kracht van 600 N evenwijdig aan de v-as tot aan het snijpunt met de u-as in punt B, fig. 2.12*b*. De pijl van A naar B stelt $\mathbf{F}_u$ voor. Evenzo snijdt de lijn vanuit de kop van de kracht van 600 N evenwijdig aan de u-as de v-as in punt C, wat $\mathbf{F}_v$ oplevert.

De vectoroptelling met de driehoeksregel is weergegeven in fig. 2.12*c*. De twee onbekendes zijn de groottes van $\mathbf{F}_u$ en $\mathbf{F}_v$. Met de sinusregel vinden we:

$$\frac{F_u}{\sin 120°} = \frac{600 \text{ N}}{\sin 30°}$$
$$F_u = 1039 \text{ N} \qquad \textit{Antw.}$$

$$\frac{F_v}{\sin 30°} = \frac{600 \text{ N}}{\sin 30°}$$
$$F_v = 600 \text{ N} \qquad \textit{Antw.}$$

OPMERKING: Aan het resultaat voor F_u zien we dat een component soms groter kan zijn dan de resultante.

Voorbeeld 2.3

Bepaal de grootte van de deelkracht **F** in fig. 2.13*a* en de grootte van de resultante $\mathbf{F}_R$, als $\mathbf{F}_R$ gericht is langs de positieve *y*-as.

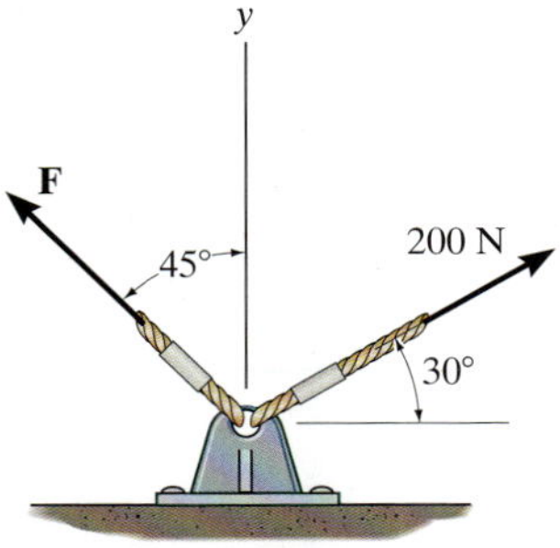

(a)

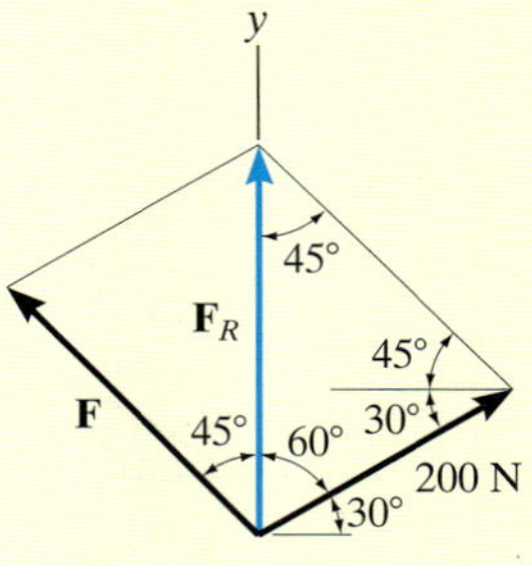

(b)

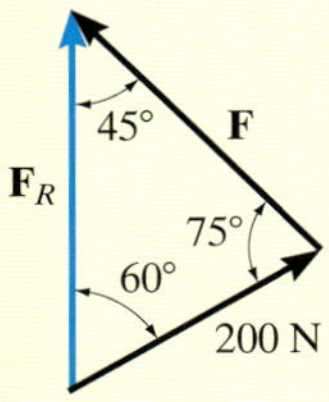

(c)

Fig. 2.13

OPLOSSING

De parallellogramregel voor de optelling is weergegeven in fig. 2.13*b*, en de driehoeksregel in fig. 2.13*c*. De onbekenden zijn de groottes van $\mathbf{F}_R$ en van **F**. Deze kunnen worden bepaald met de sinusregel.

$$\frac{F}{\sin 60^\circ} = \frac{200 \text{ N}}{\sin 45^\circ}$$

$$F = 245 \text{ N} \qquad \textit{Antw.}$$

$$\frac{F_R}{\sin 75^\circ} = \frac{200 \text{ N}}{\sin 45^\circ}$$

$$F_R = 273 \text{ N} \qquad \textit{Antw.}$$

Voorbeeld 2.4

Gevraagd wordt om de de resultante op de oogbout in fig. 2.14*a* te richten langs de positieve x-as met een *minimale* grootte voor $\mathbf{F}_2$. Bepaal deze grootte, de hoek θ en de bijbehorende resultante.

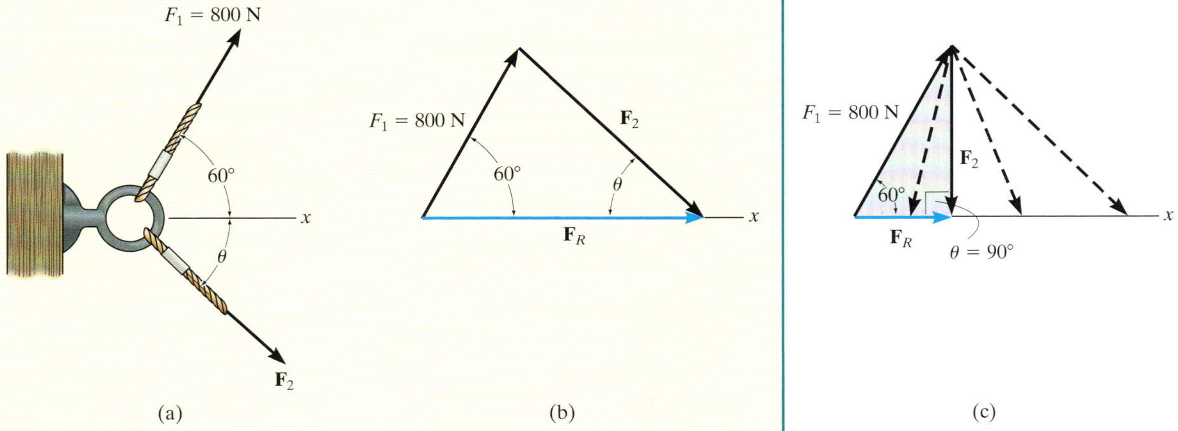

Fig. 2.14

OPLOSSING

De driehoeksregel voor $\mathbf{F}_R = \mathbf{F}_1 + \mathbf{F}_2$ is weergegeven in fig. 2.14*b*. Omdat de groottes (lengtes) van $\mathbf{F}_R$ en $\mathbf{F}_2$ niet gespecificeerd zijn, kan $\mathbf{F}_2$ feitelijk elke vector zijn waarvan de kop op de werklijn van $\mathbf{F}_R$ ligt, zie fig. 2.14*c*. Echter, zoals weergegeven, is de grootte van $\mathbf{F}_2$ minimaal of de kortste lengte wanneer zijn werklijn *loodrecht* op de werklijn van $\mathbf{F}_R$ staat, dat wil zeggen wanneer:

$$\theta = 90^\circ \qquad \textit{Antw.}$$

Omdat de vectoroptelling nu een rechthoekige driehoek vormt, kunnen de twee onbekende groottes worden verkregen met behulp van goniometrie.

$$F_R = (800\ \text{N})\cos 60^\circ = 400\ \text{N} \qquad \textit{Antw.}$$

$$F_2 = (800\ \text{N})\sin 60^\circ = 693\ \text{N} \qquad \textit{Antw.}$$

We adviseren je nadrukkelijk om zelf deze voorbeelden op te lossen. Je kunt dat doen door de oplossingen af te dekken, zelf de parallellogramwet te tekenen en te bedenken hoe je met de sinus- en cosinusregel de onbekenden kunt bepalen. Los vervolgens een aantal van de fundamentele vraagstukken op de volgende pagina op voordat je aan de vraagstukken begint. Achteraan in dit boek vind je de oplossingen en antwoorden bij de vraagstukken. Als je deze strategie door het hele boek volgt, zul je merken dat je oplossingsvaardigheden enorm zullen toenemen.

Fundamentele vraagstukken*

F2.1. Bepaal de grootte van de resultante op het schroefoog en zijn richting met de klok mee ten opzichte van de x-as.

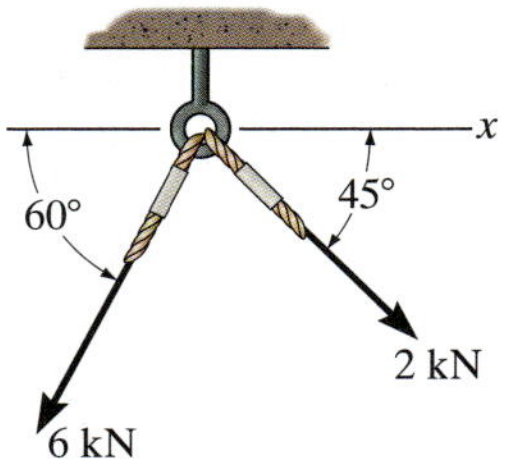

F2.1

F2.2. Op de haak werken twee krachten. Bepaal de grootte van de resultante.

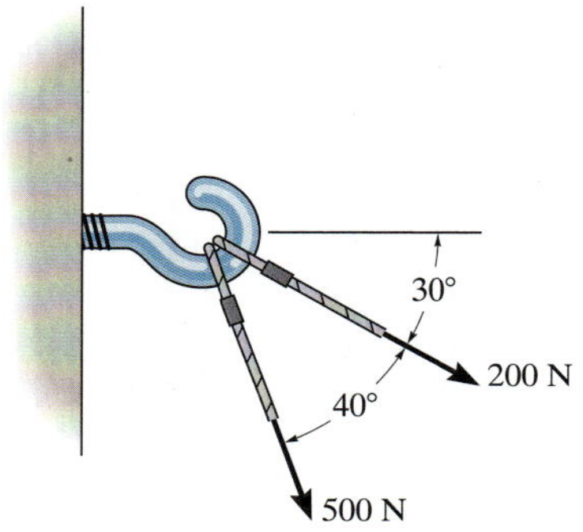

F2.2

F2.3. Bepaal de grootte van de resultante en zijn richting gemeten tegen de klok in ten opzichte van de positieve x-as.

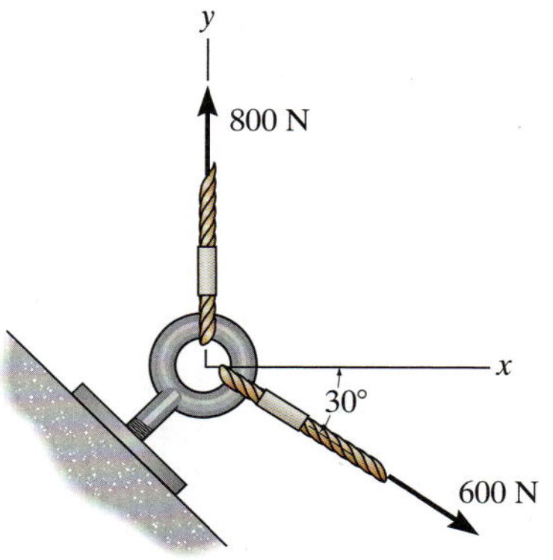

F2.3

F2.4. Ontbind de kracht van 30 N in componenten langs de u- en de v-as en bepaal de grootte van elk van deze componenten.

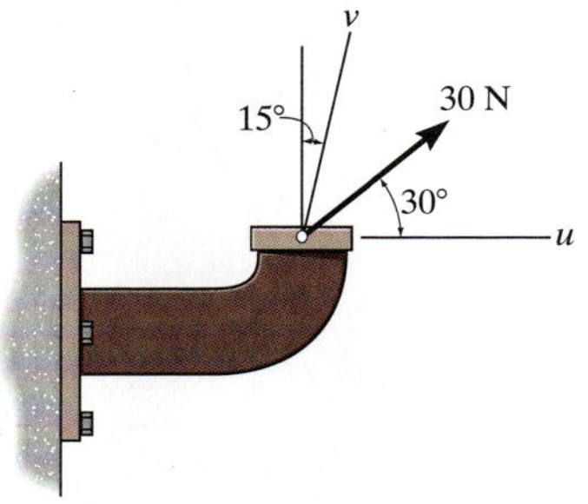

F2.4

F2.5. De kracht F = 450 N werkt op het frame. Ontbind deze kracht in componenten langs de elementen AB en AC, en bepaal de grootte van elke component.

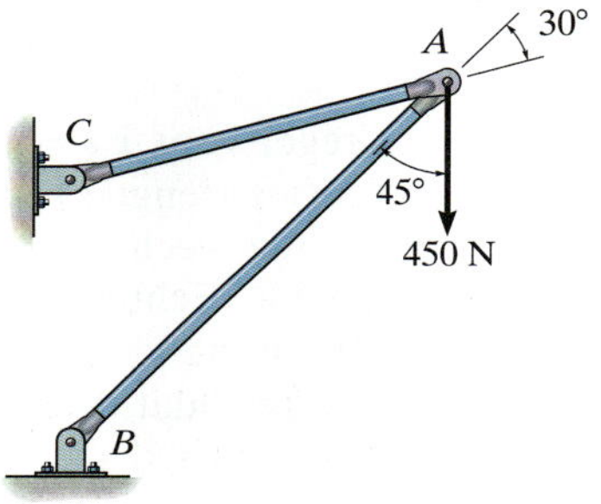

F2.5

F2.6. Als de kracht **F** een component langs de u-as van Fu = 6 kN moet hebben, bepaal dan de grootte van **F** en de grootte van zijn component $\mathbf{F}_v$ langs de v-as.

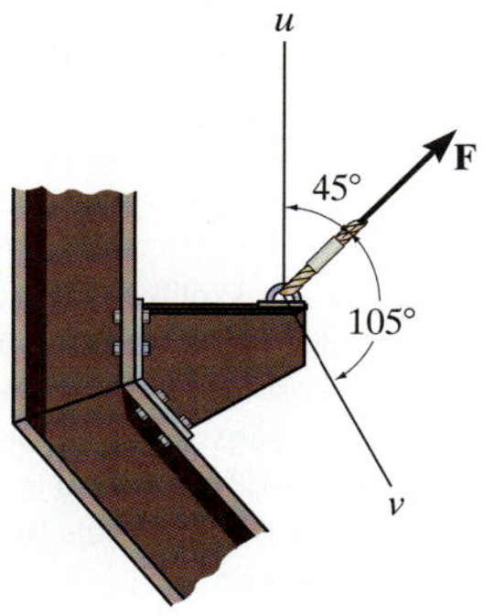

F2.6

* Gedeeltelijke oplossingen op alle fundamentele vraagstukken zijn te vinden achter in dit boek.

Vraagstukken

2.1. Bepaal de grootte van de resulterende kracht $\mathbf{F}_R = \mathbf{F}_1 + \mathbf{F}_2$ en de richting gemeten tegen de klok in t.o.v. de positieve x-as.

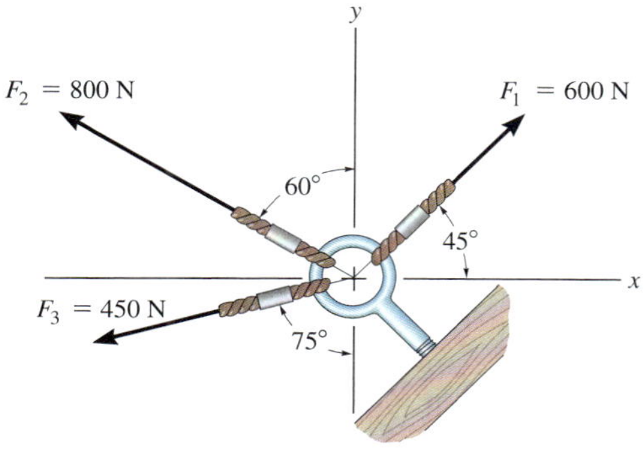

Vraagstuk 2.1

2.2. Als de hoek $\theta = 60°$ en $F = 450$ N, bepaal dan de grootte van de resulterende kracht en de richting gemeten tegen de klok in t.o.v. de positieve x-as.

2.3. De grootte van de resulterende kracht moet 500 N zijn, gericht langs de positieve y-as. Bepaal dan de grootte van de kracht **F** en de richting θ ervan.

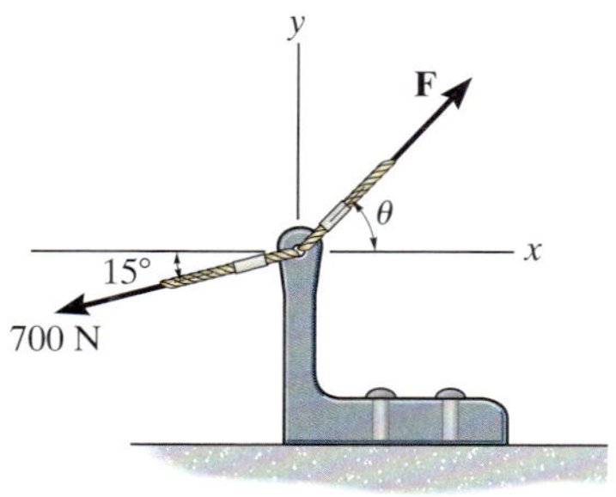

Vraagstuk 2.3

***2.4.** Bepaal de grootte van de resulterende kracht $\mathbf{F}_R = \mathbf{F}_1 + \mathbf{F}_2$ en de richting ervan, gemeten met de klok mee ten opzichte van de positieve u-as.

2.5. Ontbind de kracht $\mathbf{F}_1$ in componenten langs de u- en v-as en bepaal de grootte van elke component.

2.6. Ontbind de kracht $\mathbf{F}_2$ in componenten langs de u- en v-as en bepaal de grootte van elke component.

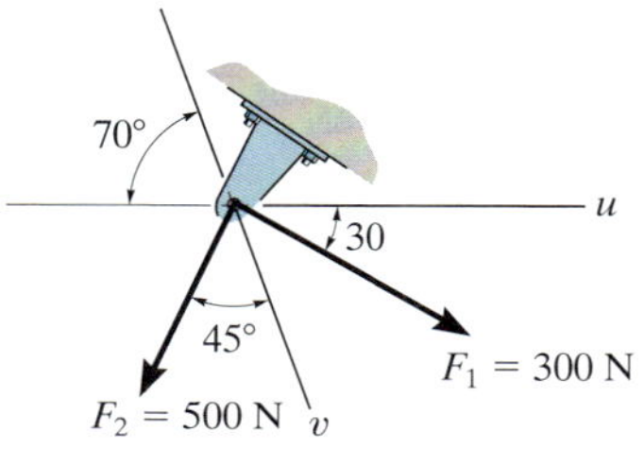

Vraagstuk 2.6

2.7. Als $F_B = 2$ kN en de resultante langs de positieve u-as werkt, bepaal dan de grootte van de resultante en de hoek θ.

***2.8.** Als de resultante langs de positieve u-as moet werken en een grootte van 5 kN moet hebben, bepaal dan de grootte van $\mathbf{F}_B$ en de richting θ.

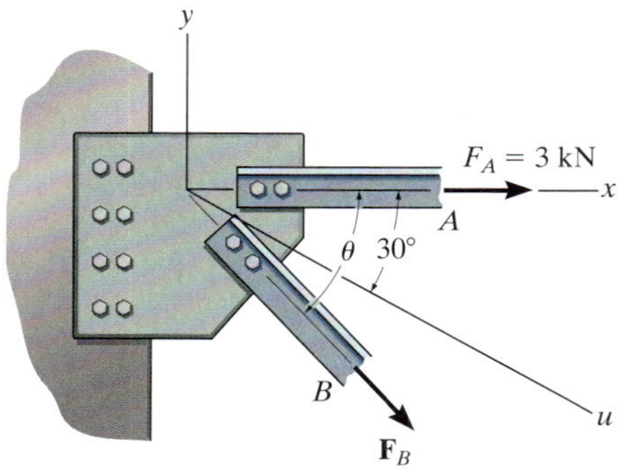

Vraagstukken 2.7/8

2.9. Ontbind $\mathbf{F}_1$ in componenten langs de u- en de v-as en bepaal de grootte van deze componenten.

2.10. Ontbind $\mathbf{F}_2$ in componenten langs de u- en de v-as en bepaal de grootte van deze componenten.

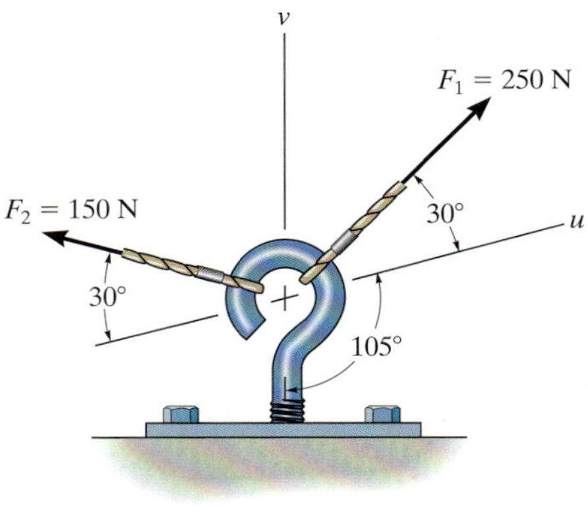

Vraagstukken 2.9/10

2.11. De vrachtwagen moet worden gesleept met behulp van twee touwen. Bepaal de groottes van de krachten $\mathbf{F}_A$ en $\mathbf{F}_B$ op elk touw voor het ontwikkelen van een resultante van 950 N, gericht langs de positieve x-as. Neem $\theta = 50°$.

***2.12.** De vrachtwagen moet worden gesleept met behulp van twee touwen. Als de resultante 950 N moet zijn, gericht langs de positieve x- as, bepaal dan de grootte van de krachten $\mathbf{F}_A$ en $\mathbf{F}_B$ op elk touw en de hoek van $\mathbf{F}_B$ zodanig dat de grootte van $\mathbf{F}_B$ *minimaal* is. $\mathbf{F}_A$ werkt onder een hoek van 20° met de x-as, zoals weergegeven.

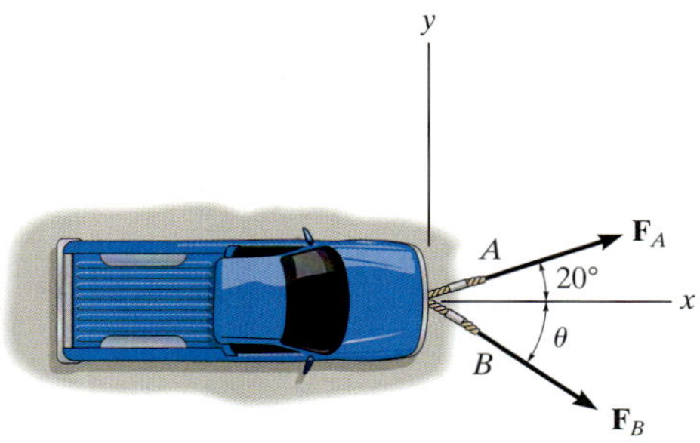

Vraagstukken 2.11/12

2.13. Het apparaat wordt gebruikt als (operatief aangebrachte) vervanging van het kniegewricht. Als de kracht langs het been 360 N is, bepaal dan de componenten langs de x'- en y-as.

2.14. Het apparaat wordt gebruikt als (operatief aangebrachte) vervanging van het kniegewricht. Als de kracht langs het been 360 N is, bepaal dan de componenten langs de x- en de y'-as.

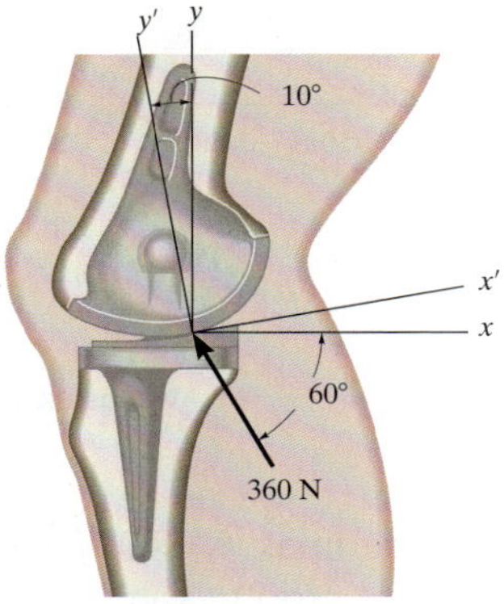

Vraagstukken 2.13/14

2.15. Op de plaat werken twee krachten in A en B, zoals weergegeven. Als $\theta = 60°$, bepaal dan de grootte van de resultante van deze twee krachten en de richting met de klok mee ten opzichte van de horizontale as.

***2.16.** Bepaal de hoek θ voor het verbinden van element A met de plaat, zodat de resultante van $\mathbf{F}_A$ en $\mathbf{F}_B$ horizontaal naar rechts gericht is. Geef ook de grootte van de resultante.

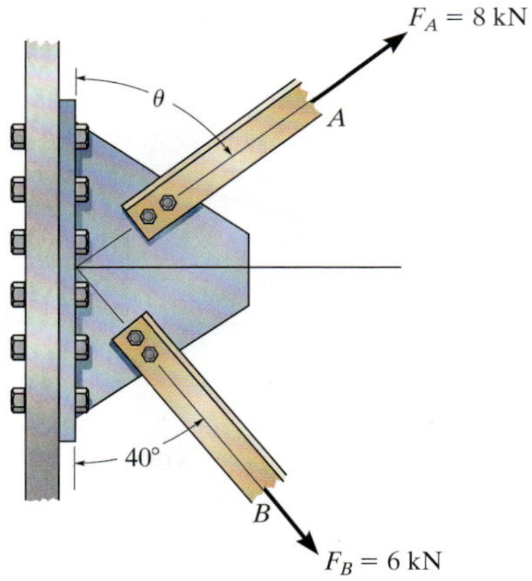

Vraagstukken 2.15/16

2.17. De boomstam wordt versleept door twee tractoren A en B. Bepaal de groottes van de twee sleepkrachten $\mathbf{F}_A$ en $\mathbf{F}_B$ als de resultante een grootte $F_R = 10$ kN moet hebben en gericht moet zijn langs de x-as. Neem $\theta = 15°$.

2.18. Als de resultante $\mathbf{F}_R$ van de twee krachten op de boomstam gericht moet zijn langs de positieve x-as en een grootte van 10 kN heeft, bepaal dan de hoek θ van de aan B bevestigde kabel, zodanig dat de grootte van de kracht $\mathbf{F}_B$ in deze kabel minimaal is. Wat is in deze situatie de grootte van de kracht in elke kabel?

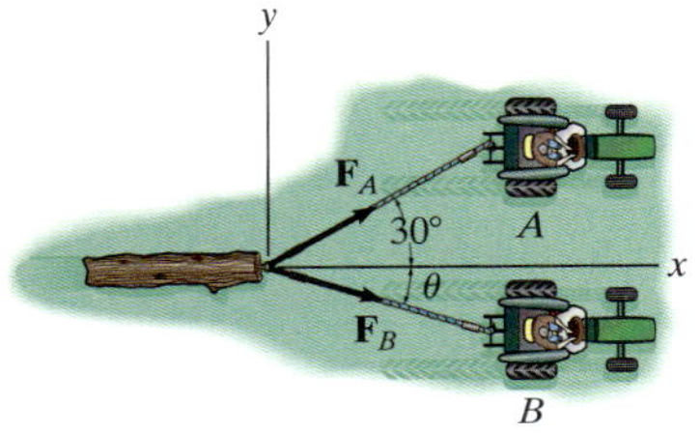

Vraagstukken 2.17/18

2.19. Bepaal de grootte en richting van de resultante $\mathbf{F}_R = \mathbf{F}_1 + \mathbf{F}_2 + \mathbf{F}_3$ van de drie krachten, door eerst de resultante $\mathbf{F}' = \mathbf{F}_1 + \mathbf{F}_2$ te bepalen en vervolgens $\mathbf{F}_R = \mathbf{F}' + \mathbf{F}_3$.

***2.20.** Bepaal de grootte en richting van de resultante $\mathbf{F}_R = \mathbf{F}_1 + \mathbf{F}_2 + \mathbf{F}_3$ van de drie krachten, door eerst de resultante $\mathbf{F}' = \mathbf{F}_1 + \mathbf{F}_3$ te bepalen en vervolgens $\mathbf{F}_R = \mathbf{F}' + \mathbf{F}_1$.

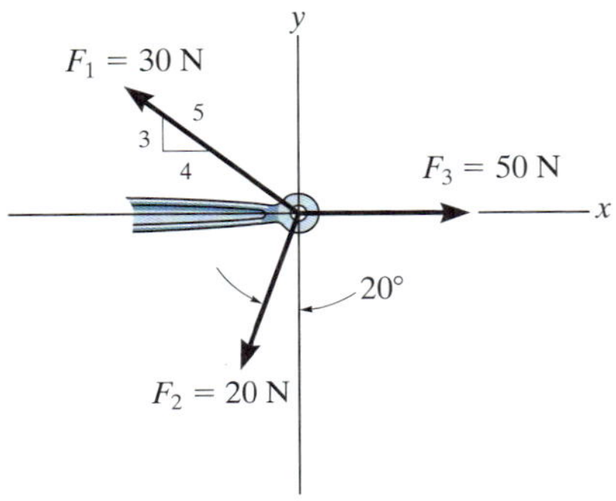

Vraagstukken 2.19/20

2.21. Op het schroefoog werken twee krachten. $F_1 = 400$ N en $F_2 = 600$ N. Bepaal de hoek θ ($0° \leq \theta \leq 180°$) tussen de krachten, zodanig dat de resultante een grootte $F_R = 800$ N heeft.

2.22. Op het schroefoog werken twee krachten, $\mathbf{F}_1$ en $\mathbf{F}_2$. Als hun werklijnen een hoek θ maken, en de grootte van elke kracht gelijk is aan $F_1 = F_2 = F$, bepaal dan de grootte van de resultante $\mathbf{F}_R$ en de hoek tussen $\mathbf{F}_R$ en $\mathbf{F}_1$.

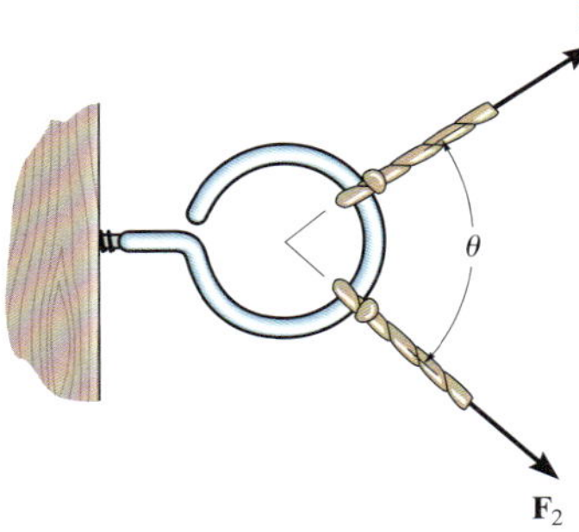

Vraagstuk 2.21/22

2.23. Op het schroefoog werken twee krachten. $F = 600$ N. Bepaal de grootte van de resultante en de hoek θ als de resultante verticaal omhoog gericht is.

***2.24.** Om de paal uit de grond te trekken worden twee krachten op het schroefoog uitgeoefend. Bepaal de hoek θ ($0° \leq \theta \leq 90°$) en de grootte van de kracht $\mathbf{F}$, zodanig dat de resultante op de paal verticaal omhoog gericht is en een grootte van 750 N heeft.

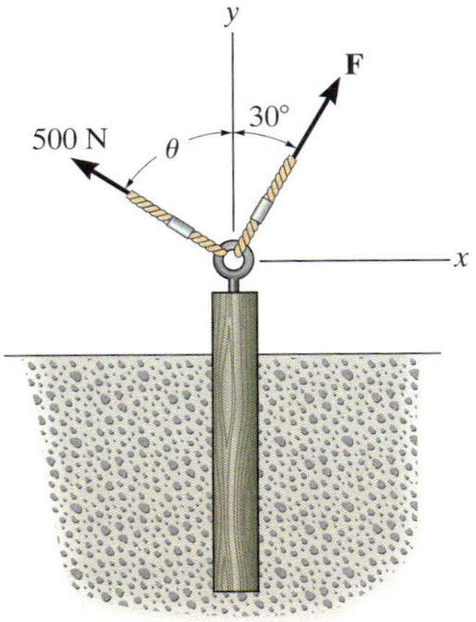

Vraagstukken 2.23/24

2.25. Bepaal de grootte en richting van componentkracht $\mathbf{F}_1$. Druk de uitkomst uit als functie van de grootte van component $\mathbf{F}_2$, resultante $\mathbf{F}_R$ en de hoek θ.

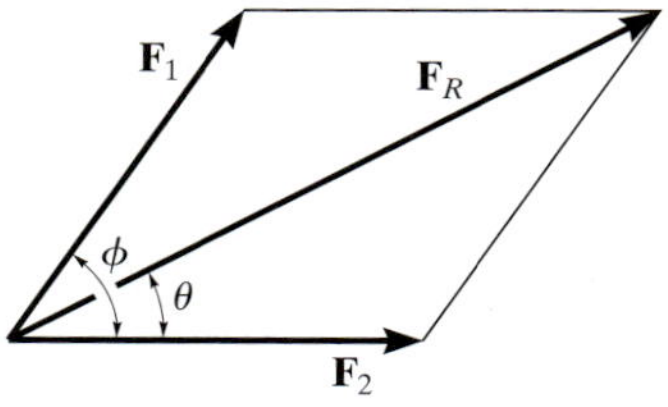

Vraagstuk 2.25

2.26. De balk moet worden opgehesen met behulp van twee kettingen. Bepaal de grootte van de krachten $\mathbf{F}_A$ en $\mathbf{F}_B$ op elke ketting voor het ontwikkelen van een resultante van 600 N, gericht langs de positieve y-as. Neem $\theta = 45°$.

2.27. De balk moet worden opgehesen met behulp van twee kettingen. Als de resultante 600 N moet zijn, gericht langs de positieve y-as, bepaal dan de groottes van de krachten $\mathbf{F}_A$ en $\mathbf{F}_B$ op elke ketting en de hoek θ van $\mathbf{F}_B$ zodanig dat de grootte van $\mathbf{F}_B$ minimaal is. $\mathbf{F}_A$ werkt onder een hoek van 30° met de y-as, zoals weergegeven.

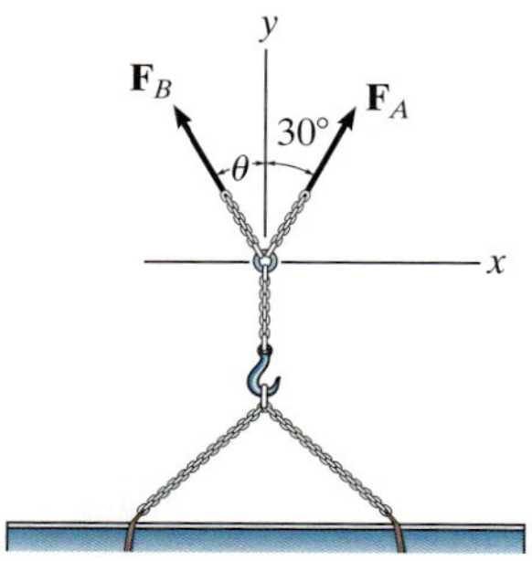

Vraagstukken 2.26/27

***2.28.** De resultante van de door de twee sleepboten uitgeoefende krachten is 3 kN, gericht langs de positieve x-as. Bepaal de benodigde grootte van kracht F_B en de richting θ daarvan.

2.29. Als $F_B = 3$ kN en $\theta = 45°$, bepaal dan de grootte van de resultante van de door de twee sleepboten uitgeoefende krachten en de richting daarvan, gemeten met de klok mee ten opzichte van de positieve x-as.

2.30. De resultante x-as van de door de twee sleepboten uitgeoefende krachten moet gericht zijn in de richting van de positieve x-as en F_B moet minimaal zijn. Bepaal de grootte van F_R en F_B en de hoek θ.

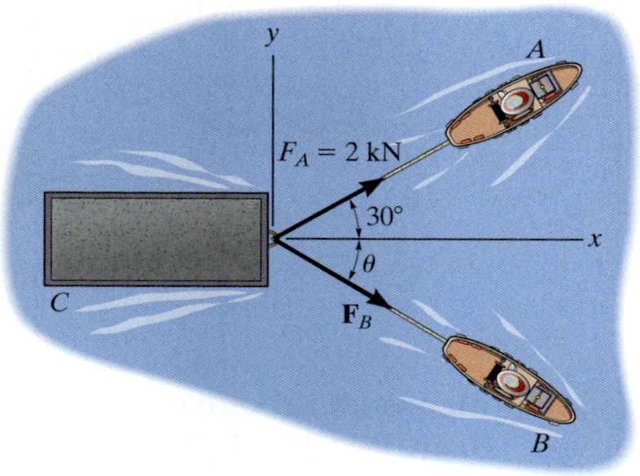

Vraagstukken 2.28/29/30

2.31. Als de trekkracht in de kabel 400 N is, bepaal dan de grootte en de richting van de resultante op de katrol. Deze hoek is gelijk aan de hoek θ van lijn AB op het staartblok.

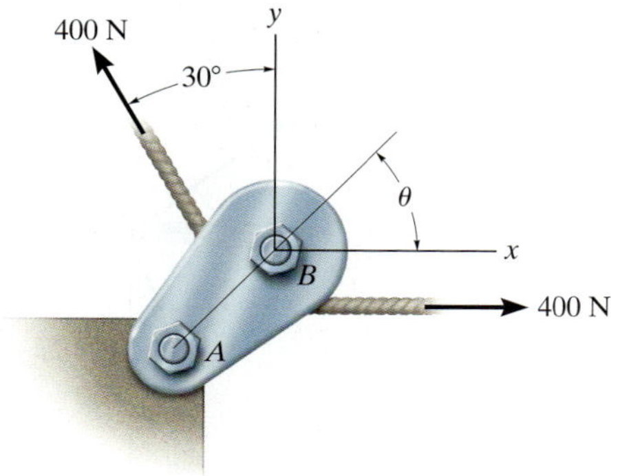

Vraagstuk 2.31

2.4 Optellen van een systeem van krachten die in hetzelfde vlak werkzaam zijn

Wanneer een kracht wordt ontbonden in twee componenten langs de x- en de y-as, worden de componenten *rechthoekige componenten* genoemd. Bij analytisch werk kunnen we deze componenten op twee manieren voorstellen: ofwel met scalaire notatie ofwel met de cartesische-vectornotatie.

2.4.1 Scalaire notatie

De rechthoekige componenten van de kracht **F**, weergegeven in fig. 2.15*a*, worden bepaald met de parallellogramregel, zodat $\mathbf{F} = \mathbf{F}_x + \mathbf{F}_y$. Omdat deze componenten een rechthoekige driehoek vormen, kunnen de groottes ervan worden bepaald uit:

$$F_x = F\cos\theta \qquad \text{en} \qquad F_y = F\sin\theta$$

In plaats van de hoek θ te gebruiken kan de richting van **F** ook worden gedefinieerd met behulp van een kleine 'hellingsdriehoek', zoals weergegeven in fig. 2.15*b*. Omdat deze driehoek en de grotere grijze driehoek gelijkvormig zijn, volgt uit de lengteverhouding van de zijden dat:

$$\frac{F_x}{F} = \frac{a}{c}$$

of

$$F_x = F\left(\frac{a}{c}\right)$$

en

$$\frac{F_y}{F} = \frac{b}{c}$$

of

$$F_y = -F\left(\frac{b}{c}\right)$$

In dit geval is de y-component negatief, aangezien $\mathbf{F}_y$ samenvalt met de negatieve y-as.

Het is belangrijk om in gedachten te houden dat deze positieve en negatieve scalaire notatie alleen moet worden gebruikt voor berekeningen en niet voor grafische weergaven in figuren. In het hele boek duidt de *kop van een vectorpijl* in alle figuren de zin van een vector *grafisch* aan; algebraïsche tekens worden niet gebruikt voor dit doel. De vectoren in de figuren 2.15*a* en 2.15*b* worden dus aangeduid met vetgedrukte (vector)notatie.* Wanneer in figuren schuingedrukte symbolen naast de vectorpijlen staan, geven deze de *grootte* van de vector aan, die *altijd* een *positieve* grootheid is.

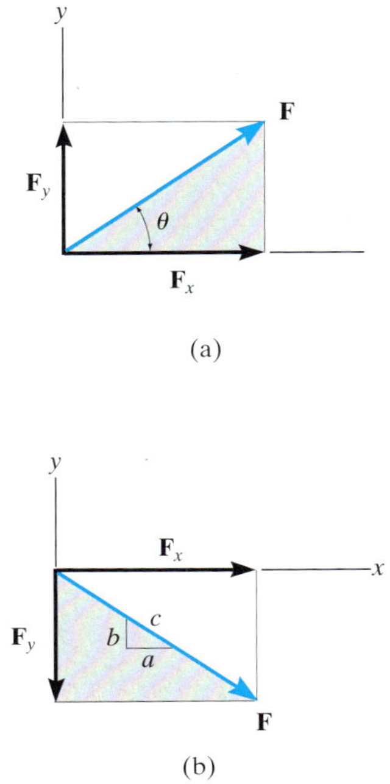

Fig. 2.15

* Negatieve tekens worden alleen vetgedrukt gebruikt in figuren wanneer gelijke maar tegengesteld gerichte paren van vectoren worden getoond, zoals in fig. 2.2.

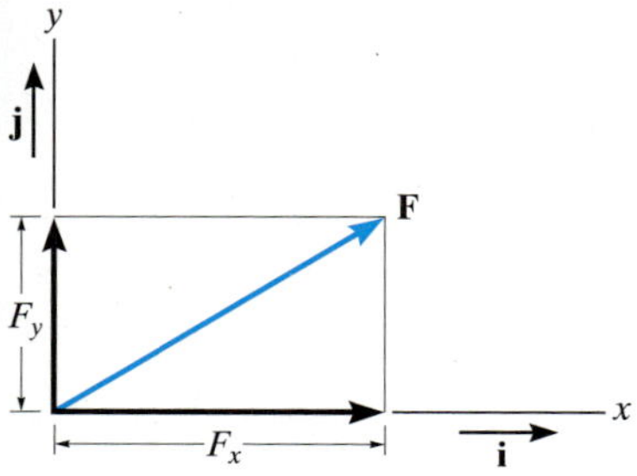

Fig. 2.16

2.4.2 Cartesische vectornotatie

Het is ook mogelijk om de x- en y-componenten van een kracht als een functie van de cartesische eenheidsvectoren **i** en **j** weer te geven. Ze worden eenheidsvectoren genoemd, omdat ze een dimensieloze grootte van 1 hebben, zodat ze kunnen worden gebruikt om de *richtingen* van respectievelijk de x- en y-as aan te geven, zie fig. 2-16.*

Omdat de *grootte* van elke component van **F** *altijd een positieve grootheid* is, voorgesteld door de (positieve) scalairen F_x en F_y, kunnen we **F** uitdrukken als de *cartesische vector*:

$$\mathbf{F} = F_x\mathbf{i} + F_y\mathbf{j}$$

2.4.3 Resultanten van krachten die in hetzelfde vlak werkzaam zijn

Elk van de twee zojuist beschreven methoden kan worden gebruikt om de resultante van verschillende *coplanaire krachten* te bepalen. Hiertoe wordt elke kracht eerst ontbonden in zijn x- en y-componenten en worden de respectievelijke componenten vervolgens *algebraïsch* opgeteld, aangezien ze dezelfde werklijn hebben. De resultante wordt dan bepaald door de resultanten van de x- en y-componenten op te tellen volgens de parallellogramregel. Neem bijvoorbeeld de drie elkaar snijdende krachten in fig. 2.17*a*, die x- en y-componenten hebben zoals in fig. 2.17*b* is te zien. Met *cartesische vectornotatie*, wordt iedere kracht eerst voorgesteld als een cartesische vector, dat wil zeggen:

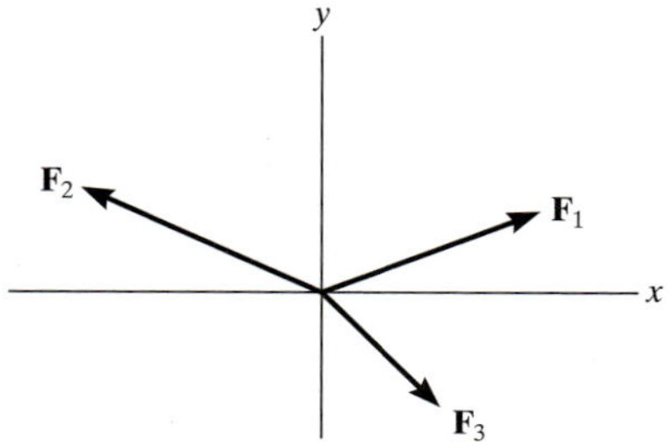

(a)

$$\mathbf{F}_1 = F_{1x}\mathbf{i} + F_{1y}\mathbf{j}$$
$$\mathbf{F}_2 = -F_{2x}\mathbf{i} + F_{2y}\mathbf{j}$$
$$\mathbf{F}_3 = F_{3x}\mathbf{i} - F_{3y}\mathbf{j}$$

De vectorresultante is daarom:

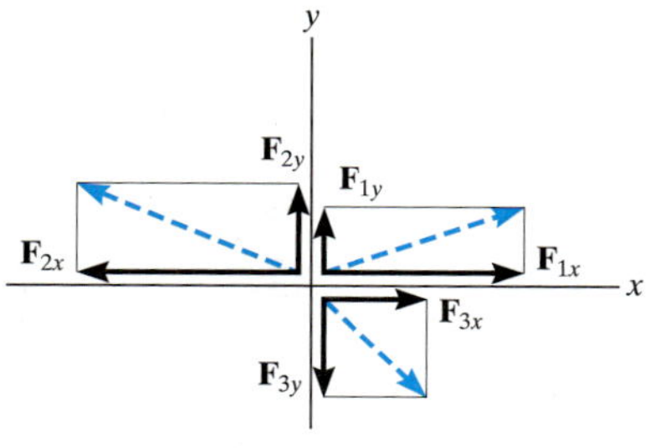

(b)

$$\begin{aligned}\mathbf{F}_R &= \mathbf{F}_1 + \mathbf{F}_2 + \mathbf{F}_3 \\ &= F_{1x}\mathbf{i} + F_{1y}\mathbf{j} - F_{2x}\mathbf{i} + F_{2y}\mathbf{j} + F_{3x}\mathbf{i} - F_{3y}\mathbf{j} \\ &= (F_{1x} - F_{2x} + F_{3x})\mathbf{i} + (F_{1y} + F_{2y} - F_{3y})\mathbf{j} \\ &= (F_{Rx})\mathbf{i} + (F_{Ry})\mathbf{j}\end{aligned}$$

Wanneer *scalaire notatie* wordt gebruikt, vinden we:

$$(\overset{+}{\rightarrow}) \qquad F_{Rx} = F_{1x} - F_{2x} + F_{3x}$$
$$(+\uparrow) \qquad F_{Ry} = F_{1y} + F_{2y} - F_{3y}$$

Deze resultaten zijn *hetzelfde* als de **i**- en **j**-componenten van $\mathbf{F}_R$ zoals hierboven is bepaald.

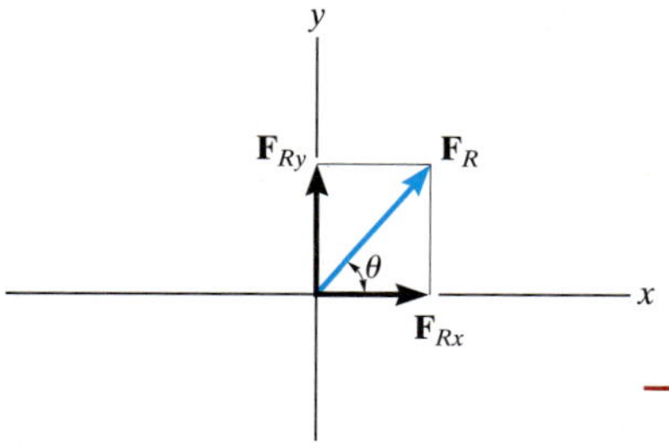

(c)

Fig. 2.17

We kunnen de x- en y-componenten van de resultante van elk aantal in hetzelfde vlak werkzame krachten symbolisch weergeven door de al-

* In handgeschreven werk worden eenheidsvectoren gewoonlijk aangegeven met een accent circonflexe, bijvoorbeeld $\hat{\imath}$ en $\hat{\jmath}$. Het is ook belangrijk om te onthouden dat F_x en F_y in fig. 2.16 de *groottes* van de componenten voorstellen en dus *altijd positieve scalaire grootheden* zijn. De richtingen worden gedefinieerd door **i** en **j**. Als we scalaire notatie gebruiken, kunnen F_x en F_y *zowel* positieve als negatieve scalaire grootheden zijn, omdat ze zowel de grootte als richting van de componenten aangeven.

gebraïsche som van de x- en y-componenten van alle krachten, dat wil zeggen:

$$\begin{aligned} F_{Rx} &= \Sigma F_x \\ F_{Ry} &= \Sigma F_y \end{aligned} \qquad (2.1)$$

Zodra de resulterende componenten zijn bepaald, kunnen ze langs de x- en y-as in de juiste zin worden getekend en kan de resultante worden vastgesteld door middel van vectoroptelling, zoals aangegeven in fig. 2.17c. Uit deze tekening wordt de grootte van F_R gevonden met behulp van de stelling van Pythagoras, namelijk:

$$F_R = \sqrt{F_{Rx}^2 + F_{Ry}^2}$$

De hoek θ, die de richting van de resultante aangeeft, wordt bepaald met behulp van goniometrie:

$$\theta = \tan^{-1}\left|\frac{F_{Ry}}{F_{Rx}}\right|$$

Hieronder volgen getallenvoorbeelden van bovenstaande concepten.

De resultante van de drie kabelkrachten op de paal kunnen worden bepaald door de afzonderlijke x- en y-componenten van elke kabelkracht algebraïsch op te tellen. Deze resultante F_R levert *hetzelfde trekeffect* op de paal als de combinatie van de drie kabels.

Om te onthouden!

- De resultante van verschillende in hetzelfde vlak werkzame krachten (coplanaire krachten) kan eenvoudig worden berekend als een x-y-coördinatenstelsel is bepaald en de krachten worden ontbonden langs de assen daarvan.
- De richting van elke kracht wordt gespecificeerd door de hoek die de werklijn van de kracht maakt met een van de assen, of door een hellingsdriehoek.
- De oriëntatie van de x-as en y-as is arbitrair en hun positieve richting kan worden gespecificeerd door de cartesische eenheidsvectoren **i** en **j**.
- De x- en y-componenten van de *resultante* zijn eenvoudigweg de algebraïsche optelling van de componenten van alle in hetzelfde vlak werkzame (coplanaire) krachten.
- De grootte van de resultante wordt berekend op basis van de stelling van Pythagoras en als de componenten op de x- en y-assen worden getekend, kan de richting worden vastgesteld met behulp van goniometrische betrekkingen.

Voorbeeld 2.5

Bepaal de x- en y-componenten van $\mathbf{F}_1$ en $\mathbf{F}_2$ die op de in fig. 2.18a afgebeelde giek werken. Druk elke kracht uit als een cartesische vector.

OPLOSSING

Scalaire notatie $\mathbf{F}_1$ wordt met behulp van de parallellogramregel ontbonden in x- en y-componenten, zie fig. 2.18b. Aangezien $\mathbf{F}_{1x}$ in de $-x$-richting werkt en $\mathbf{F}_{1y}$ in de $+y$-richting, geldt het volgende:

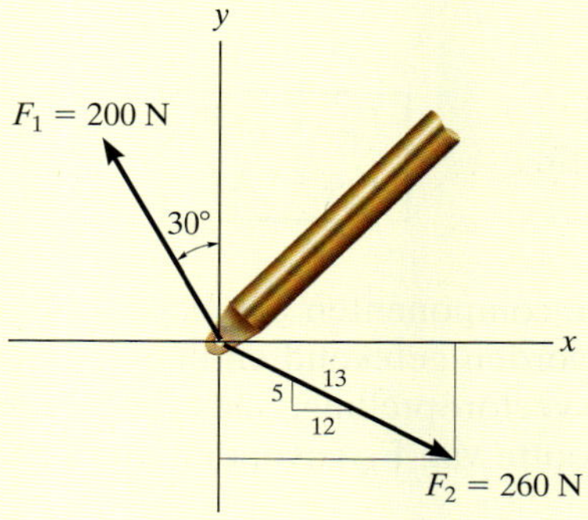

(a)

$$F_{1x} = -200 \sin 30° \text{ N} = -100 \text{ N} = 100 \text{ N} \leftarrow \qquad \textit{Antw.}$$

$$F_{1y} = 200 \cos 30° \text{ N} = 173 \text{ N} = 173 \text{ N}\uparrow \qquad \textit{Antw.}$$

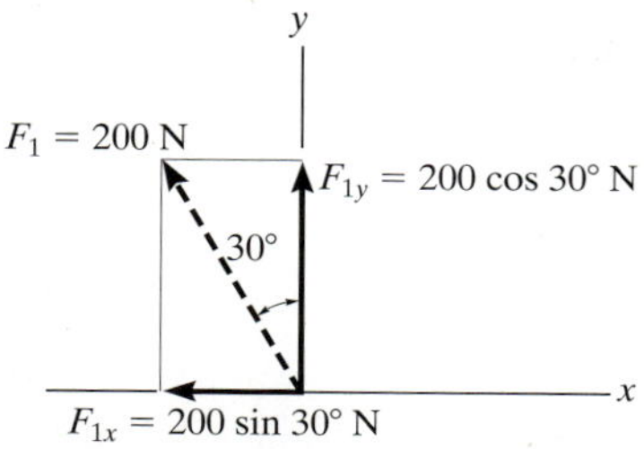

(b)

De kracht $\mathbf{F}_2$ wordt ontbonden in zijn x- en y-componenten, zoals afgebeeld in fig. 2.18*c*. Hier wordt de *helling* van de werklijn van de kracht aangegeven. Uit deze 'hellingsdriehoek' zouden we de hoek θ, bijvoorbeeld, $\theta = \tan^{-1}(\frac{5}{12})$, kunnen afleiden om vervolgens op dezelfde manier als voor $\mathbf{F}_1$ de groottes van de componenten te berekenen. Maar een eenvoudiger methode is gebruik te maken van evenredige delen van gelijkvormige driehoeken, dat wil zeggen:

$$\frac{F_{2x}}{260 \text{ N}} = \frac{12}{13} \qquad F_{2x} = 260 \text{ N}\left(\frac{12}{13}\right) = 240 \text{ N}$$

Evenzo:

$$F_{2y} = 260 \text{ N}\left(\frac{5}{13}\right) = 100 \text{ N}$$

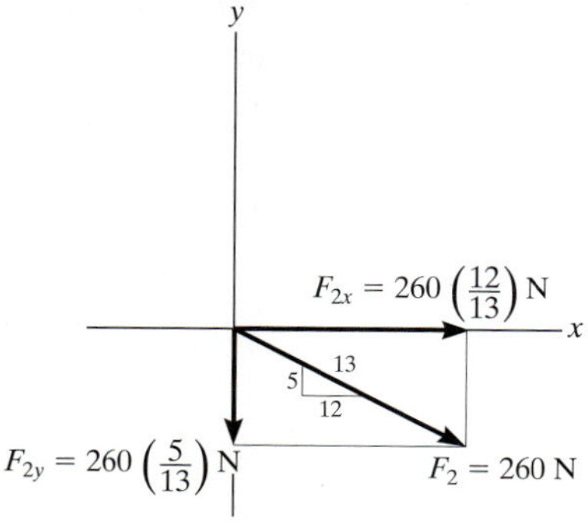

(c)

Fig. 2.18

Merk op dat de grootte van de horizontale component, F_{2x}, werd verkregen door de grootte van de kracht te vermenigvuldigen met de verhouding tussen de *horizontale zijde* van de hellingsdriehoek en de hypotenusa. De grootte van de *verticale component*, F_{2y}, werd juist verkregen door de grootte van de kracht te vermenigvuldigen met de verhouding tussen de *verticale zijde* en de hypotenusa. We krijgen dus het volgende:

$$F_{2x} = 240 \text{ N} = 240 \text{ N} \rightarrow \qquad \textit{Antw.}$$

$$F_{2y} = -100 \text{ N} = 100 \text{ N}\downarrow \qquad \textit{Antw.}$$

Cartesische vectornotatie Wanneer we de groottes en richtingen van de componenten van elke kracht hebben berekend, kunnen we elke kracht uitdrukken als een cartesische vector.

$$\mathbf{F}_1 = \{-100\mathbf{i} + 173\mathbf{j}\} \text{ N} \qquad \textit{Antw.}$$

$$\mathbf{F}_2 = \{240\mathbf{i} - 100\mathbf{j}\} \text{ N} \qquad \textit{Antw.}$$

Voorbeeld 2.6

Op de beugel in fig. 2.19*a* werken twee krachten $\mathbf{F}_1$ en $\mathbf{F}_2$. Bepaal de grootte en richting van de resultante.

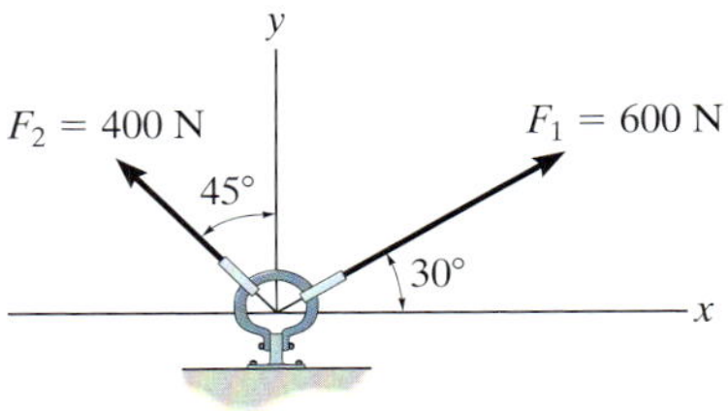

(a)

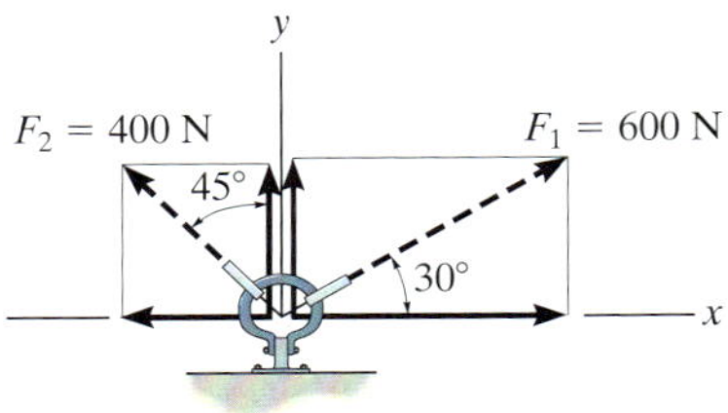

(b)

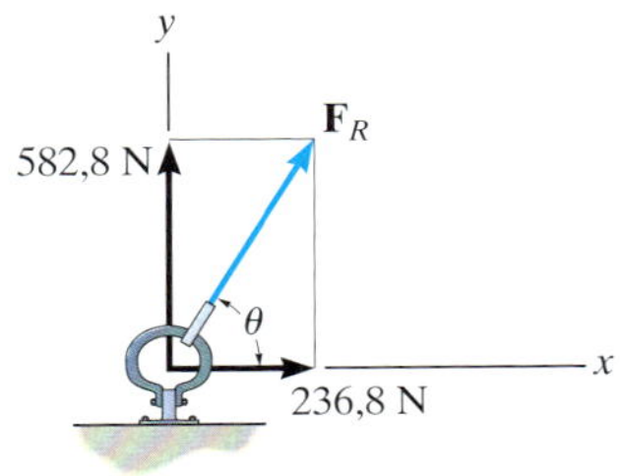

(c)

Fig. 2.19

OPLOSSING 1

Scalaire notatie Eerst ontbinden we elke kracht in zijn x en y-componenten, zie fig. 2.19*b*, en tellen we deze componenten algebraïsch op.

$$\xrightarrow{+} F_{Rx} = \Sigma F_x; \qquad F_{Rx} = 600 \cos 30^\circ \text{ N} - 400 \sin 45^\circ \text{ N} = 236{,}8 \text{ N} \rightarrow$$

$$+\uparrow F_{Ry} = \Sigma F_y; \qquad F_{Ry} = 600 \sin 30^\circ \text{ N} + 400 \cos 45^\circ \text{ N} = 582{,}8 \text{ N}\uparrow$$

De resultante, zie fig. 2.19*c*, heeft een *grootte* van:

$$F_R = \sqrt{(236{,}8 \text{ N})^2 + (582{,}8 \text{ N})^2} = 629 \text{ N}$$

Antw.

Uit de vectoroptelling volgt:

$$\theta = \tan^{-1}\left(\frac{582{,}8 \text{ N}}{236{,}8 \text{ N}}\right) = 67{,}9^\circ$$

Antw.

OPLOSSING 2

Cartesische vectornotatie Elke kracht in fig. 2.19*b* wordt als een cartesische vector uitgedrukt:

$$\mathbf{F}_1 = \{600 \cos 30^\circ \mathbf{i} + 600 \sin 30^\circ \mathbf{j}\} \text{ N}$$

$$\mathbf{F}_2 = \{-400 \sin 45^\circ \mathbf{i} + 400 \cos 45^\circ \mathbf{j}\} \text{ N}$$

Hieruit volgt:

$$\mathbf{F}_R = \mathbf{F}_1 + \mathbf{F}_2 = (600 \cos 30^\circ \text{ N} - 400 \sin 45^\circ \text{ N})\mathbf{i} + (600 \sin 30^\circ \text{ N} + 400 \cos 45^\circ \text{ N})\mathbf{j} = \{236{,}8\mathbf{i} + 582{,}8\mathbf{j}\} \text{ N}$$

De grootte en richting van $\mathbf{F}_R$ worden bepaald op dezelfde manier als hierboven.

OPMERKING: Als we de twee berekeningsmethoden met elkaar vergelijken, zien we dat de scalaire methode efficiënter is, omdat de scalaire componenten *direct* kunnen worden gevonden, zonder dat elke kracht eerst als een cartesische vector moet worden uitgedrukt, voordat de componenten worden opgeteld. Verderop in dit boek zullen we laten zien dat de cartesische vectoranalyse zeer handig is voor het oplossen van driedimensionale vraagstukken.

Voorbeeld 2.7

Op het uiteinde van de giek O in fig. 2.20*a* werken drie krachten waarvan de werklijnen door één punt gaan en die in één vlak liggen. Bepaal de grootte en de richting van de resultante.

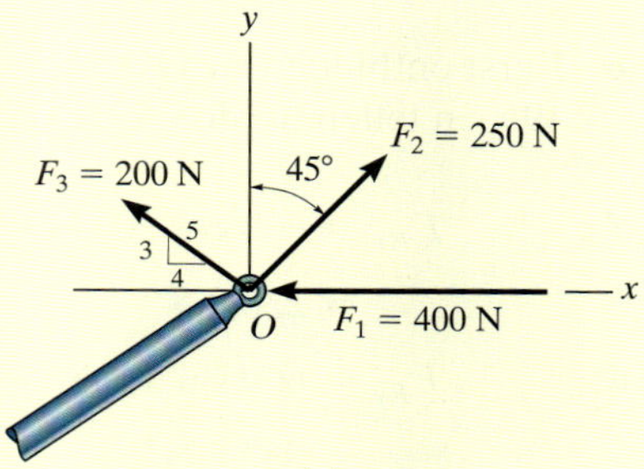

(a)

OPLOSSING

Elke kracht wordt ontbonden in zijn x- en y-componenten, zie fig. 2.20*b*. Als we de x-componenten optellen, krijgen we:

$$\xrightarrow{+} F_{Rx} = \Sigma F_x; \qquad F_{Rx} = -400\text{ N} + 250 \sin 45^\circ \text{ N} - 200\left(\tfrac{4}{5}\right)\text{ N}$$
$$= -383{,}2\text{ N} = 383{,}2\text{ N} \leftarrow$$

Het minteken geeft aan dat F_{Rx} naar links werkt, dat wil zeggen in de negatieve x-richting, zoals aangegeven door het pijltje. Het ligt voor de hand dat dit gebeurt omdat F_1 en F_3 in fig. 2.20*b* bijdragen tot een grotere trekkracht naar links dan F_2 naar rechts uitoefent. Als we de y-componenten optellen, krijgen we:

$$+\uparrow F_{Ry} = \Sigma F_y; \qquad F_{Ry} = 250 \cos 45^\circ \text{ N} + 200\left(\tfrac{3}{5}\right)\text{ N}$$
$$= 296{,}8\text{ N}\uparrow$$

De resultante, die in fig. 2.20*c* te zien is, heeft een *grootte* van:

$$F_R = \sqrt{(-383{,}2\text{ N})^2 + (296{,}8\text{ N})^2}$$
$$= 485\text{ N} \qquad \textit{Antw.}$$

Uit de vectoroptelling in fig. 2.20*c* volgt dat de richtingshoek θ de volgende waarde heeft:

$$\theta = \tan^{-1}\left(\frac{296{,}8}{383{,}2}\right) = 37{,}8^\circ \qquad \textit{Antw.}$$

OPMERKING: Toepassing van deze methode is handiger dan het twee keer moeten toepassen van de parallellogramregel, waarbij eerst $\mathbf{F}_1$ en $\mathbf{F}_2$ moeten worden opgeteld en vervolgens $\mathbf{F}_3$ moet worden opgeteld bij deze resultante.

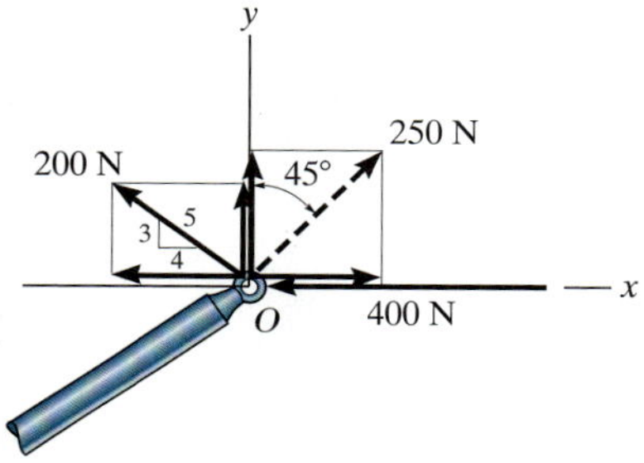

(b)

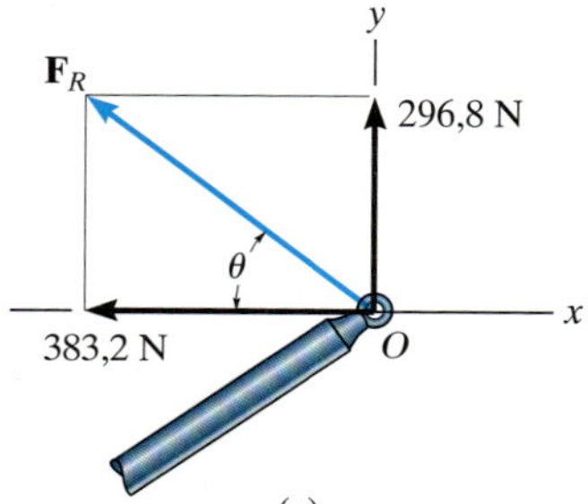

(c)

Fig. 2.20

Fundamentele vraagstukken

F2.7. Ontbind elke kracht op de paal in zijn x- en y-componenten.

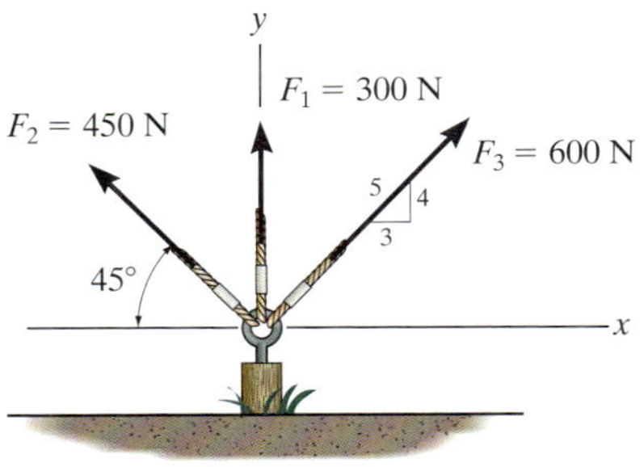

F2.7

F2.8. Bepaal de grootte en de richting van de resultante.

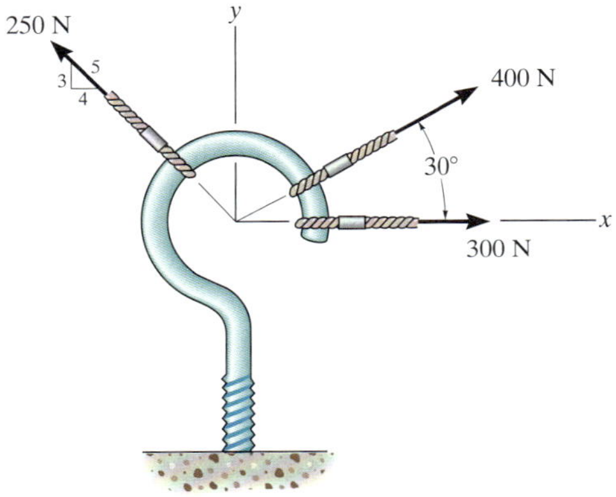

F2.8

F2.9. Bepaal de grootte van de resultante werkend op de hoekflensen de richting gemeten tegen de klok in vanuit de positieve x-as.

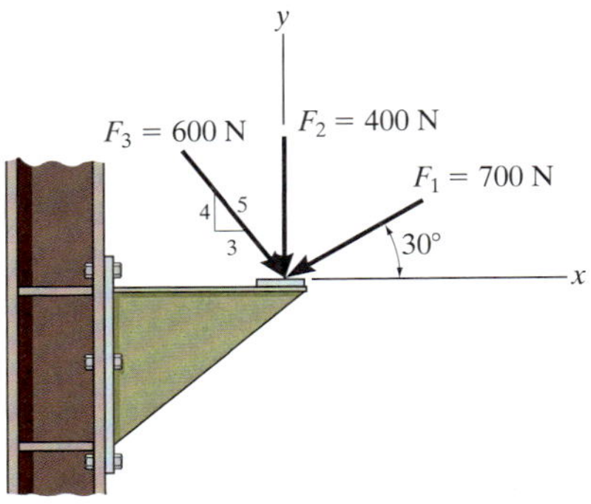

F2.9

F2.10. Als de resultante werkend op de beugel 750 N gericht langs de positieve x-as moet zijn, bepaal dan de grootte van **F** en de richting θ.

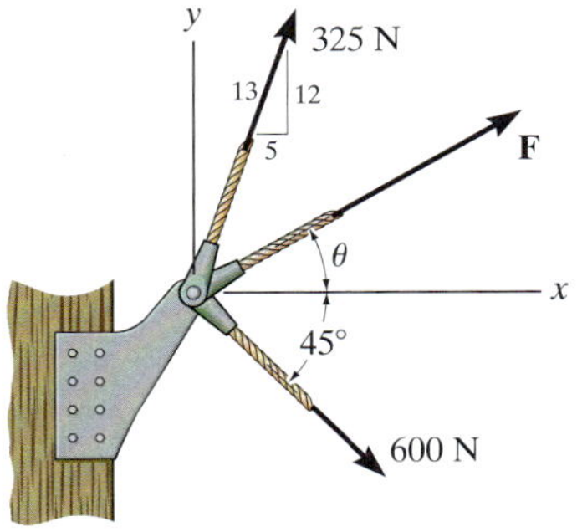

F2.10

F2.11. Als de grootte van de resultante werkend op de beugel 80 N gericht langs de u-as moet zijn, bepaal dan de grootte van **F** en de richting θ.

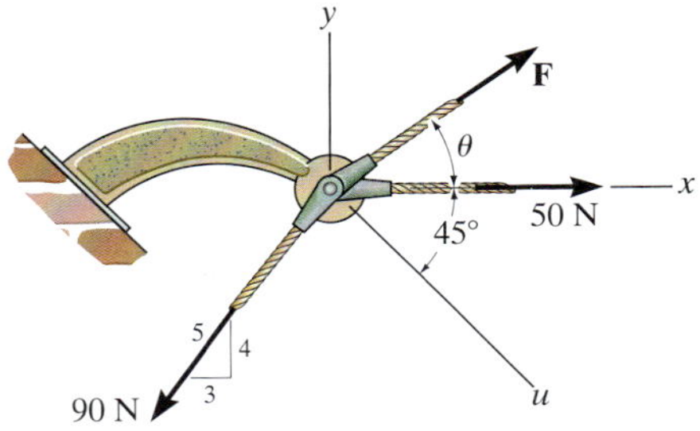

F2.11

F2.12. Bepaal de grootte van de resultante en de richting θ gemeten tegen de klok in vanuit de positieve x-as.

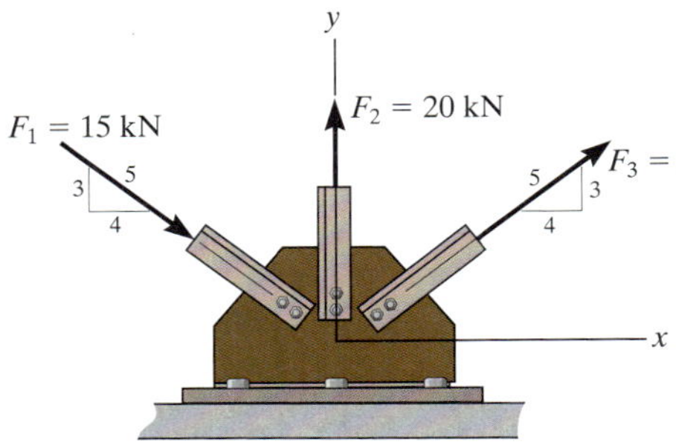

F2.12

Lösung in Wordt

Vraagstukken

***2.32.** Bepaal de grootte en richting van de resultante, gemeten met de klok mee ten opzichte van de positieve x-as.

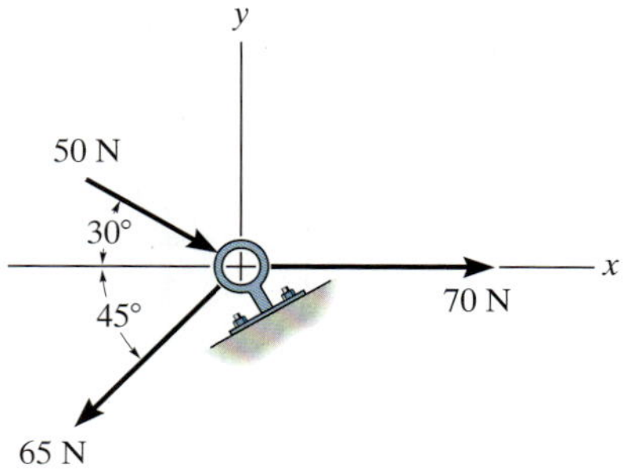

Vraagstuk 2.32

2.33. Bepaal de grootte van de resultante en de richting gemeten tegen de klok in t.o.v. de positieve x-as.

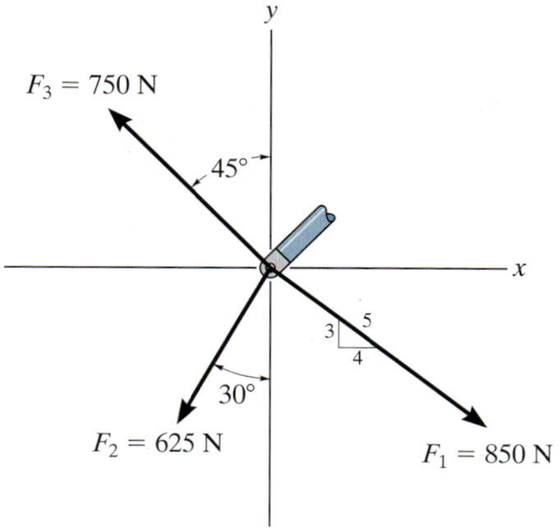

Vraagstuk 2.33

2.34. Ontbind $\mathbf{F}_1$ en $\mathbf{F}_2$ in x- en y-componenten.

2.35. Bepaal de grootte van de resultante en de richting gemeten tegen de klok in t.o.v. de positieve x-as.

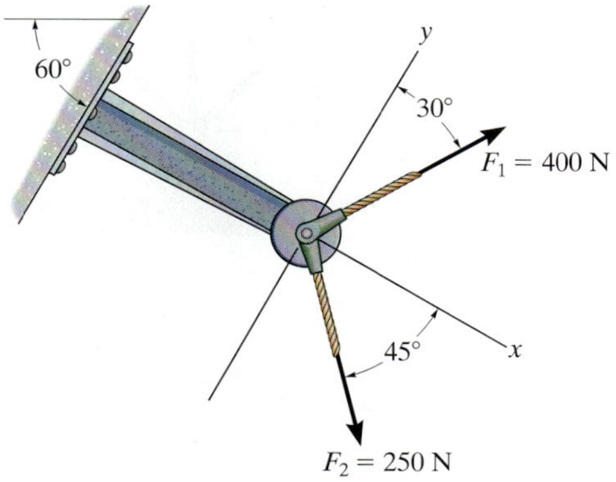

Vraagstukken 2.34/35

***2.36.** Ontbind alle krachten op de schetsplaat in x- en y-componenten en schrijf elke kracht als een cartesische vector.

2.37. Bepaal de grootte van de resultante op de plaat en de richting gemeten tegen de klok in t.o.v. de positieve x-as.

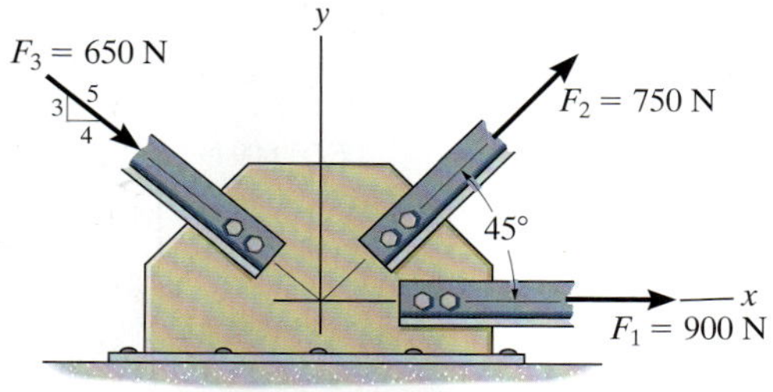

Vraagstukken 2.36/37

2.38. Bepaal de grootte van kracht **F**, zodanig dat de resultante $\mathbf{F}_R$ van de drie krachten zo klein mogelijk is.

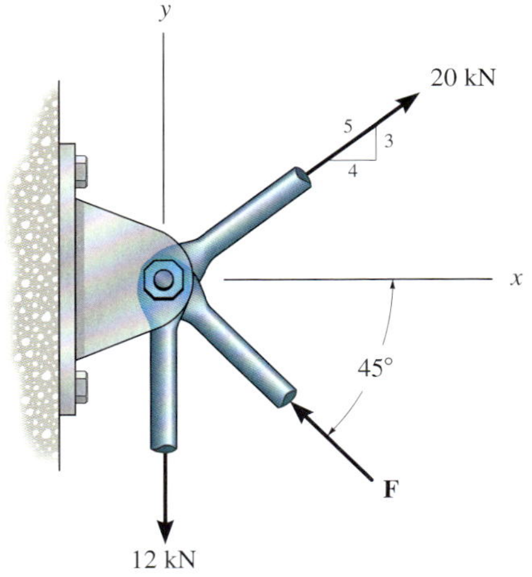

Vraagstuk 2.38

2.39. Ontbind alle krachten op de steun in x- en y-componenten en schrijf elke kracht als een cartesische vector.

***2.40.** Bepaal de grootte van de resultante en de richting θ gemeten tegen de klok in t.o.v. de positieve x-as.

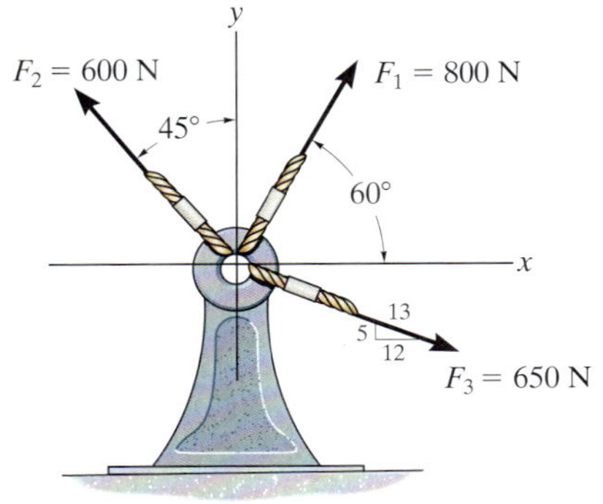

Vraagstukken 2.39/40

2.41. Bepaal de grootte van de resultante en de richting gemeten tegen de klok in t.o.v. de positieve x-as.

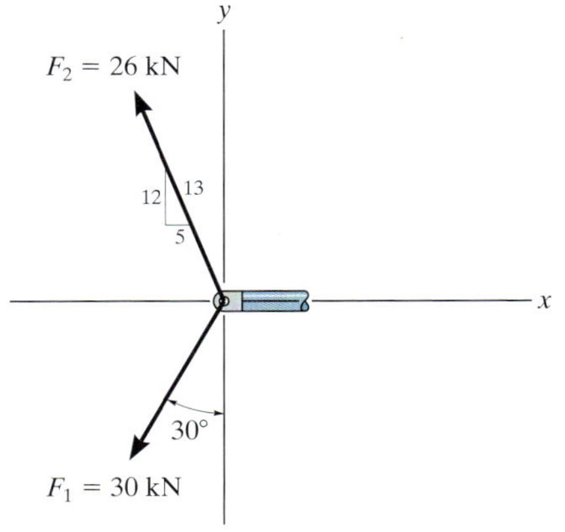

Vraagstuk 2.41

2.42. Bepaal de grootte en de richting θ van $\mathbf{F}_B$, zodanig dat de resultante gericht is langs de positieve y-as en een grootte heeft van 1500 N.

2.43. Bepaal de grootte en de hoek, gemeten tegen de klok in t.o.v. de positieve y-as, van de resultante werkend op de beugel als F_B = 600 N en $\theta = 20°$.

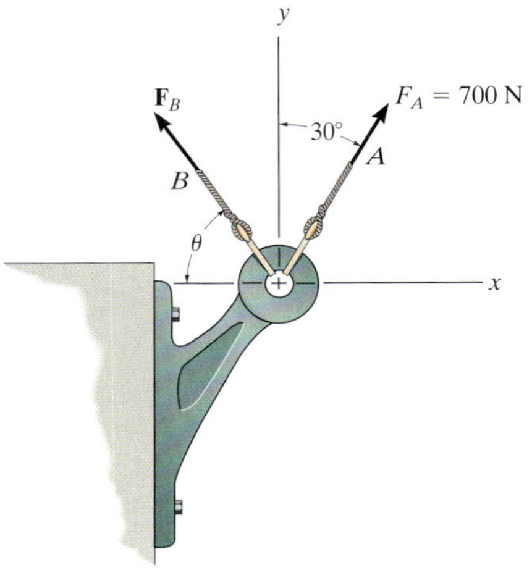

Vraagstukken 2.42/43

***2.44.** De grootte van de resultante op de steun moet 400 N zijn. Bepaal de grootte van $\mathbf{F}_1$ als $\phi = 30°$.

2.45. Als de resultante op de steun moet werken langs de positieve u-as en de grootte van $\mathbf{F}_1$ *minimaal* moet zijn, bepaal dan de grootte van zowel de resultante als $\mathbf{F}_1$.

2.46. Als de grootte van de resultante op de steun 600 N is, gericht langs de positieve u-as, bepaal dan de grootte van **F** en de richting ϕ ervan.

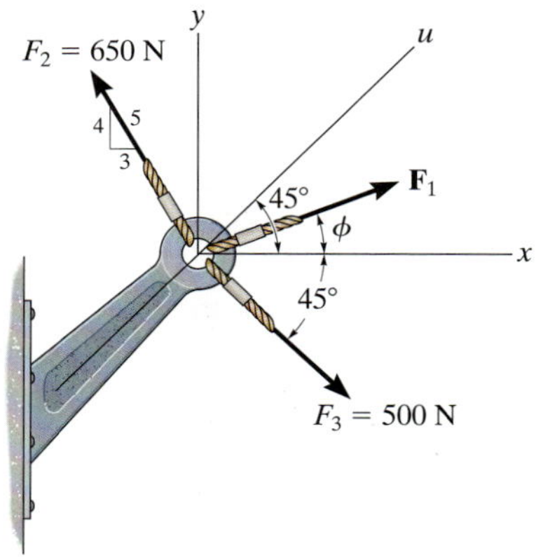

Vraagstukken 2.44/45/46

2.47. Bepaal de grootte en richting θ van de resultante F_R. Druk de uitkomst uit als functie van de grootte van de componenten $\mathbf{F}_1$ en $\mathbf{F}_2$ en de hoek ϕ.

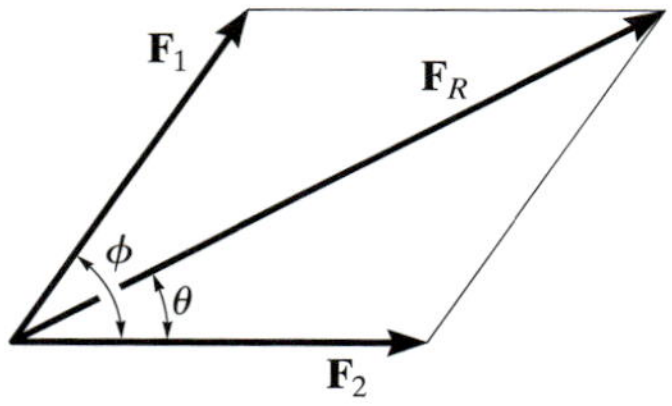

Vraagstuk 2.47

***2.48.** Als $F_1 = 600$ N en $\phi = 30°$, bepaal dan de grootte van de resultante op de oogbout en de richting met de klok mee t.o.v. de positieve x-as.

2.49 Als de grootte van de resultante werkend op de oogbout gelijk is aan 600 N en de richting, met de klok mee t.o.v. de positieve x-as, $\theta = 30°$ is, bepaal dan de grootte van $\mathbf{F}_1$ en de hoek ϕ.

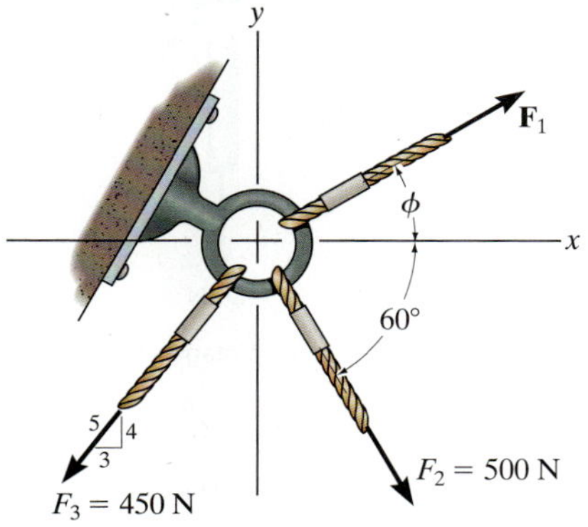

Vraagstukken 2.48/49

2.50. Bepaal de grootte van $\mathbf{F}_1$ en de richting θ, zodanig dat de resultante verticaal naar boven gericht is en een grootte heeft van 800 N.

2.51. Bepaal de grootte en de richting, gemeten tegen de klok in t.o.v. de positieve x-as, van de resultante van de drie krachten werkend op de ring A. Neem $F_1 = 500$ N en $\theta = 20°$.

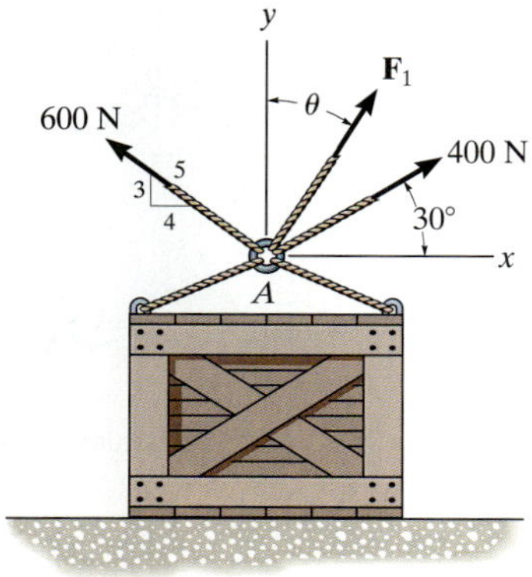

Vraagstukken 2.50/51

***2.52.** Bepaal de grootte van kracht **F**, zodanig dat de resultante $\boldsymbol{F}_R$ van de drie krachten zo klein mogelijk is. Wat is de minimale grootte van $\mathbf{F}_R$?

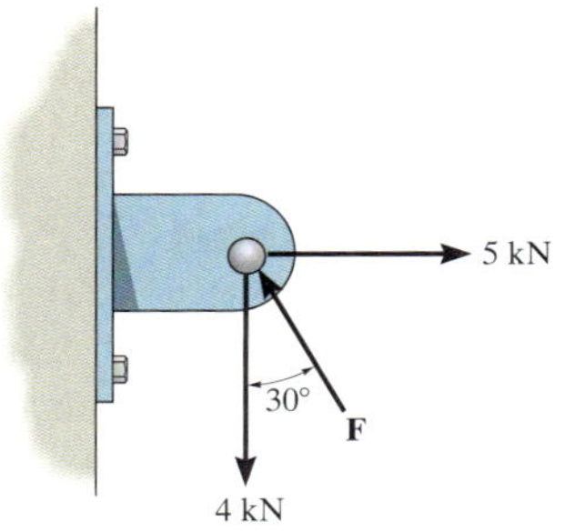

Vraagstuk 2.52

2.53. Bepaal de grootte van de kracht **F**, zodanig dat de resultante van de drie krachten zo klein mogelijk is. Wat is de grootte van deze kleinste resultante?

2.54. Drie krachten werken op de steun. Bepaal de grootte en de richting θ van $\mathbf{F}_1$, zodanig dat de resultante gericht is langs de positieve x'-as en een grootte van 1 kN heeft.

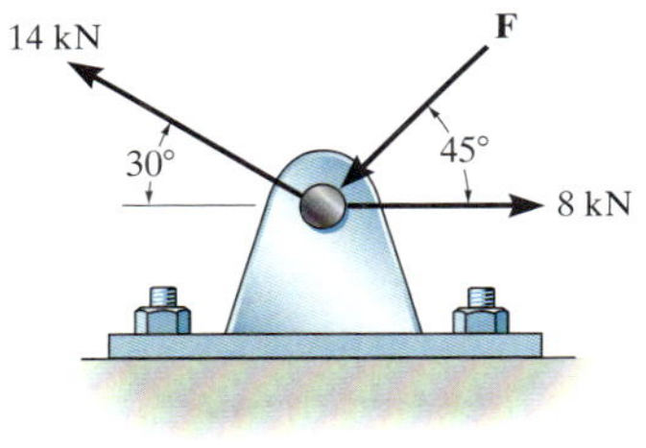

Vraagstuk 2.53

2.55. $\mathbf{F}_1 = 300$ N en $\theta = 20°$. Bepaal de grootte van de resultante van de drie krachten op de steun en de richting gemeten tegen de klok in t.o.v. de x'-as.

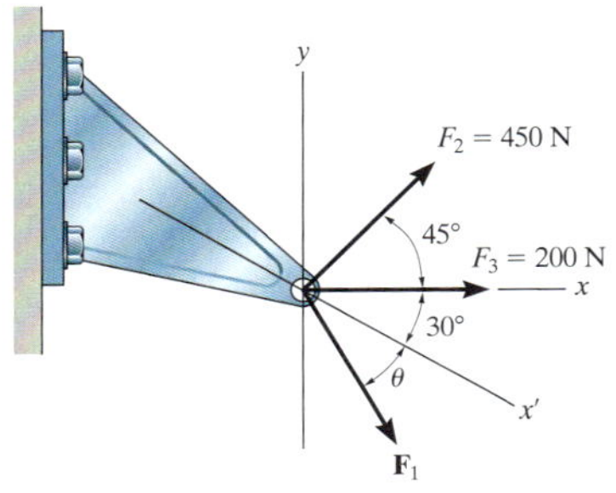

Vraagstukken 2.54/55

***2.56.** Bepaal de grootte van $\mathbf{F}_A$ en de richting θ, zodanig dat de resulterende kracht gericht is langs de positieve x-as en een grootte heeft van 1250 N.

2.57. Bepaal de grootte en de richting, gemeten tegen de klok in t.o.v. de positieve x-as van de resultante, werkend op de ring in O als $F_A = 750$ N en $\theta = 45°$.

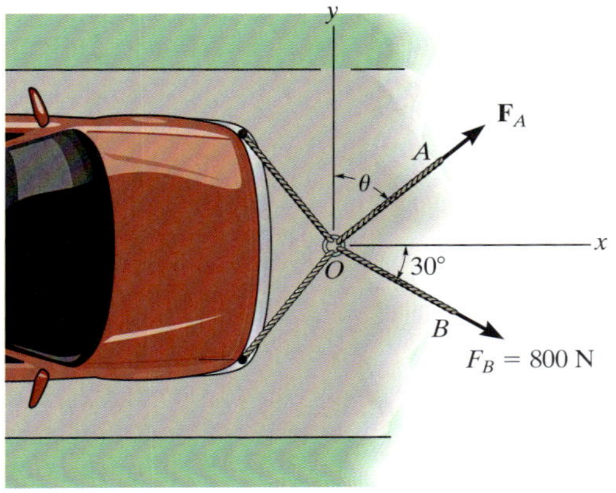

Vraagstukken 2.56/57

2.58. Als de grootte van de resultante werkend op de beugel 450 N gericht langs de positieve u-as moet zijn, bepaal dan de grootte van $\mathbf{F}_1$ en de richting ϕ.

2.59. Als de resultante werkend op de beugel minimaal moet zijn, bepaal dan de grootte van $\mathbf{F}_1$ en van de resultante. Neem $\phi = 30°$.

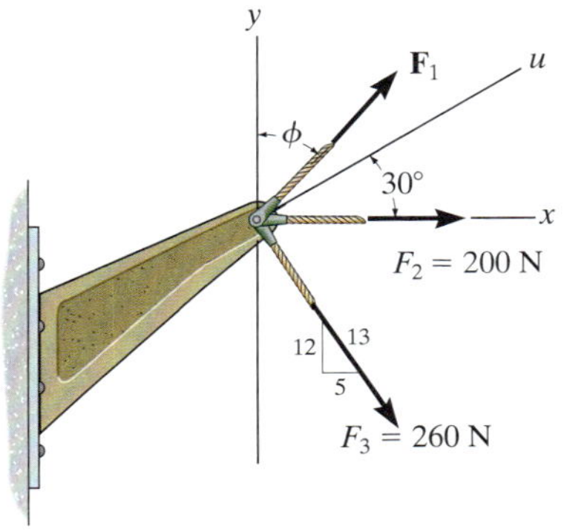

Vraagstukken 2.58/59

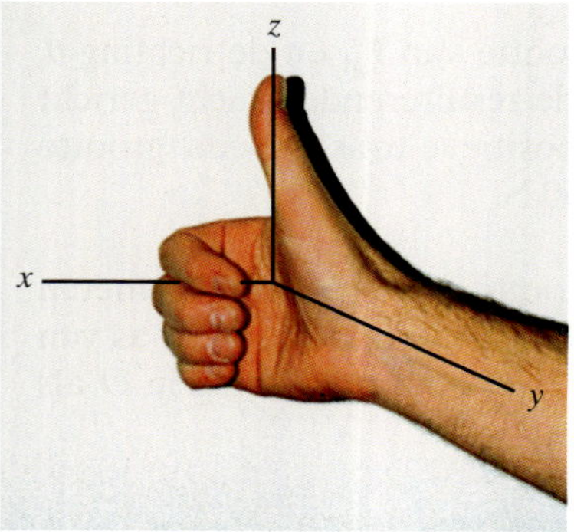

Fig. 2.21

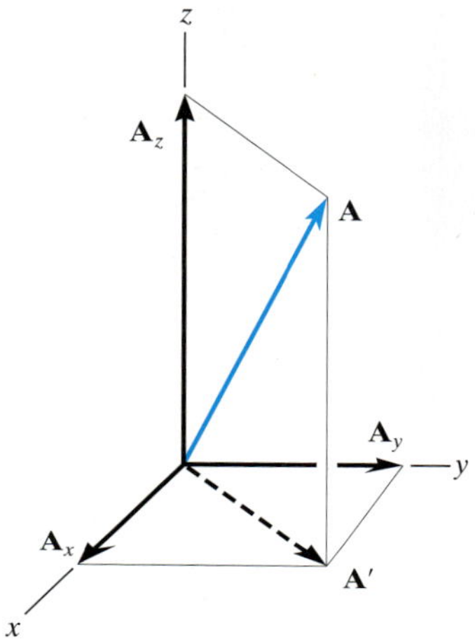

Fig. 2.22

2.5 Cartesische vectoren

Vectoralgebraïsche bewerkingen kunnen bij toepassing op *driedimensionale* problemen sterk worden vereenvoudigd als de vectoren eerst in cartesische vectorvorm worden weergegeven. In deze paragraaf presenteren we een algemene methode hiervoor; in de volgende paragraaf zullen we deze methode gebruiken voor het bepalen van de resultante van een systeem van samenlopende krachten.

2.5.1 Rechtshandig coördinatenstelsel

Er zal een rechtshandig coördinatenstelsel worden gebruikt bij de hiernavolgende bespreking van de theorie van de vectoralgebra. Een rechthoekig coördinatenstelsel wordt *rechtshandig* genoemd als de duim van de rechterhand in de richting van de positieve z-as wijst wanneer de vingers van de rechterhand om deze as zijn gekromd en van de positieve x-as naar de positieve y-as wijzen, zie fig. 2.21.

2.5.2 Rechthoekige componenten van een vector

Een vector $\mathbf{A}$ kan één, twee of drie rechthoekige componenten langs de x-, y- en z-as hebben, afhankelijk van de ligging van de vector ten opzichte van de assen. Wanneer $\mathbf{A}$ zich binnen een octant van de x-y-z-ruimte bevindt, zie fig. 2.22, dan kunnen we de vector over het algemeen met behulp van de parallellogramregel in twee achtereenvolgende bewerkingen in componenten ontbinden, namelijk $\mathbf{A} = \mathbf{A}' + \mathbf{A}_z$ en vervolgens $\mathbf{A}' = \mathbf{A}_x + \mathbf{A}_y$. Als we deze twee vergelijkingen combineren, om $\mathbf{A}'$ te elimineren, kunnen we $\mathbf{A}$ weergeven als de vectorsom van zijn *drie* componenten.

$$\mathbf{A} = \mathbf{A}_x + \mathbf{A}_y + \mathbf{A}_z \tag{2.2}$$

2.5.3 Cartesische eenheidsvectoren

In drie dimensies worden de cartesische eenheidsvectoren $\mathbf{i}$, $\mathbf{j}$ en $\mathbf{k}$ gebruikt om de richtingen van respectievelijk de x-, y- en z-as aan te geven. Zoals vermeld in paragraaf 2.4, wordt de *zin* (of pijlpunt) van deze vectoren analytisch voorgesteld door een plus- of minteken, afhankelijk van of ze langs de positieve of negatieve x-, y- of z-as gericht zijn. In fig. 2.23 worden de positieve cartesische eenheidsvectoren weergegeven.

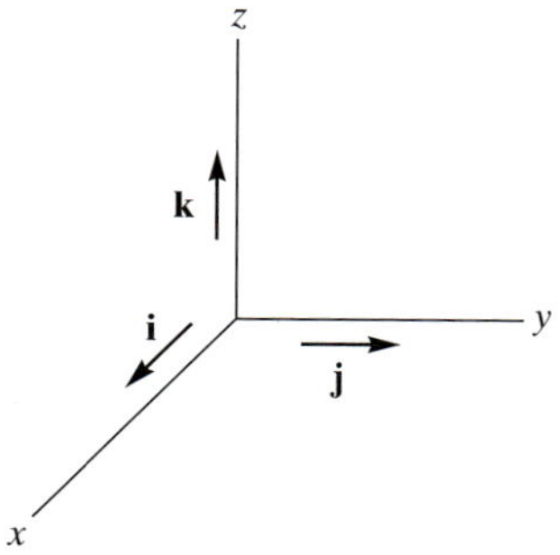

Fig. 2.23

2.5.4 Cartesische vectorweergave

Aangezien de drie componenten van **A** in vgl. 2.2 in de positieve **i**-, **j**- en **k**-richtingen werken, zie fig. 2.24, kunnen we **A** in cartesische vectorvorm schrijven als:

$$\mathbf{A} = A_x\mathbf{i} + A_y\mathbf{j} + A_z\mathbf{k} \tag{2.3}$$

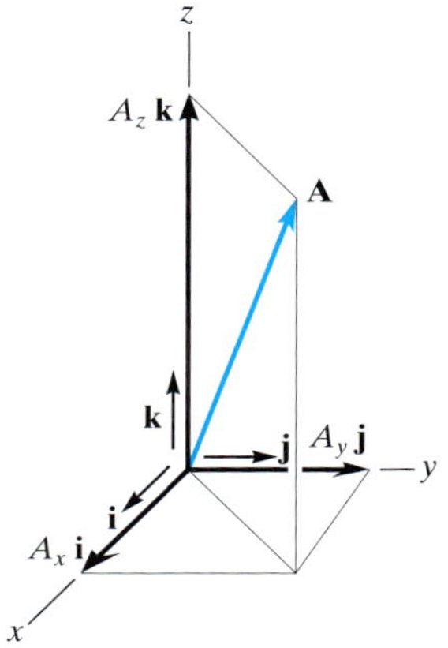

Fig. 2.24

Deze notatie van vectoren heeft een groot voordeel. Het scheiden van de *grootte* en de *richting* van elke *vectorcomponent* vereenvoudigt de algebraïsche vectoriële bewerkingen, vooral in driedimensionale gevallen.

2.5.5 Grootte van een cartesische vector

Het is altijd mogelijk de grootte van vector A te bepalen als de vector in cartesische vectorvorm is uitgedrukt. Uit de blauwe rechthoekige driehoek in fig. 2.25 volgt $A = \sqrt{A'^2 + A_z^2}$, en uit de grijze driehoek $A' = \sqrt{A_x^2 + A_y^2}$. Als we deze twee vergelijkingen combineren om A' te elimineren, krijgen we:

$$A = \sqrt{A_x^2 + A_y^2 + A_z^2} \tag{2.4}$$

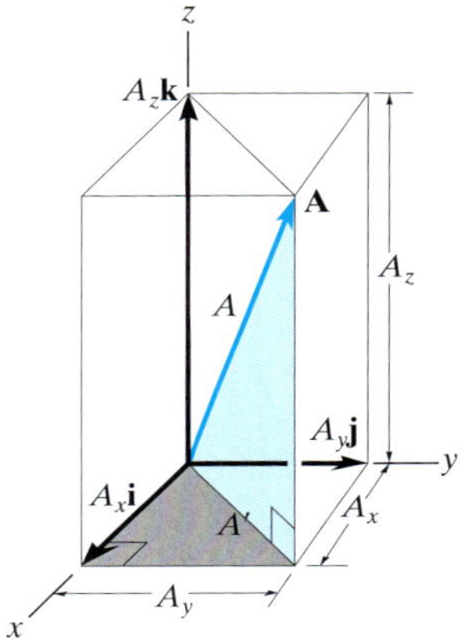

Fig. 2.25

De grootte van **A** *is dus gelijk aan de positieve wortel van de som van de kwadraten van zijn componenten.*

2.5.6 Richting van een cartesische vector

We definiëren de *richting* van **A** door de *richtingshoeken* α (alpha), β (bèta) en γ (gamma), gemeten tussen de *staart* van A en de positieve x-, y- en z-as, mits ze in de staart van **A** gelegen zijn, zie fig. 2.26. Merk op dat deze hoeken altijd tussen de 0° en 180° zijn, ongeacht de richting van **A**. Om α, β en γ te bepalen, beschouwen we de projectie van **A** op de x-, y- en z-as, zie fig. 2.27. Als we kijken naar de blauwgekleurde rechthoekige driehoeken in elke figuur, dan zien we het volgende:

$$\cos\alpha = \frac{A_x}{A} \qquad \cos\beta = \frac{A_y}{A} \qquad \cos\gamma = \frac{A_z}{A} \tag{2.5}$$

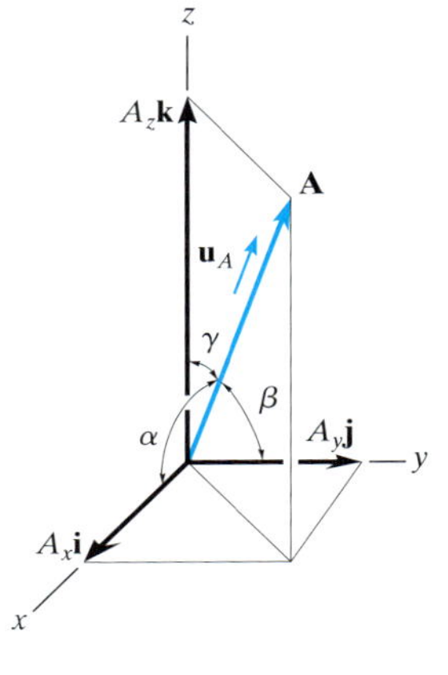

Fig. 2.26

Deze getallen worden de *richtingscosinussen* van **A** genoemd. Zodra deze bekend zijn, kunnen de richtingshoeken α, β en γ worden bepaald door de boogcosinusfunctie te gebruiken (geschreven als bgcos, arccos of $\cos^{-1}$).

Een eenvoudige manier om deze richtingscosinussen te bepalen, is dat we een eenheidsvector $\mathbf{u}_A$ in de richting van **A** vormen, zie fig. 2.26. Wanneer **A** wordt uitgedrukt in cartesische vectornotatie als $\mathbf{A} = A_x\mathbf{i} + A_y\mathbf{j} + A_z\mathbf{k}$, dan heeft $\mathbf{u}_A$ een grootte van één en is dimensieloos, mits **A** wordt gedeeld door zijn grootte:

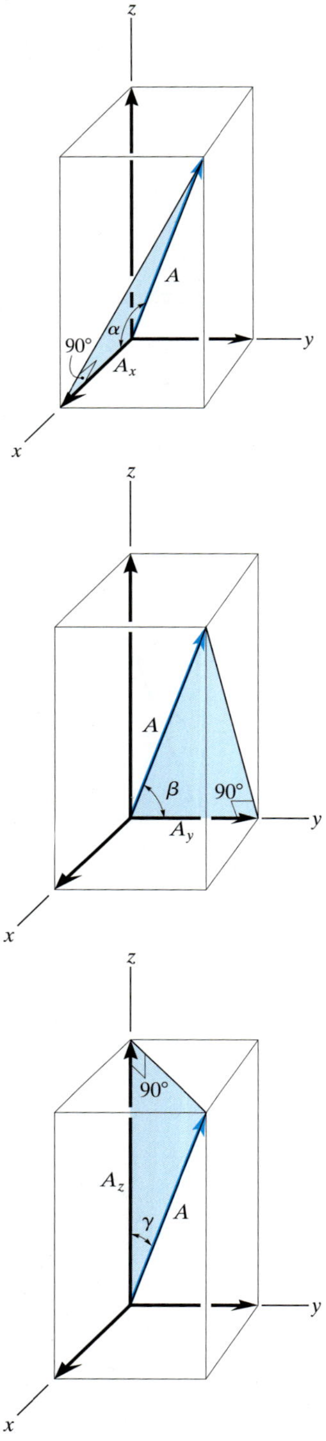

Fig. 2.27

$$\mathbf{u}_A = \frac{\mathbf{A}}{A} = \frac{A_x}{A}\mathbf{i} + \frac{A_y}{A}\mathbf{j} + \frac{A_z}{A}\mathbf{k} \qquad (2.6)$$

waarbij $A = \sqrt{A_x^2 + A_y^2 + A_z^2}$. Wanneer we dit vergelijken met vgl. (2.5), zien we dat *de* **i**-, **j**- en **k**-*componenten van* $\mathbf{u}_A$ *staan voor de richtingscosinussen van* A, dat wil zeggen:

$$\mathbf{u}_A = \cos\alpha\,\mathbf{i} + \cos\beta\,\mathbf{j} + \cos\gamma\,\mathbf{k} \qquad (2.7)$$

Aangezien de grootte van een vector gelijk is aan de positieve wortel van de som van de kwadraten van groottes van haar componenten, en $\mathbf{u}_A$ een grootte heeft van één, kan uit bovenstaande vergelijking een belangrijke relatie tussen de richtingscosinussen worden geformuleerd:

$$\cos^2\alpha + \cos^2\beta + \cos^2\gamma = 1 \qquad (2.8)$$

Hieruit zien we dat als slechts *twee* van de hoeken met de coördinaatassen bekend zijn, de derde hoek kan worden bepaald met behulp van deze vergelijking.

Ten slotte: als de grootte en richtingshoeken van **A** bekend zijn, kan **A** in cartesische vectorvorm worden uitgedrukt als:

$$\begin{aligned}\mathbf{A} &= A\mathbf{u}_A \\ &= A\cos\alpha\,\mathbf{i} + A\cos\beta\,\mathbf{j} + A\cos\gamma\,\mathbf{k} \\ &= A_x\mathbf{i} + A_y\mathbf{j} + A_z\mathbf{k}\end{aligned} \qquad (2.9)$$

Soms kan de richting van **A** worden uitgedrukt met behulp van twee hoeken, θ en ϕ (phi), zoals weergegeven in fig. 2.28. Vervolgens kunnen de componenten van **A** worden bepaald door het toepassen van goniometrische betrekkingen, eerst in de blauwe driehoek, waaruit volgt:

$$A_z = A\cos\phi$$

en

$$A' = A\sin\phi$$

Na het toepassen van goniometrische betrekkingen op de andere, grijze rechthoekige driehoek levert:

$$A_x = A'\cos\theta = A\sin\phi\cos\theta$$

$$A_y = A'\sin\theta = A\sin\phi\sin\theta$$

Dus wordt **A** geschreven in cartesische vectorvorm:

$$\mathbf{A} = A\sin\phi\cos\theta\,\mathbf{i} + A\sin\phi\sin\theta\,\mathbf{j} + A\cos\phi\,\mathbf{k}$$

Deze vergelijking hoef je niet te onthouden; wel is het belangrijk om te begrijpen hoe de componenten werden afgeleid met behulp van goniometrie.

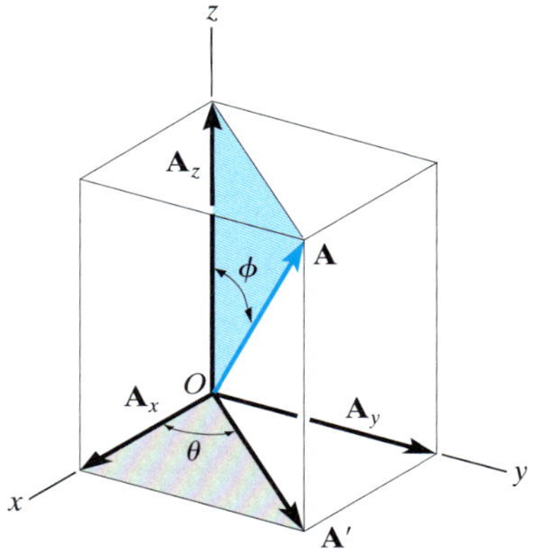

Fig. 2.28

2.6 Optellen van cartesische vectoren

Het optellen (of aftrekken) van twee of meer vectoren wordt sterk vereenvoudigd als de vectoren worden uitgedrukt in hun cartesische componenten. Bijvoorbeeld: als $\mathbf{A} = A_x\mathbf{i} + A_y\mathbf{j} + A_z\mathbf{k}$ en $\mathbf{B} = B_x\mathbf{i} + B_y\mathbf{j} + B_z\mathbf{k}$ (fig. 2.29) dan heeft de resultante **R** componenten die de scalaire sommen van de **i**-, **j**- en **k**-componenten van **A** en **B** zijn, dat wil zeggen:

$$\mathbf{R} = \mathbf{A} + \mathbf{B} = (A_x + B_x)\mathbf{i} + (A_y + B_y)\mathbf{j} + (A_z + B_z)\mathbf{k}$$

Als dit veralgemeend wordt en toegepast op een systeem van verschillende samenlopende krachten, dan is de resultante de vectorsom van alle krachten in het systeem en deze kan worden geschreven als:

$$\mathbf{F}_R = \Sigma\mathbf{F} = \Sigma F_x\mathbf{i} + \Sigma F_y\mathbf{j} + \Sigma F_z\mathbf{k} \tag{2.10}$$

Hierbij zijn $\Sigma F_x, \Sigma F_y$ en ΣF_z de algebraïsche sommen van de respectievelijke x-, y- en z- of **i**-, **j**- en **k**-componenten van elke kracht in het systeem.

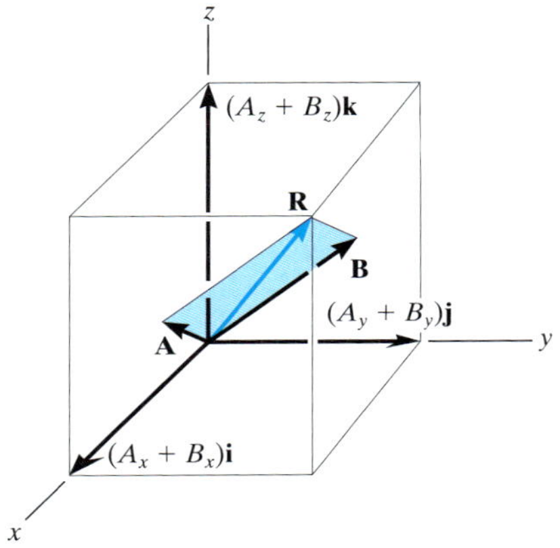

Fig. 2.29

Om te onthouden!

- Cartesische vectoranalyse wordt vaak gebruikt om problemen in drie dimensies op te lossen.
- De positieve richtingen van de *x*-, *y*- en *z*-assen worden bepaald door de respectievelijke cartesische eenheidsvectoren **i**, **j**, en **k**.
- De *grootte* van een cartesische vector is $A = \sqrt{A_x^2 + A_y^2 + A_z^2}$.
- De *richting* van een cartesische vector wordt aangegeven door middel van richtingshoeken α, β, γ die de staart van de vector maakt met respectievelijk de *x*-, *y*- en *z*-as. De componenten van de eenheidsvector $\mathbf{u} = \mathbf{A}/A$ vertegenwoordigen de richtingscosinussen van α, β en γ. Van de hoeken α, β en γ hoeven er slechts twee bekend te zijn. De derde hoek wordt berekend uit de vergelijking $\cos^2\alpha + \cos^2\beta + \cos^2\gamma = 1$.
- Soms wordt de richting van een vector gedefinieerd met behulp van de twee hoeken θ en ϕ zoals in fig. 2.28. In dit geval worden de vectorcomponenten verkregen door het ontbinden van de vector met behulp van goniometrie.
- De *resultante* van een systeem van samenwerkende krachten kan worden gevonden door elke kracht uit te drukken als een cartesische vector en de **i**-, **j**-, en **k**-componenten van alle krachten in het systeem op te tellen.

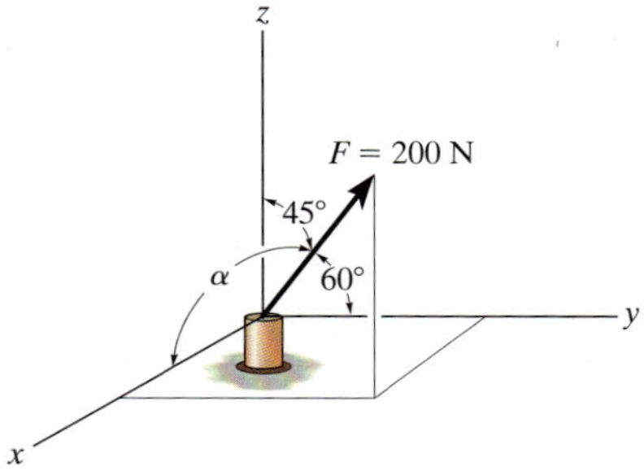

Fig. 2.30

Voorbeeld 2.8

Druk de kracht **F** in fig. 2.30 uit als een cartesische vector.

OPLOSSING

Aangezien slechts twee richtingshoeken bekend zijn, moet de derde hoek α worden berekend met behulp van vgl. 2.8; dat wil zeggen,

$$\cos^2 \alpha + \cos^2 \beta + \cos^2 \gamma = 1$$
$$\cos^2 \alpha + \cos^2 60° + \cos^2 45° = 1$$
$$\cos \alpha = \sqrt{1 - (0{,}5)^2 - (0{,}707)^2} = \pm 0{,}5$$

Er zijn twee mogelijke uitkomsten, namelijk:

$$\alpha = \cos^{-1}(0{,}5) = 60° \qquad \text{of} \qquad \alpha = \cos^{-1}(-0{,}5) = 120°$$

Uit nadere beschouwing blijkt dat α gelijk moet zijn aan 60°, aangezien $\mathbf{F}_x$ in de positieve x-richting gericht moet zijn.

Als vgl. 2.9 wordt toegepast met $F = 200$ N, dan krijgen we:

$$\begin{aligned}\mathbf{F} &= F\cos\alpha\mathbf{i} + F\cos\beta\mathbf{j} + F\cos\gamma\mathbf{k}\\ &= (200\cos 60°\text{ N})\mathbf{i} + (200\cos 60°\text{ N})\mathbf{j} + (200\cos 45°\text{ N})\mathbf{k}\\ &= \{100{,}0\mathbf{i} + 100{,}0\mathbf{j} + 141{,}4\mathbf{k}\}\text{ N}\end{aligned}$$ *Antw.*

Toon aan dat de grootte van F inderdaad 200 N is.

Voorbeeld 2.9

Bepaal de grootte en de richtingshoeken van de resultante, die uitgeoefend wordt op de ring in fig. 2.31*a*.

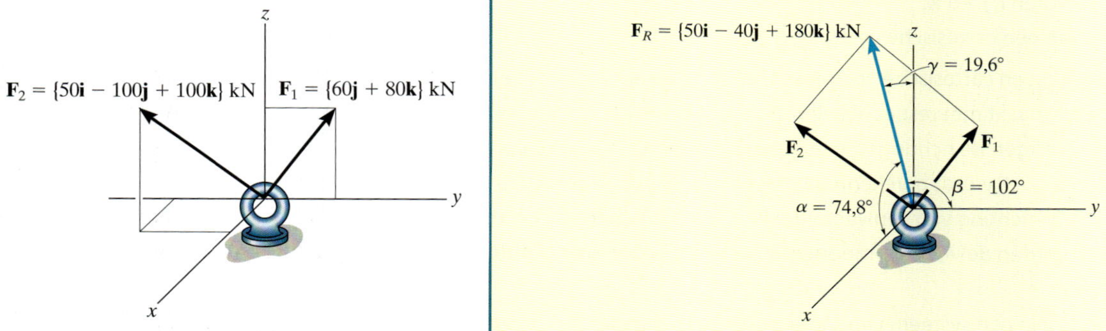

(a)

(b)

Fig. 2.31

OPLOSSING

Aangezien elke kracht als cartesische vector is weergegeven, wordt de resultante die in fig. 2.31*b* wordt getoond op de volgende wijze verkregen:

$$\mathbf{F}_R = \Sigma\mathbf{F} = \mathbf{F}_1 + \mathbf{F}_2 = \{60\mathbf{j} + 80\mathbf{k}\}\text{ kN} + \{50\mathbf{i} - 100\mathbf{j} + 100\mathbf{k}\}\text{ kN}$$
$$= \{50\mathbf{i} - 40\mathbf{j} + 180\mathbf{k}\}\text{ kN}$$

De grootte van $\mathbf{F}_R$ is:

$$F_R = \sqrt{(50\text{ kN})^2 + (-40\text{ kN})^2 + (180\text{ kN})^2} = 191{,}0\text{ kN}$$
$$= 191\text{ kN}$$ *Antw.*

De richtingshoeken α, β en γ worden bepaald door de componenten van de eenheidsvector die in de richting van $\mathbf{F}_R$ werkt.

$$\mathbf{u}_{F_R} = \frac{\mathbf{F}_R}{F_R} = \frac{50}{191{,}0}\mathbf{i} - \frac{40}{191{,}0}\mathbf{j} + \frac{180}{191{,}0}\mathbf{k}$$
$$= 0{,}2617\mathbf{i} - 0{,}2094\mathbf{j} + 0{,}9422\mathbf{k}$$

Hieruit volgt dat:

$\cos\alpha = 0{,}2617 \qquad \alpha = 74{,}8°$ *Antw.*

$\cos\beta = -0{,}2094 \qquad \beta = 102°$ *Antw.*

$\cos\gamma = 0{,}9422 \qquad \gamma = 19{,}6°$ *Antw.*

Deze hoeken staan in fig. 2.31*b*.

OPMERKING: Merk vooral op dat $\beta > 90°$ omdat de **j**-component van $\mathbf{u}_{F_R}$ negatief is. Dit is logisch, gezien de optelling van $\mathbf{F}_1$ en $\mathbf{F}_2$ met behulp van de parallellogramregel.

Voorbeeld 2.10

Druk de kracht **F** in fig. 2.32*a* uit als een cartesische vector.

OPLOSSING

De hoeken van 60° en 45° die de richting van **F** bepalen zijn *geen* richtingshoeken. Om **F** te ontbinden in zijn *x*-, *y*- en *z*-componenten zijn twee opeenvolgende toepassingen van de parallellogramregel nodig. Eerst $\mathbf{F} = \mathbf{F}' + \mathbf{F}_z$ dan $\mathbf{F}' = \mathbf{F}_x + \mathbf{F}_y$, fig. 2.32*b*. Volgens de goniometrie hebben de componenten de volgende groottes:

$$F_z = 100\sin 60°\text{ kN} = 86{,}6\text{ kN}$$
$$F' = 100\cos 60°\text{ kN} = 50\text{ kN}$$
$$F_x = 50\cos 45°\text{ kN} = 35{,}4\text{ kN}$$
$$F_y = 50\sin 45°\text{ kN} = 35{,}4\text{ kN}$$

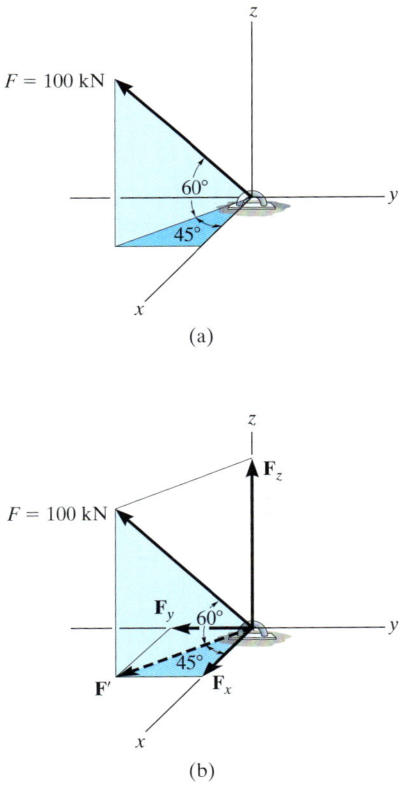

Fig. 2.32

Omdat we weten dat $\mathbf{F}_y$ een richting heeft die wordt aangegeven door $-\mathbf{j}$, krijgen we:

$$\mathbf{F} = \{35{,}4\mathbf{i} - 35{,}4\mathbf{j} + 86{,}6\mathbf{k}\}\ \text{kN} \qquad \textit{Antw.}$$

Om te laten zien dat de grootte van deze vector inderdaad 100 kN is, passen we vgl. 2.4 toe:

$$F = \sqrt{F_x^2 + F_y^2 + F_z^2}$$
$$= \sqrt{(35{,}4)^2 + (-35{,}4)^2 + (86{,}6)^2} = 100\ \text{kN}$$

Indien nodig kunnen de richtingshoeken van **F** worden bepaald uit de componenten van de eenheidsvector, die in de richting van **F** werkt. Dus:

$$\mathbf{u} = \frac{\mathbf{F}}{F} = \frac{F_x}{F}\mathbf{i} + \frac{F_y}{F}\mathbf{j} + \frac{F_z}{F}\mathbf{k}$$
$$= \frac{35{,}4}{100}\mathbf{i} - \frac{35{,}4}{100}\mathbf{j} + \frac{86{,}6}{100}\mathbf{k}$$
$$= 0{,}354\mathbf{i} - 0{,}354\mathbf{j} + 0{,}866\mathbf{k}$$

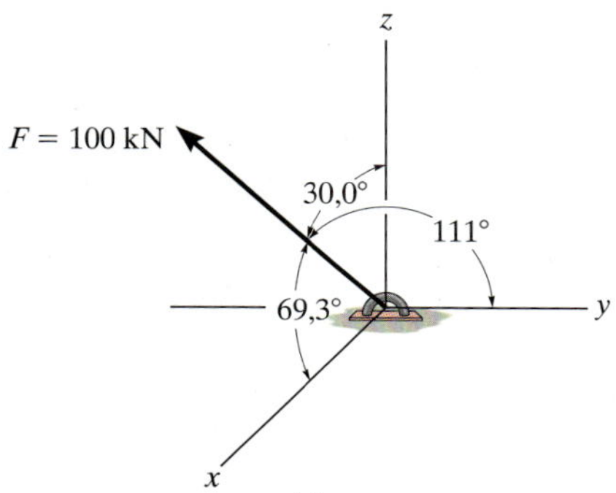

(c)

Fig. 2.32 (vervolg)

waaruit volgt dat:

$$\alpha = \cos^{-1}(0{,}354) = 69{,}3^\circ$$
$$\beta = \cos^{-1}(-0{,}354) = 111^\circ$$
$$\gamma = \cos^{-1}(0{,}866) = 30{,}0^\circ$$

Deze resultaten staan in fig. 2.32*c*.

Voorbeeld 2.11

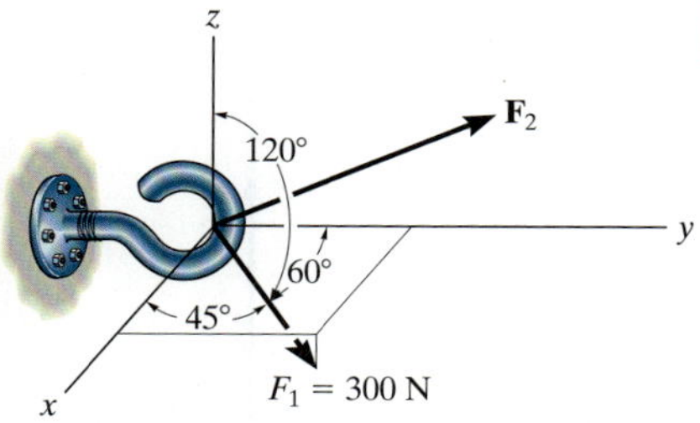

(a)

Fig. 2.33

Er worden twee krachten uitgeoefend op de haak in fig. 2.33*a*. Bepaal de grootte van $\mathbf{F}_2$ en de richtingshoeken van $\mathbf{F}_2$, zodanig dat de resultante $\mathbf{F}_R$ langs de positieve *y*-as werkt en een grootte van 800 N heeft.

OPLOSSING

Om dit probleem op te lossen, worden de resultante $\mathbf{F}_R$ en zijn twee componenten $\mathbf{F}_1$ en $\mathbf{F}_2$ uitgedrukt in cartesische vectorvorm. Zoals in fig. 2.33*a* wordt getoond, moet gelden dat $\mathbf{F}_R = \mathbf{F}_1 + \mathbf{F}_2$.

Als we vgl. 2.9 toepassen geldt:

$$\begin{aligned}\mathbf{F}_1 &= F_1 \cos \alpha_1 \mathbf{i} + F_1 \cos \beta_1 \mathbf{j} + F_1 \cos \gamma_1 \mathbf{k} \\ &= 300 \cos 45^\circ\, \mathbf{i} + 300 \cos 60^\circ\, \mathbf{j} + 300 \cos 120^\circ\, \mathbf{k} \\ &= \{212{,}1\mathbf{i} + 150\mathbf{j} - 150\mathbf{k}\}\ \mathrm{N} \\ \mathbf{F}_2 &= F_{2x}\mathbf{i} + F_{2y}\mathbf{j} + F_{2z}\mathbf{k}\end{aligned}$$

Aangezien $\mathbf{F}_R$ een grootte van 800 N heeft en in de +**j**-richting werkt,

$$\mathbf{F}_R = (800\ \mathrm{N})(+\mathbf{j}) = \{800\mathbf{j}\}\ \mathrm{N}$$

moet gelden:

$$\begin{aligned}\mathbf{F}_R &= \mathbf{F}_1 + \mathbf{F}_2 \\ 800\mathbf{j} &= 212{,}1\mathbf{i} + 150\mathbf{j} - 150\mathbf{k} + F_{2x}\mathbf{i} + F_{2y}\mathbf{j} + F_{2z}\mathbf{k} \\ 800\mathbf{j} &= (212{,}1 + F_{2x})\mathbf{i} + (150 + F_{2y})\mathbf{j} + (-150 + F_{2z})\mathbf{k}\end{aligned}$$

Om te voldoen aan deze vergelijking, moeten de corresponderende **i**-, **j**- en **k**-componenten van $\mathbf{F}_R$ gelijk zijn aan de corresponderende **i**-, **j**- en **k**-componenten van ($\mathbf{F}_1 + \mathbf{F}_2$). Dus:

$$\begin{aligned}0 &= 212{,}1 + F_{2x} &\quad F_{2x} &= -212{,}1\ \mathrm{N} \\ 800 &= 150 + F_{2y} &\quad F_{2y} &= 650\ \mathrm{N} \\ 0 &= -150 + F_{2z} &\quad F_{2z} &= 150\ \mathrm{N}\end{aligned}$$

De grootte van $\mathbf{F}_2$ is dus:

$$\begin{aligned}F_2 &= \sqrt{(-212{,}1\ \mathrm{N})^2 + (650\ \mathrm{N})^2 + (150\ \mathrm{N})^2} \\ &= 700\ \mathrm{N}\end{aligned}$$ *Antw.*

We kunnen vgl. 2.9 gebruiken om α_2, β_2 en γ_2 te bepalen.

$$\cos \alpha_2 = \frac{-212{,}1}{700}; \qquad \alpha_2 = 108^\circ$$ *Antw.*

$$\cos \beta_2 = \frac{650}{700}; \qquad \beta_2 = 21{,}8^\circ$$ *Antw.*

$$\cos \gamma_2 = \frac{150}{700}; \qquad \gamma_2 = 77{,}6^\circ$$ *Antw.*

Deze resultaten worden weergegeven in fig. 2.33*b*.

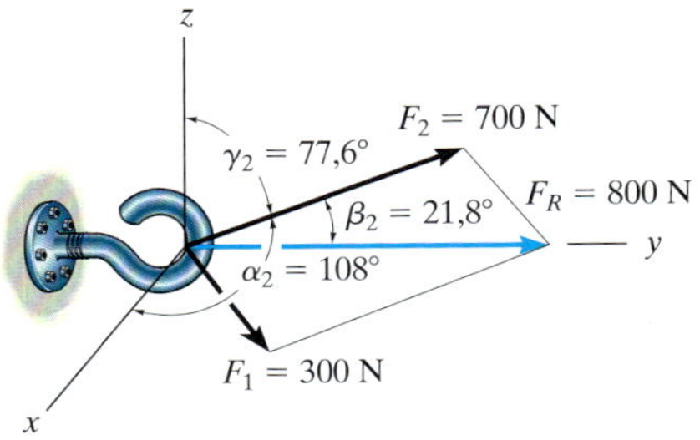

(b)

Fig. 2.33 (vervolg)

Fundamentele vraagstukken

F2.13. Bepaal de hoeken van de kracht met de coördinaatassen.

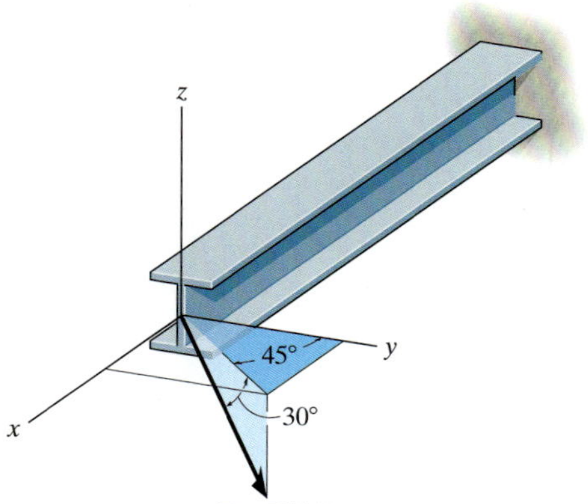

F2.13

F2.14. Schrijf de kracht als een cartesische vector.

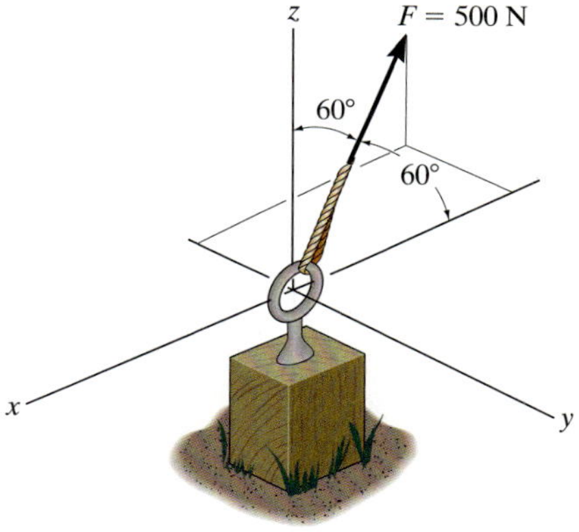

F2.14

F2.15. Schrijf de kracht als een cartesische vector.

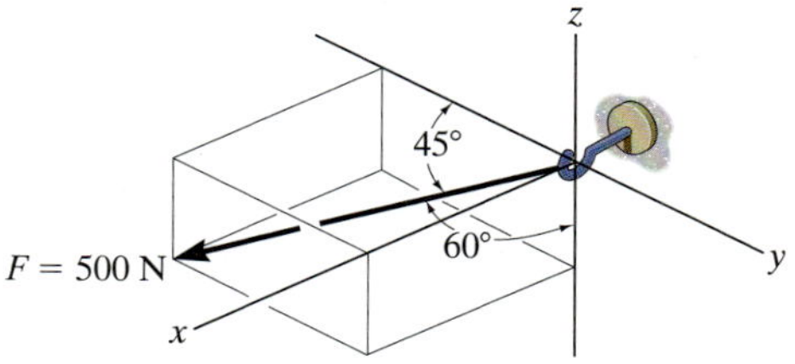

F2.15

F2.16. Schrijf de kracht als een cartesische vector.

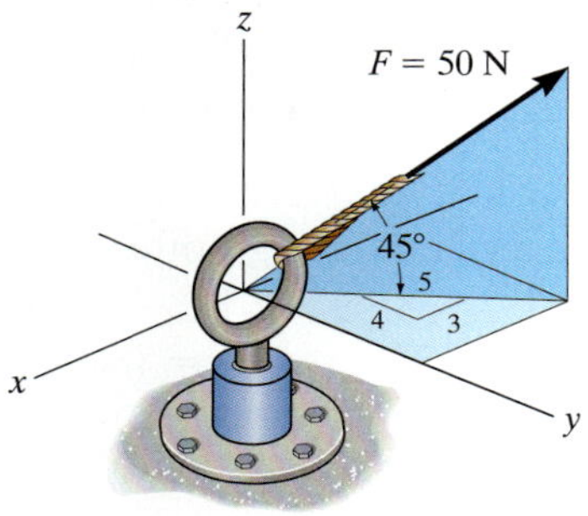

F2.16

F2.17. Schrijf de kracht als een cartesische vector.

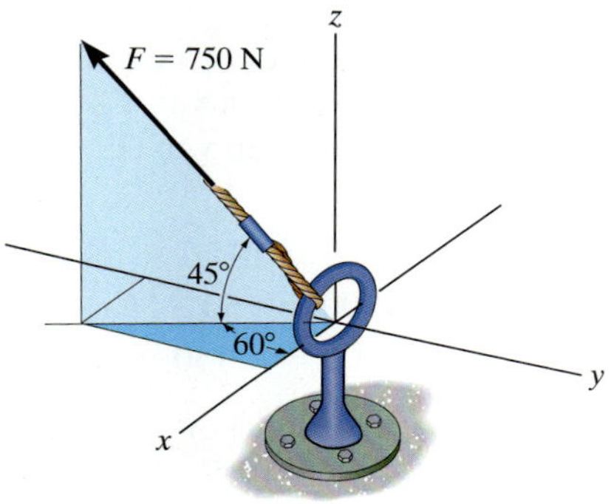

F2.17

F2.18. Bepaal de resultante op de haak.

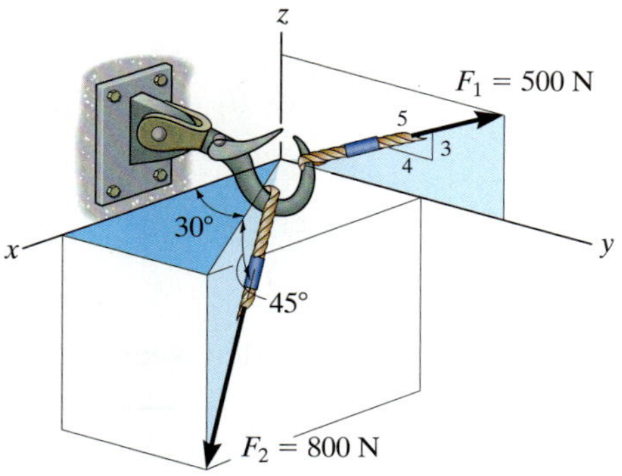

F2.18

Vraagstukken

***2.60.** Het werkstuk in de klauwplaat van een draaibank wordt belast met een kracht van 60 N. Bepaal de richtinghoek β en schrijf de kracht als een cartesische vector.

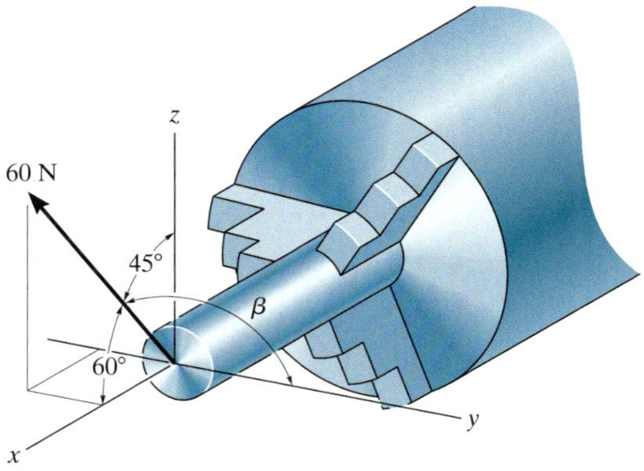

Vraagstuk 2.60

2.61. Bepaal de richtingshoek γ voor $\mathbf{F}_2$ en schrijf iedere kracht op de beugel als een cartesische vector.

2.62. Bepaal de grootte en de richtingshoeken van de resultante op de beugel.

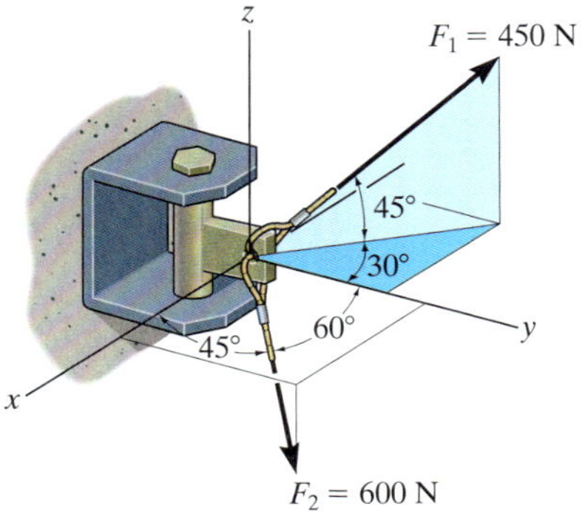

Vraagstukken 2.61/62

2.63. De bout wordt belast met een kracht **F**, met componenten langs de x-, y- en z-as, op de manier zoals is weergegeven in de figuur. De grootte van **F** is 80 N, $\alpha = 60°$ en $\gamma = 45°$. Bepaal de grootte van de krachtcomponenten.

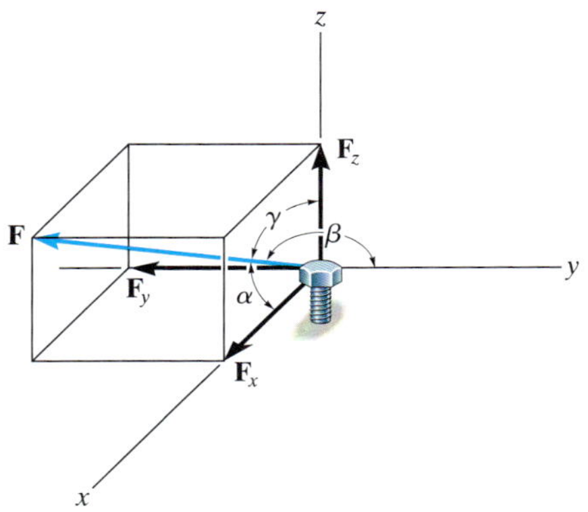

Vraagstuk 2.63

***2.64.** Bepaal de grootte en richtingshoeken van de kracht **F** op de paal.

2.65. Los vraagstuk 2.64 op als $\theta = 50°$.

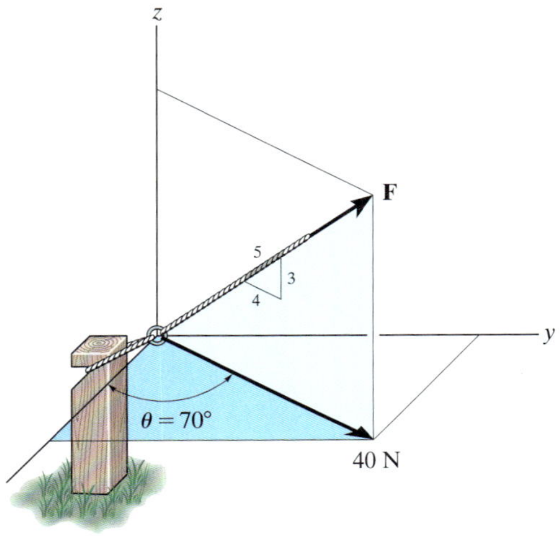

Vraagstukken 2.64/65

2.66. Bepaal de grootte en richtingshoeken van $\mathbf{F}_1 = \{60\mathbf{i} - 050\mathbf{j} + 40\,\mathbf{k}\}$ N en $\mathbf{F}_2 = \{-40\mathbf{i} - 85\mathbf{j} + 30\mathbf{k}\}$ N. Teken elke kracht in een x-, y-, z-assenstelsel.

2.67. Schrijf elke kracht als een cartesische vector.

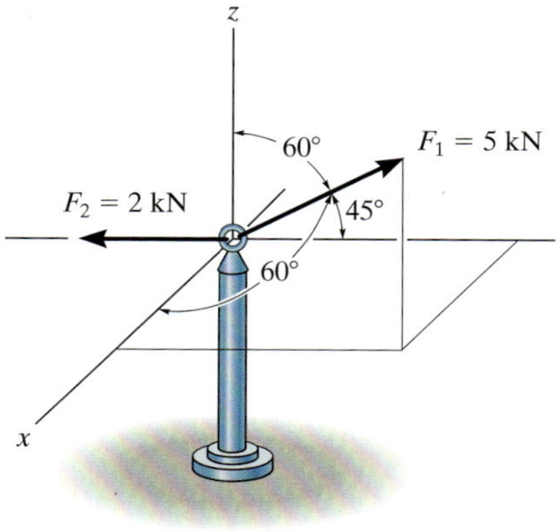

Vraagstukken 2.67

2.70. Bepaal de grootte en richtingshoeken van de resultante en teken deze vector in het coördinatenstelsel.

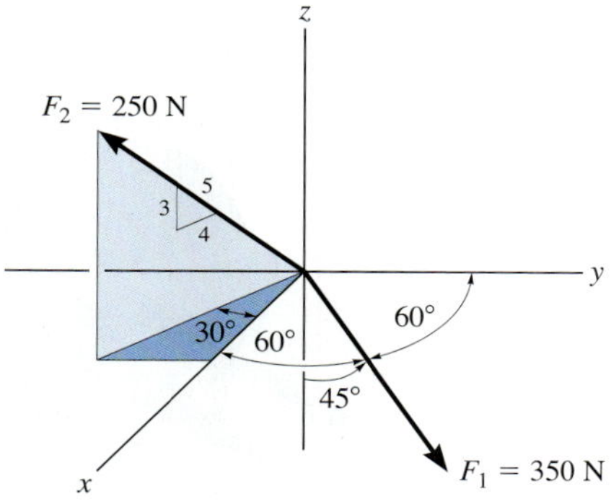

Vraagstuk 2.70

***2.68.** Schrijf elke kracht als een cartesische vector.

2.69. Bepaal de grootte en richtingshoeken van de resultante op de haak

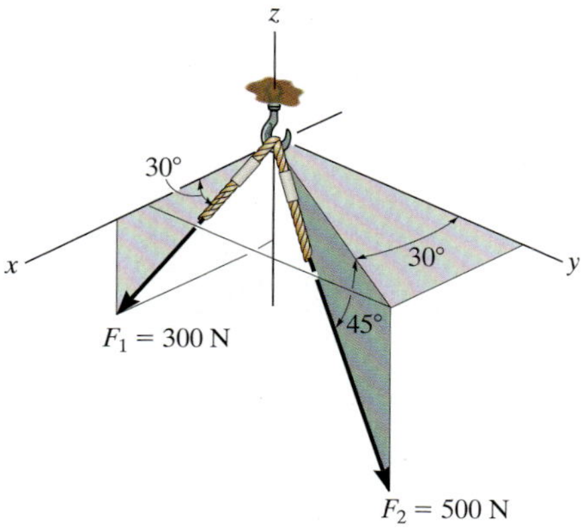

Vraagstukken 2.68/69

2.71. Als de resultante werkend op de beugel gericht is langs de positieve y-as, bepaal dan de grootte van de resultante en de richtingshoeken van **F**, zodanig dat $\beta < 90°$.

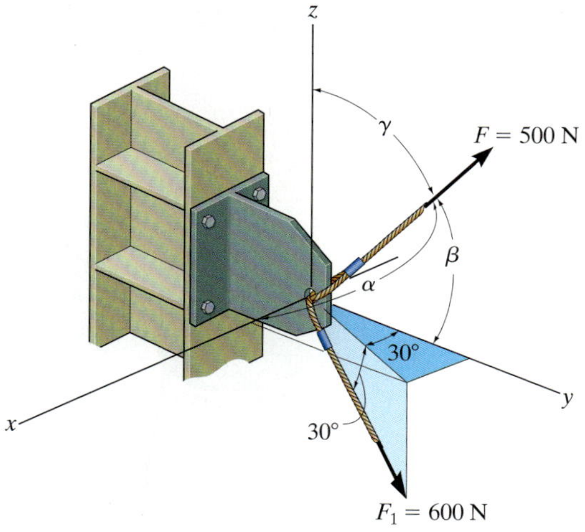

Vraagstuk 2.71

***2.72.** Geef de grootte van $\mathbf{F}_3$ en de richtingshoeken α_3, β_3 en γ_3 zodanig dat de resultante van de drie krachten gelijk is aan $\mathbf{F}_R = \{9\mathbf{j}\}$ kN.

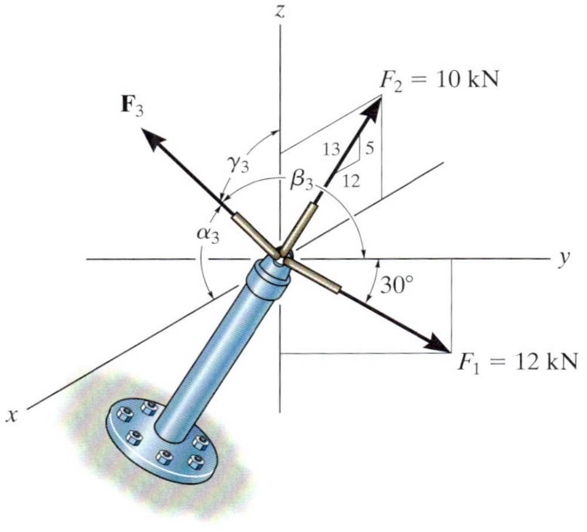

Vraagstuk 2.72

2.73. Bepaal de grootte en richtingshoeken van $\mathbf{F}_3$, zodanig dat de resultante van de drie krachten langs de positieve y-as werkt en een grootte van 600 N heeft.

2.74. Bepaal de grootte en richtingshoeken van $\mathbf{F}_3$, zodanig dat de resultante van de drie krachten nul is.

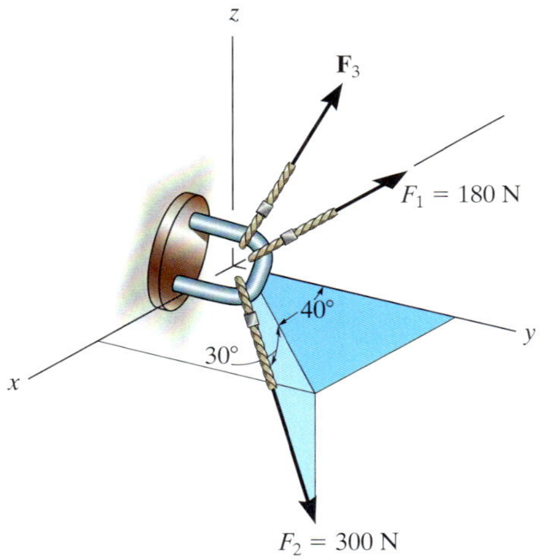

Vraagstukken 2.73/74

2.75. Bepaal de richtingshoeken van kracht $\mathbf{F}_1$.

***2.76.** Bepaal de grootte en richtingshoeken van de resultante op de oogbout.

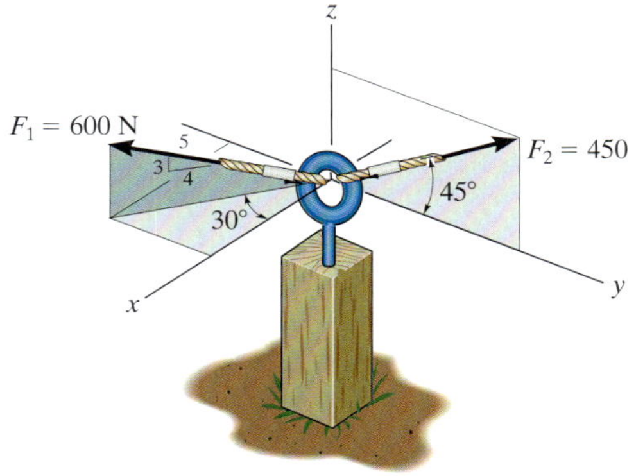

Vraagstukken 2.75/76

2.77. De aan de schroef bevestigde kabels worden met drie weergegeven krachten belast. Schrijf elke kracht als een cartesische vector en bepaal de grootte en richtingshoeken van de resultante.

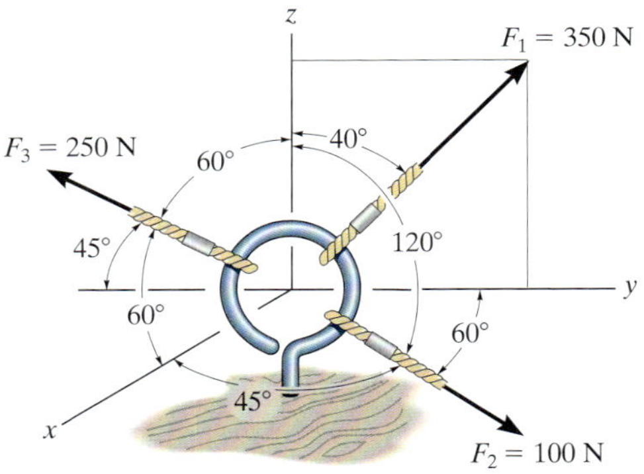

Vraagstuk 2.77

2.78. Op de ring werken drie krachten. Als de resultante $\mathbf{F}_R$ de aangegeven grootte en richting heeft, bepaal dan de grootte en de richtingshoeken van de kracht $\mathbf{F}_3$.

2.79. Bepaal de richtingshoeken van $\mathbf{F}_1$ en $\mathbf{F}_R$.

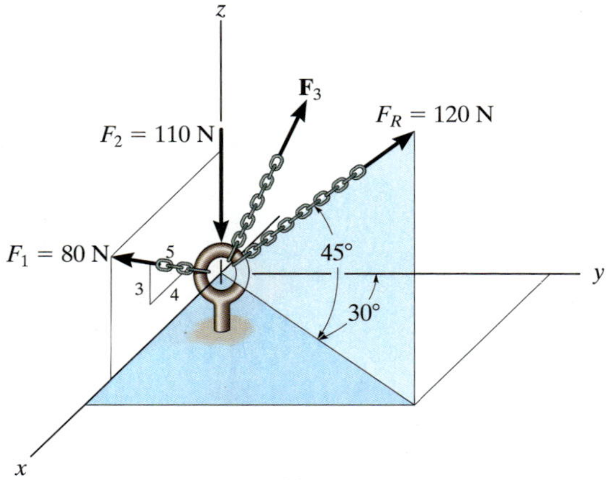

Vraagstukken 2.78/79

2.82. Bepaal de grootte en de richtingshoeken van $\mathbf{F}_2$, zodanig dat de resultante van de twee krachten langs de positieve x-as werkt en een grootte heeft van 500 N.

2.83. Bepaal de grootte en de richtingshoeken van $\mathbf{F}_2$, zodanig dat de resultante van de twee krachten gelijk is aan nul.

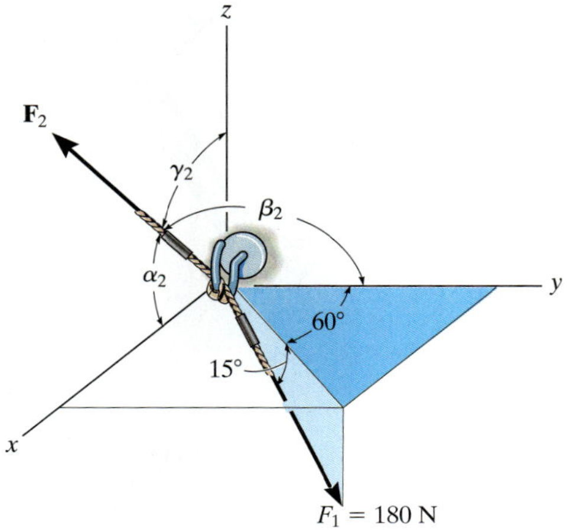

Vraagstukken 2.82/83

***2.80.** De mast is onderworpen aan de drie weergegeven krachten. Bepaal de richtingshoeken α_1, β_1, γ_1 van $\mathbf{F}_1$, zodanig dat de resultante werkend op de mast gelijk is aan $\mathbf{F}_R = \{350\mathbf{i}\}$ N.

2.81. De mast is onderworpen aan de drie weergegeven krachten. Bepaal de richtingshoeken α_1, β_1, γ_1 van $\mathbf{F}_1$, zodanig dat de resultante werkend op de mast gelijk is aan nul.

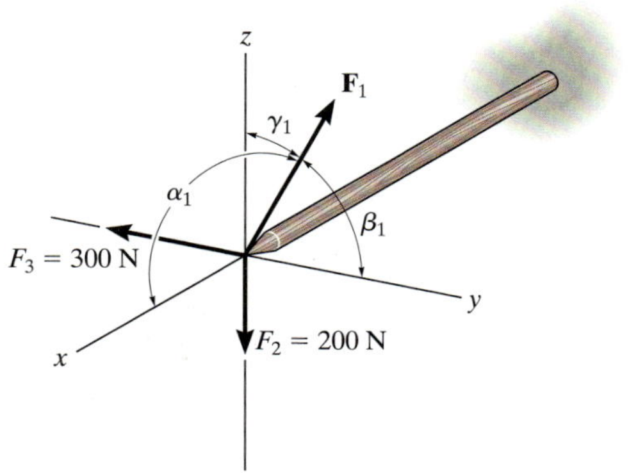

Vraagstukken 2.80/81

***2.84.** De paal is onderworpen aan de kracht **F**, met componenten werkend langs de x-, y- en z-as zoals weergegeven. Als de grootte van **F** gelijk is aan 3 kN, $\beta = 30°$ en $\gamma = 75°$, bepaal dan de groottes van de drie componenten.

2.85. Op de paal werkt een kracht **F** met componenten $F_x = 1{,}5$ kN en $F_z = 1{,}25$ kN. Als $\beta = 75°$, bepaal dan de groottes van **F** en $\mathbf{F}_y$.

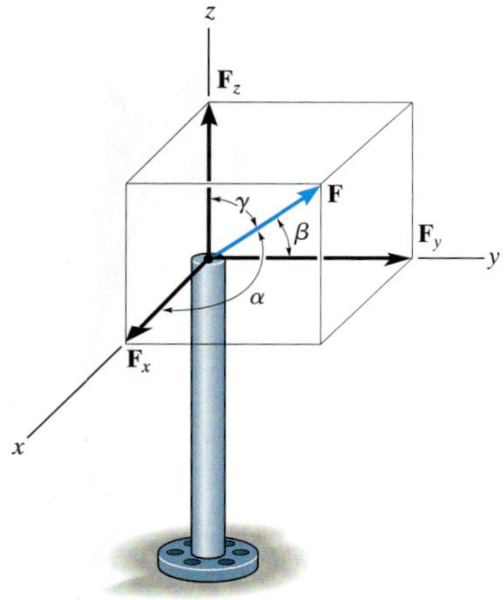

Vraagstuk 2.85

2.7 Plaatsvectoren

In deze paragraaf introduceren wij het begrip 'plaatsvector'. Aangetoond zal worden dat deze vector van belang is bij het beschrijven van een cartesische krachtvector die zich tussen twee willekeurige punten in de ruimte bevindt.

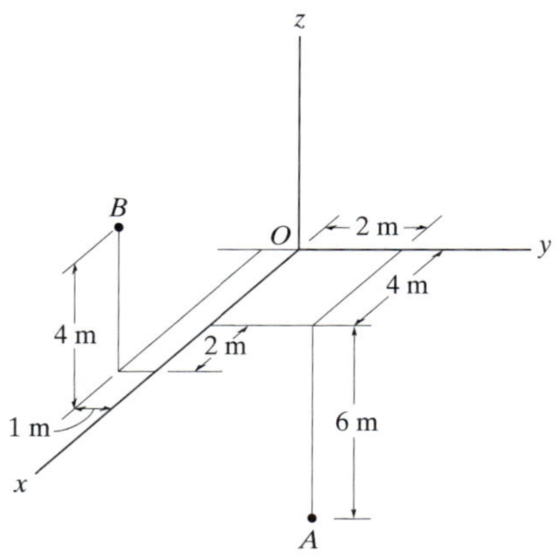

Fig. 2.34

2.7.1 x-, y- en z-coördinaten

In dit boek zullen wij een *rechtsdraaiend* coördinatenstelsel gebruiken om de plaats van een punt in de ruimte aan te geven. Verder zullen we ons in navolging van andere boeken over dit onderwerp houden aan de conventie om de positieve z-as *omhoog* te laten wijzen, zodat deze de hoogte van een voorwerp of een punt aangeeft. De x-as en de y-as liggen dan in het horizontale vlak, zie fig. 2.34. De locaties van punten in de ruimte worden bepaald door hun afstand ten opzichte van de oorsprong van de coördinaten, O, te meten langs de x-, y- en z-as. Zo worden de coördinaten van punt A bepaald door in O te beginnen en vast te stellen dat $x_A = +4$ m langs de x-as, $y_A = +2$ m langs de y-as en $z_A = -6$ m langs de z-as. Ofwel A(4 m, 2 m, –6 m). Op dezelfde wijze leveren metingen langs de x-, y- en z-as van O naar B de coördinaten van B op, namelijk B(6 m, –1 m, 4 m).

2.7.2 Plaatsvector

Een *plaatsvector* **r** wordt gedefinieerd als een vaste vector die de plaats van een punt in de ruimte bepaalt ten opzichte van een ander punt. Als **r** bijvoorbeeld van de oorsprong van de coördinaten, O, naar punt $P(x,y,z)$ loopt, zie fig. 2.35a, dan kan **r** worden uitgedrukt in cartesische vectorvorm als:

$$\mathbf{r} = x\mathbf{i} + y\mathbf{j} + z\mathbf{k}$$

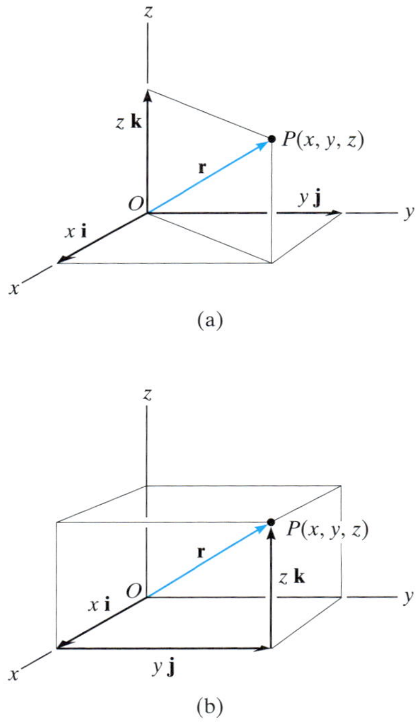

Fig. 2.35

Merk op hoe de kop-staartvectoroptelling van de drie componenten vector **r** oplevert, zie fig. 2.35b. Beginnend in de oorsprong O 'gaat men' x in de +**i**-richting, vervolgens y in de +**j**-richting en ten slotte z in de +**k**-richting om in punt $P(x, y, z)$ te komen.

Een meer algemeen geval is dat de plaatsvector van punt A naar punt B in de ruimte loopt, zie fig. 2.36a. Deze vector wordt ook aangeduid met de letter **r**. Maar de conventie is dat we deze vector *soms* aanduiden met *twee indices* om aan te geven van welk punt tot welk punt hij loopt. Dus **r** kan ook worden aangeduid als $\mathbf{r}_{AB}$. Merk ook op dat $\mathbf{r}_A$ en $\mathbf{r}_B$ in fig. 2.36a slechts één index hebben, aangezien zij in de oorsprong beginnen.

Uit fig. 2.36a blijkt op grond van kop-staartvectoroptelling, met behulp van de driehoeksregel, dat:

$$\mathbf{r}_A + \mathbf{r} = \mathbf{r}_B$$

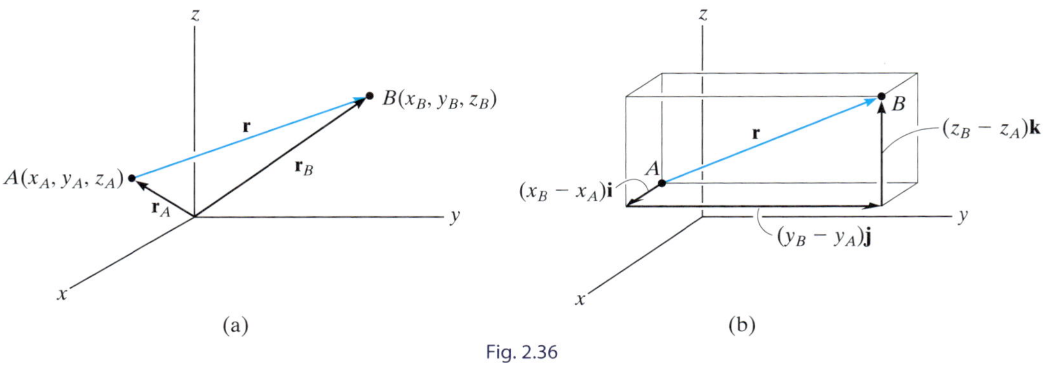

Fig. 2.36

Wanneer we **r** oplossen en $\mathbf{r}_A$ en $\mathbf{r}_B$ in cartesische vectorvorm schrijven, krijgen we:

$$\mathbf{r} = \mathbf{r}_B - \mathbf{r}_A = (x_B\mathbf{i} + y_B\mathbf{j} + z_B\mathbf{k}) - (x_A\mathbf{i} + y_A\mathbf{j} + z_A\mathbf{k})$$

of

$$\mathbf{r} = (x_B - x_A)\mathbf{i} + (y_B - y_A)\mathbf{j} + (z_B - z_A)\mathbf{k} \qquad (2.13)$$

De **i**-, **j**- *en* **k**-*componenten van de plaatsvector* **r** *kunnen dus worden bepaald door de coördinaten van de staart van de vector te nemen, $A(x_A, y_A, z_A)$, en deze af te trekken van de corresponderende coördinaten van de kop, $B(x_B, y_B, z_B)$.* We kunnen deze componenten ook *rechtstreeks* bepalen, fig. 2.36*b*, door in A te beginnen en over een afstand $(x_B - x_A)$ langs de positieve x-as (+**i**) te verschuiven, vervolgens over $(y_B - y_A)$ langs de positieve y-as (+**j**) en ten slotte over $(z_B - z_A)$ langs de positieve z-as (+**k**) om in B te komen.

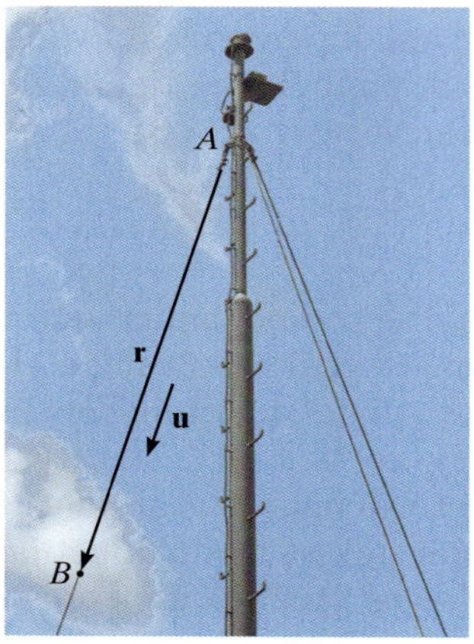

Als er een x-y-z-coördinatenstelsel is vastgesteld, dan kunnen de coördinaten van de punten A en B worden bepaald. Hieruit kan de plaatsvector **r** langs de kabel worden afgeleid. De grootte ervan is de afstand van A naar B, en de eenheidsvector $\mathbf{u} = \mathbf{r}/r$ levert de richting gedefinieerd door α, β, γ.

Voorbeeld 2.12

Een elastische rubberen band is bevestigd aan de punten A en B, zie fig. 2.37*a*. Bepaal zijn lengte en zijn richting, gemeten van A naar B.

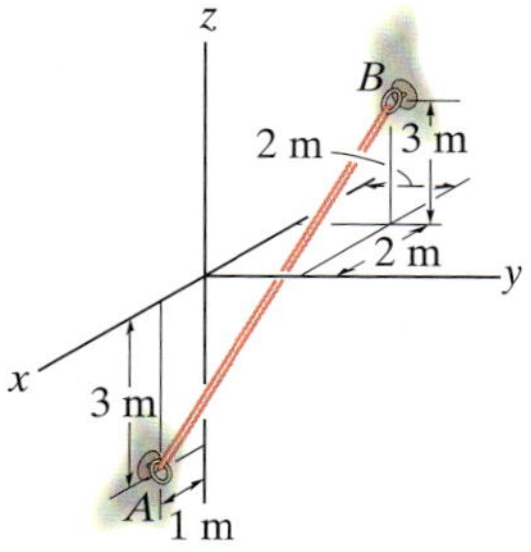

(a)

Fig. 2.37

OPLOSSING

We tekenen eerst een plaatsvector van A naar B, zie fig. 2.37*b*. De coördinaten van de staart A(1 m, 0, –3 m) worden conform vgl. 2.11 afgetrokken van de coördinaten van de kop B (–2 m, 2 m, 3 m), en we krijgen dan het volgende:

$$\mathbf{r} = [-2\text{ m} - 1\text{ m}]\mathbf{i} + [2\text{ m} - 0]\mathbf{j} + [3\text{ m} - (-3\text{m})]\mathbf{k}$$
$$= \{-3\mathbf{i} + 2\mathbf{j} + 6\mathbf{k}\}\text{ m}$$

Deze componenten van **r** kunnen ook *direct* worden bepaald als we inzien dat de componenten de richting en de afstand aangeven die men langs elke as moet gaan om van A naar B te komen. Dat wil zeggen: langs de x-as {–3**i**} m, langs de y-as {2**j**} m en ten slotte langs de z-as {6**k**} m.

De lengte van de rubberen band is dus:

$$r = \sqrt{(-3\text{ m})^2 + (2\text{ m})^2 + (6\text{ m})^2} = 7\text{ m}$$ *Antw.*

Als we een eenheidsvector in de richting **r** formuleren, geldt:

$$\mathbf{u} = \frac{\mathbf{r}}{r} = -\frac{3}{7}\mathbf{i} + \frac{2}{7}\mathbf{j} + \frac{6}{7}\mathbf{k}$$

De componenten van deze eenheidsvector leveren de volgende richtingshoeken op:

$$\alpha = \cos^{-1}\left(-\frac{3}{7}\right) = 115°$$ *Antw.*

$$\beta = \cos^{-1}\left(\frac{2}{7}\right) = 73{,}4°$$ *Antw.*

$$\gamma = \cos^{-1}\left(\frac{6}{7}\right) = 31{,}0°$$ *Antw.*

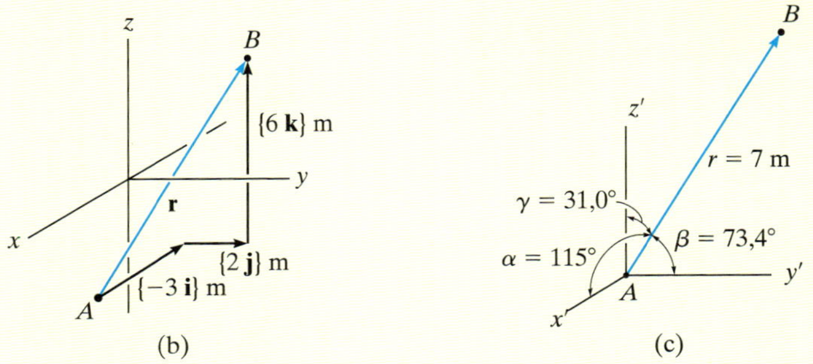

Fig. 2.37 (vervolg)

OPMERKING: Deze hoeken zijn gemeten vanaf de *positieve assen* van een 'lokaal' coördinatenstelsel dat geplaatst is in de staart van **r**, punt A, zoals in fig. 2.37*c* is aangegeven.

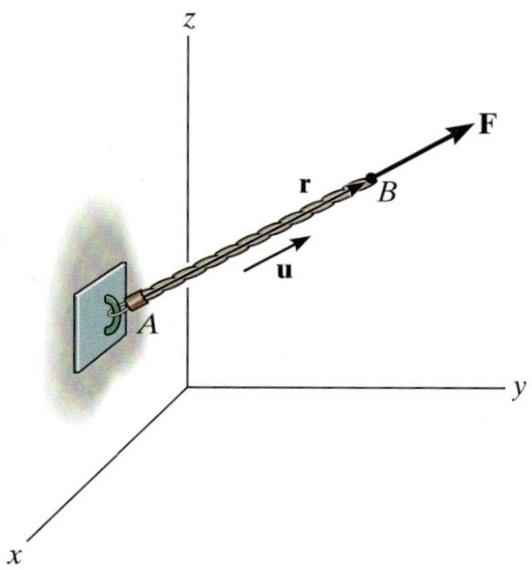

Fig. 2.38

2.8 Krachtvector die langs een lijn ligt

In vraagstukken van de driedimensionale statica wordt de richting van een kracht vaak aangegeven door twee punten waar zijn werklijn doorheen loopt. Een dergelijke situatie wordt getoond in fig. 2.38, waarin de kracht **F** langs het koord AB loopt. We kunnen **F** formuleren als een cartesische vector als we ons realiseren dat deze *dezelfde richting* en *zin* heeft als de plaatsvector **r** die van punt A naar punt B op het koord loopt. Deze gemeenschappelijke richting wordt aangegeven door de *eenheidsvector* $\mathbf{u} = \mathbf{r}/r$. Dus:

$$\mathbf{F} = F\mathbf{u} = F\left(\frac{\mathbf{r}}{r}\right) = F\left(\frac{(x_B - x_A)\mathbf{i} + (y_B - y_A)\mathbf{j} + (z_B - z_A)\mathbf{k}}{\sqrt{(x_B - x_A)^2 + (y_B - y_A)^2 + (z_B - z_A)^2}}\right)$$

Hoewel we **F** symbolisch in fig. 2.38 hebben weergegeven, moet worden opgemerkt dat hij uit eenheden van kracht bestaat, in tegenstelling tot **r**, die uit eenheden van lengte bestaat.

De kracht **F** langs het touw kan worden geschreven als een cartesische vector door de *x*-, *y*- en *z*-as vast te leggen en eerst een plaatsvector **r** in de lengterichting van het touw te vormen. Dan kan de bijbehorende eenheidsvector $\mathbf{u} = \mathbf{r}/r$ die de richting van zowel het touw als de kracht aangeeft worden bepaald. Ten slotte wordt de grootte van de kracht gecombineerd met de richting ervan, $\mathbf{F} = F\mathbf{u}$.

Om te onthouden!

- Een plaatsvector geeft de positie aan van een punt in de ruimte ten opzichte van een ander punt.
- De gemakkelijkste manier om de componenten van een plaatsvector te vinden, is door de richting en de afstand te bepalen die in de *x*-, *y*- en *z*-richtingen moet worden afgelegd – vanaf de kop naar de staart van de vector.
- Een kracht **F** die in de richting van een plaatsvector **r** werkt, kan worden uitgedrukt in cartesische vorm als de eenheidsvector **u** van de plaatsvector is bepaald en wordt vermenigvuldigd met de grootte van deze kracht, dat wil zeggen $\mathbf{F} = F\mathbf{u} = F(\mathbf{r}/r)$.

Voorbeeld 2.13

De man in fig. 2.39*a* trekt aan het touw met een kracht van 350 N. Druk deze kracht, die op steun *A* wordt uitgeoefend, uit als een cartesische vector en bepaal zijn richting.

OPLOSSING

In fig. 2.39*b* is kracht **F** afgebeeld. De *richting* van deze vector, **u**, wordt bepaald door de plaatsvector **r**, die van *A* naar *B* loopt. In plaats van de coördinaten van de eindpunten van het touw te gebruiken, kan **r** *direct* worden bepaald door in fig. 2.39*a* op te merken dat we ons vanaf punt *A* {–6**k**} m moeten verplaatsen en vervolgens {–2**j**} m en ten slotte {3**i**} m om in *B* te komen.

$$\mathbf{r} = \{3\mathbf{i} - 2\mathbf{j} - 6\mathbf{k}\}\ \text{m}$$

De grootte van **r**, die de *lengte* van het touw *AB* vertegenwoordigt, is:

$$r = \sqrt{(3\ \text{m})^2 + (-2\ \text{m})^2 + (-6\ \text{m})^2} = 7\ \text{m}$$

Wanneer we de eenheidsvector bepalen die de richting en zin van zowel **r** als **F** definieert, dan levert dit het volgende op:

$$\mathbf{u} = \frac{\mathbf{r}}{r} = \frac{3}{7}\mathbf{i} - \frac{2}{7}\mathbf{j} - \frac{6}{7}\mathbf{k}$$

Aangezien **F** een *grootte* van 350 N heeft en een *richting* die gespecificeerd wordt door **u**, geldt:

$$\mathbf{F} = F\mathbf{u} = 350\ \text{N}\left(\frac{3}{7}\mathbf{i} - \frac{2}{7}\mathbf{j} - \frac{6}{7}\mathbf{k}\right)$$

$$= \{150\mathbf{i} - 100\mathbf{j} - 300\mathbf{k}\}\ \text{N} \qquad \textit{Antw.}$$

De richtingshoeken worden gemeten tussen **r** (of **F**) en de *positieve* assen van een plaatselijk coördinatenstelsel waarvan de oorsprong in A ligt, zie fig. 2.39*b*. Uit de componenten van de eenheidsvector leiden we het volgende af:

$$\alpha = \cos^{-1}\left(\frac{3}{7}\right) = 64{,}6^\circ \qquad \textit{Antw.}$$

$$\beta = \cos^{-1}\left(\frac{-2}{7}\right) = 107^\circ \qquad \textit{Antw.}$$

$$\gamma = \cos^{-1}\left(\frac{-6}{7}\right) = 149^\circ \qquad \textit{Antw.}$$

OPMERKING: Deze resultaten komen goed overeen met de vastgestelde hoeken in fig. 2.39*b*.

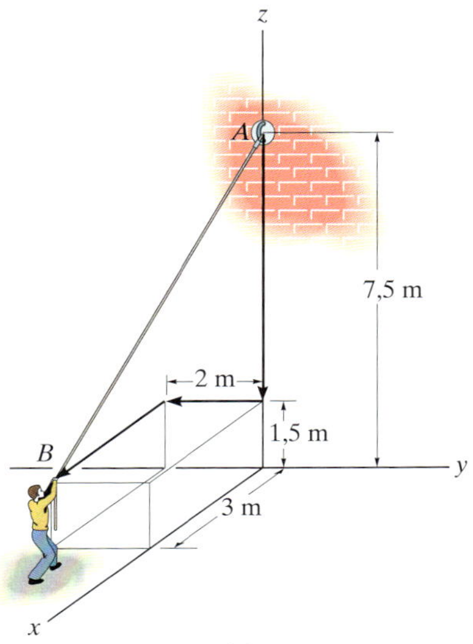

(a)

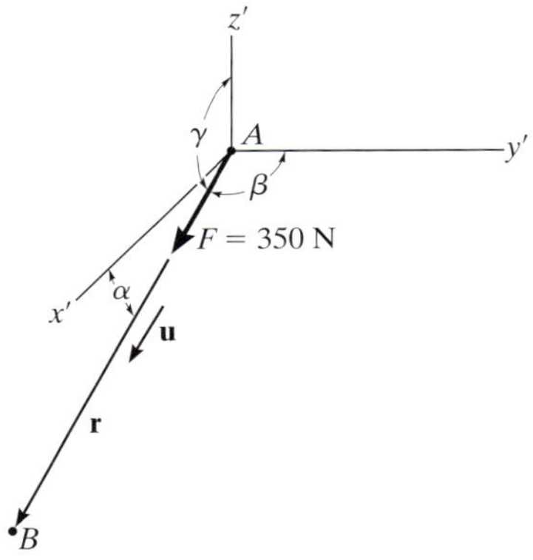

(b)

Fig. 2.39

Voorbeeld 2.14

In fig. 2.40*a* werkt een kracht op de haak. Schrijf deze als een cartesische vector.

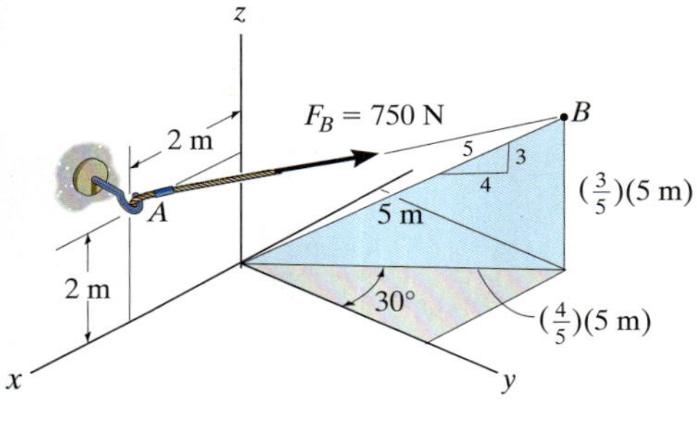

(a)

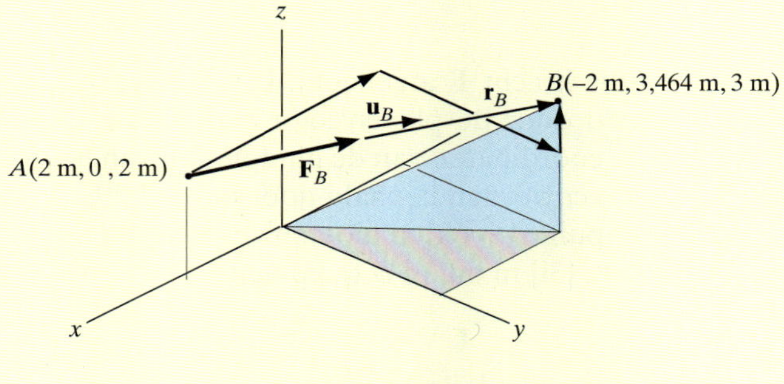

(b)

Fig. 2.40

OPLOSSING

Zoals weergegeven in fig. 2.40*b* worden de coördinaten voor de punten *A* en *B* gegeven door:

$$A(2\text{m}, 0, 2\text{m})$$

en

$$B\left[-\left(\frac{4}{5}\right)5 \sin 30° \text{ m}, \left(\frac{4}{5}\right)5 \cos 30° \text{ m}, \left(\frac{3}{5}\right) 5 \text{ m}\right]$$

of

$$B(-2 \text{ m}, 3{,}464 \text{ m}, 3 \text{ m})$$

Dus moet er om van *A* naar *B* te gaan {4**i**} m, vervolgens {3,464 **j**} m en ten slotte {1 **k**} m worden afgelegd. Dus geldt:

$$\mathbf{u}_B = \left(\frac{\mathbf{r}_B}{r_B}\right) = \frac{\{-4\mathbf{i} + 3{,}464\mathbf{j} + 1\mathbf{k}\} \text{ m}}{\sqrt{(-4 \text{ m})^2 + (3{,}464 \text{ m})^2 + (1 \text{ m})^2}}$$

$$= -0{,}7428\mathbf{i} + 0{,}6433\mathbf{j} + 0{,}1857\mathbf{k}$$

De kracht $\mathbf{F}_B$ uitgedrukt als cartesische vector is:

$$\mathbf{F}_B = F_B \mathbf{u}_B = (750 \text{ N})(-0{,}7428\mathbf{i} + 0{,}6433\mathbf{j} + 0{,}1857\mathbf{k})$$

$$= \{-557\mathbf{i} + 482\mathbf{j} + 139\mathbf{k}\} \text{ N}$$ *Antw.*

Voorbeeld 2.15

Het dak wordt gedragen door kabels zoals op de foto te zien is. Bereken de resulterende kracht die in A wordt uitgeoefend als de kabels de krachten $F_{AB} = 100$ N en $F_{AC} = 120$ N op de ring in A uitoefenen. Schrijf het resultaat als een cartesische vector.

OPLOSSING

In fig. 2.41*b* wordt de resultante $\mathbf{F}_R$ grafisch weergegeven. We kunnen deze kracht als een cartesische vector uitdrukken door eerst $\mathbf{F}_{AB}$ en $\mathbf{F}_{AC}$ als cartesische vectoren te formuleren en daarna hun componenten op te tellen. De richtingen van $\mathbf{F}_{AB}$ en $\mathbf{F}_{AC}$ worden bepaald door de eenheidsvectoren $\mathbf{u}_{AB}$ en $\mathbf{u}_{AC}$ langs de kabels. Deze eenheidsvectoren worden verkregen uit de corresponderende plaatsvectoren $\mathbf{r}_{AB}$ en $\mathbf{r}_{AC}$. Uitgaande van fig. 2.41*b*, moeten we om van A naar B te gaan $\{-4\mathbf{k}\}$ m en vervolgens $\{4\mathbf{i}\}$ m afleggen. Dus geldt:

$$\mathbf{r}_{AB} = \{4\mathbf{i} - 4\mathbf{k}\} \text{ m}$$

$$r_{AB} = \sqrt{(4 \text{ m})^2 + (-4 \text{ m})^2} = 5{,}66 \text{ m}$$

$$\mathbf{F}_{AB} = F_{AB}\left(\frac{\mathbf{r}_{AB}}{r_{AB}}\right) = (100 \text{ N})\left(\frac{4}{5{,}66}\mathbf{i} - \frac{4}{5{,}66}\mathbf{k}\right)$$

$$\mathbf{F}_{AB} = \{70{,}7\mathbf{i} - 70{,}7\mathbf{k}\} \text{ N}$$

Om van A naar C te gaan, moeten we $\{-4\mathbf{k}\}$ m, vervolgens $\{2\mathbf{j}\}$ m en ten slotte $\{4\mathbf{i}\}$ afleggen. Dus geldt:

$$\mathbf{r}_{AC} = \{4\mathbf{i} + 2\mathbf{j} - 4\mathbf{k}\} \text{ m}$$

$$r_{AC} = \sqrt{(4 \text{ m})^2 + (2 \text{ m})^2 + (-4 \text{ m})^2} = 6 \text{ m}$$

$$\mathbf{F}_{AC} = F_{AC}\left(\frac{\mathbf{r}_{AC}}{r_{AC}}\right) = (120 \text{ N})\left(\frac{4}{6}\mathbf{i} + \frac{2}{6}\mathbf{j} - \frac{4}{6}\mathbf{k}\right)$$

$$= \{80\mathbf{i} + 40\mathbf{j} - 80\mathbf{k}\} \text{ N}$$

De resultante is derhalve:

$$\mathbf{F}_R = \mathbf{F}_{AB} + \mathbf{F}_{AC} = \{70{,}7\mathbf{i} - 70{,}7\mathbf{k}\} \text{ N} + \{80\mathbf{i} + 40\mathbf{j} - 80\mathbf{k}\} \text{ N}$$

$$= \{151\mathbf{i} + 40\mathbf{j} - 151\mathbf{k}\} \text{ N} \qquad \textit{Antw.}$$

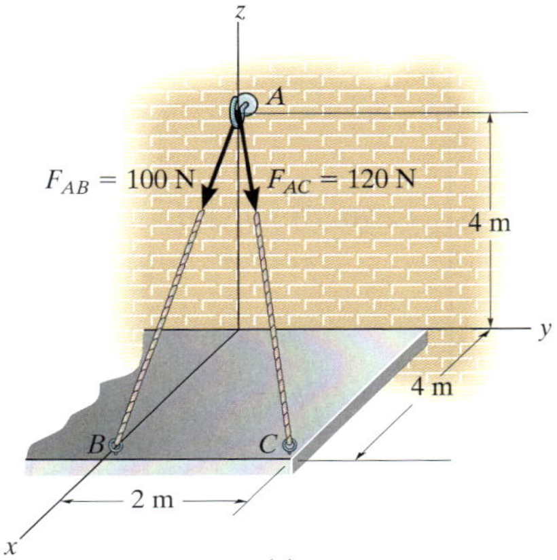

(a)

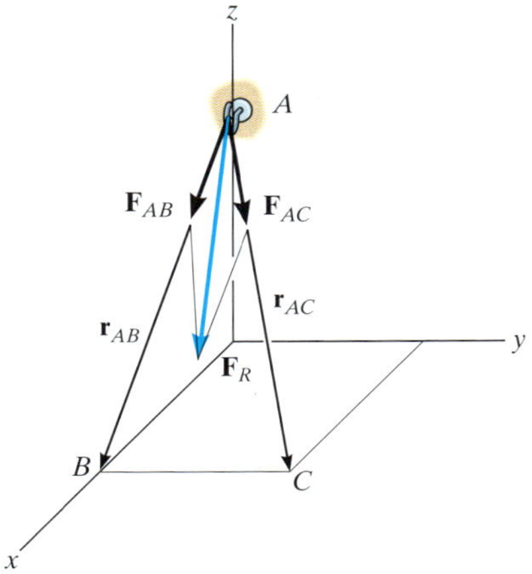

(b)

Fig. 2.41

Fundamentele vraagstukken

F2.19. Schrijf de plaatsvector $\mathbf{r}_{AB}$ in cartesische vectorvorm, en bepaal vervolgens de grootte en de richtingshoeken.

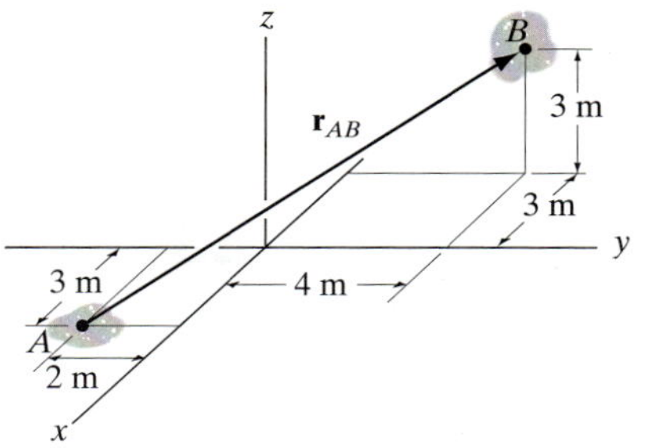

F2.19

F2.20. Bepaal de lengte van de staaf en de plaatsvector van A naar B. Hoe groot is de hoek θ?

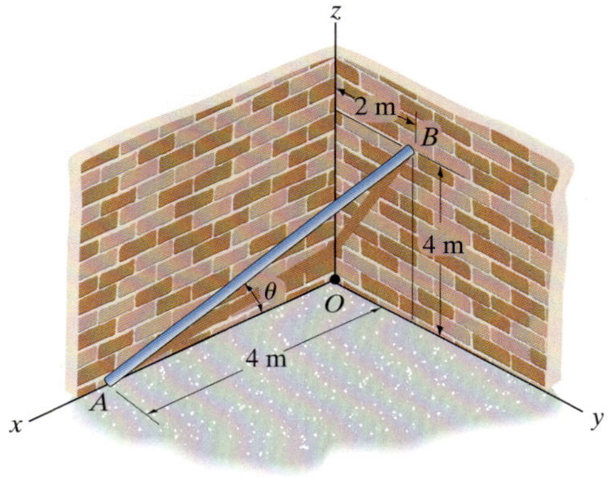

F2.20

F2.21. Schrijf de kracht als een cartesische vector.

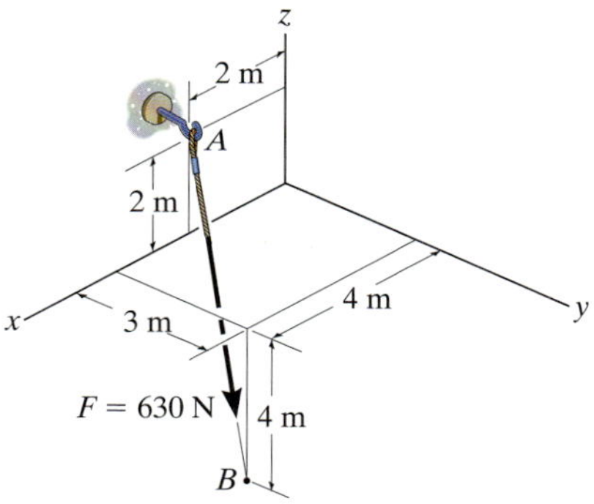

F2.21

F2.22. Schrijf de kracht als een cartesische vector.

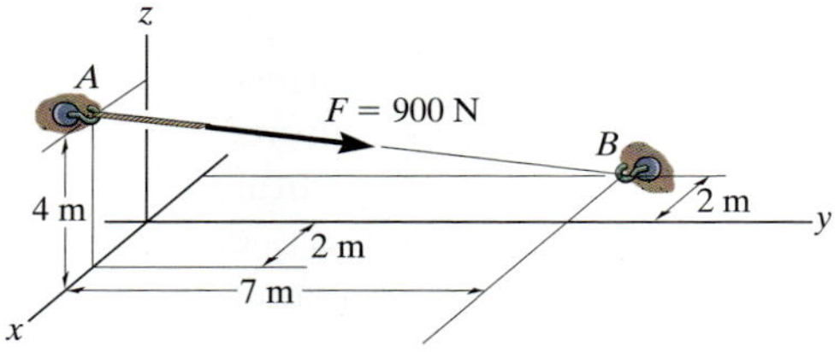

F2.22

F2.23. Bepaal de grootte van de resultante in A.

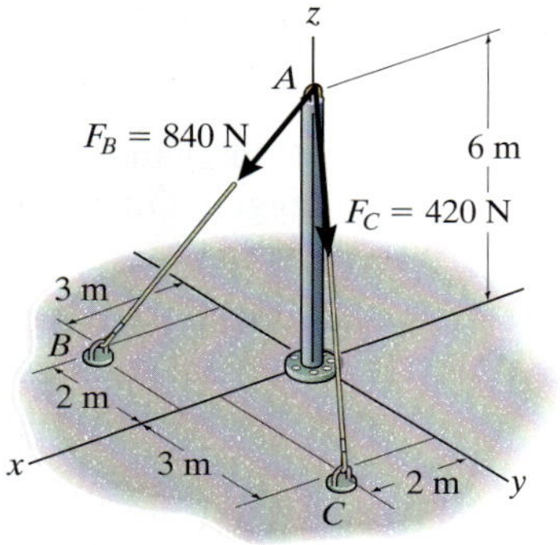

F2.23

F2.24. Bepaal de resultante in A.

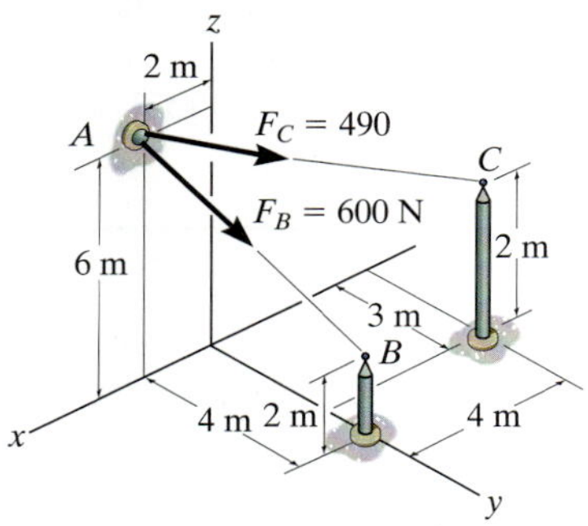

F2.24

Vraagstukken

2.86. Bepaal de lengte van de krukas AB door eerst een cartesische plaatsvector van A naar B te definiëren en vervolgens de grootte ervan te bepalen.

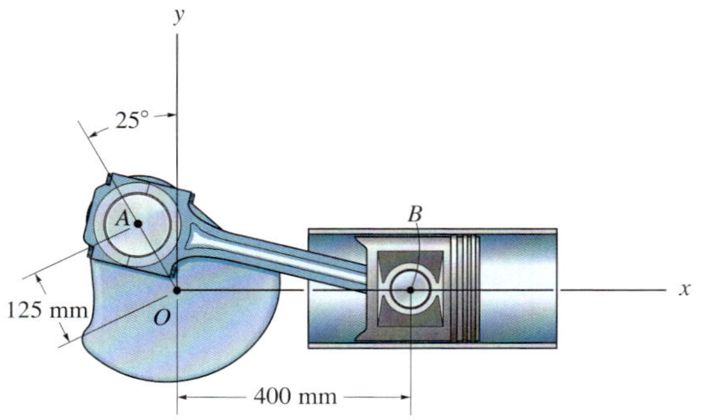

Vraagstuk 2.86

2.87. Bepaal de lengtes van de draden AD, BD en CD. De ring bij D bevindt zich halverwege tussen A en B.

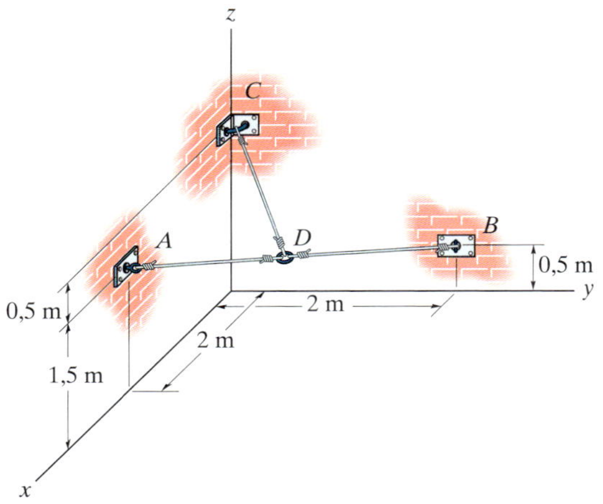

Vraagstuk 2.87

***2.88.** Bepaal de lengte van staaf AB van het vakwerk door eerst een cartesische plaatsvector te definiëren van A naar B en vervolgens daar de grootte van te bepalen.

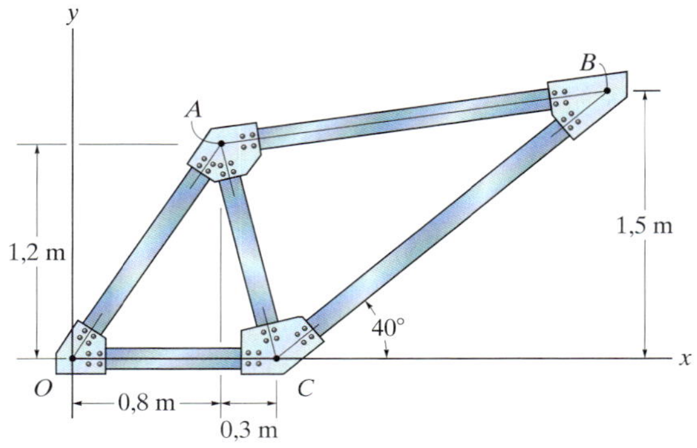

Vraagstuk 2.88

2.89. $\mathbf{F} = \{350\mathbf{i} - 250\mathbf{j} - 450\mathbf{k}\}$ N en kabel AB is 9 m lang. Bepaal de x-, y- en z-coördinaten van punt A.

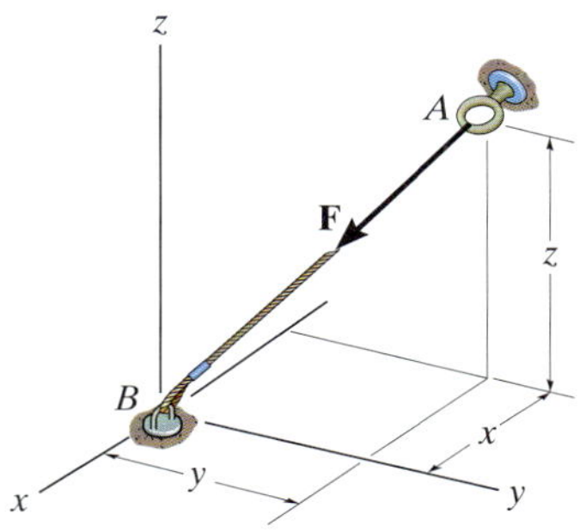

Vraagstuk 2.89

2.90. Schrijf $\mathbf{F}_B$ en $\mathbf{F}_C$ als cartesische vector.

2.91. Bepaal de grootte en richtingshoeken van de resultante op A.

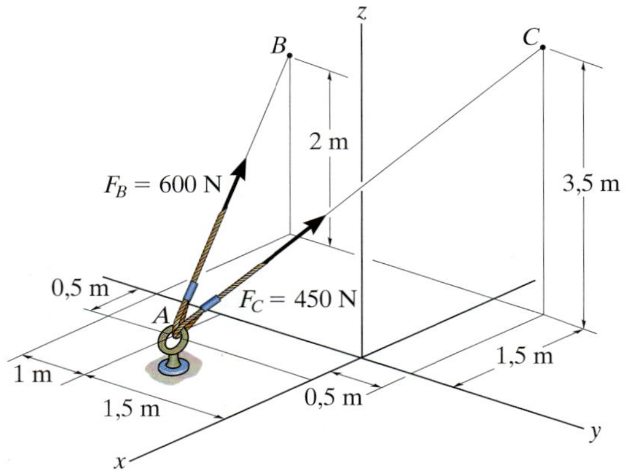

Vraagstukken 2.90/91

***2.92.** $F_B = 560$ N en $F_C = 700$ N. Bepaal de grootte en richtingshoeken van de resultante op de vlaggenmast.

2.93. $F_B = 700$ N en $F_C = 560$ N. Bepaal de grootte en richtingshoeken van de resultante op de vlaggenmast.

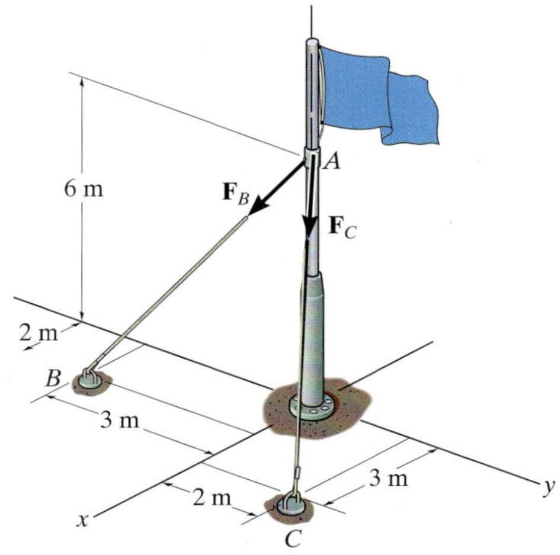

Vraagstukken 2.92/93

2.94. De toren wordt op zijn plaats gehouden door drie kabels. Als de kracht van elke kabel op de toren is zoals weergegeven, bepaal dan de grootte en de richtingshoeken α, β en γ van de resultante. Neem $x = 20$ m en $y = 15$ m.

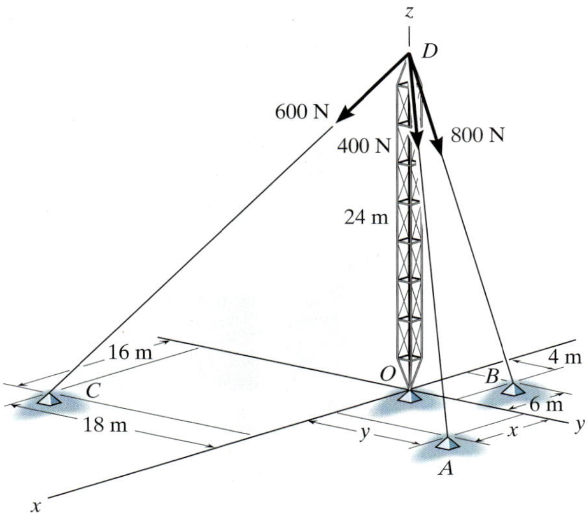

Vraagstuk 2.94

2.95. Op een bepaald moment bevindt een vliegtuig zich ter plaatse van A en een trein ter plaatse van B, gemeten ten opzichte van een radarantenne in O. Bepaal de afstand d tussen A en B op dit moment. Om dit vraagstuk op te lossen kun je een plaatsvector definiëren, van A in de richting van B, en daarvan de grootte bepalen.

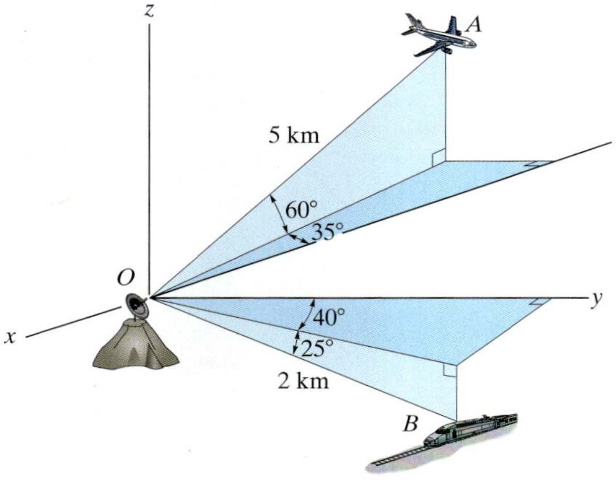

Vraagstuk 2.95

***2.96.** Om de overhangende giek op zijn plaats te houden en de belasting van 1500 N te dragen, wordt gebruikgemaakt van twee kabels. Als de resultante gericht is langs de giek van punt A naar punt O, bepaal dan de groottes van de resultante en van de krachten $\mathbf{F}_B$ en $\mathbf{F}_C$. Neem $x = 3$ m en $z = 2$ m.

2.97. Om de overhangende giek op zijn plaats te houden en de belasting van 1500 N te dragen, wordt gebruikgemaakt van twee kabels. Als de resultante gericht is langs de giek van punt A naar punt O, bepaal dan de x- en de z-coördinaat van punt C en de grootte van de resultante. Neem $F_B = 1610$ N en $F_C = 2400$ N.

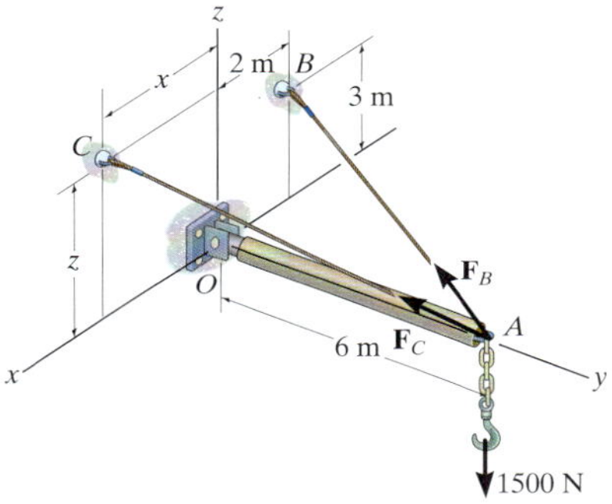

Vraagstukken 2.96/97

2.98. De deur wordt opengehouden door middel van twee kettingen. Als de trekkrachten in AB en CD gelijk zijn aan respectievelijk F_A = 300 N en F_C = 250 N, schrijf dan elk van deze krachten in cartesische vectorvorm.

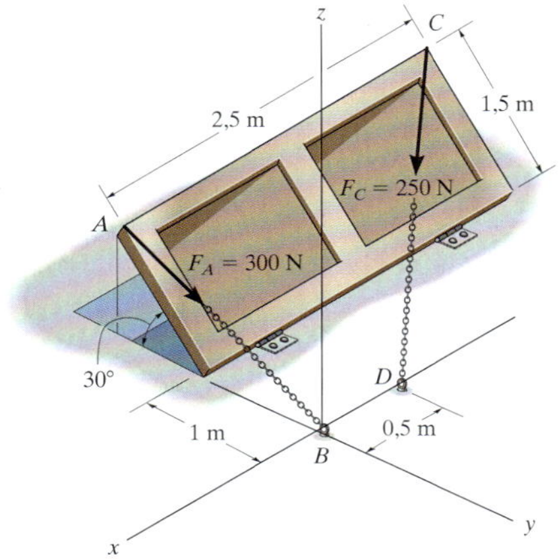

Vraagstuk 2.98

2.99. Bepaal de grootte en richtingshoeken van de resultante op A.

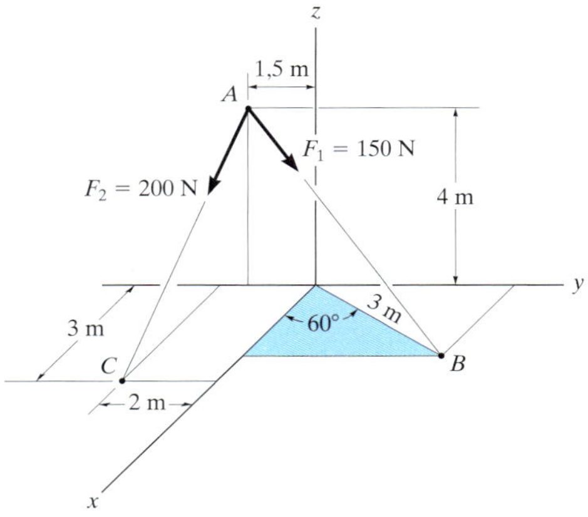

Vraagstuk 2.99

***2.100.** De tuikabels worden gebruikt voor het ondersteunen van de telefoonpaal. Schrijf de kracht in elke kabel in cartesische vectorvorm. Verwaarloos de diameter van de paal.

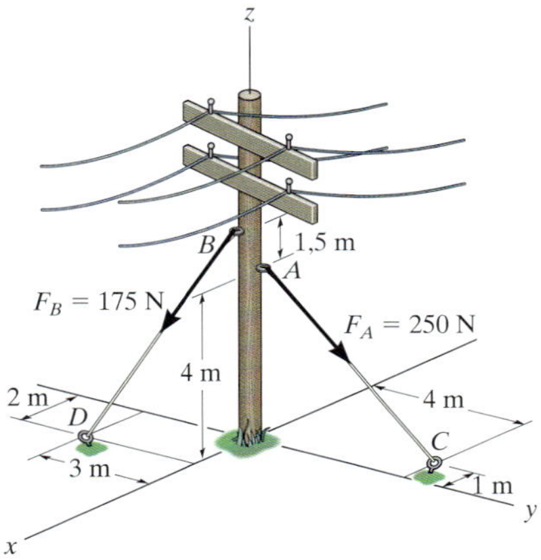

Vraagstuk 2.100

2.101. De kracht op de man, veroorzaakt doordat hij aan de ankerlijn trekt, is $\mathbf{F} = \{40\mathbf{i} + 20\mathbf{j} - 50\mathbf{k}\}$ N. De lengte van de lijn is 25 m. bepaal de coördinaten $A(x, y, -z)$ van het anker.

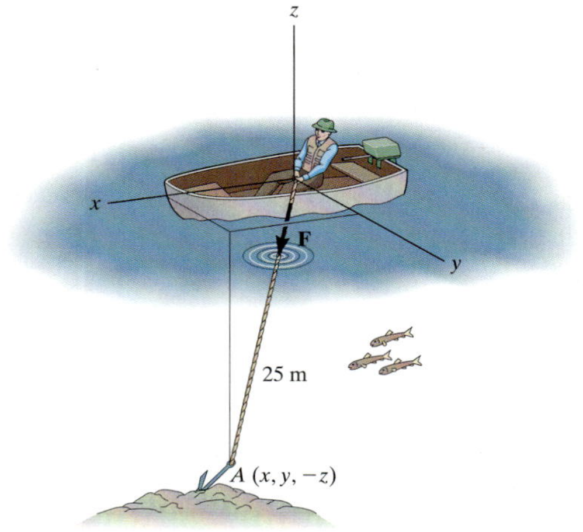

Vraagstuk 2.101

2.102. Alle vier de krachten op E hebben een grootte van 28 kN. Schrijf elke kracht als een cartesische vector en bepaal de resultante.

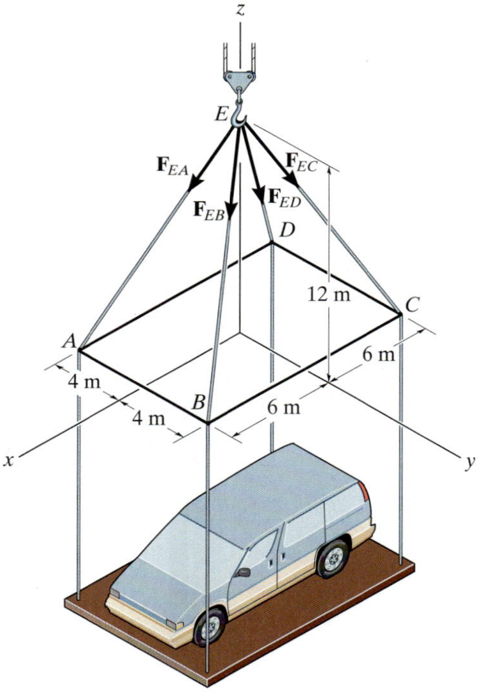

Vraagstuk 2.102

2.103. Het koord oefent een kracht $\mathbf{F} = \{12\mathbf{i} + 9\mathbf{j} - 8\mathbf{k}\}$ kN uit op de haak. Het koord is 4 m lang. Bepaal de locatie x, y van het bevestigingspunt B en de hoogte z van de haak.

***2.104.** Het koord oefent een kracht $F = 30$ kN uit op de haak. Het koord is 4 m lang, $z = 2$ m en de x-component van de kracht is $F_x = 25$ kN. Bepaal de plaats x, y van het bevestigingspunt B van het koord met de bodem.

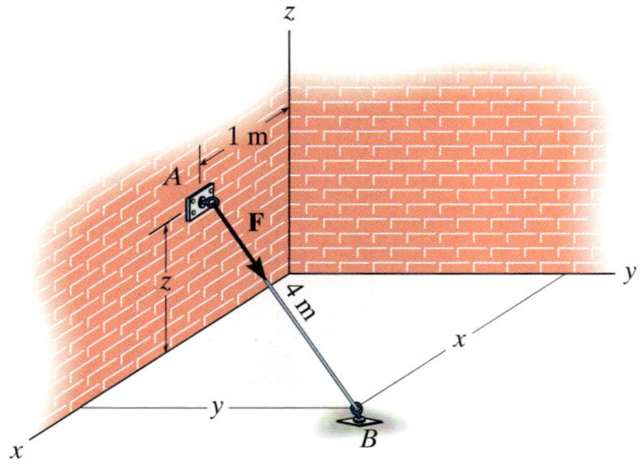

Vraagstukken 2.103/104

2.105 De toren wordt op zijn plaats gehouden door drie kabels. Als de kracht van elke kabel op de toren is zoals weergegeven, bepaal dan de grootte en de richtingshoeken α, β en γ van de resultante. Neem $x = 15$ m en $y = 20$ m.

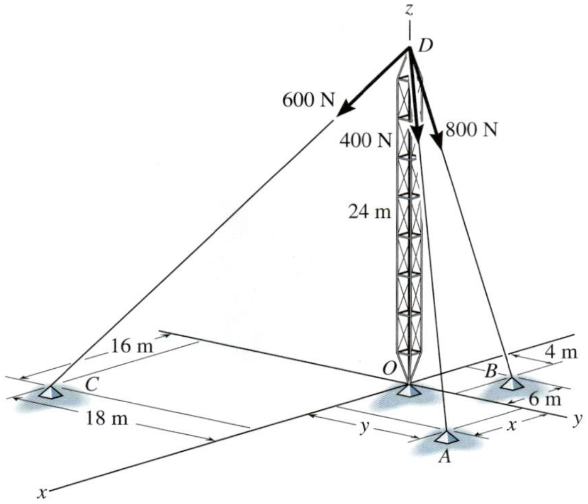

Vraagstuk 2.105

2.106. De kroonluchter hangt aan drie kettingen die samenkomen in punt O. Als de kracht op elk van de kettingen een grootte van 300 N heeft, schrijf dan iedere kracht als een cartesische vector en bepaal de grootte en de richtingshoeken van de resultante.

2.107. De kroonluchter hangt aan drie kettingen die samenkomen in punt O. Als de resultante in O een grootte heeft van 650 N en gericht is langs de negatieve z-as, bepaal dan de kracht in elke ketting, in de veronderstelling dat $F_A = F_B = F_C$

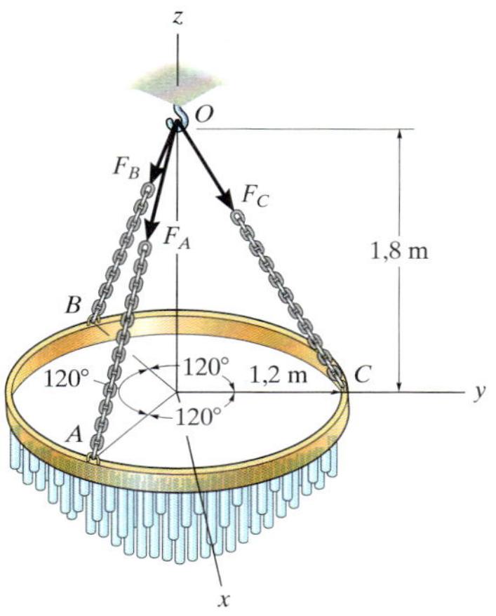

Vraagstukken 2.106/107

***2.108.** Bepaal de grootte en richtingshoeken van de resultante. Veronderstel dat $F_B = 630$ N, $F_C = 520$ N, $F_D = 750$ N, $x = 3$ m en $z = 3{,}5$ m.

2.109. De grootte van de resultante is 1300 N en werkt langs de as van de steun, van punt A in de richting van O. Bepaal de grootte van de drie krachten op de steun. Veronderstel dat $x = 0$ en $z = 5{,}5$ m.

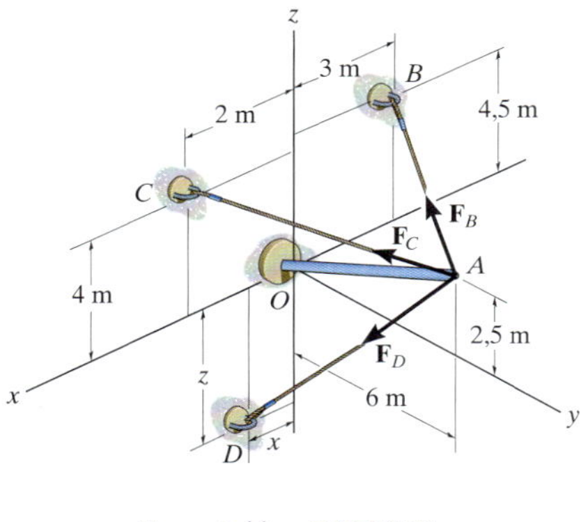

Vraagstukken 2.108/109

2.110. De posities van punt A op het gebouw en punt B op de antenne zijn gemeten ten opzichte van de elektronische afstandmeter ter plaatse van O. Bepaal de afstand tussen A en B. Hint: definieer een plaatsvector van A in de richting van B en bepaal vervolgens de grootte ervan.

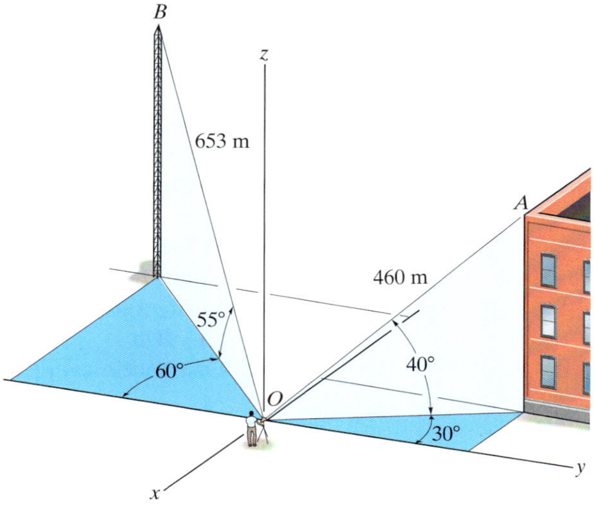

Vraagstuk 2.110

2.111. De cilindrische plaat is onderworpen aan drie kabelkrachten die samenkomen in punt D. Schrijf elk van deze krachten die de kabels op de plaat uitoefenen als een cartesische vector, en bepaal de grootte en de richtingshoeken van de resultante.

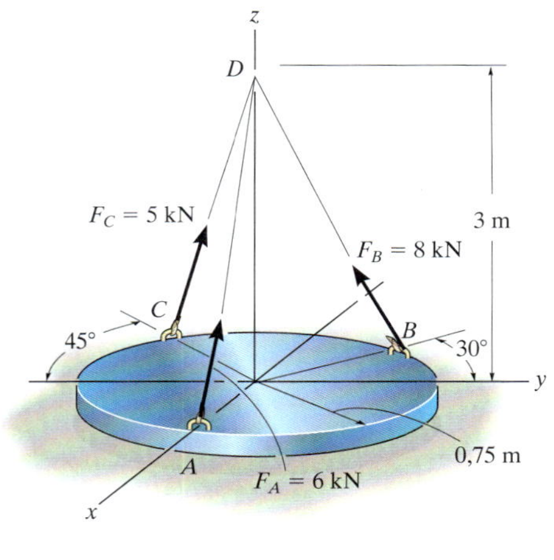

Vraagstuk 2.111

2.9 Inwendig product

Soms moet men in de statica de hoek tussen twee lijnen vinden of de componenten van een kracht evenwijdig en loodrecht op een lijn. In twee dimensies kunnen deze problemen gemakkelijk worden opgelost met behulp van de goniometrie, omdat de geometrie gemakkelijk kan worden gevisualiseerd. In drie dimensies is dit echter vaak moeilijk en dienen bijgevolg vectormethoden te worden gebruikt voor de oplossing. Het inwendig product, dat een speciale methode voor het 'vermenigvuldigen' van twee vectoren definieert, wordt gebruikt om bovengenoemde problemen op te lossen.

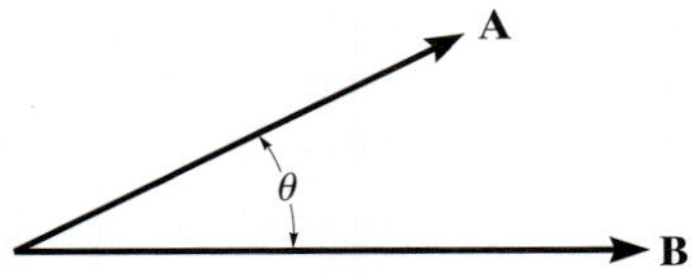

Fig. 2.42

Het *inwendig product* van vectoren **A** en **B**, geschreven als **A · B**, wordt gedefinieerd als het product van de groottes van **A** en **B** en de cosinus van de hoek θ tussen hun staarten, zie fig. 2.42. Uitgedrukt in formulevorm:

$$\mathbf{A} \cdot \mathbf{B} = AB\cos\theta \tag{2.12}$$

waarbij $0° \leq \theta \leq 180°$. Het inwendig product wordt vaak het *scalair product* van vectoren genoemd, aangezien het resultaat een *scalair* is en geen vector.

2.9.1 Eigenschappen

1. Commutatieve eigenschap: $\mathbf{A} \cdot \mathbf{B} = \mathbf{B} \cdot \mathbf{A}$
2. Vermenigvuldiging met een scalair: $a(\mathbf{A} \cdot \mathbf{B}) = (a\mathbf{A}) \cdot \mathbf{B} = \mathbf{A} \cdot (a\mathbf{B}) = (\mathbf{A} \cdot \mathbf{B})a$
3. Distributieve eigenschap: $\mathbf{A} \cdot (\mathbf{B} + \mathbf{D}) = (\mathbf{A} \cdot \mathbf{B}) + (\mathbf{A} \cdot \mathbf{D})$

De eerste en tweede eigenschap zijn gemakkelijk aan te tonen met behulp van vgl. 2.12. Het bewijs van de distributieve eigenschap wordt als oefening gedaan (zie vraagstuk 2.112).

2.9.2 Cartesische vectorformulering

Vgl. 2.12 moet worden gebruikt om het inwendig product te vinden voor een willekeurig tweetal cartesische eenheidsvectoren. Bijvoorbeeld $\mathbf{i} \cdot \mathbf{i} = (1)(1)\cos 0° = 1$ en $\mathbf{i} \cdot \mathbf{j} = (1)(1)\cos 90° = 0$. Als we het inwendig product van twee willekeurige vectoren **A** en **B**, geschreven in cartesische vectorvorm, willen bepalen, dan vinden we:

$$\begin{aligned}
\mathbf{A} \cdot \mathbf{B} &= (A_x\mathbf{i} + A_y\mathbf{j} + A_z\mathbf{k}) \cdot (B_x\mathbf{i} + B_y\mathbf{j} + B_z\mathbf{k}) \\
&= A_xB_x(\mathbf{i} \cdot \mathbf{i}) + A_xB_y(\mathbf{i} \cdot \mathbf{j}) + A_xB_z(\mathbf{i} \cdot \mathbf{k}) \\
&+ A_yB_x(\mathbf{j} \cdot \mathbf{i}) + A_yB_y(\mathbf{j} \cdot \mathbf{j}) + A_yB_z(\mathbf{j} \cdot \mathbf{k}) \\
&+ A_zB_x(\mathbf{k} \cdot \mathbf{i}) + A_zB_y(\mathbf{k} \cdot \mathbf{j}) + A_zB_z(\mathbf{k} \cdot \mathbf{k})
\end{aligned}$$

Wanneer we de bewerkingen voor het inwendig product uitvoeren, wordt het uiteindelijke resultaat:

$$\mathbf{A} \cdot \mathbf{B} = A_xB_x + A_yB_y + A_zB_z \tag{2.13}$$

Dus: om het inwendig product van twee cartesische vectoren te bepalen, dienen de corresponderende x-, y- en z-componenten algebraïsch te worden vermenigvuldigd en de producten vervolgens algebraïsch te worden opgeteld. Merk op dat het resultaat een positieve of negatieve *scalair* is.

2.9.3 Toepassingen

Het inwendig product heeft twee belangrijke toepassingen in de mechanica.

- ***De hoek tussen twee vectoren of elkaar snijdende lijnen.*** De hoek θ tussen de staarten van vector **A** en **B** in fig. 2.42 kan worden bepaald uit vgl. 2.12 en worden geschreven als

$$\theta = \cos^{-1}\left(\frac{\mathbf{A}\cdot\mathbf{B}}{AB}\right) \qquad 0° \leq \theta \leq 180°$$

  Hierin is $\mathbf{A}\cdot\mathbf{B}$ berekend met behulp van vgl. 2.13. Merk vooral op dat als $\mathbf{A}\cdot\mathbf{B} = 0$, $\theta = \cos^{-1} 0 = 90°$, zodat **A** *loodrecht* zal staan op **B**.

- ***De componenten van een vector evenwijdig aan en loodrecht op een lijn.*** De component van vector **A** die evenwijdig loopt of samenvalt met lijn aa' in fig. 2.43 wordt gedefinieerd door $\mathbf{A}_a$, waarbij $A_a = A \cos\theta$. Deze component wordt soms de *projectie* van **A** op de lijn genoemd, aangezien een *rechte hoek* ontstaat als hij wordt geconstrueerd. Als de *richting* van de lijn wordt aangegeven door de eenheidsvector $\mathbf{u}_a$, dan kunnen we A_a direct uit het inwendig product bepalen (vgl. 2.12) omdat $u_a = 1$. Dat wil zeggen:

$$A_a = A\cos\theta = \mathbf{A}\cdot\mathbf{u}_a$$

  *Dus: de scalaire projectie van **A** op een lijn wordt bepaald uit het inwendig product van **A** en de eenheidsvector u_a die de richting van de lijn bepaalt.* Merk op dat als het resultaat positief is, $\mathbf{A}_a$ een zin heeft die hetzelfde is als die van $\mathbf{u}_a$, terwijl als A_a een negatieve scalair is $\mathbf{A}_a$ de tegengestelde richting heeft als $\mathbf{u}_a$.
  De component $\mathbf{A}_a$ weergegeven als een *vector* is derhalve:

$$\mathbf{A}_a = A_a\,\mathbf{u}_a$$

  De component van **A** die *loodrecht op* lijn aa' staat, kan ook worden verkregen, zie fig. 2.43. Aangezien $\mathbf{A} = \mathbf{A}_a + \mathbf{A}_\perp$ is $\mathbf{A}_\perp = \mathbf{A} - \mathbf{A}_a$. Er zijn twee manieren om $A_\perp$ te verkrijgen. Eén manier is om θ uit het inwendig product te bepalen, $\theta = \cos^{-1}(\mathbf{A}\cdot\mathbf{u}_a/A)$, en vervolgens $A_\perp = A\sin\theta$. Een andere manier is om, wanneer A_a bekend is, de stelling van Pythagoras toe te passen: $A_\perp = \sqrt{A^2 - {A_a}^2}$.

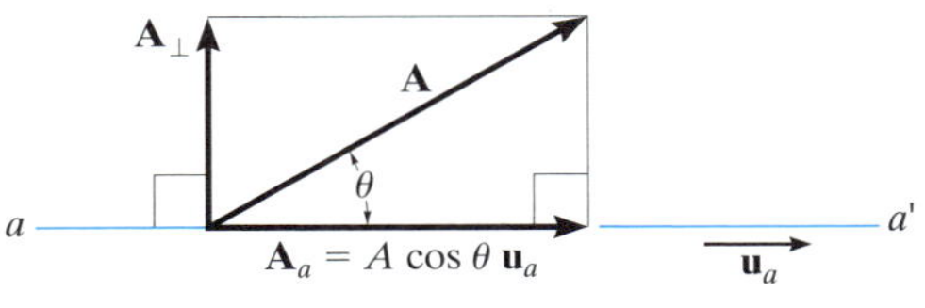

Fig. 2.43

De hoek θ tussen het touw en de balk kan worden bepaald door eenheidsvectoren langs de balk en het touw te definiëren en vervolgens het inwendig product $\mathbf{u}_b \cdot \mathbf{u}_r = (1)(1)\cos\theta$ te berekenen.

De projectie van de kabelkracht **F** langs de balk kan worden bepaald door eerst de eenheidsvector $\mathbf{u}_b$ te bepalen die deze richting definieert. Bereken vervolgens het inwendig product, $F_b = \mathbf{F}\cdot\mathbf{u}_b$.

Om te onthouden!

- Het inwendig product wordt gebruikt om de hoek tussen twee vectoren of de projectie van een vector in een bepaalde richting te bepalen.
- Als de vectoren **A** en **B** in cartesische vorm worden uitgedrukt, wordt het inwendig product berekend door de respectievelijke scalaire componenten van *x*, *y* en *z* met elkaar te vermenigvuldigen en de resultaten algebraïsch op te tellen. Dat wil zeggen $\mathbf{A} \cdot \mathbf{B} = A_xB_x + A_yB_y + A_zB_z$.
- Uit de definitie van het inwendig product volgt dat de hoek die gevormd wordt door de staarten van vectoren **A** en $\mathbf{B} = \theta = \cos^{-1}(\mathbf{A} \cdot \mathbf{B}/AB)$.
- De grootte van de projectie van vector **A** langs een lijn *aa′* waarvan de richting is bepaald door $\mathbf{u}_a$ wordt berekend uit het inwendig product $A_a = \mathbf{A} \cdot \mathbf{u}_a$.

Voorbeeld 2.16

Bepaal de groottes van de projectie van de kracht **F** in fig. 2.44 op de *u*- en de *v*-as.

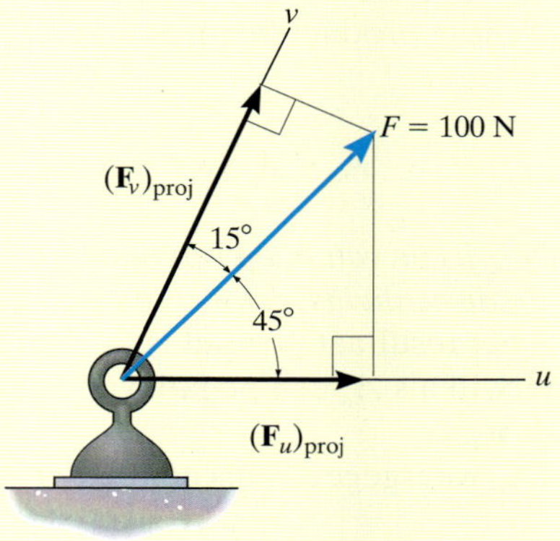

Fig. 2.44

OPLOSSING

Projecties van krachten De grafische voorstelling van de *projecties* is weergegeven in fig. 2.44. Uit deze figuur kunnen de groottes van de projecties van **F** op de *u*- en de *v*-as worden verkregen met behulp van goniometrie.

$$(F_u)_{\text{proj}} = (100 \text{ N})\cos 45^\circ = 70{,}7 \text{ N} \qquad \textit{Antw.}$$

$$(F_v)_{\text{proj}} = (100 \text{ N})\cos 15^\circ = 96{,}6 \text{ N} \qquad \textit{Antw.}$$

OPMERKING: Deze projecties zijn niet gelijk aan de groottes van de componenten van de kracht **F** langs de *u*- en de *v*-as bepaald met de parallellogramregel. Ze zijn alleen gelijk als de *u*- en de *v*-as *loodrecht* op elkaar staan.

Voorbeeld 2.17

Het frame in fig. 2.45*a* is onderworpen aan een horizontale kracht $\mathbf{F} = \{300\mathbf{j}\}$ N. Bepaal de grootte van de component van deze kracht die evenwijdig loopt aan deel AB en de component die loodrecht staat op AB.

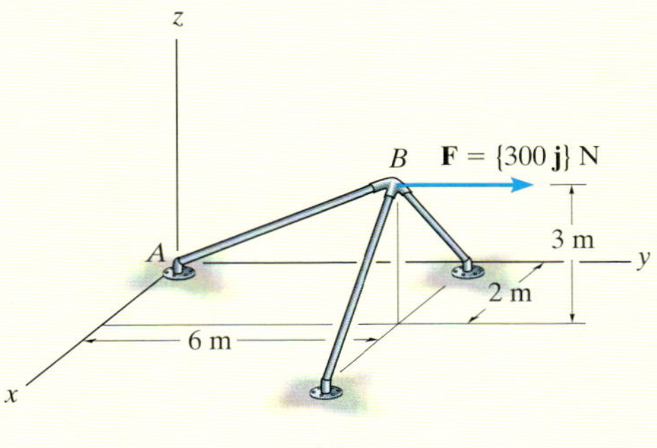

(a)

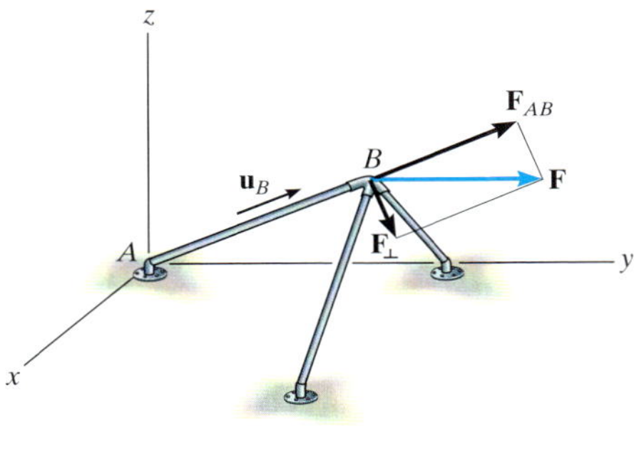

(b)

Fig. 2.45

OPLOSSING

De grootte van de component van **F** langs AB is gelijk aan het inwendig product van **F** en de eenheidsvector $\mathbf{u}_B$, die de richting van AB bepaalt, zie fig. 2.45*b*. Nu geldt:

$$\mathbf{u}_B = \frac{\mathbf{r}_B}{r_B} = \frac{2\mathbf{i} + 6\mathbf{j} + 3\mathbf{k}}{\sqrt{(2)^2 + (6)^2 + (3)^2}} = 0{,}286\,\mathbf{i} + 0{,}857\,\mathbf{j} + 0{,}429\,\mathbf{k}$$

Hieruit volgt:

$$\begin{aligned} F_{AB} &= F\cos\theta = \mathbf{F}\cdot\mathbf{u}_B = (300\mathbf{j})\cdot(0{,}286\mathbf{i} + 0{,}857\mathbf{j} + 0{,}429\mathbf{k}) \\ &= (0)(0{,}286) + (300)(0{,}857) + (0)(0{,}429) \\ &= 257{,}1\text{ N} \end{aligned}$$

Antw.

Aangezien het antwoord een positieve scalair is, heeft $\mathbf{F}_{AB}$ dezelfde zin als $\mathbf{u}_B$, zie fig. 2.45*b*.

Als we $\mathbf{F}_{AB}$ uitdrukken in cartesische vectorvorm, krijgen we:

$$\begin{aligned} \mathbf{F}_{AB} &= F_{AB}\mathbf{u}_B = (257{,}1\text{ N})(0{,}286\mathbf{i} + 0{,}857\mathbf{j} + 0{,}429\mathbf{k}) \\ &= \{73{,}5\mathbf{i} + 220\mathbf{j} + 110\mathbf{k}\}\text{ N} \end{aligned}$$

Antw.

De loodrechte component, zie fig. 2.45*b*, is daarom:

$$\begin{aligned} \mathbf{F}_\perp &= \mathbf{F} - \mathbf{F}_{AB} = 300\mathbf{j} - (73{,}5\mathbf{i} + 220\mathbf{j} + 110\mathbf{k}) \\ &= \{-73{,}5\mathbf{i} + 80\mathbf{j} - 110\mathbf{k}\}\text{ N} \end{aligned}$$

Zijn grootte kan uit deze vector worden afgeleid of met behulp van de stelling van Pythagoras worden bepaald, zie fig. 2.45*b*:

$$\begin{aligned} F_\perp &= \sqrt{F^2 - F_{AB}^2} = \sqrt{(300\text{ N})^2 - (257{,}1\text{ N})^2} \\ &= 155\text{ N} \end{aligned}$$

Antw.

Voorbeeld 2.18

Op de pijpleiding in fig. 2.46*a* wordt een kracht $F = 800$ N uitgeoefend. Bereken de hoek θ tussen **F** en het segment BA van de pijpleiding, en de projectie van **F** langs dit segment.

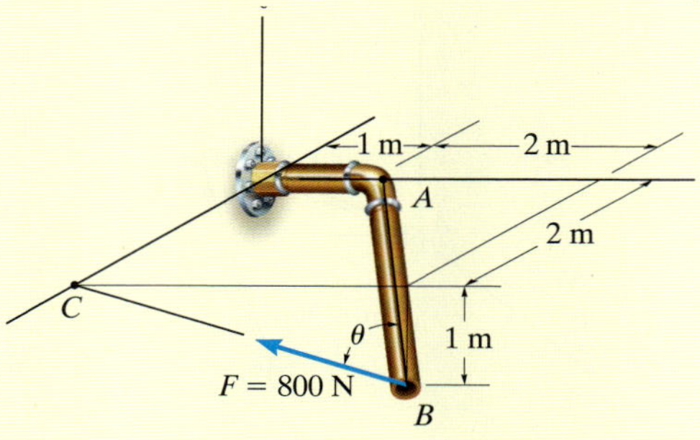

(a)

OPLOSSING

Hoek θ We creëren eerst plaatsvectoren van B naar A en van B naar C; fig. 2.46*b*. Vervolgens bepalen we de hoek θ tussen de staarten van deze twee vectoren.

$$\mathbf{r}_{BA} = \{-2\mathbf{i} - 2\mathbf{j} + 1\mathbf{k}\}\text{ m},\ r_{BA} = 3\text{ m}$$
$$\mathbf{r}_{BC} = \{-3\mathbf{j} + 1\mathbf{k}\}\text{ m},\ r_{BC} = \sqrt{10}\text{ m}$$

Daaruit volgt:

$$\cos\theta = \frac{\mathbf{r}_{BA}\cdot\mathbf{r}_{BC}}{r_{BA}r_{BC}} = \frac{(-2)(0) + (-2)(-3) + (1)(1)}{3\sqrt{10}} = 0{,}7379$$
$$\theta = 42{,}5^\circ$$ *Antw.*

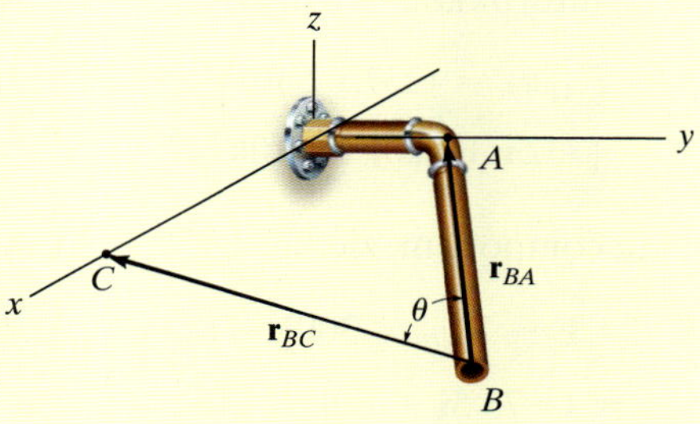

(b)

Fig. 2.46

Componenten van F De component van **F** langs *BA* is afgebeeld in fig. 2.46*c*. We moeten eerst de eenheidsvector langs *BA* en de kracht **F** als cartesische vectoren formuleren.

$$\mathbf{u}_{BA} = \frac{\mathbf{r}_{BA}}{r_{BA}} = \frac{(-2\mathbf{i} - 2\mathbf{j} + 1\mathbf{k})}{3} = -\frac{2}{3}\mathbf{i} - \frac{2}{3}\mathbf{j} + \frac{1}{3}\mathbf{k}$$

$$\mathbf{F} = 800\text{ N}\left(\frac{\mathbf{r}_{BC}}{r_{BC}}\right) = 800\text{ N}\left(\frac{-3\mathbf{j} + 1\mathbf{k}}{\sqrt{10}}\right) = \left(-758{,}9\mathbf{j} + 253{,}0\mathbf{k}\right)\text{N}$$

Daaruit volgt:

$$F_{BA} = \mathbf{F}\cdot\mathbf{u}_{BA} = (-758{,}9\mathbf{j} + 253{,}0\mathbf{k})\cdot\left(-\frac{2}{3}\mathbf{i} - \frac{2}{3}\mathbf{j} + \frac{1}{3}\mathbf{k}\right)$$

$$= 0\left(-\frac{2}{3}\right) + (-758{,}9)\left(-\frac{2}{3}\right) + (253{,}0)\left(\frac{1}{3}\right)$$

$$= 590\text{ N}$$ *Antw.*

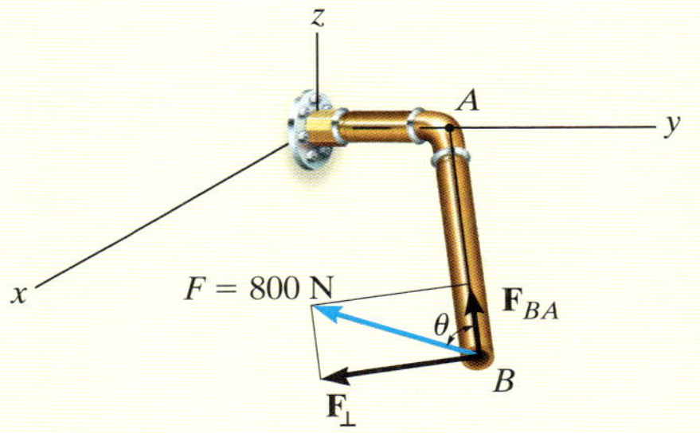

(c)

Fig. 2.46 (vervolg)

OPMERKING: Aangezien θ bekend is, moet ook $F_{BA} = F\cos\theta = 800\text{ N}\cos 42{,}5° = 590\text{ N}$.

Fundamentele vraagstukken

F2.25. Bepaal de hoek θ tussen de kracht en de lijn AO.

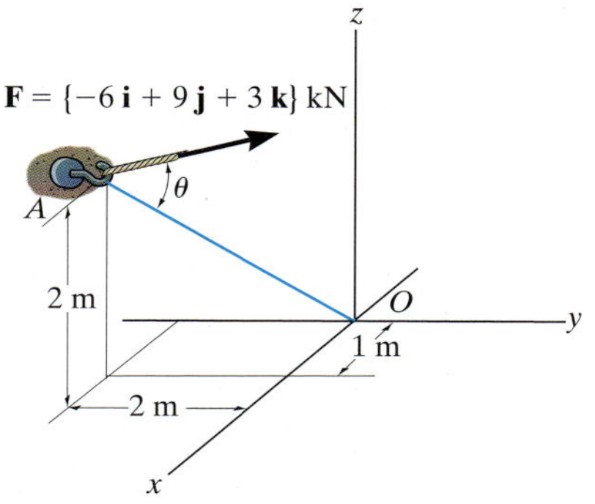

F. 2.25

F2.26. Bepaal de hoek θ tussen de kracht en de lijn AB.

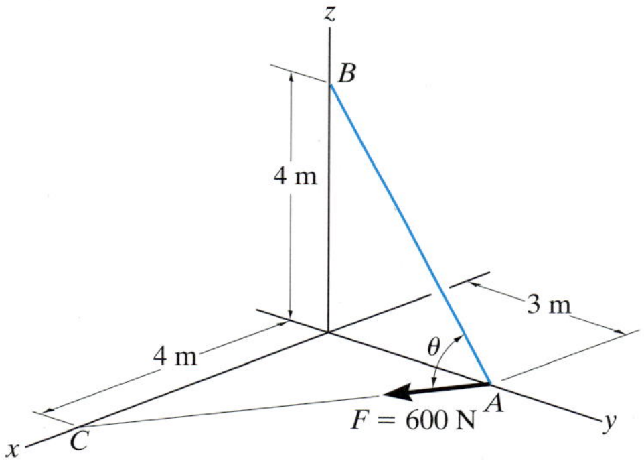

F. 2.26

F2.27. Bepaal de hoek θ tussen de kracht en de lijn OA.

F2.28. Bepaal de component van de projectie van de kracht langs de lijn OA.

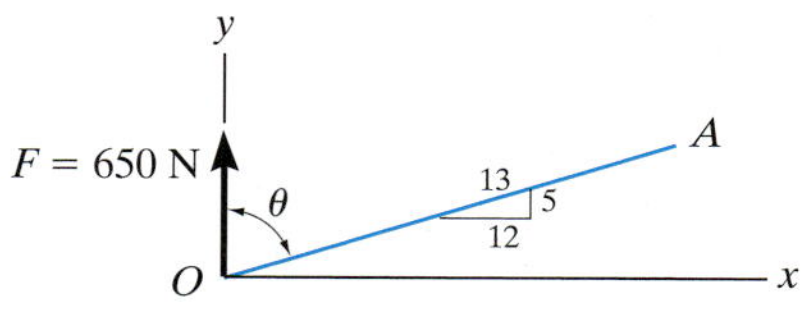

F. 2.27/28

F2.29. Bepaal de grootte van de projectie van de component van de kracht langs de pijp.

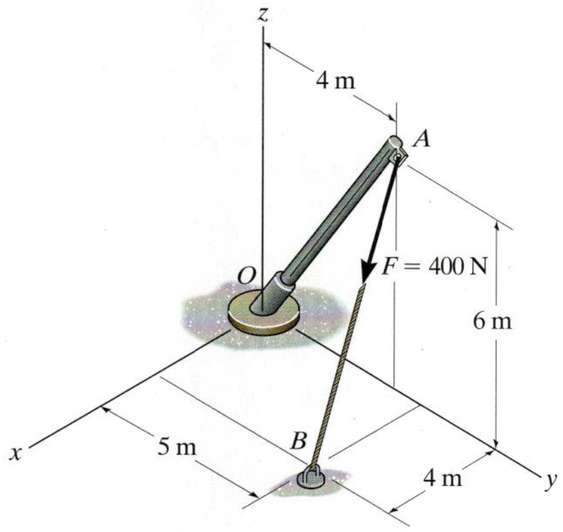

F. 2.29

F2.30. Bepaal de componenten van de kracht evenwijdig aan en loodrecht op de as van de paal.

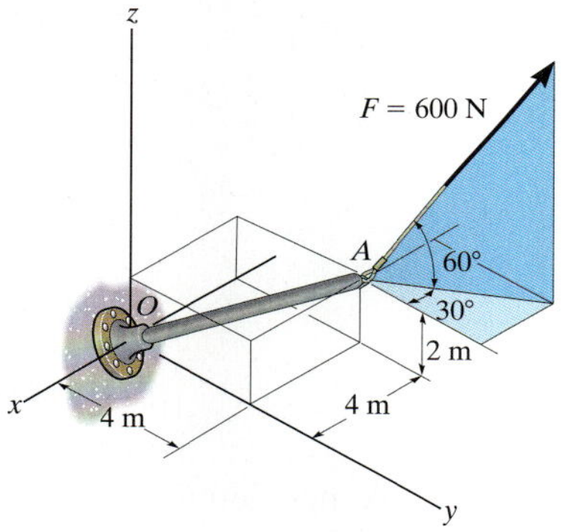

F. 2.30

F2.31. Bepaal de groottes van de componenten van de kracht $F = 56$ N werkend langs en loodrecht op de lijn AO.

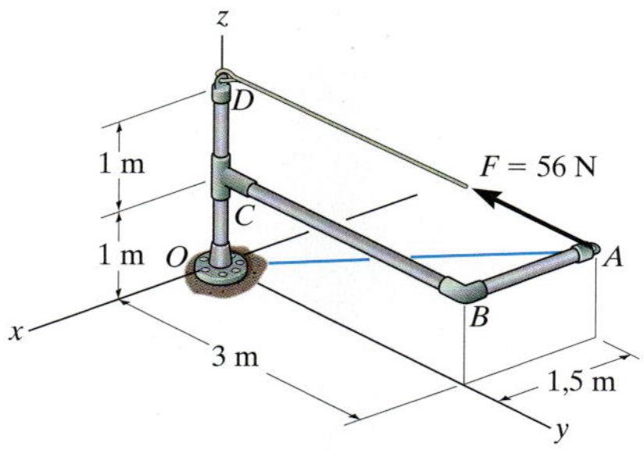

F. 2.31

Vraagstukken

***2.112.** Gegeven zijn de drie vectoren **A**, **B** en **D**. Toon aan dat $\mathbf{A} \cdot (\mathbf{B} + \mathbf{D}) = (\mathbf{A} \cdot \mathbf{B}) + (\mathbf{A} \cdot \mathbf{D})$.

2.113. Bepaal de hoek θ tussen de randen van de schetsplaat.

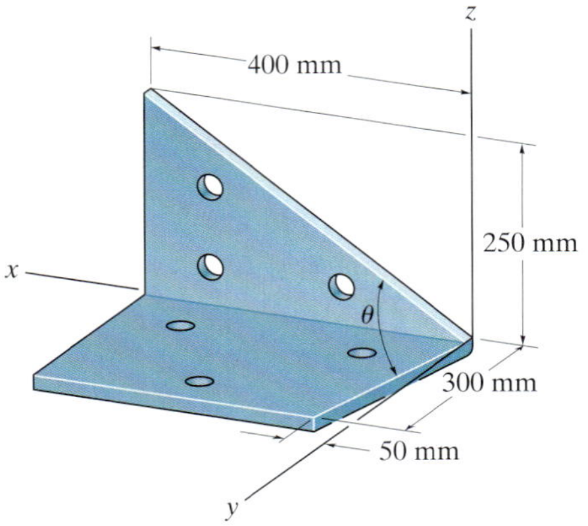

Vraagstuk 2.113

2.114. Bepaal de hoek θ tussen de zijden van de driehoekige plaat.

2.115. Bepaal de lengte van zijde BC van de driehoekige plaat. Los het vraagstuk op door de grootte van $\mathbf{r}_{BC}$ te bepalen; controleer vervolgens het resultaat door eerst θ, r_{AB}, en r_{AC} te bepalen en vervolgens de cosinusregel toe te passen.

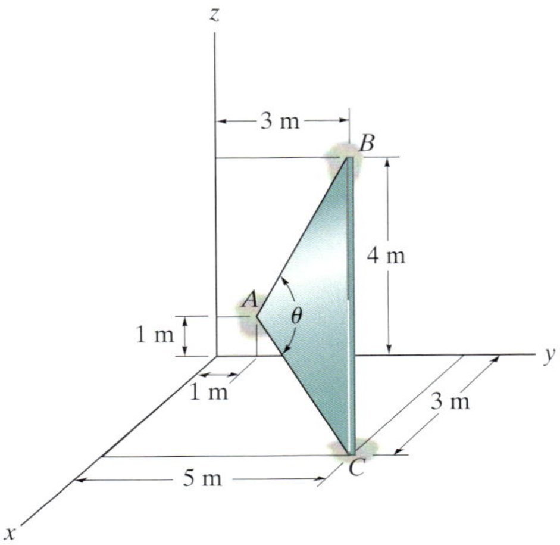

Vraagstukken 2.114/115

***2.116.** Bepaal de hoek θ tussen de staarten van de twee vectoren.

2.117. Bepaal de grootte van de geprojecteerde component van $\mathbf{r}_1$ langs $\mathbf{r}_2$ en van de projectie van $\mathbf{r}_2$ langs $\mathbf{r}_1$.

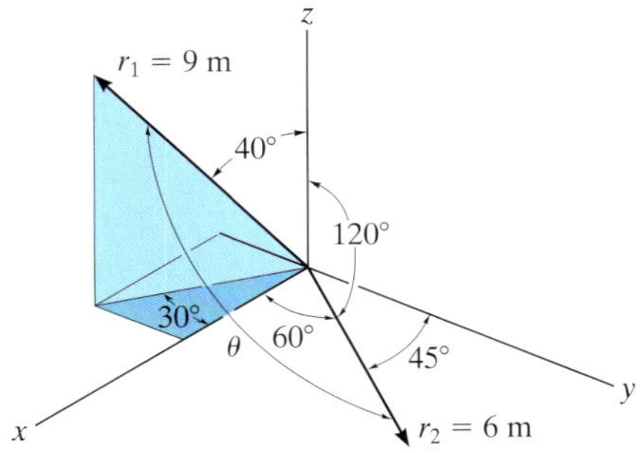

Vraagstukken 2.116/117

2.118. Bepaal de projectie van de kracht **F** geprojecteerd op de staaf.

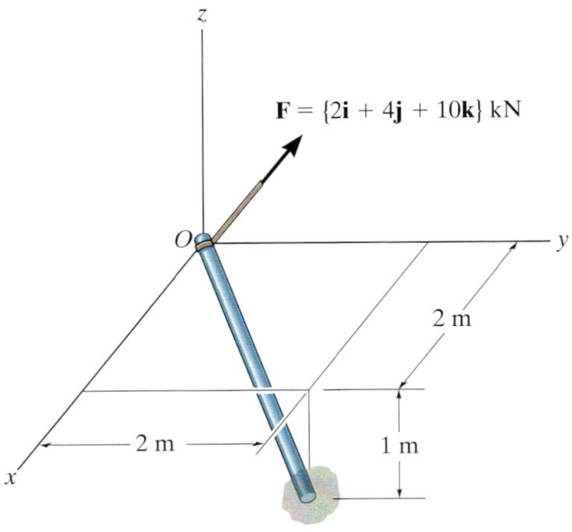

Vraagstuk 2.118

2.119. Bepaal de hoek θ tussen de twee draden.

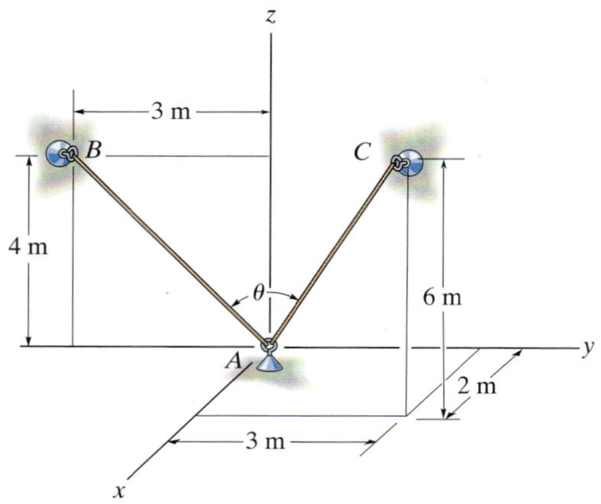

Vraagstuk 2.119

2.122. Bepaal de grootte van de projectie van de kracht $\mathbf{F}_{AB}$, werkend langs de z-as.

2.123. Bepaal de grootte van de projectie van de kracht $\mathbf{F}_{AC}$, werkend langs de z-as.

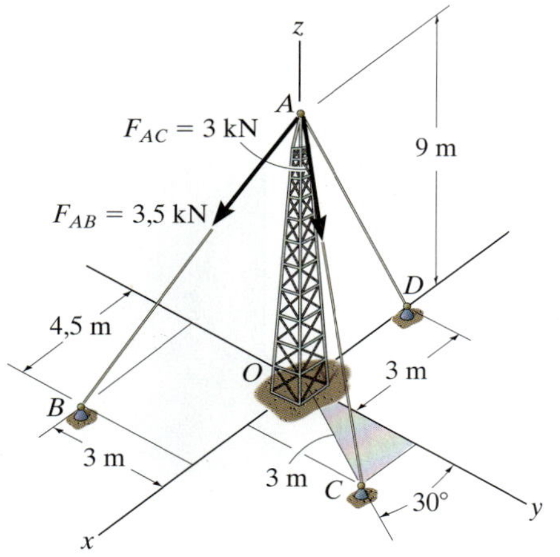

Vraagstukken 2.122/123

***2.120.** Op de haak werken twee krachten. Bepaal de onderlinge hoek θ. Geef ook de projecties van $\mathbf{F}_1$ en $\mathbf{F}_2$ langs de y-as.

2.121. Op de haak werken twee krachten. Bepaal de grootte van de projectie van $\mathbf{F}_2$ langs $\mathbf{F}_1$.

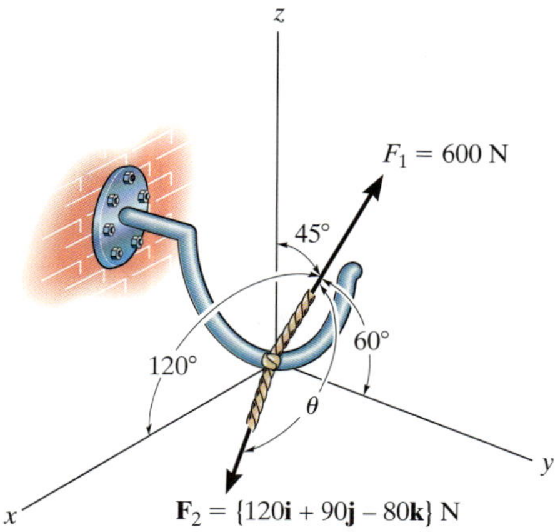

Vraagstukken 2.120/121

***2.124.** Bepaal de projectie van de kracht F = 400 N, werkend langs de lijn AC van de pijpleiding. Schrijf het resultaat als een cartesische vector.

2.125. Bepaal de groottes van de componenten van de kracht F = 400 N werkend langs en loodrecht op segment BC van de pijpleiding.

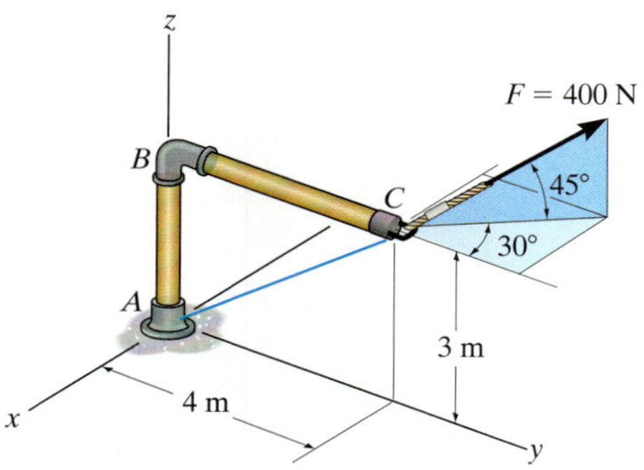

Vraagstukken 2.124/125

2.126. Kabel *OA* wordt gebruikt voor het dragen van kolom *OB*. Bepaal de hoek θ die deze maakt met balk *OC*.

2.127. Kabel *OA* wordt gebruikt voor het dragen van kolom *OB*. Bepaal de hoek ϕ die deze maakt met balk *OD*.

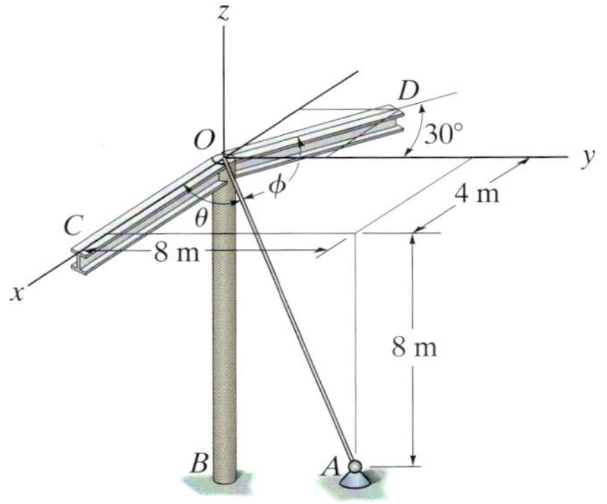

Vraagstukken 2.126/127

2.130. Bepaal de hoek θ tussen de leidingsegmenten *BA* en *BC*.

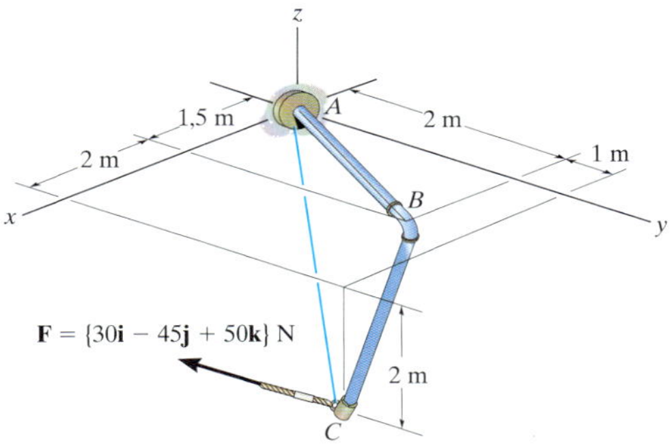

Vraagstuk 2.130

***2.128.** Bepaal de hoeken θ en ϕ tussen as *OA* van de paal en elk van de kabels *AB* en *AC*.

2.129. De twee kabels oefenen krachten uit op de paal zoals zijn aangegeven in de figuur. Bepaal de grootte van de geprojecteerde component van elke kracht op de as *OA* van de paal.

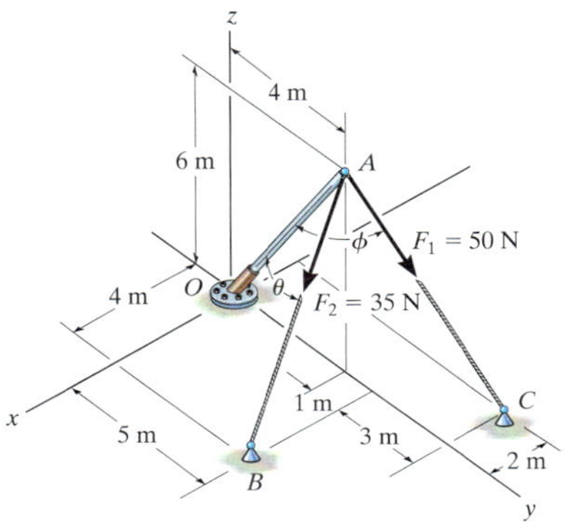

Vraagstukken 2.128/129

2.131. Bepaal de hoeken θ en ϕ tussen de assen *OA* van de vlaggenmast en respectievelijk *AB* en *AC* van de kabels.

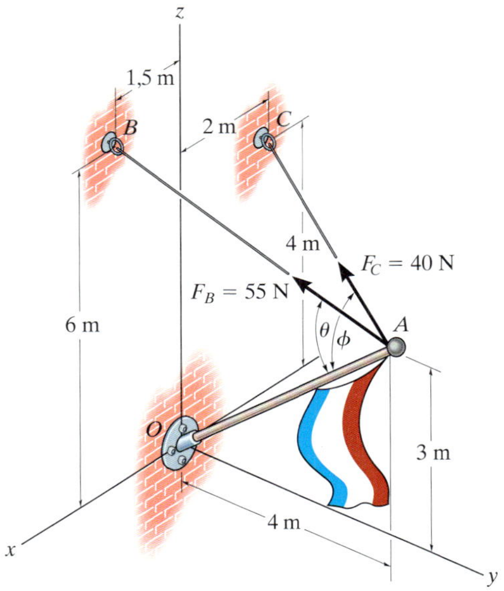

Vraagstuk 2.131

***2.132.** De kabels oefenen elk een kracht van 400 N uit op de paal. Bepaal de grootte van de projectie van $\mathbf{F}_1$ langs de werklijn van $\mathbf{F}_2$.

2.133. Bepaal de hoek θ tussen de twee aan de paal bevestigde kabels.

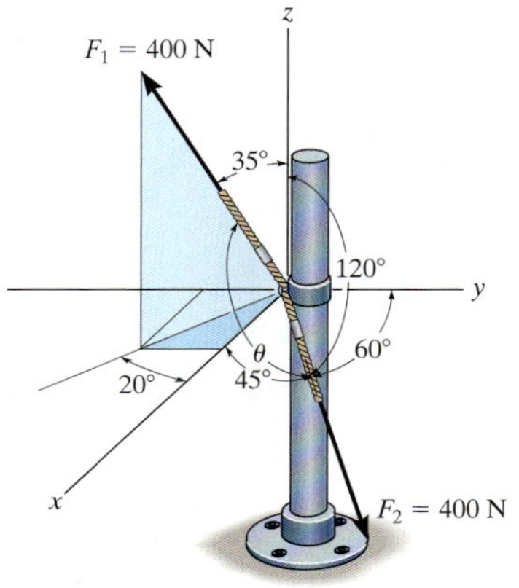

Vraagstukken 2.132/133

2.134. Een kracht F = 80 N wordt uitgeoefend op het handvat van de moersleutel. Bepaal de hoek θ tussen de staart van de kracht en de lijn AB.

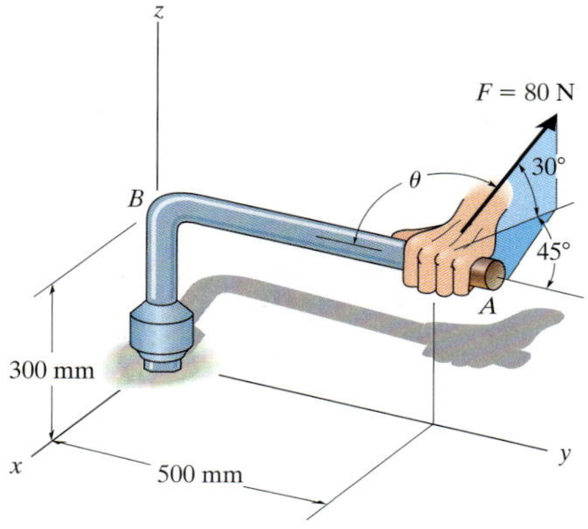

Vraagstuk 2.134

2.135. Bepaal de geprojecteerde component van de kracht van 80 N langs de as AB van de buis.

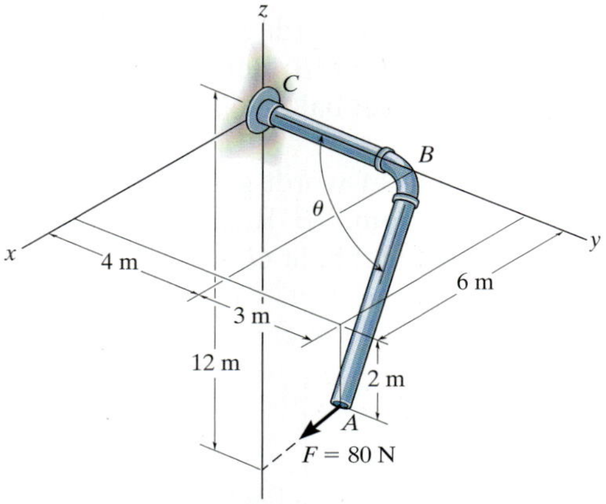

Vraagstuk 2.135

***2.136.** Bepaal de componenten van **F** langs stang AC en loodrecht daarop. Punt B bevindt zich in het midden van de stang.

2.137. Bepaal de componenten van **F** langs stang AC en loodrecht daarop. Punt B bevindt zich op 3 m langs de stang vanaf uiteinde C.

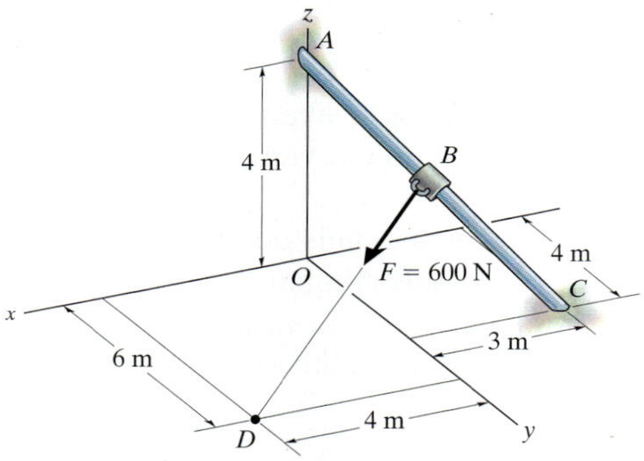

Vraagstukken 2.136/137

2.138. Bepaal de grootte van de projecties van de kracht $F = 300$ N langs de x- en de y-as.

2.139. Bepaal de grootte van de projectie van de kracht $F = 300$ N, werkend langs de lijn OA.

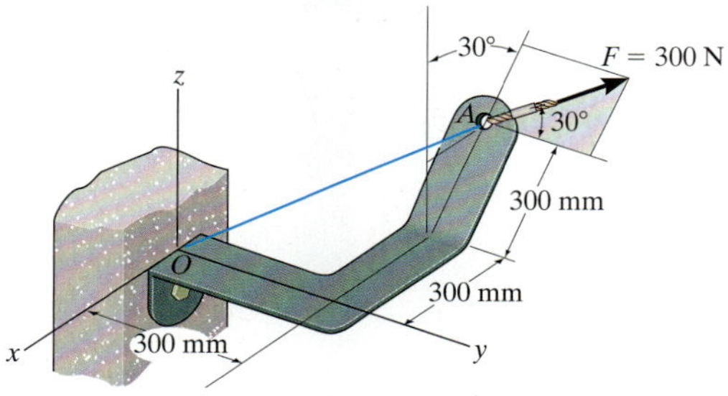

Vraagstukken 2.138/139

Samenvatting

Een scalair is een positief of negatief getal; bijvoorbeeld massa en temperatuur.

Een vector heeft een grootte en een richting, waarbij de pijlpunt de zin van de vector aangeeft.

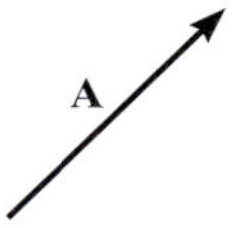

Vermenigvuldiging met of deling van een vector door een scalair verandert alleen de grootte van de vector. Als de scalair negatief is, verandert de zin van de vector, zodat deze in tegengestelde zin werkt.

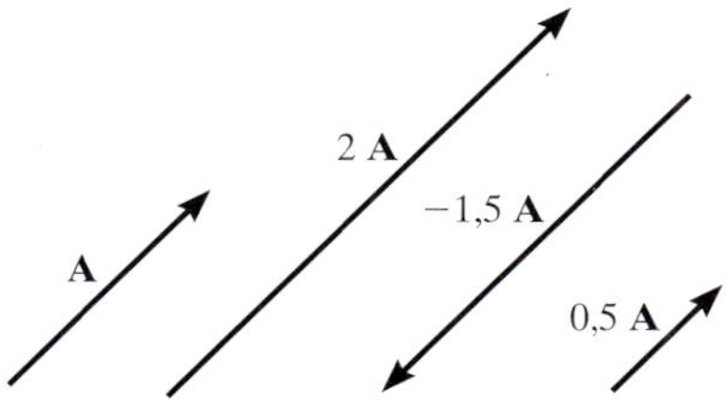

Als vectoren op één lijn liggen, is de resultante gewoon de uitkomst van de algebraïsche of scalaire optelling.

$$R = A + B$$

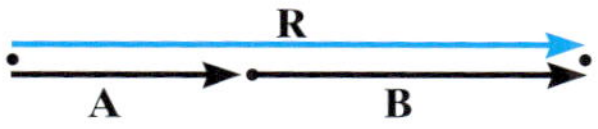

Parallellogramregel
Twee vectoren kunnen bij elkaar worden opgeteld met behulp van de parallellogramregel. De *componenten* vormen de zijden van het parallellogram en de *resultante* is de diagonaal.

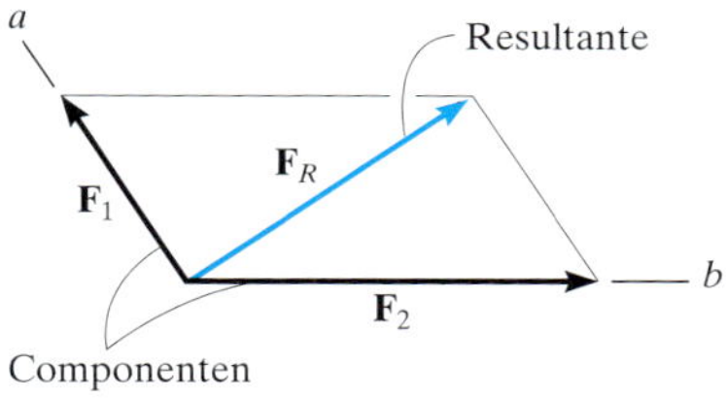

Teken om de componenten van een kracht langs twee willekeurige assen te bepalen, lijnen vanuit de kop van de kracht, evenwijdig aan de assen, om zo de componenten te vormen.

Om de componenten of de resultante te verkrijgen, moet eerst worden getoond hoe de vectoren met de kop-staartregel bij elkaar worden opgeteld met behulp van de driehoeksregel, waarna de cosinus- en sinusregel gebruikt dienen te worden om hun waarden te berekenen.

$$F_R = \sqrt{F_1^{\,2} + F_2^{\,2} - 2\,F_1F_2\cos\theta_R}$$

$$\frac{F_1}{\sin\theta_1} = \frac{F_2}{\sin\theta_2} = \frac{F_R}{\sin\theta_R}$$

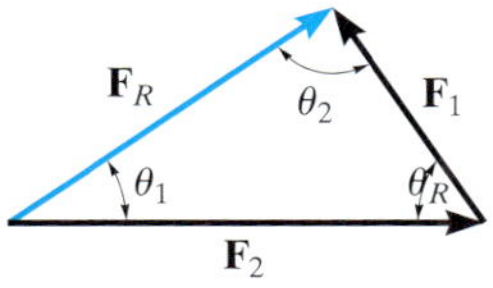

Cartesische componenten: twee dimensies

De vectoren $\mathbf{F}_x$ en $\mathbf{F}_y$ zijn cartesische componenten van $\mathbf{F}$.

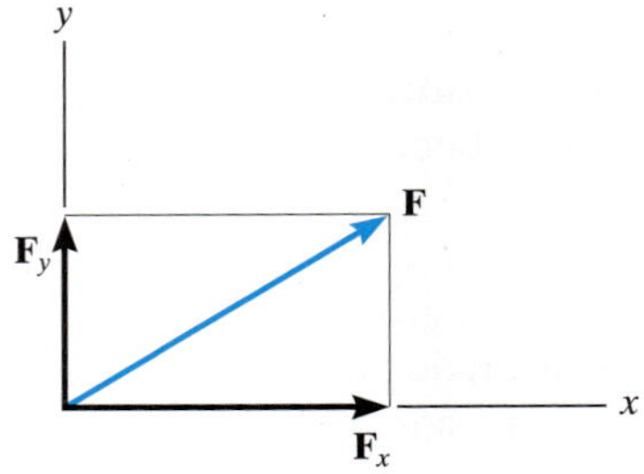

De resultante wordt afgeleid uit de algebraïsche som van zijn componenten.

$$F_{Rx} = \Sigma F_x$$

$$F_{Ry} = \Sigma F_y$$

$$F_R = \sqrt{(F_{Rx})^2 + (F_{Ry})^2}$$

$$\theta = \tan^{-1}\left|\frac{F_{Ry}}{F_{Rx}}\right|$$

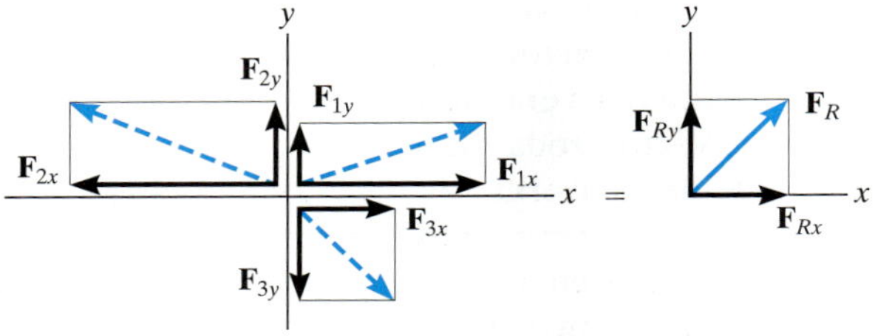

Cartesische vectoren

De eenheidsvector $\mathbf{u}$ heeft lengte één, geen eenheden, en is gericht in de richting van de vector $\mathbf{F}$.

$$\mathbf{u} = \frac{\mathbf{F}}{F}$$

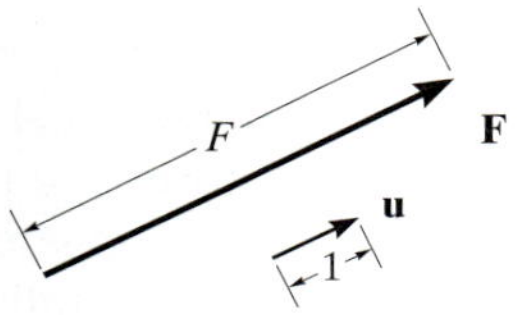

Een kracht kan worden ontbonden in zijn cartesische componenten langs de x-, y- en z-as, op zo'n manier dat $\mathbf{F} = F_x\mathbf{i} + F_y\mathbf{j} + F_z\mathbf{k}$.

De grootte van $\mathbf{F}$ wordt berekend uit de positieve vierkantswortel van de som van de kwadraten van zijn componenten.

$$F = \sqrt{F_x^2 + F_y^2 + F_z^2}$$

De richtingshoeken α, β en γ worden bepaald door een eenheidsvector te bepalen in de richting van $\mathbf{F}$. De x-, y- en z-componenten van $\mathbf{u}$ zijn $\cos\alpha$, $\cos\beta$, $\cos\gamma$.

$$\mathbf{u} = \frac{\mathbf{F}}{F} = \frac{F_x}{F}\mathbf{i} + \frac{F_y}{F}\mathbf{j} + \frac{F_z}{F}\mathbf{k}$$

$$\mathbf{u} = \cos\alpha\,\mathbf{i} + \cos\beta\,\mathbf{j} + \cos\gamma\,\mathbf{k}$$

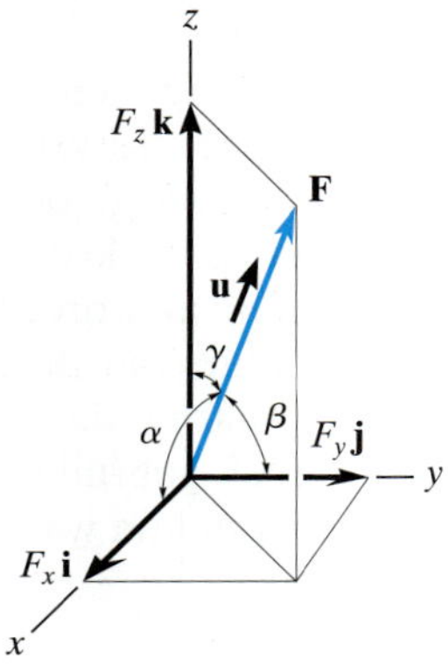

Er is een verband tussen de richtingshoeken, zodat slechts twee van de drie hoeken onafhankelijk van elkaar zijn.

$$\cos^2\alpha + \cos^2\beta + \cos^2\gamma = 1$$

Schrijf voor het bepalen van de resultante van een stelsel van samenlopende krachten elk van de krachten als een cartesische vector en tel de **i**-, **j**- en **k**-componenten van alle krachten in het stelsel bij elkaar op.

$$\mathbf{F}_R = \Sigma\mathbf{F} = \Sigma F_x\mathbf{i} + \Sigma F_y\mathbf{j} + \Sigma F_z\mathbf{k}$$

Kracht- en plaatsvectoren

Een plaatsvector geeft de plaats van een punt in de ruimte aan ten opzichte van een ander punt. De eenvoudigste manier om de componenten van een plaatsvector vast te stellen, is de afstand en de richting te bepalen die men langs de *x*-, *y*- en *z*-richting af moet leggen om van de staart naar de kop van de vector te gaan.

$$\mathbf{r} = (x_B - x_A)\mathbf{i} + (y_B - y_A)\mathbf{j} + (z_B - z_A)\mathbf{k}$$

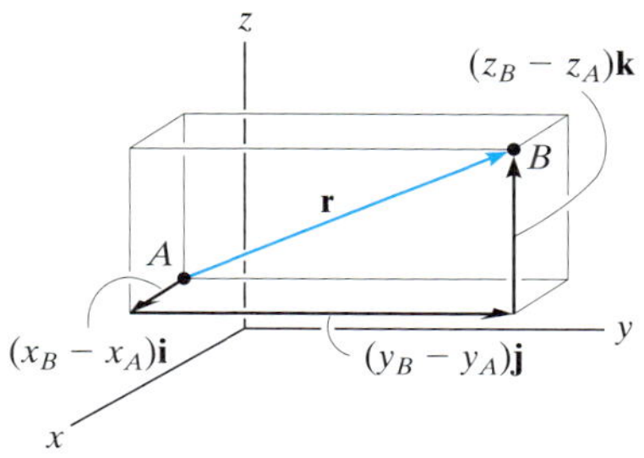

Als de werklijn van een kracht door de punten *A* en *B* gaat, dan werkt de kracht in dezelfde richting als de plaatsvector **r**, die gedefinieerd wordt door de eenheidsvector **u**. De kracht kan dan als een cartesische vector worden uitgedrukt.

$$\mathbf{F} = F\mathbf{u} = F\left(\frac{\mathbf{r}}{r}\right)$$

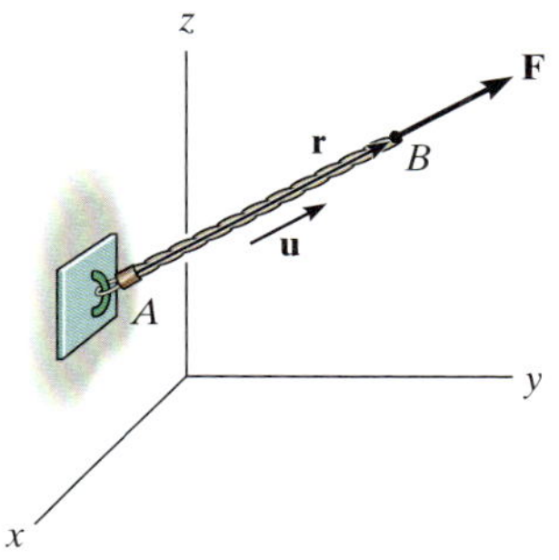

Inwendig product

Het inwendig product van twee vectoren **A** en **B** levert een scalair op. Als **A** en **B** worden uitgedrukt in cartesische vectorvorm, is het inwendig product de som van de producten van hun *x*-, *y*- en *z*-componenten.

$$\mathbf{A}\cdot\mathbf{B} = AB\cos\theta = A_xB_x + A_yB_y + A_zB_z$$

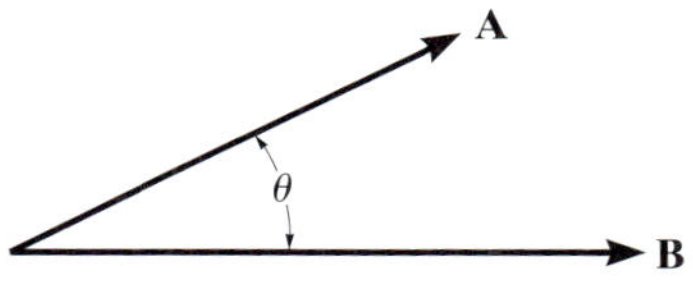

Het inwendig product kan worden gebruikt om de hoek tussen **A** en **B** te bepalen. Het inwendig product wordt ook gebruikt om de projectie van een vector **A** op een as *aa'* te bepalen, die gedefinieerd wordt door zijn eenheidsvector $\mathbf{u}_a$.

$$\theta = \cos^{-1}\left(\frac{\mathbf{A}\cdot\mathbf{B}}{AB}\right)$$

$$\mathbf{A}_a = A\cos\theta\,\mathbf{u}_a = (\mathbf{A}\cdot\mathbf{u}_a)\mathbf{u}_a$$

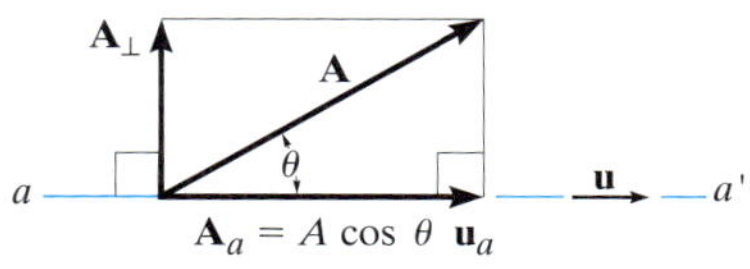

Herhalingsvraagstukken

*2.140. Bepaal de lengte van de koppelstang AB door eerst een cartesische plaatsvector van A naar B te definiëren en vervolgens de grootte ervan te bepalen.

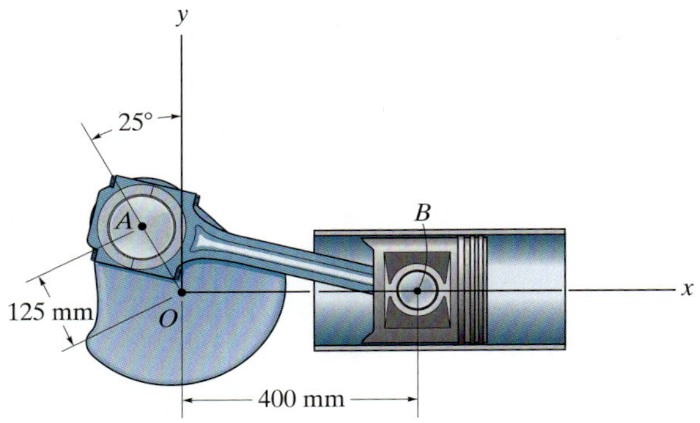

Vraagstuk 2.140

2.143. Ontbind de kracht van 250 N in componenten langs de u- en de v-as en bepaal de grootte van elk van deze componenten.

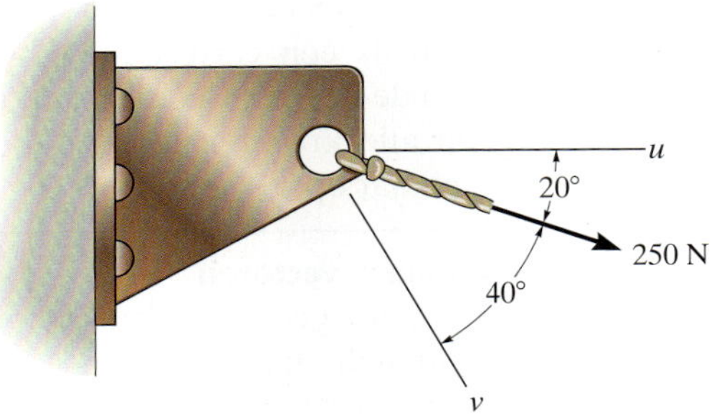

Vraagstuk 2.143

2.141. Bepaal de x- en y-component van de krachten $\mathbf{F}_1$ en $\mathbf{F}_2$.

2.142. Bepaal de grootte van de resultante en de richting gemeten tegen de klok in t.o.v. de positieve x-as.

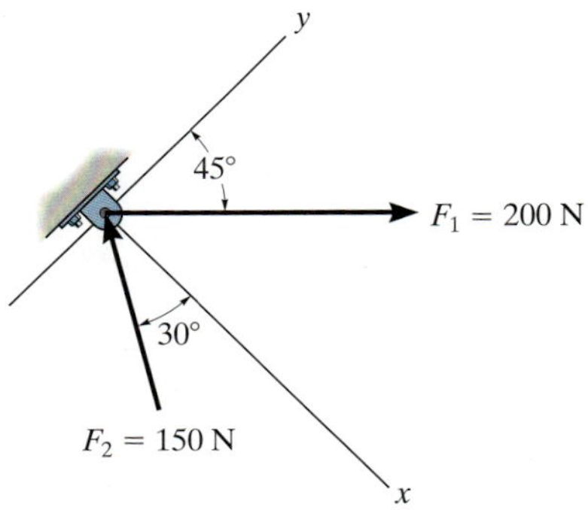

Vraagstukken 2.141/142

*2.144. Schrijf $\mathbf{F}_1$ en $\mathbf{F}_2$ als cartesische vectoren.

2.145. Bepaal de grootte van de resultante en de richting gemeten tegen de klok in t.o.v. de positieve x-as.

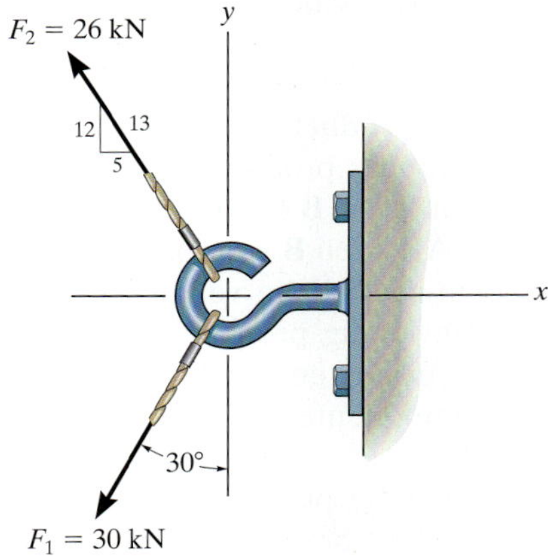

Vraagstukken 2.144/145

2.146. Kabel AB oefent een kracht van 80 N uit op het uiteinde van de 3 m lange giek OA. Bepaal de grootte van de projectie van deze kracht langs de giek.

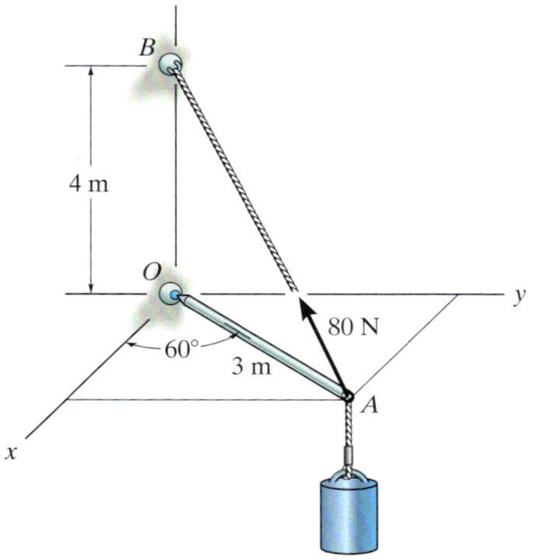

Vraagstuk 2.146

2.147. Bepaal de grootte en de richting van de resultante $\mathbf{F}_R = \mathbf{F}_1 + \mathbf{F}_2 + \mathbf{F}_3$ van de drie krachten door eerst de resultante $\mathbf{F}' = \mathbf{F}_1 + \mathbf{F}_3$ te bepalen en vervolgens $\mathbf{F}_R = \mathbf{F}' + \mathbf{F}_2$ te vormen. Geef de richting, gemeten tegen de klok in t.o.v. de positieve x-as.

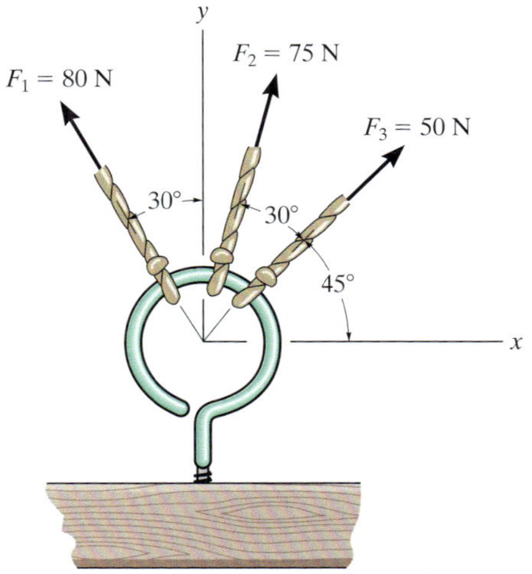

Vraagstuk 2.147

***2.148.** Als de hoek $\theta = 60°$ en $F = 20$ kN, bepaal dan de grootte van de resulterende kracht en de richting gemeten met de klok mee t.o.v. de positieve x-as.

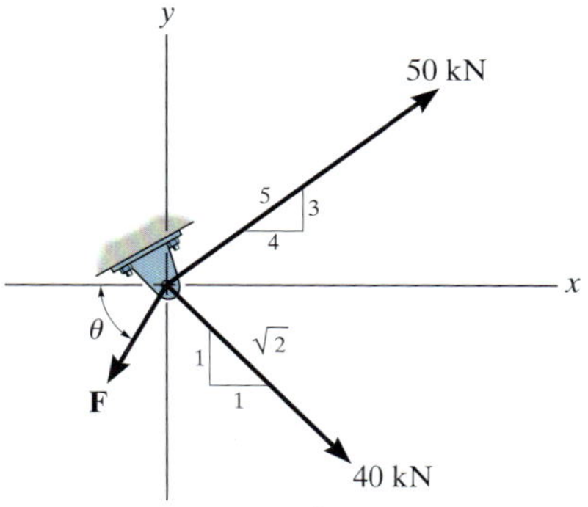

Vraagstuk 2.148

2.149. Bepaal de ontwerphoek θ ($0° \leq \theta \leq 90°$) voor steun AB, zodanig dat de horizontale kracht van 400 N een component van 500 N heeft gericht van A naar C. Hoe groot is de krachtcomponent langs staaf AB? Neem aan dat $\phi = 40°$.

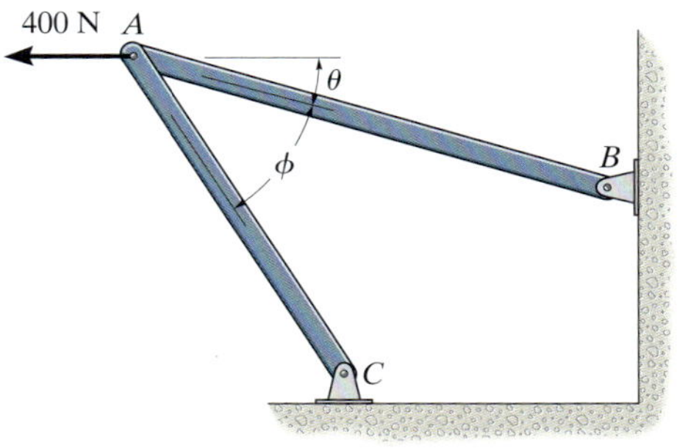

Vraagstuk 2.149

Deze last is, wanneer hij met constante snelheid wordt opgehesen of alleen maar hangt, in een evenwichtstoestand. In dit hoofdstuk zullen we evenwicht bestuderen voor een puntmassa en aantonen hoe de principes daarbij kunnen worden gebruikt om de krachten te berekenen in kabels waaraan lasten zijn opgehangen.

HOOFDSTUK

3

Evenwicht van een puntmassa

Ga naar www.pearsonmylab.nl voor studiemateriaal en toetsen om je begrip en kennis van dit hoofdstuk uit te breiden en te oefenen. Ook vind je daar video-uitwerkingen bij verschillende opgaven uit dit hoofdstuk.

Doelstellingen van dit hoofdstuk

- Introductie van het concept van het vrijlichaamsschema voor een puntmassa.
- Laten zien hoe vraagstukken met betrekking tot het evenwicht van een puntmassa kunnen worden opgelost met behulp van de evenwichtsvergelijkingen.

3.1 Voorwaarde voor het evenwicht van een puntmassa

Van een deeltje wordt gezegd dat het in *evenwicht* is, indien het in rust blijft wanneer het oorspronkelijk in rust was, of indien het beweegt met constante snelheid wanneer het oorspronkelijk in beweging was. De term 'evenwicht' of specifieker 'statisch evenwicht' wordt echter meestal gebruikt om een object in rust te beschrijven. Om het evenwicht te bewaren, is het *noodzakelijk* dat wordt voldaan aan de eerste wet van Newton. Volgens deze wet moet de resulterende kracht die op die puntmassa werkt *nul* zijn. Deze voorwaarde kan wiskundig worden uitgedrukt als:

$$\Sigma \mathbf{F} = \mathbf{0} \tag{3.1}$$

waarin $\Sigma\mathbf{F}$ de *vectorsom is van alle krachten* die op de puntmassa werken.

Vergelijking 3.1 is niet alleen een noodzakelijke voorwaarde voor evenwicht, het is ook een *voldoende* voorwaarde. Dit volgt uit de tweede bewegingswet van Newton, die kan worden geschreven als $\Sigma\mathbf{F} = m\mathbf{a}$. Aangezien het krachtenstelsel voldoet aan vgl. 3.1, geldt dat $m\mathbf{a} = \mathbf{0}$, waaruit volgt dat de versnelling van de puntmassa $\mathbf{a} = \mathbf{0}$. De puntmassa beweegt bijgevolg met een constante snelheid of is in rust.

3.2 Het vrijlichaamsschema

Als we de evenwichtsvergelijking van een puntmassa willen toepassen, moeten we rekening houden met *alle* bekende en onbekende krachten ($\Sigma\mathbf{F}$) die *op* de puntmassa werken. De beste manier om dit te doen, is om het deeltje als geïsoleerd en ‘vrij’ van zijn omgeving te beschouwen. Een schema waarin het deeltje te zien is met *alle* krachten die erop werken, wordt een *vrijlichaamsschema* genoemd (VLS).

Voordat een formele procedure voor het tekenen van een vrijlichaamsschema wordt gepresenteerd, zullen we eerst twee soorten verbindingen behandelen, die vaak voorkomen in evenwichtsvraagstukken.

3.2.1 Veren

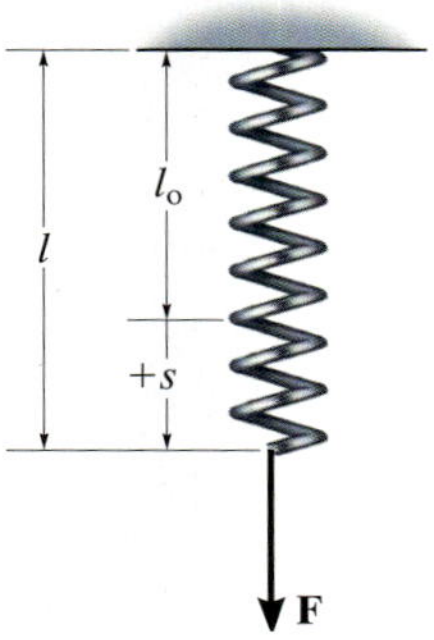

Fig. 3.1

Als aan een *lineaire elastische veer* (of een touw) met rustlengte l_o een deeltje wordt opgehangen, zal de lengte van de veer recht evenredig veranderen met de kracht **F** die erop inwerkt, fig. 3.1. Een variabele die gebruikt wordt om de ‘elasticiteit’ van een veer aan te geven, is de *veerconstante* of stijfheid k. De grootte van een kracht die uitgeoefend wordt op een lineair elastische veer met een stijfheid k die wordt vervormd (uitgerekt of samengedrukt) over een afstand $s = l - l_o$, gemeten ten opzichte van de beginsituatie zonder belasting, is

$$\boxed{F = ks} \tag{3.2}$$

Als s positief is, wat op een uitrekking wijst, trekt **F** aan de veer, terwijl bij een negatieve s, die op een verkorting wijst, **F** de veer induwt. Een voorbeeld: als de veer in fig. 3.1 een rustlengte van 0,8 m en een stijfheid k = 500 N/m heeft en wordt uitgerekt tot een lengte van 1 m, zodat $s = l - l_o$, dan is hiervoor een kracht $F = ks$ = 500 N/m(0,2 m) = 100 N nodig.

3.2.2 Kabels en katrollen

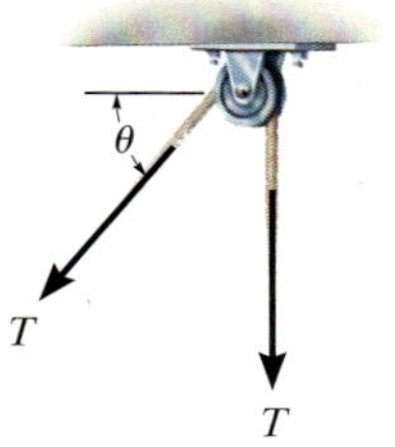

De kabel is gespannen.

Fig. 3.2

Tenzij anders vermeld, wordt er in dit boek, met uitzondering van paragraaf 7.4, van uitgegaan dat van alle kabels (of touwen) het gewicht te verwaarlozen is en dat ze onuitrekbaar zijn. Ook kan een kabel *uitsluitend* een spankracht of trekkracht uitoefenenen, en werkt deze kracht uitsluitend in de richting van de kabel. In hoofdstuk 5 zal worden aangetoond dat de *spankracht* die ontwikkeld wordt in een *ononderbroken kabel* die over een wrijvingsloze katrol loopt, een *constante* grootte moet hebben om de kabel in een evenwichtstoestand te houden. Daarom geldt voor iedere hoek θ, zie fig. 3.2, dat de kabel over de hele lengte onderhevig is aan een constante spankracht T.

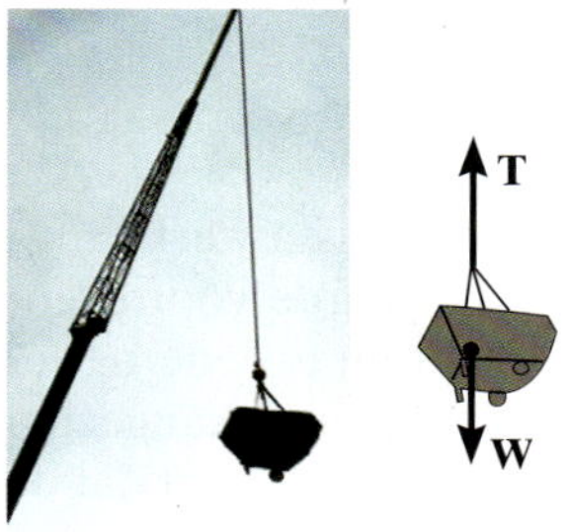

De bak wordt in evenwicht gehouden door de kabel en we weten intuïtief dat de kracht in de kabel gelijk moet zijn aan het gewicht van de bak. Door een vrijlichaamsschema te tekenen van de bak, kunnen we begrijpen waarom dat zo is. Het schema laat zien dat er slechts twee krachten op de bak werken, namelijk het gewicht **W** van de bak en de kracht **T** van de kabel. Om in evenwicht te zijn, moet de resultante van deze krachten gelijk zijn aan nul, en daaruit volgt dat $T = W$.

Procedure voor het tekenen van een vrijlichaamsschema

Aangezien we rekening moeten houden met *alle krachten die op de puntmassa werken* wanneer we de evenwichtsvergelijkingen toepassen, kan niet genoeg worden benadrukt hoe belangrijk het is om eerst een vrijlichaamsschema te tekenen. De volgende drie stappen zijn vereist om een vrijlichaamsschema te construeren.

1. Teken de vorm
Stel de puntmassa voor als geïsoleerd of 'los' gemaakt van zijn omgeving door de vorm ervan te tekenen.

2. Geef alle krachten aan
Geef in deze schets *alle* krachten aan die *op de puntmassa* werken. Deze krachten kunnen *actieve krachten* zijn, die de puntmassa in beweging kunnen brengen, of ze kunnen *reactiekrachten* zijn die het gevolg zijn van verbindingen of steunen die beweging kunnen verhinderen. Om al deze krachten op te sporen, kan het helpen om de hele omtrek rond de puntmassa te onderzoeken en zorgvuldig elke kracht die erop werkt te noteren.

3. Bepaal elke kracht
Bij de krachten die *bekend* zijn, moet de grootte en de richting worden aangegeven. De groottes en richtingen van onbekende krachten worden aangegeven met letters.

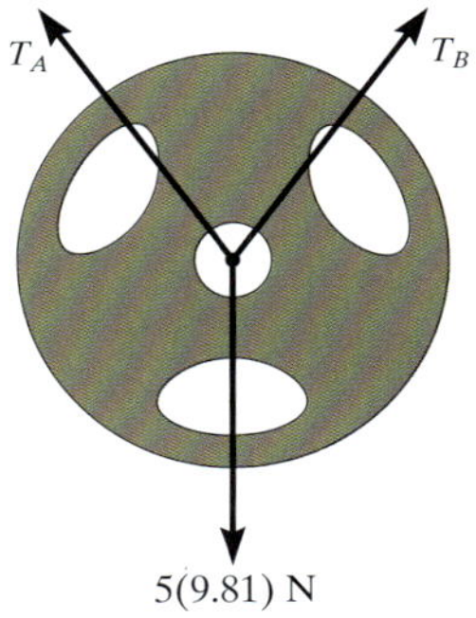

De plaat van 5 kg is opgehangen aan twee touwen *A* en *B*. Om de kracht in elk touw te bepalen moeten we het vrijlichaamsschema van de plaat bekijken. Zoals opgemerkt vormen de drie krachten op de plaat een krachtenstelsel.

Voorbeeld 3.1

De bol in fig. 3.3*a* heeft een massa van 6 kg en is opgehangen, zoals afgebeeld. Teken een vrijlichaamsschema van de bol, het touw *CE* en de knoop in *C*.

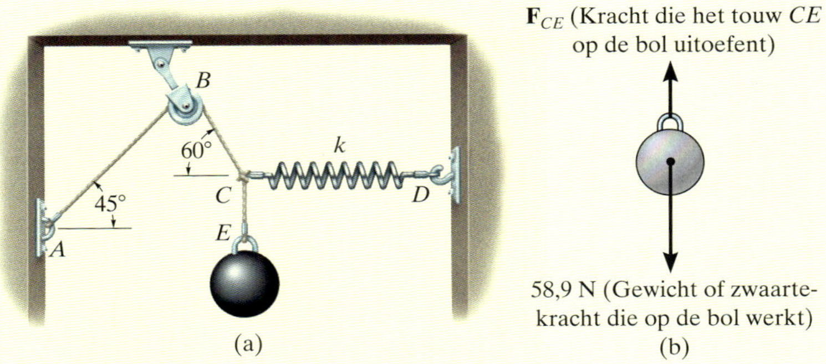

Fig. 3.3

OPLOSSING

Bol
We zien dat er slechts twee krachten op de bol werken, namelijk het gewicht van de bol en de kracht van het touw *CE*. De bol heeft een gewicht van 6 kg (9,81 m/s^2) = 58,9 N. Het vrijlichaamsschema is te zien in fig. 3.3*b*.

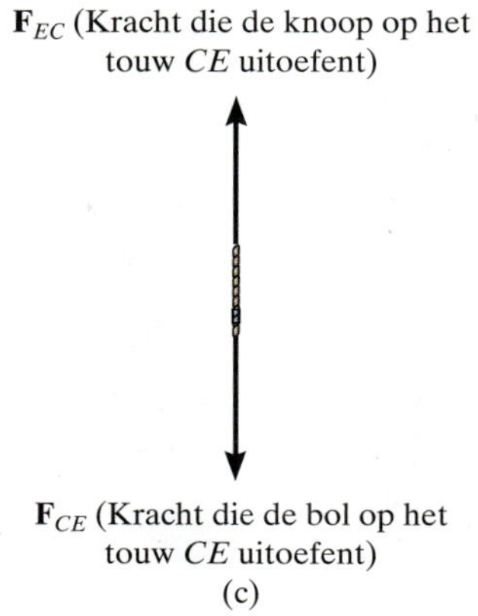

(c)

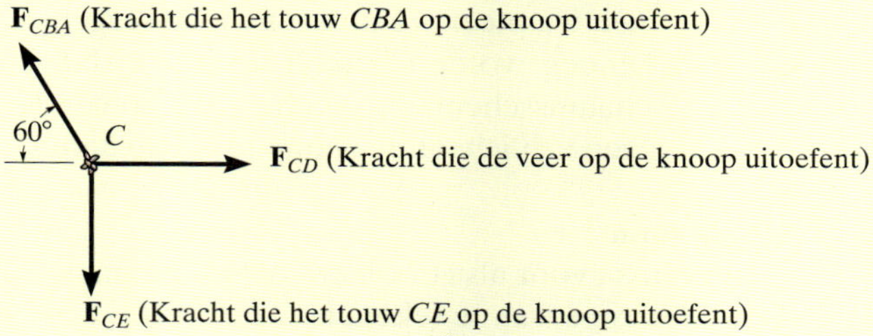

(d)

Fig. 3.3 (vervolg)

Touw *CE*

Wanneer het touw CE wordt geïsoleerd van zijn omgeving, laat het vrijlichaamsschema slechts twee krachten zien die erop werken, namelijk de kracht van de bol en de kracht van de knoop, zie fig. 3.3*c*. Merk op dat de hier getoonde kracht $\mathbf{F}_{CE}$ gelijk, maar tegengesteld is aan de kracht in fig. 3.3*b*, een gevolg van de derde wet van Newton. Daarnaast trekken de krachten $\mathbf{F}_{CE}$ en $\mathbf{F}_{EC}$ aan het touw en houden het onder spanning, zodat het niet slap wordt. Uit het evenwicht volgt dat $F_{CE} = F_{EC}$.

Knoop

De knoop in C is onderworpen aan drie krachten, zie fig. 3.3*d*. Deze krachten worden veroorzaakt door de touwen CBA en CE en de veer CD. In het vrijlichaamsschema zijn alle krachten met hun groottes en richtingen te zien. Het is belangrijk dat wordt ingezien dat het gewicht van de bol niet direct op de knoop werkt. Het touw CE onderwerpt de knoop aan deze kracht.

3.3 Tweedimensionale krachtenstelsels

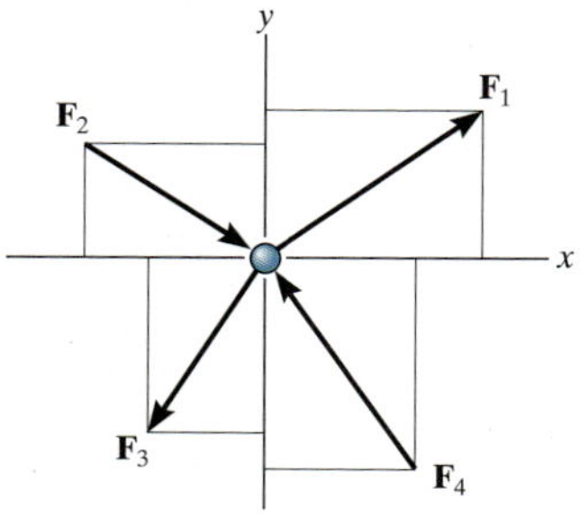

Fig. 3.4

Als een puntmassa wordt onderworpen aan een stelsel krachten die in hetzelfde vlak, bijvoorbeeld het x-y-vlak, liggen (tweedimensionale krachten), zie fig. 3.4, dan kan elke kracht worden ontbonden in zijn $\mathbf{i}$- en $\mathbf{j}$-componenten. Bij evenwicht moeten deze krachten een resultante gelijk aan nul opleveren, dat wil zeggen:

$$\Sigma \mathbf{F} = 0$$
$$\Sigma F_x \, \mathbf{i} + \Sigma F_y \, \mathbf{j} = 0$$

Om aan deze vectorvergelijking te voldoen, moeten de x- en y-componenten gelijk aan nul zijn. Dus:

$$\begin{aligned} \Sigma F_x &= 0 \\ \Sigma F_y &= 0 \end{aligned} \qquad (3.3)$$

Deze twee vergelijkingen kunnen opgelost worden voor ten hoogste twee onbekenden, die in het algemeen worden voorgesteld als hoeken en groottes van de krachten die zijn weergegeven in het vrijlichaamsschema van het deeltje. Bij het uitschrijven van elk van de twee evenwichtsvergelijkingen, moeten we rekening houden met de richtingszin van elke component door het gebruik van een *algebraïsch teken* dat overeenkomt met de zin van de component langs de x- of de y-as. Als een kracht een *onbekende grootte* heeft, dan is de zin van de pijl van de kracht in het vrijlichaamsschema een *veronderstelde* zin. Als de *oplossing* vervolgens een *negatief getal* oplevert, blijkt hieruit dat de richtingszin van de kracht tegengesteld is aan wat verondersteld werd.

Beschouw bijvoorbeeld het vrijlichaamsschema van de puntmassa die aan twee krachten is onderworpen in fig. 3.5. Hier wordt *aangenomen* dat de *onbekende kracht* **F** naar rechts werkt om de puntmassa in evenwicht te houden. Als we de evenwichtsvergelijking langs de x-as toepassen, krijgen we:

$$\overset{+}{\rightarrow} \Sigma F_x = 0; \qquad +F + 10\text{ N} = 0$$

Beide termen zijn 'positief' aangezien beide krachten in de positieve x-richting werken. De oplossing van deze vergelijking is dat $F = -10$ N. Hier geeft het *negatieve teken* aan dat **F** naar links moet werken om de puntmassa in evenwicht te houden, zie fig. 3.5. Merk op dat als de $+x$-as in fig. 3.5 naar links was gericht, beide termen in bovenstaande vergelijking negatief zouden zijn geweest. Maar ook dan geldt weer dat $F = -10$ N, wat aangeeft dat **F** naar links zou werken.

Fig. 3.5

Analyseprocedure

Vraagstukken met betrekking tot het evenwicht van een puntmassa die onderhevig is aan krachten die in hetzelfde vlak werken, kunnen worden opgelost met behulp van de volgende procedure:

Vrijlichaamsschema

- Leg het x-y-assenstelsel vast met een geschikte oriëntatie.
- Geef alle bekende en onbekende groottes en richtingen van krachten aan in het schema.
- De zin van een kracht van onbekende grootte kan vrij worden aangenomen.

Evenwichtsvergelijkingen

- Pas de evenwichtsvergelijkingen $\Sigma F_x = 0$ en $\Sigma F_y = 0$ toe.
- Componenten zijn positief als ze in de richting van een positieve as wijzen en negatief als ze in de richting van een negatieve as wijzen.
- Als er meer dan twee onbekenden zijn en het vraagstuk betrekking heeft op een veer, pas dan $F = ks$ toe om de kracht van de veer in verband te brengen met de lengteverandering s van de veer.
- Omdat de grootte van een kracht altijd een positieve grootheid is, betekent een negatieve oplossing voor een kracht altijd dat de zin ervan tegengesteld is aan die kracht, die is weergegeven in het vrijlichaamsschema.

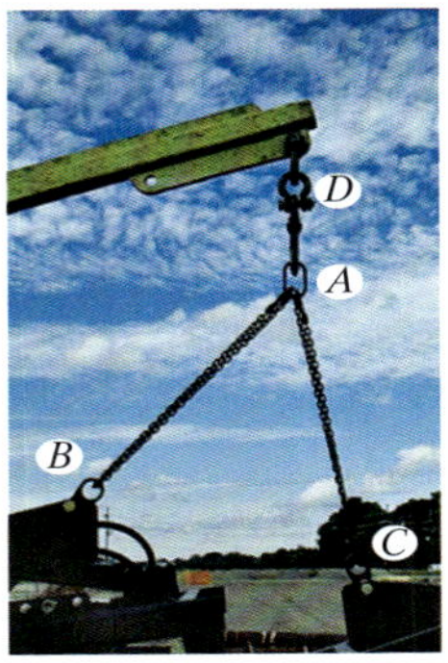

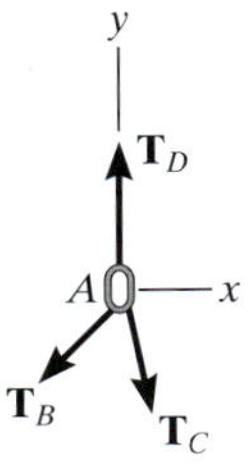

De kettingen oefenen in *A* drie krachten uit op de ring, zoals weergegeven in het vrijlichaamsschema. De ring is in rust of beweegt met constante snelheid, op voorwaarde dat de som van deze krachten langs de *x*- en *y*-as gelijk aan nul is. Als een van de drie krachten bekend is, kunnen de groottes van de andere twee krachten worden verkregen uit de twee evenwichtsvergelijkingen.

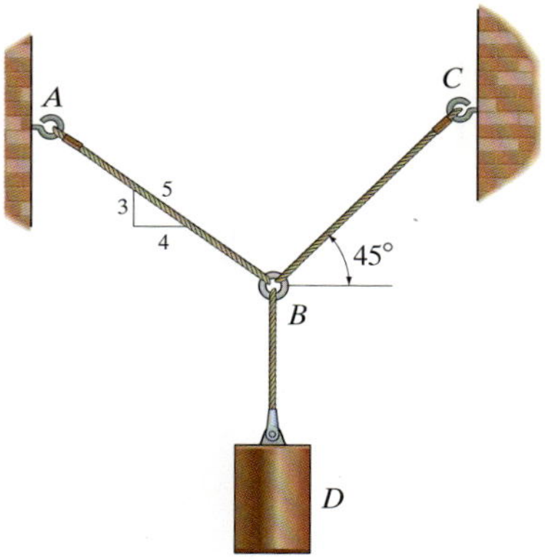

(a)

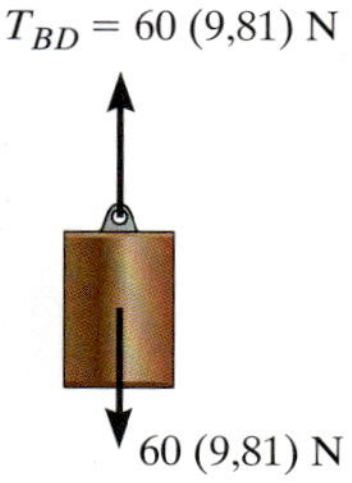

(b)

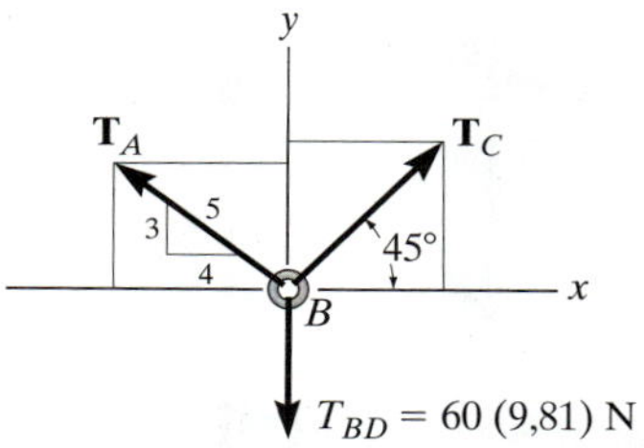

(c)

Fig. 3.6

Voorbeeld 3.2

Bepaal de trekkracht in de kabels BA en BC, nodig voor het dragen van de cilinder van 60 kg in fig. 3.6*a*.

OPLOSSING

Vrijlichaamsschema

Door het evenwicht zorgt het gewicht van de cilinder ervoor dat de trekkracht in kabel BD gelijk is aan T_{BD} = 60(9,81) N fig. 3.6*b*. De krachten in de kabels BA en BC kunnen worden bepaald door het evenwicht van de ring te onderzoeken. Het vrijlichaamsschema is weergegeven in fig. 3.6*c*. De groottes van $\mathbf{T}_A$ en $\mathbf{T}_C$ zijn onbekend, maar hun richtingen zijn gegeven.

Evenwichtsvergelijkingen

Toepassen van de evenwichtsvergelijkingen langs de x- en y-as levert:

$$\overset{+}{\rightarrow} \Sigma F_x = 0; \qquad T_C \cos 45^\circ - \left(\tfrac{4}{5}\right)T_A = 0 \qquad (1)$$

$$+\uparrow \Sigma F_y = 0; \quad T_C \sin 45^\circ + \left(\tfrac{3}{5}\right)T_A - 60(9{,}81)\text{ N} = 0 \qquad (2)$$

Vergelijking 1 kan worden geschreven als $T_A = 0{,}8839T_C$. Substitutie hiervan in vgl. 2 levert:

$$T_C \sin 45^\circ + \left(\tfrac{3}{5}\right)(0{,}8839T_C) - 60(9{,}81)\text{ N} = 0$$

Zodat:

$$T_C = 475{,}66\text{ N} = 476\text{ N} \qquad \textit{Antw.}$$

Door dit resultaat in vgl. 1 of vgl. 2 te substitueren, vinden we:

$$T_A = 420\text{ N} \qquad \textit{Antw.}$$

OPMERKING: De nauwkeurigheid van deze resultaten hangt natuurlijk af van de nauwkeurigheid van de gegevens, dat wil zeggen: de metingen van de geometrie en de belasting. Voor de meeste technische vraagstukken, volstaan gegevens die tot op drie significante cijfers zijn gemeten.

Voorbeeld 3.3

Een krat van 200 kg in fig. 3.7*a* is opgehangen aan de touwen AB en AC. Elk touw kan een maximumkracht van 10 kN verdragen voordat het breekt. Als AB altijd horizontaal blijft, bepaal dan de kleinste hoek θ waaronder het krat kan worden opgehangen voordat een van de touwen breekt.

OPLOSSING

Vrijlichaamsschema
We bestuderen het evenwicht van de ring. Er werken drie krachten op, zie fig 3.7*b*. De grootte van F_D is gelijk aan het gewicht van het krat, dat wil zeggen: $F_D = 200(9{,}81)\text{N} = 1962\ \text{N} < 10\ \text{kN}$.

Evenwichtsvergelijkingen
Toepassen van de evenwichtsvergelijkingen langs de *x*- en *y*-as levert:

$$\overset{+}{\rightarrow} \Sigma F_x = 0; \qquad -F_C \cos\theta + F_B = 0; \quad F_C = \frac{F_B}{\cos\theta} \qquad (1)$$

$$+\uparrow \Sigma F_y = 0; \qquad F_C \sin\theta - 1962\ \text{N} = 0 \qquad (2)$$

Uit vgl. 1 volgt dat F_C altijd groter is dan F_B omdat $\cos\theta \leq 1$. Dus zal touw *AC* de maximale trekkracht van 10 kN *eerder* bereiken dan touw *AB*. Door substitutie van $F_C = 10$ kN in vgl. 2 vinden we:

$$[10(10^3)\ \text{N}]\sin\theta - 1962\ \text{N} = 0$$

$$\theta = \sin^{-1}(0{,}1962) = 11{,}31^\circ \qquad \textit{Antw.}$$

De ontwikkelde kracht in touw *AB* kan worden verkregen door de waarden voor θ en F_C te substitueren in vgl. 1.

$$10(10^3)\ \text{N} = \frac{F_B}{\cos 11{,}31^\circ}$$

$$F_B = 9{,}81\ \text{kN}$$

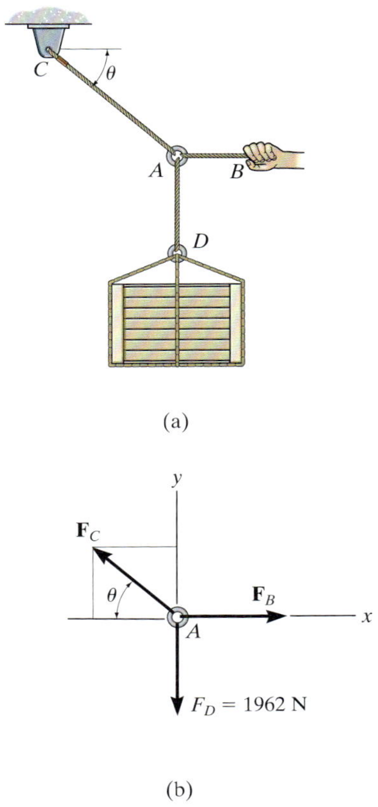

Fig. 3.7

Voorbeeld 3.4

Bepaal hoe lang het touw *AC* in fig. 3.8*a* moet zijn om ervoor te zorgen dat de lamp van 8 kg in de afgebeelde positie blijft hangen. Als de veer *AB niet vervormd* is, dan heeft hij een lengte van $l'_{AB} = 0{,}4$ m. De veer heeft een stijfheid van $k_{AB} = 300$ N/m.

OPLOSSING
Als de kracht in veer *AB* bekend is, kan de uitrekking van de veer worden bepaald met $F = ks$. Met behulp van de meetkunde kunnen we de vereiste lengte van *AC* berekenen.

Vrijlichaamsschema
De lamp heeft een gewicht $W = 8(9{,}81) = 78{,}5$ N. Het vrijlichaamsschema van de ring in *A* wordt weergegeven in fig. 3.8*b*.

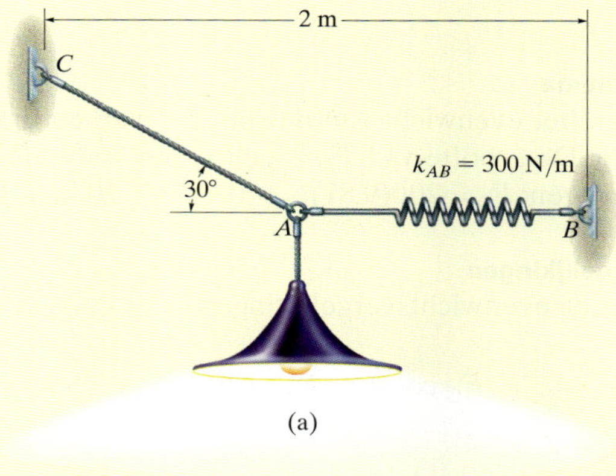

(a)

Fig.3.8

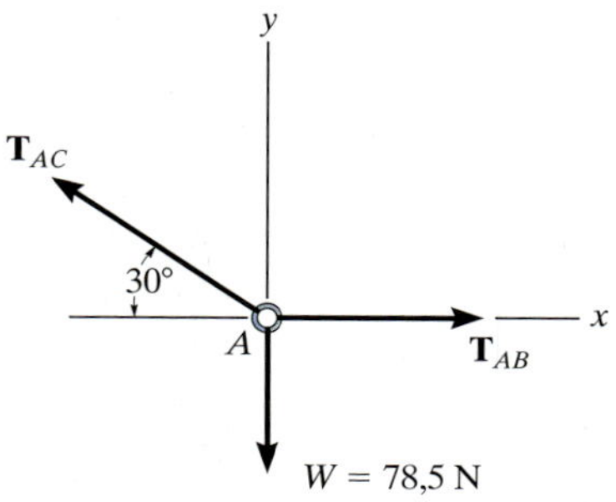

(b)

Evenwichtsvergelijkingen

Als de x- en y-as worden gebruikt, geldt:

$$\xrightarrow{+} \Sigma F_x = 0; \qquad T_{AB} - T_{AC}\cos 30^\circ = 0$$

$$+\uparrow \Sigma F_y = 0; \qquad T_{AC}\sin 30^\circ - 78{,}5\text{ N} = 0$$

Hieruit volgt dat:

$$T_{AC} = 157{,}0\text{ N}$$

$$T_{AB} = 136{,}0\text{ N}$$

De uitrekking van veer AB is dus:

$$T_{AB} = k_{AB}s_{AB}; \qquad 136{,}0\text{ N} = 300\text{ N/m}(s_{AB})$$

$$s_{AB} = 0{,}453\text{ m}$$

De uitgerekte lengte is dan:

$$l_{AB} = l'_{AB} + s_{AB}$$

$$l_{AB} = 0{,}4\text{ m} + 0{,}453\text{ m} = 0{,}853\text{ m}$$

De horizontale afstand van C naar B, zie fig. 3.8a is 2 m:

$$2\text{ m} = l_{AC}\cos 30^\circ + 0{,}853\text{ m}$$

$$l_{AC} = 1{,}32\text{ m}$$ *Antw.*

Fundamentele vraagstukken

Alle oplossingen van de vraagstukken moeten gebruikmaken van een vrijlichaamsschema.

F3.1. Het krat heeft een gewicht van 550 N. Bepaal de kracht in elke dragende kabel.

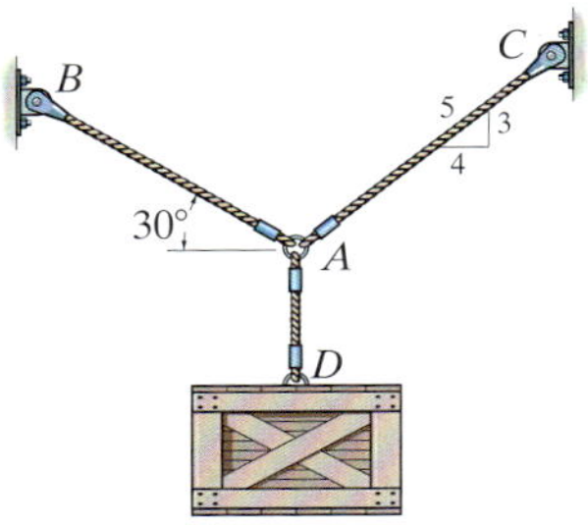

F3.1

F3.2. De balk heeft een gewicht van 3,5 kN. Bepaal de kortste kabel ABC die kan worden gebruikt om het krat op te tillen als de maximale kracht die de kabel aankan gelijk is aan 7,5 kN.

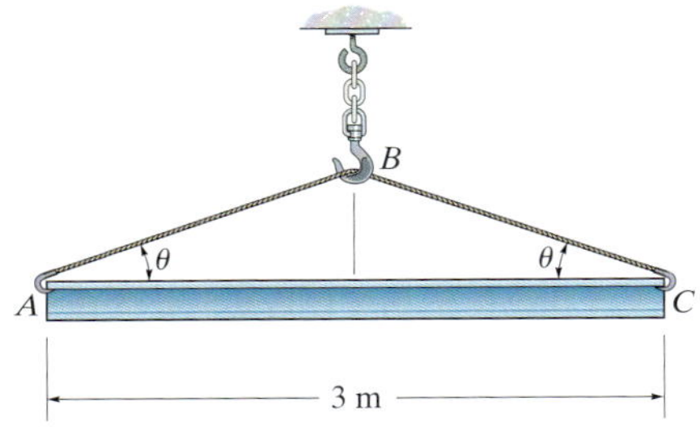

F3.2

F3.3. Als het blok van 5 kg vanaf de katrol B naar beneden hangt en de doorhanging van het touw $d = 0{,}15$ m, bepaal dan de kracht in touw ABC. Verwaarloos de afmeting van de katrol.

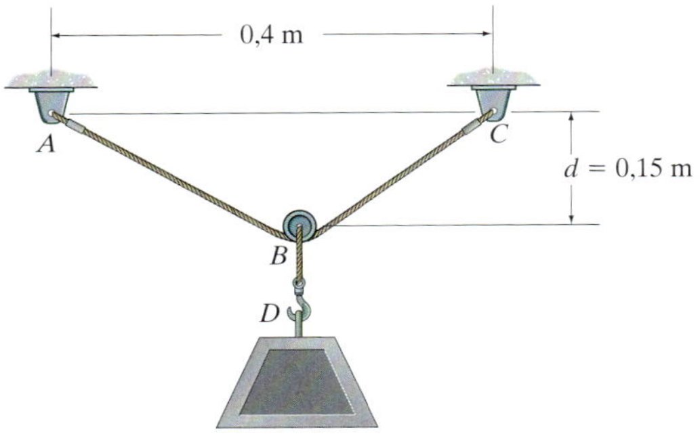

F3.3

F3.4. Het blok heeft een massa van 5 kg en is in rust op het gladde vlak. Bepaal de rustlengte van de veer.

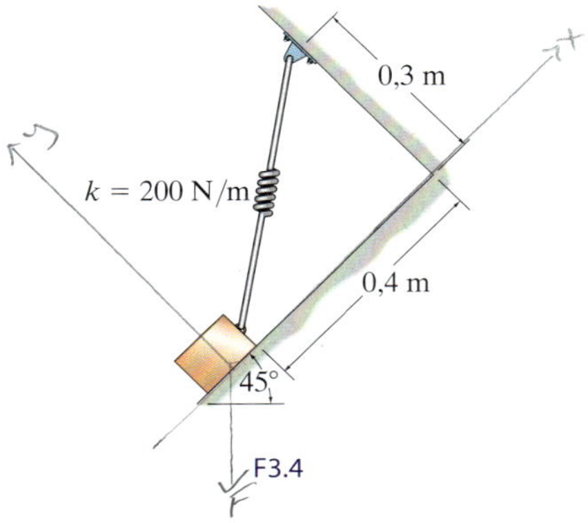

F3.4

F3.5. Als de massa van cilinder C gelijk is aan 40 kg, bepaal dan de massa van cilinder A om de opstelling in de getoonde positie te houden.

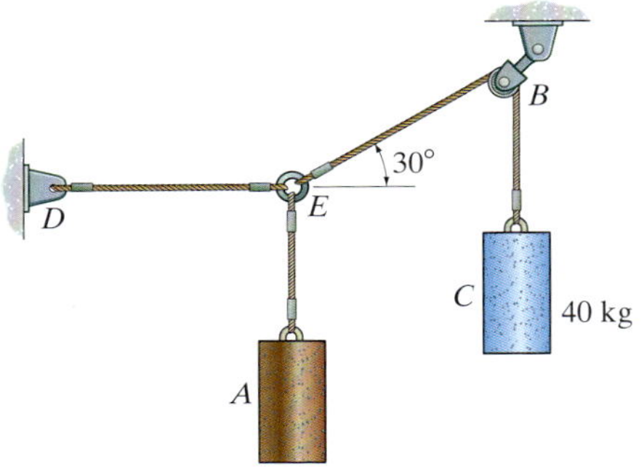

F3.5

F3.6. Bepaal de trekkracht in de kabels AB, BC en CD, die nodig is voor het dragen van de stoplichten van 10 kg en 15 kg in respectievelijk B en C. Bepaal ook de hoek θ.

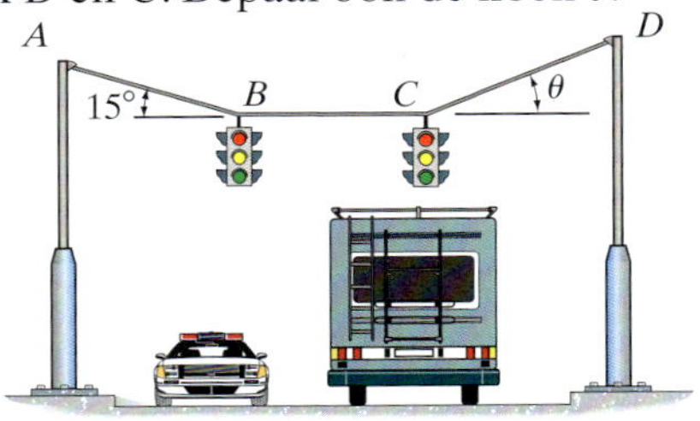

F3.6

Vraagstukken

Alle oplossingen van de vraagstukken moeten gebruikmaken van een vrijlichaamsschema.

3.1. De staven van een vakwerk zijn scharnierend verbonden ter plaatse van knoop O. Bepaal de groottes van $\mathbf{F}_1$ en $\mathbf{F}_2$ bij evenwicht. Veronderstel dat $\theta = 60°$.

3.2. De staven van een vakwerk zijn scharnierend ter plaatse van knoop O. Bepaal de grootte van $\mathbf{F}_1$ en de hoek θ bij evenwicht. Veronderstel dat $F_2 = 6$ kN.

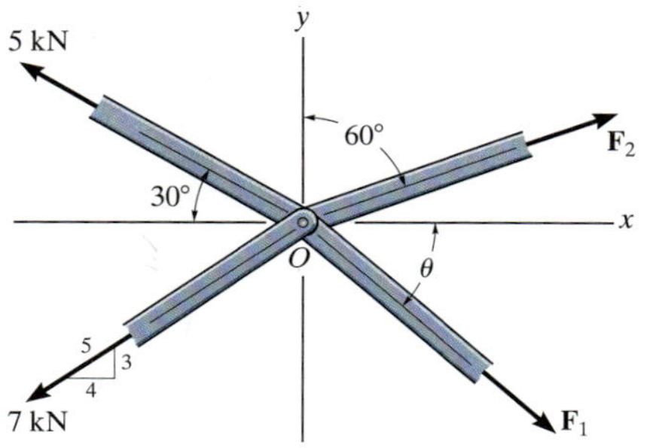

Vraagstukken 3.1/2

3.3. Het hijsjuk wordt gebruikt om een container met een massa van 500 kg op te hijsen. Bepaal de kracht in elk van de kabels AB en AC als functie van θ. Als de maximale toegestane spanning in elke kabel 3,5 kN is, bepaal dan de minimale lengte die de kabels AB en AC in dat geval moeten hebben. Het zwaartepunt van de container bevindt zich in G.

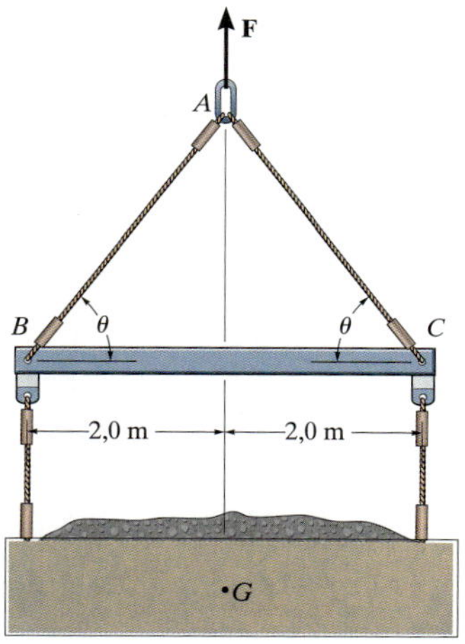

Vraagstuk 3.3

***3.4.** Op de scheepstros AB wordt door een sleepboot een kracht van 50 kN uitgeoefend. Bepaal de kracht in elk van de gaffellijnen BC en BD, als het schip met constante snelheid vaart.

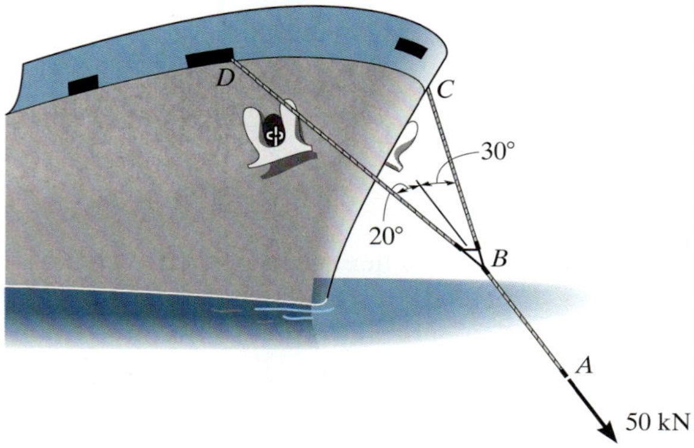

Vraagstuk 3.4

3.5. De delen van een gebinte zijn verbonden met de hoekplaat. Als de krachten samenkomen in punt O, bepaal dan de grootte van $\mathbf{F}$ en $\mathbf{T}$ bij evenwicht. Neem $\theta = 30°$.

3.6. Op de hoekplaat werken de krachten van vier staven. Bepaal de kracht in staaf B en de juiste oriëntatie om evenwicht te bereiken. De krachten komen samen in punt O. Neem $F = 12$ kN.

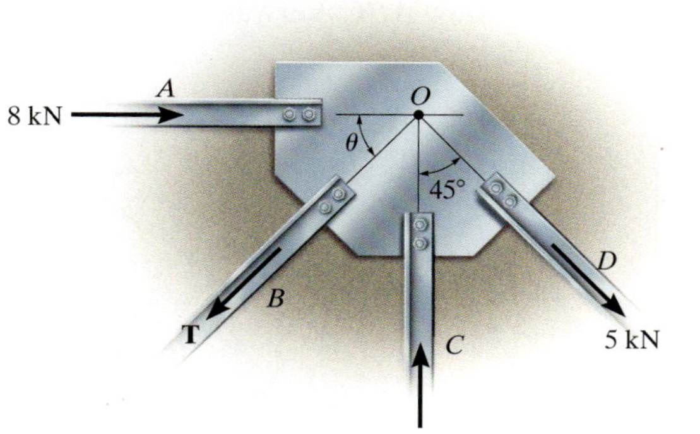

Vraagstukken 3.5/6

3.7. Het apparaat in de figuur wordt gebruikt om het koetswerk van beschadigde auto's recht te trekken. Bepaal de spanning in elk segment van de ketting, dat wil zeggen in AB en BC, als de kracht die de hydraulische cilinder DB uitoefent op punt B 3,50 kN is.

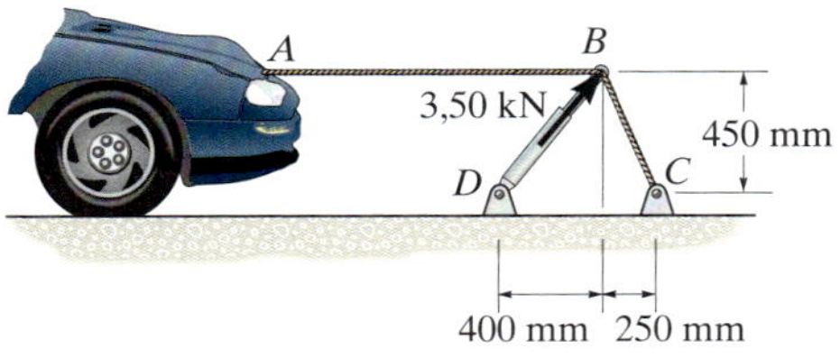

Vraagstuk 3.7

***3.8.** Twee elektrisch geladen bollen met elk een massa van 0,15 g zijn opgehangen aan twee even lange lichte draden. Bepaal de horizontale afstotende resultante F op elke bal, als de gemeten afstand tussen de ballen r = 200 mm is.

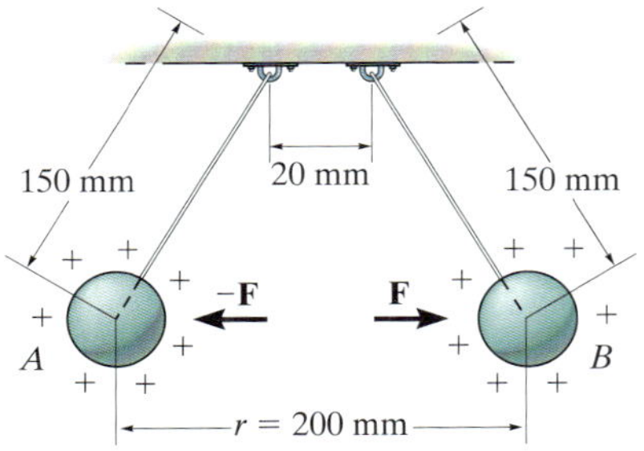

Vraagstuk 3.8

3.9. Bepaal de kracht in de kabels AB en AC die nodig is om het 12 kg zware verkeerslicht te dragen.

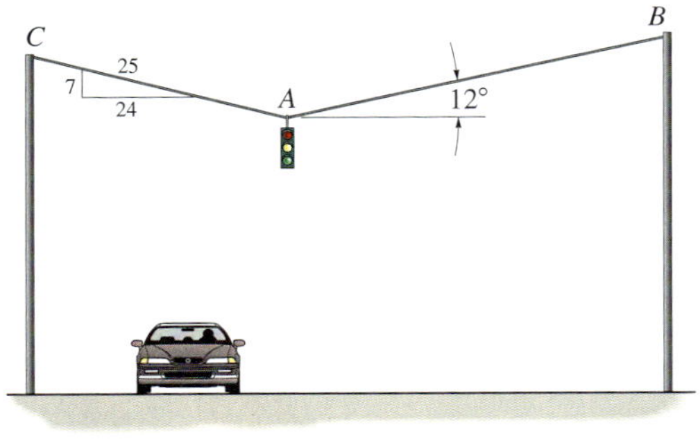

Vraagstuk 3.9

3.10. Bepaal de trekkracht ontwikkeld in de draden CA en CB nodig voor het evenwicht van de cilinder van 10 kg. Neem $\theta = 40°$.

3.11. Als op kabel CB een trekkracht werkt die tweemaal zo groot is als die op kabel CA, bepaal dan de hoek θ voor het evenwicht van de cilinder van 10 kg. Bepaal ook de trekkrachten in de draden CA en CB.

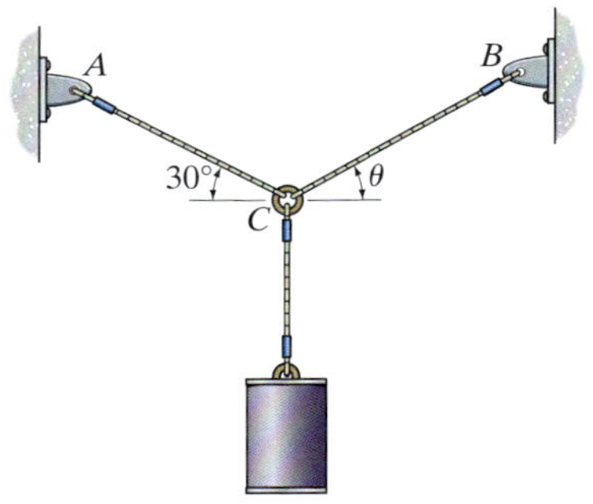

Vraagstukken 3.10/11

***3.12.** Bepaal de kracht in elke kabel en de kracht **F** die nodig is om de lamp van 4 kg op zijn plaats te houden. *Hint*: analyseer eerst het evenwicht in B, gebruik vervolgens de uitkomst voor de kracht in BC om het evenwicht in C te analyseren.

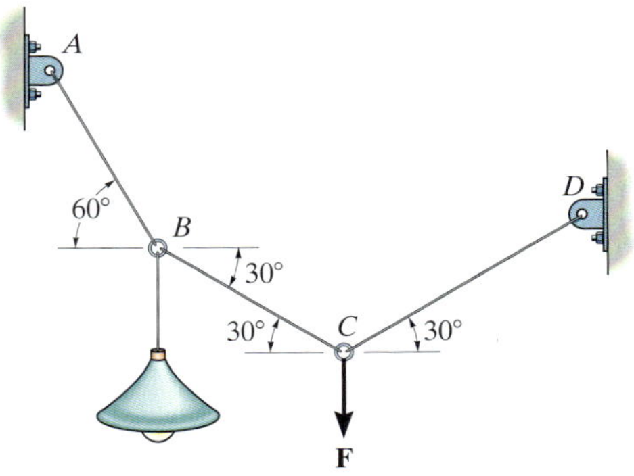

Vraagstuk 3.12

3.13. De veren AB en BC hebben elk een stijfheid van 600 N/m en een rustlengte van 1,5 m. Bepaal de horizontale kracht **F** die wordt uitgeoefend op het touw dat is bevestigd aan het *kleine* oog B, zodanig dat de verplaatsing van het oog vanaf de muur d = 0,75 m is.

3.14. De veren AB en BC hebben elk een stijfheid van 600 N/m en een rustlengte van 1,5 m. Bepaal de verplaatsing d van het touw vanaf de muur wanneer iemand er met een kracht F = 200 N aan trekt.

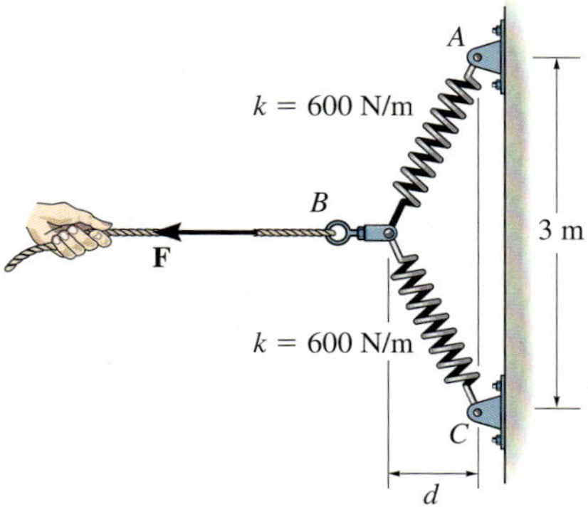

Vraagstukken 3.13/14

***3.16.** Twee bollen A en B hebben gelijke massa en zijn zodanig elektrostatisch geladen dat de onderlinge afstotende kracht een grootte van 20 mN heeft en gericht is langs de lijn AB. Bepaal de hoek θ, de trekkracht in de touwen AC en BC, en de massa m van elke bol.

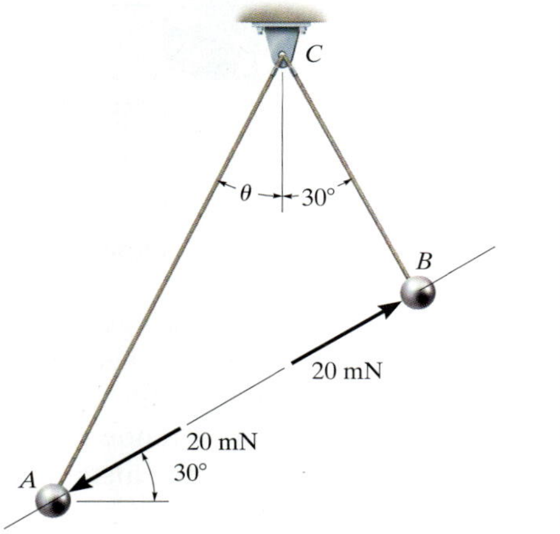

Vraagstuk 3.16

3.15. De veer heeft een stijfheid van k = 800 N/m en een rustlengte van 200 mm. Bepaal de kracht in de kabels BC en BD wanneer de veer in de getoonde stand wordt gehouden.

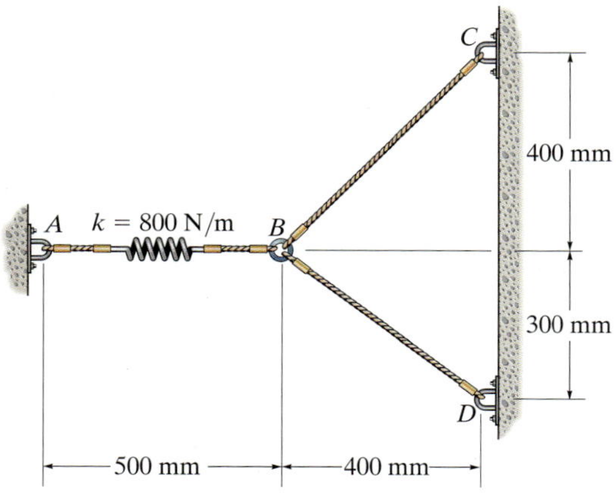

Vraagstuk 3.15

3.17. Bepaal de massa van elk van de twee cilinders als ze bij ophangen vanaf de ringen in A en B een doorhanging van 0,5 m veroorzaken. Merk op dat bij verwijdering van de cilinders geldt dat s = 0.

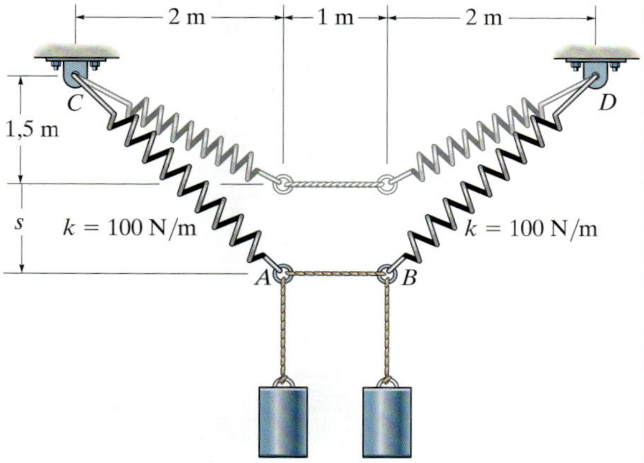

Vraagstuk 3.17

3.18. Bepaal de uitrekking in de veren *AC* en *AB* bij evenwicht van het blok van 2 kg. De veren zijn weergegeven in de evenwichtsstand.

3.19. De rustlengte van veer *AB* is 3 m. Als het blok in de getoonde evenwichtsstand wordt gehouden, bepaal dan de massa van het blok in *D*.

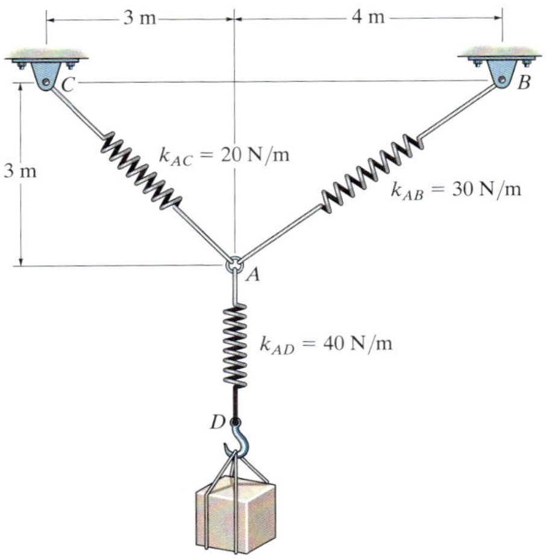

Vraagstukken 3.18/19

***3.20.** De veren *AB* en *BC* hebben elk een stijfheid van 500 N/m en een rustlengte van 3 m. Bepaal de horizontale kracht **F** die wordt uitgeoefend op het touw dat is bevestigd aan de *kleine* ring *B*, zodanig dat de verplaatsing van de ring vanaf de muur $d = 1{,}5$ m is.

3.21. De veren *AB* en *BC* hebben elk een stijfheid van 500 N/m en een rustlengte van 3 m. Bepaal de verplaatsing *d* van het touw vanaf de muur wanneer iemand er met een kracht $F = 175$ N aan trekt.

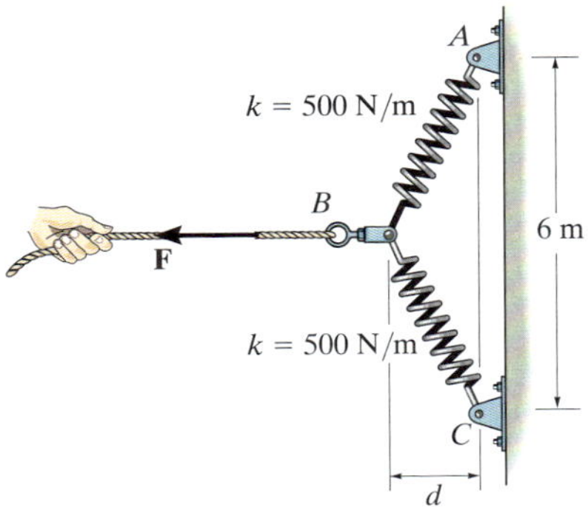

Vraagstukken 3.20/21

3.22. De draad vormt een lus en loopt over de kleine katrollen in *A*, *B*, *C* en *D*. Als op het uiteinde een kracht van $P = 50$ N werkt, bepaal dan de kracht in de draad en de grootte van de resultante die de draad op elk van de katrollen uitoefent.

3.23. De draad vormt een lus en loopt over de kleine katrollen in *A*, *B*, *C* en *D*. Als de maximale resultante die de draad op elke katrol kan uitoefenen 120 N is, bepaal dan de grootste kracht *P* die op de weergegeven draad kan worden uitgeoefend.

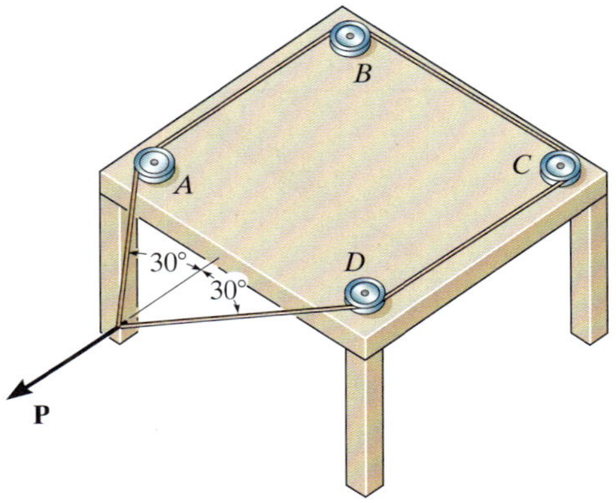

Vraagstukken 3.22/23

***3.24.** Bepaal de kracht in elk touw om het krat van 200 kg in evenwicht te houden. Het touw blijft horizontaal door de rolverbinding in *C*, en *AB* heeft een lengte van 1,5 m. Veronderstel dat $y = 0{,}75$ m.

3.25. Als het 1,5 m lange touw AB een maximale kracht van 3500 N kan weerstaan, bepaal dan de kracht in het touw *BC* en de afstand *y* zodat de krat van 200 kg kan worden gedragen.

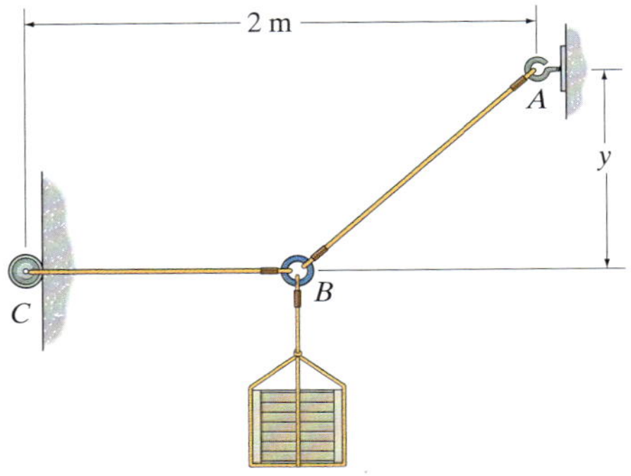

Vraagstukken 3.24/25

3.26. De staven van een vakwerk zijn scharnierend verbonden ter plaatse van knoop O. Bepaal de groottes van $\mathbf{F}_1$ en $\mathbf{F}_2$ bij evenwicht. Veronderstel dat $\theta = 60°$.

3.27. De staven van een vakwerk zijn scharnierend verbonden ter plaatse van knoop O. Bepaal de grootte van $\mathbf{F}_1$ en de hoek θ bij evenwicht. Veronderstel dat $F_2 = 6$ kN.

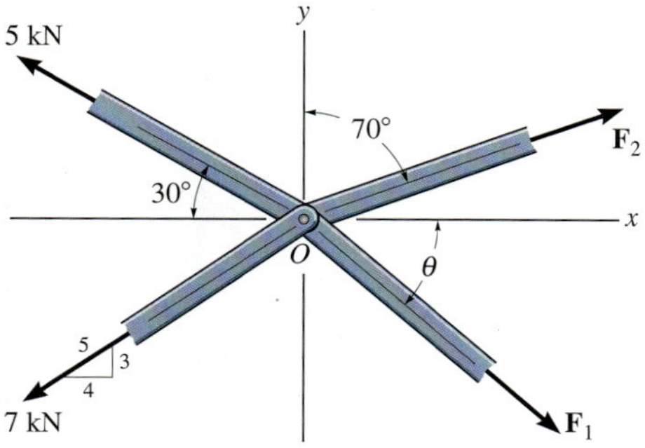

Vraagstukken 3.26/27

3.30. Een bol met een massa van 4 kg rust op een glad parabolisch oppervlak. Bepaal de normaalkracht die de bol uitoefent op het oppervlak en de massa m_B die blok B moet hebben om de bol in de weergegeven evenwichtspositie te houden.

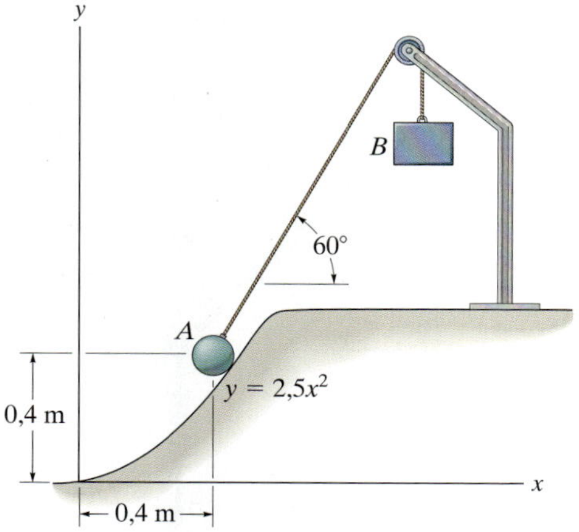

Vraagstuk 3.30

***3.28.** Bepaal de spanning in elk touw die nodig is voor evenwicht van de 20 kg zware lamp.

3.29. Bepaal de maximale massa van de lamp, zodanig dat de spanning in geen van de touwen hoger wordt dan 400 N.

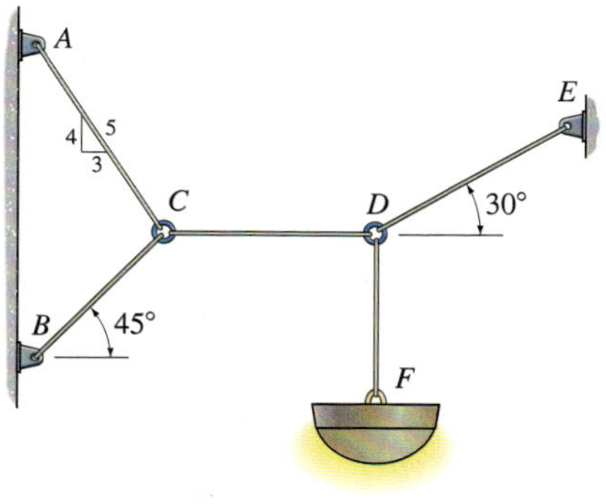

Vraagstukken 3.28/29

3.31. Bepaal de trekkracht die wordt ontwikkeld in elk van de draden die worden gebruikt voor het ondersteunen van de 50 kg zware kroonluchter.

***3.32.** Als de, in elk van de vier draden ontwikkelde, trekkracht niet groter mag worden dan 600 N, bepaal dan de maximale massa van de kroonluchter die kan worden gedragen.

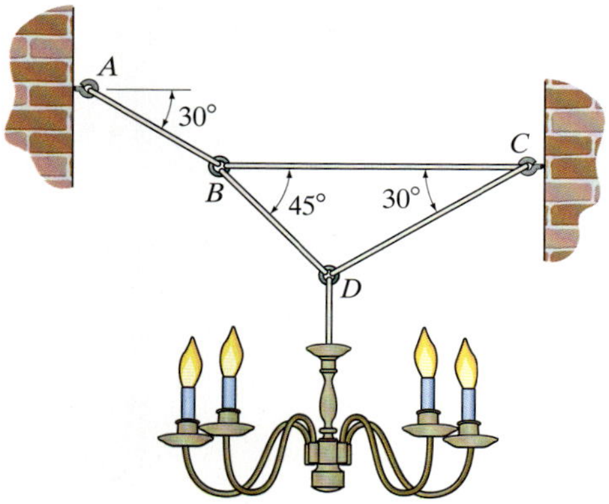

Vraagstukken 3.31/32

3.33. De emmer met zijn inhoud heeft een massa van 60 kg. Als de kabel BAC 15 m lang is, bepaal dan de afstand y tot de katrol in A bij evenwicht. Verwaarloos de afmeting van de katrol.

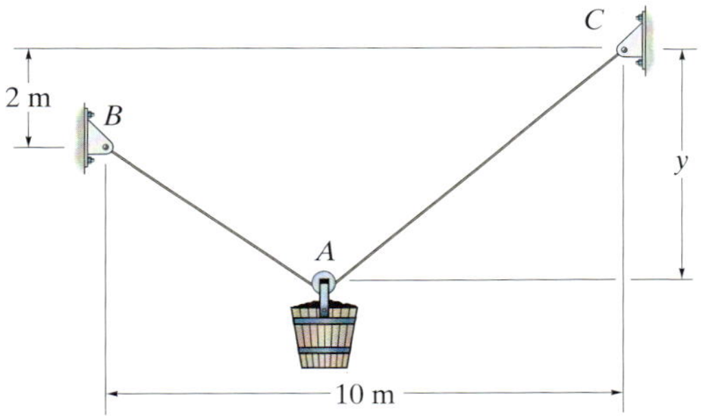

Vraagstuk 3.33

3.34. Twee elektrisch geladen bollen met elk een massa van 0,2 g zijn opgehangen aan twee even lange lichte draden. Bepaal de horizontale afstotende resultante F op elke bal, als de gemeten afstand tussen de ballen R = 200 mm is.

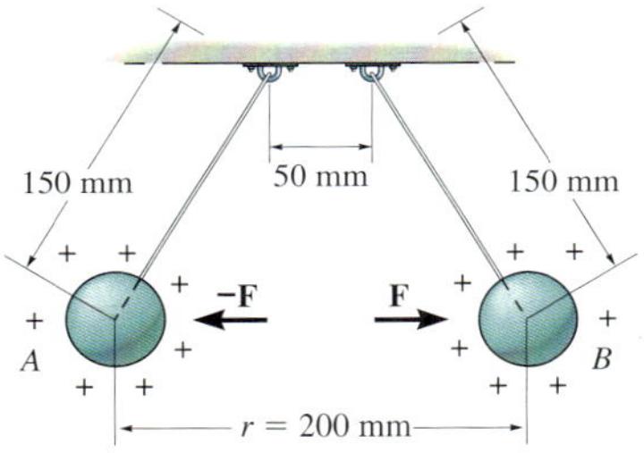

Vraagstuk 3.34

3.35. Kabel ABC heeft een lengte van 5 m. Bepaal de positie x en de benodigde spanning in ABC om de zak van 100 kg in evenwicht te houden. Verwaarloos de afmetingen van de katrol in B.

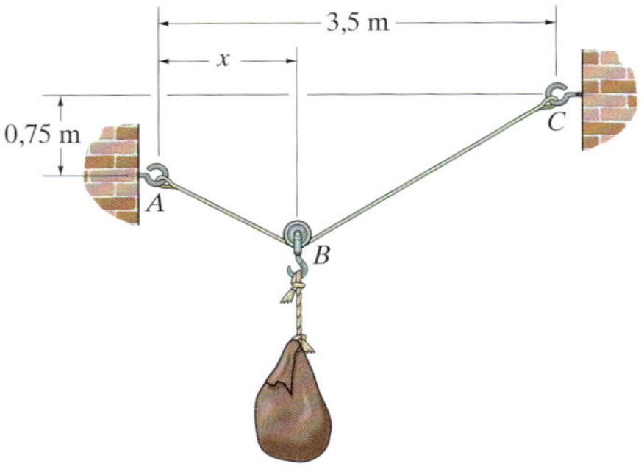

Vraagstuk 3.35

3.36. Er wordt een weegschaal geconstrueerd met behulp van de massa van 10 kg, de 2 kg zware schaal P en het katrol- en touwstelsel. Het touw dat van B via C naar de masssa van 10 kg loopt, is 2 m lang. Als s = 0,75 m, bepaal dan de massa D in de schaal. Verwaarloos de afmeting van de katrol.

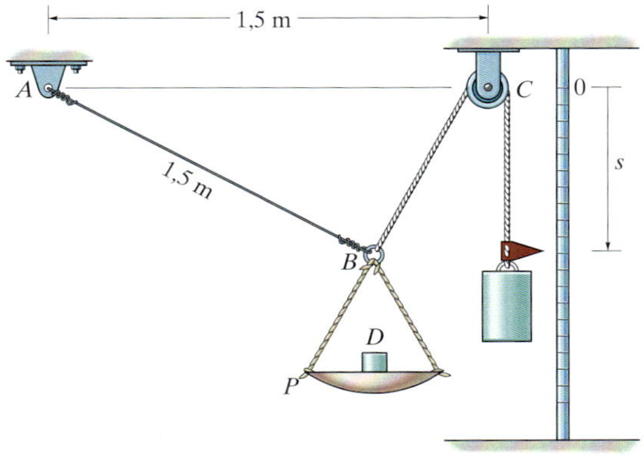

Vraagstuk 3.36

3.37. Bepaal de grootte en de richting θ van de evenwichtskracht $\mathbf{F}_{AB}$ die door het trektoestel langs de verbinding AB wordt uitgeoefend. De opgehangen massa is 10 kg. Verwaarloos de afmeting van de katrol in A.

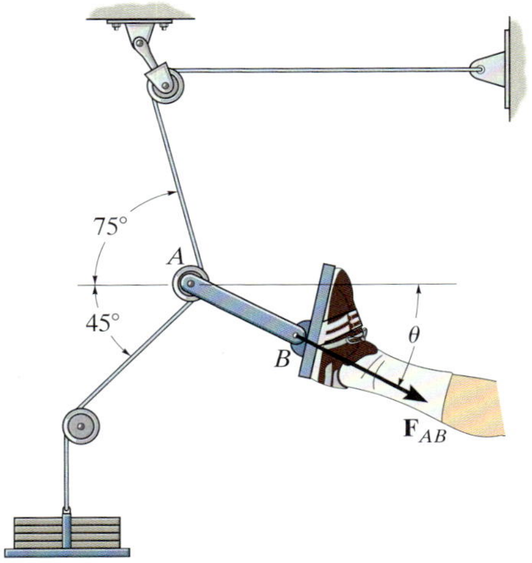

Vraagstuk 3.37

3.38. Het hijsjuk wordt gebruikt om een container met een massa van 500 kg op te hijsen. Bepaal de kracht in elk van de kabels AB en AC als functie van θ. De maximale toegestane spanning in elke kabel is 5 kN. Bepaal de minimale lengte die de kabels AB en AC in dat geval moeten hebben. Het zwaartepunt van de container bevindt zich in G.

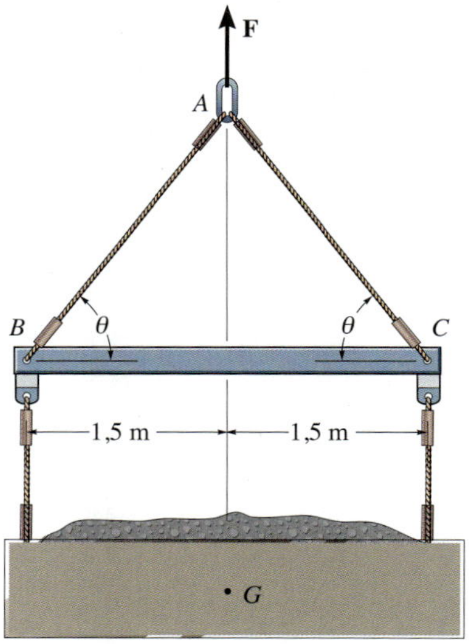

Vraagstuk 3.38

3.39. De 30 kg zware buis wordt bij A ondersteund door een systeem van vijf touwen. Bepaal de kracht in elk touw bij evenwicht.

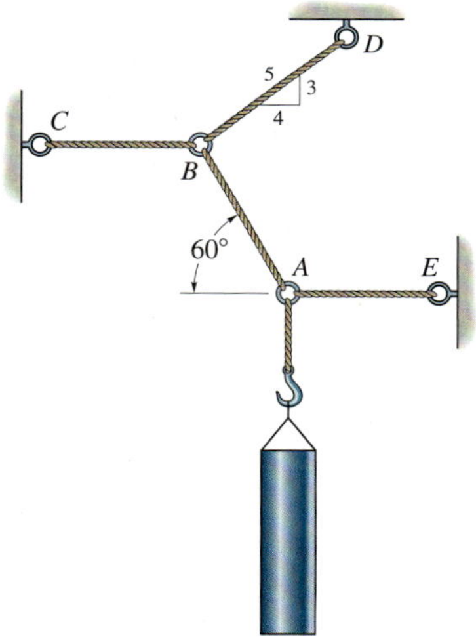

Vraagstuk 3.39

***3.40.** De last heeft een massa van 15 kg en wordt opgetakeld met het katrolsysteem dat in de figuur is weergegeven. Bepaal de kracht **F** in het touw als functie van de hoek θ. Teken de kracht F versus hoek θ-grafiek voor $0 \leq \theta \leq 90°$.

3.41. Bepaal de krachten in de kabels AC en AB nodig om de bol D van 20 kg in evenwicht te houden. Neem $F = 300$ N en $d = 1$ m.

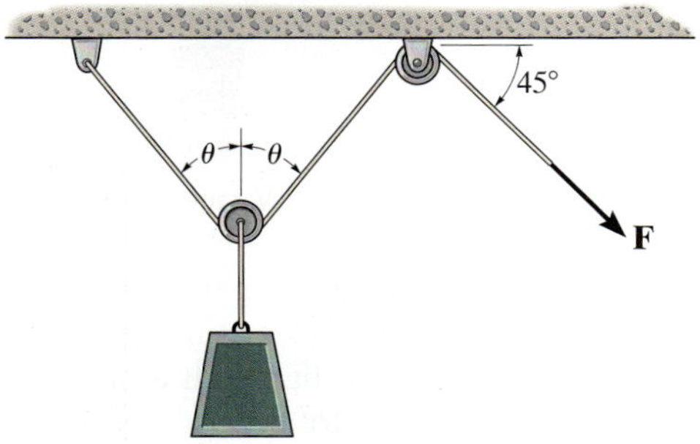

Vraagstukken 3.40/41

3.42. De bol D heeft een massa van 20 kg. Als in A op de ring een horizontale kracht F van 100 N wordt uitgeoefend, bepaal dan de lengte d zodanig dat de kracht in kabel AC gelijk is aan nul.

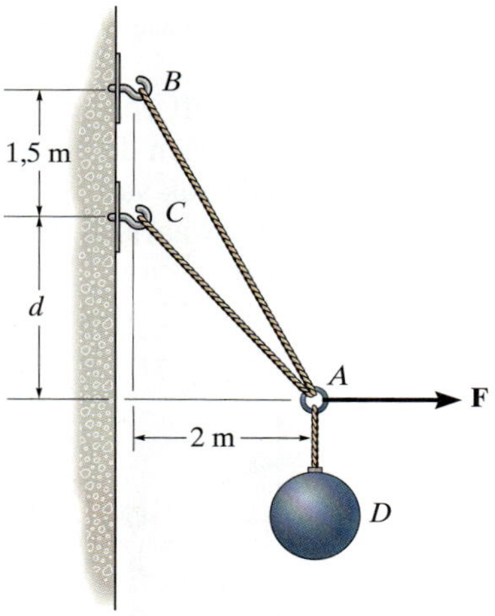

Vraagstuk 3.42

Praktijkvraagstukken

P3.1. Het betonnen wandpaneel wordt op zijn plaats getakeld met behulp van de twee kabels AB en AC van gelijke lengte. Bepaal de juiste afmetingen en toon met behulp van een evenwichtsanalyse aan dat naarmate de kabels langer zijn, de kracht in elke kabel afneemt.

P3.2. De hijskabels BA en BC zijn elk 6 m lang en de maximale spanning die ondersteund kan worden door elke kabel is 4,5 kN. Bepaal de maximale afstand AC tussen de kabels om het gebinte van 600 kg met een constante snelheid op te hijsen.

P3.3. Het toestel DB wordt gebruikt om de ketting ABC aan te trekken om zo de deur naar de laadruimte gesloten te houden. Als de hoek tussen AB en het horizontale segment BC gelijk is aan 30°, bepaal dan de hoek tussen DB en de horizontaal bij evenwicht.

P3.4. Ketting AB is 1 m lang, en ketting AC is 1,2 m. Als de afstand BC 1,5 m is, en AB een maximale trekkracht van 2 kN kan dragen, en AC een maximale trekkracht van 0,8 kN, wat is dan de langste verticale kracht F die op de verbinding A kan worden toegepast?

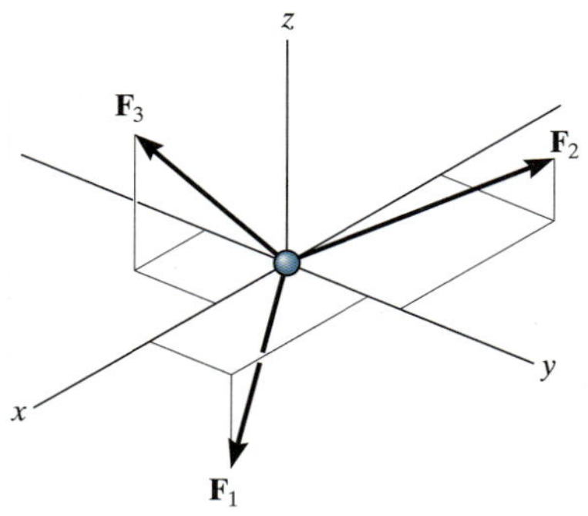

Fig. 3.9

3.4 Driedimensionale krachtenstelsels

In paragraaf 3.1 stelden we dat de noodzakelijke en voldoende voorwaarde voor het evenwicht van een deeltje is:

$$\Sigma \mathbf{F} = \mathbf{0} \tag{3.4}$$

In het geval van een driedimensionaal krachtenstelsel, zoals in fig. 3.9, kunnen we de krachten ontbinden in hun respectievelijke **i**-, **j**- en **k**-componenten, zodat $\Sigma F_x \mathbf{i} + \Sigma F_y \mathbf{j} + \Sigma F_z \mathbf{k} = 0$. Om aan deze vergelijking te voldoen eisen we:

$$\Sigma F_x \mathbf{i} + \Sigma F_y \mathbf{j} + \Sigma F_z \mathbf{k} = 0$$

Om een evenwicht te waarborgen, moet dus geëist worden dat aan de volgende drie scalaire componentvergelijkingen wordt voldaan:

$$\begin{aligned} \Sigma F_x &= 0 \\ \Sigma F_y &= 0 \\ \Sigma F_z &= 0 \end{aligned} \tag{3.5}$$

Deze drie vergelijkingen stellen dat de *algebraïsche som* van de componenten van alle krachten die op het deeltje werken langs elk van de coördinaatassen gelijk aan nul moet zijn. Hieruit kunnen we ten hoogste drie onbekenden oplossen, die in het algemeen worden voorgesteld als hoeken voor de coördinaatrichtingen of groottes van krachten die zijn weergegeven in het vrijlichaamsschema van het deeltje.

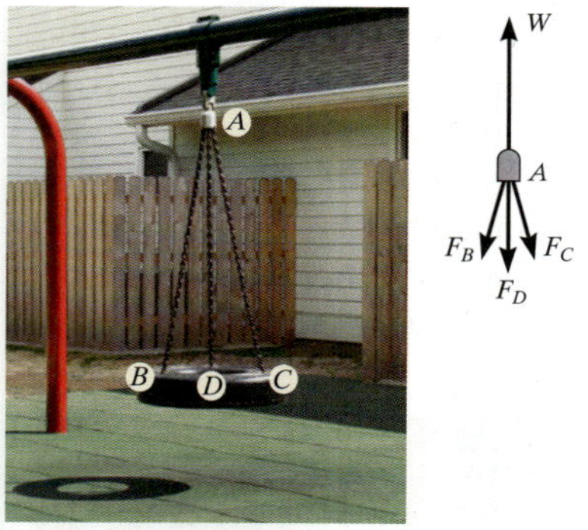

De verbinding in A wordt zowel belast door de kracht van de ophanging als door de krachten in de drie kettingen. Als de band en alles wat erop ligt een gewicht W heeft, zal de kracht op de ophanging **W** zijn en kunnen de drie scalaire evenwichtsvergelijkingen worden toegepast op het vrijlichaamsschema van de ophanging om de kettingkrachten, F_B, F_C en F_D te bepalen.

Analyseprocedure

Met behulp van de volgende procedure kunnen driedimensionale evenwichtsvraagstukken met betrekking tot puntmassa's worden opgelost.

Vrijlichaamsschema

- Stel het x-y-z-assenstelsel vast met een geschikte oriëntatie.
- Geef alle bekende en onbekende krachten en richtingen in dit schema aan.
- De zin van een kracht met een onbekende grootte kan worden aangenomen.

Evenwichtsvergelijkingen

- Gebruik de scalaire evenwichtsvergelijkingen, $\Sigma F_x = 0$, $\Sigma F_y = 0$, $\Sigma F_z = 0$ in gevallen waarin elke op de puntmassa werkende kracht gemakkelijk kan worden ontbonden in zijn x-, y- en z-componenten.
- Als de driedimensionale geometrische vorm ingewikkeld blijkt te zijn, schrijf dan eerst elke kracht in het vrijlichaamsschema als een cartesische vector, substitueer deze vectoren in $\Sigma \mathbf{F} = \mathbf{0}$ en maak de respectieve **i**-, **j**- en **k**-componenten gelijk aan nul.
- Als de oplossing voor een kracht een negatief resultaat oplevert, blijkt hieruit dat de zin van deze kracht tegengesteld is aan die die is weergegeven in het vrijlichaamsschema.

Voorbeeld 3.5

Aan de haak in fig. 3.10*a* hangt een last van 90 N. Deze last wordt gedragen door twee kabels en een veer met een stijfheid $k = 500$ N/m. Bepaal de kracht in de kabels en de uitrekking van de veer bij evenwicht. Kabel *AD* ligt in het *x*-*y*-vlak en kabel *AC* in het *x*-*z*-vlak.

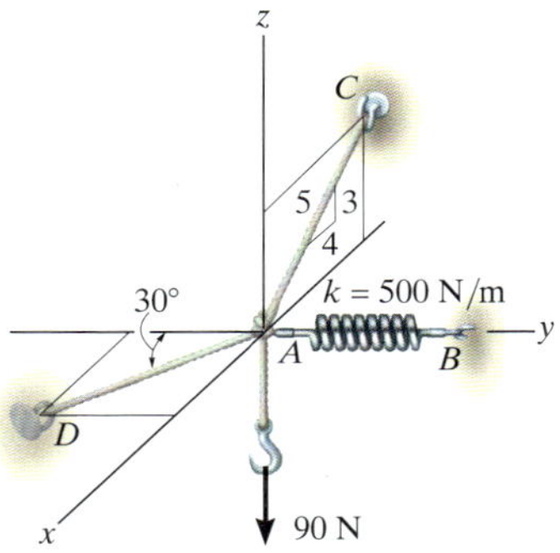

(a)

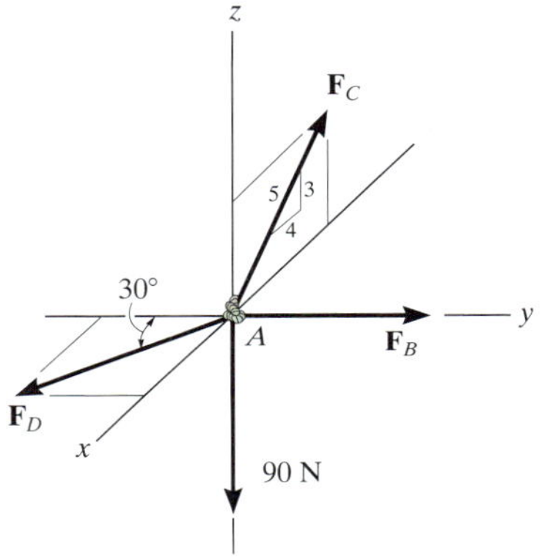

(b)

Fig. 3.10

OPLOSSING

De uitrekking van de veer kan worden bepaald als de kracht in de veer is vastgesteld.

Vrijlichaamsschema

De knoop in *A* is gekozen voor de evenwichtsanalyse, aangezien de werklijnen van de krachten elkaar hier snijden. Zie fig. 3.10*b* voor het vrijlichaamsschema.

Evenwichtsvergelijkingen

Bij nadere inspectie blijkt dat iedere kracht gemakkelijk kan worden ontbonden in een *x*-, *y*- en *z*-component. De drie scalaire vergelijkingen kunnen worden gebruikt. Wanneer we componenten die in de richting van de positieve assen liggen als 'positief' beschouwen, geldt het volgende:

$\Sigma F_x = 0;\qquad F_D \sin 30° - \left(\frac{4}{5}\right)F_C = 0 \qquad (1)$

$\Sigma F_y = 0;\qquad -F_D \cos 30° + F_B = 0 \qquad (2)$

$\Sigma F_z = 0;\qquad \left(\frac{3}{5}\right)F_C - 90\text{ N} = 0 \qquad (3)$

Wanneer we F_C oplossen uit vgl. 3, vervolgens F_D uit vgl. 1 en ten slotte F_B uit vgl. 2, krijgen we:

$$F_C = 150\text{ N} \qquad \textit{Antw.}$$

$$F_D = 240\text{ N} \qquad \textit{Antw.}$$

$$F_B = 208\text{ N} \qquad \textit{Antw.}$$

De uitrekking van de veer is dus:

$$F_B = ks_{AB}$$

$$208\text{ N} = 500\text{ N/m}\,(s_{AB})$$

$$s_{AB} = 0{,}416\text{ m} \qquad \textit{Antw.}$$

OPMERKING: Omdat de resultaten voor alle kabelkrachten positief zijn, zijn alle kabels gespannen; dat wil zeggen: ze trekken zoals verwacht aan punt *A*, fig 3.10*b*.

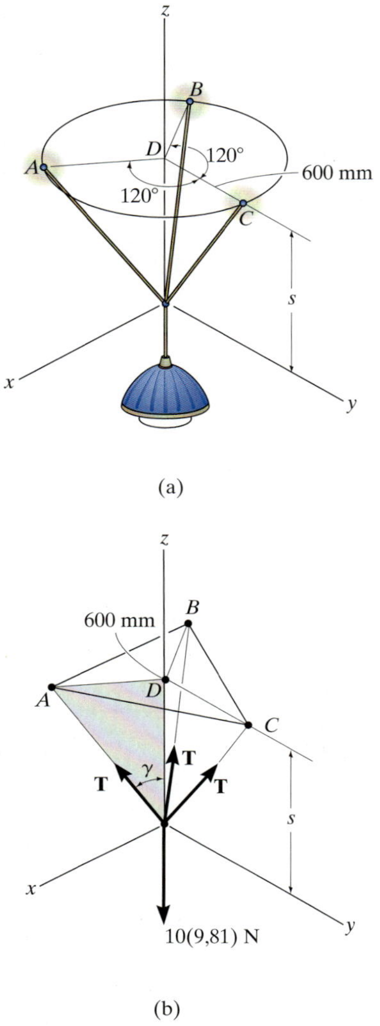

Fig. 3.11

Voorbeeld 3.6

De lamp van 10 kg in fig. 3.11*a* is opgehangen aan drie touwen met gelijke lengte. Bepaal de kleinste verticale afstand *s* tot het plafond als de ontwikkelde kracht in elk van de touwen niet groter mag worden dan 50 N.

OPLOSSING

Vrijlichaamsschema
Uit symmetrieoverwegingen is in fig. 3.11*b* de afstand $DA = DB = DC = 600$ mm. Uit $\Sigma F_x = 0$ en $\Sigma F_y = 0$ volgt dat de trekkracht *T* in elk touw hetzelfde is. Ook is de hoek tussen elk touw en de *z*-as gelijk aan γ.

Evenwichtsvergelijkingen
Door toepassen van de evenwichtsvergelijking langs de as, met $T = 50$ N, vinden we:

$$\Sigma F_z = 0; \qquad 3[(50\text{ N})\cos\gamma] - 10(9{,}81)\text{ N} = 0$$

$$\gamma = \cos^{-1}\left(\frac{98{,}1}{150}\right) = 49{,}16^\circ$$

Uit de grijze driehoek in fig. 3.11*b* lezen we af dat:

$$\tan 49{,}16^\circ = \frac{600\text{ mm}}{s}$$

$$s = 519\text{ mm}$$ *Antw.*

Voorbeeld 3.7

Bepaal de kracht in elke kabel die wordt gebruikt voor het ondersteunen van een kist van 40 kN (≈ 4000 kg) in fig. 3.12*a*.

OPLOSSING

Vrijlichaamsschema
Zoals fig. 3.12*b* laat zien, wordt het vrijlichaamsschema van punt *A* genomen om de drie onbekende krachten in de kabels duidelijk te laten zien.

Evenwichtsvergelijkingen
Eerst drukken we iedere kracht uit in cartesische vectorvorm. Aangezien de punten *B* en *C* de volgende coördinaten hebben, *B*(–3 m, –4 m, 8 m) en *C*(–3 m, 4 m, 8 m), geldt

$$\mathbf{F}_B = F_B\left[\frac{-3\mathbf{i} - 4\mathbf{j} + 8\mathbf{k}}{\sqrt{(-3)^2 + (-4)^2 + (8)^2}}\right]$$
$$= -0{,}318F_B\mathbf{i} - 0{,}424F_B\mathbf{j} + 0{,}848F_B\mathbf{k}$$
$$\mathbf{F}_C = F_C\left[\frac{-3\mathbf{i} + 4\mathbf{j} + 8\mathbf{k}}{\sqrt{(-3)^2 + (4)^2 + (8)^2}}\right]$$
$$= -0{,}318F_C\mathbf{i} + 0{,}424F_C\mathbf{j} + 0{,}848F_C\mathbf{k}$$
$$\mathbf{F}_D = F_D\mathbf{i}$$
$$\mathbf{W} = \{-40\mathbf{k}\}\ \text{kN}$$

Evenwicht vereist dat:

$\Sigma\mathbf{F} = \mathbf{0}$; $\quad \mathbf{F}_B + \mathbf{F}_C + \mathbf{F}_D + \mathbf{W} = \mathbf{0}$

$$-0{,}318F_B\mathbf{i} - 0{,}424F_B\mathbf{j} + 0{,}848F_B\mathbf{k} - 0{,}318F_C\mathbf{i} + 0{,}424F_C\mathbf{j} + 0{,}848F_C\mathbf{k} + F_D\mathbf{i} - 40\mathbf{k} = \mathbf{0}$$

Wanneer we de **i**-, **j**- en **k**-componenten gelijk stellen aan nul, levert dit op:

$\Sigma F_x = 0$; $\quad -0{,}318F_B - 0{,}318F_C + F_D = 0 \quad (1)$

$\Sigma F_y = 0$; $\quad -0{,}424F_B - 0{,}424F_C = 0 \quad (2)$

$\Sigma F_z = 0$; $\quad 0{,}848F_B + 0{,}848F_C - 40 = 0 \quad (3)$

Uit vgl. 2 blijkt dat $F_B = F_C$. Als we uit vgl. 3 de krachten F_B en F_C oplossen en het resultaat substitueren in vgl. 1 om F_D te bepalen, krijgen we dus:

$F_B = F_C = 23{,}6$ kN *Antw.*

$F_D = 15{,}0$ kN *Antw.*

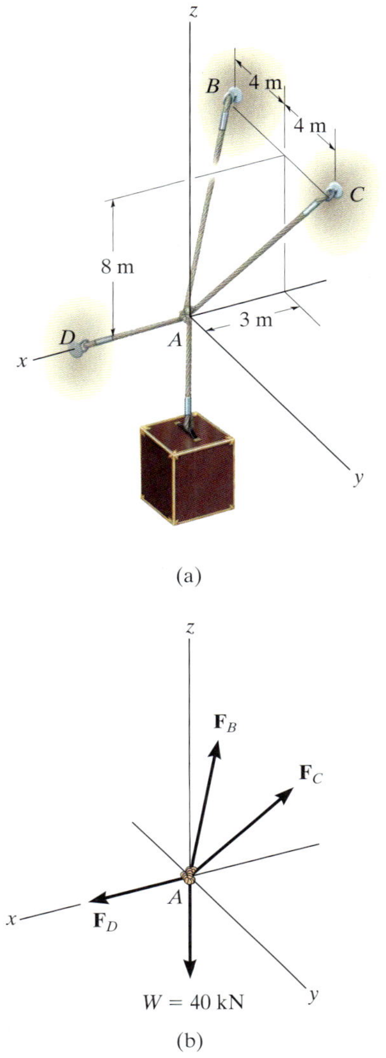

Fig. 3.12

Voorbeeld 3.8

Bepaal de trekkracht in elk touw dat wordt gebruikt voor het ondersteunen van een kist van 100 kg in fig. 3.13*a*.

OPLOSSING

Vrijlichaamsschema

De kracht in elk touw kan worden bepaald door het evenwicht in punt A te onderzoeken. Zie fig. 3.14*b* voor het vrijlichaamsschema. Het gewicht van de kist is $W = 100(9{,}81) = 981$ N.

Evenwichtsvergelijkingen

Elke vector in het vrijlichaamsschema wordt eerst uitgedrukt in cartesische vectorvorm. Als we vgl. 2.11 gebruiken voor $\mathbf{F}_C$ en uitgaan

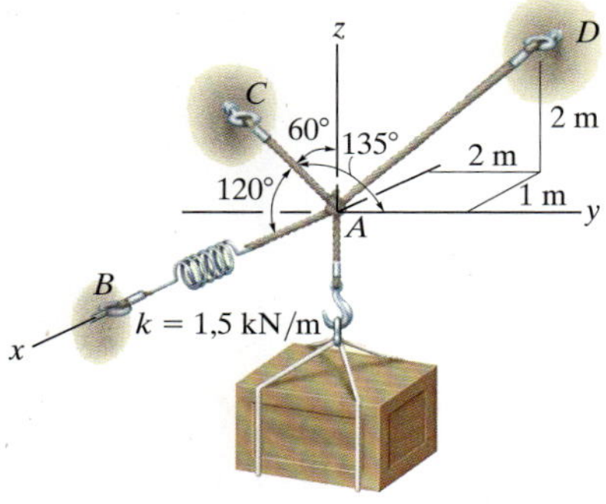

(a)

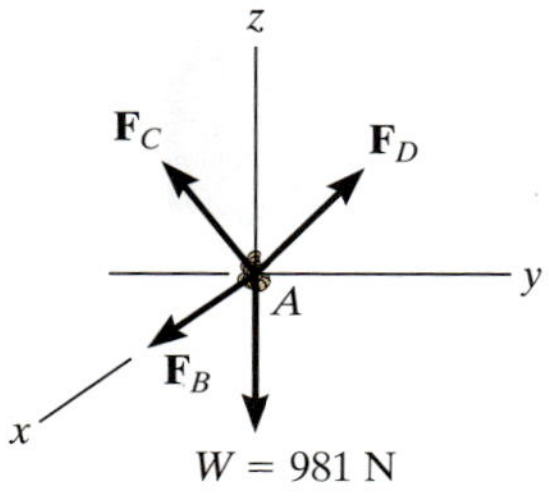

(b)

Fig. 3.13

van de coördinaten van punt $D(-1\text{ m}, 2\text{ m}, 2\text{ m})$ voor F_D, dan krijgen we het volgende:

$$\mathbf{F}_B = F_B\mathbf{i}$$

$$\mathbf{F}_C = F_C \cos 120°\mathbf{i} + F_C \cos 135°\mathbf{j} + F_C \cos 60°\mathbf{k}$$

$$= -0{,}5F_C\mathbf{i} - 0{,}707F_C\mathbf{j} + 0{,}5F_C\mathbf{k}$$

$$\mathbf{F}_D = F_D\left[\frac{-1\mathbf{i} + 2\mathbf{j} + 2\mathbf{k}}{\sqrt{(-1)^2 + (2)^2 + (2)^2}}\right]$$

$$= -0{,}333F_D\mathbf{i} + 0{,}667F_D\mathbf{j} + 0{,}667F_D\mathbf{k}$$

$$\boldsymbol{W} = \{-981\mathbf{k}\}\text{ N}$$

Het evenwicht vereist het volgende:

$\Sigma\mathbf{F} = \mathbf{0};$ $\quad \mathbf{F}_B + \mathbf{F}_C + \mathbf{F}_D + \mathbf{W} = \mathbf{0}$

$$F_B\mathbf{i} - 0{,}5F_C\mathbf{i} - 0{,}707F_C\mathbf{j} + 0{,}5F_C\mathbf{k} - 0{,}333F_D\mathbf{i} + 0{,}667F_D\mathbf{j}$$
$$+0{,}667F_D\mathbf{k} - 981\mathbf{k} = \mathbf{0}$$

Als we de **i**-, **j**- en **k**-componenten gelijk stellen aan nul, krijgen we:

$\Sigma F_x = 0;$ $\quad F_B - 0{,}5F_C - 0{,}333F_D = 0$ (1)

$\Sigma F_y = 0;$ $\quad -0{,}707F_C + 0{,}667F_D = 0$ (2)

$\Sigma F_z = 0;$ $\quad 0{,}5F_C + 0{,}667F_D - 981 = 0$ (3)

Als we op basis van vgl. 2 F_D uitdrukken in F_C en deze substitueren in vgl. 3 volgt daaruit F_C. F_D wordt bepaald uit vgl. 2. Ten slotte substitueren we het resultaat in vgl. 1 en krijgen we F_B. Dus:

$F_C = 813{,}0\text{ N}$ *Antw.*

$F_D = 862{,}0\text{ N}$ *Antw.*

$F_B = 693{,}7\text{ N}$ *Antw.*

Fundamentele vraagstukken

Alle oplossingen van de vraagstukken moeten voorzien zijn van een vrijlichaamsschema.

F3.7. Bepaal de grootte van de krachten zodat het deeltje in evenwicht wordt gehouden.

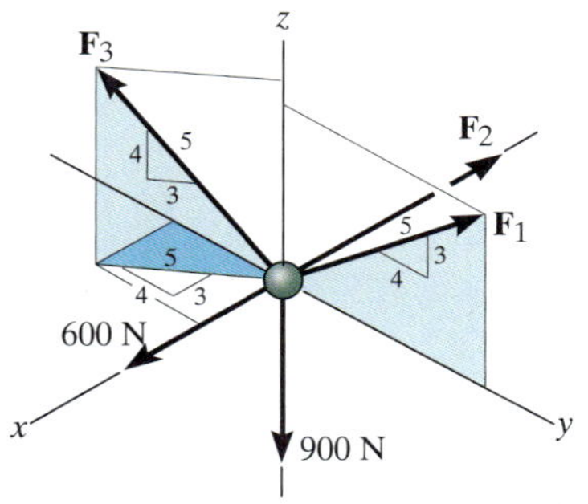

F3.7

F3.8. Bepaal de ontwikkelde trekkracht in de kabels AB, AC en AD.

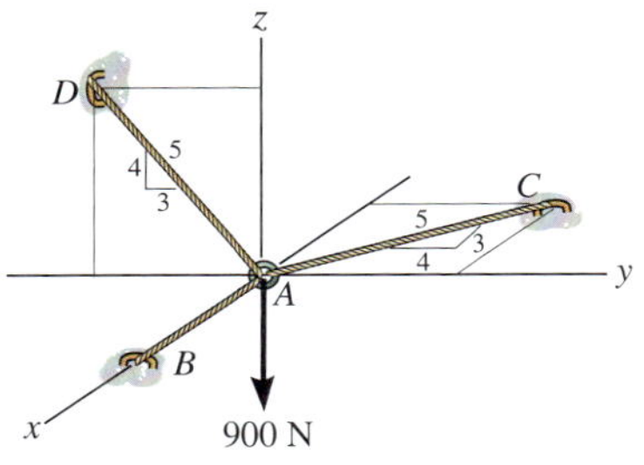

F3.8

F3.9. Bepaal de ontwikkelde trekkracht in de kabels AB, AC en AD.

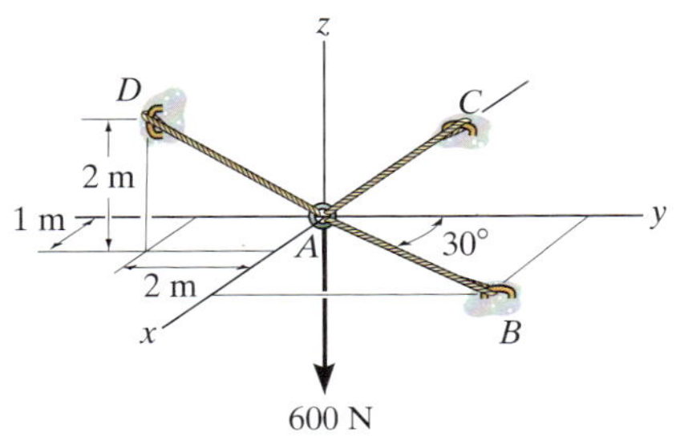

F3.9

F3.10. Bepaal de ontwikkelde trekkracht in de kabels AB, AC en AD.

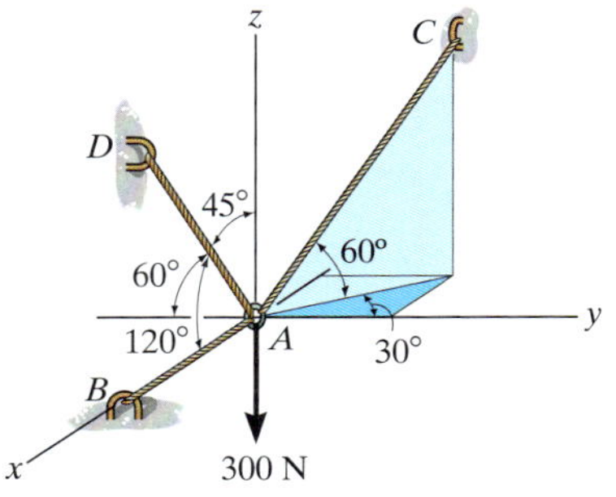

F3.10

F3.11. Het krat van 150 N (≈ 15 kg) wordt ondersteund door de kabels AB, AC en AD. Bepaal de trekkracht in deze draden.

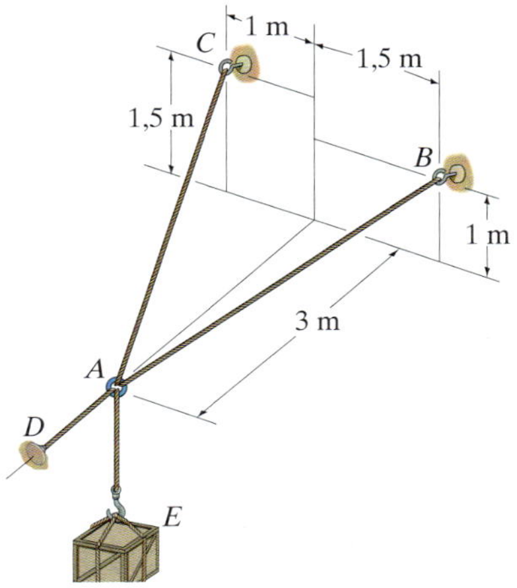

F3.11

Vraagstukken

Alle oplossingen van de vraagstukken moeten voorzien zijn van een vrijlichaamsschema.

3.43. Bepaal de grootte en richting van de kracht **P** die nodig is om het krachtenstelsel in evenwicht te houden.

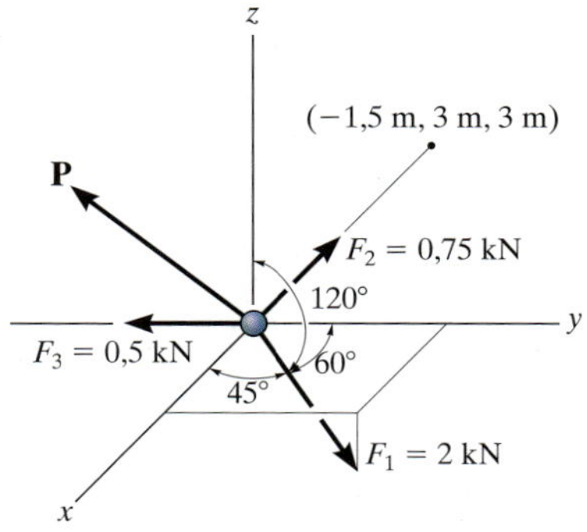

Vraagstuk 3.43

***3.44.** De trekkracht in de kabel AB is 700 N. Bepaal de trekkracht in de kabels AC en AD en de grootte van de verticale kracht **F**.

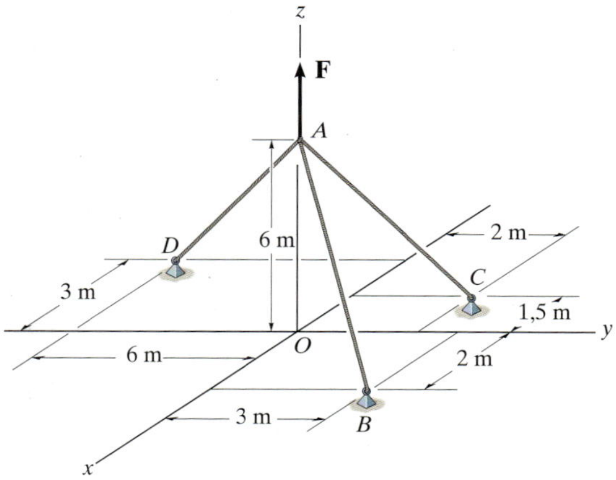

Vraagstuk 3.44

3.45. Bepaal de groottes van $\mathbf{F}_1$, $\mathbf{F}_2$ en $\mathbf{F}_3$ bij evenwicht van de puntmassa.

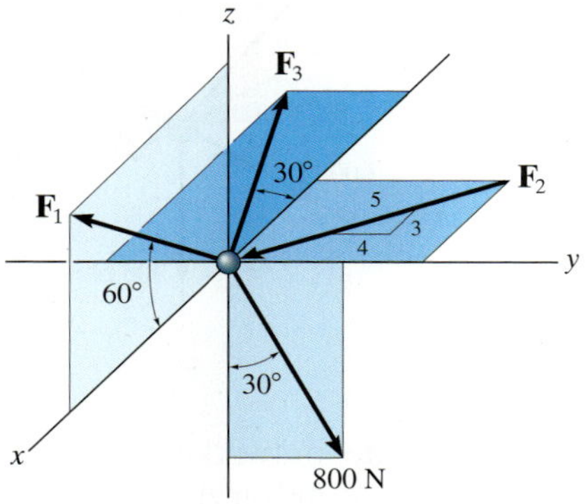

Vraagstuk 3.45

3.46. De bloempot heeft een gewicht van 100 N (≈10 kg). Bepaal de trekkracht in elk touw bij evenwicht.

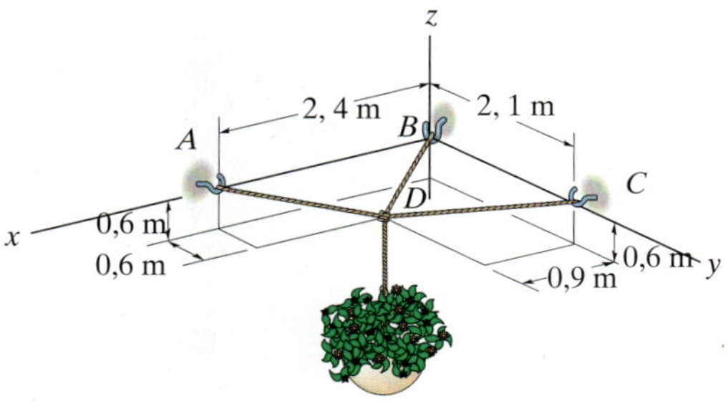

Vraagstuk 3.46

3.47. Bepaal de benodigde uitrekking van elk van de twee veren om het krat van 20 kg in de weergegeven evenwichtspositie te houden. Elke veer heeft een rustlengte van 2 m en een stijfheid $k = 300$ N/m.

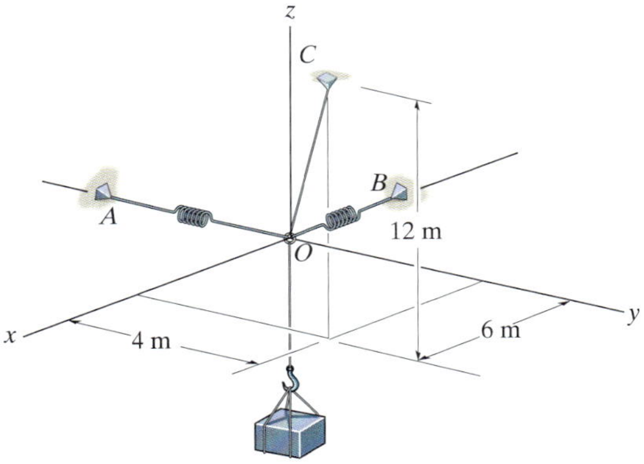

Vraagstuk 3.47

***3.48.** De ballon ondervindt een netto liftkracht $F = 800$ N. Bepaal de trekkracht in de touwen AB, AC en AD.

3.49. Veronderstel dat elk van de touwen breekt wanneer de trekkracht erin 450 N wordt. Bepaal de maximale liftkracht **F** waaraan de ballon kan worden blootgesteld voordat een van touwen breekt.

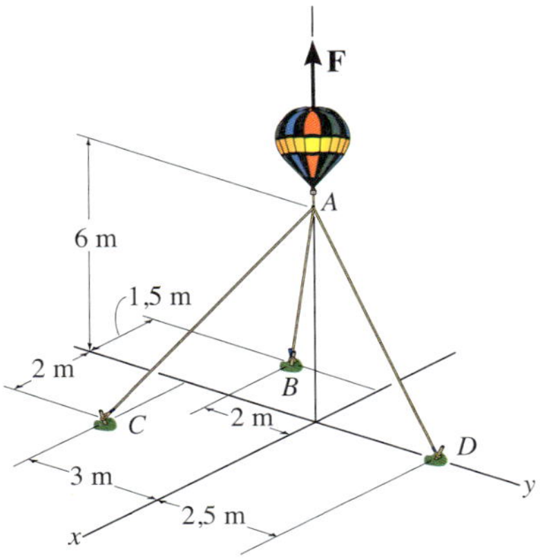

Vraagstukken 3.48/49

3.50. De lamp heeft een massa van 15 kg en is bevestigd aan een paal AO met de kabels AB en AC. De kracht op de paal werkt langs de lengteas. Bepaal de krachten in AO, AB en AC bij evenwicht.

3.51. De kabels AB en AC kunnen maximaal worden belast met een trekkracht van 500 N en de maximale drukbelasting van de paal is 300 N. Bepaal het maximale gewicht van een lamp die in de weergegeven positie kan worden opgehangen. De kracht in de paal werkt langs de lengteas.

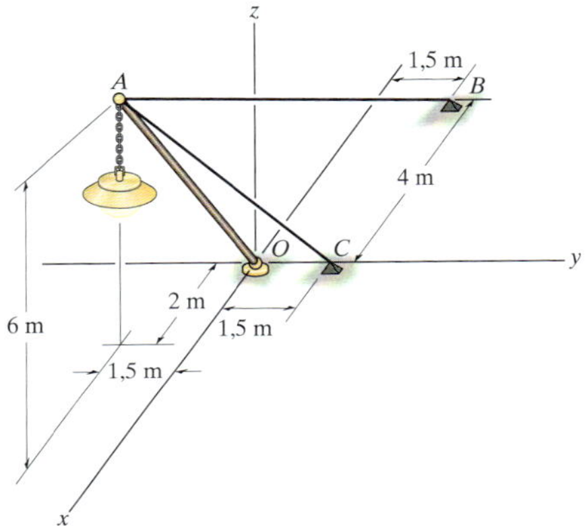

Vraagstukken 3.50/51

***3.52.** De pot van 50 kg is opgehangen in A met drie kabels. Bepaal de kracht die op elke kabel werkt bij evenwicht. Neem $d = 2{,}5$ m.

3.53. Bepaal de hoogte d van kabel AB zodat de kracht in de kabels AD en AC half zo groot is als de kracht in kabel AB. Wat is in dit geval de kracht in elke kabel? De bloempot heeft een massa van 50 kg.

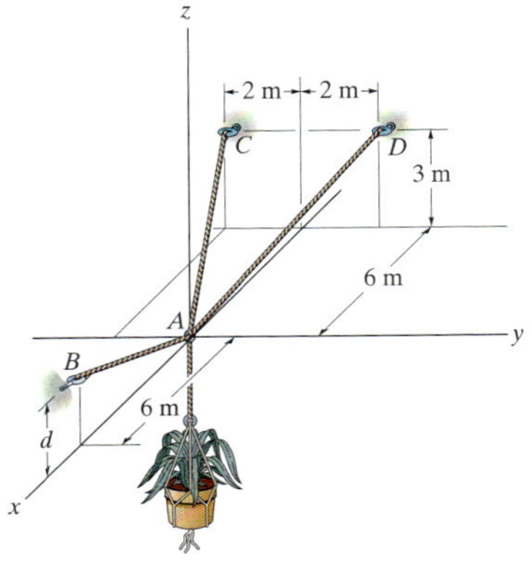

Vraagstukken 3.52/53

3.54. Als de massa van de bloempot 50 kg is, bepaal dan de trekkracht in elke draad bij evenwicht. Stel $x = 1,5$ m en $z = 2$ m.

3.55. Als de massa van de bloempot 50 kg is, bepaal dan de trekkracht in elke draad bij evenwicht. Stel $x = 2$ m en $z = 1,5$ m.

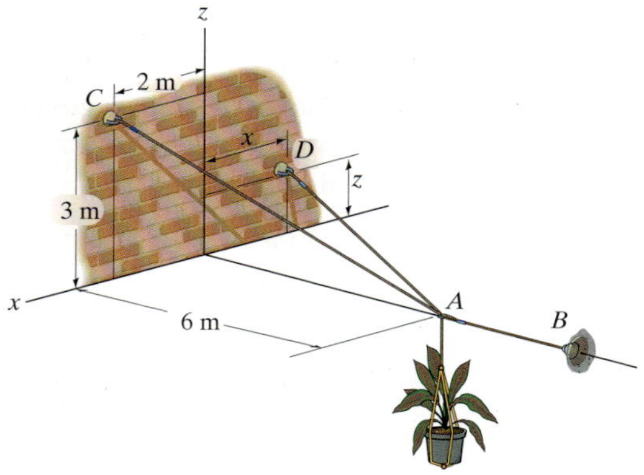

Vraagstukken 3.54/55

***3.56.** De bloempot van 25 kg is in A opgehangen aan drie touwen. Bepaal de kracht in elk van de touwen bij evenwicht.

3.57. De koorden breken wanneer de belasting groter dan 50 N wordt. Bepaal het grootste gewicht van de bloempot die aan de touwen kan worden opgehangen.

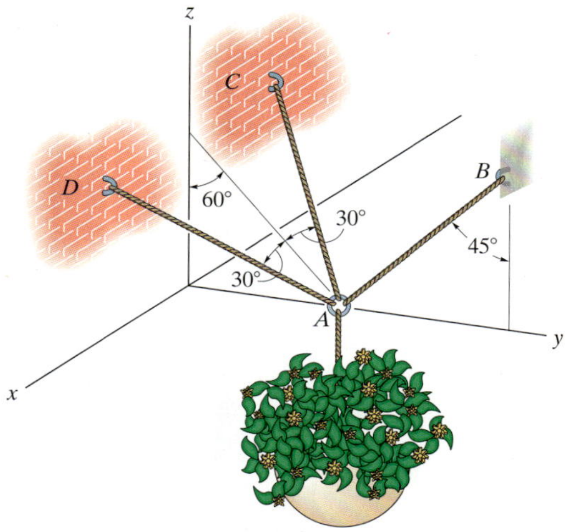

Vraagstukken 3.56/57

3.58. Bepaal de kracht in elke kabel die nodig is voor het dragen van het platform van 17,5 kN (≈ 1750 kg). Stel $d = 0,6$ m.

3.59. Bepaal de kracht in elke kabel die nodig is voor het dragen van het platform van 17,5 kN (≈ 1750 kg). Stel $d = 1,2$ m.

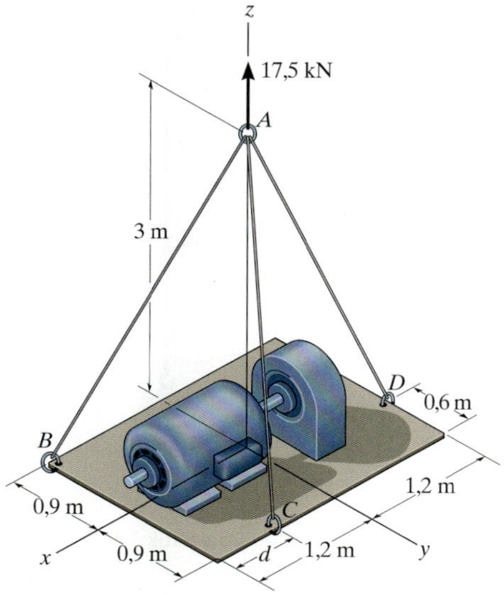

Vraagstukken 3.58/59

***3.60.** Een kleine pen P rust op een veer in een gladde buis. Wanneer de veer wordt samengedrukt, zodanig dat $s = 0,15$ m, oefent de veer een verticale kracht van 60 N uit op de pen. Bepaal het bevestigingspunt $A(x, y, 0)$ van touw PA, zodanig dat de trekkracht in de touwen PB en PC gelijk is aan respectievelijk 30 N en 50 N.

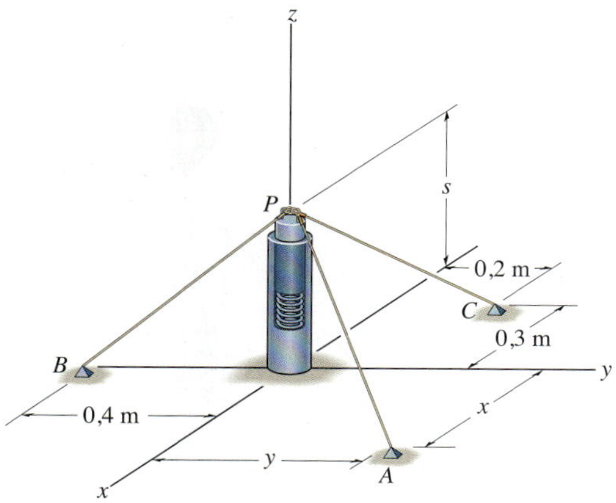

Vraagstuk 3.60

3.61. Bepaal de trekkracht in de kabels *AB*, *AC* en *AD*, nodig voor het evenwicht van de 75 kg zware cilinder.

3.62. Als iedere kabel een maximale trekkracht van 1000 N kan verdragen, bepaal dan de grootste massa van de cilinder bij evenwicht.

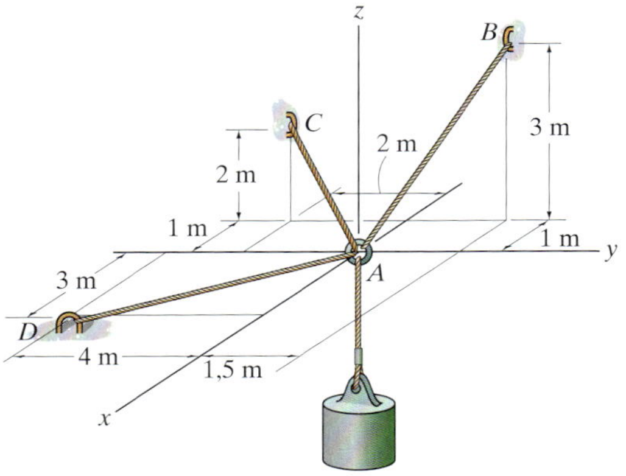

Vraagstukken 3.61/62

3.63. De dunne ring kan verticaal worden ingesteld tussen drie even lange kabels waaraan de kroonluchter van 100 kg hangt. Als de ring in het horizontale vlak blijft en $z = 600$ mm, bepaal dan de trekkracht in elke kabel.

***3.64.** De dunne ring kan verticaal worden ingesteld tussen drie even lange kabels waaraan de 100 kg zware kroonluchter hangt. Als de ring in het horizontale vlak blijft en de trekkracht in geen van de kabels groter mag worden dan 1 kN, bepaal dan de kleinste toegelaten afstand *z* bij evenwicht.

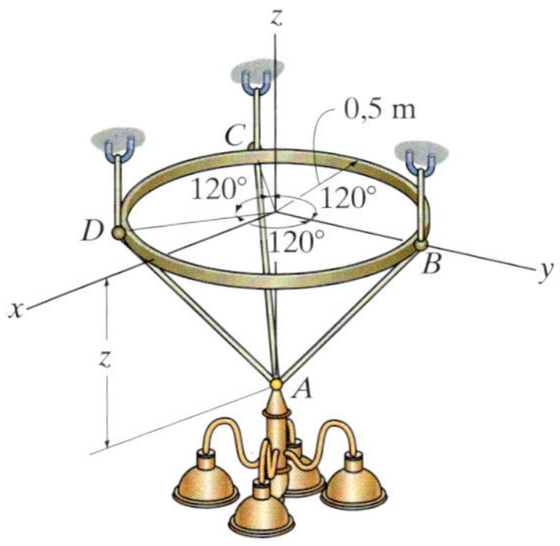

Vraagstukken 3.63/64

3.65. De uiteinden van de drie kabels zijn bevestigd aan een ring in *A* en aan de rand van een uniforme plaat van 150 kg. Bepaal de trekkracht in elk van de kabels bij evenwicht.

3.66. De uiteinden van de drie kabels zijn bevestigd aan een ring in *A* en aan de rand van de uniforme plaat. Bepaal de grootste massa die de plaat mag bezitten als elke kabel een maximale trekkracht van 15 kN kan verdragen.

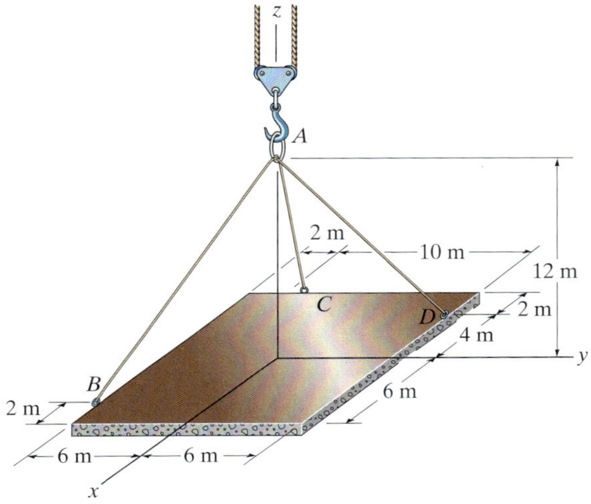

Vraagstukken 3.65/66

3.67. De kraan met schaararm wordt gebruikt om het net met 200 kg vis op de kade te hijsen. Bepaal de drukkracht langs elk van de armen *AB* en *CB* en de trekkracht in de lierkabel *DB*. Neem aan dat de kracht in elke arm langs de as werkt.

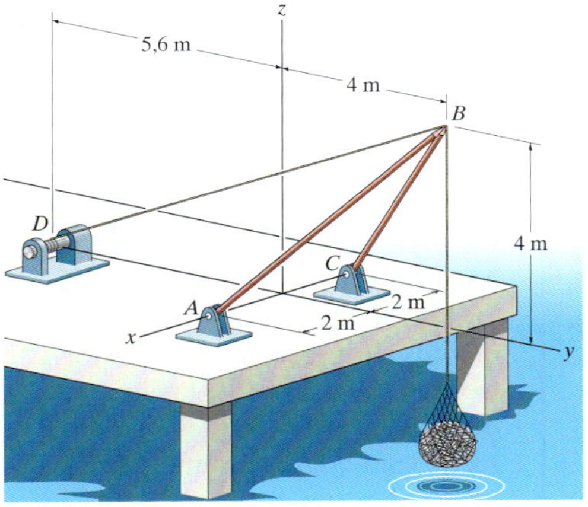

Vraagstuk 3.67

Samenvatting

Deeltjesevenwicht
Wanneer een deeltje in rust is of met constante snelheid beweegt, is het in evenwicht. Dit vereist dat alle krachten die op het deeltje werken een resultante nul hebben. Om alle krachten mee te nemen die op een deeltje werken, is het nodig om het vrijlichaamsschema te tekenen. Dit schema is een schets van het deeltje met alle erop werkende krachten met bekende en onbekende groottes en richtingen.

$$\mathbf{F}_R = \Sigma\mathbf{F} = \mathbf{0}$$

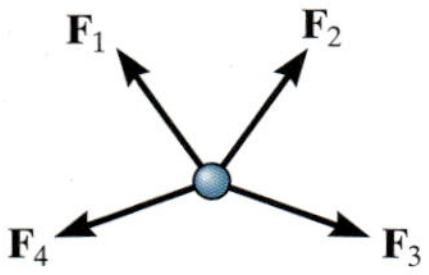

Twee dimensies
De twee scalaire vergelijkingen van het krachtenevenwicht kunnen worden toegepast met betrekking tot een eerder gekozen *x*-*y*-coördinatenstelsel. De trekkracht die wordt ontwikkeld in een *ononderbroken kabel* die over een wrijvingsloze katrol loopt, moet om de kabel in evenwicht te houden een *constante* grootte hebben. Als in het vraagstuk een lineaire elastische veer voorkomt, dan kan er een verband worden afgeleid tussen de uitrekking of de samendrukking *s* van de veer en de kracht die erop wordt uitgeoefend.

$$\Sigma F_x = 0$$
$$\Sigma F_y = 0$$

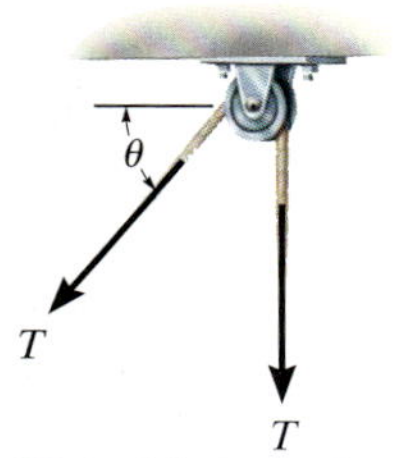

Kabel is in trek

$$F = ks$$

Drie dimensies
Als de driedimensionale geometrie moeilijk voor te stellen is, moet de evenwichtsvergelijking worden toegepast met behulp van een cartesische vectoranalyse. Hiertoe moet eerst elke kracht in het vrijlichaamsschema als een cartesische vector worden geschreven. Wanneer de krachten worden opgeteld en de som gelijk aan nul gesteld wordt, dan zijn ook de **i**-, **j**- en **k**-componenten gelijk aan nul.

$$\Sigma\mathbf{F} = \mathbf{0}$$

$$\Sigma F_x = 0$$
$$\Sigma F_y = 0$$
$$\Sigma F_z = 0$$

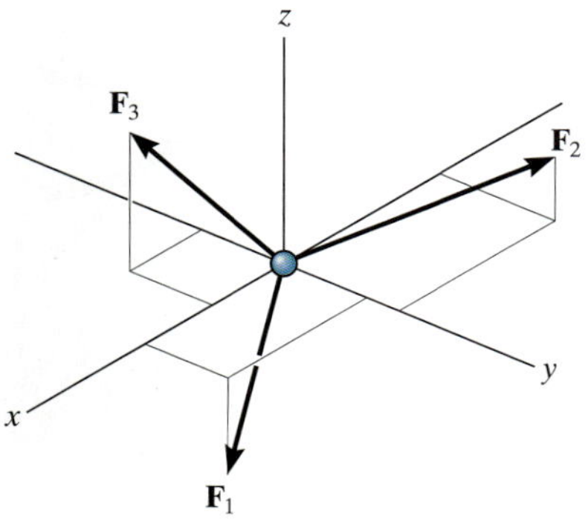

Herhalingsvraagstukken

***3.68.** Aan de giek hangt een trechter met inhoud, die een totale massa van 300 kg heeft. Bepaal de krachten in de steunen *AD* en *AE* en de trekkracht in kabel *AB* bij evenwicht. De kracht in elke steun werkt langs de lengteas.

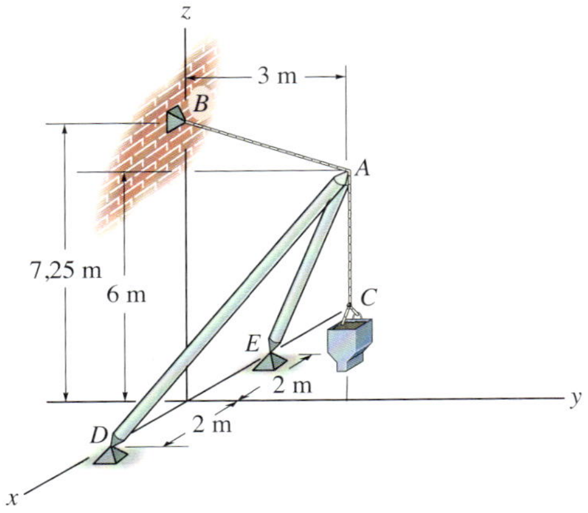

Vraagstuk 3.68

3.69. De elementen in het vakwerk zijn scharnierend verbonden in *O*. Bepaal de grootte van $\mathbf{F}_1$ en de hoek θ bij evenwicht. Stel F_2 = 8 kN.

3.70 De elementen in het vakwerk zijn scharnierend verbonden in *O*. Bepaal de groottes van $\mathbf{F}_1$ en $\mathbf{F}_2$ bij evenwicht. Stel $\theta = 50°$.

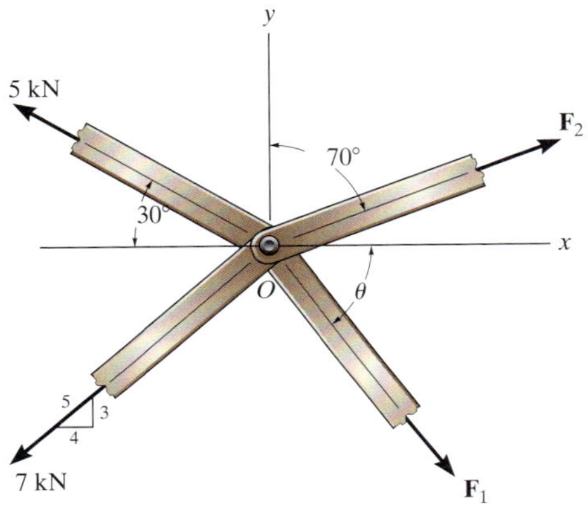

Vraagstukken 3.69/70

3.71. Romeo probeert Julia te bereiken door met een constante snelheid in een touw te klimmen dat vastgeknoopt is in *A*. Elk van de drie touwsegmenten zal breken bij een maximale belasting van 2 kN. Bepaal of Romeo, die een massa van 65 kg heeft, naar boven kan klimmen in het touw en zo ja, of hij dan ook samen met Julia, die een massa van 60 kg heeft, met constante snelheid weer naar beneden kan klimmen.

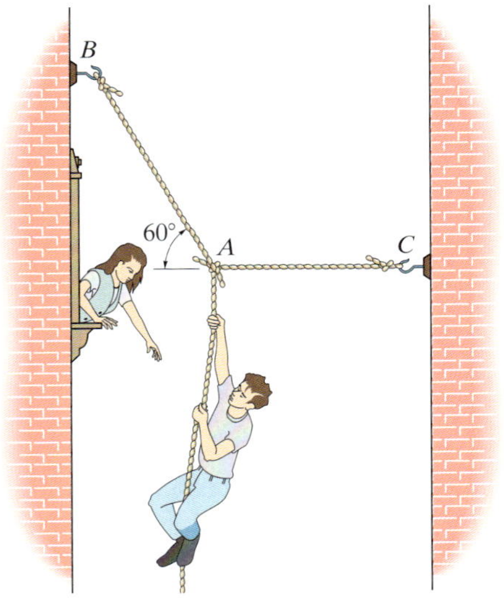

Vraagstuk 3.71

***3.72.** Bepaal de grootte van de krachten $\mathbf{F}_1$, $\mathbf{F}_2$ en $\mathbf{F}_3$ die nodig zijn om de kracht $\mathbf{F} = \{-9\mathbf{i} - 8\mathbf{j} - 5\mathbf{k}\}$ kN in evenwicht te houden.

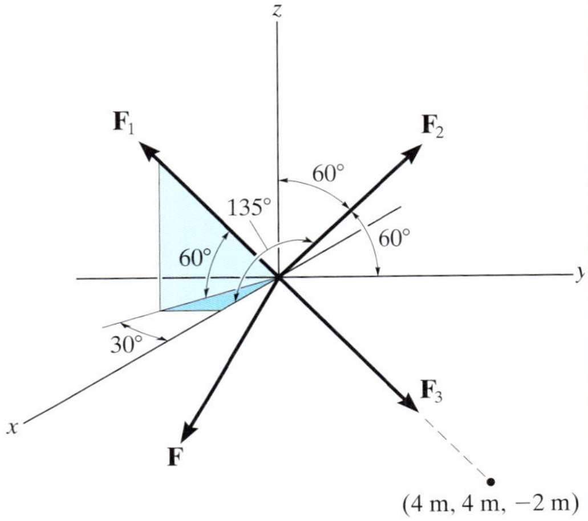

Vraagstuk 3.72

3.73. Aan de drie kabels is een lamp van 800 N (~80 kg) opgehangen. Bepaal de optredende kracht in elke kabel bij evenwicht.

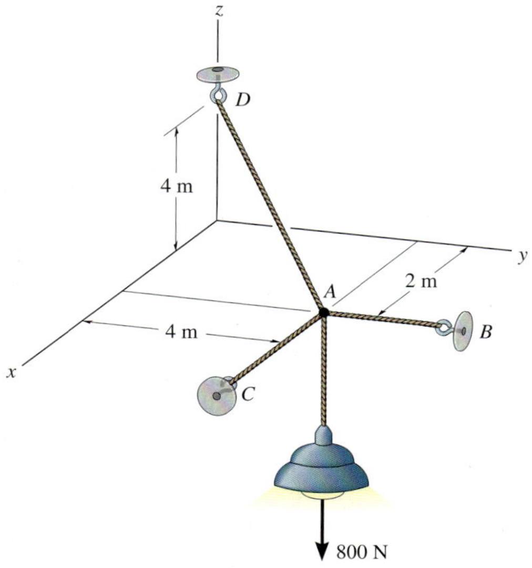

Vraagstuk 3.73

3.74. Op de ring van te verwaarlozen afmetingen werkt een verticale kracht van 1000 N. Bepaal de langste lengte l van touw AC, zodanig dat de trekkracht in AC gelijk is aan 800 N. Bepaal ook de kracht in touw AB. (*Tip:* Gebruik de evenwichtsvoorwaarde voor het bepalen van de vereiste hoek θ voor bevestiging en bepaal vervolgens l met behulp van goniometrische betrekkingen in ΔABC.)

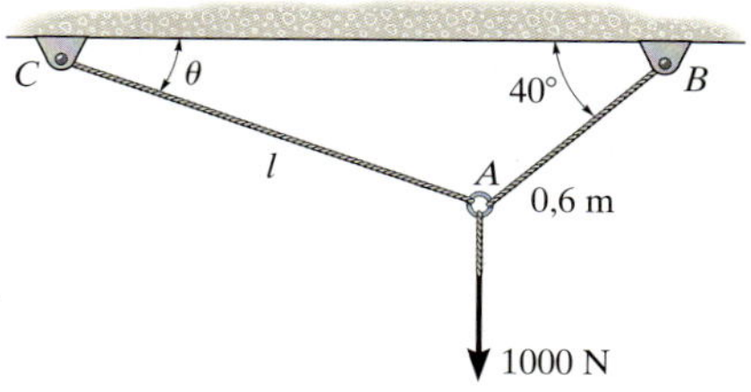

Vraagstuk 3.74

3.75. De 'weegschaal' bestaat uit een bekend gewicht W dat in A is opgehangen aan een touw met een lengte L. Bepaal het gewicht w ter plaatse van B als A in evenwicht is als de lengte y is. Laat de afmetingen en gewichten van de katrollen buiten beschouwing.

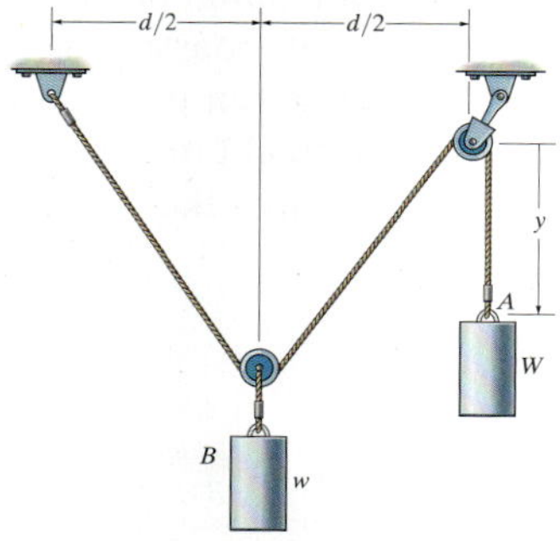

Vraagstuk 3.75

***3.76.** Het eenvormige krat van 50 kg krat hangt aan een 2 m lang touw, dat is bevestigd aan de zijkanten van het krat en over de kleine katrol bij O loopt. Het touw kan worden bevestigd aan zowel de punten A en B als aan de punten C en D. Bepaal bij welke bevestigingsmethode de trekkracht in het touw het kleinst is en bereken voor dat geval de trekkracht in het touw.

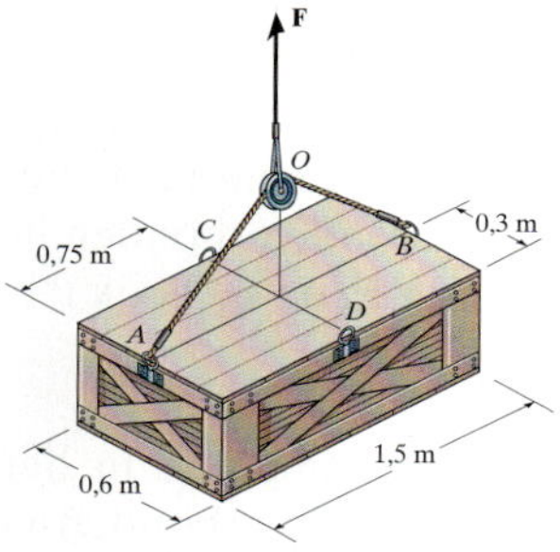

Vraagstuk 3.76

3.77. Bepaal de grootte van $\mathbf{F}_1$, $\mathbf{F}_2$ en $\mathbf{F}_3$ bij evenwicht van het deeltje.

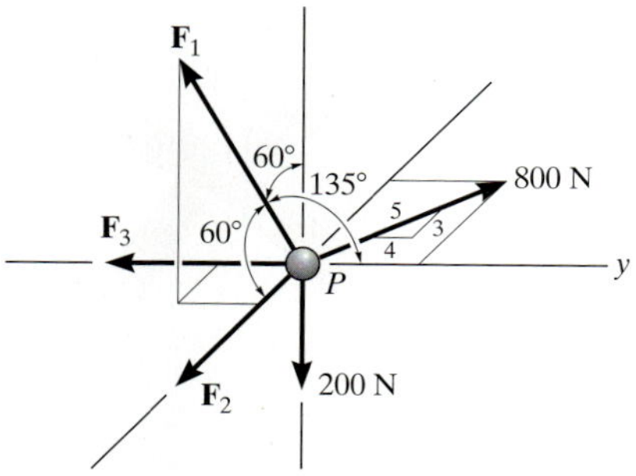

Vraagstuk 3.77

Op gereedschappen en sleutels uitgeoefende krachten veroorzaken een rotatie of een neiging tot roteren. Dit effect wordt een koppelmoment genoemd en in dit hoofdstuk zullen we zien hoe het moment van een krachtenstelsel kan worden bepaald en het resulterend moment kan worden berekend.

HOOFDSTUK

4 Resultanten van een krachtenstelsel

Ga naar www.pearsonmylab.nl voor studiemateriaal en toetsen om je begrip en kennis van dit hoofdstuk uit te breiden en te oefenen. Ook vind je daar video-uitwerkingen bij verschillende opgaven uit dit hoofdstuk.

Doelstellingen van dit hoofdstuk

- Het concept van het moment van een kracht bespreken en laten zien hoe dit moment in twee en drie dimensies kan worden berekend.
- Een methode aanreiken voor het berekenen van het moment van een kracht om een bepaalde as.
- Het moment van een krachtenkoppel definiëren.
- Methoden voorstellen voor het berekenen van de resultanten van krachten waarvan de werklijnen elkaar niet in één punt snijden.
- Aangeven hoe een eenvoudig verdeelde belasting kan worden gereduceerd tot één krachtresultante met een specifieke locatie.

4.1 Moment van een kracht – scalaire formulering

Wanneer op een lichaam een kracht wordt uitgeoefend, zal deze ervoor zorgen dat het lichaam geneigd is te gaan draaien rond een punt dat niet op de werklijn van de kracht ligt. Deze neiging om te gaan draaien, wordt soms *torsie* genoemd, maar meestal spreekt men van het moment van een kracht of gewoon het *moment*. Kijk bijvoorbeeld naar de moersleutel die wordt gebruikt om de bout in fig. 4.1*a* los te draaien. Als op de handgreep van de moersleutel een kracht wordt uitgeoefend, zal die de moer rond punt O (oftewel de z-as) laten draaien. De grootte van het moment is recht evenredig met de grootte van **F** en de loodrechte afstand of *momentarm* d. Hoe groter de kracht of hoe langer de momentarm, hoe groter het moment oftewel het draaieffect. Merk op dat als de kracht **F** onder een hoek $\theta \neq 90°$ werkt, fig. 4.1*b*, het lastiger is om de bout te draaien, omdat de momentarm $d' = d \sin \theta$ kleiner is dan d. Als de kracht **F** in de richting van de moersleutel wordt uitgeoefend, zoals in fig. 4.1*c*, is de momentarm nul, omdat de werklijn van **F** punt O (de z-as) snijdt. Hierdoor is het moment van **F** rond O eveneens nul en kan er geen draaiing plaatsvinden.

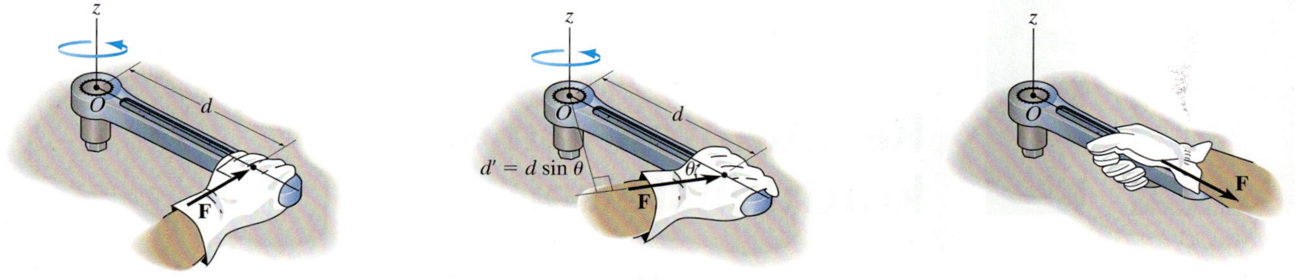

(a) (b) (c)

Fig. 4.1

We kunnen nu het bovenstaande veralgemeniseren en de kracht **F** en het punt O bekijken, die in het gekleurde vlak liggen van fig. 4.2*a*. Het moment $\mathbf{M}_O$ om punt O, of om een as die door O heen gaat en loodrecht staat op het vlak, is een *vectorgrootheid*, aangezien het een bepaalde grootte en richting heeft.

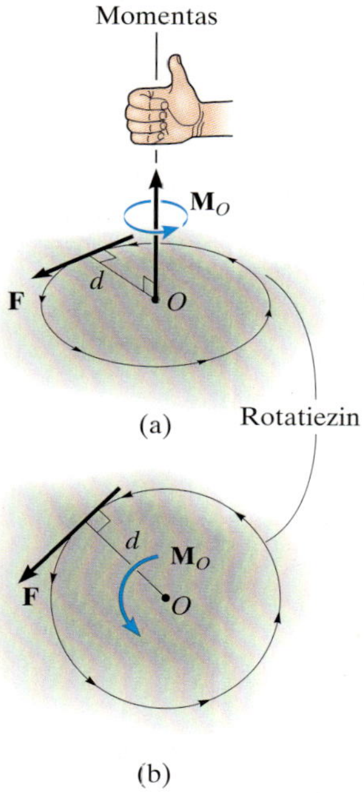

Fig. 4.2

Grootte De grootte van M_O is:

$$M_O = Fd \tag{4.1}$$

waarbij d wordt aangeduid als de *momentarm*, ofwel de *loodrechte afstand* tussen de as in punt O en de werklijn van de kracht. De eenheid van momentgrootte is kracht maal lengte, bijvoorbeeld N · m.

Richting De richting van $\mathbf{M}_O$ wordt gedefinieerd door zijn *momentas*, die loodrecht staat op het vlak waarin de kracht **F** en de momentarm d liggen. De zin van de richting van $\mathbf{M}_O$ wordt bepaald met behulp van de rechterhandregel. Volgens deze regel geeft de natuurlijke kromming van de vingers als ze naar de handpalm toe worden getrokken, de neiging weer om te gaan draaien, als gevolg van het moment. Bij het uitvoeren van deze handeling geeft de duim van de rechterhand de richting van $\mathbf{M}_O$ aan, zoals in fig. 4.2*a*. Merk op dat de momentvector driedimensionaal wordt voorgesteld door een kring rond een pijl. In twee dimensies wordt deze vector uitsluitend voorgesteld door de kring zoals in fig. 4.2*b*. Omdat in dit geval het moment geneigd is een draaiing tegen de wijzers van de klok in te veroorzaken, is de momentvector in werkelijkheid het papier uit gericht.

Resulterend moment Bij tweedimensionale vraagstukken waar alle krachten in het x-y-vlak liggen, kan het resulterend moment $(\mathbf{M}_R)_O$ rond punt O (de z-as) worden bepaald door de *algebraïsche som te berekenen* van de momenten die door alle krachten in het systeem worden veroorzaakt. Het is gebruikelijk om *positieve momenten als tegen de klok in* te beschouwen omdat ze langs de positieve z-as gericht zijn (het papier uit). *Momenten met de klok mee* zijn *negatief*. Met deze afspraak kan de zin van elk moment worden voorgesteld door een *plus- of minteken*. Met de tekenafspraak wordt het resulterend moment in fig. 4.3 dus:

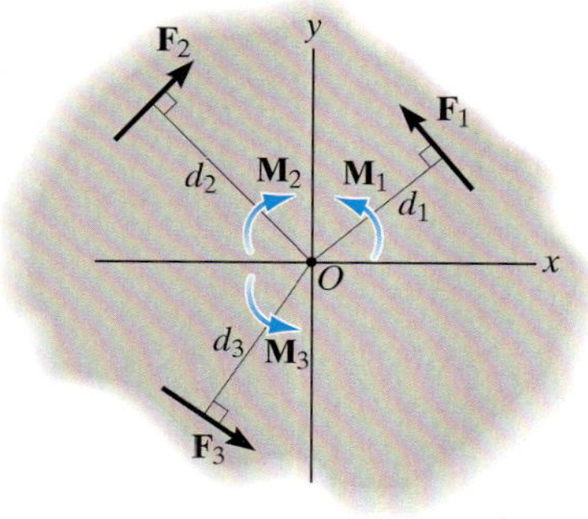

Fig. 4.3

$$\circlearrowleft + (M_R)_O = \Sigma Fd; \qquad (M_R)_O = F_1d_1 - F_2d_2 + F_3d_3$$

Als het numerieke resultaat van deze som een positieve scalair is, is $(\mathbf{M}_R)_O$ een moment tegen de klok in (het papier uit); en als het resultaat negatief is, dan is $(\mathbf{M}_R)_O$ een moment met de klok mee (het papier in).

Voorbeeld 4.1

Bepaal voor alle gevallen in fig. 4.4 het moment van de kracht om punt O.

OPLOSSING (SCALAIRE ANALYSE)

De werklijn van elke kracht is doorgetrokken als een streeplijn om de momentarm d te kunnen vinden. De rotatieneiging van de staaf, die veroorzaakt wordt door de kracht, is ook aangegeven. Daarnaast is de draairichting van de kracht aangegeven met behulp van een gebogen, gekleurd pijltje. Hieruit volgt:

(a) $M_O = (100\ \text{N})(2\ \text{m}) = 200\ \text{N}\cdot\text{m} \circlearrowright$ *Antw.*

(b) $M_O = (50\ \text{N})(0{,}75\ \text{m}) = 37{,}5\ \text{N}\cdot\text{m} \circlearrowright$ *Antw.*

(c) $M_O = (40\ \text{kN})(4\ \text{m} + 2\cos 30^\circ\ \text{m}) = 229\ \text{kN}\cdot\text{m} \circlearrowright$ *Antw.*

(d) $M_O = (60\ \text{kN})(1 \sin 45^\circ\ \text{m}) = 42{,}4\ \text{kN}\cdot\text{m} \circlearrowleft$ *Antw.*

(e) $M_O = (7\ \text{kN})(4\ \text{m} - 1\ \text{m}) = 21{,}0\ \text{kN}\cdot\text{m} \circlearrowleft$ *Antw.*

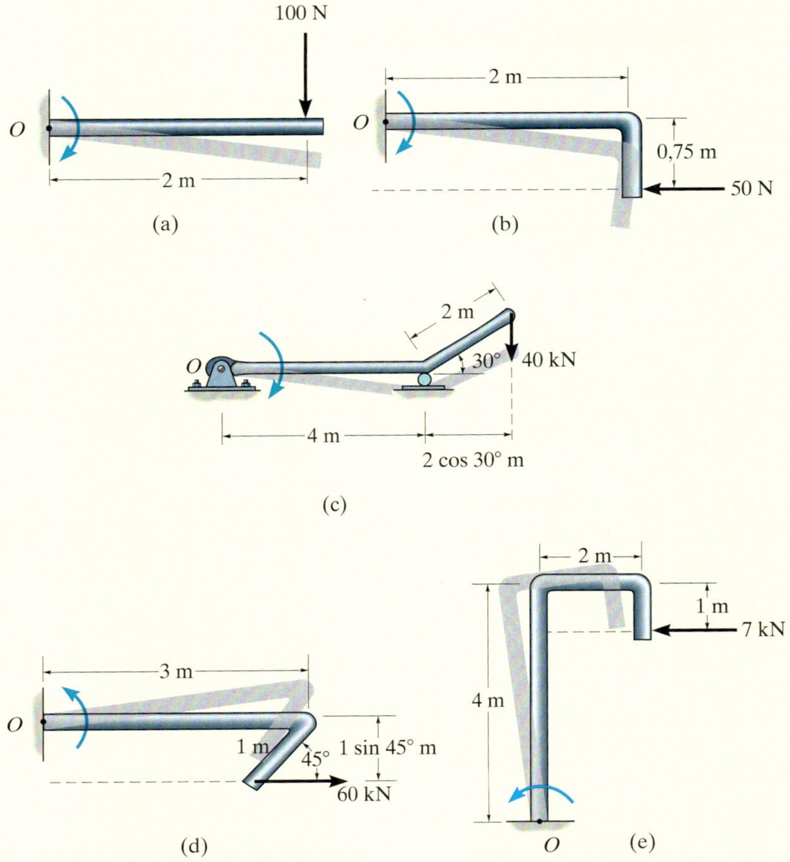

Fig. 4.4

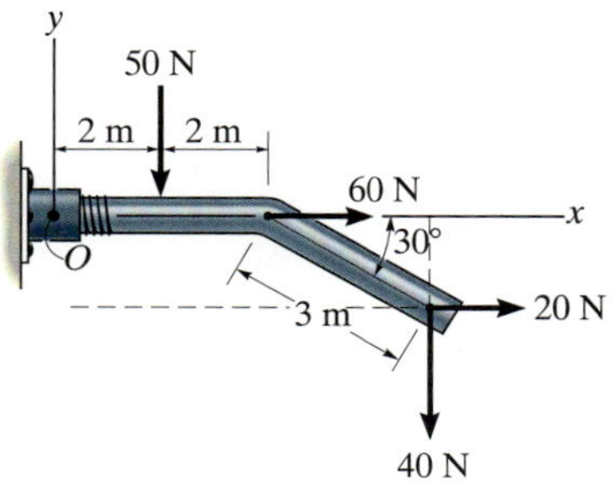

Fig. 4.5

Voorbeeld 4.2

Bepaal het resulterend moment om punt O van de vier krachten, die worden uitgeoefend op de stang in fig. 4.5.

OPLOSSING

Als we aannemen dat de positieve momenten in de +**k**-richting worden uitgeoefend, dat wil zeggen tegen de klok in, dan volgt daaruit dat:

$$\circlearrowleft + M_{R_O} = \Sigma Fd;$$

$$M_{R_O} = -50\text{ N}(2\text{ m}) + 60\text{ N}(0) + 20\text{ N}(3 \sin 30°\text{ m}) - 40\text{ N}(4\text{ m} + 3 \cos 30°\text{ m})$$

$$M_{R_O} = -334\text{ N}\cdot\text{m} = 334\text{ N}\cdot\text{m} \circlearrowright \qquad \textit{Antw.}$$

Bij deze berekening moet worden gelet op de wijze waarop de momentarmafstanden voor de krachten van 20 N en 40 N zijn afgeleid uit de doorgetrokken (streep-)werklijnen van deze krachten.

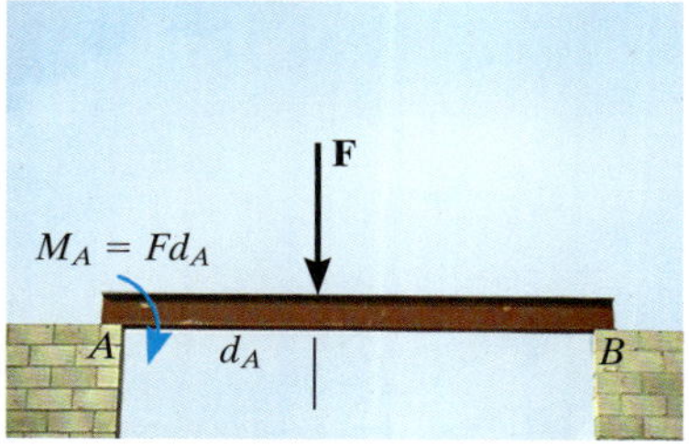

Zoals te zien is aan de voorbeeldvraagstukken, veroorzaakt het moment van een kracht niet altijd een rotatie. Zo is de kracht **F** geneigd om de balk met de klok mee om zijn steun in A te laten draaien met een moment $M_A = Fd_A$. De feitelijke draaiing zou optreden als de steun in B zou worden verwijderd.

4.2 Uitwendig product

Het moment van een kracht zal in de volgende paragraaf met behulp van cartesische vectoren worden geformuleerd. Voor we dit gaan doen, moeten we echter eerst onze kennis van vectoralgebra uitbreiden en het uitwendig product van een vectorvermenigvuldiging introduceren.

Het *uitwendig product* van twee vectoren **A** en **B** levert de vector **C** op, die wordt geschreven als:

$$\mathbf{C} = \mathbf{A} \times \mathbf{B}$$

Grootte De *grootte* van **C** wordt gedefinieerd als het product van de groottes van **A** en **B** en de sinus van de hoek θ tussen de vectoren **A** en **B** ($0° \leq \theta \leq 180°$). Dus $C = AB \sin \theta$.

Richting Vector **C** heeft een *richting* die loodrecht staat op het vlak waarin **A** en **B** liggen, zodanig dat de richting van **C** wordt bepaald met de rechterhandregel. Dat wil zeggen: door de vingers van de rechterhand van vector **A** naar vector **B** te buigen, wijst de duim in de richting van **C**, zoals in fig. 4.6 is afgebeeld.

Wanneer we zowel de grootte als de richting van **C** weten, kunnen we schrijven:

$$\mathbf{C} = \mathbf{A} \times \mathbf{B} = (AB \sin \theta)\mathbf{u}_C \tag{4.3}$$

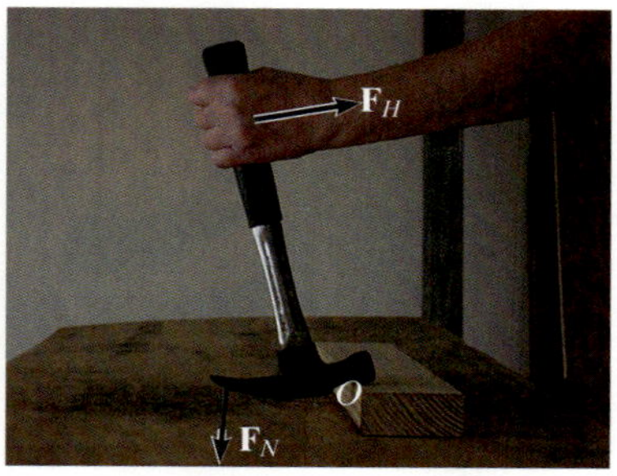

Om de spijker te kunnen verwijderen, moet het moment van $\mathbf{F}_H$ rond punt O groter zijn dan het moment van de kracht $\mathbf{F}_N$ rond O dat nodig is om de spijker eruit te trekken.

waarbij de scalair $AB \sin \theta$ de *grootte* van **C** aangeeft en de eenheidsvector $\mathbf{u}_C$ de *richting* van **C**. De termen van vgl. 4.3 worden grafisch weergegeven in fig. 4.6.

Bewerkingsregels

- De commutatieve eigenschap is *niet* van toepassing, d.w.z. $\mathbf{A} \times \mathbf{B} \neq \mathbf{B} \times \mathbf{A}$, maar wel geldt:

$$\mathbf{A} \times \mathbf{B} = -\mathbf{B} \times \mathbf{A}$$

  Dit wordt in fig. 4.7 getoond met behulp van de rechterhandregel. Het uitwendig product $\mathbf{B} \times \mathbf{A}$ levert een vector op die in de tegenovergestelde richting ten opzichte van $\mathbf{C}$ werkt; d.w.z. $\mathbf{B} \times \mathbf{A} = -\mathbf{C}$.

- Als het uitwendig product wordt vermenigvuldigd met een scalair a, geldt de associatieve eigenschap;

$$a(\mathbf{A} \times \mathbf{B}) = (a\mathbf{A}) \times \mathbf{B} = \mathbf{A} \times (a\mathbf{B}) = (\mathbf{A} \times \mathbf{B})a$$

  Deze eigenschap kan gemakkelijk worden aangetoond, aangezien de grootte van de resulterende vector ($|a|AB \sin \theta$) en zijn richting in alle gevallen hetzelfde is.

- Voor het uitwendige product geldt ook de distributieve eigenschap,

$$\mathbf{A} \times (\mathbf{B} + \mathbf{D}) = (\mathbf{A} \times \mathbf{B}) + (\mathbf{A} \times \mathbf{D})$$

- Het bewijs van deze eigenschap is als vraagstuk opgenomen (zie vraagstuk 4.1). Het is belangrijk op te merken dat de *juiste volgorde* van de uitwendige producten moet worden aangehouden aangezien ze niet commutatief zijn.

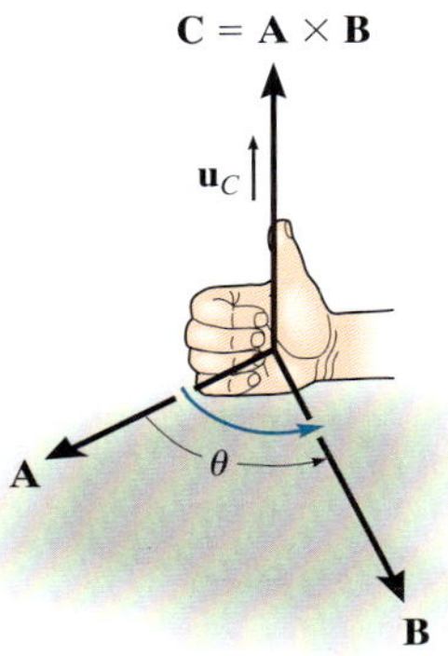

Fig. 4.6

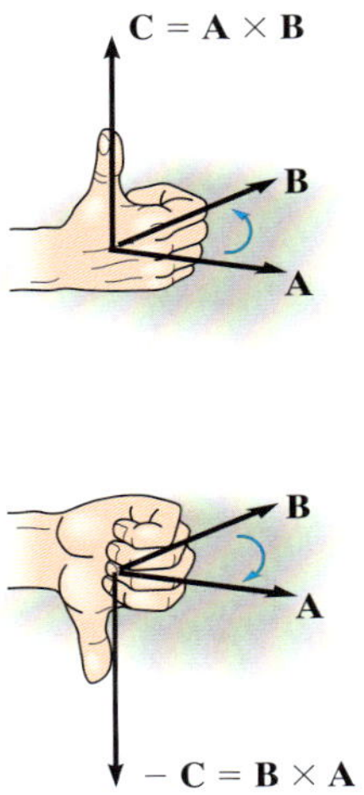

Fig. 4.7

Cartesische vectornotatie Vergelijking 4.3 kan worden gebruikt om het uitwendig product van twee cartesische eenheidsvectoren te bepalen. De *grootte* van de resultante van $\mathbf{i} \times \mathbf{j}$, bijvoorbeeld, is: $(i)(j)(\sin 90°) = (1)(1)(1) = 1$, en de *richting* van de resultante kan worden bepaald met behulp van de rechterhandregel. Zoals in fig. 4.8 is aangegeven, wijst de resulterende vector in de $+\mathbf{k}$-richting. Dus $\mathbf{i} \times \mathbf{j} = (1)\mathbf{k}$. Evenzo geldt:

$$\begin{array}{lll} \mathbf{i} \times \mathbf{j} = \mathbf{k} & \mathbf{i} \times \mathbf{k} = -\mathbf{j} & \mathbf{i} \times \mathbf{i} = \mathbf{0} \\ \mathbf{j} \times \mathbf{k} = \mathbf{i} & \mathbf{j} \times \mathbf{i} = -\mathbf{k} & \mathbf{j} \times \mathbf{j} = \mathbf{0} \\ \mathbf{k} \times \mathbf{i} = \mathbf{j} & \mathbf{k} \times \mathbf{j} = -\mathbf{i} & \mathbf{k} \times \mathbf{k} = \mathbf{0} \end{array}$$

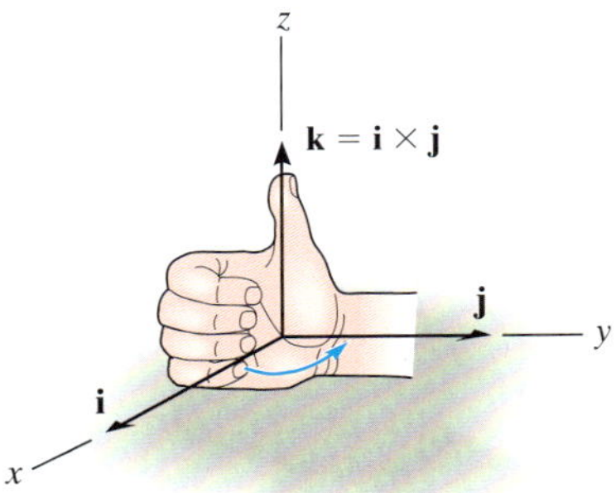

Fig. 4.8

Deze uitkomsten dienen *niet* uit het hoofd te worden geleerd; het is beter om goed te begrijpen hoe elk resultaat wordt verkregen met behulp van de rechterhandregel en de definitie van het uitwendig product. Een eenvoudig schema in fig. 4.9 kan helpen om dezelfde resultaten te verkrijgen. Als de cirkel wordt geconstrueerd zoals afgebeeld, dan is het uitwendig product van twee eenheidsvectoren *tegen de klok in* een *positieve* derde eenheidsvector, dat wil zeggen: $\mathbf{k} \times \mathbf{i} = \mathbf{j}$. *Met de klok mee* krijgen we een *negatieve* eenheidsvector; d.w.z. $\mathbf{i} \times \mathbf{k} = -\mathbf{j}$.

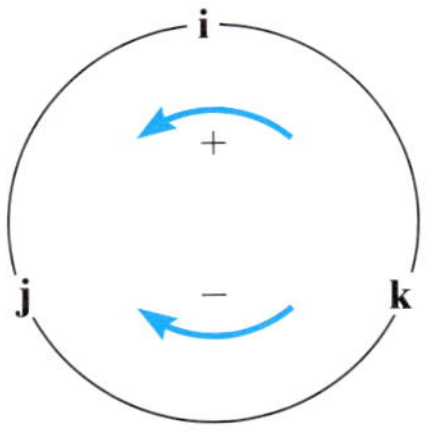

Fig. 4.9

Bekijk nu het uitwendig product van twee algemene vectoren $\mathbf{A}$ en $\mathbf{B}$ die worden uitgedrukt in cartesische vectorvorm. We hebben:

$$\begin{aligned} \mathbf{A} \times \mathbf{B} &= (A_x\mathbf{i} + A_y\mathbf{j} + A_z\mathbf{k}) \times (B_x\mathbf{i} + B_y\mathbf{j} + B_z\mathbf{k}) \\ &= (A_xB_x(\mathbf{i} \times \mathbf{i}) + A_xB_y(\mathbf{i} \times \mathbf{j}) + A_xB_z(\mathbf{i} \times \mathbf{k}) \\ &\quad + A_yB_x(\mathbf{j} \times \mathbf{i}) + A_yB_y(\mathbf{j} \times \mathbf{j}) + A_yB_z(\mathbf{j} \times \mathbf{k}) \\ &\quad + A_zB_x(\mathbf{k} \times \mathbf{i}) + A_zB_y(\mathbf{k} \times \mathbf{j}) + A_zB_z(\mathbf{k} \times \mathbf{k}) \end{aligned}$$

Wanneer we de uitwendige producten berekenen en de termen combineren, levert dit het volgende op:

$$\mathbf{A} \times \mathbf{B} = (A_yB_z - A_zB_y)\mathbf{i} - (A_xB_z - A_zB_x)\mathbf{j} + (A_xB_y - A_yB_x)\mathbf{k} \qquad (4.4)$$

Deze vergelijking kan ook in een compactere determinantvorm worden geschreven als:

$$\mathbf{A} \times \mathbf{B} = \begin{vmatrix} \mathbf{i} & \mathbf{j} & \mathbf{k} \\ A_x & A_y & A_z \\ B_x & B_y & B_z \end{vmatrix} \qquad (4.5)$$

Dus om het uitwendig product te vinden van twee cartesische vectoren **A** en **B**, moeten we een determinant uitwerken, waarvan de eerste rij elementen bestaat uit de eenheidsvectoren **i**, **j** en **k** en waarvan de tweede en derde rij bestaat uit de x-, y- en z-componenten van de twee vectoren **A** respectievelijk **B**.*

* Een determinant met drie rijen en drie kolommen kan worden uitgewerkt door gebruik te maken van drie minoren (onderdeterminanten), die alledrie worden vermenigvuldigd met een van de drie termen in de eerste rij. Er zijn vier elementen in elke minor, dat wil zeggen.

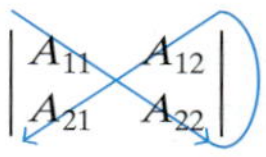

Deze notatie geeft *per definitie* de termen $(A_{11}A_{22} - A_{12}A_{21})$ weer, ofwel het product van de twee elementen die worden aangegeven door de pijl die naar rechtsonder loopt $(A_{11}A_{22})$ *minus* het product van de twee elementen die worden aangegeven door de pijl die naar linksonder loopt $(A_{12}A_{21})$. Bij een 3 × 3-determinant, zoals die in vgl. 4.5, kunnen de drie minoren worden bepaald volgens het volgende schema:

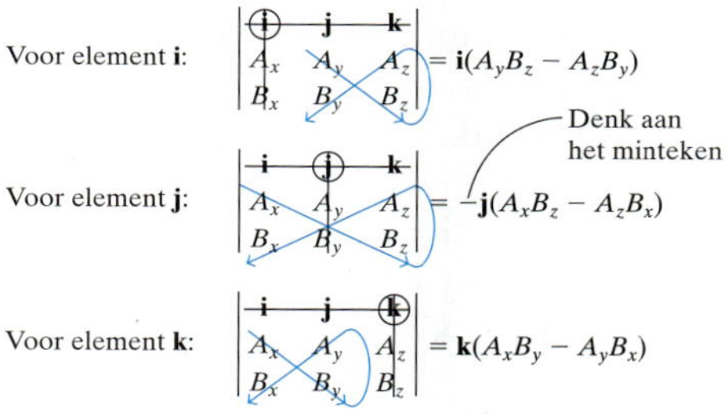

Wanneer we de resultaten optellen, waarbij het **j**-element *een minteken moet hebben*, krijgen we de uitgewerkte vorm van **A** × **B** in de vorm van vgl. 4.4.

4.3 Moment van een kracht – vectornotatie

Het moment van een kracht **F** om punt O, of eigenlijk om de momentas die door O gaat en loodrecht staat op het vlak waarin O en **F** liggen, zie fig. 4.10a, kan ook worden uitgedrukt met behulp van het uitwendig product, namelijk:

$$\mathbf{M}_O = \mathbf{r} \times \mathbf{F} \qquad (4.6)$$

Hierin is **r** een plaatsvector die van O naar een *willekeurig* punt op de werklijn van **F** loopt. We zullen nu aantonen dat het moment $\mathbf{M}_O$ de juiste grootte en richting heeft wanneer het door dit uitwendige product wordt bepaald.

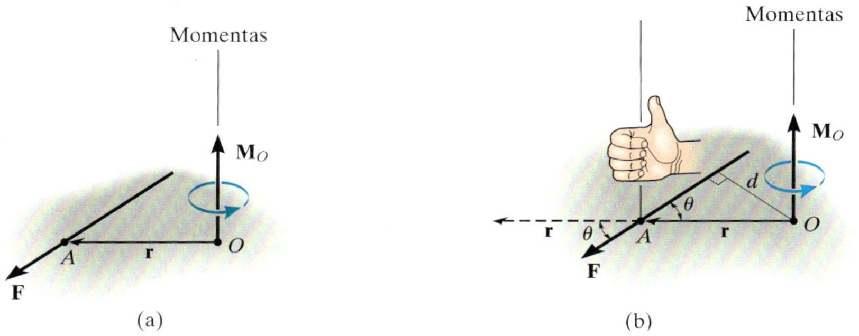

Fig. 4.10

Grootte De grootte van het bovenstaande uitwendig product wordt op grond van vgl. 4.3 gedefinieerd als $M_O = rF \sin \theta$, waarbij hoek θ de hoek is tussen de vectoren **r** en **F**. Om deze hoek te bepalen, moet **r** behandeld worden als een 'glijdende' vector zodat θ goed geconstrueerd kan worden, zie fig. 4.10*b*. Aangezien de arm van het moment $d = r \sin \theta$, geldt:

$$M_O = rF \sin \theta = F(r \sin \theta) = Fd$$

hetgeen overeenkomt met vgl. 4.1.

Richting De richting en zin van $\mathbf{M}_O$ in vgl. 4.6 worden vastgesteld door de rechterhandregel toe te passen op het uitwendig product. Door **r** door te laten lopen naar de streeplijn en de vingers van de rechterhand van **r** naar **F** te buigen, '**r** maal **F**', wijst de duim omhoog en staat hij loodrecht op het vlak waarin **r** en **F** liggen. Dit is *dezelfde richting* als die van $\mathbf{M}_O$, het moment om punt *O*, fig. 4.12*b*. Merk op dat de buiging van de vingers, net als de buiging om de momentvector, de rotatiezin ten gevolge van de kracht aangeeft. Omdat het uitwendig product niet commutatief is, moet de volgorde van $\mathbf{r} \times \mathbf{F}$ worden behouden om de juiste richting voor $\mathbf{M}_O$ te krijgen.

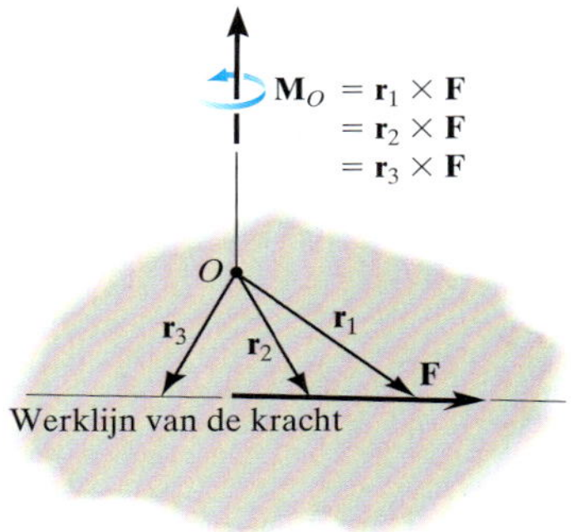

Fig. 4.11

Principe van overdraagbaarheid Bij driedimensionale problemen wordt vaak gebruikgemaakt van het uitwendig product, omdat de loodrechte afstand of de momentarm van punt *O* tot de werklijn van de kracht dan niet nodig is. Met andere woorden: we kunnen elke plaatsvector **r** gemeten vanaf punt *O* tot elk punt van de werklijn van kracht **F** gebruiken, zie fig 4.11. Dus geldt:

$$\mathbf{M}_O = \mathbf{r}_1 \times \mathbf{F} = \mathbf{r}_2 \times \mathbf{F} = \mathbf{r}_3 \times \mathbf{F}$$

Omdat **F** in elk punt op de werklijn kan worden toegepast en nog steeds *ditzelfde moment* rond punt *O* tot gevolg heeft, kan **F** als een *glijdende vector* worden beschouwd. Deze eigenschap wordt het *principe van overdraagbaarheid* van een kracht genoemd.

Cartesische vectorformulering Als we een *x*-, *y*- en *z*-as bepalen, kunnen we de plaatsvector **r** en kracht **F** uitdrukken als cartesische vectoren, zie fig. 4.12*a*. Als we vgl. 4.5 toepassen, krijgen we:

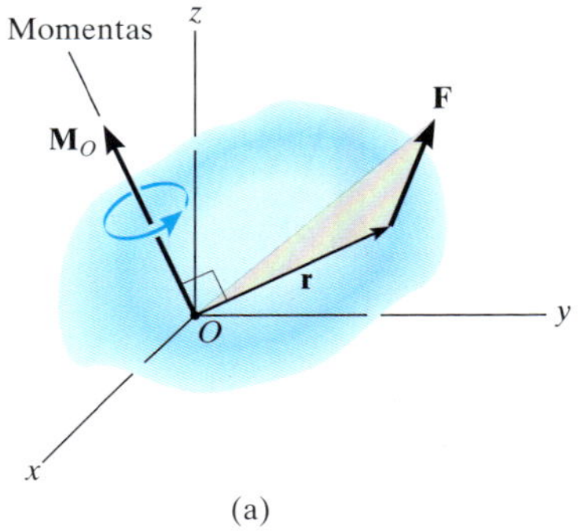

Fig. 4.12

$$\mathbf{M}_O = \mathbf{r} \times \mathbf{F} = \begin{vmatrix} \mathbf{i} & \mathbf{j} & \mathbf{k} \\ r_x & r_y & r_z \\ F_x & F_y & F_z \end{vmatrix} \tag{4.7}$$

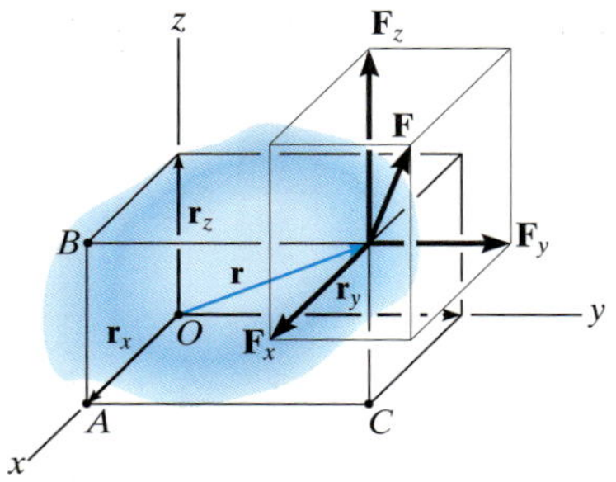

(b)

Fig. 4.12 (vervolg)

waarbij:

r_x, r_y, r_z	de *x*-, *y*- en *z*-componenten zijn van de plaatsvector die van punt *O* naar een *willekeurig punt* op de werklijn van de kracht loopt.
F_x, F_y, F_z	de *x*-, *y*- en *z*-componenten van de krachtvector zijn.

Als de determinant wordt uitgewerkt, krijgen we overeenkomstig vgl. 4.4:

$$\mathbf{M}_O = (r_yF_z - r_zF_y)\mathbf{i} - (r_xF_z - r_zF_x)\mathbf{j} + (r_xF_y - r_yF_x)\mathbf{k} \tag{4.8}$$

De fysische betekenis van deze drie momentcomponenten wordt duidelijk wanneer we fig. 4.12*b* bestuderen. Bijvoorbeeld, de **i**-component van $\mathbf{M}_O$ wordt bepaald uit de momenten van $\mathbf{F}_x$, $\mathbf{F}_y$ en $\mathbf{F}_z$ om de *x*-as.

De component $\mathbf{F}_x$ veroorzaakt *geen* moment of neiging om rond de *x*-as te draaien, omdat de kracht *evenwijdig* is aan de *x*-as. De werklijn van $\mathbf{F}_y$ loopt door punt *B*, en dus is de grootte van het moment van $\mathbf{F}_y$ rond punt *A* op de *x*-as gelijk aan r_zF_y. Op grond van de rechterhandregel werkt deze component in de *negatieve* **i** richting. Evenzo loopt $\mathbf{F}_z$ door punt *C* en levert een momentcomponent van $r_yF_z\mathbf{i}$ rond de as. Dus geldt $(M_O)_x = (r_yF_z - r_zF_y)$, zoals te zien is in vgl. 4.8. Bepaal als oefening op deze manier de **j**- en **k**-componenten van $\mathbf{M}_O$, en laat zien dat de uitgebreide vorm van de determinant, vgl. 4.8, inderdaad het moment van **F** rond *O* voorstelt. Als $\mathbf{M}_O$ eenmaal is bepaald, realiseer je dan dat deze altijd *loodrecht* zal staan op het grijze vlak dat de vectoren **r** en **F** bevat, fig. 4.12a.

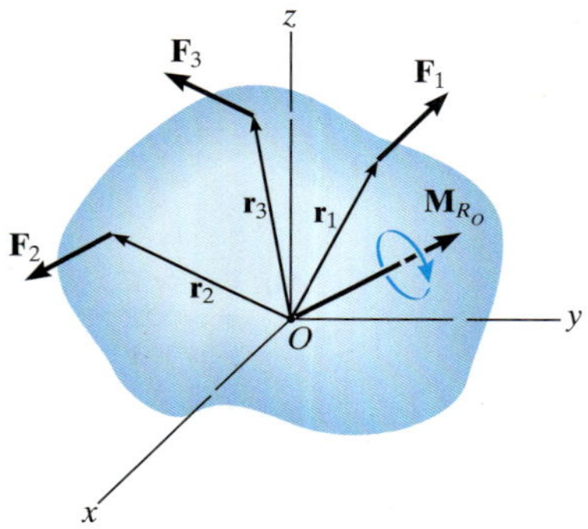

Fig. 4.13

Resulterend moment van een krachtenstelsel Als een krachtenstelsel op een lichaam werkt, kan het resulterend moment van de krachten om punt *O* worden bepaald door middel van vectoroptelling door vgl. 4.6 een aantal keren toe te passen. Deze resultante kan symbolisch worden weergegeven als:

$$\mathbf{M}_{R_O} = \Sigma(\mathbf{r} \times \mathbf{F}) \tag{4.9}$$

en is afgebeeld in fig. 4.13.

Voorbeeld 4.3

Bepaal het moment geleverd door de kracht **F** in fig. 4.14*a* rond punt *O*. Schrijf het resultaat als een cartesische vector.

OPLOSSING

Zoals te zien is in fig. 4.14*a*, kan voor het bepalen van het moment rond punt *O* zowel $\mathbf{r}_A$ als $\mathbf{r}_B$ worden gebruikt. Deze plaatsvectoren zijn:

$$\mathbf{r}_A = \{12\mathbf{k}\}\text{ m en }\mathbf{r}_B = \{4\mathbf{i} + 12\mathbf{j}\}\text{ m}$$

De kracht **F**, uitgedrukt als cartesische vector is:

$$\mathbf{F} = F\mathbf{u}_{AB} = 2\text{ kN}\left[\frac{\{4\mathbf{i} + 12\mathbf{j} - 12\mathbf{k}\}\text{ m}}{\sqrt{(4\text{ m})^2 + (12\text{ m})^2 + (-12\text{ m})^2}}\right]$$

$$= \{0{,}4588\mathbf{i} + 1{,}376\mathbf{j} - 1{,}376\mathbf{k}\}\text{ kN}$$

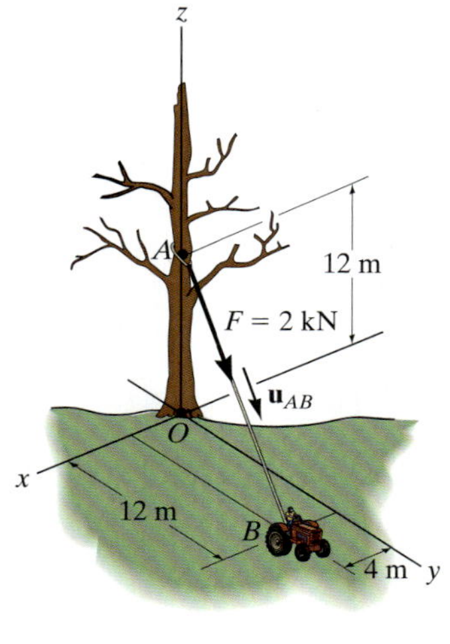

(a)

Fig. 4.14

Dus geldt:

$$\mathbf{M}_O = \mathbf{r}_A \times \mathbf{F} = \begin{vmatrix} \mathbf{i} & \mathbf{j} & \mathbf{k} \\ 0 & 0 & 12 \\ 0{,}4588 & 1{,}376 & -1{,}376 \end{vmatrix}$$

$$= [0(-1{,}376) - 12(1{,}376)]\mathbf{i} - [0(-1{,}376) - 12(0{,}4588)]\,\mathbf{j} + [0(1{,}376) - 0(0{,}4588)]\mathbf{k}$$

$$= \{-16{,}5\mathbf{i} + 5{,}51\mathbf{j}\}\ \text{kN}\cdot\text{m}$$ *Antw.*

of

$$\mathbf{M}_O = \mathbf{r}_B \times \mathbf{F} = \begin{vmatrix} \mathbf{i} & \mathbf{j} & \mathbf{k} \\ 4 & 12 & 0 \\ 0{,}4588 & 1{,}376 & -1{,}376 \end{vmatrix}$$

$$= [12(-1{,}376) - 0(1{,}376)]\mathbf{i} - [4(-1{,}376) - 0(0{,}4588)]\,\mathbf{j} + [4(1{,}376) - 12(0{,}4588)]\mathbf{k}$$

$$= \{-16{,}5\mathbf{i} + 5{,}51\mathbf{j}\}\ \text{kN}\cdot\text{m}$$ *Antw.*

OPMERKING: Zoals te zien is in fig. 4.14*b*, werkt $\mathbf{M}_O$ loodrecht op het vlak dat $\mathbf{F}$, $\mathbf{r}_A$ en $\mathbf{r}_B$ bevat. Merk op dat als dit vraagstuk was uitgewerkt met $M_O = Fd$, er dan een probleem was ontstaan bij het bepalen van de momentarm d.

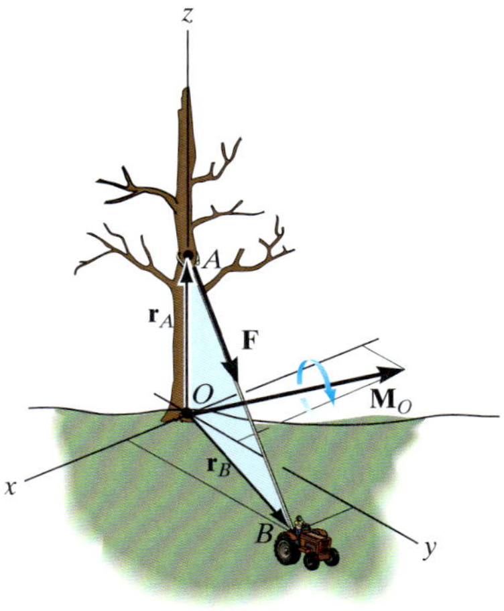

(b)

Fig. 4.14 (vervolg)

Voorbeeld 4.4

Er worden twee krachten uitgeoefend op de staaf in fig. 4.15*a*. Bepaal het resulterend moment dat ze om de flens in O veroorzaken. Schrijf het resultaat als een cartesische vector.

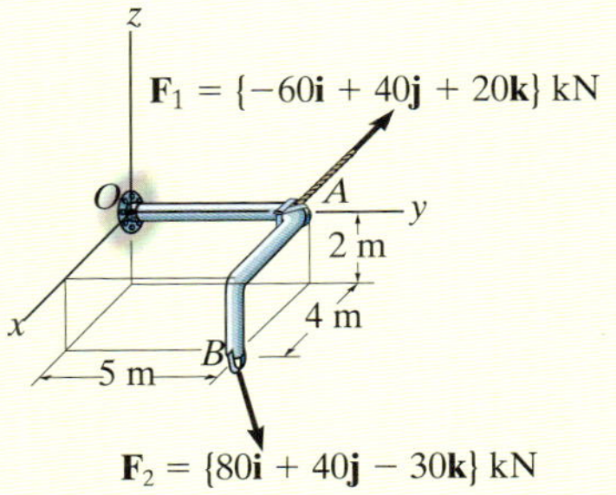

(a)

Fig. 4.15

OPLOSSING

De plaatsvectoren lopen van punt O naar de krachten, zoals in fig. 4.15*b* is aangegeven. Deze vectoren zijn:

$$\mathbf{r}_A = \{5\mathbf{j}\}\ \text{m}$$
$$\mathbf{r}_B = \{4\mathbf{i} + 5\mathbf{j} - 2\mathbf{k}\}\ \text{m}$$

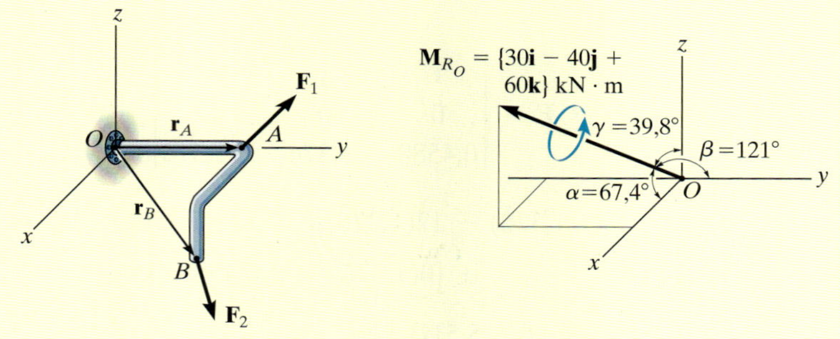

(b) (c)

Fig. 4.15 (vervolg)

Het resulterend moment om O is dus:

$$\mathbf{M}_{R_O} = \Sigma(\mathbf{r} \times \mathbf{F})$$

$$= \mathbf{r}_A \times \mathbf{F}_1 + \mathbf{r}_B \times \mathbf{F}_3$$

$$= \begin{vmatrix} \mathbf{i} & \mathbf{j} & \mathbf{k} \\ 0 & 5 & 0 \\ -60 & 40 & 20 \end{vmatrix} + \begin{vmatrix} \mathbf{i} & \mathbf{j} & \mathbf{k} \\ 4 & 5 & -2 \\ 80 & 40 & -30 \end{vmatrix}$$

$$= [5(20) - 0(40)]\mathbf{i} - [0]\,\mathbf{j} + [0(40) - (5)(-60)]\mathbf{k}$$

$$+ [5(-30) - (-2)(40)]\,\mathbf{i} - [4(-30) - (-2)(80)]\mathbf{i} + [4(40) - 5(80)]\mathbf{k}$$

$$= \{30\mathbf{i} - 40\mathbf{j} + 60\mathbf{k}\}\ \text{kN} \cdot \text{m}$$ *Antw.*

OPMERKING: Dit resultaat is te zien in fig. 4.15*c*. De hoeken met de coördinaatassen werden bepaald uit de eenheidsvector voor $\mathbf{M}_{R_O}$. Bedenk dat de twee krachten geneigd zijn om de staaf rond de momentas te laten draaien, zoals aangegeven door de kring rond de momentvector.

4.4 Momentenprincipe

Een concept dat vaak in de mechanica wordt gebruikt is het *momentenprincipe*, dat soms de *stelling van Varignon* wordt genoemd. Dit concept is namelijk oorspronkelijk ontwikkeld door de Franse wiskundige Varignon (1654-1722). Deze stelling luidt dat *het moment van een kracht om een punt gelijk is aan de som van de momenten van de krachtcomponenten om het punt*. Deze stelling is met behulp van het uitwendig product eenvoudig aan te tonen, omdat het uitwendig product de *distributieve eigenschap* heeft. Beschouw bijvoorbeeld de momenten van de kracht **F** en twee van zijn componenten rond punt O in fig. 4.16. Omdat $\mathbf{F} = \mathbf{F}_1 + \mathbf{F}_2$, geldt:

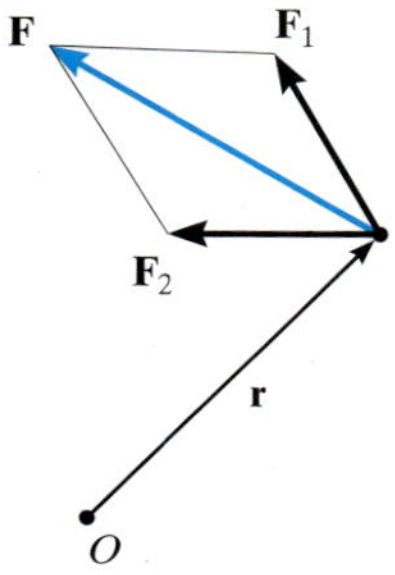

Fig. 4.16

$$\mathbf{M}_O = \mathbf{r} \times \mathbf{F} = \mathbf{r} \times (\mathbf{F}_1 + \mathbf{F}_2) = \mathbf{r} \times \mathbf{F}_1 + \mathbf{r} \times \mathbf{F}_2$$

Bij tweedimensionale vraagstukken zoals in fig. 4.17, kunnen we het momentenprincipe toepassen door de kracht in onderling loodrechte componenten te ontbinden en vervolgens met een scalaire berekening het moment te bepalen. Dus geldt:

$$M_O = F_x y - F_y x$$

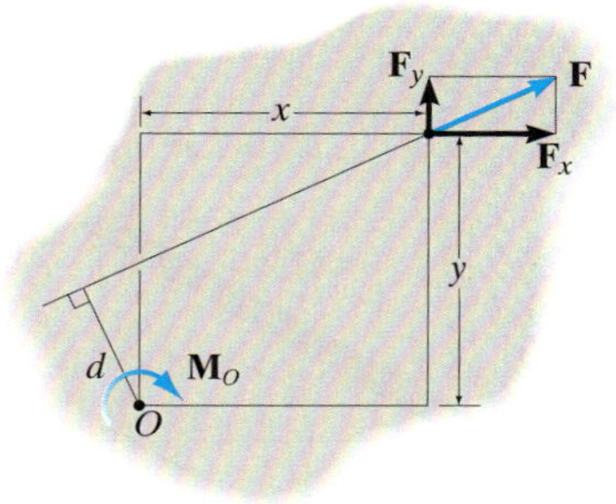

Fig. 4.17

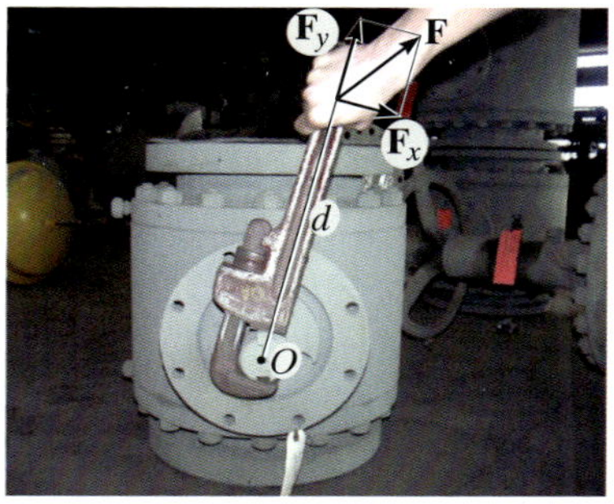

Het moment van de uitgeoefende kracht **F** rond punt *O* is eenvoudig te bepalen met het momentenprincipe. Dat is $M_O = F_x d$.

Deze methode is over het algemeen eenvoudiger dan het bepalen van hetzelfde moment met behulp van $M_O = Fd$.

Om te onthouden!

- Het moment van een kracht geeft de neiging van een lichaam weer om rond een as te draaien die door een bepaald punt *O* loopt.
- Als we gebruikmaken van de rechterhandregel wordt de rotatiezin aangegeven door de vingers, en valt de momentas, of werklijn van het moment, samen met de duim.
- De grootte van het moment wordt bepaald door $M_O = Fd$, waarbij *d* de loodlijn of kortste afstand van punt *O* naar de werklijn van de kracht **F** is.
- Gebruik in drie dimensies het uitwendig product van de vectoren om het moment te bepalen, dat wil zeggen: $\mathbf{M}_O = \mathbf{r} \times \mathbf{F}$. Bedenk dat **r** *van* punt *O* naar *een willekeurig punt* op de werklijn van kracht **F** loopt.
- Het momentenprincipe luidt dat het moment van een kracht om een punt gelijk is aan de som van de momenten van de componenten van de kracht om het punt. Deze methode kan zeer goed worden gebruikt in twee dimensies.

Voorbeeld 4.5

Bepaal het moment van de kracht in fig. 4.18*a* rond punt *O*.

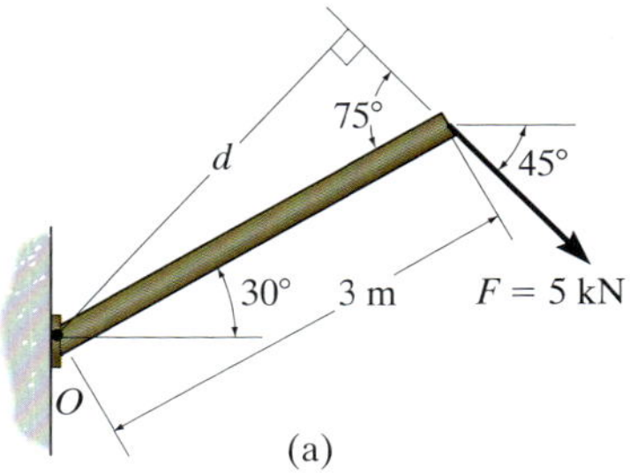

(a)

Fig. 4.18

OPLOSSING I

De momentarm *d* in fig. 4.18*a* kan worden bepaald met behulp van goniometrie.

$$d = (3\text{ m}) \sin 75° = 2{,}898\text{ m}$$

Dus:

$$M_O = Fd = (5\text{kN})(2{,}898\text{ m}) = 14{,}5\text{ kN}\cdot\text{m} \circlearrowright \qquad \textit{Antw.}$$

Omdat de kracht geneigd is met de klok mee om punt *O* te draaien, is het moment het papier in gericht.

OPLOSSING II

De *x*- en *y*-componenten van de kracht zijn weergegeven in fig. 4.18*b*. Als we momenten tegen de klokrichting als positief beschouwen en het momentenprincipe toepassen, vinden we:

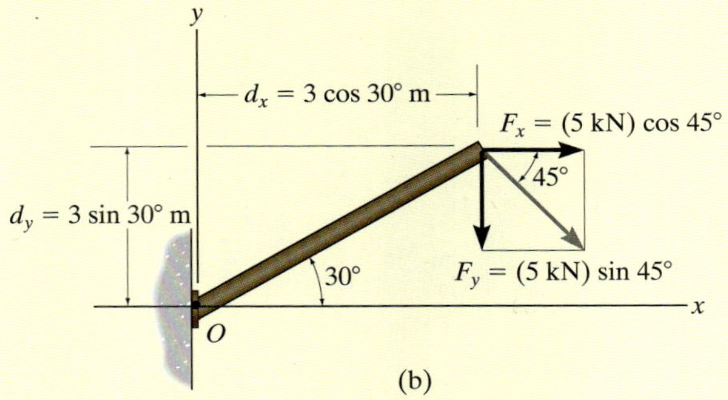

(b)

Fig. 4.18 (vervolg)

$$\circlearrowleft + M_O = -\,F_x d_y \;-\; F_y d_x$$

$$= -\,(5 \cos 45°\ \text{kN})(3 \sin 30°\ \text{m}) - (5 \sin 45°\ \text{kN})(3 \cos 30°\ \text{m})$$

$$= -\,14{,}5\ \text{kN}\cdot\text{m} = 14{,}5\ \text{kN}\cdot\text{m}\circlearrowright \qquad \textit{Antw.}$$

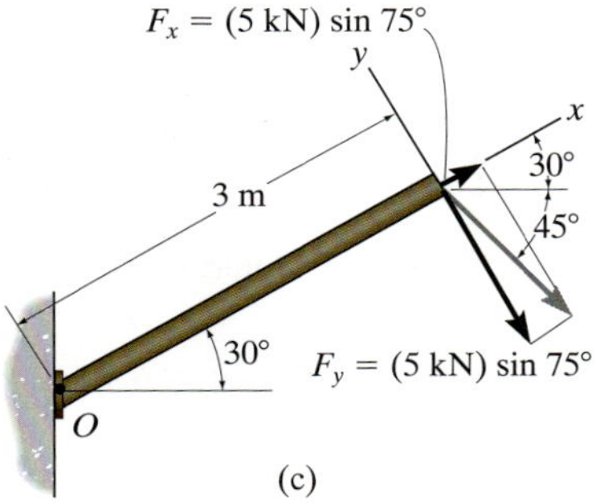

(c)

Fig. 4.18 (vervolg)

OPLOSSING III

De x- en y-assen kunnen evenwijdig en loodrecht aan de as van de staaf worden gekozen, zoals in fig. 4.18*c*. Hier levert $\mathbf{F}_x$ geen moment rond punt *O,* omdat zijn werklijn door dit punt loopt. Dus geldt:

$$\circlearrowleft + M_O = -F_y d_x$$

$$= -(5 \sin 75°\ \text{kN})(3\ \text{m})$$

$$= -14{,}5\ \text{kN}\cdot\text{m} = 14{,}5\ \text{kN}\cdot\text{m}\circlearrowright \qquad \textit{Antw.}$$

Voorbeeld 4.6

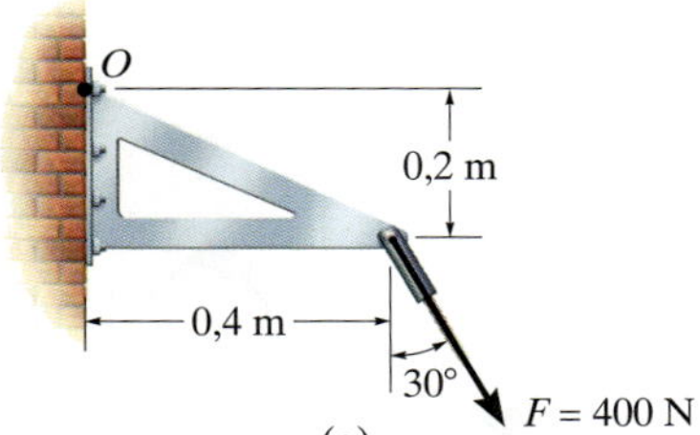

(a)

Fig. 4.19

Op het uiteinde van een driehoekige beugel wordt een kracht **F** uitgeoefend, zoals in fig. 4.19*a* wordt getoond. Bepaal het moment van de kracht om punt *O*.

OPLOSSING I (SCALAIRE ANALYSE)

De kracht wordt ontbonden in een x- en y-component, zie fig. 4.19*b*, dus:

$$\circlearrowleft + M_O = 400 \sin 30°\ \text{N}(0{,}2\ \text{m}) \;-\; 400 \cos 30°\ \text{N}(0{,}4\ \text{m})$$

$$= -98{,}6\ \text{N}\cdot\text{m} = 98{,}6\ \text{N}\cdot\text{m}\circlearrowright$$

of

$$\mathbf{M}_O = \{-98{,}6\mathbf{k}\}\ \text{N}\cdot\text{m} \qquad \textit{Antw.}$$

OPLOSSING II (VECTORANALYSE)

Als we de cartesische vectorbenadering gebruiken, kunnen de krachtvector en de plaatsvector in fig. 4.19*c* worden geschreven als:

$$\mathbf{r} \;= \{0{,}4\mathbf{i} - 0{,}2\mathbf{j}\}\ \text{m}$$

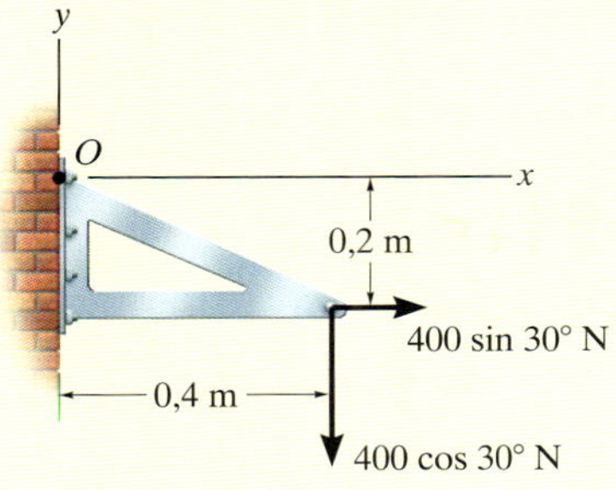

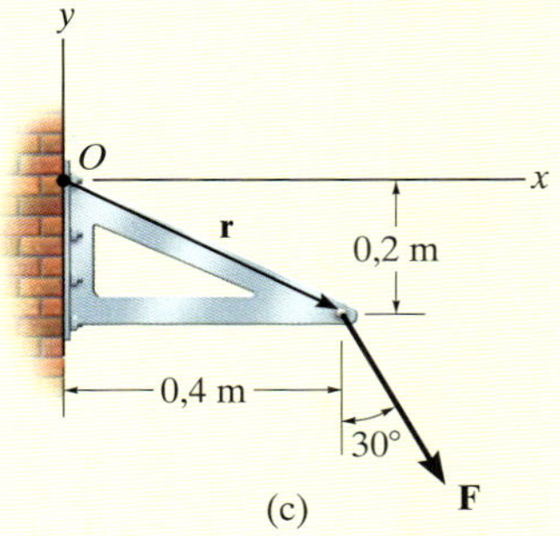

Fig. 4.19 (vervolg)

$$\mathbf{F} = \{400 \sin 30°\mathbf{i} - 400 \cos 30°\mathbf{j}\} \text{ N}$$

$$= \{200{,}0\mathbf{i} - 346{,}4\mathbf{j}\} \text{ N}$$

Het moment is daarom:

$$\mathbf{M}_O = \mathbf{r} \times \mathbf{F} = \begin{vmatrix} \mathbf{i} & \mathbf{j} & \mathbf{k} \\ 0{,}4 & -0{,}2 & 0 \\ 200{,}0 & -346{,}4 & 0 \end{vmatrix}$$

$$= 0\mathbf{i} - 0\mathbf{j} + [0{,}4(-346{,}4) - (-0{,}2)(200{,}0)]\mathbf{k}$$

$$= \{-98{,}6\mathbf{k}\} \text{ N} \cdot \text{m} \qquad \textit{Antw.}$$

OPMERKING: Als we beide oplossingen met elkaar vergelijken, zien we dat de scalaire methode (oplossing I) een *eenvoudigere methode* voor analyse is dan oplossing II, aangezien de richting van het moment en de momentarm voor elke krachtcomponent gemakkelijker kunnen worden vastgesteld. Dit is dan ook de reden waarom over het algemeen deze methode wordt aanbevolen bij het oplossen van vraagstukken in twee dimensies. Cartesische vectoranalyse wordt meestal aanbevolen bij driedimensionale vraagstukken.

Fundamentele vraagstukken

F4.1. Bepaal het moment van de kracht rond punt O.

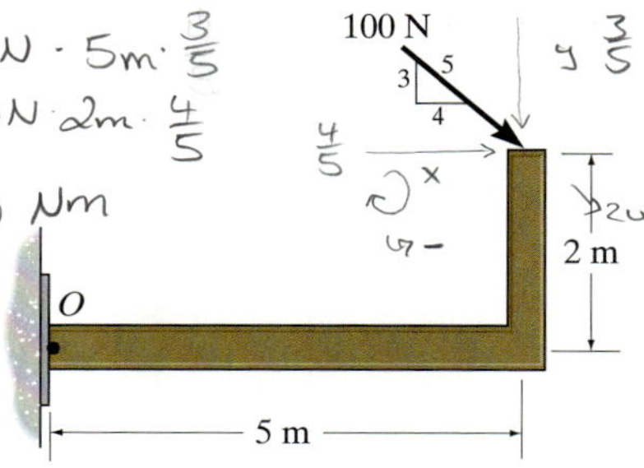

F4.1

F4.2. Bepaal het moment van de kracht rond punt O.

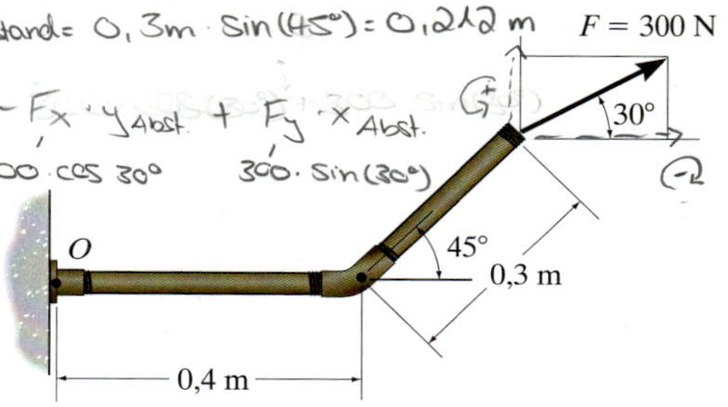

F4.2

F4.3. Bepaal het moment van de kracht rond punt O.

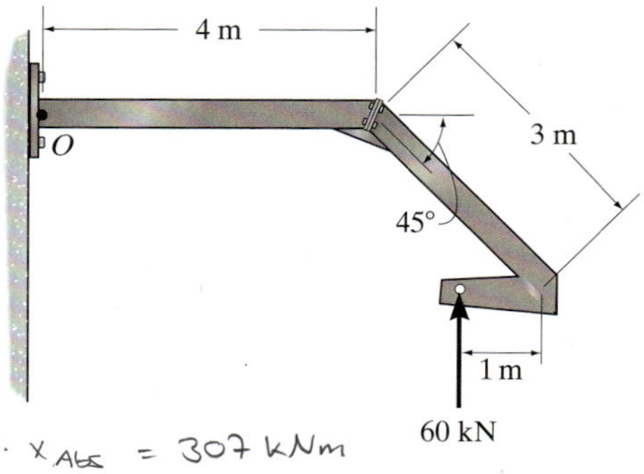

F4.3

F4.4. Bepaal het moment van de kracht rond punt O. Verwaarloos de dikte van het deel.

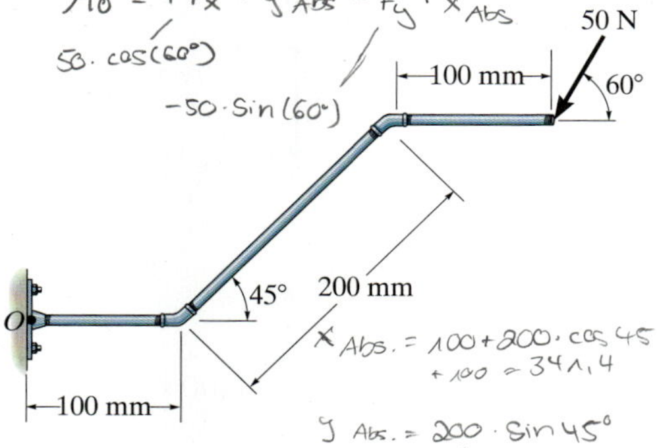

F4.4

F4.5. Bepaal het moment van de kracht rond punt O.

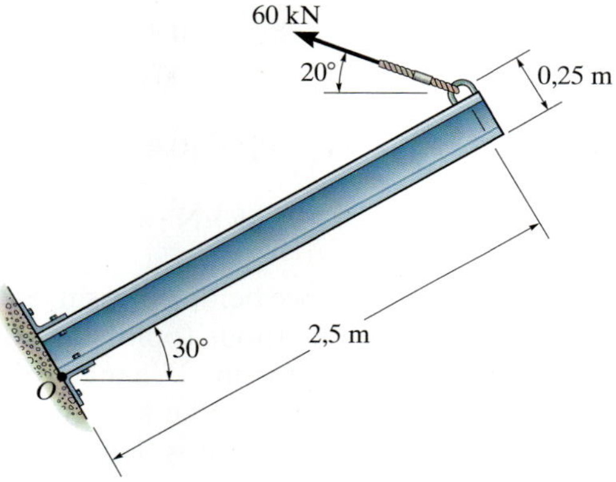

F4.5

F4.6. Bepaal het moment van de kracht rond punt O.

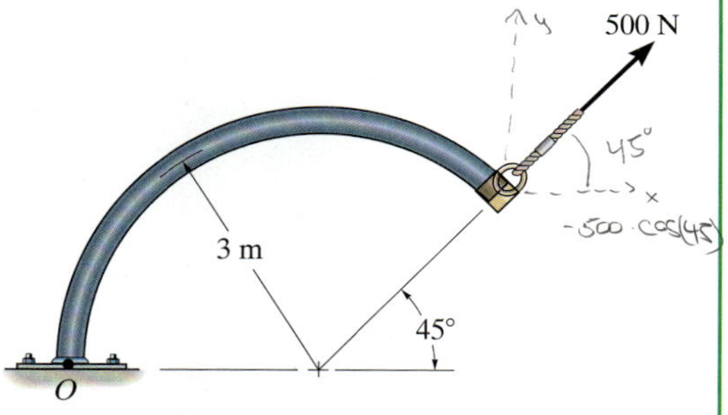

F4.6

F4.7. Bepaal het resulterend moment geleverd door de krachten rond punt O.

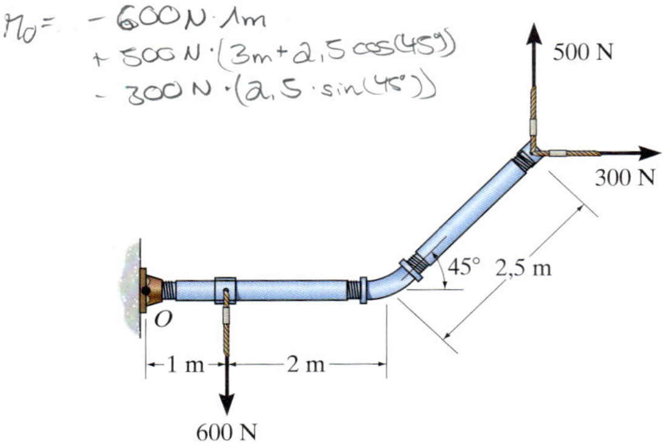

F4.7

F4.10. Bepaal het moment van kracht **F** rond punt O. Schrijf het resultaat als een cartesische vector.

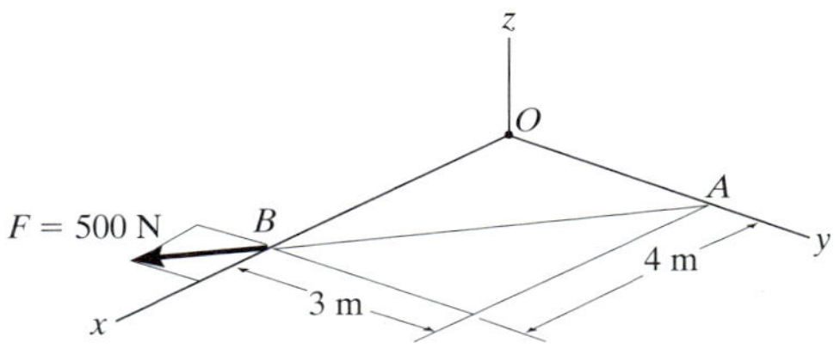

F4.10

F4.8. Bepaal het resulterend moment geleverd door de krachten rond punt O.

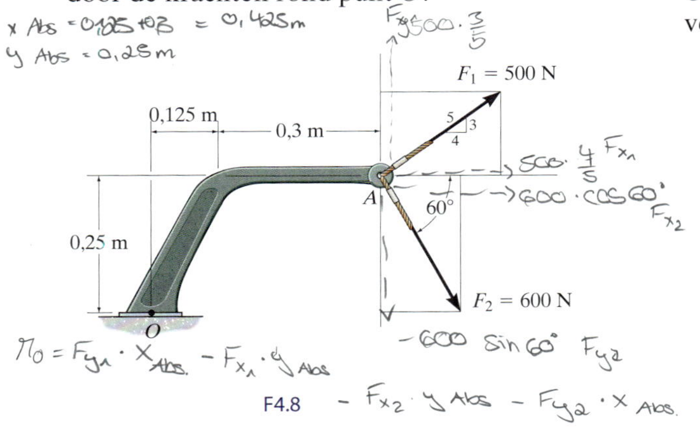

F4.8

F4.11. Bepaal het moment van kracht **F** rond punt O. Schrijf het resultaat als een cartesische vector.

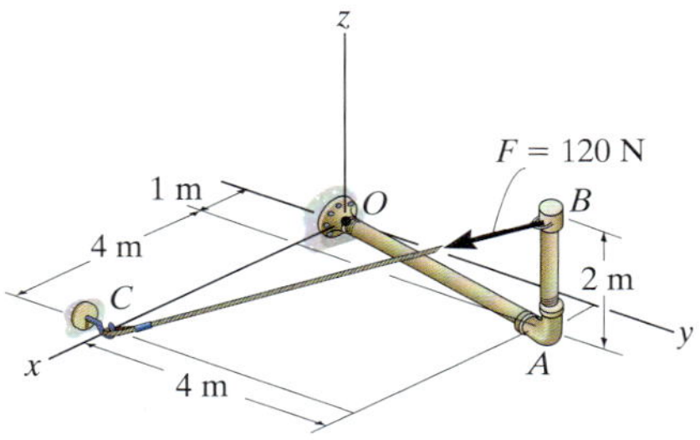

F4.11

F4.9. Bepaal het resulterend moment geleverd door de krachten rond punt O.

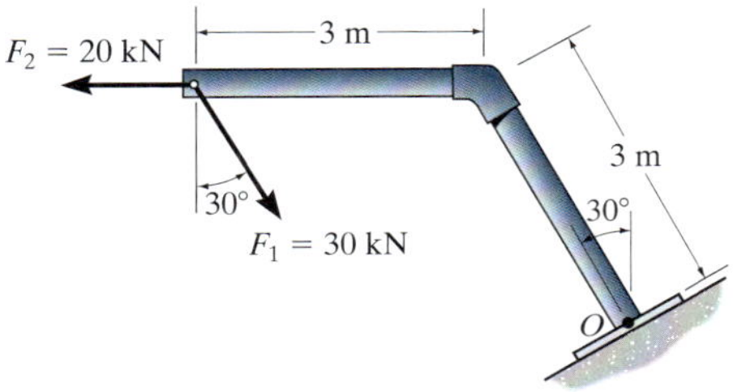

F4.9

F4.12. Als $\mathbf{F}_1 = \{100\mathbf{i} - 120\mathbf{j} + 75\mathbf{k}\}$ N en $\mathbf{F}_2 = \{-200\mathbf{i} + 250\mathbf{j} + 100\mathbf{k}\}$ N, bepaal dan het resulterend moment veroorzaakt door deze krachten rond punt O. Schrijf het resultaat als een cartesische vector.

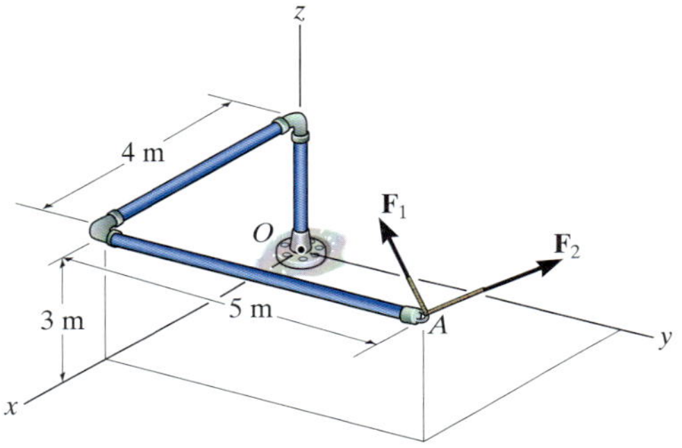

F4.12

Vraagstukken

•4.1. Als **A**, **B** en **D** gegeven vectoren zijn, toon dan aan dat de distributieve eigenschap voor het uitwendig product geldt. Dat wil zeggen: $\mathbf{A} \times (\mathbf{B} + \mathbf{D}) = (\mathbf{A} \times \mathbf{B}) + (\mathbf{A} \times \mathbf{D})$.

4.2. Bewijs dat voor het gemengd product de volgende identiteit geldt: $\mathbf{A} \cdot (\mathbf{B} \times \mathbf{C}) = (\mathbf{A} \times \mathbf{B}) \cdot \mathbf{C}$.

4.3. Toon aan dat wanneer voor drie gegeven niet-nulvectoren **A**, **B** en **C** geldt dat $\mathbf{A} \cdot (\mathbf{B} \times \mathbf{C}) = 0$, de drie vectoren in hetzelfde vlak *moeten* liggen.

***4.4.** Bepaal de grootte en richting van het moment van de kracht ter plaatse van A om punt O.

4.5. Bepaal de grootte en richting van het moment van de kracht ter plaatse van A om punt P.

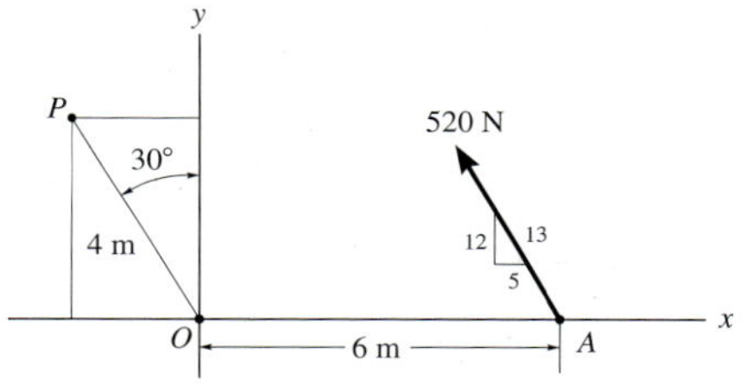

Vraagstukken 4.4/5

4.6. De kraan kan worden versteld over een hoek $0° \leq \theta \leq 90°$ en over een afstand $0 \leq x \leq 5$m worden uitgeschoven. Bepaal voor een last van 120 kg het moment ter plaatse van A als functie van x en θ. Bij welke combinatie van waarden van x en θ is het moment ter plaatse van A maximaal? Bereken dit moment. Verwaarloos de afmetingen van de katrol in B.

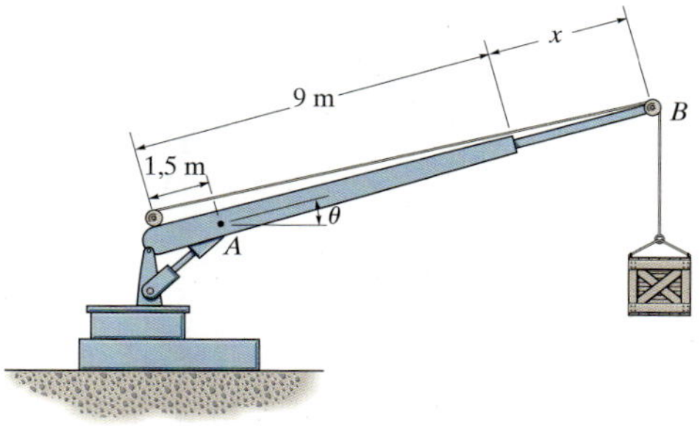

Vraagstuk 4.6

4.7. Bepaal het moment van de drie krachten om punt A.

***4.8.** Bepaal het moment van elk van de drie krachten om punt B.

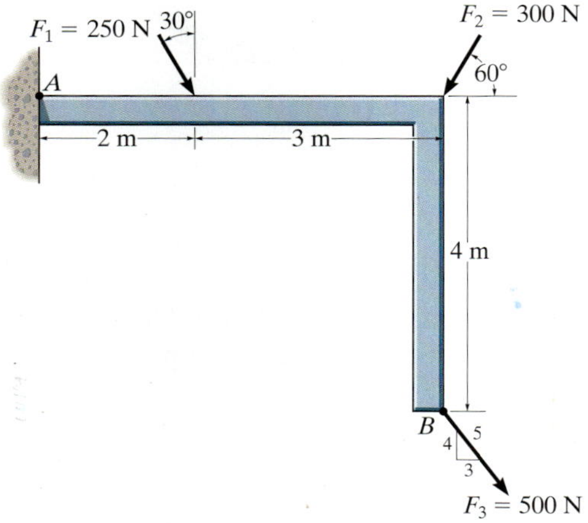

Vraagstukken 4.7/8

4.9. Bepaal de grootte en richting van het resulterend moment van de krachten om punt O.

4.10. Bepaal de grootte en richting van het resulterend moment van de krachten om punt P.

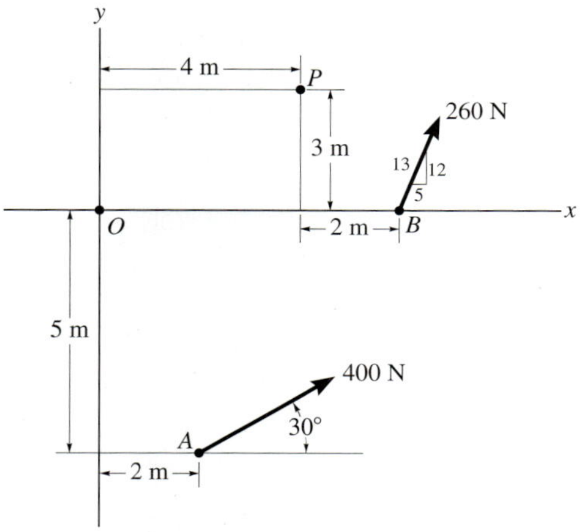

Vraagstukken 4.9/10

4.11. Het hek op de spoorwegovergang bestaat uit een 100 kg zware arm waarvan het massamiddelpunt zich in G_a bevindt en een 250 kg zwaar contragewicht waarvan het massamiddelpunt zich in G_W bevindt. Bepaal de grootte en richting van het resulterend moment van de gewichten om punt A.

***4.12.** Het hek op de spoorwegovergang bestaat uit een 100 kg zware arm waarvan het massamiddelpunt zich in G_a bevindt en een 250 kg zwaar contragewicht waarvan het massamiddelpunt zich in G_W bevindt. Bepaal de grootte en richting van het resulterend moment van de gewichten om punt B.

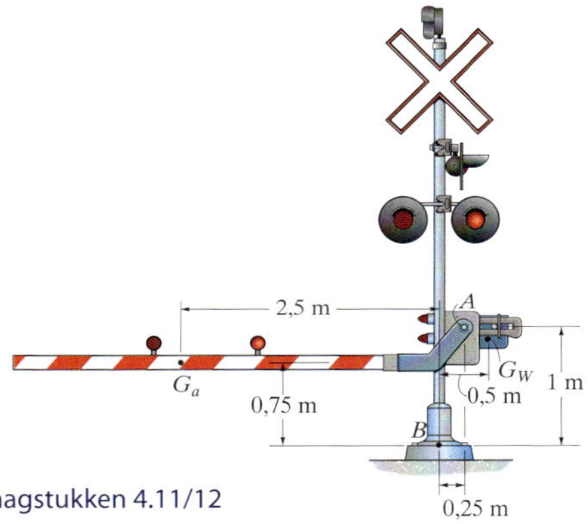

Vraagstukken 4.11/12

4.13. De kracht van 70 N werkt op het uiteinde van de buis in B. Bepaal (a) het moment van deze kracht rond punt A, en (b) de grootte en richting van een horizontale kracht, uitgeoefend in C, die hetzelfde moment oplevert. Neem $\theta = 60°$.

4.14. De kracht van 70 N werkt op het uiteinde van de buis in B. Bepaal de hoeken θ ($0° \leq \theta \leq 180°$) van de kracht die maximale en minimale momenten rond punt A opleveren. Wat zijn de groottes van deze momenten?

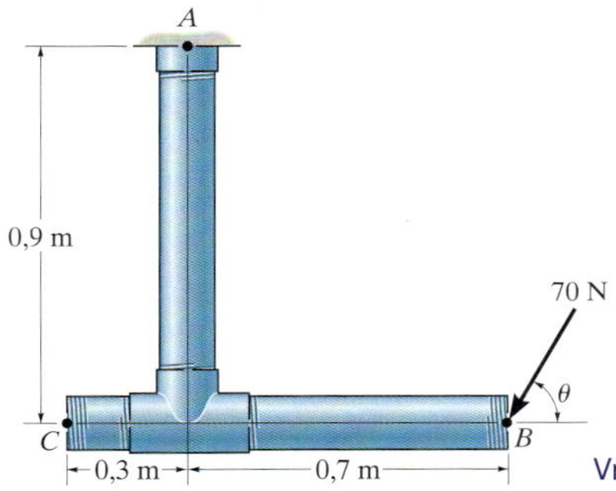

Vraagstukken 4.13/14

4.15. Als de kracht van de achillespees $F_t = 650$ N treedt in werking wanneer de man probeert op zijn tenen te gaan staan. Terwijl dit gebeurt, is elk van zijn voeten onderworpen aan een reactiekracht van $N_f = 400$ N. Bepaal het resulterend moment van $\mathbf{F}_t$ en $\mathbf{N}_f$ rond het enkelgewricht A.

***4.16** De kracht van de achillespees $\mathbf{F}_t$ treedt in werking wanneer de man probeert op zijn tenen te gaan staan. Terwijl dit gebeurt, is elk van zijn voeten onderworpen aan een reactiekracht van $N_f = 400$ N. Als het resulterend moment geleverd door de krachten $\mathbf{F}_t$ en $\mathbf{N}_f$ rond het enkelgewricht A gelijk aan nul moet zijn, bepaal dan de grootte van $\mathbf{F}_t$.

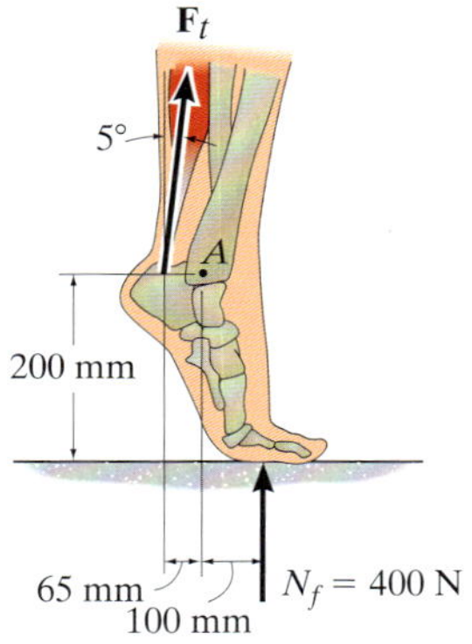

Vraagstukken 4.15/16

4.17. De heupprothese wordt belast met een kracht $F = 120$ N. Bepaal het moment van deze kracht om de hals ter plaatse van A en om de steel ter plaatse van B.

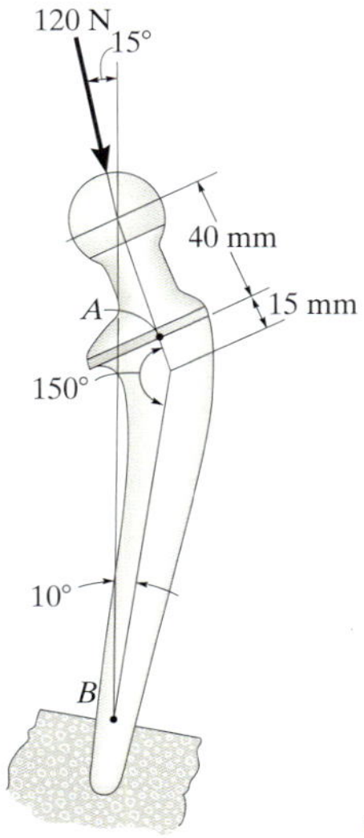

Vraagstuk 4.17

4.18. Een torenkraan hijst een last van 2 Mg met een constante snelheid verticaal omhoog. Het massamiddelpunt van de 1,5 Mg zware giek BD en de 0,5 Mg zware giek BC en het contragewicht C van 6 Mg bevindt zich respectievelijk ter plaatse van G_1, G_2 en G_3. Bepaal het resulterend moment van de last en de gewichten van de gieken van de torenkraan om de punten A en B.

4.19. Een torenkraan hijst een last van 2 Mg met een constante snelheid verticaal omhoog. Het massamiddelpunt van de 1,5 Mg zware giek BD en de 0,5 Mg zware giek BC bevindt zich ter plaatse van respectievelijk G_1 en G_2. Bepaal de benodigde massa van het contragewicht C, zodanig dat het resulterend moment van de last en het gewicht van de gieken van de torenkraan om punt A nul is. Het massamiddelpunt van het contragewicht bevindt zich ter plaatse van G_3.

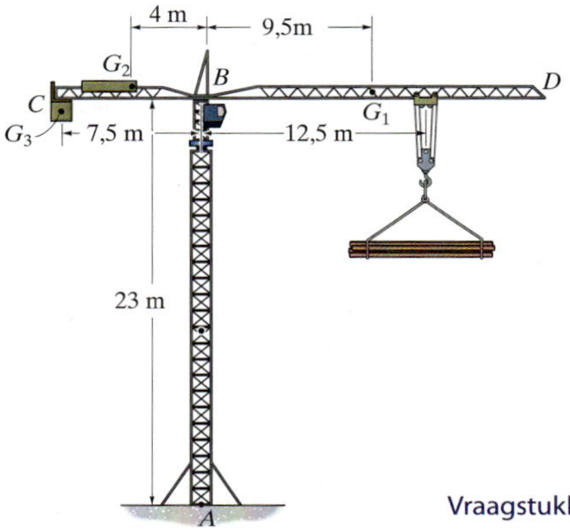

Vraagstukken 4.18/19

***4.20.** Bepaal de grootte van de kracht **F** die op het uiteinde van de hendel moet worden uitgeoefend, zodanig dat deze kracht een moment met de klok mee veroorzaakt van 15 N · m om punt O als $\theta = 30°$.

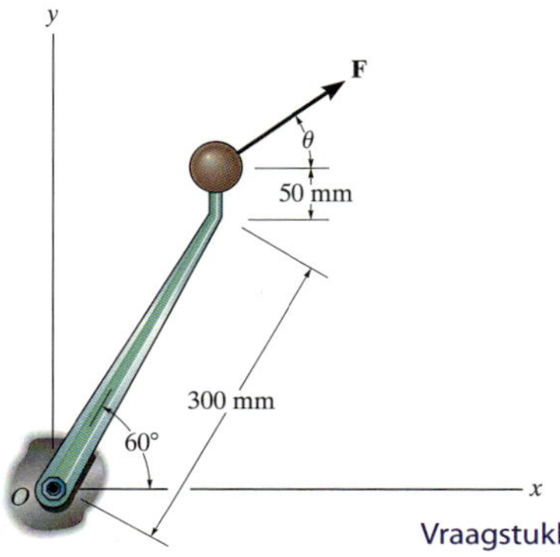

Vraagstukken 4.20/21

4.21. Als de kracht $F = 100$ N is, bepaal dan de hoek θ ($0 \leq \theta \leq 90°$), zodanig dat de kracht een moment met de klok mee om punt O veroorzaakt van 20 N · m.

4.22. Het hulpmiddel bij A wordt gebruikt om het mes van een grasmaaier op zijn plaatst te houden terwijl de moer wordt losgedraaid met de sleutel. Op de sleutel wordt een kracht van 50 N uitgeoefend in B in de weergegeven richting. Bepaal het moment dat daardoor wordt veroorzaakt om de moer in C. Wat is de grootte van kracht **F** ter plaatse van A, zodat een even groot maar tegengesteld gericht moment wordt veroorzaakt om C?

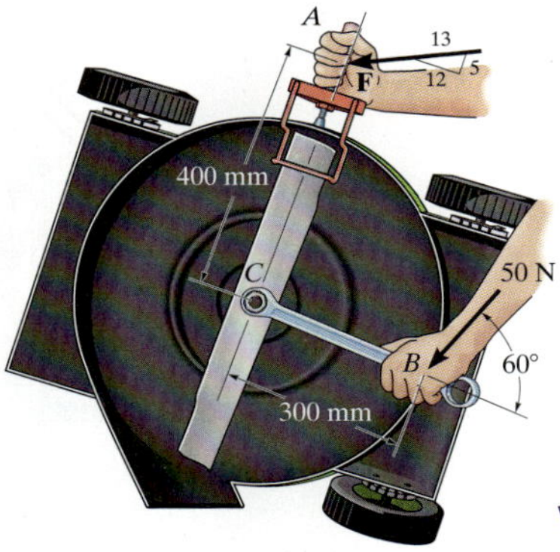

Vraagstuk 4.22

4.23. De kabel oefent een kracht $P = 4$ kN uit aan het uiteinde van de 20 m lange giek van de kraan. Als $\theta = 30°$, bepaal dan de plaats x van de haak in A zodat deze kracht een maximaal moment rond punt O creëert. Hoe groot is dit moment?

***4.24.** De kabel oefent een kracht van $P = 4$ kN uit aan het uiteinde van de 20 m lange giek van de kraan. Als $x = 25$ m, bepaal dan de plaats van de giek, zodat deze kracht een maximaal moment rond punt O veroorzaakt. Hoe groot is dit moment?

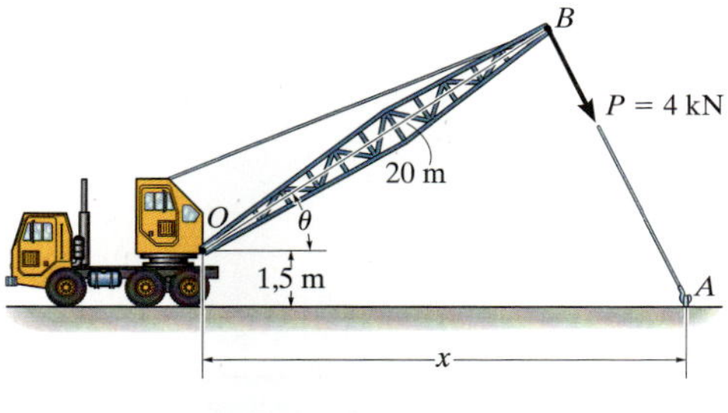

Vraagstukken 4.23/24

4.25. Bepaal het resulterend moment van de krachten om punt A. Los het vraagstuk op door eerst elke kracht als geheel te beschouwen en vervolgens de momentenstelling toe te passen. Veronderstel dat $F_1 = 250$ N, $F_2 = 300$ N en $F_3 = 500$ N.

4.26. Het resulterend moment om punt A is 4800 N · m, met de klok mee. Bepaal de grootte van $\mathbf{F}_3$ als $F_1 = 300$ N en $F_2 = 400$ N.

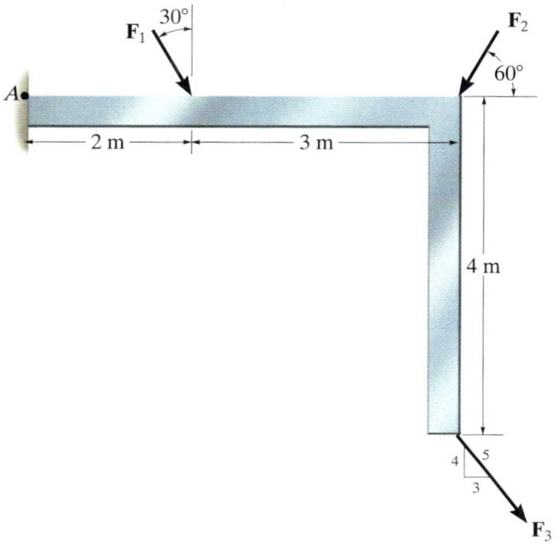

Vraagstukken 4.25/26

4.27. De hefboom BC wordt gebruikt om de Engelse sleutel te verlengen. Als de uitgeoefende kracht $F = 200$ N en $d = 300$ mm is, bepaal dan het moment dat door deze kracht wordt veroorzaakt om de bout bij A.

***4.28.** De hefboom BC wordt gebruikt om de Engelse sleutel te verlengen. Om de bout bij A aan te draaien is een moment met de klok mee MA = 120 N · m nodig en de kracht F = 200 N. Bepaal de benodigde verlenging d die nodig is om dit moment te veroorzaken.

4.29. De hefboom BC wordt gebruikt om de Engelse sleutel te verlengen. Om de bout bij A aan te draaien is een moment met de klok mee MA = 120 N · m nodig en de verlenging d = 300 mm. Bepaal de benodigde kracht $\mathbf{F}$ die nodig is om dit moment te veroorzaken.

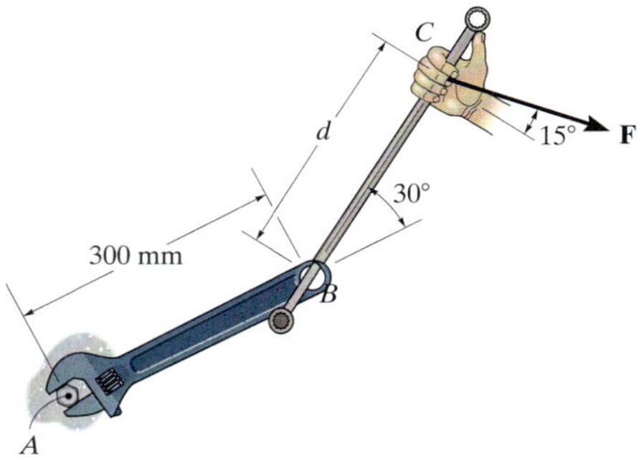

Vraagstukken 4.27/28/29

4.30. Een kracht $\mathbf{F}$ met een grootte $F = 100$ N werkt langs de diagonaal van het parallellepipedum. Bepaal het moment van $\mathbf{F}$ om A met behulp van $\mathbf{M}_A = \mathbf{r}_B \times \mathbf{F}$ en $\mathbf{M}_A = \mathbf{r}_C \times \mathbf{F}$.

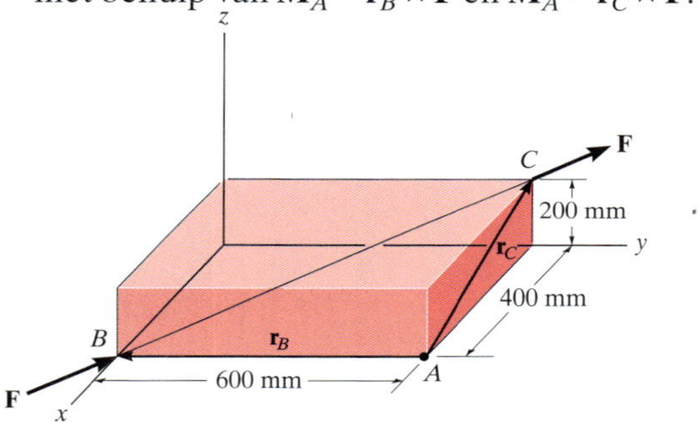

Vraagstuk 4.30

4.31. De kracht $\mathbf{F} = \{600\mathbf{i} + 300\mathbf{j} - 600\mathbf{k}\}$ N werkt op het uiteinde van de balk. Bepaal het moment van de kracht om punt A.

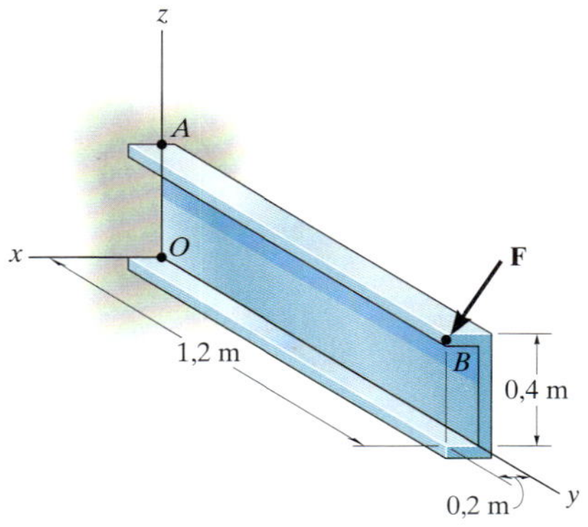

Vraagstuk 4.31

***4.32** Bepaal het door de kracht $\mathbf{F}_B$ geleverde moment rond punt O. Schrijf het resultaat als een cartesische vector.

4.33. Bepaal het door de kracht $\mathbf{F}_C$ geleverde moment rond punt O. Schrijf het resultaat als een cartesische vector.

4.34. Bepaal het resulterend moment geleverd door de krachten $\mathbf{F}_B$ en $\mathbf{F}_C$ rond punt O. Schrijf het resultaat als een cartesische vector.

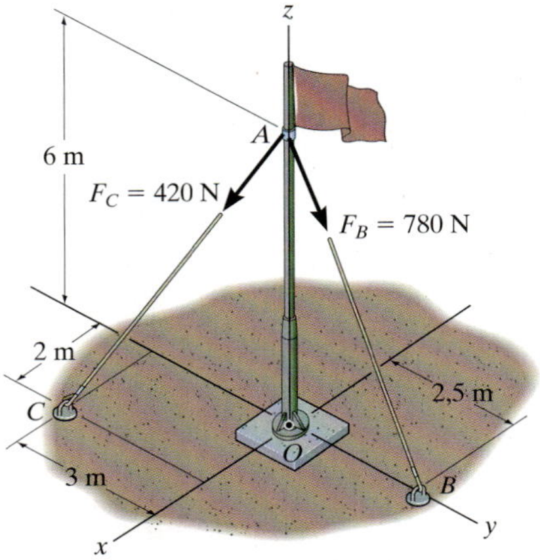

Vraagstukken 4.32/33/34

***4.36.** De gekromde stang ligt in het x-y-vlak en heeft een straal van 3 m. Op het uiteinde ervan werkt een kracht $F = 80$ N, op de manier zoals is weergegeven in de figuur. Bepaal het moment van deze kracht om punt O.

4.37. De gekromde stang ligt in het x-y-vlak en heeft een straal van 3 m. Op het uiteinde ervan werkt een kracht $F = 80$ N, op de manier zoals is weergegeven in de figuur. Bepaal het moment van deze kracht om punt B.

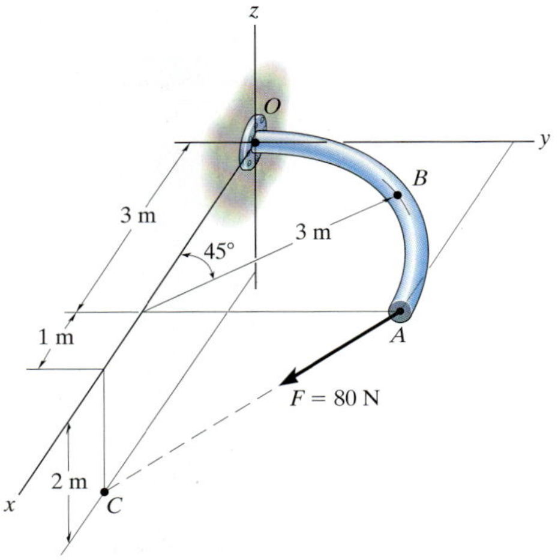

Vraagstukken 4.36/37

4.35. Doordat de ring draaibaar is, kan de kracht van 75 N in het verticale vlak onder verschillende hoeken θ werken. Bepaal de grootte van het moment dat de kracht veroorzaakt om A, zet de uitkomst van M (x-as) af tegen θ (y-as) voor $0° \leq \theta \leq 180°$ en geef aan bij welke hoeken het moment maximaal en minimaal is.

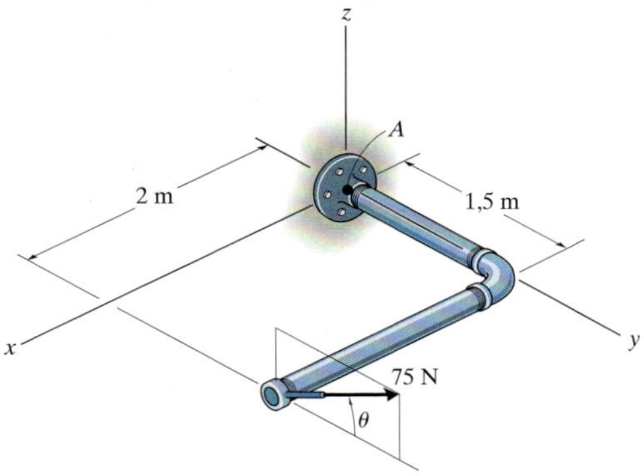

Vraagstuk 4.35

4.38. Kracht **F** werkt loodrecht op het schuine vlak. Bepaal het door kracht **F** geleverde moment rond punt A. Schrijf het resultaat als een cartesische vector.

4.39 Los vraagstuk 4.38 op voor $F = 500$ N.

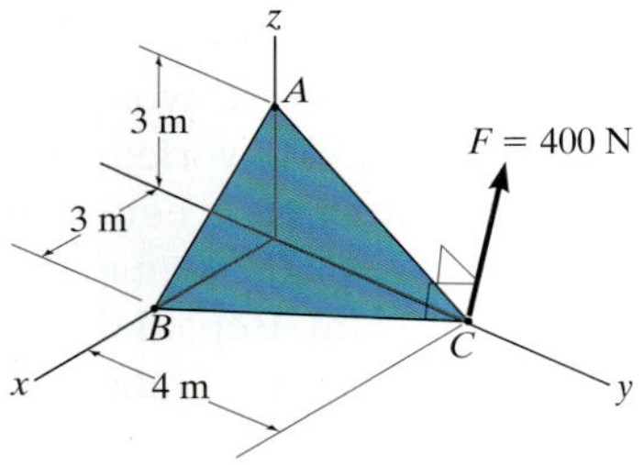

Vraagstukken 4.38/39

***4.40.** De buizenconstructie is onderworpen aan een kracht van 80 N. Bepaal het moment van deze kracht rond punt A.

4.41. De buizenconstructie is onderworpen aan een kracht van 80 N. Bepaal het moment van deze kracht rond punt B.

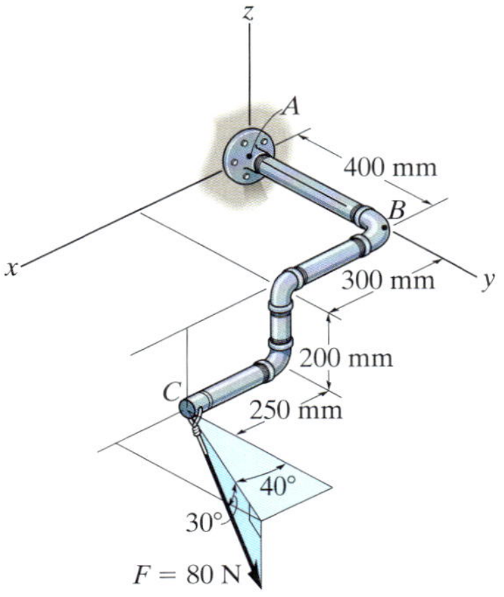

Vraagstukken 4.40/41

4.42. Steun AB van het luik met een diameter van 1 m oefent een kracht uit van 450 N op punt B. Bepaal het moment van deze kracht om punt O.

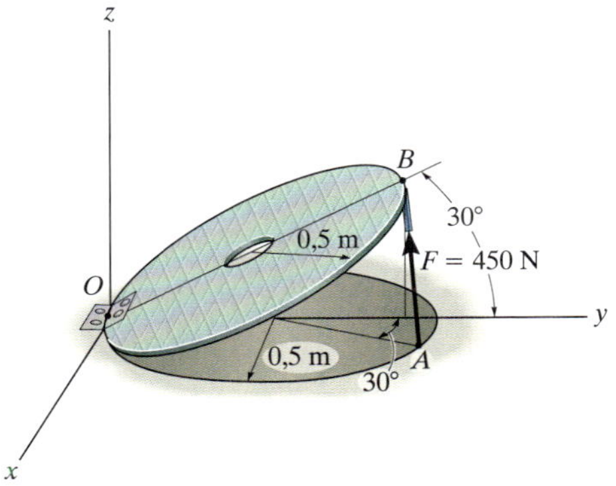

Vraagstuk 4.42

4.43. Bepaal het moment van de kracht **F** ter plaatse van A om punt O. Schrijf de uitkomst als een cartesische vector.

***4.44.** Bepaal het moment van de kracht **F** ter plaatse van A om punt P. Schrijf de uitkomst als een cartesische vector.

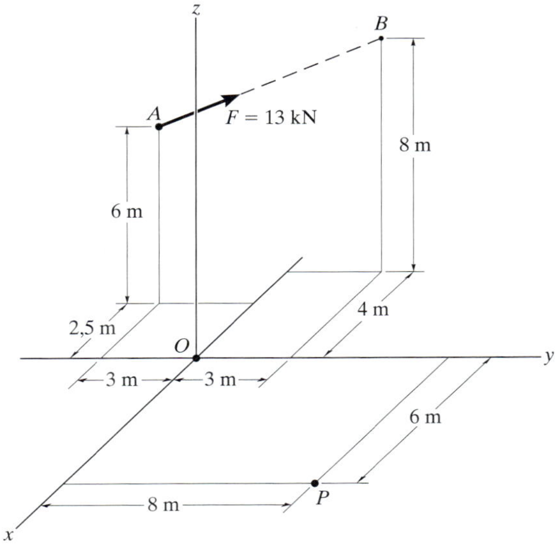

Vraagstukken 4.43/44

4.45. Een kracht van $\mathbf{F} = \{6\mathbf{i} - 2\mathbf{j} + 1\mathbf{k}\}$ kN veroorzaakt een moment $\mathbf{M}_O = \{4\mathbf{i} + 5\mathbf{j} - 14\mathbf{k}\}$ kN · m om de coördinatenoorsprong, punt O. De kracht werkt ter plaatse van een punt met een x-coördinaat $x = 1$ m. Bepaal de y- en z-coördinaat.

4.46. De kracht $\mathbf{F} = \{6\mathbf{i} + 8\mathbf{j} + 10\mathbf{k}\}$ N veroorzaakt een moment om punt O $\mathbf{M}_O = \{-14\mathbf{i} + 8\mathbf{j} + 2\mathbf{k}\}$ N · m. De werklijn van de kracht loopt door een punt met een x-coördinaat van 1 m. Bepaal de y- en z-coördinaat van het punt. Merk ook op dat $M_O = Fd$. Bepaal de loodrechte afstand d van punt O tot de werklijn van **F**.

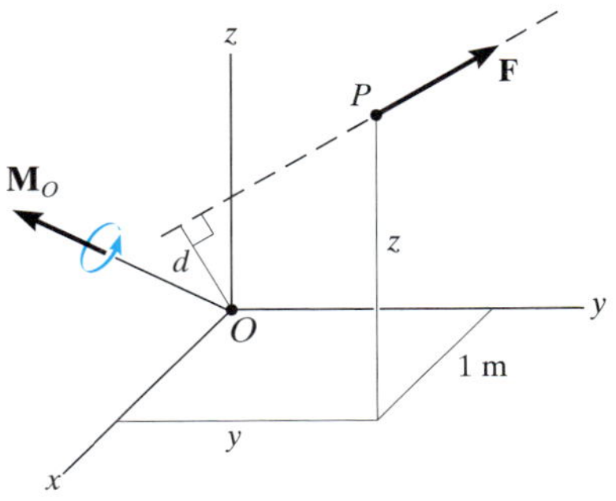

Vraagstukken 4.45/46

4.5 Moment van een kracht om een gegeven as

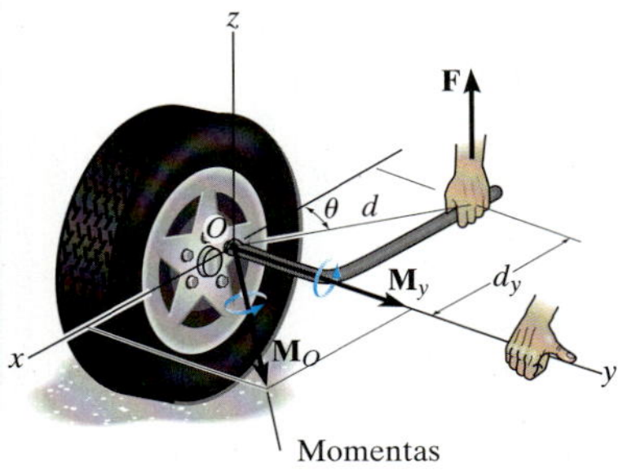

(a)

Fig. 4.20

Soms moet het door een kracht geleverd moment rond een *specifieke as* worden bepaald. Stel bijvoorbeeld dat de wielmoer in O op de autoband in fig. 4.20*a* moet worden losgedraaid. De op de moersleutel uitgoefende kracht zorgt ervoor dat de moersleutel de neiging heeft om te gaan draaien en de moer geneigd is om te gaan draaien rond de *momentas* door O. De moer kan echter uitsluitend rond de y-as draaien. Daarom is voor het bepalen van het draaieffect alleen de y-component van het moment nodig, en het totaal geleverde moment is niet belangrijk. Voor het bepalen van deze component kunnen we een scalaire analyse of een vectoranalyse gebruiken.

Scalaire analyse Bij een *scalaire analyse* in het geval van de wielmoer in fig.4.20*a*, is de loodrechte afstand van de momentarm van de as tot de werklijn van de kracht gelijk aan $d_y = d\cos\theta$. Dus is het moment van $\mathbf{F}$ rond de y-as gelijk aan $M_y = F\,d_y = F(d\cos\theta)$. Volgens de rechterhandregel is $\mathbf{M}_y$ gericht langs de positieve y-as, zoals weergegeven in de figuur. In het algemeen is voor elke as a het moment gelijk aan:

$$M_a = Fd_a \tag{4.10}$$

Vectoranalyse Voor het bepalen van het moment van kracht $\mathbf{F}$ in fig. 4.20*b* om de y-as met behulp van vectoranalyse, moeten we eerst het moment van de kracht rond een willekeurig punt O op de y-as bepalen door gebruik te maken van vgl. 4.7, $\mathbf{M}_O = \mathbf{r} \times \mathbf{F}$. De component $\mathbf{M}_y$ langs de y-as is de projectie van $\mathbf{M}_O$ langs de y-as. Deze component kan worden bepaald met behulp van het inwendig product uit hoofdstuk 2, zodat $M_y = \mathbf{j} \cdot \mathbf{M}_O = \mathbf{j} \cdot (\mathbf{r} \times \mathbf{F})$ waarbij $\mathbf{j}$ de eenheidsvector is in de y-richting.

Deze aanpak kunnen we generaliseren door $\mathbf{u}_a$ te definiëren als de eenheidsvector die de richting van de as in fig. 4.21 aangeeft. Dan is het moment van $\mathbf{F}$ om een punt O op de as $\mathbf{M}_O = \mathbf{r} \times \mathbf{F}$ en de projectie van dit moment op de a-as is $M_a = \mathbf{u}_a \cdot (\mathbf{r} \times \mathbf{F})$. Deze uitdrukking wordt wel het *gemengd product* genoemd. Als de vectoren in cartesische vorm worden geschreven, vinden we

$$\begin{aligned} M_a &= [u_{a_x}\mathbf{i} + u_{a_y}\mathbf{j} + u_{a_z}\mathbf{k}] \cdot \begin{vmatrix} \mathbf{i} & \mathbf{j} & \mathbf{k} \\ r_x & r_y & r_z \\ F_x & F_y & F_z \end{vmatrix} \\ &= u_{a_x}(r_yF_z - r_zF_y) - u_{a_y}(r_xF_z - r_zF_x) + u_{a_z}(r_xF_y - r_yF_x) \end{aligned}$$

Dit resultaat kan ook worden geschreven in de vorm van een determinant, waardoor het makkelijker te onthouden is.*

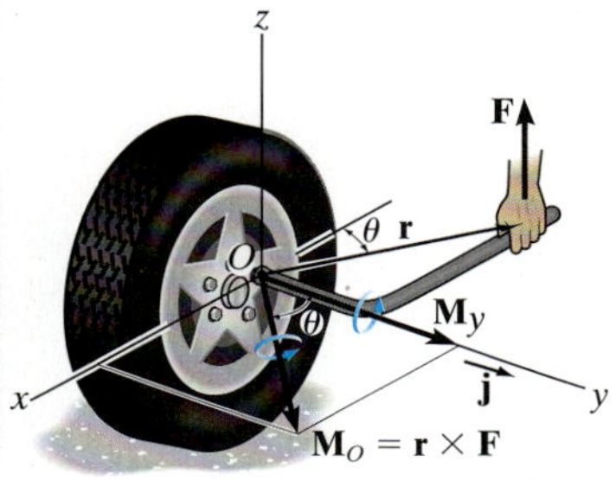

(b)

Fig. 4.20 (vervolg)

$$M_a = \mathbf{u}_a \cdot (\mathbf{r} \times \mathbf{F}) = \begin{vmatrix} u_{a_x} & u_{a_y} & u_{a_z} \\ r_x & r_y & r_z \\ F_x & F_y & F_z \end{vmatrix} \tag{4.10}$$

waarbij

$u_{a_x}, u_{a_y}, u_{a_z}$ de x-, y- en z-componenten zijn van de eenheidsvector die de richting van de a-as bepaalt;

* Neem even de tijd om deze determinant uit te werken en te zien dat die het hier genoemde resultaat oplevert.

r_x, r_y, r_z de x-, y- en z-componenten zijn van de plaatsvector die van een *willekeurig punt O* op de a-as naar een *willekeurig punt A* op de werklijn van de kracht loopt;

F_x, F_y, F_z de x-, y- en z-componenten zijn van de krachtvector.

Wanneer de waarde van M_a wordt afgeleid uit vgl. 4.11, zal dit een positieve of negatieve scalair opleveren. Het teken van deze scalair geeft de richting van $\mathbf{M}_a$ langs de a-as aan. Als deze positief is, heeft $\mathbf{M}_a$ dezelfde zin als $\mathbf{u}_a$. Als deze negatief is, dan is $\mathbf{M}_a$ tegengesteld aan $\mathbf{u}_a$.

Als M_a eenmaal is vastgesteld, kunnen we $\mathbf{M}_a$ uitdrukken als een cartesische vector, namelijk:

$$\mathbf{M}_a = M_a\mathbf{u}_a \tag{4.12}$$

De voorbeelden hierna zijn numerieke toepassingen van bovenstaande concepten.

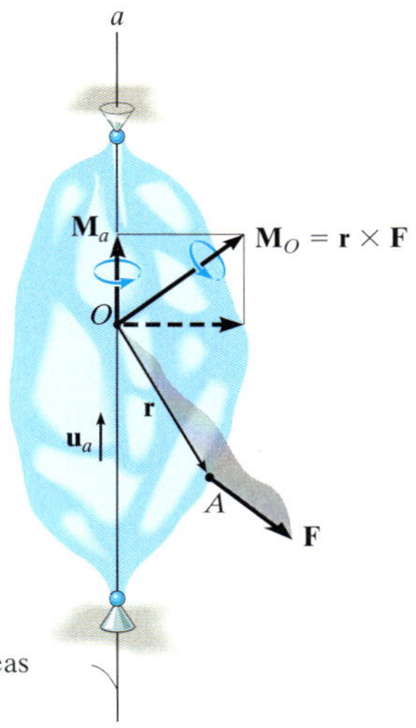

Fig. 4.21

Om te onthouden!

- Het moment van een kracht om een gegeven as kan worden bepaald, als de lengte van de loodlijn d_a tussen de werklijn van de kracht en de as kan worden bepaald. $M_a = Fd_a$
- Wanneer vectoranalyse wordt gebruikt, $M_a = \mathbf{u}_a \cdot (\mathbf{r} \times \mathbf{F})$, waarbij $\mathbf{u}_a$ de richting van de as bepaalt en **r** van een *willekeurig punt* op de as naar een *willekeurig punt* op de werklijn van de kracht loopt.
- Wanneer M_a wordt berekend en het resultaat een negatieve scalaire waarde laat zien, dan is de zin van $\mathbf{M}_a$ tegengesteld aan $\mathbf{u}_a$.
- Het moment $\mathbf{M}_a$, uitgedrukt als een cartesische vector, wordt bepaald uit $\mathbf{M}_a = M_a\mathbf{u}_a$.

Voorbeeld 4.7

Bepaal het resulterend moment van de drie krachten in fig. 4.22, rond de x-as, de y-as en de z-as.

OPLOSSING

Een kracht die *evenwijdig* loopt aan een coördinaatas of een werklijn heeft die door de as loopt, levert *geen* moment of neiging om rond die as te gaan draaien. Als we, zoals afgebeeld in de figuur, de positieve richting van het moment van een kracht in overeenstemming met de rechterhandregel definiëren, vinden we:

$$M_x = (600\text{ N})(0{,}2\text{ m}) + (500\text{ N})(0{,}2\text{ m}) + 0 = 220\text{ N}\cdot\text{m} \qquad \textit{Antw.}$$

$$M_y = 0 - (500\text{ N})(0{,}3\text{ m}) - (400\text{ N})(0{,}2\text{ m}) = -230\text{ N}\cdot\text{m} \qquad \textit{Antw.}$$

$$M_z = 0 + 0 - (400\text{ N})(0{,}2\text{ m}) = -80\text{ N}\cdot\text{m} \qquad \textit{Antw.}$$

Het minteken geeft aan dat $\mathbf{M}_y$ en $\mathbf{M}_z$ respectievelijk in de $-y$- en $-z$-richtingen werken.

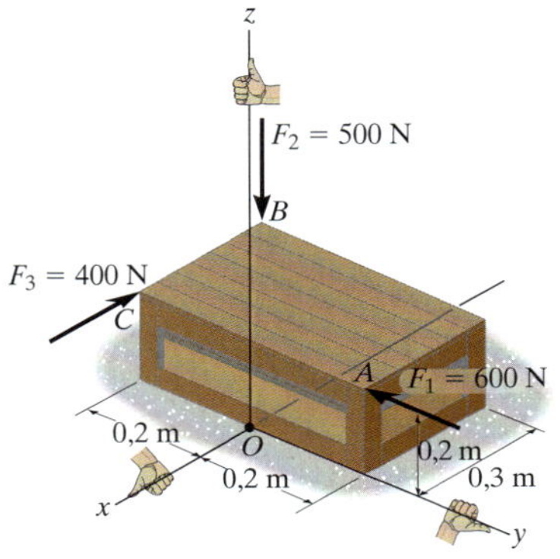

Fig. 4.22

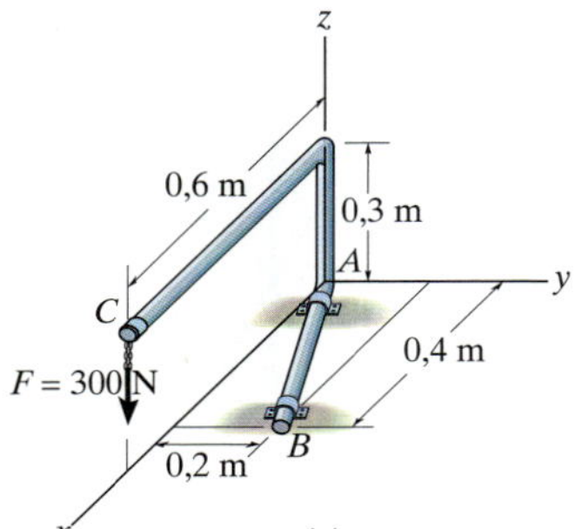

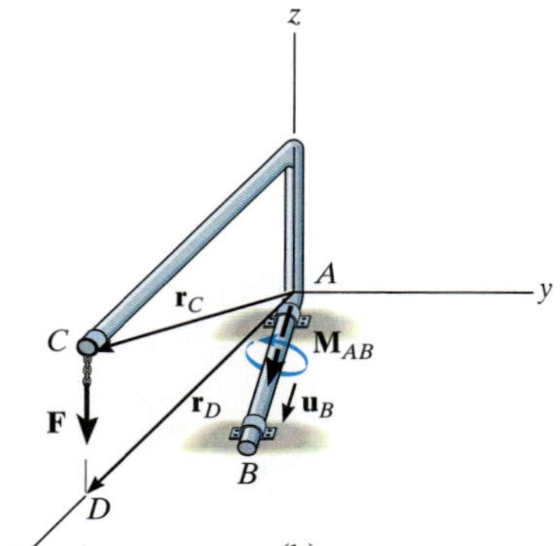

Fig. 4.23

Voorbeeld 4.8

Bepaal het moment $\mathbf{M}_{AB}$ dat veroorzaakt wordt door kracht **F** in fig. 4.23*a*, die de staaf de neiging geeft om rond de *AB*-as te roteren.

OPLOSSING

Voor de oplossing wordt een vectoranalyse uitgaande van $M_{AB} = \mathbf{u}_B \cdot (\mathbf{r} \times \mathbf{F})$ voorgesteld in plaats van te proberen de momentarm of de loodrechte afstand van de werklijn van **F** tot de *AB*-as te bepalen. Vervolgens wordt elk van de termen in de vergelijking vastgesteld.

Eenheidsvector $\mathbf{u}_B$ bepaalt de richting van de *AB*-as van de staaf, zie fig. 4.23*b*, waarbij:

$$\mathbf{u}_B = \frac{\mathbf{r}_B}{r_B} = \frac{\{0{,}4\mathbf{i} + 0{,}2\mathbf{j}\}\text{ m}}{\sqrt{(0{,}4\text{ m})^2 + (0{,}2\text{ m})^2}} = 0{,}8944\mathbf{i} + 0{,}4472\mathbf{j}$$

Vector **r** loopt van *een willekeurig punt* op de *AB*-as naar *een willekeurig punt* op de werklijn van de kracht. De plaatsvectoren $\mathbf{r}_C$ en $\mathbf{r}_D$, bijvoorbeeld, voldoen hieraan, zie fig. 4.23*b*. (Hoewel ze niet worden getoond, kunnen $\mathbf{r}_{BC}$ of $\mathbf{r}_{BD}$ ook worden gebruikt.) Voor de eenvoud kiezen we $\mathbf{r}_D$ waarbij:

$$\mathbf{r}_D = \{0{,}6\mathbf{i}\}\text{ m}$$

De kracht is:

$$\mathbf{F} = \{-300\mathbf{k}\}\text{ N}$$

Als we deze vectoren in de determinanten substitueren en vervolgens uitwerken, krijgen we:

$$M_{AB} = \mathbf{u}_B \cdot (\mathbf{r}_D \times \mathbf{F}) = \begin{vmatrix} 0{,}8944 & 0{,}4472 & 0 \\ 0{,}6 & 0 & 0 \\ 0 & 0 & -300 \end{vmatrix}$$

$$= 0{,}8944[0(-300) - 0(0)] - 0{,}4472[0{,}6(-300) - 0(0)] + 0[0{,}6(0) - 0(0)]$$

$$= 80{,}50\text{ N}\cdot\text{m}$$

Dit positieve resultaat geeft aan dat $\mathbf{M}_{AB}$ dezelfde zin heeft als $\mathbf{u}_B$.

Als we het moment $\mathbf{M}_{AB}$ uitdrukken als een cartesische vector, krijgen we:

$$\mathbf{M}_{AB} = M_{AB}\mathbf{u}_B = (80{,}50\text{ N}\cdot\text{m})(0{,}8944\mathbf{i} + 0{,}4472\mathbf{j})$$
$$= \{72{,}0\mathbf{i} + 36{,}0\mathbf{j}\}\text{ N}\cdot\text{m}$$ *Antw.*

Het antwoord is in fig. 4.23*b* te zien.

OPMERKING: Als de as AB wordt gedefinieerd met behulp van een eenheidsvector die van B naar A gericht is, dan moet in de voorgaande formule $-\mathbf{u}_B$ worden gebruikt. Dit zou leiden tot $M_{AB} = -80{,}50$ N • m. Derhalve $\mathbf{M}_{AB} = M_{AB}(-\mathbf{u}_B)$, waarmee hetzelfde resultaat zou worden verkregen.

Voorbeeld 4.9

Bepaal de grootte van het moment van kracht **F** rond segment OA van de buizenconstructie in fig. 4.24*a*.

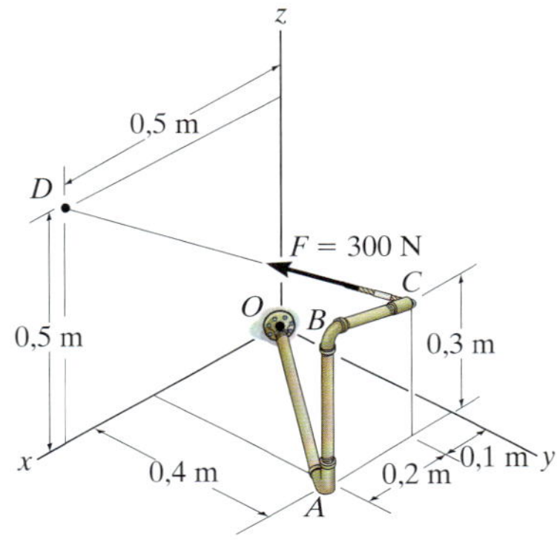

(a)

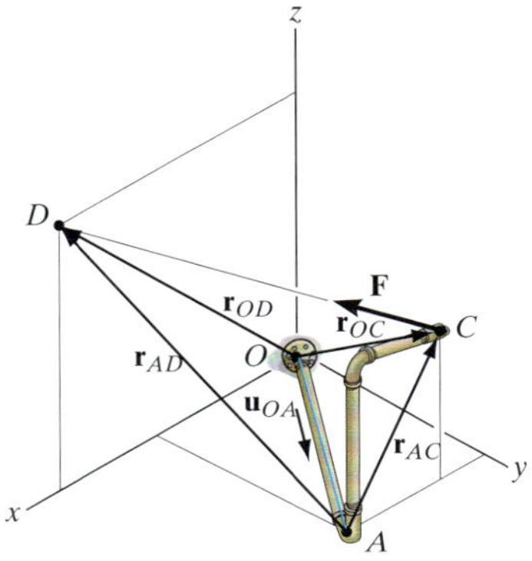

(b)

Fig. 4.24

OPLOSSING

Het moment van **F** rond de OA-as wordt bepaald uit $M_{OA} = \mathbf{u}_{OA} \cdot (\mathbf{r} \times \mathbf{F})$, waarbij **r** een plaatsvector is die begint in een willekeurig punt op de OA-as en eindigt in een willekeurig punt op de werklijn van **F**. Zoals aangegeven in fig. 4.24*b*, kan zowel $\mathbf{r}_{OD}$, $\mathbf{r}_{OC}$, $\mathbf{r}_{AD}$ als $\mathbf{r}_{AC}$ worden gebruikt. We zullen echter $\mathbf{r}_{OD}$ gebruiken omdat dit de berekening vereenvoudigt.

De eenheidsvector $\mathbf{u}_{OA}$, die de richting van de OA-as aangeeft, is:

$$\mathbf{u}_{OA} = \frac{\mathbf{r}_{OA}}{r_{OA}} = \frac{\{0{,}3\mathbf{i} + 0{,}4\mathbf{j}\}\ \text{m}}{\sqrt{(0{,}3\ \text{m})^2 + (0{,}4\ \text{m})^2}} = 0{,}6\mathbf{i} + 0{,}8\mathbf{j}$$

en de plaatsvector $\mathbf{r}_{OD}$ is

$$\mathbf{r}_{OD} = \{0{,}5\mathbf{i} + 0{,}5\mathbf{k}\}\ \text{m}$$

De kracht **F** uitgedrukt als cartesische vector is:

$$\mathbf{F} = F\left(\frac{\mathbf{r}_{CD}}{r_{CD}}\right)$$

$$= (300\ \text{N})\left[\frac{\{0{,}4\mathbf{i} - 0{,}4\mathbf{j} + 0{,}2\mathbf{k}\}\ \text{m}}{\sqrt{(0{,}4\ \text{m})^2 + (-0{,}4\ \text{m})^2 + (0{,}2\ \text{m})^2}}\right]$$

$$= \{200\mathbf{i} - 200\mathbf{j} + 100\mathbf{k}\}\ \text{N}$$

Dus geldt:

$$M_{OA} = \mathbf{u}_{OA} \cdot (\mathbf{r}_{OD} \times \mathbf{F})$$

$$= \begin{vmatrix} 0{,}6 & 0{,}8 & 0 \\ 0{,}5 & 0 & 0{,}5 \\ 200 & -200 & 100 \end{vmatrix}$$

$$= 0{,}6[0(100) - (0{,}5)(-200)] - 0{,}8[0{,}5(100) - (0{,}5)(200)] + 0$$

$$= 100\ \text{N}\cdot\text{m}$$ *Antw.*

Fundamentele vraagstukken

F4.13. Bepaal de grootte van het moment van de kracht $\mathbf{F} = \{300\mathbf{i} - 200\mathbf{j} + 150\mathbf{k}\}$ N rond de x-as. Schrijf het resultaat als een cartesische vector.

F4.14. Bepaal de grootte van het moment van de kracht $\mathbf{F} = \{300\mathbf{i} - 200\mathbf{j} + 150\mathbf{k}\}$ N rond de OA-as. Schrijf het resultaat als een cartesische vector.

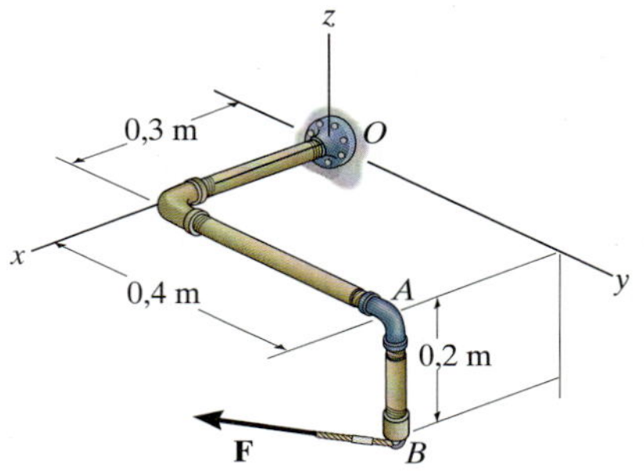

F4.13/14

F4.15. Bepaal de grootte van het moment van de kracht van 200 N rond de x-as.

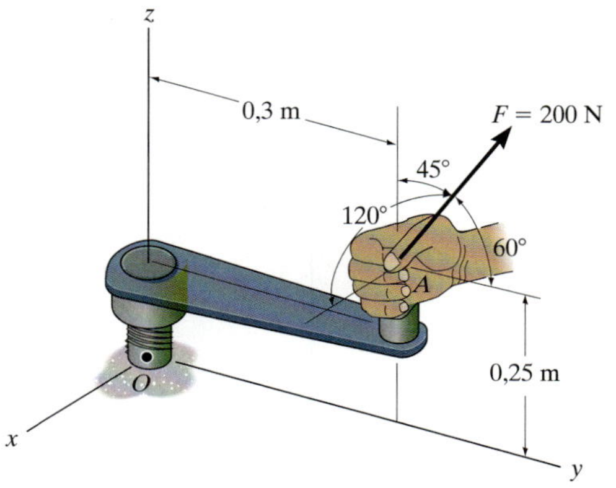

F4.15

F4.16. Bepaal de grootte van het moment van de kracht rond de y-as.

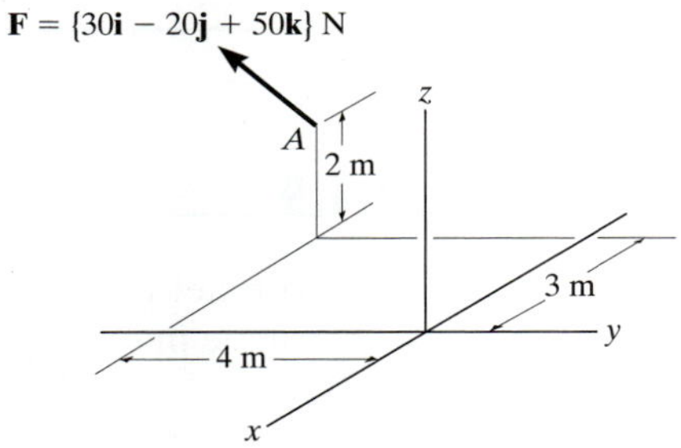

F4.16

F4.17. Bepaal het moment van de kracht $\mathbf{F} = \{50\mathbf{i} - 40\mathbf{j} + 20\mathbf{k}\}$ N rond de AB-as. Schrijf het resultaat als een cartesische vector.

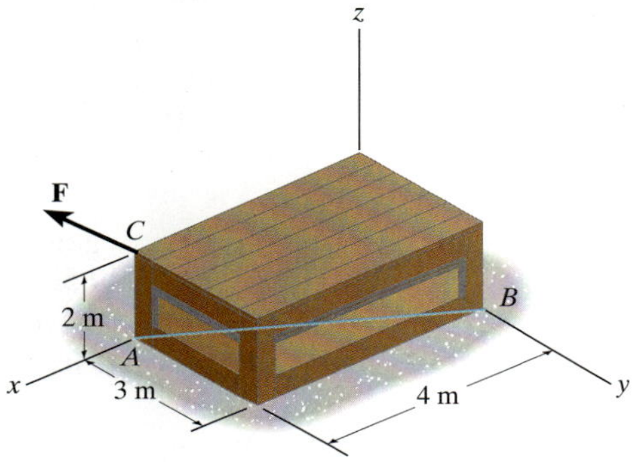

F4.17

F4.18. Bepaal het moment van de kracht **F** rond de x-, y- en z-as. Gebruik een scalaire analyse.

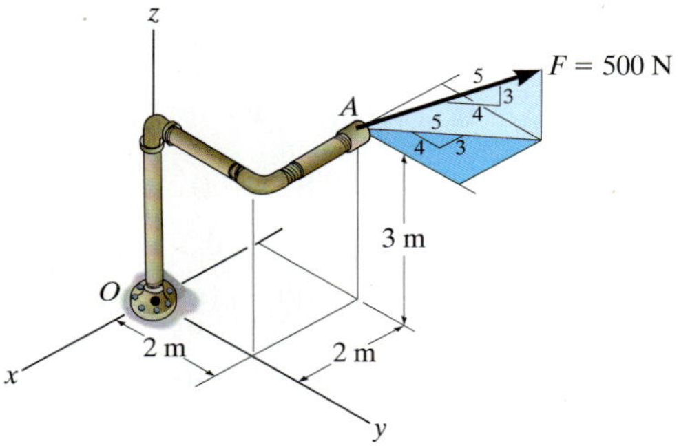

F4.18

Vraagstukken

4.47. Bepaal de grootte van het moment van elk van de drie krachten om as *AB*. Los het vraagstuk op met (a) cartesische vectoren en (b) met scalaire grootheden.

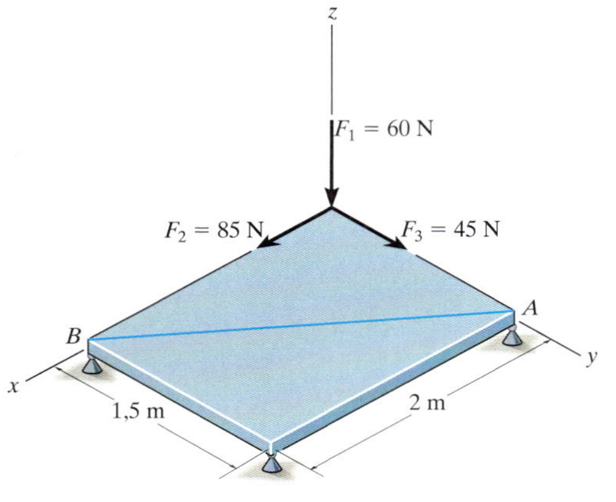

Vraagstuk 4.47

***4.48.** Bepaal het moment geleverd door de kracht **F** rond de diagonaal *AF* van het rechthoekige blok. Schrijf het resultaat als een cartesische vector.

4.49. Bepaal het moment geleverd door de kracht **F** rond de diagonaal *OD* van het rechthoekige blok. Schrijf het resultaat als een cartesische vector.

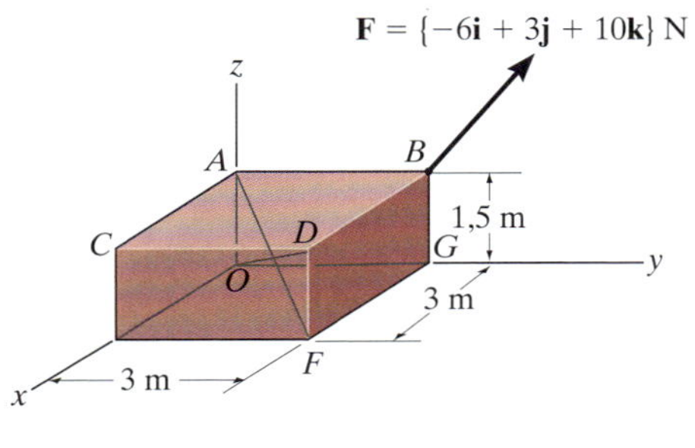

Vraagstukken 4.48/49

4.50. Bepaal de grootte van het moment van de kracht $\mathbf{F} = \{50\mathbf{i} - 20\mathbf{j} - 80\mathbf{k}\}$ N om de grondlijn *CA* van de tetraëder.

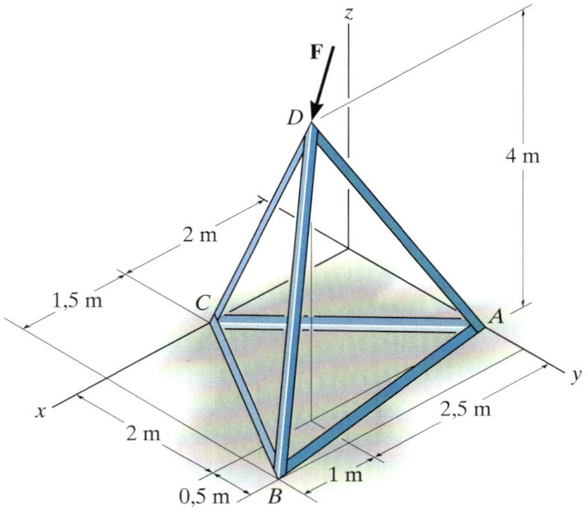

Vraagstuk 4.50

4.51. Bepaal de grootte van het moment geleverd door de kracht $F = 200$ N rond de scharnierende as (de *x*-as) van de deur.

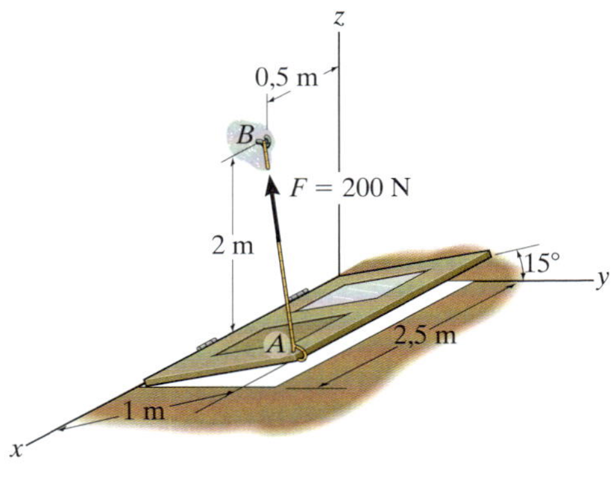

Vraagstuk 4.51

***4.52.** De wielmoer moet worden losgedraaid met de sleutel en de verticale kracht $F = 30$ N wordt uitgeoefend ter plaatse van A. Bepaal of die kracht voldoende groot is, als er een wringmoment van 14 N · m om de x-as nodig is om de moer te laten draaien. Is het mogelijk om de moer te lossen als de kracht van 30 N ter plaatse van A in een andere richting kan worden uitgeoefend?

4.53. Los vraagstuk 4.52 op voor het geval dat de buis AB over de steel van de sleutel wordt geschoven en de kracht van 30 N op een willekeurig punt en in een willekeurige richting kan worden uitgeoefend.

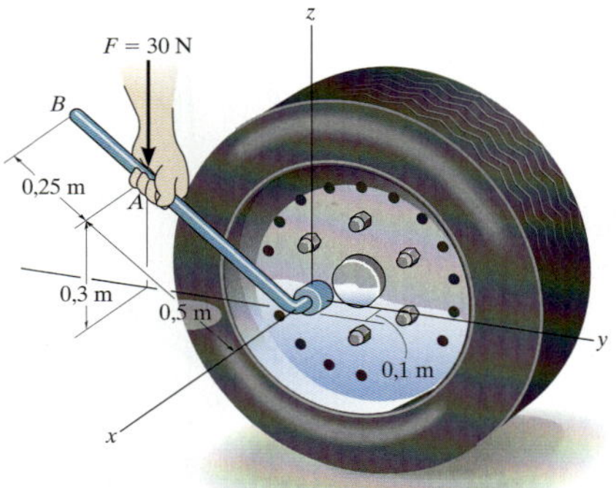

Vraagstukken 4.52/53

4.54. De plank dient om het uiteinde van een kruissleutel te ondersteunen in de weergegeven stand wanneer die een kracht $F = 100$ N uitoefent. Bepaal de grootte van het moment om de x-as dat door deze kracht wordt veroorzaakt. De werklijn van kracht **F** ligt in een loodrecht vlak.

4.55. De plank dient om een kruissleutel op zijn plaats te houden. Om de wielmoer vast te draaien is een wringmoment van 30 N · m om de x-as nodig. Bepaal de benodigde grootte van de kracht **F** die de man met zijn voet daarvoor moet uitoefenen. De werklijn van kracht **F** ligt in een loodrecht vlak.

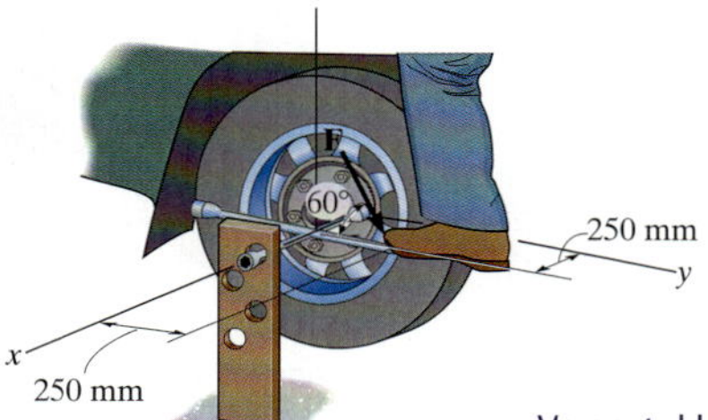

Vraagstukken 4.54/55

***4.56.** De draaibankbeitel oefent een kracht **F** uit op de as op de manier zoals is weergegeven in de figuur. Bepaal het moment van deze kracht om de y-as van het werkstuk.

4.57. De draaibankbeitel oefent een kracht **F** uit op de as op de manier zoals is weergegeven in de figuur. Bepaal het moment van deze kracht om de x- en z-as.

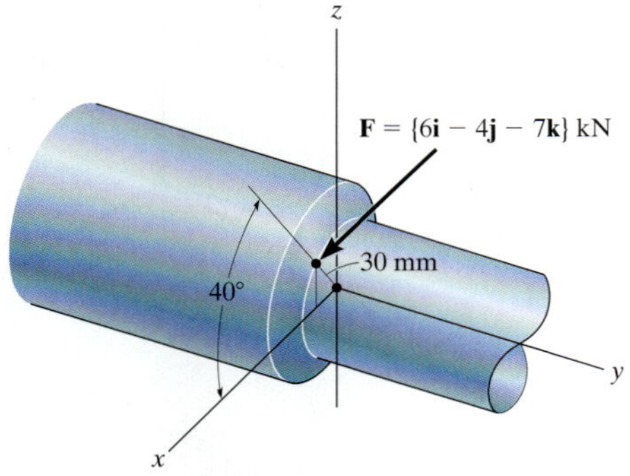

Vraagstukken 4.56/57

4.58. Als $F = 450$ N, bepaal dan de grootte van het door deze kracht geleverde moment rond de x-as.

4.59. De wrijving in bus A kan een maximaal weerstand biedend moment van 125 N · m rond de x-as leveren. Bepaal de maximale grootte van de kracht **F** die op de steun kan worden uitgeoefend zodanig, dat de steun niet gaat draaien.

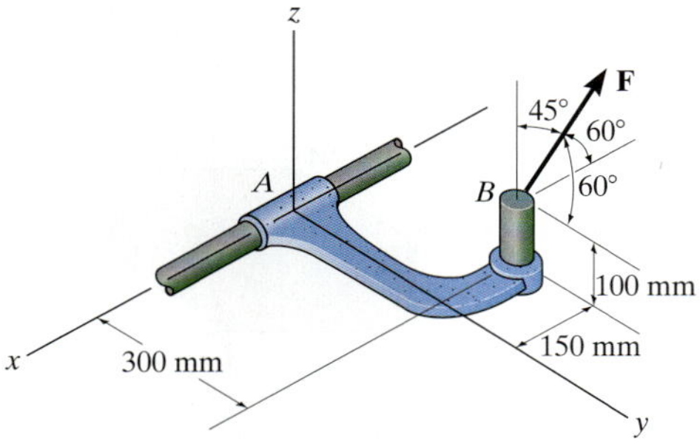

Vraagstukken 4.58/59

***4.60.** Op de handgreep van de pijpsleutel wordt een verticale kracht $F = 60$ N uitgeoefend. Bepaal het moment dat deze kracht langs de as AB (x-as) van de buizenconstructie uitoefent. Zowel de sleutel als de buizenconstructie ABC liggen in het x-y-vlak. *Suggestie:* Gebruik een scalaire analyse.

4.61. Bepaal de grootte van de verticale kracht $\mathbf{F}$ werkend op de handgreep van de sleutel, zodanig dat deze kracht een momentcomponent levert langs de AB-as (x-as) van de buizenconstructie van $(\mathbf{M}_A)_x = \{-5\mathbf{i}\}$ N · m. Zowel de buizenconstructie ABC als de moersleutel liggen in het x-y-vlak. *Suggestie:* Gebruik een scalaire analyse.

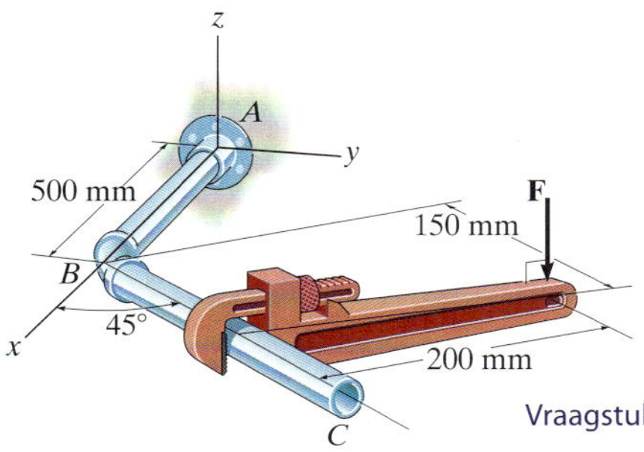

Vraagstukken 4.60/61

4.62. Bepaal de grootte van de momenten van de kracht $\mathbf{F}$ rond de x-, y- en z-assen. Los het vraagstuk op met (a) cartesische vectoren, en (b) een scalaire aanpak.

4.63. Bepaal het moment van de kracht $\mathbf{F}$ rond een as tussen A en C. Schrijf het resultaat als een cartesische vector.

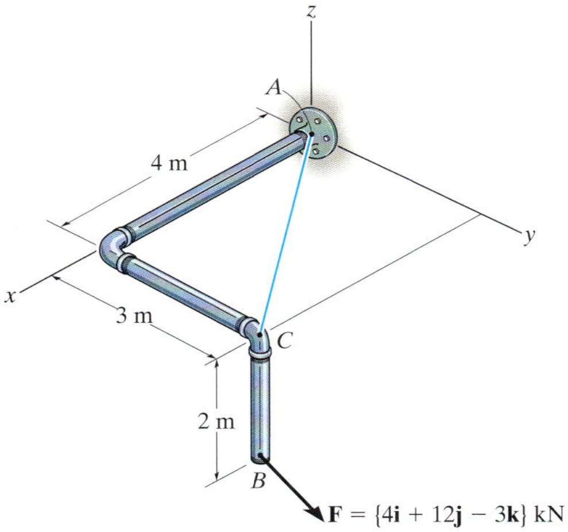

Vraagstukken 4.62/63

***4.64.** De tang A wordt gebruikt om de buis in positie te houden terwijl het kniestuk wordt aangedraaid met behulp van tang B. $F_B = 150$ N. Bepaal de grootte van het moment om de y-as dat door deze kracht wordt veroorzaakt. Wat is de grootte van kracht $\mathbf{F}_A$ om dit moment volledig tegen te werken?

4.65. De tang A wordt gebruikt om de buis in positie te houden terwijl het kniestuk wordt aangedraaid met behulp van tang B. Bepaal de grootte van kracht F_B voor een wringmoment van 50 N • m om de y-as. Hoe groot moet kracht $\mathbf{F}_A$ zijn om dit moment volledig tegen te werken?

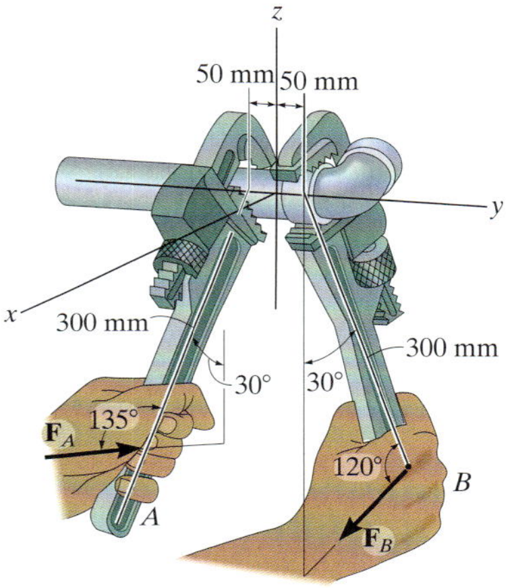

Vraagstukken 4.64/65

4.66. De houten spil is opgespannen in een draaibank. De beitel oefent een kracht $\mathbf{F}$ uit op de spil in de weergegeven richting. Bepaal het moment van deze kracht om de x-as van de spil. Schrijf de uitkomst als een cartesische vector. De afstand OA is 25 mm.

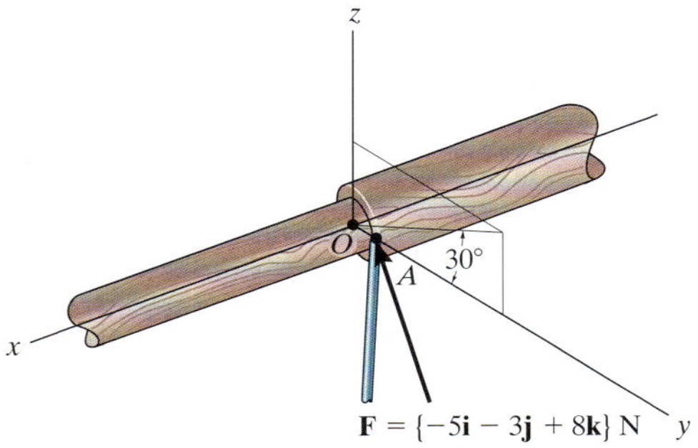

Vraagstuk 4.66

4.6 Moment van een koppel

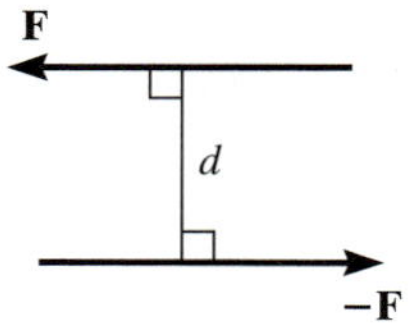

Fig. 4.25

Een *koppel* wordt gedefinieerd als twee evenwijdige krachten die dezelfde grootte hebben, maar tegengestelde richtingen en die van elkaar zijn gescheiden door een loodrechte afstand d, zie fig. 4.25. Omdat de resultante nul is, is het enige effect van een koppel dat het een rotatie of een neiging tot rotatie in een bepaalde richting veroorzaakt. Stel je bijvoorbeeld voor dat je een auto bestuurt met beide handen aan het stuur en een bocht neemt. De ene hand duwt het stuur naar boven en de andere hand trekt het naar beneden, waardoor het stuur gaat draaien.

Het door een koppel veroorzaakt moment wordt een *koppelmoment* genoemd. De waarde is gelijk aan de som van de momenten van beide koppelkrachten om een *willekeurig* punt. Bijvoorbeeld, in fig. 4.26 lopen de plaatsvectoren $\mathbf{r}_A$ en $\mathbf{r}_B$ van punt O naar de punten A en B op de werklijn van $-\mathbf{F}$ en $\mathbf{F}$. Het berekende koppelmoment om O is dus:

$$\mathbf{M} = \mathbf{r}_A \times (-\mathbf{F}) + \mathbf{r}_B \times \mathbf{F}$$

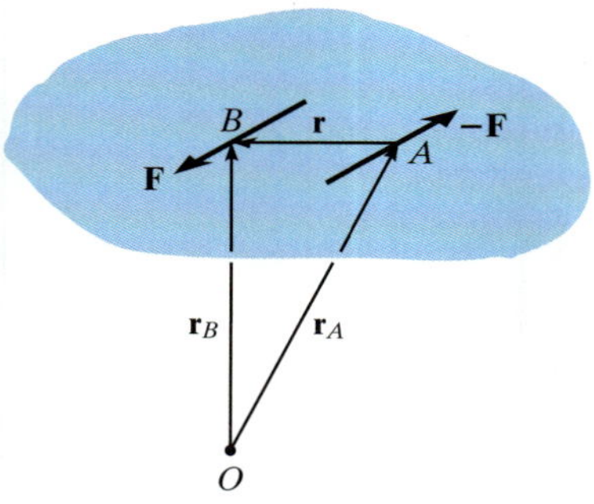

Fig. 4.26

Echter $\mathbf{r}_B = \mathbf{r}_A + \mathbf{r}$ of $\mathbf{r} = \mathbf{r}_B - \mathbf{r}_A$, zodat:

$$\mathbf{M} = \mathbf{r} \times \mathbf{F} \tag{4.13}$$

Dit resultaat wijst erop dat het moment van een koppel een *vrije vector* is, dat wil zeggen: hij kan in *elk punt* aangrijpen, omdat **M** *uitsluitend* afhangt van de plaatsvector **r** die gericht is *tussen* de krachten en *niet* van de plaatsvectoren $\mathbf{r}_A$ en $\mathbf{r}_B$, gericht vanaf het willekeurig punt O naar de krachten. Dit in tegenstelling tot het moment van een kracht, dat een vast punt (of vaste as) vereist, waaromheen momenten worden bepaald.

Scalaire notatie De *grootte* van het moment van een koppel, **M**, zie fig. 4.27, wordt gedefinieerd als:

$$M = Fd \tag{4.14}$$

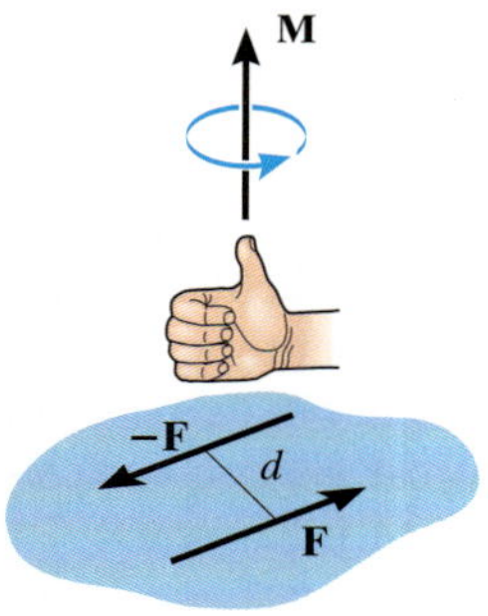

Fig. 4.27

waarbij F de grootte van een van de krachten is en d de loodrechte afstand ofwel de momentarm tussen de krachten. De *richting* en zin van het koppelmoment worden bepaald met behulp van de rechterhandregel, waarbij de duim de richting aangeeft wanneer de vingers in de zin van de rotatie ten gevolge van de twee krachten worden gebogen. **M** werkt in alle gevallen loodrecht op het vlak waarin deze krachten werken.

Vectornotatie Het moment van een koppel kan op basis van vgl. 4.13 ook als uitwendig product worden uitgedrukt, dat wil zeggen:

$$\mathbf{M} = \mathbf{r} \times \mathbf{F} \tag{4.15}$$

De toepassing van deze vergelijking is gemakkelijk te onthouden, als je je voorstelt dat je de momenten van beide krachten neemt om een punt dat op de werklijn van een van de krachten ligt. Wanneer bijvoorbeeld momenten worden genomen om punt A in fig. 4.26, dan is het moment van $-\mathbf{F}$ gelijk aan nul en het moment van **F** volgt uit vgl. 4.15. Daarom wordt **r** in de formule vermenigvuldigd met de kracht **F** waar **r** naartoe wijst.

Fig. 4.28

Gelijkwaardige koppels Als twee koppels een moment met *gelijke grootte, gelijke richting en gelijke zin* leveren, dan zijn deze twee koppels *gelijkwaardig*. Zo zijn de twee koppels in fig. 4.28 *gelijkwaardig* omdat elk koppelmoment een grootte $M = 30$ N(0,4 m) = 40 N(0,3 m) = 12 N · m heeft en elk ervan het vlak van het papier in gericht is. Merk op dat er in het tweede geval grotere krachten nodig zijn, om hetzelfde draaieffect te creëren, omdat de handen dichter bij elkaar zijn geplaatst. Ook als het wiel in een ander punt met de as was verbonden dan in het midden, zou het wiel bij het uitoefenen van een van beide koppels nog steeds gaan draaien, omdat het 12 N · m-koppel een vrije vector is.

Resulterend koppelmoment Omdat koppelmomenten vectoren zijn, kan hun resultante worden bepaald door vectoroptelling. Beschouw bijvoorbeeld de koppelmomenten $\mathbf{M}_1$ en $\mathbf{M}_2$, werkend op de pijp in fig. 4.29a. Omdat elk koppelmoment een vrije vector is, kunnen we de staarten in een willekeurig punt laten samenkomen en het resulterend koppelmoment $\mathbf{M}_R = \mathbf{M}_1 + \mathbf{M}_2$ bepalen, zoals weergegeven in fig. 4.29*b*.

Wanneer meer dan twee koppelmomenten op het lichaam worden uitgeoefend, kunnen we dit concept generaliseren en de vectorresultante schrijven als:

$$\mathbf{M}_R = \Sigma\,(\mathbf{r} \times \mathbf{F}) \tag{4.16}$$

Deze concepten worden hierna geïllustreerd met numerieke voorbeelden. Tweedimensionale vraagstukken moeten over het algemeen worden opgelost met een scalaire analyse, aangezien de momentarmen en de krachtcomponenten gemakkelijk berekend kunnen worden.

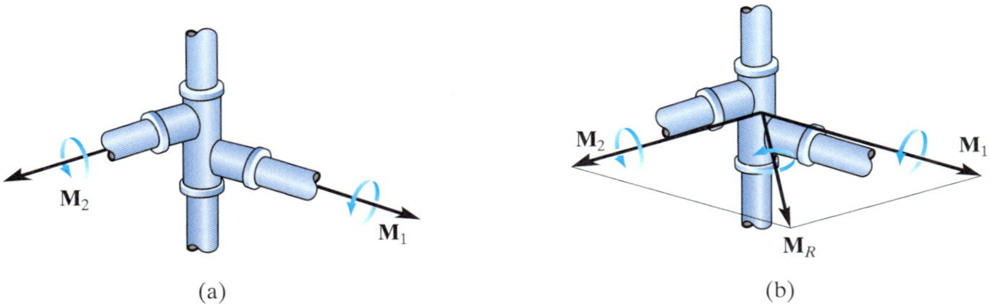

Fig. 4.29

Om te onthouden!

- Een koppelmoment wordt veroorzaakt door twee niet-collineaire krachten die gelijk, maar tegengesteld zijn. Het effect is dat zuivere rotatie, of een neiging tot rotatie, in een bepaalde richting wordt veroorzaakt.
- Een koppelmoment is een vrije vector en veroorzaakt daarom hetzelfde effect van rotatie van een lichaam, ongeacht de plek waarop het koppelmoment wordt uitgeoefend op het lichaam.
- Het moment van een koppel kan om *elk willekeurig* punt worden berekend. Voor het gemak wordt vaak een punt gebruikt dat op de werklijn van een van de krachten ligt om het moment van deze kracht om het punt te elimineren.
- In drie dimensies wordt het koppelmoment vaak bepaald met behulp van de vectorformule $\mathbf{M} = \mathbf{r} \times \mathbf{F}$, waarin **r** van een *willekeurig punt* op de werklijn van een van de krachten naar een *willekeurig punt* op de werklijn van de andere kracht **F** loopt.
- Een resulterend koppelmoment is eenvoudigweg de vectorsom van alle koppelmomenten van het stelsel.

De stuurwielen van moderne auto's zijn kleiner dan die van oude auto's, omdat de bestuurder dankzij de stuurbekrachtiging geen groot koppelmoment op de rand van het stuur hoeft uit te oefenen.

Voorbeeld 4.10

Bepaal het resulterend koppelmoment van de drie koppels werkend op de plaat in fig. 4.30.

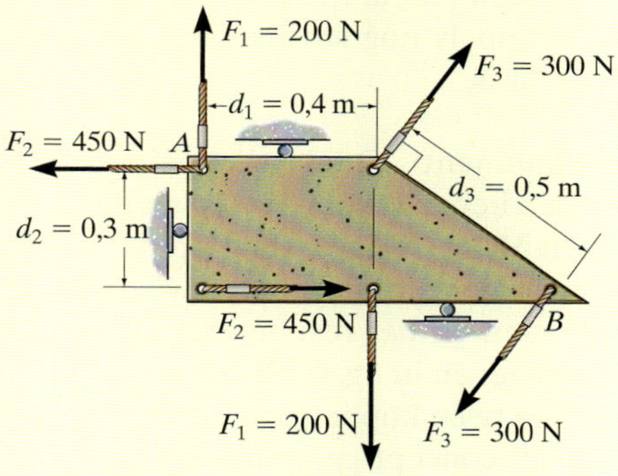

Fig. 4.30

OPLOSSING

Zoals weergegeven, zijn de loodrechte afstanden tussen elk paar koppelkrachten gelijk aan $d_1 = 0{,}4$ m, $d_2 = 0{,}3$ m, en $d_3 = 0{,}5$ m. Als we koppelmomenten tegen de klok in als positief beschouwen, vinden we:

$$\circlearrowleft + M_R = \Sigma M; \quad M_R = -F_1 d_1 + F_2 d_2 - F_3 d_3$$

$$= (-200 \text{ N})(0{,}4 \text{ m}) + (450 \text{ N})(0{,}3 \text{ m}) - (300 \text{ N})(0{,}5 \text{ m})$$

$$= -95 \text{ N} \cdot \text{m} = 95 \text{ N} \cdot \text{m} \circlearrowright \qquad \textit{Antw.}$$

Het minteken geeft aan dat $\mathbf{M}_R$ een draaiing met de klok mee heeft.

Voorbeeld 4.11

Bepaal de grootte en de richting van het koppelmoment op het tandwiel in fig. 4.31*a*.

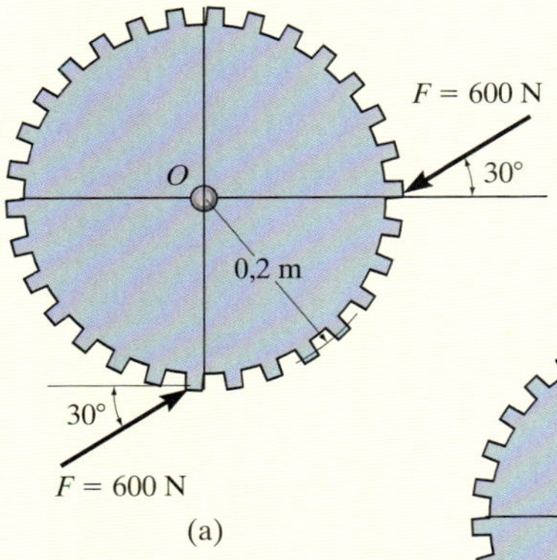

(a)

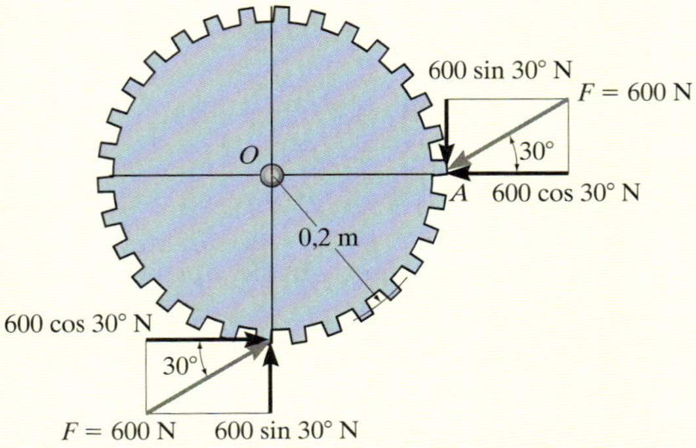

(b)

OPLOSSING

De eenvoudigste oplossing is het ontbinden van beide krachten in hun componenten, zoals weergegeven in fig. 4.31*b*. Het koppelmoment kan worden bepaald door de momenten van deze krachtcomponenten rond een willekeurig punt bij elkaar op te tellen, bijvoorbeeld het middelpunt O van het tandwiel of het punt A. Als we koppelmomenten tegen de klok in als positief beschouwen, vinden we:

$$\circlearrowleft +M = \Sigma M_O;\quad M = (600 \cos 30° \text{ N})(0{,}2 \text{ m}) - (600 \sin 30° \text{ N})(0{,}2 \text{ m})$$
$$= 43{,}9 \text{ N} \cdot \text{m} \circlearrowleft \qquad \textit{Antw.}$$

of

$$\circlearrowleft +M = \Sigma M_A;\quad M = (600 \cos 30° \text{ N})(0{,}2 \text{ m}) - (600 \sin 30° \text{ N})(0{,}2 \text{ m})$$
$$= 43{,}9 \text{ N} \cdot \text{m} \circlearrowleft \qquad \textit{Antw.}$$

Dit positieve resultaat geeft aan dat **M** een rotatiezin tegen de klok in heeft, dus loodrecht op het papier uit het blad komend.

OPMERKING: Hetzelfde resultaat kan ook worden verkregen met behulp van $M = Fd$, waarin d de loodrechte afstand tussen de werklijnen van de koppelkrachten is, zie fig. 4.31*c*. De berekening van d is echter ingewikkelder. Bedenk dat het koppelmoment een vrije vector is en in een willekeurig punt van het tandwiel kan aangrijpen en hetzelfde draaieffect rond punt O teweeg kan brengen.

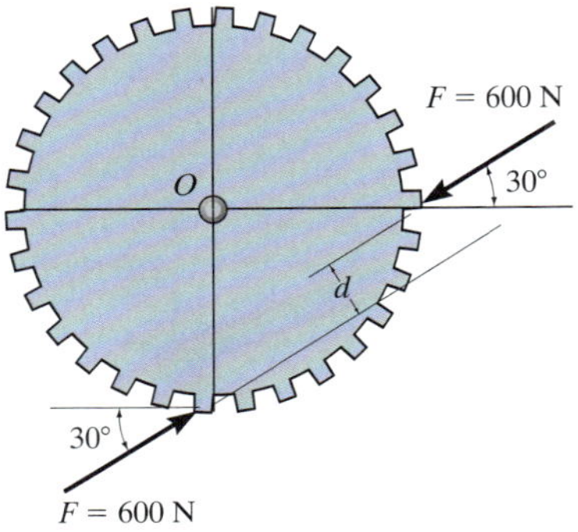

(c)

Fig. 4.31

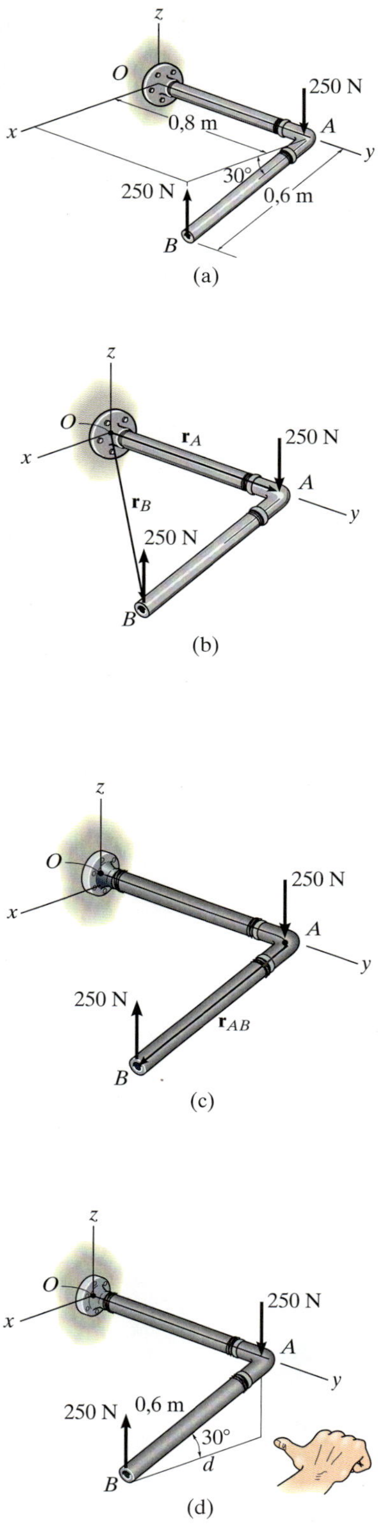

Fig. 4.32

Voorbeeld 4.12

Bepaal het koppelmoment dat op de buis wordt uitgeoefend, zie fig. 4.32*a*. Het deel *AB* maakt een hoek van 30° ten opzichte van het *x*-*y*-vlak en wijst naar beneden.

OPLOSSING I (VECTORANALYSE)

Het moment van de twee koppelkrachten kan voor *elk willekeurig* punt worden bepaald. Als we uitgaan van punt *O*, zie fig. 4.32*b*, geldt:

$$\mathbf{M} = \mathbf{r}_A \times (-250\mathbf{k}) + \mathbf{r}_B \times (250\mathbf{k})$$

$$= (0{,}8\mathbf{j}) \times (-250\mathbf{k}) + (0{,}6 \cos 30°\mathbf{i} + 0{,}8\mathbf{j} - 0{,}6 \sin 30°\mathbf{k}) \times (250\mathbf{k})$$

$$= -200\mathbf{i} - 129{,}9\mathbf{j} + 200\mathbf{i}$$

$$= \{-130\mathbf{j}\}\ \text{N} \cdot \text{m}$$ *Antw.*

Het is *eenvoudiger* om de momenten van de koppelkrachten te nemen om een punt op de werklijn van een van de krachten, bijvoorbeeld punt *A*, zie fig. 4.32*c*. In dit geval is het moment van de kracht *A* nul, zodat:

$$\mathbf{M} = \mathbf{r}_{AB} \times (250\mathbf{k})$$

$$= (0{,}6 \cos 30°\mathbf{i} - 0{,}6 \sin 30°\mathbf{k}) \times (250\mathbf{k})$$

$$= \{-130\mathbf{j}\}\ \text{N} \cdot \text{m}$$ *Antw.*

OPLOSSING II (SCALAIRE ANALYSE)

Hoewel dit vraagstuk in drie dimensies wordt gepresenteerd, is de structuur eenvoudig genoeg om de scalaire vergelijking $M = Fd$ te gebruiken. De loodrechte afstand tussen de werklijnen van de krachten is $d = 0{,}6 \cos 30° = 0{,}5196$ m, zie fig. 4.32*d*. Als we de momenten van de krachten om punt *A* of punt *B* nemen, krijgen we dus de volgende waarde:

$$M = Fd = 250\ \text{N}\ (0{,}5196\ \text{m}) = 129{,}9\ \text{N} \cdot \text{m}$$

Volgens de rechterhandregel werkt **M** in de –**j**-richting. Het antwoord is dus:

$$\mathbf{M} = \{-130\mathbf{j}\}\ \text{N} \cdot \text{m}$$ *Antw.*

Voorbeeld 4.13

Vervang de twee koppels die op de buizenconstructie in fig. 4.33*a* werken door de resultante van het koppelmoment.

OPLOSSING (VECTORANALYSE)

Het koppelmoment $\mathbf{M}_1$, dat door de krachten in *A* en *B* wordt veroorzaakt, kan eenvoudig aan de hand van een scalaire formulering worden bepaald.

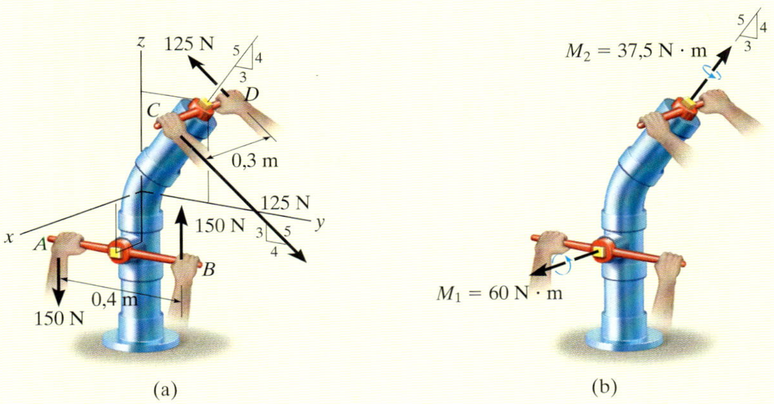

$$M_1 = Fd = 150 \text{ N } (0{,}4 \text{ m}) = 60 \text{ N} \cdot \text{m}$$

Volgens de rechterhandregel werkt $\mathbf{M}_1$ in de +**i**-richting, zie fig. 4.33*b*. Daarom geldt:

$$\mathbf{M}_1 = \{60\mathbf{i}\} \text{ N} \cdot \text{m}$$

Vectoranalyse wordt gebruikt om het moment $\mathbf{M}_2$ te bepalen, dat door de krachten in *C* en *D* wordt veroorzaakt. Als momenten om punt *D*, zie fig. 4.33*a*, worden berekend, dan geldt:

$$\begin{aligned}\mathbf{M}_2 &= \mathbf{r}_{DC} \times \mathbf{F}_C = (0{,}3\mathbf{i}) \times [125\ (4/5)\mathbf{j} - 125\ (3/5)\mathbf{k}] \\ &= (0{,}3\mathbf{i}) \times [100\mathbf{j} - 75\mathbf{k}] = 30(\mathbf{i} \times \mathbf{j}) - 22{,}5(\mathbf{i} \times \mathbf{k}) \\ &= \{22{,}5\mathbf{j} + 30\mathbf{k}\} \text{ N} \cdot \text{m}\end{aligned}$$

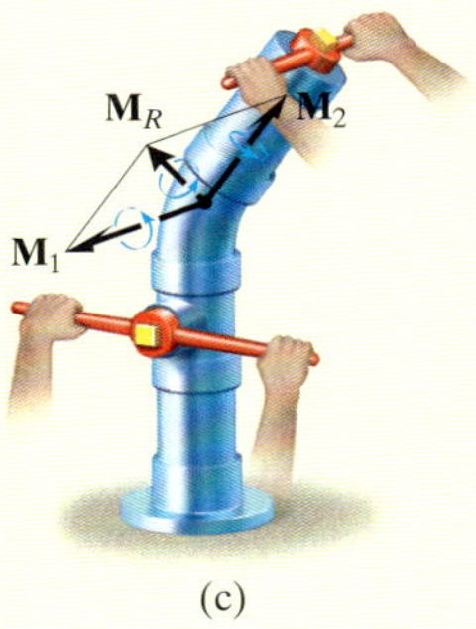

Fig. 4.33

Aangezien $\mathbf{M}_1$ en $\mathbf{M}_2$ vrije vectoren zijn, kunnen ze worden verplaatst naar een willekeurig punt *P* en als vectoren worden opgeteld, zie fig. 4.33*c*. Het resulterend koppelmoment is dan:

$$\mathbf{M}_R = \mathbf{M}_1 + \mathbf{M}_2 = \{60\mathbf{i} + 22{,}5\mathbf{j} + 30\mathbf{k}\} \text{ N} \cdot \text{m} \qquad \textit{Antw.}$$

Fundamentele vraagstukken

F4.19. Bepaal het resulterend koppelmoment op de balk.

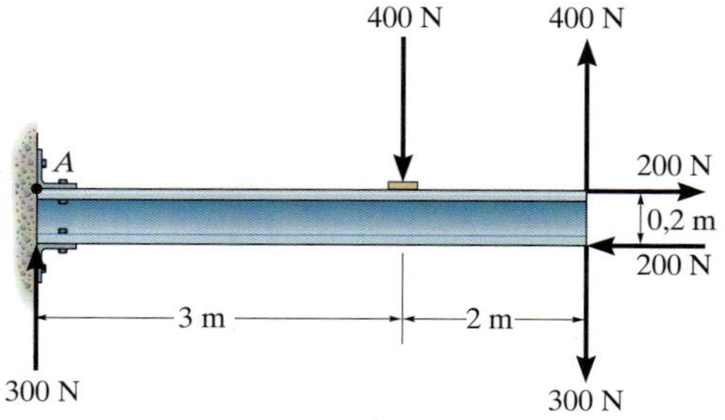

F4.19

F4.20. Bepaal het resulterend koppelmoment op de driehoekige plaat.

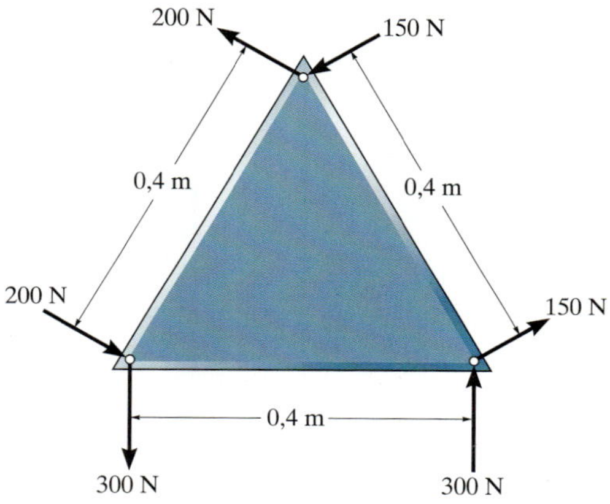

F4.20

F4.21. Bepaal de grootte van **F** zodat het resulterend koppelmoment op de balk 1,5 kN · m met de klok mee is.

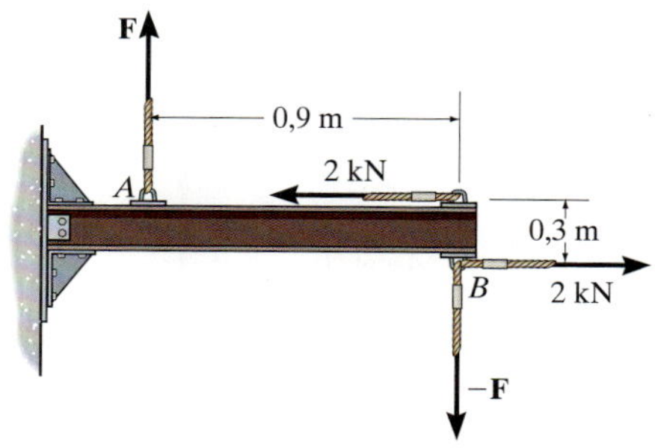

F4.21

F4.22. Bepaal het koppelmoment op de balk.

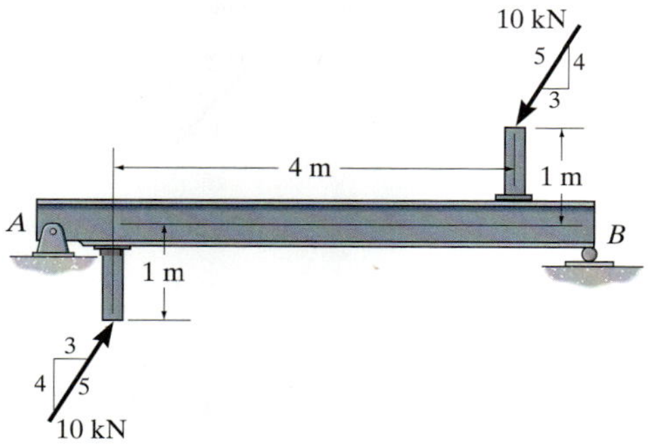

F4.22

F4.23. Bepaal het resulterend koppelmoment op de buizenconstructie.

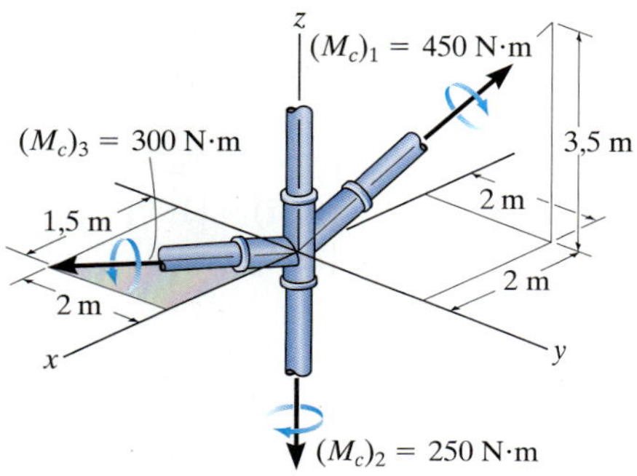

F4.23

F4.24. Bepaal het koppelmoment op de buizenconstructie en schrijf het resultaat als een cartesische vector.

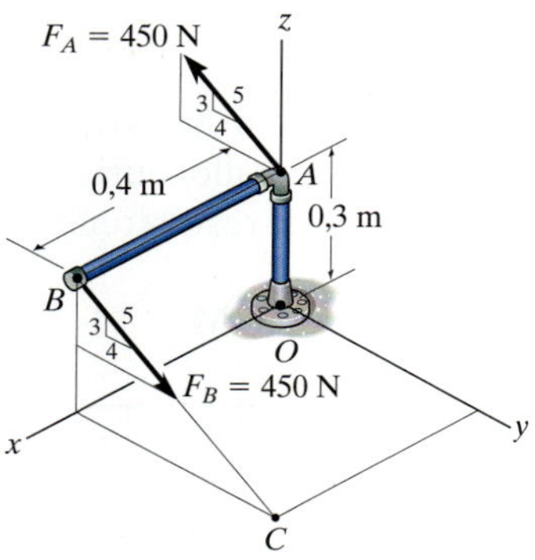

F4.24

Vraagstukken

4.67. Op het handvat van de schroevendraaier wordt een wringmoment van 4 N · m uitgeoefend. Ontbind dit koppelmoment in een combinatie van twee krachten **F** op het handvat en **P** op het blad.

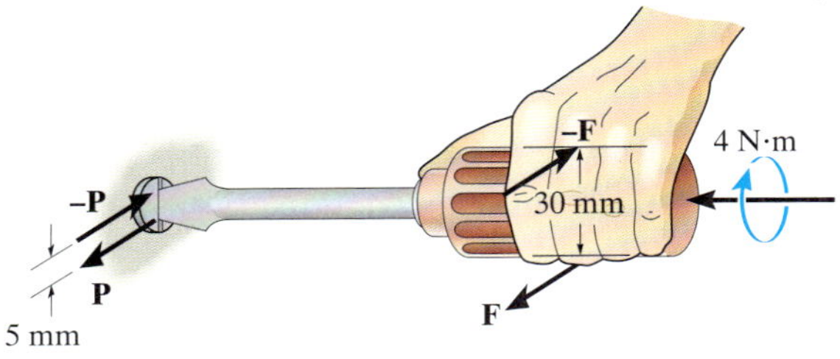

Vraagstuk 4.67

4.69. Op het zwenkwieltje werken twee koppels. Bepaal de krachten F die de lagers op de drijfas uitoefenen zodat het resulterend moment op het zwenkwieltje nul is.

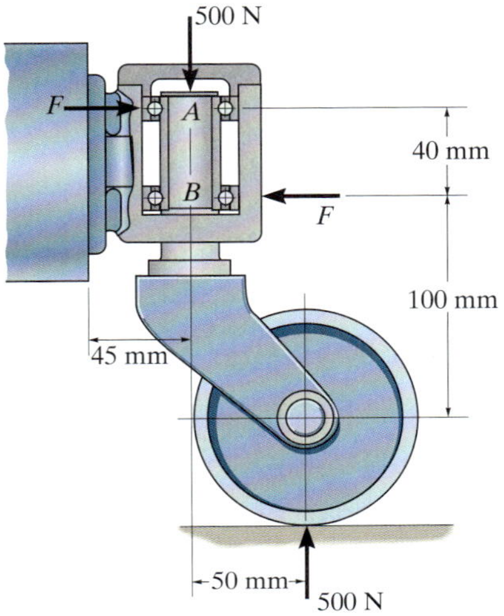

Vraagstuk 4.69

***4.68.** Op de uiteinden van de driehoekige plaat worden drie koppelmomenten uitgeoefend. Bepaal de afmeting van de plaat d, zodanig dat het resulterend koppelmoment 350 N · m met de klok mee is.

4.70. Als $\theta = 30°$, bepaal dan de grootte van de kracht **F** zodat het resulterend koppelmoment 100 N · m is, met de klok mee.

4.71. Als $F = 200$ N, bepaal dan de vereiste hoek zodat het resulterend koppelmoment gelijk aan nul is.

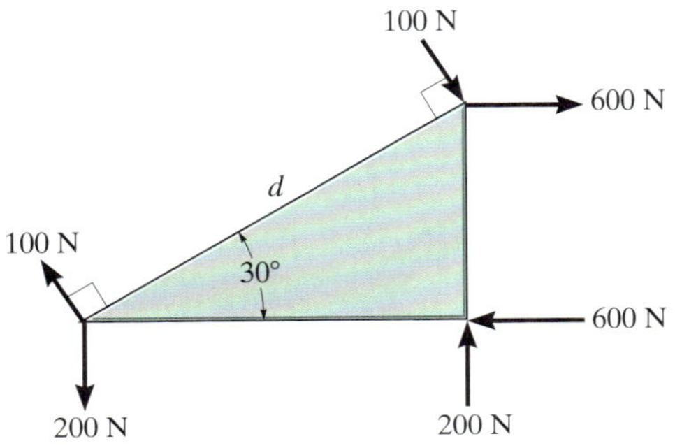

Vraagstuk 4.68

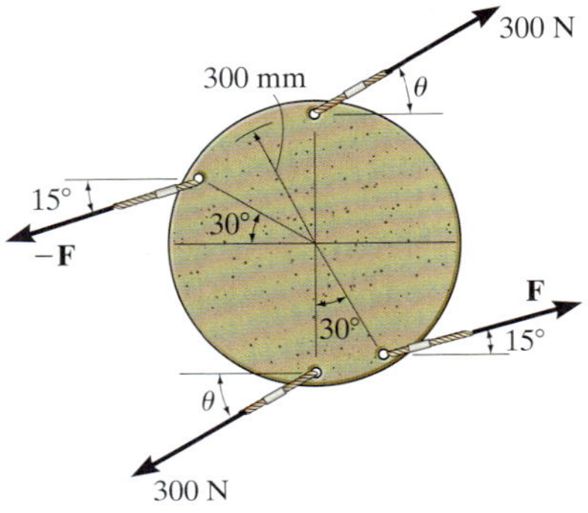

Vraagstukken 4.70/71

***4.72.** De wrijving tussen het beton en de schuurbladen van de vlindermachine veroorzaakt een koppelmoment $M_O = 100$ N · m op de schuurbladen. Bepaal de grootte van de koppelkrachten, zodanig dat het resulterend koppelmoment op de vlindermachine nul is. De krachten liggen in het horizontale vlak en werken loodrecht op de handgreep van de vlindermachine.

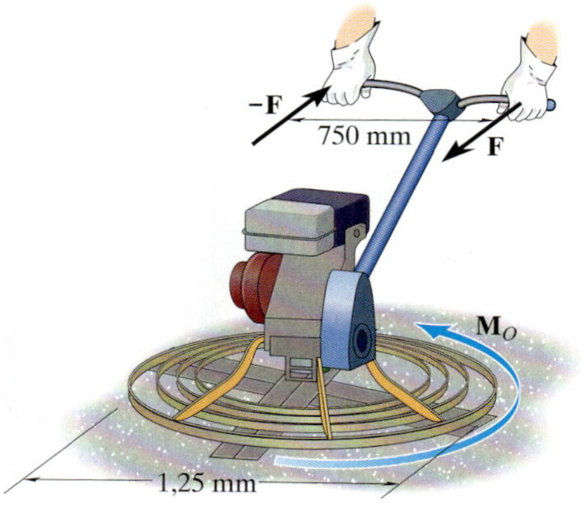

Vraagstuk 4.72

4.73. De man probeert de klep te openen door koppelkrachten $F = 75$ N op het handwiel uit te oefenen. Bepaal het koppelmoment dat daardoor wordt veroorzaakt.

4.74. De klep kan worden geopend met een koppelmoment van 25 N · m. Bepaal de benodigde grootte van de koppelkrachten die op het handwiel moeten worden uitgeoefend.

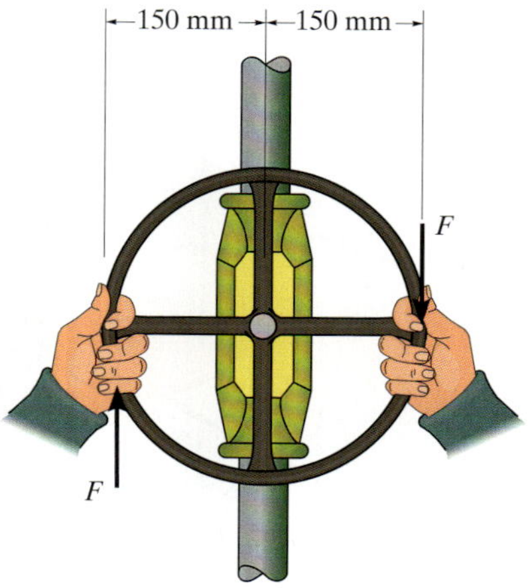

Vraagstukken 4.73/74

4.75. Een apparaat dat een 'rolamite' wordt genoemd, wordt op verschillende manieren gebruikt om slippende beweging te vervangen door rollende beweging. Als de riem die tussen de rolwielen is gewikkeld, onderworpen wordt aan een trekkracht van 15 N, bepaal dan de reactiekrachten N van de bovenste en onderste platen op de rolwielen zodat het resulterende koppel op de rolwielen gelijk aan nul is.

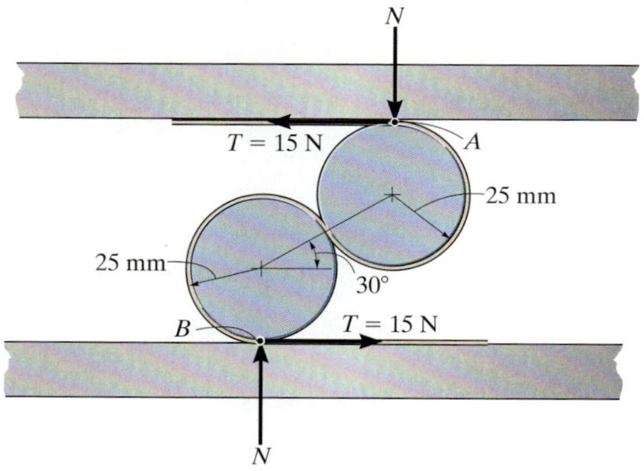

Vraagstuk 4.75

***4.76.** Op de buizenconstructie werken drie koppelmomenten. Bepaal de grootte van $\mathbf{M}_3$ en de buighoek θ, zodanig dat het resulterend koppelmoment nul is.

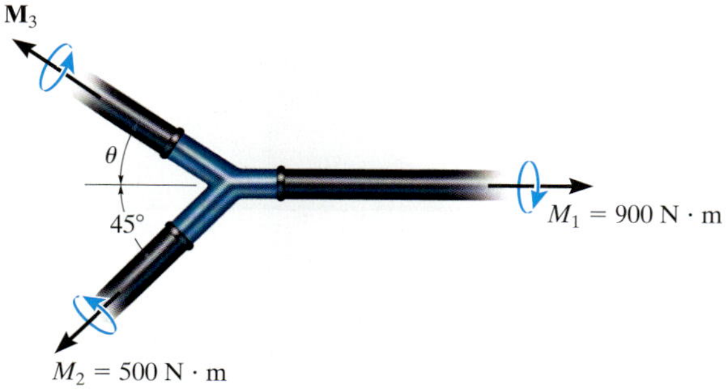

Vraagstuk 4.76

4.77. Het touw over de twee kleine pennen A en B van de vierkante plank is onderworpen aan een trekkracht van 100 N. Bepaal de vereiste trekkracht P op het touw over de pennen C en D zodat het resulterende koppel dat door de twee koppels wordt geleverd, gelijk is aan 15 N • m, met de klok mee. Neem $\theta = 15°$.

4.78. Het touw over de twee kleine pennen A en B van de plank is onderworpen aan een trekkracht van 100 N. Bepaal de minimale trekkracht P en de hoek θ op het touw over de pennen C en D zodat het resulterende koppel dat door de twee koppels wordt geleverd, gelijk is aan 20 N • m, met de klok mee.

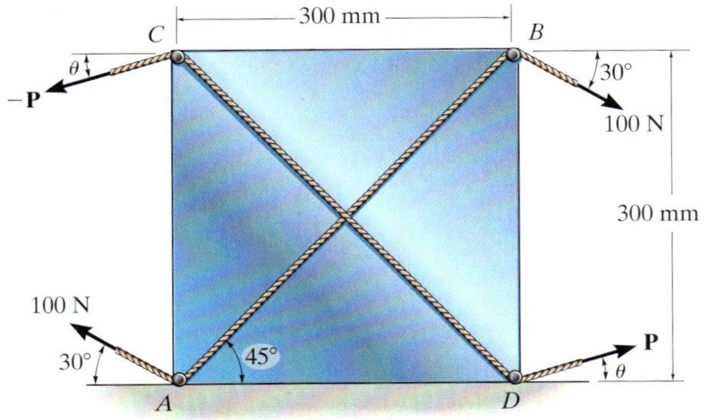

Vraagstukken 4.77/78

4.79. Schrijf het koppelmoment op de buis als cartesische vector. Wat is de grootte van het koppelmoment? Veronderstel dat $F = 125$ N.

***4.80.** Het koppelmoment op de buis heeft een grootte van 300 N • m. Bepaal de grootte F van de krachten die op de tangen worden uitgeoefend.

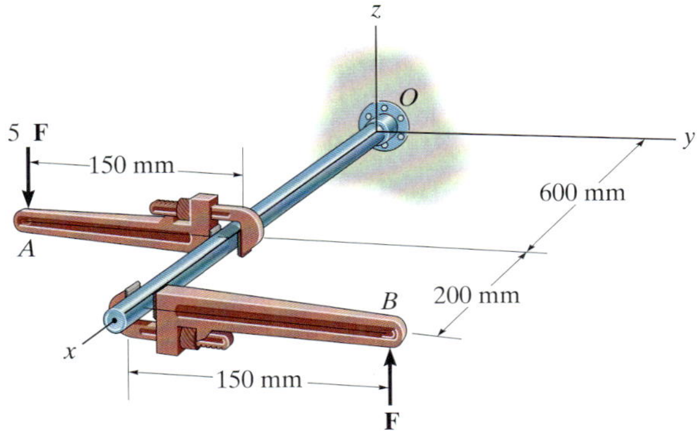

Vraagstukken 4.79/80

4.81. Op de draagbalk werken twee koppels. Als $F = 6$ kN, bepaal dan het resulterend koppelmoment.

4.82. Bepaal de vereiste grootte van de kracht **F** als het resulterend koppelmoment op de balk gelijk moet zijn aan nul.

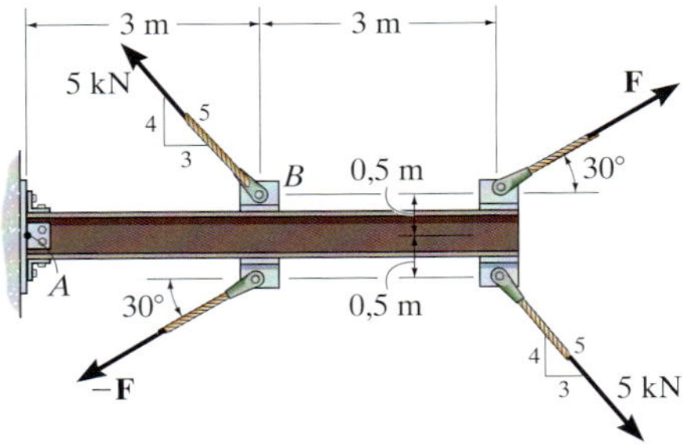

Vraagstukken 4.81/82

4.83. Schrijf het koppelmoment op de buizenconstructie als cartesische vector. Los het vraagstuk op (a) met behulp van vgl. 4.13 en (b) door het moment van elke kracht om punt O op te tellen. Veronderstel dat $\mathbf{F} = \{25\mathbf{k}\}$ N.

***4.84.** Het koppelmoment op de buis heeft een grootte van 400 N • m. Bepaal de grootte F van de loodrechte kracht op elke tang.

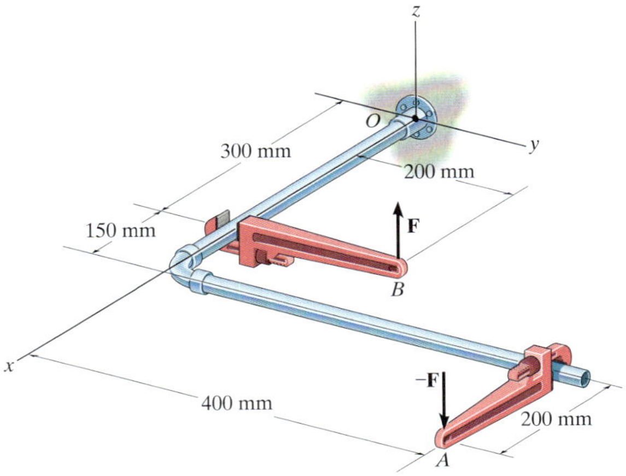

Vraagstukken 4.83/84

4.85. De tandwielvertrager wordt belast met de weergegeven koppelmomenten. Bepaal het resulterend moment en de grootte en richtingshoeken ervan.

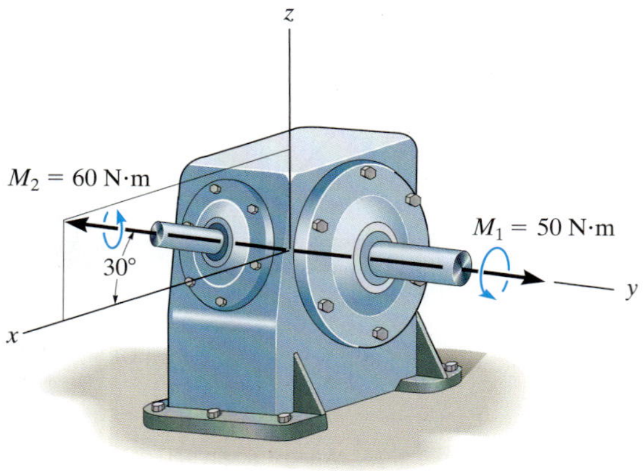

Vraagstuk 4.85

4.87. Als het resulterend koppelmoment van de koppelmomenten op de brandkraan $\mathbf{M}_R = \{-15\mathbf{i} + 30\mathbf{j}\}$ N · m is, bepaal dan de grootte van de kracht P.

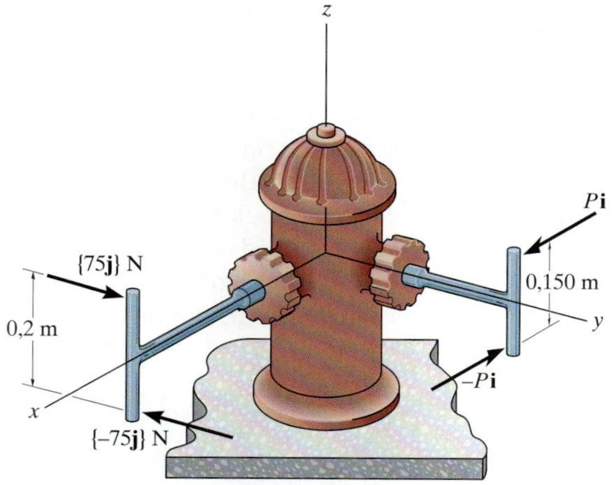

Vraagstuk 4.87

4.86. De in elkaar grijpende tandwielen worden belast met de weergegeven koppelmomenten. Bepaal de grootte van het resulterend koppelmoment en de richtingshoeken.

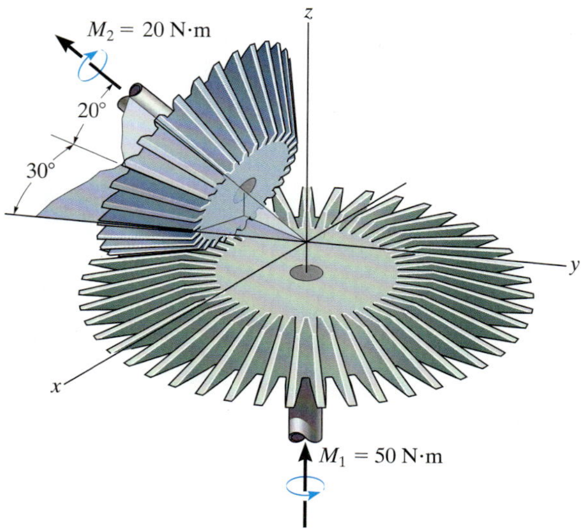

Vraagstuk 4.86

***4.88.** Op beide handwielen van de dubbele klep wordt een koppelmoment uitgeoefend. Bepaal dan de grootte en de richtingshoeken van het resulterend koppelmoment.

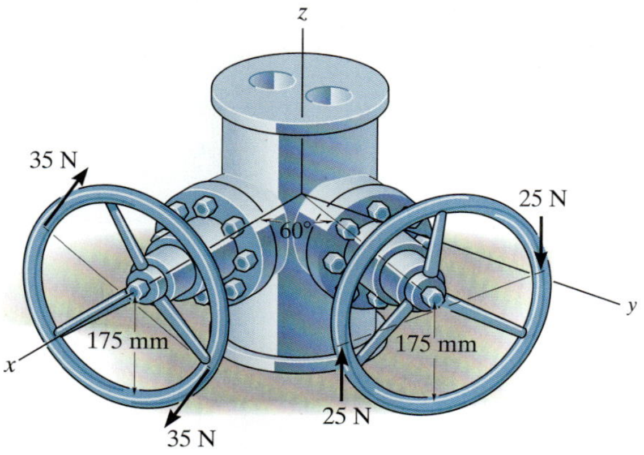

Vraagstuk 4.88

4.89. Bepaal het resulterend koppelmoment van de twee koppels die op de buizenconstructie werken. De afstand van A tot B is $d = 400$ mm. Schrijf het resultaat als een cartesische vector.

4.90. Bepaal de afstand d tussen A en B zodanig dat het resulterend koppelmoment een grootte $M_R = 20$ N · m heeft.

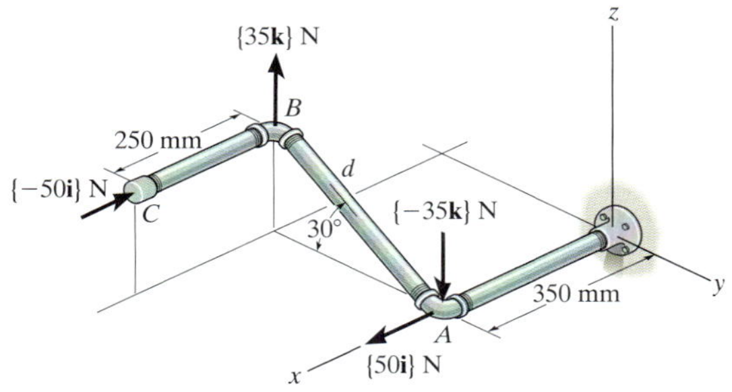

Vraagstukken 4.89/90

4.91. Als $F = 80$ N, bepaal dan de grootte en de hoeken met de coördinaatassen van het koppelmoment. De buizenconstructie ligt in het x-y-vlak.

***4.92.** Als de grootte van het koppelmoment op de buizenconstructie 50 N · m is, bepaal dan de grootte van de koppelkrachten op beide moersleutels. De buizenconstructie ligt in het x-y-vlak.

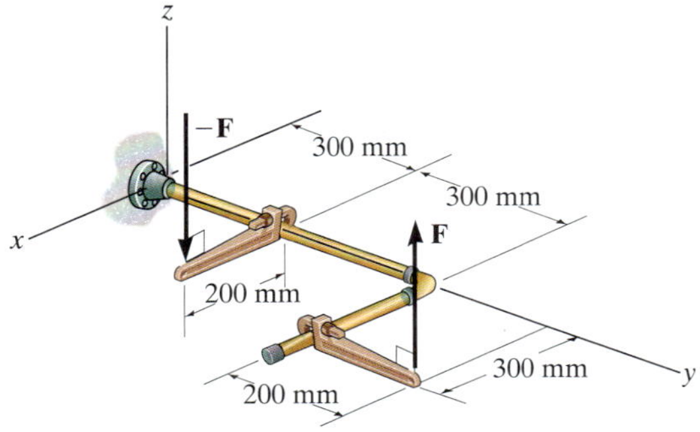

Vraagstukken 4.91/92

4.93. Als $\mathbf{F} = \{100\mathbf{k}\}$ N, bepaal dan het koppelmoment dat werkt op de constructie. Schrijf de uitkomst als een cartesische vector. Onderdeel BA ligt in het x-y-vlak.

4.94. De grootte van het resulterend koppelmoment is 15 N · m. Bepaal de grootte F van de krachten op de tangen.

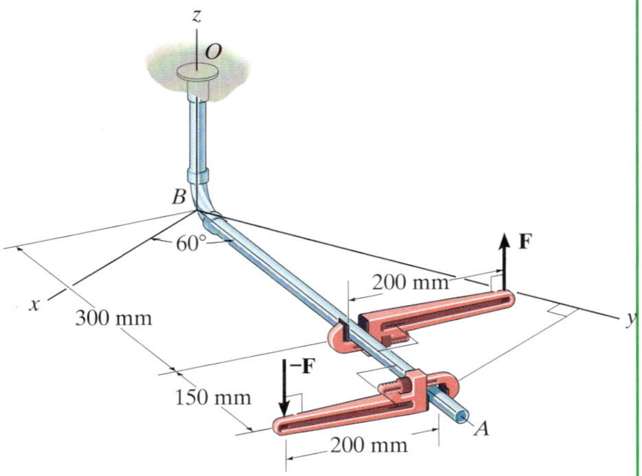

Vraagstukken 4.93/94

4.95. Als $F_1 = 100$ N, $F_2 = 120$ N en $F_3 = 80$ N, bepaal de grootte en de richtingshoeken van het resulterend koppelmoment.

***4.96.** Bepaal de benodigde grootte van $\mathbf{F}_1$, $\mathbf{F}_2$ en $\mathbf{F}_3$, zodanig dat het resulterend koppelmoment $(M_C)_R = [50\mathbf{i} - 45\mathbf{j} - 20\mathbf{k}]$ N · m is.

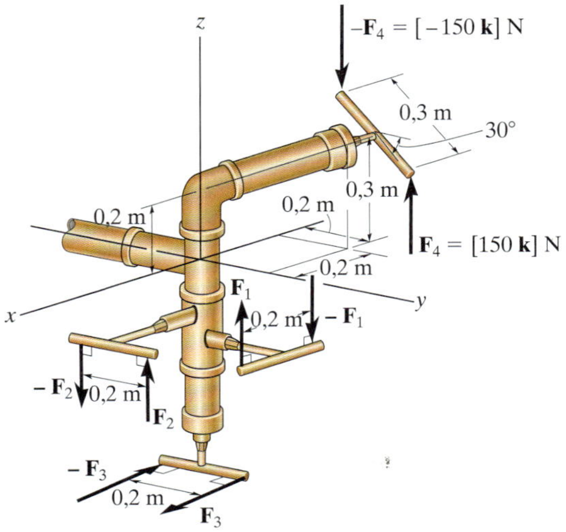

Vraagstukken 4.95/96

4.7 Vereenvoudiging van een stelsel van krachten en koppels

Soms is het handig om een stelsel van krachten en koppelmomenten op een lichaam terug te brengen tot een eenvoudigere vorm door het te vervangen door een *gelijkwaardig stelsel*, bestaande uit één (kracht)resultante die in een specifiek punt aangrijpt, en een resulterend koppelmoment. Een stelsel is gelijkwaardig als de *externe effecten* die het op een lichaam levert, dezelfde zijn als de effecten die door het oorspronkelijke stelsel van krachten en koppels veroorzaakt zouden zijn. Hierbij worden de externe effecten van een stelsel ook wel de *translerende en roterende beweging* van het lichaam genoemd als het lichaam vrij kan bewegen, of ze verwijzen naar de *reactiekrachten* bij de steunen als het lichaam op een vaste plaats wordt gehouden. Stel bijvoorbeeld eens dat je de stok in fig. 4.34*a* vasthoudt, die in punt A is onderworpen aan de kracht **F**. Als we in punt B, dat op de werklijn van **F** ligt, fig. 4.34*b*, een tweetal even grote, maar tegengesteld gerichte krachten **F** en −**F** aanleggen, zien we dat −**F** in B en **F** in A tegen elkaar wegvallen. Hierdoor blijft alleen **F** in B over, zie fig. 4.34*c*. De kracht **F** is nu verschoven van A naar B, zonder veranderingen in de *externe effecten* op de stok; dat wil zeggen: de reactie bij de handgreep blijft gelijk. Dit demonstreert het *principe van overdraagbaarheid*. Dit stelt dat een kracht op een lichaam (stok) een *glijdende vector* is, omdat deze op elk punt op de werklijn kan worden uitgeoefend. We kunnen deze procedure ook gebruiken om een kracht te verplaatsen naar een punt dat *niet* op de werklijn van de kracht ligt. Als **F** loodrecht op de stok wordt uitgeoefend, zoals in fig. 4.35*a*, dan kunnen we in B twee gelijke maar tegengestelde krachten **F** en −**F** aanbrengen, zoals in fig. 4.35*b*. De kracht **F** wordt nu uitgeoefend in B, en de andere twee krachten, **F** in A en −**F** in B, vormen een koppel dat het koppelmoment $M = Fd$, zoals in fig. 4.35*c*, oplevert. Dus kan de kracht **F** worden verschoven van A naar B, mits er een koppelmoment **M** wordt toegevoegd om een gelijkwaardig systeem te behouden. Dit koppelmoment wordt bepaald door het moment van **F** rond B te nemen.

Omdat **M** eigenlijk een *vrije vector* is, kan het op elk punt van de stok aangrijpen. In beide gevallen zijn de stelsels gelijkwaardig, waardoor er bij het vastgehouden uiteinde een neerwaarts gerichte kracht **F** en een koppelmoment $M = Fd$ met de klok mee wordt gevoeld.

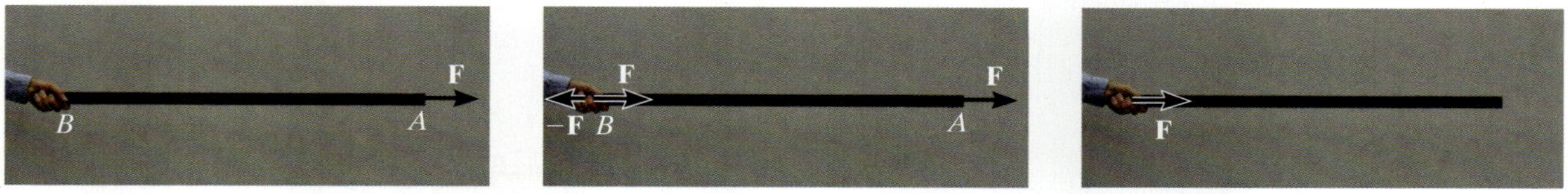

(a) (b) (c)

Fig. 4.34

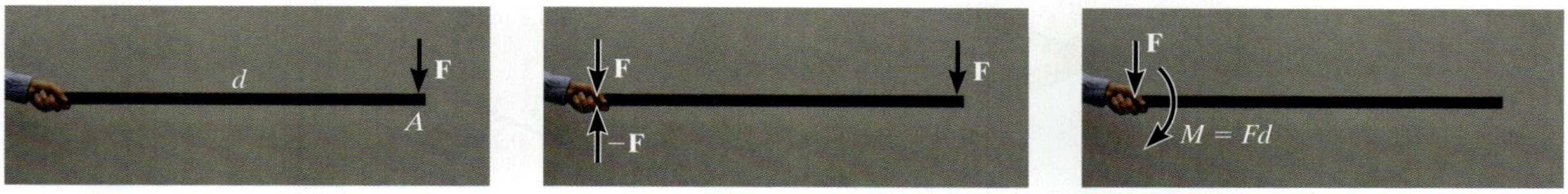

(a) (b) (c)

Fig. 4.35

Stelsels van krachten en koppelmomenten Met de hiervoor genoemde methode kan een stelsel van verschillende krachten en koppelmomenten op een lichaam worden teruggebracht tot één equivalente resultante aangrijpend in een punt O, en een resulterend koppelmoment. Zo ligt in fig. 4.36*a* O niet op de werklijn van $\mathbf{F}_1$ zodat deze kracht kan worden verplaatst naar punt O en er een koppelmoment $(\mathbf{M}_O)_1 = \mathbf{r}_1 \times \mathbf{F}$ aan het voorwerp wordt toegevoegd. Op dezelfde manier moet het koppelmoment $(\mathrm{M}_O)_2 = \mathbf{r}_2 \times \mathbf{F}_2$ worden toegevoegd aan het voorwerp wanneer we $\mathbf{F}_2$ verplaatsen naar punt O. Het koppelmoment $\mathbf{M}$ ten slotte is een vrije vector en kan dus gewoon worden verplaatst naar punt O. Dit alles resulteert in het equivalente stelsel in fig. 4.36*b*. Dit stelsel levert dezelfde uitwendige effecten (ondersteuningsreacties) op het lichaam als de combinatie van de kracht en het koppelmoment in fig. 4.36*a*. Als we de krachten en koppelmomenten optellen, levert dat de resultante $\mathbf{F}_R = \mathbf{F}_1 + \mathbf{F}_2$ en het resulterend koppelmoment $(\mathbf{M}_R)_O = \mathbf{M} + (\mathbf{M}_O)_1 + (\mathbf{M}_O)_2$, fig. 4.36*c*. Merk op dat $\mathbf{F}_R$ onafhankelijk is van de plaats van punt O omdat deze kracht een som van de krachten is. $(\mathbf{M}_R)_O$ is wel afhankelijk van de plaats waar het wordt veroorzaakt omdat de momenten $\mathbf{M}_1$ en $\mathbf{M}_2$ bepaald werden met behulp van de positievectoren $\mathbf{r}_1$ en $\mathbf{r}_2$ vanuit O in de richting van de bijbehorende kracht. Merk ook op dat $(M_R)_O$ een vrije vector is en op *elk willekeurig punt* op het voorwerp kan aangrijpen. In de praktijk valt de keuze meestal op punt O.We kunnen de hiervoor genoemde methode veralgemeniseren door een stelsel van krachten en koppels te herleiden tot een equivalente resultante $\mathbf{F}_R$, aangrijpend in punt O, en een resulterend koppelmoment $(\mathbf{M}_R)_O$ door gebruik te maken van de volgende twee vergelijkingen.

$$\mathbf{F}_R = \Sigma\mathbf{F}$$
$$(\mathbf{M}_R)_O = \Sigma\mathbf{M}_O + \Sigma\mathbf{M} \tag{4.17}$$

De eerste vergelijking stelt dat de resultante van het stelsel gelijk is aan de som van alle krachten; en de tweede vergelijking stelt dat het resulterend koppelmoment van het systeem gelijk is aan de som van alle koppelmomenten $\Sigma\mathbf{M}$ plus de momenten van alle krachten $\Sigma\mathbf{M}_O$ rond punt O. Als het krachtenstelsel in het x-y-vlak ligt en er koppelmomenten loodrecht op dit vlak zijn, dan reduceren deze vergelijkingen tot de volgende drie scalaire vergelijkingen:

$$(F_R)_x = \Sigma F_x$$
$$(F_R)_y = \Sigma F_y \tag{4.18}$$
$$(M_R)_O = \Sigma M_O + \Sigma M$$

Hier kan de resultante worden bepaald uit de vectorsom van zijn twee componenten $(F_R)_x$ en $(F_R)_y$.

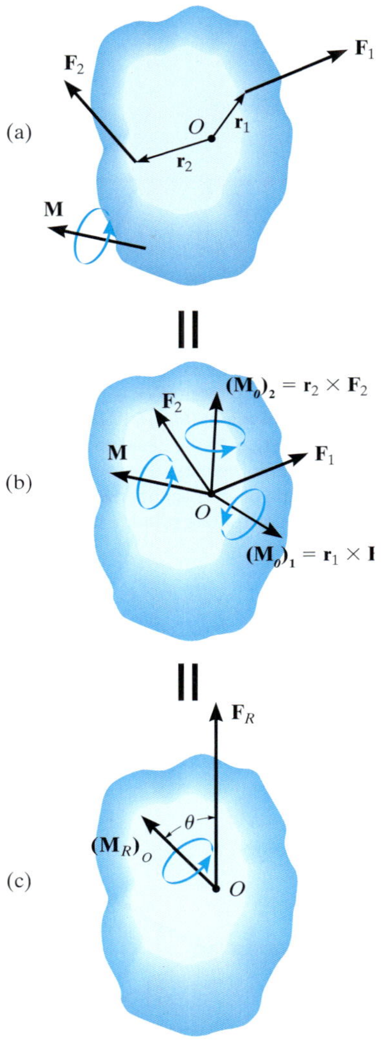

Fig. 4.36

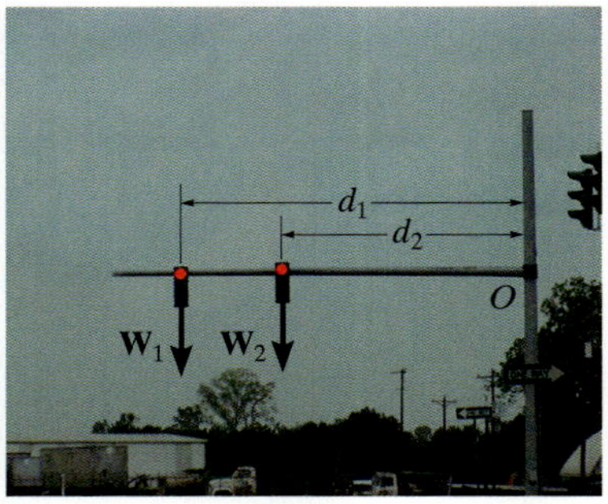

De gewichten van deze verkeerslichten kunnen worden vervangen door hun equivalente resultante $W_R = W_1 + W_2$ en een koppelmoment $(M_R)_O = W_1 d_1 + W_2 d_2$ bij de steun *O*. In beide gevallen moet de steun dezelfde weerstand tegen translatie en rotatie bieden om het overhangende deel in horizontale stand te houden.

Analyseprocedure

Bij het vereenvoudigen van een stelsel van krachten en koppels moeten de volgende punten in gedachten worden gehouden.

- Leg de coördinaatassen vast met de oorsprong in punt *O* en een gegeven oriëntatie van de assen.

Het optellen van krachten

- Ontbind elke kracht in zijn *x*- en *y*-component wanneer het krachtenstelsel *tweedimensionaal* is. Wanneer een component langs de positieve *x*- of *y*-as loopt, dan is hij een positieve scalair en wanneer hij langs een negatieve *x*- of *y*-as loopt, een negatieve scalair.
- Geef in driedimensionale gevallen alle krachten weer als cartesische vectoren, alvorens de krachten op te tellen.

Het optellen van momenten

- Wanneer de momenten van een tweedimensionaal krachtenstelsel om punt *O* worden bepaald, is het over het algemeen nuttig om het momentenprincipe te gebruiken, d.w.z. de momenten van de componenten van elke kracht bepalen in plaats van het moment van de kracht zelf.
- Gebruik in driedimensionale gevallen het uitwendig product van de vectoren om het moment van elke kracht om het punt *O* te bepalen. Hier lopen de plaatsvectoren van punt *O* naar een willekeurig punt op de werklijn van elke kracht.

Voorbeeld 4.14

Vervang het stelsel van krachten en koppels in fig.4.37*a* door een equivalente resultante en een resulterend koppelmoment aangrijpend in punt *O*.

OPLOSSING

Optellen van krachten De krachten van 3 kN en 5 kN worden ontbonden in hun *x*- en *y*-componenten zoals weergegeven in fig. 4.37*b*. Er geldt:

$$\overset{+}{\rightarrow} (F_R)_x = \Sigma F_x; (F_R)_x = (3\text{ kN})\cos 30° + \left(\tfrac{3}{5}\right)(5\text{ kN}) = 5{,}598\text{ kN} \rightarrow$$

$$+\uparrow (F_R)_y = \Sigma F_y; (F_R)_y = (3\text{ kN})\sin 30° - \left(\tfrac{4}{5}\right)(5\text{ kN}) - 4\text{ kN} = -6{,}50\text{ kN}$$
$$= 6{,}50\text{ kN}\downarrow$$

Met de stelling van Pythagoras vinden we in fig. 4.37*c* dat de grootte van $\mathbf{F}_R$ gelijk is aan:

$$F_R = \sqrt{(F_{Rx})^2 + (F_{Ry})^2} = \sqrt{(5{,}598\text{ kN}^2) + (6{,}50\text{ kN}^2)} = 8{,}58\text{ kN} \quad \textit{Antw.}$$

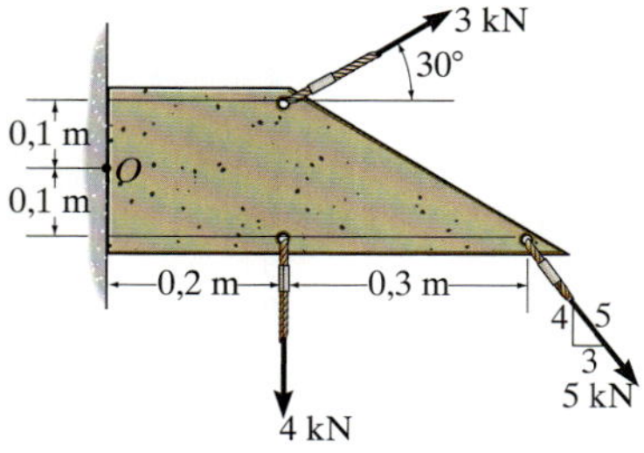

(a)

Fig. 4.37

De hoek θ is gelijk aan

$$\theta = \tan^{-1}\left(\frac{(F_R)_y}{(F_R)_x}\right) = \tan^{-1}\left(\frac{6{,}50 \text{ kN}}{5{,}598 \text{ kN}}\right) = 49{,}3° \qquad \textit{Antw.}$$

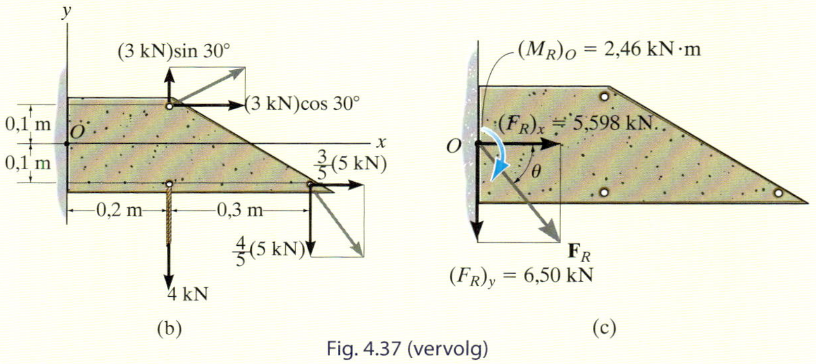

Fig. 4.37 (vervolg)

Optellen van momenten De momenten als gevolg van de krachten van 3 kN en 5 kN rond punt O worden bepaald met behulp van hun x- en y-componenten. In fig. 4.37*b* zien we dat

$$\circlearrowleft + (M_R)_O = \Sigma M_O$$

$$(M_R)_O = (3 \text{ kN})\sin 30°(0{,}2 \text{ m}) - (3 \text{ kN})\cos 30°(0{,}1 \text{ m})$$
$$+ \left(\tfrac{3}{5}\right)(5 \text{ kN})(0{,}1 \text{ m}) - \left(\tfrac{4}{5}\right)(5 \text{ kN})(0{,}5 \text{ m}) - (4 \text{ kN})(0{,}2 \text{ m})$$
$$= -2{,}46 \text{ kN}\cdot\text{m} = 2{,}46 \text{ kN}\cdot\text{m} \circlearrowright \qquad \textit{Antw.}$$

Dit moment met de klok mee is weergegeven in fig. 4.37c.

OPMERKING: Bedenk dat de resultante en het resulterend koppelmoment in fig.4.37*c* bij de steunen dezelfde externe effecten of reacties geven als die door het krachtenstelsel in fig. 4.37*a* worden geleverd.

Voorbeeld 4.15

Vervang het stelsel van krachten en koppels op het deel in fig. 4.38*a* door een equivalente resultante en een resulterend koppelmoment aangrijpend in punt O.

OPLOSSING

Optellen van krachten Omdat de koppelkrachten van 200 N gelijkwaardig, maar tegengesteld zijn, leveren ze als resultante de nulkracht op, en dus kunnen ze bij het optellen van de krachten buiten beschouwing gelaten worden. De kracht van 500 N wordt ontbonden in zijn x- en y-componenten, dus:

$$\overset{+}{\rightarrow} (F_R)_x = \Sigma F_x; \quad (F_R)_x = \left(\tfrac{3}{5}\right)(500 \text{ N}) = 300 \text{ N} \rightarrow$$

$$+\uparrow (F_R)_y = \Sigma F_y; \quad (F_R)_y = (500 \text{ N})\left(\tfrac{4}{5}\right) - 750 \text{ N} = -350 \text{ N} = 350 \text{ N}\downarrow$$

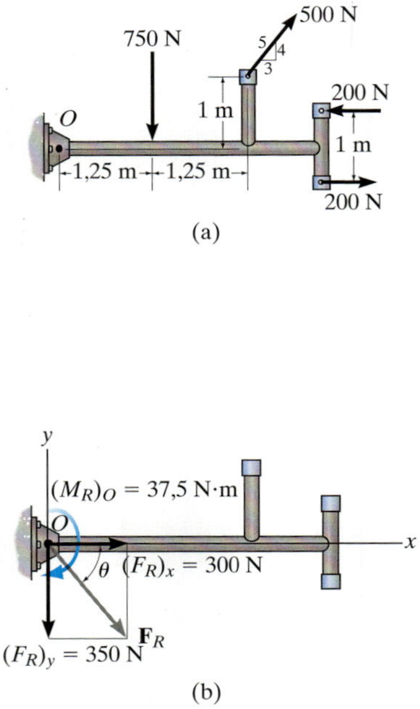

Fig. 4.38

Uit fig. 4.15*b* volgt dat de grootte van $\mathbf{F}_R$ gelijk is aan:

$$F_R = \sqrt{(F_R)_x^2 + (F_R)_y^2}$$

$$= \sqrt{(300\text{ N})^2 + (350\text{ N})^2} = 461\text{ N} \qquad \textit{Antw.}$$

En de hoek θ is gelijk aan:

$$\theta = \tan^{-1}\left(\frac{(F_R)_y}{(F_R)_x}\right) = \tan^{-1}\left(\frac{350\text{ N}}{300\text{ N}}\right) = 49{,}4^\circ \qquad \textit{Antw.}$$

Optellen van momenten Omdat het koppelmoment een vrije vector is, kan het op elk punt van het deel aangrijpen. Bekijken we fig. 4.38*a*, dan zien we:

$$\circlearrowleft + (M_R)_O = \Sigma M_O + \Sigma M;$$

$$(M_R)_O = (500\text{ N})\left(\tfrac{4}{5}\right)(2{,}5\text{ m}) - (500\text{ N})\left(\tfrac{3}{5}\right)(1\text{ m})$$

$$- (750\text{ N})(1{,}25\text{ m}) + 200\text{ N·m}$$

$$= -37{,}5\text{ N·m} = 37{,}5\text{ N·m} \circlearrowright \qquad \textit{Antw.}$$

Dit moment met de klok mee is weergegeven in fig. 4.38*b*.

Voorbeeld 4.16

Op het constructieonderdeel worden het koppelmoment **M** en de krachten $\mathbf{F}_1$ en $\mathbf{F}_2$ uitgeoefend, zoals afgebeeld in fig. 4.39*a*. Vervang dit stelsel door een gelijkwaardige combinatie van een krachtresultante en een koppelmoment in punt *O* van de basis.

OPLOSSING (VECTORANALYSE)

De driedimensionale aspecten van het vraagstuk kunnen worden vereenvoudigd met behulp van een cartesische vectoranalyse. Als we de krachten en koppelmomenten als cartesische vectoren uitdrukken, geldt:

$$\mathbf{F}_1 = \{-800\mathbf{k}\}\text{ N}$$

$$\mathbf{F}_2 = (300\text{ N})\mathbf{u}_{CB}$$

$$= (300\text{ N})\left(\frac{\mathbf{r}_{CB}}{r_{CB}}\right)$$

$$= 300\text{ N}\left[\frac{\{-0{,}15\mathbf{i} + 0{,}1\mathbf{j}\}\text{ m}}{\sqrt{(-0{,}15\text{ m})^2 + (0{,}1\text{ m})^2}}\right] = \{-249{,}6\mathbf{i} + 166{,}4\mathbf{j}\}\text{ N}$$

$$\mathbf{M} = -500\left(\tfrac{4}{5}\right)\mathbf{j} + 500\left(\tfrac{3}{5}\right)\mathbf{k} = \{-400\mathbf{j} + 300\mathbf{k}\}\text{ N·m}$$

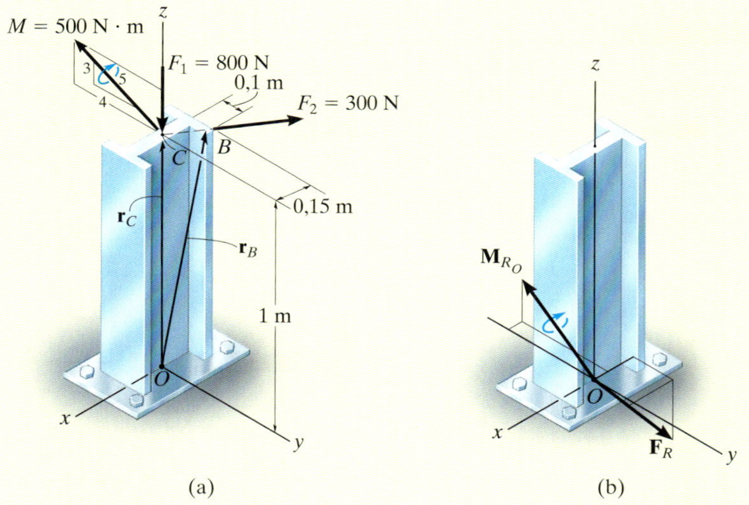

Fig. 4.39

Optellen van krachten

$$\mathbf{F}_R = \Sigma\mathbf{F};\ \mathbf{F}_R = \mathbf{F}_1 + \mathbf{F}_2 = -800\mathbf{k} - 249{,}6\mathbf{i} + 166{,}4\mathbf{j}$$

$$= \{-250\mathbf{i} + 166\mathbf{j} - 800\mathbf{k}\}\ \text{N} \qquad \textit{Antw.}$$

Optellen van momenten

$$\mathbf{M}_{R_O} = \Sigma\mathbf{M} + \Sigma\mathbf{M}_O$$

$$\mathbf{M}_{R_O} = \mathbf{M} + \mathbf{r}_C \times \mathbf{F}_1 + \mathbf{r}_B \times \mathbf{F}_2$$

$$\mathbf{M}_{R_O} = (-400\mathbf{j} + 300\mathbf{k}) + (1\mathbf{k}) \times (-800\mathbf{k}) + \begin{vmatrix} \mathbf{i} & \mathbf{j} & \mathbf{k} \\ -0{,}15 & 0{,}1 & 1 \\ -249{,}6 & 166{,}4 & 0 \end{vmatrix}$$

$$= (-400\mathbf{j} + 300\mathbf{k}) + (\mathbf{0}) + (-166{,}4\mathbf{i} - 249{,}6\mathbf{j})$$

$$= \{-166\mathbf{i} - 650\mathbf{j} + 300\mathbf{k}\}\ \text{N} \cdot \text{m} \qquad \textit{Antw.}$$

Het resultaat wordt gegeven in fig. 4.39*b*.

Fundamentele vraagstukken

F4.25. Vervang de verschillende belastingen door een equivalente resultante en een resulterend koppelmoment aangrijpend in punt A.

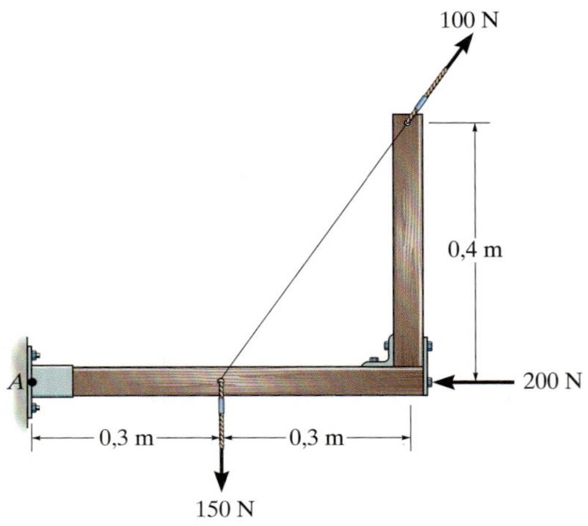

F4.25

F4.26. Vervang de verschillende belastingen door een equivalente resultante en een resulterend koppelmoment aangrijpend in punt A.

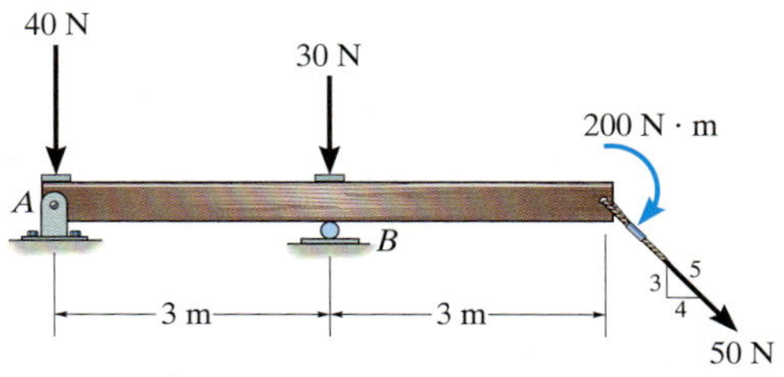

F4.26

F4.27. Vervang de verschillende belastingen door een equivalente resultante en een resulterend koppelmoment aangrijpend in punt A.

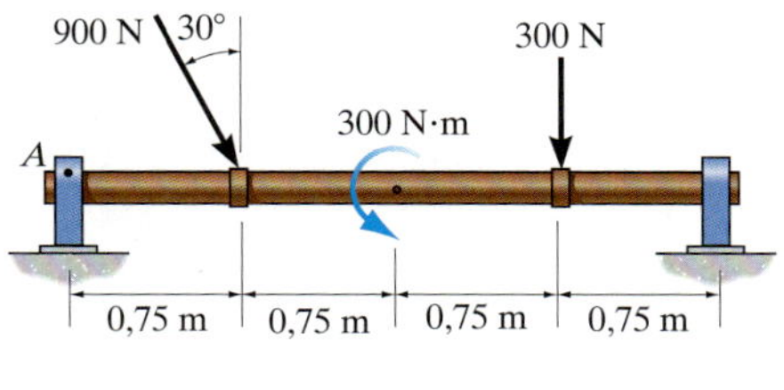

F4.27

F4.28. Vervang de verschillende belastingen door een equivalente resultante en een resulterend koppelmoment aangrijpend in punt A.

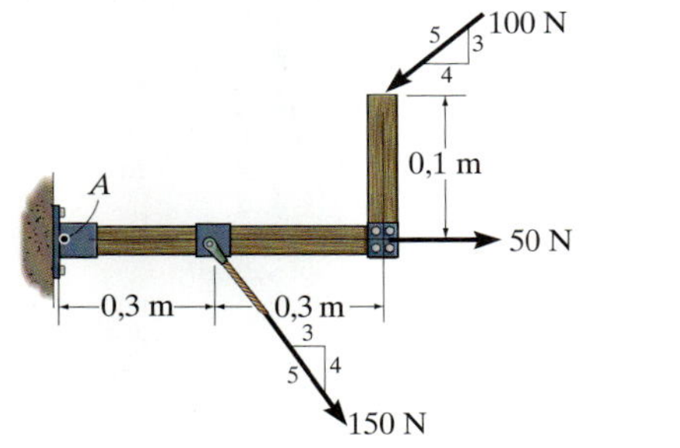

F4.28

F4.29. Vervang de verschillende belastingen door een equivalente resultante en een gelijkwaardig resulterend koppelmoment aangrijpend in punt O.

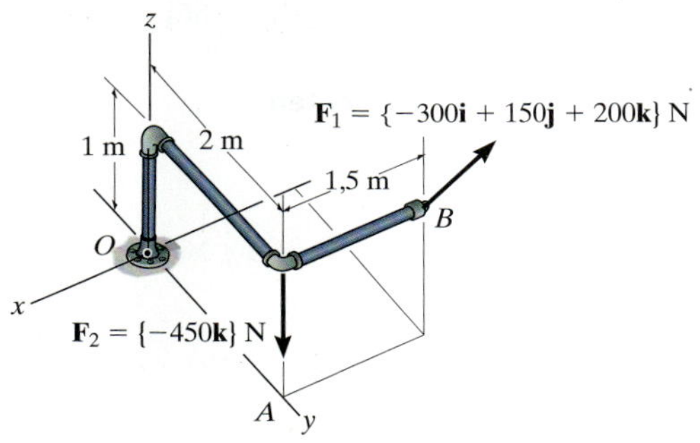

F4.29

F4.30. Vervang de verschillende belastingen door een equivalente resultante en een gelijkwaardig resulterend koppelmoment aangrijpend in punt O.

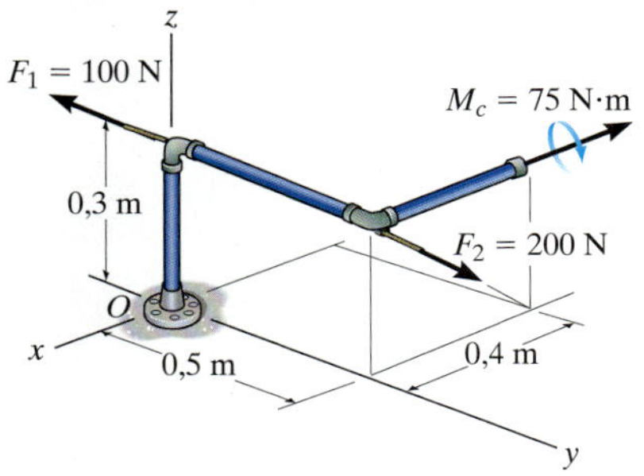

F4.30

Vraagstukken

4.97. Vervang de kracht en het stelsel van koppelmomenten door een combinatie van een equivalente kracht en een koppelmoment in punt O.

4.98. Vervang de kracht en het stelsel van koppelmomenten door een combinatie van een equivalente kracht en een koppelmoment in punt P.

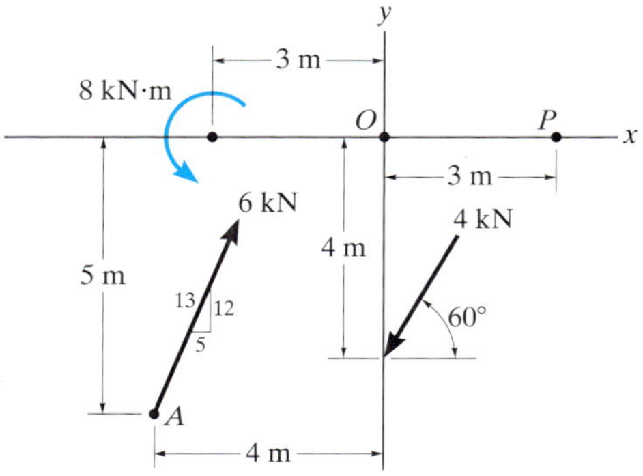

Vraagstukken 4.97/98

4.101. Vervang het stelsel van belastingen op de balk door een equivalente resultante en een koppelmoment in punt O.

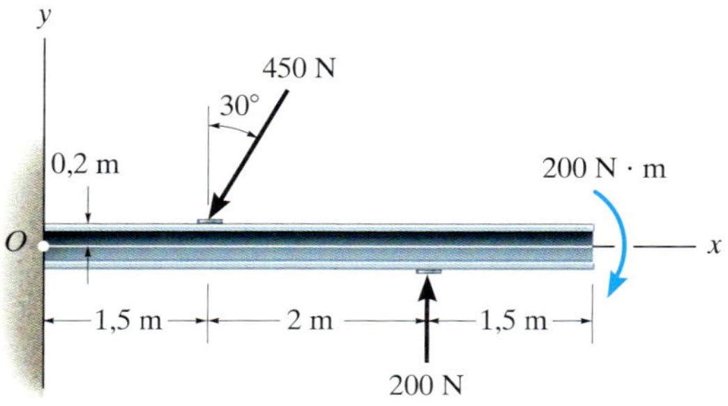

Vraagstuk 4.101

4.99. Vervang het krachtenstelsel op de balk door een equivalente resultante en een resulterend koppelmoment in punt A.

***4.100.** Vervang het krachtenstelsel op de balk door een equivalente resultante en een resulterend koppelmoment in punt B.

4.102. Vervang de belasting op de balk door zijn resultante. Geef aan waar de kracht werkt, gemeten vanaf uiteinde A.

4.103. Vervang de belasting op de balk door zijn resultante. Geef aan waar de kracht werkt, gemeten vanaf B.

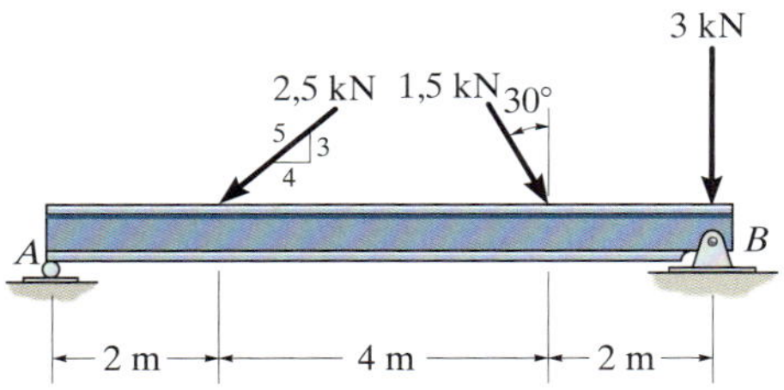

Vraagstukken 4.99/100

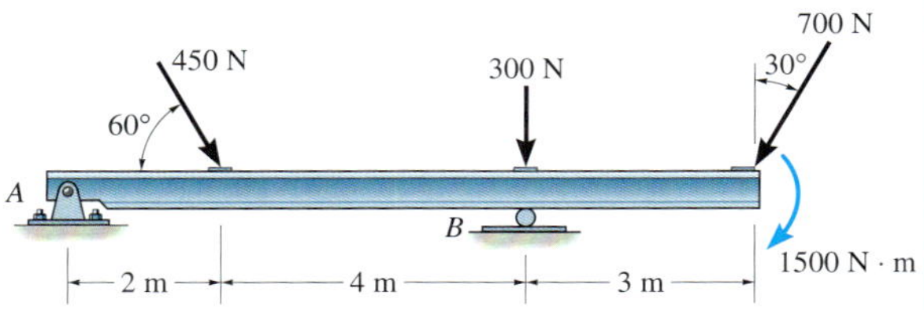

Vraagstukken 4.102/103

***4.104.** Op het dakspant werkt een stelsel van vier krachten. Bepaal de equivalente resultante en geef aan waar die werkt op AB, gemeten vanaf punt A.

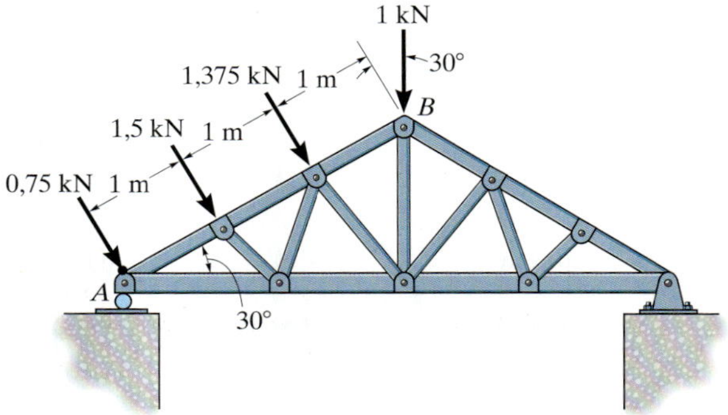

Vraagstuk 4.104

4.105. Vervang het krachtenstelsel op de constructie door een resultante en een koppelmoment in punt A.

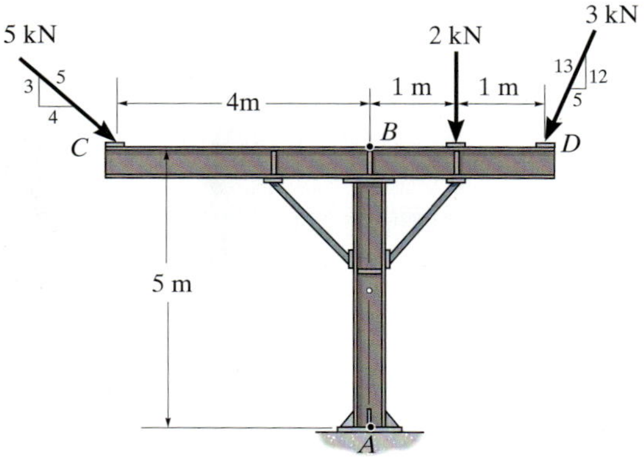

Vraagstuk 4.105

4.106. Vervang het krachtenstelsel op de steun door een resultante en een koppelmoment in punt A.

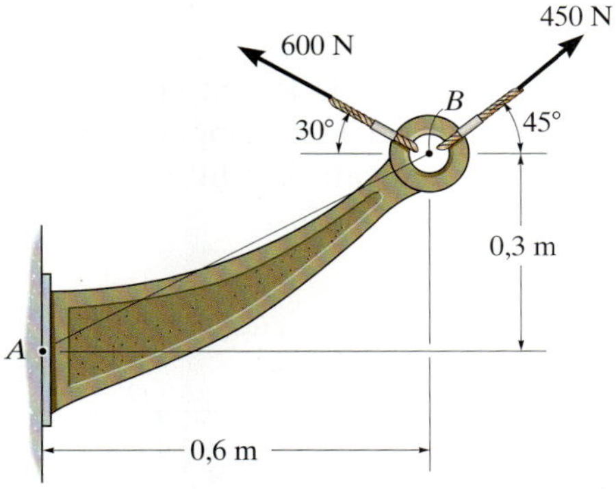

Vraagstuk 4.106

4.107. In de figuur is een biomechanisch model van het lumbaalgebied van het menselijk lichaam afgebeeld. De krachten in de vier spiergroepen zijn F_R = 35 N voor de rectus (rechte buikspier), F_O = 45 N voor de oblique (schuine buikspier), F_L = 23 N voor de lumbale latissimus dorsi (brede rugspier) en F_E = 32 N voor de erector spinae (rugstrekker). Deze belastingen zijn symmetrisch ten opzichte van het y-z-vlak. Vervang dit stelsel van evenwijdige krachten door een combinatie van een equivalente kracht en een koppelmoment op de ruggengraat in punt O. Schrijf de uitkomsten als cartesische vector.

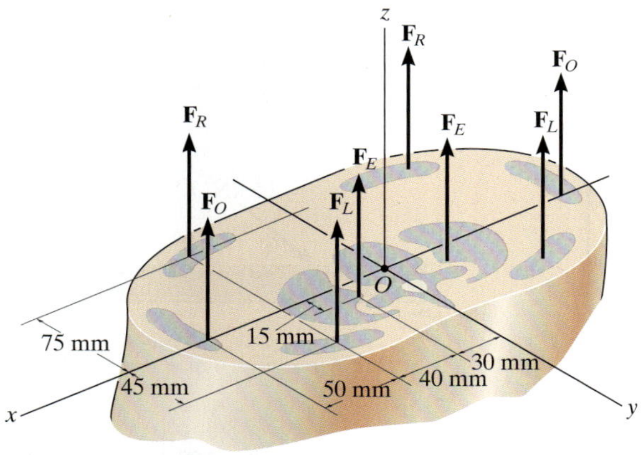

Vraagstuk 4.107

•4.108. Vervang de twee krachten op de paal door een resultante en een koppelmoment in punt O. Schrijf de resultaten in cartesische vectorvorm.

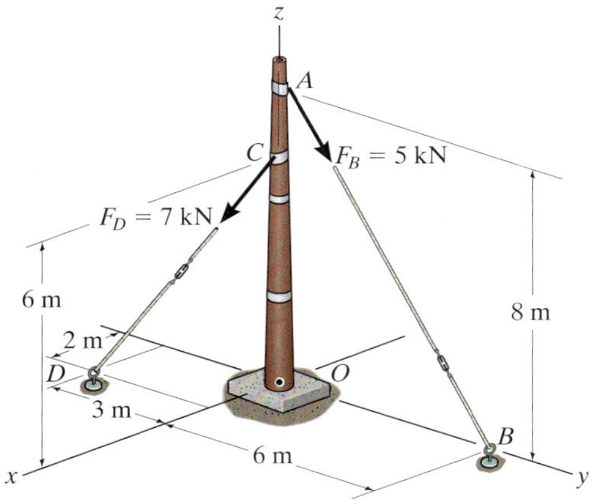

Vraagstuk 4.108

4.109. Vervang het krachtenstelsel door een combinatie van een equivalente kracht en een koppelmoment in punt A.

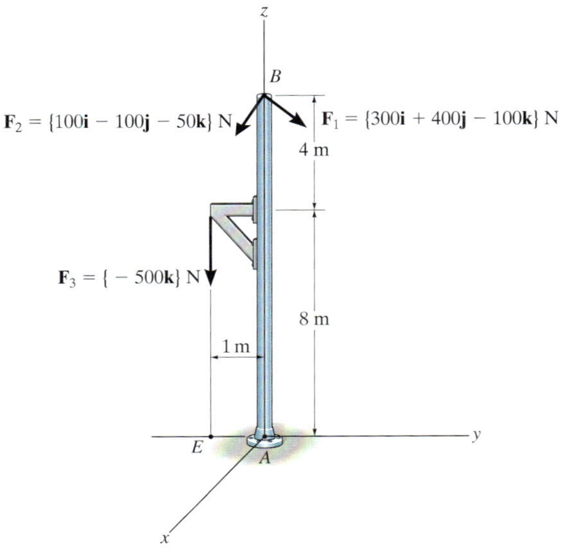

Vraagstuk 4.109

4.110. De snaar die over de riemschijf loopt wordt belast met de krachten $\mathbf{F}_1$ en $\mathbf{F}_2$, die elk 40 N groot zijn. $\mathbf{F}_1$ werkt in de –**k**-richting. Vervang deze krachten door een combinatie van een equivalente kracht en een koppelmoment in punt A. Schrijf de uitkomst als cartesische vector. Veronderstel dat $\theta = 0°$ zodat $\mathbf{F}_2$ werkt in de –**j**-richting.

4.111. De snaar die over de riemschijf loopt wordt belast met de twee krachten $\mathbf{F}_1$ en $\mathbf{F}_2$, die elk 40 N groot zijn. $\mathbf{F}_1$ werkt in de –**k**-richting. Vervang deze krachten door een combinatie van een equivalente kracht en een koppelmoment in punt A. Schrijf de uitkomst als cartesische vector. Veronderstel dat $\theta = 45°$.

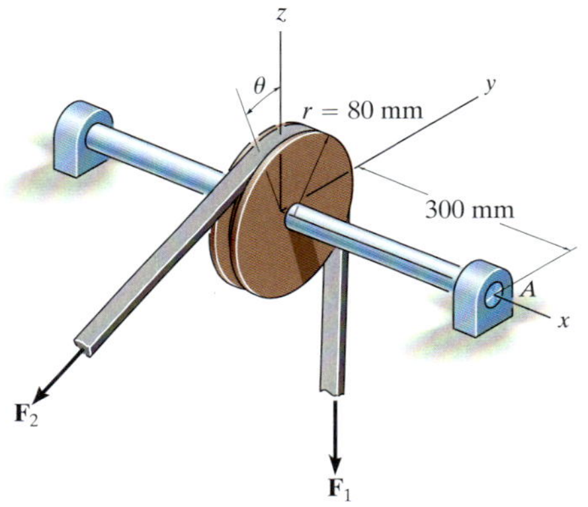

Vraagstukken 4.110/111

***4.112.** Op de handgrepen van de elektrische boormachine worden de krachten $\mathbf{F}_1$ en $\mathbf{F}_2$ uitgeoefend. Vervang dit krachtenstelsel door een equivalente resultante en een resulterend koppelmoment aangrijpend in punt O. Schrijf de resultaten in cartesische vectorvorm.

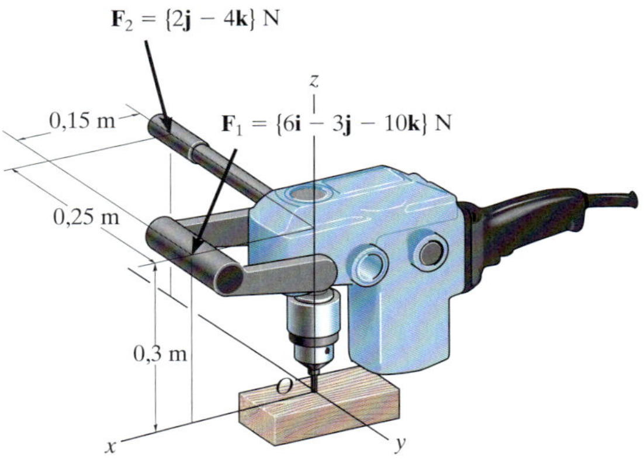

Vraagstuk 4.112

4.8 Verdere reductie van een stelsel van krachten en koppels

In de vorige paragraaf hebben we een manier ontwikkeld om een stelsel van krachten en koppelmomenten op een star lichaam te herleiden tot een equivalente resultante $\mathbf{F}_R$, aangrijpend in een specifiek punt O, en een resulterend koppelmoment $(\mathbf{M}_R)_O$. Het krachtenstelsel kan verder worden herleid tot één equivalente resultante, mits de werklijnen van $\mathbf{F}_R$ en $(\mathbf{M}_R)_O$ *loodrecht* op elkaar staan. Vanwege deze voorwaarde kunnen uitsluitend krachtenstelsels met krachten waarvan de werklijnen door hetzelfde punt gaan, tweedimensionale krachtenstelsels en evenwijdige krachtenstelsels, verder worden vereenvoudigd.

Werklijnen gaan door hetzelfde punt Bij een dergelijk stelsel *snijden* de werklijnen van alle krachten elkaar in een *gemeenschappelijk punt* O, zoals in fig. 4.40*a*, en dus levert het krachtenstelsel geen moment rond dit punt. Hierdoor kan het gelijkwaardige stelsel worden voorgesteld door één resultante $\mathbf{F}_R = \Sigma\mathbf{F}$, aangrijpend in O, zie fig. 4.40*b*.

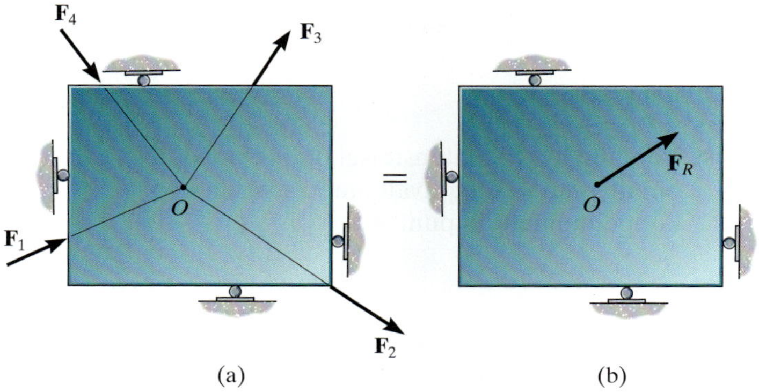

Fig. 4.40

Coplanair krachtenstelsel In het geval van een *coplanair krachtenstelsel* liggen de werklijnen van alle krachten in hetzelfde vlak, zoals in fig. 4.41*a*, en dus ligt de resultante $\mathbf{F}_R = \Sigma\mathbf{F}$ van dit stelsel ook in dit vlak. Verder is het moment van elk van de krachten rond een willekeurig punt O loodrecht op dit vlak gericht. Dus staan het resulterend moment $(\mathbf{M}_R)_O$ en de resultante $\mathbf{F}_R$ *loodrecht op elkaar*, zie fig. 4.41*b*. Het resulterend moment kan worden vervangen door de resultante $\mathbf{F}_R$ loodrecht over een afstand d van punt O te verschuiven, zodat $\mathbf{F}_R$ *hetzelfde moment* $(\mathbf{M}_R)_O$ rond punt O oplevert, zie fig. 4.41*c*. Deze afstand d kan worden bepaald uit de scalaire vergelijking $(M_R)_O = F_R d = \Sigma M_O$ of $d = (M_R)_O/F_R$.

Evenwijdig krachtenstelsel Het *evenwijdige krachtenstelsel* in fig. 4.42*a* bestaat uit krachten die alle evenwijdig zijn aan de z-as. Dus moet de resultante $\mathbf{F}_R = \Sigma\mathbf{F}$ in punt O eveneens evenwijdig zijn aan deze as, fig. 4.42*b*. De door alle krachten geleverde momenten liggen in het vlak van de plaat. Dus zal het resulterend koppelmoment, $(\mathbf{M}_R)_O$, eveneens in dit vlak liggen langs de

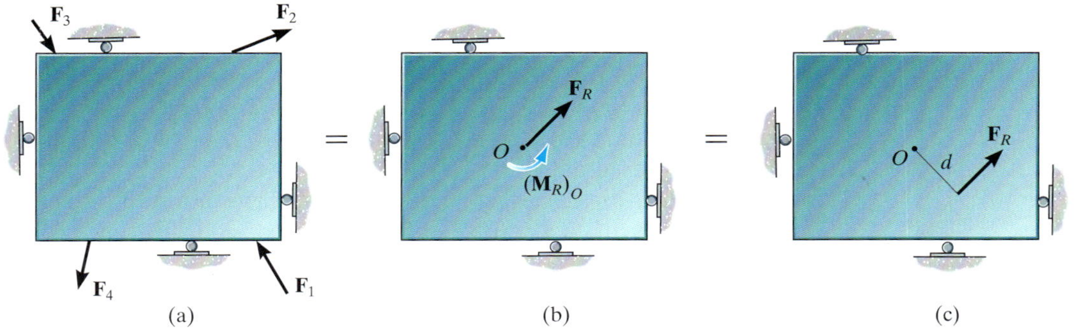

Fig. 4.41

momentas a, omdat $\mathbf{F}_R$ en $(\mathbf{M}_R)_O$ loodrecht op elkaar staan. Hierdoor kan het krachtenstelsel verder worden herleid tot één gelijkwaardige resulterende kracht $\mathbf{F}_R$, aangrijpend in punt P op de loodrechte b-as, fig. 4.42c. De afstand d langs deze as tot punt O vereist dat $(M_R)_O = F_R d = \Sigma M_O$ of $d = \Sigma M_O / F_R$.

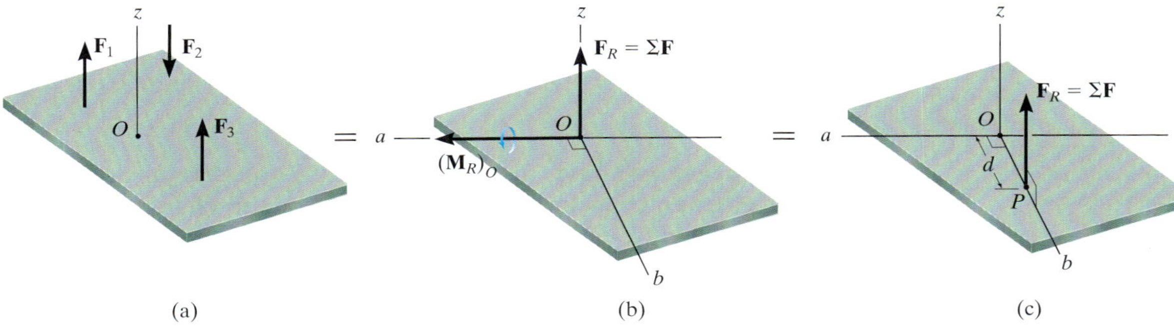

Fig. 4.42

Op de pijler van de brug komen de vier kabelkrachten allemaal samen in punt O. Als gevolg hiervan leveren ze daar geen resulterend moment, alleen een resulterende kracht $\mathbf{F}_R$. Merk op dat de ontwerpers de kabels zodanig hebben gepositioneerd dat $\mathbf{F}_R$ gericht is *langs* de pijlerrecht naar de steun, zodat er in de pijler geen buiging ontstaat.

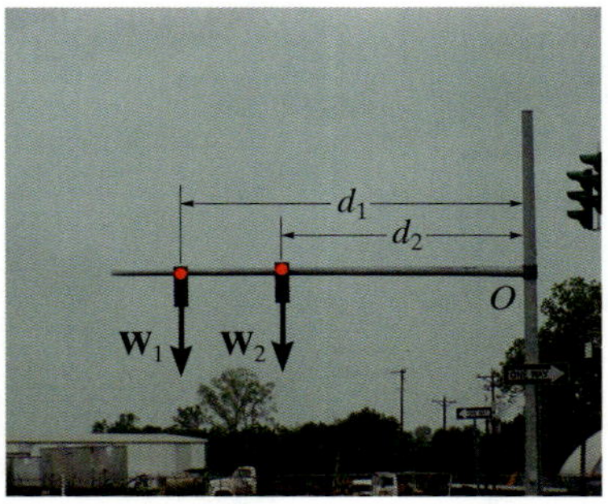

Hier zijn de gewichten van de verkeerslichten vervangen door hun resultante $W_R = W_1 + W_2$, die op een afstand $d = (W_1 d_1 + W_2 d_2)/W_R$ van O werkt. Beide systemen zijn gelijkwaardig.

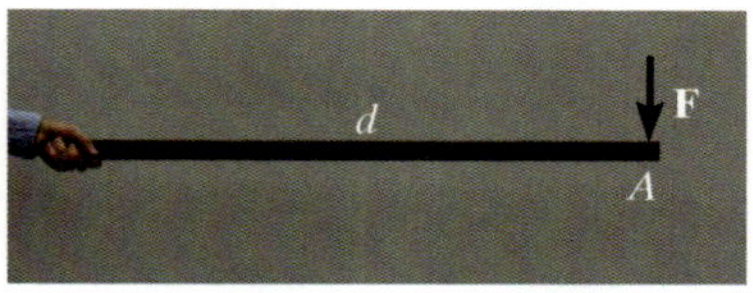

(a)

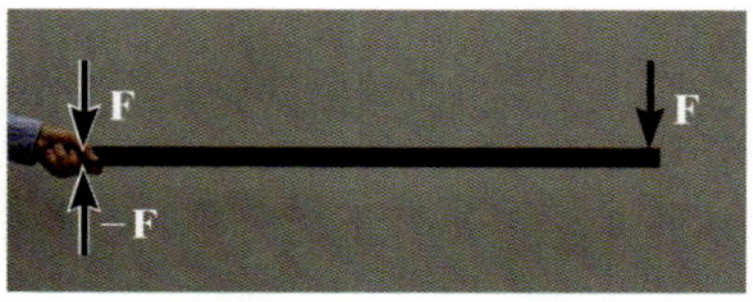

(b)

(c)

Fig. 4.35 (herhaald)

Analyseprocedure

Bij de techniek die gebruikt wordt om een tweedimensionaal of evenwijdig krachtenstelsel te herleiden tot één enkele krachtresultante, wordt een soortgelijke procedure gevolgd, zoals behandeld is in de vorige paragraaf.

- Stel de x-, y-, z-assen vast en plaats de krachtresultante $\mathbf{F}_R$ op een willekeurige afstand van de oorsprong van de coördinaten.

Optellen van krachten

- De krachtresultante $\mathbf{F}_R$ is gelijk aan de som van alle krachten in het stelsel.
- Ontbind bij een tweedimensionaal krachtenstelsel elke kracht in zijn x- en y-componenten. Positieve componenten liggen langs de x- en y-assen en negatieve componenten liggen langs de negatieve x- en y-assen.

Optellen van momenten

- Het moment van de krachtresultante om punt O is gelijk aan de som van alle koppelmomenten in het stelsel plus de momenten van alle krachten in het stelsel rond O.
- Deze momenttoestand wordt gebruikt om de positie van de krachtresultante ten opzichte van punt O te bepalen.

Herleiding tot een wringing In het algemeen zullen stelsels van driedimensionale krachten en koppelmomenten een equivalente resultante $\mathbf{F}_R$ hebben, aangrijpend in punt O, en een resulterend koppelmoment $(\mathbf{M}_R)_O$ die *niet loodrecht* op elkaar staan, zoals weergegeven in fig. 4.43a. Hoewel een dergelijk krachtenstelsel niet verder kan worden herleid tot één resultante, kan het resulterend koppelmoment $(\mathbf{M}_R)_O$ worden ontbonden in componenten, evenwijdig aan en loodrecht op de werklijn van $\mathbf{F}_R$, fig. 4.43*a*. De loodrechte component $\mathbf{M}_\perp$ kan worden vervangen door $\mathbf{F}_R$ op te schuiven naar punt P, een afstand d van punt O langs de b-as, fig. 4.43*b*. Zoals te zien is, staat deze as loodrecht op zowel de a-as als de werklijn van $\mathbf{F}_R$. De plaats van P kan worden bepaald uit $d = M_\perp / F_R$. Ten slotte kan $\mathbf{M}_\parallel$, omdat het een vrije vector is, worden verschoven naar punt P, fig. 4.43*c*. Deze combinatie van een krachtresultante $\mathbf{F}_R$ en een resulterend koppelmoment $\mathbf{M}_\parallel$ die beide dezelfde werklijn hebben, zorgen ervoor dat het lichaam een neiging heeft om te transleren en om zijn as te roteren, en wordt een *wringing* genoemd. Een wringing is het eenvoudigste stelsel dat een willekeurig stelsel van krachten en koppelmomenten op een lichaam kan voorstellen.

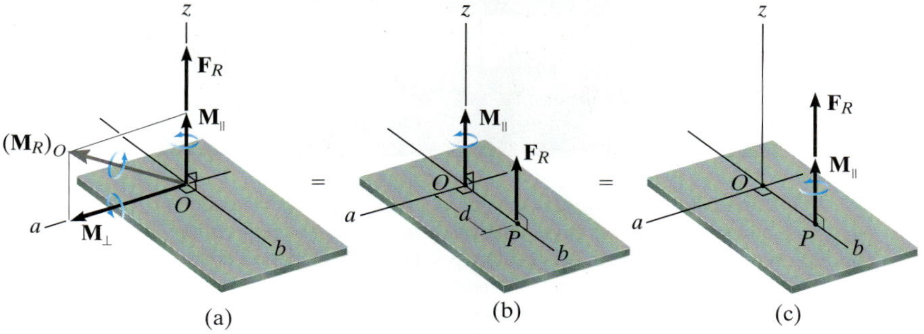

Fig. 4.43

Voorbeeld 4.17

Vervang het stelsel van krachten en koppelmomenten op de balk in fig. 4.44*a* door een equivalente resultante, en bepaal of zijn werklijn de balk snijdt, gemeten vanuit punt *O*.

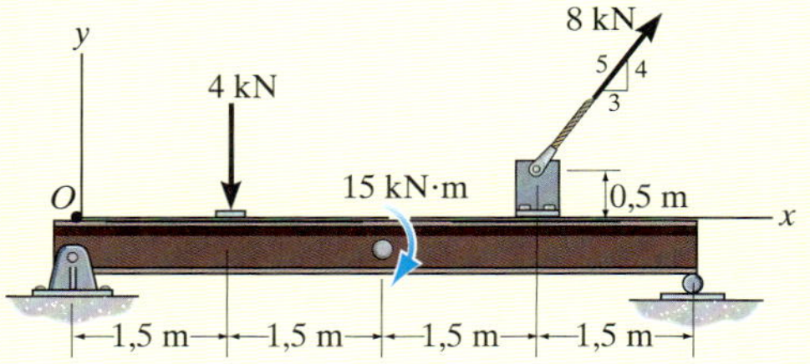

(a)

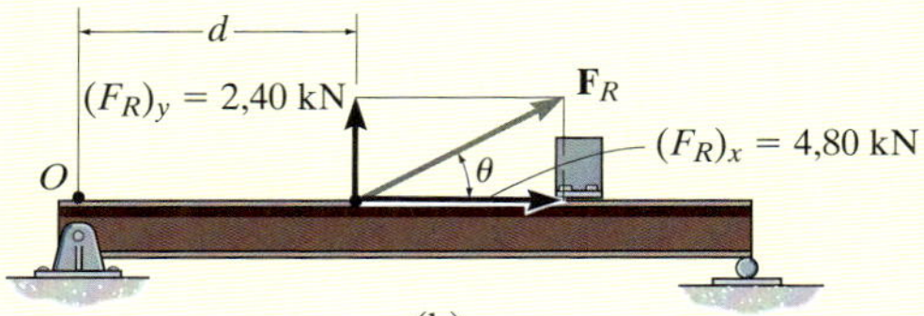

(b)

Fig. 4.44

OPLOSSING

Optellen van krachten Door de componenten van de krachten op te tellen, vinden we:

$$\overset{+}{\rightarrow} (F_R)_x = \Sigma F_x; \qquad (F_R)_x = 8\text{ kN}\left(\tfrac{3}{5}\right) = 4{,}80\text{ kN} \rightarrow$$

$$+\uparrow (F_R)_y = \Sigma F_y; \qquad (F_R)_y = -4\text{ kN} + 8\text{ kN}\left(\tfrac{4}{5}\right) = 2{,}40\text{ kN}\uparrow$$

Uit fig. 4.44*b* volgt dat de grootte van $\mathbf{F}_R$ gelijk is aan:

$$F_R = \sqrt{(4{,}80\text{ kN})^2 + (2{,}40\text{ kN})^2} = 5{,}37\text{ kN}$$

De hoek θ is gelijk aan:

$$\theta = \tan^{-1}\left(\frac{2{,}40\text{ kN}}{4{,}80\text{ kN}}\right) = 26{,}6^\circ \qquad \textit{Antw.}$$

Optellen van momenten We moeten het moment van $\mathbf{F}_R$ rond punt *O* in fig. 4.44*b* gelijkstellen aan de som van de momenten van het stelsel van krachten en koppelmomenten rond punt *O* in fig. 4.44*a*. Omdat de werklijn van $(\mathbf{F}_R)_x$ door punt *O* loopt, *levert alleen* $(\mathbf{F}_R)_y$ *een moment* rond dit punt. Dus geldt:

$$\circlearrowleft + (M_R)_O = \Sigma M_O; \quad 2{,}40\text{ kN}(d) = -(4\text{ kN})(1{,}5\text{ m}) - 15\text{ kN}\cdot\text{m}$$

$$-\left[8\text{ kN}\left(\tfrac{3}{5}\right)\right](0{,}5\text{ m}) + \left[8\text{ kN}\left(\tfrac{4}{5}\right)\right](4{,}5\text{ m})$$

$$d = 2{,}25\text{ m} \qquad \textit{Antw.}$$

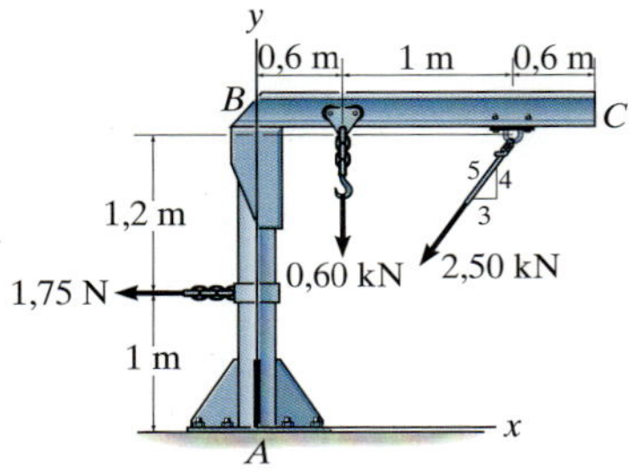

(a)

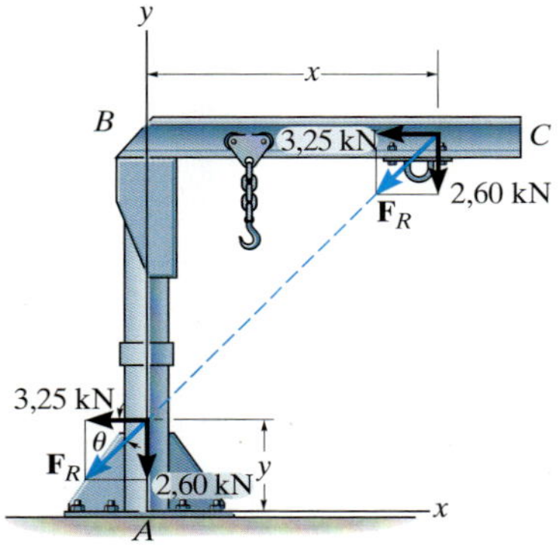

(b)

Fig. 4.45

Voorbeeld 4.18

Op de zwenkkraan in fig. 4.45*a* werken drie tweedimensionale krachten. Vervang deze belasting door een gelijkwaardige krachtresultante en geef aan waar de werklijn van deze resultante de buis *AB* en de giek *BC* snijdt.

OPLOSSING

Optellen van krachten Wanneer we de kracht van 2,50 kN ontbinden in een *x*- en een *y*-component en vervolgens de krachtcomponenten optellen, dan levert dit het volgende op:

$$\xrightarrow{+} F_{R_x} = \Sigma F_x;\quad F_{R_x} = -2{,}50\text{ kN}\left(\tfrac{3}{5}\right) - 1{,}75\text{ kN} = -3{,}25\text{ kN} = 3{,}25\text{ kN}\leftarrow$$

$$+\uparrow F_{R_y} = \Sigma F_y;\quad F_{R_y} = -2{,}50\text{ kN}\left(\tfrac{4}{5}\right) - 0{,}60\text{ kN} = -2{,}60\text{ kN} = 2{,}60\text{ kN}\downarrow$$

Zoals blijkt uit de vectoroptelling in fig. 4.45*b* geldt dan:

$$F_R = \sqrt{(3{,}25\text{ kN})^2 + (2{,}60\text{ kN})^2} = 4{,}16\text{ kN} \qquad \textit{Antw.}$$

$$\theta = \tan^{-1}\left(\frac{2{,}60\text{ kN}}{3{,}25\text{ kN}}\right) = 38{,}7^\circ\ \theta \swarrow \qquad \textit{Antw.}$$

Optellen van momenten De momenten rond punt *A* worden bij elkaar opgeteld. Aangenomen dat de werklijn de lijn *AB* snijdt op een afstand *y* van *A*, geldt:

$$\circlearrowleft + M_{R_A} = \Sigma M_A;\qquad 3{,}25\text{ kN}\,(y) + 2{,}60\text{ kN}\,(0)$$

$$= 1{,}75\text{ kN}(1\text{ m}) - 0{,}60\text{ kN}(0{,}6\text{ m}) + 2{,}50\text{ kN}\left(\tfrac{3}{5}\right)(2{,}2\text{ m}) - 2{,}50\text{ kN}\left(\tfrac{4}{5}\right)(1{,}6\text{ m})$$

$$y = 0{,}458\text{ m} \qquad \textit{Antw.}$$

Op grond van het principe van overdraagbaarheid kan $\mathbf{F}_R$ op een afstand *x* worden geplaatst, waar hij *BC* snijdt, fig. 4.45b. In dit geval geldt

$$\circlearrowleft + M_{R_A} = \Sigma M_A;\qquad 3{,}25\text{ kN}\,(2{,}2\text{ m}) - 2{,}60\text{ kN}\,(x)$$

$$= 1{,}75\text{ kN}(1\text{ m}) - 0{,}60\text{ kN}(0{,}6\text{ m}) + 2{,}50\text{ kN}\left(\tfrac{3}{5}\right)(2{,}2\text{ m}) - 2{,}50\text{ kN}\left(\tfrac{4}{5}\right)(1{,}6\text{ m})$$

$$x = 2{,}177\text{ m} \qquad \textit{Antw.}$$

Voorbeeld 4.19

Op de plaat in fig. 4.46*a* werken vier evenwijdige krachten. Bepaal de grootte en richting van een krachtresultante die gelijkwaardig is aan het gegeven krachtenstelsel en bepaal de positie van zijn aangrijpingspunt op de plaat.

OPLOSSING (SCALAIRE ANALYSE)

Optellen van krachten Uit fig. 4.46*a* blijkt de krachtresultante:

$+\uparrow F_R = \Sigma F;$ $F_R = -600\text{ N} + 100\text{ N} - 400\text{ N} - 500\text{ N}$
$= -1400\text{ N} = 1400\text{ N}\downarrow$ *Antw.*

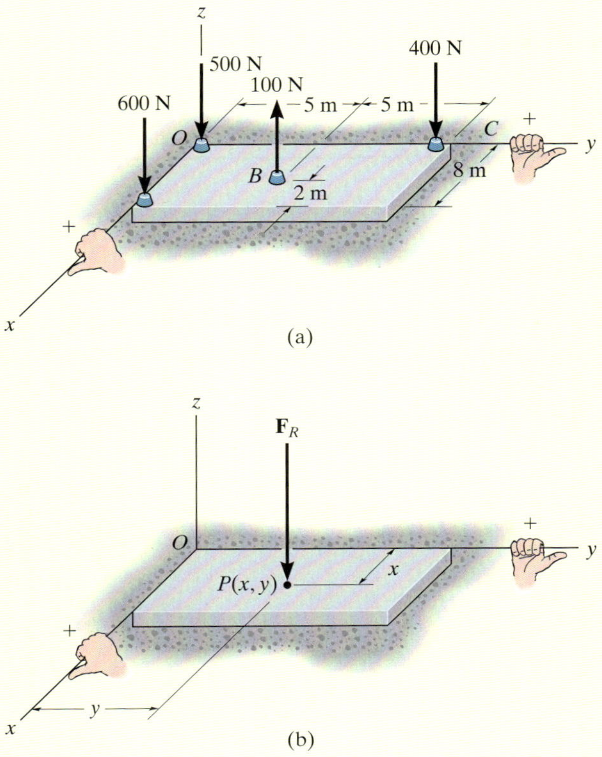

Fig. 4.46

Optellen van momenten We stellen dat het moment om de x-as van de krachtresultante in fig. 4.46*b* gelijk is aan de som van de momenten om de x-as van alle krachten in het stelsel, zie fig. 4.46*a*. De momentarmen worden bepaald uit de y-coördinaten, aangezien deze coördinaten de *loodrechte afstanden* (loodlijnen) voorstellen van de x-as tot de werklijnen van de krachten. Als we de rechterhandregel gebruiken krijgen we:

$M_{Rx} = \Sigma M_x;$

$-(1400\text{ N})y = 600\text{ N}(0) + 100\text{ N}(5\text{ m}) - 400\text{ N}(10\text{ m}) + 500\text{ N}(0)$

$-1400y = -3500 \qquad y = 2{,}50\text{ m}$ *Antw.*

Evenzo kan een momentenvergelijking rond de y-as worden opgesteld met behulp van momentarmen, bepaald door de x-coördinaten van elke kracht.

$M_{Ry} = \Sigma M_y;$

$$(1400\ \text{N})x = 600\ \text{N}(8\ \text{m}) - 100\ \text{N}(6\ \text{m}) + 400\ \text{N}(0) + 500\ \text{N}(0)$$

$$1400x = 4200$$

$$x = 3{,}00\ \text{m} \qquad \textit{Antw.}$$

OPMERKING: Een kracht van $F_R = 1400$ N die op punt P(3,00 m, 2,50 m) op de plaat wordt uitgeoefend, zie fig. 4.46*b*, is gelijkwaardig aan het evenwijdige krachtenstelsel dat op de plaat in fig. 4.46*a* werkt.

Voorbeeld 4.20

Vervang het krachtenstelsel in fig. 4.47*a* door een equivalente resultante en geef aan wat het aangrijpingspunt op het voetstuk is.

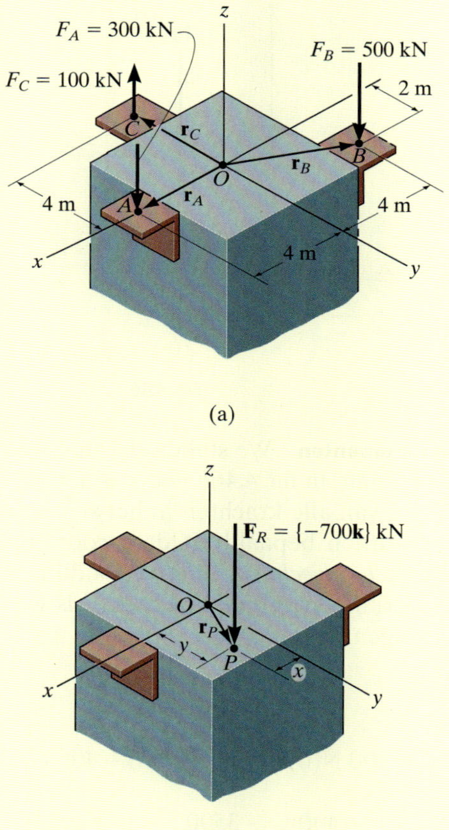

Fig. 4.47

OPLOSSING

Optellen van krachten Dit is een voorbeeld van een vectoranalyse. Door optellen van krachten vinden we:

$$\mathbf{F}_R = \Sigma\mathbf{F};\ \mathbf{F}_R = \mathbf{F}_A + \mathbf{F}_B + \mathbf{F}_C$$

$$= \{-300\mathbf{k}\}\ \text{kN} + \{-500\mathbf{k}\}\ \text{kN} + \{100\mathbf{k}\}\ \text{kN}$$

$$= \{-700\mathbf{k}\}\ \text{kN} \qquad \textit{Antw.}$$

Plaats De momenten rond punt O worden bij elkaar opgeteld. De resulterende kracht $\mathbf{F}_R$ wordt verondersteld te werken in het punt P $(x, y, 0)$, fig. 4.47b. Dus geldt:

$$(\mathbf{M}_R)_O = \Sigma\mathbf{M}_O;$$

$$\mathbf{r}_P \times \mathbf{F}_R = (\mathbf{r}_A \times \mathbf{F}_A) + (\mathbf{r}_B \times \mathbf{F}_B) + (\mathbf{r}_C \times \mathbf{F}_C)$$

$$(x\mathbf{i} + y\mathbf{j}) \times (-700\mathbf{k}) = [(4\mathbf{i}) \times (-300\mathbf{k})]$$

$$+ [(-4\mathbf{i} + 2\mathbf{j}) \times (-500\mathbf{k})] + [(-4\mathbf{j}) \times (100\mathbf{k})]$$

$$-700x(\mathbf{i} \times \mathbf{k}) - 700y(\mathbf{j} \times \mathbf{k}) = -1200(\mathbf{i} \times \mathbf{k}) + 2000(\mathbf{i} \times \mathbf{k})$$

$$-1000(\mathbf{j} \times \mathbf{k}) - 400(\mathbf{j} \times \mathbf{k})$$

$$700x\mathbf{j} - 700y\mathbf{i} = 1200\mathbf{j} - 2000\mathbf{j} - 1000\mathbf{i} - 400\mathbf{i}$$

Door de **i**- en **j**-componenten aan elkaar gelijk te stellen vinden we:

$$-700y = -1400 \quad (1)$$
$$y = 2\ \text{m} \qquad \textit{Antw.}$$
$$700x = -800 \quad (2)$$
$$x = -1{,}14\ \text{m} \qquad \textit{Antw.}$$

Het minteken geeft aan dat de x-coördinaat van punt P negatief is.

OPMERKING: Het is ook mogelijk vgl. 1 en 2 rechtstreeks te bepalen, door de momenten rond de x- en y-assen op te tellen. Met de rechterhandregel vinden we:

$$(M_R)_x = \Sigma M_x; \qquad -700y = -100\ \text{kN}(4\ \text{m}) - 500\ \text{kN}(2\ \text{m})$$

$$(M_R)_y = \Sigma M_y; \qquad 700x = 300\ \text{kN}(4\ \text{m}) - 500\ \text{kN}(4\ \text{m})$$

Fundamentele vraagstukken

F4.31. Vervang de verschillende belastingen door een equivalente resultante en geef aan waar de werklijn van de resultante gemeten vanaf O de balk snijdt.

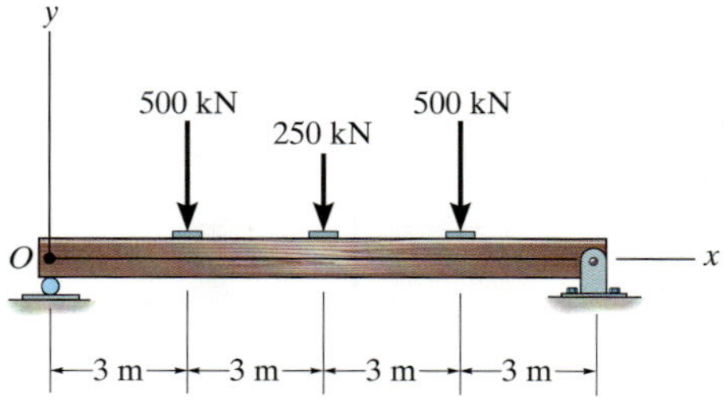

F4.31

F4.32. Vervang de verschillende belastingen door een equivalente resultante en geef aan waar de werklijn van de resultante gemeten vanaf A het deel snijdt.

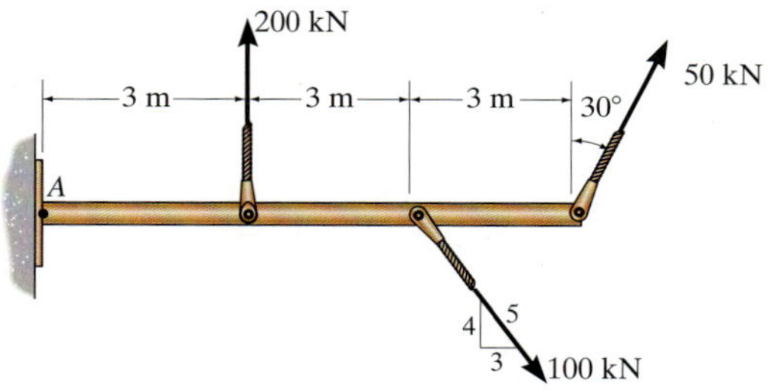

F4.32

F4.33. Vervang de verschillende belastingen door een equivalente resultante en geef aan waar de werklijn van de resultante gemeten vanaf A het deel snijdt.

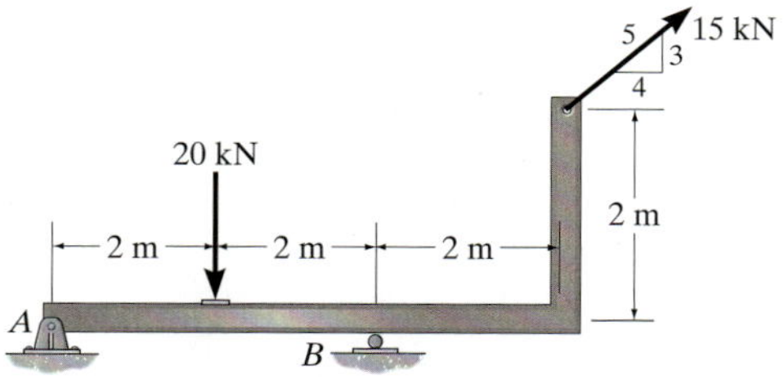

F4.33

F4.34. Vervang de verschillende belastingen door een equivalente resultante en geef aan waar de werklijn van de resultante gemeten vanaf A het deel AB snijdt.

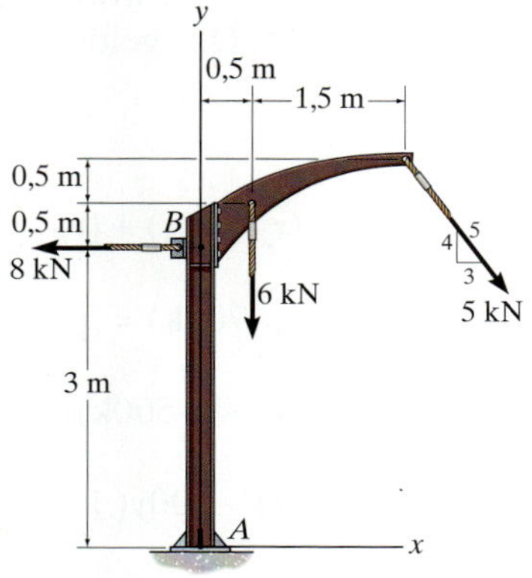

F4.34

F4.35. Vervang de weergegeven belasting door één equivalente resultante en geef de x- en y-coördinaten van de werklijn.

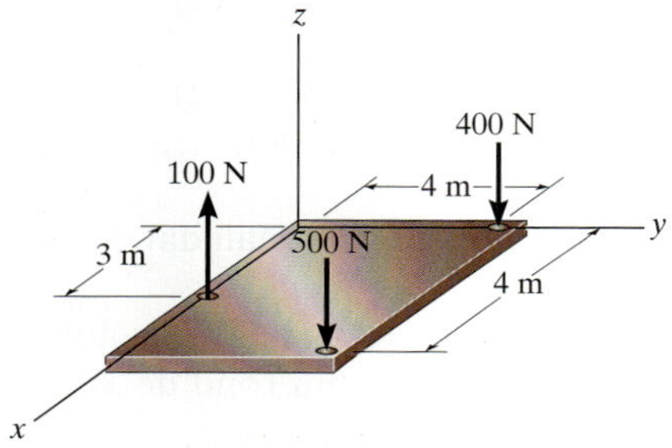

F4.35

F4.36. Vervang de weergegeven belasting door één equivalente resultante en geef de x- en y-coördinaten van de werklijn.

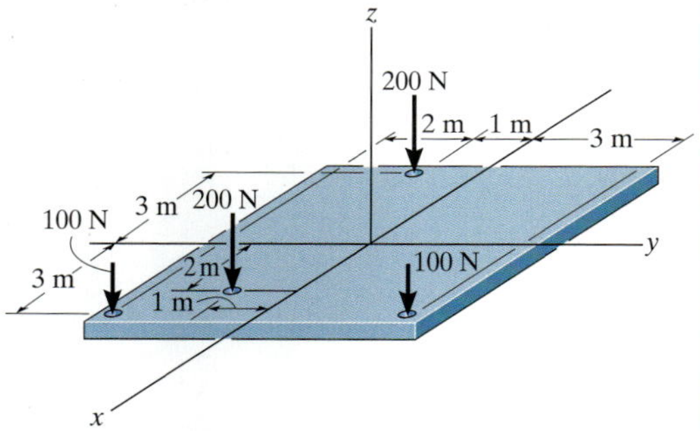

F4.36

Vraagstukken

4.113. Vervang de kracht ter plaatse van A door een combinatie van een equivalente kracht en een koppelmoment in punt O.

4.114. Vervang de kracht ter plaatse van A door een combinatie van een equivalente kracht en een koppelmoment in punt P.

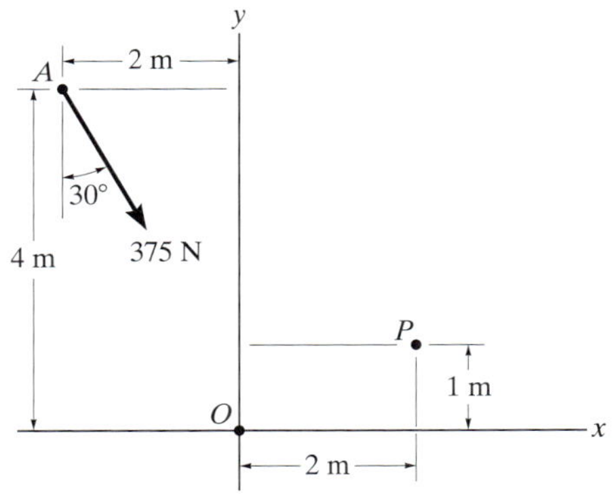

Vraagstukken 4.113/114

4.115. Bepaal de grootte en de richting θ van kracht F en de plaats d ervan op de balk, zodanig dat het stelsel van belastingen gelijkwaardig is met de combinatie van een verticale resultante van 12 kN in A en een koppelmoment met de klok mee van 50 kN · m.

***4.116.** Bepaal de grootte en de richting θ van kracht **F** en de plaats d ervan op de balk, zodanig dat het stelsel van belastingen gelijkwaardig is met de combinatie van een verticale resultante van 10 kN in A en een koppelmoment met de klok mee van 45 kN · m.

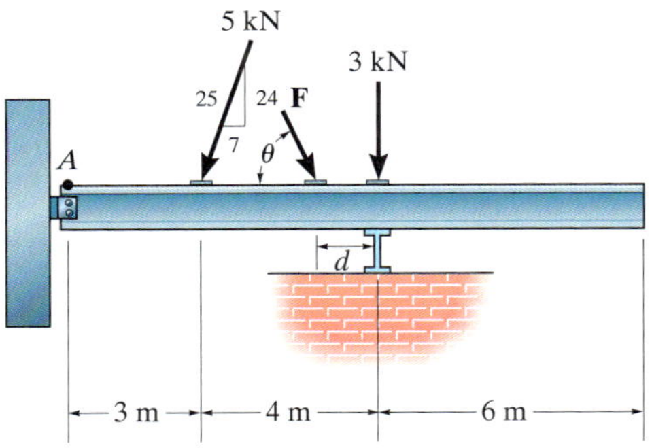

Vraagstukken 4.115/116

4.117. Vervang de belasting op de balk door zijn resultante. Geef aan waar de kracht werkt, gemeten vanaf uiteinde A.

4.118. Vervang de belasting op de balk door zijn resultante. Geef aan waar de kracht werkt, gemeten vanaf B.

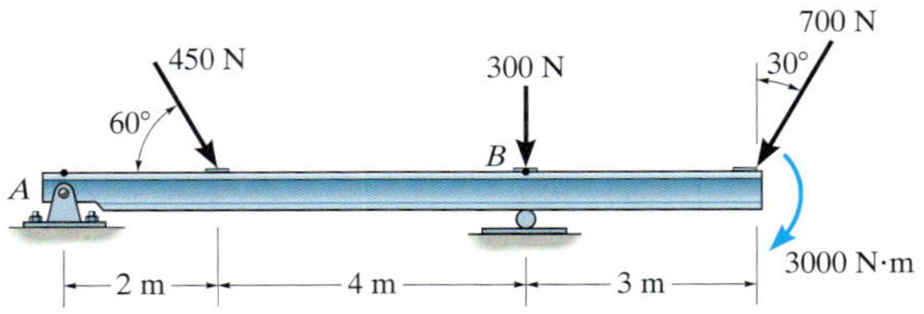

Vraagstukken 4.117/118

4.119. Het stelsel van evenwijdige krachten werkt op de bovenkant van de 'Warren'-vakwerkconstructie. Bepaal de equivalente resultante van het systeem en geef aan wat de plaats is, gemeten vanaf punt A.

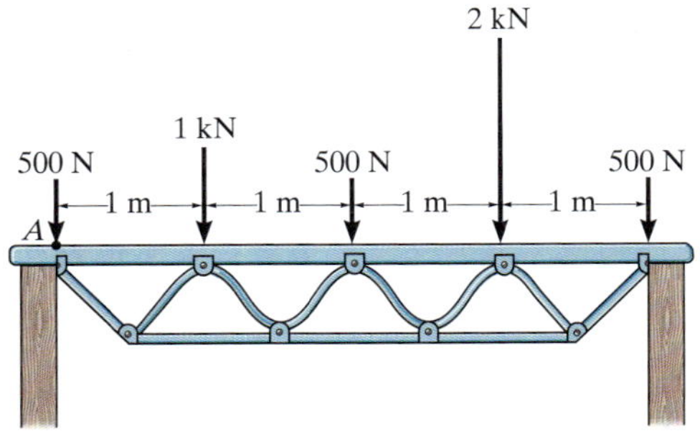

Vraagstukken 4.119

***4.120.** Vervang de belasting op de constructie door een resultante. Geef aan waar de werklijn van deze resultante staaf AB snijdt, gemeten vanaf A.

4.121. Vervang de belasting op de constructie door een resultante. Geef aan waar de werklijn van deze resultante staaf CD snijdt, gemeten vanaf uiteinde C.

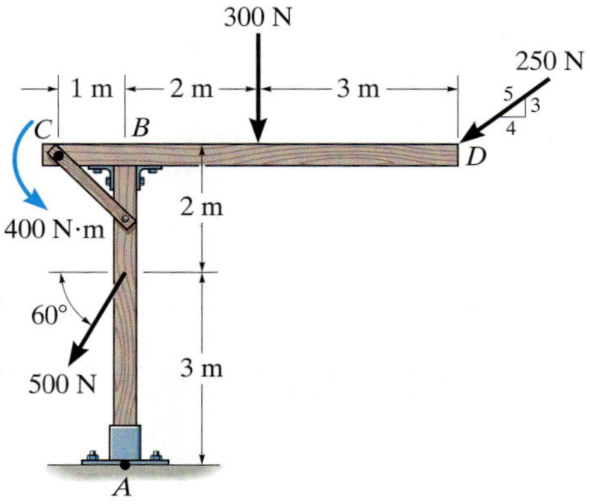

Vraagstukken 4.120/121

4.122. Vervang de kracht en het stelsel van koppelmomenten door een combinatie van een equivalente kracht en een koppelmoment in punt O.

4.123. Vervang de kracht en het stelsel van koppelmomenten door een combinatie van een equivalente kracht en koppelmoment in punt P.

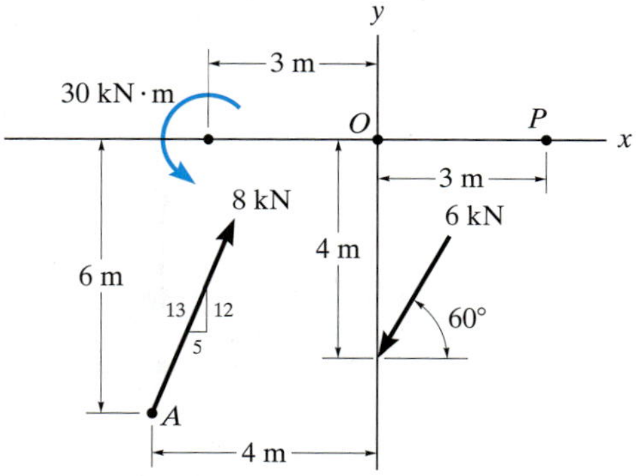

Vraagstukken 4.122/123

***4.124.** Vervang het krachtenstelsel op de paal door een equivalente resultante en geef aan waar zijn werklijn de paal AB snijdt, gemeten vanaf punt A.

4.125. Vervang het krachtenstelsel op de paal door een equivalente resultante en geef aan waar zijn werklijn de paal AB snijdt, gemeten vanaf punt B.

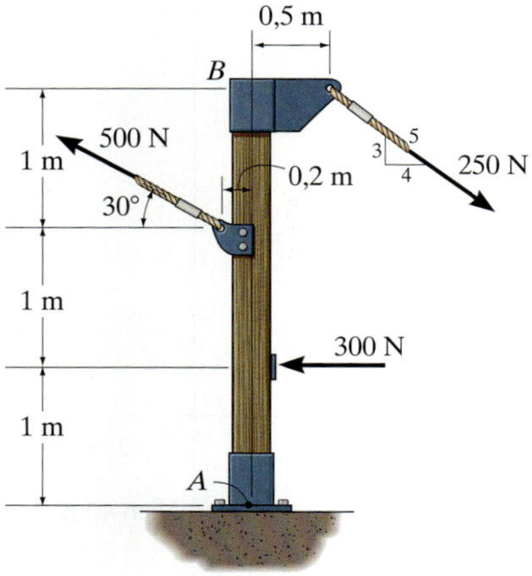

Vraagstukken 4.124/125

4.126. Vervang het stelsel van krachten en momenten op de overhangende balk door een resultante, en geef de plaats ervan op AB aan, gemeten vanaf punt A.

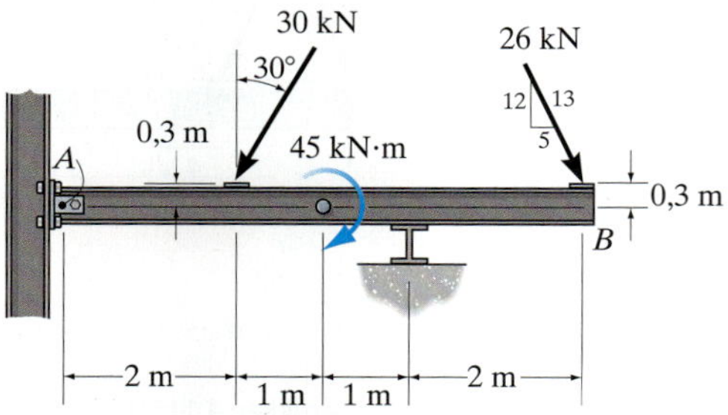

Vraagstuk 4.126

4.127. De buis ondersteunt vier evenwijdige krachten. Bepaal de grootte van de krachten $\mathbf{F}_C$ en $\mathbf{F}_D$ op C en D, zodat de equivalente resultante van het krachtenstelsel door het middelpunt O van de buis gaat.

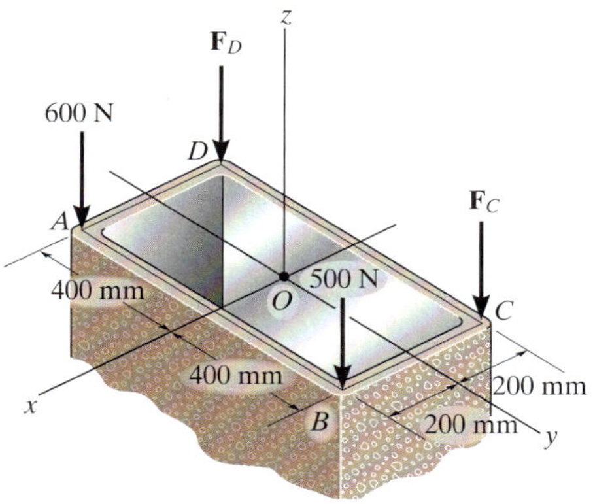

Vraagstuk 4.127

***4.128.** Vervang het stelsel van de kracht en het koppelmoment door een combinatie van een resultante en een koppelmoment in P. Schrijf de uitkomsten als cartesische vector.

4.129. Vervang het stelsel van de kracht en het koppelmoment door een combinatie van een resultante en een koppelmoment in Q. Schrijf de uitkomsten als cartesische vector.

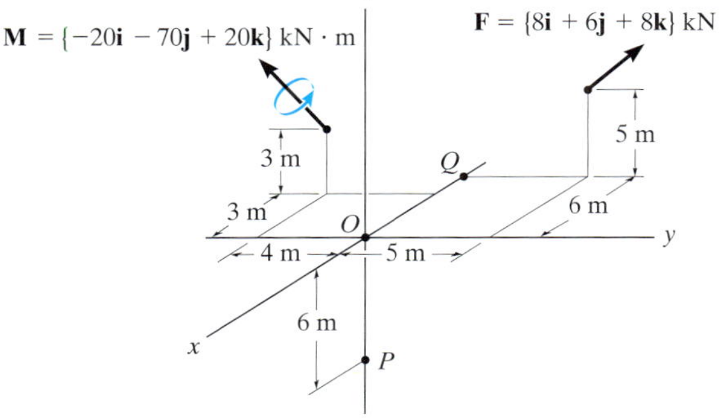

Vraagstukken 4.128/129

***4.130.** De bouwplaat is onderworpen aan vier evenwijdige kolombelastingen. Bepaal de equivalente resultante en geef de plaats (x, y) op de plaat aan. Neem $F_1 = 30$ kN, $F_2 = 40$ kN.

4.131. De bouwplaat is onderworpen aan vier evenwijdige kolombelastingen. Bepaal de equivalente resultante en geef de plaats (x, y) op de plaat aan. Neem $F_1 = 20$ kN, $F_2 = 50$ kN.

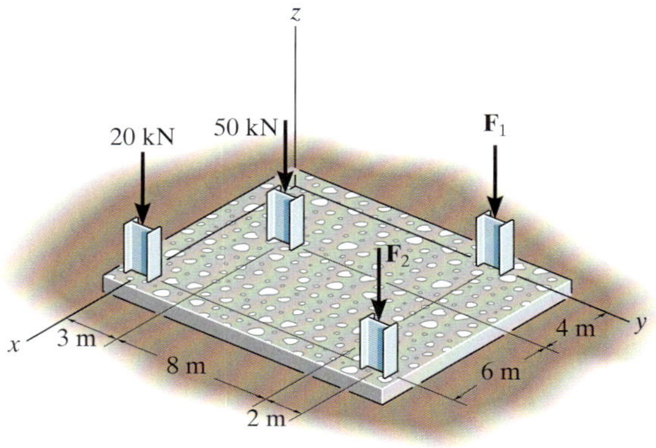

Vraagstukken 4.130/131

4.132. Als $F_A = 40$ kN en $F_B = 35$ kN, bepaal dan de grootte van de resultante en geef de plaats van het aangrijpingspunt (x, y) op de plaat aan.

4.133. Als de resultante in het middelpunt van de plaat moet aangrijpen, bepaal dan de grootte van de kolombelastingen $\mathbf{F}_A$ en $\mathbf{F}_B$, en de grootte van de resultante.

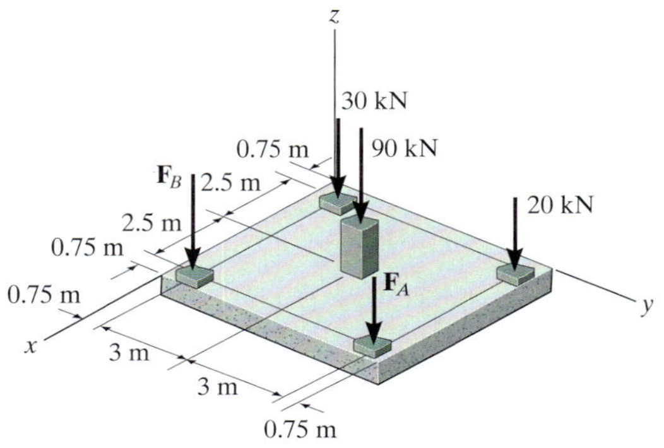

Vraagstukken 4.132/133

4.134. Vervang het stelsel van de twee koppelmomenten en de kracht op de buizenconstructie door een equivalente resultante en een koppelmoment in *O*.

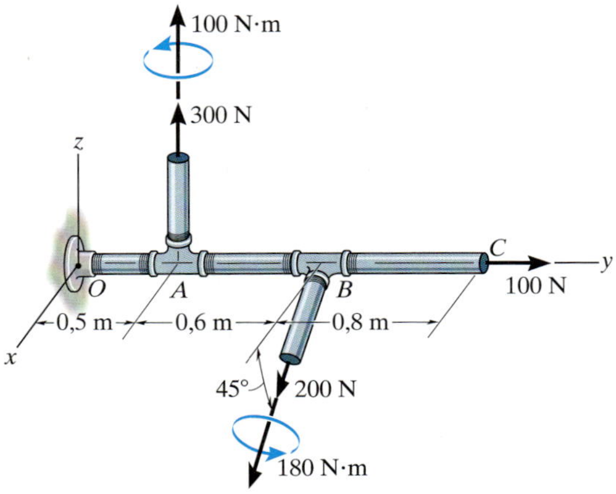

Vraagstuk 4.134

***4.136.** Op de buizenconstructie werkt in zowel *B* als *A* een koppelmoment. Bepaal de grootte *F* van de koppelkrachten, zodanig dat het stelsel kan worden vereenvoudigd tot een koppelmoment in *C*.

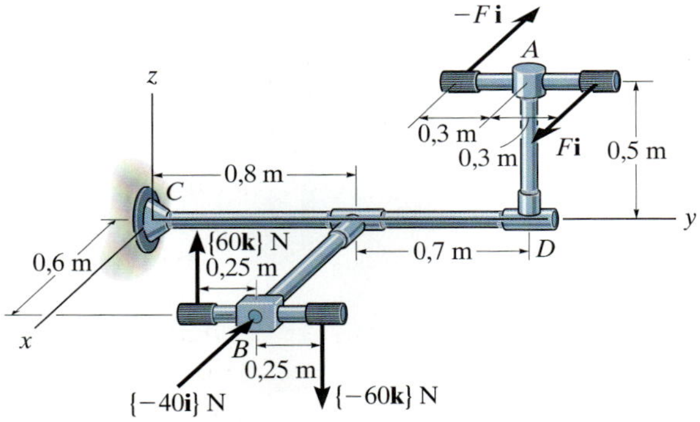

Vraagstuk 4.136

4.135. Vervang het stelsel van evenwijdige krachten op de plaat door een resultante en bepaal de plaats in het *x*-*z*-vlak.

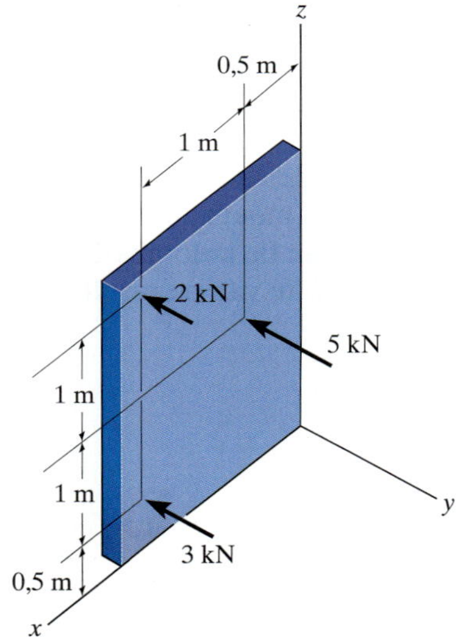

Vraagstuk 4.135

4.137. Vervang de drie krachten op de plaat door een wringing. Geef de grootte van de kracht en het moment van de wringing en het snijpunt $P(x, y)$ van de werklijn met de plaat.

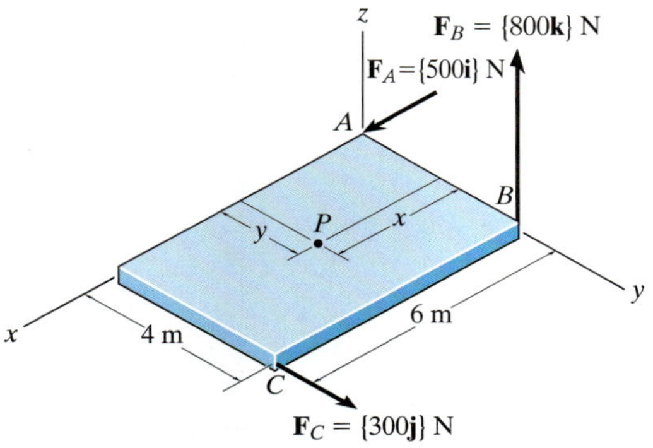

Vraagstuk 4.137

4.9 Reductie van een gelijkmatig verdeelde belasting

Soms kan een lichaam onderworpen zijn aan een verdeelde belasting over het oppervlak. Zo zijn de druk van de wind op de voorkant van een verkeersbord, de druk van water binnen een tank of het gewicht van zand op de vloer van een opslagcontainer, allemaal voorbeelden van *gelijkmatig verdeelde belastingen*. De uitgeoefende druk in elk punt op het oppervlak geeft de intensiteit van de belasting aan. Deze wordt gemeten in pascal, met de eenheid Pa (of N/m^2).

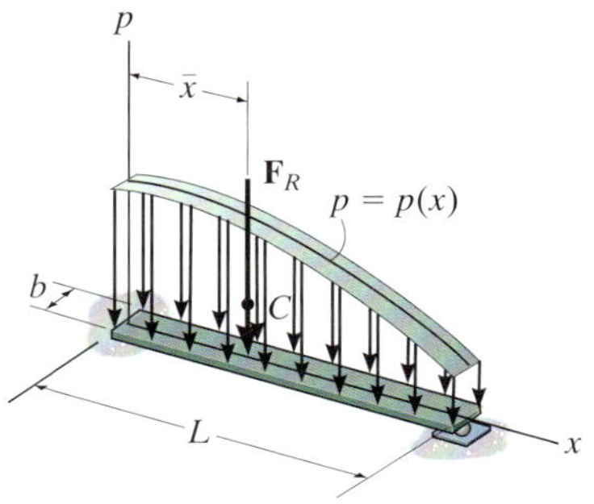

(a)

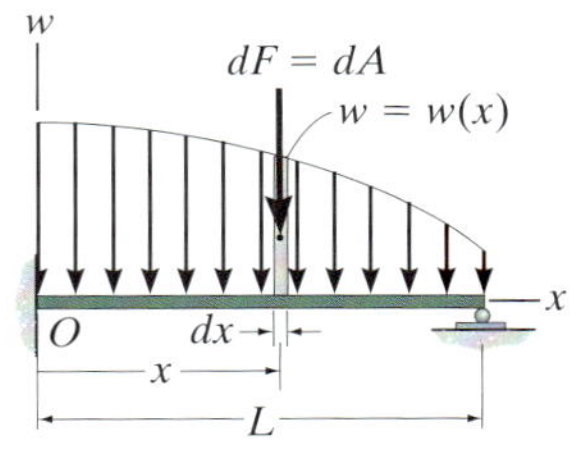

(b)

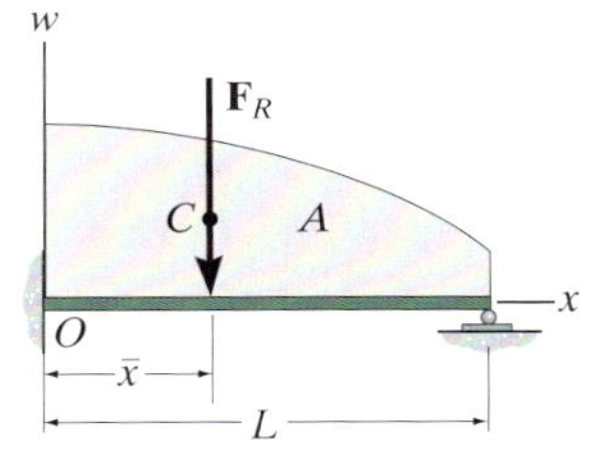

(c)

Fig. 4.48

Uniforme belasting langs één as Het in de praktijk meest voorkomende type gelijkmatig verdeelde belasting kan worden voorgesteld langs één as.* Kijk bijvoorbeeld eens naar de balk (of plaat) in fig. 4.48*a* die een constante breedte heeft en is onderworpen aan een drukbelasting, die alleen varieert langs de x-as. Deze belasting kan worden beschreven door de functie $p = p(x)$ N/m^2. Deze bevat slechts één variabele x, en kan om die reden ook worden voorgesteld als een *coplanaire gelijkmatig verdeelde belasting*. Hiertoe vermenigvuldigen we de belastingsfunctie met de breedte b (in m) van de balk, zodat $w(x) = p(x)b$ N/m, fig. 4.48*b*. Met de methoden van paragraaf 4.8 kunnen we dit stelsel van coplanaire evenwijdige krachten vervangen door één equivalente resultante $\mathbf{F}_R$, die in een specifieke plaats op de balk aangrijpt, zie fig. 4.48*c*.

Grootte van de krachtresultante Volgens vgl. 4.17 ($F_R = \Sigma F$) is de grootte van $\mathbf{F}_R$ gelijk aan de som van alle krachten in het stelsel. In dit geval moet integratie worden gebruikt, aangezien er een oneindig aantal evenwijdige krachten $d\mathbf{F}$ op de plaat wordt uitgeoefend, zie fig. 4.48b. Aangezien $d\mathbf{F}$ werkt op een element met een lengte dx en $w(x)$ een kracht per lengte-eenheid is, geldt op de locatie van x dat $dF = w(x)\,dx = dA$. Met andere woorden: de grootte van $d\mathbf{F}$ wordt bepaald op basis van het gekleurde *differentiaalvlakje* dA onder de belastingkromme. Voor de gehele plaatlengte geldt:

$$+\downarrow F_R = \Sigma F; \qquad \boxed{F_R = \int_L w(x)\,dx = \int_A dA = A} \qquad (4.19)$$

De grootte van de krachtresultante is dus gelijk aan de totale oppervlakte A onder de belastinglijn $w = w(x)$, fig. 4.48*c*.

Plaats van de krachtresultante Als we vgl. 4.17 ($M_{R_O} = \Sigma M_O$) toepassen, kan de locatie $\bar{x}$ van de werklijn van $\mathbf{F}_R$ worden bepaald door het moment om O (de y-as) ten gevolge van de krachtresultante gelijk te stellen aan het moment om O ten gevolge van de verdeelde krachten. Aangezien $d\mathbf{F}$ een moment om O van $xdF = x\,w(x)\,dx$ veroorzaakt, zie fig. 4.48*b*, geldt voor de hele plaat, zie fig. 4.48*c*, dat:

$$\circlearrowleft + (M_R)_O = \Sigma M_O; \qquad -\bar{x}F_R = -\int_L x w(x)\,dx$$

* Het meer algemene geval van een niet-uniforme oppervlaktebelasting op een lichaam wordt in paragraaf 9.5 besproken.

Wanneer we met behulp van vgl. 4.19 $\overline{x}$ oplossen, kunnen we het volgende schrijven:

$$\overline{x} = \frac{\int_L x w(x)\, dx}{\int_L w(x)\, dx} = \frac{\int_A x\, dA}{\int_A dA} \tag{4.20}$$

Deze coördinaat $\overline{x}$ geeft het meetkundig middelpunt oftewel massamiddelpunt van het oppervlak onder de verdeelde belasting aan. Met andere woorden: de resultante heeft een werklijn door het massamiddelpunt (meetkundig middelpunt) C van het oppervlak onder de kromme van de belastingsgrafiek, fig. 4.48c. Een gedetailleerde behandeling van de integratietechnieken voor het bepalen van het massamiddelpunt voor oppervlakken is gegeven in hoofdstuk 9. In veel gevallen heeft het oppervlak onder de belastingverdeling de vorm van een rechthoek, driehoek of een andere eenvoudige meetkundige vorm. De plaats van het massamiddelpunt hoeft voor dergelijke eenvoudige vormen niet te worden bepaald uit de voorgaande vergelijking, maar is direct af te lezen uit de tabel achter in het boek.

Wanneer $\overline{x}$ eenmaal is bepaald, gaat $\mathbf{F}_R$ op grond van symmetrie door het punt $(\overline{x}, 0)$ op het oppervlak van de plaat, zie fig. 4.48a. Daarom heeft in dit geval de resultante een grootte gelijk aan het volume van de belastingskromme $p = p(x)$ en een werklijn door het massamiddelpunt (zwaartepunt) van dit volume.

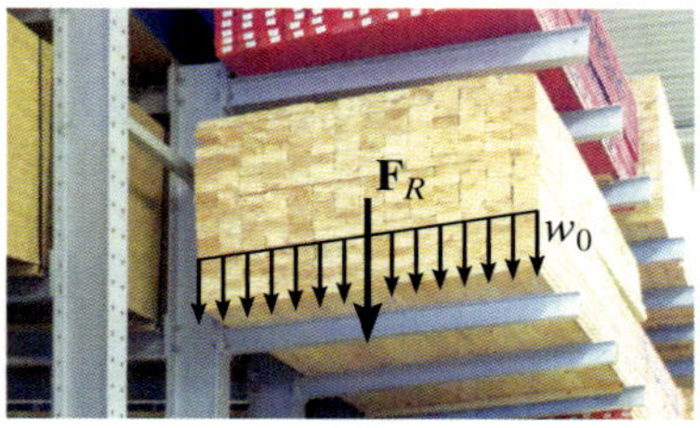

Elke balk die deze stapel hout ondersteunt, is onderworpen aan een uniforme belasting van w_0. De resultante is daarom gelijk aan het oppervlak onder de kromme van de belastingsgrafiek $F_R = w_0 b$. Deze grijpt aan in het massamiddelpunt oftewel het meetkundig middelpunt van dit oppervlak, op $b/2$ van de steunbalk.

Om te onthouden!

- Coplanair verdeelde belastingen (belastingen die in één vlak liggen) worden gedefinieerd met behulp van een belastingfunctie $w = w(x)$ die de intensiteit van de belasting langs de lengte van het onderdeel aangeeft. Deze intensiteit wordt gemeten in N/m.
- De uitwendige effecten die veroorzaakt worden door een tweedimensionaal verdeelde belasting van een lichaam kan worden weergegeven door één enkele krachtresultante.
- De krachtresultante is gelijkwaardig aan de *oppervlakte* onder de belastingslijn en heeft een werklijn die door het *zwaartepunt* of het geometrische centrum van dit oppervlak gaat.

Voorbeeld 4.21

Bepaal de grootte en het aangrijpingspunt van de krachtresultante die op de as in fig. 4.49*a* werkt.

OPLOSSING

Aangezien $w = w(x)$ gegeven is, zal dit vraagstuk worden opgelost door integratie.

Het differentiaalelement $dA = w\,dx = 60x^2\,dx$. Wanneer we vgl. 4.19 toepassen,

$$+\downarrow F_R = \Sigma F;$$

$$F_R = \int_A dA = \int_0^{2\text{ m}} 60x^2\,dx = 60\left(\frac{x^3}{3}\right)\Bigg|_0^{2\text{ m}} = 60\left(\frac{2^3}{3} - \frac{0^3}{3}\right)$$

$$= 160\text{ N} \qquad \textit{Antw.}$$

De locatie $\bar{x}$ van $\mathbf{F}_R$, *gemeten vanaf O*, zie fig. 4.49*b*, wordt bepaald uit vgl. 4.20.

$$\bar{x} = \frac{\int_A x\,dA}{\int_A dA} = \frac{\int_0^{2\text{ m}} x(60x^2)\,dx}{160\text{ N}} = \frac{60\left(\frac{x^4}{4}\right)\Big|_0^{2\text{ m}}}{160\text{ N}} = \frac{60\left(\frac{2^4}{4} - \frac{0^4}{4}\right)}{160\text{ N}}$$

$$= 1{,}5\text{ m} \qquad \textit{Antw.}$$

OPMERKING: Deze uitkomsten kunnen worden gecontroleerd met behulp van de tabel achter in het boek, waarin vermeld staat voor een parabool met lengte *a*, hoogte *b* en de vorm zoals afgebeeld in fig. 4.49*a* geldt:

$$A = \frac{ab}{3} = \frac{2\text{ m}(240\text{ N/m})}{3} = 160\text{ N en } \bar{x} = \frac{3}{4}a = \frac{3}{4}(2\text{ m}) = 1{,}5\text{ m}$$

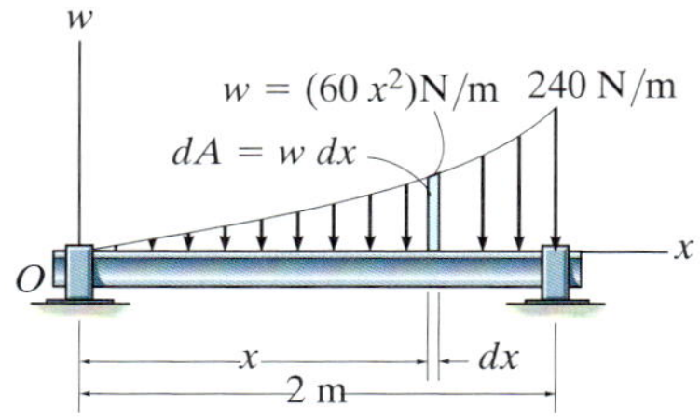

(a)

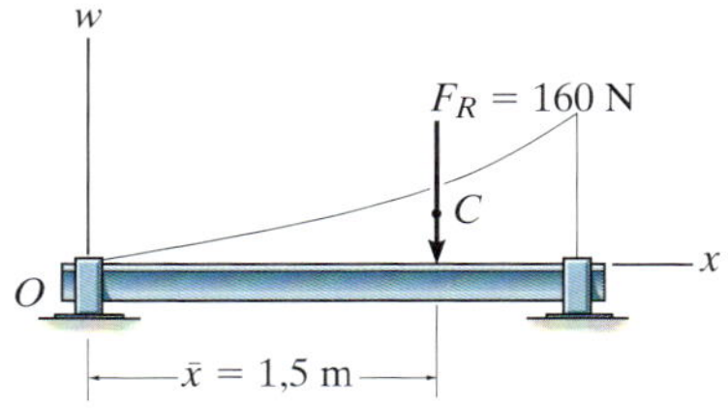

(b)

Fig. 4.49

Voorbeeld 4.22

Op de bovenkant van de balk in fig. 4.50*a* wordt een verdeelde belasting van $p = 800x$ Pa uitgeoefend. Bepaal de grootte en het aangrijpingspunt van de krachtresultante.

OPLOSSING

Aangezien de intensiteit van de balasting in de breedte van de balk (de *y*-as) constant is, kan de belasting als tweedimensionaal worden gezien, zoals afgebeeld in fig. 4.50*b*. Hierin is:

$$w = (800x\text{ N/m}^2)(0{,}2\text{ m})$$
$$= (160x)\text{ N/m}$$

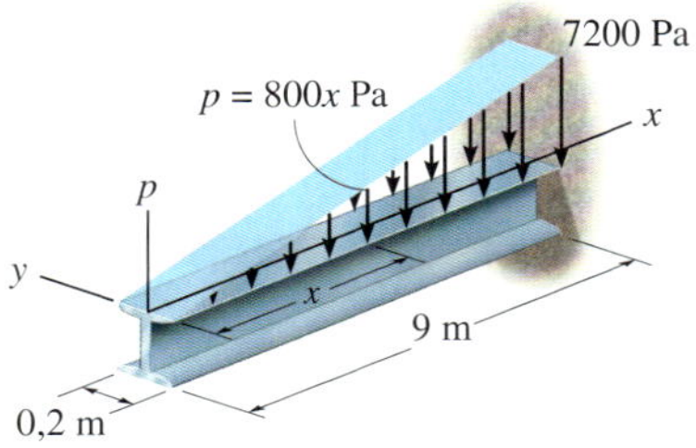

(a)

Fig. 4.50

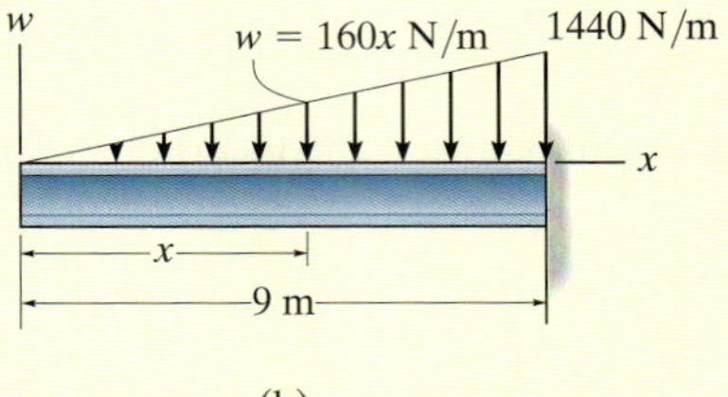

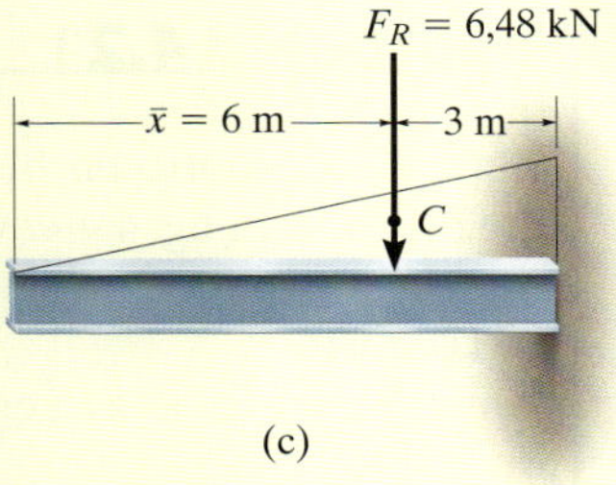

Fig. 4.50 (vervolg)

Merk op dat w = 1440 N/m in x = 9 m. Hoewel we weer vgl. 4.19 en 4.20 mogen toepassen, zoals in het voorgaande voorbeeld, is het eenvoudiger om de tabel achter in het boek te gebruiken.

De grootte van de krachtresultante is gelijk aan het oppervlak van de driehoek.

$$F_R = \tfrac{1}{2}\,(9\text{ m})(1440\text{ N/m}) = 6480\text{ N} = 6{,}48\text{ kN} \qquad \textit{Antw.}$$

De werklijn van $\mathbf{F}_R$ gaat door het *zwaartepunt* C van de driehoek. Dus:

$$\bar{x} = 9\text{ m} - \tfrac{1}{3}(9\text{ m}) = 6\text{ m} \qquad \textit{Antw.}$$

De uitkomsten zijn gegeven in fig. 4.50*c*.

OPMERKING: We kunnen de resultante $\mathbf{F}_R$ ook beschouwen als een kracht waarvan de werklijn door het *zwaartepunt* gaat van het *volume* van de belastingsgrafiek $p = p(x)$ in fig. 4.50*a*. $\mathbf{F}_R$ snijdt het x-y-vlak dus in het punt (6 m, 0). Verder is de *grootte* van $\mathbf{F}_R$ gelijk aan het *volume* onder de belastingslijn; d.w.z.:

$$F_R = V = \tfrac{1}{2}\,(7200\text{ N/m}^2)(9\text{m})(0{,}2\text{ m}) = 6{,}48\text{ kN} \qquad \textit{Antw.}$$

Voorbeeld 4.23

Het korrelige materiaal oefent de verdeelde belasting uit op de balk, zoals afgebeeld in fig. 4.51*a*. Bepaal de grootte en het aangrijpingspunt van de krachtresultante van deze belasting.

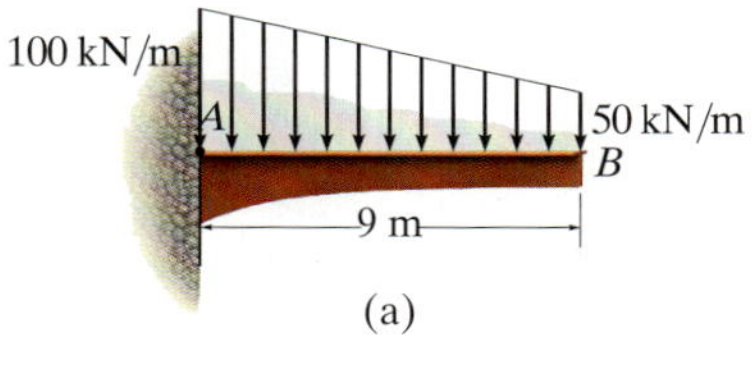

Fig. 4.51

OPLOSSING

Het oppervlak van het belastingschema is een *trapezium* en daarom kan de oplossing direct worden verkregen uit de oppervlakte en de formules voor het zwaartepunt van een trapezium die aan de binnenkant van de achterflap staan. Omdat deze formules moeilijk zijn te onthouden, zullen we in plaats daarvan 'samengestelde' oppervlakten gebruiken voor de oplossing van dit vraagstuk. We kunnen de trapeziumvormige belasting verdelen in een rechthoekige en een driehoekige belasting, zoals afgebeeld in fig. 4.51*b*. De grootte van de kracht die door deze belastingen wordt uitgeoefend, is gelijk aan de bijbehorende *oppervlakte*,

$$F_1 = ½\,(9\text{ m})(50\text{ kN/m}) = 225\text{ kN}$$

$$F_2 = (9\text{ m})(50\text{ kN/m}) = 450\text{ kN}$$

De werklijnen van deze evenwijdige krachten gaan door het *zwaartepunt* van het bijbehorende oppervlak en snijden de balk daarom in

$$\bar{x}_1 = \tfrac{1}{3}(9\text{ m}) = 3\text{ m}$$
$$\bar{x}_2 = \tfrac{1}{2}(9\text{ m}) = 4{,}5\text{ m}$$

De twee evenwijdige krachten $\mathbf{F}_1$ en $\mathbf{F}_2$ kunnen tot één enkele resultante $\mathbf{F}_R$ worden herleid. De grootte van $\mathbf{F}_R$ is:

$+\downarrow F_R = \Sigma F;$ $\qquad F_R = 225 + 450 = 675\text{ kN}$ *Antw.*

We kunnen de locatie van $\mathbf{F}_R$ ten opzichte van punt A, zie fig. 4.51*b* en 4.51*c*, bepalen. We stellen dat:

$$\circlearrowleft + M_{R_A} = \Sigma M_A; \quad \bar{x}(675) = 3(225) + 4{,}5(450)$$
$$\bar{x} = 4\text{ m}$$ *Antw.*

OPMERKING: Het oppervlak van het trapezium in fig. 4.51*a* kan ook verdeeld worden in twee driehoeken, zoals afgebeeld in fig. 4.51*d*. In dit geval krijgen we:

$$F_3 = ½\,(9\text{ m})(100\text{ kN/m}) = 450\text{ kN}$$
$$F_4 = ½\,(9\text{ m})(50\text{ kN/m}) = 225\text{ kN}$$

en

$$\bar{x}_3 = \tfrac{1}{3}(9\text{ m}) = 3\text{ m}$$

$$\bar{x}_4 = 9\text{ m} - \tfrac{1}{3}(9\text{ m}) = 6\text{ m}$$

OPMERKING: Gebruik deze uitkomsten om te laten zien dat weer geldt $F_R = 675$ kN en $\bar{x} = 4$ m.

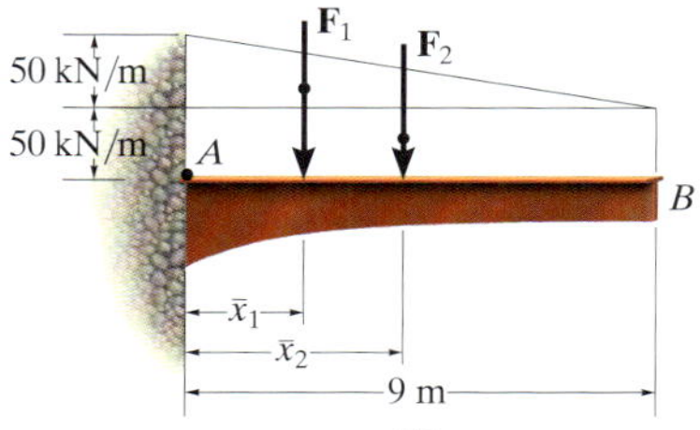

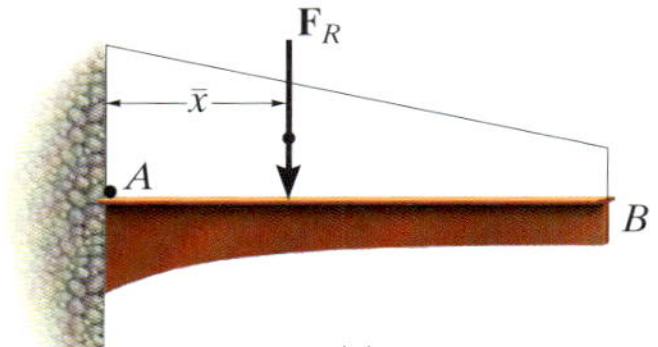

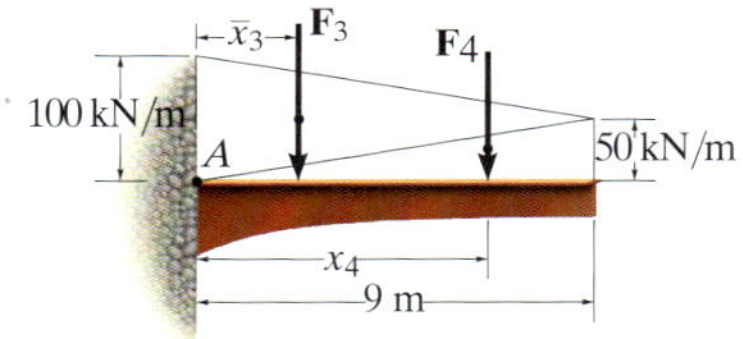

Fig. 4.51 (vervolg)

Fundamentele vraagstukken

F4.37. Bepaal de resultante en geef de plaats van het aangrijpingspunt op de balk aan, gemeten vanaf punt A.

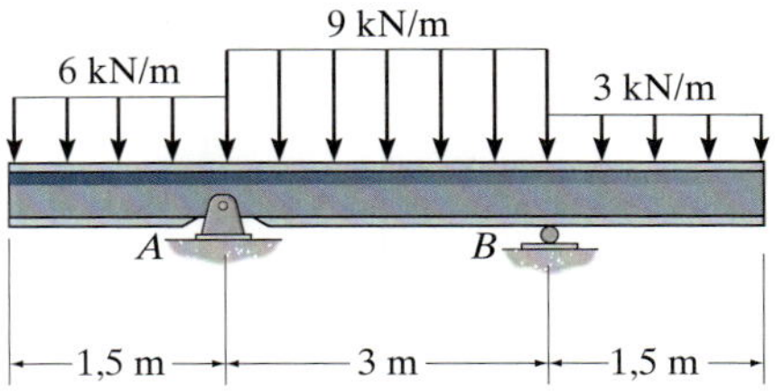

F4.37

F4.38. Bepaal de resultante en geef aan waar het aangrijpingspunt op de balk is, gemeten vanaf punt A.

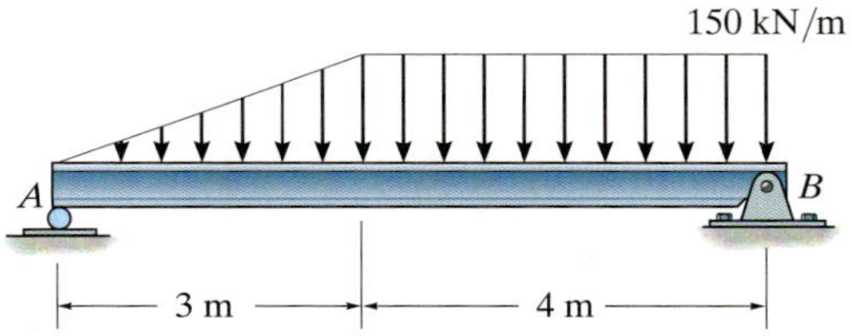

F4.38

F4.39. Bepaal de resultante en geef aan waar het aangrijpingspunt op de balk is, gemeten vanaf punt A.

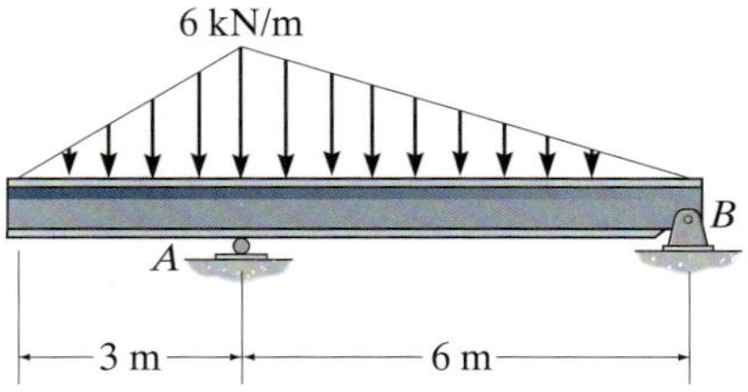

F4.39

F4.40. Bepaal de resultante en geef aan waar het aangrijpingspunt op de balk is, gemeten vanaf punt A.

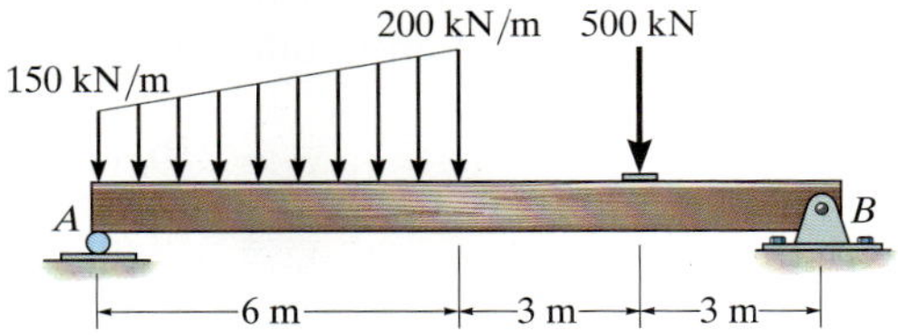

F4.40

F4.41. Bepaal de resultante en geef aan waar het aangrijpingspunt op de balk is, gemeten vanaf punt A.

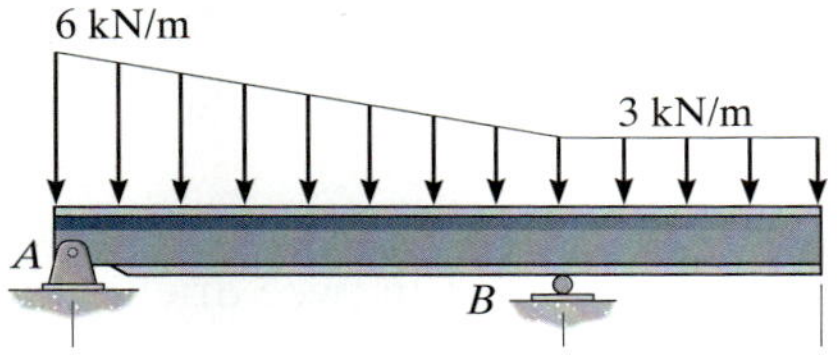

F4.41

F4.42. Bepaal de resultante en geef aan waar het aangrijpingspunt op de balk is, gemeten vanaf punt A.

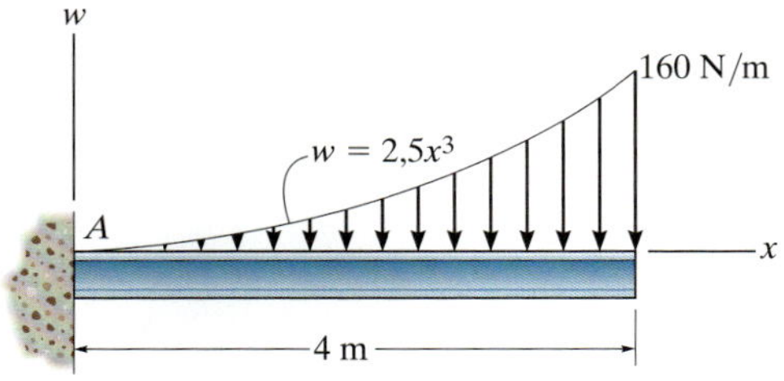

F4.42

Vraagstukken

4.138. De verdeling van de belasting op de boekenplank is weergegeven in de figuur. Bepaal de grootte en de plaats van de equivalente resultante, gemeten vanaf O.

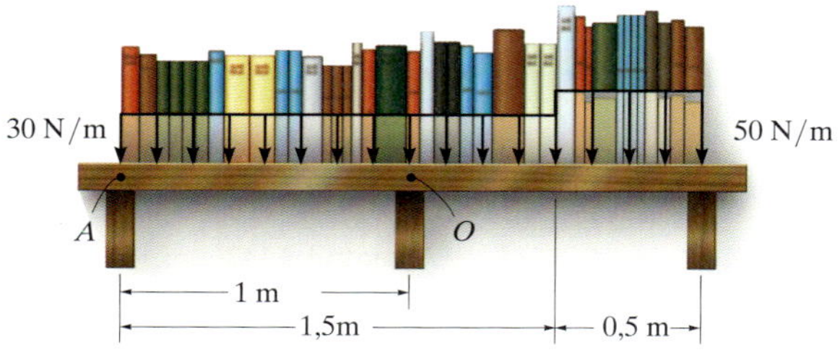

Vraagstuk 4.138

4.139. Vervang de gelijkmatig verdeelde belasting door een equivalente resultante en geef de plaats daarvan op de balk aan, gemeten vanaf O.

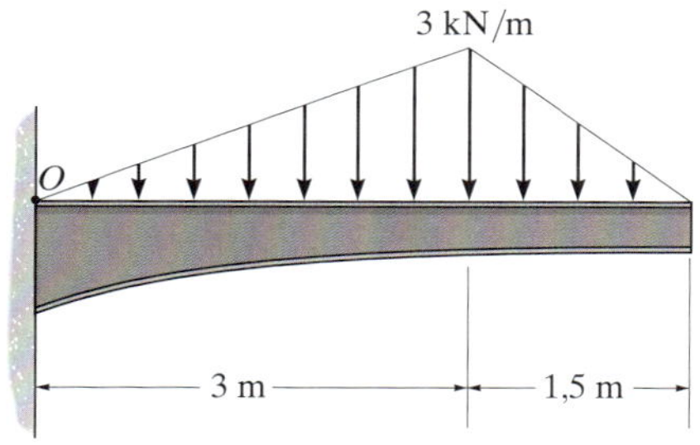

Vraagstuk 4.139

***4.140.** Vervang de belasting door een combinatie van een equivalente kracht en een koppelmoment in punt O.

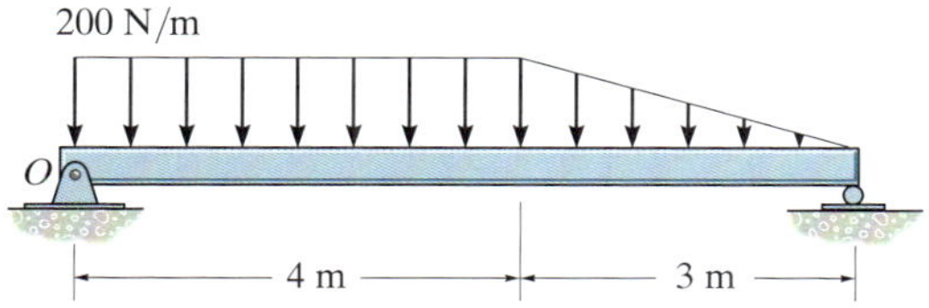

Vraagstuk 4.140

4.141. Vervang de belasting door een combinatie van een equivalente resultante en een koppelmoment in A.

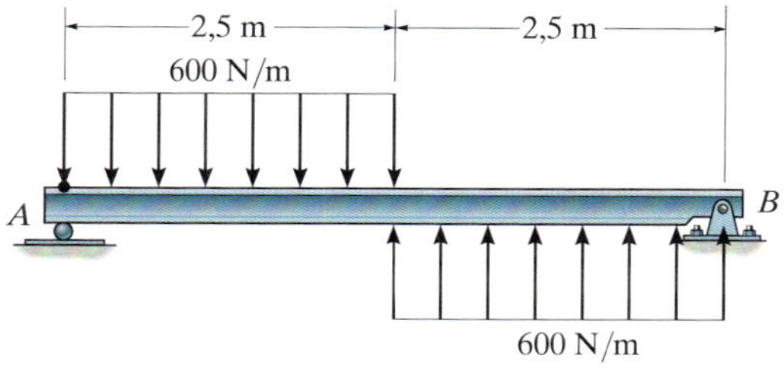

Vraagstuk 4.141

4.142. Vervang de belasting door een combinatie van een equivalente kracht en een koppelmoment in punt O.

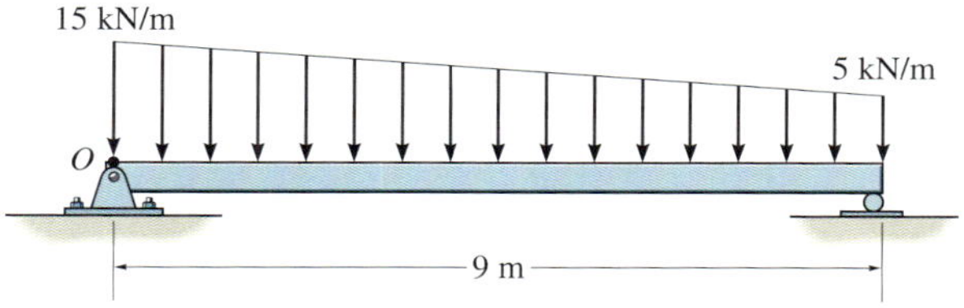

Vraagstuk 4.142

4.143. Door het metselwerk ontstaat de weergegeven belastingverdeling op het uiteinde van de balk. Vereenvoudig deze belasting tot één resultante en geef de plaats daarvan aan, gemeten vanaf punt O.

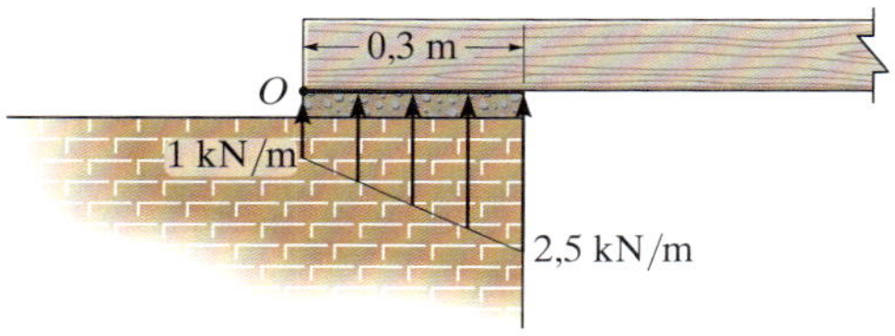

Vraagstuk 4.143

***4.144.** Vervang de verdeelde belasting door een gelijkwaardige resultante, en geef de plaats aan, gemeten vanaf punt *A*.

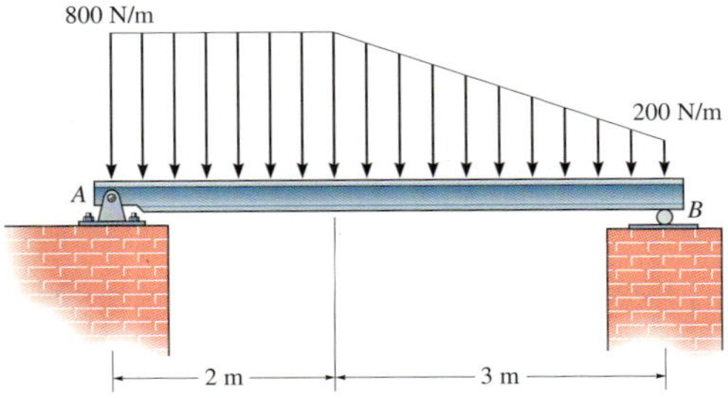

Vraagstuk 4.144

4.145. Vervang de gelijkmatig verdeelde belasting door een equivalente resultante en geef de plaats daarvan op de balk aan, gemeten vanaf het scharnier in *C*.

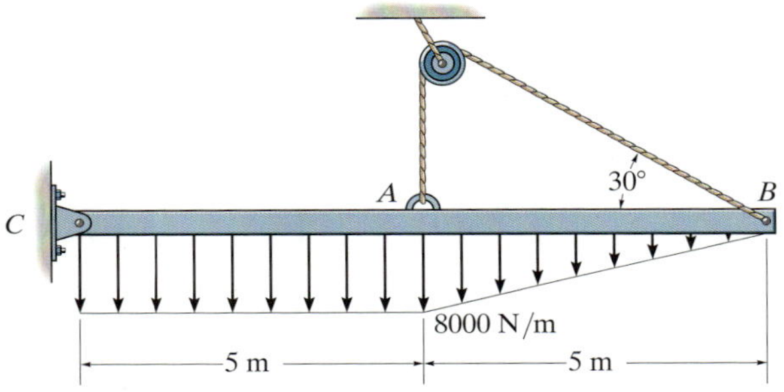

Vraagstuk 4.145

4.146. Vervang de verdeelde belasting door een equivalente resultante, en geef de plaats op de balk aan, gemeten vanaf punt *A*.

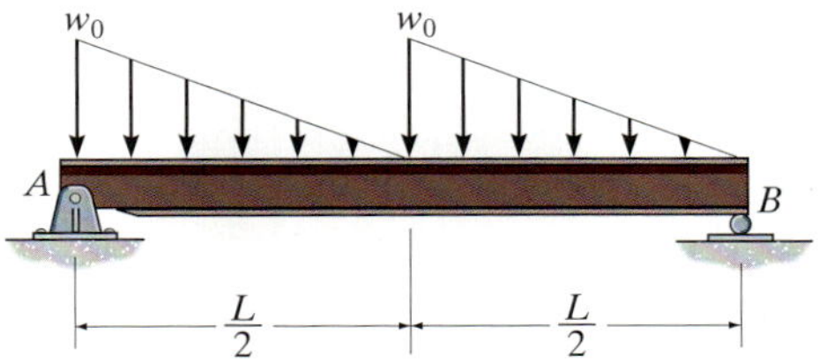

Vraagstuk 4.146

4.147. De balk ondersteunt de verdeelde belasting als gevolg van de zandzakken. Bepaal de resultante op de balk en het aangrijpingspunt ervan ten opzichte van punt *A*.

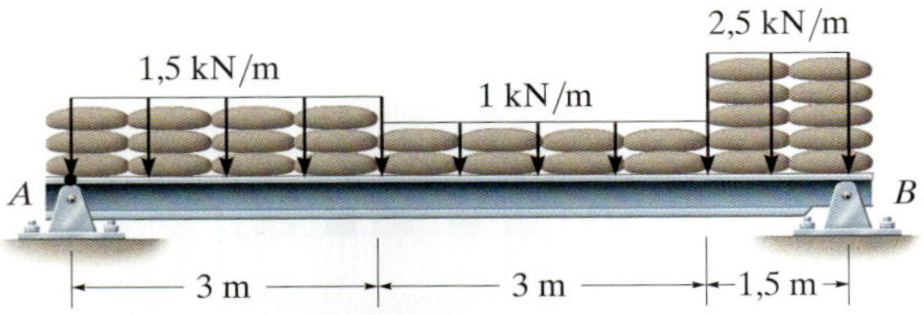

Vraagstuk 4.147

***4.148.** De grond oefent een trapeziumvormige verdeling van de belasting uit op de onderkant van de vloerplaat. Bepaal dan de intensiteiten w_1 en w_2 van deze verdeling die nodig is om de belastingen van de kolommen af te steunen.

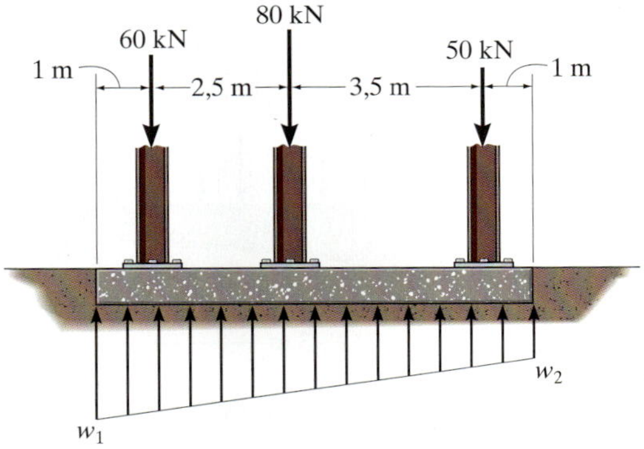

Vraagstuk 4.148

4.149. Bepaal de lengte *b* van de driehoekige belasting en de plaats *a* op de balk, zodanig dat de equivalente resultante nul en het resulterend koppelmoment 8 kN · m met de klok mee is.

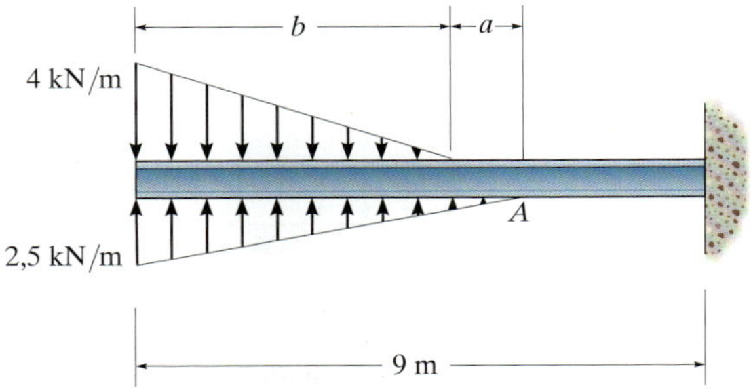

Vraagstuk 4.149

4.150. Vervang de belasting door een combinatie van een equivalente kracht en een koppelmoment in punt O.

4.151. Vervang de belasting door één resultante en geef de plaats ervan aan, gemeten vanaf punt O.

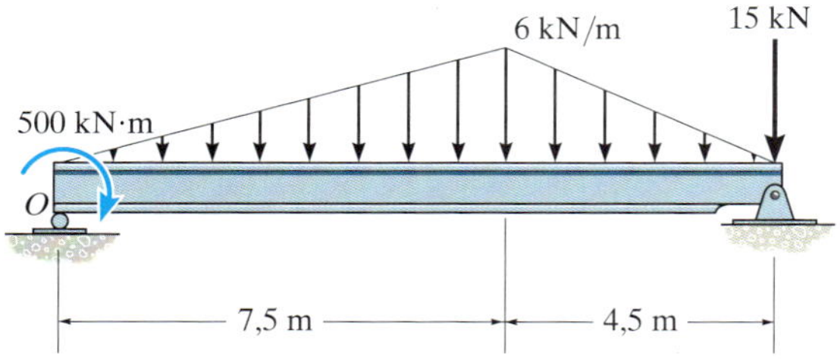

Vraagstukken 4.150/151

***4.152.** Vervang de belasting door een equivalente resultante en een gelijkwaardig resulterend moment in punt A.

4.153. Vervang de belasting door een equivalente resultante en een gelijkwaardig resulterend moment rond punt B.

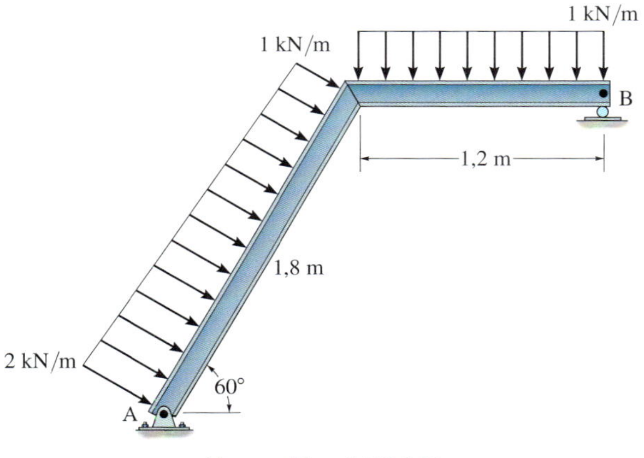

Vraagstukken 4.152/153

4.154. Vervang de verdeelde belasting door een equivalente resultante en geef aan waar de werklijn ervan staaf AB snijdt, gemeten vanaf punt A.

4.155. Vervang de verdeelde belasting door een equivalente resultante en geef aan waar de werklijn ervan staaf BC snijdt, gemeten vanaf punt C.

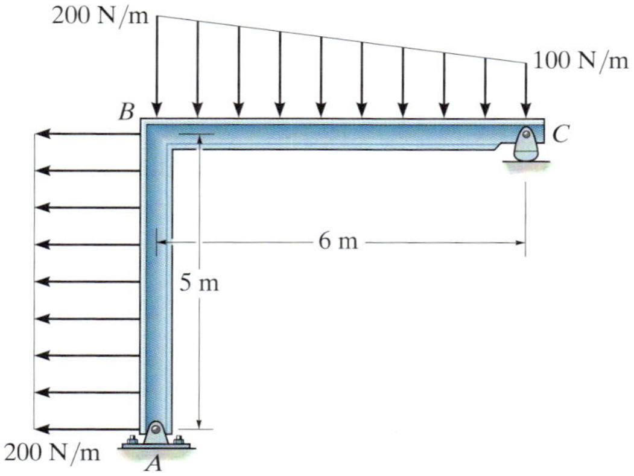

Vraagstukken 4.154/155

***4.156.** Vervang de verdeelde belasting door een equivalente resultante en geef de plaats daarvan op de balk aan, gemeten vanaf A.

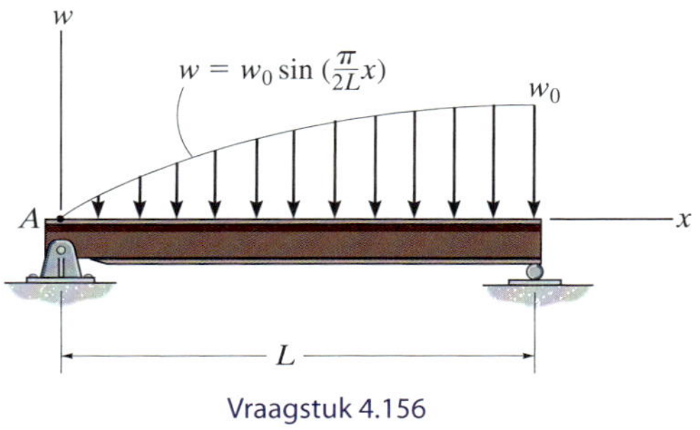

Vraagstuk 4.156

4.157. Vervang de verdeelde belasting door een equivalente resultante en geef de plaats daarvan op de balk aan, gemeten vanaf A.

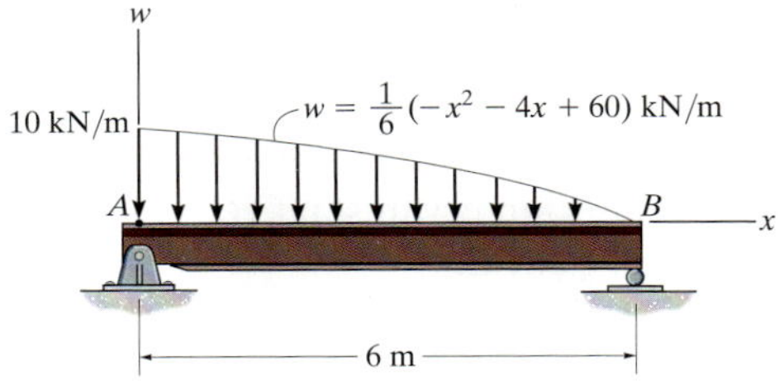

Vraagstuk 4.157

4.158. Bepaal de equivalente resultante en het koppelmoment in punt O.

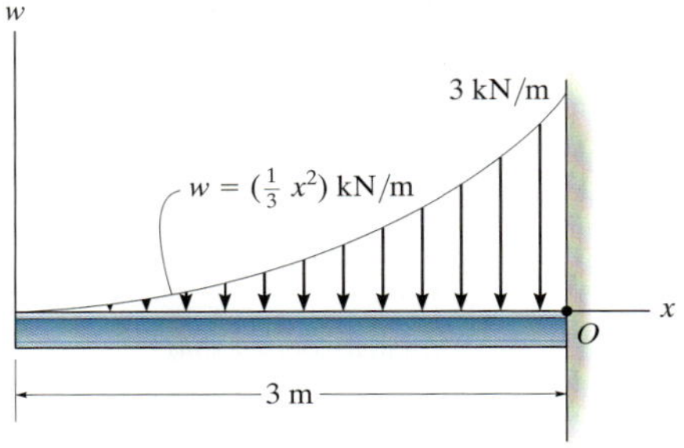

Vraagstuk 4.158

4.159. Nat beton oefent een drukverdeling uit op de wand van de bekisting. Bepaal de resultante van deze verdeling en de hoogte h waarin de steun moet worden geplaatst, zodanig dat deze samenvalt met de werklijn van de resultante. De muur heeft een breedte van 5 m.

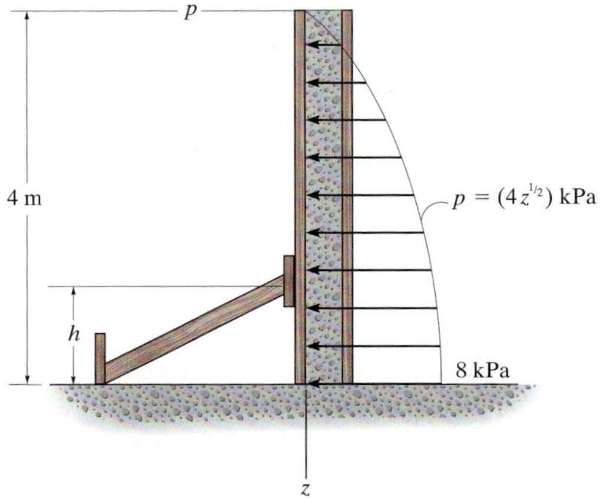

Vraagstuk 4.159

***4.160.** Vervang de belasting door een combinatie van een equivalente kracht en een koppelmoment in punt O.

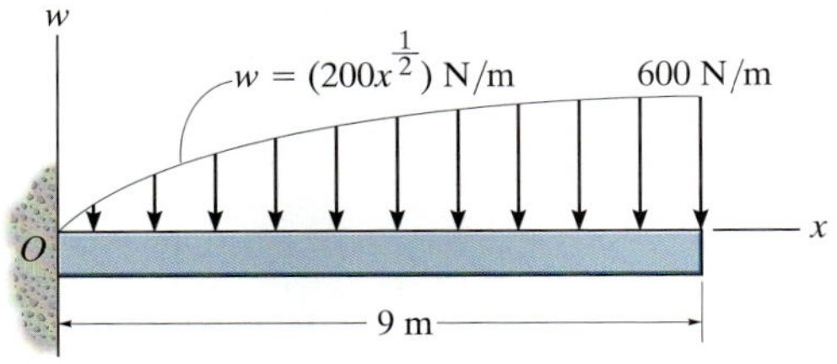

Vraagstuk 4.160

4.161. Bepaal de equivalente resultante van de verdeelde belasting en de plaats ervan, gemeten vanaf punt A. Bepaal de integralen met behulp van de regel van Simpson.

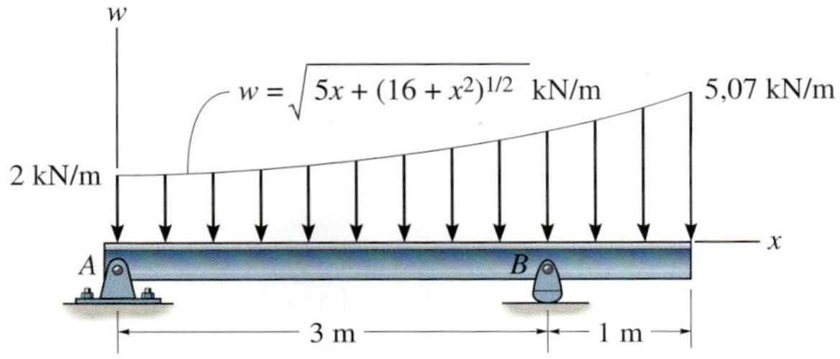

Vraagstuk 4.161

4.162. Bepaal de equivalente resultante van de verdeelde belasting en de plaats ervan, gemeten vanaf punt A. Bepaal de integralen numeriek.

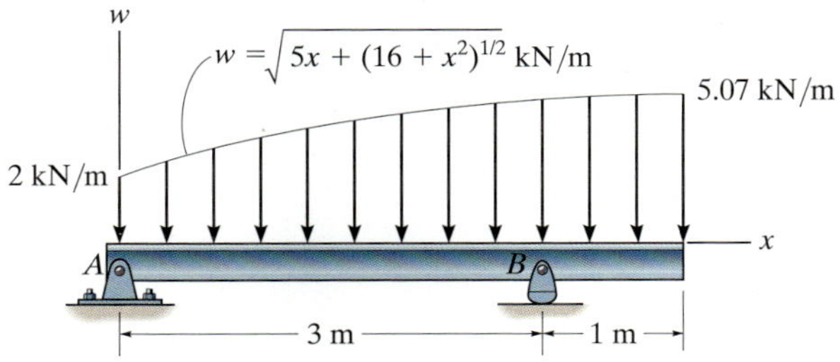

Vraagstuk 4.162

Samenvatting

Moment van een kracht

Een kracht veroorzaakt een draai-effect of moment om een punt O dat niet op zijn werklijn ligt. In scalaire vorm is de *grootte* van het moment het product van de kracht en de momentarm, ofwel de loodrechte afstand van punt O tot de werklijn van de kracht. De *richting* van het moment wordt bepaald met behulp van de rechterhandregel. $\mathbf{M}_O$ werkt altijd langs een as loodrecht op het vlak dat $\mathbf{F}$ en d bevat, en gaat door het punt O. In plaats van d te bepalen, is het vaak gemakkelijker om de kracht te ontbinden in zijn x- en y-componenten, het moment van elke component om het punt te bepalen en vervolgens de resultaten op te tellen. Dit wordt het momentenprincipe genoemd.

$$M_O = Fd$$

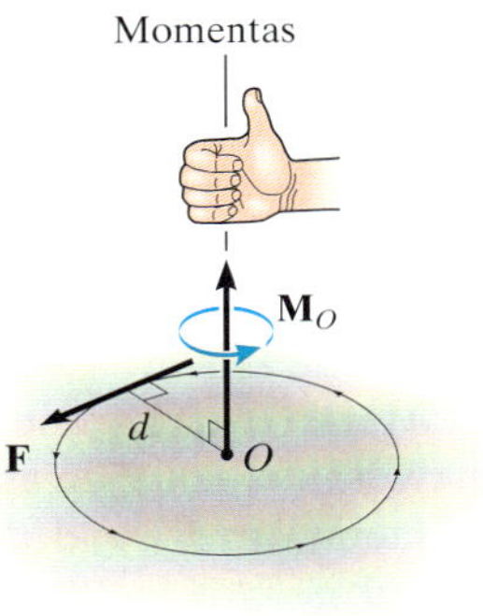

$$M_O = Fd = F_x y - F_y x$$

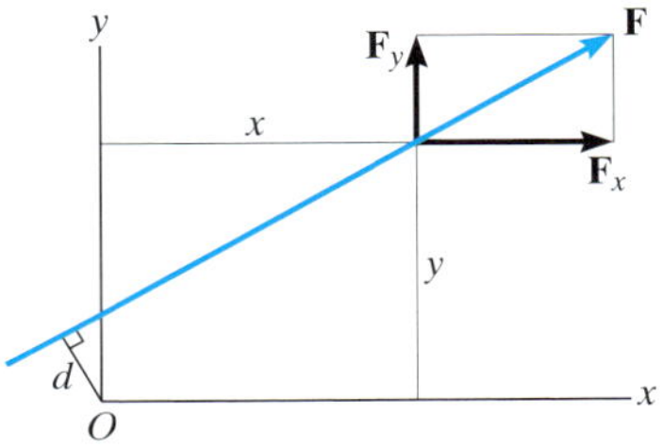

Moment van een kracht: vectordefinitie

Omdat ruimtelijke figuren in het algemeen moeilijker voor te stellen zijn, moet het moment worden berekend met behulp van het uitwendig product. Hier is $\mathbf{M}_O = \mathbf{r} \times \mathbf{F}$, waarbij $\mathbf{r}$ een plaatsvector is van punt O naar een van de punten A, B of C, op de werklijn van $\mathbf{F}$.

Als de plaatsvector $\mathbf{r}$ en de kracht $\mathbf{F}$ worden geschreven als cartesische vectoren, dan is het uitwendig product te berekenen door uitwerken van een determinant.

$$\mathbf{M}_O = \mathbf{r}_A \times \mathbf{F} = \mathbf{r}_B \times \mathbf{F} = \mathbf{r}_C \times \mathbf{F}$$

$$\mathbf{M}_O = \mathbf{r} \times \mathbf{F} = \begin{vmatrix} \mathbf{i} & \mathbf{j} & \mathbf{k} \\ r_x & r_y & r_z \\ F_x & F_y & F_z \end{vmatrix}$$

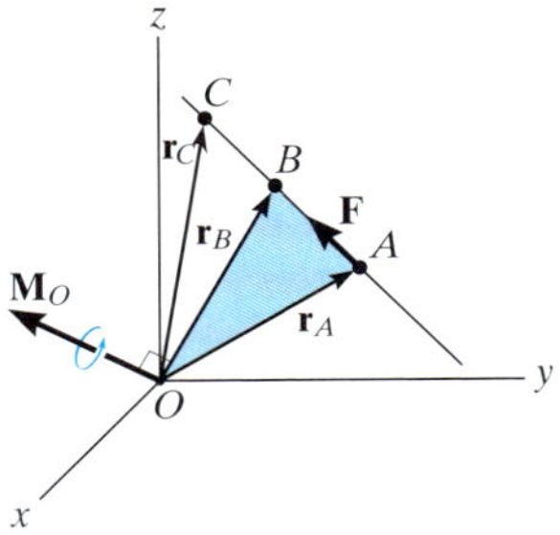

Moment om een gegeven as

Als het moment van een kracht **F** om een willekeurige as *a* moet worden bepaald, moet voor een scalaire oplossing de momentarm, of de kortste afstand d_a van de werklijn van de kracht tot de as worden gebruikt. Deze afstand staat loodrecht op zowel de as als de werklijn van de kracht.

Merk op dat op de plaats waar de werklijn van **F** de as snijdt, het moment van **F** rond de as gelijk aan nul is. Ook geldt dat wanneer de werklijn van **F** evenwijdig is aan de as, het moment van **F** rond de as gelijk aan nul is.

In drie dimensies moet het gemengd product worden gebruikt. Hierin is $\mathbf{u}_a$ de eenheidsvector die de richting van de as aangeeft en **r** is een plaatsvector die van een willekeurig punt op de as naar een willekeurig punt op de werklijn van de kracht loopt. Als M_a een negatieve scalair oplevert, dan is de richting van $\mathbf{M}_a$ tegengesteld aan $\mathbf{u}_a$.

$$M_a = Fd_a$$

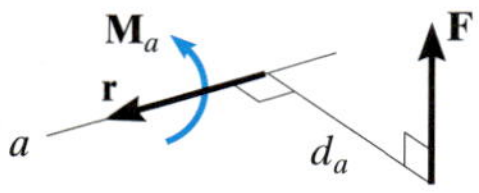

$$M_a = \mathbf{u}_a \cdot (\mathbf{r} \times \mathbf{F}) = \begin{vmatrix} u_{a_x} & u_{a_y} & u_{a_z} \\ r_x & r_y & r_z \\ F_x & F_y & F_z \end{vmatrix}$$

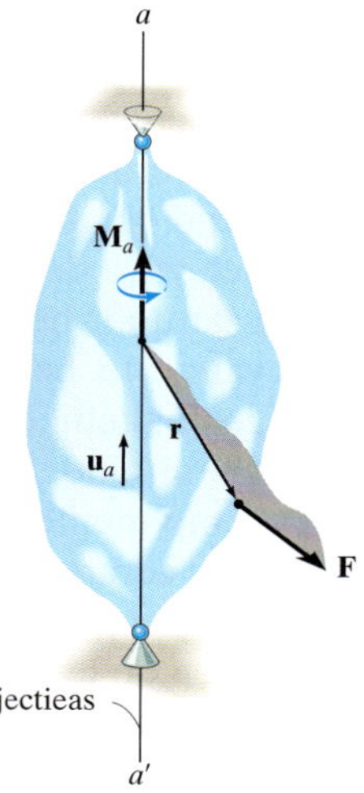

Koppelmoment

Een koppel bestaat uit twee gelijke maar tegengestelde krachten die op een loodrechte afstand *d* van elkaar werken. Koppels veroorzaken een neiging tot rotatie zonder translatie.

Het moment van het koppel wordt bepaald door $M = Fd$ en de richting wordt vastgesteld met behulp van de rechterhandregel. Als het uitwendig vectorproduct wordt gebruikt om het moment van het koppel te bepalen, dan loopt **r** van een willekeurig punt op de werklijn van een van de krachten naar een punt op de werklijn van de in het uitwendig product gebruikte kracht **F**.

$$M = Fd$$

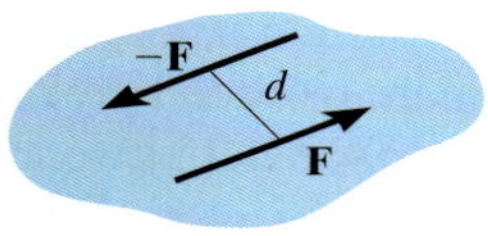

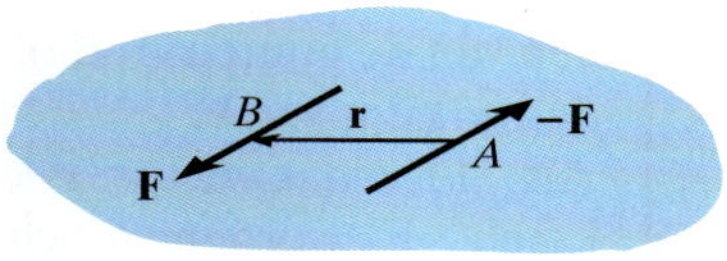

$$\mathbf{M} = \mathbf{r} \times \mathbf{F}$$

Herleiding van een stelsel van krachten en koppels
Elk stelsel van krachten en koppels kan worden herleid tot één enkele krachtresultante en één enkel resulterend koppelmoment met een bepaald aangrijpingspunt. De krachtresultante is de som van alle krachten in het stelsel, $\mathbf{F}_R = \Sigma\mathbf{F}$, en het resulterend koppelmoment is gelijk aan de som van de momenten van alle krachten en koppelmomenten om dat punt. $\mathbf{M}_{R_O} = \Sigma\mathbf{M}_O + \Sigma\mathbf{M}$

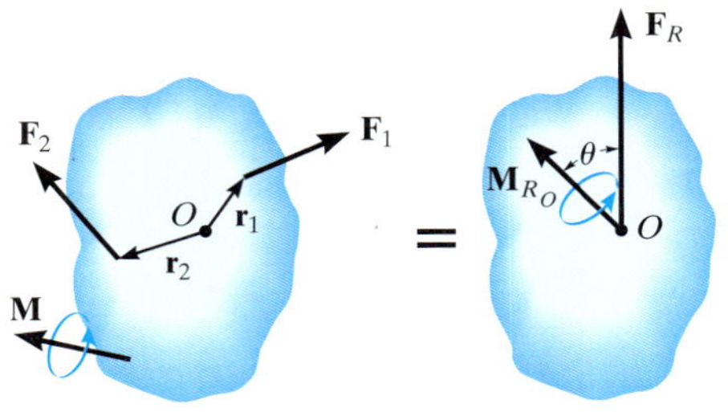

Verdere vereenvoudiging tot één enkele krachtresultante is mogelijk als de krachten van het krachtenstelsel door één punt gaan, in één vlak liggen (tweedimensionale krachten), of evenwijdig aan elkaar zijn. Voor het bepalen van de resultante vanuit een punt, is het nodig om het moment van de resultante rond het punt gelijk te stellen aan het moment van de krachten en de koppels in het stelsel rond hetzelfde punt. Als de resultante en het resulterend koppelmoment in een punt niet loodrecht op elkaar staan, dan kan dit systeem worden herleid tot een wringing, die bestaat uit de resultante en het koppelmoment op eenzelfde werklijn.

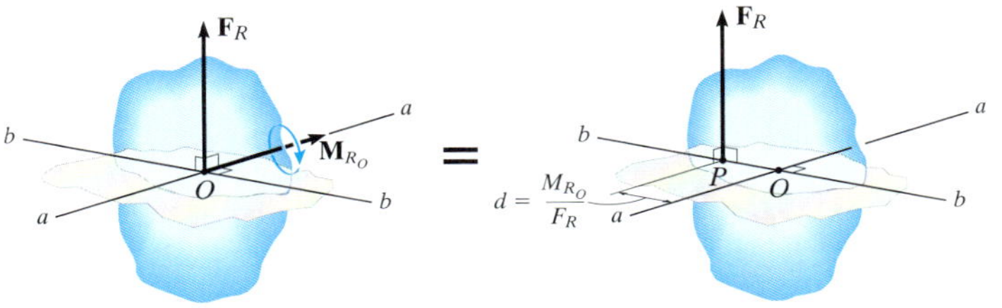

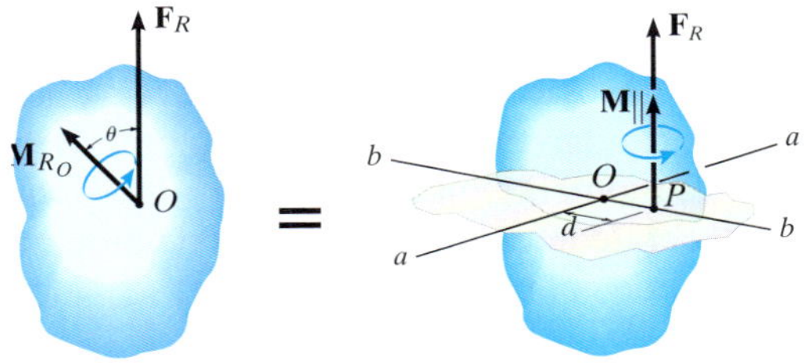

Coplanair verdeelde belasting
Een eenvoudig verdeelde belasting kan worden vervangen door een krachtresultante, die gelijk is aan de *oppervlakte* onder de belastingcurve. Deze resultante heeft een werklijn die door het zwaartepunt of geometrische middelpunt van het oppervlak of volume onder de belastinggrafiek gaat.

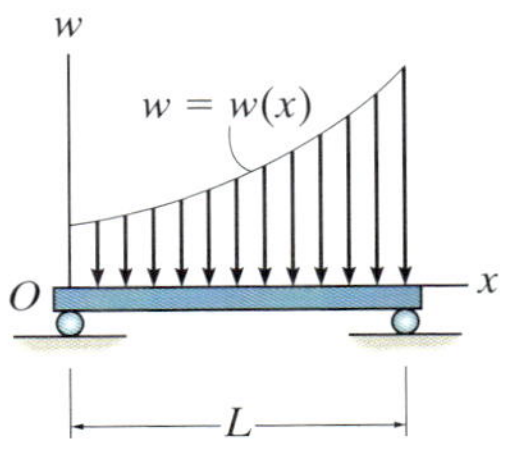

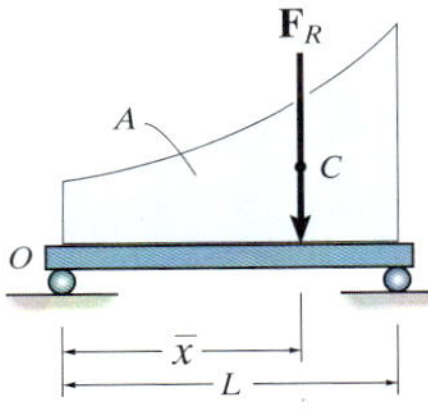

Herhalingsvraagstukken

4.163. Bepaal het resulterend moment van de twee koppels op de constructie. Staaf OB ligt in het x-z-vlak.

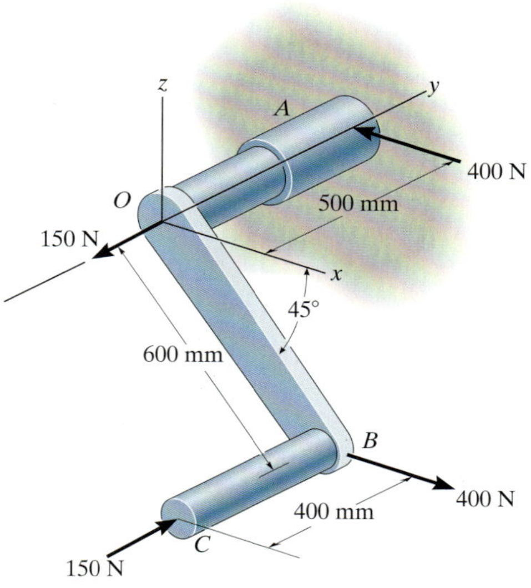

Vraagstuk 4.163

***4.164.** De horizontale kracht van 30 N werkt op de handgreep van de moersleutel. Bepaal het moment van deze kracht rond punt O. Geef de hoeken α, β en γ van de momentas met de coördinaatassen.

4.165. De horizontale kracht van 30 N werkt op de handgreep van de moersleutel. Wat is de grootte van het moment van deze kracht rond de z-as?

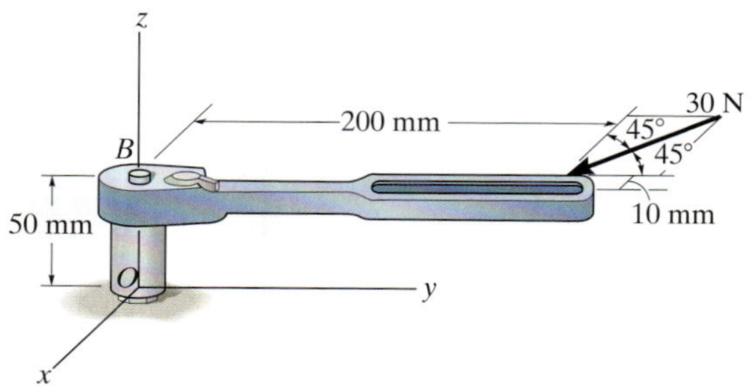

Vraagstukken 4.164/165

4.166. De krachten en koppelmomenten die worden uitgeoefend op de teen- en hielplaat van een ski zijn respectievelijk $\mathbf{F}_t = \{-50\mathbf{i} + 80\mathbf{j} - 158\mathbf{k}\}$ N, $\mathbf{M}_t = \{-6\mathbf{i} + 4\mathbf{j} + 2\mathbf{k}\}$ N · m en $\mathbf{F}_h = \{-20\mathbf{i} + 60\mathbf{j} - 250\mathbf{k}\}$ N, $\mathbf{M}_h = \{-20\mathbf{i} + 8\mathbf{j} + 3\mathbf{k}\}$ N · m. Vervang dit stelsel door een combinatie van een equivalente kracht en een koppelmoment in P. Schrijf de uitkomsten als cartesische vector.

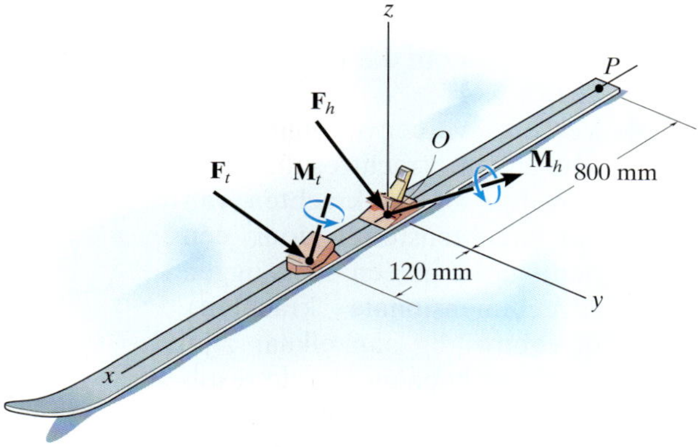

Vraagstuk 4.166

4.167. Op het handvat van een papiersnijder wordt een kracht van 80 N uitgeoefend ter plaatse van A. Bepaal het moment dat door deze kracht wordt veroorzaakt om het scharnier in O als $\theta = 60°$. Bij welke hoek θ veroorzaakt de kracht een zo groot mogelijk moment (met de klok mee) om punt O? Hoe groot is dit maximale moment?

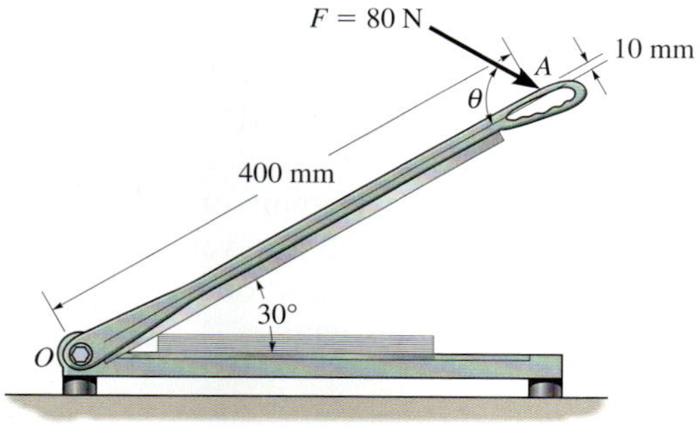

Vraagstuk 4.167

***4.168.** Bepaal het moment van de kracht ter plaatse van A om punt O. Schrijf de uitkomst als een cartesische vector.

4.169. Bepaal het moment van de kracht ter plaatse van A om punt P. Schrijf de uitkomst als een cartesische vector.

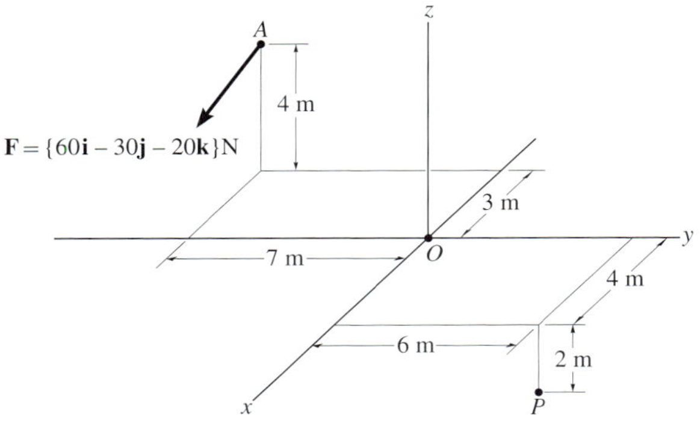

Vraagstukken 4.168/169

4.170. Bepaal het moment van de kracht $\mathbf{F}_C$ rond het scharnier in A. Schrijf het resultaat als een cartesische vector.

4.171. Bepaal de grootte van het moment van de kracht $\mathbf{F}_C$ rond de scharnierende as aa van de deur.

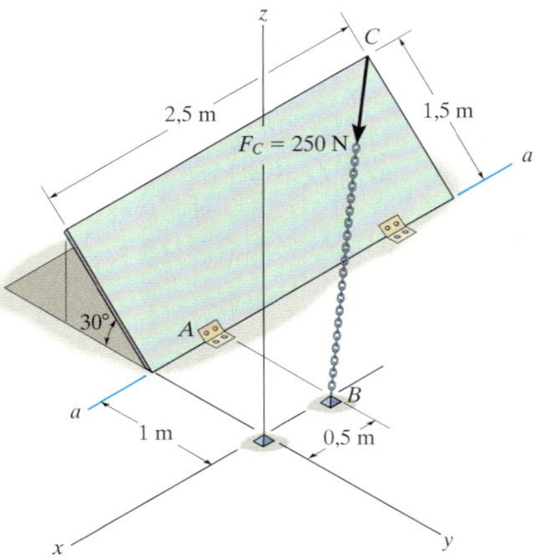

Vraagstukken 4.170/171

***4.172.** Op de uiteinden van de driehoekige plaat worden drie koppelmomenten uitgeoefend. Bepaal de grootte van de kracht **F**, zodanig dat het resulterend koppelmoment 400 N • m met de klok mee is.

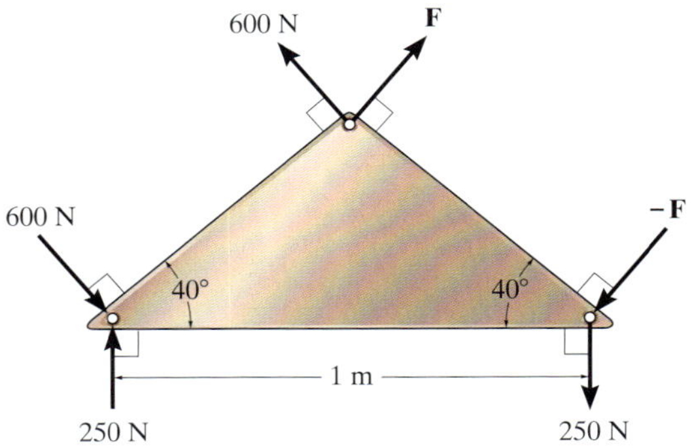

Vraagstuk 4.172

Het is belangrijk om de krachten in de kabels te kunnen bepalen, zodat de onderzeeboot veilig kan worden opgetakeld. In dit hoofdstuk zullen we bestuderen hoe evenwichtsmethodes kunnen worden gebruikt om de krachten te bepalen op de ondersteuningen van een star lichaam zoals dit.

HOOFDSTUK

5

Evenwicht van een star lichaam

Ga naar www.pearsonmylab.nl voor studiemateriaal en toetsen om je begrip en kennis van dit hoofdstuk uit te breiden en te oefenen. Ook vind je daar video-uitwerkingen bij verschillende opgaven uit dit hoofdstuk.

Doelstellingen van dit hoofdstuk

- De evenwichtsvergelijkingen voor een star lichaam opstellen.
- Het concept van het vrijlichaamsschema introduceren voor een star lichaam.
- Laten zien hoe vraagstukken met betrekking tot starre lichamen kunnen worden opgelost met behulp van de evenwichtsvergelijkingen.

5.1 Voorwaarden voor evenwicht van een star lichaam

In deze paragraaf leiden we zowel de noodzakelijke als de voldoende voorwaarden af voor het starre lichaam in fig. 5.1*a*. Het lichaam in de figuur is onderworpen aan een uitwendig stelsel van krachten en koppels, dat voortkomt uit de effecten van gravitationele, elektrische, magnetische krachten en contactkrachten afkomstig van naburige lichamen. De inwendige krachten veroorzaakt door interacties tussen deeltjes binnen het lichaam, zijn in deze figuur niet weergegeven, omdat deze krachten voorkomen in gelijke, maar tegengesteld gerichte paren, gelegen op dezelfde werklijn en daarom tegen elkaar wegvallen. Dit is een gevolg van de derde wet van Newton.

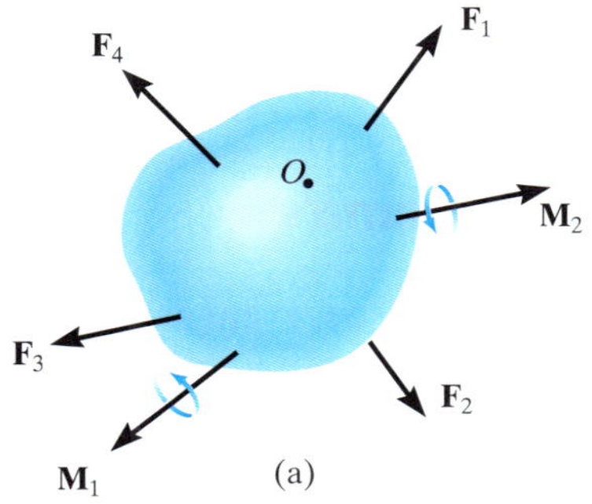

Fig. 5.1

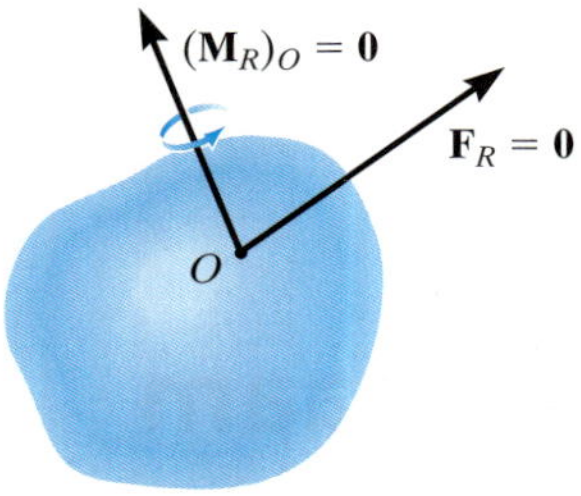

(b)

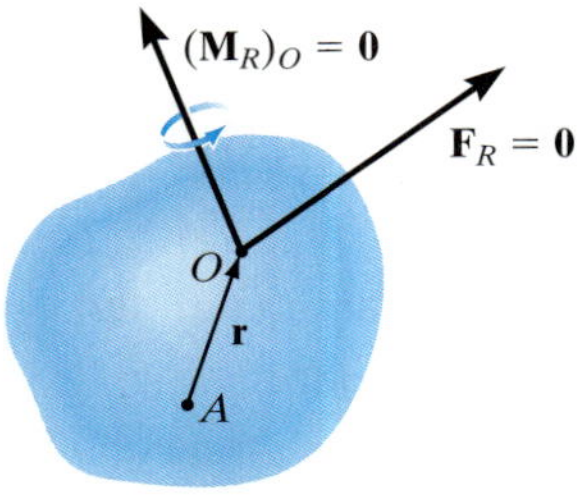

(c)

Fig. 5.1 (vervolg)

Met methoden uit het vorige hoofdstuk kan het stelsel van krachten en koppels op een lichaam worden teruggebracht tot één equivalente resultante en een resulterend koppelmoment op of buiten het lichaam, zie fig. 5.1*b*. Als deze resultante en het resulterend koppelmoment beide gelijk aan nul zijn, zegt men dat het lichaam in *evenwicht* is. Wiskundig wordt het evenwicht van een lichaam uitgedrukt als:

$$\mathbf{F}_R = \Sigma \mathbf{F} = \mathbf{0}$$
$$(\mathbf{M}_R)_O = \Sigma \mathbf{M}_O = \mathbf{0} \tag{5.1}$$

De eerste van deze vergelijkingen stelt dat de som van de krachten op het lichaam gelijk is aan *nul*. De tweede vergelijking stelt dat de som van de momenten van alle krachten in het stelsel rond een punt O opgeteld bij alle koppelmomenten gelijk is aan *nul*. Deze twee vergelijkingen zijn niet alleen noodzakelijk voor het evenwicht, ze zijn ook voldoende. Voer om dit in te zien, de optelling uit rond een willekeurig ander punt, zoals het punt A in fig. 5.1*c*. We eisen:

$$\Sigma \mathbf{M}_A = \mathbf{r} \times \mathbf{F}_R + (\mathbf{M}_R)_O = \mathbf{0}$$

Omdat $\mathbf{r} \neq \mathbf{0}$, is alleen aan deze vergelijking voldaan als aan vgl. 5.1 voldaan is, namelijk $\mathbf{F}_R = \mathbf{0}$ en $(\mathbf{M}_R)_O = \mathbf{0}$.

Bij het toepassen van de evenwichtsvergelijkingen nemen we aan dat het lichaam star blijft. In werkelijkheid worden alle lichamen die onderhevig zijn aan een belasting, enigszins vervormd. Desondanks zijn de meeste bouwmaterialen zoals staal en beton zeer star en is de vervorming gewoonlijk zeer gering. Daarom kunnen we bij het toepassen van de evenwichtsvergelijkingen er in het algemeen van uitgaan dat het lichaam bij de aangebrachte belasting *star* zal blijven en *niet vervormen* zonder dat men een significante fout introduceert. Op deze manier blijft de richting van de uitgeoefende krachten en hun momentarmen ten opzichte van een vast referentiepunt voor en na het belasten van het lichaam gelijk.

Evenwicht in twee dimensies

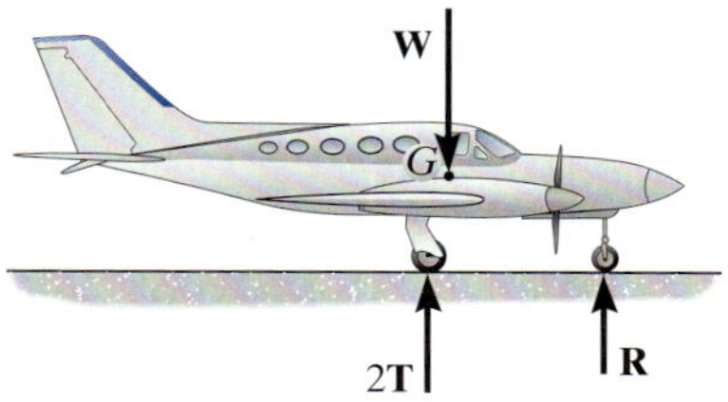

Fig. 5.2

In het eerste gedeelte van dit hoofdstuk beschouwen we het geval waarbij het krachtenstelsel op een star lichaam in *één* vlak ligt of hierop geprojecteerd kan worden en daarnaast alle koppelmomenten op het lichaam loodrecht op dit vlak gericht zijn. Dit type stelsel van krachten en koppels wordt vaak een tweedimensionaal of *coplanair* krachtenstelsel genoemd. Zo heeft bijvoorbeeld het vliegtuig in fig. 5.2 een symmetrievlak door zijn centrale as, en dus zijn de belastingen erop symmetrisch ten opzichte van dit vlak. Daardoor zal elk van de twee vleugelwielen dezelfde last $\mathbf{T}$ dragen, wat in het zijaanzicht (tweedimensionaal) van het vliegtuig is weergegeven als 2$\mathbf{T}$.

5.2 Vrijlichaamsschema's

Een succesvolle toepassing van de evenwichtsvergelijkingen vereist een complete specificatie van *alle* bekende en onbekende uitwendige krachten die *op* het lichaam werken. De beste manier om deze krachten zichtbaar te maken, is door het vrijlichaamsschema te tekenen. Dit schema is een schets van de omtrek van het lichaam, waarin het wordt voorgesteld als *geïsoleerd* of 'vrij' van zijn omgeving, dat wil zeggen: een 'vrij lichaam'. In deze schets moeten *alle* krachten en koppelmomenten worden aangegeven, die de omgeving *op het lichaam* uitoefent, zodat met deze effecten rekening kan worden gehouden als de evenwichtsvergelijkingen worden toegepast. Daarom is *een goed begrip van de manier waarop een vrijlichaamsschema moet worden getekend van het grootste belang bij het oplossen van vraagstukken in de mechanica.*

Steunpuntreacties Voordat we een formele procedure geven voor het tekenen van een vrijlichaamsschema, zullen we eerst de verschillende soorten reacties behandelen die optreden in verbindingen en contactpunten tussen lichamen waarop tweedimensionale krachtensystemen werken. Een algemene regel is:

- als een verbinding een translatie van een lichaam in een bepaalde richting verhindert, wordt er in die richting een kracht op het lichaam uitgeoefend.
- er wordt een koppelmoment uitgeoefend op het lichaam wanneer rotatie wordt verhinderd.

We bekijken nu als voorbeeld drie verschillende methoden om een horizontaal element, zoals een balk, in het uiteinde te verbinden. De eerste methode is een oplegging op een rol of cilinder, zie fig. 5.3*a*. Omdat deze verbinding alleen verticale *translatie* van de balk verhindert, kan de roloplegging alleen in deze richting een kracht op de balk uitoefenen, zie fig. 5.3*b*.

De balk kan steviger worden gesteund door een *pen* te gebruiken, zie fig. 5.3*c*. De pen gaat door een gat in de balk en door twee flenzen die aan de grond zijn bevestigd. In dit geval kan de pen *translatie* van de balk in *elke richting* ϕ verhinderen, zie fig. 5.3*d*, en moet dus een *kracht* **F** op de balk uitoefenen in deze richting. Voor de analyse is het meestal gemakkelijker om deze krachtresultante weer te geven door middel van zijn twee loodrechte componenten $\mathbf{F}_x$ en $\mathbf{F}_y$, zie fig. 5.3*e*. Als F_x en F_y bekend zijn, kunnen F en ϕ worden berekend.

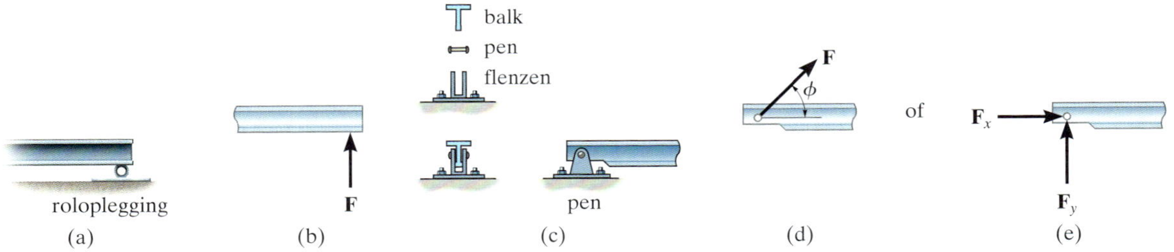

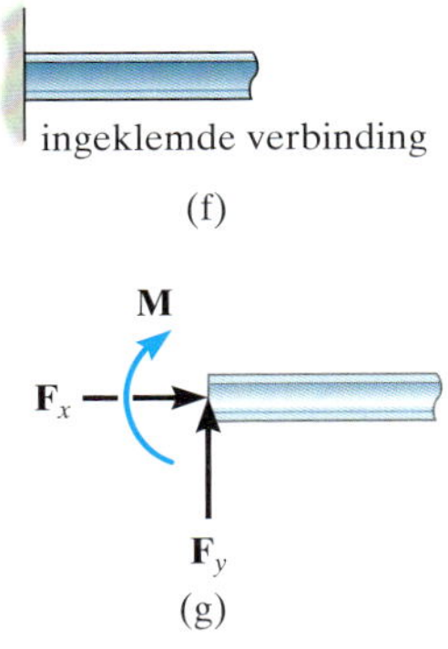

Fig. 5.3

De meest beperkende methode om een balk te steunen, is een *inklemming*, zoals afgebeeld in fig. 5.3*f*. Deze verbinding verhindert zowel *translatie* als *rotatie* van de balk, en dus moet zowel een *kracht* als een *koppelmoment* op de balk worden uitgeoefend in het verbindingspunt, zie fig. 5.3*g*. Net als bij de pen wordt de kracht meestal weergegeven door middel van zijn componenten $\mathbf{F}_x$ en $\mathbf{F}_y$.

In tabel 5.1 staan andere veelvoorkomende verbindingen voor lichamen waarop tweedimensionale krachtensystemen werken. (In alle gevallen wordt verondersteld dat de hoek θ bekend is.) Bestudeer zorgvuldig alle symbolen die gebruikt zijn voor deze verbindingen en de soorten reacties die ze uitoefenen op de contactoppervlakken.

Tabel 5.1 Verbindingen van starre lichamen waarop tweedimensionale krachtensystemen werken

Soorten verbindingen	Reactie	Aantal onbekenden
(1) 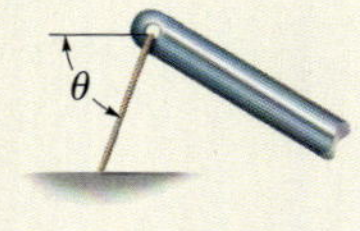 kabel	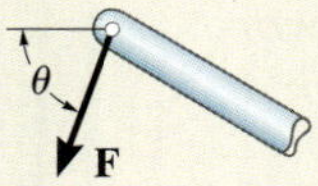	Eén onbekende. De reactie is een trekkracht die van het element af werkt in de richting van de kabel.
(2) 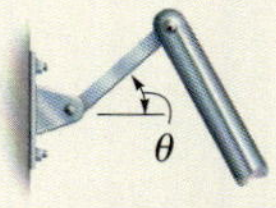 gewichtloos verbindingsstuk	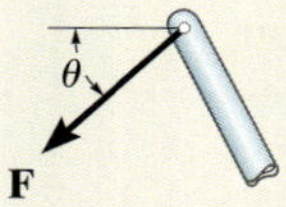 of 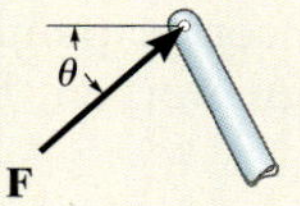	Eén onbekende. De werklijn van de reactiekracht is de as van het verbindingsstuk.
(3) 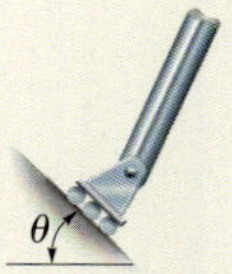 rolopleging	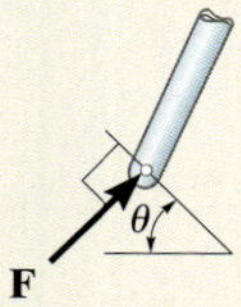	Eén onbekende. De reactiekracht staat loodrecht op het oppervlak en grijpt aan in het contactpunt.
(4) 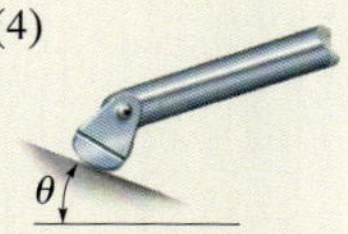 schommelverbinding	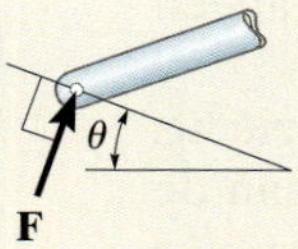	Eén onbekende. De reactiekracht staat loodrecht op het oppervlak en grijpt aan in het contactpunt.
(5) 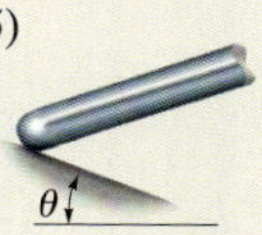 glad contactoppervlak	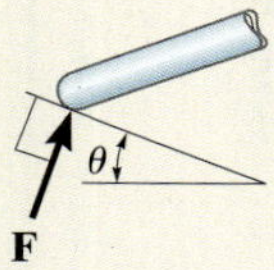	Eén onbekende. De reactiekracht staat loodrecht op het oppervlak en grijpt aan in het contactpunt.
(6) 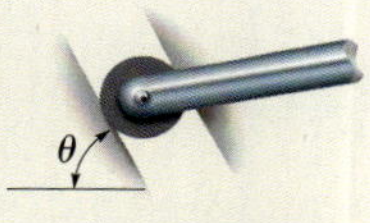 rolwiel of pen in gladde gleuf	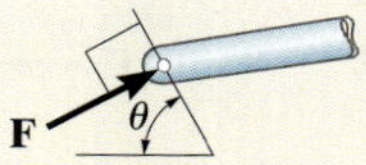 of 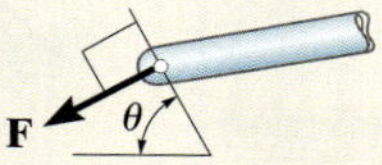	Eén onbekende. De reactiekracht staat loodrecht op de gleuf.
(7) 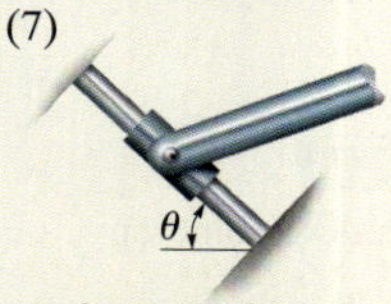 pen bevestigd aan bus op een gladde stang	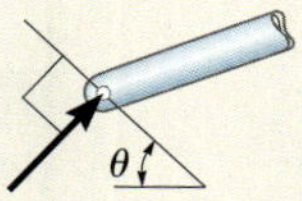 of 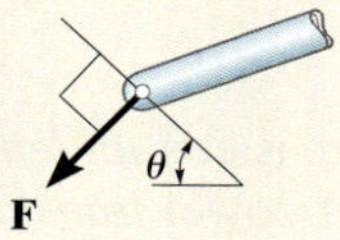	Eén onbekende. De reactiekracht staat loodrecht op de stang.

Tabel 5.1 *Vervolg*

Soorten verbindingen	Reactie	Aantal onbekenden
(8) 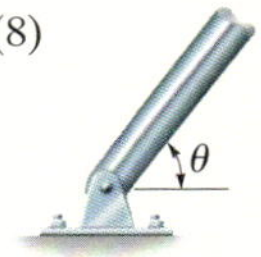 gladde pen of scharnier	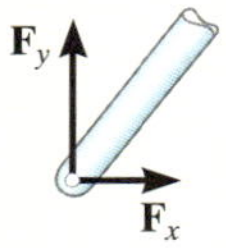 of 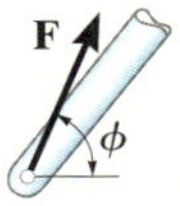	Twee onbekenden. De reactie bestaat uit twee krachtcomponenten, of de grootte en richting ϕ van de krachtresultante. Merk op dat ϕ en θ niet noodzakelijkerwijs gelijk zijn [meestal niet, tenzij de afgebeelde staaf een, aan beide zijden draaibaar verbindingsstuk, is, zoals in (2)].
(9)  element vast bevestigd aan bus op een gladde stang	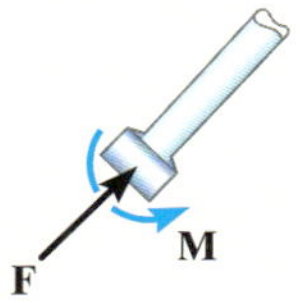	Twee onbekenden. De reactie bestaat uit het koppelmoment en een kracht die loodrecht op de stang werkt.
(10) 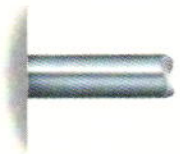 ingeklemde verbinding	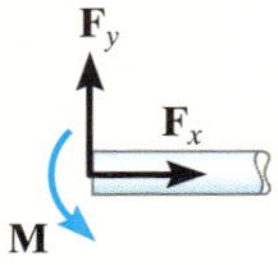 of 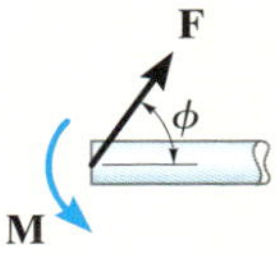	Drie onbekenden. De reactie bestaat uit het koppelmoment en de twee krachtcomponenten, of het koppelmoment en de grootte en richting ϕ van de krachtresultante.

Voorbeelden van vaak voorkomende verbindingen die in tabel 5.1 staan, zijn afgebeeld in de volgende reeks foto's. De nummers corresponderen met de verbindingstypes in tabel 5.1.

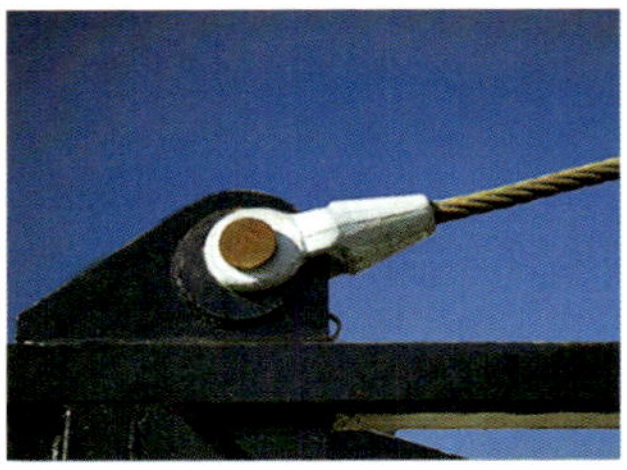

De kabel oefent een kracht uit op de beugel in de richting van de kabel. (1)

De schommelverbinding voor deze brugligger staat horizontale beweging toe, zodat de brug kan uitzetten en krimpen onder invloed van temperatuursverandering. (5)

Deze betonnen ligger rust op de richel die verondersteld wordt als een glad contactoppervlak te werken. (6)

Dit nutsgebouw wordt met pennen boven de pijlers gesteund. (8)

De vloerbalken van dit gebouw zijn aan elkaar gelast en vormen dus vaste verbindingen. (10)

Inwendige krachten Zoals genoemd in paragraaf 5.1 treden de inwendige krachten tussen naburige deeltjes in een lichaam altijd op in paren, volgens eenzelfde werklijn en zodanig dat ze dezelfde grootte hebben en in tegengestelde richtingen werken (derde wet van Newton). Omdat deze krachten tegen elkaar wegvallen, creëren ze geen *uitwendig effect* op het lichaam. Om die reden moeten bij een beschouwing van het hele lichaam, de inwendige krachten niet worden meegenomen in het vrijlichaamsschema. Zo heeft de motor in fig. 5.4*a* het vrijlichaamsschema van fig. 5.4*b*. De inwendige krachten tussen alle verbonden delen, zoals de schroeven en de bouten, vallen tegen elkaar weg, omdat ze gelijke en tegengesteld gerichte paren volgens dezelfde werklijn vormen. In het vrijlichaamsschema zijn alleen de uitwendige krachten $\mathbf{T}_1$ en $\mathbf{T}_2$, uitgeoefend door de kettingen, en het gewicht van de motor **W** weergegeven.

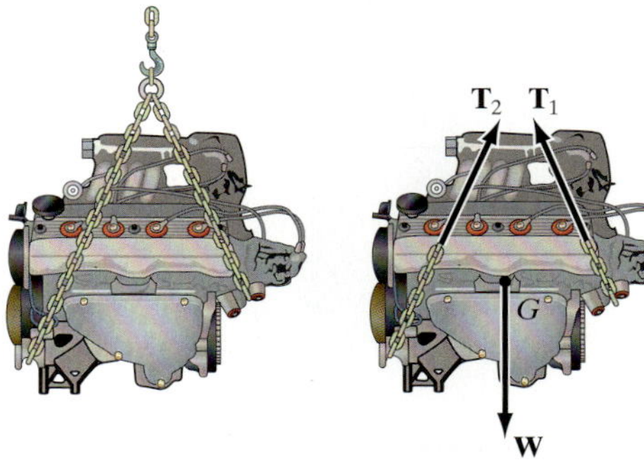

(a) (b)

Fig. 5.4

Gewicht en het zwaartepunt Wanneer een lichaam zich in een zwaartekrachtveld bevindt, heeft elk van zijn deeltjes een bepaald gewicht. In paragraaf 4.8 is aangetoond dat een dergelijk stelsel kan worden gereduceerd tot een enkele krachtresultante, die op een bepaald punt aangrijpt. We noemen deze krachtresultante het *gewicht* **W** van het lichaam en het aangrijpingspunt het *zwaartepunt*. De methoden voor de berekening ervan zullen in hoofdstuk 9 worden behandeld.

Wanneer het gewicht van het lichaam van belang is voor de analyse in de voorbeelden en vraagstukken hierna zal dit gewicht worden vermeld in de tekst van het vraagstuk of voorbeeld. Wanneer het lichaam *gelijkvormig* is of van hetzelfde materiaal is gemaakt, ligt het zwaartepunt in het meetkundig middelpunt van het lichaam. Wanneer het materiaal ongelijkmatig over het lichaam verdeeld is of een ongebruikelijke vorm heeft, zal de plaats van het zwaartepunt G worden aangegeven.

Geïdealiseerde modellen Wanneer een technicus een krachtenanalyse van een voorwerp uitvoert, beschouwt hij of zij een corresponderend analytisch of geïdealiseerd model, dat resultaten geeft die zo veel mogelijk de feitelijke situatie benaderen. Hiervoor moeten zorgvuldige veronderstellingen worden gemaakt aangaande de verbindingssoorten, het materiaalgedrag en de afmetingen van het object. Op deze wijze kan men ervan uitgaan dat een ontwerp of een analyse resultaten zal opleveren die betrouwbaar zijn. In complexe gevallen kan deze procedure vereisen dat verschillende modellen van het te analyseren object worden opgesteld, maar dit selectieproces vereist in elk geval zowel vaardigheid als ervaring.

(a)

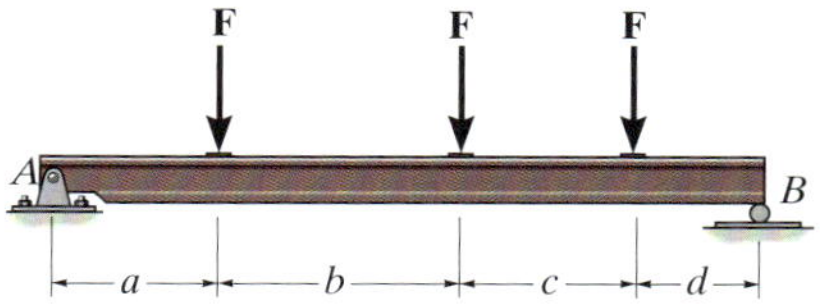

(b)

Fig. 5.5

De volgende twee voorbeelden laten zien wat er nodig is om een goed model op te stellen. Zoals in fig. 5.5*a* is afgebeeld, zal de stalen ligger worden gebruikt om de drie balken van het dak van een gebouw te dragen. Bij een krachtanalyse is het redelijk om aan te nemen dat het materiaal star is, aangezien alleen zeer kleine vervormingen zullen optreden als de balk wordt belast. Een verbinding met bouten in A zou een kleine rotatie mogelijk maken als de balk wordt belast, en men kan overwegen om een *pen* te gebruiken voor deze verbinding. In B kan een roloplegging worden overwogen, aangezien deze verbinding geen weerstand biedt aan horizontale beweging. Uit de bouwvoorschriften wordt de dakbelasting A afgeleid, zodat de balkbelastingen **F** kunnen worden berekend. Deze krachten zullen groter zijn dan de werkelijke belasting op de balk, omdat ze rekening houden met extreme belastingen, dynamische effecten en trillingen. Ten slotte wordt het gewicht van de balk in het algemeen genegeerd wanneer het klein is in vergelijking met de belasting op de balk. Het geïdealiseerde model van de balk wordt dus weergegeven met gemiddelde afmetingen a, b, c en d in fig. 5.5*b*.

Een tweede voorbeeld is de hefinrichting in fig. 5.6*a*. Bij nadere beschouwing zien we dat hij gedragen wordt door een pen in A en door de hydraulische cilinder BC, die bij benadering als een gewichtloze aan beide zijden scharnierende verbinding kan worden beschouwd. Het materiaal kan als star worden beschouwd en omdat de dichtheid bekend is, kan het gewicht van de giek en het zwaartepunt G worden bepaald. Als een ontwerpbelasting **P** is gegeven, kan het geïdealiseerde model in fig. 5.6*b* worden gebruikt voor een krachtenanalyse. Gemiddelde afmetingen (niet aangegeven) worden gebruikt om de plaatsen van de lasten en de verbindingen te bepalen.

In sommige voorbeelden in de tekst zullen geïdealiseerde modellen van specifieke voorwerpen worden gegeven. Je moet je echter realiseren dat elk model een vereenvoudiging van een praktische situatie is, waarbij gebruik is gemaakt van dezelfde soort vereenvoudigende aannames zoals hierboven geïllustreerd.

(a)

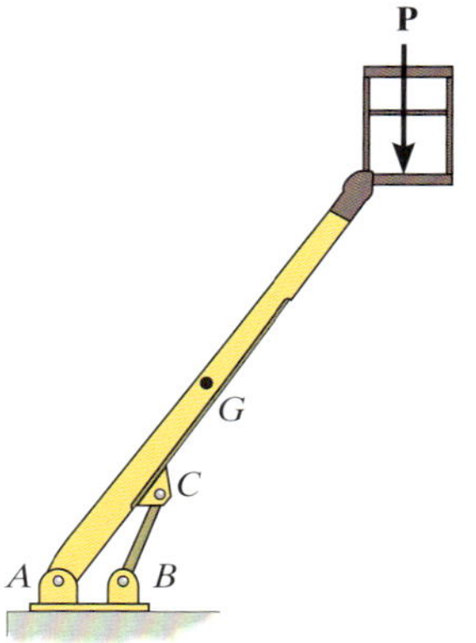

(b)

Fig. 5.6

Analyseprocedure

Om een vrijlichaamsschema te construeren voor een star lichaam of een groep lichamen die als één stelsel worden beschouwd, moeten de volgende stappen worden doorlopen:

Teken de omtrek

Stel het lichaam voor als *geïsoleerd* of 'vrij' gemaakt van zijn beperkingen en verbindingen en teken of schets de omtrek.

Geef alle krachten en koppelmomenten aan

Geef alle bekende en onbekende *uitwendige krachten* en koppelmomenten aan die *op het lichaam werken*. Dit zijn doorgaans (1) aangebrachte lasten, (2) reacties van verbindingspunten of contactpunten met andere lichamen (zie tabel 5.1) en (3) het gewicht van het lichaam. Om ervoor te zorgen dat met al deze effecten rekening wordt gehouden, kan het nuttig zijn om de hele omtrek van het lichaam na te lopen en zorgvuldig elke kracht en elk koppelmoment dat erop werkt, te noteren.

Identificeer elke belasting en geef de grootte aan

Bij de krachten en koppelmomenten die bekend zijn, moeten de groottes en richtingen worden aangegeven. Letters worden gebruikt om de grootte en richting van onbekende krachten en koppelmomenten aan te geven. Stel een x-y-coördinatenstelsel vast, zodat deze onbekenden, A_x, B_y enz. geïdentificeerd kunnen worden. Geef ten slotte de afmetingen van het lichaam aan die nodig zijn om de momenten van de krachten te berekenen.

Om te onthouden!

- Geen enkel evenwichtsvraagstuk zou mogen worden opgelost zonder *eerst* het vrijlichaamsschema te tekenen, zodat rekening wordt gehouden met alle krachten en koppelmomenten die op het lichaam werken.
- Wanneer een verbinding *translatie* van een lichaam in een bepaalde richting *verhindert*, dan oefent de verbinding een kracht uit op het lichaam in die richting.
- Wanneer *rotatie* wordt *verhinderd*, dan oefent de verbinding een koppelmoment uit op het lichaam.
- Bestudeer tabel 5.1.
- Inwendige krachten worden nooit aangegeven in het vrijlichaamsschema, aangezien zij optreden in gelijke maar tegengestelde collineaire paren die elkaar opheffen.
- Het gewicht van een lichaam is een uitwendige kracht en het effect ervan wordt voorgesteld door een enkele krachtresultante die in het zwaartepunt G van het lichaam werkt.
- *Koppelmomenten* kunnen overal in het vrijlichaamsschema worden geplaatst, omdat zij *vrije vectoren* zijn. *Krachten* kunnen op elk punt van hun werklijnen aangrijpen, aangezien zij *glijdende vectoren* zijn.

Voorbeeld 5.1

Teken het vrijlichaamsschema van de homogene balk die afgebeeld is in fig. 5.7*a*. De balk heeft een massa van 100 kg.

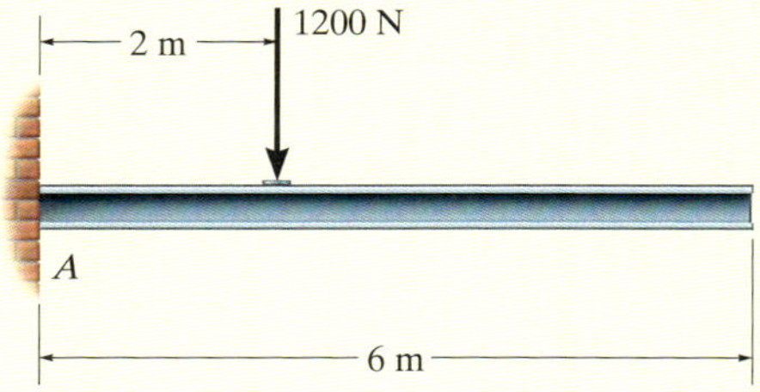

(a)

OPLOSSING

Het vrijlichaamsschema van de balk is weergegeven in fig. 5.7*b*. Aangezien de verbinding in *A* een vaste muur is, zijn er drie reacties die in *A op de balk* werken. Deze worden aangegeven als $\mathbf{A}_x$ en $\mathbf{A}_y$, en $\mathbf{M}_A$ die in een willekeurige richting is getekend. De grootte van deze vectoren is *onbekend*, en hun zin is *aangenomen*. Het gewicht van de balk, $W = 100(9{,}81) = 981$ N, heeft het zwaartepunt *G* van de balk als aangrijpingspunt, dat 3 m van *A* ligt, aangezien de balk homogeen is.

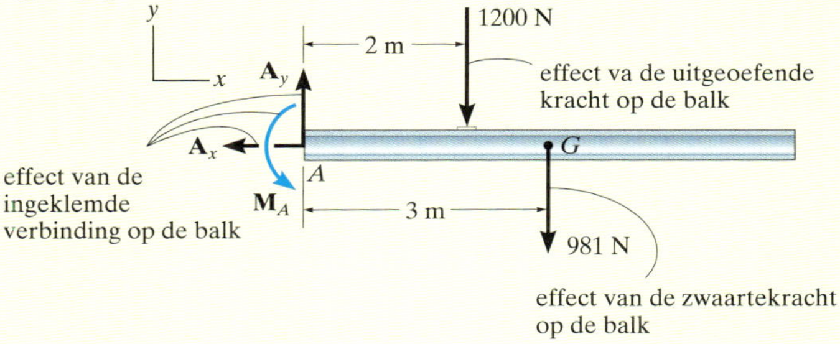

(b)

Fig. 5.7

Voorbeeld 5.2

Teken het vrijlichaamsschema voor de voethefboom *AB* in fig. 5.8*a*. De operator oefent een verticale kracht uit op het pedaal, zodanig dat de veer 40 mm wordt uitgerekt en de kracht in de korte aan twee zijden scharnierende verbindingsstang in *B* 100 N is.

(a)

Fig. 5.8

OPLOSSING

Als we goed kijken naar de foto zien we dat de hendel met een bout beweegbaar op het chassis is bevestigd in *A*, waardoor de bout als scharnier kan fungeren. (Zie (8) in tabel 5.1.) Hoewel hier niet te zien, kan de verbinding bij *B* aan beide uiteinden scharnieren en is dus een verbinding zoals (2) in tabel 5.1. Na de juiste afmetingen te

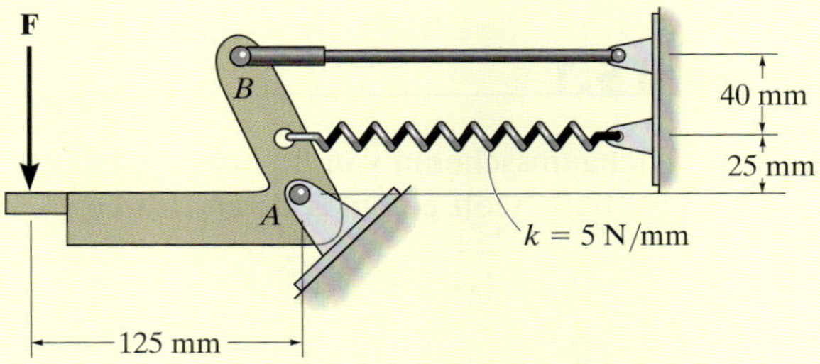

(b)

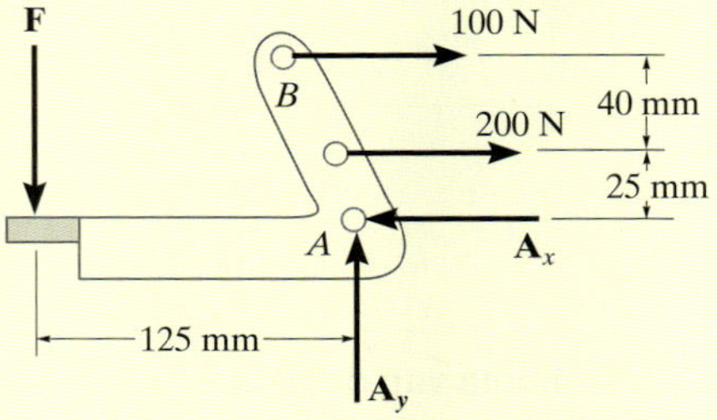

(c)

Fig. 5.8 (vervolg)

hebben bepaald, is het schematische model van de hendel weergegeven in fig. 5.8*b*. Het vrijlichaamsschema hiervan is weergegeven in fig. 5.8*c*. Het scharnier ter plaatse van A oefent de krachtcomponenten A_x en A_y uit op de hendel. Het verbindingsstuk oefent een kracht van 100 N uit in de richting van het verbindingsstuk. Daarnaast oefent ook de veer een kracht uit op de hendel. Als de stijfheid bij meting k = 4 N/mm blijkt te zijn en de uitrekking s = 36 mm, is volgens vgl. 3.2 $F_s = ks$ = 4 N/mm (36 mm) = 144 N. Ten slotte oefent de voet van de persoon op het voertuig een verticale kracht **F** uit op het pedaal. De afmetingen van de hendel zijn ook weergegeven in het vrijlichaamsschema, omdat die informatie nuttig zal zijn bij het berekenen van de krachtmomenten. Zoals gebruikelijk is de zin van de krachten ter plaatse van A een veronderstelling. De juiste zin wordt duidelijk wanneer de evenwichtsvergelijkingen zijn opgelost.

(a)

Fig. 5.9

Voorbeeld 5.3

De twee gladde buizen met elk een gewicht van 300 kg worden gedragen op de vork van de tractor, zoals afgebeeld in fig. 5.9*a*. Teken het vrijlichaamsschema voor elke buis en voor beide buizen samen.

OPLOSSING

Het geïdealiseerde model op basis waarvan we het vrijlichaamsschema moeten tekenen, is afgebeeld in fig. 5.9*b*. Hierin zijn de buizen aangeduid, zijn de afmetingen aangegeven en is de fysische situatie teruggebracht tot de eenvoudigste vorm.

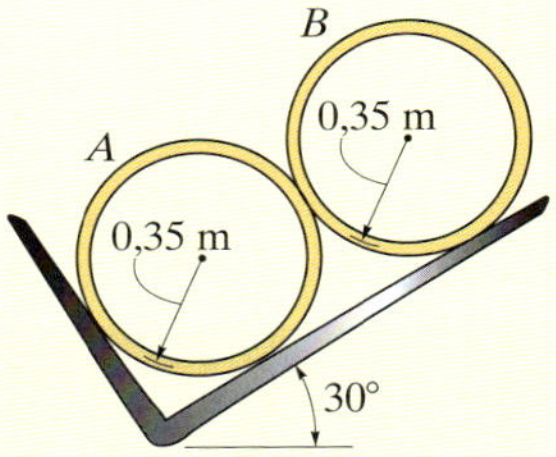

(b)

Het vrijlichaamsschema voor buis A is afgebeeld in fig. 5.9c. Het gewicht van de buis is $W = 300(9{,}81) = 2943$ N. Omdat we aannemen dat alle contactoppervlakken glad zijn, werken de reactiekrachten **T**, **F** en **R** in de *normaalrichting* ten opzichte van de raaklijn in hun contactoppervlakken.

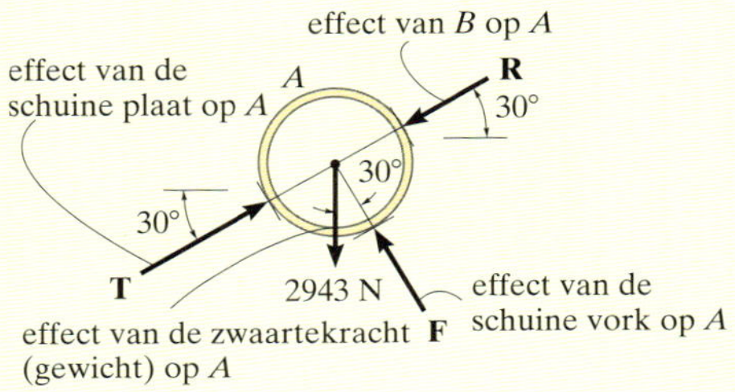

(c)

Het vrijlichaamsschema van buis B is afgebeeld in fig. 5.9d. Kun je de drie krachten onderscheiden die *op deze buis* worden uitgeoefend? Merk op dat de kracht **R** van buis A op buis B, zie fig. 5.9d, gelijk en tegengesteld is aan de kracht **R** van buis B op buis A, zie fig. 5.9c. Dit volgt uit de derde bewegingswet van Newton.

Het vrijlichaamsschema van beide buizen samen (een 'stelsel') is afgebeeld in fig. 5.9e. Hierin wordt de contactkracht **R**, die tussen A en B optreedt, beschouwd als een *inwendige* kracht en deze is dus niet in het vrijlichaamsschema afgebeeld, want het gaat hier over een paar gelijke, maar tegengestelde, collineaire krachten die elkaar opheffen.

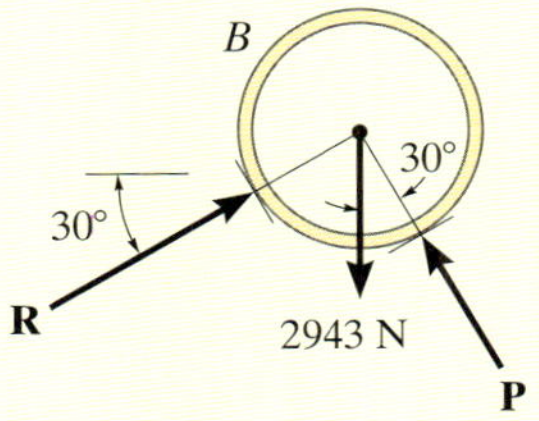

(d)

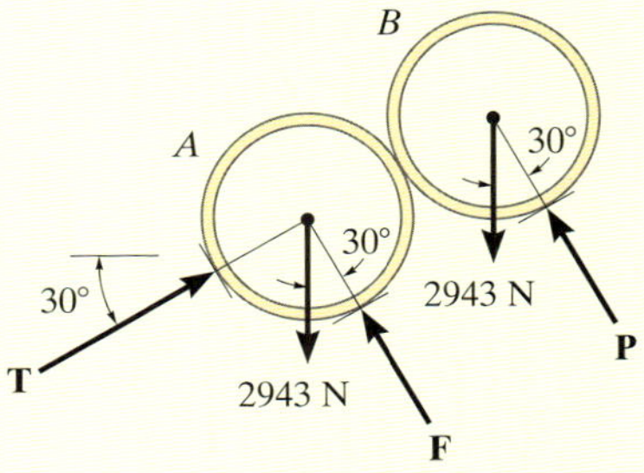

(e)

Fig. 5.9 (vervolg)

Voorbeeld 5.4

Teken het vrijlichaamsschema van het niet-belaste platform dat opgehangen is aan de buitenkant van de boortoren, die in fig. 5.10*a* is afgebeeld. Het platform heeft een massa van 200 kg.

(a)

OPLOSSING

Het geïdealiseerde model van het platform zal in twee dimensies worden bekeken, omdat nadere beschouwing leert dat de belasting en de afmetingen allemaal symmetrisch zijn aan weerszijden van een verticaal vlak in het midden van het platform, zie fig. 5.10*b*. Aangenomen wordt dat de verbinding in A een penverbinding is. De kabel ondersteunt het platform in B. De richting van de kracht van de kabel en de gemiddelde afmetingen van het platform zijn gegeven, en het zwaartepunt G is vastgesteld. We moeten op basis van dit model het vrijlichaamsschema tekenen, dat afgebeeld is in fig. 5.10*c*. Het gewicht van het platform is 200(9,81) = 1962 N. De krachtcomponenten $\mathbf{A}_x$ en $\mathbf{A}_y$ zijn samen met de kabelkracht $\mathbf{T}$ de reacties die *beide* pennen en *beide* kabels uitoefenen op het platform, zie fig. 5.10*a*. Bijgevolg zal de helft van de grootte van deze krachten aan weerszijden van het platform uitgeoefend worden.

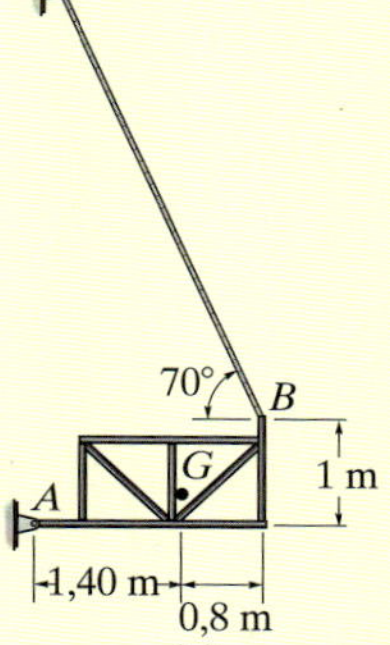

(b)

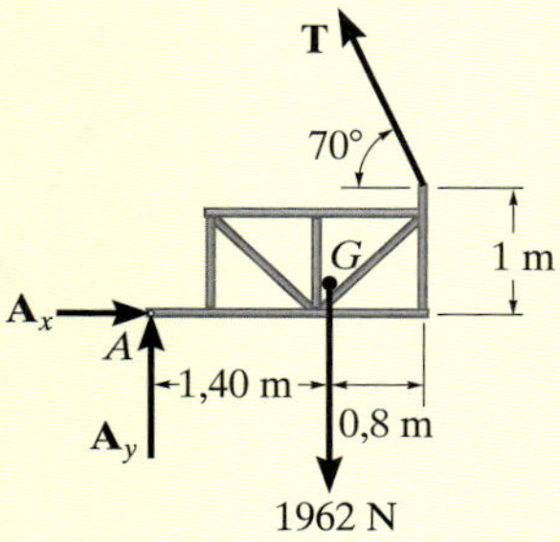

(c)

Fig. 5.10

Vraagstukken

5.1. Teken het vrijlichaamsschema van de laadbak D van de vrachtwagen. D heeft een gewicht van 25 kN en een massamiddelpunt in G. D rust op een pen in A en is met een pen verbonden aan de hydraulische cilinder BC (die ook weer in C verbonden is met een pen). Geef de betekenis van elke kracht in het schema. (Zie fig. 5.7*b*.)

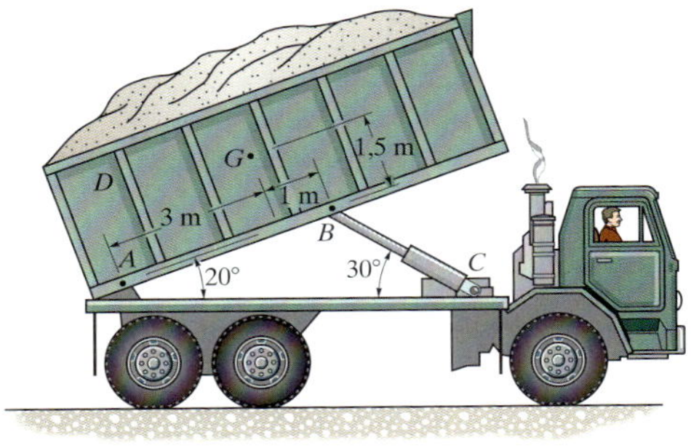

Vraagstuk 5.1

5.2. Teken het vrijlichaamsschema van deel ABC, dat wordt gedragen door een gladde glijder in A, een rolwiel in B en een gewichtloos verbindingsstuk (zie tabel 5.1) in CD. Geef de betekenis van elke kracht in het schema. (Zie fig. 5.7*b*.)

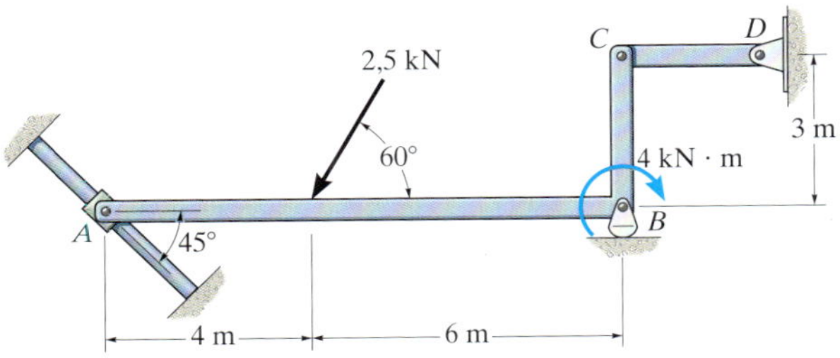

Vraagstuk 5.2

5.3. Teken het vrijlichaamsschema van de balk die de belasting van 80 kg draagt en wordt gedragen door de pen in A en een kabel die rond de katrol in D gewikkeld is. Geef de betekenis van elke kracht in het schema. (Zie fig. 5.7*b*.)

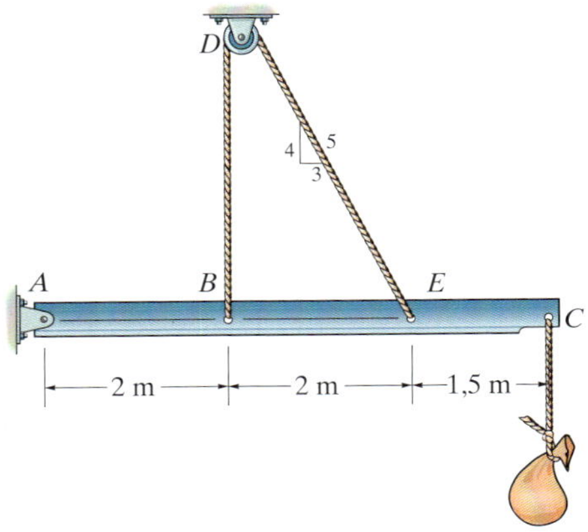

Vraagstuk 5.3

***5.4.** Teken het vrijlichaamsschema van de handpons die in A scharniert en in B steunt op het gladde oppervlak.

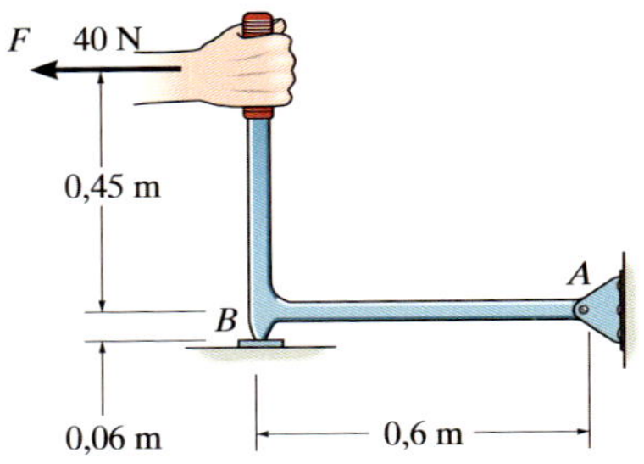

Vraagstuk 5.4

5.5. Teken het vrijlichaamsschema van de homogene balk die een massa van 100 kg heeft en waarvan het massamiddelpunt zich in G bevindt. De ondersteuningen A, B en C zijn glad.

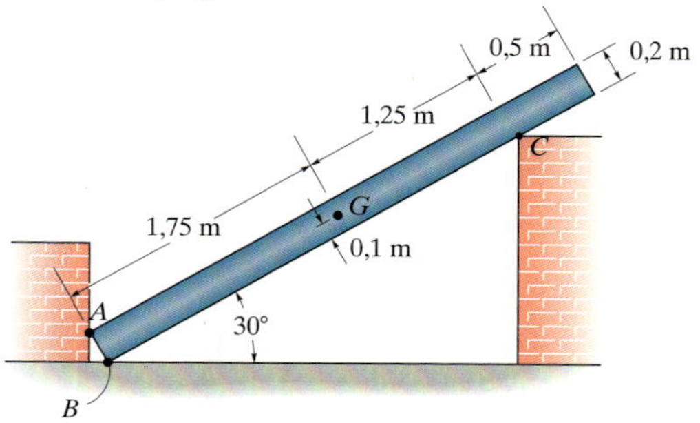

Vraagstuk 5.5

5.6. Teken het vrijlichaamsschema van de giek AB, die scharnierend bevestigd is in A en wordt ondersteund door de staaf BC.

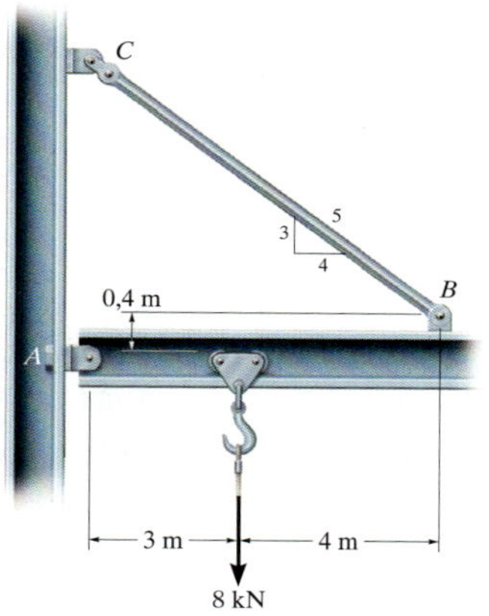

Vraagstuk 5.6

5.7. Teken het vrijlichaamsschema van de balk die scharnierend in A en in B schommelend is opgelegd.

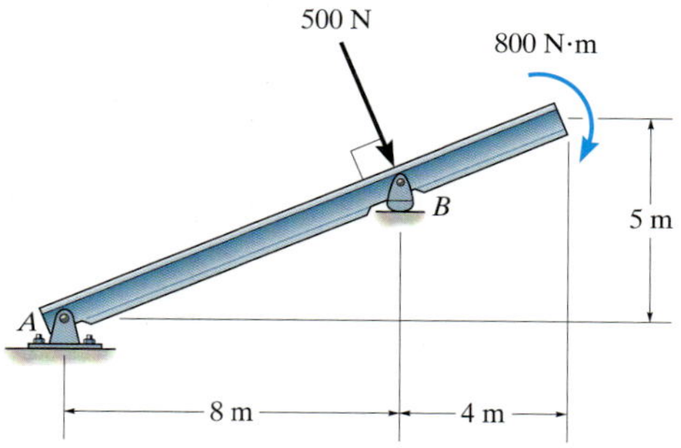

Vraagstuk 5.7

***5.8.** Teken het vrijlichaamsschema van de constructie die wordt gedragen door de kabel AB en de pen C. Geef de betekenis van elke kracht in het schema. (Zie fig. 5.7*b*.)

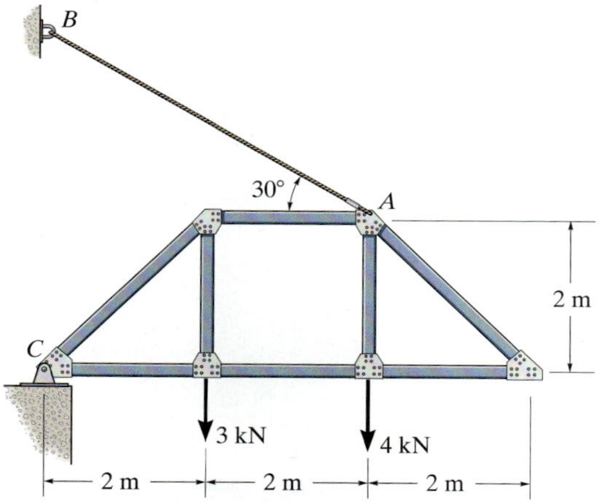

Vraagstuk 5.8

5.9. Teken het vrijlichaamsschema van de giek AB, die scharnierend bevestigd is in A en wordt ondersteund door de staaf BC.

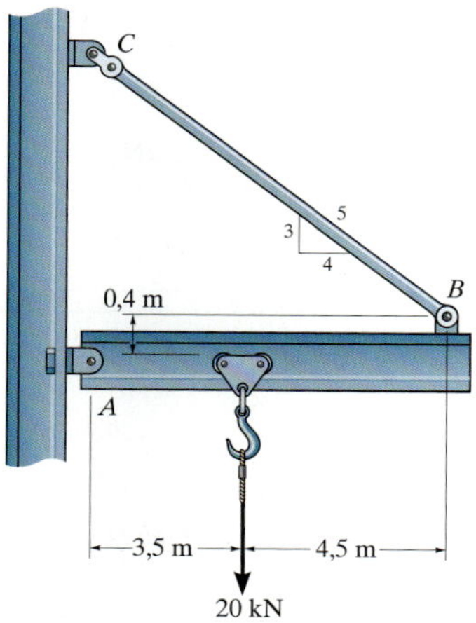

Vraagstuk 5.9

Praktijkvraagstukken

P5.1. Teken het vrijlichaamsschema van de tamelijk zware homogene afvalbak. De bak is met een pen verbonden in A en rust tegen het gladde horizontale element in B. Teken een zijaanzicht van je resultaat. Geef alle benodigde maten.

P5.1

P5.2. Teken het vrijlichaamsschema van de uitgeduwde draagbalk ABC die wordt gebruikt voor het ondersteunen van een graafmachine. De bovenste pen B is verbonden met de hydraulische cilinder, die kan worden beschouwd als een gewichtloos verbindingsstuk (tweekrachtenelement). De draagschoen in A is glad en de draagbalk is in C met een pen verbonden aan het frame.

P5.2

P5.3. Teken het vrijlichaamsschema van de vleugel van het passagiersvliegtuig. De gewichten van de motor en de vleugel zijn van belang. De banden in B zijn glad.

P5.3

P5.4. Teken het vrijlichaamsschema van het wiel en element ABC, onderdelen van het landingsgestel van een straalvliegtuig. De hydraulische cilinder AD fungeert als een tweekrachtenelement en is met een pen verbonden in B.

P5.4

5.3 Evenwichtsvergelijkingen

Ga naar www.pearsonmylab.nl voor de animatie: *Evenwicht van een vrij lichaam.*

In paragraaf 5.1 hebben we de twee vergelijkingen opgesteld, die zowel noodzakelijk als voldoende zijn voor het evenwicht van een star lichaam, namelijk: $\Sigma\mathbf{F} = \mathbf{0}$ en $\Sigma\boldsymbol{M}_O = \mathbf{0}$. Wanneer het lichaam onderworpen is aan een stelsel van krachten die allemaal in het x-y-vlak liggen, dan kunnen de krachten worden ontbonden in hun x- en y-componenten. De evenwichtsvoorwaarden in twee dimensies zijn dus:

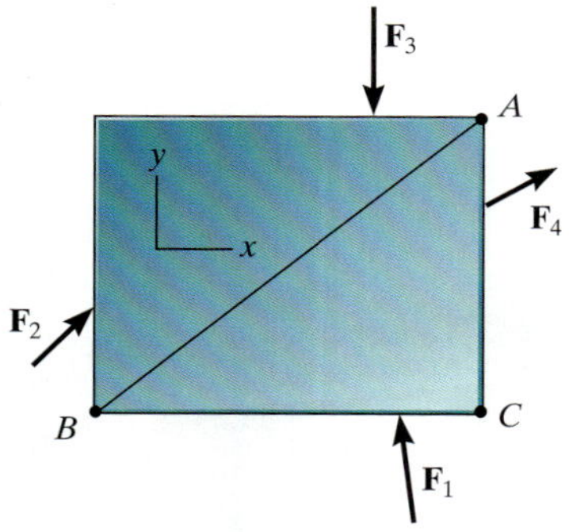

(a)

$$\begin{aligned} \Sigma F_x &= 0 \\ \Sigma F_y &= 0 \\ \Sigma M_O &= 0 \end{aligned} \tag{5.2}$$

Hierin zijn ΣF_x en ΣF_y de algebraïsche som van de x- respectievelijk y-componenten van alle krachten die op het lichaam werken. ΣM_O is de algebraische som van de koppelmomenten en de momenten ten gevolge van alle krachtcomponenten rond de z-as, en staat loodrecht op het x-y-vlak en gaat door het willekeurige punt O.

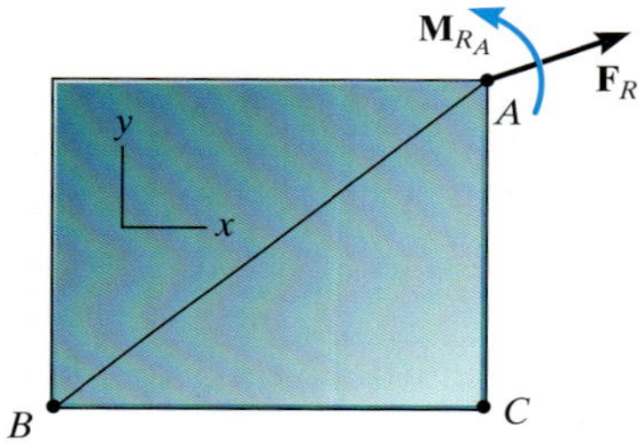

(b)

Alternatieve sets van evenwichtsvergelijkingen Hoewel de vergelijkingen (5.2) *meestal* worden gebruikt om tweedimensionale evenwichtsvraagstukken op te lossen, kunnen er ook twee *alternatieve* sets van drie onderling onafhankelijke evenwichtsvergelijkingen worden gebruikt. De ene alternatieve set evenwichtsvergelijkingen is:

$$\begin{aligned} \Sigma F_a &= 0 \\ \Sigma M_A &= 0 \\ \Sigma M_B &= 0 \end{aligned} \tag{5.3}$$

Wanneer we deze vergelijkingen gebruiken, mag de lijn door de punten A en B *niet evenwijdg aan de y-as zijn.* Om te bewijzen dat de vergelijkingen (5.3) de *evenwichtsvoorwaarden* weergeven, bekijken we het vrijlichaamsschema van de plaat in fig. 5.11*a*. Met behulp van de methoden van paragraaf 4.8 kunnen alle krachten op het vrijlichaamsschema samen worden vervangen door een gelijkwaardige krachtresultante $\mathbf{F}_R = \Sigma\mathbf{F}$, met punt A als aangrijpingspunt, en een resulterend koppelmoment $\mathbf{M}_{R_A} = \Sigma\mathbf{M}_A$, zie fig. 5.11*b*. Als aan $\Sigma M_A = 0$ is voldaan, moet gelden dat $\mathbf{M}_{R_A} = \mathbf{0}$. Bovendien mag $\mathbf{F}_R$ om te voldoen aan $\Sigma F_x = 0$, geen component langs de x-as hebben en dus moet $\mathbf{F}_R$ evenwijdig zijn aan de y-as, zie fig. 5.11*c*. Ten slotte geldt $\Sigma M_B = 0$ waarbij B niet op de werklijn van $\mathbf{F}_R$ ligt, dus $\mathbf{F}_R = \mathbf{0}$. Omdat uit vgl. 5.3 blijkt dat beide resultanten nul zijn, moet het lichaam in fig. 5.11*a* inderdaad in evenwicht zijn.

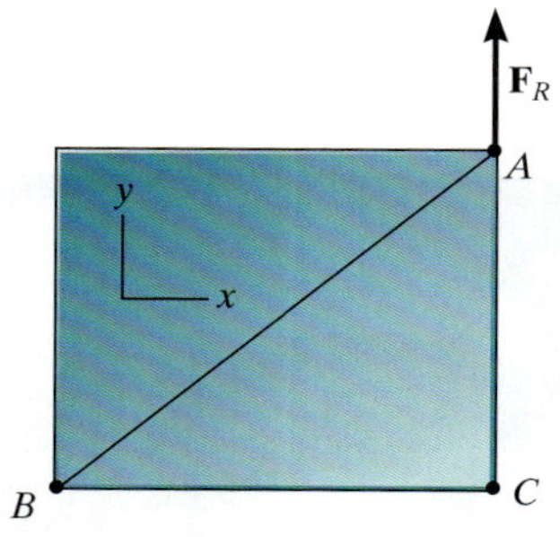

(c)

Fig. 5.11

Een tweede alternatieve set evenwichtsvergelijkingen is:

$$\Sigma M_A = 0$$
$$\Sigma M_B = 0 \qquad (5.4)$$
$$\Sigma M_C = 0$$

Hierbij mogen de punten A, B en C niet op dezelfde lijn liggen. Om te bewijzen dat er sprake is van evenwicht als aan deze vergelijkingen is voldaan, kijken we nogmaals naar het vrijlichaamsschema in fig. 5.11*b*. Als voldaan moet worden aan $\Sigma M_A = 0$, dan is $\mathbf{M}_{R_A} = \mathbf{0}$. $\Sigma M_C = 0$ als de werklijn van $\mathbf{F}_R$ door punt C gaat, zoals weergegeven in fig. 5.11*c*. Ten slotte, als moet gelden dat $\Sigma M_B = 0$, dan moet gelden dat $\mathbf{F}_R = \mathbf{0}$, en dus moet de plaat in fig. 5.11*a* in evenwicht zijn.

Analyseprocedure

Vraagstukken met betrekking tot het evenwicht van tweedimensionale krachten op een star lichaam kunnen met behulp van de volgende procedure worden opgelost.

Vrijlichaamsschema

- Leg de x- en y-coördinaten vast met een geschikte oriëntatie.
- Teken de omtrek van het lichaam.
- Geef alle krachten en koppelmomenten aan die op het lichaam werken.
- Geef alle belastingen en hun richtingen ten opzichte van de x- en y-as aan. De zin van een kracht of koppelmoment waarvan de grootte *niet* bekend is, maar de richting wel, kan worden *aangenomen*.
- Geef de afmetingen van het lichaam aan die nodig zijn om de momenten van de krachten te kunnen berekenen.

Evenwichtsvergelijkingen

- Pas de momentvergelijking voor het evenwicht, $\Sigma M_O = 0$, toe om een punt (O), dat op het snijpunt van de werklijnen van twee onbekende krachten ligt. Op deze manier zijn de momenten van deze onbekenden om O altijd *nul*, en kan een *directe* oplossing voor de derde onbekende worden verkregen.
- Wanneer we de krachtvergelijkingen voor het evenwicht, $\Sigma F_x = 0$ en $\Sigma F_y = 0$, toepassen, moeten de x- en y-as gericht worden langs lijnen die de eenvoudigste ontbinding van de krachten in hun x- en y-componenten waarborgen.
- Wanneer de oplossing van de evenwichtsvergelijkingen een negatieve scalair oplevert voor een grootte van een kracht of koppelmoment, dan geeft dit aan dat de zin tegengesteld is aan de zin die was aangenomen in het vrijlichaamsschema.

Voorbeeld 5.5

Bepaal de horizontale en verticale componenten van de reactiekrachten voor de balk die belast wordt zoals afgebeeld in fig. 5.12*a*. Verwaarloos het gewicht van de balk zelf.

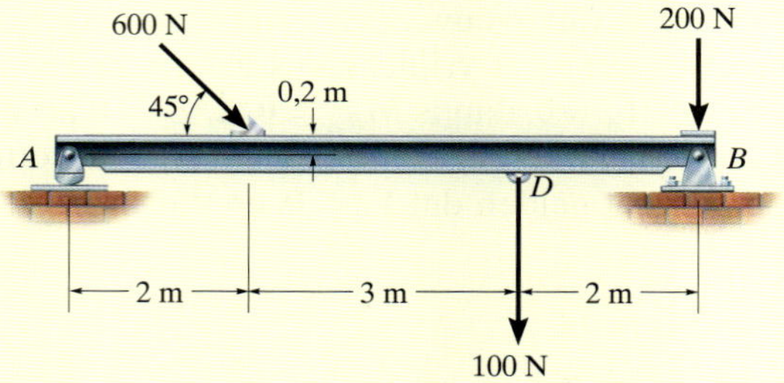

(a)

OPLOSSING

Vrijlichaamsschema Geef in het vrijlichaamsschema in fig. 5.12*b* alle krachten aan. (Zie voorbeeld 5.1.) Om het eenvoudiger te maken, is de kracht van 600 N weergegeven in de vorm van zijn *x*- en *y*-component, zoals afgebeeld in fig. 5.12*b*.

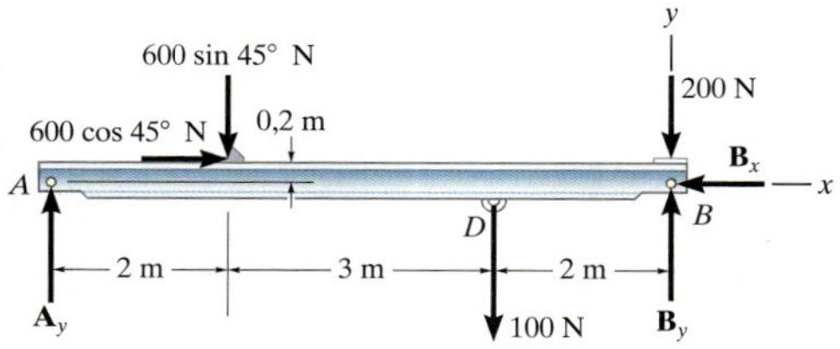

(b)

Fig. 5.12

Evenwichtsvergelijkingen Wanneer alle krachten in de *x*-richting worden opgeteld, krijgen we:

$$\xrightarrow{+} \Sigma F_x = 0; \qquad 600 \cos 45° \text{ N} - B_x = 0$$

$$B_x = 424 \text{ N} \qquad \textit{Antw.}$$

$\mathbf{A}_y$ kan direct worden opgelost door de momentvergelijking $\Sigma M_B = 0$ om punt *B* toe te passen.

$$\circlearrowleft + \Sigma M_B = 0; \qquad 100 \text{ N}(2 \text{ m}) + (600 \sin 45° \text{ N})(5 \text{ m})$$

$$- (600 \cos 45° \text{ N})(0{,}2 \text{ m}) - A_y(7 \text{ m}) = 0$$

$$A_y = 319 \text{ N} \qquad \textit{Antw.}$$

Als we dit resultaat gebruiken en alle krachten in de *y*-richting optellen, krijgen we

$$+\uparrow \Sigma F_Y = 0; \quad 319 \text{ N} - 600 \sin 45° \text{ N} - 100 \text{ N} - 200 \text{ N} + B_Y = 0$$

$$B_y = 405 \text{ N} \qquad \textit{Antw.}$$

OPMERKING: We kunnen dit resultaat controleren door de momenten om punt *A* op te tellen.

$$\circlearrowleft + \Sigma M_A = 0; \quad -(600 \sin 45° \text{ N})(2 \text{ m}) - (600 \cos 45° \text{ N})(0{,}2 \text{ m})$$

$$-(100 \text{ N})(5 \text{ m}) - (200 \text{ N})(7 \text{ m}) + B_y(7 \text{ m}) = 0$$

$$B_y = 405 \text{ N} \qquad \textit{Antw.}$$

Voorbeeld 5.6

Het touw in fig. 5.13*a* draagt een kracht van 500 N en loopt over de wrijvingsloze katrol. Bepaal de spanning in het touw in *C* en de horizontale en verticale componenten van de reactie in pen *A*.

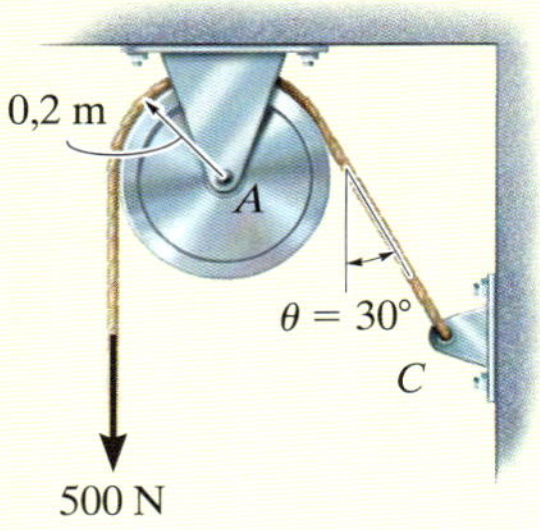

(a)

OPLOSSING

Vrijlichaamsschema's De vrijlichaamsschema's van het touw en de katrol zijn afgebeeld in fig. 5.13*b*. Denk eraan dat het principe van 'actie = gelijke, maar tegengestelde reactie' zorgvuldig in acht moet worden genomen bij het tekenen van een van deze schema's: het touw oefent een onbekende verdeelde belasting *p* op de katrol aan het contactoppervlak uit, terwijl de katrol een gelijke maar tegengestelde kracht op het touw uitoefent. Voor de oplossing is het echter gemakkelijker om het vrijlichaamsschema van de katrol en dit stuk touw te *combineren*, zodat de verdeelde kracht *inwendig* wordt in dit 'stelsel' en om die reden uit de analyse wordt geëlimineerd, zie fig. 5.13*c*.

Evenwichtsvergelijkingen Wanneer we de momenten om punt *A* optellen om $\mathbf{A}_x$ en $\mathbf{A}_y$ te elimineren, zie fig. 5.13*c*, krijgen we:

$$\circlearrowleft +\Sigma M_A = 0; \qquad 500\text{ N }(0{,}2\text{ m}) - T(0{,}2\text{ m}) = 0$$

$$T = 500\text{ N} \qquad \textit{Antw.}$$

Gebruikmakend van dit resultaat vinden we:

$$\overset{+}{\rightarrow} \Sigma F_x = 0; \qquad -A_x + 500 \sin 30°\text{ N} = 0$$

$$A_x = 250\text{ N} \qquad \textit{Antw.}$$

$$+\uparrow \Sigma F_y = 0; \qquad A_y - 500\text{ N} - 500 \cos 30°\text{ N} = 0$$

$$A_y = 933\text{ N} \qquad \textit{Antw.}$$

OPMERKING: We zien dat de spanning in het touw *constant* blijft als het touw over de katrol beweegt. (Dit geldt natuurlijk voor *elke richtingshoek* θ van het touw en voor elke *straal r* van de katrol.)

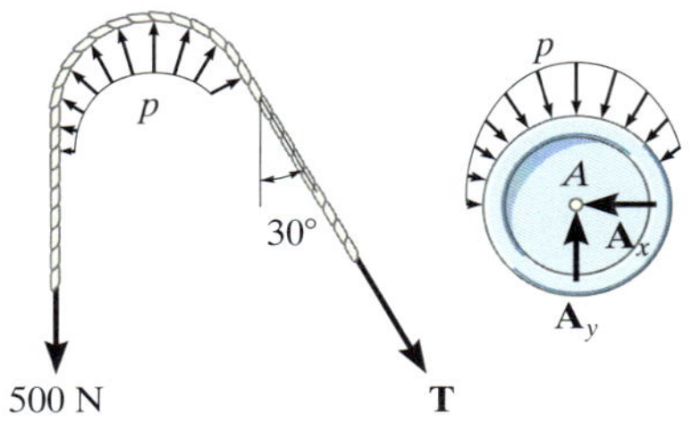

(b)

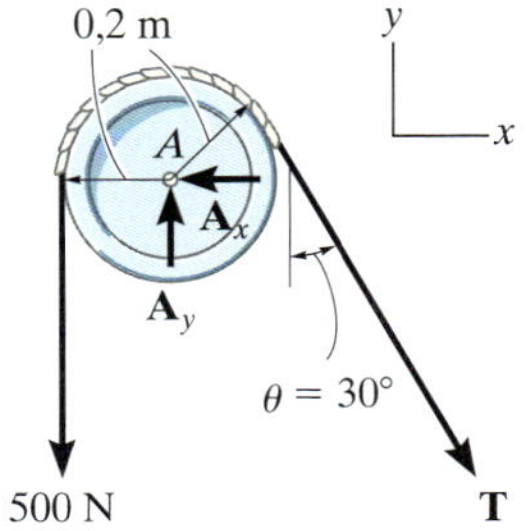

(c)

Fig. 5.13

Voorbeeld 5.7

Het verbindingsstuk dat afgebeeld is in fig. 5.14*a* is met een pen verbonden in A en rust tegen een gladde verbinding in B. Bereken de horizontale en verticale componenten van de reactie in pen A.

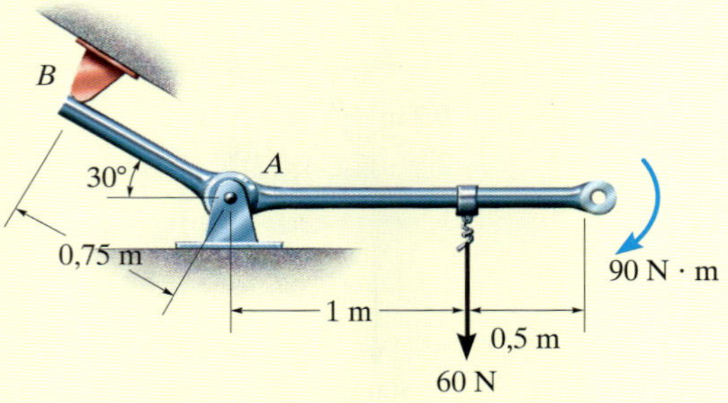

(a)

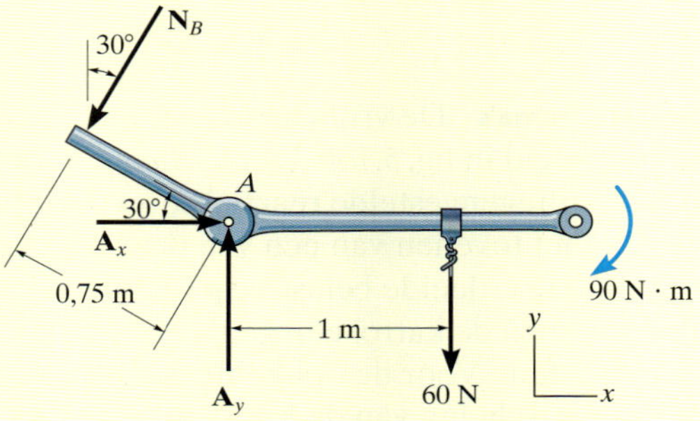

(b)

Fig. 5.14

OPLOSSING

Vrijlichaamsschema Zoals afgebeeld in fig. 5.14*b* staat de richting van de reactie $\mathbf{N}_B$ loodrecht op het element in B. Ook zijn horizontale en verticale reactiecomponenten in A weergegeven.

Evenwichtsvergelijkingen Als we de momenten rond A optellen, krijgen we een directe oplossing voor N_B,

$$\circlearrowleft + \Sigma M_A = 0; \quad -90\ \text{N}\cdot\text{m} - 60\ \text{N}(1\ \text{m}) + N_B(0{,}75\ \text{m}) = 0$$

$$N_B = 200\ \text{N}$$

Als we dit resultaat gebruiken, krijgen we:

$$\overset{+}{\rightarrow} \Sigma F_x = 0; \quad A_x - 200 \sin 30^\circ\ \text{N} = 0$$

$$A_x = 100\ \text{N}$$ *Antw.*

$$+\uparrow \Sigma F_y = 0; \quad A_y - 200 \cos 30^\circ\ \text{N} - 60\ \text{N} = 0$$

$$A_y = 233\ \text{N}$$ *Antw.*

Voorbeeld 5.8

De ringsleutel in fig. 5.15*a* wordt gebruikt om de bout in A aan te draaien. Bepaal het moment dat wordt uitgeoefend op de bout en de kracht van de sleutel op de bout, als gegeven is dat de sleutel niet beweegt, wanneer de belasting wordt uitgeoefend op het handvat.

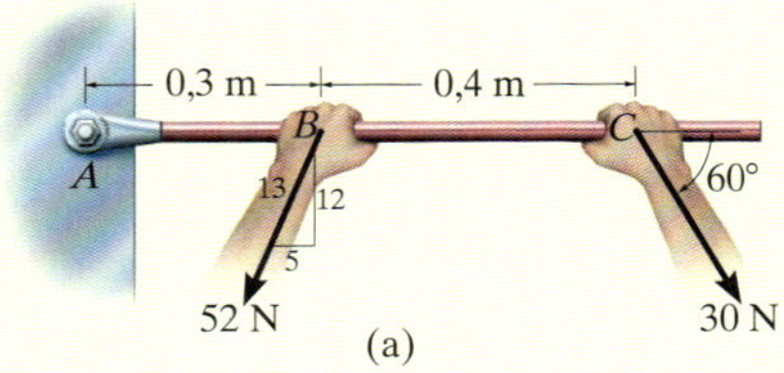

(a)

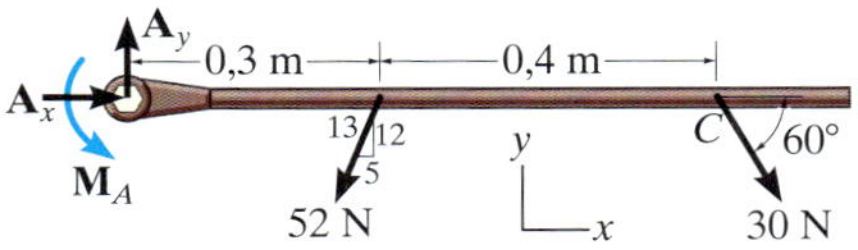

(b)

Fig. 5.15

OPLOSSING

Vrijlichaamsschema Het vrijlichaamsschema van de sleutel is afgebeeld in fig. 5.15*b*. Aangezien de bout werkt als een 'ingeklemde verbinding', oefent hij op de sleutel in A de krachtcomponenten $\mathbf{A}_x$ en $\mathbf{A}_y$ en een moment $\mathbf{M}_A$ uit.

Evenwichtsvergelijkingen

$$\overset{+}{\rightarrow} \Sigma F_x = 0; \qquad A_x - 52\left(\tfrac{5}{13}\right)\text{ N} + 30 \cos 60^\circ \text{ N} = 0$$

$$A_x = 5{,}00 \text{ N} \qquad \textit{Antw.}$$

$$+\uparrow \Sigma F_y = 0; \qquad A_y - 52\left(\tfrac{12}{13}\right)\text{ N} - 30 \sin 60^\circ \text{ N} = 0$$

$$A_y = 74{,}0 \text{ N} \qquad \textit{Antw.}$$

$$\circlearrowleft + \Sigma M_A = 0; \; M_A - \left[52\left(\tfrac{12}{13}\right)\text{N}\right](0{,}3 \text{ m}) - (30 \sin 60^\circ \text{ N})(0{,}7 \text{ m}) = 0$$

$$M_A = 32{,}6 \text{ N}\cdot\text{m} \qquad \textit{Antw.}$$

Merk op dat $\mathbf{M}_A$ in deze momentenvergelijking moet worden *opgenomen*. Dit koppelmoment is een vrije vector en geeft de weerstand van de bout tegen draaien door de sleutel weer. Op grond van de derde wet van Newton, oefent de sleutel een gelijk(e), maar tegengesteld(e) moment of wringing uit op de bout. Verder is de krachtresultante op de sleutel gelijk aan:

$$F_A = \sqrt{(5{,}00)^2 + (74{,}0)^2} = 74{,}1 \text{ N} \qquad \textit{Antw.}$$

OPMERKING: Hoewel slechts *drie* onafhankelijke evenwichtsvergelijkingen opgesteld kunnen worden voor een star lichaam, is het een goede gewoonte om de uitkomsten te *controleren* met behulp van een vierde evenwichtsvergelijking. Bovenstaande berekeningen kunnen bijvoorbeeld gedeeltelijk worden geverifieerd door de momenten om punt C op te tellen:

$$\circlearrowleft + \Sigma M_C = 0; \; \left[52\left(\tfrac{12}{13}\right)\text{N}\right](0{,}4 \text{ m}) + 32{,}6 \text{ N}\cdot\text{m} - 74{,}0 \text{ N}(0{,}7 \text{ m}) = 0$$

$$19{,}2 \text{ N}\cdot\text{m} + 32{,}6 \text{ N}\cdot\text{m} - 51{,}8 \text{ N}\cdot\text{m} = 0$$

Ga naar www.pearsonmylab.nl voor de animatie: *Vrijlichaamsschema voor een balk op een hellend vlak.*

Voorbeeld 5.9

Bepaal de horizontale en verticale componenten van de reactiekracht op de pen A, en de normaalkracht op de rolooplegging B in fig. 5.16a.

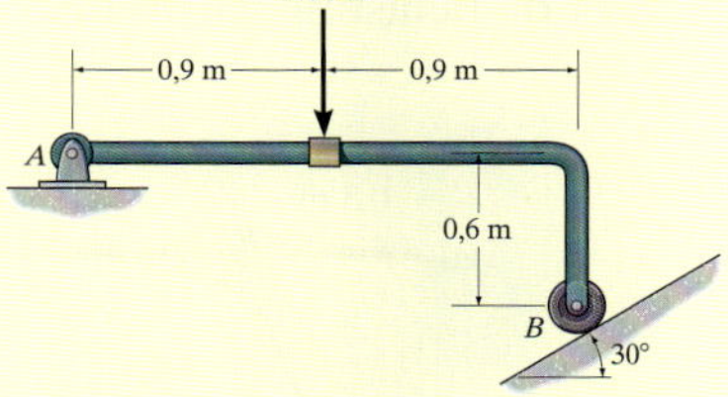

(a)

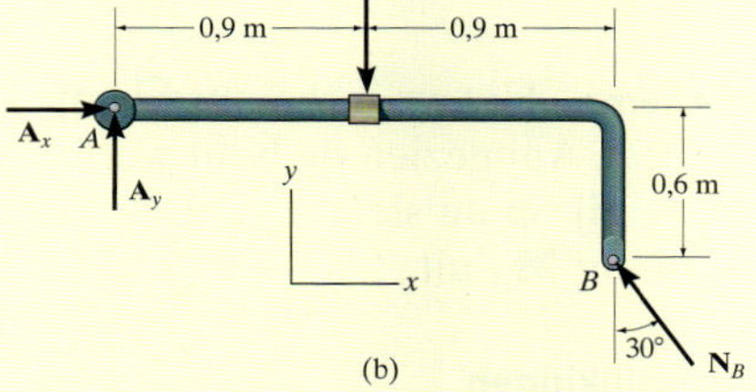

(b)

Fig. 5.16

OPLOSSING

Vrijlichaamsschema Het vrijlichaamsschema is weergegeven in fig. 5.16b. De pen in A oefent twee reactiekrachten uit op de leden $\mathbf{A}_x$ en $\mathbf{A}_y$.

Evenwichtsvergelijkingen De reactiekracht N_B kan *rechtstreeks* worden verkregen door de momenten rond punt A bij elkaar op te tellen, omdat $\mathbf{A}_x$ en $\mathbf{A}_y$ geen moment rond A leveren.

$\circlearrowleft + \Sigma M_A = 0;$

$$[N_B \cos 30°](1{,}8 \text{ m}) - [N_B \sin 30°](0{,}6 \text{ m}) - 3750 \text{ N}(0{,}9 \text{ m}) = 0$$

$$N_B = 2681 \text{ N}$$ *Antw.*

Gebruikmakend van dit resultaat vinden we:

$\xrightarrow{+} \Sigma F_x = 0; \quad A_x - (2681 \text{ N}) \sin 30° = 0$

$$A_x = 1340{,}5 \text{ N}$$ *Antw.*

$+\uparrow \Sigma F_y = 0; \quad A_y + (2681 \text{ N}) \cos 30° - 3750 \text{ N} = 0$

$$A_y = 1428{,}2 \text{ N}$$ *Antw.*

Voorbeeld 5.10

Op de homogene gladde stang in fig. 5.17*a* wordt een kracht en een koppelmoment uitgeoefend. De stang rust in *A* tegen een gladde muur en wordt in *B* en *C* zowel boven als onder door een roloplegging gesteund. Bepaal de reacties in deze verbindingpunten. Verwaarloos het gewicht van de stang.

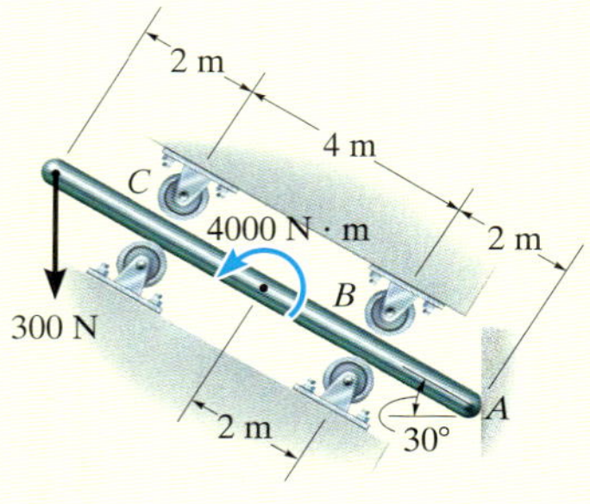

(a)

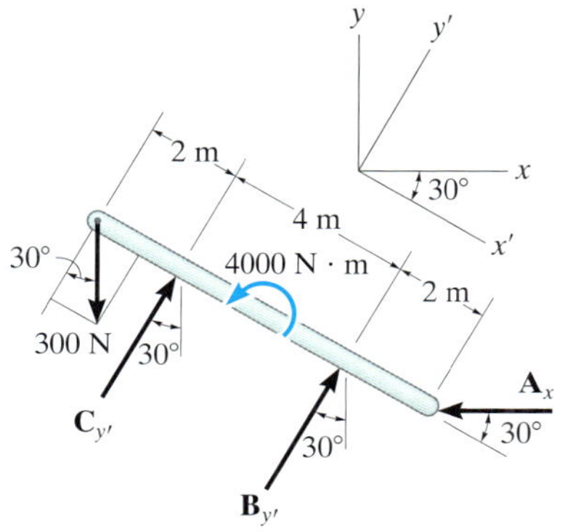

(b)

Fig. 5.17

OPLOSSING

Vrijlichaamsschema Zoals afgebeeld in fig. 5.17*b*, werken alle steunpuntreacties loodrecht op het contactoppervlak aangezien deze oppervlakken glad zijn. De reacties in *B* en *C* zijn weergegeven in de positieve *y*′-richting. Er wordt van uitgegaan dat alleen de onderste rollers voor ondersteuning worden gebruikt.

Evenwichtsvergelijkingen Uitgaande van de *x*- en *y*-as in fig. 5.17*b* geldt:

$$\overset{+}{\rightarrow} \Sigma F_x = 0; \quad C_{y'} \sin 30° + B_{y'} \sin 30° - A_x = 0 \qquad (1)$$

$$+\uparrow \Sigma F_y = 0; \quad -300 \text{ N} + C_{y'} \cos 30° + B_{y'} \cos 30° = 0 \qquad (2)$$

$$\circlearrowleft + \Sigma M_A = 0; \quad -B_{y'}(2 \text{ m}) + 4000 \text{ N} \cdot \text{m} - C_{y'}(6 \text{ m})$$
$$+ (300 \cos 30° \text{ N})(8 \text{ m}) = 0 \qquad (3)$$

Wanneer we de momentvergelijking opschrijven, dient te worden opgemerkt dat de werklijn van de krachtcomponent 300 sin 30° N door punt *A* loopt en dat deze kracht daarom niet in de momentvergelijking is opgenomen.

Wanneer we vgl. 2 en 3 tegelijk oplossen, krijgen we:

$$B_{y'} = -1000{,}0 \text{ N} = -1 \text{ kN} \qquad \textit{Antw.}$$
$$C_{y'} = 1346{,}4 \text{ N} = 1{,}35 \text{ kN} \qquad \textit{Antw.}$$

Aangezien $B_{y'}$ een negatieve scalair is, is de zin van $\mathbf{B}_{y'}$ tegengesteld aan wat in het vrijlichaamsschema van fig. 5.17*b* is aangegeven. Daarom dient de bovenste roller in *B* als verbinding in plaats van de onderste. Wanneer we het negatieve teken van $B_{y'}$ behouden (waarom?) en de resultaten substitueren in vgl. 1, krijgen we:

$$1346{,}4 \sin 30° \text{ N} - 1000{,}0 \sin 30° \text{ N} - A_x = 0$$
$$A_x = 173 \text{ N} \qquad \textit{Antw.}$$

Voorbeeld 5.11

De homogene afrijplaat van een opligger in fig. 5.18*a* heeft een gewicht van 1600 N en is aan beide zijden met penverbindingen aan de carrosserie van de vrachtwagen bevestigd. De afrit wordt op de afgebeelde plaats gehouden door de twee kabels aan weerszijden. Bepaal de trekkracht in beide kabels.

(a)

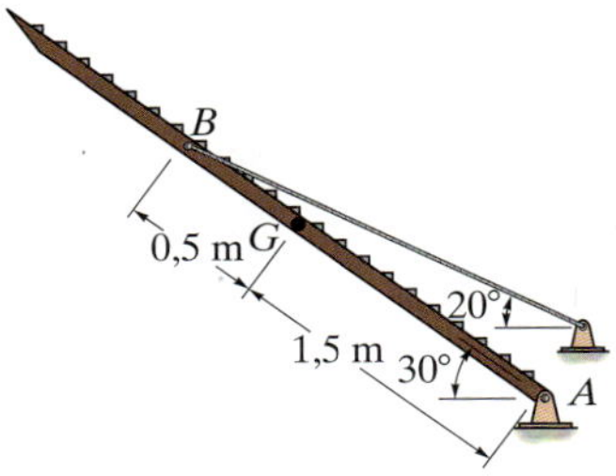

(b)

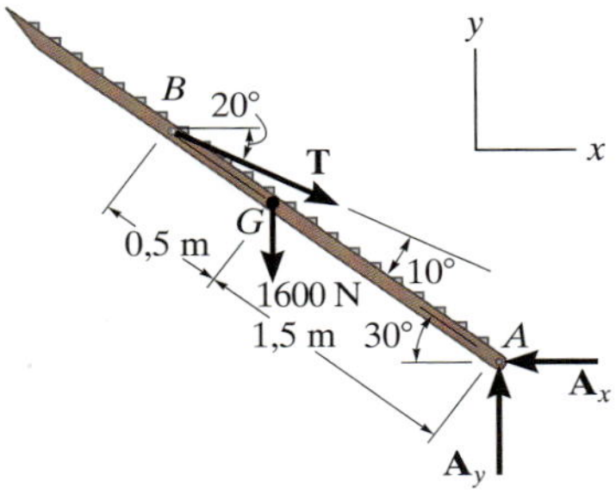

(c)

Fig. 5.18

OPLOSSING

Het geïdealiseerde model van de afrit is samen met alle benodigde afmetingen en verbindingspunten weergegeven in fig. 5.18*b*. Het zwaartepunt bevindt zich hier in het midden, aangezien de afrit als homogeen wordt beschouwd.

Vrijlichaamsschema Het vrijlichaamsschema in fig. 5.18*c* is gebaseerd op het geïdealiseerde model.

Evenwichtsvergelijkingen Een optelling van de momenten om punt A zal een directe oplossing voor de trekkracht van de kabels opleveren. Als we van het momentenprincipe uitgaan, zijn er verschillende methoden om het moment van **T** om A te bepalen. Als we x- en y-componenten gebruiken, met **T** toegepast in B, krijgen we het volgende:

$$\circlearrowleft +\Sigma M_A = 0; \qquad -T\cos 20^\circ(2\sin 30^\circ\ \text{m}) + T\sin 20^\circ(2\cos 30^\circ\ \text{m})$$

$$+\ 1600\ \text{N}\ (1{,}5\cos 30^\circ\ \text{m}) = 0$$

$$T = 5985\ \text{N}$$

De eenvoudigste manier om het moment van **T** om A te berekenen, is door **T** in B te ontbinden in een component die evenwijdig is aan de afrit en een component die loodrecht staat op de afrit. Het moment om A van de evenwijdige component is dan nul, zodat geldt:

$$\circlearrowleft +\Sigma M_A = 0; \qquad -T\sin 10^\circ(2\ \text{m}) + 1600\ \text{N}\ (1{,}5\cos 30^\circ\ \text{m}) = 0$$

$$T = 5985\ \text{N}$$

Omdat de afrit door twee kabels wordt gedragen, geldt:

$$T' = \frac{T}{2} = 2992{,}5\ \text{N} \qquad \textit{Antw.}$$

OPMERKING: Oefening: toon aan dat $A_x = 5624$ N en $A_y = 3647$ N.

Voorbeeld 5.12

Bepaal de steunpuntreacties op het deel in fig. 5.19*a*. De glijlager in A kan langs de verticale schacht glijden.

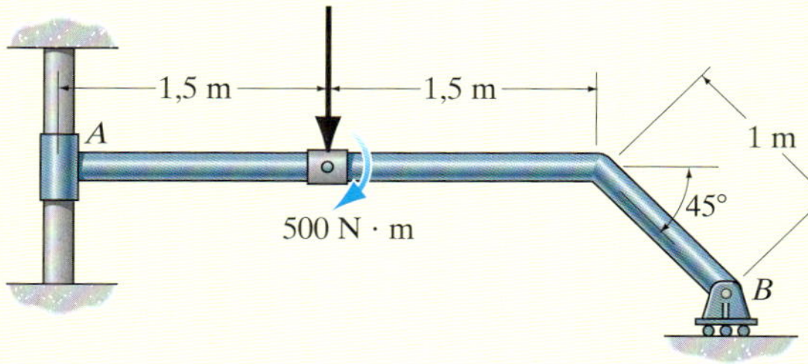

(a)

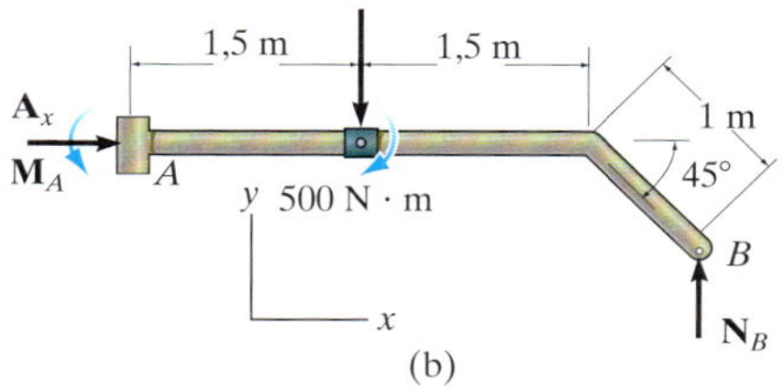

(b)

Fig. 5.19

OPLOSSING

Vrijlichaamsschema Het vrijlichaamsschema van het deel is weergegeven in fig. 5.19*b*. De glijlager oefent een horizontale kracht $\mathbf{A}_x$ en een moment $\mathbf{M}_A$ op het deel uit. De reactiekracht $\mathbf{N}_B$ van de rolopIegging op het element is verticaal gericht.

Evenwichtsvergelijkingen De krachten A_x en N_B kunnen rechtstreeks worden bepaald uit de krachtvergelijkingen bij evenwicht.

$$\overset{+}{\rightarrow} \Sigma F_x = 0; \qquad A_x = 0 \qquad \textit{Antw.}$$

$$+\uparrow \Sigma F_y = 0; \qquad N_B - 900\text{ N} = 0$$

$$N_B = 900\text{ N} \qquad \textit{Antw.}$$

Het moment M_A kan worden bepaald door de momenten rond punt A of rond punt B op te tellen.

$$\circlearrowleft + \Sigma M_A = 0;$$

$$M_A - 900\text{ N}(1{,}5\text{ m}) - 500\text{ N}\cdot\text{m} + 900\text{ N}\,[3\text{ m} + (1\text{ m})\cos 45°] = 0$$

$$M_A = -1486\text{ N}\cdot\text{m} = 1{,}49\text{ kN}\cdot\text{m} \circlearrowright \qquad \textit{Antw.}$$

of

$$\circlearrowleft + \Sigma M_B = 0; \quad M_A + 900\text{ N}\,[1{,}5\text{ m} + (1\text{ m})\cos 45°] - 500\text{ N}\cdot\text{m} = 0$$

$$M_A = -1486\text{ N}\cdot\text{m} = 1{,}49\text{ kN}\cdot\text{m} \circlearrowright \qquad \textit{Antw.}$$

Het minteken geeft aan dat $\mathbf{M}_A$ een tegengestelde rotatiezin heeft aan wat is weergegeven in het vrijlichaamsschema.

De hydraulische cilinder *AB* is een typisch voorbeeld van een tweekrachtenelement, omdat hij aan de uiteinden met pennen is bevestigd en, als het gewicht ervan buiten beschouwing blijft, werken er uitsluitend de penkrachten op.

5.4 Twee- en driekrachtenstelsels

Sommige evenwichtsvraagstukken kunnen gemakkelijker worden opgelost als men elementen kan herkennen waarop slechts twee of drie krachten werken.

Tweekrachtenelementen Zoals de naam al zegt, worden er bij een *tweekrachtenelement* in slechts twee punten krachten op het element uitgeoefend. Een voorbeeld van een tweekrachtenelement is te zien in fig. 5.20*a*. Om te voldoen aan krachtenevenwicht, moeten $\mathbf{F}_A$ en $\mathbf{F}_B$ gelijke grootte hebben, $F_A = F_B = F$, maar tegengesteld gericht zijn, ($\Sigma\mathbf{F} = \mathbf{0}$), zie fig. 5.20*b*. Bovendien vereist het momentenevenwicht dat $\mathbf{F}_A$ en $\mathbf{F}_B$ dezelfde werklijn hebben, wat alleen mogelijk is als ze gericht zijn langs de lijn tussen de verbindingspunten A en B ($\Sigma\mathbf{M}_A = \mathbf{0}$ of $\Sigma\mathbf{M}_B = \mathbf{0}$), zie fig. 5.20*c*. Dus moet voor het evenwicht van een willekeurig tweekrachtenelement gelden dat de twee krachten die op het element werken *gelijke grootte hebben, tegengesteld gericht zijn en dezelfde werklijn hebben, gericht langs de verbindingslijn tussen de twee punten waar deze krachten werken.*

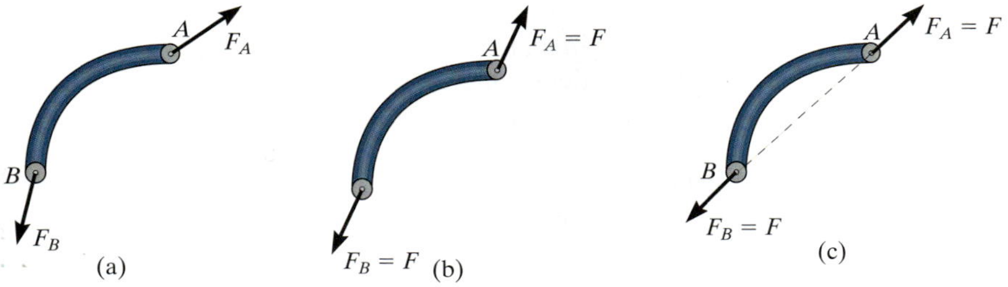

Tweekrachtenelement

Fig. 5.20

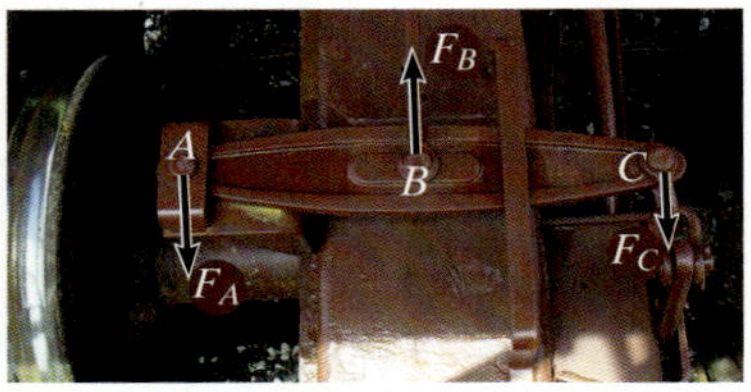

De schakel voor deze wagonrem is een driekrachtenelement. Omdat de kracht $\mathbf{F}_B$ op de trekstang in *B* en $\mathbf{F}_C$ van de schakel in *C* evenwijdig zijn, moet voor het evenwicht de resultante $\mathbf{F}_A$ bij pen *A* eveneens evenwijdig zijn aan deze twee krachten.

Driekrachtenelementen Als op een element slechts *drie krachten* inwerken, wordt het een *driekrachtenelement* genoemd. Aan momentenevenwicht wordt alleen voldaan als de drie krachten een *evenwijdig* krachtenstelsel vormen. Beschouw ter illustratie het element dat is onderworpen aan de drie krachten $\mathbf{F}_1$, $\mathbf{F}_2$ en $\mathbf{F}_3$, weergegeven in fig. 5.21*a*. Als de werklijnen van $\mathbf{F}_1$ en $\mathbf{F}_2$ elkaar snijden in punt O, dan moet de werklijn van $\mathbf{F}_3$ *eveneens* door punt O gaan, zodat de krachten voldoen aan $\Sigma\mathbf{M}_O = \mathbf{0}$. In het bijzondere geval dat alle drie de krachten evenwijdig zijn, zie fig. 5.21*b*, ligt de plaats van het snijpunt O op oneindig.

De giek en de bak van deze lift vormen een driekrachtenelement, gesteld dat het gewicht wordt verwaarloosd. Hier snijden de werklijnen van het gewicht van de arbeider **W** en de kracht van het tweekrachtenelement (hydraulische cilinder) in *B*, $\mathbf{F}_B$, elkaar in *O*. Voor momentenevenwicht moet de resultante bij pen *A*, $\mathbf{F}_A$, eveneens naar *O* gericht zijn.

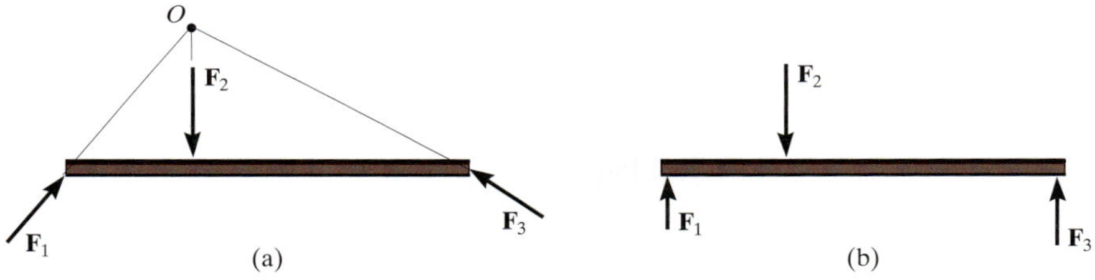

Driekrachtenelementen

Fig. 5.21

Voorbeeld 5.13

De hefboom ABC is met een penverbinding bevestigd in A en verbonden met een aan twee zijden scharnierend verbindingsstuk BD, zoals afgebeeld in fig. 5.22*a*. Bepaal de kracht van de pen op de hefboom in A als het gewicht van de onderdelen verwaarloosd mag worden.

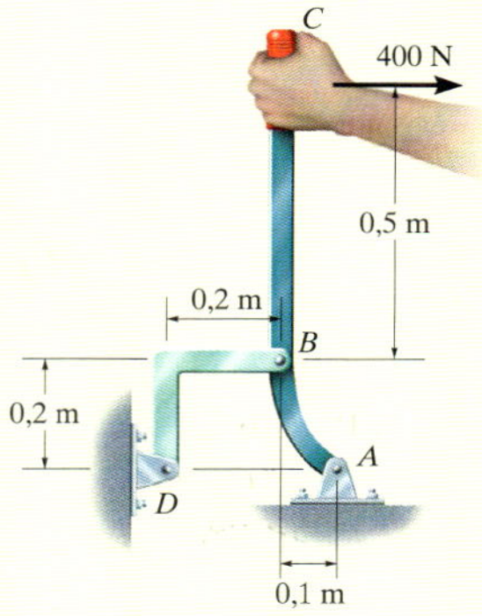

(a)

OPLOSSING

Vrijlichaamsschema's Zoals in fig. 5.22*b* is aangegeven, is de verbindingsstang BD een *tweekrachtenelement*, dus de *krachtresultanten* in de scharnieren B en D moeten gelijk, tegengesteld en collineair zijn. Hoewel de grootte van de kracht onbekend is, is de werklijn bekend, aangezien deze door B en D gaat.

Hefboom ABC is een *driekrachtenelement*, en om ervoor te zorgen dat de momenten in evenwicht zijn, moeten de werklijnen van de drie niet-evenwijdige krachten die erop werken elkaar snijden in O, zie fig. 5.22*c*. Merk op dat de kracht F op de hefboom in B gelijk, maar tegengesteld is aan de kracht F die in B op het verbindingsstuk werkt. Waarom? De afstand CO moet 0,5 m zijn, aangezien de werklijnen van **F** en de kracht van 400 N bekend zijn.

Evenwichtsvergelijkingen Door te eisen dat de werklijnen van de krachten elkaar snijden in O, aangezien $\Sigma M_O = 0$, kan de hoek θ, die de werklijn van $\mathbf{F}_A$ bepaalt, trigonometrisch worden bepaald:

$$\theta = \tan^{-1}\left(\frac{0{,}7}{0{,}4}\right) = 60{,}3^\circ \qquad \textit{Antw.}$$

Door gebruik te maken van de x- en y-as en de evenwichtsvergelijkingen toe te passen,

$$\overset{+}{\rightarrow} \Sigma F_x = 0; \qquad F_A \cos 60{,}3^\circ - F \cos 45^\circ + 400 \text{ N} = 0$$

$$+\uparrow \Sigma F_y = 0; \qquad F_A \sin 60{,}3^\circ - F \sin 45^\circ = 0$$

Hieruit volgt de oplossing:

$$F_A = 1{,}07 \text{ kN}$$
$$F = 1{,}32 \text{ kN} \qquad \textit{Antw.}$$

OPMERKING: We kunnen dit vraagstuk ook oplossen door de kracht in A weer te geven door zijn twee componenten $\mathbf{A}_x$ en $\mathbf{A}_y$ en op de hefboom $\Sigma M_A = 0, \Sigma F_x = 0$ en $\Sigma F_y = 0$ toe te passen. Als A_x en A_y eenmaal bekend zijn kunnen we F_A en θ bepalen.

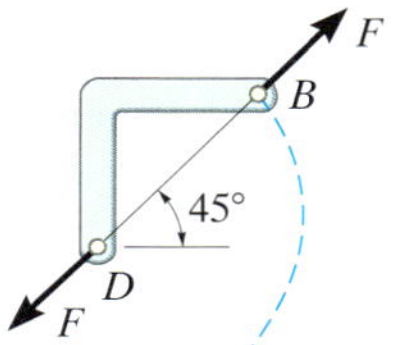

(b)

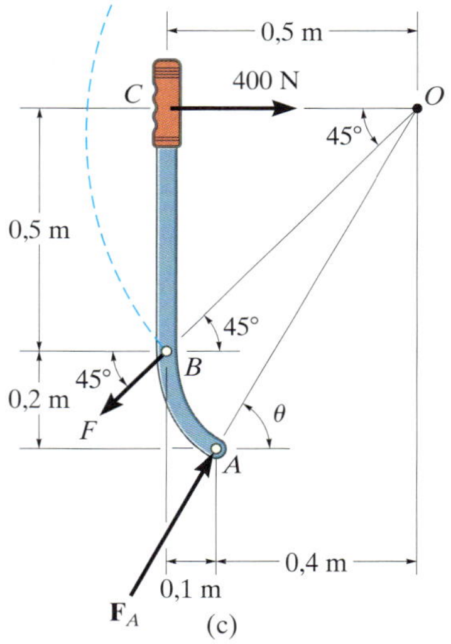

(c)

Fig. 5.22

Fundamentele vraagstukken

Alle oplossingen van de vraagstukken moeten gebruikmaken van een vrijlichaamsschema.

F5.1. Bepaal de horizontale en verticale componenten van de reactiekrachten in de steunpunten. Verwaarloos de dikte van de balk.

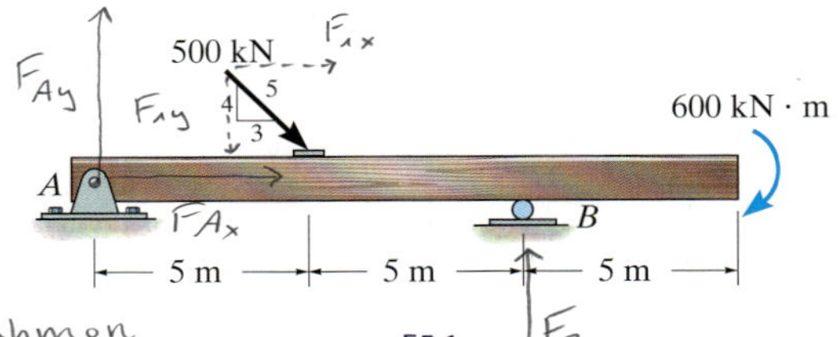

F5.1

F5.2. Bepaal de horizontale en verticale componenten van de reactiekracht in de pen A en de reactiekracht op de balk in C.

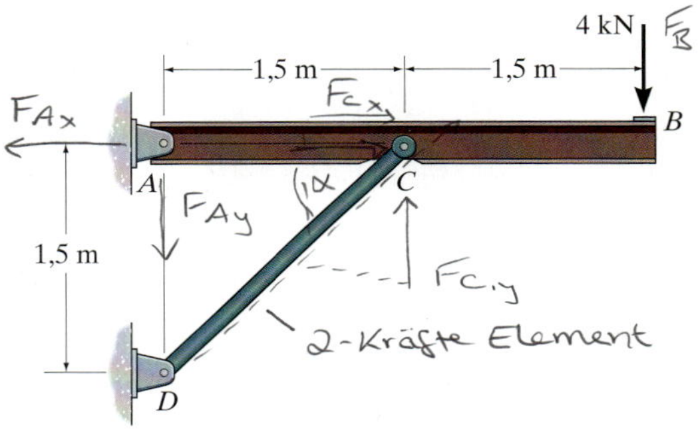

F5.2

F5.3. De constructie wordt gedragen door een pen in A en een roloplegging in B. Bepaal de steunpuntreacties.

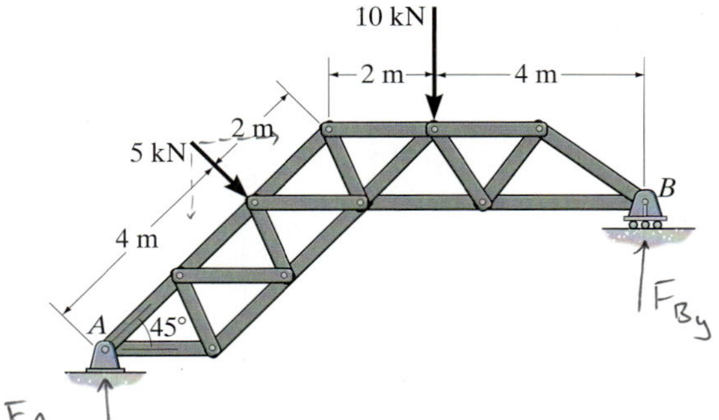

F5.3

F5.4. Bepaal de componenten van de reactiekracht in de vaste steun A. Verwaarloos de dikte van de balk.

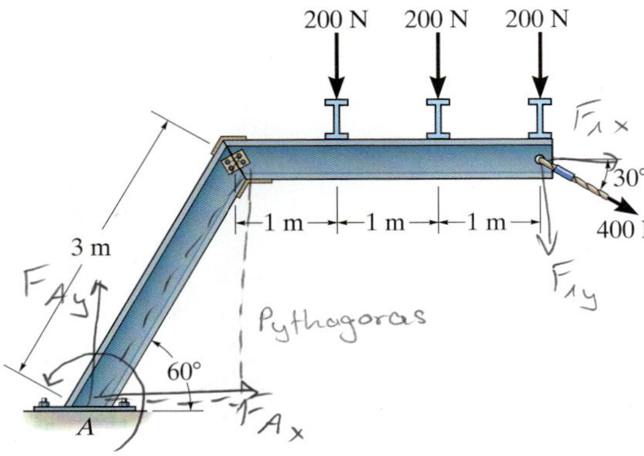

F5.4

F5.5. De balk van 25 kg heeft een massamiddelpunt in G. Als deze balk wordt gedragen door een gladde pen in C, een roloplegging in A en een touw AB, bepaal dan de reactiekrachten in deze steunen.

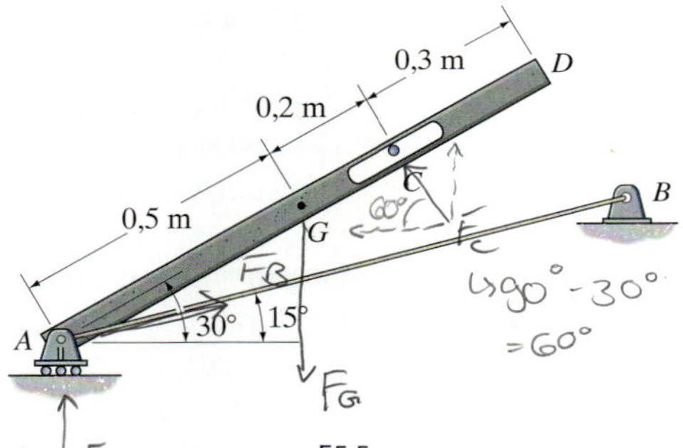

F5.5

F5.6. Bepaal de reacties bij de gladde contactpunten A, B en C op de balk.

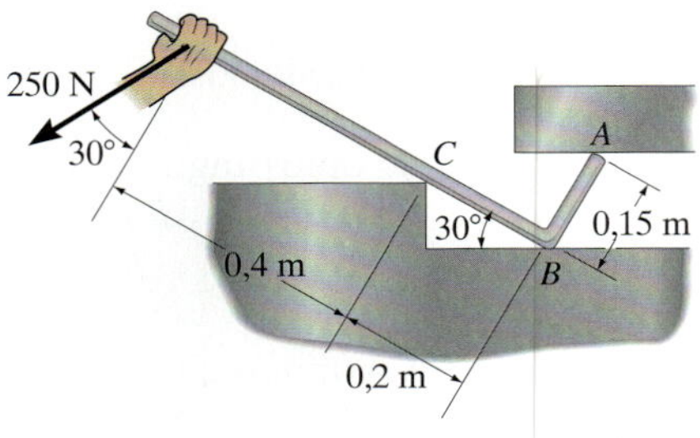

F5.6

Vraagstukken

Alle oplossingen van de vraagstukken moeten gebruikmaken van een vrijlichaamsschema.

5.10. Bepaal de horizontale en loodrechte componenten van de reactiekrachten in het scharnier *A* en de schommeloplegging *B* op de balk.

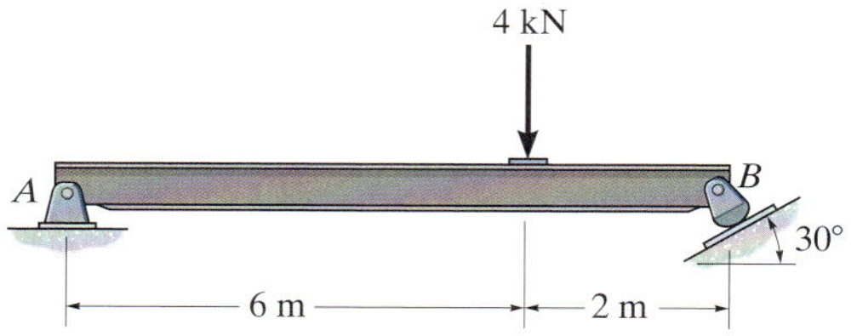

Vraagstuk 5.10

5.11. Bepaal de grootte van de reacties op de balk ter plaatse van *A* en *B*. Laat de hoogte van de balk buiten beschouwing.

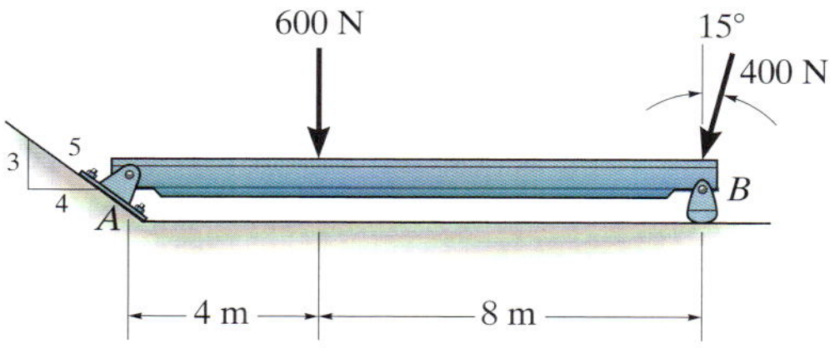

Vraagstuk 5.11

***5.12.** Bepaal de componenten van de ondersteuningsreacties op de inklemming in *A* van de eenzijdig ingeklemde balk.

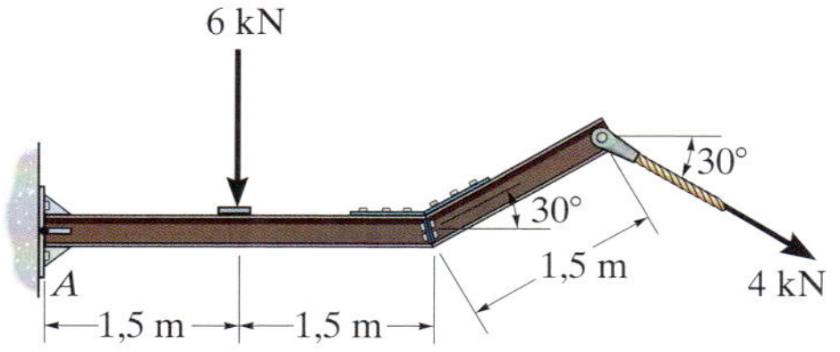

Vraagstuk 5.12

5.13. Het massamiddelpunt van het 75 kg zware hek bevindt zich in *G*. *A* ondersteunt uitsluitend een horizontale kracht en *B* kan worden beschouwd als een scharnier. Bepaal de reactiecomponenten in deze twee ondersteuningen.

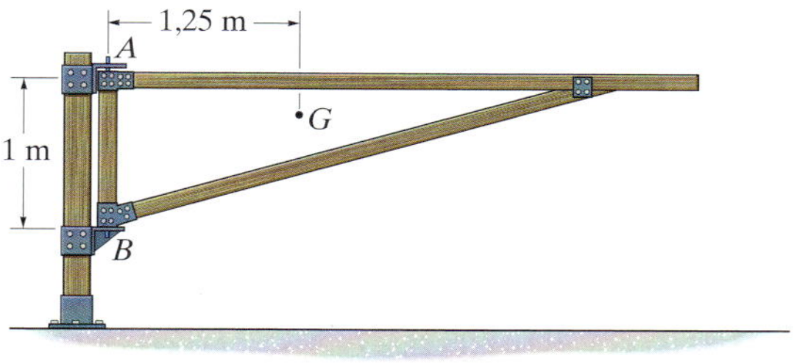

Vraagstuk 5.13

5.14. De overhangende balk wordt ondersteund door een pen *A* en daarnaast nog door de schoor *CB*. Bepaal de horizontale en verticale componenten van de reactiekrachten in *A* en de reactiekracht in *B* op de balk.

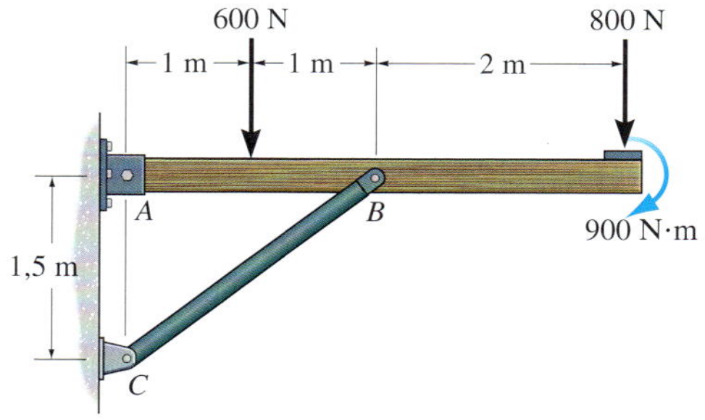

Vraagstuk 5.14

5.15. Bepaal de reactiekrachten in de pennen *A* en *B*. De veer heeft een rustlengte van 80 mm.

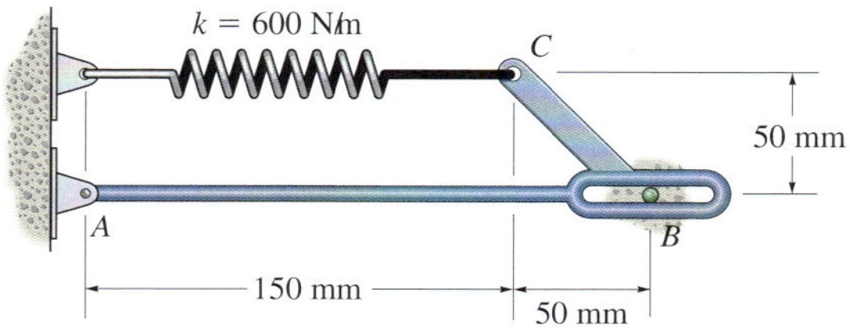

Vraagstuk 5.15

***5.16.** Bepaal de componenten van de reactiekrachten ter plaatse van de ondersteuningen A en B van de stang.

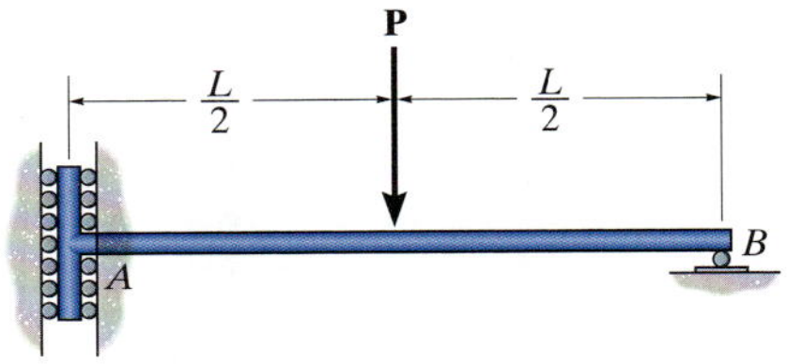

Vraagstuk 5.16

5.17. De kruiwagen plus inhoud heeft een massa van 60 kg en het massamiddelpunt bevindt zich in G. Bepaal de grootte van de resultante die de man moet uitoefenen op *elk* van de handvatten om de kruiwagen in evenwicht te houden.

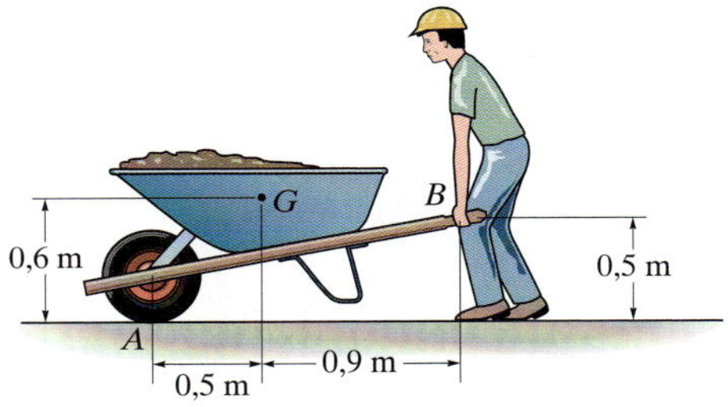

Vraagstuk 5.17

5.18. Bepaal de reactiekrachten ter plaatse van de roller A en pen B.

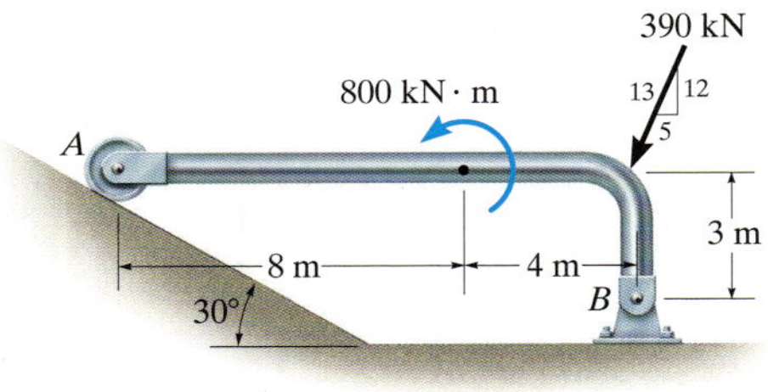

Vraagstuk 5.18

5.19. De plank ondersteunt de elektromotor die een massa van 15 kg heeft. Het massamiddelpunt ervan bevindt zich in G_m. Het platform waarop de plank rust heeft een massa van 4 kg en het massamiddelpunt ervan bevindt zich in G_p. Veronderstel dat de plank met een schroef B bevestigd is in A en de beugel tegen de gladde muur steunt. Bepaal dan de normaalkracht in A en de horizontale en verticale componenten van de reactiekrachten van de schroef op de beugel.

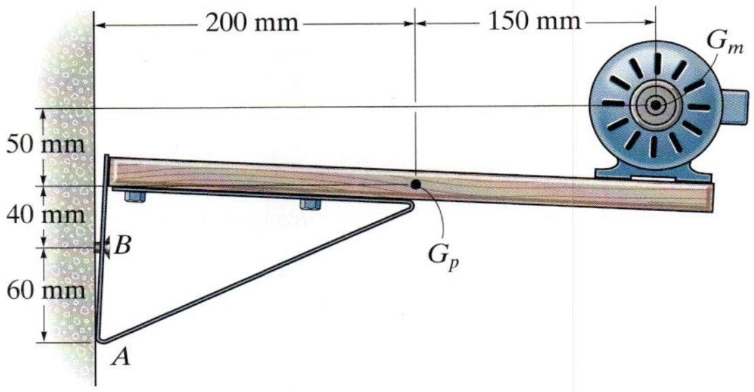

Vraagstuk 5.19

***5.20.** De waterkering AD wordt zowel belast door het water als door de grond. Neem aan dat AD 'scharnierend' met de grond verbonden is in A. Bepaal de horizontale en verticale reactiekrachten op dat punt en de benodigde trekkracht in het grondanker BC die nodig is voor evenwicht. De waterkering heeft een massa van 800 kg.

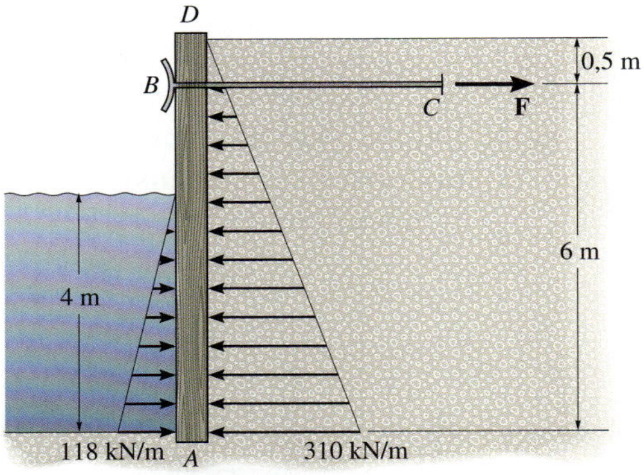

Vraagstuk 5.20

5.21. Een eenzijdig ingeklemde balk met een uitkragende lengte van 3 m wordt belast met een verticale kracht van 500 N. Veronderstel dat de reactiekrachten van de muur overeenkomen met lineair verdeelde belastingen over het 0,15 m lange stuk van de balk in de muur. Bepaal de grootte van w_1 en w_2 bij evenwicht.

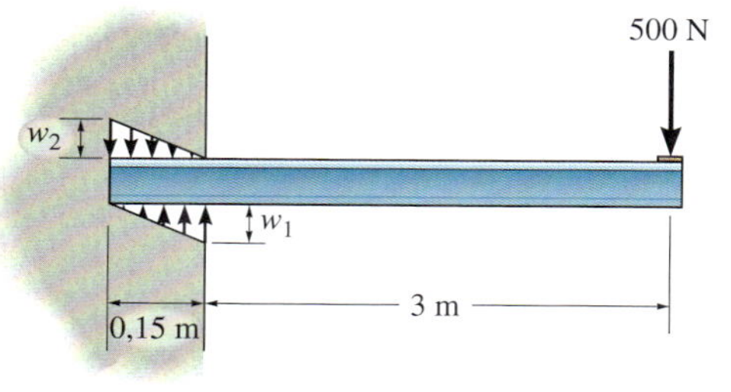

Vraagstuk 5.21

5.22. Veer CD blijft altijd in horizontale stand door de roloplegging in D. Als de veer in rust is bij $\theta = 0°$ en de plank zijn evenwichtsstand bereikt, wanneer $\theta = 30°$, bepaal dan de stijfheid k van de veer en de horizontale en verticale componenten van de reactiekracht in pen A.

5.23. Veer CD blijft altijd in horizontale stand door de roloplegging in D. Als de veer in rust is bij $\theta = 0°$ en de stijfheid is $k = 1{,}5$ kN/m, bepaal dan de kleinste hoek θ bij evenwicht en de horizontale en verticale componenten van de reactiekracht in pen A.

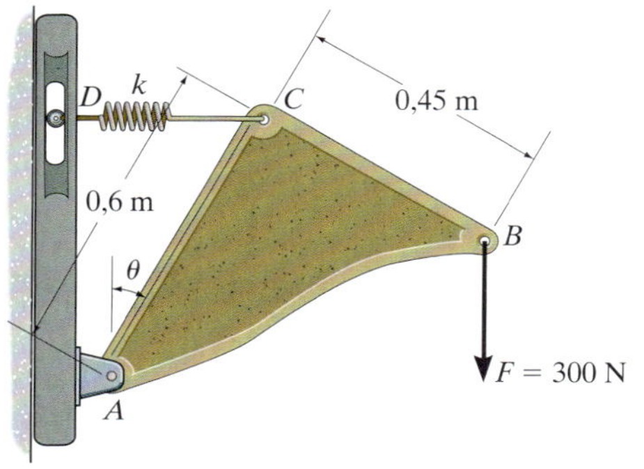

Vraagstukken 5.22/23

***5.24.** De platformconstructie heeft een gewicht van 1,25 kN en een massamiddelpunt in G_1. Als de constructie bedoeld is om een maximale belasting van 2 kN in punt G_2 te dragen, bepaal dan het kleinste tegengewicht W dat in B moet worden geplaatst om te voorkomen dat het platform omvalt.

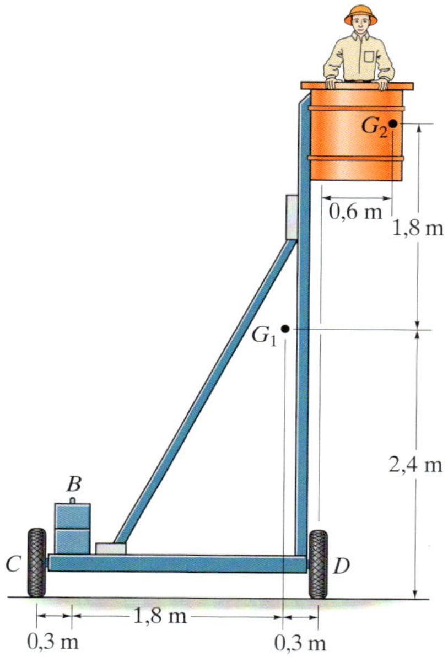

Vraagstuk 5.24

5.25. Bepaal de reacties op de gebogen stang die in B rust op een glad oppervlak en in A door de mof. Deze mof is star verbonden met de stang en kan glijden over het schuine deel van de beugel.

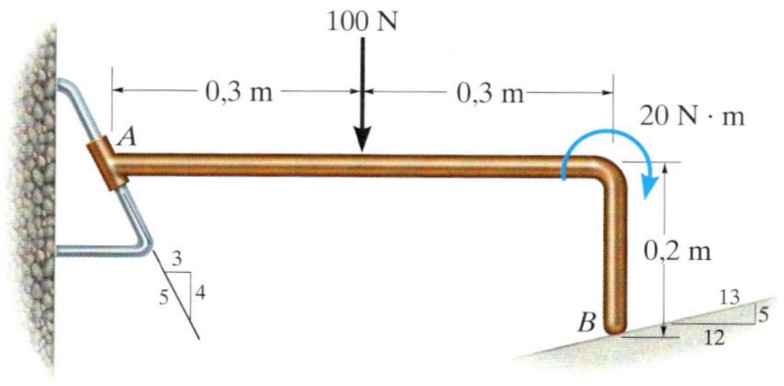

Vraagstuk 5.25

5.26. De tuimelschakelaar bestaat uit een hendel die in A kan scharnieren rond een star frame en op zijn plaats wordt gehouden door een veer die een rustlengte van 200 mm heeft. Bepaal de grootte van de resultante in A en de normaalkracht op de pen in B wanneer de hendel in de weergegeven stand staat.

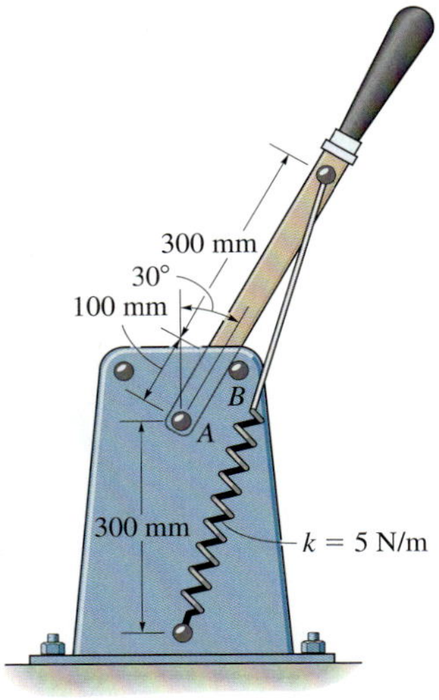

Vraagstuk 5.26

5.27. De sportwagen heeft een massa van 1,5 Mg en het massamiddelpunt ervan bevindt zich in G. De twee voorveren hebben elk een stijfheid $k_A = 58$ kN/m en de twee achterveren hebben elk een stijfheid $k_B = 65$ kN/m. Bepaal de invering wanneer de auto geparkeerd staat op een helling van 30°. Hoe groot is de wrijvingskracht $\mathbf{F}_B$ die op de achterwielen moet worden uitgeoefend om de auto in evenwicht te houden? *Hint*: bepaal eerst de normaalkracht in A en B en vervolgens de indrukking van de veren.

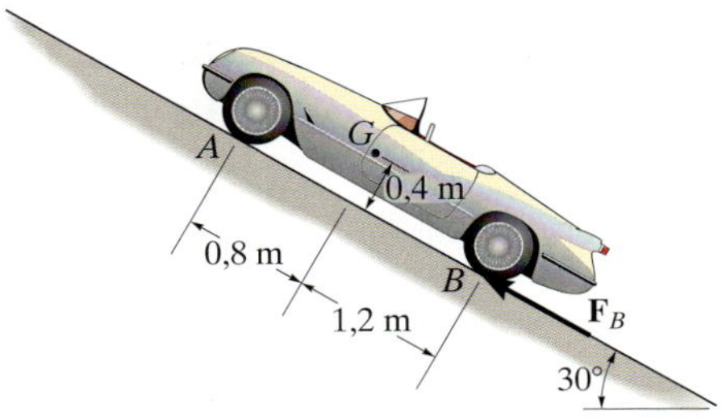

Vraagstuk 5.27

***5.28.** Bepaal de grootte en richting θ van de minimale kracht P nodig om het wiel van 50 kg over de verhoging te trekken.

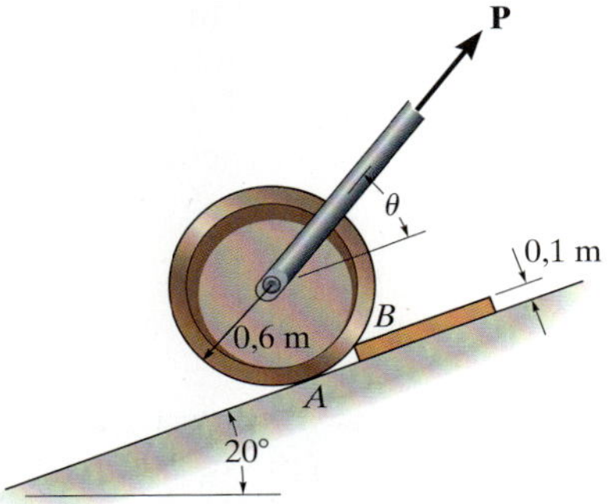

Vraagstukken 5.28

5.29. De horizontale balk rust aan de uiteinden op veren. Elke veer heeft een stijfheid van $k = 5$ kN/m en is oorspronkelijk in rust zodat de balk horizontaal is. Bepaal de kantelhoek van de balk als, zoals afgebeeld, in punt C een belasting van 800 N wordt aangebracht.

5.30. De horizontale balk rust aan de uiteinden op veren. Als de stijfheid van de veer in A gelijk is aan $k_A = 5$ kN/m, bepaal dan de vereiste stijfheid van de veer in B zodat de balk bij de belasting met 800 N in dezelfde stand blijft. De veren zijn oorspronkelijk zo geconstrueerd dat de balk zonder belasting horizontaal blijft.

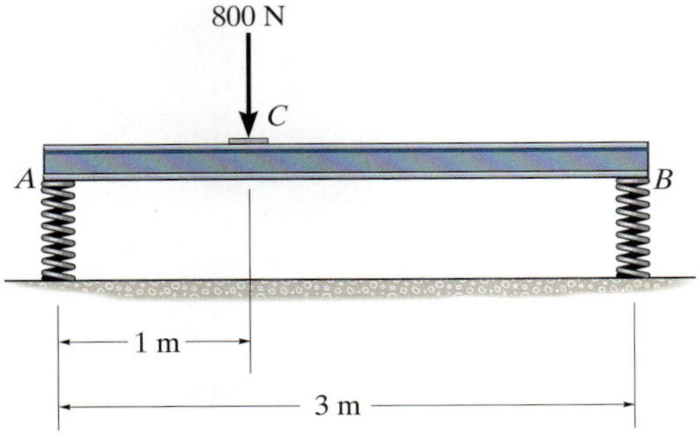

Vraagstukken 5.29/30

***5.31.** De zwenkkraan wordt ondersteund door een pen in C en staaf AB. Als de belasting een massa van 2 Mg heeft met het massamiddelpunt in G, bepaal dan de horizontale en verticale componenten van de reactiekracht in de pen C en de kracht in staaf AB op de kraan wanneer $x = 5$ m.

***5.32.** De zwenkkraan wordt ondersteund door een pen in C en staaf AB. De staaf kan een maximale trekkracht van 40 kN weerstaan. Als de belasting een massa van 2 Mg heeft met het massamiddelpunt in G, bepaal dan de maximaal toegestane afstand x en de overeenkomstige horizontale en verticale componenten van de reactiekracht in C.

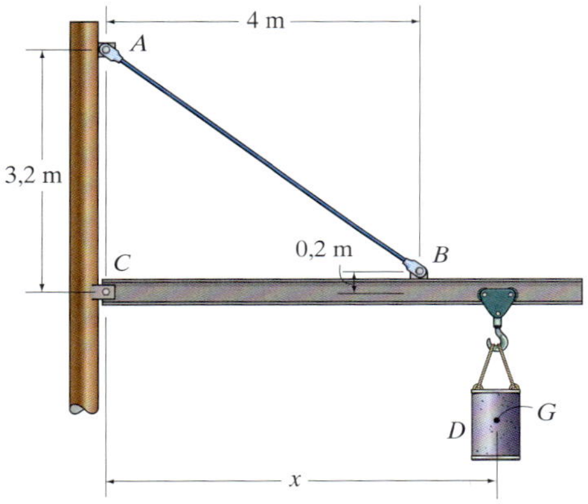

Vraagstukken 5.31/32

5.33. De vrouw is bezig met een workout op de roeimachine. Ze oefent een kracht $F = 200$ N uit op het handvat ABC. Bepaal de horizontale en verticale componenten van de reactiekrachten in het scharnier C en de kracht in de lengterichting van de hydraulische cilinder BD op de beugel.

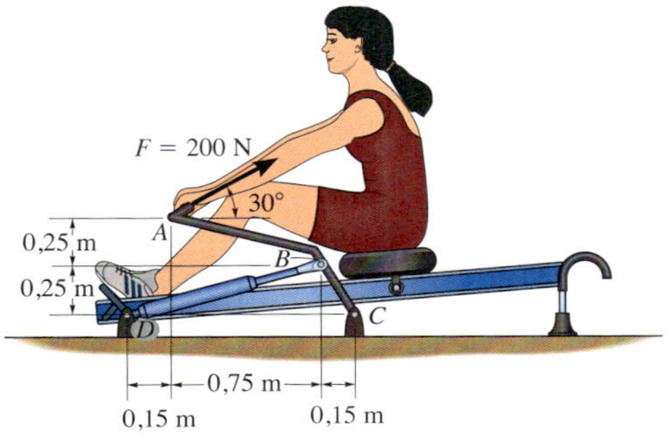

Vraagstuk 5.33

5.34. Een homogene glazen staaf met lengte L wordt in de gladde halfbolvormige schaal met straal r geplaatst. Bepaal de hellingshoek θ bij evenwicht.

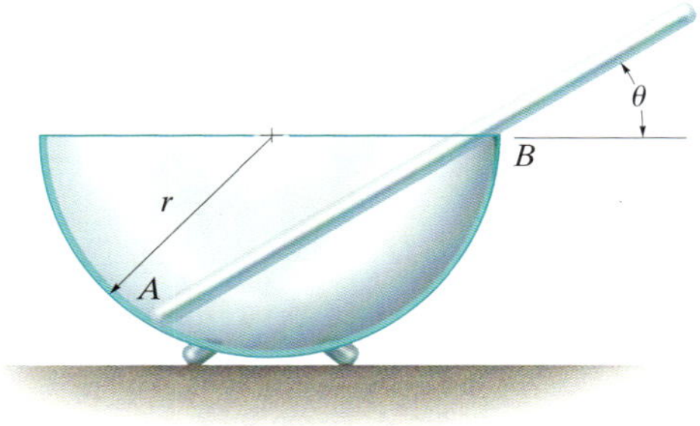

Vraagstuk 5.34

5.35. De tuimelschakelaar bestaat uit een hendel die in A kan scharnieren op een star frame en op zijn plaats wordt gehouden door een veer die een rustlengte van 250 mm heeft. Bepaal de grootte van de resultante in A en de normaalkracht op de stift in B wanneer de hendel in de weergegeven stand staat.

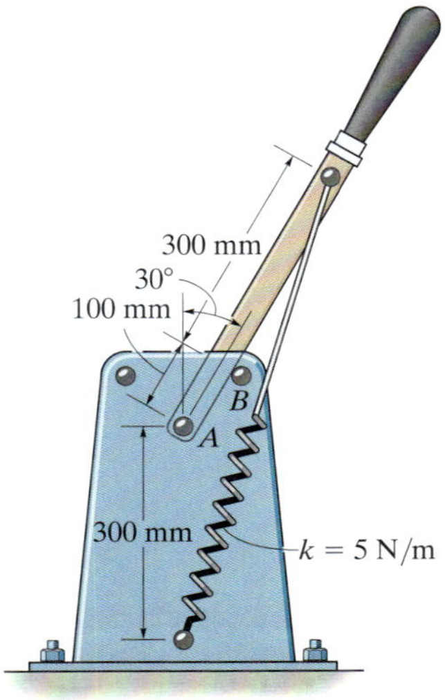

Vraagstuk 5.35

***5.36.** De rioolbuis van 1,4 Mg ligt in de greep van de vorken van de vorkliftheftruck. Bepaal de normaalkrachten in A en B als functie van de vorkhoek θ en teken de grafieken van de krachten (verticale as) als functie van θ (horizontale as) voor $0 \leq \theta \leq 90°$.

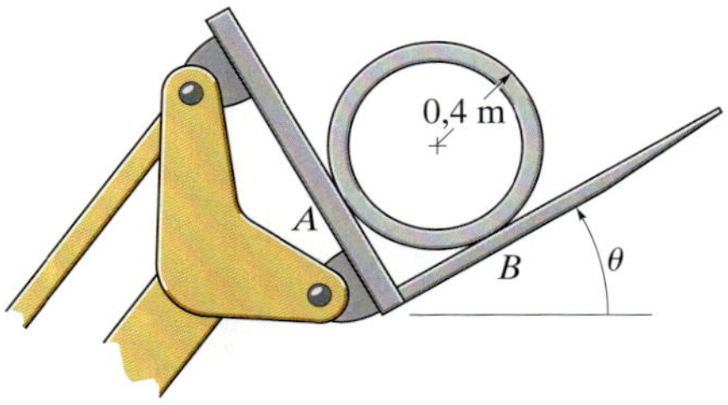

Vraagstuk 5.36

5.37. Aan de giek hangen twee belastingen. Verwaarloos de afmetingen van de moffen in D en B en de dikte van de giek. Bereken dan de horizontale en verticale krachtcomponenten in het scharnierpunt A en de kracht in de kabel CB. Neem aan dat F_1 = 800 N en F_2 = 350 N.

5.38. De giek is bedoeld om twee verticale belastingen, $\mathbf{F}_1$ en $\mathbf{F}_2$, te tillen. Kabel CB bezwijkt wanneer de belasting 1500 N is. Bepaal de kritische belastingen als $F_1 = 2F_2$. Wat is de grootte van de maximale reactiekracht in het scharnier A?

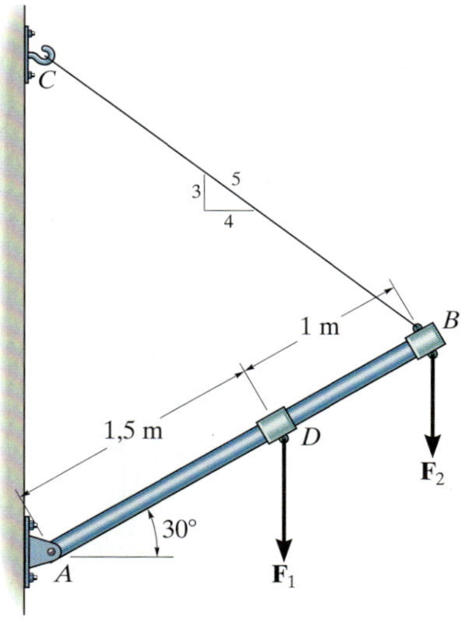

Vraagstukken 5.37/38

5.39. De pneumatische actuator in D wordt gebruikt voor het uitoefenen van een kracht van F = 200 N op het element in B. Bepaal de horizontale en verticale componenten van de reactiekracht in de pen A en de kracht van de gladde as op het element in C.

***5.40.** De pneumatische actuator in D wordt gebruikt voor het uitoefenen van een kracht **F** op het element in B. De normaalkracht van de gladde as in C op het element is 300 N. Bepaal de grootte van **F** en van de horizontale en verticale componenten van de reactiekracht in de pen A.

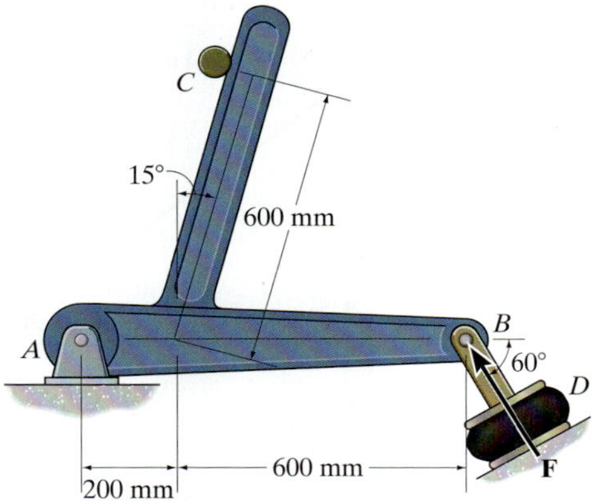

Vraagstukken 5.39/40

5.41. De homogene balk heeft een gewicht W en lengte l en wordt ondersteund door een scharnier in A en een kabel BC. Bepaal de horizontale en verticale componenten van de reactiekrachten in A en de trekkracht in de kabel die nodig is om de balk in de weergegeven stand te houden.

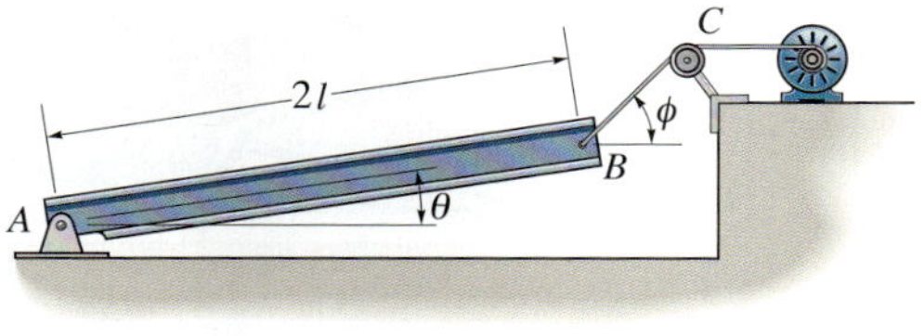

Vraagstuk 5.41

5.42. De starre metalen staaf met een verwaarloosbaar gewicht wordt gebruikt als onderdeel van een elektromagnetische schakelaar. De stijfheid van de veren in A en B is $k = 5$ N/m en de strip is in eerste instantie horizontaal wanneer de veren ontspannen zijn. Bepaal de kleinste kracht die nodig is om de contactopening in C te sluiten.

5.43. De starre metalen staaf met een verwaarloosbaar gewicht wordt gebruikt als onderdeel van een elektromagnetische schakelaar. Bepaal de maximale stijfheid k van de veren in A en B, zodanig dat het contact in C sluit wanneer de daar optredende verticale kracht 0,5 N is. De rusttoestand van de strip is horizontaal, zoals is weergegeven in de figuur.

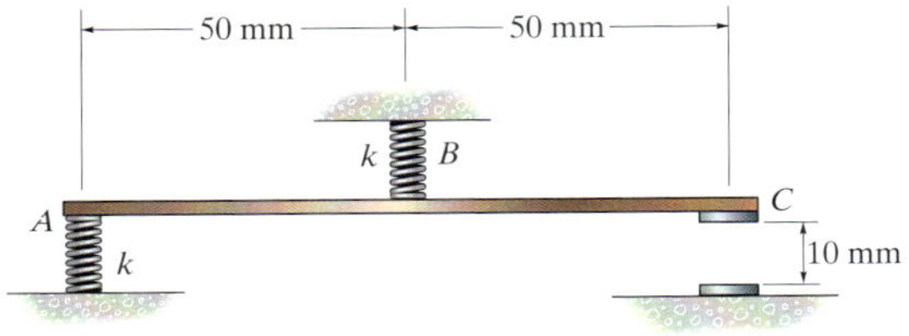

Vraagstukken 5.42/43

***5.44.** Het bovenste deel van de kraangiek bestaat uit de giekdeel AB, dat scharnierend is afgesteund in A, tuikabel BC en tuikabel CD. Elke tuikabel is afzonderlijk bevestigd aan de mast in C. De last van 5 kN hangt aan de hijskabel die over de katrol in B loopt. Bepaal de grootte van de resultante die het scharnier bij evenwicht uitoefent op de giek in A, de trekkracht in de tuikabel BC en de trekkracht T in de hijskabel. Laat het gewicht van de giek buiten beschouwing. De katrol in B heeft een straal van 0,1 m.

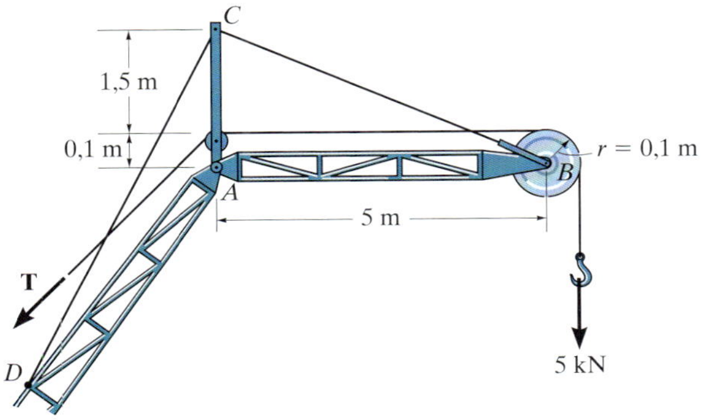

Vraagstuk 5.44

5.45. Het mechanisme dient om een liftdeur open te houden. De veer heeft een stijfheid $k = 40$ N/m en wordt 0,2 m ingedrukt. Bepaal de horizontale en verticale componenten van de reactiekrachten in de scharnierpen A en de resultante op wiellager B.

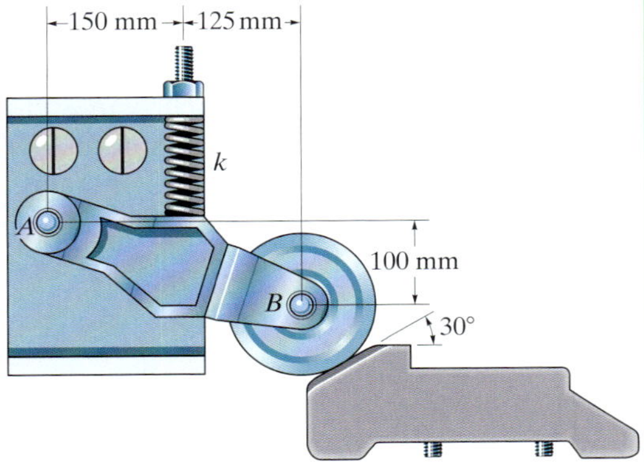

Vraagstuk 5.45

5.46. Drie gelijke boeken, elk met een gewicht W en breedte a, zijn gestapeld zoals weergegeven. Bepaal de maximale afstand d die het bovenste boek mag uitsteken ten opzichte van het onderste, zonder dat de stapel omvalt.

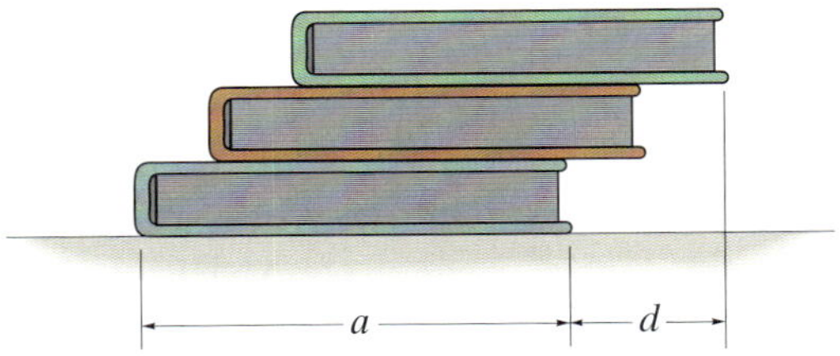

Vraagstuk 5.46

5.47. De horizontale balk hangt aan beide uiteinden aan veren. Elke veer heeft een stijfheid $k = 5$ kN/m en is in eerste instantie ontspannen wanneer de balk horizontaal is. Bepaal de hellingshoek van de balk als er een kracht van 800 N wordt uitgeoefend ter plaatse van punt *C*, op de manier zoals is weergegeven in de figuur.

***5.48.** De horizontale balk hangt aan beide uiteinden aan veren. De stijfheid van de veer in *A* is $k_A = 5$ kN/m. Bepaal dan de benodigde stijfheid van de veer in *B*, zodanig dat de balk horizontaal blijft wanneer hij wordt belast met de kracht van 800 N. De veren zijn zo gedimensioneerd dat de balk in onbelaste toestand horizontaal is.

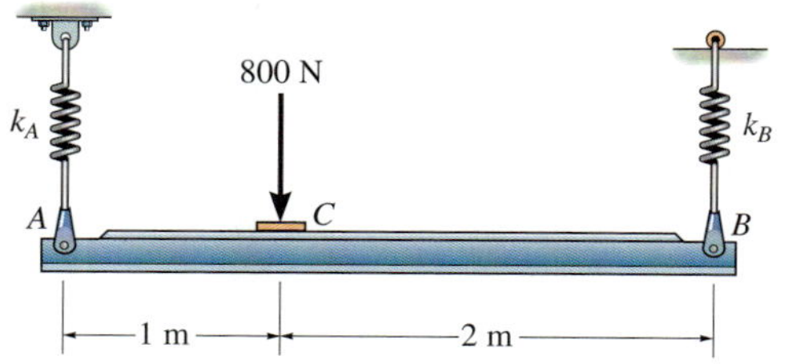

Vraagstukken 5.47/48

5.49. De kruiwagen met inhoud heeft een massa $m = 60$ kg en het massamiddelpunt bevindt zich ter plaatse van *G*. Bepaal de normale reactie op de band en de verticale kracht op elk van de handvatten om die onder een hoek $\theta = 30°$ te houden. Veronderstel dat $a = 0{,}3$ m, $b = 0{,}45$ m, $c = 0{,}75$ m en $d = 0{,}1$ m.

5.50. De kruiwagen met inhoud heeft een massa *m* en het massamiddelpunt bevindt zich ter plaatse in *G*. Bepaal de grootste hellingshoek θ waarbij de kruiwagen niet omkantelt.

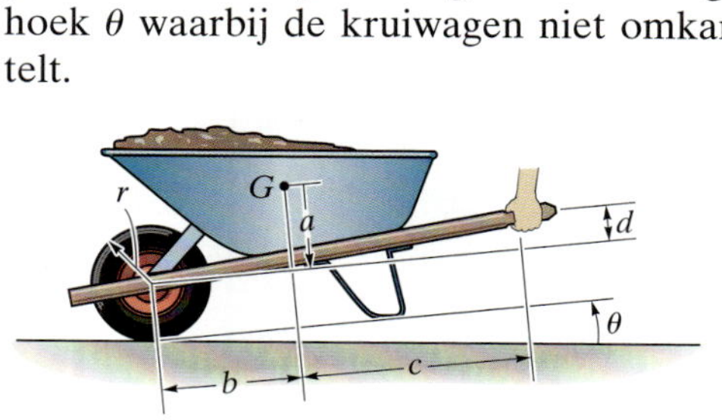

Vraagstukken 5.49/50

5.51. De starre balk met een verwaarloosbaar gewicht wordt horizontaal afgesteund door twee veren en een scharnier. De veren zijn ontspannen wanneer de last wordt verwijderd, Bepaal de kracht in elke veer wanneer een last **P** wordt aangebracht. Bereken ook de verticale doorbuiging van uiteinde *C*. Veronderstel dat de veerstijfheid *k* groot genoeg is, zodat de doorbuigingen klein zijn. *Hint*: de balk roteert om *A*, zodat de doorbuigingen in de veren met elkaar in verband kunnen worden gebracht.

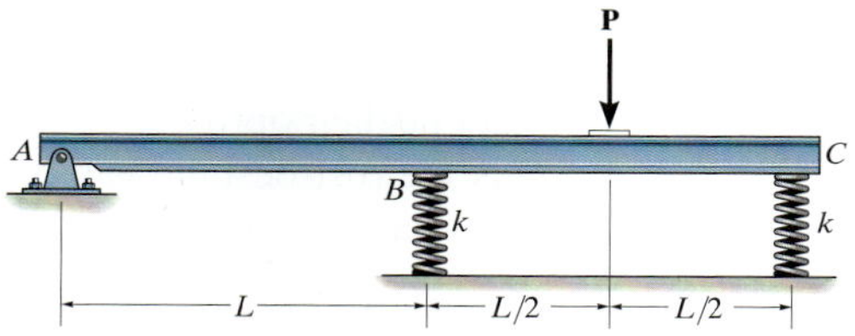

Vraagstuk 5.51

***5.52.** Een man staat op het uiteinde van de duikplank die op twee veren *A* en *B* rust, elk met een stijfheid van $k = 15$ kN/m. In de afgebeelde positie is de plank horizontaal. Als de man een massa van 40 kg heeft, bepaal dan de kantelhoek die de plank na de sprong met de horizontaal maakt. Verwaarloos het gewicht van de plank en neem aan dat deze star is.

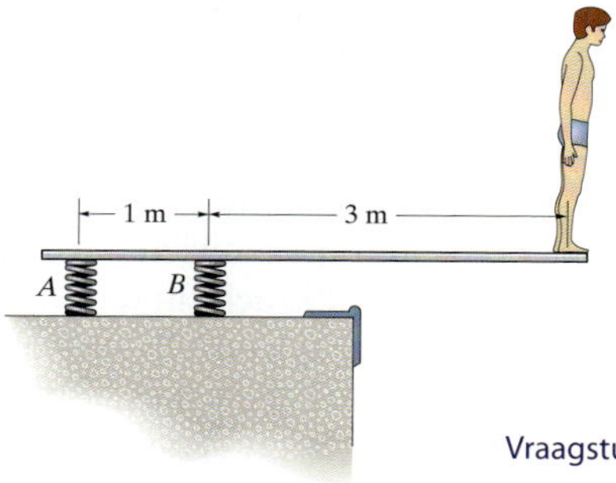

Vraagstuk 5.52

5.53. De homogene balk heeft een gewicht *W* en lengte *l* en wordt ondersteund door een scharnier in *A* en een kabel *BC*. Bepaal de horizontale en verticale component van de reactiekracht in *A* en de trekkracht in de kabel die nodig is om de balk in de weergegeven stand te houden.

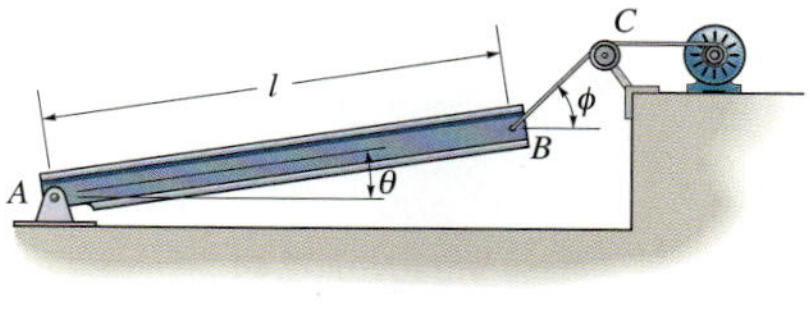

Vraagstuk 5.53

5.54. Bepaal de afstand d waar de last **P** moet worden aangebracht voor evenwicht van de gladde staaf in de stand θ zoals is weergegeven in de figuur. Laat het gewicht van de staaf buiten beschouwing.

5.55. Veronderstel dat $d = 1$ m en $\theta = 30°$. Bepaal dan de normale reactie op de gladde ondersteuningen en de afstand a waar de cilinder moet worden geplaatst als $P = 600$ N. Laat het gewicht van de staaf buiten beschouwing.

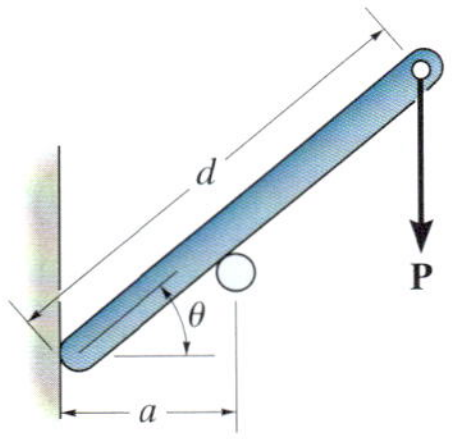

Vraagstukken 5.54/55

***5.56.** Schijf B heeft een massa van 20 kg en rust met behulp van de veer op het gladde cilindrische oppervlak. De veer heeft een stijfheid k = 400 N/m en heeft een rustlengte l_0 = 1 m. De veer blijft horizontaal, omdat het uiteinde A ervan is bevestigd aan de kleine rolgeleider (die een verwaarloosbaar gewicht heeft). Bepaal de hoek θ bij evenwicht van de cilinder.

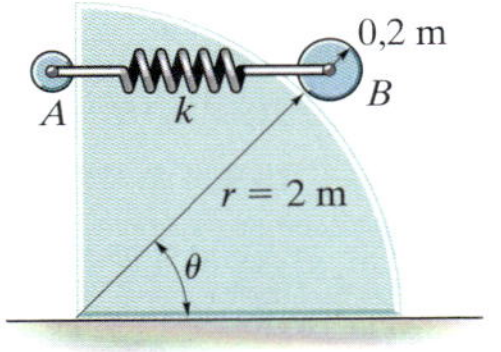

Vraagstuk 5.56

5.57. Wanneer de lierkabel van een kraanwagen een hoek θ = 60° maakt, dan werkt er op de kabel een kracht **T** = 6 kN. Bepaal de grootte van de totale remwrijvingskracht F voor de achterwielen B en de totale normaalkrachten in beide voorwielen A en beide achterwielen B bij evenwicht. De vrachtwagen heeft een totale massa van 4 Mg en zijn massamiddelpunt in G.

5.58. Bepaal de minimale kabelkracht **T** en de kritieke hoek θ waarbij de vrachtwagen begint te kantelen, dat wil zeggen als de normale reactiekracht in A gelijk aan nul is. Neem aan dat de vrachtwagen op de rem staat en in B niet slipt. De vrachtwagen heeft een totale massa van 4 Mg en zijn massamiddelpunt in G.

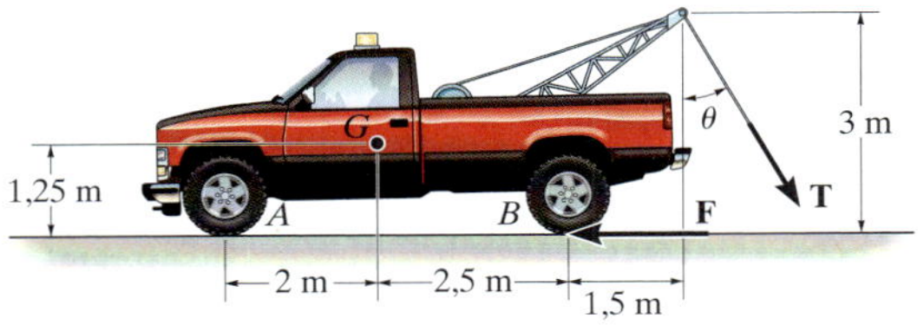

Vraagstukken 5.57/58

5.59. De dunne staaf met lengte l wordt gesteund door de gladde buis. Bepaal de afstand a bij evenwicht als de aangebrachte belasting gelijk is aan **P**.

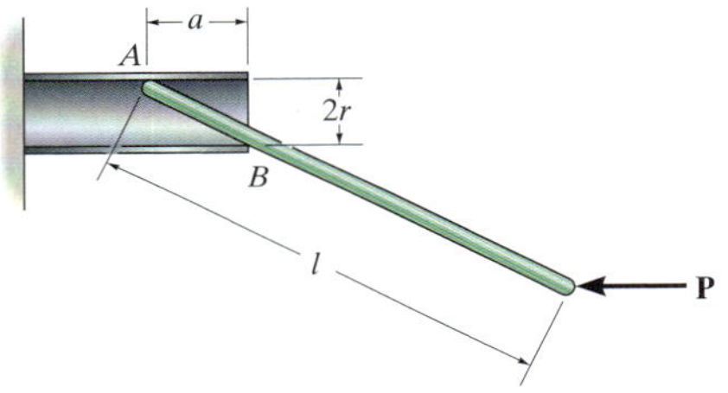

Vraagstuk 5.59

***5.60.** De homogene stang met een massa van 30 N heeft een lengte l = 1 m. Veronderstel dat s = 1,5 m. Bepaal de afstand h tot uiteinde A op de gladde muur waarbij er evenwicht is.

5.61. De homogene stang heeft een lengte l en gewicht W. Hij rust met een uiteinde A tegen een gladde muur en het andere uiteinde is met een touw met lengte s bevestigd aan de muur, op de manier zoals is weergegeven in de figuur. Bepaal de afstand h bij evenwicht.

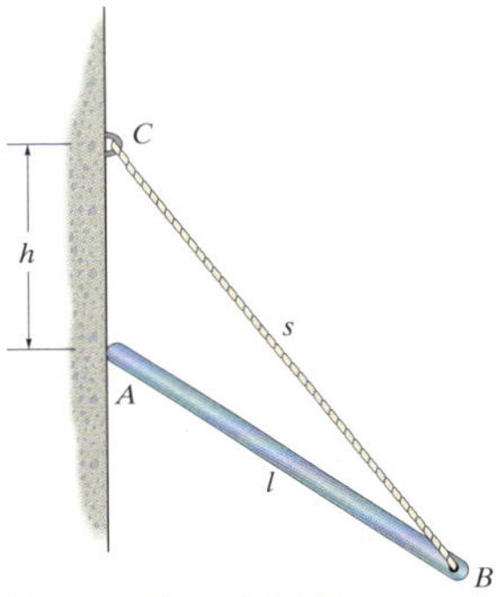

Vraagstukken 5.60/61

Praktijkvraagstukken

P5.5. De trekstang draagt het overhangende gedeelte bij de ingang van een gebouw. Als deze trekstang met een pen verbonden is aan de wand van het gebouw in punt A en verbonden met het middelpunt B van de overhang, bepaal dan of de kracht in de stang zal toenemen, afnemen of gelijk blijven als (a) het steunpunt in A wordt verschoven naar een lagere positie D, en (b) het steunpunt in B wordt verschoven naar de buitenste positie C. Licht je antwoord toe met een evenwichtsanalyse, waarin je belastingen en maten gebruikt. Neem aan dat het overhangende gedeelte zelf met een pen verbonden is met de wand van het gebouw.

P5.5

P5.6. De man probeert de quad via een helling op een aanhanger te trekken. Wat is in de weergegeven positie de beste positie om aan het touw te trekken, positie A of positie B? Teken een vrijlichaamsschema voor elk geval en maak een evenwichtsanalyse om je antwoord toe te lichten. Gebruik redelijke getalwaarden voor je berekeningen.

P5.6

P5.7. Net als alle vliegtuigen rust ook dit vliegtuig op drie wielen. Waarom wordt er geen extra wiel bij de staart gebruikt voor betere ondersteuning? (Kun je een reden bedenken om een dergelijk wiel toe te voegen?) Als er wel een vierde wiel bij de staart zou zijn, teken dan een vrijlichaamsschema van het zijaanzicht van het vliegtuig, en laat zien waarom men met de evenwichtsvergelijkingen niet alle reactiekrachten bij de wielen zou kunnen bepalen.

P5.7

P5.8. Wat is de beste plaats om de meeste houtblokken in de kruiwagen op te stapelen, zodat de grootte van de kracht op de ruggengraat van degene die de lading vervoert, wordt geminimaliseerd? Licht je antwoord toe met een evenwichtsanalyse.

P5.8

5.5 Evenwicht in drie dimensies: vrijlichaamsschema's

De eerste stap in het oplossen van driedimensionale evenwichtsvraagstukken is, net als in tweedimensionale gevallen, het tekenen van een vrijlichaamsschema van het lichaam (of van een groep lichamen die als een stelsel wordt beschouwd). Voor we dit laten zien, moeten we echter eerst de verschillende soorten reacties behandelen die zich kunnen voordoen in de verbindingspunten.

Steunpuntreacties De reactiekrachten en koppelmomenten die op verschillende soorten steunpunten en verbindingen werken, wanneer de elementen in drie dimensies worden bekeken, worden vermeld in tabel 5.2. Het is belangrijk de symbolen te herkennen die gebruikt worden om deze verbindingspunten weer te geven en om goed te begrijpen hoe de krachten en momenten ontstaan. Net zoals in het tweedimensionale geval:

- ontstaat er een kracht wanner een verbindingspunt translatie van het bevestigde element tegengaat;
- ontstaat een koppelmoment als rotatie van het bevestigde element wordt tegengegaan.

Verbinding 4 in tabel 5.2 bijvoorbeeld, voorkomt elke translatie van het ermee verbonden element; daarom moet er een kracht werken op het element op het punt van de verbinding. Deze kracht heeft drie componenten met onbekende groottes, F_x, F_y en F_z. Wanneer deze componenten bekend zijn, kunnen we de grootte van de kracht bepalen, $F = \sqrt{F_x^2 + F_y^2 + F_z^2}$, en de drager van de kracht die gedefinieerd wordt door zijn richtingshoeken α, β en γ, zie vgl. 2.7.* Aangezien het kogelscharnier vrij om elke as kan draaien, kan het geen weerstand bieden tegen een moment.

Opgemerkt moet worden dat de aslagers in verbindingen 5 en 7, het penscharnier 8 en het bladscharnier 9 in de afbeeldingen componenten van zowel krachten als momenten weerstaan. Als deze verbindingssoorten echter in combinatie met *andere* lagers, pen- of bladscharnieren worden gebruikt om een star lichaam in evenwicht te houden, zijn *alleen* de *reactiekrachten* in deze verbindingen al voldoende om dit lichaam te ondersteunen als de verbindingspunten *goed zijn uitgelijnd*. Met andere woorden: de koppelmomenten worden overbodig en worden niet weergegeven in het vrijlichaamsschema. De reden hiervoor zal duidelijk worden bij het bestuderen van de voorbeelden die volgen.

* De drie onbekenden kunnen ook worden weergegeven als een onbekende kracht F en twee onbekende richtingshoeken. De derde richtingshoek wordt verkregen uit $\cos^2 \alpha + \cos^2 \beta + \cos^2 \gamma = 1$, vgl. 2.8.

Tabel 5.2	Verbindingen voor starre lichamen waarop driedimensionale krachtensystemen werken	
Soorten verbindingen	**Reactie**	**Aantal onbekenden**
(1) 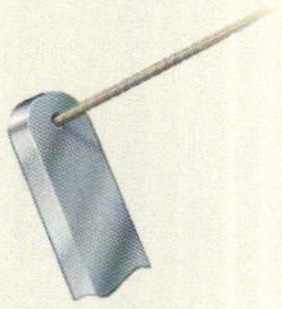 kabel	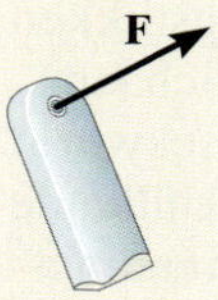	Eén onbekende. De reactie is een kracht die van het onderdeel af in de richting van de kabel werkt.
(2) 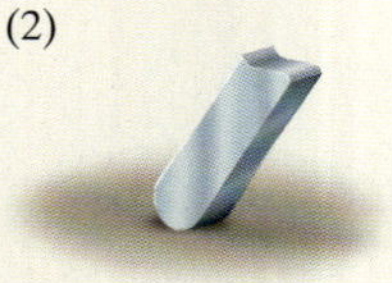 verbinding op glad oppervlak	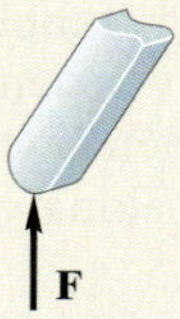	Eén onbekende. De reactie is een kracht die loodrecht op het oppervlak werkt in het contactpunt.
(3) 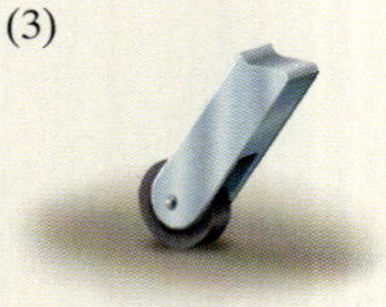 roloplegging	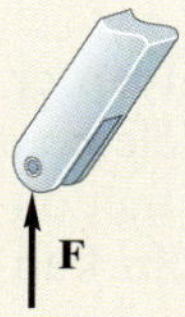	Eén onbekende. De reactie is een kracht die loodrecht op het oppervlak werkt in het contactpunt.
(4) 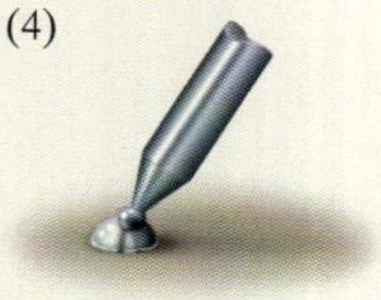 kogelscharnier	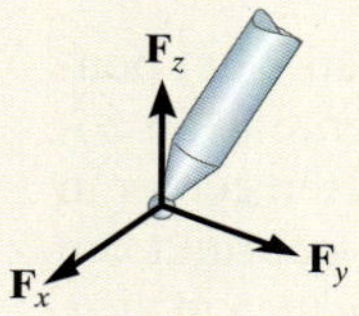	Drie onbekenden. De reacties zijn drie krachtcomponenten die loodrecht op elkaar staan.
(5)  aslager	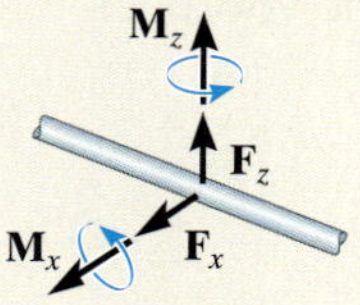	Vier onbekenden. De reacties zijn twee kracht- en twee koppelmomentcomponenten die loodrecht op de as werken. *Opmerking:* de koppelmomenten worden in het algemeen niet aangebracht als het lichaam elders wordt gesteund. Zie de voorbeelden.

Tabel 5.2 *Vervolg*		
Soorten verbindingen	Reactie	Aantal onbekenden
(6) 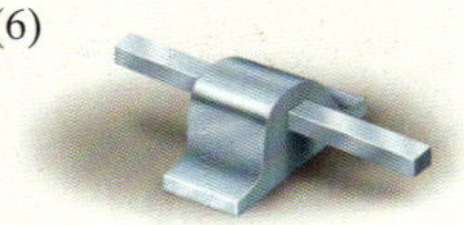 aslager met vierkante as	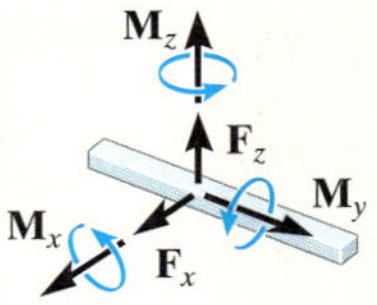	Vijf onbekenden. De reacties zijn twee kracht- en drie koppelmomentcomponenten. *Opmerking:* De koppelmomenten worden in het algemeen niet aangebracht als het lichaam elders wordt gesteund. Zie de voorbeelden.
(7)  druklager	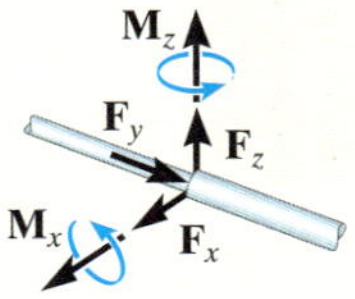	Vijf onbekenden. De reacties zijn drie kracht- en twee koppelmomentcomponenten. *Opmerking:* De koppelmomenten worden in het algemeen niet aangebracht als het lichaam elders wordt gesteund. Zie de voorbeelden.
(8)  penscharnier	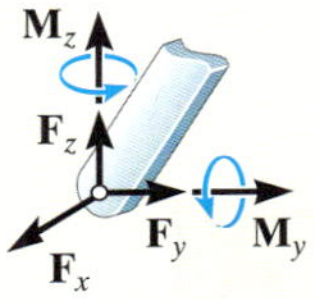	Vijf onbekenden. De reacties zijn drie kracht- en twee koppelmomentcomponenten. *Opmerking:* De koppelmomenten worden in het algemeen niet aangebracht als het lichaam elders wordt gesteund. Zie de voorbeelden.
(9) 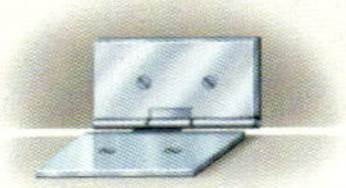 bladscharnier	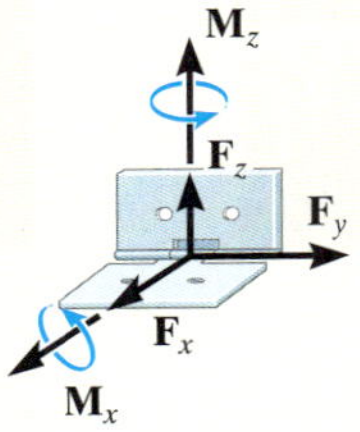	Vijf onbekenden. De reacties zijn drie kracht- en twee koppelmomentcomponenten. *Opmerking:* De koppelmomenten worden in het algemeen niet aangebracht als het lichaam elders wordt gesteund. Zie de voorbeelden.
(10)  ingeklemde verbinding	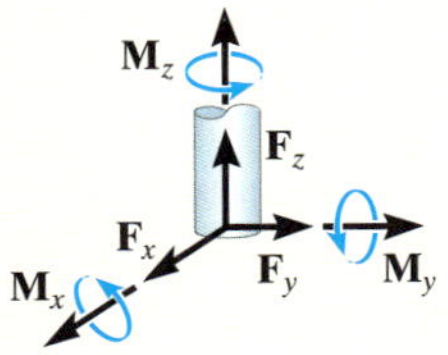	Zes onbekenden. De reacties zijn drie kracht- en drie koppelmomentcomponenten.

In de fotoserie hieronder worden enkele verbindingsoorten uit tabel 5.2 geïllustreerd met voorbeelden uit de praktijk.

Dit kogelscharnier verbindt de behuizing van het grondwerktuig met zijn onderstel. (4)

Het aslager steunt het uiteinde van de as. (5)

Het druklager wordt gebruikt om de aandrijfas op een machine te verbinden. (7)

Dit penscharnier wordt gebruikt om het uiteinde van een veerpoot van een tractor te steunen. (8)

Vrijlichaamsschema's De algemene procedure voor het opstellen van een vrijlichaamsschema van een star lichaam is geschetst in par. 5.2. In principe moet het lichaam eerst 'geïsoleerd' worden door de omtrek ervan te tekenen. Vervolgens moeten *alle* kracht- en koppelmomenten zorgvuldig worden *aangegeven* ten opzichte van een gekozen x-y-z-coördinatenstelsel. Dit wordt aangeraden om de onbekende componenten van de reactiekracht in het vrijlichaamsschema in de *positieve zin* te laten werken. Als bij de oplossing negatieve waarden worden verkregen, geven deze aan dat de componenten in de negatieve coördinaatrichtingen werken.

Voorbeeld 5.14

Beschouw de twee staven en de plaat, met de bijbehorende vrijlichaamsschema's in fig. 5.23. De x-, y- en z-assen zijn getekend in het schema en de onbekende reactiecomponenten zijn aangegeven in de *positieve zin*. Het gewicht wordt verwaarloosd.

OPLOSSING

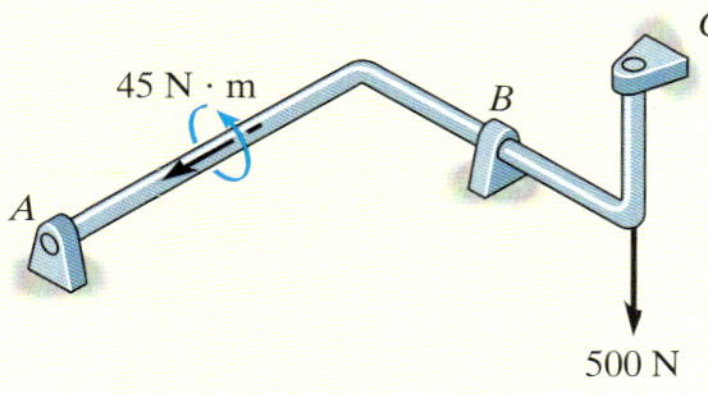

Goed uitgelijnde aslagers in A, B en C.

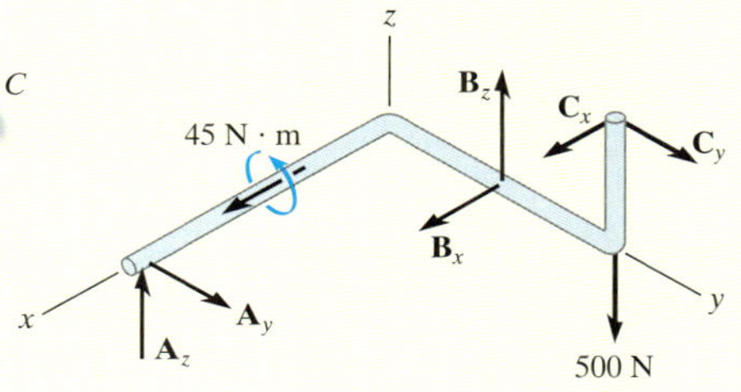

De reactiekrachten die de lagers uitoefenen, zijn voldoende om een evenwicht te handhaven, omdat ze voorkomen dat de as gaat roteren om een van de coördinaatassen.

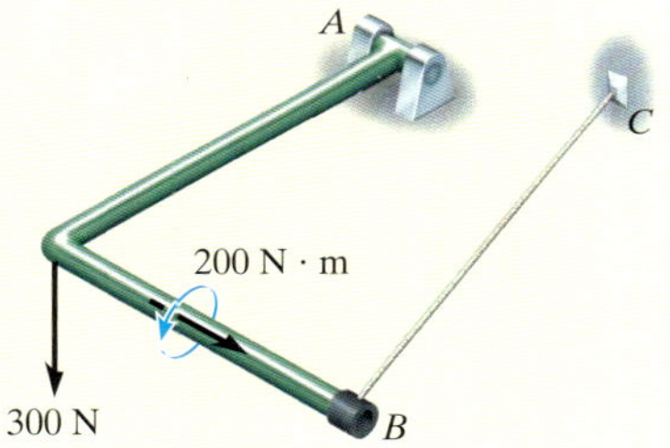

Penscharnier in A en kabel BC.

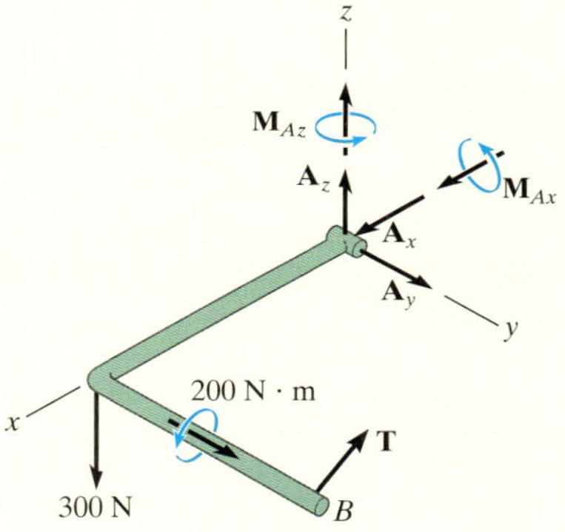

In het penscharnier worden momentcomponenten op de stang ontwikkeld die rotatie om de x- en z-as verhinderen.

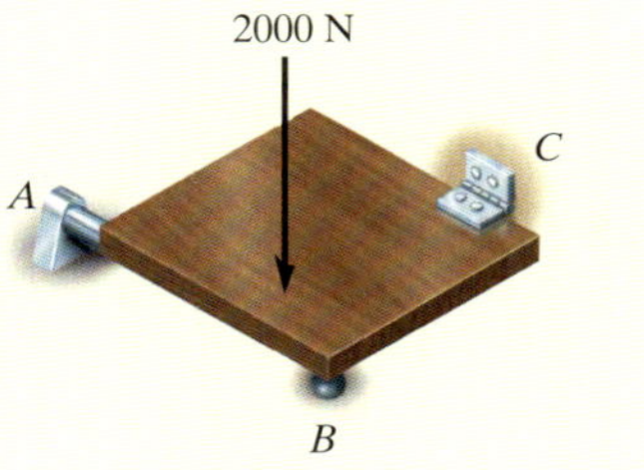

Goed uitgelijnd aslager in A en een bladscharnier in C. Roloplegging in B.

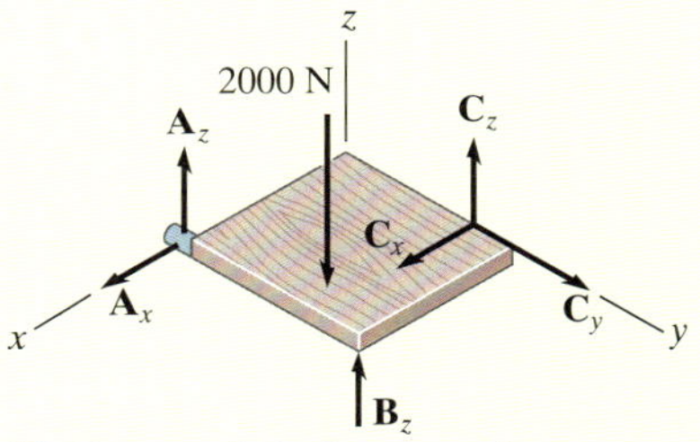

Het lager en het scharnier oefenen uitsluitend reactiekrachten uit op de plaat om rotatie om elke coördinaatas te voorkomen. Er worden geen momenten ontwikkeld in het scharnier.

Fig. 5.23

5.6 Evenwichtsvergelijkingen

Zoals behandeld in paragraaf 5.1, vereist evenwicht van een star lichaam waarop in een driedimensionaal stelsel krachten worden uitgeoefend, dat zowel de *resultante* van de krachten als de *resultante* van de momenten die op het lichaam werken gelijk is aan *nul*.

Vectorevenwichtsvergelijkingen De twee voorwaarden voor evenwicht van een star lichaam kunnen wiskundig worden uitgedrukt in vectorvorm als:

$$\Sigma\mathbf{F} = \mathbf{0}$$
$$\Sigma\mathbf{M}_O = \mathbf{0} \qquad (5.5)$$

waarin $\Sigma\mathbf{F}$ de vectorsom is van alle uitwendige krachten die op het lichaam werken en $\Sigma\mathbf{M}_O$ de som van de koppelmomenten en de door alle krachten veroorzaakte momenten om een willekeurig punt O op of buiten het lichaam.

Scalaire evenwichtsvergelijkingen Wanneer alle uitgeoefende uitwendige krachten en koppelmomenten worden uitgedrukt in cartesische vectornotatie en gesubstitueerd worden in vgl. 5.5, krijgen we:

$$\Sigma\mathbf{F} = \Sigma F_x\mathbf{i} + \Sigma F_y\mathbf{j} + \Sigma F_z\mathbf{k} = \mathbf{0}$$
$$\Sigma\mathbf{M}_O = \Sigma M_x\mathbf{i} + \Sigma M_y\mathbf{j} + \Sigma M_z\mathbf{k} = \mathbf{0}$$

Aangezien de **i**-, **j**- en **k**-componenten onafhankelijk van elkaar zijn, wordt aan de bovenstaande vergelijkingen voldaan mits:

$$\Sigma F_x = 0$$
$$\Sigma F_y = 0 \qquad (5.6a)$$
$$\Sigma F_z = 0$$

en

$$\Sigma M_x = 0$$
$$\Sigma M_y = 0 \qquad (5.6b)$$
$$\Sigma M_z = 0$$

Deze *zes scalaire evenwichtsvergelijkingen* kunnen worden gebruikt om maximaal zes onbekenden van het vrijlichaamsschema op te lossen. Volgens vergelijkingen (5.6*a*) is vereist dat de som van de uitwendige krachtcomponenten die in de x-, y- en z-richting werken gelijk is aan nul. Volgens vergelijkingen (5.6*b*) is vereist dat de som van de momenten om de x-, y- en z-as gelijk is aan nul.

5.7 Verbindingspunten van een star lichaam

Om het evenwicht van een star lichaam te waarborgen, moet niet alleen aan de evenwichtsvergelijkingen worden voldaan, maar moet het lichaam ook goed worden vastgehouden of in zijn bewegingen worden beperkt. Sommige lichamen kunnen meer verbindingspunten hebben dan noodzakelijk is voor evenwicht, terwijl andere lichamen te weinig of verkeerd opgestelde verbindingspunten hebben, waardoor het lichaam zou kunnen gaan bewegen. Al deze gevallen zullen nu worden behandeld.

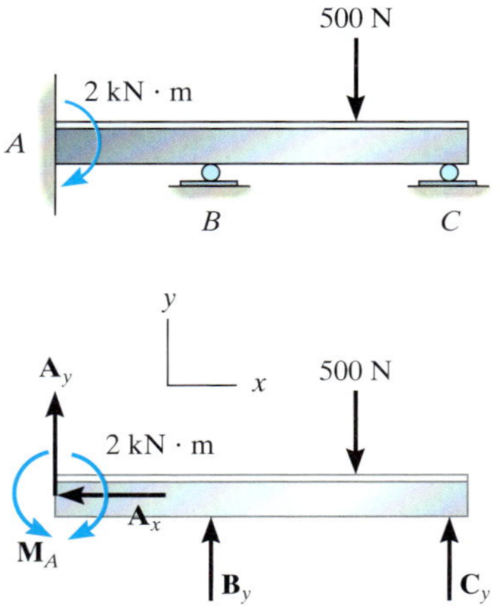

(a)

Overtollige verbindingspunten Wanneer een lichaam overtollige verbindingspunten heeft, dat wil zeggen: meer verbindingspunten dan nodig is om het in evenwicht te houden, wordt het statisch onbepaald. *Statisch onbepaald* wil zeggen dat er meer onbekende belastingen op het lichaam zijn dan evenwichtsvergelijkingen om ze op te lossen. Zo zijn de balk in fig. 5.24*a* en de buizenconstructie in fig. 5.24*b*, weergegeven met hun vrijlichaamsschema's, beide statisch onbepaald vanwege de extra (of overtollige) steunpuntreacties. Bij de balk zijn er vijf onbekenden, M_A, A_x, A_y, B_y en C_y, waarvoor slechts drie evenwichtsvergelijkingen kunnen worden opgesteld ($\Sigma F_x = 0, \Sigma F_y = 0$ en $\Sigma M_O = 0$, vgl. 5.2). De buizenconstructie heeft acht onbekenden, waarvoor slechts zes evenwichtsvergelijkingen kunnen worden opgesteld, vgl. 5.6.

De extra vergelijkingen die nodig zijn om statisch onbepaalde vraagstukken zoals in fig. 5.24 op te lossen, worden meestal verkregen uit de vervormingsvoorwaarden in de verbindingspunten. Deze vergelijkingen zijn gebaseerd op de fysische eigenschappen van het lichaam die in de sterkteleer worden behandeld.*

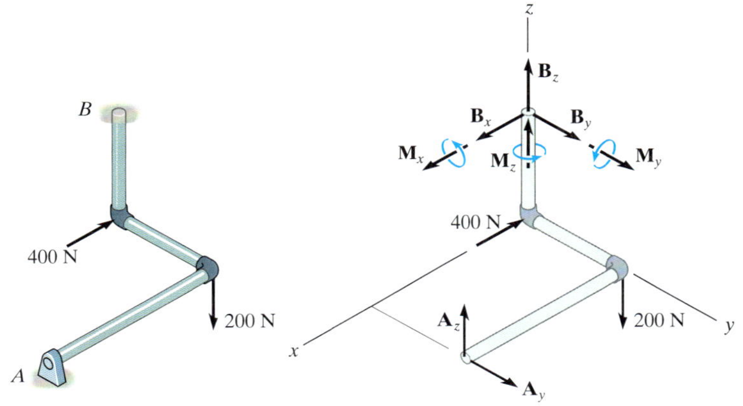

(b)

Fig. 5.24

Ongeschikte verbindingspunten Het feit dat het aantal onbekende reactiekrachten gelijk is aan het aantal beschikbare evenwichtsvergelijkingen, garandeert nog niet altijd dat een lichaam bij een bepaalde belasting stabiel blijft. Zo zijn de pensteun A en de roloplegging in B voor de balk in fig. 5.25*a* op een zodanige manier aangebracht, dat de werklijnen van de reactiekrachten *samenkomen* in punt A. Hierdoor zorgt de aangebrachte belasting **P** ervoor dat de balk rond A gaat draaien, en dus heeft de balk ongeschikte verbindingspunten, $\Sigma M_A \neq 0$.

In drie dimensies heeft een lichaam ongeschikte verbindingspunten als de werklijnen van alle reactiekrachten een gemeenschappelijke as snijden. Zo hebben alle reactiekrachten bij de kogelscharnieren A en B in fig. 5.25*b* een snijpunt met de as door A en B. Omdat de momenten van deze krachten

* Zie R.C. Hibbeler, *Sterkteleer.*

rond A en B alle gelijk aan nul zijn, zal de belasting **P** het element rond de AB-as laten draaien, $\Sigma M_{AB} \neq 0$.

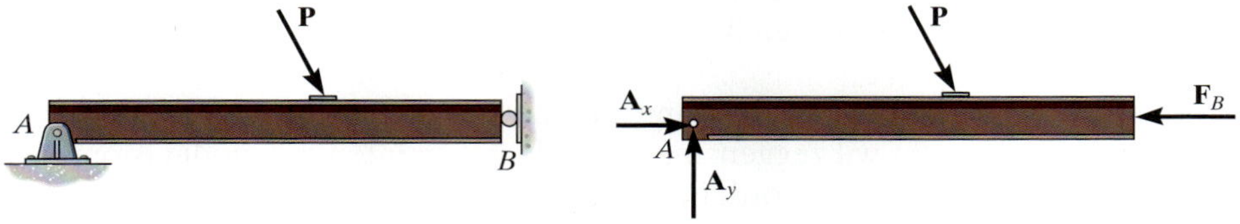

(a)

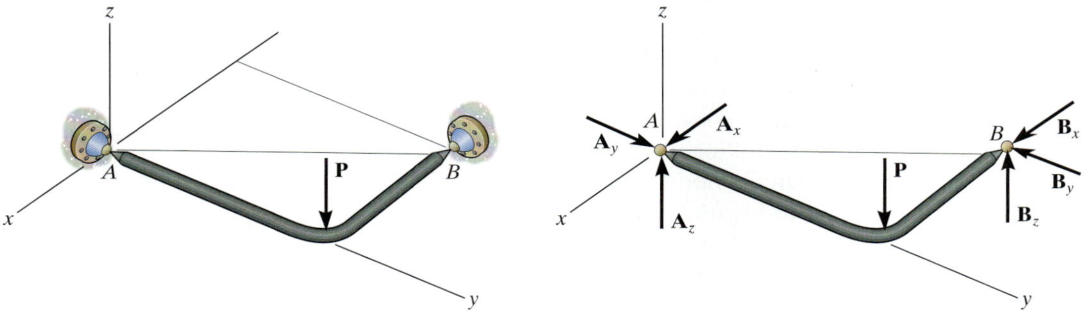

(b)

Fig. 5.25

Een andere wijze waarop ontoereikende ondersteuning tot instabiliteit leidt, doet zich voor wanneer de *reactiekrachten* allemaal *evenwijdig* aan elkaar zijn. Twee- en driedimensionale voorbeelden hiervan zijn afgebeeld in fig. 5.26. In beide gevallen zal de som van de krachten evenwijdig aan de x-as niet gelijk zijn aan nul.

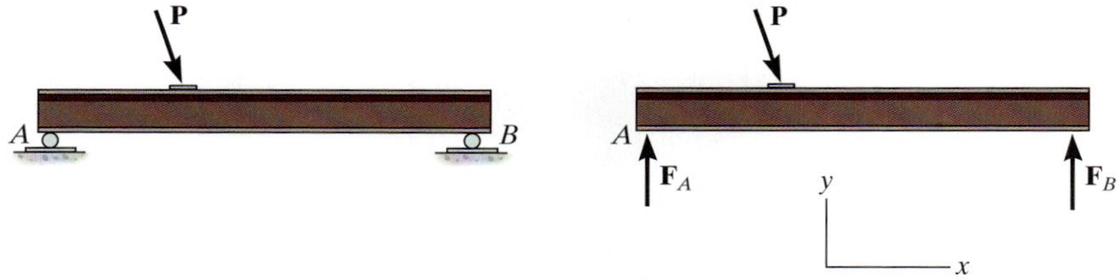

(a)

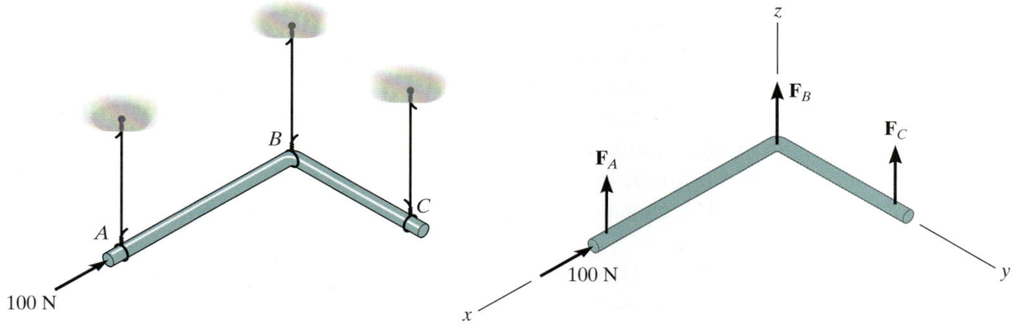

(b)

Fig. 5.26

In sommige gevallen kan een lichaam *minder* reactiekrachten hebben dan evenwichtsvergelijkingen waaraan moet worden voldaan. Het lichaam wordt dan slechts *gedeeltelijk in zijn bewegingen beperkt*. Beschouw bijvoorbeeld het element AB in fig. 5.27*a* met het bijbehorende vrijlichaamsschema in fig. 5.27*b*. Hier is bij de gegeven belasting niet voldaan aan $\Sigma F_y = 0$ en er zal dus geen evenwicht zijn.

Kort samengevat spreekt men van *ongeschikte verbindingen* als alle reactiekrachten op een lichaam door hetzelfde punt gaan, of als alle reactiekrachten evenwijdig zijn. In de technische praktijk moeten deze situaties te allen tijde worden vermeden, omdat ze tot een instabiele toestand leiden.

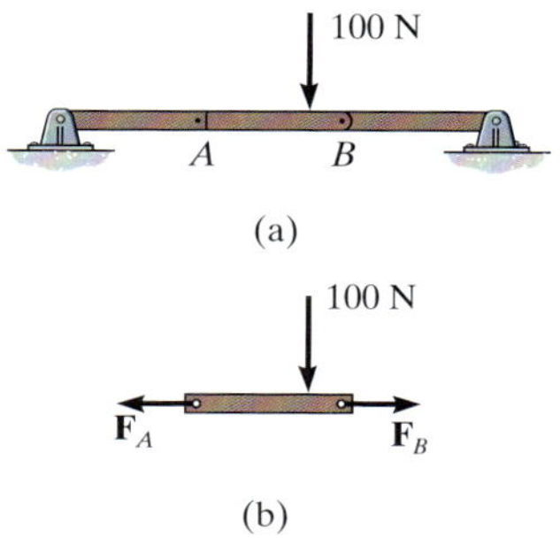

Fig. 5.27

Om te onthouden!

- Teken bij het oplossen van een evenwichtsvraagstuk altijd eerst het vrijlichaamsschema.
- Wanneer een verbinding *translatie voorkomt* van een lichaam in een specifieke richting, dan oefent de verbinding een kracht uit op het lichaam in die richting.
- Wanneer een steun *rotatie rond een as verhindert*, dan oefent de verbinding een koppelmoment uit op het lichaam om de as.
- Het vraagstuk is statisch onbepaald wanneer een lichaam aan meer onbekende reacties is onderworpen dan het aantal evenwichtsvergelijkingen dat beschikbaar is.
- Een stabiel lichaam vereist dat de werklijnen van de reactiekrachten nergens een gemeenschappelijke as snijden en niet evenwijdig aan elkaar lopen.

Analyseprocedure

Driedimensionale evenwichtsvraagstukken met betrekking tot een star lichaam kunnen met de volgende procedure worden opgelost.

Vrijlichaamsschema

- Teken de omtrek van het lichaam.
- Geef *alle* krachten en koppelmomenten aan die op het lichaam werken.
- Leg de oorsprong van de x-, y- en z-as vast op een geschikt punt, en kies de assen zo dat ze evenwijdig lopen aan zo veel mogelijk uitwendige krachten en momenten.
- Geef alle belastingen en hun richtingen aan. Geef, in het algemeen, alle onbekende componenten aan met een positieve zin langs de x-, y- of z-as.
- Geef de maten van het lichaam, die nodig zijn om de momenten van de krachten te berekenen.

Evenwichtsvergelijkingen

- Pas de zes scalaire evenwichtsvergelijkingen toe als het ernaar uitziet dat de kracht- en momentcomponenten in de x-, y- en z-richtingen gemakkelijk kunnen worden bepaald; gebruik anders de vectorvergelijkingen.

- De assen die voor de optelling van de krachten zijn gekozen hoeven niet samen te vallen met de assen die voor de optelling van de momenten zijn gekozen. Voor het optellen van krachten en momenten kan een as in een willekeurige richting worden gekozen.
- Kies de richting van een as voor optelling van momenten zodanig dat deze as zo veel mogelijk werklijnen van onbekende krachten snijdt. Bedenk dat de momenten van de krachten die door de punten op deze as gaan en de momenten van de krachten die evenwijdig aan de as zijn, dan gelijk aan nul zijn.
- Wanneer de oplossing van de evenwichtsvergelijkingen een negatieve scalair oplevert voor de grootte van een kracht of koppelmoment, geeft dit aan dat de richting tegengesteld is aan de richting aangenomen in het vrijlichaamsschema.

Voorbeeld 5.15

De homogene plaat, afgebeeld in fig. 5.28*a* heeft een massa van 100 kg. Op de randen worden een kracht en een koppelmoment uitgeoefend. De plaat wordt in het horizontale vlak gesteund door een roloplegging in A, een kogelscharnier in B en een touw in C. Bepaal de componenten van de steunpuntreacties.

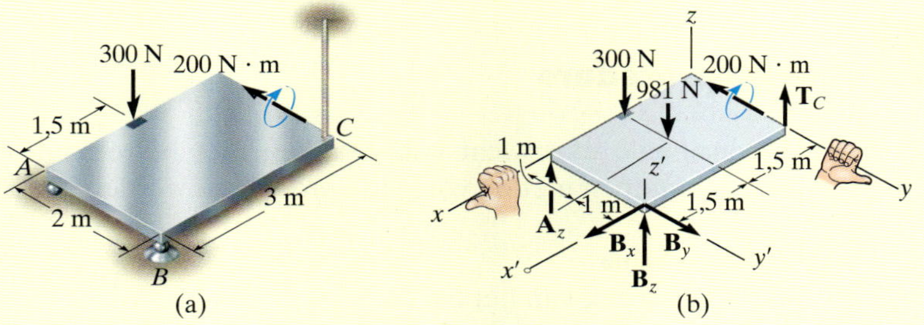

Fig. 5.28

OPLOSSING (SCALAIRE ANALYSE)

Vrijlichaamsschema Er zijn vijf onbekende reacties die op de plaat worden uitgeoefend, zoals in fig. 5.28*b* is aangegeven. Van elk van deze reacties wordt aangenomen dat hij in de positieve coördinaatrichting werkt.

Evenwichtsvergelijkingen Aangezien de driedimensionale geometrie tamelijk eenvoudig is, levert een *scalaire analyse* een *directe* oplossing op voor dit vraagstuk. Een optelling van de krachten langs elke as levert het volgende op:

$\Sigma F_x = 0; \qquad B_x = 0$ *Antw.*

$\Sigma F_y = 0; \qquad B_y = 0$ *Antw.*

$\Sigma F_z = 0; \qquad A_z + B_z + T_C - 300 \text{ N} - 981 \text{ N} = 0$ (1)

Bedenk dat het moment van een kracht om een as gelijk is aan het product van de grootte van de kracht en de loodrechte afstand (momentarm) van de werklijn van de kracht tot de as. Bedenk ook dat krachten die evenwijdig zijn aan een as of erdoorheen gaan geen moment om de as creëren. Als we de momenten van de krachten langs de positieve x- of y-as optellen, krijgen we:

$\Sigma M_x = 0;$ $\quad T_C(2\text{ m}) - 981\text{ N}(1\text{ m}) + B_z(2\text{ m}) = 0$ (2)

$\Sigma M_y = 0;$

$300\text{ N}(1{,}5\text{ m}) + 981\text{ N}(1{,}5\text{ m}) - B_z(3\text{ m}) - A_z(3\text{ m}) - 200\text{ N}\cdot\text{m} = 0$ (3)

De componenten van de kracht in B kunnen worden geëlimineerd als de momenten rond de x'- en y'-assen worden opgeteld. We krijgen dan:

$\Sigma M_{x'} = 0;$ $\quad 981\text{ N}(1\text{ m}) + 300\text{ N}(2\text{ m}) - A_z(2\text{ m}) = 0$ (4)

$\Sigma M_{y'} = 0;$

$-300\text{ N}(1{,}5\text{ m}) - 981\text{ N}(1{,}5\text{ m}) - 200\text{ N}\cdot\text{m} + T_C(3\text{ m}) = 0$ (5)

Wanneer we de vergelijkingen (1) tot en met (3) oplossen of de wat eenvoudiger vergelijkingen (1), (4) en (5), levert dit het volgende op:

$A_z = 790\text{ N}$ $\qquad B_z = -217\text{ N}$ $\qquad T_C = 707\text{ N}$ *Antw.*

Het minteken wil zeggen dat $\mathbf{B}_z$ naar beneden is gericht.

OPMERKING: de oplossing van dit vraagstuk vereist niet dat de momenten om de z-as worden opgeteld. De plaat wordt gedeeltelijk in zijn bewegingen beperkt, omdat de verbindingspunten niet kunnen verhinderen dat de plaat om de z-as draait als er een kracht op wordt uitgeoefend in het x-y-vlak.

Voorbeeld 5.16

Bepaal de componenten van de reactiekrachten die het kogelscharnier in A, het gladde aslager in B, en de roloplegging in C uitoefenen op de staafconstructie in fig. 5.29a.

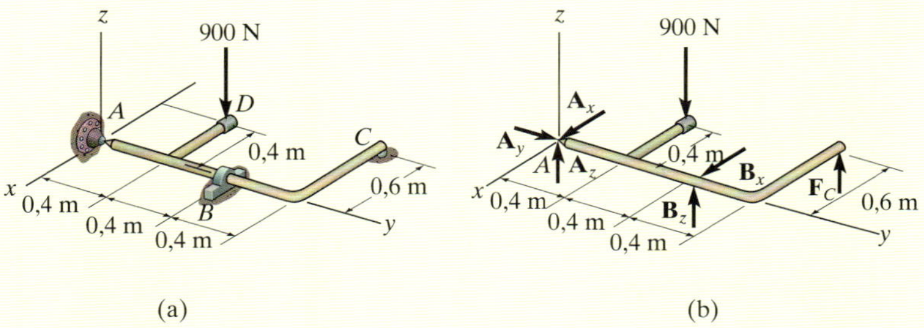

Fig. 5.29

OPLOSSING

Vrijlichaamsschema Zoals weergegeven in het vrijlichaamsschema in fig. 5.29*b* verhinderen de reactiekrachten van de steunen dat de constructie om een van de coördinaatassen gaat roteren, en dus oefent het aslager in B uitsluitend reactiekrachten op het element uit.

Evenwichtsvergelijkingen Een rechtstreekse oplossing voor A_y kan worden verkregen door de krachten langs de y-as op te tellen.

$\Sigma F_y = 0;\qquad A_y = 0$ *Antw.*

De kracht F_C kan worden bepaald door de momenten rond de y-as rechtstreeks op te tellen.

$\Sigma M_y = 0;\qquad F_C(0{,}6\text{ m}) - 900\text{ N}(0{,}4\text{ m}) = 0$

$F_C = 600\text{ N}$ *Antw.*

Met dit resultaat kan B_z worden bepaald door momenten rond de x-as op te tellen.

$\Sigma M_x = 0;\qquad B_z(0{,}8\text{ m}) + 600\text{ N}(1{,}2\text{ m}) - 900\text{ N}(0{,}4\text{ m}) = 0$

$B_z = -450\text{ N}$ *Antw.*

Het minteken geeft aan dat $\mathbf{B}_z$ naar beneden gericht is. De kracht B_x wordt bepaald door de momenten rond de z-as op te tellen.

$\Sigma M_z = 0;\qquad -B_x(0{,}8\text{ m}) = 0\quad B_x = 0$ *Antw.*

Dus geldt:

$\Sigma F_x = 0;\qquad A_x + 0 = 0\qquad A_x = 0$ *Antw.*

Ten slotte vinden we met behulp van B_z en F_C:

$\Sigma F_z = 0;\qquad A_z + (-450\text{ N}) + 600\text{ N} - 900\text{ N} = 0$ *Antw.*

$A_z = 750\text{ N}$

Voorbeeld 5.17

In fig. 5.30*a* draagt de giek een bloempot van 375 N (≈ 37,5 kg). Bepaal de trekkracht in de kabels AB en AC.

OPLOSSING

Vrijlichaamsschema Het vrijlichaamsschema van de giek is weergegeven in fig. 5.30*b*.

Evenwichtsvergelijkingen We gebruiken een vectoranalyse.

$$\mathbf{F}_{AB} = F_{AB}\left(\frac{\mathbf{r}_{AB}}{r_{AB}}\right) = F_{AB}\left(\frac{\{0,2\mathbf{i} - 0,6\mathbf{j} + 0,3\mathbf{k}\}\ \text{m}}{\sqrt{(0,2\ \text{m})^2 + (-0,6\ \text{m})^2 + (0,3\ \text{m})^2}}\right)$$

$$= \tfrac{2}{7}F_{AB}\mathbf{i} - \tfrac{6}{7}F_{AB}\mathbf{j} + \tfrac{3}{7}F_{AB}\mathbf{k}$$

$$\mathbf{F}_{AC} = F_{AC}\left(\frac{\mathbf{r}_{AC}}{r_{AC}}\right) = F_{AC}\left(\frac{\{-0,2\mathbf{i} - 0,6\mathbf{j} + 0,3\mathbf{k}\}\ \text{m}}{\sqrt{(-0,2\ \text{m})^2 + (-0,6\ \text{m})^2 + (0,3\ \text{m})^2}}\right)$$

$$= -\tfrac{2}{7}F_{AC}\mathbf{i} - \tfrac{6}{7}F_{AC}\mathbf{j} + \tfrac{3}{7}F_{AC}\mathbf{k}$$

We kunnen de reactiekracht in O elimineren door de evenwichtsvergelijkingen rond het punt O op te stellen.

$$\Sigma\mathbf{M}_O = \mathbf{0}; \qquad \mathbf{r}_A \times (\mathbf{F}_{AB} + \mathbf{F}_{AC} + \mathbf{W}) = \mathbf{0}$$

$$(0,6\mathbf{j}) \times \left[\left(\tfrac{2}{7}F_{AB}\mathbf{i} - \tfrac{6}{7}F_{AB}\mathbf{j} + \tfrac{3}{7}F_{AB}\mathbf{k}\right) + \left(-\tfrac{2}{7}F_{AC}\mathbf{i} - \tfrac{6}{7}F_{AC}\mathbf{j} + \tfrac{3}{7}F_{AC}\mathbf{k}\right) + (-375\mathbf{k})\right] = \mathbf{0}$$

$$\left(\tfrac{18}{7}F_{AB} + \tfrac{18}{7}F_{AC} - 2250\right)\mathbf{i} + \left(-\tfrac{12}{7}F_{AB} + \tfrac{12}{7}F_{AC}\right)\mathbf{k} = \mathbf{0}$$

$$\Sigma M_x = 0; \qquad \tfrac{18}{7}F_{AB} + \tfrac{18}{7}F_{AC} - 2250 = 0 \qquad (1)$$

$$\Sigma M_y = 0; \qquad 0 = 0$$

$$\Sigma M_z = 0; \qquad -\tfrac{12}{7}F_{AB} + \tfrac{12}{7}F_{AC} = 0 \qquad (2)$$

Door gelijktijdig oplossen van vgl. (1) en (2) vinden we,

$$F_{AB} = F_{AC} = 437,5\ \text{N}$$ *Antw.*

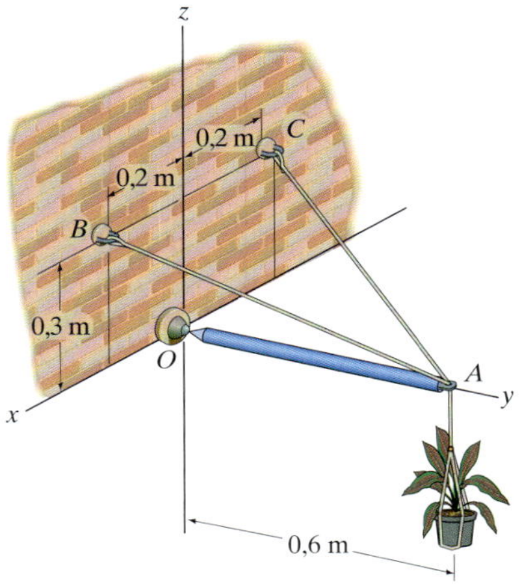

(a)

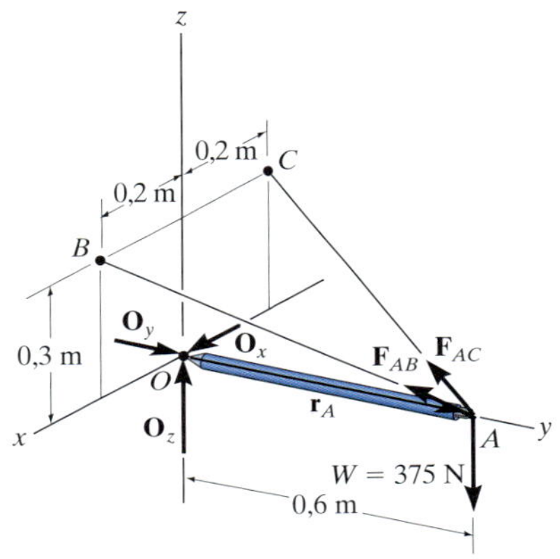

(b)

Fig. 5.30

Voorbeeld 5.18

Op stang AB in fig. 5.31a werkt een kracht van 200 N. Bepaal de reacties in het kogelscharnier in punt A en de trekkracht in de kabels BD en BE.

OPLOSSING (VECTORANALYSE)

Vrijlichaamsschema Fig. 5.31b.

Evenwichtsvergelijkingen Wanneer we elke kracht in het vrijlichaamsschema opstellen in cartesische vectornotatie, krijgen we:

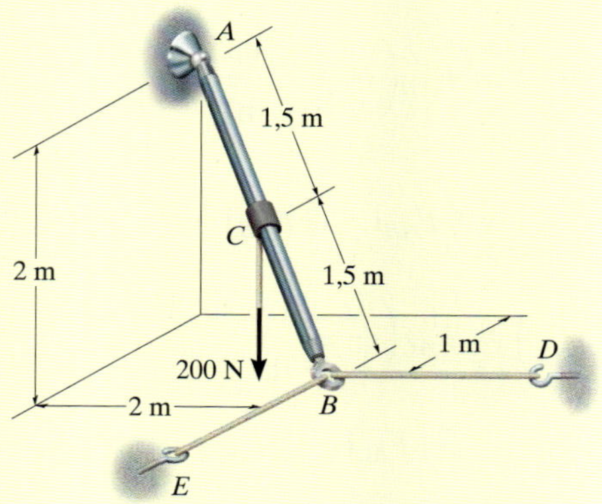

(a)

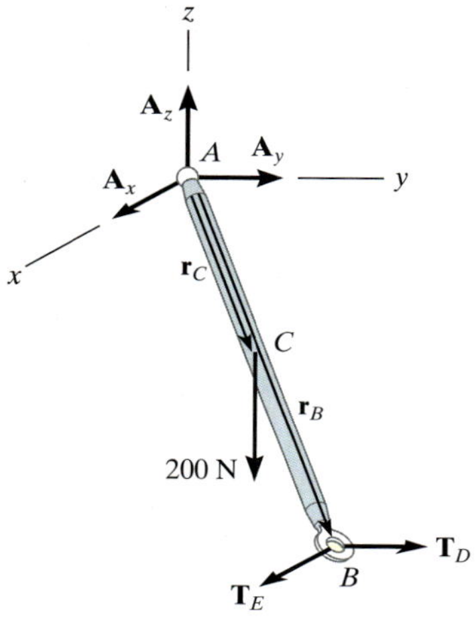

(b)

Fig. 5.31

$$\mathbf{F}_A = A_x\mathbf{i} + A_y\mathbf{j} + A_z\mathbf{k}$$
$$\mathbf{T}_E = T_E\mathbf{i}$$
$$\mathbf{T}_D = T_D\mathbf{j}$$
$$\mathbf{F} = \{-200\mathbf{k}\}\text{ N}$$

Als we de evenwichtsvergelijking voor krachten toepassen, krijgen we:

$\Sigma\mathbf{F} = \mathbf{0};$ $\quad \mathbf{F}_A + \mathbf{T}_E + \mathbf{T}_D + \mathbf{F} = \mathbf{0}$

$$(A_x + T_E)\mathbf{i} + (A_y + T_D)\mathbf{j} + (A_z - 200)\mathbf{k} = \mathbf{0}$$

$\Sigma F_x = 0;$ $\quad A_x + T_E = 0 \quad (1)$

$\Sigma F_y = 0;$ $\quad A_y + T_D = 0 \quad (2)$

$\Sigma F_z = 0;$ $\quad A_z - 200 = 0 \quad (3)$

De som van de momenten om A levert het volgende op:

$\Sigma\mathbf{M}_A = \mathbf{0};$ $\quad \mathbf{r}_C \times \mathbf{F} + \mathbf{r}_B \times (\mathbf{T}_E + \mathbf{T}_D) = \mathbf{0}$

Aangezien $\mathbf{r}_C = ½\mathbf{r}_B$ geldt

$$(0{,}5\mathbf{i} + 1\mathbf{j} - 1\mathbf{k}) \times (-200\mathbf{k}) + (1\mathbf{i} + 2\mathbf{j} - 2\mathbf{k}) \times (T_E\mathbf{i} + T_D\mathbf{j}) = \mathbf{0}$$

Als we dit uitwerken en termen opnieuw ordenen, krijgen we

$$(2T_D - 200)\mathbf{i} + (-2T_E + 100)\mathbf{j} + (T_D - 2T_E)\mathbf{k} = \mathbf{0}$$

$\Sigma M_x = 0;$ $\quad 2T_D - 200 = 0 \quad (4)$

$\Sigma M_y = 0;$ $\quad -2T_E + 100 = 0 \quad (5)$

$\Sigma M_z = 0;$ $\quad T_D - 2T_E = 0 \quad (6)$

Als we vgl. 1 tot en met 5 oplossen, krijgen we

$$T_D = 100 \text{ N} \qquad \textit{Antw.}$$
$$T_E = 50 \text{ N} \qquad \textit{Antw.}$$
$$A_x = -50 \text{ N} \qquad \textit{Antw.}$$
$$A_y = -100 \text{ N} \qquad \textit{Antw.}$$
$$A_z = 200 \text{ N} \qquad \textit{Antw.}$$

OPMERKING: Het minteken geeft aan dat $\mathbf{A}_x$ en $\mathbf{A}_y$ een zin hebben die tegengesteld is aan de zin die in het vrijlichaamsschema was aangegeven, zie fig. 5.31*b*.

Voorbeeld 5.19

De gebogen staaf in fig. 5.32*a* wordt in *A* gesteund door een aslager, in *D* door een kogelscharnier en in *B* door een kabel *BC*. Gebruik slechts één evenwichtsvergelijking om een directe oplossing voor de trekkracht in kabel *BC* te krijgen. Het lager in *A* kan uitsluitend krachtcomponenten uitoefenen in de *z*- en *y*-richting, aangezien het goed is uitgelijnd op de as.

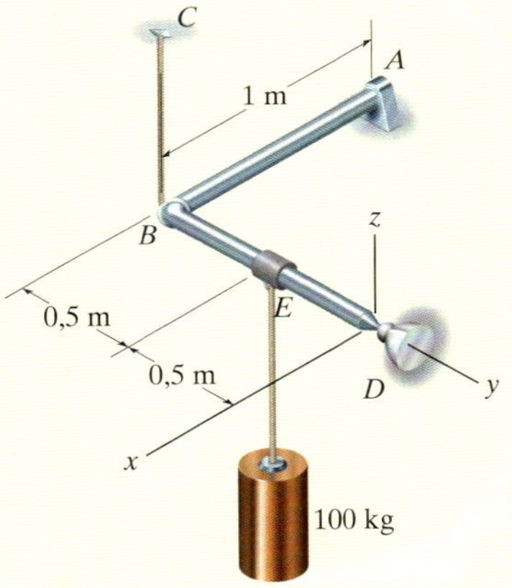

(a)

Fig. 5.32

OPLOSSING (VECTORANALYSE)

Vrijlichaamsschema Zoals afgebeeld in fig. 5.32*b* zijn er zes onbekenden.

Evenwichtsvergelijkingen De kabeltrekkracht $\mathbf{T}_B$ kan *direct* worden verkregen door de som te bepalen van momenten om een as, die door de punten *D* en *A* gaat. Waarom? De richting van deze as wordt gedefinieerd door de eenheidsvector **u**:

$$\mathbf{u} = \frac{\mathbf{r}_{DA}}{r_{DA}} = -\frac{1}{\sqrt{2}}\mathbf{i} - \frac{1}{\sqrt{2}}\mathbf{j}$$
$$= -0{,}7071\mathbf{i} - 0{,}7071\mathbf{j}$$

Dus de som van de momenten om deze as is nul als:

$$\Sigma M_{DA} = \mathbf{u} \cdot \Sigma\,(\mathbf{r} \times \mathbf{F}) = 0$$

Hierin is **r** een plaatsvector die vanaf *een willekeurig punt* op de as *DA* naar een punt op de werklijn van **F** loopt, zie vgl. 4.11. Op grond van fig. 5.32*b* kunnen we daarom schrijven:

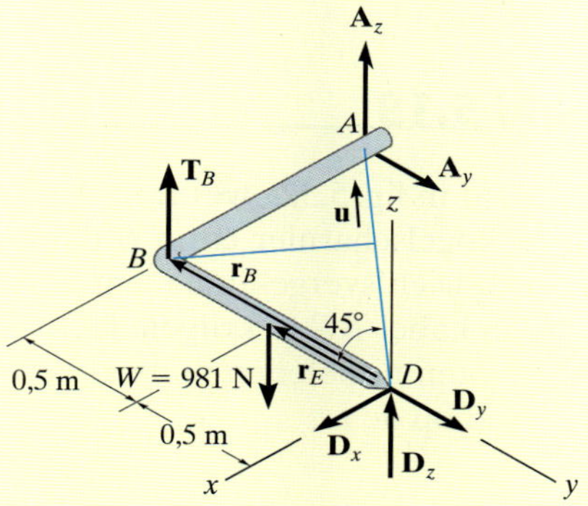

(b)

Fig. 5.32 (vervolg)

$$\mathbf{u} \cdot (\mathbf{r}_B \times \mathbf{T}_B + \mathbf{r}_E \times \mathbf{W}) = 0$$
$$(-0{,}7071\mathbf{i} - 0{,}7071\mathbf{j}) \cdot \big[(-1\mathbf{j}) \times (T_B\mathbf{k}) + (-0{,}5\mathbf{j}) \times (-981\mathbf{k})\big] = 0$$
$$(-0{,}7071\,\mathbf{i} - 0{,}7071\,\mathbf{j}) \cdot [(-T_B + 490{,}5)\mathbf{i}] = 0$$
$$-\ 0{,}7071(-T_B + 490{,}5) + 0 + 0 = 0$$
$$T_B = 490{,}5 \text{ N}$$ *Antw.*

Omdat de momentarmen van de as naar $\mathbf{T}_B$ en **W** eenvoudig te berekenen zijn, kunnen we ook dit resultaat bepalen met een scalaire analyse. Zoals weergegeven in fig. 5.32*b* is:

$$\Sigma M_{DA} = 0; \quad T_B(1 \text{ m} \sin 45°) - 981 \text{ N}(0{,}5 \text{ m} \sin 45°) = 0$$
$$T_B = 490{,}5 \text{ N}$$ *Antw*

Fundamentele vraagstukken

Alle oplossingen van de vraagstukken moeten gebruikmaken van een vrijlichaamsschema.

F5.7. De homogene plaat heeft een gewicht van 2,5 kN. Bepaal de trekkracht in elk van de dragende kabels.

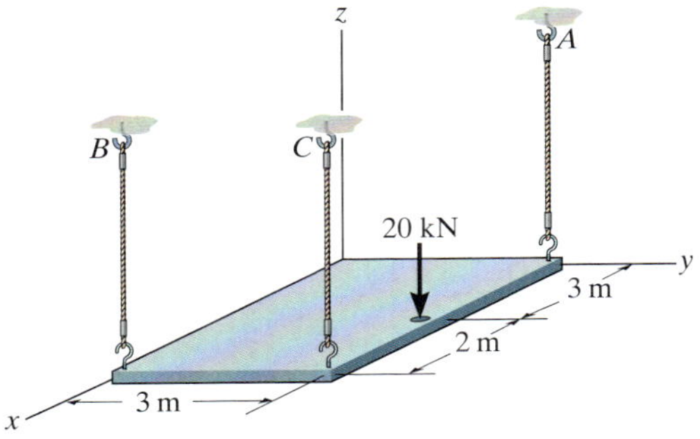

F5.7

F5.8. Bepaal de reactiekrachten in de rolopplegging A, het kogelscharnier D en de trekkracht in kabel BC voor de plaat.

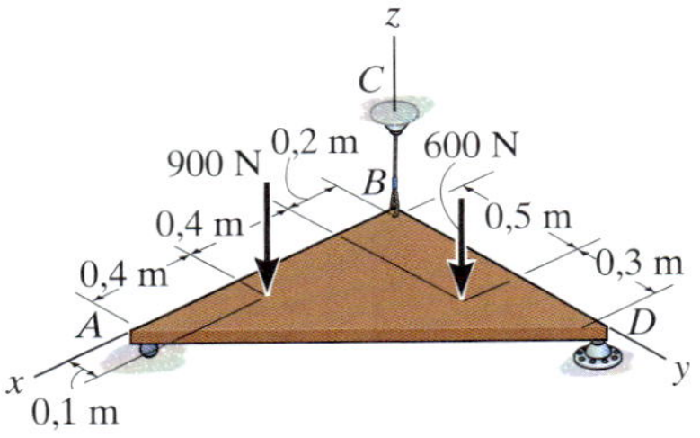

F5.8

F5.9. De staaf wordt in A, B en C gesteund door gladde aslagers en is onderhevig aan twee krachten. Bepaal de reactiekrachten in deze steunpunten.

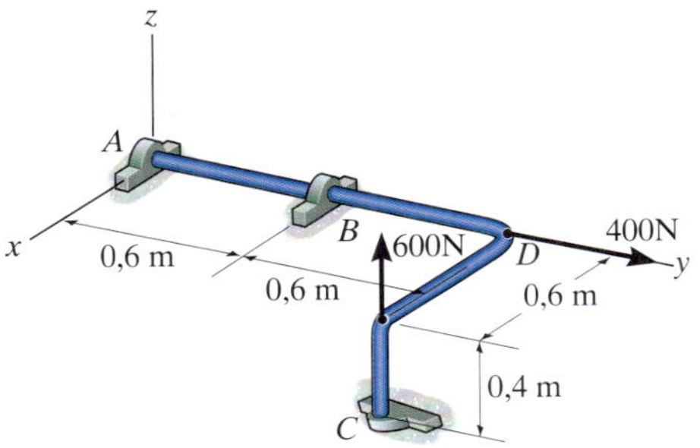

F5.9

F5.10. Bepaal de steunpuntreacties in de gladde aslagers A, B en C van de buizenconstructie.

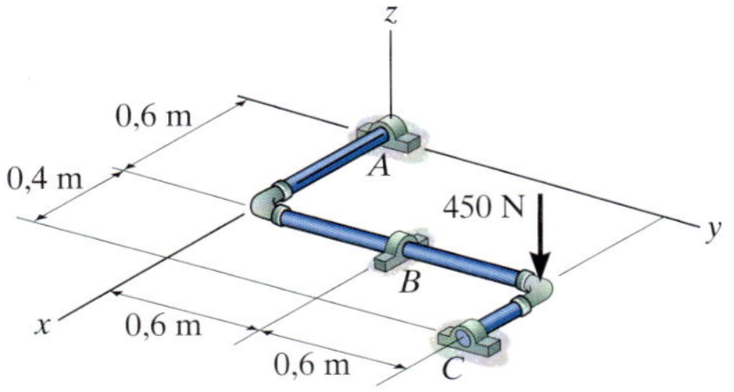

F5.10

F5.11. Bepaal de kracht in de touwen BD, CE en CF en de reactiekrachten op het kogelscharnier A op het blok.

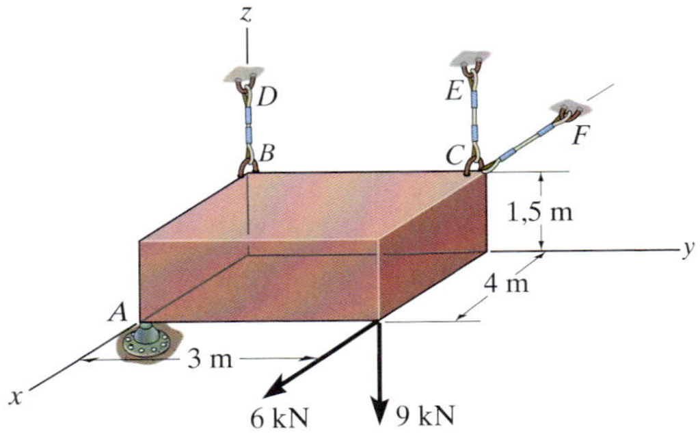

F5.11

F5.12. Bepaal de componenten van de reactiekrachten die het druklager A en kabel BC op de balk uitoefenen.

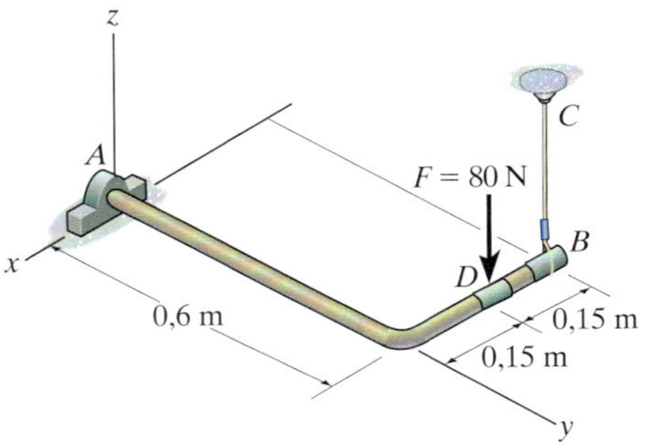

F5.12

Vraagstukken

Alle oplossingen van de vraagstukken moeten gebruikmaken van een vrijlichaamsschema.

5.62. De homogene last heeft een massa van 600 kg en wordt opgehesen met behulp van het homogene, 30 kg zware juk *BAC* en de vier kabels als in de figuur. Bepaal de trekkracht in elke kabel en de kracht die moet worden uitgeoefend in *A*.

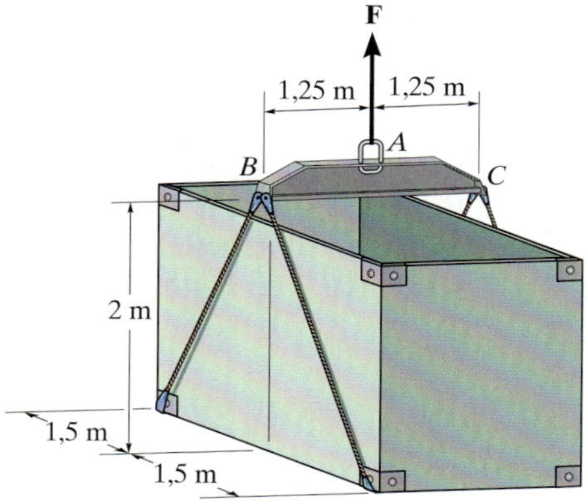

Vraagstuk 5.62

5.63. Als gevolg van een ongelijke brandstofverdeling in de vleugeltanks zijn de plaatsen van de massamiddelpunten van de vliegtuigromp *A* en de vleugels *B* en *C*, zoals weergegeven. Als deze componenten de gewichten $W_A = 225$ kN, $W_B = 40$ kN en $W_C = 30$ kN hebben, bepaal dan de normaalkrachten van de wielen *D*, *E* en *F* op de grond.

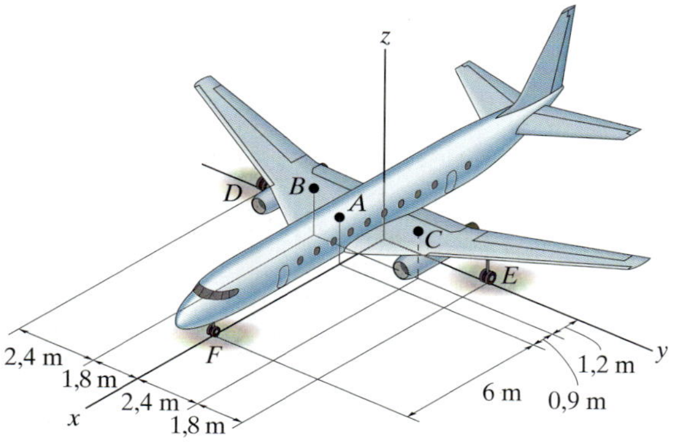

Vraagstuk 5.63

***5.64.** De vleugel van het passagiersvliegtuig wordt belast met de stuwkracht $T = 8$ kN van de motor en de resulterende liftkracht $L = 45$ kN. De massa van de vleugel is 2,1 Mg en het massamiddelpunt bevindt zich in *G*. Bepaal de componenten van de reactiekrachten in de *x*-, *y*- en *z*-richting ter plaatse van de bevestiging van de starre bevestiging aan de romp in *A*.

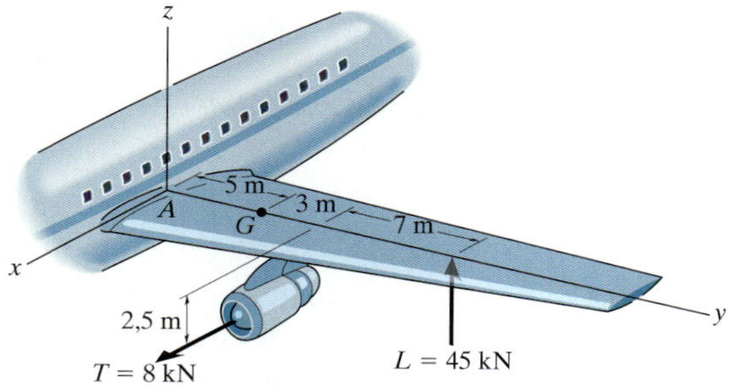

Vraagstuk 5.64

5.65. Het wagentje draagt een uniforme kist met een massa van 85 kg. Bepaal de verticale reactiekrachten in de drie zwenkwielen in *A*, *B*, en *C*. Het zwenkwiel *B* is niet weergegeven. Verwaarloos de massa van het wagentje.

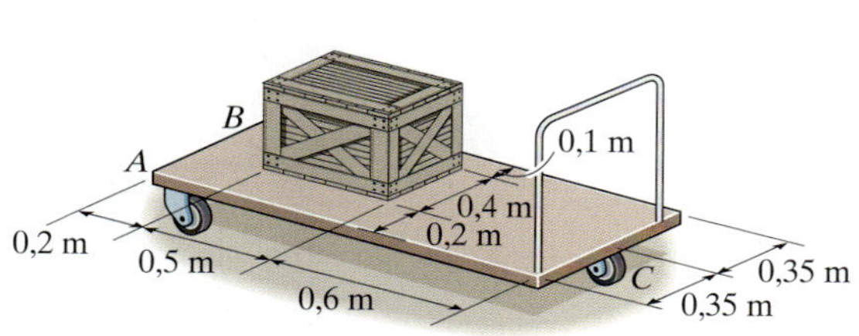

Vraagstuk 5.65

5.66. Aan de buisconstructie hangen de weergegeven verticale belastingen. Bepaal de componenten van de reactiekrachten in het kogelgewricht A en de trekkracht in de draagkabels BC en BD.

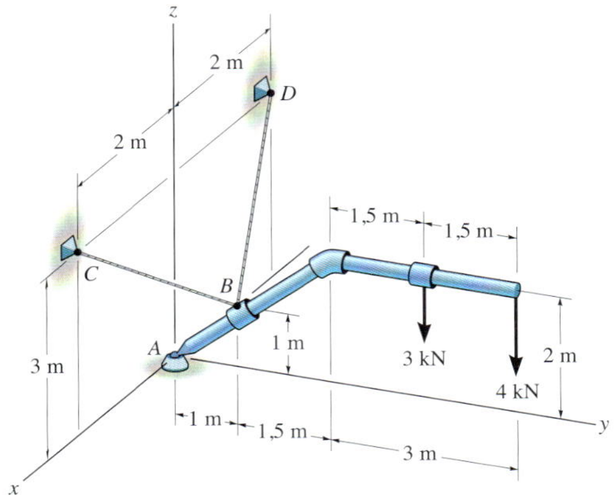

Vraagstuk 5.66

***5.68.** Bepaal de krachtcomponenten op het kogelscharnier in A, de reactiekracht in de roloplegging B en de trekkracht in het touw CD, nodig voor het evenwicht van het kwartcirkelvormige plaatsegment.

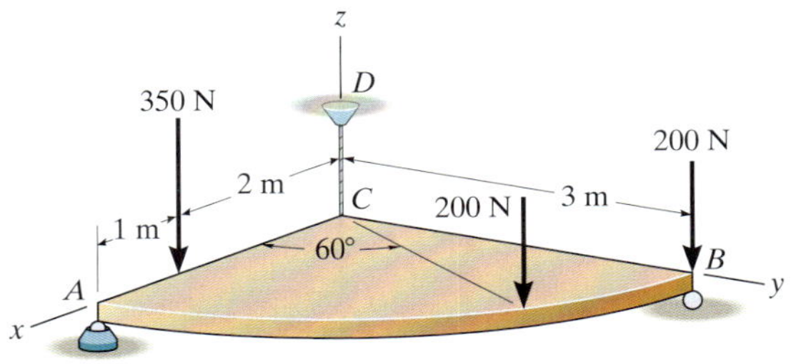

Vraagstuk 5.68

5.67. De giek wordt gedragen door een kogelscharnier in A en een tuikabel in B. Als de belasting van 5 kN in een vlak evenwijdig aan het x-y-vlak ligt, bepaal dan de x-, y- en z-componenten van de reactiekracht in A en de trekkracht in de kabel in B.

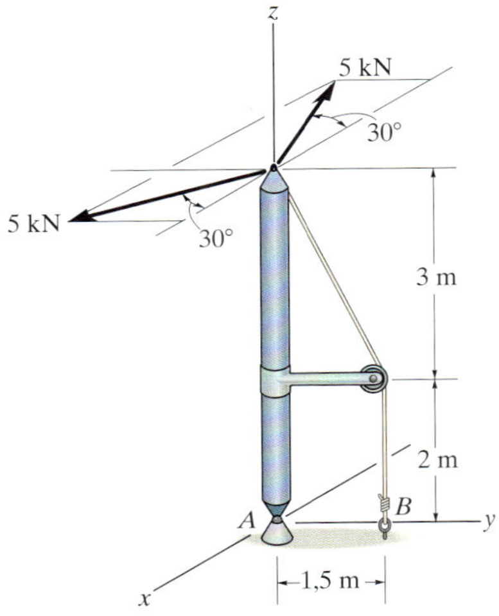

Vraagstuk 5.67

5.69. Bepaal de componenten van de reactiekrachten in de gladde aslagers A, B en C.

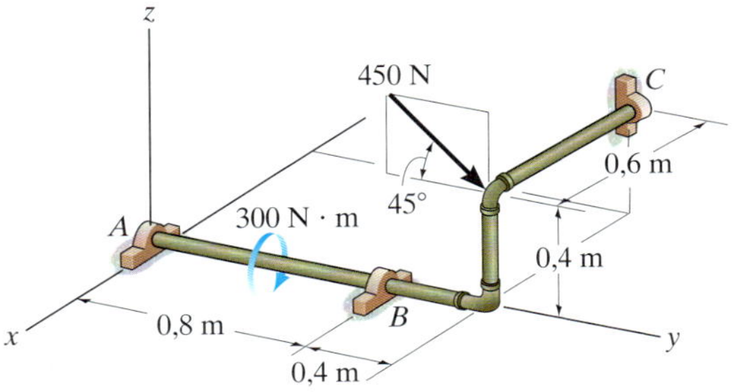

Vraagstuk 5.69

5.70. De cirkelvormige plaat heeft een gewicht W en zijn massamiddelpunt in het middelpunt. Als deze plaat wordt gedragen door drie verticale touwen aan de rand, bepaal dan de grootste afstand d vanwaar een verticale kracht **P** kan worden toegepast zonder dat de kracht in een van de kabels nul wordt.

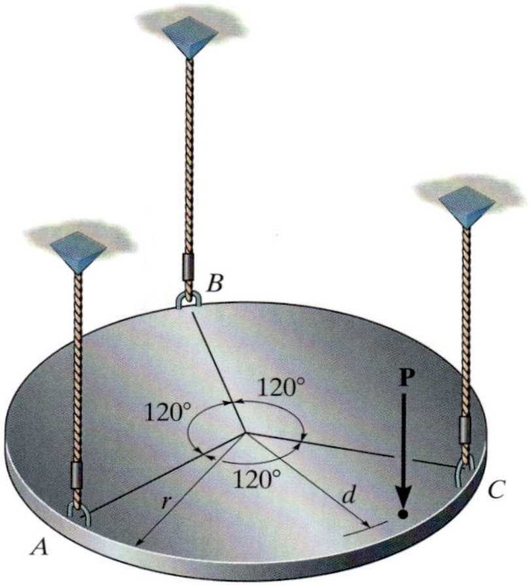

Vraagstuk 5.70

5.71. Bepaal de reactiekrachten in de gladde mof A en de normale reactie op de roloplegging B.

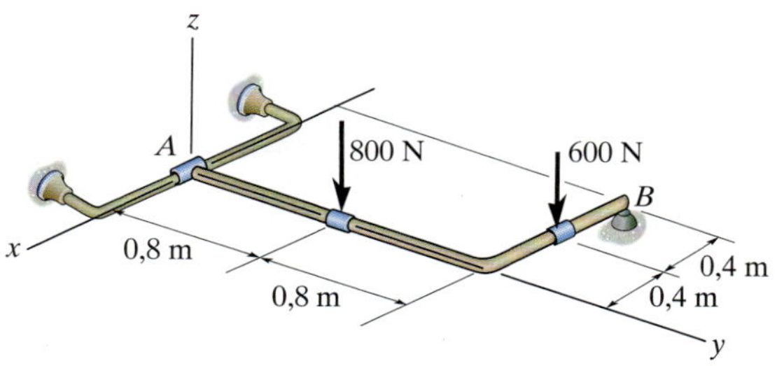

Vraagstuk 5.71

***5.72.** De paal wordt belast met de weergegeven twee krachten. Bepaal de componenten van de reactiekrachten in A als dat als een kogelscharnier mag worden beschouwd. Berekenen ook de trekkracht elk van de tuidraden BC en ED.

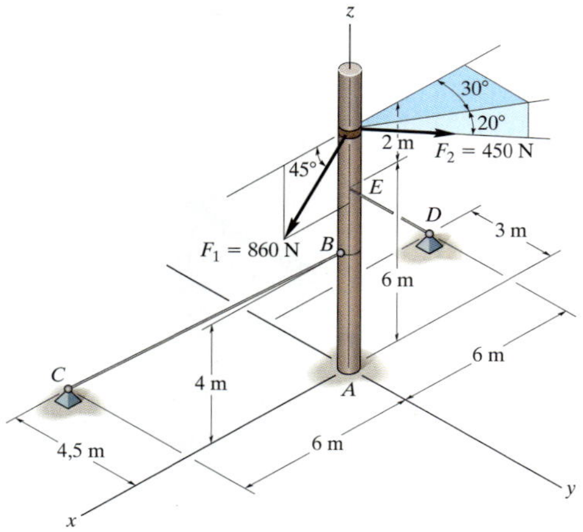

Vraagstuk 5.72

5.73. Als $P = 6$ kN, $x = 0{,}75$ m en $y = 1$ m, bepaal dan de trekkracht in de kabels AB, CD en EF. Verwaarloos het gewicht van de plaat.

5.74. Bepaal de x- en y-coördinaten van het aangrijpingspunt van kracht **P**, zodanig dat de trekkracht in de kabels AB, CD en EF gelijk is. Verwaarloos het gewicht van de plaat.

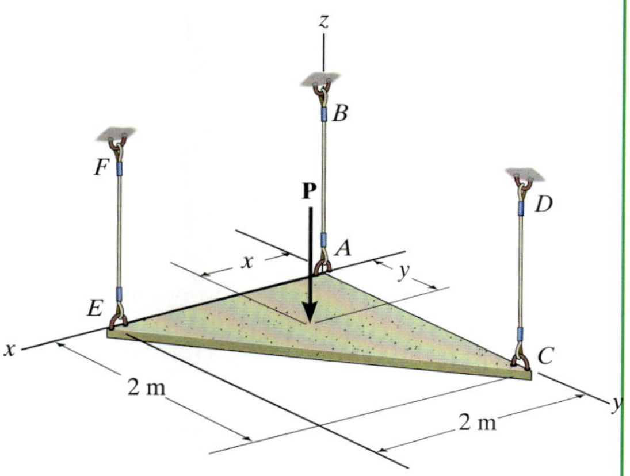

Vraagstukken 5.73/74

5.75. De katrollen zijn star bevestigd op de as. Bepaal de grootte van de trekkracht T en de componenten van de reactiekrachten in de *x*-, *y*-, *z*-richting op het rollager *A* en het taatslager *B*.

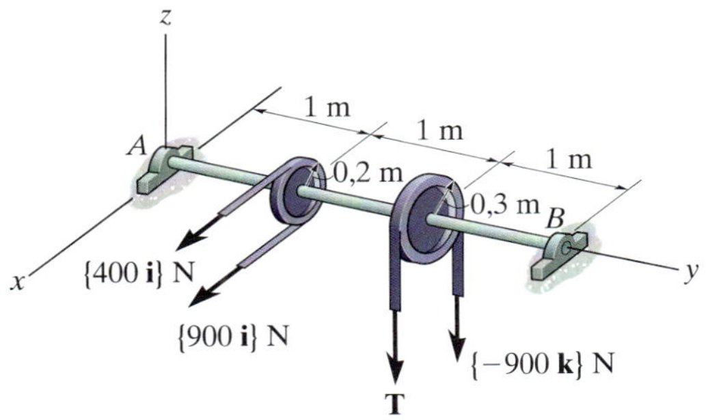

Vraagstuk 5.75

5.77. Een homogene vierkante tafel met gewicht *W* en zijde *a*, rust op drie verticale poten. Bepaal de kleinste verticale kracht **P** die op de bovenkant moet worden uitgeoefend om de tafel te laten kantelen.

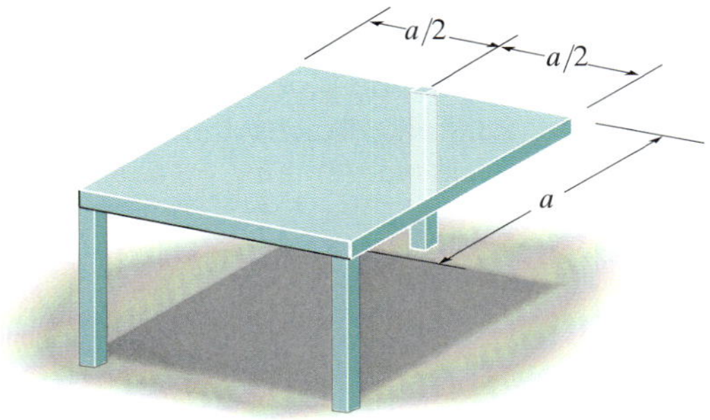

Vraagstuk 5.77

***5.76.** De kogel met een massa van 2 kg rust in de 45° afgeschuinde sleuf *A* en *B* met een helling van 10° en in *C* tegen een verticale wand. De drie oppervlakken zijn glad. Bepaal de reacties van de oppervlakken op de kogel. *Hint*: gebruik de *x*-, *y*- en *z*-as, met de oorsprong ter plaatse van het middelpunt van de kogel en kies de richting van de *z*-as op de manier zoals is weergegeven in de figuur.

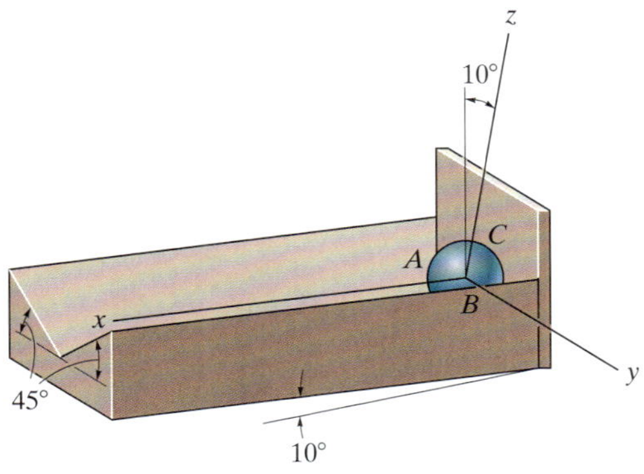

Vraagstuk 5.76

5.78. De as wordt gedragen door drie gladde aslagers in *A*, *B* en *C*. Bepaal de componenten van de reactiekracht in deze lagers.

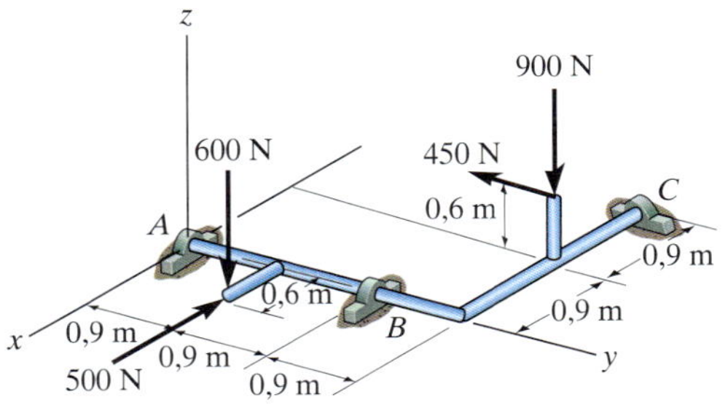

Vraagstuk 5.78

5.79. Het platform heeft een massa van 3 Mg en het massamiddelpunt bevindt zich in *G*. Het wordt met constante snelheid aan de drie kabels opgehesen. Bepaal de kracht in elk van de kabels.

***5.80.** Het platform heeft een massa van 2 Mg en het massamiddelpunt bevindt zich in *G*. Het wordt opgehesen aan de drie kabels. Bepaal de kracht in elk van de kabels. Bepaal elke kracht door één momentenevenwichtsvergelijking op te stellen.

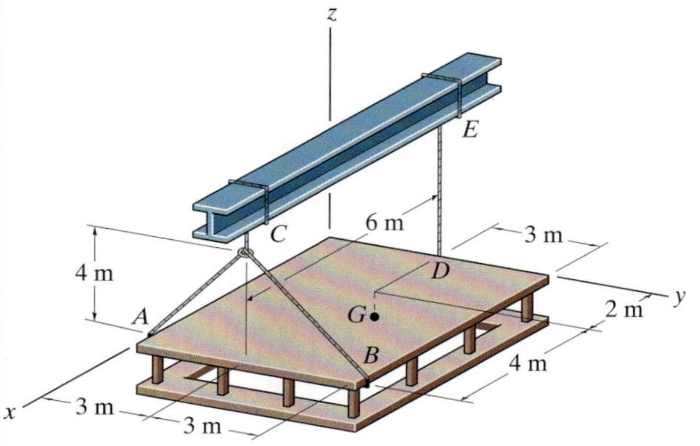

Vraagstukken 5.79/80

5.81. Het uithangbord heeft een massa van 100 kg en het massamiddelpunt bevindt zich in *G*. Bepaal de *x*-, *y*- en *z*-component van de reactiekracht in het kogelgewricht *A* en de trekkracht in de draden *BC* en *BD*.

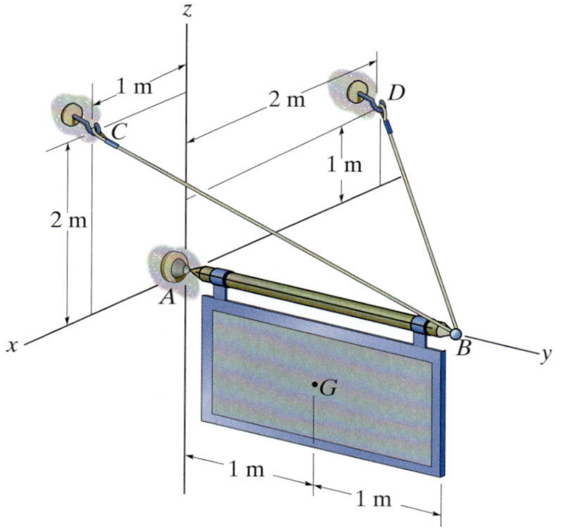

Vraagstuk 5.81

5.82. Bepaal de trekkracht in de kabels *BD* en *CD* en de *x*-, *y*- en *z*-componenten van de reactiekracht in het kogelscharnier in *A*.

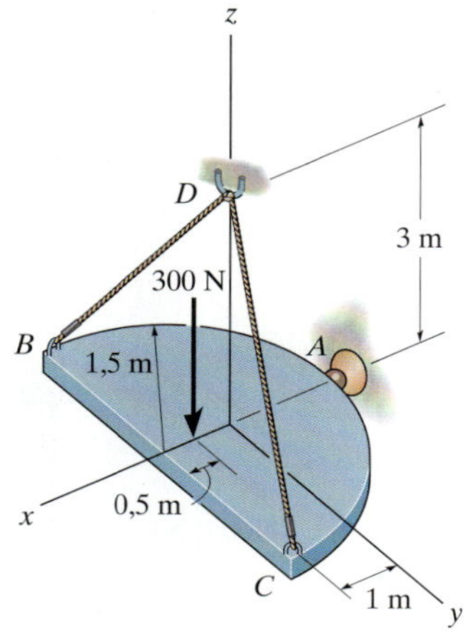

Vraagstuk 5.82

5.83. Beide katrollen zijn star op de as bevestigd en de as draait met een constante hoeksnelheid. Het vermogen van katrol *A* wordt overgebracht op katrol *B*. Bepaal de horizontale trekkracht T op de riem van katrol *B* en de *x*-, *y*- en *z*-componenten van de reactiekracht op rollager *C* en taatslager *D* als $\theta = 0°$. De lagers zijn uitgelijnd en oefenen alleen reactiekrachten op de as uit.

***5.84.** Beide katrollen zijn star op de as bevestigd en de as draait met een constante hoeksnelheid. Het vermogen van katrol *A* wordt overgebracht op katrol *B*. Bepaal de horizontale trekkracht **T** op de riem op katrol *B* en de *x*-, *y*- en *z*-componenten van de reactiekracht op het rollager *C* en het taatslager *D* als $\theta = 45°$. De lagers zijn zuiver uitgelijnd en oefenen alleen reactiekrachten op de as uit.

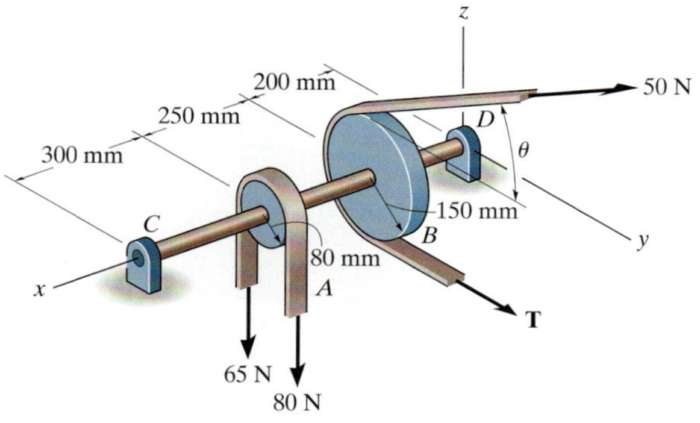

Vraagstukken 5.83/84

Samenvatting

Evenwicht

Een voorwerp in evenwicht is in rust of kan met constante snelheid rechtlijnig bewegen.

$$\Sigma \mathbf{F} = \mathbf{0}$$
$$\Sigma \mathbf{M} = \mathbf{0}$$

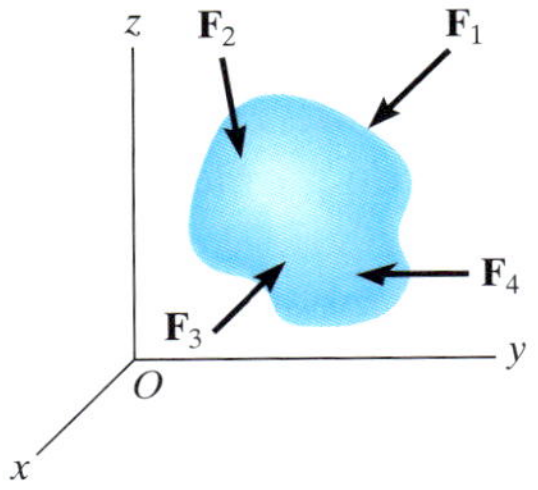

Twee dimensies

Alvorens het evenwicht van een lichaam te analyseren moet het vrijlichaamsschema getekend worden.

Dit is een schets van de vorm van het lichaam, met alle erop werkende krachten en koppelmomenten.

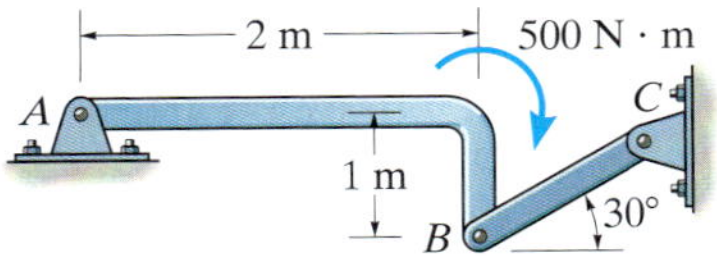

Koppelmomenten kunnen op een willekeurige plaats in het vrijlichaamsschema worden getekend, omdat het vrije vectoren zijn. Krachten kunnen op elk punt langs hun werklijn werken omdat het glijdende vectoren zijn.

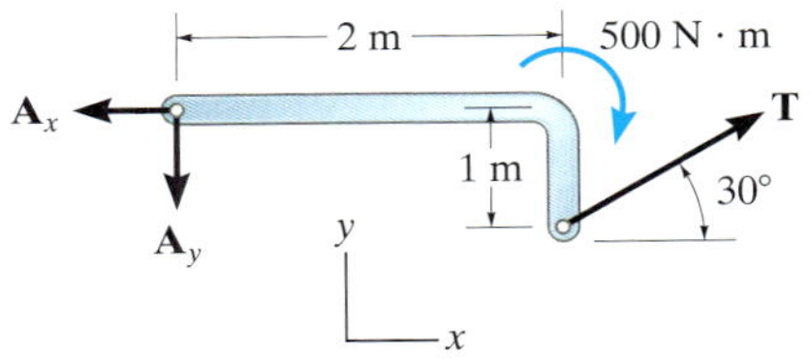

Hoeken worden gebruikt om krachten te ontbinden, en maten die worden gebruikt om momenten van krachten te bepalen, moeten eveneens in het vrijlichaamsschema worden aangegeven. Enkele veelvoorkomende typen steunpunten en hun reactiekrachten zijn hieronder tweedimensionaal weergegeven.

Bedenk dat een steunpunt een kracht op het lichaam in een bepaalde richting uitoefent als het translatie van het lichaam in die richting verhindert, en dat het een koppelmoment op het lichaam uitoefent als het rotatie verhindert.

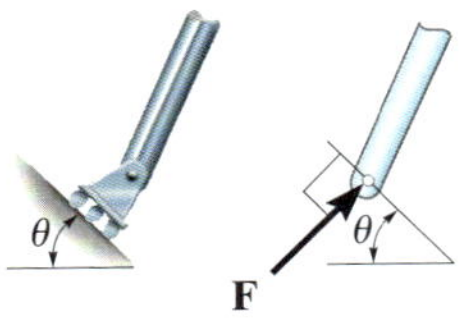

roloplegging

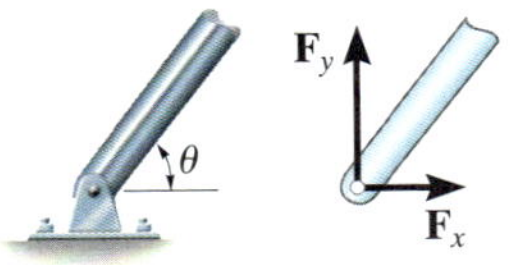

gladde pen of scharnier

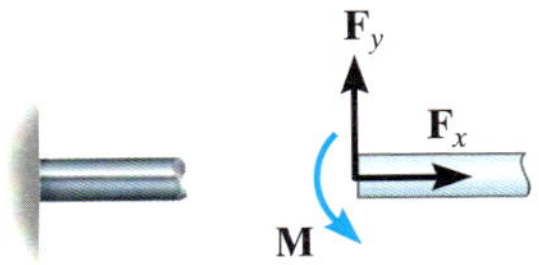

vast steunpunt

De drie scalaire evenwichtsvergelijkingen kunnen worden gebruikt bij het oplossen van tweedimensionale vraagstukken, omdat ze eenvoudig meetkundig zijn weer te geven.

$$\Sigma F_x = 0$$
$$\Sigma F_y = 0$$
$$\Sigma M_O = 0$$

Probeer voor de meest rechtstreekse oplossing de krachten op te tellen langs een as die zo veel mogelijk onbekende krachten elimineert.
Tel de momenten op rond een punt A dat op de werklijn van zo veel mogelijk onbekende krachten ligt.

$\Sigma F_x = 0;$

$A_x - P_2 = 0 \qquad A_x = P_2$

$\Sigma M_A = 0;$

$P_2 d_2 + B_y d_B - P_1 d_1 = 0$

$$B_y = \frac{P_1 d_1 - P_2 d_2}{d_B}$$

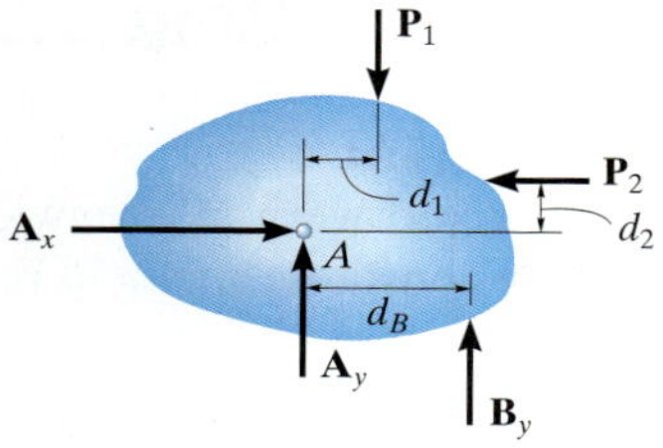

Drie dimensies
Enkele veelvoorkomende typen steunpunten en hun reactiekrachten zijn hiernaast driedimensionaal weergegeven.

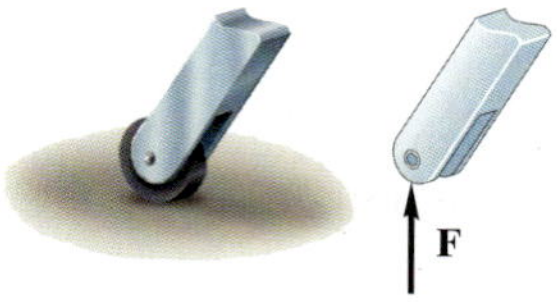

roloplegging

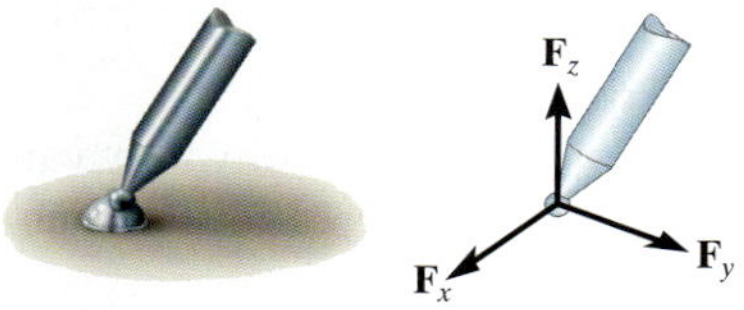

bolscharnier

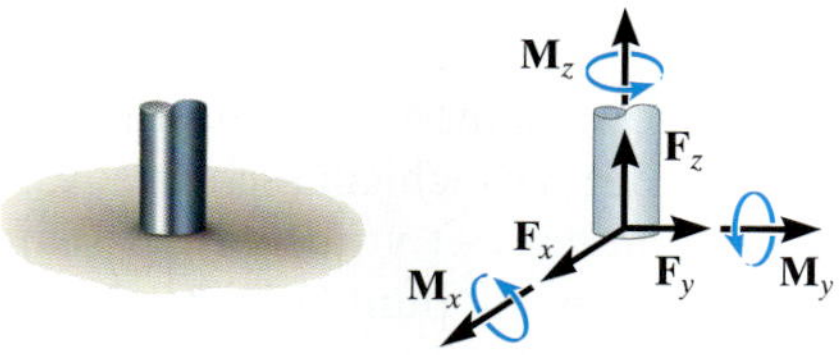

vast steunpunt

In drie dimensies is het vaak handig om bij het toepassen van de evenwichtsvergelijkingen een cartesische vectoranalyse te gebruiken.
Schrijf hiertoe alle bekende en onbekende krachten en koppelmomenten in het vrijlichaamsschema als cartesische vectoren.
Stel vervolgens de som van alle krachten gelijk aan nul.
Neem de momenten rond een punt O dat op de werklijn van zo veel mogelijk onbekende krachtcomponenten ligt.
Teken vanuit punt O plaatsvectoren naar elke kracht en bereken met het uitwendig product het moment van elke kracht.
De zes scalaire evenwichtsvergelijkingen worden gevonden door respectievelijk de **i**-, **j**- en **k**-componenten van de som van de krachten en de som van de momenten gelijk aan nul te stellen.

$$\Sigma \mathbf{F} = \mathbf{0}$$
$$\Sigma \mathbf{M}_O = \mathbf{0}$$

$$\Sigma F_x = 0$$
$$\Sigma F_y = 0$$
$$\Sigma F_z = 0$$

$$\Sigma M_x = 0$$
$$\Sigma M_y = 0$$
$$\Sigma M_z = 0$$

Bepaaldheid en stabiliteit
Als een lichaam wordt gedragen door een minimaal aantal verbindingspunten om evenwicht te garanderen, dan is het statisch bepaald.
Als het meer dan het vereiste aantal verbindingspunten heeft, dan is het statisch onbepaald.

Om het lichaam op de juiste manier te verbinden met de omgeving, mogen de reactiekrachten niet allemaal evenwijdig zijn en mogen de werklijnen niet allemaal door hetzelfde punt gaan.

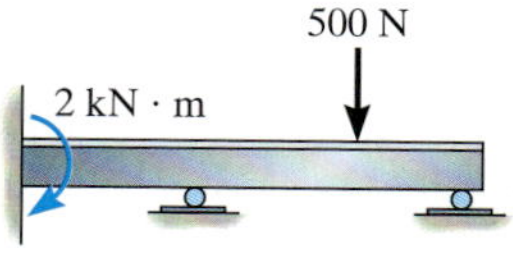

Statisch onbepaald,
vijf reactiekrachten,
drie evenwichtsvergelijkingen.

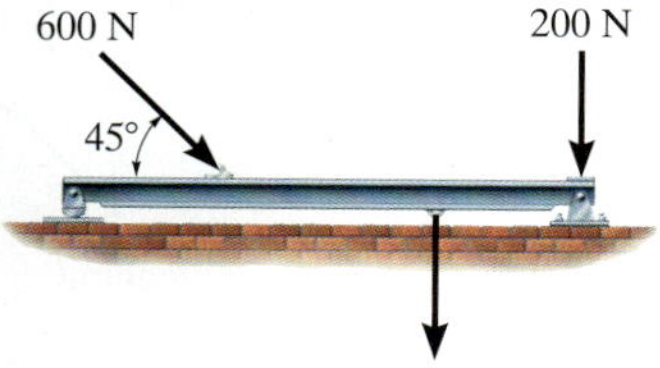

Geschikte verbindingen,
statisch bepaald.

Herhalingsvraagstukken

5.85. Als de roloplegging in B een maximale belasting van 3 kN kan weerstaan, bepaal dan de maximale grootte van elk van de drie krachten **F** die de constructie kan dragen.

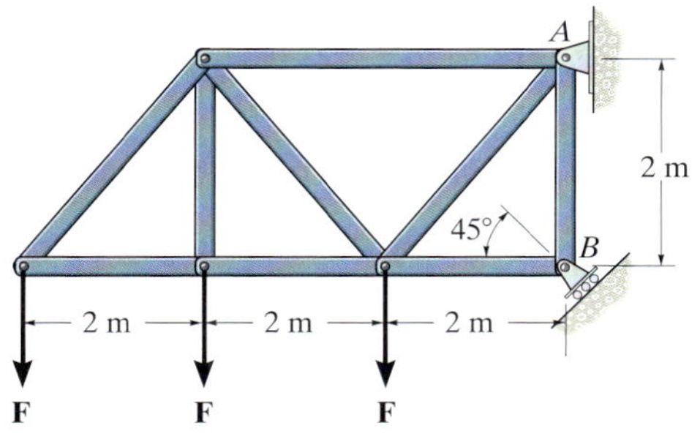

Vraagstuk 5.85

5.86 Bepaal de normaalkracht in de roloplegging A en de horizontale en verticale componenten in pen B voor evenwicht van het element.

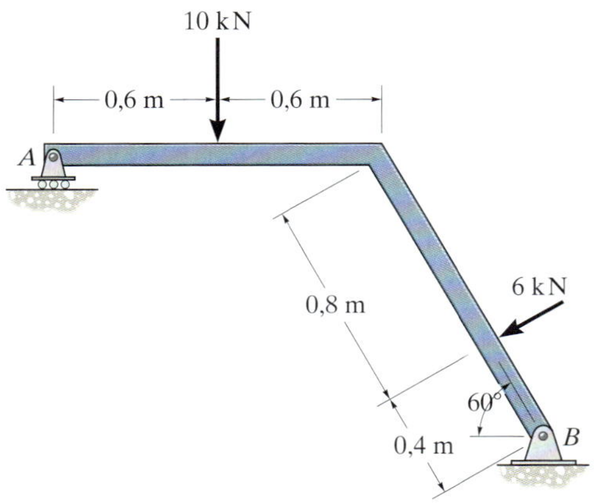

Vraagstuk 5.86

5.87. De symmetrische plank is onderworpen aan een uniforme belasting van 4 kPa. Steun wordt geboden door een bout (of pen) aan elk van de uiteinden A en A', en door de symmetrische draagbeugels, die tegen de gladde wand aan weerszijden van B en B' bevestigd zijn. Bepaal de kracht die door elke bout bij de wand wordt weerstaan, en de normaalkracht in B bij evenwicht.

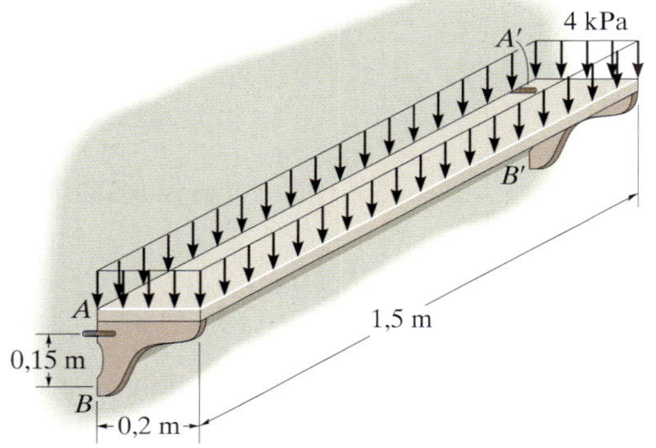

Vraagstuk 5.87

***5.88.** Bepaal de componenten van de reactiekrachten in de x- en z-richting op het taatslager A en de trekkracht in de touwen BC en BD die nodig is om de stang in evenwicht te houden.

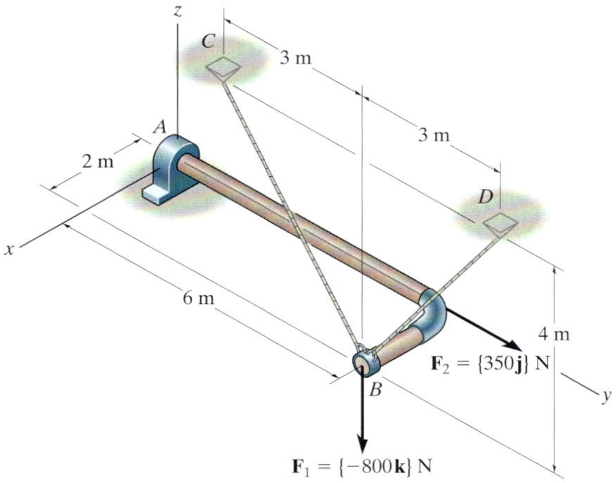

Vraagstuk 5.88

5.89. De homogene stang met lengte L en gewicht W ligt op twee gladde vlakken. Bepaal de hoek θ bij evenwicht. Laat de dikte van de stang buiten beschouwing.

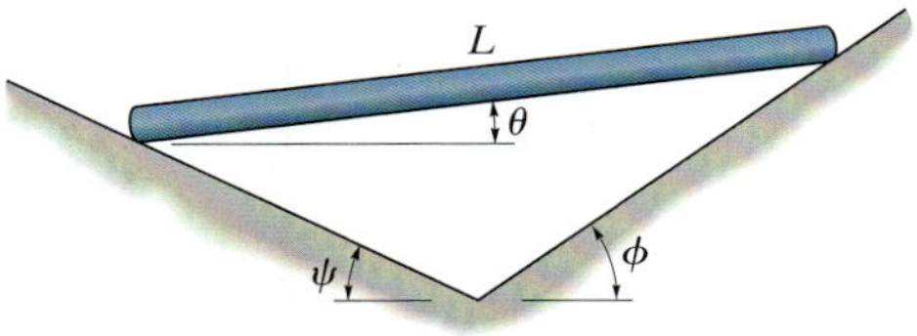

Vraagstuk 5.89

5.90. Bepaal de horizontale en verticale krachtcomponenten in het scharnier A en de reactie bij schommeloplegging B van de gekromde balk.

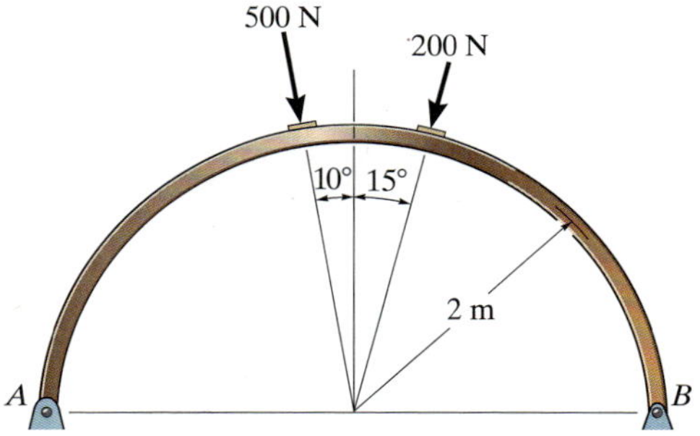

Vraagstuk 5.90

5.91. Bepaal de componenten van de reactiekrachten in de x-, y- en z-richting op de starre wand in A. De kracht van 150 N werkt evenwijdig aan de z-as en die van 200 N evenwijdig aan de y-as.

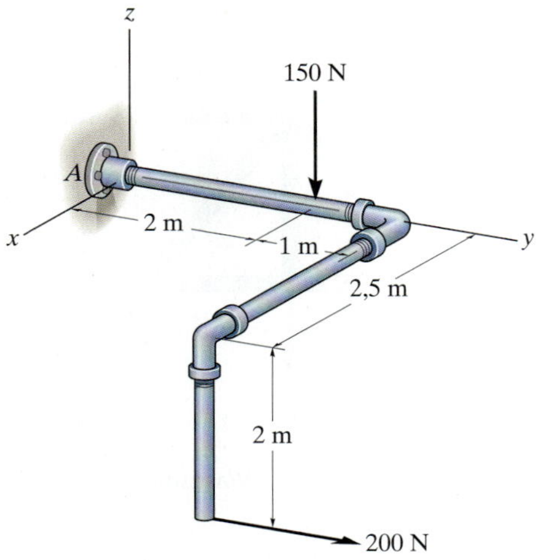

Vraagstuk 5.91

***5.92.** Bepaal de reactiekrachten in de ondersteuningen A en B bij evenwicht van de balk.

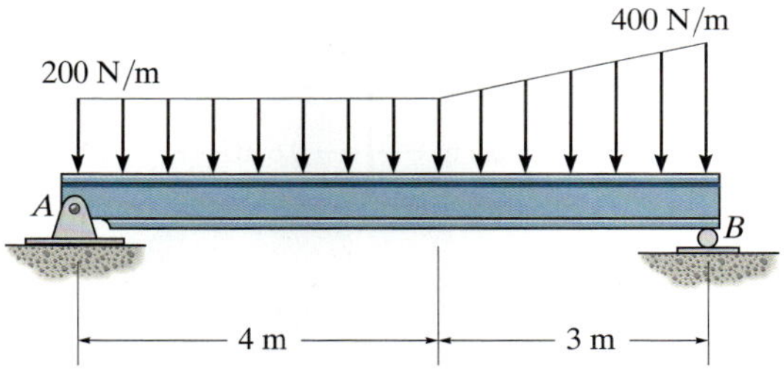

Vraagstuk 5.92

Om de onderdelen van deze lift te dimensioneren moeten we de krachten kennen die ze moeten kunnen ondergaan. In dit hoofdstuk zullen we zien hoe dergelijk constructies kunnen worden geanalyseerd met behulp van de evenwichtsvergelijkingen.

HOOFDSTUK

6

Analyse van constructies

Ga naar www.pearsonmylab.nl voor studiemateriaal en toetsen om je begrip en kennis van dit hoofdstuk uit te breiden en te oefenen. Ook vind je daar video-uitwerkingen bij verschillende opgaven uit dit hoofdstuk.

Doelstellingen van dit hoofdstuk

- De grootte van de krachten in de staven van een vakwerk berekenen met behulp van de knooppuntmethode en de snedemethode.
- De grootte van de krachten berekenen die werken op de onderdelen van raamwerken, werktuigen en machines die opgebouwd zijn uit onderdelen die met penverbindingen aan elkaar zijn bevestigd.

6.1 Eenvoudige vakwerken

Een *vakwerk* is een constructie van langwerpige elementen die met hun uiteinden aan elkaar zijn verbonden. De langwerpige elementen die in vakwerken worden gebruikt, kunnen van hout zijn of van metaal. De elementen worden staven genoemd als ze enkel belast zijn op trek of op druk (en dus niet belast zijn op bijvoorbeeld buiging). Verderop in deze paragraaf komt aan de orde wanneer dat het geval is. In het algemeen liggen *vlakke* vakwerken in één vlak en worden vaak gebruikt voor het ondersteunen van daken en bruggen. De constructie in fig. 6.1*a* is een voorbeeld van een vakwerkspant voor een dak. In deze figuur wordt de belasting van het dak *bij de verbindingen* overgebracht naar het vakwerk door middel van een reeks *gordingen*. Omdat deze belasting in hetzelfde vlak werkt als het vakwerk, zie fig. 6.1*b*, is de analyse van de ontwikkelde krachten in de vakwerkelementen tweedimensionaal.

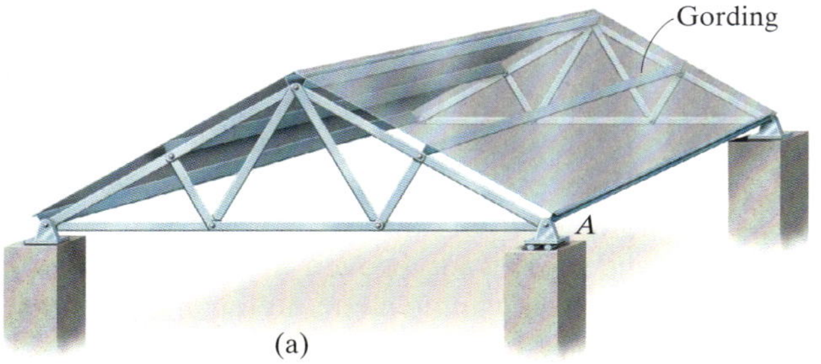

(a)

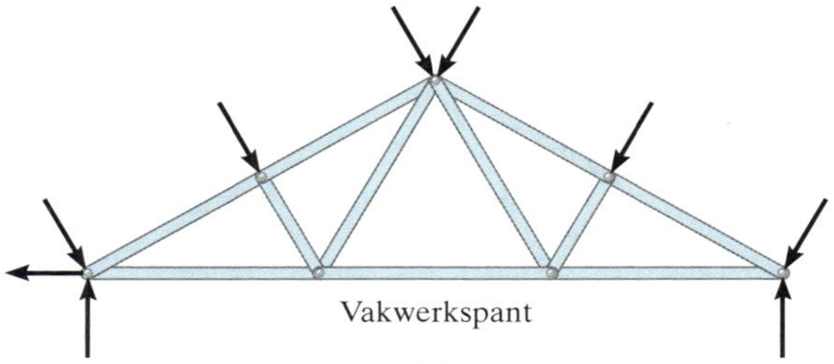

(b)

Fig. 6.1

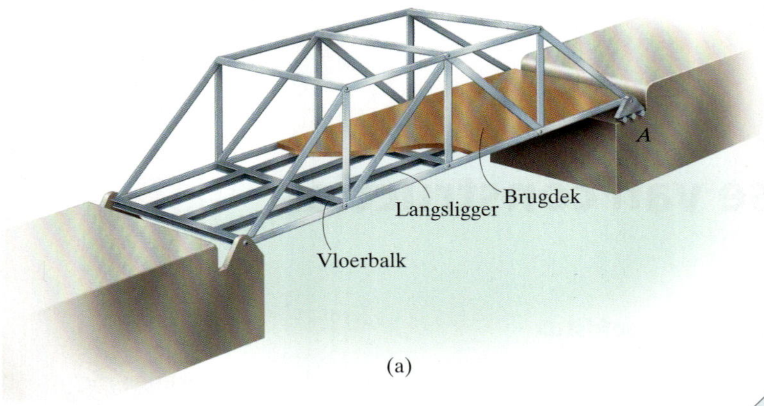

(a)

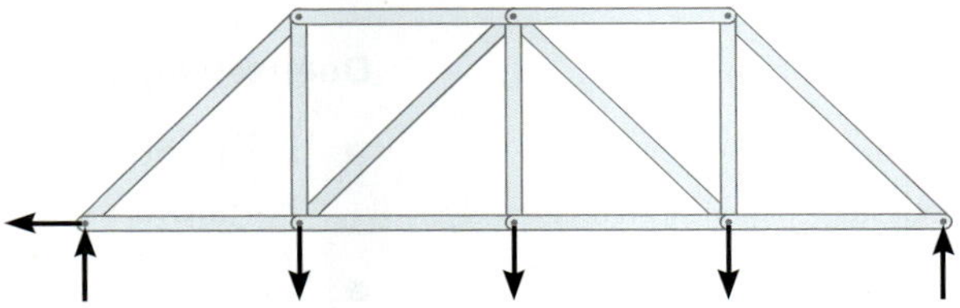

Brugvakwerk

(b)

Fig. 6.2

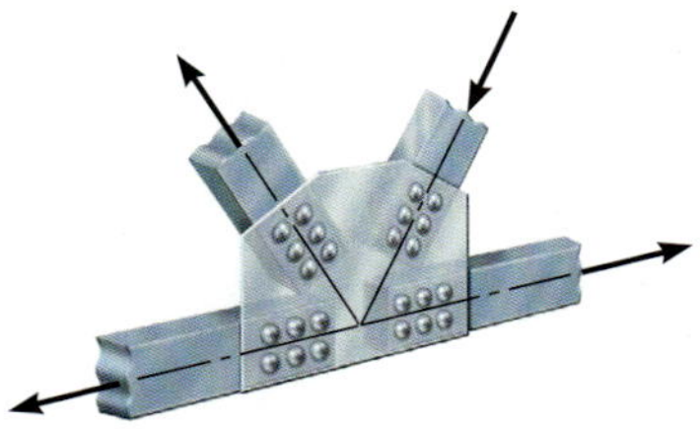

(a)

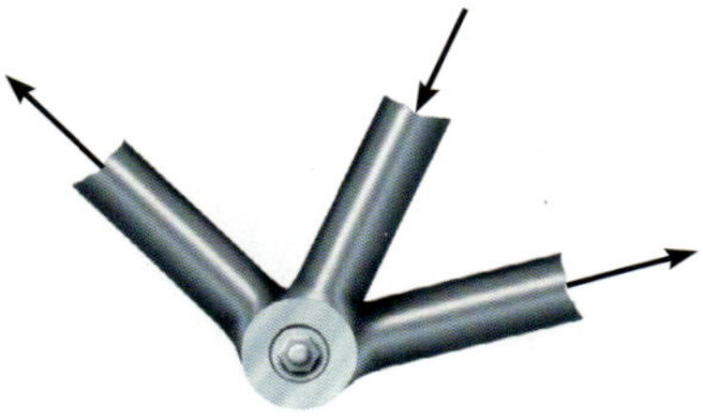

(b)

Fig. 6.3

In het geval van een brug, zoals afgebeeld in fig. 6.2*a*, wordt de belasting op het brugdek eerst overgedragen op *langsliggers*, vervolgens op *vloerbalken* en uiteindelijk op de *verbindingen* van de twee dragende vakwerken aan de zijkanten van de brug. De belasting van het brugvakwerk is net als bij het vakwerk voor het dak tweedimensionaal, zie fig. 6.2*b*.

Wanneer brug- of dakvakwerken grote afstanden overspannen, wordt meestal een roloplegging of tuimelaar (schommelsteun) gebruikt om één kant te ondersteunen, bijvoorbeeld verbinding *A* in de figuren 6.1*a* en 6.2*a*. Dit soort ondersteuning laat uitzetting of krimp van de staven toe ten gevolge van temperatuurwisselingen of belastingen.

Veronderstellingen bij het ontwerp Om zowel de staven als de verbindingen van een vakwerk te ontwerpen, moet eerst de kracht worden bepaald die in elke staaf ontstaat wanneer het vakwerk als geheel aan een bepaalde belasting wordt onderworpen. Hierbij wordt uitgegaan van twee belangrijke aannames:

- *Alle belastingen worden uitgeoefend in de verbindingspunten (ook wel de knooppunten of knopen genoemd)*. In de meeste situaties, zoals bij brug- en dakvakwerken, is deze aanname juist. Vaak wordt het gewicht van de elementen verwaarloosd, omdat de kracht die door elk element wordt ondersteund gewoonlijk veel groter is dan zijn gewicht. Moet het gewicht echter wel worden meegenomen in de analyse, dan is het vaak voldoende om het toe te passen als een verticale kracht. De ene helft hiervan werkt op het ene uiteinde en de andere helft op het andere uiteinde van de staaf.
- *De staven zijn met elkaar verbonden met behulp van gladde pennen*. De verbindingen worden gewoonlijk gevormd door het vastschroeven of lassen van de uiteinden van de elementen aan een gemeenschappelijke plaat, een zogeheten *schetsplaat*, zoals weergegeven in fig. 6.3*a*, of door gewoon een grote bout of pen door elk van de elementen aan te brengen, zie fig. 6.3*b*.

  We mogen ervan uitgaan dat deze verbindingen zich gedragen als scharnieren, mits de middellijnen van de verbindende elementen *in één punt samenkomen*, zoals in fig. 6.3, en de elementen lang zijn, zodat bij vervorming van het vakwerk als gevolg van een belasting de hoekverdraaiingen van de staven bij de knooppunten relatief klein zijn en daardoor de momenten die erop werken ook. Als we die momenten verwaarlozen blijft er alleen zuivere trek of zuivere druk over als belasting op de staven.

Uitgaande van deze twee veronderstellingen *werkt elke vakwerkstaaf als element waarop twee krachten werken*, en dus zal de werklijn van de kracht op elk uiteinde van het element samenvallen met de lijn die door de knooppunten gaat waartussen dit element zich bevindt. De kracht is een *trekkracht* (**T**), zie fig. 6.4*a*, wanneer hij de neiging heeft de staaf *uit te rekken* en de kracht is een *drukkracht* of *compressiekracht* (**C**), zie fig. 6.4*b* wanneer hij de neiging heeft de staaf *in te drukken*. In het feitelijke ontwerp van een vakwerk is het belangrijk om aan te geven of een kracht een trekkracht of een drukkracht is. Drukstaven moeten vaak *dikker* worden gemaakt dan trekstaven, vanwege knik die kan optreden als er druk op een staaf wordt uitgeoefend.

Het gebruik van metalen schetsplaten bij de constructie van deze Warren-vakwerken is duidelijk te zien.

Primair vakwerk Als drie elementen aan hun uiteinden met een pen verbonden zijn, vormen ze een *driehoekig vakwerk* dat *star* is, zie fig. 6.5. Door nog twee elementen te bevestigen die worden verbonden met een nieuwe verbinding *D*, wordt een groter vakwerk gevormd, zie fig. 6.6. Deze procedure kan naar believen worden herhaald om een nog groter vakwerk te vormen. Als een vakwerk kan worden geconstrueerd door op deze manier het elementaire driehoekige vakwerk uit te breiden, wordt het een *primair vakwerk* genoemd.

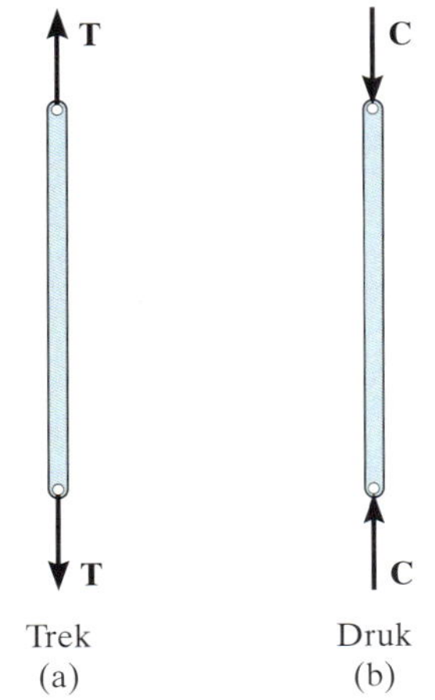

Fig. 6.4

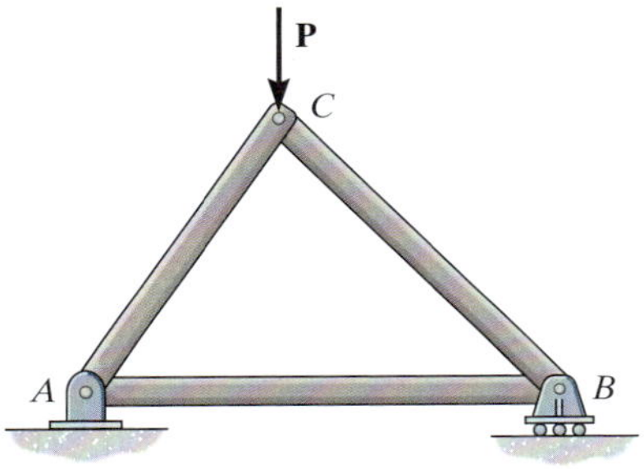

Fig. 6.5

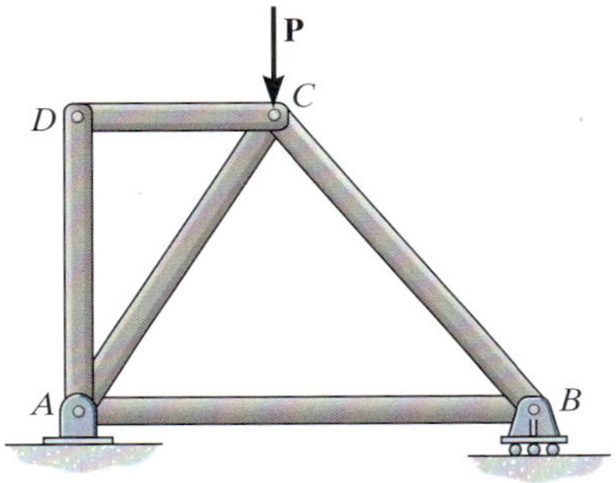

Fig. 6.6

Ga naar www.pearsonmylab.nl voor de animatie: *Vrijlichaamsschema voor een A-constructie*.

6.2 Knooppuntmethode

Om een vakwerk te analyseren of te ontwerpen, is het nodig om de kracht in elk van de elementen te bepalen. Een van de manieren hiervoor is de knooppuntmethode. Deze methode is gebaseerd op het feit dat als het gehele vakwerk in evenwicht is, elk van de knopen eveneens in evenwicht is. Daarom kunnen bij het opstellen van het vrijlichaamsschema van elke knoop, de evenwichtsvergelijkingen voor krachten worden gebruikt om de krachten per element op de knoop te bepalen. Omdat de elementen van een *vlak vakwerk* eenvoudige tweekrachtenelementen in hetzelfde vlak zijn, is elke knoop onderworpen aan een *stelsel van krachten in hetzelfde vlak die in één punt samenkomen*. Hierdoor hoeft voor evenwicht alleen te worden voldaan aan $\Sigma F_x = 0$ en $\Sigma F_y = 0$.

Beschouw bijvoorbeeld de pen bij knoop *B* van het vakwerk in fig. 6.7*a*. Op de pen werken drie krachten, namelijk de kracht van 500 N, en de krachten uitgeoefend door de elementen *BA* en *BC*. Het vrijlichaamsschema van de pen is weergegeven in fig. 6.7*b*. Hierin trekt $\mathbf{F}_{BA}$ aan de pen, wat inhoudt dat staaf *BA* onderhevig is aan *trek*, terwijl $\mathbf{F}_{BC}$ op de pen drukt en staaf *BC* dus onderhevig is aan *druk*. Deze effecten worden duidelijk zichtbaar wanneer we de knoop apart bekijken met kleine stukjes van de staven die aan de pen zijn bevestigd, zie fig. 6.7*c*. Het trekken aan of drukken op deze kleine segmenten geeft aan of de staaf onderhevig is aan druk of aan trek.

Bij het gebruik van de knooppuntmethode moeten we altijd beginnen in een knoop die ten minste één bekende kracht en maximaal twee onbekende krachten heeft, zoals in fig. 6.7*b*. In dat geval levert toepassing van $\Sigma F_x = 0$ en $\Sigma F_y = 0$ twee algebraïsche vergelijkingen met twee onbekenden op. Wanneer we deze vergelijkingen toepassen, kan de juiste zin van één onbekende staafkracht worden bepaald met een van de twee volgende methoden:

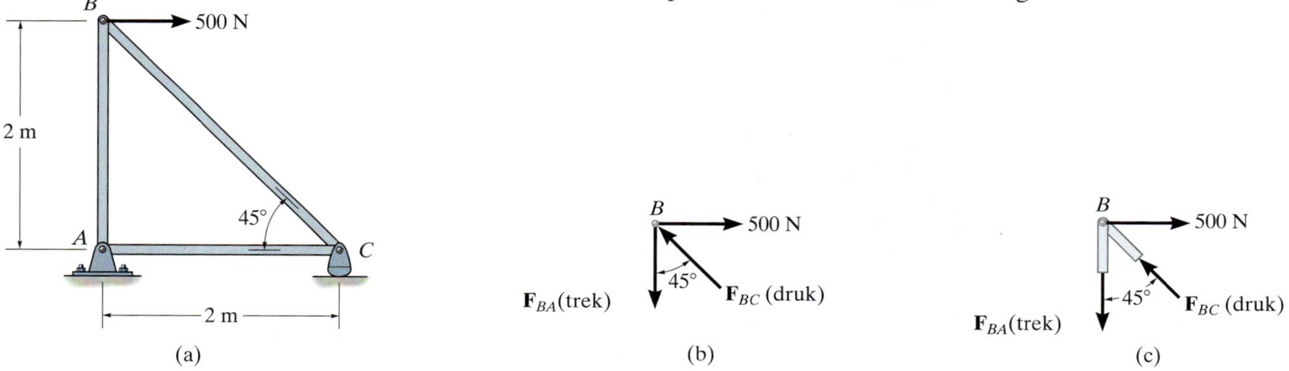

Fig. 6.7

- De *correcte* zin van een onbekende staafkracht kan in veel gevallen worden bepaald door de constructie goed en in detail te bestuderen. $\mathbf{F}_{BC}$ in fig. 6.7*b* bijvoorbeeld, moet wel druk op de pen uitoefenen, aangezien zijn horizontale component, F_{BC} sin 45°, in evenwicht moet zijn met de kracht van 500 N ($\Sigma F_x = 0$). Omgekeerd geldt dat $\mathbf{F}_{BA}$ een trekkracht is, aangezien deze in evenwicht is met de verticale component F_{BC} cos 45° ($\Sigma F_y = 0$). In complexere gevallen kan de zin van een onbekende kracht worden *aangenomen*; vervolgens kan na toepassing van de evenwichtsvergelijkingen op basis van de numerieke uitkomsten worden gecontroleerd of de aanname juist was. Een *positieve* uitkomst geeft aan dat de zin juist is, terwijl een *negatieve* uitkomst aangeeft dat de zin in het vrijlichaamsschema moet worden *omgedraaid*.

- *Ga er altijd van uit dat de onbekende staafkrachten* die in het vrijlichaamsschema op de knoop werken *trekkrachten* zijn, dat wil zeggen: aan de knoop 'trekken'. Als we vervolgens de evenwichtsvergelijkingen oplossen, levert dit *positieve scalairen op voor trekstaven en negatieve scalairen voor drukstaven*. Zodra een onbekende staafkracht is gevonden, dienen zijn *correcte* grootte en zin (trek of druk) in vrijlichaamsschema's van andere knopen te worden gebruikt.

Analyseprocedure

De volgende procedure is geschikt voor de analyse van een vakwerk met behulp van de knooppuntmethode.

- Teken het vrijlichaamsschema van een knoop met ten minste één bekende kracht en maximaal twee onbekende krachten. (Wanneer deze knoop zich in een van de steunpunten bevindt, kan het nodig zijn dat we uitwendige reacties in de vakwerksteun kennen.)
- Gebruik een van de twee hierboven beschreven methoden, om de zin van een onbekende kracht vast te stellen.
- Bepaal de richtingen van de x- en y-as zodanig dat de krachten in het vrijlichaamsschema gemakkelijk kunnen worden ontbonden in hun x- en y-componenten en pas vervolgens de evenwichtsvergelijkingen voor krachten $\Sigma F_x = 0$ en $\Sigma F_y = 0$ toe. Los de twee onbekende staafkrachten op en controleer of hun zin juist is.
- Analyseer vervolgens de andere knopen, en kies daarbij telkens weer voor een knoop met maximaal twee onbekende krachten en ten minste één bekende kracht.

Voorbeeld 6.1

Bepaal de kracht in elke staaf van het vakwerk in fig. 6.8*a* en geef bij elke staaf aan of hij onderhevig is aan druk of trek.

OPLOSSING

Aangezien we niet meer dan twee onbekende krachten en minstens één bekende kracht moeten hebben in een knoop, beginnen we de analyse in knoop *B*.

Knoop B Het vrijlichaamsschema van de pen in *B* is afgebeeld in fig. 6.8*b*. Wanneer we de vergelijkingen voor het evenwicht in een knoop toepassen, krijgen we:

$\xrightarrow{+} \Sigma F_x = 0;\ 500\text{ N} - F_{BC} \sin 45° = 0 \quad F_{BC} = 707{,}1\text{ N (C)}$ *Antw.*

$+\uparrow \Sigma F_y = 0;\ F_{BC} \cos 45° - F_{BA} = 0 \quad F_{BA} = 500\text{ N (T)}$ *Antw.*

Aangezien de kracht in staaf *BC* is berekend, kunnen we verder gaan met het analyseren van knoop *C* teneinde de kracht in staaf *CA* en de steunreactie in de tuimelaar te bepalen.

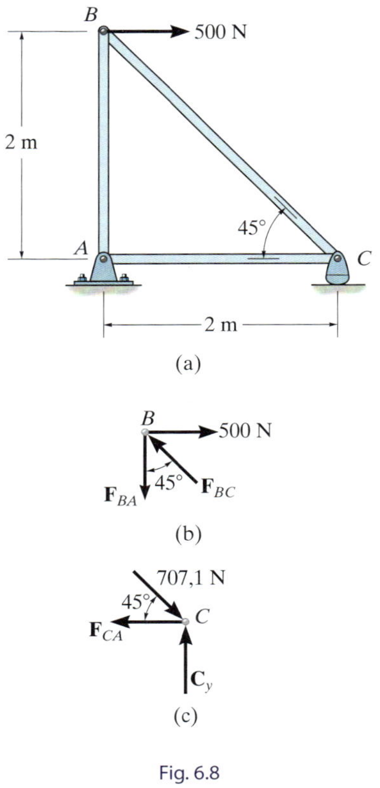

Fig. 6.8

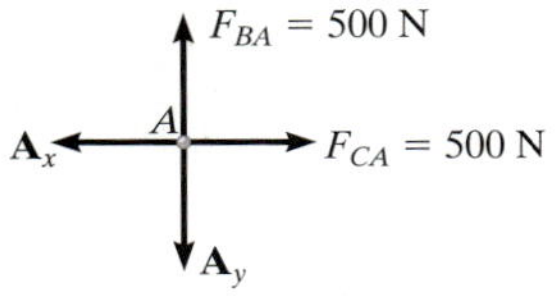

(d)

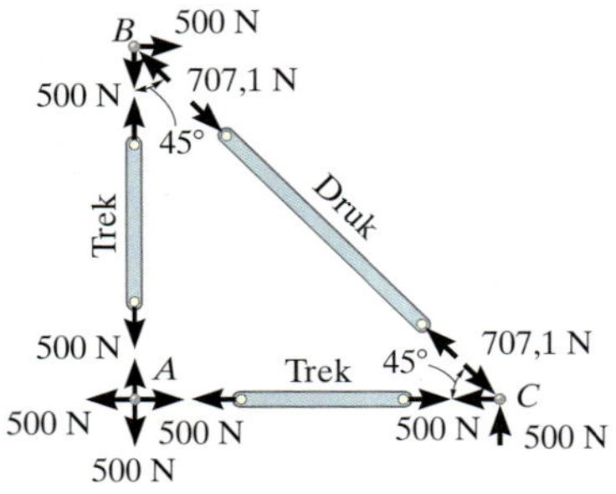

(e)

Fig. 6.8 (vervolg)

Knoop C Uit het vrijlichaamsschema van knoop C, fig. 6.8c, blijkt dat:

$$\xrightarrow{+} \Sigma F_x = 0; \quad -F_{CA} + 707{,}1 \cos 45^\circ \text{ N} = 0 \quad F_{CA} = 500 \text{ N (T)} \qquad \textit{Antw.}$$

$$+\uparrow \Sigma F_y = 0; \quad C_y - 707{,}1 \sin 45^\circ \text{ N} = 0 \quad C_y = 500 \text{ N} \qquad \textit{Antw.}$$

Knoop A Hoewel het niet noodzakelijk is, kunnen we de componenten van de steunpuntreacties in knoop A bepalen met behulp van de uitkomsten van F_{CA} en F_{BA}. Uit het vrijlichaamsschema van fig. 6.8d blijkt dat:

$$\xrightarrow{+} \Sigma F_x = 0; \quad 500 \text{ N} - A_x = 0 \quad A_x = 500 \text{ N}$$

$$+\uparrow \Sigma F_y = 0; \quad 500 \text{ N} - A_y = 0 \quad A_y = 500 \text{ N}$$

OPMERKING: De uitkomsten van deze analyse zijn samengevat in fig. 6.8e. Merk op dat het vrijlichaamsschema van elke knoop (of pen) de effecten laat zien van alle verbonden staven en externe krachten die op de knoop worden uitgeoefend. Het vrijlichaamsschema van een staaf laat echter alleen de effecten op de staaf zien die afkomstig zijn van de knopen waartussen de staaf zich bevindt.

Voorbeeld 6.2

Bepaal de krachten op alle staven van het vakwerk dat is weergegeven in fig. 6.9a.

OPLOSSING

Het blijkt dat er in elke knoop meer dan twee onbekenden zijn. Daarom moeten we eerst de ondersteuningsreacties op het vakwerk bepalen. Toon aan dat deze correct zijn berekend in het vrijlichaamsschema in fig. 6.9b. We kunnen de analyse nu beginnen in knoop C. Waarom?

Knoop C Uit het vrijlichaamsschema in fig. 6.9c volgt dat

$$\xrightarrow{+} \Sigma F_x = 0; \qquad -F_{CD} \cos 30^\circ + F_{CB} \sin 45^\circ = 0$$

$$+\uparrow \Sigma F_y = 0; \qquad 1{,}5 \text{ kN} + F_{CD} \sin 30^\circ - F_{CB} \cos 45^\circ = 0$$

Deze twee vergelijkingen moeten *gelijktijdig* worden opgelost voor elk van de twee onbekenden. Merk echter op dat een van de onbekende krachten *direct* kan worden bepaald door de som van de krachten te bepalen langs een as die *loodrecht* staat op de richting van de andere onbekende kracht. Als we de som van de krachten langs de y'-as bepalen (die loodrecht staat op de richting van F_{CD}, zie fig. 6.9d), levert dat een *directe oplossing* voor F_{CB}.

$$+\nearrow \Sigma F_{y'} = 0; \qquad 1.5 \cos 30^\circ \text{ kN} - F_{CB} \sin 15^\circ = 0$$

$$F_{CB} = 5{,}019 \text{ kN} = 5{,}02 \text{ kN (C)} \qquad \textit{Antw.}$$

In dat geval geldt,

$$+\searrow \Sigma F_{x'} = 0;$$

$$-F_{CD} + 5{,}019 \cos 15^\circ - 1{,}5 \sin 30^\circ = 0; \quad F_{CD} = 4{,}10 \text{ kN (T)} \qquad \textit{Antw.}$$

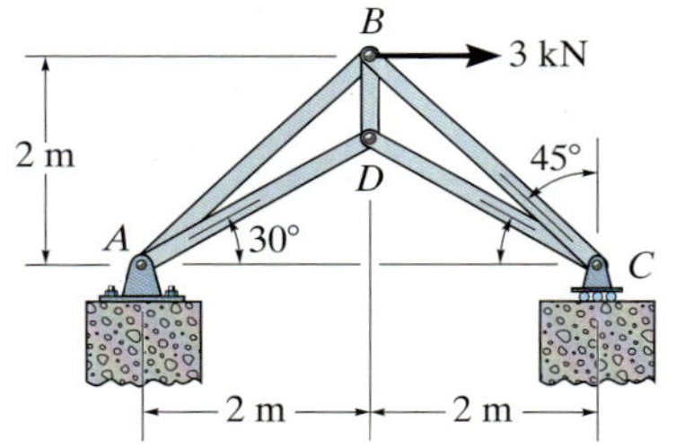

(a)

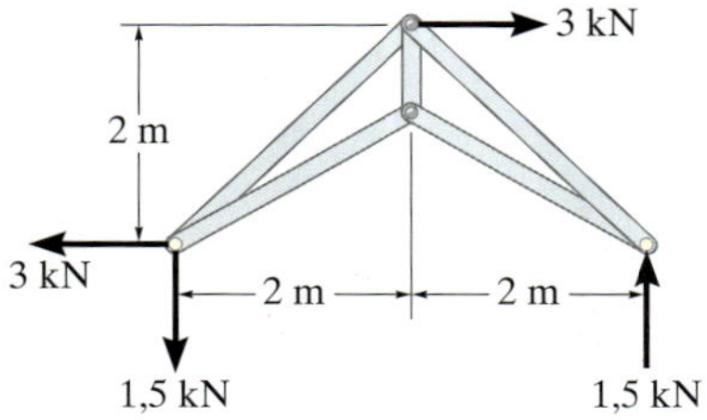

(b)

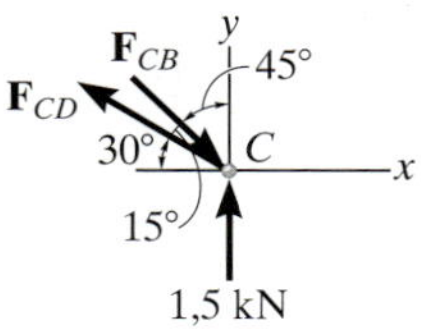

(c)

Fig. 6.9

Knoop D We kunnen nu verdergaan met de analyse van knoop D. Het vrijlichaamsschema is weergegeven in fig. 6.9*e*.

$$\overset{+}{\rightarrow} \Sigma F_x = 0; \qquad -F_{DA}\cos 30^\circ + 4.10\cos 30^\circ \text{ kN} = 0$$
$$F_{DA} = 4.10 \text{ kN} \quad \text{(T)}$$

$$+\uparrow \Sigma F_y = 0; \qquad F_{DB} - 2(4.10 \sin 30^\circ \text{ kN}) = 0$$
$$F_{DB} = 4.10 \text{ kN} \quad \text{(T)}$$

Antw.

OPMERKING: de kracht in de laatste staaf, BA, kan worden bepaald vanuit knoop B of knoop A. Teken als oefening het vrijlichaamsschema van knoop B, tel de krachten in de horizontale richting op en toon aan dat $F_{BA} = 0{,}776$ kN (D).

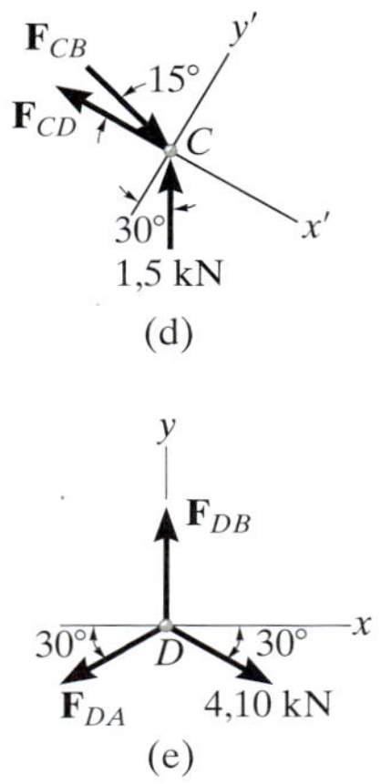

Fig. 6.9 (vervolg)

Voorbeeld 6.3

Bepaal de kracht in elke staaf van het vakwerk dat afgebeeld is in fig. 6.10*a*. Geef aan of er een trekkracht of drukkracht op de staven wordt uitgeoefend.

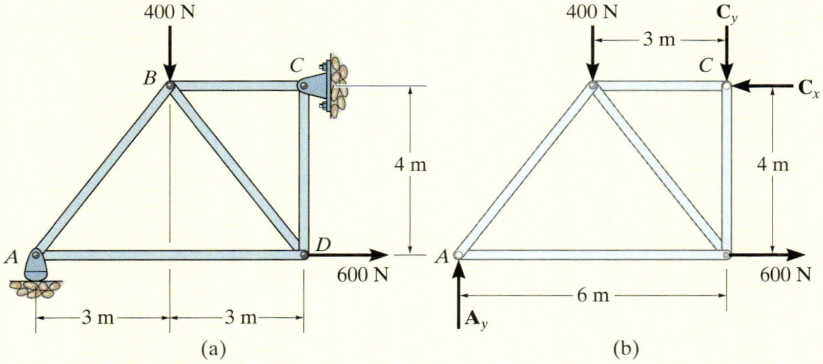

Fig. 6.10

OPLOSSING

Steunpuntreacties Geen enkele verbinding kan worden geanalyseerd voordat de steunpuntreacties zijn bepaald, omdat er op elke knoop drie of meer onbekende krachten werken. Een vrijlichaamsschema van het hele vakwerk is afgebeeld in fig. 6.10*b*. Wanneer we de evenwichtsvergelijkingen toepassen, krijgen we:

$$\overset{+}{\rightarrow} \Sigma F_x = 0; \qquad 600 \text{ N} - C_x = 0 \qquad C_x = 600 \text{ N}$$
$$\circlearrowleft + \Sigma M_C = 0; \qquad -A_y(6 \text{ m}) + 400 \text{ N}(3 \text{ m}) + 600 \text{ N}(4 \text{ m}) = 0$$
$$A_y = 600 \text{ N}$$
$$+\uparrow \Sigma F_y = 0; \qquad 600 \text{ N} - 400 \text{ N} - C_y = 0 \qquad C_y = 200 \text{ N}$$

De analyse kan nu beginnen in knoop A of knoop C. Het maakt niet uit welke knoop gekozen wordt, omdat in beide knopen één bekende en twee onbekende staafkrachten op de pen worden uitgeoefend.

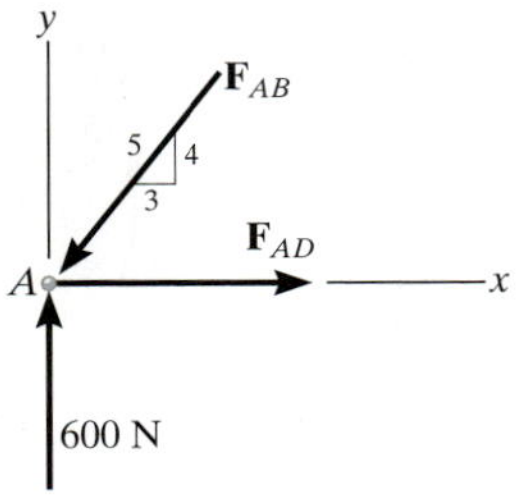

(c)

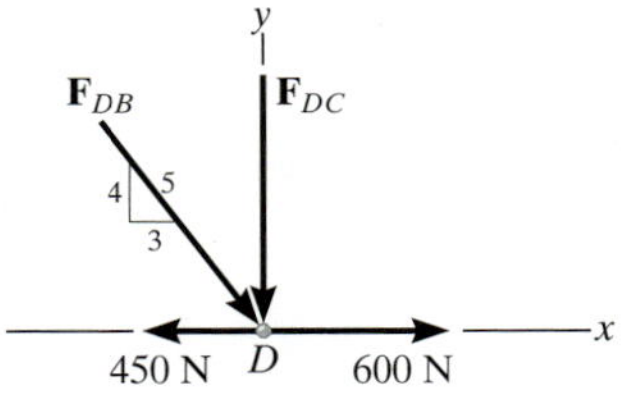

(d)

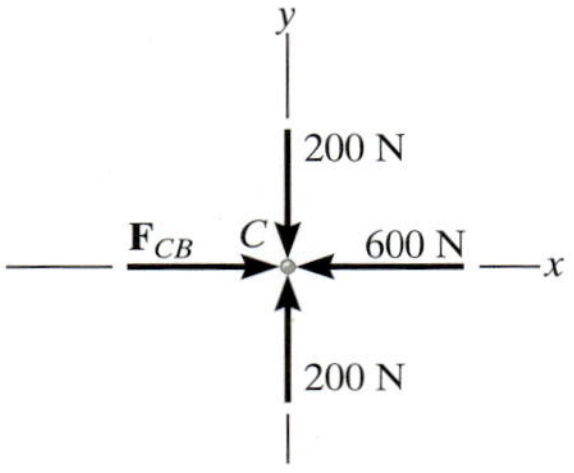

(e)

Knoop A (fig. 6.10*c*) Zoals in het vrijlichaamsschema is te zien, wordt $\mathbf{F}_{AB}$ verondersteld een drukkracht te zijn en $\mathbf{F}_{AD}$ een trekkracht. Wanneer we de evenwichtsvergelijkingen toepassen, krijgen we:

$$+\uparrow \Sigma F_y = 0; \qquad 600\text{ N} - \tfrac{4}{5}F_{AB} = 0 \qquad F_{AB} = 750\text{ N} \quad (\text{C}) \qquad \textit{Antw.}$$

$$\overset{+}{\rightarrow} \Sigma F_x = 0; \qquad F_{AD} - \tfrac{3}{5}(750\text{ N}) = 0 \qquad F_{AD} = 450\text{ N} \quad (\text{T}) \qquad \textit{Antw.}$$

Knoop D (fig. 6.10*d*) Door gebruik te maken van dit resultaat en de krachten in de horizontale richting op te tellen, zie fig. 6.10*d*, krijgen we:

$$\overset{+}{\rightarrow} \Sigma F_x = 0; \qquad -450\text{ N} + \tfrac{3}{5}F_{DB} + 600\text{ N} = 0 \quad F_{DB} = -250\text{ N}$$

Het minteken geeft aan dat de zin van $\mathbf{F}_{DB}$ *tegengesteld* is aan de zin die in fig. 6.10*d** was aangenomen. Dus:

$$F_{DB} = 250\text{ N} \quad (\text{T}) \qquad \textit{Antw.}$$

Om $\mathbf{F}_{DC}$ te bepalen, kunnen we ofwel de zin van $\mathbf{F}_{DB}$ corrigeren en vervolgens $\Sigma F_y = 0$ toepassen in het vrijlichaamsschema, ofwel deze vergelijking toepassen en het minteken voor F_{DB} behouden, d.w.z.:

$$+\uparrow \Sigma F_y = 0; \qquad -F_{DC} - \tfrac{4}{5}(-250\text{ N}) = 0 \quad F_{DC} = 200\text{ N} \quad (\text{C}) \qquad \textit{Antw.}$$

Knoop C (fig. 6.10*e*)

$$\overset{+}{\rightarrow} \Sigma F_x = 0; \qquad F_{CB} - 600\text{ N} = 0 \quad F_{CB} = 600\text{ N} \quad (\text{C}) \qquad \textit{Antw.}$$

$$+\uparrow \Sigma F_y = 0; \qquad 200\text{ N} - 200\text{ N} = 0 \qquad (\text{controle})$$

OPMERKING: De analyse is samengevat in fig. 6.10*f*, waarin het vrijlichaamsschema voor iedere knoop en elke staaf wordt getoond.

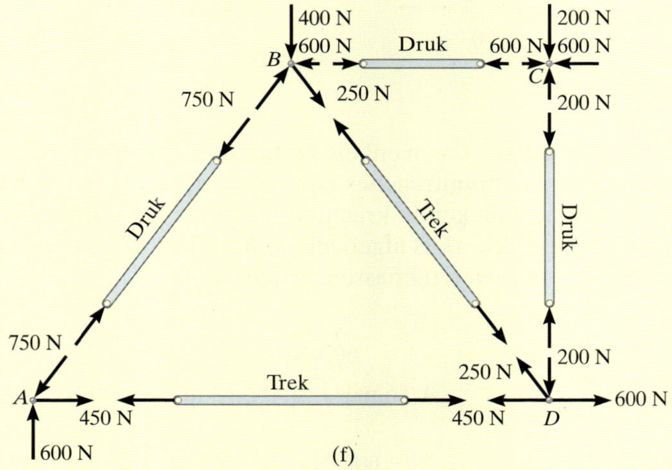

(f)

Fig. 6.10 (vervolg)

* De juiste zin had op grond van waarneming bepaald kunnen worden, alvorens $\Sigma F_x = 0$ toe te passen.

6.3 Nulkrachtstaven

De analyse van een vakwerk volgens de knooppuntmethode kan sterk worden vereenvoudigd als we kunnen bepalen welke staven *onbelast* zijn. Deze *nulkrachtstaven* worden gebruikt om de stabiliteit van het vakwerk tijdens de constructie te vergroten en om steun te bieden wanneer de uitgeoefende belasting verandert.

De nulkrachtstaven van een vakwerk kunnen over het algemeen worden herkend door nadere bestudering van de knopen van de staven. We nemen als voorbeeld het vakwerk in fig. 6.11*a*. Wanneer we een vrijlichaamsschema van de pen in knoop A tekenen, zie fig. 6.11*b*, zien we dat AB en AF nulkrachtstaven zijn. (We hadden niet tot deze conclusie kunnen komen als we de vrijlichaamsschema's van knopen F of B hadden beschouwd, omdat er gewoon vijf onbekenden in elk van deze verbindingen zijn.) Bekijk op dezelfde manier het vrijlichaamsschema van knoop D, in fig. 6.11*c*. Hier zien we dat DC en DE nulkrachtstaven zijn. Uit deze vaststellingen kunnen we concluderen dat *als slechts twee staven met een van hun uiteinden samenkomen in een vakwerkknoop en er geen externe belasting of steunpuntreactie op de knoop wordt uitgeoefend, de twee staven nulkrachtstaven moeten zijn*. De last op het vakwerk in fig. 6.11*a* wordt daarom slechts door vijf staven gedragen, zoals afgebeeld in fig. 6.11*d*.

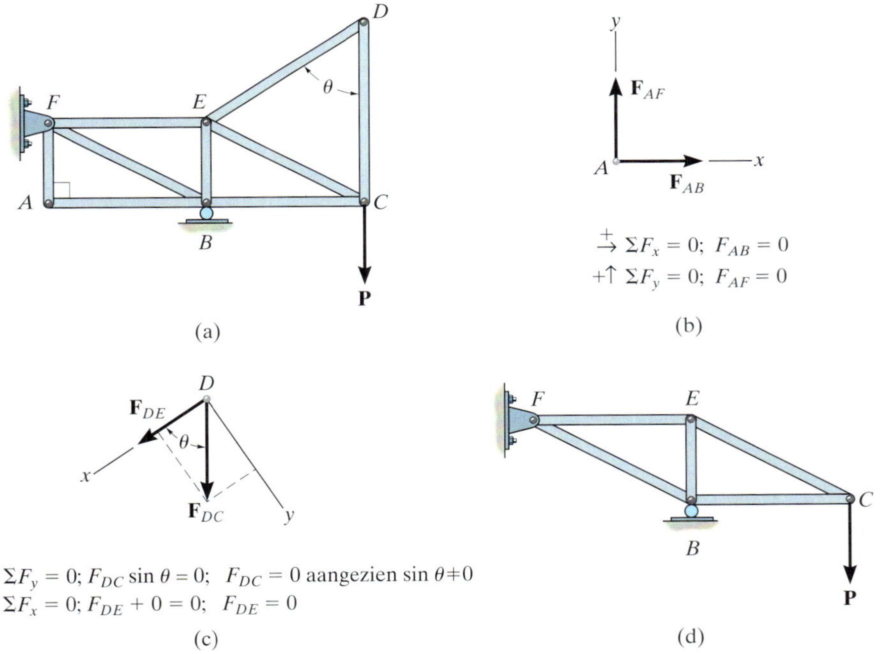

Fig. 6.11

Bekijk nu het vakwerk dat afgebeeld is in fig. 6.12*a*. Het vrijlichaamsschema van de pen in knoop D is afgebeeld in fig. 6.12*b*. Door de y-as in dezelfde richting als die van de staven DC en DE te laten lopen en de x-as in de richting van staaf DA, wordt duidelijk dat DA een nulstaaf is. Merk op dat dit ook geldt voor staaf CA, zie fig. 6.12*c*. In het algemeen geldt dus: *als drie staven met een van hun uiteinden samenkomen in een vakwerkknoop en twee van de staven in elkaars verlengde liggen, dan is de derde staaf een nulkrachtstaaf als er geen externe kracht of steunpuntreactie op de knoop wordt uitgeoefend*. Het vakwerk dat afgebeeld is in fig. 6.12*d* is dus geschikt om belasting **P** op te nemen.

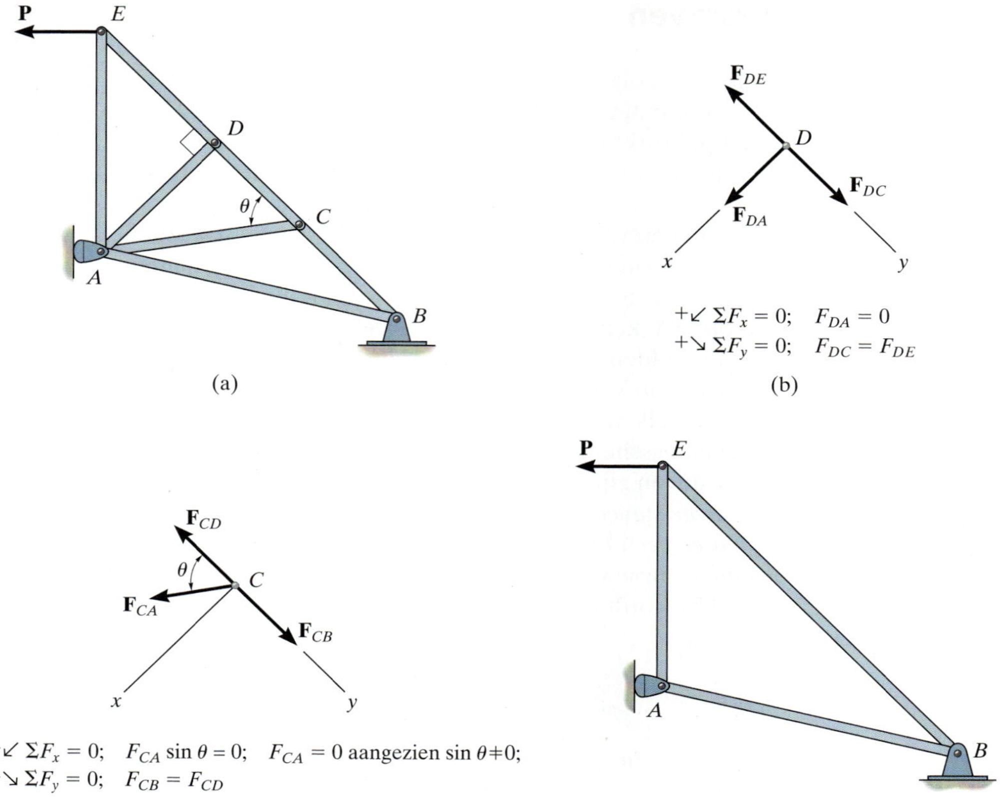

$+\swarrow \Sigma F_x = 0; \quad F_{DA} = 0$

$+\searrow \Sigma F_y = 0; \quad F_{DC} = F_{DE}$

(b)

$+\swarrow \Sigma F_x = 0; \quad F_{CA} \sin\theta = 0; \quad F_{CA} = 0$ aangezien $\sin\theta \neq 0$;

$+\searrow \Sigma F_y = 0; \quad F_{CB} = F_{CD}$

(c)

Fig. 6.12

Voorbeeld 6.4

Bepaal met behulp van de knooppuntmethode alle nulkrachtstaven van het *dakspant* in fig. 6.13*a*. Ga ervan uit dat alle verbindingen penverbindingen zijn.

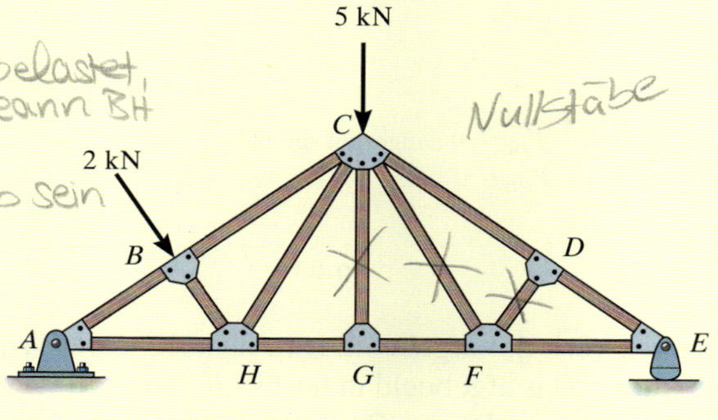

B ist belastet, also kann BH kein Nullstab sein

Nullstäbe

(a)

Fig. 6.13

Alle Stäbe sind 2-Kräfte Elemente

→ nur Endpunkte sind belastet

OPLOSSING

Zoek knopen met drie staven waarvan er twee in elkaars verlengde liggen. We hebben:

Knoop G (fig. 6.13*b*)

$$+\uparrow \Sigma F_y = 0; \quad F_{GC} = 0 \qquad \textit{Antw.}$$

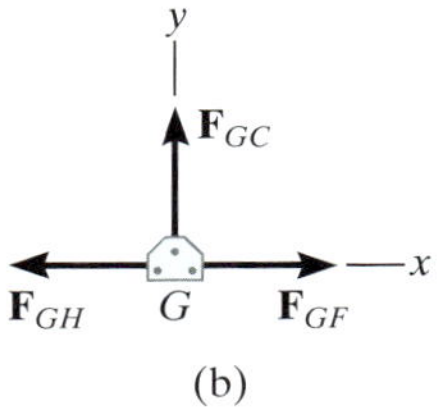

Bedenk dat we niet hadden kunnen concluderen dat *GC* een nulkrachtstaaf was door naar knoop *C* te kijken, waar er vijf onbekenden zijn. Het feit dat *GC* een nulstaaf is, betekent dat de belasting in *C* van 5 kN door de staven *CB*, *CH*, *CF* en *CD* moet worden gedragen.

Knoop D (fig. 6.13*c*)

$$+\swarrow \Sigma F_x = 0; \qquad F_{DF} = 0 \qquad \textit{Antw.}$$

Knoop F (fig. 6.13*d*)

$$+\uparrow \Sigma F_y = 0; \quad F_{FC} \cos\theta = 0 \quad \text{Aangezien } \theta \neq 90^\circ \text{ geldt } F_{FC} = 0 \qquad \textit{Antw.}$$

OPMERKING: Merk op dat wanneer knoop *B* wordt geanalyseerd, zie fig. 6.13*e*:

$$+\searrow \Sigma F_x = 0; \qquad 2\text{ kN} - F_{BH} = 0 \quad F_{BH} = 2\text{ kN} \qquad \text{(C)}$$

Merk ook op dat F_{HC} moet voldoen aan $\Sigma F_y = 0$, zie fig. 6.13*f*, en dat *HC* daarom *geen* nulkrachtstaaf is.

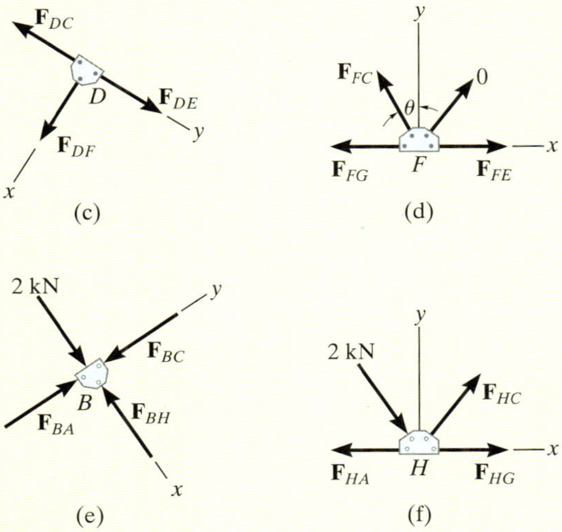

Fig. 6.13 (vervolg)

Fundamentele vraagstukken

Alle oplossingen van de vraagstukken moeten gebruikmaken van een vrijlichaamsschema.

F6.1. Bepaal de kracht in elke staaf van het vakwerk. Geef aan of er op de staven een trekkracht of een drukkracht werkt.

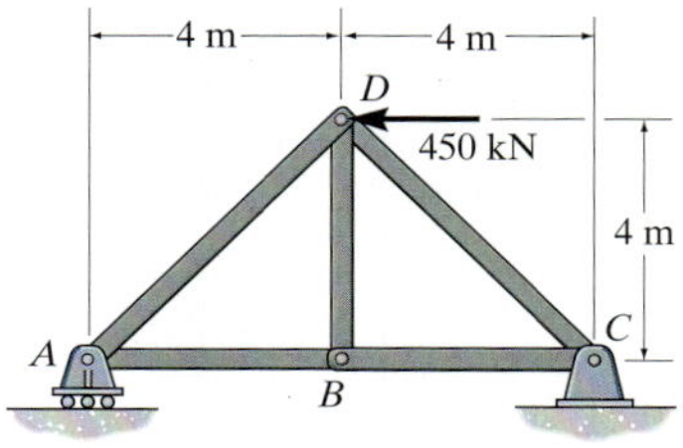

F6.1

F6.2. Bepaal de kracht in elke staaf van het vakwerk. Geef aan of er op de staven een trekkracht of een drukkracht werkt.

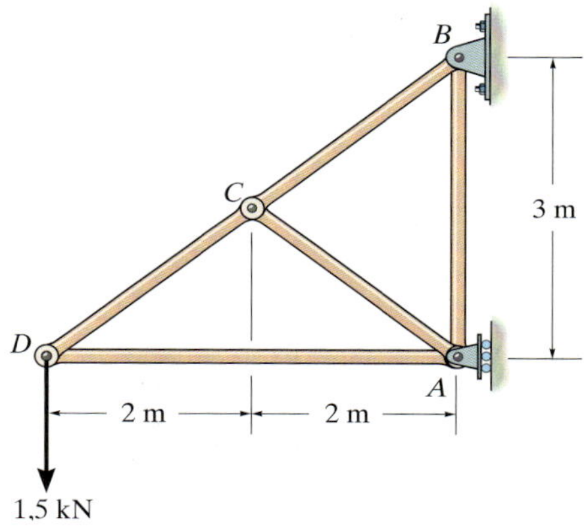

F6.2

F6.3. Bepaal de kracht in de staven AE en DC. Geef aan of er op de staven een trekkracht of een drukkracht werkt.

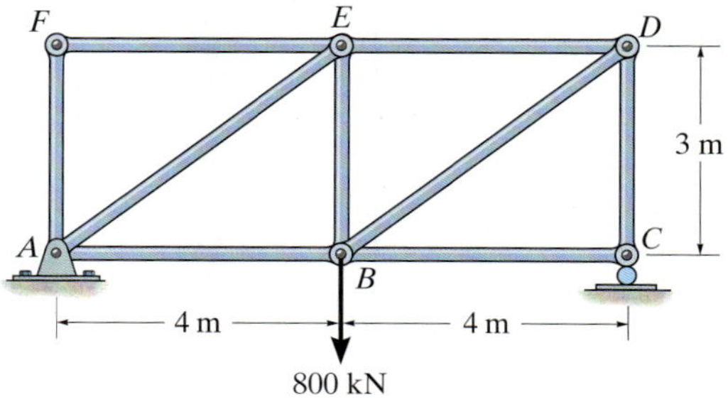

F6.3

F6.4. Bepaal de grootste belasting P die op het vakwerk kan worden aangebracht, zodanig dat geen van de staven onderhevig is aan een kracht groter dan ofwel 2 kN trekkracht of 1,5 kN drukkracht.

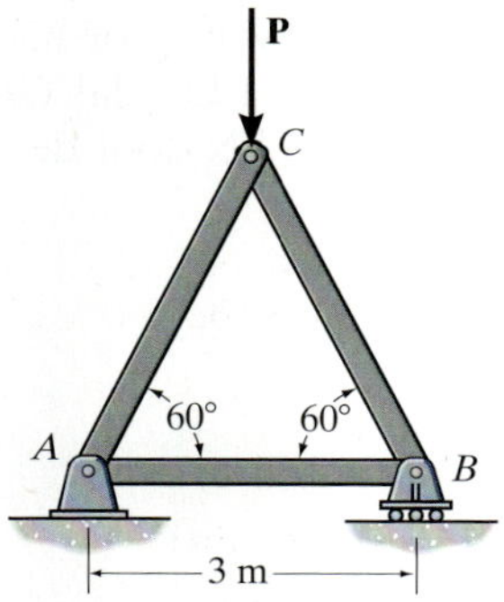

F6.4

F6.5. Zoek de nulkrachtstaven in het vakwerk.

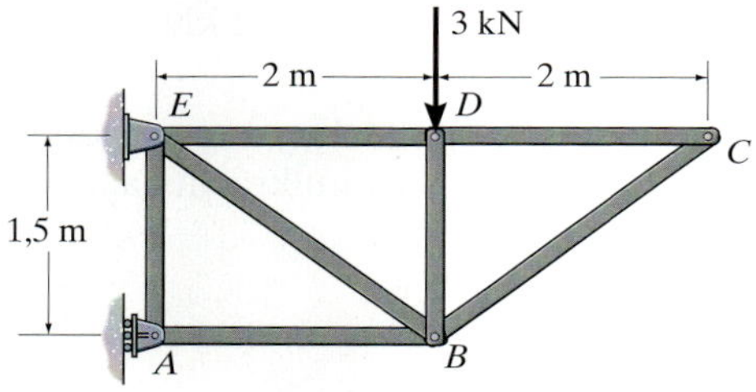

F6.5

F6.6. Bepaal de kracht in elke staaf van het vakwerk. Geef aan of er op de staven een trekkracht of een drukkracht werkt.

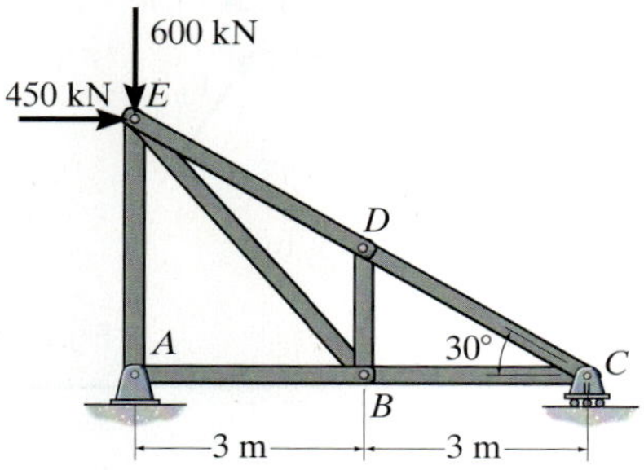

F6.6

Vraagstukken

Alle oplossingen van de vraagstukken moeten gebruikmaken van een vrijlichaamsschema.

6.1. Het vakwerk, gebruikt voor het ondersteunen van een balkon, is onderhevig aan de getoonde belasting. Benader elke verbinding door een pen en bepaal de kracht in elke staaf. Geef aan of er op de staven een trekkracht of een drukkracht werkt. Neem $P_1 = 60$ kN en $P_2 = 40$ kN.

6.2. Het vakwerk, gebruikt voor het ondersteunen van een balkon, is onderhevig aan de getoonde belasting. Benader elke verbinding door een pen en bepaal de kracht in elke staaf. Geef aan of er op de staven een trekkracht of een drukkracht werkt. Neem $P_1 = 80$ kN en $P_2 = 0$.

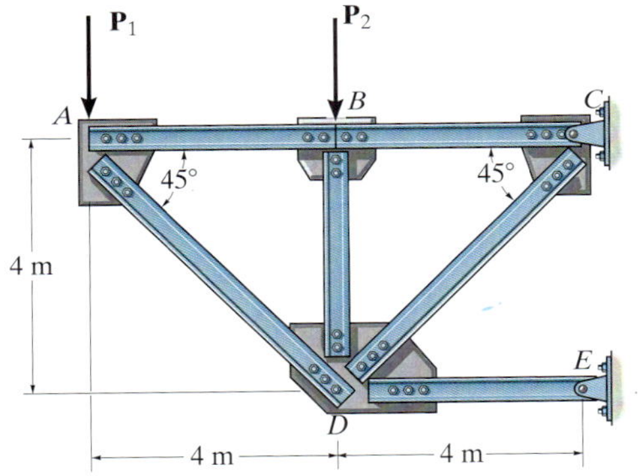

Vraagstukken 6.1/2

6.3. Bepaal de kracht in elke staaf van het vakwerk en geef aan of de staven op trek of op druk worden belast. Veronderstel dat $\theta = 0°$.

***6.4.** Bepaal de kracht in elke staaf van het vakwerk en geef aan of de staven op trek of op druk worden belast. Veronderstel dat $\theta = 30°$.

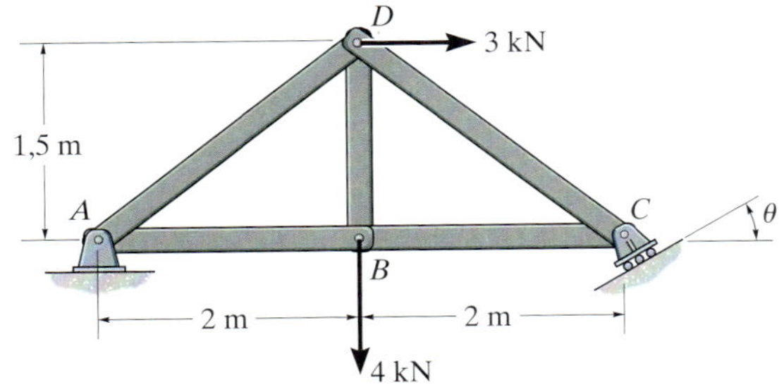

Vraagstukken 6.3/4

6.5. Bepaal de kracht in elke staaf van het vakwerk en geef aan of de staven op trek of op druk worden belast.

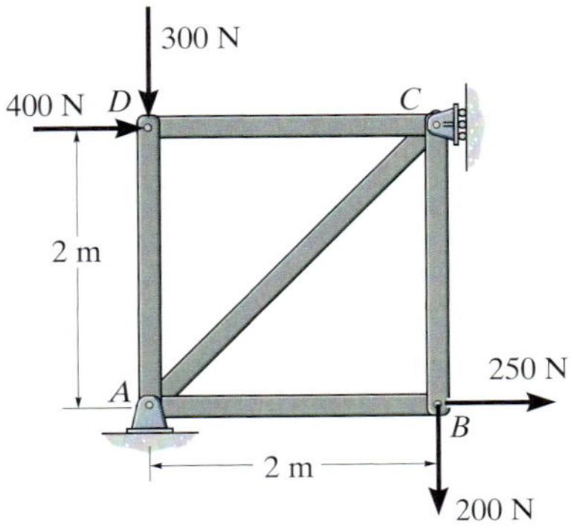

Vraagstuk 6.5

6.6. Bepaal de kracht in elke staaf van het vakwerk en geef aan of de staven op trek of op druk worden belast.

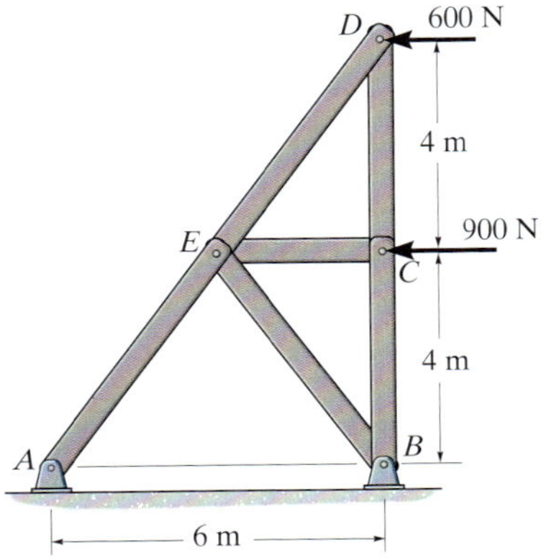

Vraagstuk 6.6

6.7. Bepaal de kracht in elke staaf van het *Pratt-vakwerk* en geef aan of de staaf op trek of op druk wordt belast.

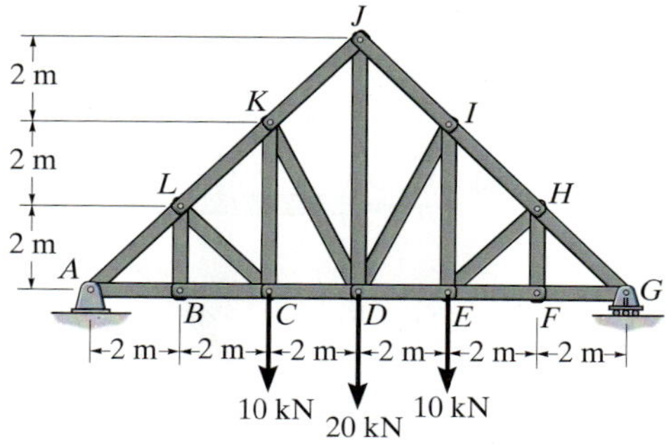

Vraagstuk 6.7

***6.8.** Bepaal de kracht in elke staaf van het vakwerk en geef aan of de staaf op trek of op druk wordt belast. *Hint*: de horizontale krachtcomponent in *A* moet nul zijn. Waarom?

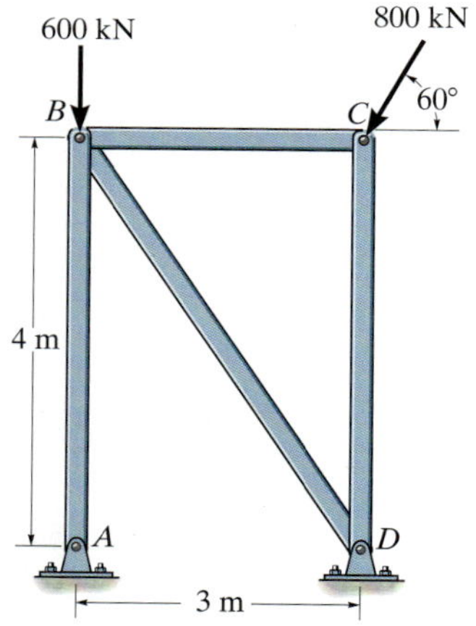

Vraagstuk 6.8

6.9. Bepaal de kracht in elke staaf van het vakwerk en geef aan of de staaf op trek of op druk wordt belast. *Hint*: de verticale krachtcomponent in *C* moet nul zijn. Waarom?

6.10. Elke staaf van het vakwerk is homogeen en heeft een massa van 8 kg/m. Verwijder de uitwendige belastingen van 6 en 8 kN en bepaal vervolgens bij benadering de kracht in elke staaf als gevolg van het gewicht van het vakwerk. Geef aan of de staaf op trek of op druk wordt belast. Los het vraagstuk op door *aan te nemen* dat het gewicht van elke staaf kan worden voorgesteld als een verticale kracht, waarvan de helft op elk uiteinde van de staaf werkt.

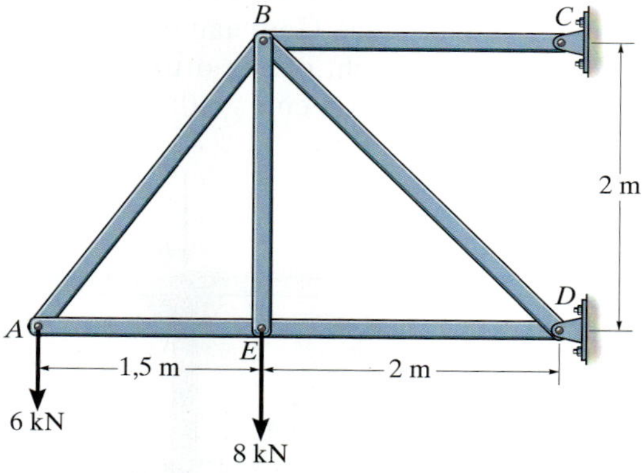

Vraagstukken 6.9/10

6.11. Bepaal de kracht in elke staaf van het vakwerk en geef aan of de staaf op trek of op druk wordt belast.

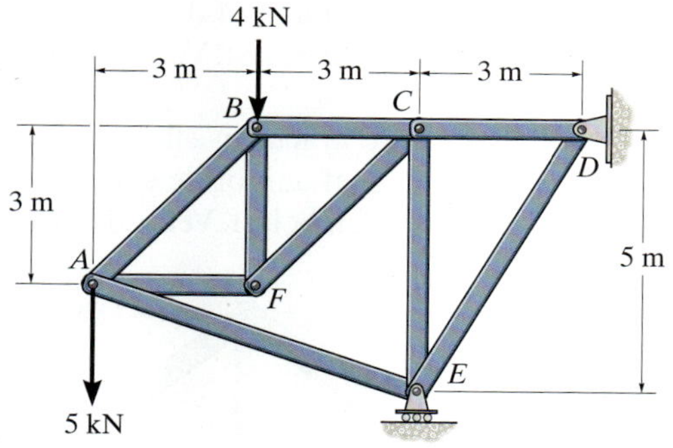

Vraagstuk 6.11

***6.12.** Bepaal de kracht in elke staaf van het vakwerk en geef aan of de staaf op trek of op druk wordt belast. Veronderstel dat $P_1 = 10$ kN en $P_2 = 15$ kN.

6.13. Bepaal de kracht in elke staaf van het vakwerk en geef aan of de staaf op trek of op druk wordt belast. Veronderstel dat $P_1 = 0$ en $P_2 = 20$ kN.

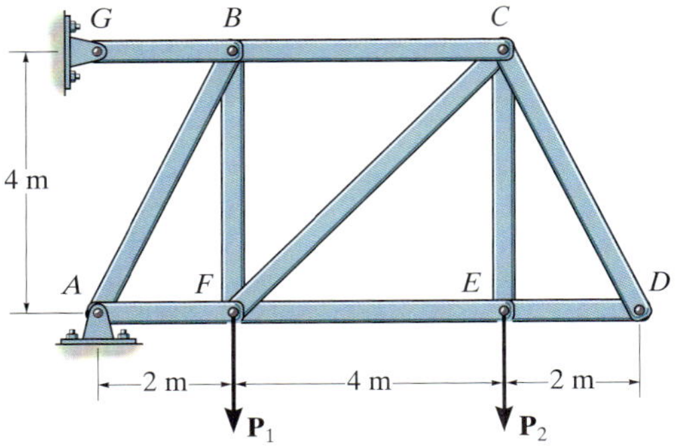

Vraagstukken 6.12/13

6.14. Bepaal de kracht in elke staaf van het vakwerk en geef aan of op de staven een trekkracht of een drukkracht wordt uitgeoefend. Neem $P_1 = 2$ kN en $P_2 = 1{,}5$ kN.

6.15. Bepaal de kracht in elke staaf van het vakwerk en geef aan of op de staven een trekkracht of een drukkracht wordt uitgeoefend. Neem $P_1 = P_2 = 4$ kN.

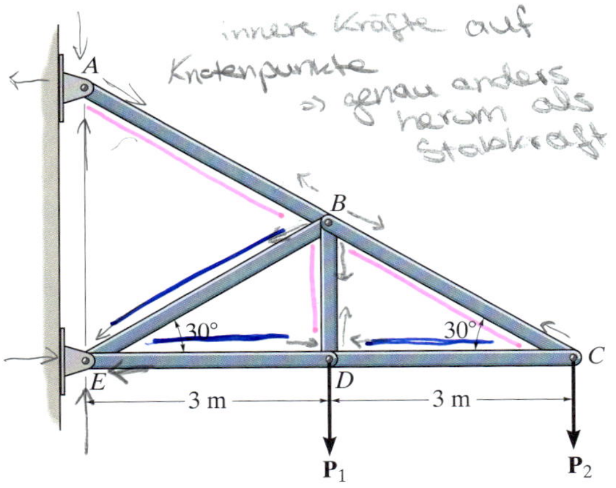

Vraagstukken 6.14/15

***6.16.** Bepaal de kracht in elke staaf van het vakwerk. Geef aan of de staaf op trek of op druk wordt belast. Veronderstel dat $P = 8$ kN.

6.17. De maximale kracht waarmee elke staaf kan worden belast is 8 kN op trek en 6 kN op druk. Bepaal de maximaal kracht P die kan worden aangebracht in knoop D.

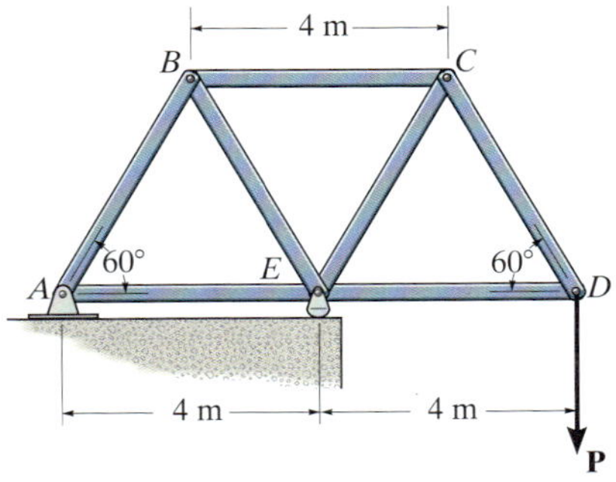

Vraagstukken 6.16/17

6.18. Bepaal de kracht in elke staaf van het vakwerk en geef aan of de staaf op trek of op druk wordt belast. *Hint*: de werklijn van de resultante op scharnier E valt samen met staaf ED. Waarom?

6.19. Elke staaf van het vakwerk is homogeen en heeft een massa van 8 kg/m. Verwijder de uitwendige belastingen van 3 en 2 kN en bepaal vervolgens bij benadering de kracht in elke staaf als gevolg van de gewicht van het vakwerk. Geef aan of de staaf op trek of op druk wordt belast. Los het vraagstuk op door *aan te nemen* dat het gewicht van elke staaf kan worden voorgesteld als een verticale kracht, waarvan de helft op elk uiteinde van de staaf werkt.

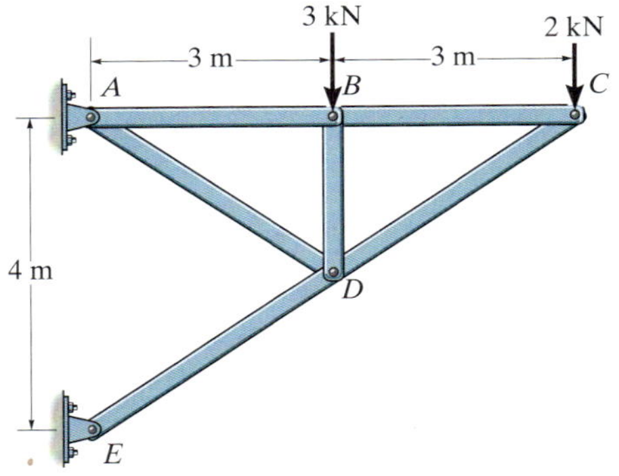

Vraagstukken 6.18/19

***6.20.** Bepaal de kracht in elk element van het vakwerk, uitgedrukt in de belasting P, en geef aan of op de staven een trekkracht of een drukkracht wordt uitgeoefend.

6.21. Als de maximale kracht die elk element kan dragen 4 kN trekkracht en 3 kN drukkracht is, bepaal dan de maximale kracht P die op verbinding B kan worden uitgeoefend. Neem $d = 1$ m.

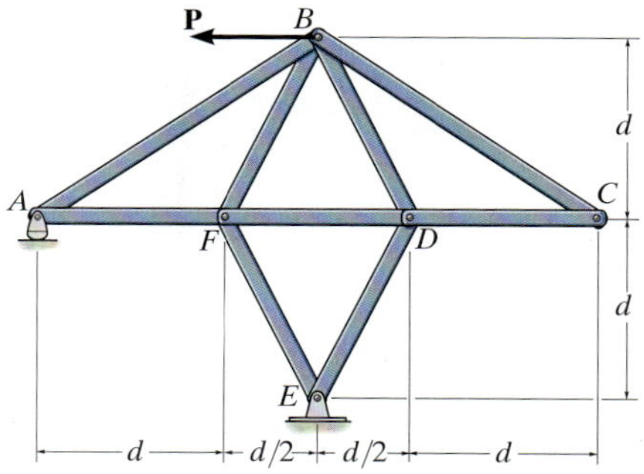

Vraagstukken 6.20/21

6.22. Bepaal de kracht in elk element van het dubbeleschaarvakwerk, uitgedrukt in de belasting P, en geef aan of op de elementen een trekkracht of een drukkracht wordt uitgeoefend.

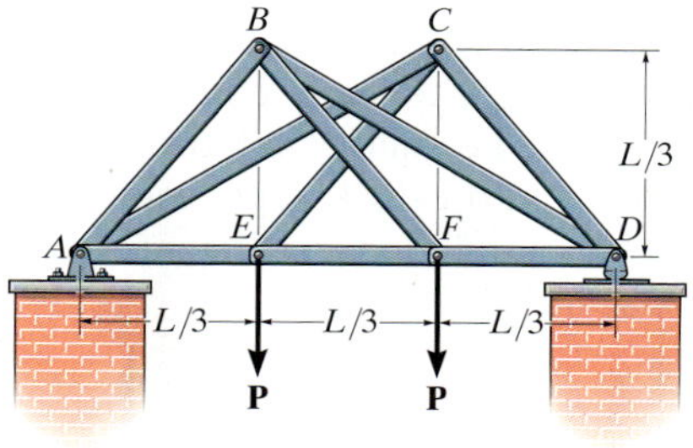

Vraagstuk 6.22

6.23. Bepaal de kracht in elke staaf van het vakwerk in functie van de belasting P en geef aan of de staaf op trek of op druk wordt belast.

***6.24.** Elke staaf van het vakwerk is homogeen en heeft een gewicht W. Verwijder de uitwendige krachten **P** en bepaal vervolgens bij benadering de kracht in elke staaf als gevolg van het gewicht van het vakwerk. Geef aan of de staaf op trek of op druk wordt belast. Los het vraagstuk op door *aan te nemen* dat het gewicht van elke staaf kan worden voorgesteld als een verticale kracht, waarvan de helft op elk uiteinde van de staaf werkt.

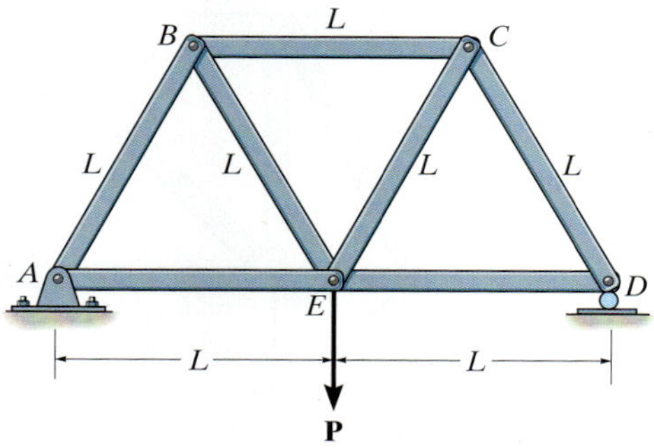

Vraagstukken 6.23/24

6.25. Bepaal de kracht in elke staaf van het vakwerk in termen van de uitwendige belasting en geef aan of de staaf op trek of op druk wordt belast.

6.26. De maximaal toelaatbare trekkracht in de staven van het vakwerk is $(F_t)_{max} = 2$ kN en de maximaal toelaatbare drukkracht is $(F_d)_{max} = 1{,}2$ kN. Bepaal de maximale grootte P van de twee belastingen waarmee het vakwerk kan worden belast. Veronderstel dat $L = 2$ m en $\theta = 30°$.

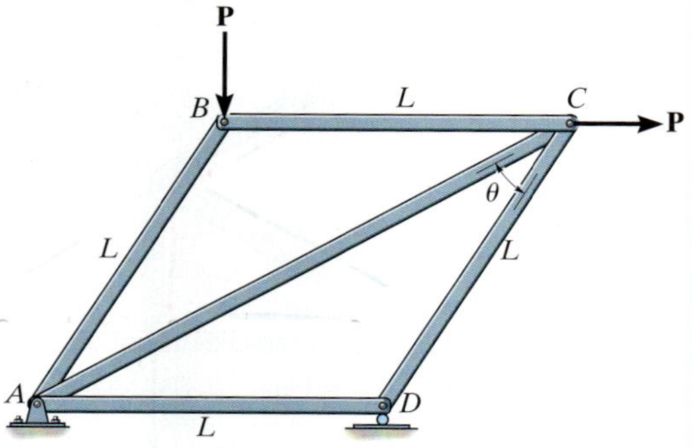

Vraagstukken 6.25/26

6.4 De snedemethode

Wanneer we de kracht in slechts enkele staven van een vakwerk moeten bepalen, kunnen we het vakwerk analyseren met de *snedemethode*. De methode is gebaseerd op het principe dat wanneer een lichaam in evenwicht is, ook elk deel van het lichaam in evenwicht is. Kijk bijvoorbeeld naar de twee vakwerkstaven aan de linkerkant van fig. 6.14. Wanneer de krachten binnen een staaf moeten worden bepaald, kan de staaf denkbeeldig in twee helften worden gesneden bij het blauwe streepje, waardoor elke interne kracht als 'extern' wordt weergegeven in de vrijlichaamsschema's aan de rechterkant. Hieruit blijkt duidelijk dat voor evenwicht vereist is dat de ene staaf onderhevig is aan een trekkracht (**T**), terwijl op de andere staaf een 'druk' of 'compressie'(**C**) moet worden uitgeoefend.

De snedemethode kan ook worden gebruikt om de staven van een heel vakwerk door te snijden. Als het vakwerk in tweeën is gesneden en het vrijlichaamsschema van een van beide delen wordt getekend, kunnen we de evenwichtsvergelijkingen op dat deel toepassen om de staafkrachten in de 'snede' te bepalen. Aangezien er slechts *drie* onafhankelijke evenwichtsvergelijkingen ($\Sigma F_x = 0, \Sigma F_y = 0, \Sigma M_O = 0$) kunnen worden toegepast op het vrijlichaamsschema van een willekeurig segment, moeten we proberen de snede zo te bepalen, dat ten hoogste *drie* staven met een onbekende staafkracht worden doorsneden. Bekijk bijvoorbeeld het vakwerk in fig. 6.15*a*. Wanneer de krachten in de elementen BC, GC en GF moeten worden bepaald, zou snede *aa* geschikt zijn. De vrijlichaamsschema's van de twee segmenten zijn afgebeeld in fig. 6.15*b* en 6.15*c*. Merk vooral op dat de werklijn van elke staafkracht volgt uit de *structuur* van het vakwerk, aangezien de kracht in een staaf langs de as van de staaf gericht is. Ook zijn de staafkrachten die op het ene deel van het vakwerk worden uitgeoefend gelijk, maar tegengesteld aan de krachten die op het andere deel werken – de derde wet van Newton. De staven BC en GC worden verondersteld *trekstaven* te zijn, omdat daarop een trekkracht werkt, terwijl GF een *drukstaaf* is, omdat daarop een drukkracht werkt.

De drie onbekende staafkrachten $\mathbf{F}_{BC}$, $\mathbf{F}_{GC}$ en $\mathbf{F}_{GF}$ kunnen worden verkregen door de drie evenwichtsvergelijkingen toe te passen op het vrijlichaamsschema in fig. 6.15*b*. Wanneer we echter het vrijlichaamsschema in fig. 6.15*c* willen analyseren, moeten *eerst* de steunpuntreacties $\mathbf{D}_x$, $\mathbf{D}_y$ en $\mathbf{E}_x$ worden bepaald, omdat er slechts drie evenwichtsvergelijkingen beschikbaar zijn. (Dit wordt uiteraard op de gebruikelijke manier gedaan door een vrijlichaamsschema van het *hele vakwerk* te analyseren.)

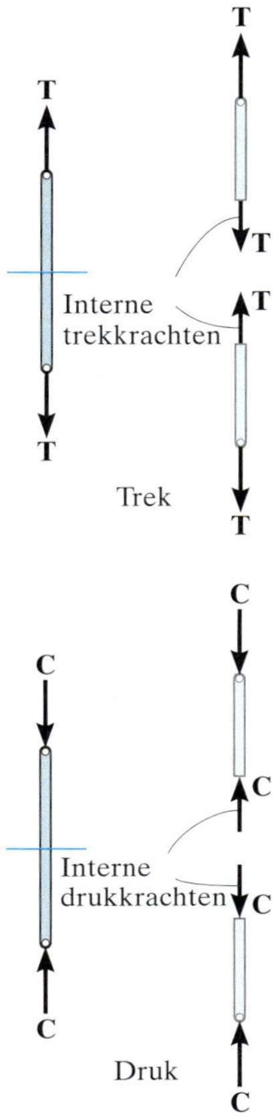

Fig. 6.14

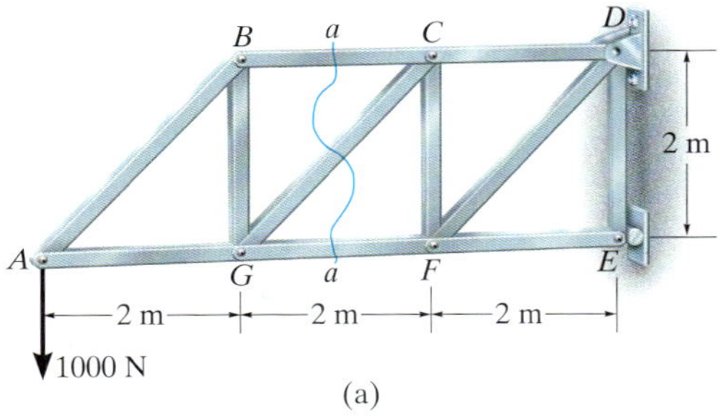

Fig. 6.15

Met de snedemethode zijn de krachten in geselecteerde elementen van dit Pratt-vakwerk eenvoudig te bepalen.

Wanneer we de evenwichtsvergelijkingen toepassen, moeten we de vergelijkingen zo proberen op te schrijven dat ze een *directe oplossing* opleveren voor de onbekenden, zodat we niet de verschillende vergelijkingen hoeven op te lossen. Wanneer we bijvoorbeeld het vakwerksegment in fig. 6.15*b* willen gebruiken en de som van de momenten rond *C* opstellen, dan levert dit een directe oplossing op voor $\mathbf{F}_{GF}$, aangezien het moment dat $\mathbf{F}_{BC}$ en $\mathbf{F}_{GC}$ om *C* creëren, gelijk is aan nul. $\mathbf{F}_{BC}$ kan op dezelfde wijze direct worden verkregen door de som van de momenten om *G* te nemen. $\mathbf{F}_{GC}$, tot slot, kan direct worden bepaald door de krachten in de verticale richting op te tellen, aangezien $\mathbf{F}_{GF}$ en $\mathbf{F}_{BC}$ geen verticale componenten hebben. Deze mogelijkheid om de kracht in een bepaalde vakwerkstaaf *direct te bepalen*, is één van de belangrijkste voordelen van de snedemethode.*

Net als bij de knooppuntmethode zijn er twee manieren om de juiste zin van een onbekende staafkracht te bepalen.

- De juiste zin van een onbekende staafkracht kan in veel gevallen worden bepaald door de constructie nader te bestuderen. $\mathbf{F}_{BC}$ in fig. 6.15*b*, bijvoorbeeld, is een trekkracht, aangezien het momentevenwicht om *G* vereist dat $\mathbf{F}_{BC}$ een moment veroorzaakt dat tegengesteld is aan het moment ten gevolge van de kracht van 1000 N. $\mathbf{F}_{GC}$ is ook een trekkracht, aangezien haar verticale component in evenwicht moet zijn met de kracht van 1000 N die naar beneden is gericht. In complexere gevallen kan de zin van een onbekende kracht worden *aangenomen*. Als de oplossing een *negatieve scalair* oplevert, geeft dit aan dat de zin van de kracht *tegengesteld* is aan wat er in het vrijlichaamsschema is aangegeven.
- *Ga er altijd van uit* dat de onbekende staafkrachten in de doorsnede *trekkrachten* zijn, dat wil zeggen: dat ze aan de staven 'trekken'. Bij numerieke oplossingen van de evenwichtsvergelijkingen levert dit *positieve scalairen op voor trekstaven en negatieve scalairen voor drukstaven*.

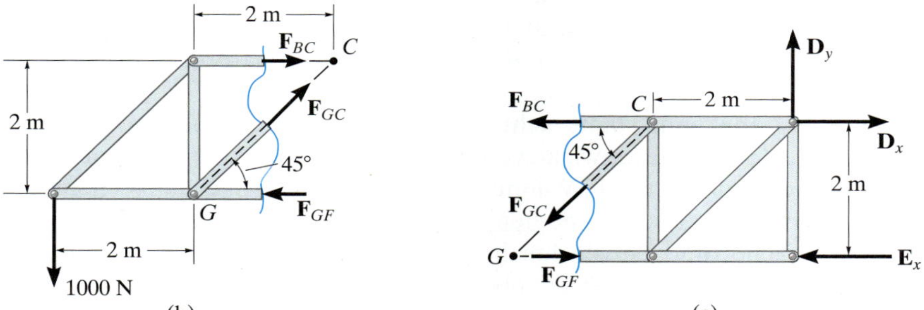

Fig. 6.15 (vervolg)

* Merk op dat als de knooppuntmethode zou zijn gebruikt om bijvoorbeeld de kracht in staaf *GC* te bepalen, dat dan achtereenvolgens de knopen *A*, *B* en *G* geanalyseerd hadden moeten worden.

Eenvoudige vakwerken worden vaak gebruikt bij de constructie van grote kranen om het gewicht van de giek en de toren te verminderen.

Analyseprocedure

De volgende procedure is geschikt om de krachten in de staven van een vakwerk te bepalen met behulp van de snedemethode.

Vrijlichaamsschema

- Bedenk hoe je het vakwerk wilt 'doorsnijden'; welke staven waarvan de krachten moeten worden bepaald, doorgesneden zullen worden.

Voordat het juiste deel van het vakwerk wordt geïsoleerd, kan het noodzakelijk zijn om eerst de steunpuntreacties van het vakwerk te bepalen. Als dit gebeurd is, zijn de drie evenwichtsvergelijkingen beschikbaar voor het oplossen van de krachten op de staaf bij de snede.

- Teken het vrijlichaamsschema van het segment van het doorgesneden vakwerk waarop het kleinste aantal krachten wordt uitgeoefend.
- Gebruik één van de twee hierboven besproken methoden om de zin van een onbekende staafkracht te bepalen.

Evenwichtsvergelijkingen

- Sommeer de momenten om een punt dat op het snijpunt van de werklijnen van twee onbekende krachten ligt, zodat de derde onbekende kracht direct uit de momentenvergelijking wordt bepaald.
- Wanneer twee onbekende krachten *evenwijdig* zijn, kunnen de krachten *loodrecht* op de richting van deze onbekenden worden opgeteld om de derde onbekende kracht *direct* te bepalen.

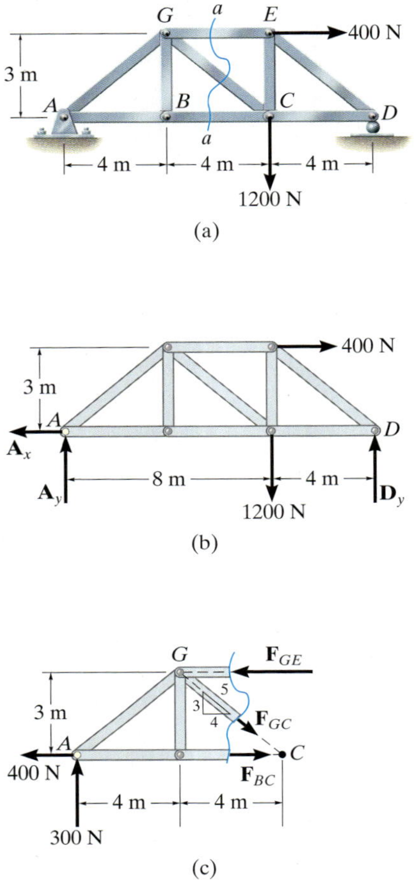

Fig. 6.16

Ga naar www.pearsonmylab.nl voor de animatie: *Vrijlichaamsschema voor een vakwerk.*

Voorbeeld 6.5

Bepaal de kracht in de staven GE, GC en BC van het vakwerk in fig. 6.16*a*. Geef bij de staven aan of ze onderhevig zijn aan druk of aan trek.

OPLOSSING

Doorsnede *aa* in fig. 6.16*a* is gekozen, aangezien deze door de *drie* staven snijdt waarvan de krachten moeten worden bepaald. Om de snedemethode te kunnen gebruiken, moeten we echter *eerst* de externe reacties in A en D bepalen. Waarom? Een vrijlichaamsschema van het hele vakwerk is afgebeeld in fig. 6.16*b*. Wanneer we de evenwichtsvergelijkingen toepassen, krijgen we:

$$\xrightarrow{+} \Sigma F_x = 0; \qquad 400\text{ N} - A_x = 0 \qquad A_x = 400\text{ N}$$

$$\circlearrowleft + \Sigma M_A = 0; \qquad -1200\text{ N}(8\text{ m}) - 400\text{ N}(3\text{ m}) + D_y(12\text{ m}) = 0$$
$$D_y = 900\text{ N}$$

$$+\uparrow \Sigma F_y = 0; \qquad A_y - 1200\text{ N} + 900\text{ N} = 0 \qquad A_y = 300\text{ N}$$

Vrijlichaamsschema Voor de analyse van het vrijlichaamsschema wordt het linkergedeelte van het doorgesneden vakwerk gebruikt, omdat hierin het kleinste aantal krachten voorkomt, zie fig. 6.16*c*.

Evenwichtsvergelijkingen Optelling van de momenten om punt G elimineert $\mathbf{F}_{GE}$ en $\mathbf{F}_{GC}$ en levert een directe oplossing voor F_{BC} op:

$$\circlearrowleft + \Sigma M_G = 0; \qquad -300\text{ N}(4\text{ m}) - 400\text{ N}(3\text{ m}) + F_{BC}(3\text{ m}) = 0$$
$$F_{BC} = 800\text{ N} \quad (\text{T})$$ *Antw.*

En optelling van de momenten om punt C levert een directe oplossing op voor F_{GE}:

$$\circlearrowleft + \Sigma M_C = 0; \qquad -300\text{ N}(8\text{ m}) + F_{GE}(3\text{ m}) = 0$$
$$F_{GE} = 800\text{ N} \quad (\text{C})$$ *Antw.*

Aangezien $\mathbf{F}_{BC}$ en $\mathbf{F}_{GE}$ geen verticale componenten hebben, levert optelling van de krachten in de y-richting direct F_{GC} op, d.w.z.:

$$+\uparrow \Sigma F_y = 0; \qquad 300\text{ N} - \tfrac{3}{5}F_{GC} = 0$$
$$F_{GC} = 500\text{ N} \quad (\text{T})$$ *Antw.*

OPMERKING: Hier is het mogelijk om door onderzoek de juiste richting voor elke onbekende staafkracht te bepalen. Zo volgt uit $\Sigma M_C = 0$ dat $\mathbf{F}_{GE}$ een *drukkracht* moet zijn, omdat deze het moment van de kracht van 300 N rond C in evenwicht moet houden.

Voorbeeld 6.6

Bepaal de kracht in staaf *CF* van het brugvakwerk in fig. 6.17*a*. Geef aan of de staaf een druk- of een trekstaaf is. Ga ervan uit dat iedere staaf met een penverbinding is bevestigd.

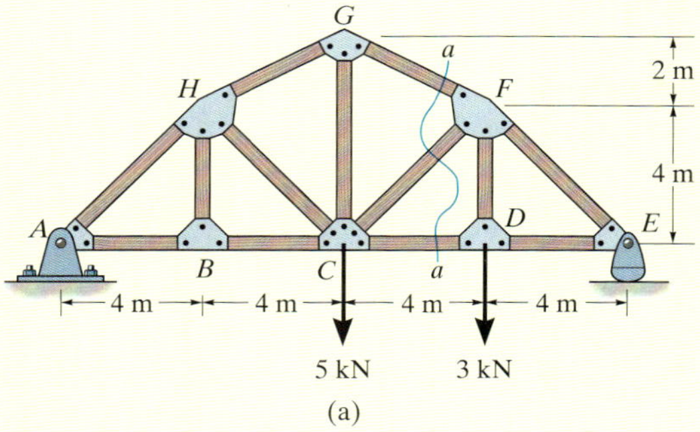

Fig. 6.17

OPLOSSING

Vrijlichaamsschema Doorsnede *aa* in fig. 6.17*a* zal worden gebruikt, aangezien deze de interne kracht in staaf *CF* weergeeft als een 'externe' kracht in het vrijlichaamsschema van het rechter- of linkerdeel van het vakwerk. Maar eerst dienen de steunpuntreacties aan de linker- of rechterzijde te worden bepaald. Controleer de uitkomsten die in het vrijlichaamsschema in fig. 6.17*b* zijn aangegeven.

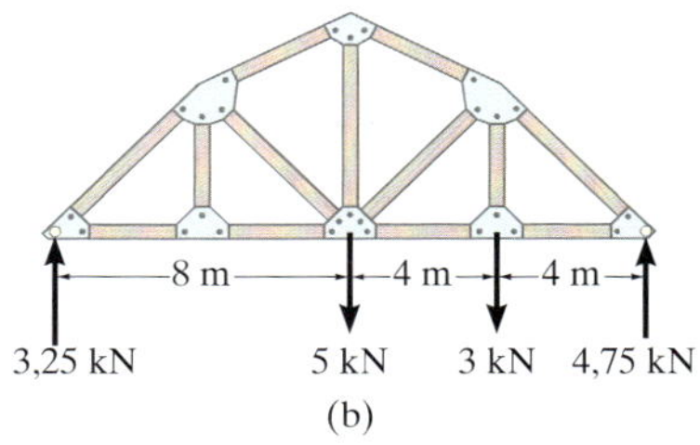

Het vrijlichaamsschema van het rechterdeel van het vakwerk, dat het gemakkelijkst kan worden geanalyseerd, is weergegeven in fig. 6.17*c*. Er zijn drie onbekenden: F_{FG}, F_{CF} en F_{CD}.

Evenwichtsvergelijkingen Om de twee onbekenden $\mathbf{F}_{FG}$ en $\mathbf{F}_{CD}$ te elimineren, passen we de momentvergelijking rond punt *O* toe. De afstand van punt *O* ten opzichte van *E* wordt bepaald uit gelijkvormige driehoeken, d.w.z. $4/(4 + x) = 6/(8 + x)$, $x = 4$ m. Of, anders gezegd: staaf *GF* heeft een helling van 2 m over een horizontale afstand van *CD* = 4 m. Aangezien *FD* gelijk is aan 4 m, zie fig. 6.17*c*, moet de afstand van *D* tot *O* gelijk zijn aan 8 m.

Een eenvoudige manier om het moment $\mathbf{F}_{CF}$ om punt *O* te bepalen, is door gebruik te maken van het principe van verplaatsbaarheid langs de werklijn en $\mathbf{F}_{CF}$ te verschuiven naar punt *C* en vervolgens $\mathbf{F}_{CF}$ in zijn twee rechthoekige componenten te ontbinden. We krijgen dan:

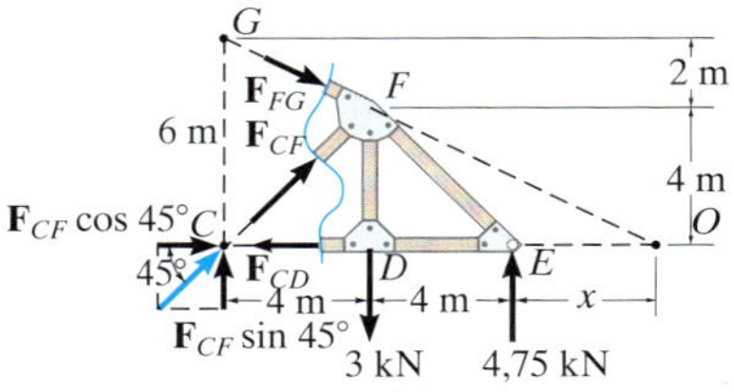

$$\circlearrowleft + \Sigma M_O = 0;$$
$$-F_{CF} \sin 45°(12 \text{ m}) + (3 \text{ kN})(8 \text{ m}) - (4{,}75 \text{ kN})(4 \text{ m}) = 0$$
$$F_{CF} = 0{,}589 \text{ kN} \quad (\text{C})$$

Antw.

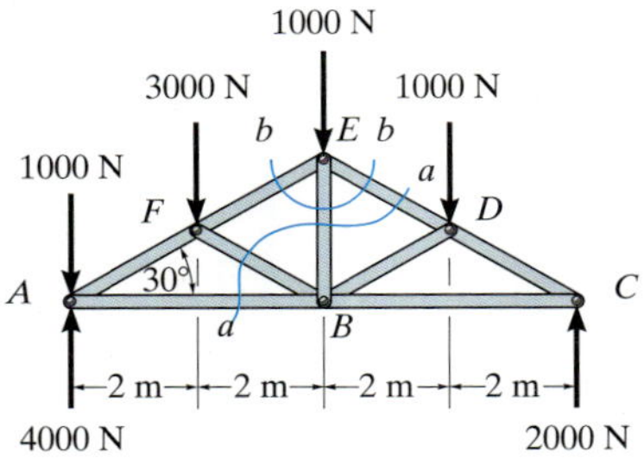

(a)

Voorbeeld 6.7

Bepaal de kracht in staaf EB van het dakspant in fig. 6.18*a*. Geef aan of deze staaf een druk- of een trekstaaf is.

OPLOSSING

Vrijlichaamsschema's Wanneer we de snedemethode toepassen, zal iedere denkbeeldige doorsnede die EB doorsnijdt, zie fig. 6.18*a*, ook drie andere staven waarvan de krachten onbekend zijn moeten doorsnijden. Bijvoorbeeld *aa* snijdt door ED, EB, FB en AB. Wanneer we een vrijlichaamsschema van de linkerkant van deze snede bekijken, zie fig. 6.18*b*, kunnen we $\mathbf{F}_{ED}$ bepalen door de som van de momenten om B te nemen, zodat de drie andere onbekenden worden geëlimineerd. $\mathbf{F}_{EB}$ kan niet worden bepaald uit de andere twee evenwichtsvergelijkingen. Een mogelijke manier om $\mathbf{F}_{EB}$ te verkrijgen, is door eerst $\mathbf{F}_{ED}$ te bepalen uit doorsnede *aa* en de uitkomst te gebruiken in doorsnede *bb*, zie fig. 6.18*a*, wat is afgebeeld in fig. 6.18*c*. In dit geval hebben we een systeem van krachten die door één punt gaan. Het vrijlichaamsschema van het vakwerkdeel is hetzelfde als het vrijlichaamsschema van de verbinding in E.

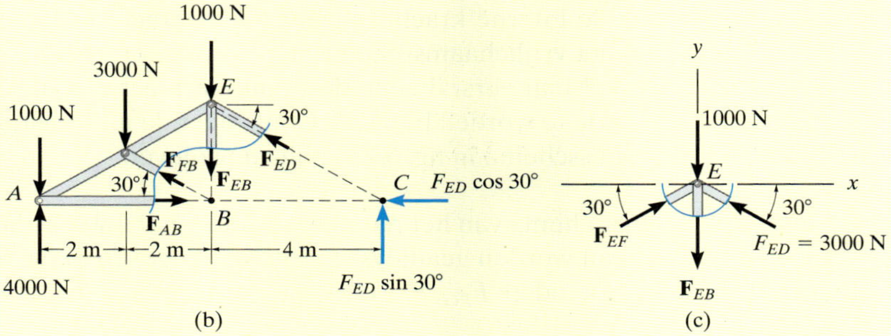

Fig. 6.18

Evenwichtsvergelijkingen Om het moment van $\mathbf{F}_{ED}$ om punt B te bepalen, zie fig. 6.18*b*, gebruiken we het principe van overdraagbaarheid en verschuiven de kracht naar punt C; vervolgens ontbinden we die in cartesische componenten, zoals weergegeven. Daarom geldt:

$$\circlearrowleft + \Sigma M_B = 0; \quad 1000\text{ N}(4\text{ m}) + 3000\text{ N}(2\text{ m}) - 4000\text{ N}(4\text{ m}) + F_{ED}\sin 30°(4\text{ m}) = 0$$
$$F_{ED} = 3000\text{ N} \quad \text{(C)}$$

Wanneer we nu het vrijlichaamsschema van doorsnede *bb* bekijken, zie fig. 6.18*c*, dan krijgen we:

$$\overset{+}{\rightarrow} \Sigma F_x = 0; \quad F_{EF}\cos 30° - 3000\cos 30°\text{ N} = 0$$
$$F_{EF} = 3000\text{ N} \quad \text{(C)}$$

$$+\uparrow \Sigma F_y = 0; \quad 2(3000\sin 30°\text{ N}) - 1000\text{ N} - F_{EB} = 0$$
$$F_{EB} = 2000\text{ N} \quad \text{(T)}$$

Antw.

Fundamentele vraagstukken

Alle oplossingen van de vraagstukken moeten gebruikmaken van een vrijlichaamsschema.

F6.7. Bepaal de kracht in de staven *BC*, *CF* en *FE*. Geef aan of er op de staven een trekkracht of een drukkracht werkt.

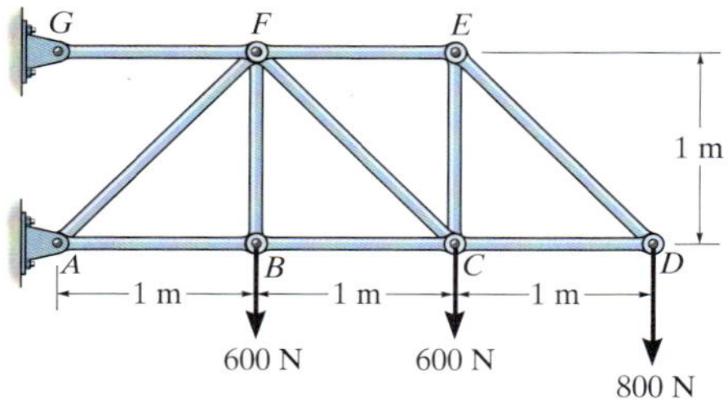

F6.7

F6.8. Bepaal de kracht in de staven *LK*, *KC* en *CD* van het *Pratt*-vakwerk. Geef aan of er op de staven een trekkracht of een drukkracht werkt.

F6.9. Bepaal de kracht in de staven *KJ*, *KC* en *CD* van het *Pratt*-vakwerk. Geef aan of er op de staven een trekkracht of een drukkracht werkt.

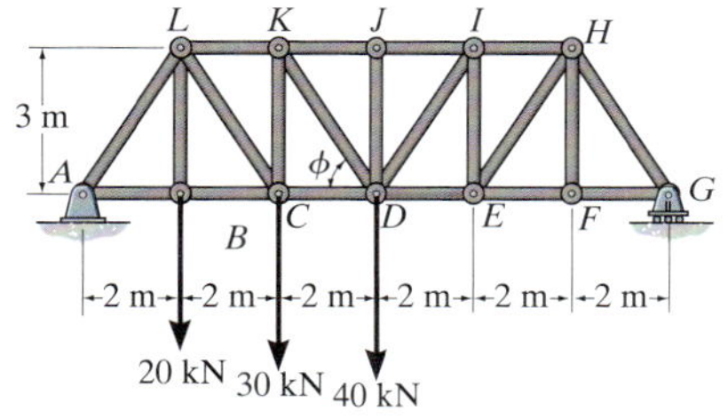

F6.8-9

F6.10. Bepaal de kracht in de staven *EF*, *CF* en *BC* van het vakwerk. Geef aan of er op de staven een trekkracht of een drukkracht werkt.

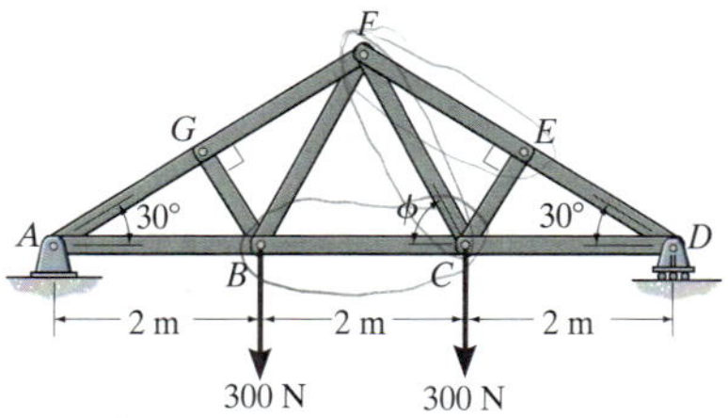

F6.10

F6.11. Bepaal de kracht in de staven *GF*, *GD* en *CD* van het vakwerk. Geef aan of er op de staven een trekkracht of een drukkracht werkt.

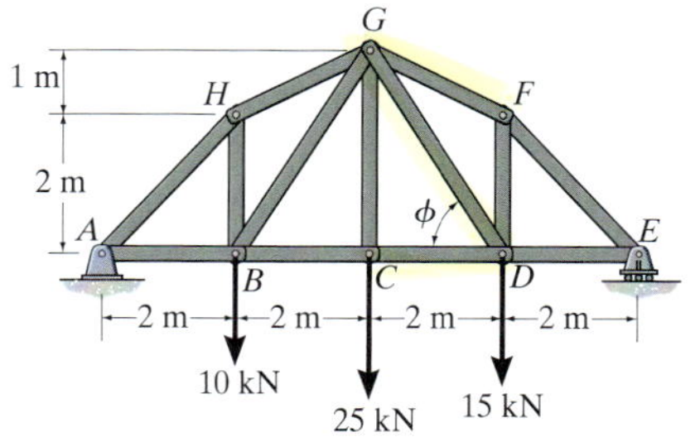

F6.11

F6.12. Bepaal de kracht in de staven *DC*, *HI* en *JI* van het vakwerk. Geef aan of er op de staven een trekkracht of een drukkracht werkt.

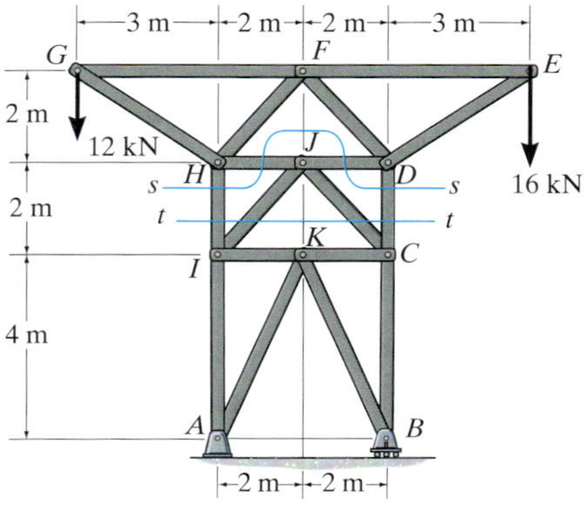

F6.12

Vraagstukken

Alle oplossingen van de vraagstukken moeten gebruikmaken van een vrijlichaamsschema.

6.27. Bepaal de kracht in de staven *BC*, *CG* en *GF* van het vakwerk en geef aan of op deze staven een trekkracht of een drukkracht werkt.

***6.28.** Bepaal de kracht in de staven *CD*, *LD* en *FG* van het vakwerk en geef aan of op de staven een trekkracht of een drukkracht werkt.

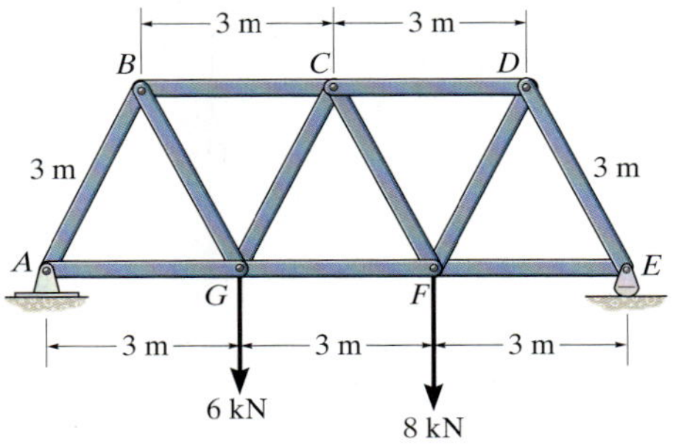

Vraagstukken 6.27/28

6.29. De staaf van de *Pratt-vakwerkbrug* wordt belast op de manier zoals is weergegeven in de figuur. Bepaal de kracht in de staven *LD*, *LK*, *CD* en *KD* en geef aan of de staaf op trek of op druk wordt belast.

6.30. De staaf van de *Pratt-vakwerkbrug* wordt belast op de manier zoals is weergegeven in de figuur. Bepaal de kracht in de staven *JI*, *JE* en *DE* en geef steeds aan of de staaf op trek of op druk wordt belast.

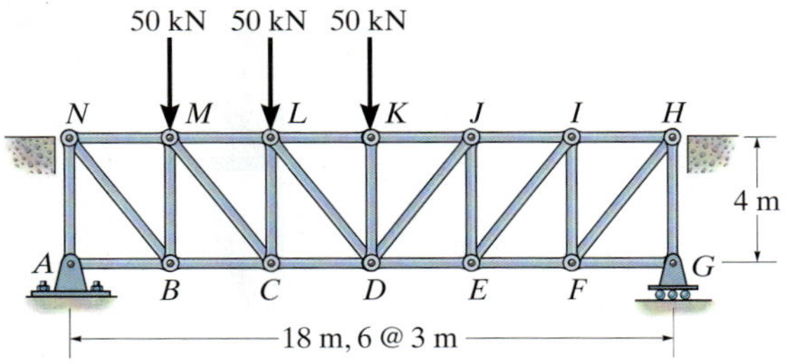

Vraagstukken 6.29/30

6.31. Bepaal de kracht in de staven *BE*, *EF* en *CB* en geef aan of de staaf op trek of op druk wordt belast.

***6.32.** Bepaal de kracht in de staven *BF*, *BG* en *AB* en geef aan of de staaf op trek of op druk wordt belast.

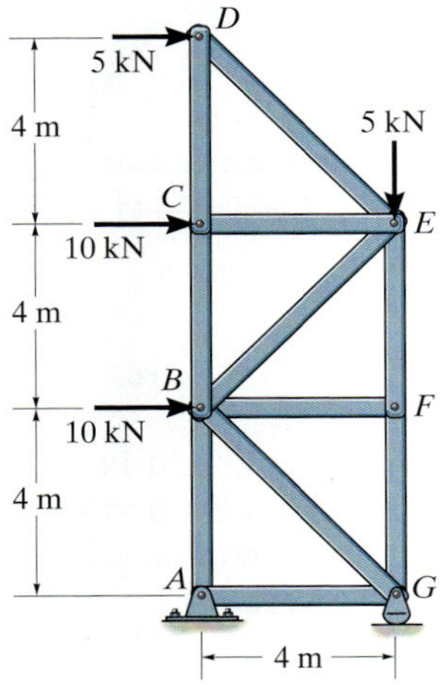

Vraagstukken 6.31/32

6.33. Bepaal de kracht in de staven *BC* en *CH* van het dakspant en geef aan of op de staven een trekkracht of een drukkracht werkt.

6.34. Bepaal de kracht in de staven *CD* en *GF* van het vakwerk en geef aan of op de staven een trekkracht of een drukkracht werkt. Geef ook alle nulkrachtstaven aan.

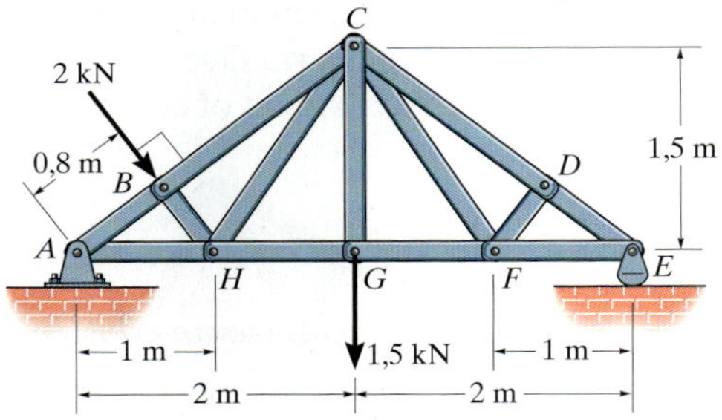

Vraagstukken 6.33/34

6.35. Bepaal de kracht in de staven BC, HC en HG. Maak eerst een snede door het vakwerk en gebruik dan één evenwichtsvergelijking om elke kracht te berekenen. Geef aan of de staaf op trek of op druk wordt belast.

***6.36.** Bepaal de kracht in de staven CD, CF en CG en geef aan of de staaf op trek of op druk wordt belast.

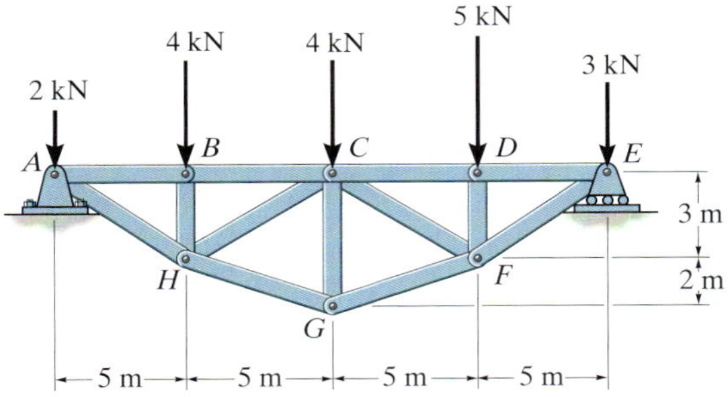

Vraagstukken 6.35/36

6.37. Bepaal de kracht in de staven KJ, NJ, ND en CD van het K-vakwerk. Geef aan of er op de staven een trekkracht of een drukkracht werkt. *Hint:* Gebruik de doorsneden *aa* en *bb*.

6.38. Bepaal de kracht in de staven JI en DE van het K-vakwerk. Geef aan of er op de staven een trekkracht of een drukkracht werkt.

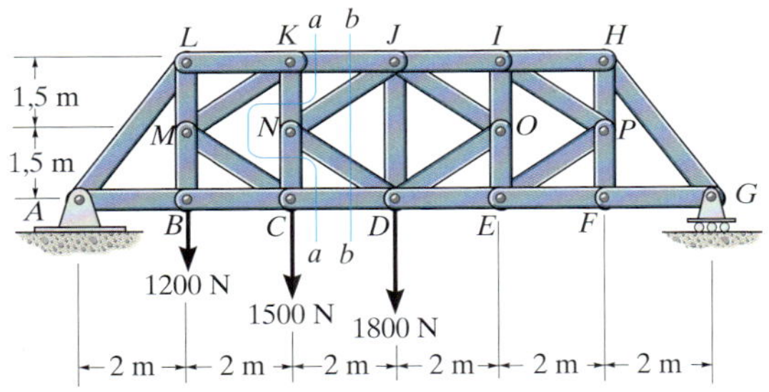

Vraagstukken 6.37/38

6.39. Bepaal de kracht in de staven IC en CG van het vakwerk en geef aan of op deze staven een trekkracht of een drukkracht werkt. Geef ook alle nulkrachtstaven aan.

*** 6.40.** Bepaal de kracht in de staven JE en GF van het vakwerk en geef aan of op deze staven een trekkracht of een drukkracht werkt. Geef ook alle nulkrachtstaven aan.

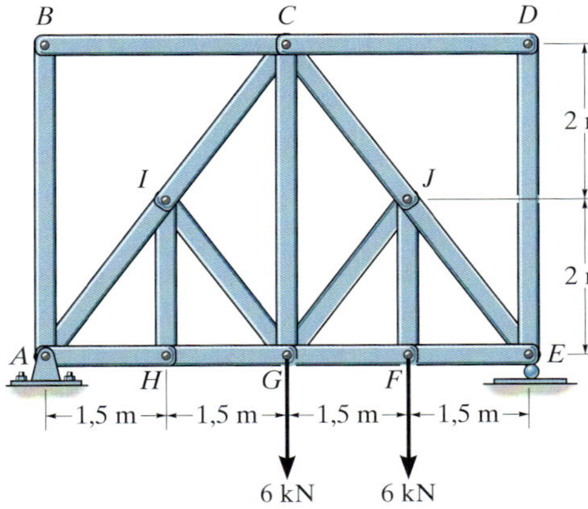

Vraagstukken 6.39/40

6.41. Bepaal de kracht in de staven FG, GC en CB van het vakwerk waaraan het aanplakbord is opgehangen en geef aan of de staaf op trek of op druk wordt belast.

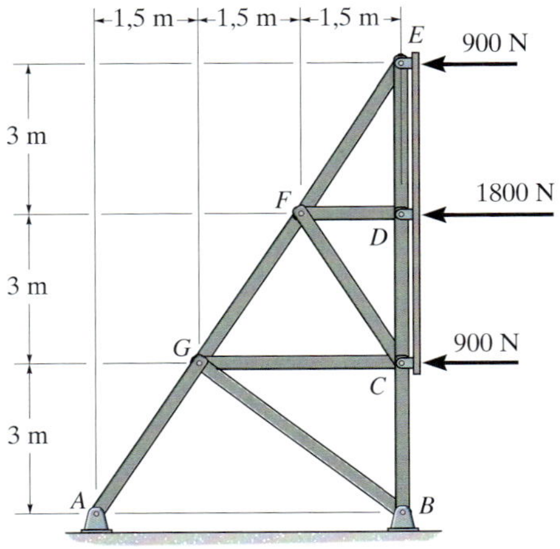

Vraagstuk 6.41

6.42. Bepaal de kracht in de staven *DE*, *DL* en *ML* van het dakspant en geef aan of de staaf op trek of op druk wordt belast.

6.43. Bepaal de kracht in de staven *EF* en *EL* van het dakspant en geef aan of de staaf op trek of op druk wordt belast.

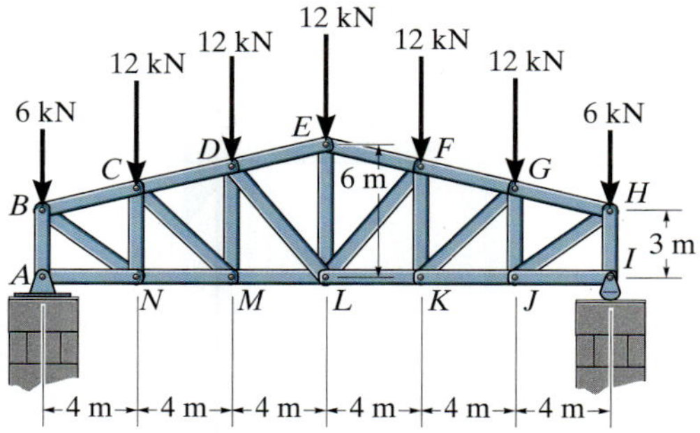

Vraagstukken 6.42/43

***6.44.** Het schuine vakwerk wordt belast op de manier zoals is weergegeven in de figuur. Bepaal de kracht in de staven *CB*, *BE* en *EF* en geef aan of de staaf op trek of op druk wordt belast. Veronderstel dat alle verbindingen scharnieren zijn.

6.45. Het schuine vakwerk wordt belast op de manier zoals is weergegeven in de figuur. Bepaal de kracht in de staven *AB*, *BF* en *EF* en geef aan of de staaf op trek of op druk wordt belast. Veronderstel dat alle verbindingen scharnieren zijn.

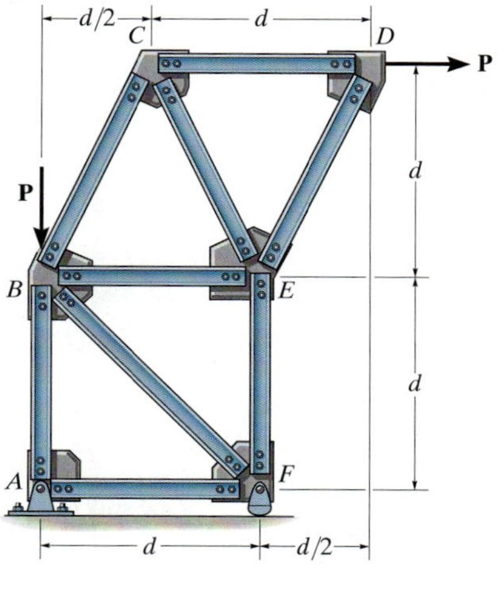

Vraagstukken 6.44/45

6.46. Bepaal de kracht in de staven *CD* en *CM* van het *Baltimore-brugvakwerk* en geef aan of de staaf op trek of op druk wordt belast. Geef ook aan welke staven nulkrachtstaven zijn.

6.47. Bepaal de kracht in de staven *EF*, *EP* en *LK* van het *Baltimore-brugvakwerk* en geef aan of de staaf op trek of op druk wordt belast. Geef ook aan welke staven nulkrachtstaven zijn.

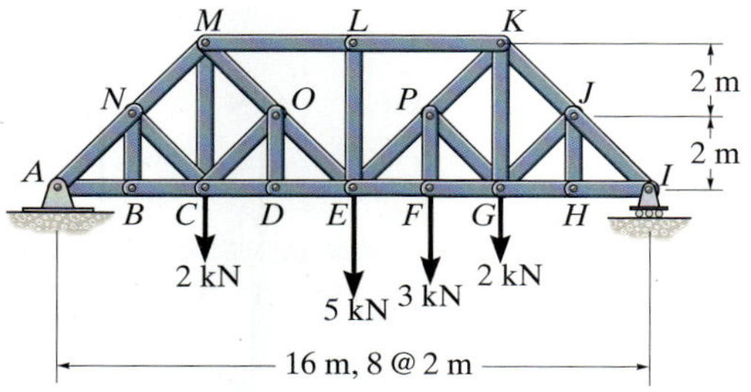

Vraagstukken 6.46/47

***6.48.** Aan het vakwerk hangt een verticale last van 600 N. $L = 2$ m. Bepaal dan de kracht in de staven *HG* en *HB* van het vakwerk en geef aan of de staaf op trek of op druk wordt belast.

6.49. Aan het vakwerk hangt een verticale last van 600 N. Bepaal de kracht in de staven *BC*, *BG* en *HG* als de afmeting *L* varieert. Maak een grafiek van de uitkomsten voor *F* (positieve horizontale as is een trekkracht), afgezet tegen *L* (verticale as) in het interval $0 \leq L \leq 3$ m.

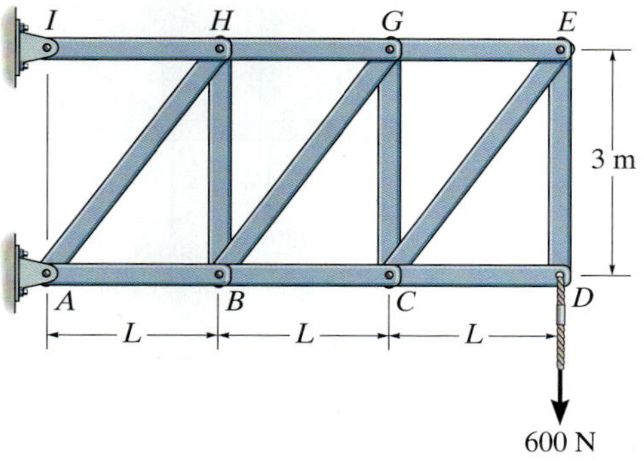

Vraagstukken 6.48/49

*6.5 Ruimtevakwerken

Een *ruimtevakwerk* bestaat uit staven die aan hun uiteinden met elkaar zijn verbonden en een stabiele driedimensionale constructie vormen. De eenvoudigste vorm van een ruimtevakwerk is een *tetraëder*, die gevormd wordt door zes met elkaar verbonden staven, zoals afgebeeld in fig. 6.19. Alle staven die aan dit basiselement worden toegevoegd zijn overbodig voor het opvangen van de belasting van kracht **P**. Een *primair ruimtevakwerk* kan uit dit basiselement worden samengesteld door drie extra staven en een verbinding toe te voegen, en op deze manier door te gaan waardoor een systeem van meervoudig verbonden tetraëders wordt gevormd.

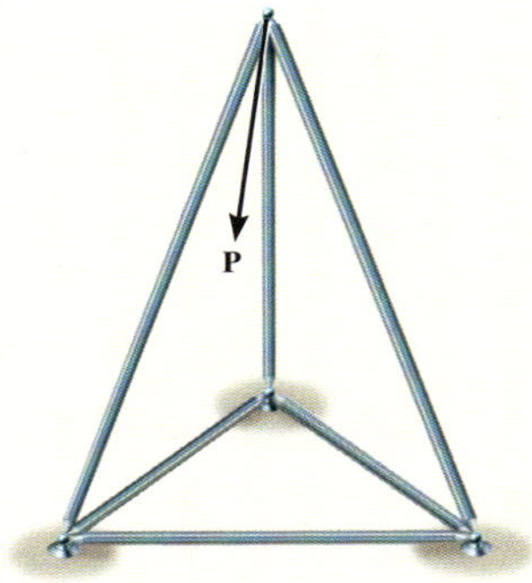

Fig. 6.19

Uitgangspunten voor het ontwerp De staven van een ruimtevakwerk kunnen worden behandeld als elementen waar twee krachten op werken als de externe belasting wordt uitgeoefend op de verbindingen en de verbindingen uit kogelgewrichten bestaan. Aan deze voorwaarden wordt voldaan wanneer de las- of boutverbindingen van de verbonden staven elkaar in een gemeenschappelijk punt snijden, het gewicht van de staven verwaarloosd kan worden en er sprake is van lange ranke staven. In die gevallen waarbij het gewicht van de staven in de analyse moet worden betrokken, kunnen ze meestal als een verticale kracht worden beschouwd, waarvan de helft op ieder uiteinde van de staaf werkt.

Typisch voorbeeld van een ruimtevakwerk voor het dragen van een dak. Merk op dat er kogelscharnieren zijn gebruikt voor de verbindingen.

Analyseprocedure

Om de staafkrachten in een ruimtevakwerk te bepalen, kan de knooppuntmethode of de snedemethode worden gebruikt.

Knooppuntmethode
In het algemeen geldt dat wanneer de krachten in *alle* staven van het vakwerk bepaald moeten worden, de knooppuntmethode het meest geschikt is voor de analyse. Hier is het noodzakelijk om de drie evenwichtsvergelijkingen $\Sigma F_x = 0$, $\Sigma F_y = 0$, $\Sigma F_z = 0$ toe te passen op de krachten op elke verbinding. Bedenk dat het gelijktijdig oplossen van veel vergelijkingen kan worden voorkomen als de krachtenanalyse begint in een knoop die ten minste één bekende kracht en ten hoogste drie onbekende krachten heeft. Ook als de structuur van het krachtensysteem in de knoop moeilijk kan worden gevisualiseerd, is het aan te raden om een cartesische vectoranalyse te gebruiken voor de oplossing.

Snedemethode
Wanneer slechts *enkele* staafkrachten moeten worden bepaald, kan de snedemethode gebruikt worden. Wanneer een denkbeeldige snede door een vakwerk wordt gemaakt en het vakwerk in twee delen wordt gesplitst, moet het krachtensysteem dat op een van de segmenten werkt, voldoen aan de *zes* evenwichtsvergelijkingen: $\Sigma F_x = 0$, $\Sigma F_y = 0$, $\Sigma F_z = 0$, $\Sigma M_x = 0$, $\Sigma M_y = 0$, $\Sigma M_z = 0$ (vgl. 5.6). Bij een goede keuze van de snede en de assen voor het optellen van de krachten en momenten, kan een groot aantal onbekende staafkrachten in een ruimtevakwerk *direct* worden berekend met behulp van een enkele evenwichtsvergelijking.

Uit kostenoogpunt worden grote elektriciteitsmasten vaak opgebouwd uit ruimtevakwerken.

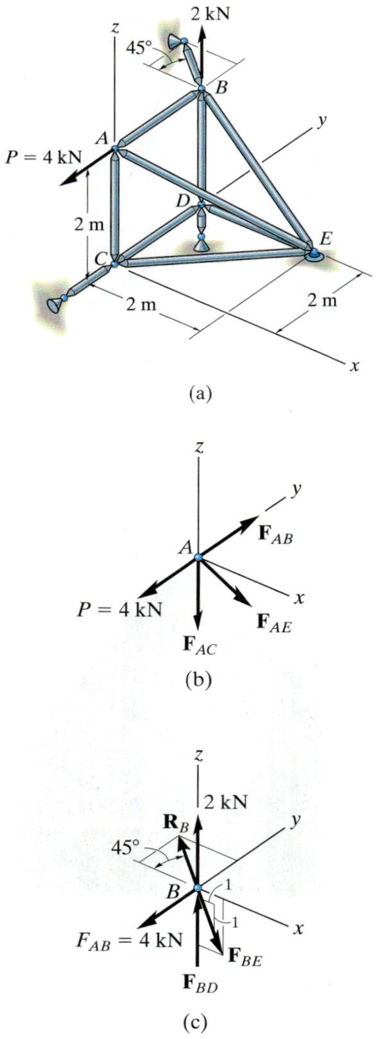

Fig. 6.20

Voorbeeld 6.8

Bepaal de krachten die werken in de staven van het ruimtevakwerk van fig. 6.20*a*. Geef aan of de staven onderhevig zijn aan een druk- of trekkracht.

OPLOSSING

Aangezien er één bekende en drie onbekende krachten zijn die op knoop *A* werken, begint de analyse van het vakwerk in deze knoop.

Knoop A (fig. 6.20*b*) Wanneer we iedere kracht die in het vrijlichaamsschema op knoop A werkt uitdrukken in vectorvorm, krijgen we:

$$\mathbf{P} = \{-4\mathbf{j}\}\ \text{kN}, \qquad \mathbf{F}_{AB} = F_{AB}\mathbf{j}, \quad \mathbf{F}_{AC} = -F_{AC}\mathbf{k},$$

$$\mathbf{F}_{AE} = F_{AE}\left(\frac{\mathbf{r}_{AE}}{r_{AE}}\right) = F_{AE}(0{,}577\mathbf{i} + 0{,}577\mathbf{j} - 0{,}577\mathbf{k})$$

In de evenwichtssituatie geldt:

$$\Sigma\mathbf{F} = \mathbf{0}; \qquad \mathbf{P} + \mathbf{F}_{AB} + \mathbf{F}_{AC} + \mathbf{F}_{AE} = \mathbf{0}$$

$$-4\mathbf{j} + F_{AB}\mathbf{j} - F_{AC}\mathbf{k} + 0{,}577F_{AE}\mathbf{i} + 0{,}577F_{AE}\mathbf{j} - 0{,}577F_{AE}\mathbf{k} = \mathbf{0}$$

$$\Sigma F_x = 0; \qquad 0{,}577F_{AE} = 0$$

$$\Sigma F_y = 0; \qquad -4 + F_{AB} + 0{,}577\,F_{AE} = 0$$

$$\Sigma F_z = 0; \qquad -F_{AC} - 0{,}577\,F_{AE} = 0$$

$F_{AC} = F_{AE} = 0$ *Antw.*

$F_{AB} = 4$ kN (T) *Antw.*

Aangezien F_{AB} nu bekend is, kan verbinding *B* worden geanalyseerd.

Knoop B (fig. 6.20*c*)

$$\Sigma F_x = 0; \qquad -R_B \cos 45^\circ + 0{,}707F_{BE} = 0$$

$$\Sigma F_y = 0; \qquad -4 + R_B \sin 45^\circ = 0$$

$$\Sigma F_z = 0; \qquad 2 + F_{BD} - 0{,}707\,F_{BE} = 0$$

$R_B = F_{BE} = 5{,}66$ kN (T), $\qquad F_{BD} = 2$ kN (C) *Antw.*

De *scalaire* evenwichtsvergelijkingen kunnen ook direct worden toegepast op de krachten in de vrijlichaamsschema's van de knopen *D* en *C*, aangezien de krachtcomponenten eenvoudig bepaald kunnen worden. Toon het volgende aan:

$$F_{DE} = F_{DC} = F_{CE} = 0$$ *Antw.*

Vraagstukken

Alle oplossingen van de vraagstukken moeten gebruikmaken van een vrijlichaamsschema.

6.50. Om het homogene bord van 50 kg te ondersteunen worden twee ruimtelijke vakwerken toegepast. Bepaal de kracht in de staven *AB*, *AC* en *BC* van vakwerk *ABCD* en geef aan of de staaf op trek of op druk wordt belast. De knopen *B* en *D* zijn met elkaar verbonden door een korte horizontale en knoop *C* is een kogelgewricht.

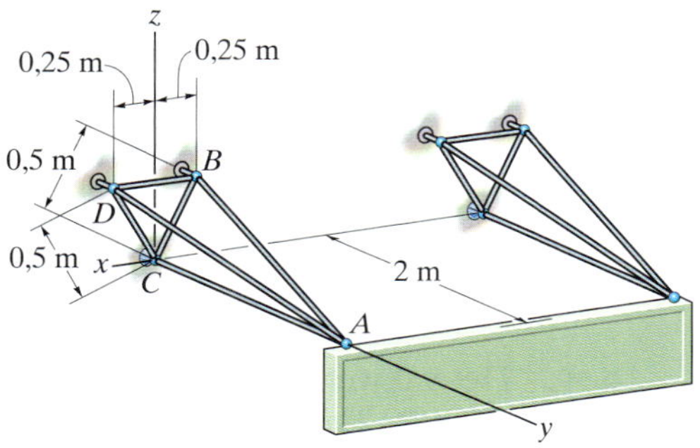

Vraagstuk 6.50

6.51. Bepaal de kracht in elke staaf van het ruimtelijk vakwerk en geef aan of de staaf op trek of op druk wordt belast. *Hint*: de werklijn van de ondersteuningsreactie in *E* valt samen met staaf *EB*. Waarom?

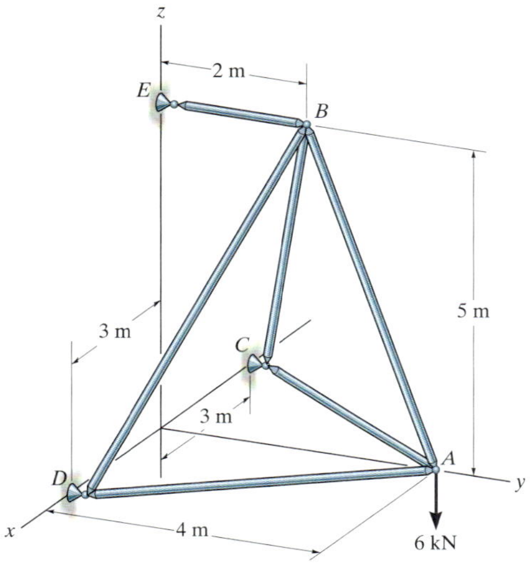

Vraagstuk 6.51

***6.52.** Bepaal de kracht in elke staaf van het ruimtelijk vakwerk en geef aan of de staaf op trek of op druk wordt belast. Het vakwerk is in *A*, *B* en *C* ondersteund met rolopleggingen.

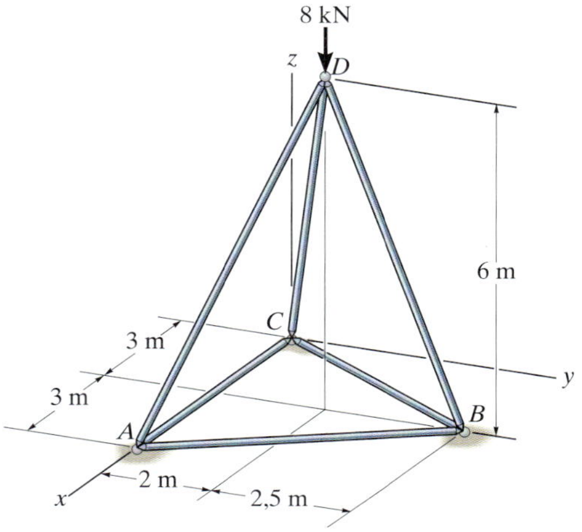

Vraagstuk 6.52

6.53. Op het ruimtelijk vakwerk werkt een kracht $\mathbf{F} = [300\mathbf{i} + 400\mathbf{j} - 500\mathbf{k}]$ N. Bepaal de kracht in elke staaf en geef aan of de staaf op trek of op druk wordt belast.

6.54. Op het ruimtelijk vakwerk werkt een kracht $\mathbf{F} = [-400\mathbf{i} + 500\mathbf{j} + 600\mathbf{k}]$ N. Bepaal de kracht in elke staaf en geef aan of de staaf op trek of op druk wordt belast.

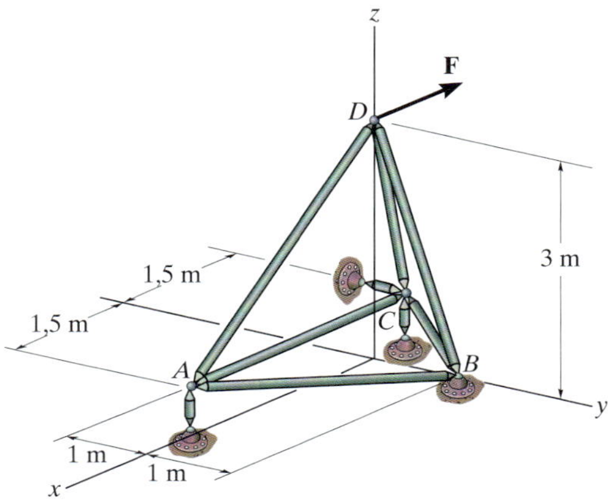

Vraagstukken 6.53/54

6.55. Bepaal de kracht in elke staaf van het ruimtelijk vakwerk en geef aan of de staaf op trek of op druk wordt belast. De ondersteuningen in C, D, E en G zijn kogelgewrichten.

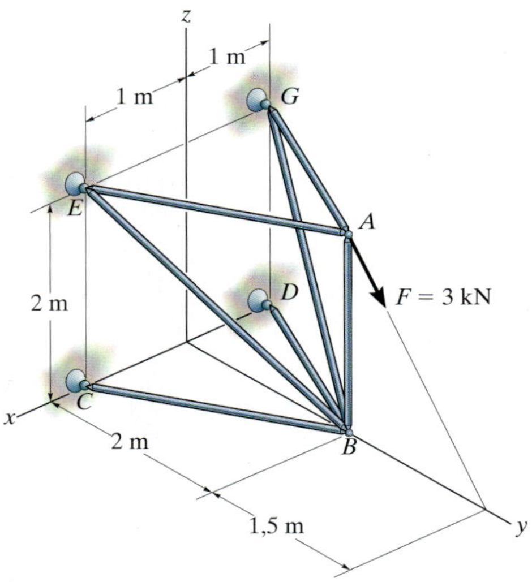

Vraagstuk 6.55

***6.56.** Het ruimtelijk vakwerk wordt gebruikt om verticale krachten in de knopen B, C en D te ondersteunen. Bepaal de kracht in elke staaf en geef aan of de staaf op trek of op druk wordt belast. De ondersteuning in E is een roloplegging en die in A en F zijn kogelgewrichten.

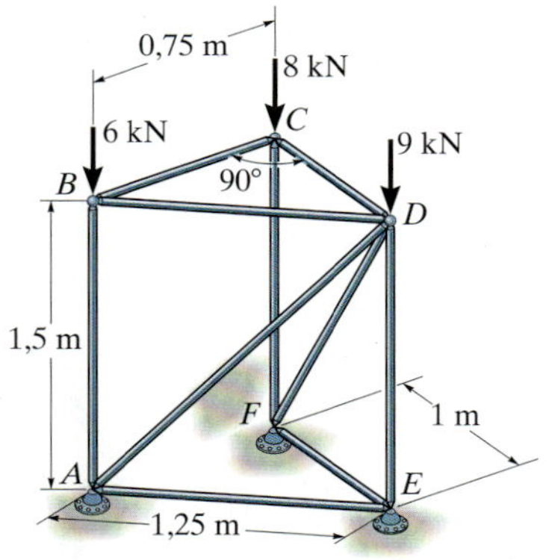

Vraagstuk 6.56

6.57. Bepaal de kracht in de staven BE, BC, BF en CE van het ruimtelijk vakwerk en geef aan of de staaf op trek of op druk wordt belast.

6.58. Bepaal de kracht in de staven AF, AB, AD, ED, FD en BD van het ruimtelijk vakwerk en geef aan of de staaf op trek of op druk wordt belast.

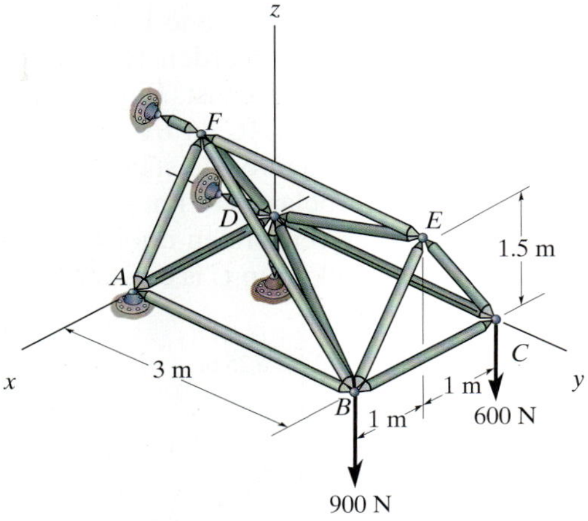

Vraagstukken 6.57/58

6.59. Het vakwerk wordt belast met een kracht $F = 200$ N. Bepaal dan de kracht in elke staaf en geef aan of de staaf op trek of op druk wordt belast.

***6.60.** Elke staaf van het ruimtelijk vakwerk kan maximaal worden belast met een drukkracht van 600 N en trekkracht van 800 N. Bepaal de grootste kracht F die het vakwerk kan afsteunen.

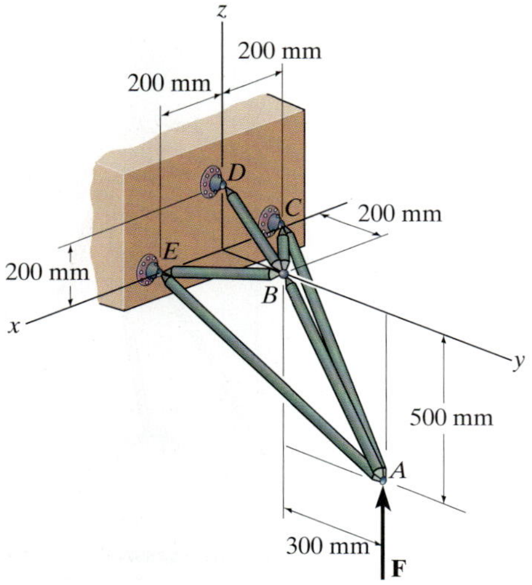

Vraagstukken 6.59/60

6.6 Draagconstructies en werktuigen

Draagconstructies en werktuigen zijn twee veelvoorkomende constructies die vaak zijn samengesteld uit *onderdelen waarop meer dan twee krachten werken* en die met penverbindingen met elkaar zijn verbonden. *Draagconstructies* zijn meestal in rust en worden gebruikt om lasten te dragen, terwijl *werktuigen* bewegende delen bevatten en ontworpen zijn om het effect van krachten over te dragen en te veranderen. Als een draagconstructie of een werktuig goed is vastgezet en niet méér steunpunten of elementen bevat dan nodig is om bezwijken te voorkomen, kunnen de krachten die op de knopen en de steunpunten werken, worden bepaald door de evenwichtsvergelijkingen op elke staaf toe te passen. Zodra de krachten in de knopen zijn verkregen, is het mogelijk om in het *ontwerp* de afmetingen van de staven, verbindingen en steunpunten te bepalen met behulp van de sterkteleer.

Deze hoge kraan is een typisch voorbeeld van een draagconstructie.

Vrijlichaamsschema's Om de krachten te bepalen die op de verbindingen en steunpunten van een draagconstructie of werktuig werken, moet de constructie denkbeeldig uit elkaar worden gehaald en moeten de vrijlichaamsschema's van de onderdelen ervan worden getekend. Hierbij *moeten* de volgende punten in acht worden genomen:

- Isoleer elk onderdeel door de *contouren* ervan te tekenen. Geef vervolgens alle krachten en/of koppelmomenten aan die op dit onderdeel worden uitgeoefend. Zorg ervoor dat je alle bekende en onbekende krachten en momenten *benoemt* in relatie tot een vastgesteld x-y-coördinatenstelsel. Geef ook alle maten aan die worden gebruikt voor het bepalen van de momenten. Meestal kunnen de evenwichtsvergelijkingen gemakkelijker worden toegepast, wanneer de krachten worden weergegeven als hun rechthoekige componenten. De zin van een onbekende kracht of onbekend moment kan, zoals gebruikelijk, worden aangenomen.

- Bepaal alle tweekrachtenlichamen in de constructie en geef hun vrijlichaamsschema's weer met twee gelijke maar tegengestelde, in elkaars verlengde liggende krachten die beide op de werklijn liggen die samenvalt met de lijn die loopt door de twee aangrijpingspunten van de twee krachten (zie paragraaf 5.4). Als we de staven, waarop enkel twee krachten werken, herkennen, kunnen we voorkomen dat we een onnodig aantal evenwichtsvergelijkingen moeten oplossen.

Bekende gereedschappen, zoals deze waterpomptang, werken als eenvoudige machines. Hier creëert de uitgeoefende kracht op de handgrepen een veel grotere kracht bij de bek.

- Krachten die op *een willekeurige combinatie van* twee *met elkaar verbonden* staven werken, hebben dezelfde grootte, maar zijn tegengesteld gericht. Als de twee staven worden beschouwd als een '*stelsel*' *van met elkaar verbonden staven*, zijn deze krachten '*inwendig*' en worden *niet weergegeven* in het *vrijlichaamsschema van het stelsel*. In het vrijlichaamsschema van *elke afzonderlijke staaf* zijn de krachten echter '*uitwendig*' en *moeten* ze worden weergegeven met dezelfde grootte, maar tegengestelde richting.

In de figuren bij de volgende voorbeelden is te zien hoe de vrijlichaamsschema's van gedemonteerde draagconstructies of werktuigen kunnen worden getekend. In alle gevallen wordt het gewicht van de staven verwaarloosd.

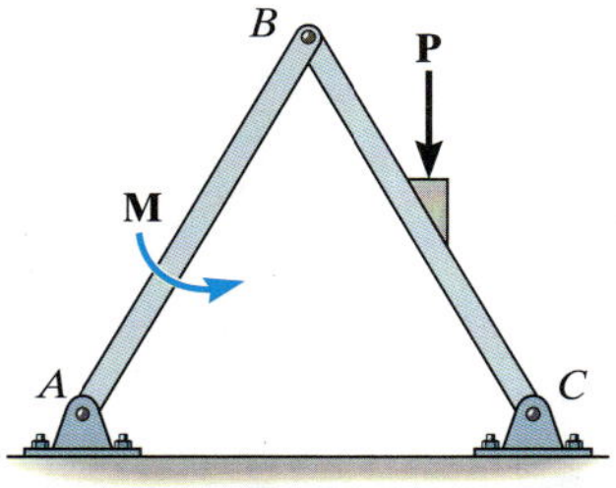

(a)

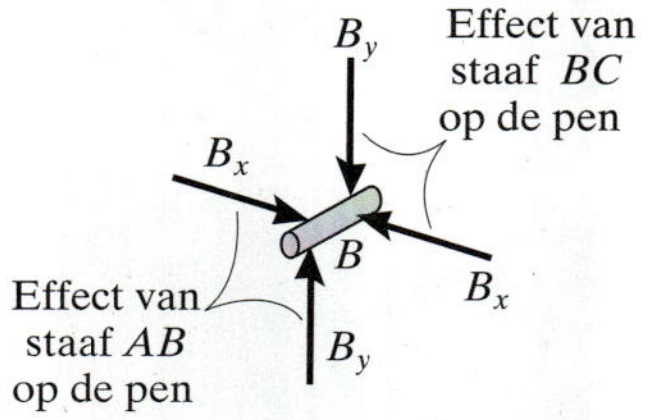

Pen B

(c)

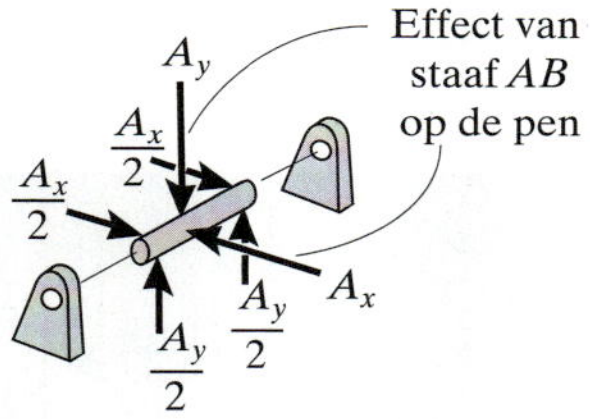

Pen A

(d)

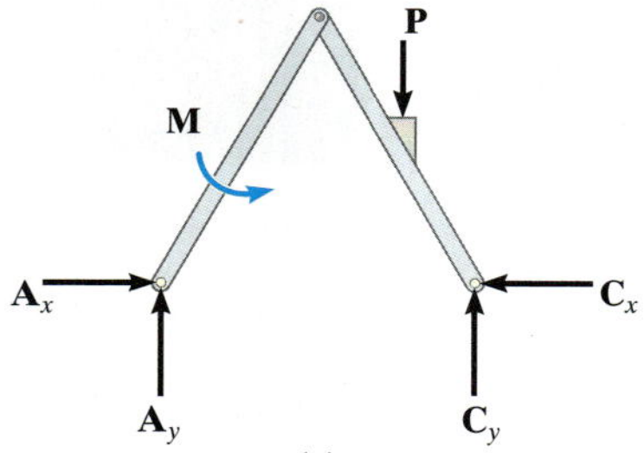

(e)

Fig. 6.21

Voorbeeld 6.9

Teken voor de in fig. 6.21*a* afgebeelde constructie het vrijlichaamsschema van (a) iedere staaf, (b) de pen in *B* en (c) de twee met elkaar verbonden staven.

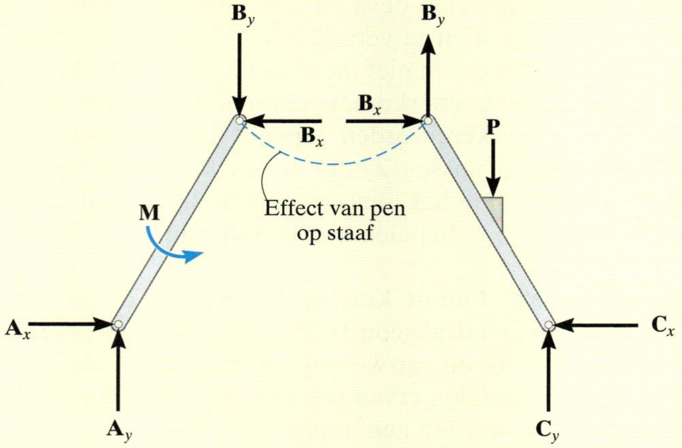

(b)

OPLOSSING

Deel (a) In de tekening zien we dat de onderdelen *BA* en *BC* *geen* elementen zijn waarop twee krachten werken. Zoals is aangegeven in de vrijlichaamsschema's, zie fig. 6.21*b*, is *BC* onderhevig aan een kracht van de pennen in *B* en *C* en de externe kracht **P**. Evenzo is *AB* onderhevig aan een kracht van de pennen in *A* en in *B*, en het externe koppelmoment **M**. De penkrachten worden voorgesteld door hun *x*- en *y*-componenten.

Deel (b) De pen in *B* is onderhevig aan slechts *twee krachten*, namelijk de kracht van staaf *BC* en de kracht van staaf *AB*. Voor *evenwicht* moeten deze krachten of hun respectievelijke componenten gelijk maar tegengesteld zijn, fig. 6.21*c*. Bedenk dat de derde wet van Newton toegepast is op de pen en de daarmee verbonden staven, dat wil zeggen: het effect van de pen op de twee staven, zie fig. 6.21*b*, en het gelijke maar tegengestelde effect van de twee staven op de pen, zie fig. 6.21*c*. Op dezelfde manier werken er drie krachten op scharnier *A* in fig. 6.21*d*, die worden veroorzaakt door de krachtcomponenten van staaf *AB* en de beide flenzen van de verbinding.

Deel (c) Het vrijlichaamsschema van de twee aan elkaar verbonden staven, die echter losgemaakt zijn van de ondersteunende pennen in *A* en *C*, is afgebeeld in fig. 6.21*e*. De krachtcomponenten $\mathbf{B}_x$ en $\mathbf{B}_y$ zijn *niet afgebeeld* in dit schema, aangezien dit *interne* krachten zijn, die elkaar dus opheffen. En om consistent te zijn wanneer later de evenwichtsvergelijkingen worden toegepast, moeten de onbekende krachtcomponenten in *A* en *C* in *dezelfde zin* werken als de zinnen die afgebeeld zijn in fig. 6.21*b*.

Voorbeeld 6.10

De kracht in de transportband wordt constant gehouden met behulp van het mechanisme in fig. 6.22*a*. Teken de vrijlichaamsschema's van de draagconstructie en de cilinder (of katrol) waar de band omheen ligt. Het opgehangen blok heeft een gewicht W.

(a)

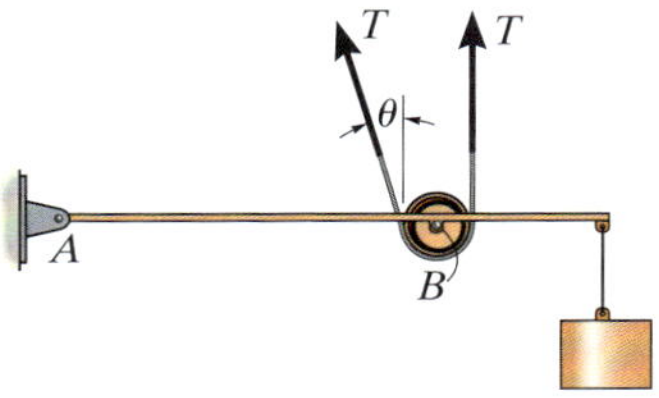

(b)

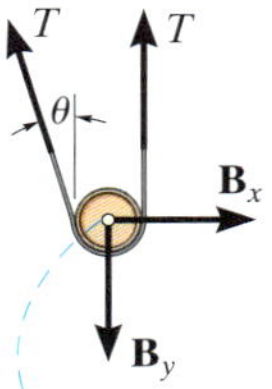

(c)

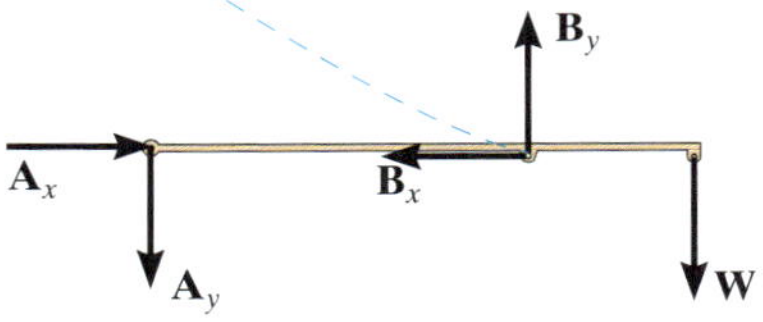

(d)

Fig. 6.22

OPLOSSING

Het mechanisme is schematisch weergegeven in fig. 6.22*b*. De hoek θ wordt hier bekend verondersteld. Met deze schematische weergave kunnen we de vrijlichaamsschema's van de katrol en de draagconstructie tekenen (zie respectievelijk fig. 6.22c en 6.22*d*. Merk op dat de krachtcomponenten $\mathbf{B}_x$ en $\mathbf{B}_y$ die het scharnier in B uitoefent op de katrol even groot maar tegengesteld gericht moeten zijn aan de krachten op de draagconstructie. Zie fig. 6.21*c* van voorbeeld 6.9.

Voorbeeld 6.11

Teken voor de in fig. 6.23*a* afgebeelde constructie de vrijlichaamsschema's van (a) de gehele constructie inclusief de katrollen en touwen, (b) de constructie zonder de katrollen en touwen en (c) de katrollen afzonderlijk.

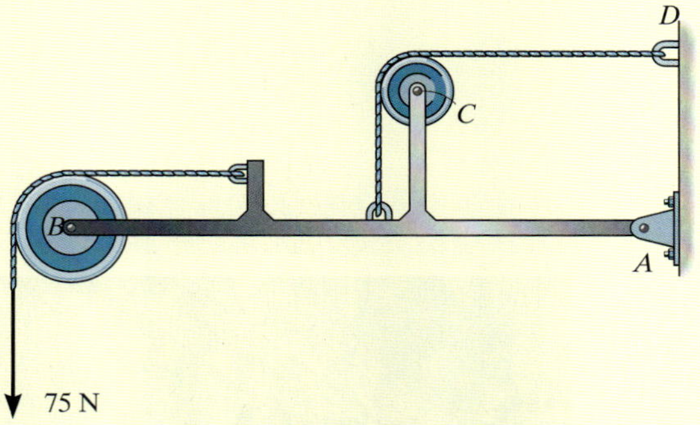

(a)

OPLOSSING

Deel (a) Wanneer de gehele constructie met de katrollen en touwen wordt beschouwd, dan worden de interacties in de punten waar de katrollen en touwen aan de constructie zijn bevestigd, paren van *interne krachten* die elkaar opheffen en daarom niet worden afgebeeld in het vrijlichaamsschema, zie fig. 6.23*b*.

Deel (b) Wanneer de touwen en de katrollen worden verwijderd, moet hun effect *op de constructie* worden aangegeven, zie fig. 6.23*c*.

Deel (c) De krachtcomponenten $\mathbf{B}_x$, $\mathbf{B}_y$, $\mathbf{C}_x$ en $\mathbf{C}_y$ van de pennen op de katrollen, zie fig. 6.23*d*, zijn gelijk maar tegengesteld aan de krachtcomponenten die door de pennen op de constructie worden uitgeoefend, zie fig. 6.23*c*. Waarom?

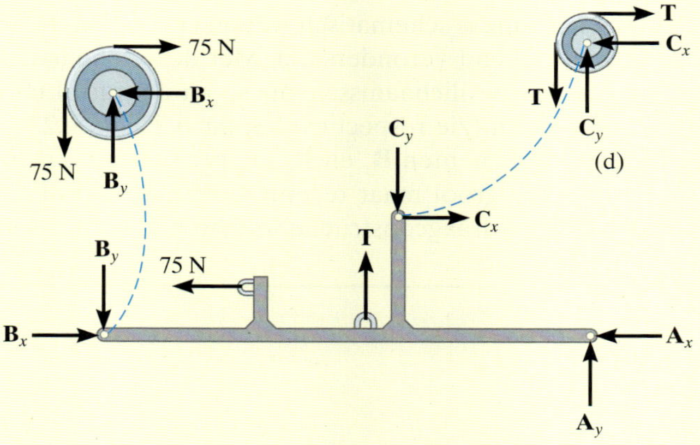

(c)

Fig. 6.23

(b)

Voorbeeld 6.12

Teken de vrijlichaamsschema's van de schepbak en de verticale arm van de dieplepel op de foto, zie fig. 6.24*a*. De schepbak met inhoud heeft een gewicht W. Verwaarloos het gewicht van de andere elementen.

(a)

Fig. 6.24

OPLOSSING

Het mechanisme is schematisch weergegeven in fig. 6.24*b*. Bij nadere beschouwing blijkt dat de staven AB, BC, BE en HI tweekrachtenstaven zijn, aangezien ze aan de uiteinden scharnierend bevestigd zijn en er geen andere krachten op werken. De vrijlichaamsschema's van de bak en de arm zijn weergegeven in fig. 6.24*c*. Merk op dat scharnier C maar met twee krachten wordt belast, terwijl scharnier B met drie krachten wordt belast, fig. 6.24*d*. Het vrijlichaamsschema van de complete constructie is weergegeven in fig. 6.24*e*.

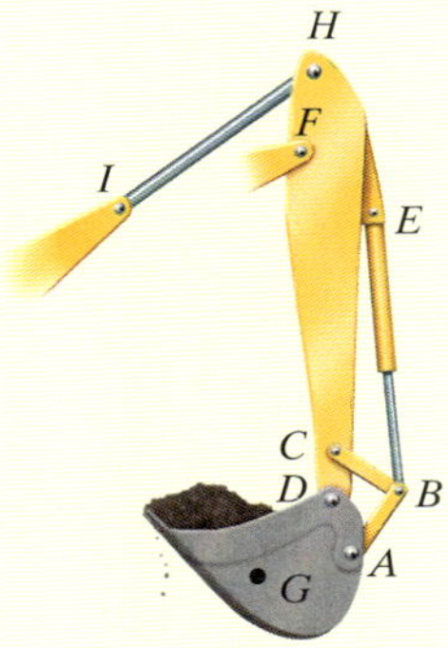

(b)

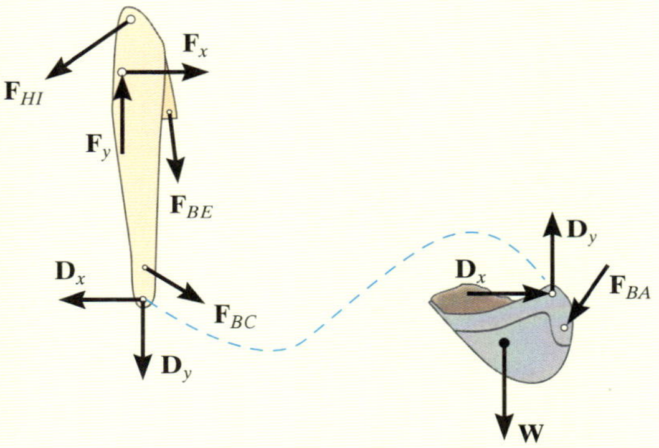

(c)

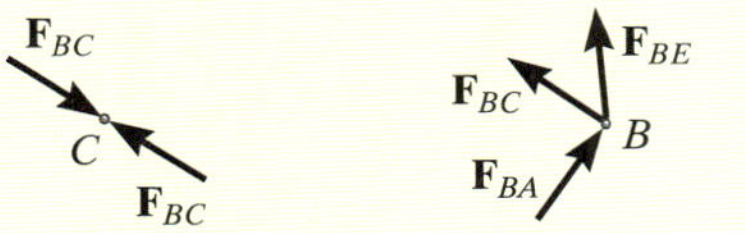

(d)

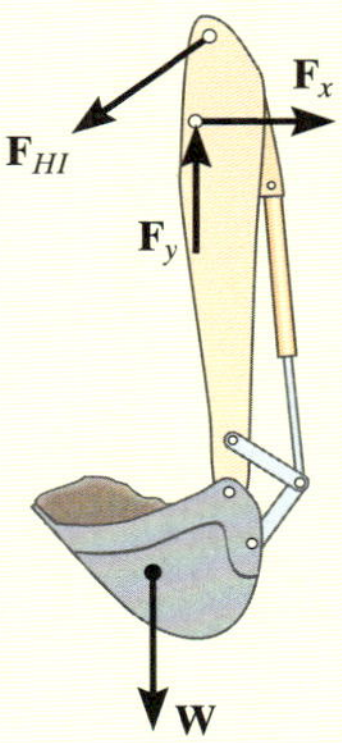

(e)

Fig. 6.24

Voorbeeld 6.13

Teken het vrijlichaamsschema van elk onderdeel van het gladde zuiger-en-stangmechanisme dat gebruikt wordt om blikjes plat te drukken voor hergebruik, zie fig. 6.25*a*.

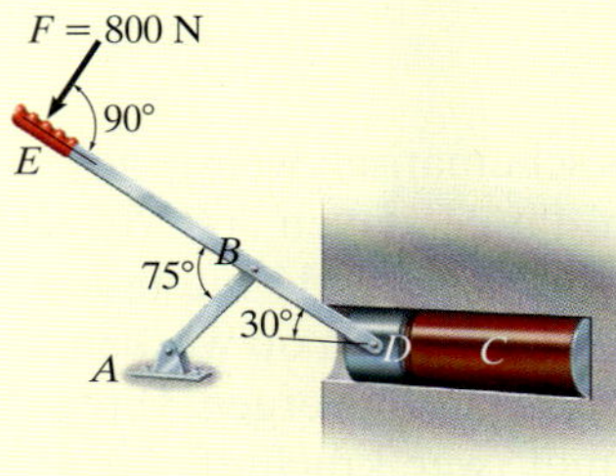

(a)

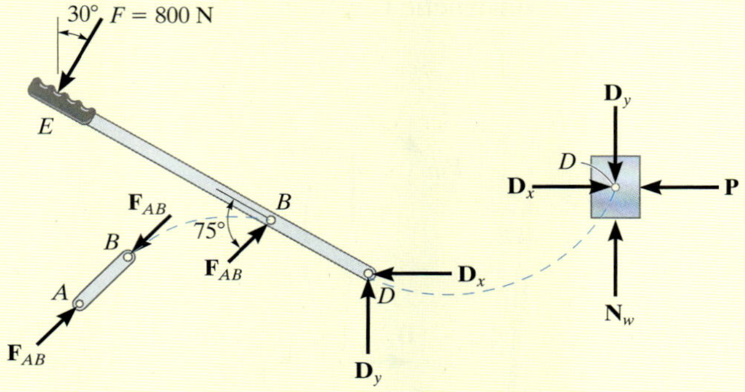

(b)

Fig. 6.25

OPLOSSING

Bij beschouwing blijkt dat staaf *AB* een tweekrachtenstaaf is. De vrijlichaamsschema's van de drie onderdelen zijn weergegeven in fig. 6.25*b*. Omdat de scharnieren bij *B* en *D maar twee onderdelen met elkaar verbinden*, zijn de krachten daar even groot, maar tegengesteld gericht weergegeven in de afzonderlijke vrijlichaamsschema's van de met elkaar verbonden staven. Op de zuiger werken vier krachtcomponenten: $\mathbf{D}_x$ en $\mathbf{D}_y$ vertegenwoordigen het effect van de pen (of hefboom *EBD*), $\mathbf{N}_w$ is de *resultante* van cilinderwand op de plunjer en **P** is de resulterende drukkracht door het blikje *C*. De gekozen richting van alle onbekende krachten is een aanname en de correcte richting zal blijken uit de uitkomsten van de evenwichtsvergelijkingen.

OPMERKING: Het vrijlichaamsschema van de gehele constructie is weergegeven in fig. 6.25*c*. Hierbij zijn de krachten tussen de componenten interne krachten en worden niet weergegeven in het vrijlichaamsschema.

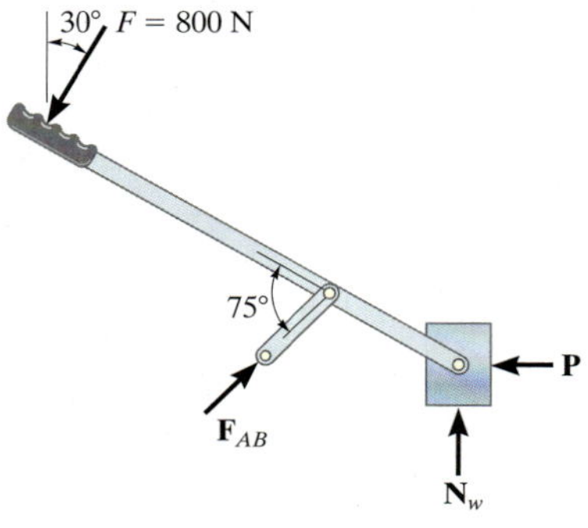

(c)

Alvorens verder te gaan, wordt aanbevolen om de oplossingen van de voorgaande voorbeelden goed te bestuderen en te proberen om de gevraagde vrijlichaamsschema's te tekenen. Zorg ervoor dat je zorgvuldig werkt en alle krachten en momenten goed aangeeft. Als dit gelukt is, probeer dan de volgende vier vraagstukken op te lossen.

Praktijkvraagstukken

P6.1. Teken de vrijlichaamsschema's van de kraangieksegmenten *AB*, *BC* en *BD*. Alleen de gewichten van *AB* en *BC* zijn van belang. Neem aan dat *A* en *B* pennen zijn.

P6.1

P6.2. Teken het vrijlichaamsschema van de giek *ABCD* en de stang *EDFGH* van de graafmachine. De gewichten van beide elementen zijn van belang. Verwaarloos de gewichten van alle andere elementen, en veronderstel dat alle aangegeven verbindingspunten pennen zijn.

P6.2

P6.3. Teken het vrijlichaamsschema van de giek *ABCDF* en de stang *FGH* van de kraan. Verwaarloos de gewichten van het element. Neem aan dat alle aangegeven verbindingspunten pennen zijn.

P6.3

P6.4. Om de blikpers te bedienen, drukt men op de hendel *ABC* die kan draaien om de vaste pen in *B*. Hierdoor schuift de zijverbinding *CD* naar beneden, waardoor ook de geleidingsplaat *E* naar beneden schuift en zo het blikje in elkaar perst. Teken het vrijlichaamsdiagram van de hendel, zijverbinding en geleidingsplaat. Verzin enkele aannemelijke waarden en voer een evenwichtsanalyse uit om te laten zien hoe een uitgeoefende verticale kracht bij de hendel wordt vergroot wanneer die wordt overgebracht op het blik. Neem aan dat alle verbindingspunten pennen zijn en dat de geleiders voor de plaat glad zijn.

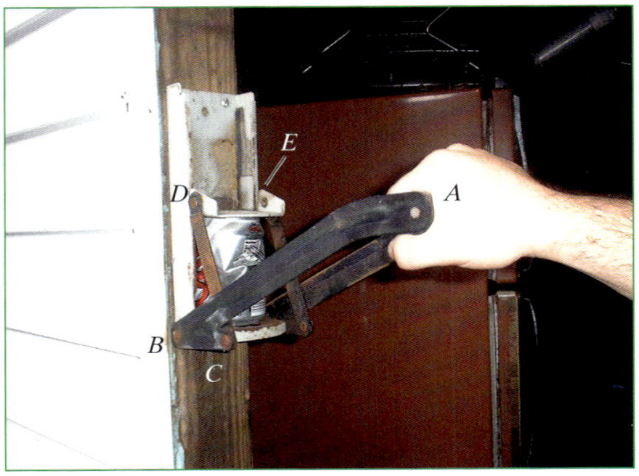

P6.4

Analyseprocedure

De knoopreactiekrachten op draagconstructies of werktuigen die samengesteld zijn uit staven waarop meer dan twee krachten werken, kunnen worden bepaald met behulp van de volgende procedure.

Vrijlichaamsschema's

- Teken het vrijlichaamsschema van de hele constructie, een deel daarvan of van elk van zijn staven. De keuze moet de meest directe oplossing van het probleem opleveren.
- Wanneer het vrijlichaamsschema van een verzameling staven van een draagconstructie of werktuig wordt getekend, zijn de krachten tussen de verbonden delen van deze verzameling interne krachten en deze worden niet weergegeven in het vrijlichaamsschema van de verzameling.
- Krachten die werken op staven die met elkaar contact hebben, werken met gelijke grootte maar tegengestelde zin in de respectievelijke vrijlichaamsschema's van de staven.
- Voor elementen waarop twee krachten werken, geldt, onafhankelijk van hun vorm, dat er gelijke maar tegengestelde krachten op de uiteinden van de staaf worden uitgeoefend. Deze krachten hebben dezelfde werklijn.
- In veel gevallen is een nadere bestudering voldoende om de juiste zin te bepalen van de onbekende krachten die op een staaf werken. Als dit moeilijk blijkt te zijn, kan de zin worden aangenomen.

Bedenk dat een koppelmoment een vrije vector is, die kan aangrijpen in elk punt op het vrijlichaamsschema. Verder is een kracht een glijdende vector, die kan aangrijpen in elk punt op zijn werklijn.

Evenwichtsvergelijkingen

- Tel het totale aantal onbekenden en vergelijk dit met het totale aantal beschikbare evenwichtsvergelijkingen. In twee dimensies kunnen er drie evenwichtsvergelijkingen worden geschreven voor elke staaf.
- Neem de som van de momenten om een punt dat op het snijpunt van de werklijnen van zo veel mogelijk onbekende krachten ligt.
- Als blijkt dat de uitkomst voor een kracht of koppelmoment negatief is, dan betekent dit dat de zin van de kracht omgekeerd is aan wat in de vrijlichaamsschema's aanvankelijk is aangenomen.

Voorbeeld 6.14

Bepaal de trekkracht in de kabels en tevens de kracht **P** die nodig is om de last van 600 N te dragen in het wrijvingsloze katrollensysteem in fig. 6.30*a*.

Online S. 327

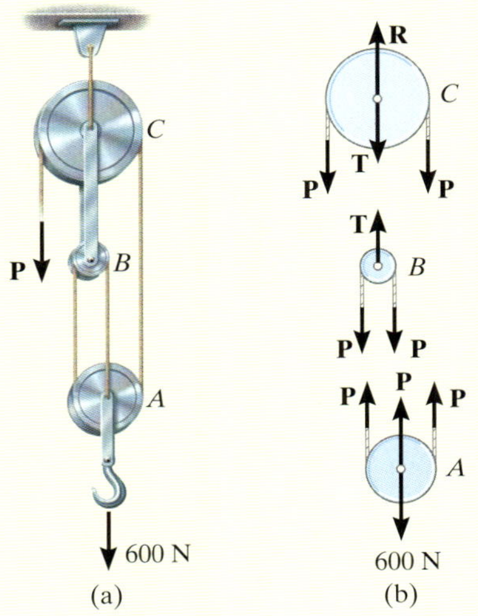

Fig. 6.30

OPLOSSING

Vrijlichaamsschema's Een vrijlichaamsschema van elke katrol *inclusief* de pen en een deel van de kabel die ermee in contact is, is afgebeeld in fig. 6.30*b*. Aangezien de kabel *continu* is, werkt er een *constante trekkracht P* over de gehele lengte. Het verbindingsstuk tussen katrollen *B* en *C* is een element waarop twee krachten werken en daarom wordt er een onbekende trekkracht *T* op uitgeoefend. Het *principe van actie is –reactie* moet zorgvuldig in acht worden genomen voor de krachten **P** en **T**, wanneer de *afzonderlijke* vrijlichaamsschema's worden getekend.

Evenwichtsvergelijkingen De drie onbekenden worden als volgt verkregen:

Katrol A

$+\uparrow \Sigma F_y = 0; \qquad 3P - 600\ \text{N} = 0 \qquad P = 200\ \text{N}$ *Antw.*

Katrol B

$+\uparrow \Sigma F_y = 0; \qquad T - 2P = 0 \qquad T = 400\ \text{N}$ *Antw.*

Katrol C

$+\uparrow \Sigma F_y = 0; \qquad R - 2P - T = 0 \qquad R = 800\ \text{N}$ *Antw.*

Voorbeeld 6.15

De liftbak van 500 kg in fig. 6.28*a* wordt opgehesen door motor *A* met behulp van het getoonde katrolstelsel. Als de bak met constante snelheid beweegt, bepaal dan de ontwikkelde kracht in de twee kabels. Verwaarloos de massa van de kabel en de katrollen.

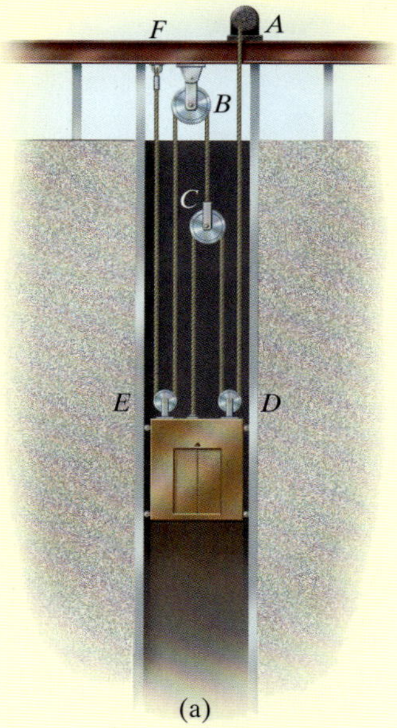

(a)

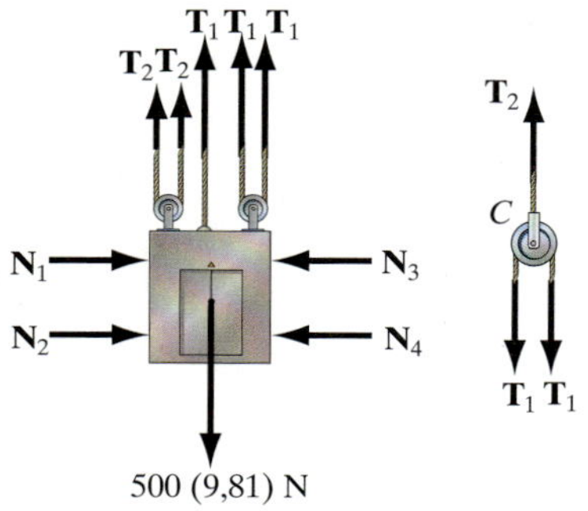

(b)

Fig. 6.28

OPLOSSING

Vrijlichaamsschema's Dit vraagstuk is op te lossen met behulp van de vrijlichaamsschema's voor de liftbak en de katrol *C*, fig. 6.28*b*. De ontwikkelde trekkrachten in de kabels worden weergegeven met T_1 en T_2.

Evenwichtsvergelijkingen Voor katrol *C*:

$$+\uparrow \Sigma F_y = 0; \qquad T_2 - 2T_1 = 0 \qquad T_2 = 2T_1 \qquad (1)$$

Voor de liftbak,

$$+\uparrow \Sigma F_y = 0; \qquad 3T_1 + 2T_2 - 500(9{,}81)\text{ N} = 0 \qquad (2)$$

Substitutie van vgl. (1) in vgl. (2) levert:

$$3T_1 + 2(2T_1) - 500(9{,}81)\text{ N} = 0$$
$$T_1 = 700{,}71\text{ N} = 701\text{ N}$$ *Antw.*

Substitutie van dit resultaat in vgl. (1) levert:

$$T_2 = 2(700{,}71)\text{ N} = 1401\text{ N} = 1{,}40\text{ kN}$$ *Antw.*

Voorbeeld 6.16

Bepaal de horizontale en verticale componenten van de kracht die de pen in C uitoefent op staaf CB van het vakwerk in fig. 6.26*a*.

OPLOSSING I

Vrijlichaamsschema's We zien dat AB een element is waarop twee krachten werken. De vrijlichaamsschema's zijn afgebeeld in fig. 6.26*b*.

Evenwichtsvergelijkingen De *drie onbekenden* kunnen worden bepaald door de drie evenwichtsvergelijkingen toe te passen op staaf CB.

$$\circlearrowleft + \Sigma M_C = 0;\quad 2000\text{ N}(2\text{ m}) - (F_{AB}\sin 60°)(4\text{ m}) = 0 \quad F_{AB} = 1154{,}7\text{ N}$$
$$\overset{+}{\rightarrow} \Sigma F_x = 0;\quad 1154{,}7\cos 60°\text{ N} - C_x = 0 \qquad C_x = 577\text{ N}$$
$$+\uparrow \Sigma F_y = 0;\quad 1154{,}7\sin 60°\text{ N} - 2000\text{ N} + C_y = 0 \quad C_y = 1000\text{ N} \quad \textit{Antw.}$$

OPLOSSING II

Vrijlichaamsschema's Indien niet wordt herkend dat AB een element is waarop twee krachten werken, zal het meer moeite kosten om dit vraagstuk op te lossen. De vrijlichaamsschema's zijn afgebeeld in fig. 6.26*c*.

Evenwichtsvergelijkingen De *zes onbekenden* worden bepaald door de drie evenwichtsvergelijkingen toe te passen op elke staaf.

Staaf AB

$$\circlearrowleft + \Sigma M_A = 0;\quad B_x(3\sin 60°\text{ m}) - B_y(3\cos 60°\text{ m}) = 0 \qquad (1)$$
$$\overset{+}{\rightarrow} \Sigma F_x = 0;\quad A_x - B_x = 0 \qquad (2)$$
$$+\uparrow \Sigma F_y = 0;\quad A_y - B_y = 0 \qquad (3)$$

Staaf BC

$$\circlearrowleft + \Sigma M_C = 0;\quad 2000\text{ N}(2\text{ m}) - B_y(4\text{ m}) = 0 \qquad (4)$$
$$\overset{+}{\rightarrow} \Sigma F_x = 0;\quad B_x - C_x = 0 \qquad (5)$$
$$+\uparrow \Sigma F_y = 0;\quad B_y - 2000\text{ N} + C_y = 0 \qquad (6)$$

De uitkomsten van C_x en C_y kunnen worden bepaald door deze vergelijkingen in de hierna aangegeven volgorde op te lossen: 4, 1, 5 en 6. De uitkomsten zijn:

$$B_y = 1000\text{ N}$$
$$B_x = 577\text{ N}$$
$$C_x = 577\text{ N} \qquad \textit{Antw.}$$
$$C_y = 1000\text{ N} \qquad \textit{Antw.}$$

Oplossing I is vergelijkenderwijs eenvoudiger, aangezien met de eis dat $\mathbf{F}_{AB}$ in fig. 6.26*b* even groot en tegengesteld in richting en evenwijdig is aan beide uiteinden van staaf AB automatisch aan de bovenstaande vergelijkingen (1), (2) en (3) is voldaan, zodat deze vergelijkingen niet hoeven te worden uitgeschreven. *Daarmee kun je tijd en moeite besparen door altijd eerst de tweekrachtenelementen te herkennen voordat je met de analyse begint!*

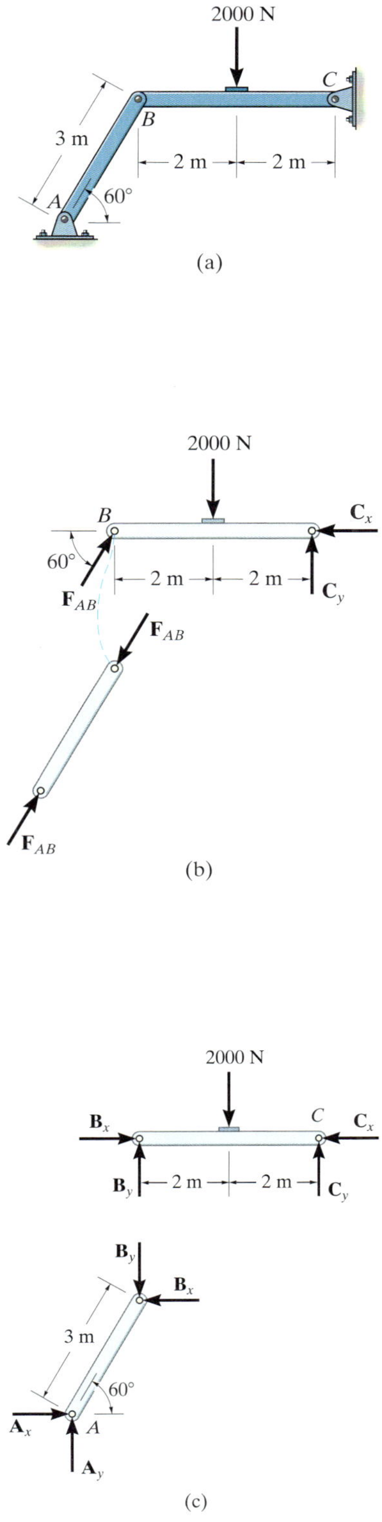

Fig. 6.26

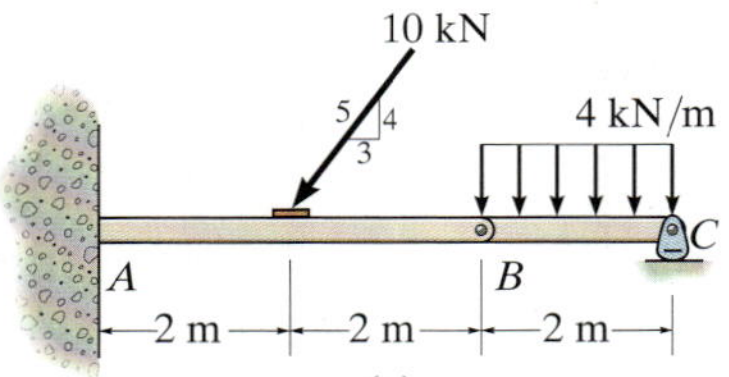

(a)

Voorbeeld 6.17

De samengestelde ligger in fig. 6.27*a* is in *B* met een penverbinding bevestigd. Bepaal de componenten van de reactiekracht bij de steunpunten. Verwaarloos het gewicht en de dikte van de ligger.

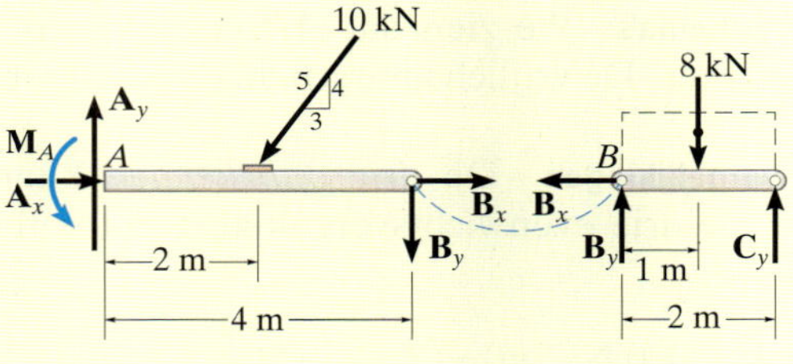

(b)

Fig. 6.27

OPLOSSING

Vrijlichaamsschema's Wanneer we een vrijlichaamsschema van de hele ligger *ABC* bekijken, zien we dat er drie onbekende reacties in *A* zijn en één in *C*. Deze vier onbekenden kunnen niet worden opgelost met de drie beschikbare evenwichtsvergelijkingen en daarom moet om dit op te lossen de ligger in twee segmenten worden verdeeld, zoals afgebeeld in fig. 6.27*b*.

Evenwichtsvergelijkingen De zes onbekenden worden als volgt bepaald:

Deel BC

$$\overset{+}{\rightarrow} \Sigma F_x = 0; \qquad B_x = 0$$

$$\circlearrowleft + \Sigma M_B = 0; \qquad -8\text{ kN}(1\text{ m}) + C_y(2\text{ m}) = 0$$

$$+\uparrow \Sigma F_y = 0; \qquad B_y - 8\text{ kN} + C_y = 0$$

Deel AB

$$\overset{+}{\rightarrow} \Sigma F_x = 0; \qquad A_x - (10\text{ kN})\left(\tfrac{3}{5}\right) + B_x = 0$$

$$\circlearrowleft + \Sigma M_A = 0; \qquad M_A - (10\text{ kN})\left(\tfrac{4}{5}\right)(2\text{ m}) - B_y(4\text{ m}) = 0$$

$$+\uparrow \Sigma F_y = 0; \qquad A_y - (10\text{ kN})\left(\tfrac{4}{5}\right) - B_y = 0$$

Wanneer we deze vergelijkingen achtereenvolgens oplossen door gebruik te maken van de eerder berekende uitkomsten, krijgen we:

$A_x = 6$ kN $\quad A_y = 12$ kN $\quad M_A = 32$ kN · m *Antw.*

$B_x = 0 \quad B_y = 4$ kN

$C_y = 4$ kN *Antw.*

Voorbeeld 6.18

De twee planken in fig. 6.31*a* worden bijeengehouden door kabel *BC* en een glad afstandsstuk *DE*. Bepaal de reactiekrachten bij de gladde steunpunten *A* en *F*, evenals de ontwikkelde kracht in de kabel en het afstandsstuk.

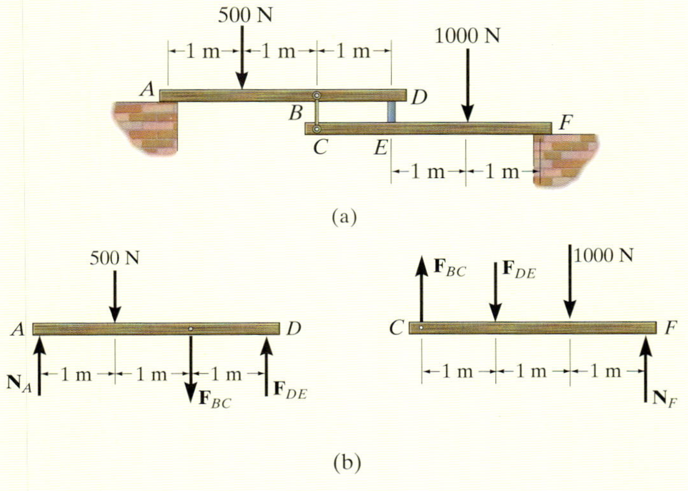

Fig. 6.31

OPLOSSING

Vrijlichaamsschema's Het vrijlichaamsschema van elke plank is weergegeven in fig. 6.31*b*. Het is belangrijk om de derde wet van Newton toe te passen op de interactiekrachten zoals weergegeven.

Evenwichtsvergelijkingen Voor plank *AD*:

$$\circlearrowleft + \Sigma M_A = 0; \quad F_{DE}(3\text{ m}) - F_{BC}(2\text{ m}) - 500\text{ N}\,(1\text{ m}) = 0$$

Voor plank *CF*:

$$\circlearrowleft + \Sigma M_F = 0; \quad F_{DE}(2\text{ m}) - F_{BC}(3\text{ m}) + 1000\text{ N}\,(1\text{ m}) = 0$$

Gelijktijdig oplossen levert:

$$F_{DE} = 700\text{ N} \quad F_{BC} = 800\text{ N}$$ *Antw.*

Met behulp van deze resultaten volgt voor plank *AD:*

$$+\uparrow \Sigma F_y = 0; \quad N_A + 700\text{ N} - 800\text{ N} - 500\text{ N} = 0$$
$$N_A = 600\text{ N}$$ *Antw.*

En voor plank *CF:*

$$+\uparrow \Sigma F_y = 0; \quad N_F + 800\text{ N} - 700\text{ N} - 1000\text{ N} = 0$$
$$N_F = 900\text{ N}$$ *Antw.*

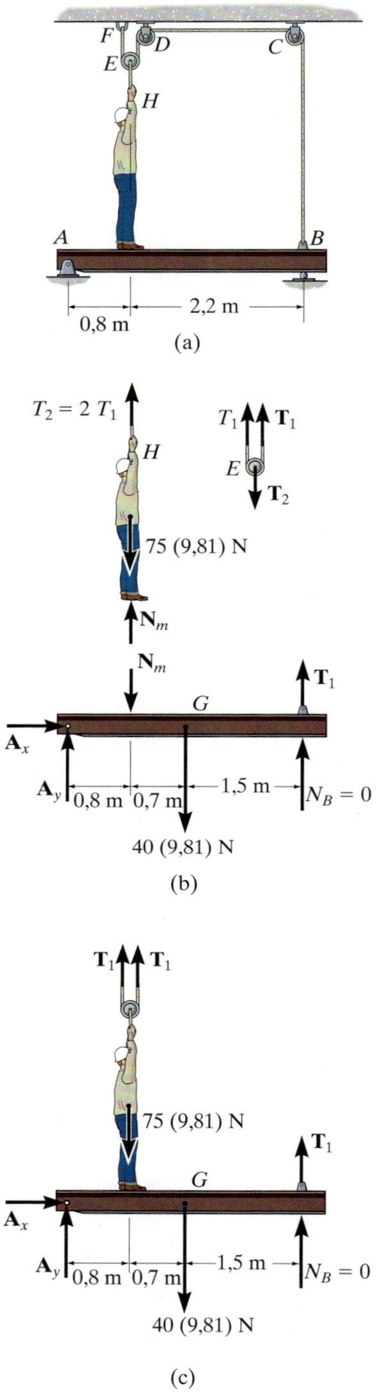

Fig. 6.32

Voorbeeld 6.19

De man van 75 kg in fig. 6.32*a* probeert de homogene balk van 40 kg vanaf de roloplegging in B op te tillen. Bepaal de ontwikkelde trekkracht in de in B bevestigde kabel en de normaalkracht van de man op de balk, wanneer dit op het punt staat te gebeuren.

OPLOSSING I

Vrijlichaamsschema's De trekkracht in de kabel wordt aangegeven met $\mathbf{T}_1$. De vrijlichaamsschema's van de katrol E, de man en de balk zijn weergegeven in fig. 6.32*b*. De balk heeft geen contact met de roloplegging B, dus $N_B = 0$. Bij het tekenen van elk van deze diagrammen is het erg belangrijk om de derde wet van Newton toe te passen.

Evenwichtsvergelijkingen Met behulp van het vrijlichaamsschema van katrol E vinden we:

$$+\uparrow \Sigma F_y = 0; \qquad 2T_1 - T_2 = 0 \qquad T_2 = 2T_1 \qquad (1)$$

Met behulp van dit resultaat vinden we uit het vrijlichaamsschema voor de man:

$$+\uparrow \Sigma F_y = 0; \qquad N_m + 2T_1 - 75(9{,}81)\text{ N} = 0 \qquad (2)$$

Door de momenten rond punt A op de balk op te tellen, vinden we:

$$\circlearrowleft + \Sigma M_A = 0; \quad T_1(3\text{ m}) - N_m(0{,}8\text{ m}) - [40(9{,}81)\text{ N}](1{,}5\text{ m}) = 0 \quad (3)$$

Door de vgl. 2 en 3 gelijktijdig op te lossen naar T_1 en N_m, en vervolgens vgl. (1) naar T_2 op te lossen, vinden we:

$$T_1 = 256\text{ N} \qquad N_m = 224\text{ N} \qquad T_2 = 512\text{ N}$$ *Antw.*

OPLOSSING II

Een rechtstreekse oplossing voor T_1 kan worden verkregen door de balk, de man en de katrol E als *één stelsel* te beschouwen. Het vrijlichaamsschema is weergegeven in fig. 6.32*c*. Dus geldt:

$$\circlearrowleft + \Sigma M_A = 0; \quad 2T_1(0{,}8\text{ m}) - [75(9{,}81)\text{ N}](0{,}8\text{ m}) - [40(9{,}81)\text{ N}](1{,}5\text{ m}) + T_1(3\text{ m}) = 0$$

$$T_1 = 256\text{ N}$$ *Antw.*

Met dit resultaat kunnen vervolgens N_m en T_2 worden bepaald uit vgl. 1 en 2.

Voorbeeld 6.20

De gladde schijf die afgebeeld is in fig. 6.29*a* is met een penverbinding vastgemaakt in *D* en heeft een gewicht van 20 N. Verwaarloos het gewicht van de andere elementen en bepaal de horizontale en verticale componenten van de steunpuntreactiekrachten in de pennen *B* en *D*.

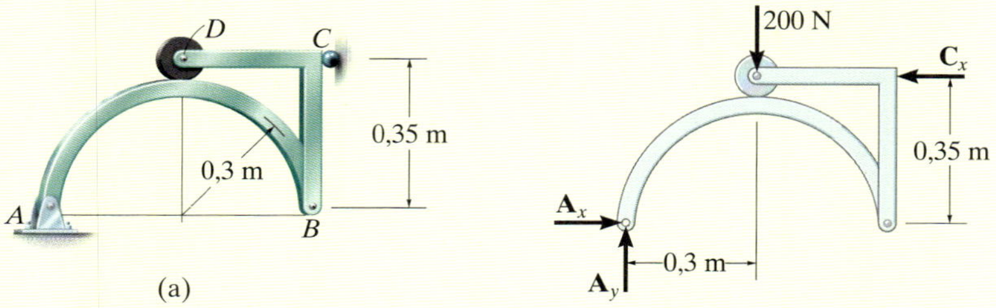

(a)

OPLOSSING

Vrijlichaamsschema's De vrijlichaamsschema's van de gehele draagconstructie en elk van zijn elementen zijn weergegeven in fig. 6.29*b*.

Evenwichtsvergelijkingen De acht onbekenden kunnen natuurlijk worden verkregen door de acht evenwichtsvergelijkingen toe te passen op elk element, drie op element *AB*, drie op element *BCD* en twee op de schijf. (In het geval van de schijf is automatisch aan de voorwaarde van momentenevenwicht voldaan.) Als we op deze manier te werk gaan, kunnen de uitkomsten echter alleen worden verkregen door gelijktijdig een aantal vergelijkingen op te lossen. (Probeer dit uit.) We kunnen dit vermijden door eerst de drie steunpuntreacties op de *hele* constructie te bepalen. Vervolgens kunnen we uitkomsten gebruiken en de overige vijf evenwichtsvergelijkingen toepassen op de twee andere elementen om de andere onbekenden achtereenvolgens op te lossen.

Gehele constructie

$$\circlearrowleft + \Sigma M_A = 0; \quad -200\text{ N }(0{,}3\text{ m}) + C_x(0{,}35\text{ m}) = 0 \quad C_x = 171\text{ N}$$
$$\overset{+}{\rightarrow} \Sigma F_x = 0; \quad A_x - 171\text{ N} = 0 \quad A_x = 171\text{ N}$$
$$+\uparrow \Sigma F_y = 0; \quad A_y - 200\text{ N} = 0 \quad A_y = 200\text{ N}$$

Element AB

$$\overset{+}{\rightarrow} \Sigma F_x = 0; \quad 171\text{ N} - B_x = 0 \quad B_x = 171\text{ N} \quad \textit{Antw.}$$
$$\circlearrowleft + \Sigma M_B = 0; \quad -200\text{ N }(0{,}6\text{ m}) + N_D(0{,}3\text{ m}) = 0 \quad N_D = 400\text{ N}$$
$$+\uparrow \Sigma F_y = 0; \quad 200\text{ N} - 400\text{ N} + B_y = 0 \quad B_y = 200\text{ N} \quad \textit{Antw.}$$

Schijf

$$\overset{+}{\rightarrow} \Sigma F_x = 0; \quad D_x = 0 \quad \textit{Antw.}$$
$$+\uparrow \Sigma F_y = 0; \quad 400\text{ N} - 200\text{ N} - D_y = 0 \quad D_y = 200\text{ N} \quad \textit{Antw.}$$

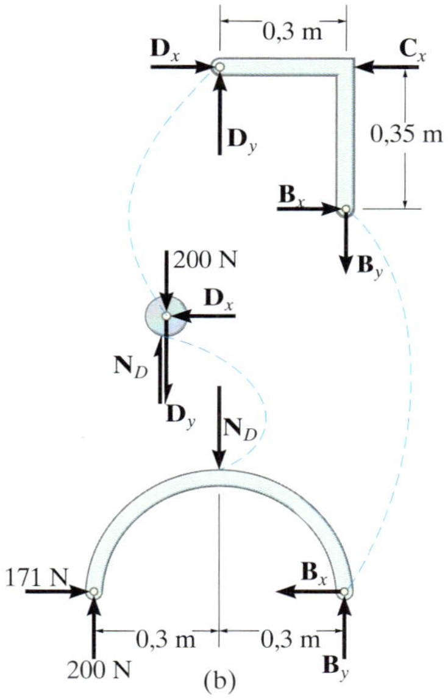

(b)

Fig. 6.29

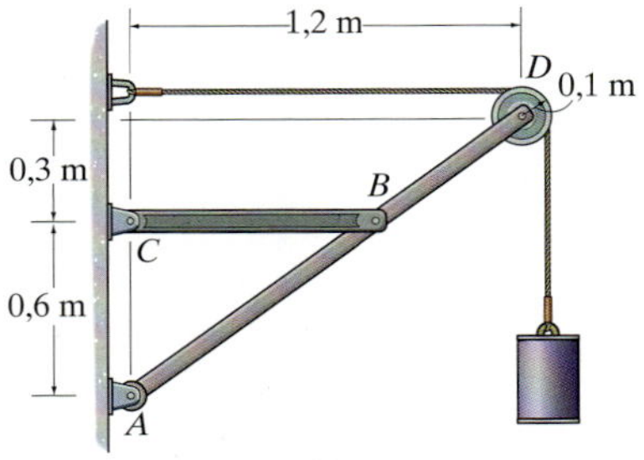

(a)

Voorbeeld 6.21

De draagconstructie in fig. 6.33*a* draagt de cilinder van 50 kg. Bepaal de horizontale en verticale componenten van de reactiekracht in A en de kracht in C.

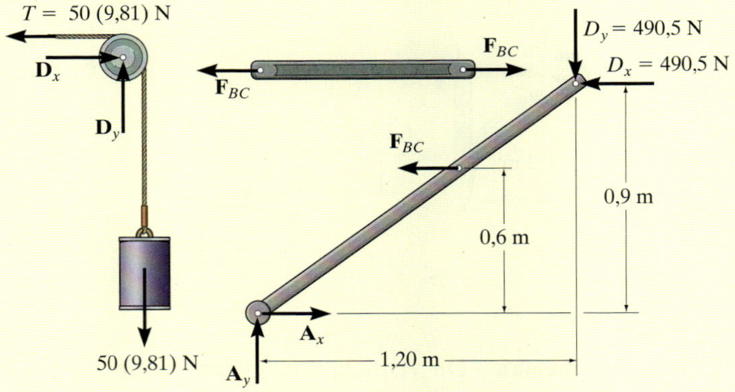

(b)

Fig. 6.33

OPLOSSING

Vrijlichaamsschema's Het vrijlichaamsschema van katrol D met de cilinder en een gedeelte van het touw (een stelsel), is weergegeven in fig. 6.33*b*. Element BC is een tweekrachtenelement, zoals aangegeven in zijn vrijlichaamsschema. Het vrijlichaamsschema van element ABD is eveneens weergegeven.

Evenwichtsvergelijkingen We beginnen met het analyseren van het evenwicht van de katrol. Aan de momentvergelijking voor evenwicht is automatisch voldaan als $T = 50(9{,}81)$ N, en dus:

$$\xrightarrow{+} \Sigma F_x = 0; \quad D_x - 50(9{,}81)\text{ N} = 0 \quad D_x = 490{,}5\text{ N}$$
$$+\uparrow \Sigma F_y = 0; \quad D_y - 50(9{,}81)\text{ N} = 0 \quad D_y = 490{,}5\text{ N} \qquad \textit{Antw.}$$

Met behulp van deze resultaten kan F_{BC} worden bepaald door optellen van de momenten rond punt A op element ABD.

$$\circlearrowleft + \Sigma M_A = 0; \; F_{BC}\,(0{,}6\text{ m}) + 490{,}5\text{ N}(0{,}9\text{ m}) - 490{,}5\text{ N}(1{,}20\text{ m}) = 0$$
$$F_{BC} = 245{,}25\text{ N} \qquad \textit{Antw.}$$

Nu kunnen A_x en A_y worden bepaald door krachten op te tellen.

$$\xrightarrow{+} \Sigma F_x = 0; \quad A_x - 245{,}25\text{ N} - 490{,}5\text{ N} = 0 \quad A_x = 736\text{ N} \qquad \textit{Antw.}$$
$$+\uparrow \Sigma F_y = 0; \quad A_y - 490{,}5\text{ N} = 0 \quad A_y = 490{,}5\text{ N} \qquad \textit{Antw.}$$

Voorbeeld 6.22

Bepaal de kracht die de pennen bij A en B uitoefenen op de draagconstructie die bestaat uit twee staven in fig. 6.34*a*.

OPLOSSING

Vrijlichaamsschema's We zien dat AB en BC tweekrachtenstaven zijn. Het vrijlichaamsschema ervan, samen met dat van de katrol, is weergegeven in fig. 6.34*b*. Om dit vraagstuk op te lossen moeten we ook het vrijlichaamsschema van de pen bij B tekenen, aangezien deze pen de *drie staven* met elkaar verbindt, zie fig. 6.34*c*.

Pas het vergelijkingen voor krachtenevenwicht toe voor pen B.

$$\overset{+}{\rightarrow} \Sigma F_x = 0; \quad F_{BA} - 800\text{ N} = 0; \quad F_{BA} = 800\text{ N} \quad \textit{Antw.}$$

$$+\uparrow \Sigma F_y = 0; \quad F_{BC} - 800\text{ N} = 0; \quad F_{BC} = 800\text{ N} \quad \textit{Antw.}$$

OPMERKING: het vrijlichaamsschema van de pen bij A, fig. 6.34*d*, geeft aan hoe de kracht F_{AB} in evenwicht wordt gehouden door kracht ($F_{AB}/2$) die door elk van de twee flenzen van het scharnier op de pen wordt uitgeoefend.

OPLOSSING II

Vrijlichaamsschema Als we beseffen dat AB en BC tweekrachtenstaven zijn, levert het vrijlichaamsschema van de *gehele constructie* een eenvoudigere oplossing, fig. 6.34*e*. De vergelijkingen voor krachtenevenwicht zijn gelijk aan die hierboven. Merk op dat er ook momentenevenwicht zal zijn, ongeacht de straal van de katrol.

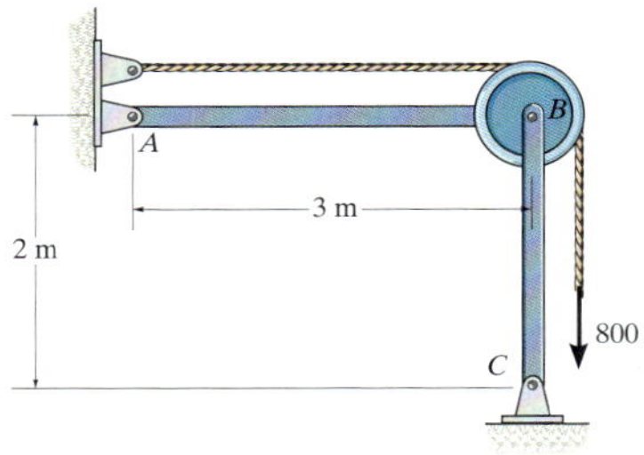

(a)

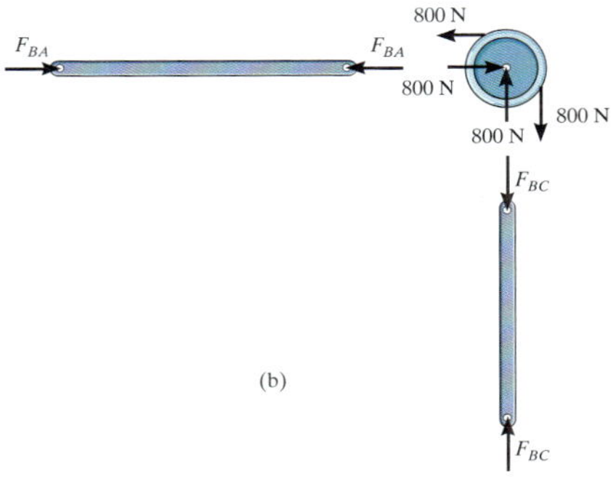

(b)

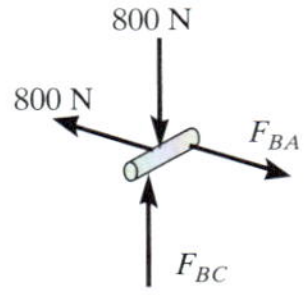

Pin B

(c)

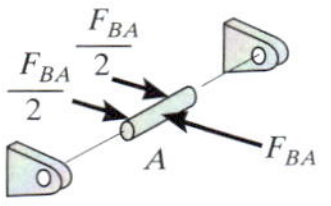

Pin A

(d)

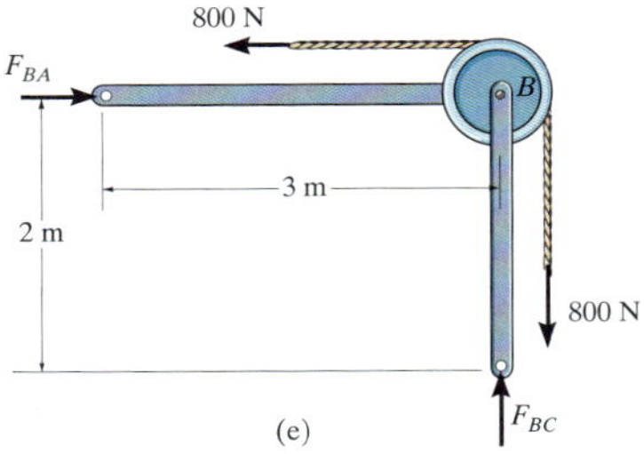

(e)

Fundamentele vraagstukken

Alle oplossingen van de vraagstukken moeten gebruikmaken van een vrijlichaamsschema.

F6.13. Bepaal de kracht P nodig om het gewicht van 300 N in evenwicht te houden.

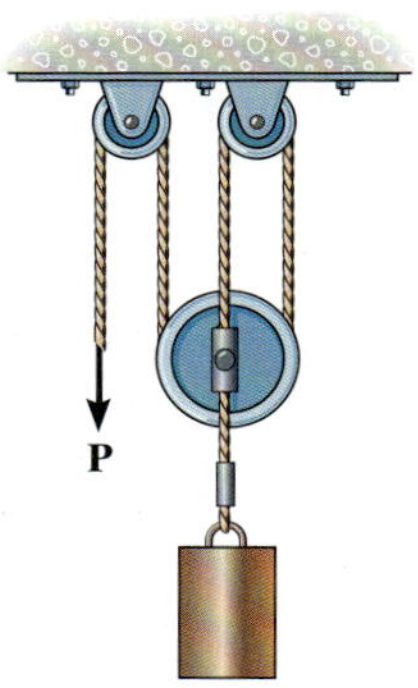

F6.13

F6.14. Bepaal de horizontale en verticale componenten van de reactiekracht in pen C.

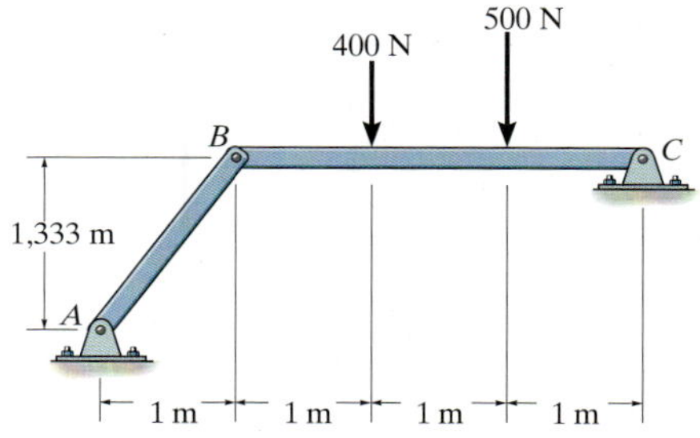

F6.14

F6.15. Als er op de grepen van de tang een kracht van 100 N wordt uitgeoefend, bepaal dan de kracht die wordt uitgeoefend op de gladde buis B en de grootte van de resultante in pen A.

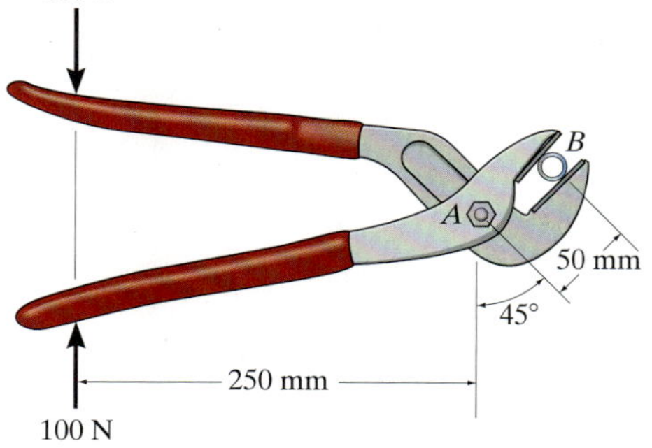

F6.15

F6.16. Bepaal de horizontale en verticale componenten van de reactiekracht in pen C.

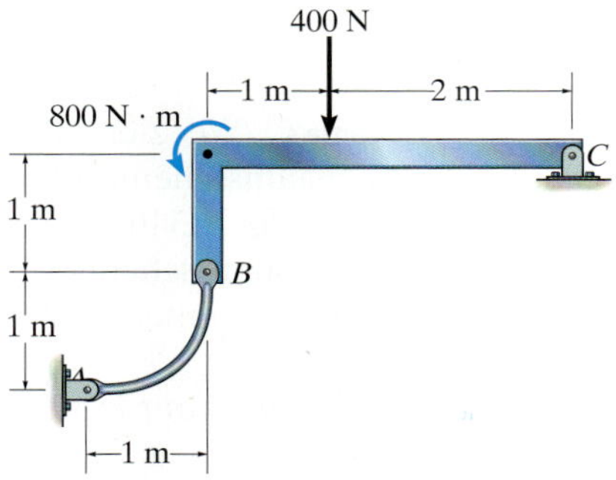

F6.16

F6.17. Bepaal de normaalkracht die plaat A van 500 N uitoefent op plaat B van 150 N.

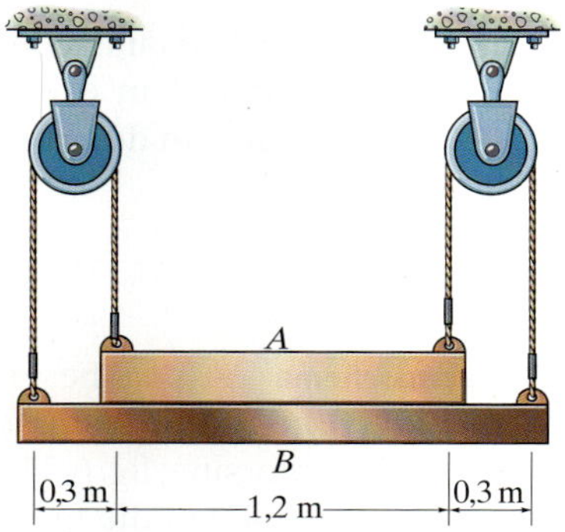

F6.17

F6.18. Bepaal de kracht P nodig voor het optillen van de belasting. Bepaal ook de juiste plaats x van de haak voor evenwicht. Verwaarloos het gewicht van de balk.

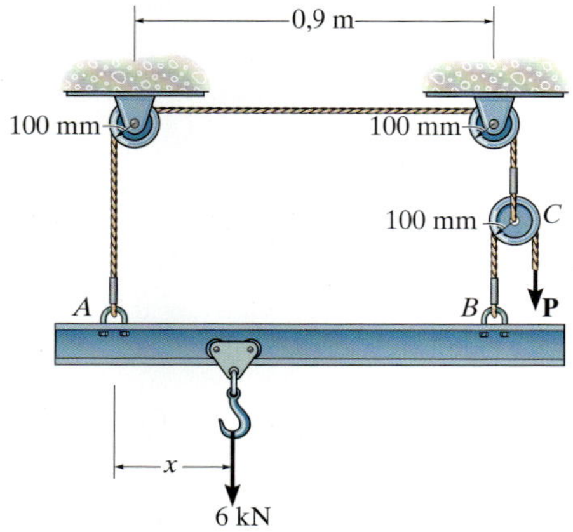

F6.18

F6.19. Bepaal de componenten van de reactiekrachten in A en B.

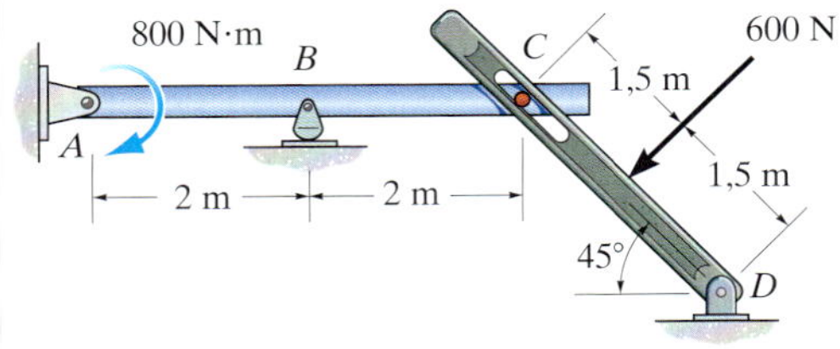

F6.19

F6.20. Bepaal de componenten van de reactiekracht in D.

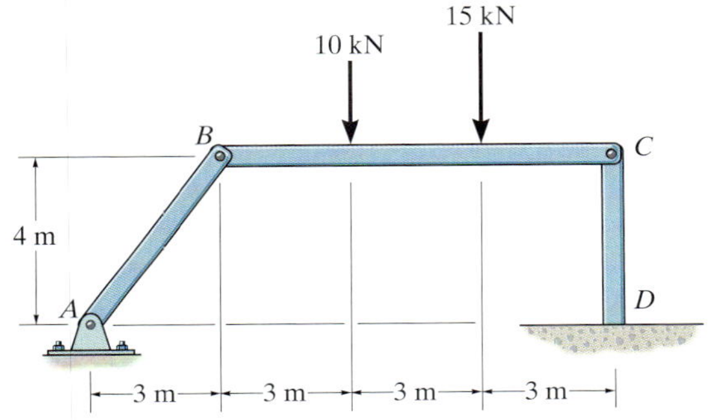

F6.20

F6.21. Bepaal de componenten van de reactiekrachten in A en C.

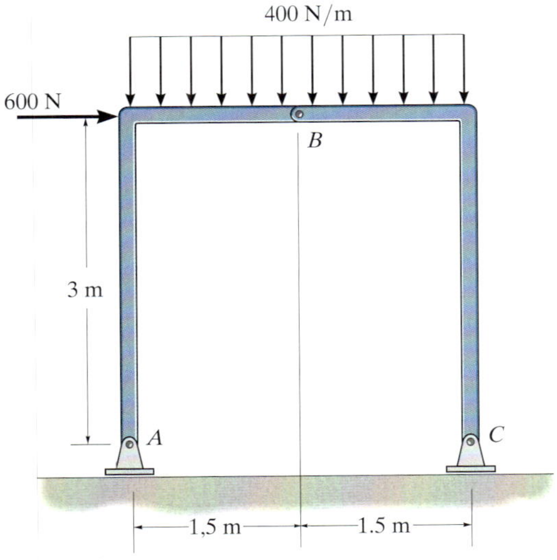

F6.21

F6.22. Bepaal de componenten van de reactiekracht in C.

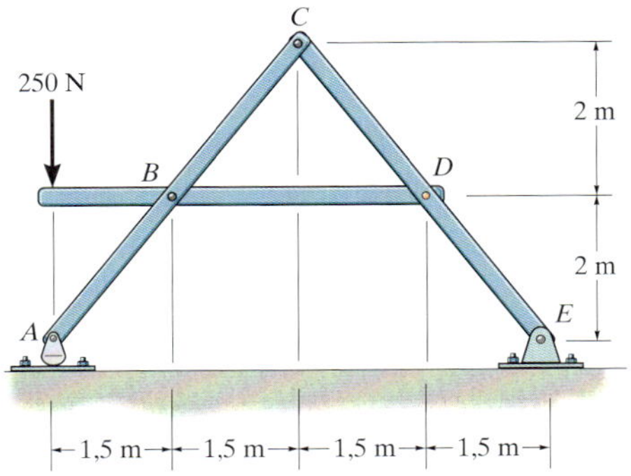

F6.22

F6.23. Bepaal de componenten van de reactiekracht in E.

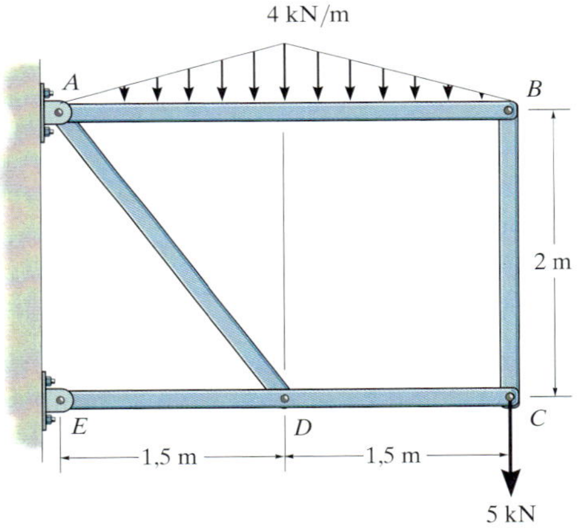

F6.23

F6.24. Bepaal de componenten van de reactiekracht in D en de componenten van de reactiekracht die de pen in A uitoefent op staaf BA.

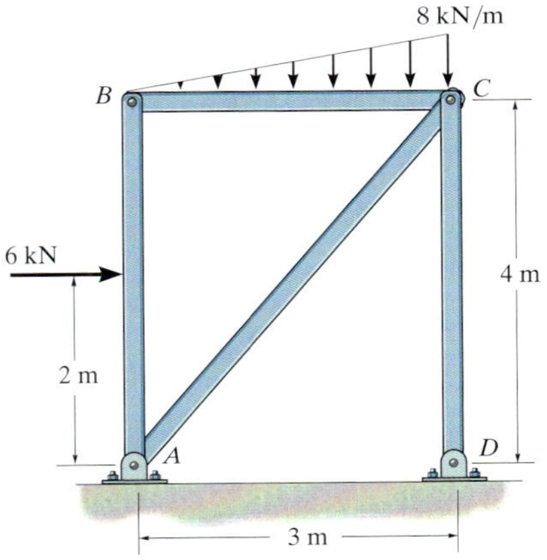

F6.24

Vraagstukken

Alle oplossingen van de vraagstukken moeten gebruikmaken van een vrijlichaamsschema.

6.61. Bepaal de kracht **P** nodig om de massa van 150 kg in evenwicht te houden.

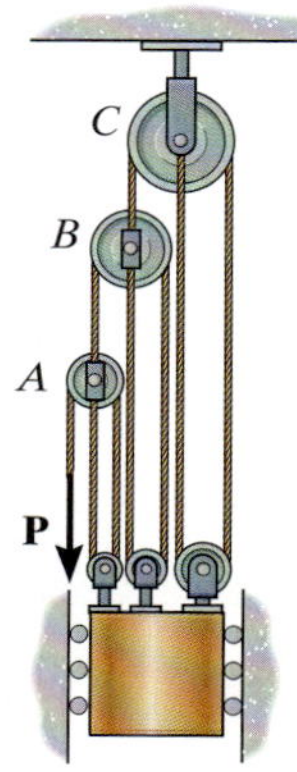

Vraagstuk 6.61

6.62. Bepaal de kracht **P** nodig om de kist van 150 kg in evenwicht te houden.

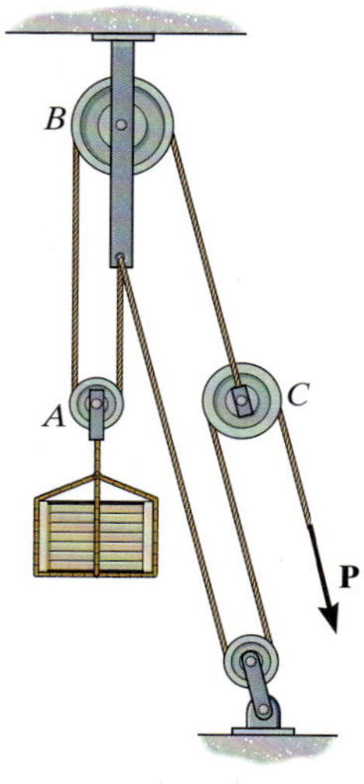

Vraagstuk 6.62

6.63. De principes van een *differentiaaltakel* zijn schematisch weergegeven in de figuur. Bepaal de grootte van de kracht **P** nodig om de kracht van 800 N in evenwicht te houden. Bepaal ook de afmeting x van de plaats waar de kabel moet worden bevestigd aan AB, zodanig dat die horizontaal blijft. Alle katrollen hebben een straal van 60 mm.

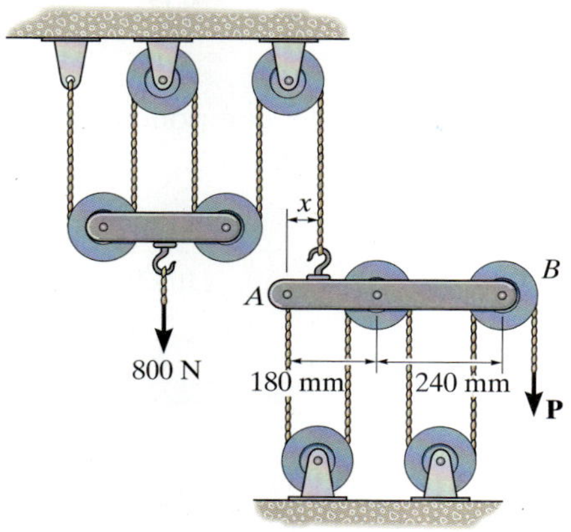

Vraagstuk 6.63

***6.64.** Bepaal de kracht P nodig om de massa van 20 kg met behulp van de *staggarnaat* op te takelen. Hoe groot zijn de reactiekrachten in de haken A, B en C?

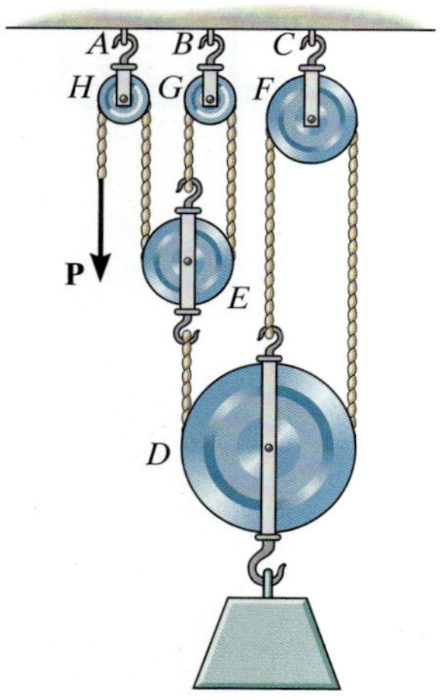

Vraagstuk 6.64

6.65. Bepaal de grootste kracht P die op de constructie kan worden uitgeoefend als de resultante in A een maximale grootte van 5 kN mag hebben.

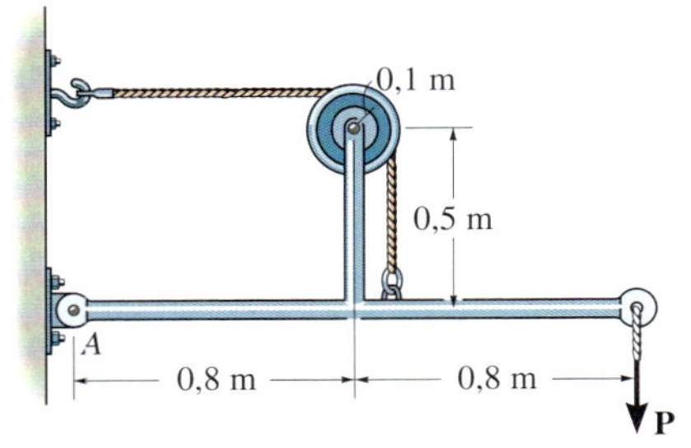

Vraagstuk 6.65

6.66. Bepaal de horizontale en verticale krachtcomponenten die de pennen in A, B en C uitoefenen op de verbindingsstaven.

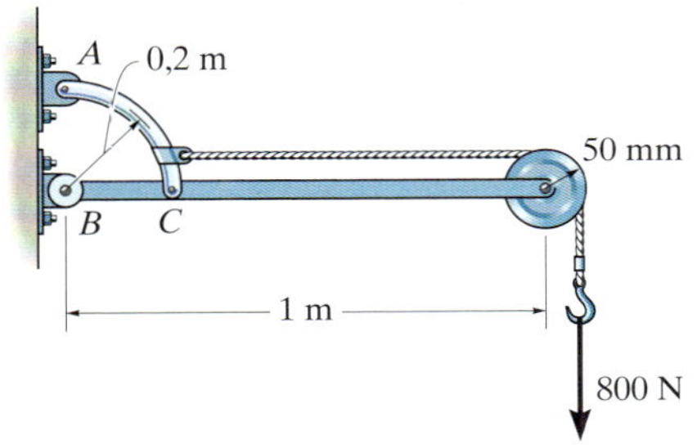

Vraagstuk 6.66

6.67. De hijsklem wordt gebruikt om de balk op te tillen. De balk weegt 4 kN. Bepaal dan de horizontale en verticale krachtcomponent op de pen in A en de horizontale en verticale krachtcomponent die de flens van de balk uitoefent op de haak in B.

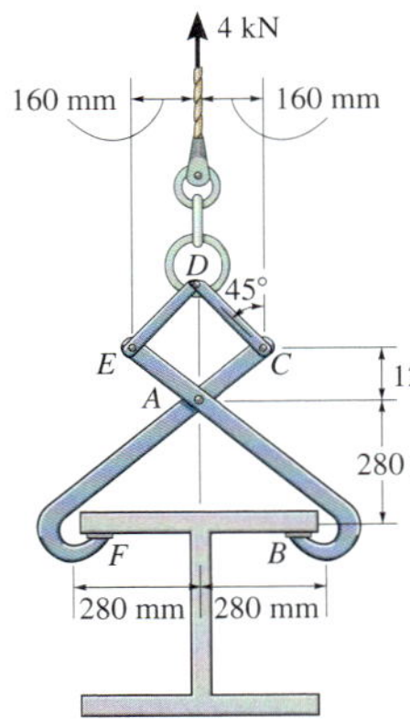

Vraagstuk 6.67

***6.68.** Bepaal de grootste kracht P die op de constructie kan worden uitgeoefend als de resultante in A een maximale grootte van 2 kN mag hebben

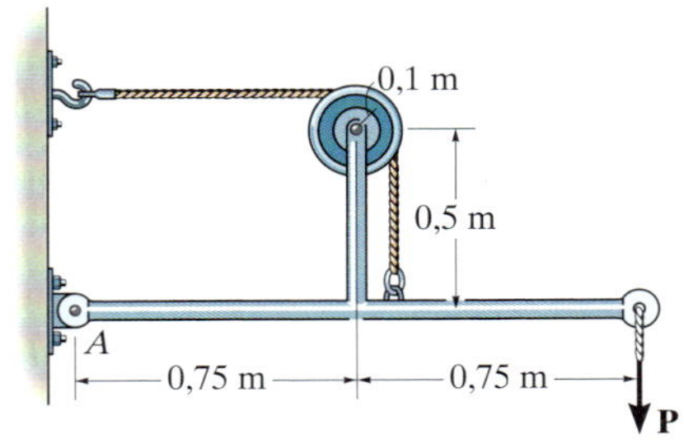

Vraagstuk 6.68

6.69. Bepaal de horizontale en verticale krachtcomponenten die de pennen A en C uitoefenen op de draagconstructie.

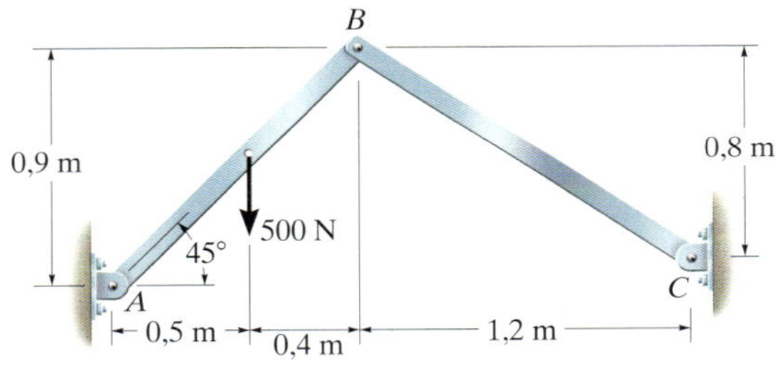

Vraagstuk 6.69

6.70. De werkstukklem wordt belast met een kracht **F** op het handvat. Bepaal de verticale klemkracht ter plaatse van E.

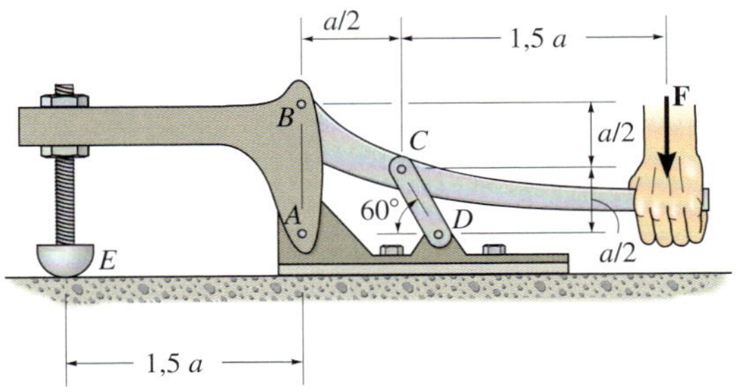

Vraagstuk 6.70

6.71. Bepaal de steunpuntreacties in A, C en E op de samengestelde balk die kan scharnieren in B en D.

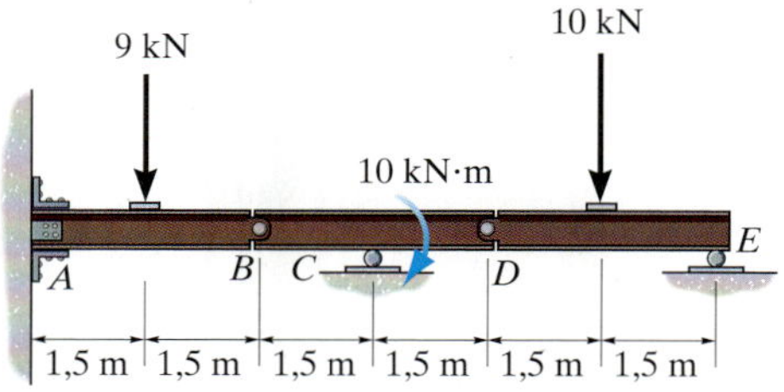

Vraagstuk 6.71

***6.72.** Bepaal de horizontale en verticale krachtcomponenten op de pennen A, B en C en de reactiekrachten in de inklemming D van de constructie.

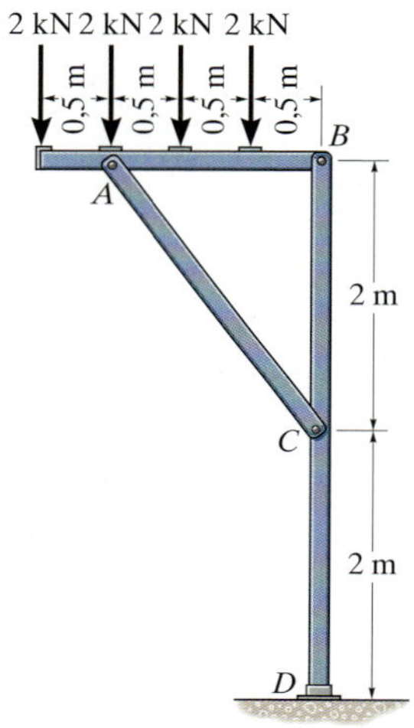

Vraagstuk 6.72

6.73. De samengestelde ligger heeft een vast uiteinde in A en wordt gesteund door tuimelaars in B en C. Er zijn scharnieren (pennen) in D en E. Bepaal de componenten van de reactiekracht in de steunpunten.

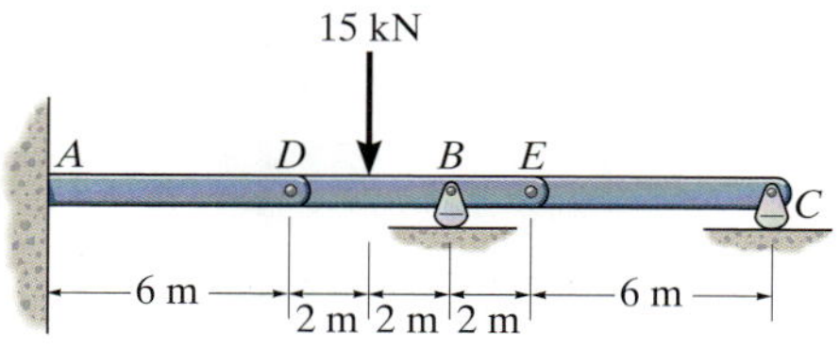

Vraagstuk 6.73

6.74. De platformweegschaal bestaat uit een combinatie van hefbomen op het eerste en derde niveau, zodanig dat de belasting op de ene hefboom de kracht wordt die de volgende hefboom in beweging brengt. Door deze constructie kan een klein gewicht een zwaar voorwerp in evenwicht houden. Als $x = 450$ mm, bepaal dan de massa van het tegengewicht S om een belasting L van 90 kg in evenwicht te houden.

6.75. De platformweegschaal bestaat uit een combinatie van hefbomen op het eerste en derde niveau, zodanig dat de belasting op de ene hefboom de kracht wordt die de volgende hefboom in beweging brengt. Door deze constructie kan een klein gewicht een zwaar voorwerp in evenwicht houden. Als $x = 450$ mm en de massa van het tegengewicht S is 2 kg, bepaal dan de massa van de belasting L, nodig om het evenwicht in stand te houden.

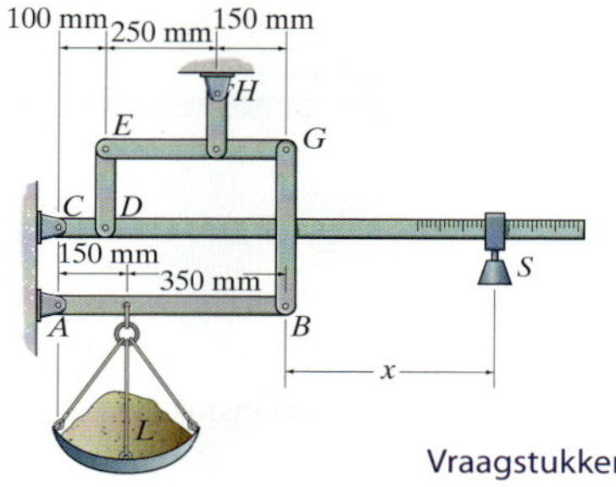

Vraagstukken 6.74/75

***6.76.** Bepaal de horizontale en verticale krachtcomponenten die de pennen in A, B en C uitoefenen op staaf ABC van de draagconstructie.

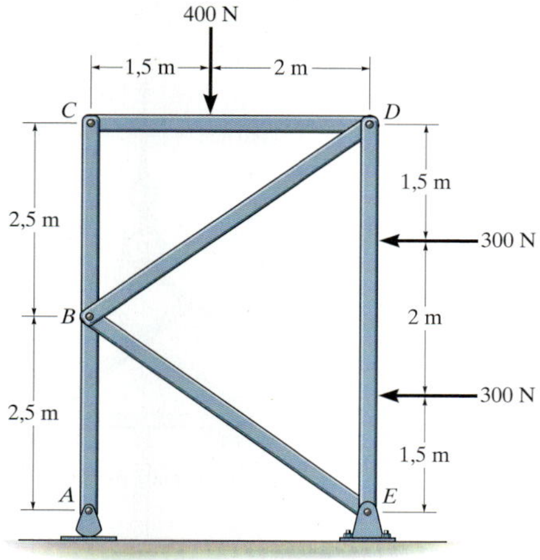

Vraagstuk 6.76

6.77. Bepaal de benodigde massa van de hangende cilinder als de trekkracht in de ketting om het vrijdraaiende tandwiel 2 kN moet zijn. Wat is de grootte van de resultante op pen A?

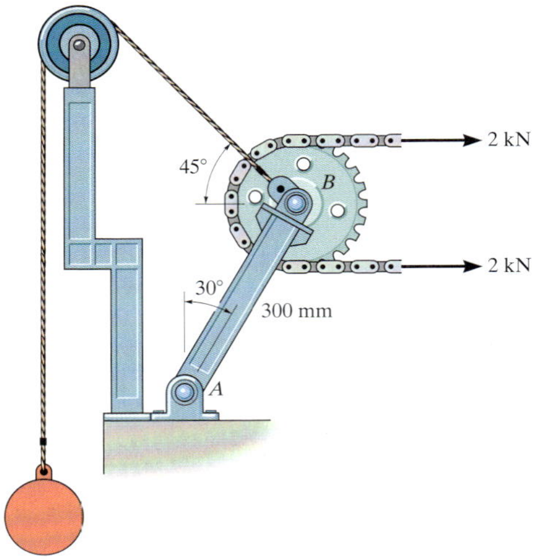

Vraagstuk 6.77

6.78. Bepaal de reactiekrachten op de mof in A en de pen in C. De mof past over een gladde stang en de stang AB is star verbonden met de mof.

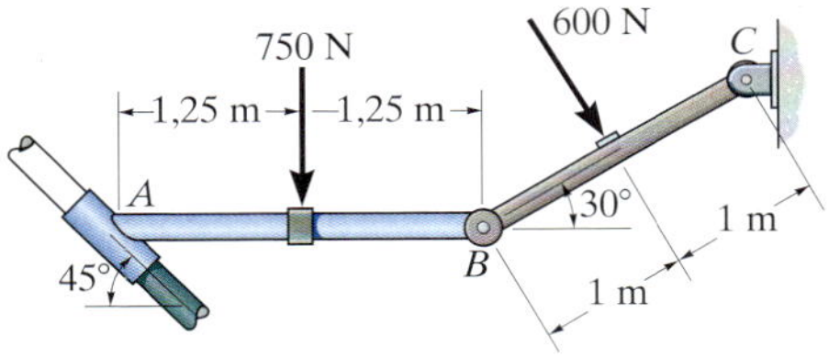

Vraagstuk 6.78

6.79. De werkstukklem wordt belast met een kracht **F** op het handvat. Bepaal de verticale klemkracht ter plaatse van E.

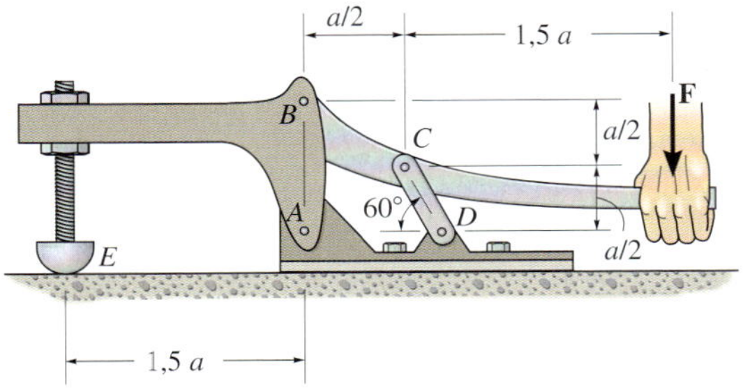

Vraagstuk 6.79

***6.80.** Bepaal de kracht die de bek van de betonschaar uitoefent op de gladde kabel C als op de handvatten krachten van 100 N worden uitgeoefend. De bekken kunnen scharnieren in E en A en in D en B. Ook de verbinding in F is een scharnier.

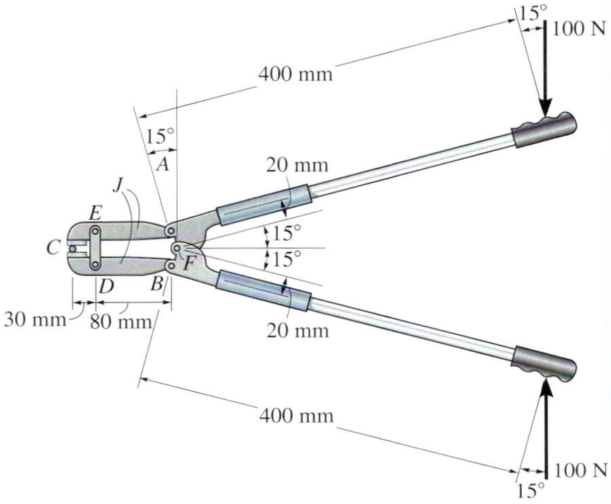

Vraagstuk 6.80

6.81. De takel wordt gebruikt om de motor van 200 kg op te takelen. Bepaal de kracht in de hydraulische cilinder AB, de horizontale en verticale krachtcomponenten op de pen in C en de reactiekrachten in de starre verbinding D.

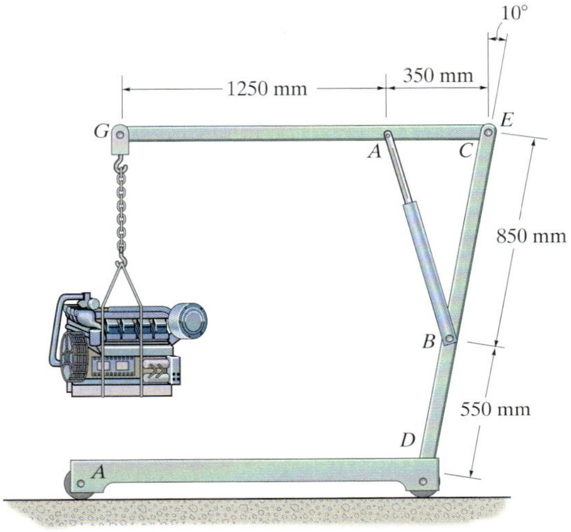

Vraagstuk 6.81

6.82. Bepaal de horizontale en verticale krachtcomponenten die de pennen in A, B en C uitoefenen op de draagconstructie. De cilinder heeft een massa van 80 kg. De katrol heeft een straal van 0,1 m.

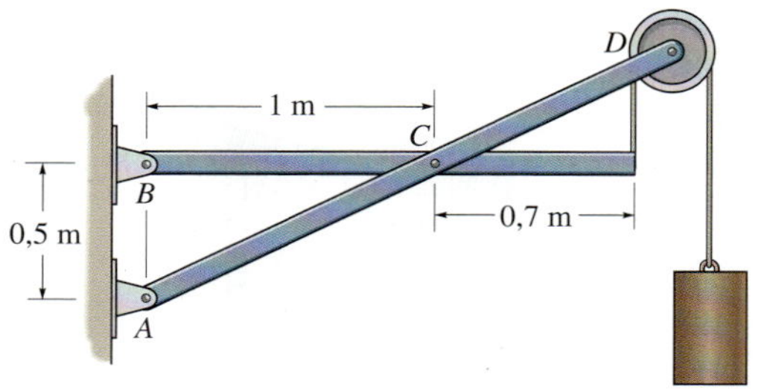

Vraagstuk 6.82

***6.84.** De samengestelde balk is ingeklemd in A en rust in B en C op schommelverbindingen. De verbindingen in D en E kunnen scharnieren. Bepaal de reactiekrachten in de ondersteuningen A, B en C.

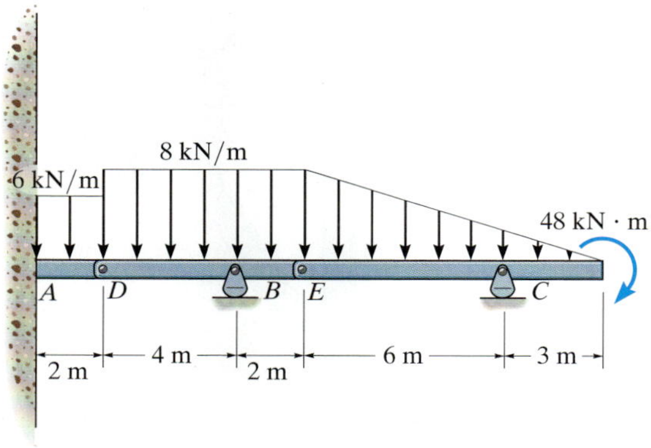

Vraagstuk 6.84

6.83. Bepaal de horizontale en verticale krachtcomponenten die de pennen A en C uitoefenen op de draagconstructie.

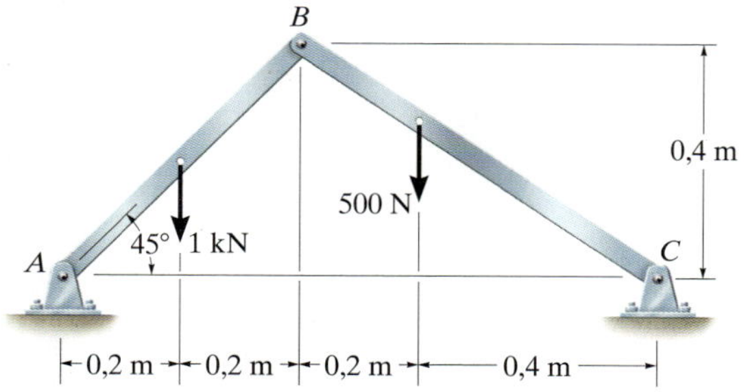

Vraagstuk 6.83

6.85. De knipkracht van de snoeischaar wordt verhoogd door de hefboomwerking van het mechanisme. Bepaal de resulterende knipkracht in A als op de handvatten een kracht van 20 N wordt uitgeoefend. Veronderstel dat het contactoppervlak in A glad is.

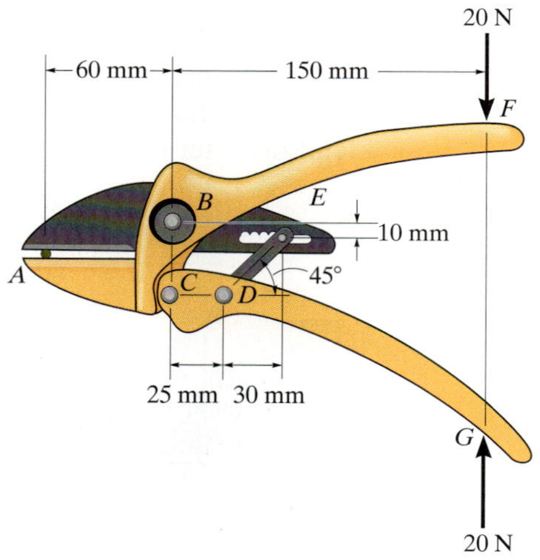

Vraagstuk 6.85

6.86. De buizensnijder is vastgeklemd rond de buis P. Als het wiel in A een normaalkracht F_A = 80 N op de buis uitoefent, bepaal dan de normaalkrachten van de wielen B en C op de buis. De drie wielen hebben elk een straal van 7 mm en de buis heeft een uitwendige straal van 10 mm.

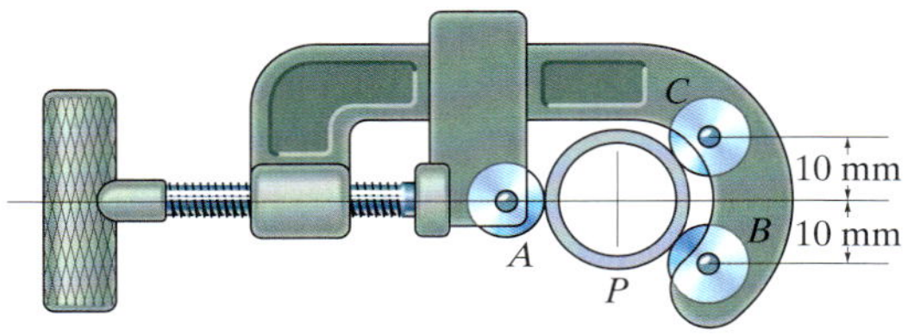

Vraagstuk 6.86

6.87. Het klemstuk wordt gebruikt om de stang op zijn plaats te houden. Bepaal de benodigde axiale kracht op de schroef in E als de grootste kracht die op de stang in B, C of D kan worden uitgeoefend 100 N is. Bepaal ook de grootte van de reactiekracht op de pen in A. Veronderstel dat alle contactvlakken glad zijn.

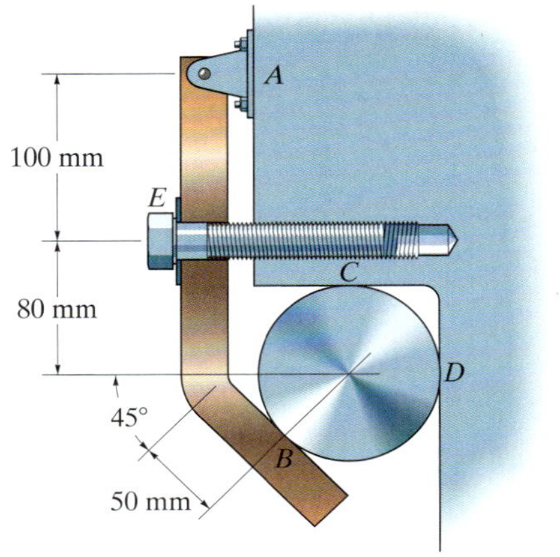

Vraagstuk 6.87

***6.88.** Toon aan dat het gewicht W_1 van het contragewicht in H nodig voor evenwicht gelijk is aan $W_1 = (b/a)W$, en dat het dus onafhankelijk is van de plaatsing van de belasting W op het platform.

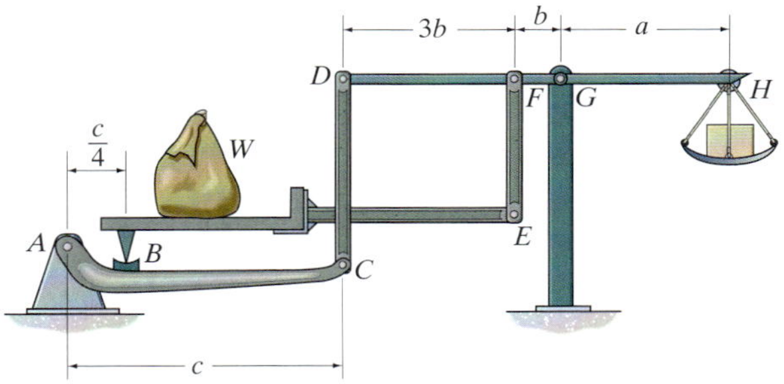

Vraagstuk 6.88

6.89. De kraan kan kantelen om de pen in A. Bepaal de grootste massa die met de kraan kan worden gehesen als de maximale kracht op de pen in A 18 kN is.

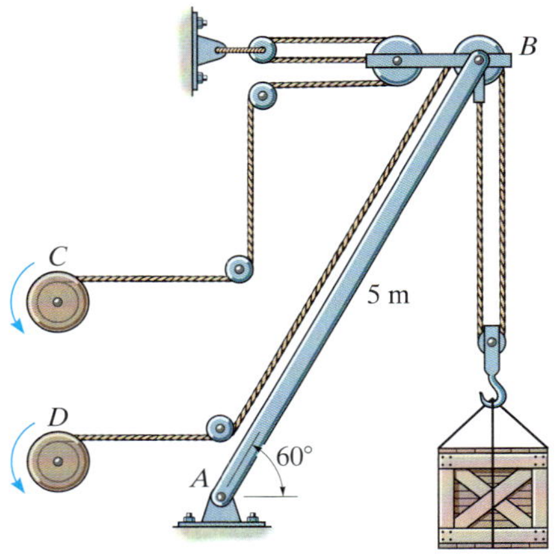

Vraagstuk 6.89

6.90. Bepaal de kracht die de bek van de betonschaar uitoefent op de gladde kabel *C* als op de handvatten krachten van 200 N worden uitgeoefend. De bekken kunnen scharnieren in *E* en *A* en in *D* en *B*. Ook de verbinding in *F* is een scharnier.

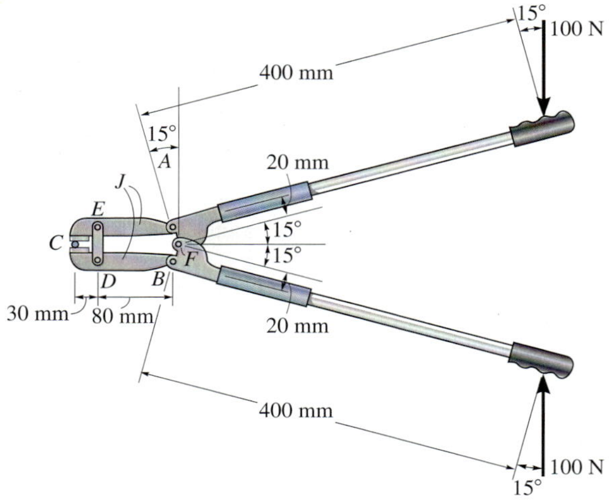

Vraagstuk 6.90

***6.92.** De schaarlift bestaat uit *twee* paren kruisstangen en *twee* hydraulische cilinders *DE*, die symmetrisch gemonteerd zijn aan *weerszijden* van het platform. Het platform heeft een homogene massa van 60 kg en het zwaartepunt bevindt zich in G_1. De last van 85 kg, waarvan het zwaartepunt zich bevindt in G_2, ligt precies in het midden van het platform. Bepaal de kracht in elk van de hydraulische cilinders bij evenwicht. De rolopleggingen bevinden zich in *B* en *D*.

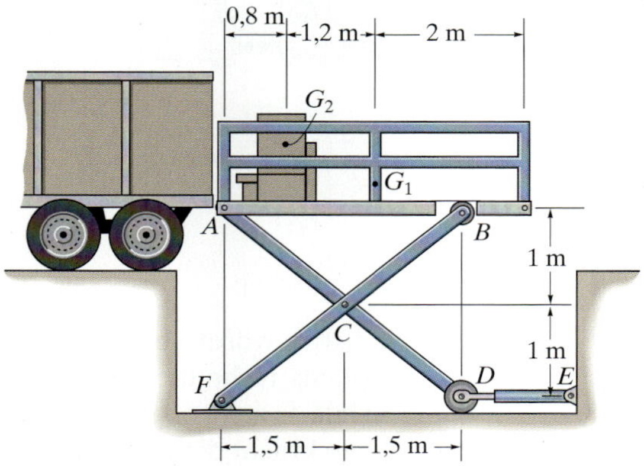

Vraagstuk 6.92

6.91. De samengestelde balk is scharnierend ondersteund in *B* en rust in *A* en *C* op schommelverbindingen. De balk kan scharnieren in *D*. Bepaal de reactiekrachten in de ondersteuningen.

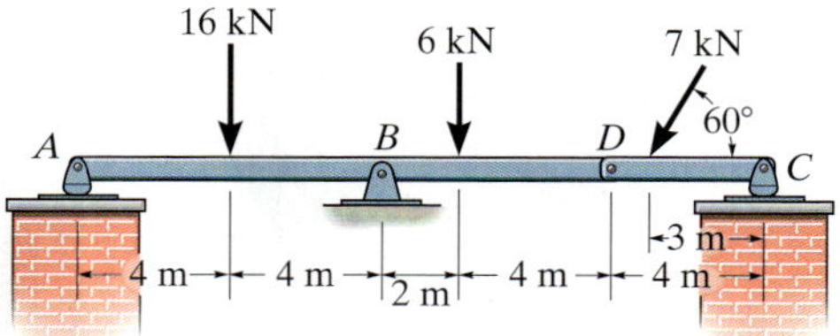

Vraagstuk 6.91

6.93. De twee schijven hebben elk een massa van 20 kg en zijn in hun midden met elkaar verbonden door een elastiek met een stijfheid $k = 2$ kN/m. Bepaal de rek van de elastiek wanneer het stelsel in evenwicht is en de hoek θ die de elastiek dan met de horizontaal maakt.

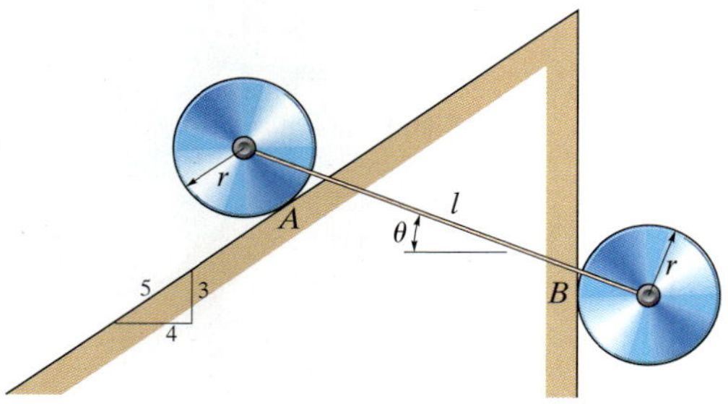

Vraagstuk 6.93

6.94. Een man met een gewicht van 875 N (≈ 87,5 kg) probeert zichzelf omhoog te houden met behulp van een van de twee afgebeelde methoden. Bepaal in beide gevallen de totale kracht die hij op de balk AB moet uitoefenen en de normaalkracht die hij op het platform in C uitoefent. Verwaarloos het gewicht van het platform.

6.95. Een man met een gewicht van 875 N (≈ 87,5 kg) probeert zichzelf omhoog te houden met behulp van een van de twee afgebeelde methoden. Bepaal in beide gevallen de totale kracht die hij op de balk AB moet uitoefenen en de normaalkracht die hij op het platform in C uitoefent. Het platform heeft een gewicht van 150 N (≈ 15 kg).

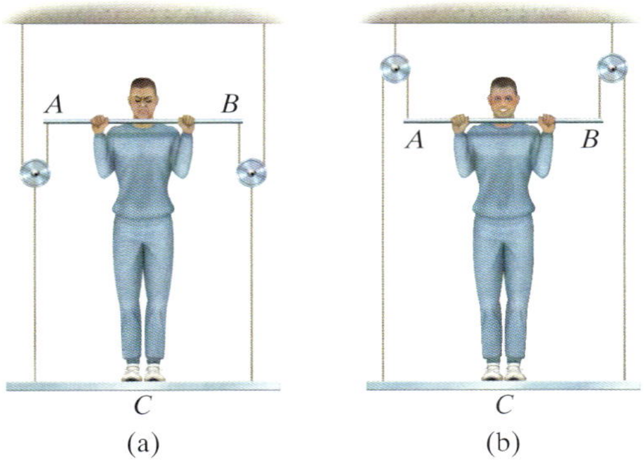

Vraagstukken 6.94/95

6.97. De werking van de in- en uitlaatkleppen in een automotor bestaat uit de nok C, stoterstang DE, tuimelarm EFG (die scharniert in F) een veer en een klep, V. De veer is 20 mm ingedrukt wanneer de klep volledig geopend is op de manier zoals is weergegeven in de figuur. Bepaal de normaalkracht op het loopvlak van de nok in C. Veronderstel dat de nok en de lagers in H, I en J glad zijn. De veer heeft een stijfheid van 300 N/m.

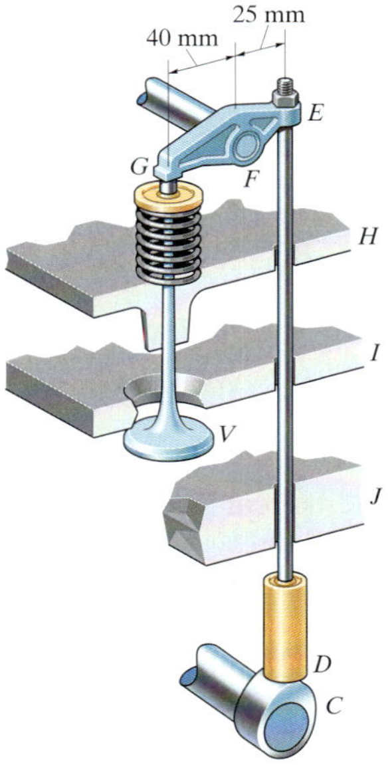

Vraagstuk 6.97

***6.96.** De hijsklem wordt gebruikt om de balk op te tillen. De balk weegt 8 kN. Bepaal dan de horizontale en verticale krachtcomponent op de pen in A en de horizontale en verticale krachtcomponent die de flens van de balk uitoefent op de haak in B.

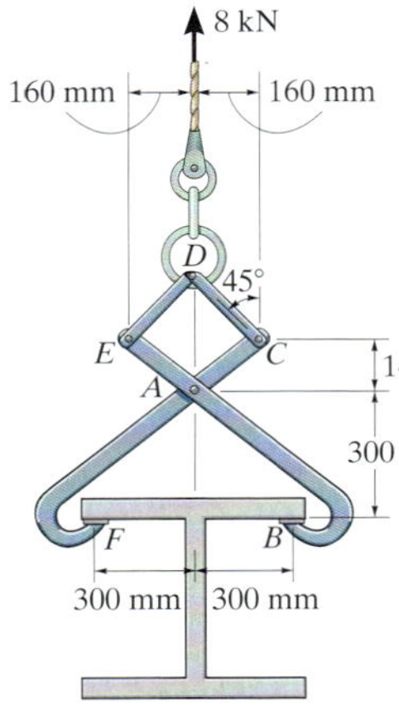

Vraagstuk 6.96

6.98. Bepaal de horizontale en verticale krachtcomponenten die de pennen in A, B en C uitoefenen op de verbindingsstaven.

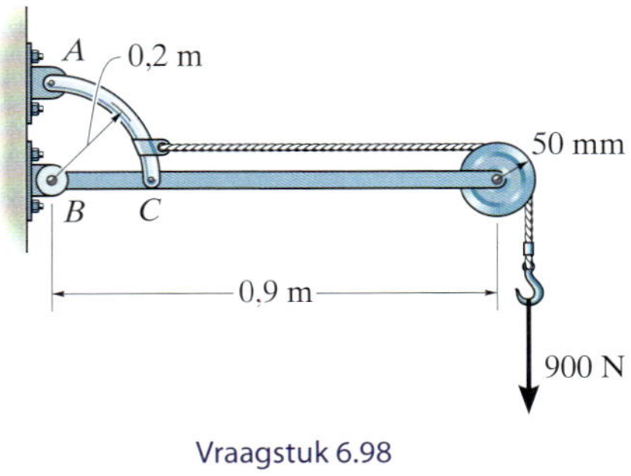

Vraagstuk 6.98

6.99. Als in A een klemkracht van 300 N vereist is, bepaal dan de grootte van de kracht **F** die moet worden uitgeoefend op de spanklem.

***6.100.** Als er een kracht $F = 350$ N wordt uitgeoefend op de handgreep van de spanklem, bepaal dan de resulterende klemkracht in A.

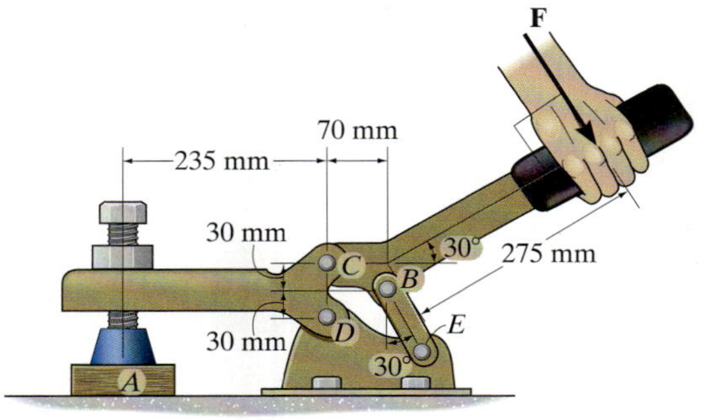

Vraagstukken 6.99/100

6.101. De bobcat heeft een massa van 1,18 Mg en in de weergegeven positie bevindt het massamiddelpunt zich in G_1. Er ligt een stuk steen van 300 kg in de laadbak en het massamiddelpunt van de steenklomp bevindt zich in G_2. Bepaal de reactiekrachten van elk stel wielen A en B op de vloer, de kracht in de hydraulische cilinder CD en de kracht in scharnier E. Het stangenmechanisme is aan weerszijden van de bobcat hetzelfde.

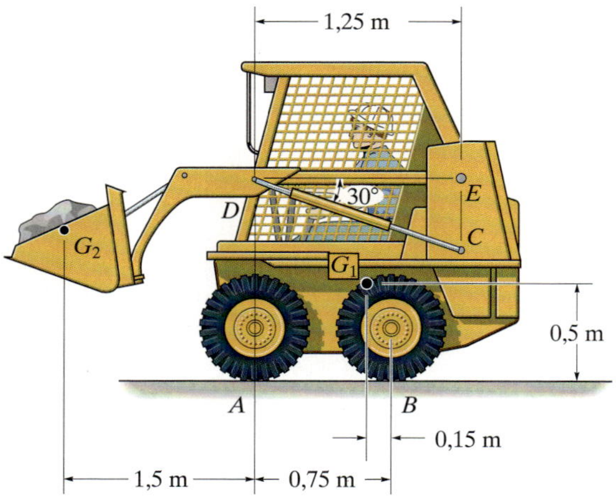

Vraagstuk 6.101

6.102. De hefboom van een tractor ondersteunt een homogene massa van 600 kg in de laadbak, waarvan het massamiddelpunt zich bevindt in G. Bepaal de kracht in elke hydraulische cilinder AB en CD en de resultante in de scharnieren E en F. De last wordt symmetrisch ondersteund door twee identieke mechanismen aan weerszijden van de tractor.

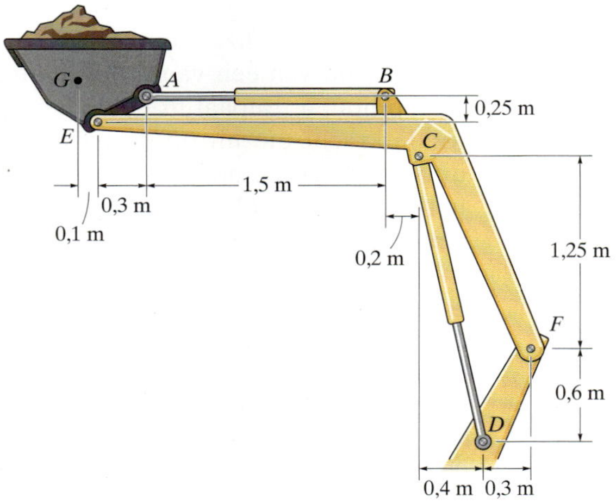

Vraagstuk 6.102

6.103. Het nagelknippertje bestaat uit de hefboom en de twee snijdelen. Veronderstel dat dat de snijdelen scharnierend met elkaar verbonden zijn in B en het oppervlak in D glad is. Bepaal dan de normaalkracht op de vingernagel wanneer op de tip van de hefboom en het bevestigingspunt B een kracht van 5 N wordt uitgeoefend op de manier zoals is weergegeven in de figuur. Stift AC glijdt in A door een glad gat en is in C bevestigd aan het onderste snijdeel.

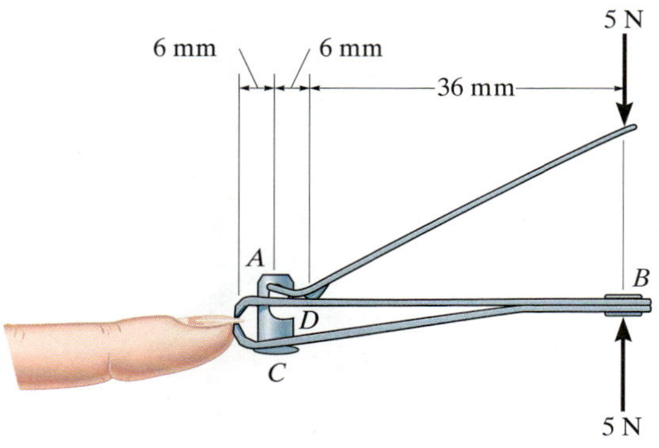

Vraagstuk 6.103

***6.104.** Bepaal de kracht in de hydraulische cilinders EF en AD om de schep in evenwicht te houden. De inhoud van de schep heeft een massa van 1,25 Mg en het zwaartepunt ervan bevindt zich in G. Alle verbindingen zijn scharnieren.

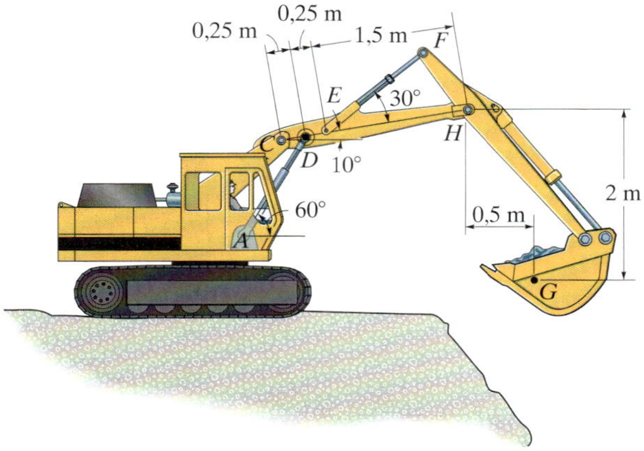

Vraagstuk 6.104

6.105. De takel draagt een motor van 125 kg. Bepaal de kracht die de belasting in element DB creëert en in element FB, dat de hydraulische cilinder H bevat.

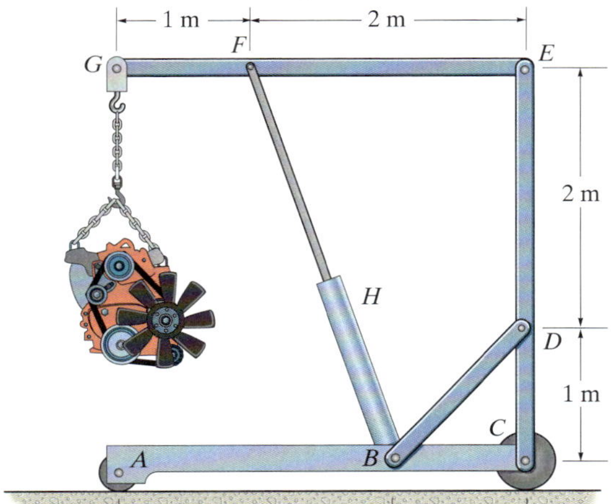

Vraagstuk 6.105

6.106. Als $P = 75$ N, bepaal dan de kracht F die de spanklem op het houtblok uitoefent.

6.107. Als het houtblok een kracht $F = 600$ N op de spanklem uitoefent, bepaal dan de kracht P die wordt uitgeoefend op de handgreep.

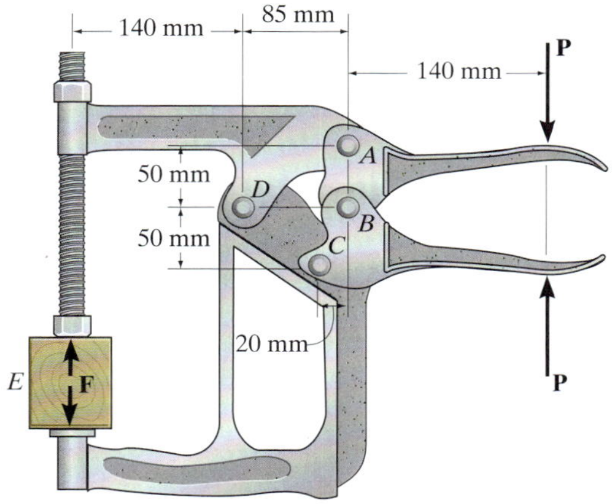

Vraagstuk 6.107

***6.108.** Aan de kolomkraan hangt een last met een massa van 500 kg. Bepaal de in de staaf AB ontwikkelde kracht en de horizontale en verticale reactiekrachten in de scharnierende ondersteuning C wanneer de giek zich in de gegeven stand bevindt.

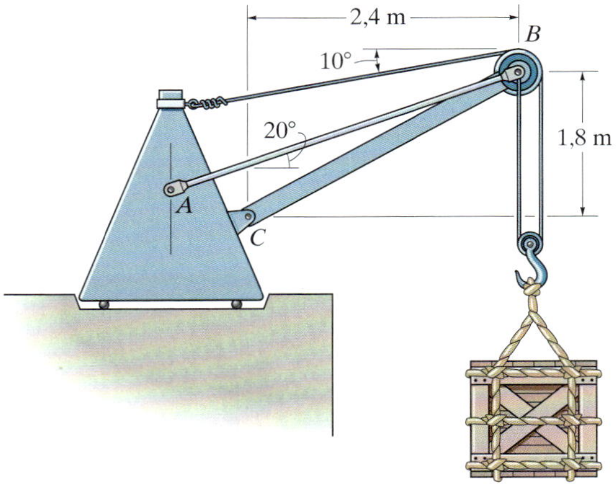

Vraagstuk 6.108

6.109. Aan de symmetrische klem hangt een rol met een massa van 800 kg. Het zwaartepunt van de rol bevindt zich in G. Bepaal de horizontale en verticale krachtcomponenten die het stangenmechanisme uitoefent op plaat $DEIJH$ ter plaatse van de punten D en E. De rol oefent alleen verticale reactiekrachten uit op K en E.

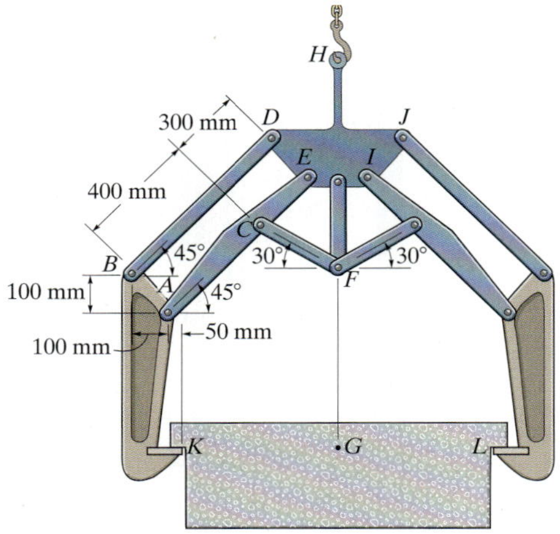

Vraagstuk 6.109

***6.112.** De hangardeur kan gemotoriseerd worden geopend en gesloten met de kabel AB. De deur bestaat uit twee secties en elke sectie heeft een gelijkmatig verdeeld gewicht W en lengte L. Bepaal de kracht in de kabel als functie van de deurstand θ. De secties kunnen in C en D scharnieren en de onderkant is bevestigd aan een rol die in de verticale geleiding loopt.

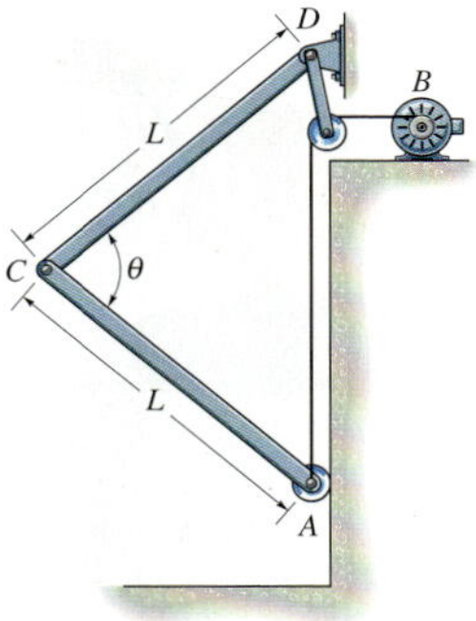

Vraagstuk 6.112

6.110. Een tegengewicht van 300 kg met massamiddelpunt G is bevestigd aan de drijfstang AB van de oliepomp. Als er in de vaste kabel aan het uiteinde van de balans DEF een kracht $F = 5$ kN moet worden ontwikkeld, bepaal dan het koppel M dat door de motor geleverd moet worden.

6.111. Een tegengewicht van 300 kg met een massamiddelpunt G is bevestigd aan de drijfstang AB van de oliepomp. Als de motor een koppelmoment $M = 2500$ N • m levert, bepaal dan de kracht F die wordt ontwikkeld in de vaste kabel aan het uiteinde van de balans DEF.

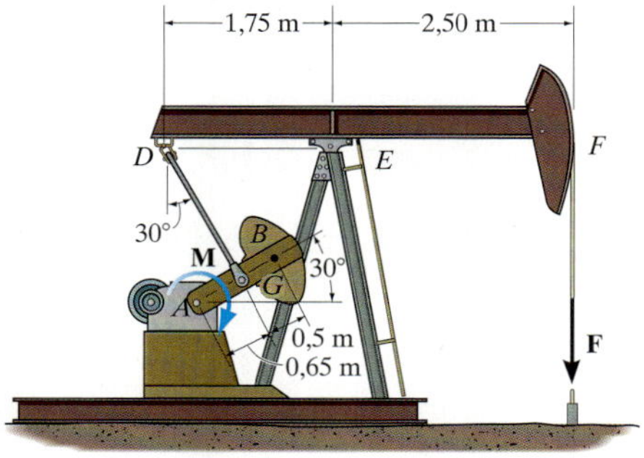

Vraagstukken 6.110/111

6.113. Bepaal de horizontale en verticale componenten van de reactiekrachten die de pennen op element AB van het vakwerk uitoefenen.

6.114. Bepaal de horizontale en verticale componenten van de reactiekrachten die de pennen op element EDC van het vakwerk uitoefenen.

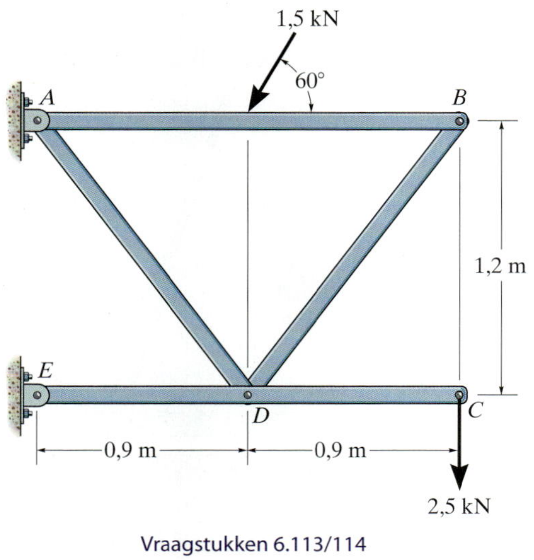

Vraagstukken 6.113/114

6.115. De handgreep van de snijmachine is bevestigd aan het tandwiel *G*, dat op zijn beurt weer in het tandwiel *C* aangrijpt. Merk op dat *AB* aan de uiteinden verbonden is met tandwiel *C* en met de onderzijde van de tafel *EF*, die verticaal kan bewegen door de gladde geleiders in *E* en *F*. Als tussen de tandwielen onderling uitsluitend tangentiële krachten werken, bepaal dan de drukkracht op de cilinder *S* wanneer er op de handgreep van de machine een verticale kracht van 40 N wordt uitgeoefend.

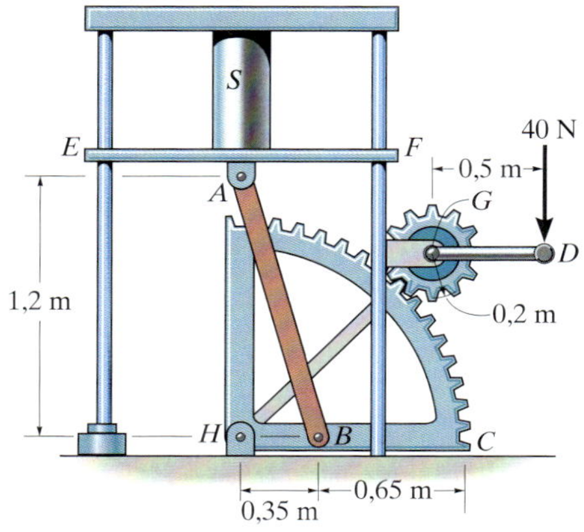

Vraagstuk 6.115

6.117. Het vierstaven A-vakwerk wordt in *A* en *E* gesteund door gladde scharnieren en in *G* door een pen. Alle andere verbindingen zijn bolscharnieren. Als de pen in *G* breekt wanneer de resultante daar 800 N is, bepaal dan de grootste verticale kracht *P* die door het vakwerk kan worden gedragen. Bepaal ook de *x*-, *y*- en *z*-componenten van de kracht die de staaf *BD* uitoefent op de elementen *EDC* en *ABC*. De scharnieren in *A* en *E* en de pen in *G* oefenen uitsluitend krachtcomponenten uit op het vakwerk.

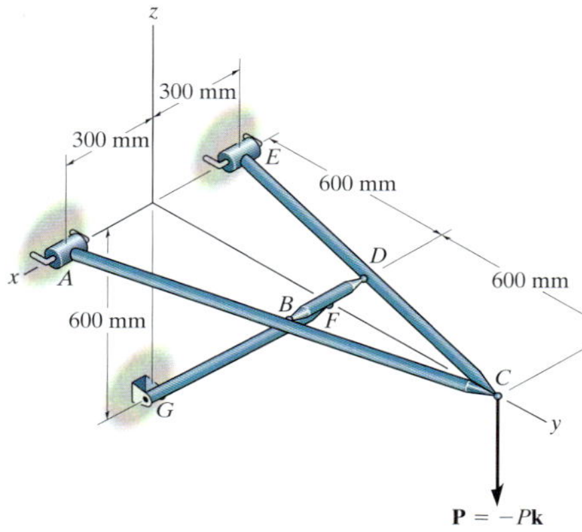

Vraagstuk 6.117

***6.116** De constructie is onderworpen aan de getoonde belasting. Element *AD* wordt gedragen door een kabel *AB* en een rolwiel in *C* en kan bewegen door een gladde cirkelvormige uitsparing in *D*. Element *ED* wordt gesteund door een rolwiel in *D* en een paal die past in een gladde nauwsluitende cirkelvormige uitsparing in *E*. Bepaal de *x*-, *y*- en *z*-componenten van de reactiekracht in *A* en de trekkracht in kabel *AB*.

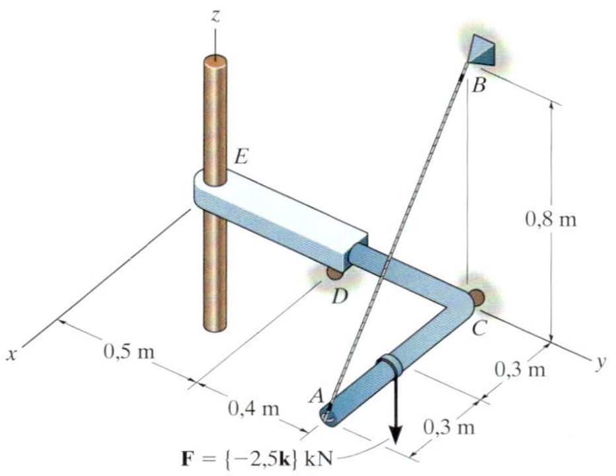

Vraagstuk 6.116

6.118. De constructie is onderworpen aan de afgebeelde belastingen. Element *AB* wordt gedragen door een bolscharnier in *A* en een gladde scharnier in *B*. Element *CD* wordt gedragen door een pen in *C*. Bepaal de *x*-, *y*- en *z*-componenten van de reactiekrachten in *A* en *C*.

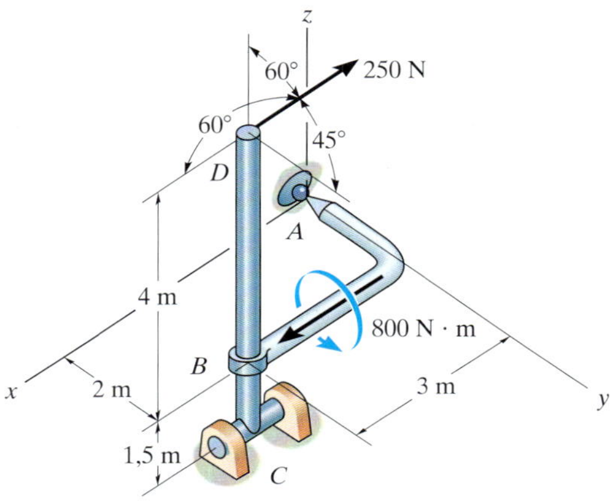

Vraagstuk 6.118

Samenvatting

Analyse van een vakwerk
Een eenvoudig vakwerk bestaat uit driehoekige elementen die met penverbindingen aan elkaar zijn bevestigd. De krachten in de staven van de elementen kunnen worden bepaald door aan te nemen dat de staven onderhevig zijn aan twee krachten en in beide uiteinden aan de uiteinden van andere staven zijn bevestigd. Op de staven werkt een trekkracht of een drukkracht of geen kracht.

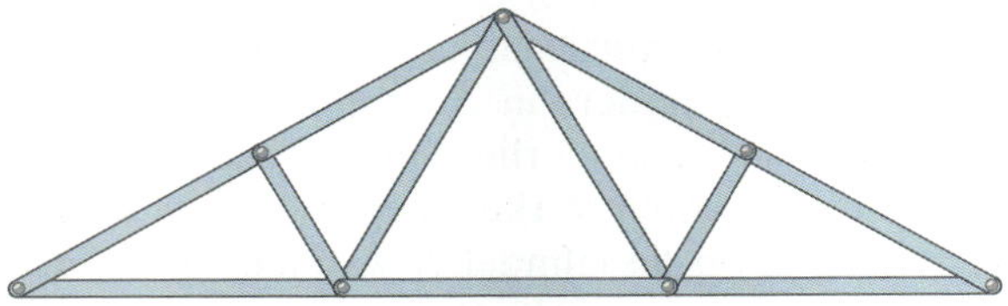

Vakwerkspant

Knooppuntmethode
De knooppuntmethode stelt dat als een vakwerk in evenwicht is, alle knooppunten van het vakwerk ook in evenwicht zijn. Bij een vlak vakwerk moeten de krachten waarvan de werklijnen door één punt gaan in evenwicht zijn.

$\Sigma F_x = 0$

$\Sigma F_y = 0$

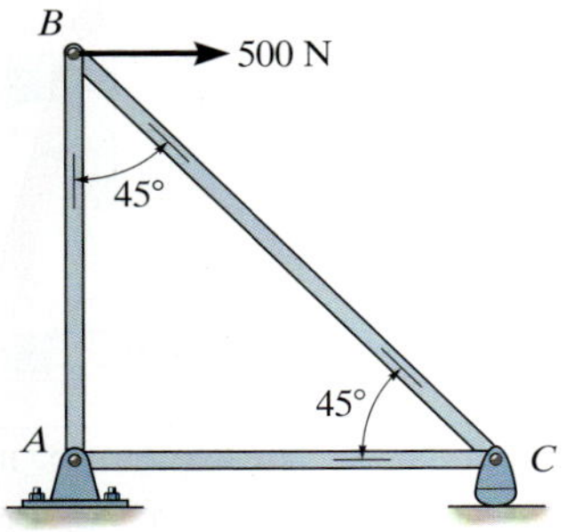

Selecteer een knoop met ten minste één bekende kracht en maximaal twee onbekende krachten om een numerieke oplossing voor de staafkrachten te krijgen. (Hiervoor kan het nodig zijn dat eerst de reactiekrachten in de steunpunten worden bepaald.)

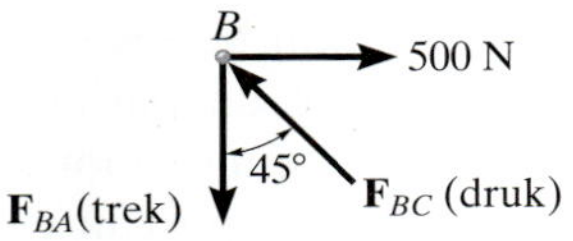

Zodra een staafkracht is bepaald, kan de waarde ervan worden gebruikt voor de volgende knoop.

Bedenk dat krachten die aan de knoop *trekken trekkrachten* worden genoemd en krachten die op de knoop *duwen drukkrachten.*

Kies om het gelijktijdig moeten oplossen van twee vergelijkingen te voorkomen, één van de coördinaatassen langs de werklijn van één van de onbekende krachten en tel de krachten loodrecht op deze as bij elkaar op. Dit levert een rechtstreekse oplossing voor de andere onbekende.
De analyse kan worden vereenvoudigd door eerst alle nulkrachtstaven vast te stellen.

Snedemethode

De snedemethode stelt dat als een vakwerk in evenwicht is, ook elk segment van het vakwerk in evenwicht is. Maak een doorsnede door het vakwerk en de staaf waarvan de kracht moet worden bepaald. Teken vervolgens het vrijlichaamsschema van het gedeelte van het doorgesneden vakwerk waarop het kleinste aantal krachten wordt uitgeoefend.

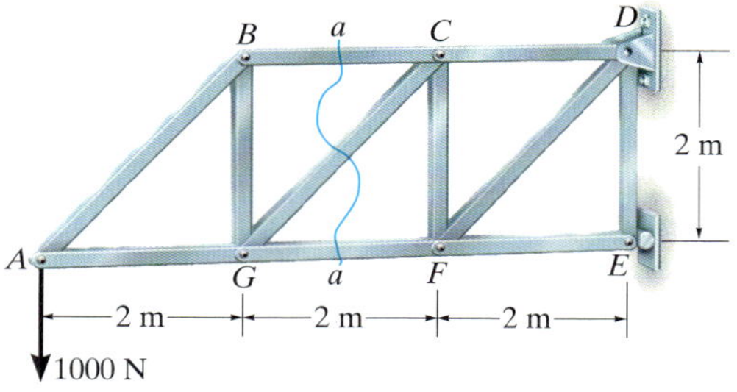

Doorsneden staven zijn *trekstaven* als ze onderhevig zijn aan *trekkrachten* en *drukstaven* als ze onderhevig zijn aan *drukkrachten*.

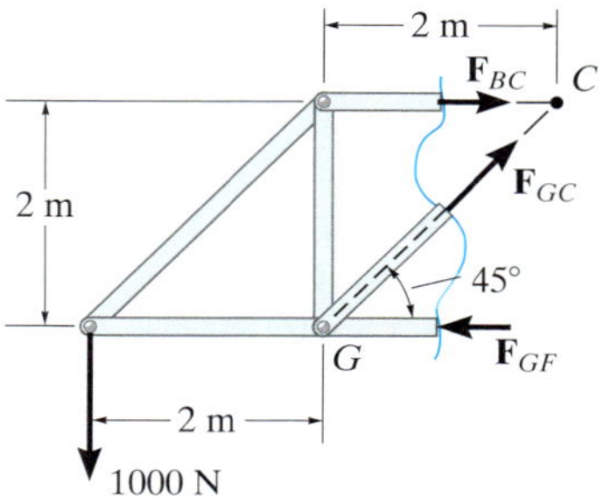

Wanneer het krachtenstelsel tweedimensionaal is, zijn er drie evenwichtsvergelijkingen beschikbaar om de onbekenden te bepalen.

$$\Sigma F_x = 0$$
$$\Sigma F_y = 0$$
$$\Sigma M_O = 0$$

Sommeer, indien mogelijk, de krachten in een richting die loodrecht staat op twee van de drie onbekende krachten. Dit levert een directe oplossing voor de derde kracht op.

$$+\uparrow \Sigma F_y = 0$$
$$-1000 \text{ N} + F_{GC} \sin 45° = 0$$
$$F_{GC} = 1{,}41 \text{ kN (T)}$$

Sommeer de momenten om het punt waar de werklijnen van twee van de drie onbekende krachten elkaar snijden, zodat de derde onbekende kracht rechtstreeks bepaald kan worden.

$$\circlearrowleft + \Sigma M_C = 0$$
$$1000 \text{ N}(4 \text{ m}) - F_{GF}\,(2 \text{ m}) = 0$$
$$F_{GF} = 2 \text{ kN (C)}$$

Ruimtevakwerk
Een ruimtevakwerk is een driedimensionaal vakwerk opgebouwd uit tetraëderelementen, en wordt met dezelfde methoden geanalyseerd als vlakke vakwerken. Voor de verbindingen worden bolscharnieren verondersteld.

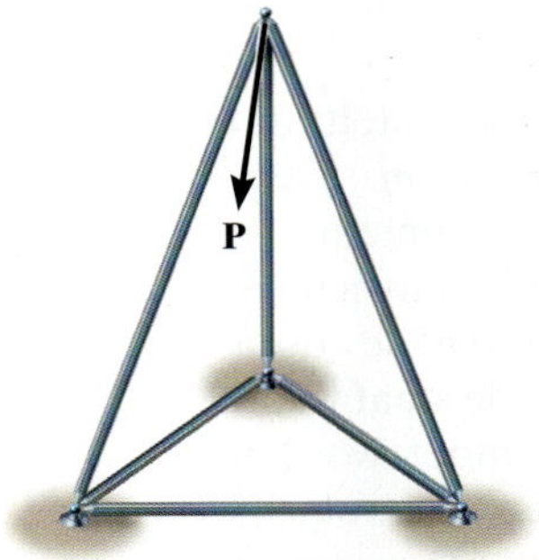

Draagconstructies en werktuigen
Draagconstructies en werktuigen zijn structuren die een of meer meerkrachtenelementen bevatten, dat wil zeggen: elementen waarop drie of meer krachten of koppels werken. Draagconstructies zijn ontworpen voor het dragen van belastingen, en werktuigen dragen het effect van krachten over en/of wijzigen dit.

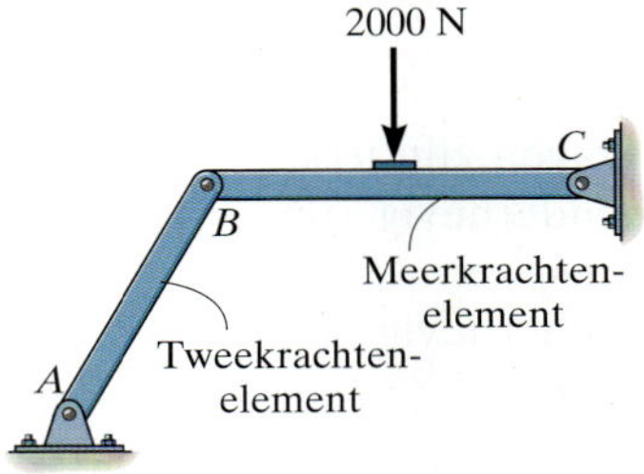

De krachten die op de verbindingen van een draagconstructie of werktuig worden uitgeoefend, kunnen worden bepaald door de vrijlichaamsschema's te tekenen van alle onderdelen ervan. Bij het aangeven van deze krachten in het vrijlichaamsschema van elke volgende staaf of pen dient het principe van 'actie is gelijk aan –reactie' zorgvuldig in acht te worden genomen. Bij een tweedimensionaal systeem zijn er drie evenwichtsvergelijkingen beschikbaar voor elke staaf.

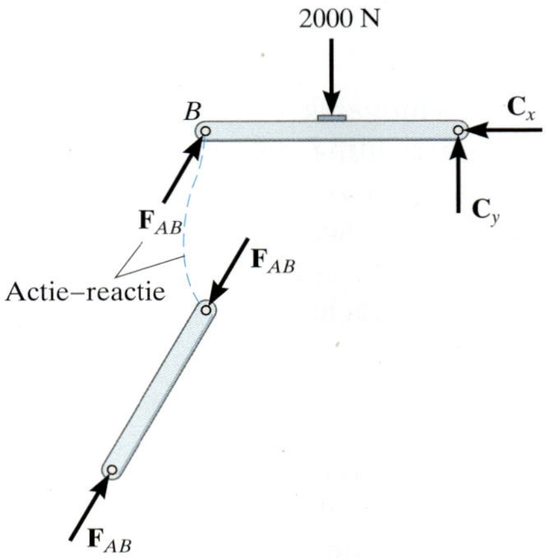

Houd de analyse eenvoudig door alle tweekrachtenelementen te benoemen. Deze hebben aan de uiteinden gelijke maar tegengesteld gerichte krachten langs dezelfde lijn.

Herhalingsvraagstukken

6.119. De laadschep voor op een tractor draagt een homogene lading van 500 kg, waarvan het massamiddelpunt zich bevindt in *G*. Bepaal de kracht in elke hydraulische cilinder *AB* en *CD* en de resultante in de scharnieren *E* en *F*. De last wordt symmetrisch ondersteund door twee identieke mechanismen aan weerszijden van de tractor.

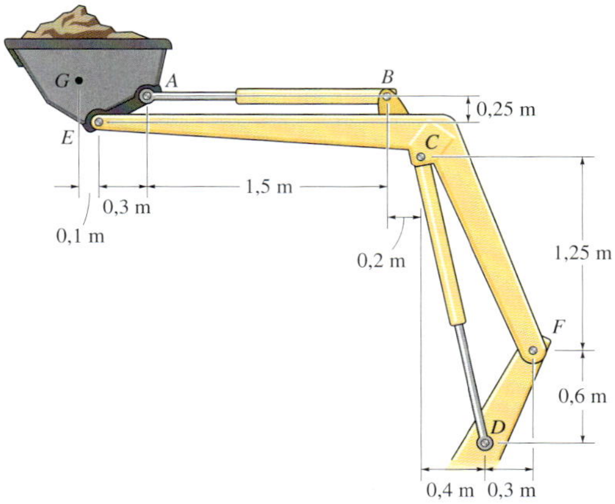

Vraagstuk 6.119

***6.120.** Bepaal de kracht in elke staaf van het vakwerk en geef aan of de staaf in trek of in druk wordt belast.

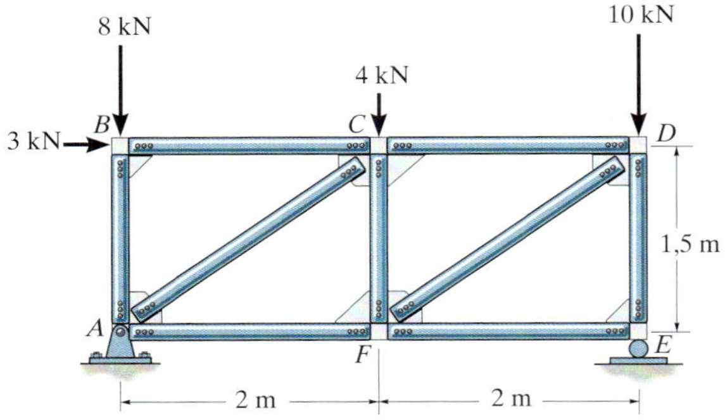

Vraagstuk 6.120

6.121. Bepaal de horizontale en verticale krachtcomponenten in de pennen *A* en *C* van de draagconstructie die bestaat uit twee staven.

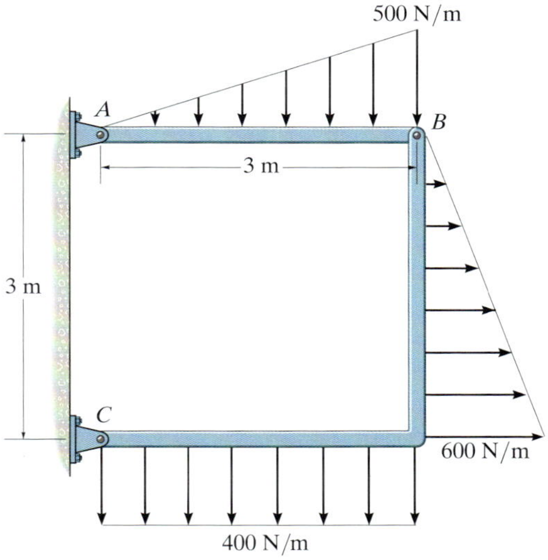

Vraagstuk 6.121

6.122. De hijsklemmen worden gebruikt om de homogene plaat van 500 kg op te hijsen. Bepaal de resulterende drukkracht die de haak uitoefent op de plaat in *A* en *B* en de scharnierreactie in *C*.

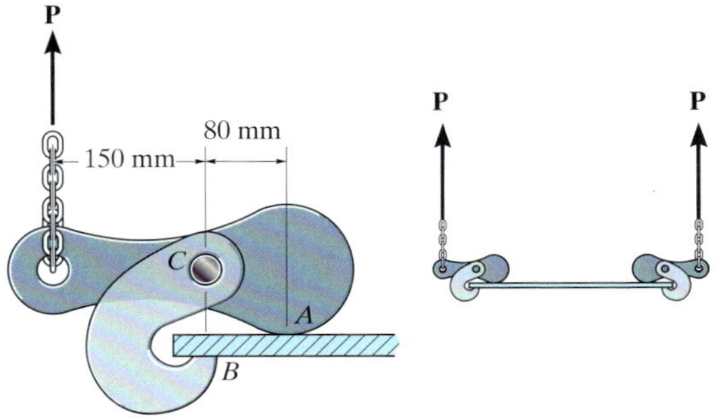

Vraagstuk 6.122

Vraagstukken

6.123. De veer heeft een rustelengte van 0,3 m. Bepaal de massa m van elke homogene staaf als de hoek $\theta = 20°$ is bij evenwicht.

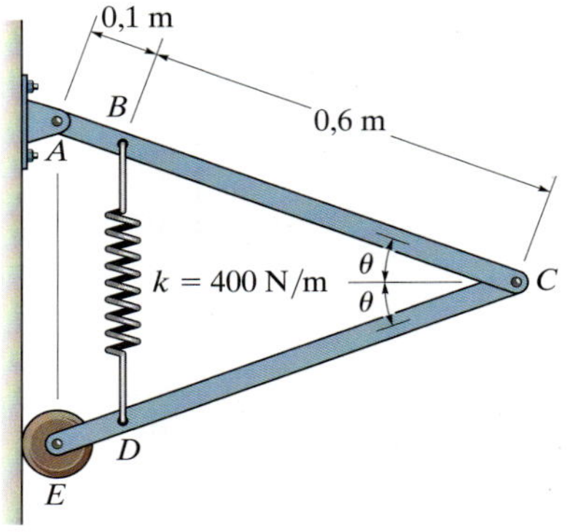

Vraagstuk 6.123

***6.124.** Bepaal de horizontale en verticale componenten van de reactiekrachten die de pennen A en B uitoefenen op het tweestavenvakwerk. Neem $F = 0$.

6.125. Bepaal de horizontale en verticale componenten van de reactiekrachten die de pennen A en B uitoefenen op het tweestavenvakwerk. Neem $F = 500$ N.

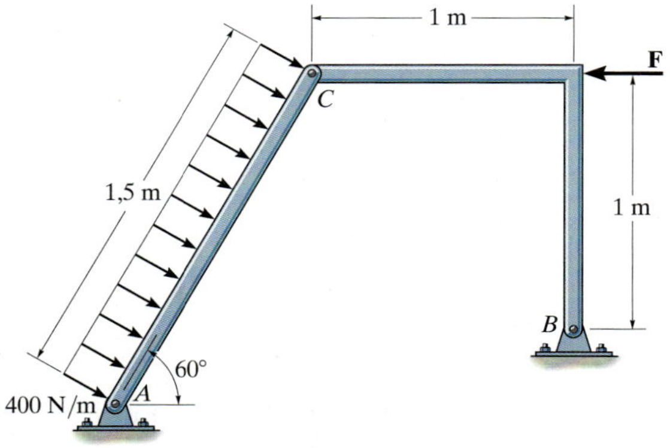

Vraagstukken 6.124/125

6.126. Bepaal de kracht in elke staaf van het vakwerk en geef aan of de staaf in trek of in druk wordt belast.

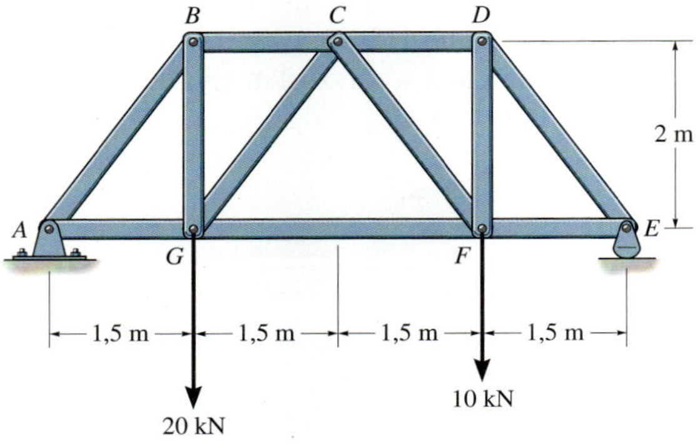

Vraagstuk 6.126

Wanneer uitwendige belastingen op deze balken en kolommen worden aangebracht, moeten de inwendige krachten ervan worden bepaald om de constructie goed te kunnen dimensioneren. In dit hoofdstuk zullen we zien hoe deze inwendige krachten kunnen worden bepaald.

HOOFDSTUK

7

Interne krachten

Ga naar www.pearsonmylab.nl voor studiemateriaal en toetsen om je begrip en kennis van dit hoofdstuk uit te breiden en te oefenen. Ook vind je daar video-uitwerkingen bij verschillende opgaven uit dit hoofdstuk.

Doelstellingen van dit hoofdstuk

- Laten zien hoe de snedemethode kan worden gebruikt om interne belastingen in een element te bepalen.
- Deze procedure veralgemenen door vergelijkingen te formuleren die grafisch kunnen worden weergegeven, zodat ze de interne dwarskracht en het interne moment op elke plaats in een element beschrijven.
- De krachten analyseren en de geometrie bestuderen van kabels die belast worden.

7.1 Interne krachten die optreden in constructie-elementen

Bij het ontwerpen van een constructie-element of een mechanisch element is het nodig om te weten welke belasting er binnen het element werkt om er zeker van te zijn dat het materiaal deze belasting kan weerstaan. Interne belastingen kunnen worden bepaald met behulp van de *snedemethode*. Beschouw ter illustratie van deze methode de ingeklemde ligger in fig. 7.1*a*. Als de interne belastingen op de dwarsdoorsnede van punt *B* moeten worden bepaald, moeten we een denkbeeldige snede *a-a* loodrecht op de as van de ligger door punt *B* laten gaan en zo de ligger in twee segmenten verdelen. Zo worden de interne belastingen in *B* vrij gemaakt en worden dit *externe* belastingen in het vrijlichaamsschema van elk segment, fig. 7.1*b*.

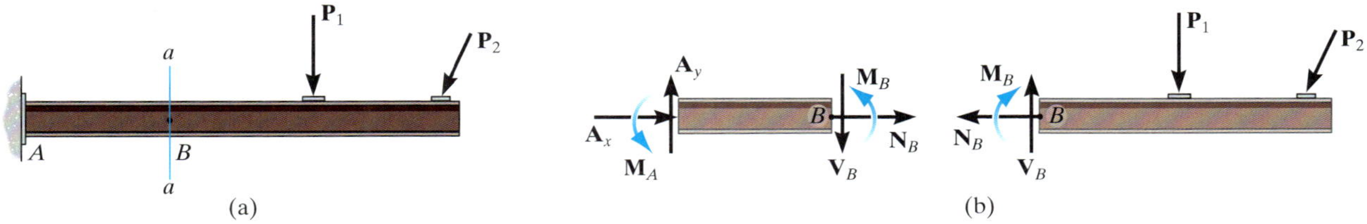

Fig. 7.1

In beide gevallen is het verbindingsstuk op de dieplepel een tweekrachtenelement. Op de bovenste foto is hij in het midden onderhevig aan zowel buigbelasting als axiale belasting. Door het verbindingsstuk recht te maken, zoals op de onderste foto, werkt er alleen een axiale kracht in dit element.

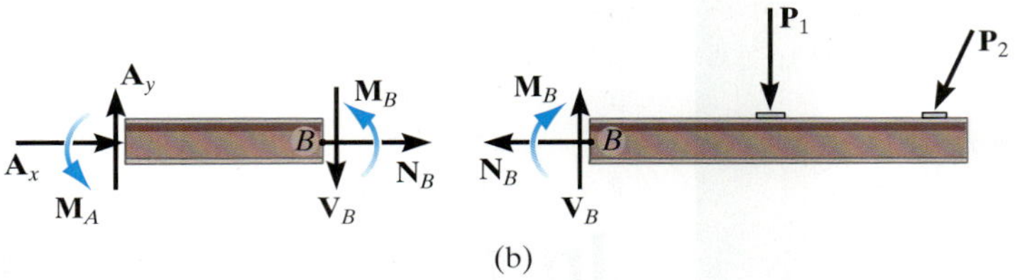

Fig. 7.1

De krachtcomponent $\mathbf{N}_B$ die *loodrecht* op de dwarsdoorsnede werkt, wordt de *normaalkracht* genoemd. De krachtcomponent $\mathbf{V}_B$ die evenwijdig aan de snede werkt wordt de *dwarskracht* genoemd, en het koppelmoment $\mathbf{M}_B$ wordt het *buigmoment* genoemd. De krachtcomponenten verhinderen de onderlinge translatie tussen de twee segmenten, en het koppelmoment verhindert de onderlinge rotatie. Op grond van de derde wet van Newton moeten deze belastingen op elk segment in tegengestelde zin werken, zoals weergegeven in fig. 7.1*b*. Ze kunnen worden bepaald door op ieder segment van het vrijlichaamsschema de evenwichtsvergelijkingen toe te passen. In dit geval echter is het rechtersegment de beste keuze, omdat hier de onbekende steunpuntreacties in A geen rol spelen. Een rechtstreekse oplossing voor $\mathbf{N}_B$ wordt verkregen door toepassen van $\Sigma F_x = 0$, $\mathbf{V}_B$ wordt verkregen uit $\Sigma F_y = 0$, en $\mathbf{M}_B$ kan worden verkregen door toepassen van $\Sigma M_B = 0$, omdat de momenten van $\mathbf{N}_B$ en $\mathbf{V}_B$ rond B gelijk zijn aan nul.

In twee dimensies hebben we aangetoond dat er drie interne belastingsresultanten zijn, zie fig. 7.2*a*; in drie dimensies zijn er zes belastingsresultanten die op de snede werken, zie fig. 7.2*b*. Hierin is $\mathbf{N}_y$ de *normaalkracht* en zijn $\mathbf{V}_x$ en $\mathbf{V}_z$ *componenten van de dwarskracht*; $\mathbf{M}_y$ is een *torsiemoment* en $\mathbf{M}_x$ en $\mathbf{M}_z$ zijn de *componenten van het buigmoment*. Bij de meeste toepassingen zullen deze *resulterende belastingen* aangrijpen op het meetkundig middelpunt of het zwaartepunt (C) van het snedevlak. Hoewel de grootte voor iedere belasting in het algemeen verschillend is voor ieder punt langs de as van het element, kan de snedemethode altijd worden gebruikt om hun waarde te bepalen.

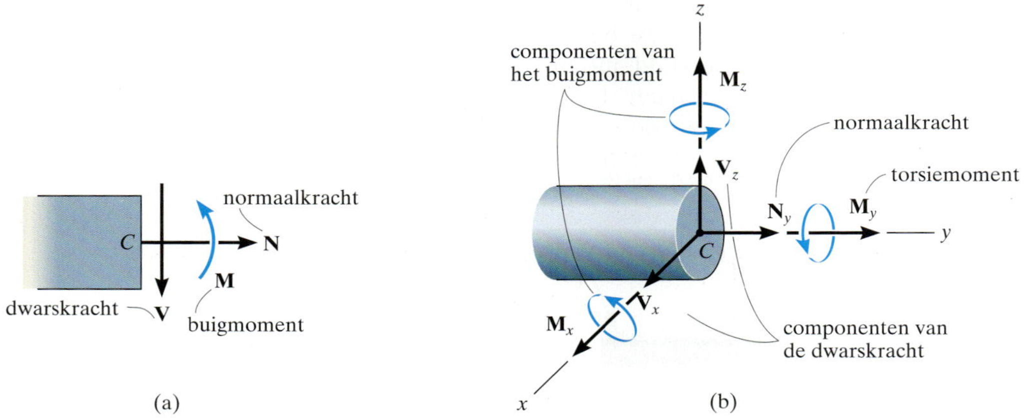

Fig. 7.2

Tekenconventie Technici gebruiken in het algemeen een tekenconventie (ook wel tekenafspraak genoemd) om de drie interne belastingen **N**, **V** en **M** aan te geven. Hoewel deze tekenconventie willekeurig kan worden afgesproken, wordt hier de meest algemeen geaccepteerde conventie gebruikt, zie fig. 7.3. De normaalkracht wordt positief genoemd als hierdoor een *trekkracht* ontstaat, een liggersegment dat onderhevig is aan een positieve dwarskracht zal met de klok mee gaan roteren, en een positief buigmoment is geneigd het segment waarop het werkt, concaaf omhoog te laten buigen. Belastingen die hieraan tegengesteld zijn, worden als negatief beschouwd.

Als het element onderhevig is aan een driedimensionale externe belasting, dan worden de interne belastingen gewoonlijk ook als positief of negatief uitgedrukt, in overeenstemming met een reeds ingesteld x-y-z-coördinatenstelsel, zoals te zien is in fig. 7.2.

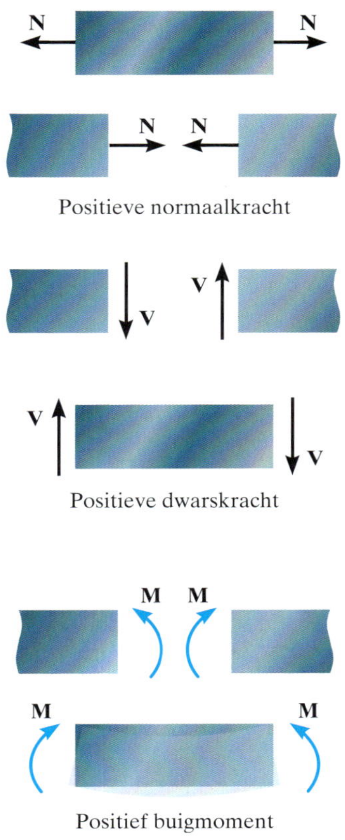

Fig. 7.3

Analyseprocedure

De snedemethode kan worden toegepast om de interne belastingen in de dwarsdoorsnede van een element te bepalen met behulp van de volgende procedure.

Steunpuntreacties

- Voordat de staaf wordt gesegmenteerd, kan het eerst nodig zijn om de steunpuntsreacties te bepalen. Zodra die bekend zijn en de staaf gesegmenteerd is, kunnen de inwendige belastingen worden bepaald met behulp van de evenwichtsvergelijkingen.

Vrijlichaamsschema

- Het is belangrijk om alle verdeelde belastingen, koppelmomenten en krachten op de staaf *exact op hun plaats te houden* en pas *dan* een denkbeeldige snede in de staaf aan te brengen, loodrecht op de lengteas van de staaf op het punt waar de inwendige belastingen moeten worden bepaald.
- Teken nadat de snede is aangebracht een vrijlichaamsschema van het segment waarop het kleinste aantal belastingen werkt en teken de componenten van de inwendige resultante en het resulterende inwendige koppelmoment in de positieve richting, in overeenstemming met de vastgestelde tekenafspraak.

Evenwichtsvergelijkingen

Over het algemeen moet de som van de momenten bepaald worden. Op deze wijze kunnen de normaalkrachten en de dwarskrachten in de doorsnede worden geëlimineerd, en kunnen we rechtstreeks een oplossing voor het buigmoment bepalen.

- Wanneer de uitkomst van de evenwichtsvergelijkingen een negatieve scalair oplevert, is de richting tegengesteld aan de richting die in het vrijlichaamsschema is aangenomen.

De ontwerper van deze werkplaatskraan was zich bewust van de noodzaak om de verbinding extra te verstevigen, teneinde ernstige interne buiging van de verbinding te voorkomen als een zware last aan de takel van de kraan wordt opgehangen.

Ga naar www.pearsonmylab.nl voor de animatie: *Vrijlichaamsschema van een ligger*.

Voorbeeld 7.1

Bepaal in fig. 7.4*a* de normaalkracht, de dwarskracht en het buigmoment net links van de kracht van 6 kN op de ligger, in punt *B*, en net rechts ervan, in punt *C*.

OPLOSSING

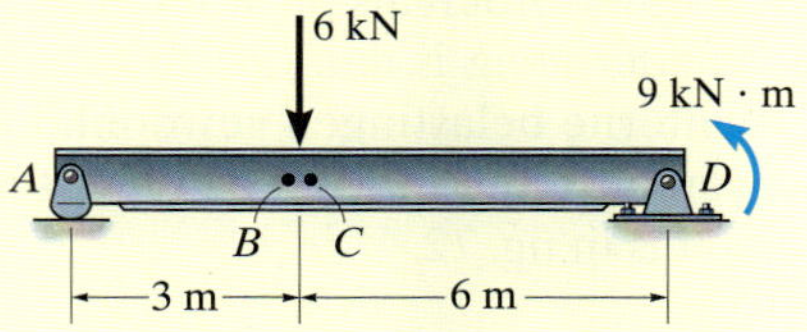

(a)

Steunpuntreacties Het vrijlichaamsschema van de ligger is weergegeven in fig. 7.4*b*. Bedenk bij het bepalen van de *externe reactiekrachten* dat het koppelmoment van 9 kN · m een vrije vector is, die dus *overal* in het vrijlichaamsschema van de gehele ligger geplaatst kan worden. Hier bepalen we uitsluitend $\mathbf{A}_y$, omdat bij de analyse de linkersegmenten gebruikt worden.

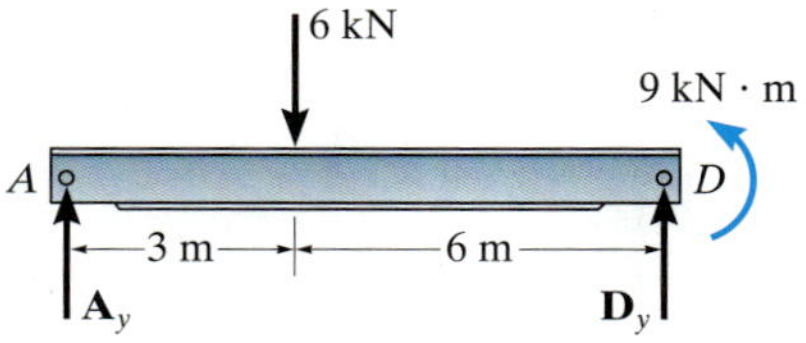

(b)

$$\circlearrowleft +\Sigma M_D = 0;\quad 9\text{ kN}\cdot\text{m} + (6\text{ kN})(6\text{ m}) - A_y(9\text{ m}) = 0$$

$$A_y = 5\text{ kN}$$

Vrijlichaamsschema's De vrijlichaamsschema's van de linkersegmenten *AB* en *AC* van de ligger zijn weergegeven in fig. 7.4*c* en fig. 7.4*d*. In dit geval is het koppelmoment van 9kN · m *niet opgenomen* in deze diagrammen, omdat het op zijn *oorspronkelijke plaats* moet blijven *totdat* de doorsnede is gemaakt en het juiste segment geïsoleerd is.

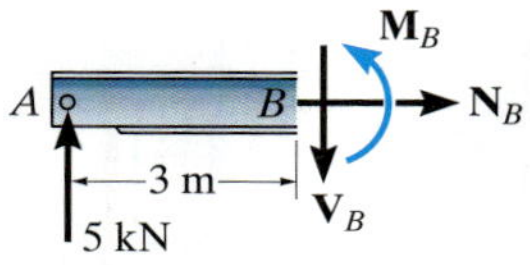

(c)

Evenwichtsvergelijkingen

Deel AB

$$\overset{+}{\rightarrow} \Sigma F_x = 0;\qquad N_B = 0 \qquad \textit{Antw.}$$

$$+\uparrow \Sigma F_y = 0;\qquad 5\text{ kN} - V_B = 0 \qquad V_B = 5\text{ kN} \qquad \textit{Antw.}$$

$$\circlearrowleft +\Sigma M_B = 0;\quad -(5\text{ kN})(3\text{ m}) + M_B = 0 \qquad M_B = 15\text{ kN}\cdot\text{m} \qquad \textit{Antw.}$$

Deel AC

$$\overset{+}{\rightarrow} \Sigma F_x = 0;\qquad N_C = 0 \qquad \textit{Antw.}$$

$$+\uparrow \Sigma F_y = 0;\qquad 5\text{ kN} - 6\text{ kN} - V_C = 0 \qquad V_C = -1\text{ kN} \qquad \textit{Antw.}$$

$$\circlearrowleft +\Sigma M_C = 0;\quad -(5\text{ kN})(3\text{ m}) + M_C = 0 \qquad M_C = 15\text{ kN}\cdot\text{m} \qquad \textit{Antw.}$$

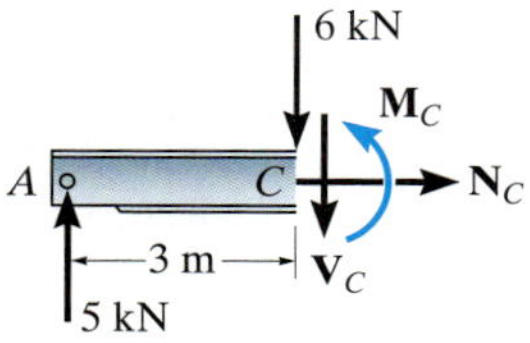

(d)

Fig. 7.4

OPMERKING: Het minteken geeft aan dat $\mathbf{V}_C$ in de tegengestelde zin werkt in vergelijking met de weergegeven zin in het vrijlichaamsschema. Verder is de momentarm voor de kracht van 5 kN in beide gevallen bij benadering 3 m, omdat *B* en *C* 'vrijwel' samenvallen.

Voorbeeld 7.2

Bepaal de normaalkracht, de dwarskracht en het buigmoment in C van de ligger in fig. 7.5*a*.

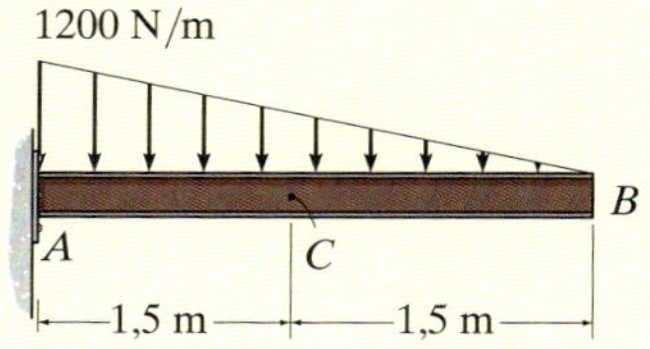

(a)

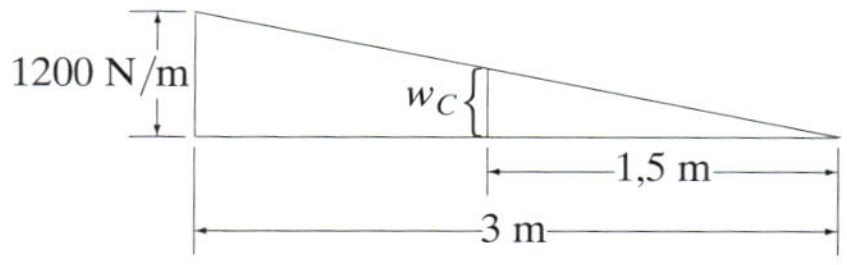

(b)

OPLOSSING

Vrijlichaamsschema's Het is niet nodig om de steunpuntreacties in A te bepalen, omdat segment BC van de ligger kan worden gebruikt om de interne belastingen in C te bepalen. De intensiteit van de verdeelde belasting in C wordt bepaald door gebruik te maken van de gelijkvormige driehoeken in fig. 7.5*b*, dat wil zeggen:

$$w_C = (1200\ \text{N/m})\left(\frac{1{,}5\ \text{m}}{3\ \text{m}}\right) = 600\ \text{N/m}$$

De verdeelde belasting op segment BC kan nu worden vervangen door zijn resultante, en de plaats ervan is aangegeven in het vrijlichaamsschema, zie fig. 7.5*c*.

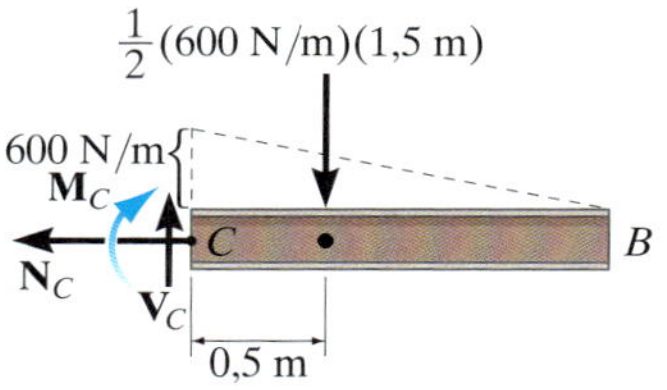

(c)

Fig. 7.5

Evenwichtsvergelijkingen

$\xrightarrow{+} \Sigma F_x = 0;\qquad N_C = 0$ *Antw.*

$+\uparrow \Sigma F_y = 0;\qquad V_C - \frac{1}{2}(600\ \text{N/m})(1{,}5\ \text{m}) = 0$

$V_C = 450\ \text{N}$ *Antw.*

$\circlearrowleft +\Sigma M_C = 0; -M_C - \frac{1}{2}(600\ \text{N/m})(1{,}5\ \text{m})(0{,}5\ \text{m}) = 0$

$M_C = -225\ \text{N}$ *Antw.*

Het minteken geeft aan dat $\mathbf{M}_C$ in de tegengestelde zin werkt aan de weergegeven zin in het vrijlichaamsschema.

Voorbeeld 7.3

De constructie in fig. 7.6*a* bestaat uit twee elementen. Bepaal de interne normaalkracht, de dwarskracht en het buigmoment in punt *B*.

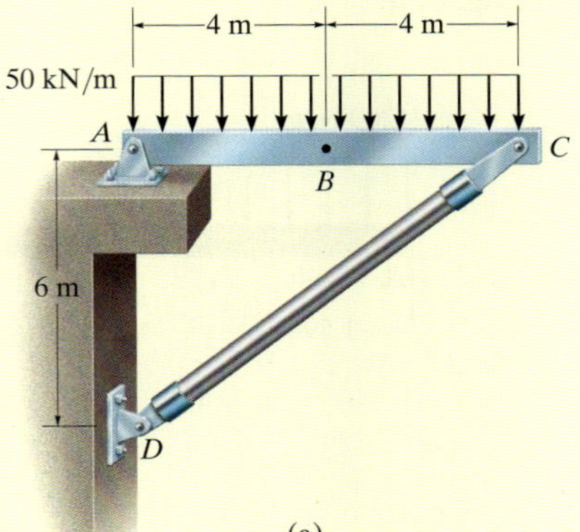

(a)

OPLOSSING

Steunpuntreacties Van elk element is een vrijlichaamsschema afgebeeld in fig. 7.6*b*. Aangezien *CD* een tweekrachtenlichaam is, hoeven de evenwichtsvergelijkingen alleen te worden toegepast op element *AC*.

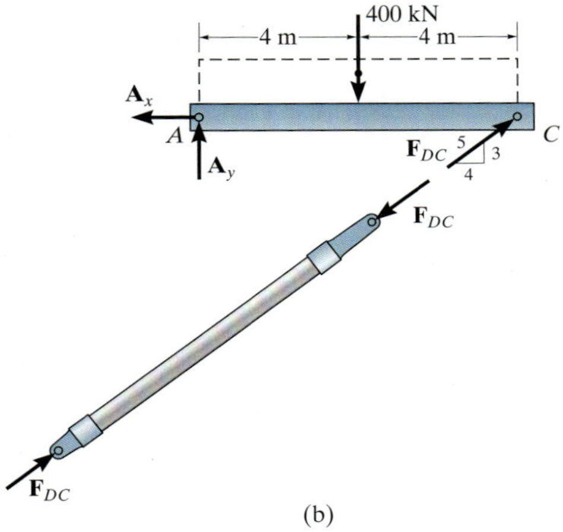

(b)

$$\circlearrowleft +\Sigma M_A = 0;\quad -400\text{ kN }(4\text{ m}) + \left(\tfrac{3}{5}\right) F_{DC}\,(8\text{ m}) = 0 \qquad F_{DC} = 333{,}3\text{ kN}$$

$$\overset{+}{\rightarrow} \Sigma F_x = 0;\qquad -A_x + \left(\tfrac{4}{5}\right)(333{,}3\text{ kN}) = 0 \qquad A_x = 266{,}7\text{ kN}$$

$$+\uparrow \Sigma F_y = 0;\quad A_y - 400\text{ kN} + \left(\tfrac{3}{5}\right)(333{,}3\text{ kN}) = 0 \qquad A_y = 200\text{ kN}$$

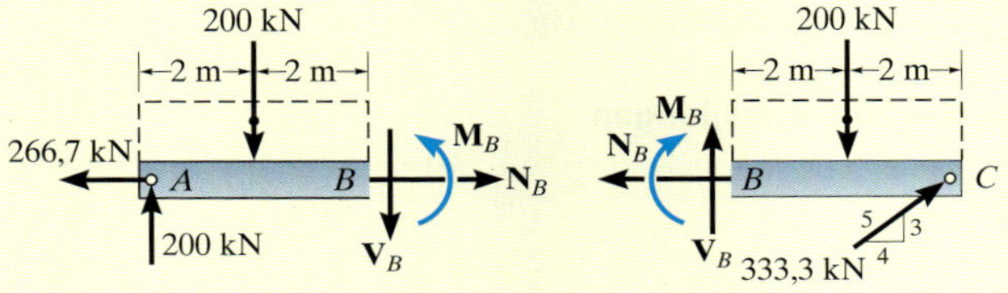

(c)

Fig. 7.6

Vrijlichaamsschema's Een doorsnede door punt *B*, loodrecht op element *AC* levert de vrijlichaamsschema's op van de delen *AB* en *BC*, zoals afgebeeld in fig. 7.6*c*. Wanneer we deze schema's maken, is het belangrijk om de verdeelde belasting gelijk te houden *totdat de doorsnede is gemaakt*. Pas dan kan deze vervangen worden door één enkele resulterende kracht.

Evenwichtsvergelijkingen Wanneer we de evenwichtsvergelijkingen toepassen op deel *AB*, krijgen we:

$$\overset{+}{\rightarrow} \Sigma F_x = 0;\qquad N_B - 266{,}7\text{ kN} = 0 \qquad N_B = 267\text{ kN} \qquad \textit{Antw.}$$

$$+\uparrow \Sigma F_y = 0;\quad 200\text{ kN} - 200\text{ kN} - V_B = 0 \qquad V_B = 0 \qquad \textit{Antw.}$$

$\circlearrowleft +\Sigma M_B = 0;\quad M_B - 200\text{ kN}(4\text{ m}) + 200\text{ kN}(2\text{ m}) = 0$

$M_B = 400\text{ kN}\cdot\text{m}$ *Antw.*

OPMERKING: Probeer als oefening dezelfde uitkomst te verkrijgen door uit te gaan van deel *BC*.

Voorbeeld 7.4

Bepaal de normaalkracht, de dwarskracht en het buigmoment in punt *E* van de constructie, die wordt belast zoals afgebeeld in fig. 7.7*a*.

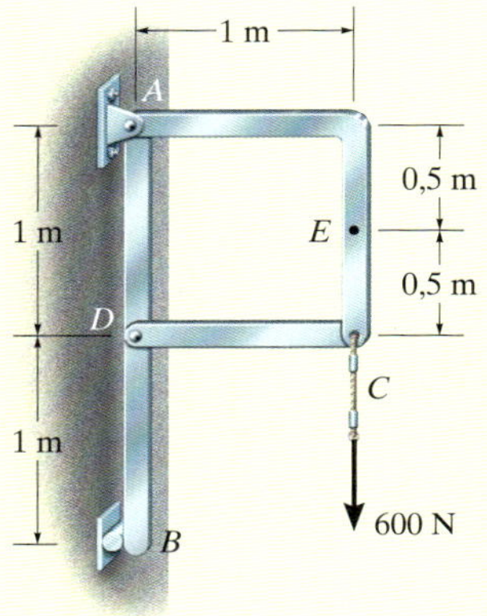

(a)

OPLOSSING

Steunpuntreacties Nadere bestudering leert dat *AC* en *CD* tweekrachtenelementen zijn, zie fig. 7.7*b*. Om de interne belastingen in *E* te bepalen, moeten we eerst de kracht **R** aan het uiteinde van element *AC* bepalen. Hiervoor moeten we het evenwicht in scharnier *C* analyseren.

Wanneer we de krachten optellen die verticaal op de pen worden uitgeoefend, zie fig. 7.7*b*, krijgen we:

$+\uparrow \Sigma F_y = 0;\qquad R\sin 45^\circ - 600\text{ N} = 0 \qquad R = 848{,}5\text{ N}$

Vrijlichaamsschema Het vrijlichaamsschema van deel *CE* is afgebeeld in fig. 7.7*c*.

Evenwichtsvergelijkingen

$\overset{+}{\rightarrow} \Sigma F_x = 0;\qquad 848{,}5\cos 45^\circ\text{ N} - V_E = 0 \quad V_E = 600\text{ N}$ *Antw.*

$+\uparrow \Sigma F_y = 0;\qquad -848{,}5\sin 45^\circ\text{ N} + N_E = 0 \quad N_E = 600\text{ N}$ *Antw.*

$\circlearrowleft +\Sigma M_E = 0;\ 848{,}5\cos 45^\circ\text{ N}(0{,}5\text{ m}) - M_E = 0 \quad M_E = 300\text{ N}\cdot\text{m}$ *Antw.*

OPMERKING: Deze resultaten wijzen op een slecht ontwerp. Element *AC* zou *recht* moeten zijn (van *A* naar *C*) zodat buiging in het element wordt *geëlimineerd*. Als element *AC* recht is, veroorzaakt de interne kracht uitsluitend een trekkracht in het element.

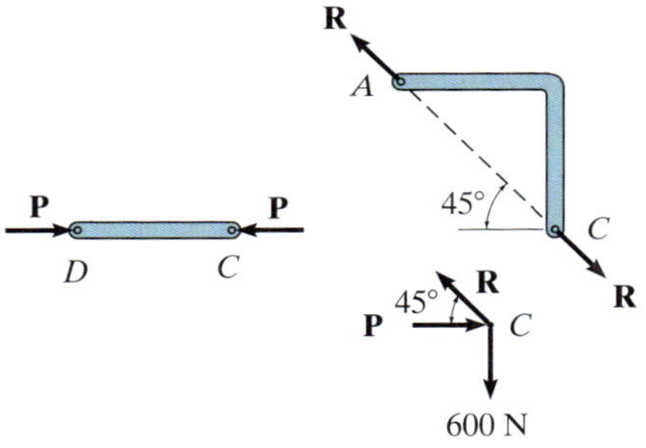

(b)

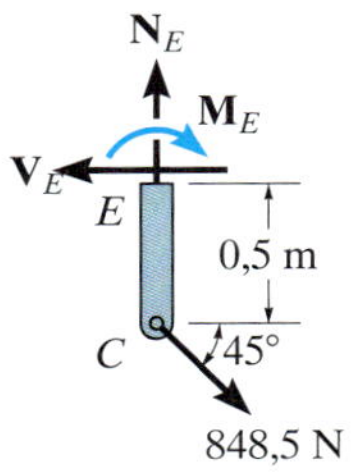

(c)

Fig. 7.7

(a)

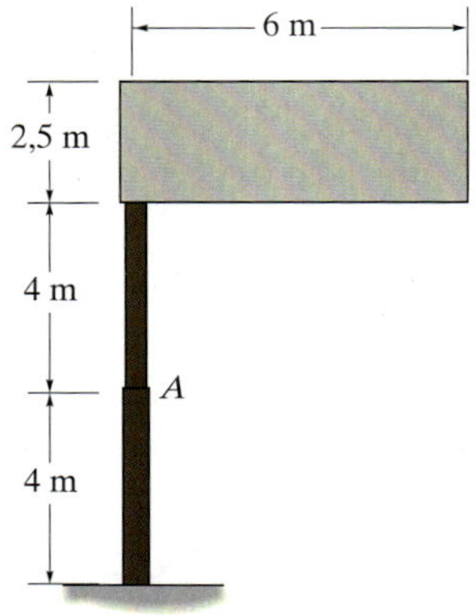

(b)

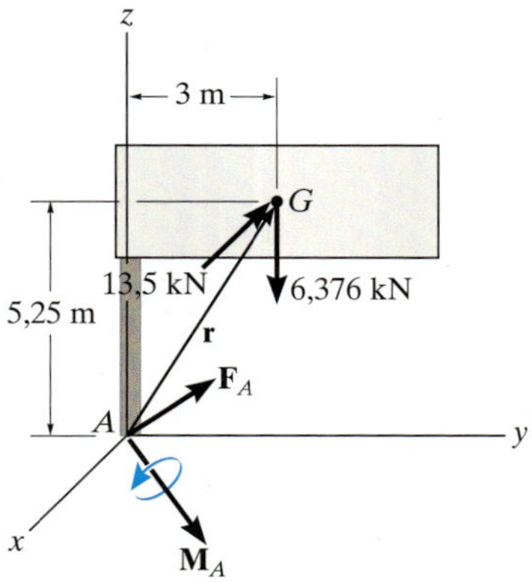

(c)

Fig. 7.8

Voorbeeld 7.5

Het uniforme bord dat in fig. 7.8*a* is afgebeeld, heeft een massa van 650 kg en wordt gedragen door de paal die in de bodem is ingeklemd. Ontwerpspecificaties geven aan dat de verwachte, maximale uniforme windbelasting 900 Pa is in het gebied waar het bord staat. Bepaal de interne belastingen in A.

OPLOSSING

Het geïdealiseerde model van het bord is afgebeeld in fig. 7.8*b*. Hierin zijn de benodigde afmetingen aangegeven. We kunnen het vrijlichaamsschema van een segment boven punt A in beschouwing nemen, aangezien de steunpuntreacties er niet bij betrokken zijn.

Vrijlichaamsschema Het bord heeft een gewicht van $W = 650(9{,}81) = 6{,}376$ kN, en de wind creëert een resulterende kracht van $F_W = 900\ \text{N/m}^2(6\text{m})(2{,}5\text{m}) = 13{,}5$ kN, die loodrecht op de voorkant van het bord werkt. Deze belastingen zijn weergegeven in het vrijlichaamsschema in fig. 7.8*c*.

Evenwichtsvergelijkingen Aangezien het vraagstuk driedimensionaal is, zal een vectoranalyse worden gebruikt.

$$\Sigma \mathbf{F} = \mathbf{0}; \qquad \mathbf{F}_A - 13{,}5\mathbf{i} - 6{,}376\mathbf{k} = \mathbf{0}$$

$$\mathbf{F}_A = \{13{,}5\mathbf{i} + 6{,}38\mathbf{k}\}\ \text{kN} \qquad \textit{Antw.}$$

$$\Sigma \mathbf{M}_A = \mathbf{0}; \qquad \mathbf{M}_A + \mathbf{r} \times (\mathbf{F}_w + \mathbf{W}) = \mathbf{0}$$

$$\mathbf{M}_A + \begin{vmatrix} \mathbf{i} & \mathbf{j} & \mathbf{k} \\ 0 & 3 & 5{,}25 \\ -13{,}5 & 0 & -6{,}376 \end{vmatrix} = \mathbf{0}$$

$$\mathbf{M}_A = \{19{,}1\mathbf{i} + 70{,}9\mathbf{j} - 40{,}5\mathbf{k}\}\ \text{kN}\cdot\text{m} \qquad \textit{Antw.}$$

OPMERKING: Hierin is $\mathbf{F}_{A_z} = \{6{,}38\mathbf{k}\}$ kN de normaalkracht en is $\mathbf{F}_{A_x} = \{13{,}5\mathbf{i}\}$ kN de dwarskracht. Het torsiemoment is $\mathbf{M}_{A_z} = \{-40{,}5\mathbf{k}\}$ kN · m en het buigmoment wordt bepaald uit zijn componenten $\mathbf{M}_{A_x} = \{19{,}1\mathbf{i}\}$ kN·m en $\mathbf{M}_{A_y} = \{70{,}9\mathbf{j}\}$ kN · m; d.w.z. $(M_b)_A = \sqrt{(M_A)_x^2 + (M_A)_y^2} = 73{,}4$ kN · m.

Fundamentele vraagstukken

F7.1. Bepaal de normaalkracht, de dwarskracht en het buigmoment in punt *C*.

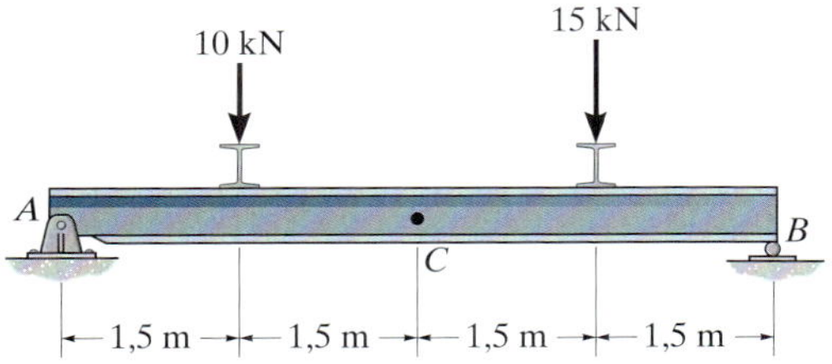

F7.1

F7.2. Bepaal de normaalkracht, de dwarskracht en het buigmoment in punt *C*.

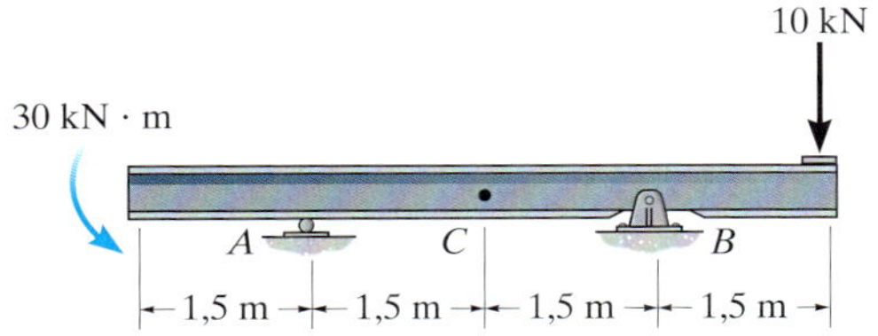

F7.2

F7.3. Bepaal de normaalkracht, de dwarskracht en het buigmoment in punt *C*.

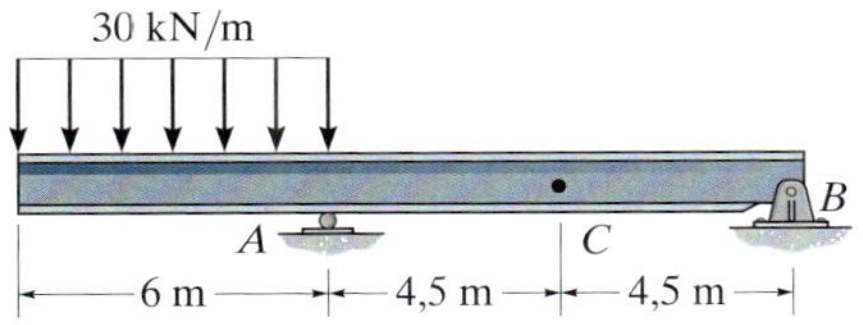

F7.3

F7.4. Bepaal de normaalkracht, de dwarskracht en het buigmoment in punt *C*.

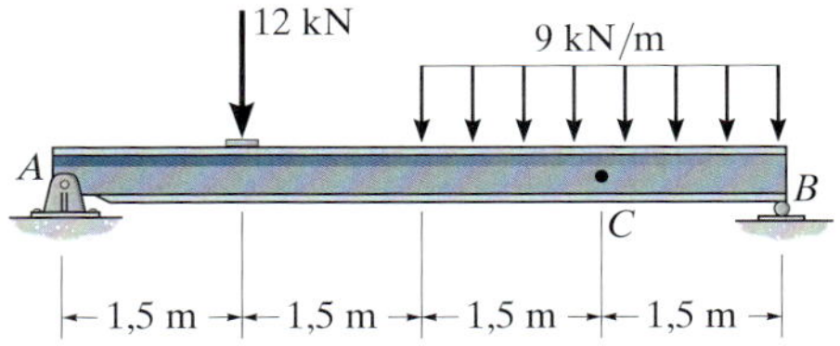

F7.4

F7.5. Bepaal de normaalkracht, de dwarskracht en het buigmoment in punt *C*.

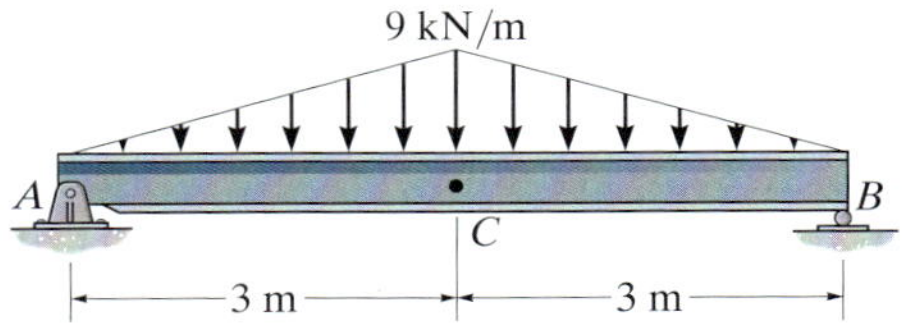

F7.5

F7.6. Bepaal de normaalkracht, de dwarskracht en het buigmoment in punt *C*. Neem aan dat *A* een penverbinding is en *B* een roloplegging.

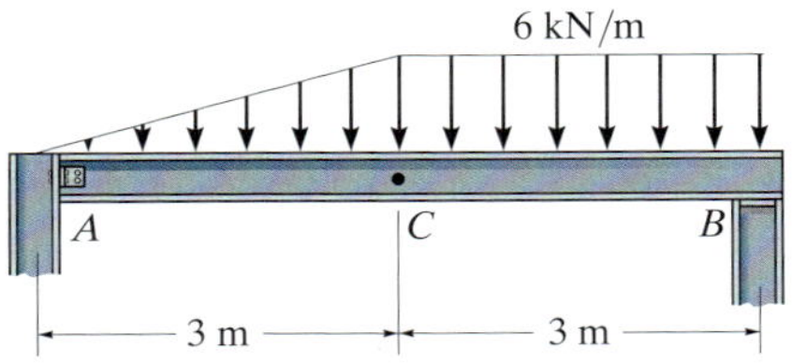

F7.6

Vraagstukken

7.1. De krachten werken op de as op de manier zoals is weergegeven in de figuur. Bepaal de inwendige normaalkracht ter plaatse van *A*, *B* en *C*.

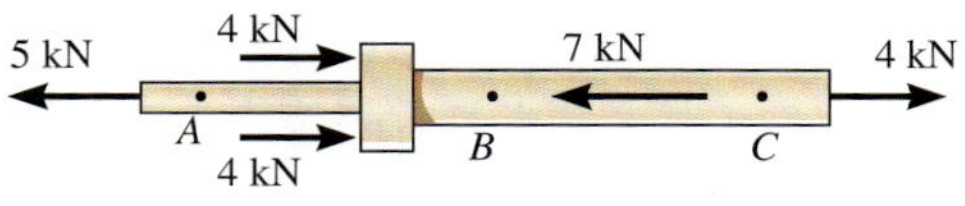

Vraagstuk 7.1

7.2. Op de as werken drie wringmomenten. Bepaal het inwendig wringmoment ter plaatse van *A*, *B*, *C* en *D*.

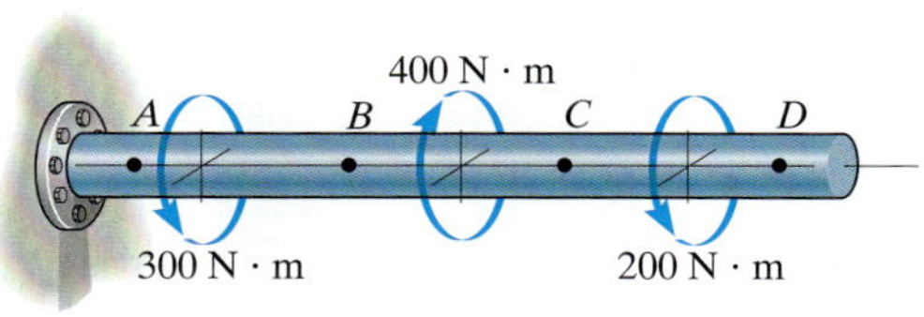

Vraagstuk 7.2

7.3. Het juk wordt gebruikt om materialen te verplaatsen. De hangende last heeft een gewicht van 2 kN en het zwaartepunt bevindt zich in *G*. Bepaal de afstand *d* van de hijsogen, zodanig dat er geen moment ontstaat in het deel *AB* van de balk. De hijskabels maken een hoek van 45° met het juk, op de manier zoals is weergegeven in de figuur.

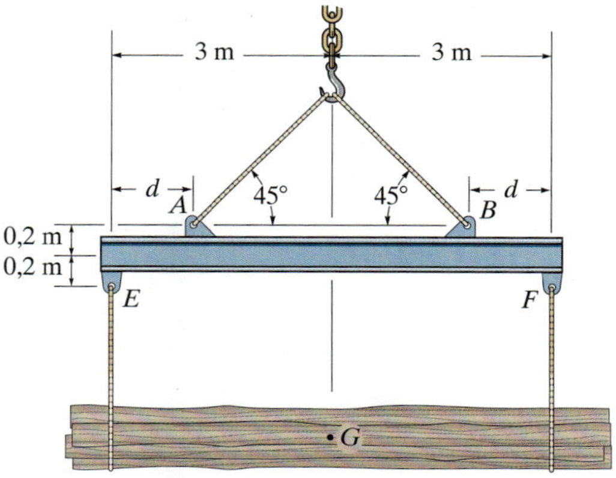

Vraagstuk 7.3

***7.4.** Bepaal de normaalkracht, de dwarskracht en het moment in een snede door een punt *D* van de draagconstructie die bestaat uit twee staven.

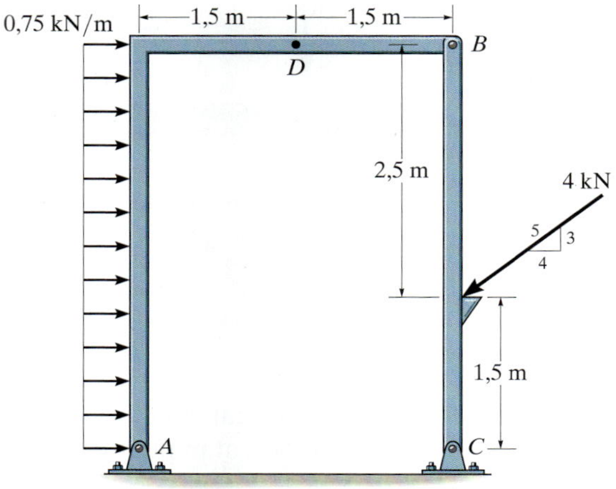

Vraagstuk 7.4

7.5. Bepaal de inwendige normaalkracht, de dwarskracht en het buigmoment in de punten *A* en *B* in de kolom.

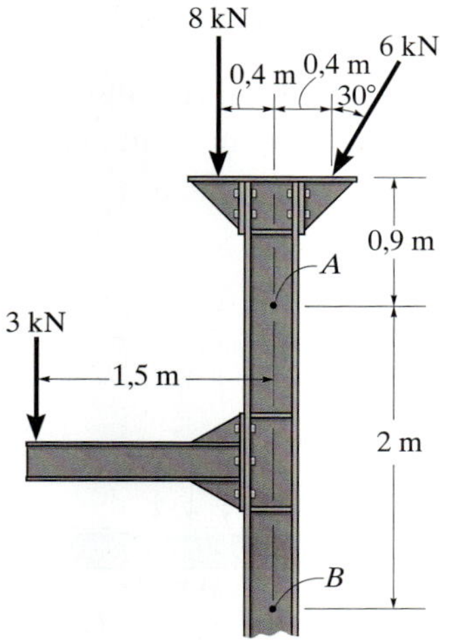

Vraagstuk 7.5

7.6. Bepaal de afstand a als deel van de balklengte E om de rolondersteuning te plaatsen, zodanig dat het buigmoment in de balk in B nul is.

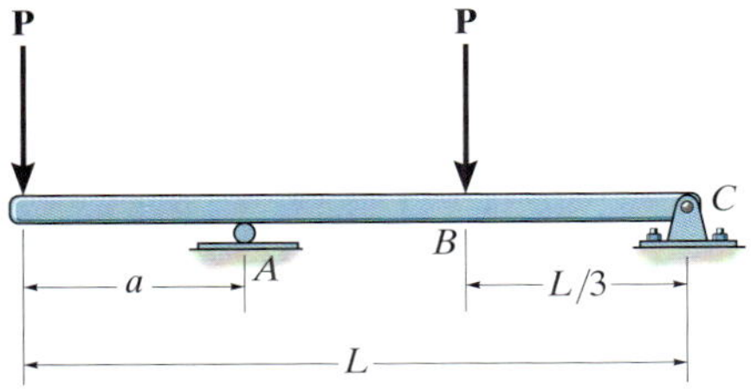

Vraagstuk 7.6

7.7. Bepaal de inwendige normaalkracht, de dwarskracht en het moment in de punten E en D van de samengestelde balk.

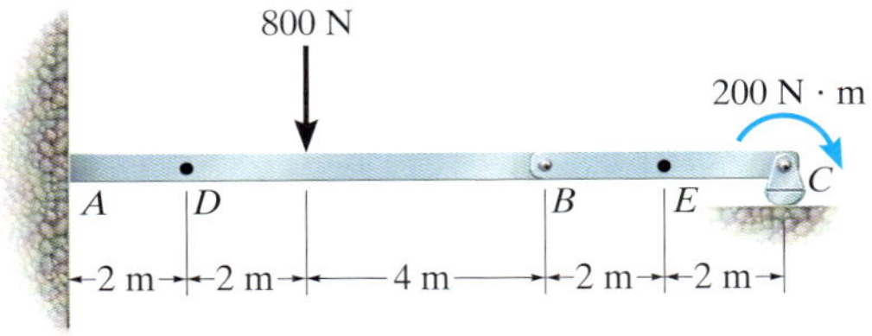

Vraagstuk 7.7

***7.8.** Bepaal de interne normaalkracht, de dwarskracht en het buigmoment in het punt C.

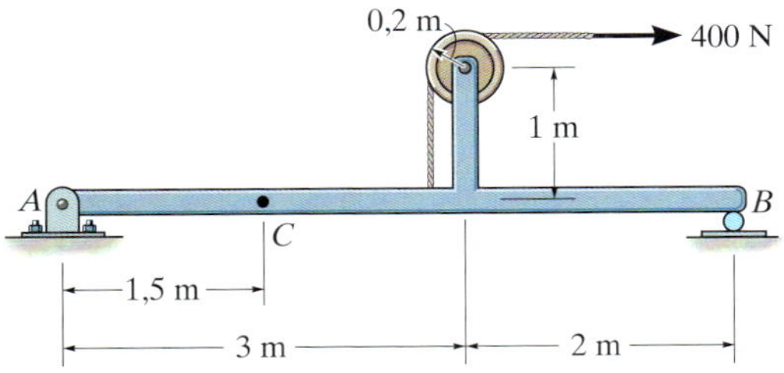

Vraagstuk 7.8

7.9. Bepaal de normaalkracht, de dwarskracht en het buigmoment in een snede door het punt C. Veronderstel dat $P = 8$ kN.

7.10. De kabel zal breken bij een trekkracht van 2 kN. Bepaal de grootste verticale belasting **P** waarmee de draagconstructie kan worden belast en bereken de inwendige normaalkracht, de dwarskracht en het moment in een snede door punt C gedurende deze belasting.

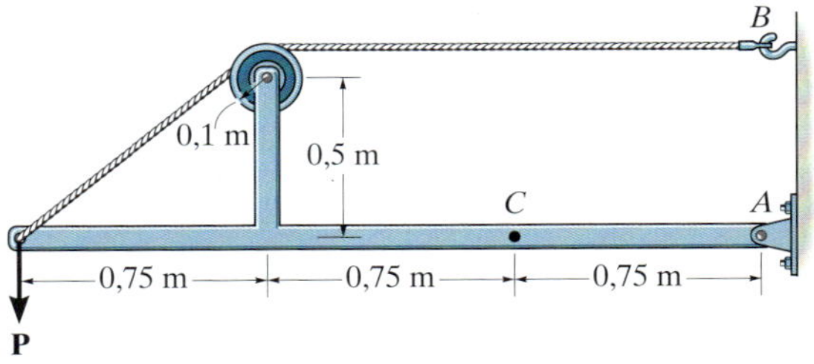

Vraagstukken 7.9/10

7.11. Bepaal de interne normaalkracht, de dwarskracht en de buigmomenten in de punten D en E van de samengestelde ligger. Punt E bevindt zich net links van de puntbelasting van 10 kN. Neem aan dat de steun in A vast is en de verbinding in B een penverbinding is.

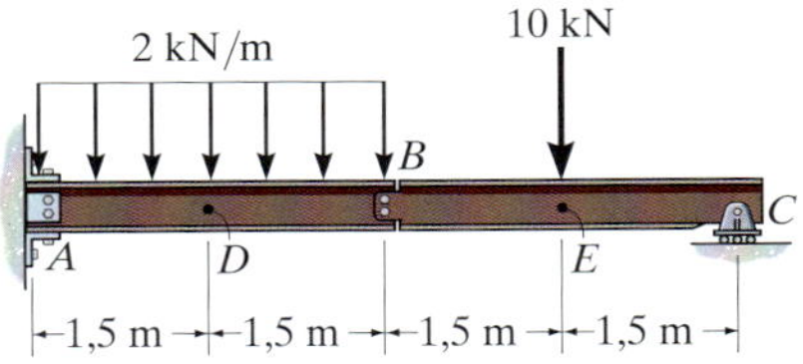

Vraagstuk 7.11

***7.12.** Bepaal de inwendige normaalkracht, de dwarskracht en het moment in de punten C en D.

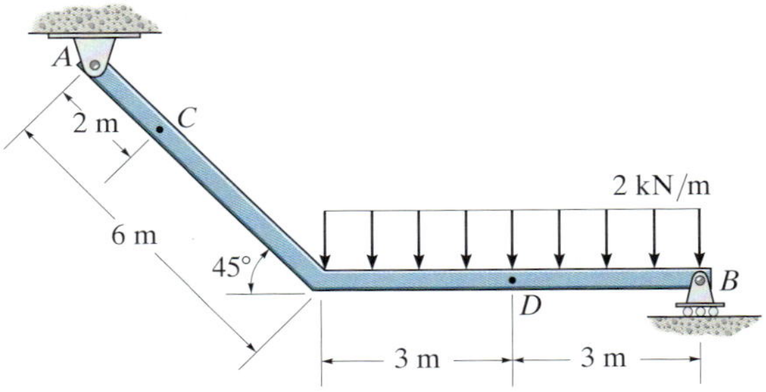

Vraagstuk 7.12

7.13. Bepaal de interne normaalkracht, de dwarskracht en het buigmoment in punt C van de enkelvoudig ondersteunde ligger.

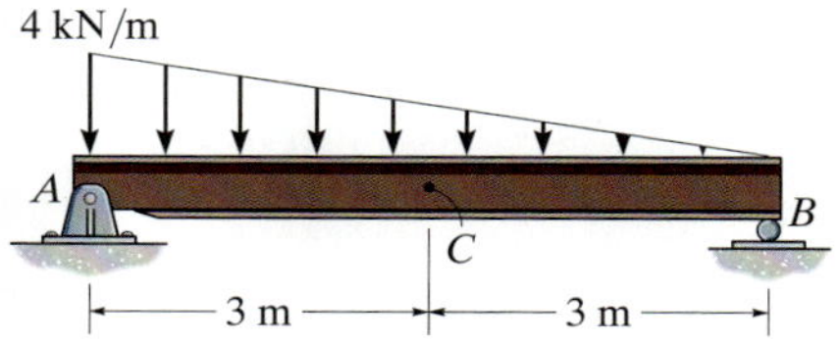

Vraagstuk 7.13

7.14. Bepaal de normaalkracht, de dwarskracht en het buigmoment in een snede door het punt D. Veronderstel dat $w = 150$ N/m.

7.15. De balk AB zal bezwijken als het maximale inwendig buigmoment in D 800 N • m wordt, of wanneer de normaalkracht in staaf BC 1500 N wordt. Bepaal de grootste verdeelde belasting w waarmee de balk kan worden belast.

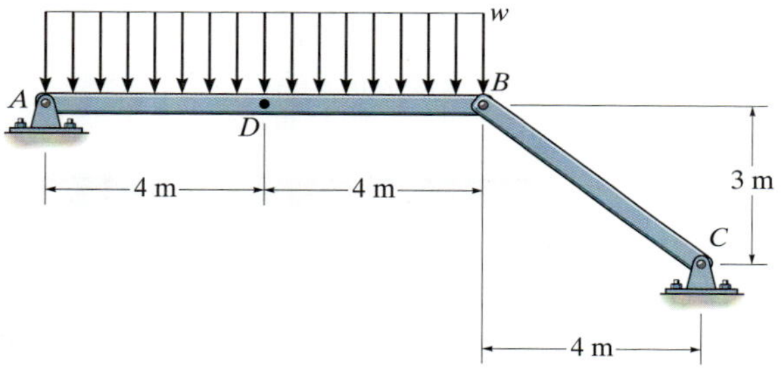

Vraagstukken 7.14/15

***7.16.** Bepaal de inwendige normaalkracht, de dwarskracht en het buigmoment in het punt D in de balk.

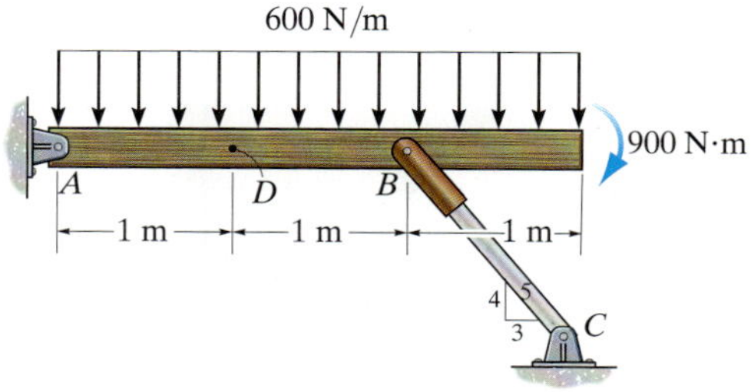

Vraagstuk 7.16

7.17. Bepaal de normaalkracht, de dwarskracht en het buigmoment in een snede door het punt E van de draagconstructie die bestaat uit twee staven.

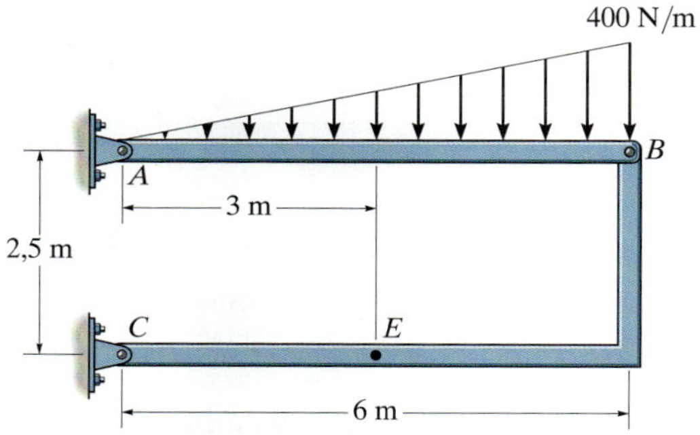

Vraagstuk 7.17

7.18. Bepaal de interne normaalkracht, de dwarskracht en het buigmoment in het punt C van de ingeklemde ligger.

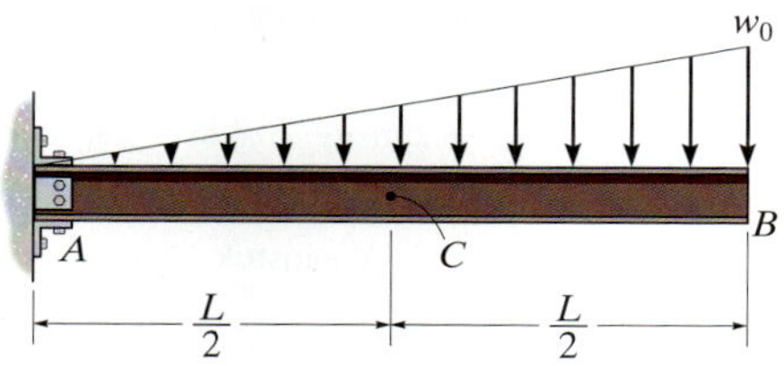

Vraagstuk 7.18

7.19. Bepaal de interne normaalkracht, de dwarskracht en de buigmomenten in de punten E en F van de ligger.

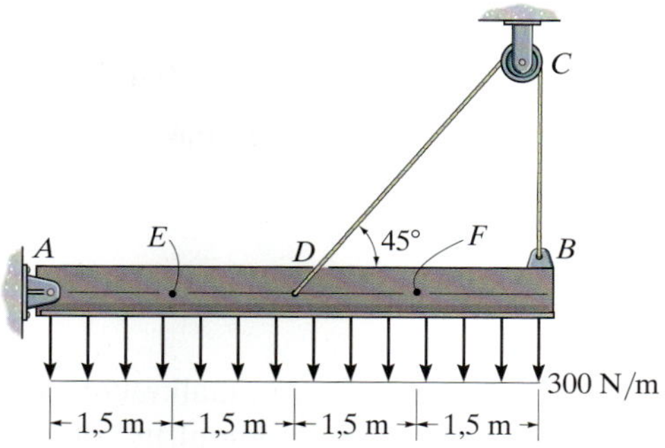

Vraagstuk 7.19

***7.20.** Bepaal de interne normaalkracht, de dwarskracht en het buigmoment in de punten C en D van de enkelvoudig ondersteunde ligger. Punt D bevindt zich net links van de kracht van 5 kN.

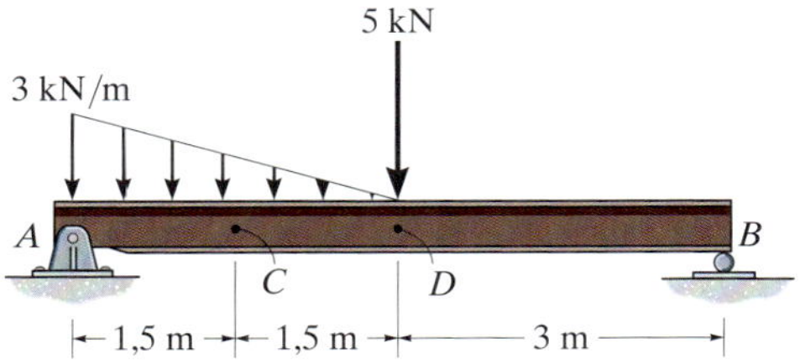

Vraagstuk 7.20

7.21. Bepaal de interne normaalkracht, de dwarskracht en de buigmomenten in de punten D en E van de uitgekraagde ligger. Punt D bevindt zich net links van de roloplegging in B, waar het koppelmoment werkt.

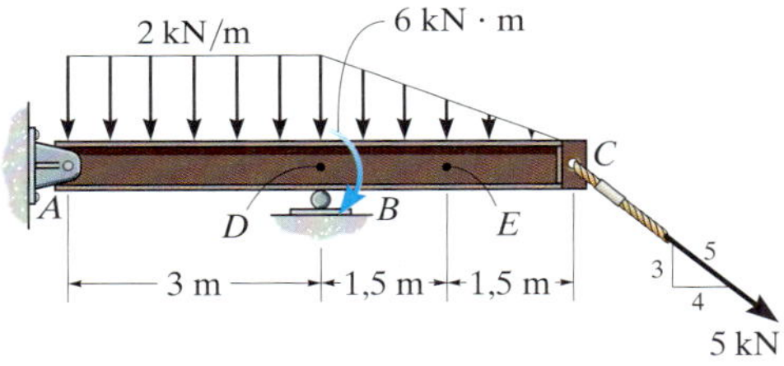

Vraagstuk 7.21

7.22. Bepaal de inwendige normaalkracht, de dwarskracht en het buigmoment in de punten E en F in de samengestelde balk. Punt F bevindt zich net links van de kracht van 15 kN en het koppelmoment van 25 kN • m.

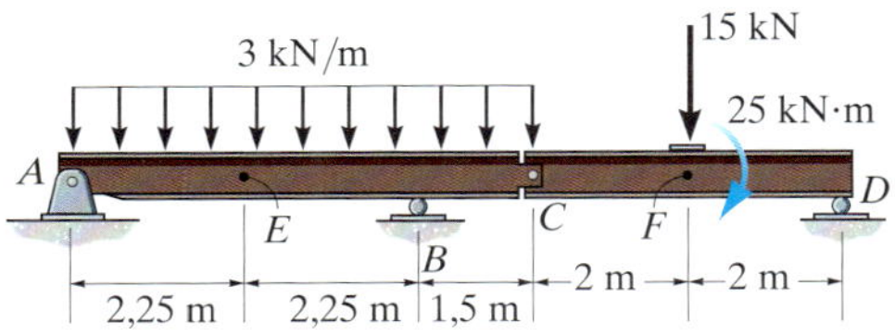

Vraagstuk 7.22

7.23. Bepaal de inwendige normaalkracht, de dwarskracht en het buigmoment in de punten D en E in de draagconstructie. Punt D bevindt zich net boven de kracht van 400 N.

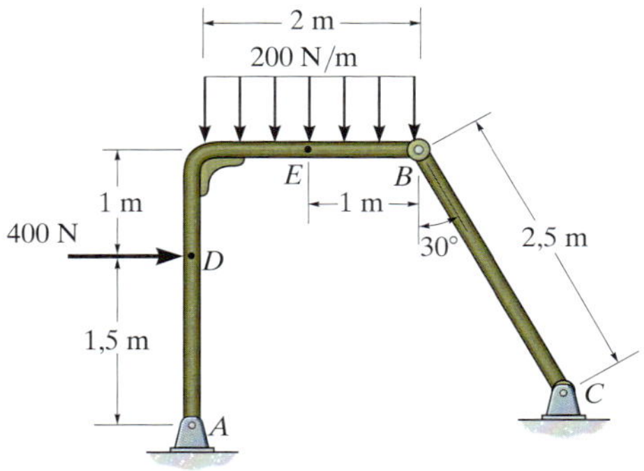

Vraagstuk 7.23

***7.24.** Bepaal de inwendige normaalkracht, de dwarskracht en het buigmoment in het punt C.

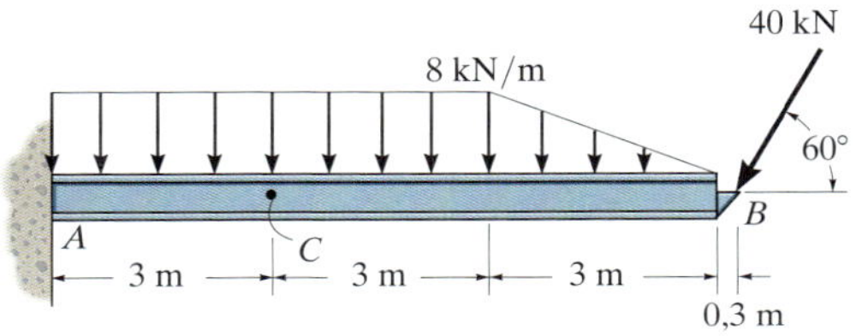

Vraagstuk 7.24

7.25. Bepaal de interne normaalkracht, de dwarskracht en het buigmoment in het punt C van de dubbel uitgekraagde ligger.

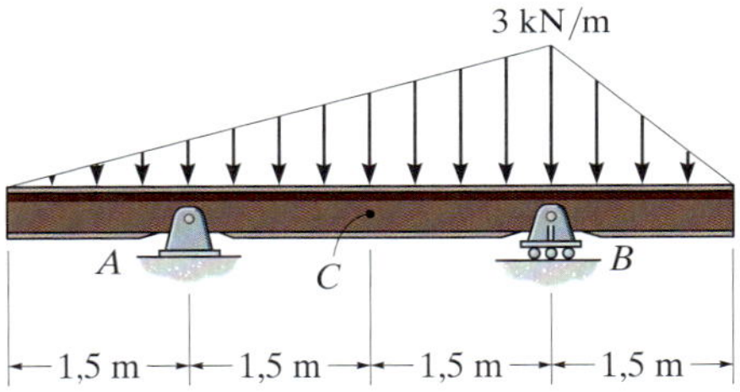

Vraagstuk 7.25

7.26. Bepaal de verhouding a/b waarvoor de dwarskracht nul is in het middelpunt C van de dubbel uitgekraagde ligger.

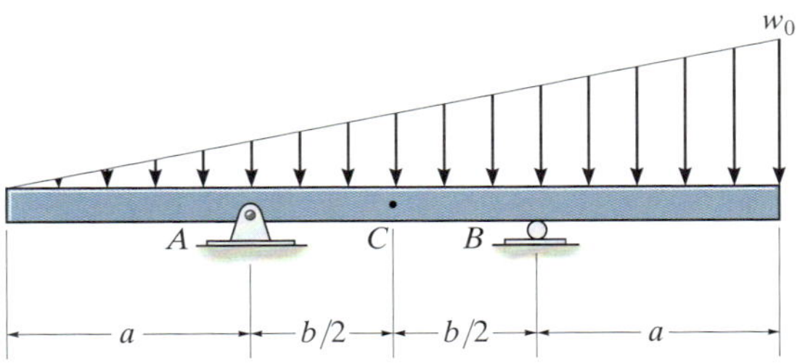

Vraagstuk 7.26

7.27. Bepaal de normaalkracht, de dwarskracht en het buigmoment in een snede door punt D van de tweedelige constructie.

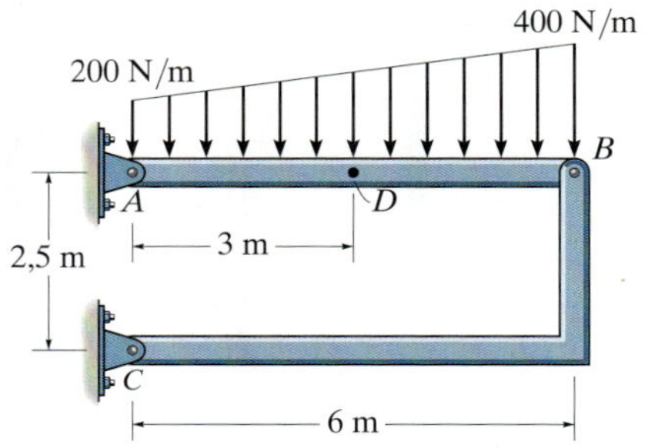

Vraagstuk 7.27

***7.28.** Bepaal de interne normaalkracht, de dwarskracht en het buigmoment in punt C van de enkelvoudig ondersteunde ligger. Punt C bevindt zich net rechts van het koppelmoment van 2,5 kN • m.

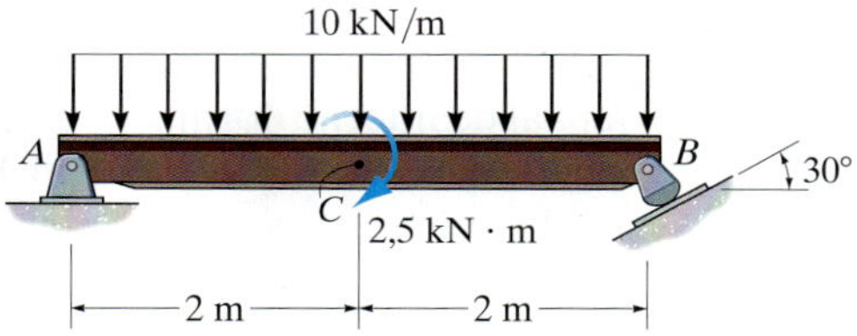

Vraagstuk 7.28

7.29. Bepaal de interne normaalkracht, de dwarskracht en het buigmoment in punt D van de tweedelige constructie.

7.30. Bepaal de interne normaalkracht, de dwarskracht en het buigmoment in punt E van de tweedelige constructie.

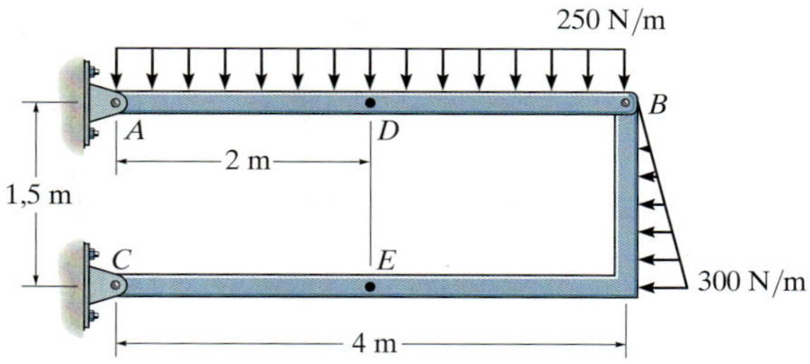

Vraagstukken 7.29/30

7.31. Aan de haak hangt een last van 4 kN. Bepaal de inwendige normaalkracht, de dwarskracht en het buigmoment in het punt A.

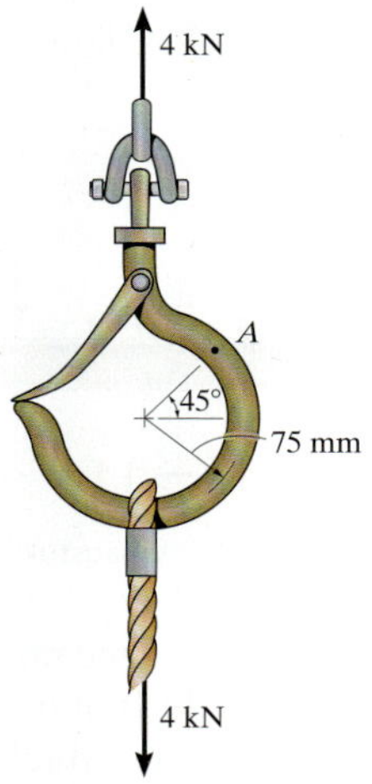

Vraagstuk 7.31

***7.32.** Bepaal de interne normaalkracht, de dwarskracht en het buigmoment in de punten C en D van de enkelvoudig ondersteunde ligger. Punt D bevindt zich net links van de puntkracht van 10 kN.

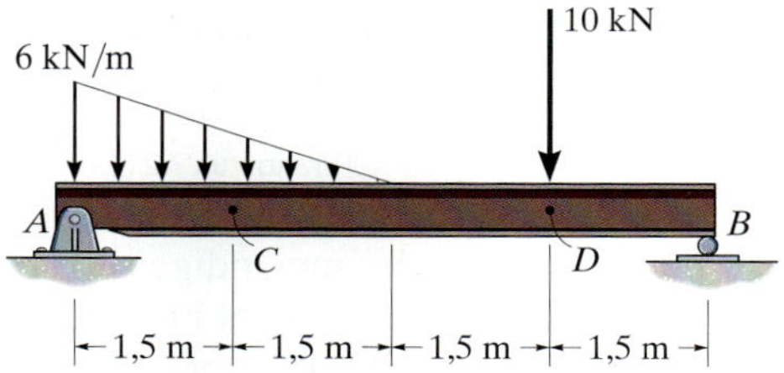

Vraagstuk 7.32

7.33. Bepaal de afstand a uitgedrukt in de lengte L van de ligger tussen de symmetrisch geplaatste steunen A en B, zodanig dat het interne buigmoment in het middelpunt van de ligger gelijk is aan nul.

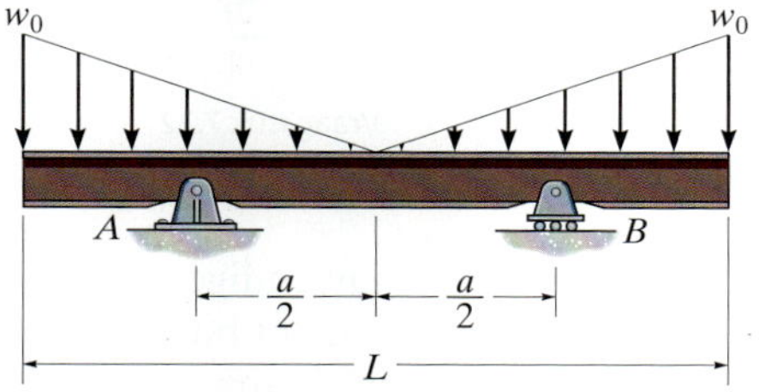

Vraagstuk 7.33

7.34. De balk heeft een gewicht W per lengte-eenheid. Bepaal de interne normaalkracht, de dwarskracht en het buigmoment in punt C als gevolg van het gewicht.

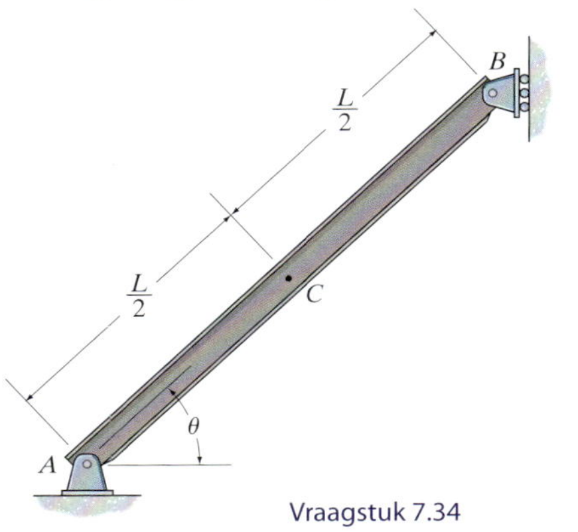

Vraagstuk 7.34

7.35. Bepaal de inwendige normaalkracht, de dwarskracht en het buigend moment in de punten E en F van de draagconstructie.

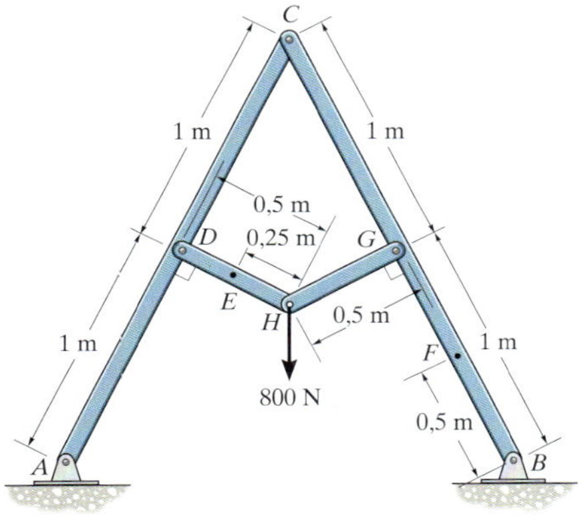

Vraagstuk 7.35

***7.36.** Bepaal de afstand a tussen de ondersteuningen in functie van de lengte L van de as, zodanig dat het buigmoment in het midden van de *symmetrische* as nul is. De grootte van de verdeelde belasting in het midden van de as is w_0. De ondersteuningen zijn rollagers.

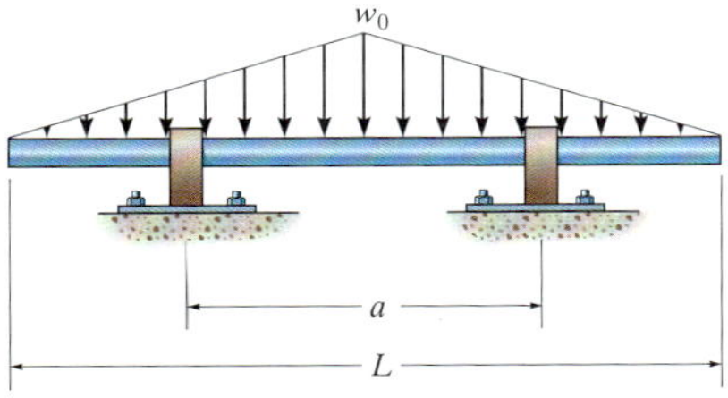

Vraagstuk 7.36

7.37. Bepaal de interne normaalkracht, de dwarskracht en het buigmoment aangrijpend in punt C. De koeleenheid heeft een totale massa van 225 kg met een massamiddelpunt in G.

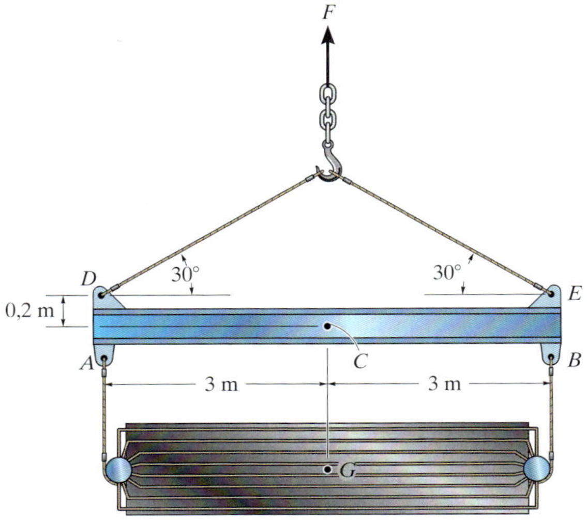

Vraagstuk 7.37

7.38. Bepaal de interne normaalkracht, de dwarskracht en de buigmomenten in de punten D en E van de draagconstructie die de 100 kg zware kist ondersteunt. Verwaarloos de afmeting van de gladde pen in C.

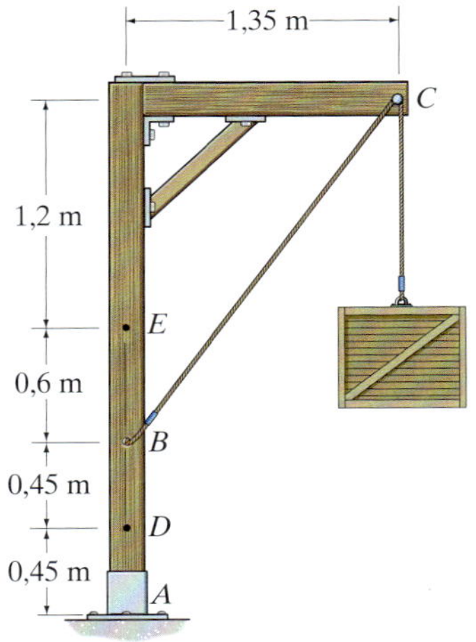

Vraagstuk 7.38

7.39. De halfcirkelvormige boog wordt langs zijn as belast met een gelijkmatig verdeelde belasting w_0 per eenheid van lengte. Bepaal de inwendige normaalkracht, de dwarskracht en het buigmoment in de boog, voor $\theta = 45°$.

***7.40.** De halfcirkelvormige boog wordt langs zijn as belast met een gelijkmatig verdeelde belasting w_0 per eenheid van lengte. Bepaal de inwendige normaalkracht, de dwarskracht en het moment in de boog, ter plaatse van $\theta = 120°$.

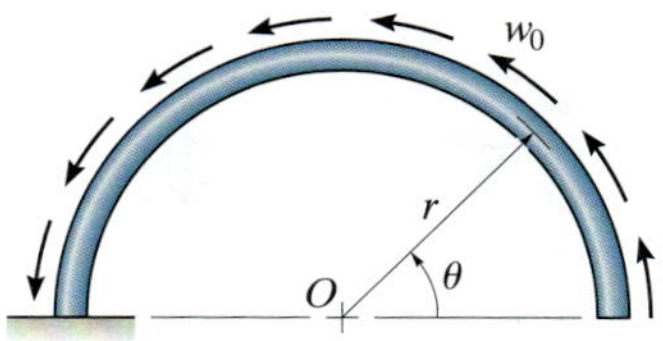

Vraagstukken 7.39/40

7.41. Bepaal de x-, y- en z-componenten van de interne belasting in een doorsnede door punt C van de pijpleiding. Verwaarloos het gewicht van de pijp. Neem $\mathbf{F}_1 = \{350\mathbf{j} - 400\mathbf{k}\}$ kN en $\mathbf{F}_2 = \{150\mathbf{i} - 300\mathbf{k}\}$ kN.

7.42. Bepaal de x-, y- en z-componenten van de interne belasting in een doorsnede door punt C van de pijpleiding. Verwaarloos het gewicht van de pijp. Neem $\mathbf{F}_1 = \{-80\mathbf{i} + 200\mathbf{j} - 300\mathbf{k}\}$ kN en $\mathbf{F}_2 = \{250\mathbf{i} - 150\mathbf{j} - 200\mathbf{k}\}$ kN.

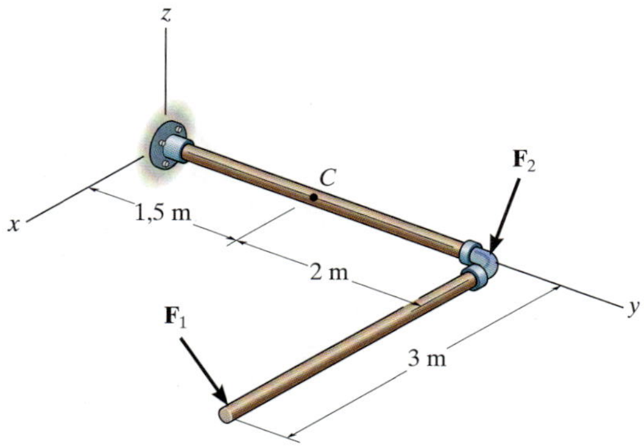

Vraagstuk 7.41/42

7.43. Bepaal de x-, y- en z-componenten van de interne belasting in de staaf in punt D. In A, B en C zijn rollagers. Neem $\mathbf{F} = \{7\mathbf{i} - 12\mathbf{j} - 5\mathbf{k}\}$ kN.

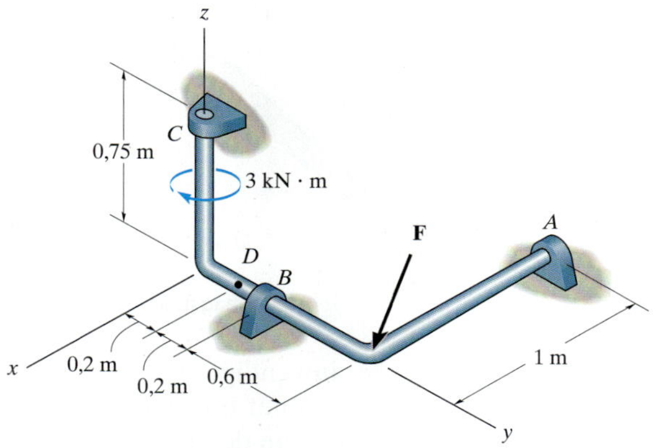

Vraagstuk 7.43

***7.44.** Bepaal de x-, y- en z-componenten van de interne belasting in de staaf in punt E. Neem $\mathbf{F} = \{7\mathbf{i} - 12\mathbf{j} - 5\mathbf{k}\}$ kN.

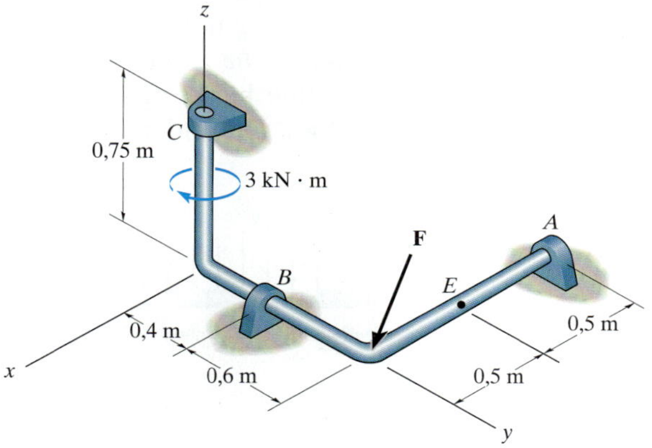

Vraagstuk 7.44

*7.2 Vergelijkingen en schema's van dwarskrachten en buigmomenten

Liggers zijn bouwelementen die ontworpen zijn om belastingen loodrecht op hun assen te dragen. Een ligger is vaak een lange, rechte balk met een constante dwarsdoorsnede. Liggers worden vaak geclassificeerd naar de manier waarop ze worden ondersteund. Een *eenvoudig ondersteunde ligger*, bijvoorbeeld, heeft aan één zijde een penverbinding en aan de andere zijde een roloplegging, zie fig. 7.9*a*. Een *ingeklemde* ligger is echter aan één zijde ingeklemd en aan de andere zijde vrijdragend. Het feitelijke ontwerp van een ligger vereist een gedetailleerde kennis van de *variatie* van de interne dwarskracht V en het buigmoment M dat op *elk punt* langs de as van de ligger optreedt.*

Deze *variaties* van V en M langs de as van de ligger kunnen worden verkregen met behulp van de snedemethode die in paragraaf 7.1 is behandeld. In dit geval echter, moet de ligger op een willekeurige afstand x vanaf één uiteinde doorgesneden worden en vervolgens moeten de evenwichtsvergelijkingen worden uitgedrukt voor het segment met lengte x. Op deze wijze vinden we V en M als functie van x.

De interne dwarskrachtfunctie en de buigmomentfunctie zullen over het algemeen discontinu zijn, of hun hellingen zullen discontinu zijn op punten waar een verdeelde belasting verandert of waar puntkrachten of koppelmomenten worden uitgeoefend. Daarom moeten deze functies steeds worden bepaald voor *elk segment* van de ligger tussen twee punten waar een discontinuïteit van de belasting optreedt. Bijvoorbeeld de secties die zich bevinden in x_1, x_2 en x_3 zullen moeten worden gebruikt om de variaties van V en M te beschrijven over de lengte van de ligger in fig. 7.9*a*. Deze functies zijn *uitsluitend* geldig binnen het gebied van O naar a voor x_1, van a naar b voor x_2 en van b naar L voor x_3. Als de grafieken van de resulterende functies van x worden getekend, worden ze respectievelijk de *dwarskrachtgrafiek*, fig. 7.9*b* en de *buigmomentgrafiek*, fig. 7.9*c* genoemd.

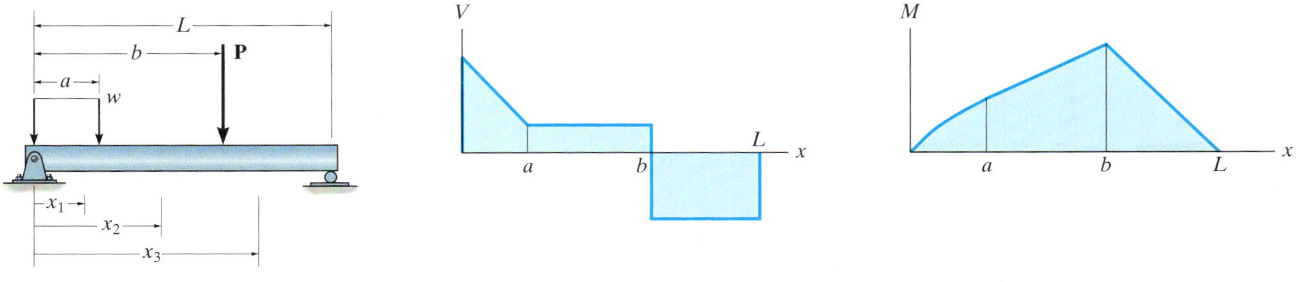

(a) (b) (c)

Fig. 7.9

* De interne normaalkracht wordt om twee redenen niet behandeld in de volgende bespreking. In de meeste gevallen werken de belastingen die op de ligger worden uitgeoefend, loodrecht op de ligger en veroorzaken dus uitsluitend een interne dwarskracht en buigmoment. Voor ontwerpdoeleinden is de weerstand van de ligger tegen dwarskrachten en vooral de weerstand tegen buiging belangrijker dan zijn weerstand tegen een normaalkracht.

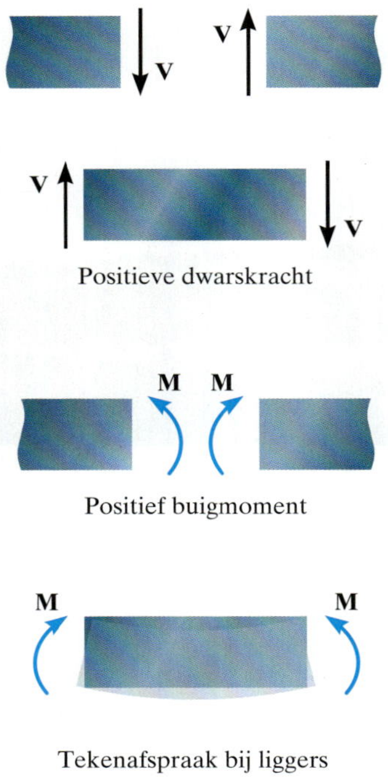

Fig. 7.10

Analyseprocedure

De dwarskracht- en buigmomentgrafieken voor een ligger kunnen worden geconstrueerd door de volgende procedure te volgen.

Steunpuntreacties

- Bepaal alle (reactie)krachten en koppelmomenten die op de ligger worden uitgeoefend en ontbind al deze krachten in componenten die loodrecht op, respectievelijk evenwijdig aan, de as van de ligger werken.

Dwarskracht- en buigmomentfuncties

- Specificeer afzonderlijke coördinaten x met als oorsprong *het linker uiteinde* van de ligger en die zich uitstrekken tot gebieden van de ligger *tussen* puntkrachten en/of koppelmomenten, of waar de verdeelde lading continu is.
- Snij de ligger door bij elke afstand x en teken het vrijlichaamsschema van één van de segmenten. Zorg ervoor dat de zin van **V** en **M** in het vrijlichaamsschema *positief* is, overeenkomstig de tekenafspraak die in fig. 7.10 is aangegeven.
- De dwarskracht V wordt bepaald door krachten loodrecht op de ligger te sommeren.
- Het buigmoment M wordt verkregen door de som van de momenten te bepalen om het doorgesneden uiteinde van het segment.

Dwarskracht- en buigmomentgrafieken

- Teken de dwarskrachtgrafiek (V als functie van x) en de buigmomentgrafiek (M als functie van x). Wanneer de waarden van de functies die V en M beschrijven *positief* zijn, worden de waarden boven de x-as getekend, terwijl *negatieve* waarden onder de x-as worden getekend.
- Het is vaak handig om de dwarskracht- en buigmomentgrafiek direct onder het vrijlichaamsschema van de ligger te tekenen.

Door het gewicht van de auto ondergaat deze uitgetrokken sleeparm over zijn volle lengte zowel buig- als dwarsbelastingen. Om de arm goed te kunnen ontwerpen, moet de verdeling van deze belastingen bekend zijn.

Voorbeeld 7.6

Teken de dwarskracht- en buigmomentgrafieken voor de as in fig. 7.11*a*. Het steunpunt in A is een druklager en het steunpunt in C een radiaallager.

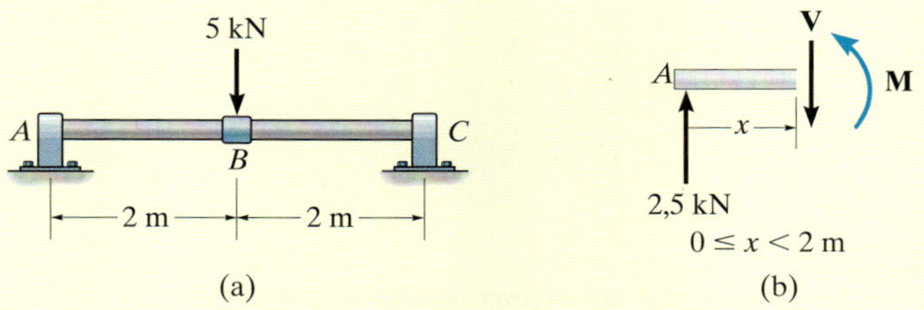

Fig. 7.11

OPLOSSING

Steunpuntreacties De steunpuntreacties zijn weergegeven in het vrijlichaamsschema van de as, zie fig. 7.11*d*.

Dwarskracht- en buigmomentfuncties De as wordt doorgesneden op een willekeurige afstand x van punt A, variërend in het gebied AB, en het vrijlichaamsschema van het linkersegment is afgebeeld in fig. 7.11*b*. Aangenomen wordt dat de zin van de onbekenden **V** en **M**, die op de rechterkant van het segment worden uitgeoefend, *positief* is volgens de vastgelegde tekenafspraak. Wanneer we de evenwichtsvergelijkingen toepassen, krijgen we:

$$+\uparrow \Sigma F_y = 0; \qquad V = 2{,}5\text{ kN} \qquad (1)$$

$$\circlearrowleft +\Sigma M = 0; \qquad M = 2{,}5x\text{ kN}\cdot\text{m} \qquad (2)$$

Nu wordt een doorsnede gemaakt door de as ergens in deel BC, op een afstand x vanaf punt A. Het vrijlichaamsschema hiervan is afgebeeld in fig. 7.11*c*. Zoals altijd worden **V** en **M** in de positieve zin afgebeeld. Dus:

$$+\uparrow \Sigma F_y = 0; \qquad 2{,}5\text{ kN} - 5\text{ kN} - V = 0$$

$$V = -2{,}5\text{ kN} \qquad (3)$$

$$\circlearrowleft +\Sigma M = 0; \qquad M + 5\text{ kN}(x - 2\text{ m}) - 2{,}5\text{ kN}(x) = 0$$

$$M = (10 - 2{,}5x)\text{ kN}\cdot\text{m} \qquad (4)$$

Wanneer de vergelijkingen 1 t/m 4 grafisch worden weergegeven binnen het gebied waarin ze geldig zijn, krijgen we de dwarskracht- en buigmomentgrafieken die afgebeeld zijn in fig. 7.11*d*. De dwarskrachtgrafiek geeft aan dat de interne dwarskracht altijd 2,5 kN (positief) is binnen het segment AB. Net even naast punt B, verandert de dwarskracht van teken en blijft op een constante waarde van –2,5 kN binnen het segment BC. De buigmomentgrafiek begint in nul, neemt tot punt B in $x = 2$ m lineair toe tot $M_{max} = 2{,}5$ kN (2 m) = 5 kN · m en daalt daarna weer tot nul.

OPMERKING: In fig. 7.11*d* zien we dat de grafiek van de dwarskracht- en buigmomentgrafiek discontinu zijn in de punten waar de puntkracht werkt, dat wil zeggen: in A, B en C. Zoals eerder is gezegd, moeten de dwarskracht- en momentfuncties daarom voor elk gebied tussen twee puntkrachten apart worden weergegeven. Bedenk echter dat alle discontinuïteiten in de belasting wiskundige aannames zijn, die voortvloeien uit *het geïdealiseerde beeld van een puntkracht en een koppelmoment*. In werkelijkheid worden belastingen altijd over een eindig gebied uitgeoefend, en als met deze feitelijke belastingsverdeling rekening zou worden gehouden, zouden de dwarskracht- en momentfunctie in feite continu verlopen over de hele lengte van de as.

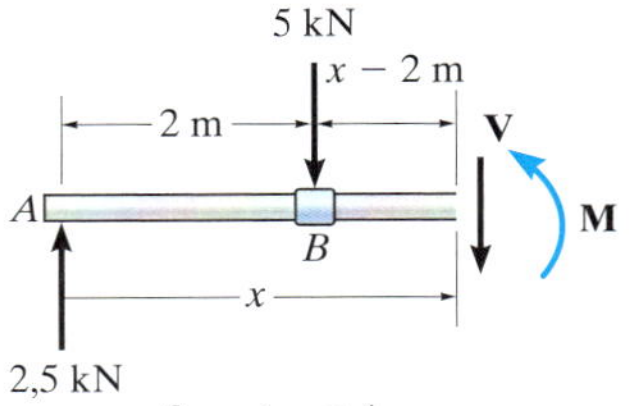

(c)

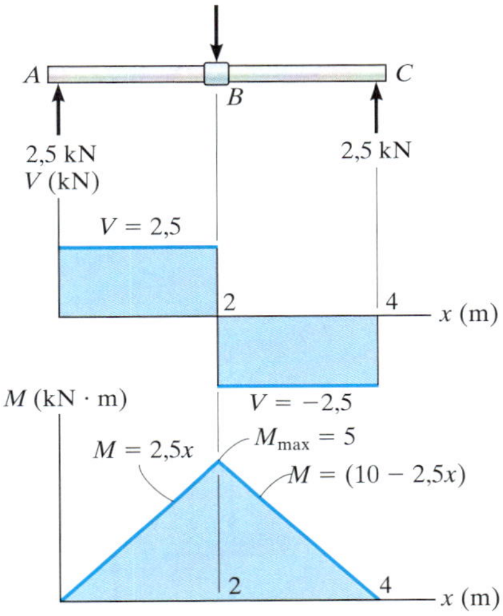

(d)

Fig. 7.11 (vervolg)

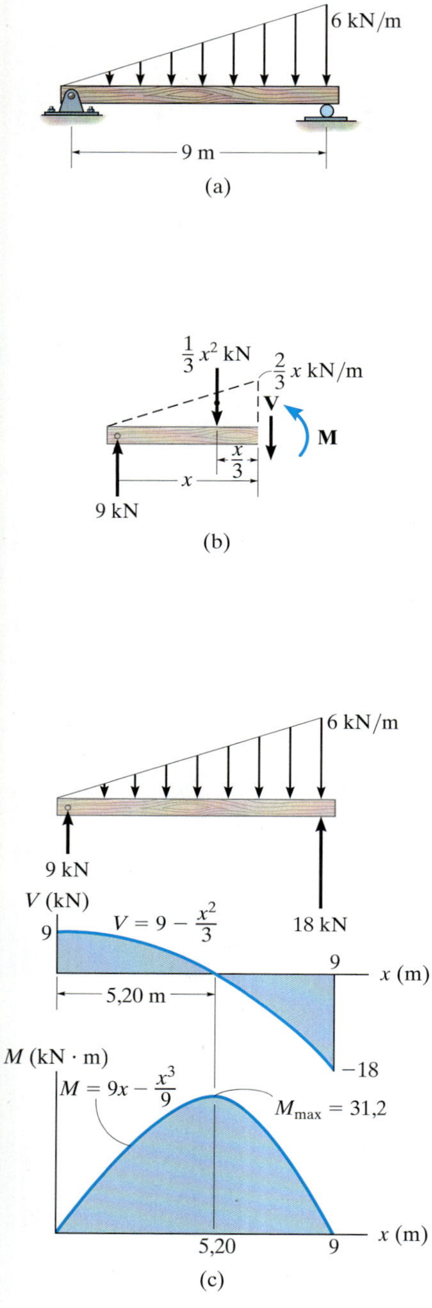

Fig. 7.12

Voorbeeld 7.7

Teken de dwarskracht- en buigmomentgrafieken voor de ligger in fig. 7.12*a*.

OPLOSSING

Steunpuntreacties De steunpuntreacties zijn weergegeven in het vrijlichaamsschema van de ligger in fig. 7.12*c*.

Dwarskracht- en buigmomentfuncties In fig. 7.12*b* is een vrijlichaamsschema afgebeeld van een linker segment van de ligger met een lengte x. Op grond van gelijkvormige driehoeken heeft de verdeelde belasting aan het uiteinde van dit segment een intensiteit van $w/x = 6/9$ ofwel $w = (2/3)\,x$. Ze wordt vervangen door een resulterende kracht *nadat* het segment als vrijlichaamsschema apart is genomen. De *grootte* van de resulterende kracht is gelijk aan $\frac{1}{2}\,(x)(2/3x) = 1/3x^2$. De werklijn van de resulterende kracht gaat door het zwaartepunt van het gebied van de verdeelde belasting, op een afstand $1/3\,x$ van het rechteruiteinde. Wanneer we de twee evenwichtsvergelijkingen toepassen, krijgen we:

$$+\uparrow \Sigma F_y = 0; \qquad 9 - \frac{1}{3}x^2 - V = 0$$

$$V = \left(9 - \frac{x^2}{3}\right)\text{ kN} \qquad (1)$$

$$\circlearrowleft +\Sigma M = 0; \qquad M + \frac{1}{3}x^2\left(\frac{x}{3}\right) - 9x = 0$$

$$M = \left(9x - \frac{x^3}{9}\right)\text{ kN}\cdot\text{m} \qquad (2)$$

Dwarskracht- en buigmomentgrafiek De dwarskracht- en buigmomentgrafieken die afgebeeld zijn in fig. 7.12*c*, worden verkregen door vgl. 1 en vgl. 2 grafisch weer te geven.

Met vgl. 1 kunnen we het punt bepalen waar de *dwarskracht gelijk is aan nul*:

$$V = 9 - \frac{x^2}{3} = 0$$

$$x = 5{,}20\text{ m}$$

OPMERKING: In paragraaf 7.3 zal worden aangetoond dat deze waarde van x het punt op de ligger voorstelt waar het *maximale buigmoment* optreedt. Vgl. 2 levert het volgende op:

$$M_{max} = \left(9(5{,}20) - \frac{(5{,}20)^3}{9}\right)\text{ kN}\cdot\text{m}$$

$$= 31{,}2\text{ kN}\cdot\text{m}$$

Fundamentele vraagstukken

F7.7. Bepaal de dwarskracht en het buigmoment als functie van x, en teken vervolgens de dwarskrachtgrafiek en de buigmomentgrafiek.

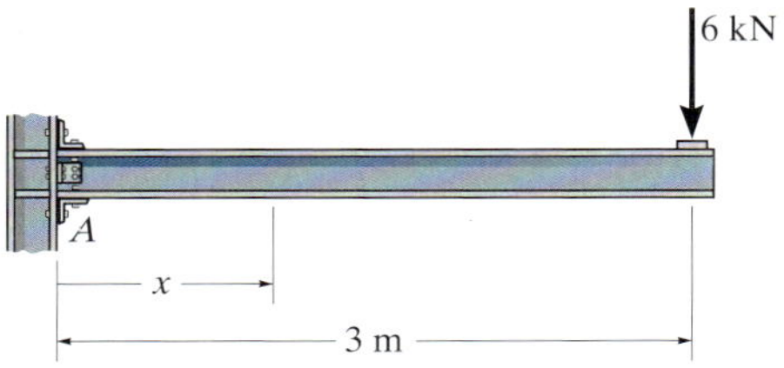

F7.7

F7.8. Bepaal de dwarskracht en het buigmoment als functie van x, en teken vervolgens de dwarskrachtgrafiek en de buigmomentgrafiek.

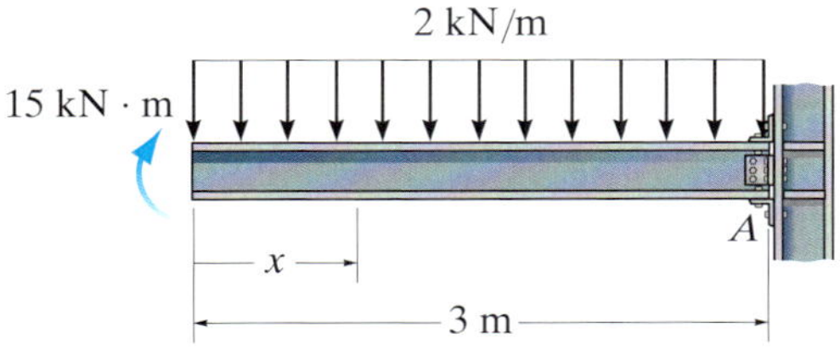

F7.8

F7.9. Bepaal de dwarskracht en het buigmoment als functie van x, en teken vervolgens de dwarskrachtgrafiek en de buigmomentgrafiek.

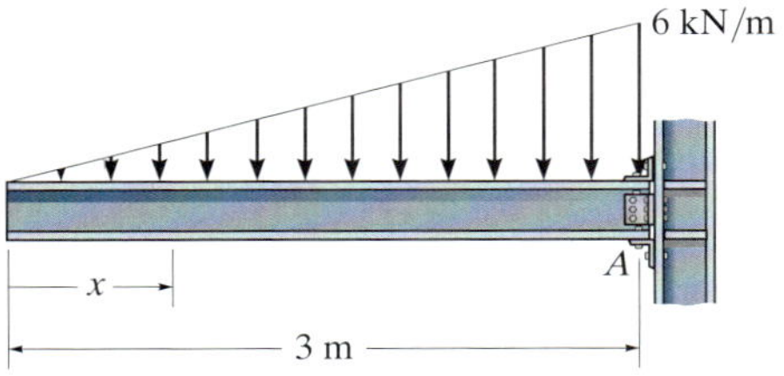

F7.9

F7.10. Bepaal de dwarskracht en het buigmoment als functie van x, en teken vervolgens de dwarskrachtgrafiek en de buigmomentgrafiek.

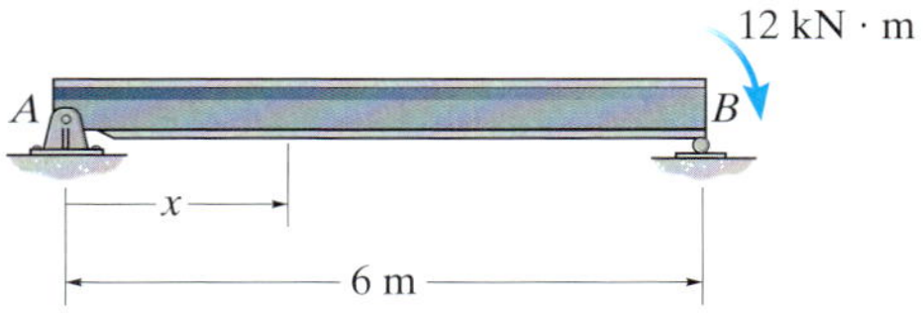

F7.10

F7.11. Bepaal de dwarskracht en het buigmoment als functie van x, waarbij $0 \leq x < 3$ m en 3 m $< x \leq 6$ m, en teken vervolgens de dwarskrachtgrafiek en de buigmomentgrafiek.

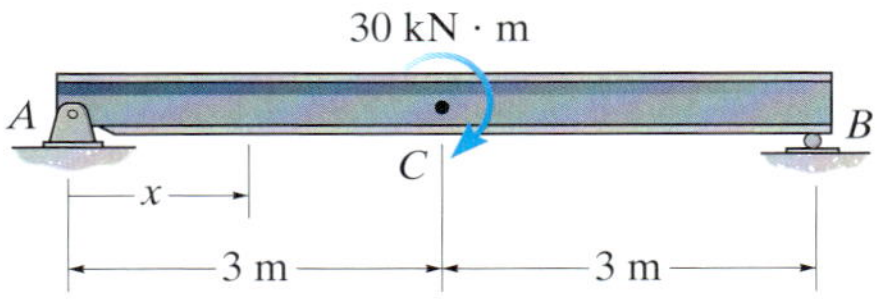

F7.11

F7.12. Bepaal de dwarskracht en het buigmoment als functie van x, waarbij $0 \leq x < 3$ m en 3 m $< x \leq 6$ m, en teken vervolgens de dwarskrachtgrafiek en de buigmomentgrafiek.

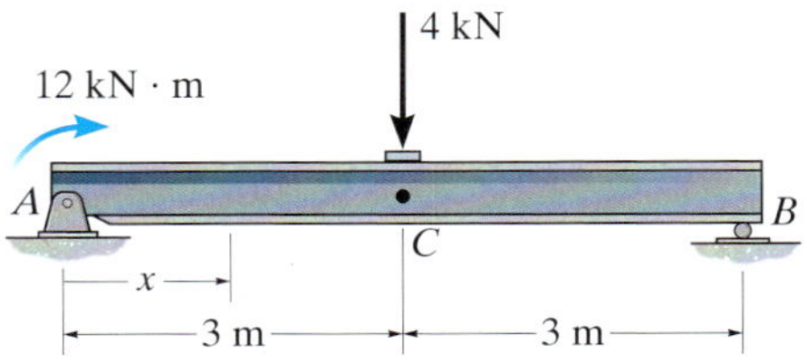

F7.12

Vraagstukken

Gebruik bij de volgende vraagstukken een x-as met de oorsprong aan de linkerkant van de balk en bepaal de dwarskracht en het buigmoment als functie van x. Gebruik deze uitkomsten om de dwarskrachten- en momentenlijn te tekenen.

7.45. Teken de dwarskrachten- en momentenlijn voor de overhangende balk.

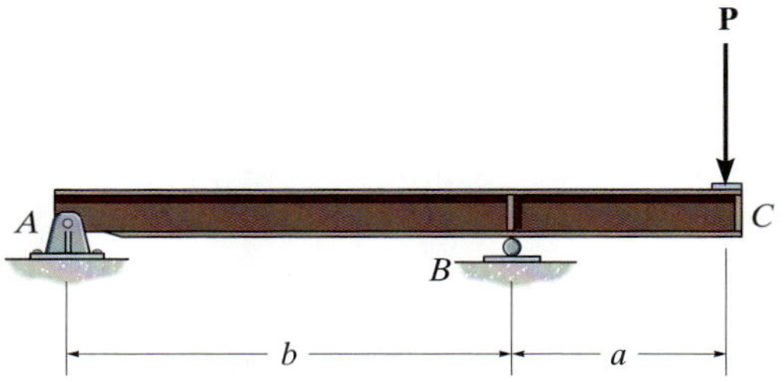

Vraagstuk 7.45

***7.48.** Teken de dwarskracht- en buigmomentgrafiek voor de balk (a) in termen van de weergegeven parameters en (b) met M_0 = 500 N · m en L = 8 m.

7.49. Als L = 9 m, zal de balk bezwijken als de maximale dwarskracht V_{max} = 5 kN of als het maximale buigmoment M_{max} = 2 kN · m is. Bepaal de grootte van M_0 van het grootste koppelmoment dat de balk kan dragen.

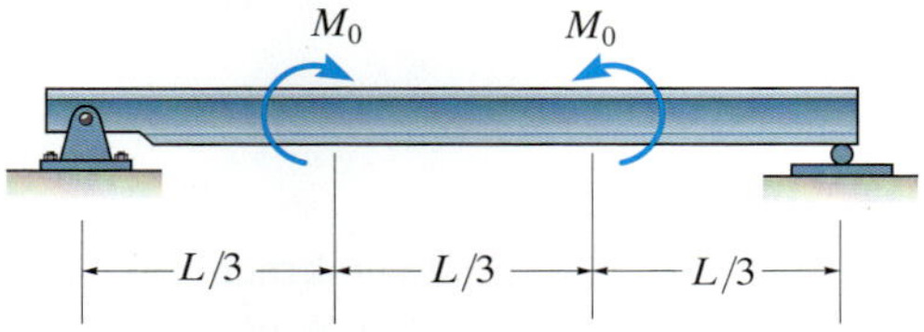

Vraagstukken 7.48/49

7.46. Teken de dwarskrachten- en momentenlijn voor de balk.

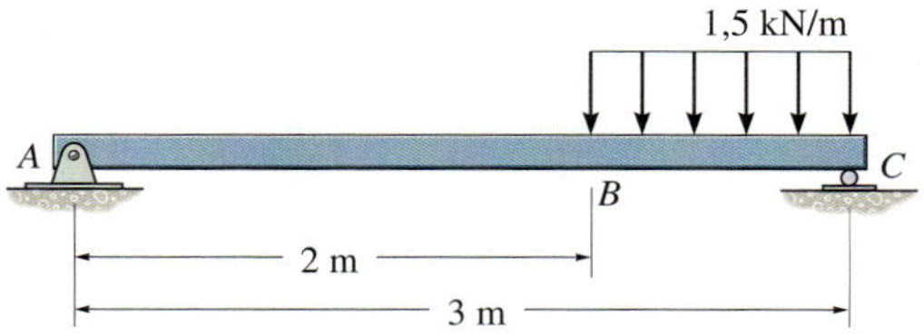

Vraagstuk 7.46

7.50. Teken de dwarskrachtgrafiek en de buigmomentgrafiek voor de ingeklemde ligger.

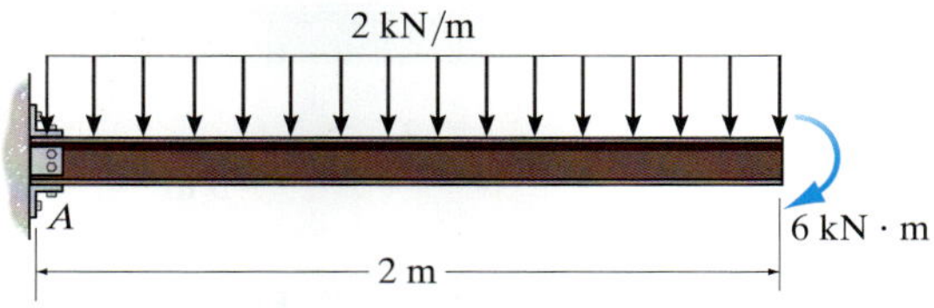

Vraagstuk 7.50

7.47. Teken de dwarskrachtgrafiek en de buigmomentgrafiek voor de ligger (a) uitgedrukt in de aangegeven parameters; (b) neem P = 4 kN, a = 1,5 m en L = 3,6 m.

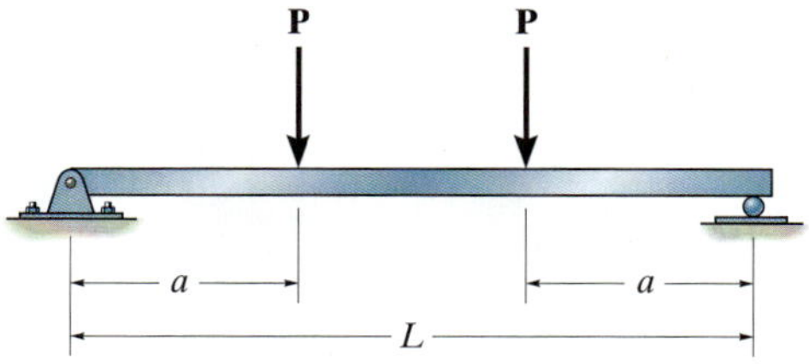

Vraagstuk 7.47

7.51. Teken de dwarskracht- en momentengrafiek voor de balk.

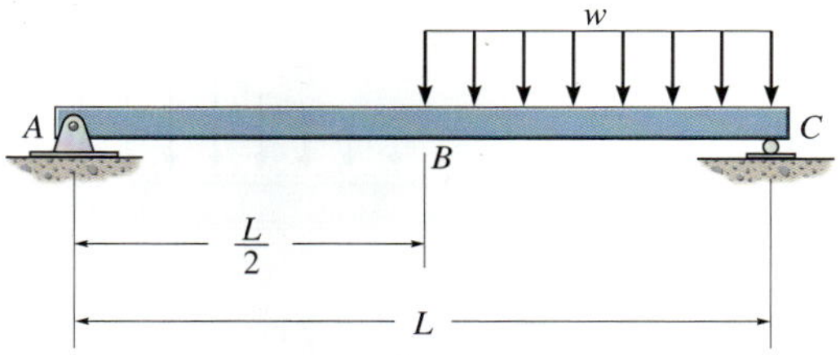

Vraagstuk 7.51

***7.52.** Teken de dwarskracht- en buigmomentgrafiek van de ligger.

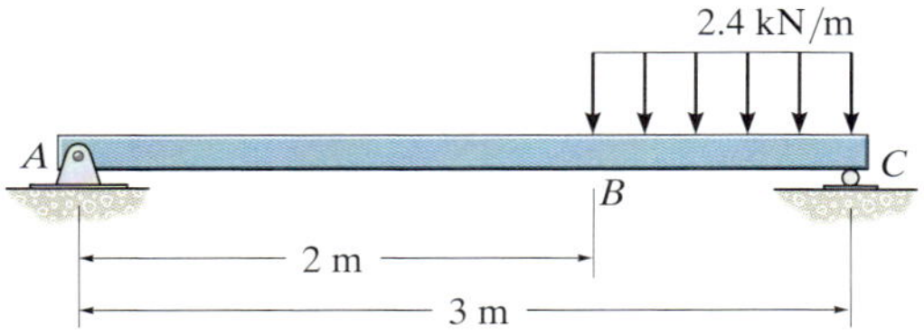

Vraagstuk 7.52

7.53. Teken de dwarskracht- en buigmomentgrafiek voor de isostatische ligger.

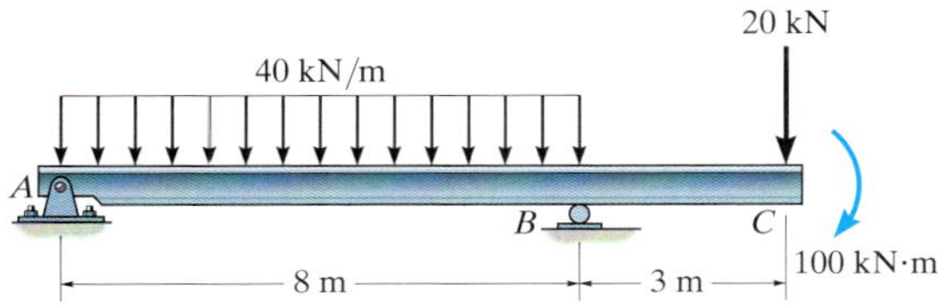

Vraagstuk 7.53

7.54. Teken de dwarskrachtgrafiek en de buigmomentgrafiek voor de isostatische ligger.

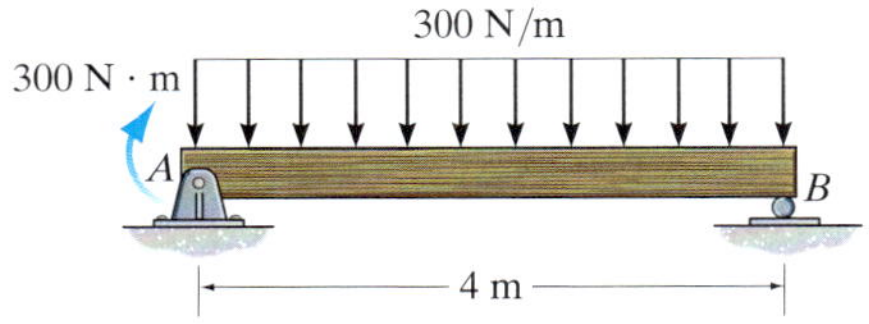

Vraagstuk 7.54

7.55. Teken de dwarskrachtgrafiek en de buigmomentgrafiek voor de isostatische ligger.

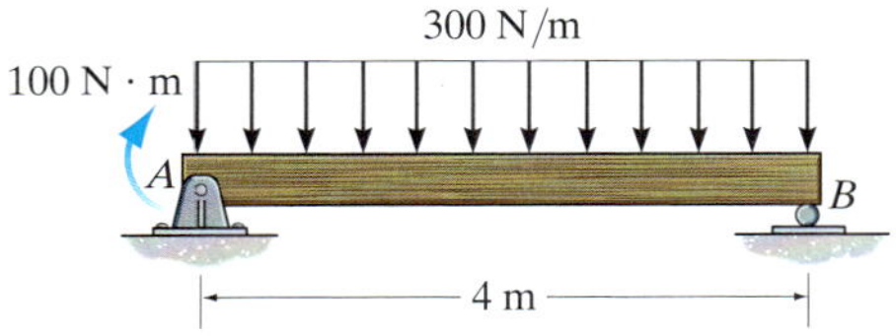

Vraagstuk 7.55

***7.56.** Tegen de dwarskracht- en buigmomentgrafiek voor balk ABC. Merk op dat de verbinding in B een scharnier is.

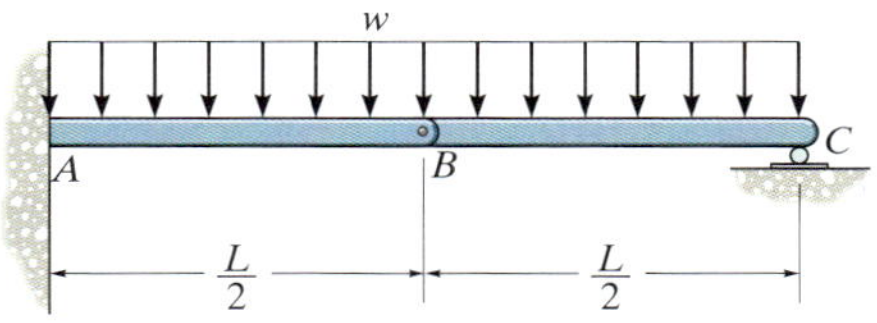

Vraagstuk 7.56

7.57. Teken de dwarskrachtgrafiek en de buigmomentgrafiek voor de ligger.

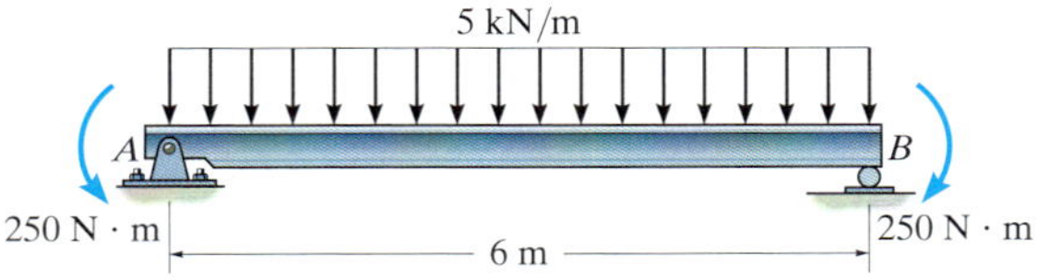

Vraagstuk 7.57

7.58. Teken de dwarskracht- en buigmomentgrafiek voor de samengestelde balk. De balk is in E en F verbonden met een scharnier.

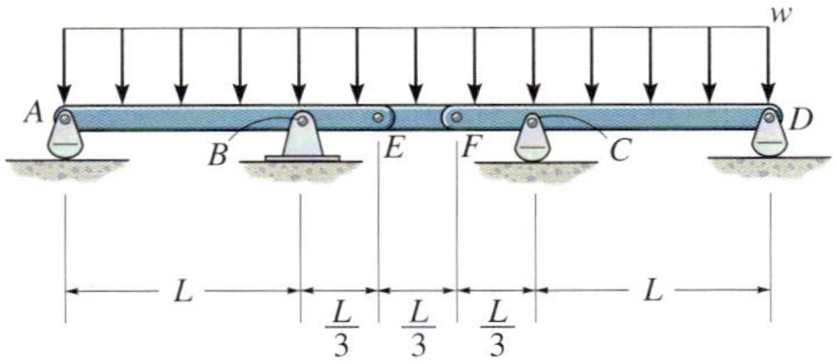

Vraagstuk 7.58

7.59. Teken de dwarskrachtgrafiek en de buigmomentgrafiek van de ligger.

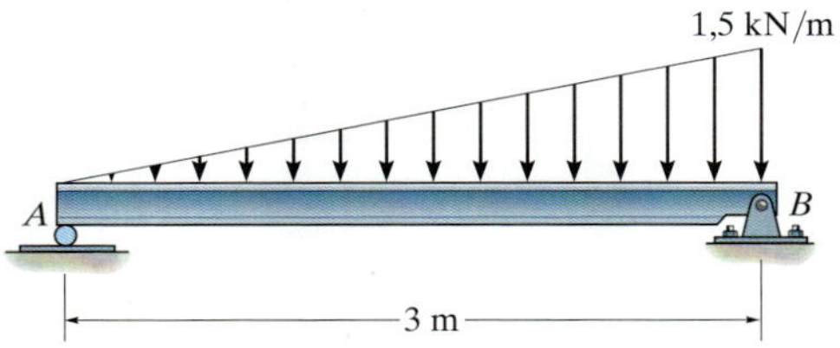

Vraagstuk 7.59

***7.60.** De balk zal bezwijken wanneer het maximale buigmoment M_{max} is. Bepaal de plaats x van de puntbelasting **P** en de kleinste grootte waarbij de balk zal bezwijken.

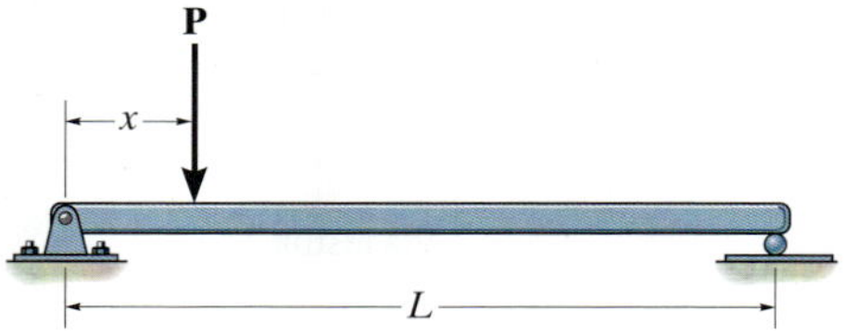

Vraagstuk 7.60

7.61. Teken de dwarskracht- en buigmomentgrafiek van de balk.

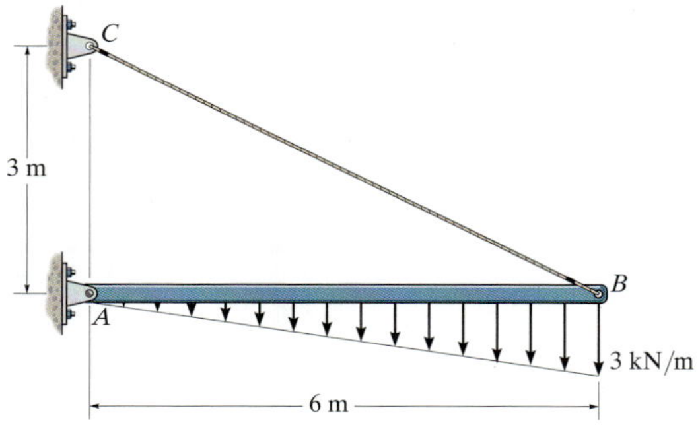

Vraagstuk 7.61

7.62. De eenzijdig ingeklemde balk is gemaakt van een materiaal met een soortelijk gewicht γ. Bepaal de dwarskracht en het buigmoment in de balk als functie van x.

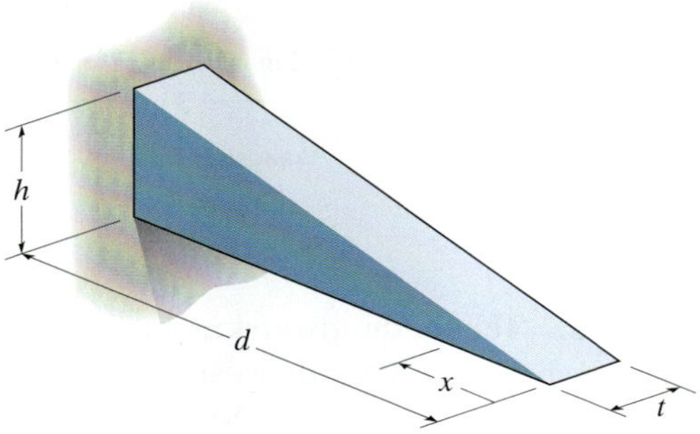

Vraagstuk 7.62

7.63. Teken de dwarskrachtgrafiek en de buigmomentgrafiek voor de uitgekraagde ligger.

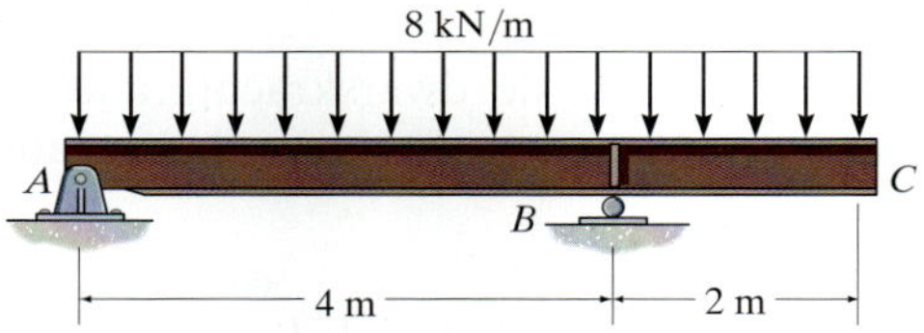

Vraagstuk 7.63

***7.64.** Teken de dwarskracht- en buigmomentgrafiek van de balk.

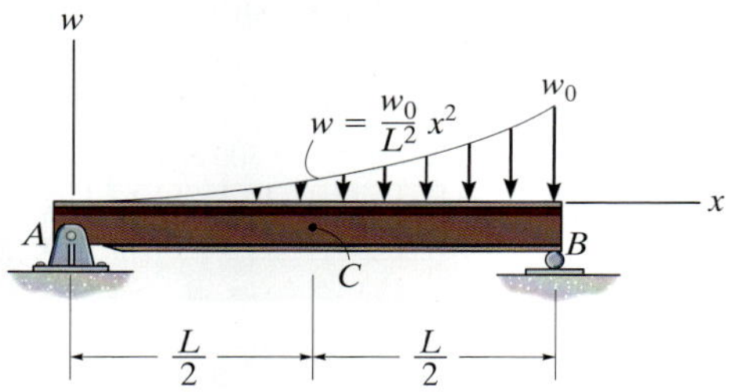

Vraagstuk 7.64

7.65. Teken de dwarskracht- en buigmomentgrafiek van de balk.

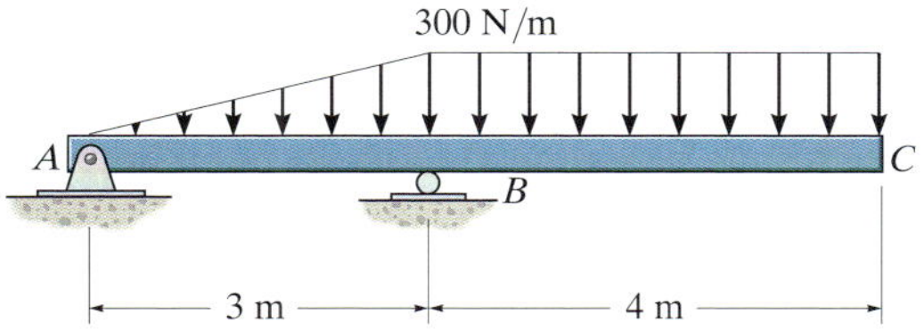

Vraagstuk 7.65

7.66. Teken de dwarskracht- en buigmomentgrafiek van de balk.

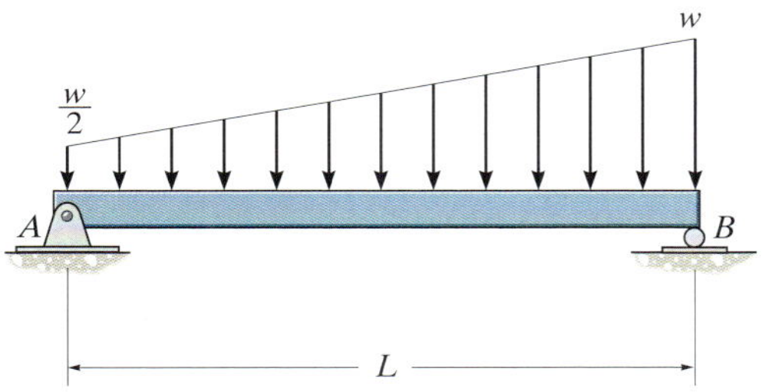

Vraagstuk 7.66

7.67. Bepaal de inwendige normaalkracht, de dwarskracht en het buigmoment in de gekromde stang als functie van θ, waarbij $0° \leq \theta \leq 90°$.

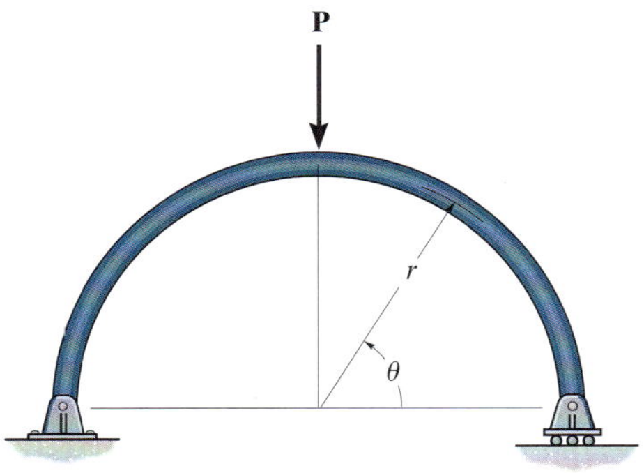

Vraagstuk 7.67

***7.68.** Bepaal de normaalkracht, de dwarskracht en het buigmoment in de gekromde stang als functie van θ.

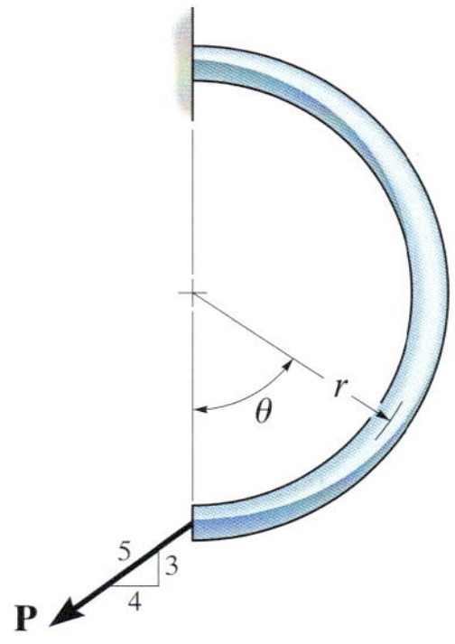

Vraagstuk 7.68

7.69. De kwartcirkelvormige stang ligt in het horizontale vlak en ondersteunt aan het uiteinde een verticale kracht **P**. Bepaal de grootte van de componenten van de interne dwarskracht, het buigmoment en het wringmoment in de stang als functie van de hoek θ.

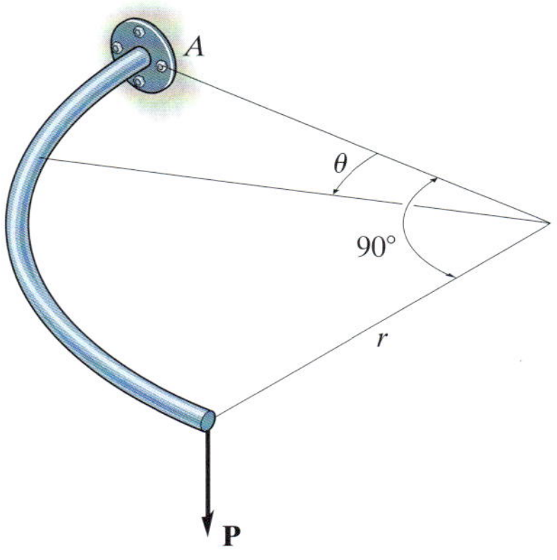

Vraagstuk 7.69

Om de balk te ontwerpen die deze spanningsleidingen ondersteunt, is het belangrijk om eerst de dwarskracht- en buigmomentgrafiek voor de balk te tekenen.

*7.3 Relaties tussen verdeelde belasting, dwarskracht en buigmoment

Als een balk onderworpen is aan verschillende puntkrachten, momenten en verdeelde belastingen, kan de methode om dwarskracht- en buigmomentgrafieken te construeren, die in paragraaf 7.2 is besproken, tamelijk arbeidsintensief worden. In deze paragraaf behandelen we een eenvoudigere methode voor het construeren van deze grafieken – een methode die gebaseerd is op differentiaalrelaties tussen de belasting, de dwarskracht en het buigmoment.

Verdeelde belasting Beschouw de ligger AD in fig. 7.13*a* waarop een willekeurige verdeelde belasting $w = w(x)$ en een aantal puntkrachten en momenten worden uitgeoefend. In de volgende bespreking wordt de *verdeelde belasting* als *positief* beschouwd wanneer deze *opwaarts* wordt uitgeoefend, zoals afgebeeld. Een vrijlichaamsschema voor een klein segmentje van de ligger met een lengte Δx wordt gekozen op een punt x op de ligger waarop geen puntkracht of moment wordt uitgeoefend, zie fig. 7.13*b*. Verkregen resultaten zullen dus nimmer gelden voor punten waarop deze puntbelastingen worden uitgeoefend. We gaan ervan uit dat de interne dwarskracht en het buigmoment, die in het vrijlichaamsschema zijn aangegeven, in de *positieve* zin worden uitgeoefend, in overeenstemming met de tekenafspraak. Merk op dat de dwarskracht en het moment die op het rechtervlak worden uitgeoefend vermeerderd moeten worden met een kleine, eindige hoeveelheid om het segment in evenwicht te houden. De verdeelde belasting is vervangen door een resulterende kracht $\Delta F = w(x)\ \Delta x$ waarvan het aangrijpingspunt op een afstandje $k\ (\Delta x)$ vanaf de rechterkant ligt, waarbij $0 < k < 1$ [bijvoorbeeld, wanneer $w(x)$ *lineair* is, $k = ½$].

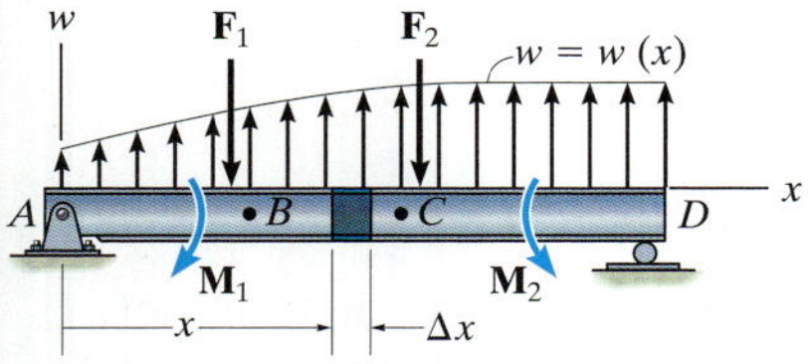

(a)

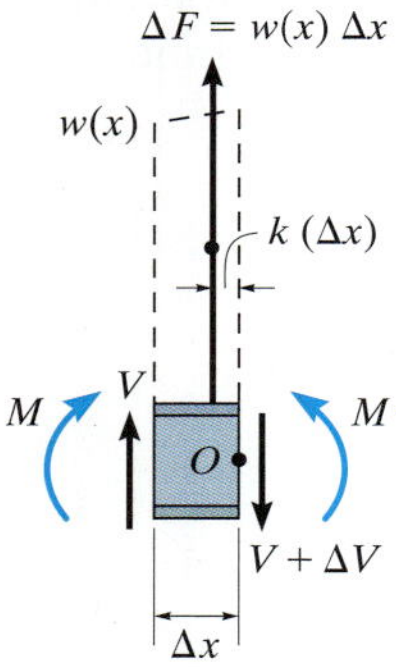

(b)

Fig. 7.13

Verband tussen verdeelde belasting en dwarskracht Als we de evenwichtsvergelijking voor krachten toepassen op het segment, dan vinden we:

$$+\uparrow \Sigma F_y = 0; \qquad V + w(x)\Delta x - (V + \Delta V) = 0$$
$$\Delta V = w(x)\Delta x$$

Wanneer we delen door Δx en $\Delta x \to 0$ laten gaan, vinden we:

$$\frac{dV}{dx} = w(x) \tag{7.1}$$

helling van dwarskrachtkromme = intensiteit van verdeelde belasting

Als we bovenstaande vergelijking herschrijven in de vorm $dV = w(x)dx$ en een integratie tussen een willekeurig tweetal punten B en C op de balk uitvoeren, zien we dat:

$$\Delta V = \int w(x)\ dx \tag{7.2}$$

verandering in dwarskracht = oppervlakte onder belastingskromme

Verband tussen dwarskracht en moment Passen we de evenwichtsvergelijking voor momenten rond punt O toe op het vrijlichaamsdiagram in fig. 7.13b, dan vinden we

$$\circlearrowleft +\Sigma M_0 = 0; \quad (M + \Delta M) - [w(x)\Delta x]\, k\Delta x - V\Delta x - M = 0$$
$$\Delta M = V\Delta x + k\, w(x)\Delta x^2$$

Door beide leden van deze vergelijking te delen door Δx en $\Delta x \rightarrow 0$ te laten gaan, vinden we:

$$\frac{dM}{dx} = V \tag{7.3}$$

helling buigmomentgrafiek = dwarskracht

Merk in het bijzonder op dat het maximale buigmoment $|M|_{max}$ optreedt in het punt waar de helling $dM/dx = 0$, omdat dit het punt is waar de dwarskracht gelijk is aan nul.

Als vgl. 7.3 wordt herschreven in de vorm $dM = \int V\, dx$, en wordt geïntegreerd tussen een willekeurig tweetal punten B en C op de ligger, vinden we:

$$\Delta M = \int V\, dx \tag{7.4}$$

verandering in moment = oppervlakte onder dwarskrachtkromme

Zoals eerder is vermeld, zijn de bovenstaande vergelijkingen niet van toepassing op plaatsen waarop een *puntkracht* of een koppelmoment wordt uitgeoefend. Deze twee speciale gevallen veroorzaken discontinuïteiten in de dwarskracht- en buigmomentgrafieken, en verdienen daarom afzonderlijk te worden behandeld.

Kracht Een vrijlichaamsschema van een klein segmentje van de ligger in fig. 7.13a, dat zich onder een van de krachten bevindt, is afgebeeld in fig. 7.14a. Hier volgt uit het krachtenevenwicht:

$$+\uparrow \Sigma F_y = 0; \qquad \Delta V = F \tag{7.5}$$

Omdat de *verandering in dwarskracht positief is*, zal de grafiek een opwaartse sprong vertonen wanneer **F** op de ligger *naar boven* gericht is. Evenzo is de sprong in de dwarskrachtgrafiek (ΔV) neerwaarts, wanneer **F** naar beneden gericht is.

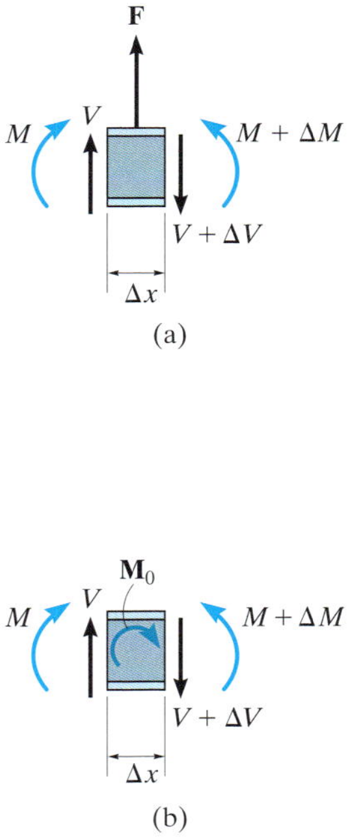

Fig. 7.14

Koppelmoment Wanneer we een segment kiezen van de ligger van fig. 7.13a dat zich in het koppelmoment bevindt, krijgen we het vrijlichaamsschema dat in fig. 7.14b is afgebeeld. Wanneer we in dit geval de limiet $\Delta x \rightarrow 0$ nemen, is voor momentevenwicht vereist dat:

$$\circlearrowleft +\Sigma M = 0; \qquad \Delta M = M_0 \tag{7.6}$$

Dus de *verandering van buigmoment is positief*, oftewel de buigmomentgrafiek maakt een 'sprong' *naar boven wanneer* $\mathbf{M}_0$ *met de wijzers van de klok meedraait*. Andersom geldt dat het buigmoment een sprong ΔM naar beneden maakt wanneer $\mathbf{M}_0$ tegen de wijzers van de klok in draait.

De voorbeelden die hierna volgen, zijn illustraties van toepassingen van bovenstaande vergelijkingen voor de constructie van de dwarskracht- en buigmomentgrafieken. We bevelen aan om na bestudering van deze voorbeelden de voorbeelden 7.6 en 7.7 op te lossen met behulp van deze methode.

Om te onthouden!

- De helling van de dwarskrachtgrafiek is gelijk aan de intensiteit van de verdeelde belasting, in die gevallen waarin de positief verdeelde belasting opwaarts gericht is, d.w.z. $dV/dx = w(x)$.
- Wanneer een puntkracht opwaarts op de ligger wordt uitgeoefend, zal de dwarskracht een sprong opwaarts maken evenredig met de grootte van de kracht.
- De verandering in de dwarskracht ΔV tussen twee punten is gelijk aan *de grootte van het oppervlak* onder de curve van de verdeelde belasting tussen de punten. Ligt het oppervlak boven de x-as, dan neemt de grootte van de dwarskracht af en ligt het oppervlak onder de x-as, dan neemt de grootte van de dwarskracht toe.
- De helling van de buigmomentgrafiek in een punt is gelijk aan de dwarskracht, d.w.z. $dM/dx = V$.
- De verandering in het buigmoment ΔM tussen twee punten is gelijk aan de grootte van het oppervlak onder de dwarskrachtgrafiek tussen die twee punten. Ligt het oppervlak boven de x-as, dan neemt de grootte van het moment toe, en ligt het oppervlak onder de x-as, dan neemt de grootte van het moment af.
- Wanneer een met de klok meedraaiend moment op de ligger wordt uitgeoefend, zal de dwarskracht niet worden beïnvloed, maar de buigmomentgrafiek zal een sprong *naar boven* maken evenredig met de grootte van het moment.
- Punten *waar de dwarskracht nul is,* zijn punten van een maximaal of minimaal buigmoment aangezien $dM/dx = 0$.
- Omdat $w = w(x)$ tweemaal wordt geïntegreerd, eerst voor het bepalen van de verandering in dwarskracht $\Delta V = \int w(x)\,dx$ en vervolgens voor het bepalen van de verandering in moment $\Delta M = \int V\,dx$, zal als de grafiek $w = w(x)$ van de belastingskromme een polynoom van graad n is, $V = V(x)$ een kromme van graad $n + 1$ zijn en $M = M(x)$ een kromme van graad $n + 2$.

Deze betonnen ligger wordt gebruikt om het dak te dragen. De afmetingen van de ligger en de plaatsing van betonijzer erin kan worden bepaald, zodra de dwarskracht- en buigmomentgrafieken zijn gemaakt.

Voorbeeld 7.8

Teken de dwarskracht- en de buigmomentgrafiek voor de ingeklemde ligger in fig. 7.15*a*.

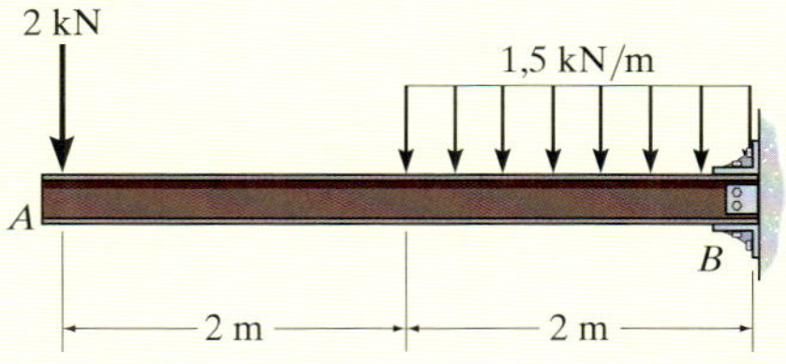

(a)

OPLOSSING

De steunpuntreacties bij de vaste steun B zijn weergegeven in fig. 7.15*b*.

Dwarskrachtgrafiek De dwarskracht bij het uiteinde A is –2 kN. Deze waarde is getekend in $x = 0$, fig. 7.15*c*. Merk op hoe de dwarskrachtgrafiek is geconstrueerd door het volgen van de hellingen gedefinieerd door de belasting W. De belasting bij $x = 4$ m is –5 kN, de reactiekracht op de ligger. Deze waarde kan worden geverifieerd door de oppervlakte onder de verdeelde belasting te bepalen, dat wil zeggen:

$$V|_{x=4\text{ m}} = V|_{x=2\text{ m}} + \Delta V = -2\text{ kN} - (1{,}5\text{ kN/m})(2\text{m}) = -5\text{ kN}$$

Buigmomentgrafiek Het moment nul bij $x = 0$ is getekend in fig. 7.15*d*. Constructie van de buigmomentgrafiek is gebaseerd op het bekend zijn van de helling, die gelijk is aan de dwarskracht in elk punt. De verandering van moment tussen $x = 0$ en $x = 2$ m wordt bepaald door de oppervlakte onder de dwarskrachtgrafiek. Dus is het moment op $x = 2$ m gelijk aan:

$$M|_{x=2\text{ m}} = M|_{x=0} + \Delta M = 0 + [-2\text{ kN}(2\text{ m})] = -4\text{ kN}\cdot\text{m}$$

Dezelfde waarde kan worden bepaald met de snedemethode, fig. 7.15*e*.

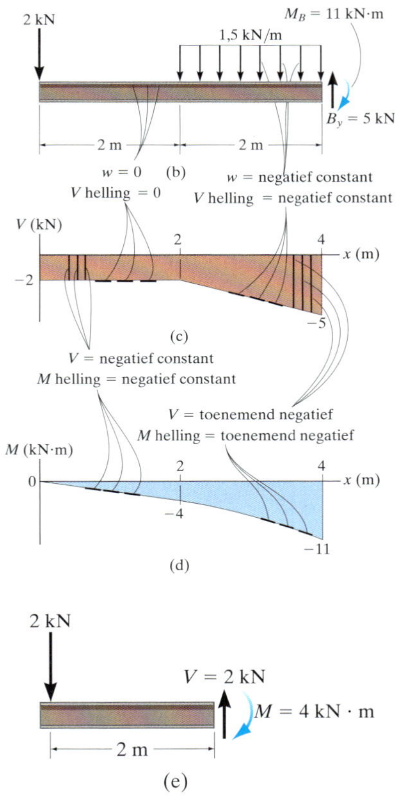

Fig. 7.15

Voorbeeld 7.9

Teken de dwarskracht- en buigmomentgrafieken van de uitgekraagde ligger in fig. 7.16*a*.

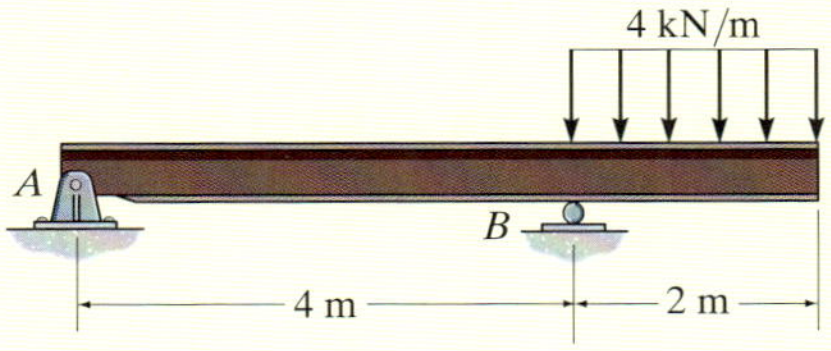

(a)

Fig. 7.16

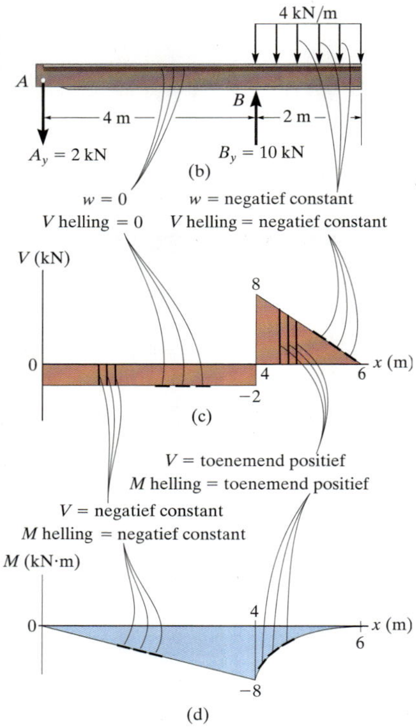

OPLOSSING

De steunpuntreacties zijn weergegeven in fig. 7.16*b*.

Dwarskrachtgrafiek De grafiek van de dwarskracht van −2 kN bij het uiteinde A van de ligger is getekend bij $x = 0$, fig. 7.16*c*. De hellingen zijn bepaald uit de belasting en hieruit is de dwarskrachtgrafiek geconstrueerd, zoals aangegeven in de figuur. Let met name op de positieve sprong van 10 kN bij $x = 4$ m als gevolg van de kracht B_y, zoals aangegeven in de figuur.

Buigmomentgrafiek Het moment nul bij $x = 0$ is getekend, fig. 7.16*d*, vervolgens wordt aan de hand van het gedrag van de helling van de dwarskrachtgrafiek, de buigmomentgrafiek geconstrueerd. Het buigmoment in $x = 4$ m wordt bepaald uit de oppervlakte onder de dwarskrachtgrafiek.

$$M|_{x=4\text{ m}} = M|_{x=0} + \Delta M = 0 + [-2\text{ kN}(4\text{ m})] = -8\text{ kN}\cdot\text{m}$$

We kunnen deze waarde ook vinden met behulp van de snedemethode, zoals aangegeven in fig. 7.16*e*.

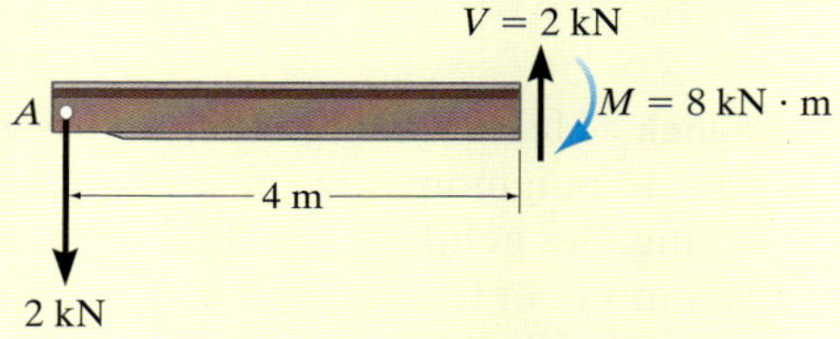

(e)

Fig. 7.16 (vervolg)

Voorbeeld 7.10

De as in fig. 7.17*a* wordt gedragen door een taatslager in A en een radiaal lager in B. Teken de dwarskrachtgrafiek en de buigmomentgrafiek.

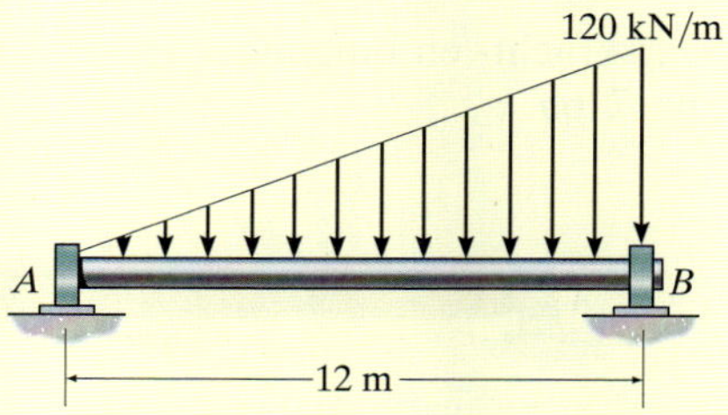

(a)

Fig. 7.17

OPLOSSING
De steunpuntreacties zijn weergegeven in fig. 7.17*b*.

Dwarskrachtgrafiek Zoals weergegeven in fig. 7.17*c* is de dwarskracht in $x = 0$ gelijk aan +240 kN. De dwarskrachtgrafiek wordt getekend aan de hand van de door de belasting gedefinieerde helling, waarbij in *B* de belasting gelijk is aan –480 kN. Omdat de dwarskracht van teken verandert, moet het punt waar $V = 0$ worden bepaald. Hiervoor gebruiken we de snedemethode. Het vrijlichaamsschema van het linker segment van de schacht, doorsneden in een willekeurig punt x binnen het gebied $0 \leq x < 9$ m, is weergegeven in fig. 7.17*e*. Merk op dat de intensiteit van de verdeelde belasting in x gelijk is aan $w = 10x$, wat volgt uit gelijkvormige driehoeken, d.w.z. $120/12 = w/x$.

Dus geldt voor $V = 0$,

$$+\uparrow \Sigma F_y = 0; \qquad 240\text{ kN} - \tfrac{1}{2}(10x)x = 0$$
$$x = 6{,}93\text{ m}$$

Buigmomentgrafiek De momentgrafiek begint in 0 omdat er geen moment in *A* is en wordt vervolgens geconstrueerd aan de hand van de helling die bepaald is uit de dwarskrachtgrafiek. Het maximale moment treedt op bij $x = 6{,}93$ m, waar de dwarskracht gelijk is aan nul, omdat $dM/dx = V = 0$, fig. 7.17*e*,

$$\circlearrowleft + \Sigma M = 0; \quad M_{\max} + \tfrac{1}{2}[(10)(6{,}93)]\,6{,}93\left(\tfrac{1}{3}(6{,}93)\right) - 240(6{,}93) = 0$$
$$M_{\max} = 1109\text{ kN}\cdot\text{m}$$

Merk ten slotte op dat integratie, eerst van de lineaire belasting w, een paraboolgrafiek voor de dwarskracht oplevert, en vervolgens een grafiek van een derdegraadsfunctie voor het buigmoment.

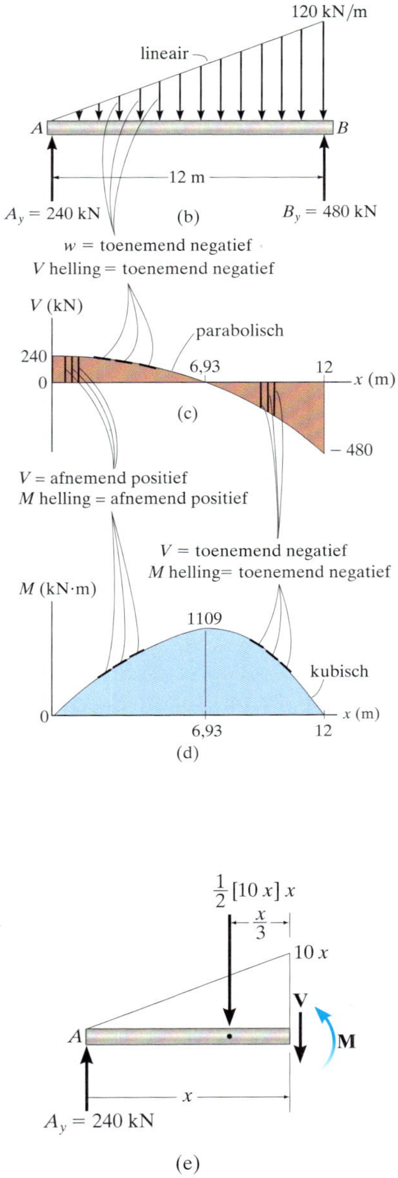

Fig. 7.17 (vervolg)

Fundamentele vraagstukken

F7.13. Teken de dwarskrachtgrafiek en de buigmomentgrafiek voor de ligger.

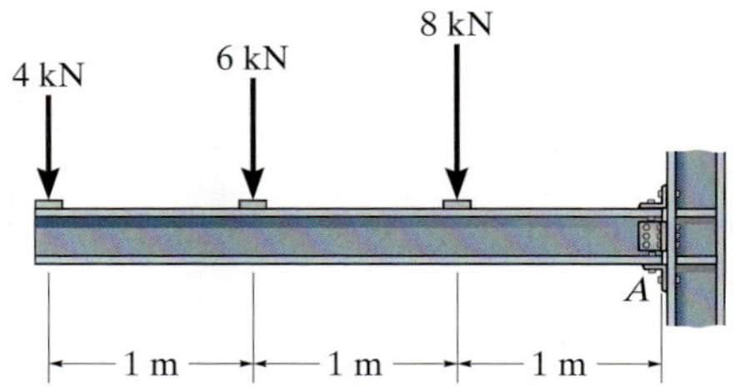

F7.13

F7.14. Teken de dwarskrachtgrafiek en de buigmomentgrafiek voor de ligger.

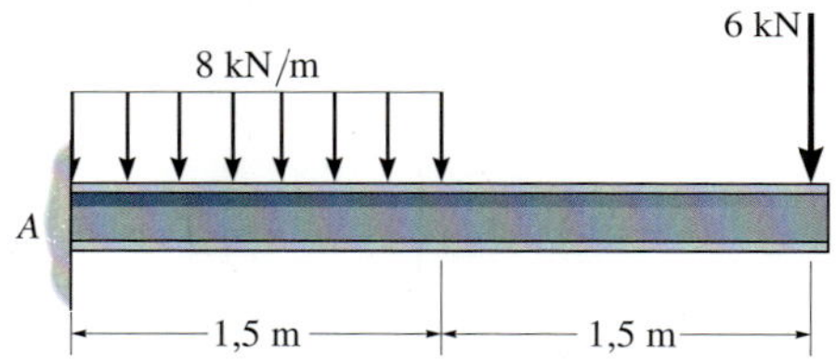

F7.14

F7.15. Teken de dwarskrachtgrafiek en de buigmomentgrafiek voor de ligger.

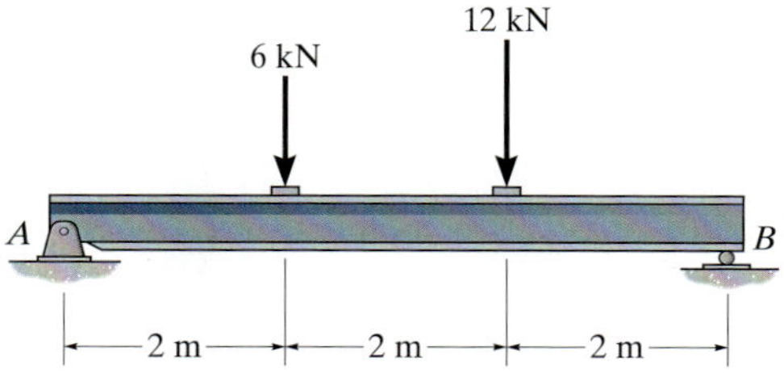

F7.15

F7.16. Teken de dwarskrachtgrafiek en de buigmomentgrafiek voor de ligger.

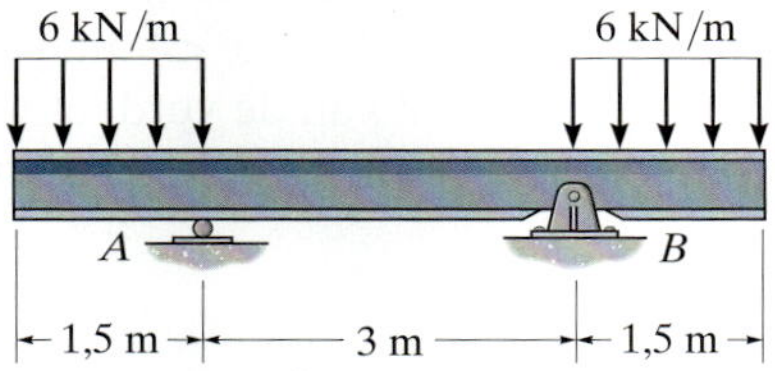

F7.16

F7.17. Teken de dwarskrachtgrafiek en de buigmomentgrafiek voor de ligger.

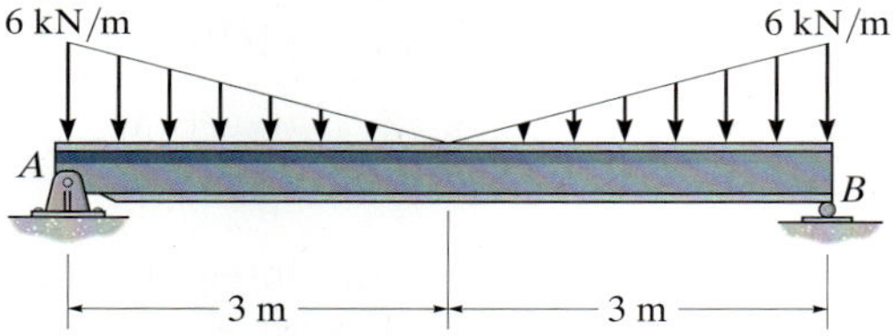

F7.17

F7.18. Teken de dwarskrachtgrafiek en de buigmomentgrafiek voor de ligger.

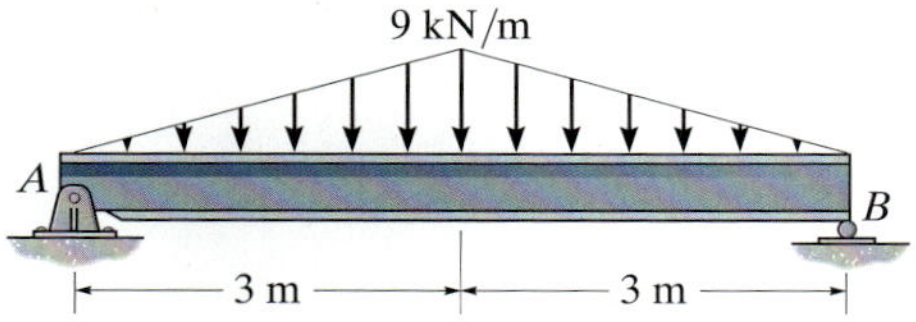

F7.18

Vraagstukken

7.70. Teken de dwarskracht- en buigmomentgrafiek voor de balk.

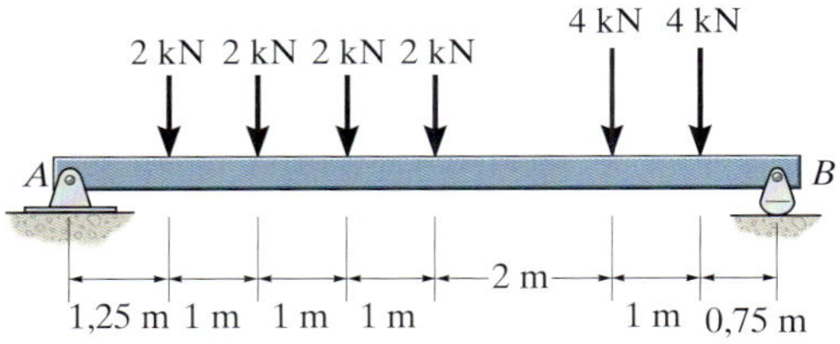

Vraagstuk 7.70

7.71. Teken de dwarskracht- en buigmomentgrafiek voor de balk.

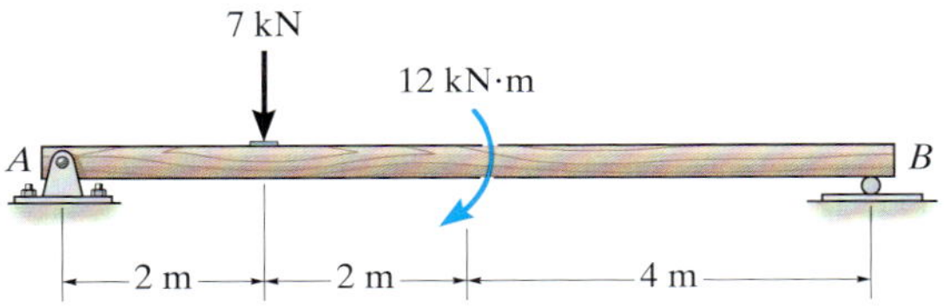

Vraagstuk 7.71

***7.72.** Teken de dwarskracht- en buigmomentgrafiek voor de balk.

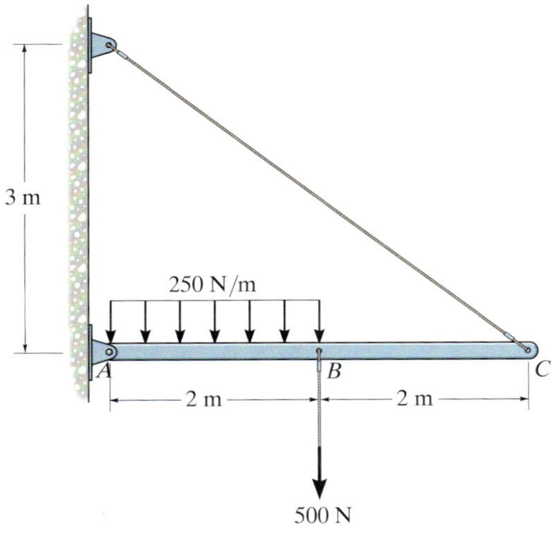

Vraagstuk 7.72

7.73. Teken de dwarskracht- en buigmomentgrafiek voor de balk.

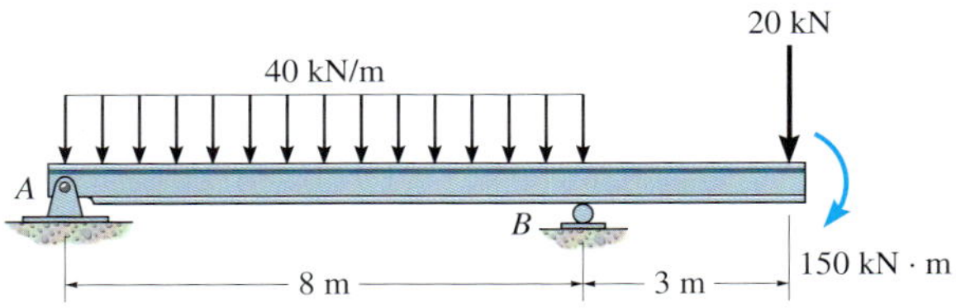

Vraagstuk 7.73

7.74. Teken de dwarskracht- en buigmomentgrafiek voor de opgelegde balk.

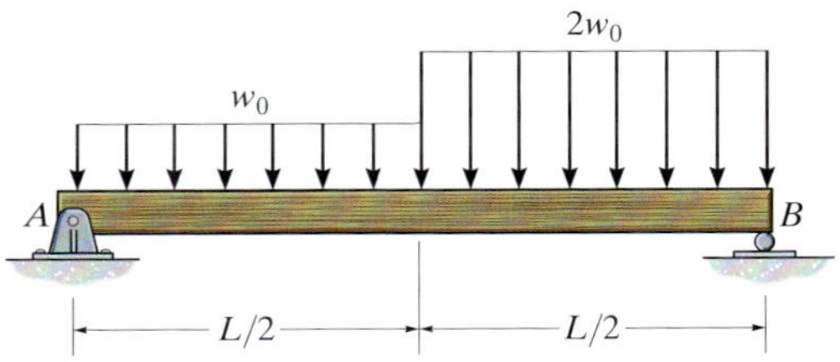

Vraagstuk 7.74

7.75. Teken de dwarskracht- en buigmomentgrafiek voor de balk. De roloplegging in A biedt geen weerstand aan verticale belastingen.

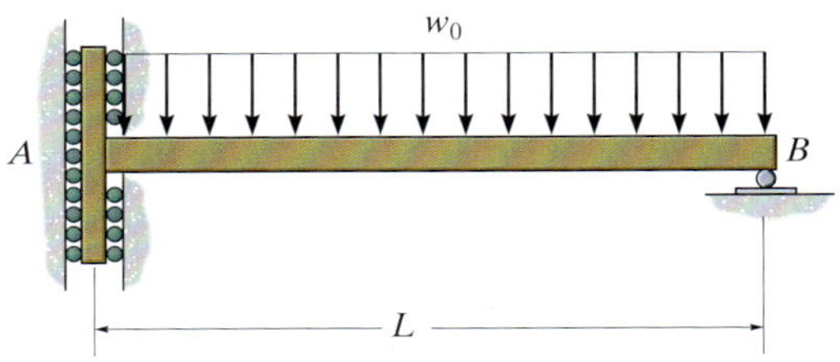

Vraagstuk 7.75

***7.76.** Teken de dwarskracht- en buigmomentgrafiek voor de balk.

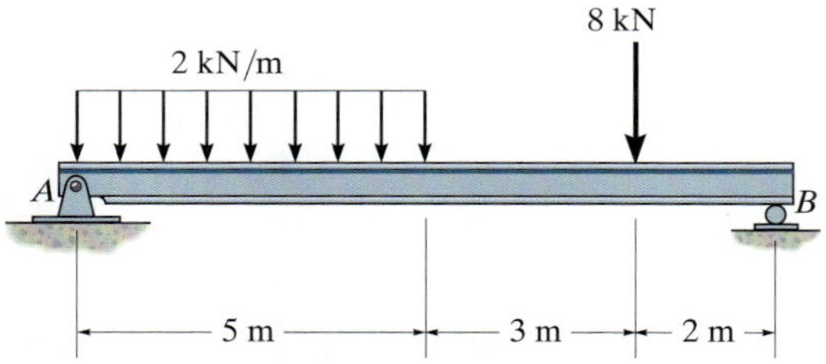

Vraagstuk 7.76

7.77. De as wordt in A gedragen door een druklager en in B door een radiaallager. Teken de dwarskracht- en buigmomentgrafiek voor de as.

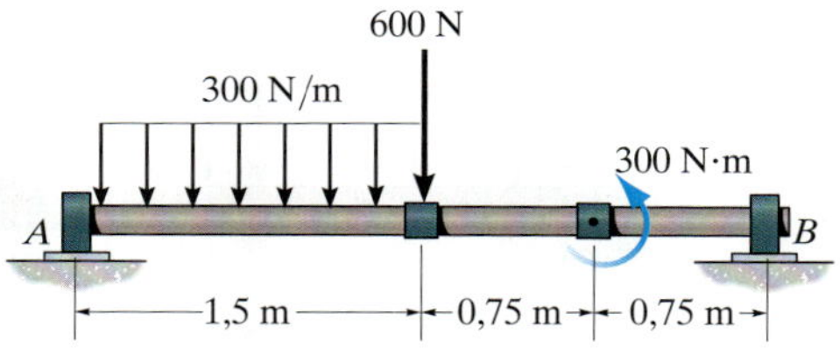

Vraagstuk 7.77

7.78. Teken de dwarskrachtgrafiek en de buigmomentgrafiek voor de as. De steun in A is een druklager en die in B een radiaallager.

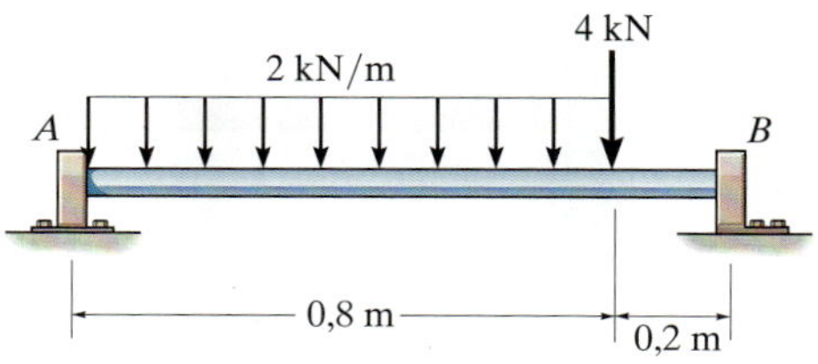

Vraagstuk 7.78

7.79. Teken de dwarskracht- en buigmomentgrafiek voor de balk.

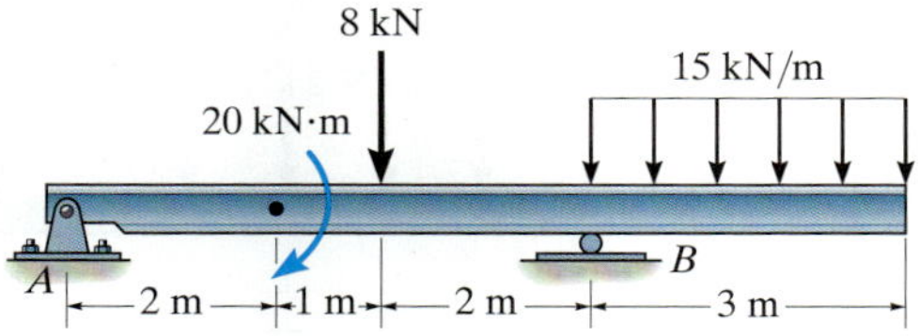

Vraagstuk 7.79

***7.80.** Teken de dwarskrachtgrafiek en de buigmomentgrafiek voor de samengestelde ligger.

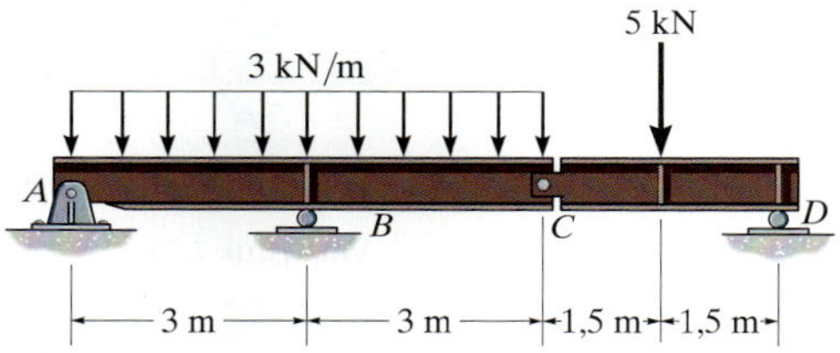

Vraagstuk 7.80

7.81. Teken de dwarskrachtgrafiek en de buigmomentgrafiek voor de ligger.

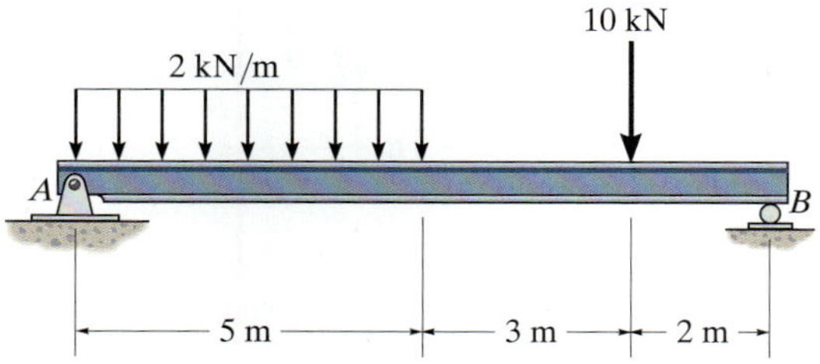

Vraagstuk 7.81

7.82. Teken de dwarskracht- en buigmomentgrafiek voor de overhangende balk.

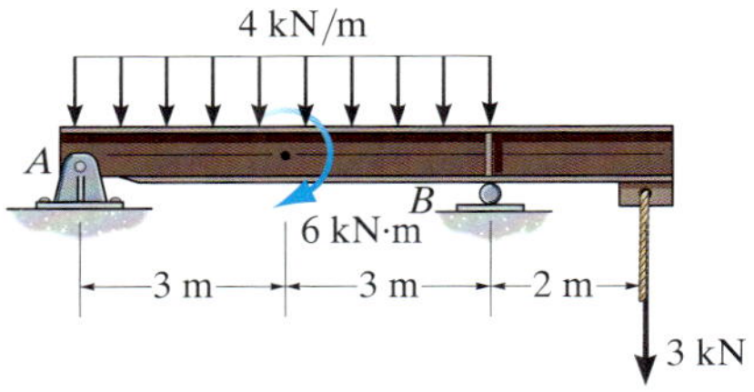

Vraagstuk 7.82

7.83. Teken de dwarskrachtgrafiek en de buigmomentgrafiek voor de as. De steun in A is een druklager en die in B een radiaallager.

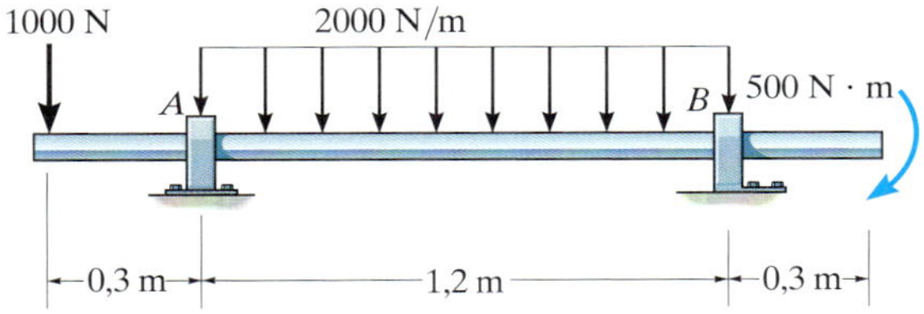

Vraagstuk 7.83

***7.84.** Teken de dwarskracht- en buigmomentgrafiek voor de balk.

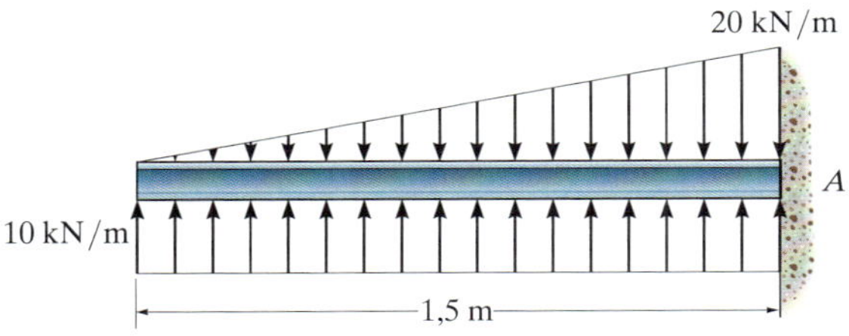

Vraagstuk 7.84

7.85. Teken de dwarskracht- en buigmomentgrafiek voor de balk.

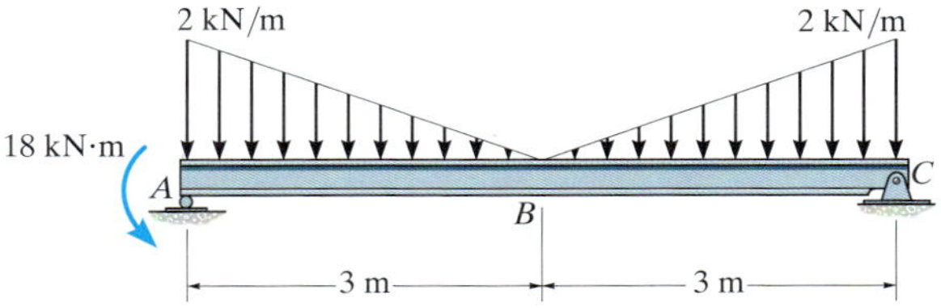

Vraagstuk 7.85

7.86. Teken de dwarskracht- en buigmomentgrafiek voor de balk.

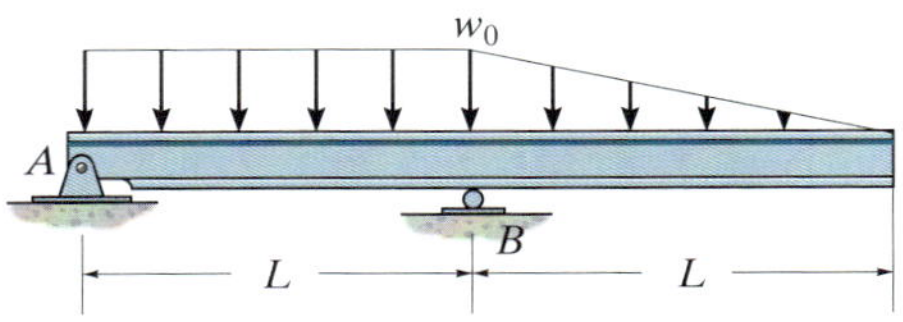

Vraagstuk 7.86

7.87. Teken de dwarskracht- en buigmomentgrafiek voor de balk.

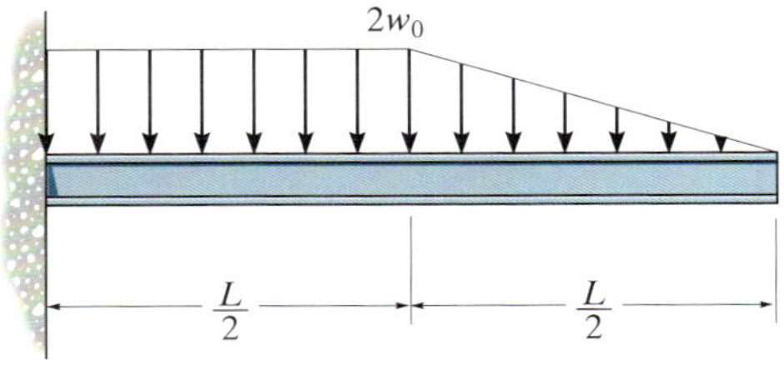

Vraagstuk 7.87

***7.88.** Teken de dwarskracht- en buigmomentgrafiek voor de balk.

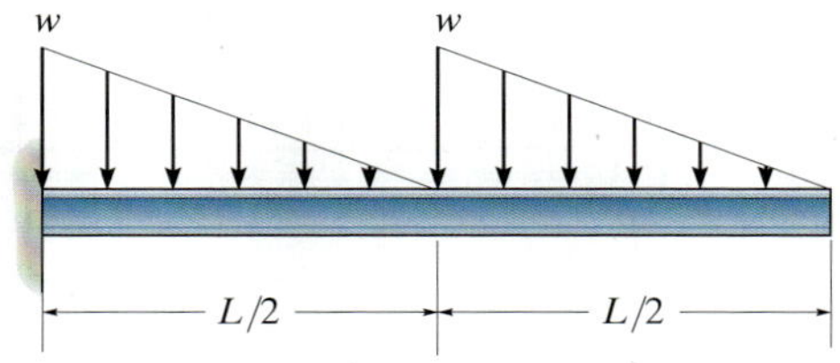

Vraagstuk 7.88

7.89. De as wordt gedragen door een druklager in A en een radiaallager in B. Teken de dwarskracht- en buigmomentgrafiek voor de as.

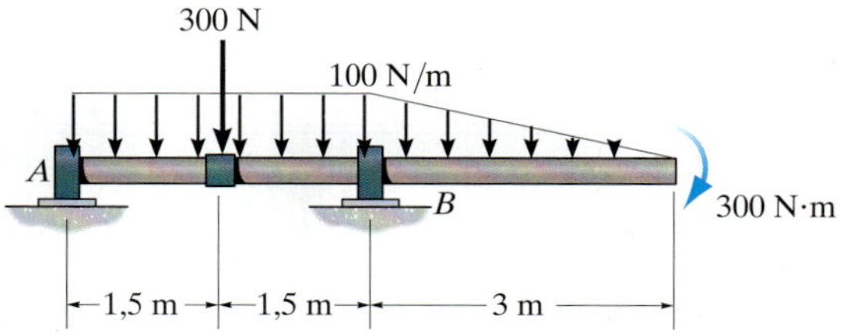

Vraagstuk 7.89

7.90. Teken de dwarskracht- en buigmomentgrafiek voor de overhangende balk.

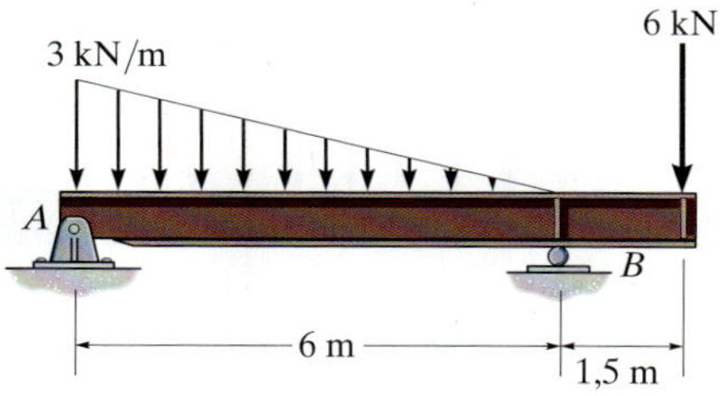

Vraagstuk 7.90

7.91. Teken de dwarskracht- en buigmomentgrafiek voor de balk.

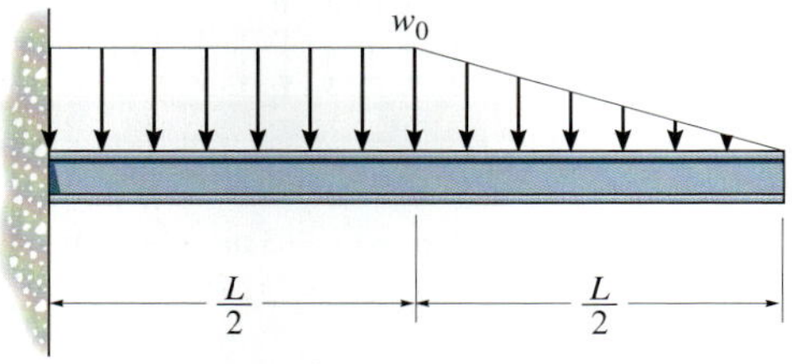

Vraagstuk 7.91

***7.92.** De balk bestaat uit drie segmenten die scharnierend met elkaar zijn verbonden in B en E. Teken de dwarskracht- en buigmomentgrafiek voor de balk.

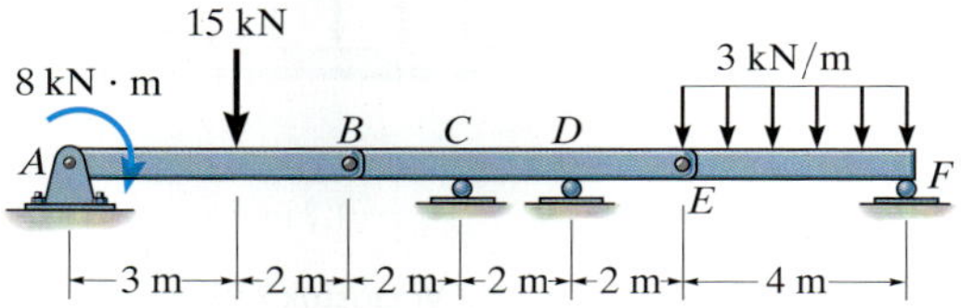

Vraagstuk 7.92

7.93. Teken de dwarskracht- en buigmomentgrafiek voor de balk.

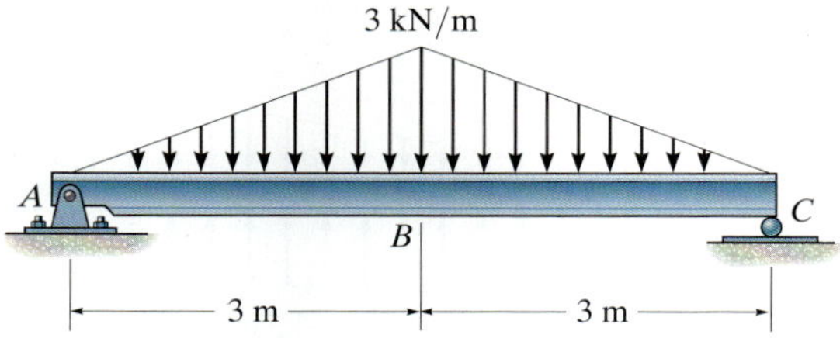

Vraagstuk 7.93

*7.4 Kabels

Flexibele kabels en kettingen combineren sterkte met lichtheid en worden vaak gebruikt in constructies voor het ondersteunen en het overdragen van belastingen van een element naar een ander element. Wanneer ze worden gebruikt voor de ondersteuning van hangbruggen en katrolwielen, vormen kabels het belangrijkste lastdragende element van de constructie. In de krachtenanalyse van dit soort systemen mag het gewicht van de kabel zelf verwaarloosd worden, omdat ze zelf vaak weinig wegen vergeleken met de last die ze dragen. Wanneer ze worden gebruikt als hoogspanningskabels of tuikabels voor antennes of kranen, wordt het kabelgewicht echter wel belangrijk en moet het worden betrokken in de analyse van de constructie.

Elk van de kabelsegmenten blijft ongeveer recht terwijl ze het gewicht van deze stoplichten dragen.

In de volgende analyse behandelen we drie gevallen. In alle drie gevallen gaan we uit ervan uit dat de kabel *volkomen flexibel* en *niet uitrekbaar* is. Door zijn flexibiliteit biedt de kabel geen weerstand tegen buiging en dus valt de werklijn van de trekkracht in een bepaald punt van de kabel altijd samen met de raaklijn van de kabel in dat punt. Omdat de kabel niet uitrekbaar is heeft hij een constante lengte, zowel voor als na de belasting. De geometrie van de kabel blijft dus hetzelfde wanneer de belasting is aangebracht en de kabel of een segment ervan kan dus worden behandeld als een star lichaam.

Kabel waarop puntbelastingen worden uitgeoefend Wanneer een kabel met een verwaarloosbaar gewicht een aantal puntbelastingen ondersteunt, neemt de kabel de vorm aan van een aantal rechte segmenten, die allemaal onderhevig zijn aan een constante trekkracht. Beschouw bijvoorbeeld de kabel in fig. 7.18, waarvan de afstanden h, L_1, L_2 en L_3 en de belastingen $\mathbf{P}_1$ en $\mathbf{P}_2$ bekend zijn. Het probleem hier is om de *negen onbekenden* te bepalen, d.w.z. de trekkrachten in de *drie* segmenten, de *vier* reactiecomponenten in A en B en de zakkingen y_C en y_D in de *twee* punten C en D. Om tot een oplossing te komen kunnen we *twee evenwichtsvergelijkingen* opstellen in elk van de punten A, B, C en D. Dit resulteert in een totaal van *acht vergelijkingen*.* Om de oplossing te kunnen berekenen moeten we iets over de geometrie van de kabel weten om de noodzakelijke negende vergelijking te krijgen. Wanneer bijvoorbeeld de totale *lengte* L van de kabel bekend is, kan de stelling van Pythagoras worden gebruikt om te bepalen hoe de drie segmentlengtes, geschreven in termen van h, y_C, y_D, L_1, L_2 en L_3, zich verhouden tot de totale lengte L. Helaas kan een vraagstuk als dit niet eenvoudig handmatig worden opgelost. Een andere mogelijkheid is echter dat we een van de zakkingen, y_C of y_D specificeren in plaats van de kabellengte. We hebben in dat geval voldoende evenwichtsvergelijkingen om de onbekende krachten en de resterende zakking op te lossen. Zodra de zakking in elk belastingspunt is bepaald, kan de lengte van de kabel worden bepaald met behulp van trigonometrie. Het volgende voorbeeld illustreert een procedure om de evenwichtsanalyse uit te voeren voor een vraagstuk van dit type.

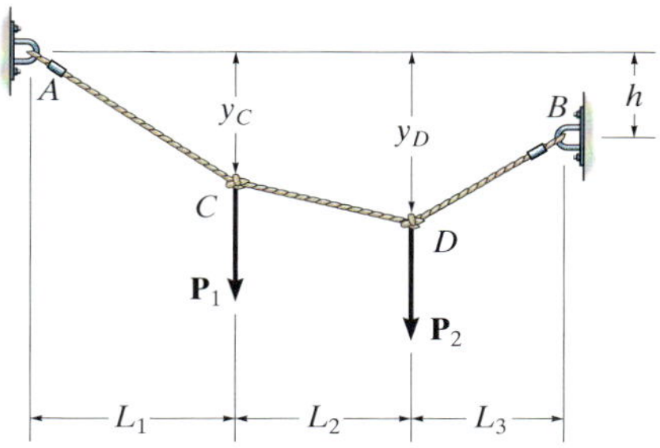

Fig. 7.18

* Zoals in het volgende voorbeeld zal worden aangetoond, kunnen de acht evenwichtsvergelijkingen *ook* worden opgesteld voor de gehele kabel, of voor elk deel daarvan. Maar er zijn *niet meer* dan *acht* vergelijkingen beschikbaar.

Voorbeeld 7.11

Bepaal de trekkracht in elk segment van de kabel die weergegeven is in fig. 7.19*a*.

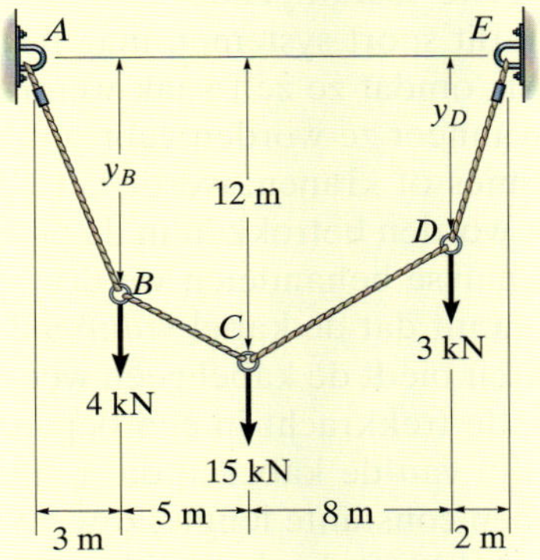

(a)

OPLOSSING

Uit nadere bestudering blijkt dat er vier onbekende steunpuntreacties zijn (A_x, A_y, E_x en E_y) en vier onbekende kabeltrekkrachten, één in elk kabelsegment. Deze acht onbekenden kunnen samen met de twee onbekende afstanden y_B en y_D worden bepaald uit *tien* beschikbare evenwichtsvergelijkingen. Een methode is om de evenwichtsvergelijkingen voor krachten ($\Sigma F_x = 0$, $\Sigma F_y = 0$) toe te passen op de vijf punten A tot en met E. Hier zullen we echter voor een directere aanpak kiezen.

Beschouw het vrijlichaamsschema van de hele kabel, zie fig. 7.19*b*. Dan geldt:

$$\overset{+}{\rightarrow} \Sigma F_x = 0; \qquad -A_x + E_x = 0$$

$$\circlearrowleft +\Sigma M_E = 0;$$

$$-A_y(18\text{ m}) + 4\text{ kN}\,(15\text{ m}) + 15\text{ kN}\,(10\text{ m}) + 3\text{ kN}\,(2\text{ m}) = 0$$

$$A_y = 12\text{ kN}$$

$$+\uparrow \Sigma F_y = 0; \qquad 12\text{ kN} - 4\text{ kN} - 15\text{ kN} - 3\text{ kN} + E_y = 0$$

$$E_y = 10\text{ kN}$$

Aangezien de zakking $y_C = 12$ m bekend is, zullen we nu de meest linkse doorsnede bekijken, waarbij kabel BC wordt doorgesneden, zie fig. 7.19*c*.

$$\circlearrowleft +\Sigma M_C = 0; \quad A_x(12\text{ m}) - 12\text{ kN}\,(8\text{ m}) + 4\text{ kN}\,(5\text{ m}) = 0$$

$$A_x = E_x = 6{,}33\text{ kN}$$

$$\overset{+}{\rightarrow} \Sigma F_x = 0; \qquad T_{BC}\cos\theta_{BC} - 6{,}33\text{ kN} = 0$$

$$+\uparrow \Sigma F_y = 0; \quad 12\text{ kN} - 4\text{ kN} - T_{BC}\sin\theta_{BC} = 0$$

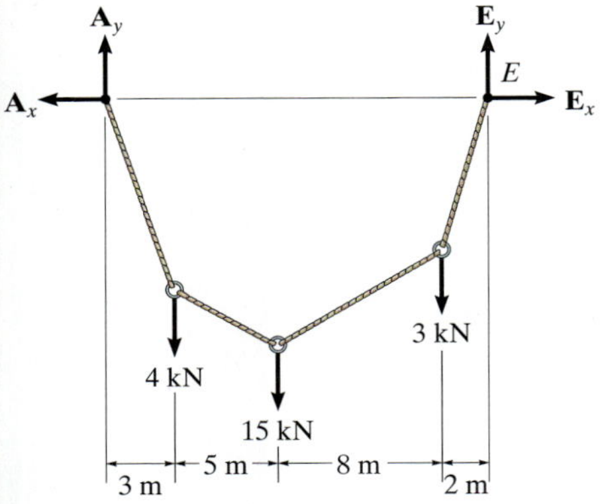

(b)

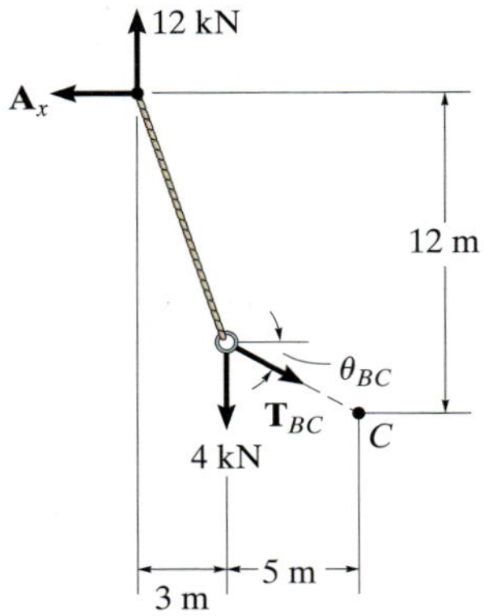

(c)

Fig. 7.19

Dus:

$$\theta_{BC} = 51{,}6^\circ$$
$$T_{BC} = 10{,}2 \text{ kN} \qquad \textit{Antw.}$$

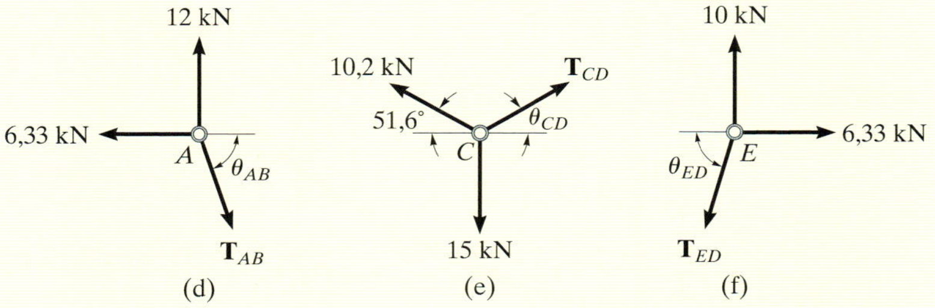

Fig. 7.19 (vervolg)

Wanneer we nu achtereenvolgens het evenwicht van de punten A, C en E analyseren, krijgen we:

Punt *A* (fig. 7.19*d*)

$$\xrightarrow{+} \Sigma F_x = 0; \qquad T_{AB}\cos\theta_{AB} - 6{,}33 \text{ kN} = 0$$
$$+\uparrow \Sigma F_y = 0; \qquad -T_{AB}\sin\theta_{AB} + 12 \text{ kN} = 0$$
$$\theta_{AB} = 62{,}2^\circ$$
$$T_{AB} = 13{,}6 \text{ kN} \qquad \textit{Antw.}$$

Punt *C* (fig. 7.19*e*)

$$\xrightarrow{+} \Sigma F_x = 0; \qquad T_{CD}\cos\theta_{CD} - 10{,}2\cos 51{,}6^\circ \text{ kN} = 0$$
$$+\uparrow \Sigma F_y = 0; \qquad T_{CD}\sin\theta_{CD} + 10{,}2\sin 51{,}6^\circ \text{ kN} - 15 \text{ kN} = 0$$
$$\theta_{CD} = 47{,}9^\circ$$
$$T_{CD} = 9{,}44 \text{ kN} \qquad \textit{Antw.}$$

Punt *E* (fig. 7.19*f*)

$$\xrightarrow{+} \Sigma F_x = 0; \qquad 6{,}33 \text{ kN} - T_{ED}\cos\theta_{ED} = 0$$
$$+\uparrow \Sigma F_y = 0; \qquad 10 \text{ kN} - T_{ED}\sin\theta_{ED} = 0$$
$$\theta_{ED} = 57{,}7^\circ$$
$$T_{ED} = 11{,}8 \text{ kN} \qquad \textit{Antw.}$$

OPMERKING: Wanneer we de kabeltrekkrachten vergelijken, zien we dat de trekkracht in segment AB het grootst is, aangezien dit segment de grootste hellingshoek (θ) heeft en voor ieder segment de horizontale component gelijk moet zijn aan $T\cos\theta = A_x = E_x$ (een constante). Nu de hellingshoeken die de kabelsegmenten met de horizontaal maken zijn bepaald, kunnen we de afstanden y_B en y_D geometrisch bepalen, zie fig. 7.19*a*.

De kabel en de hangers worden gebruikt om de uniforme last van een gasleiding te dragen, die over een rivier loopt.

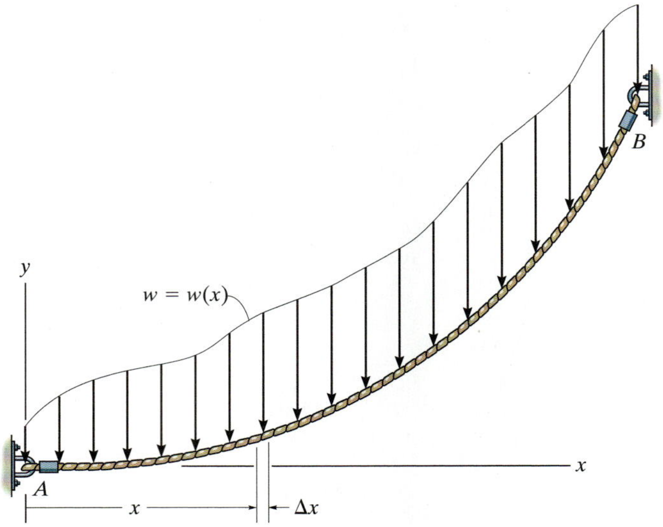

(a)

Fig. 7.20

Kabel waarop een verdeelde belasting wordt uitgeoefend Laten we de gewichtloze kabel in fig. 7.20*a* beschouwen, die onderhevig is aan een verdeelde belasting $w = w(x)$, dat wil zeggen: *gemeten in de x-richting*. Het vrijlichaamsschema van een klein segmentje van de kabel met lengte Δs is afgebeeld in fig. 7.20*b*. Omdat de trekkracht langs de lengte van de kabel zowel in grootte als in richting varieert, geven we deze verandering in het vrijlichaamsschema aan met ΔT. Ten slotte wordt de verdeelde belasting weergegeven door zijn resultante $w(x)(\Delta x)$, waarvan het aangrijpingspunt op een klein afstandje $k(\Delta x)$ van punt O ligt, waarbij geldt dat $0 < k < 1$. Wanneer we de evenwichtsvergelijkingen toepassen, krijgen we:

$$\overset{+}{\rightarrow} \Sigma F_x = 0; \qquad -T\cos\theta + (T + \Delta T)\cos(\theta + \Delta\theta) = 0$$

$$+\uparrow \Sigma F_y = 0; \qquad -T\sin\theta - w(x)(\Delta x) + (T + \Delta T)\sin(\theta + \Delta\theta) = 0$$

$$\circlearrowleft + \Sigma M_O = 0; \qquad w(x)(\Delta x)k(\Delta x) - T\cos\theta\,\Delta y + T\sin\theta\,\Delta x = 0$$

Wanneer we elk van deze vergelijkingen delen door Δx en de limiet $\Delta x \to 0$ nemen en derhalve $\Delta y \to 0$, $\Delta\theta \to 0$, en $\Delta T \to 0$, krijgen we:

$$\frac{d(T\cos\theta)}{dx} = 0 \tag{7.7}$$

$$\frac{d(T\sin\theta)}{dx} - w(x) = 0 \tag{7.8}$$

$$\frac{dy}{dx} = \tan\theta \tag{7.9}$$

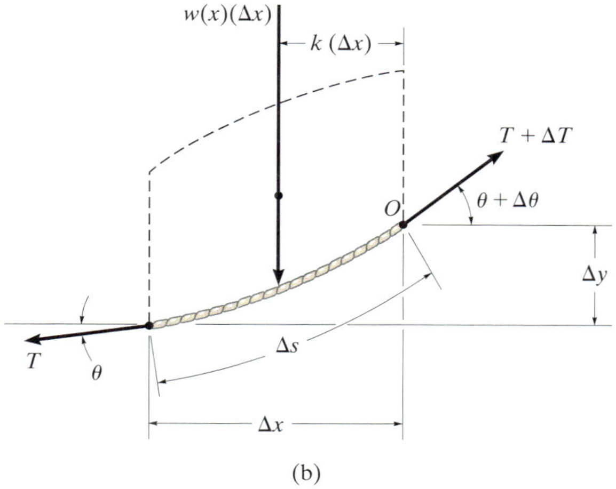

Fig. 7.20 (vervolg)

Wanneer we vgl. 7.7 integreren, krijgen we:

$$T \cos \theta = \text{constante} = F_H \tag{7.10}$$

Hierin is F_H de horizontale component van de trekkracht in *elk punt* van de kabel.

Wanneer we vgl. 7.8 integreren, krijgen we:

$$T \sin \theta = \int w(x)\, dx \tag{7.11}$$

Door vgl. 7.11 te delen door vgl. 7.10 wordt T geëlimineerd. Vervolgens kunnen we de hellingshoek van de kabel bepalen met behulp van vgl. 7.9:

$$\tan \theta = \frac{dy}{dx} = \frac{1}{F_H} \int w(x)\, dx$$

Een tweede integratie levert het volgende op:

$$y = \frac{1}{F_H} \int \left(\int w(x)\, dx \right) dx \tag{7.12}$$

Deze vergelijking wordt gebruikt om de kabelcurve $y = f(x)$ te bepalen. De horizontale krachtcomponent F_H en de twee extra constanten, zeg C_1 en C_2, die volgen uit de integratie, worden bepaald door de randvoorwaarden voor de kromme toe te passen.

De kabels van de hangbrug oefenen zeer grote krachten uit op de toren en de fundering. Hiermee moet in het ontwerp rekening worden gehouden.

Voorbeeld 7.12

De kabel van een hangbrug draagt de helft van het uniforme wegdek tussen de twee pijlers in A en B, zoals afgebeeld in fig. 7.21a. De verdeelde belasting is w_0. Bepaal de maximale kracht die in de kabel wordt ontwikkeld en de vereiste kabellengte. De overspanning L en de afstand h zijn bekend.

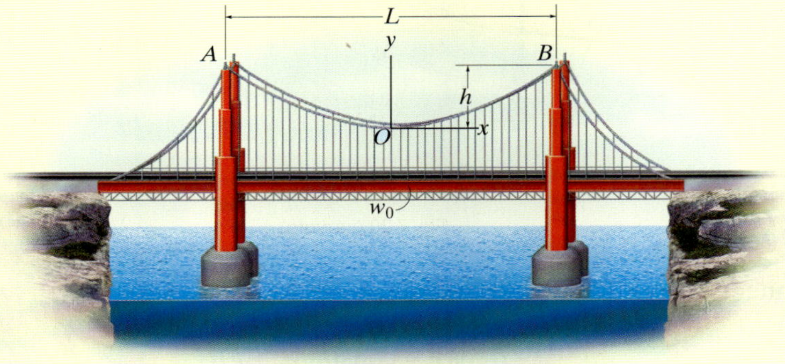

(a)

Fig. 7.21

OPLOSSING

We kunnen de onbekenden in het vraagstuk bepalen door eerst de vergelijking van de kromme te bepalen die de vorm van de kabel bepaalt met behulp van vgl. 7.12. Uit het oogpunt van symmetrie is de oorsprong van de coördinaten in het midden van de kabel geplaatst. Uitgaande van $w(x) = w_0$ hebben we:

$$y = \frac{1}{F_H}\int\left(\int w_0\, dx\right) dx$$

Wanneer we deze vergelijking tweemaal integreren, krijgen we:

$$y = \frac{1}{F_H}\left(\frac{w_0 x^2}{2} + C_1 x + C_2\right) \tag{1}$$

De integratieconstanten kunnen worden bepaald door gebruik te maken van de randvoorwaarden $y = 0$ in $x = 0$ en $dy/dx = 0$ in $x = 0$. Substitutie in vgl. 1 levert $C_1 = C_2 = 0$ op. De vergelijking van de kromme wordt dan:

$$y = \frac{w_0}{2F_H}x^2 \tag{2}$$

Dit is de vergelijking van een *parabool*. De constante F_H kan worden bepaald door gebruik te maken van de randvoorwaarde $y = h$ in $x = L/2$. Dus:

$$F_H = \frac{w_0 L^2}{8h} \tag{3}$$

Daarom wordt vgl. 2:

$$y = \frac{4h}{L^2}x^2 \tag{4}$$

Aangezien F_H bekend is, kan de trekkracht in de kabel worden bepaald met behulp van vgl. 7.10, geschreven als $T = F_H/\cos\theta$. Voor $0 \leq \theta < \pi/2$, zal de maximale trekkracht optreden wanneer θ *maximaal* is, dat wil zeggen: in punt B, fig. 7.21a. Uit vgl. 2 volgt dat de helling op dit punt gelijk is aan:

$$\left.\frac{dy}{dx}\right|_{x=L/2} = \tan\theta_{\max} = \left.\frac{w_0}{F_H}x\right|_{x=L/2}$$

of

$$\theta_{\max} = \tan^{-1}\left(\frac{w_0L}{2F_H}\right) \tag{5}$$

Daarom geldt:

$$T_{\max} = \frac{F_H}{\cos(\theta_{\max})} \tag{6}$$

Als we gebruikmaken van de driehoeksrelatie, die in fig. 7.21b is afgebeeld en die op vgl. 5 is gebaseerd, kan vgl. 6 worden geschreven als:

$$T_{\max} = \frac{\sqrt{4F_H^2 + w_0^2L^2}}{2}$$

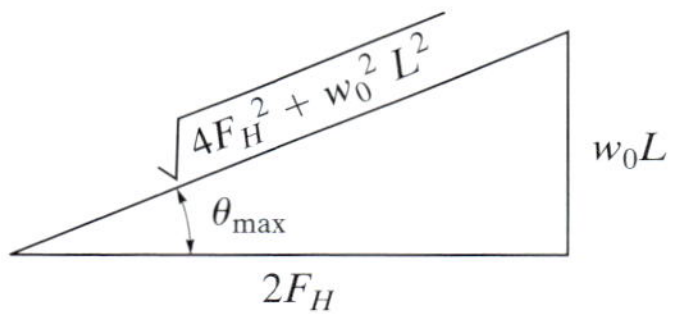

(b)

Fig. 7.21 (vervolg)

Substitutie van vgl. 3 in de bovenstaande vergelijking levert het volgende op:

$$T_{\max} = \frac{w_0L}{2}\sqrt{1 + \left(\frac{L}{4h}\right)^2} \qquad \textit{Antw.}$$

Voor een kabelsegment met lengte ds kunnen we schrijven:

$$ds = \sqrt{(dx)^2 + (dy)^2} = \sqrt{1 + \left(\frac{dy}{dx}\right)^2}\,dx$$

Dus de totale lengte van de kabel kan door integratie worden bepaald. Als we gebruikmaken van vgl. 4 geldt:

$$\mathscr{L} = \int ds = 2\int_0^{L/2}\sqrt{1 + \left(\frac{8h}{L^2}x\right)^2}\,dx \tag{7}$$

Integratie levert het volgende op:

$$\mathscr{L} = \frac{L}{2}\left[\sqrt{1 + \left(\frac{4h}{L}\right)^2} + \frac{L}{4h}\sinh^{-1}\left(\frac{4h}{L}\right)\right] \qquad \textit{Antw.}$$

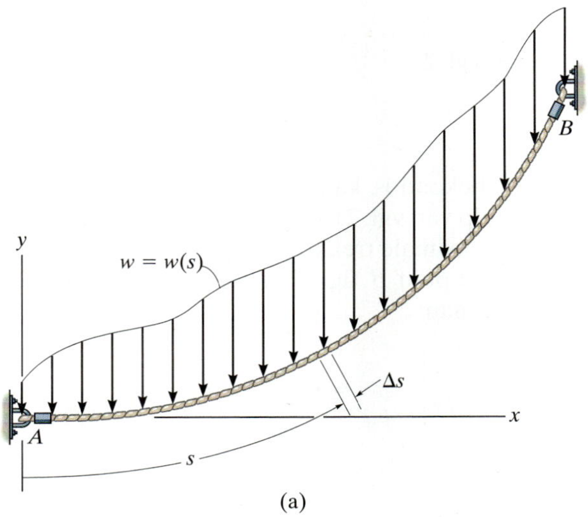

Fig. 7.22

Kabel die zijn eigen gewicht draagt Wanneer het gewicht van een kabel belangrijk wordt in de krachtenanalyse, dan wordt de belastingsfunctie langs de kabel een functie van de booglengte s in plaats van de geprojecteerde lengte x. Om dit probleem te analyseren, beschouwen we een veralgemeende belastingsfunctie $w = w(s)$ die voor de lengte van de kabel geldt. Zie de afbeelding in fig. 7.22*a*. Het vrijlichaamsschema voor een kabelsegment is te zien in fig. 7.22*b*. Wanneer we de evenwichtsvergelijkingen toepassen op het krachtensysteem in deze grafiek, krijgen we dezelfde verbanden als in vgl. 7.7 tot en met 7.9, maar in plaats van dx krijgen we ds. Zodoende kunnen we aantonen dat:

$$T \cos \theta = F_H$$

$$T \sin \theta = \int w(s)\, ds \qquad (7.13)$$

$$\frac{dy}{dx} = \frac{1}{F_H} \int w(s)\, ds \qquad (7.14)$$

Om vgl. 7.14 direct te integreren, moet dy/dx worden vervangen door ds/dx. Aangezien:

$$ds = \sqrt{dx^2 + dy^2}$$

geldt:

$$\frac{dy}{dx} = \sqrt{\left(\frac{ds}{dx}\right)^2 - 1}$$

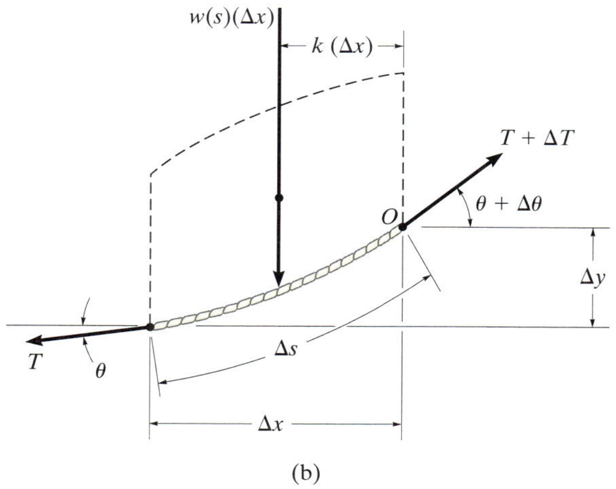

Fig. 7.22 (vervolg)

Daarom geldt:

$$\frac{ds}{dx} = \left[1 + \frac{1}{F_H^2}\left(\int w(s)\,ds\right)^2\right]^{1/2}$$

Door het scheiden en integreren van variabelen vinden we:

$$x = \int \frac{ds}{\left[1 + \frac{1}{F_H^2}\left(\int w(s)\,ds\right)^2\right]^{1/2}} \qquad (7.15)$$

De twee integratieconstanten, zeg C_1 en C_2, worden bepaald door de randvoorwaarden voor de kromme te gebruiken.

Hoogspanningsmasten moeten zodanig worden ontworpen dat ze de gewichten van de daaraan hangende elektriciteitskabels kunnen dragen. Het gewicht en de lengte van de kabels kunnen worden bepaald omdat ze elk een kettinglijn vormen.

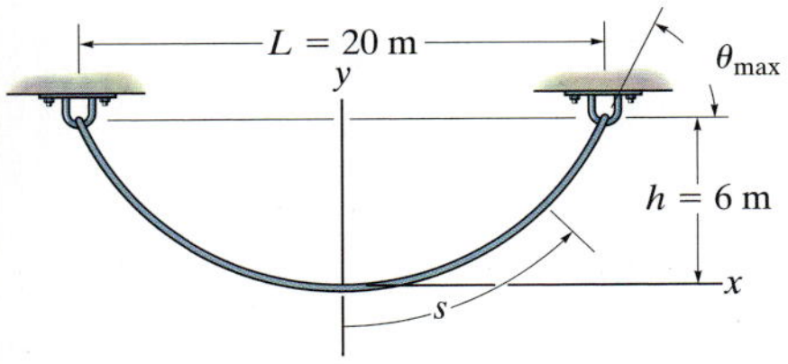

Fig. 7.23

Voorbeeld 7.13

Bepaal de doorhangingscurve, de lengte en de maximale trekkracht in de uniforme kabel in fig. 7.23. De kabel heeft een gewicht per lengte-eenheid van $w_0 = 5$ N/m.

OPLOSSING

Uit het oogpunt van symmetrie is de oorsprong van de coördinaten in het midden van de kabel geplaatst. De doorhangingscurve wordt uitgedrukt als $y = f(x)$. We kunnen deze bepalen door eerst vgl. 7.15 toe te passen, waarbij $w(s) = w_0$.

$$x = \int \frac{ds}{\left[1 + (1/F_H^2)\left(\int w_0\, ds\right)^2\right]^{1/2}}$$

Wanneer we de term achter het integraalteken in de noemer integreren, krijgen we:

$$x = \int \frac{ds}{[1 + (1/F_H^2)(w_0 s + C_1)^2]^{1/2}}$$

Wanneer we $u = (1/F_H)(w_0 s + C_1)$ substitueren, zodat $du = (w_0/F_H)\, ds$, levert een tweede integratie het volgende op:

$$x = \frac{F_H}{w_0}(\sinh^{-1} u + C_2)$$

of

$$x = \frac{F_H}{w_0}\left\{\sinh^{-1}\left[\frac{1}{F_H}(w_0 s + C_1)\right] + C_2\right\} \qquad (1)$$

Om de constanten te bepalen, merken we op dat uit vgl. 7.14 volgt dat:

$$\frac{dy}{dx} = \frac{1}{F_H}\int w_0\, ds \qquad \text{of} \qquad \frac{dy}{dx} = \frac{1}{F_H}(w_0 s + C_1)$$

Aangezien $dy/dx = 0$ in $s = 0$ geldt $C_1 = 0$. Dus:

$$\frac{dy}{dx} = \frac{w_0 s}{F_H} \qquad (2)$$

De constante C_2 kan worden bepaald door uit te gaan van de voorwaarde $s = 0$ in $x = 0$ in vgl. 1, in welk geval $C_2 = 0$. Om de doorhangingscurve te bepalen, moeten we s in vgl. 1 oplossen, wat oplevert:

$$s = \frac{F_H}{w_0}\sinh\left(\frac{w_0}{F_H}x\right) \qquad (3)$$

Substitutie in vgl. 2 levert op:

$$\frac{dy}{dx} = \sinh\left(\frac{w_0}{F_H}x\right)$$

Dus

$$y = \frac{F_H}{w_0}\cosh\left(\frac{w_0}{F_H}x\right) + C_3$$

Wanneer de randvoorwaarde $y = 0$ in $x = 0$ wordt toegepast, is de constante $C_3 = -F_H/w_0$ en wordt de doorhangingscurve dus:

$$y = \frac{F_H}{w_0}\left[\cosh\left(\frac{w_0}{F_H}x\right) - 1\right] \tag{4}$$

Deze vergelijking beschrijft de vorm van een *kettinglijn*. De constante F_H wordt bepaald door toepassing van de randvoorwaarde dat $y = h$ in $x = L/2$, in welk geval:

$$h = \frac{F_H}{w_0}\left[\cosh\left(\frac{w_0 L}{2F_H}\right) - 1\right] \tag{5}$$

Aangezien $w_0 = 5$ N/m, $h = 6$ m en $L = 20$ m, worden vgl. 4 en 5:

$$y = \frac{F_H}{5\text{ N/m}}\left[\cosh\left(\frac{5\text{ N/m}}{F_H}x\right) - 1\right] \tag{6}$$

$$6\text{ m} = \frac{F_H}{5\text{ N/m}}\left[\cosh\left(\frac{50\text{ N}}{F_H}\right) - 1\right] \tag{7}$$

F_H in vgl. 7 kan worden opgelost volgens een 'trial-and-error-procedure'. De uitkomst is:

$$F_H = 45{,}9\text{ N}$$

en de doorhangingscurve, vgl. 6, wordt dus:

$$y = 9{,}19[\cosh(0{,}109x) - 1]\text{ m}$$ *Antw.*

Uitgaande van vgl. 3 met $x = 10$ m, is de halve lengte van de kabel gelijk aan:

$$\frac{\mathcal{L}}{2} = \frac{45{,}9\text{ N}}{5\text{ N/m}}\sinh\left[\frac{5\text{ N/m}}{45{,}9\text{ N}}(10\text{ m})\right] = 12{,}1\text{ m}$$

Dus:

$$\mathcal{L} = 24{,}2\text{ m}$$ *Antw.*

Aangezien $T = F_H/\cos\theta$, treedt de maximale trekkracht op wanneer θ maximaal is, dat wil zeggen: in $s = \mathcal{L}/2 = 12{,}1$ m. Vgl. 2 levert op:

$$\left.\frac{dy}{dx}\right|_{s=12{,}1\text{ m}} = \tan\theta_{max} = \frac{5\text{ N/m}(12{,}1\text{ m})}{45{,}9\text{ N}} = 1{,}32$$

$$\theta_{max} = 52{,}8^\circ$$

En dus:

$$T_{max} = \frac{F_H}{\cos\theta_{max}} = \frac{45{,}9\text{ N}}{\cos 52{,}8^\circ} = 75{,}9\text{ N}$$ *Antw.*

Vraagstukken

Verwaarloos in onderstaande vraagstukken het gewicht van de kabels, tenzij het gewicht is aangegeven.

7.94. Bepaal de trekkracht in elk segment van de kabel en de totale lengte van de kabel. Neem $P = 400$ N.

7.95. Als elk kabelsegment een maximale trekkracht van 375 N kan dragen, bepaal dan de grootste belasting P die kan worden uitgeoefend.

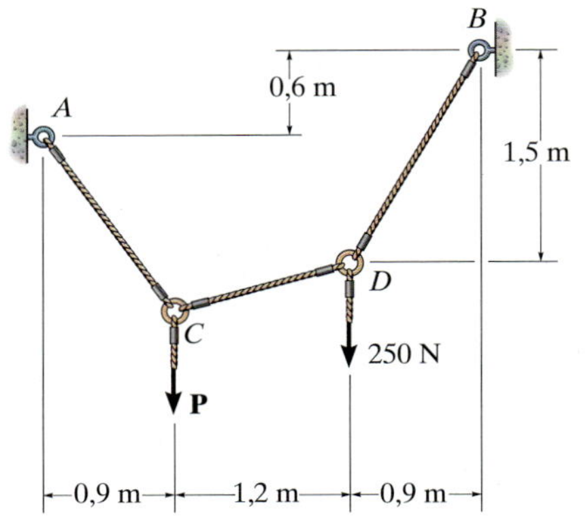

Vraagstukken 7.94/95

***7.96.** Aan kabel $ABCD$ hangt de 10 kg zware lamp E en de 15 kg zware lamp F. Bepaal de maximale trekkracht in de kabel en de zakking y_B van punt B.

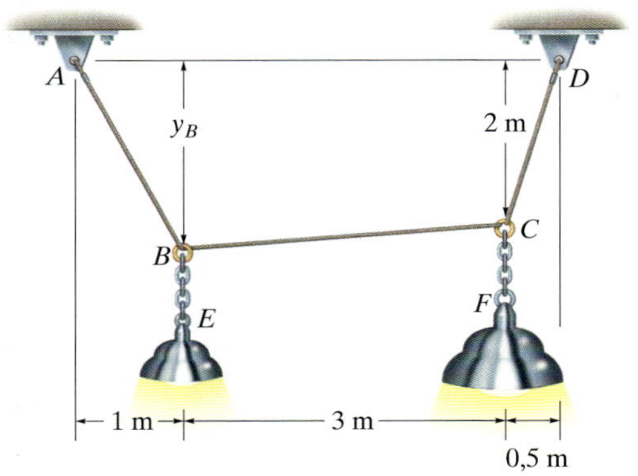

Vraagstuk 7.96

7.97. Op de kabel worden de drie aangegeven belastingen uitgeoefend. Bepaal de zakkingen y_B en y_D van de punten B en D. Neem $P_1 = 2000$ N en $P_2 = 1250$ N.

7.98. Op de kabel worden de drie aangegeven belastingen uitgeoefend. Bepaal de grootte van $\mathbf{P}_1$ als $P_2 = 1500$ N en $y_B = 2{,}4$ m. Bepaal ook de zakking y_D.

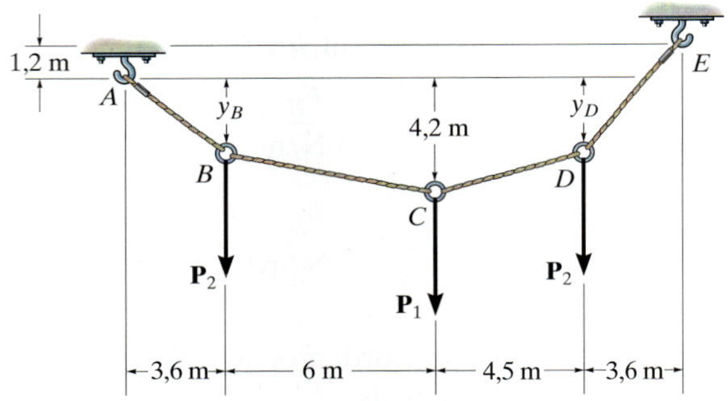

Vraagstukken 7.97/98

7.99. De cilinders E en F hebben een massa van respectievelijk 20 en 40 kg. Bepaal dan de trekkracht in elke kabel en de zakking y_C.

***7.100.** Cilinder E heeft een massa van 20 kg en elk kabelsegment kan maximaal belast worden met een trekkracht van 400 N. Bepaal dan de grootste massa die cilinder F mag hebben. Hoe groot is de zakking y_C?

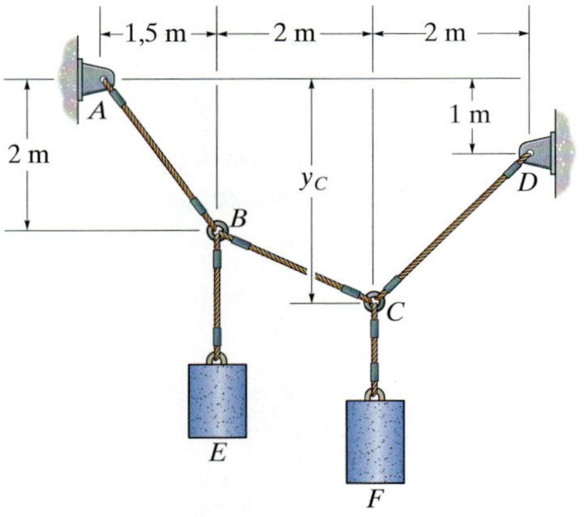

Vraagstukken 7.99/100

7.101. Als $h = 5$ m, bepaal dan de maximale trekkracht in de ketting en de lengte van de ketting. De ketting heeft een massa per lengte-eenheid van 8 kg/m.

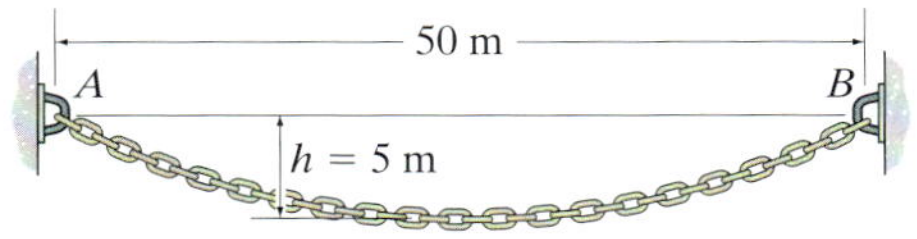

Vraagstuk 7.101

7.102. Op de kabel wordt de uniform verdeelde belasting $w_0 = 12$ kN/m uitgeoefend. Bepaal de trekkracht in de kabel in de beide steunpunten A en B.

7.103. Bepaal de maximale, uniform verdeelde belasting w_0 die op de kabel kan worden uitgeoefend als de maximale trekkracht die de kabel kan weerstaan gelijk is aan 20 kN.

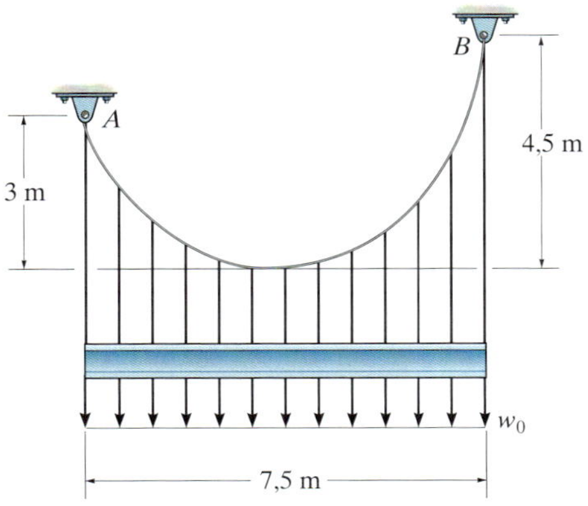

Vraagstukken 7.102/103

***7.104.** De kabel AB wordt belast met een gelijkmatig verdeelde belasting van 200 N/m. Laat het gewicht van de kabel buiten beschouwing en neem aan dat de hellinghoeken in de punten A en B respectievelijk 30 en 60° zijn. Bepaal dan de vergelijking die de vorm van de kabel definieert en de maximale trekkracht die in de kabel optreedt.

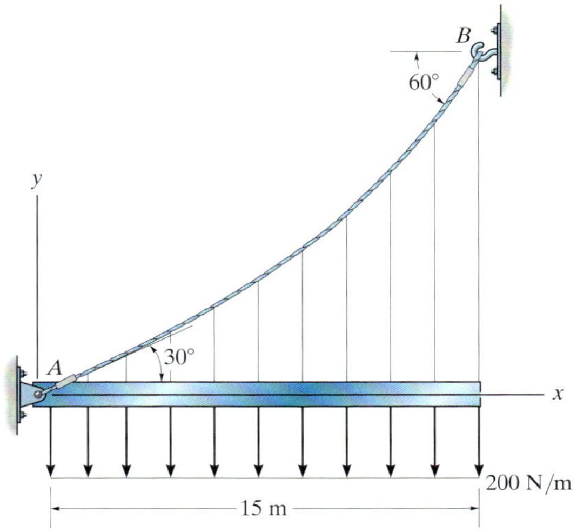

Vraagstuk 7.104

7.105. Het brugdek heeft een gewicht per lengte-eenheid van 80 kN/m. Het wordt aan elke kant gedragen door een kabel. Bepaal de trekkracht in elke kabel in de pijlers A en B.

7.106. Als elk van beide zijkabels die het brugdek dragen een maximale trekkracht van 50 MN kunnen verdragen, bepaal dan de toegestane uniform verdeelde belasting w_0, veroorzaakt door het gewicht van het brugdek.

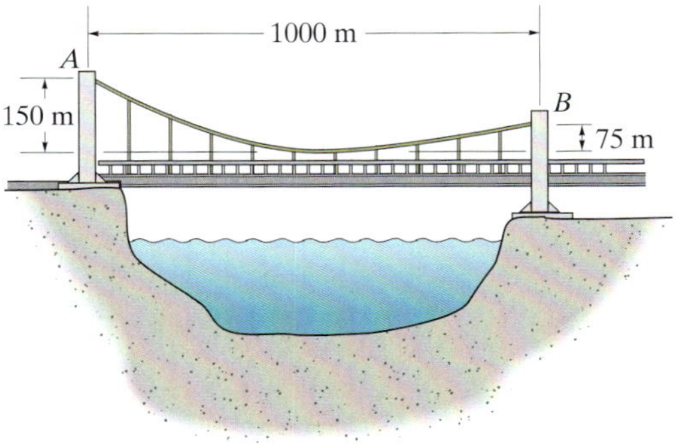

Vraagstukken 7.105/106

7.107. De cilinders C en D zijn bevestigd aan het einde van de kabel. Cilinder D heeft een massa van 600 kg. Bepaal dan de massa van C, de maximale zakking h van de kabel en de lengte van de kabel tussen de katrollen A en B. De balk heeft een massa per lengte-eenheid van 50 kg/m.

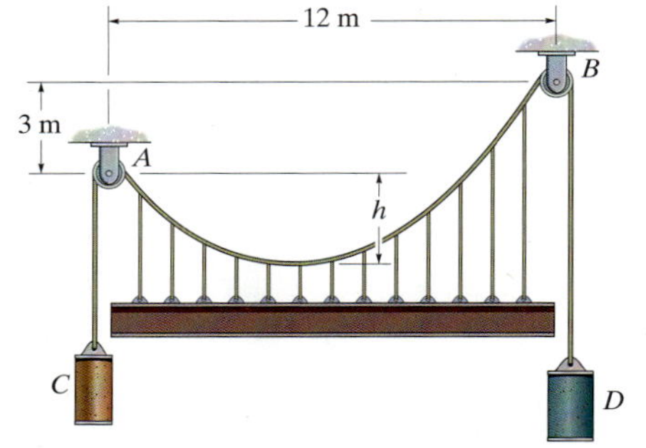

Vraagstuk 7.107

7.109. De buis heeft een massa per eenheid van lengte van 1500 kg/m. Bepaal de maximale trekkracht die in de kabel zal ontstaan.

7.110. De buis heeft een massa per eenheid van lengte van 1500 kg/m. Bepaal minimale trekkracht die in de kabel zal ontstaan.

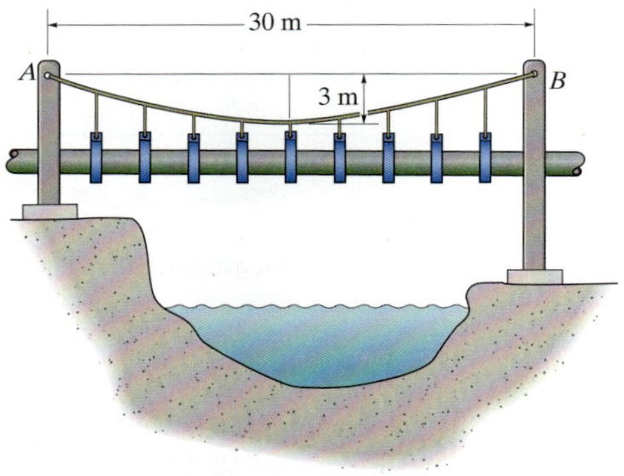

Vraagstukken 7.109/110

***7.108.** De kabel zal breken wanneer de maximale trekkracht $F_{max} = 10$ kN wordt. Bepaal de minimale zakking h als de kabel wordt belast met een gelijkmatig verdeelde belasting van $w = 600$ N/m.

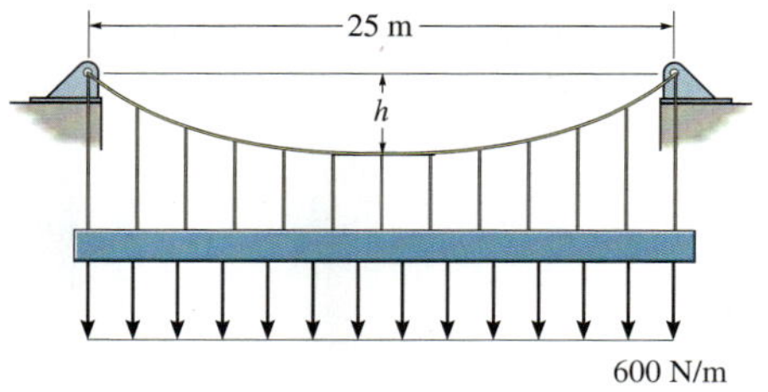

Vraagstuk 7.108

7.111. De helling van de kabel ter plaatse van ondersteuning A is nul. Bepaal de doorbuigingslijn $y = f(x)$ van de kabel en de maximale trekkracht die in de kabel zal ontstaan.

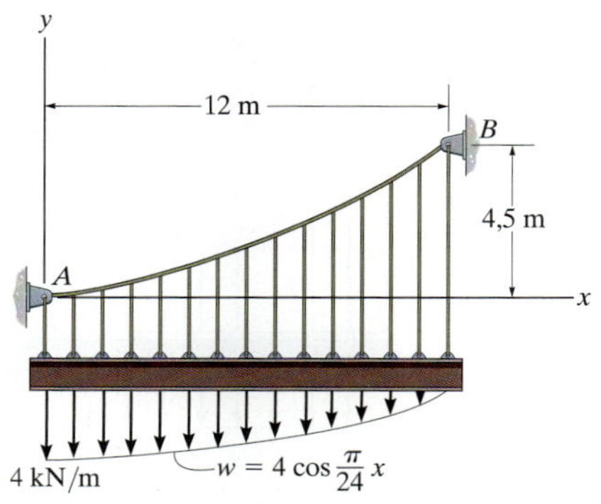

Vraagstukken 7.110/111

***7.112.** Bepaal de maximale trekkracht die in de kabel zal ontstaan als deze wordt belast met een gelijkmatig verdeelde belasting van 600 N/m.

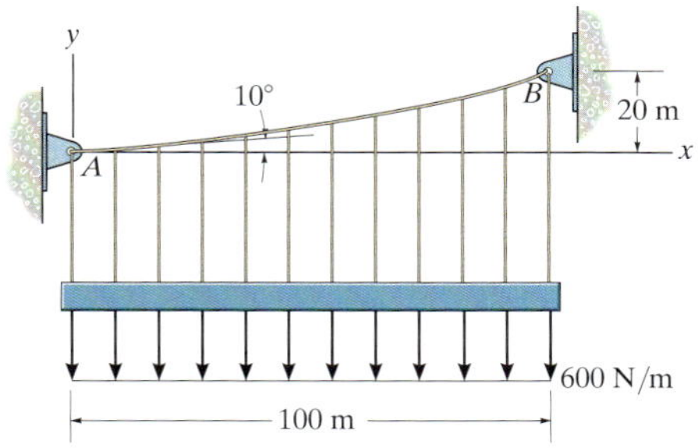

Vraagstuk 7.112

7.113. Bepaal de maximale gelijkmatig verdeelde belasting w_0 N/m waarmee de kabel kan worden belast als deze bestand is tegen een maximale trekkracht van 60 kN.

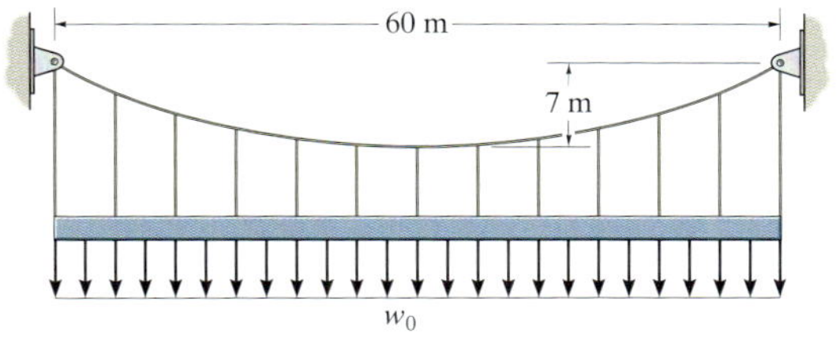

Vraagstuk 7.113

7.114. Een kabel heeft een gewicht van 30 N/m (~3 kg/m) en is opgehangen aan twee punten op dezelfde hoogte die zich 25 meter van elkaar bevinden. Bepaal de doorhanging als de kabel 26 m lang is.

7.115. Een draad heeft een gewicht van 2 N/m (~0,2 kg/m). Bepaal de lengte van de kabel als deze 10 m kan overspannen en dan 1,2 m doorzakt. De uiteinden van de kabel worden op dezelfde hoogte ondersteund.

***7.116.** De kabel met een massa van 10 kg/m is opgehangen tussen de ondersteuningen A en B. De kabel kan worden belast met een maximale trekkracht van 1,5 kN en de maximale doorzakking is 3 m. Bepaal dan de maximale afstand E tussen de ondersteuningen.

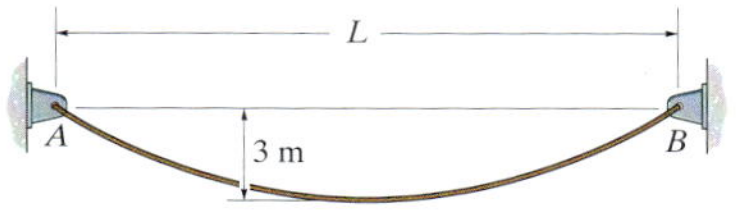

Vraagstuk 7.116

7.117. Toon aan dat de vorm van de kabel in voorbeeld 7.13 kan worden beschreven door vgl. 4 in voorbeeld 7.12 wanneer de *cosinus-hyperbolicusfunctie* wordt ontwikkeld in een machtreeks, waarvan alleen de eerste twee termen worden meegenomen. (Uit het antwoord blijkt dat de *kettinglijn* bij de analyse van vraagstukken waarbij de zakking klein is, kan worden vervangen door een parabool. In dit geval wordt aangenomen dat het gewicht van de kabel langs de horizontaal uniform verdeeld is.)

7.118. Als de horizontale sleepkracht T = 20 kN en de ketting een massa per lengte-eenheid heeft van 15 kg/m, bepaal dan de maximale zakking h. Verwaarloos de opwaartse kracht van het water op de ketting. De boten blijven op dezelfde plaats.

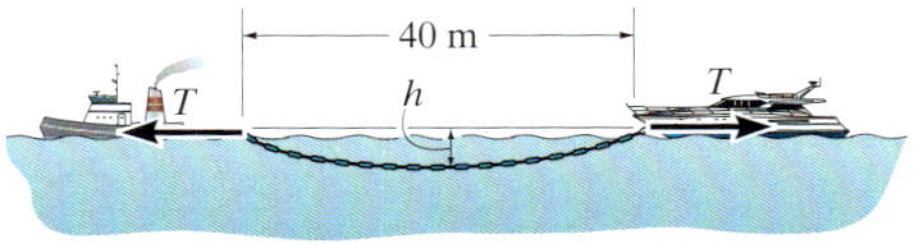

Vraagstuk 7.118

7.119. De kabel heeft een massa van 0,5 kg/m en is 25 m lang. Bepaal de verticale en horizontale componenten van kracht die de kabel uitoefent op de bovenkant van de toren.

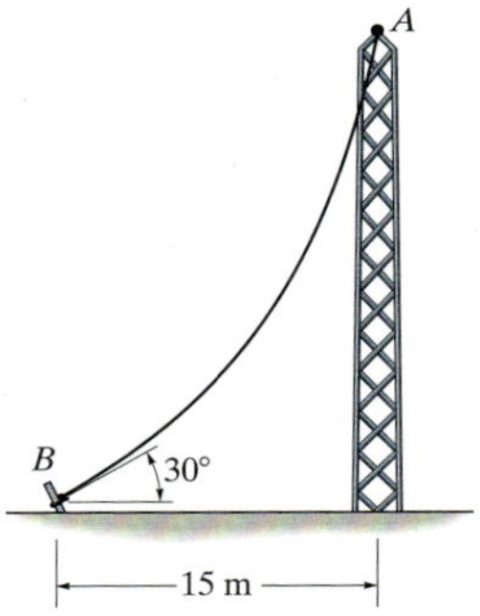

Vraagstuk 7.119

***7.120.** Een 50 m lange kabel hangt tussen twee punten die op dezelfde hoogte 15 m uit elkaar staan. De minimale trekkracht in de kabel is 200 kN. Bepaal het totale gewicht van de kabel en de maximale trekkracht die in de kabel zal ontstaan.

7.121. De 80 m lange ketting is aan de einden ingeklemd en wordt in het midden *B* opgehesen met behulp van een kraan. De ketting heeft een gewicht van 0,5 kN/m. Bepaal de minimale hoogte *h* van de haak om de *volledige ketting* vrij van de grond te tillen. Hoe groot is de horizontale kracht op de pen in *A* of *C* op dat moment? *Hint*: wanneer *h* een minimum is, is de helling in *A* en *C* nul.

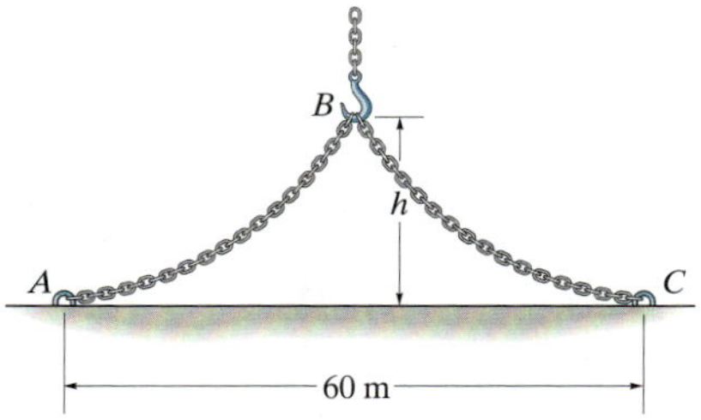

Vraagstuk 7.121

7.122. Een homogene kabel hangt tussen twee punten op dezelfde hoogte. Bepaal de verhouding tussen de doorzakking en de overspanning, zodanig dat de maximale trekkracht in het koord gelijk is aan het totaalgewicht van het koord.

7.123. Een kabel met een gewicht per lengte-eenheid van 0,1 kN/m is opgehangen tussen steunen *A* en *B*. Bepaal de vergelijking van de kettinglijn van de kabel en de lengte van de kabel.

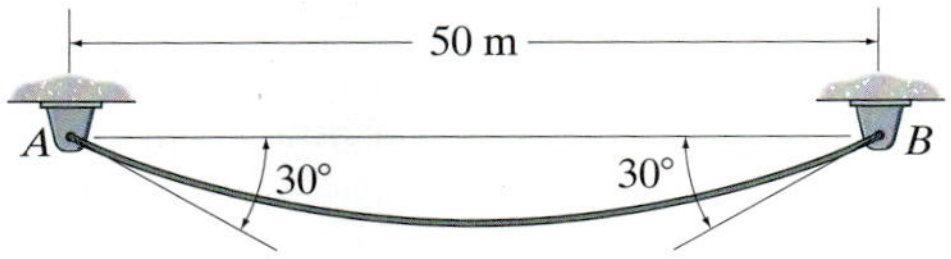

Vraagstuk 7.123

***7.124.** Een glasvezelkabel wordt over de palen gehangen, zodanig dat de hoek ter plaatse van de ondersteuningen $\theta = 22°$ is. Bepaal de minimale trekkracht in de kabel en de zakking. De kabel heeft een massa van 0,9 kg/m en de ondersteuningen bevinden zich op dezelfde hoogte.

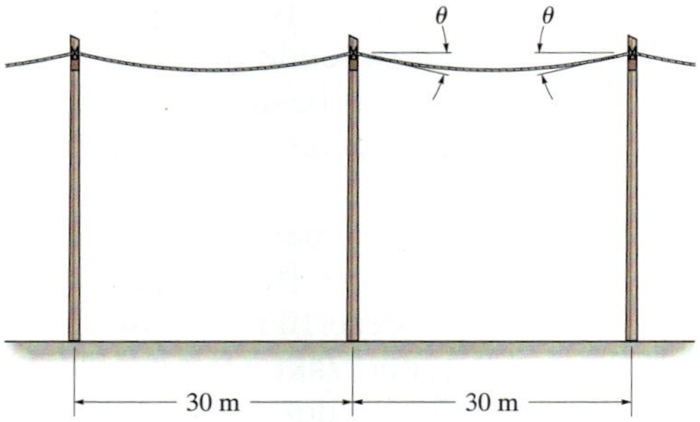

Vraagstuk 7.124

Samenvatting

Interne belastingen

Wanneer een tweedimensionaal krachtensysteem op een element werkt, dan werkt er over het algemeen een resulterende *interne normaalkracht* **N**, *dwarskracht* **V** en *buigmoment* **M** op elke doorsnede langs de lengte van het element. In de figuur zijn de positieve richtingen van deze belastingen weergegeven.

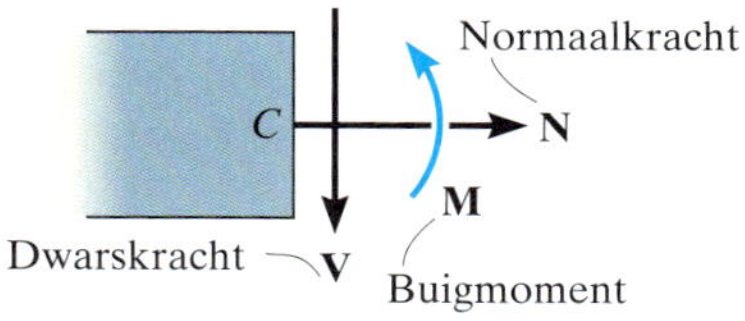

De resulterende interne normaalkracht, de resulterende dwarskracht en het resulterende buigmoment worden bepaald met behulp van de snedemethode. Om ze te vinden, wordt het element doorgesneden op het punt *C* waar de interne belastingen moeten worden bepaald. Vervolgens wordt een vrijlichaamsschema van een van de segmenten getekend en de interne belastingen worden weergegeven met hun positieve richtingen.

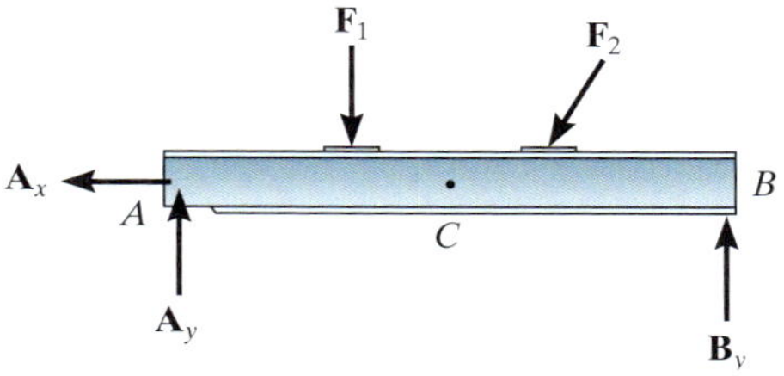

$$\Sigma F_x = 0$$
$$\Sigma F_y = 0$$
$$\Sigma M_C = 0$$

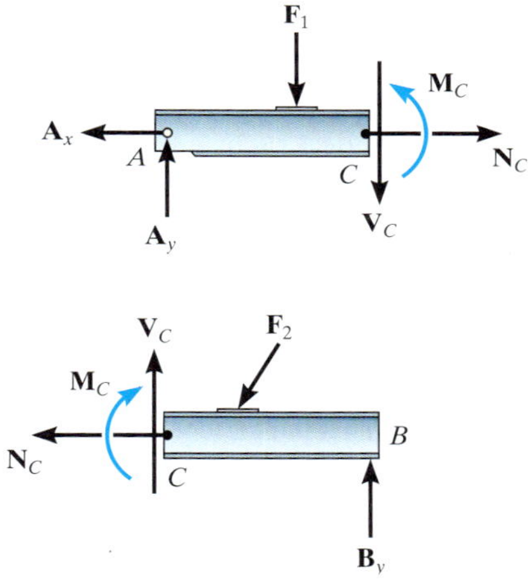

De resulterende normaalkracht wordt bepaald door de krachten te sommeren, die loodrecht op het snedevlak staan. De resulterende dwarskracht wordt bepaald door de krachten te sommeren die dwars op de snede werken, en het resulterende buigmoment wordt bepaald door momenten om het meetkundig middelpunt of zwaartepunt van het snedevlak te sommeren.

Wanneer het element aan een driedimensionale belasting onderhevig is, zal er over het algemeen ook een *torsiebelasting* werken op de dwarsdoorsnede. Deze kan worden bepaald door momenten te sommeren om een as, die loodrecht staat op de dwarsdoorsnede en die door het zwaartepunt van de dwarsdoorsnede gaat.

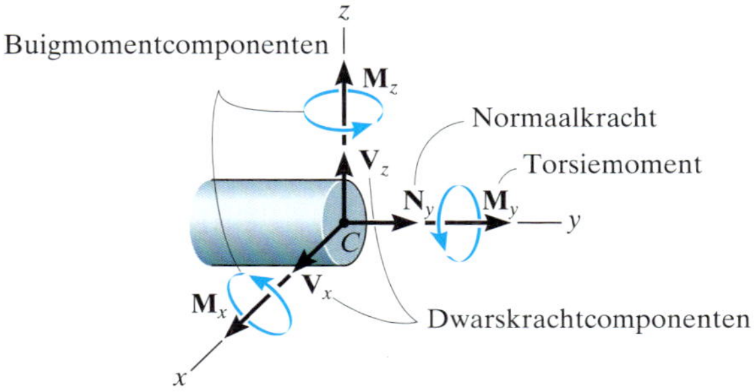

Dwarskracht- en buigmomentgrafieken
Om de dwarskracht- en buigmomentgrafiek van een element te kunnen tekenen, moet het element worden doorgesneden op een willekeurig punt, op een afstand x van het linkeruiteinde.

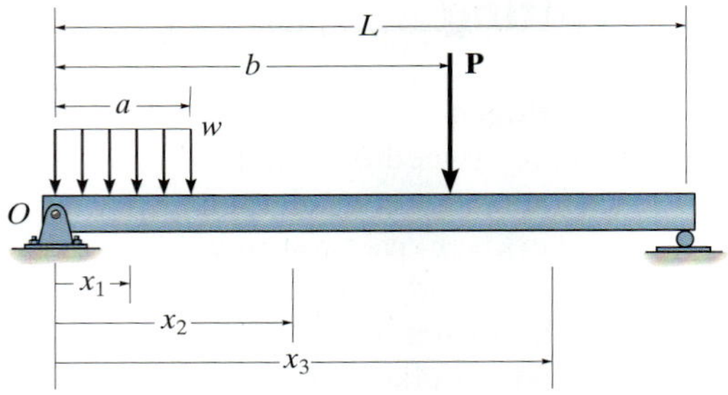

Wanneer de externe belasting bestaat uit veranderingen in de verdeelde belasting, of wanneer een reeks puntkrachten en koppelmomenten op het element werken, moeten er verschillende uitdrukkingen voor V en M worden vastgesteld binnen gebieden tussen discontinuïteiten in de belasting.

De onbekende kracht en het onbekende moment worden in de dwarsdoorsnede in de positieve richting aangegeven in overeenstemming met de tekenconventie; daarna worden de interne dwarskracht en het interne moment bepaald als functie van x.

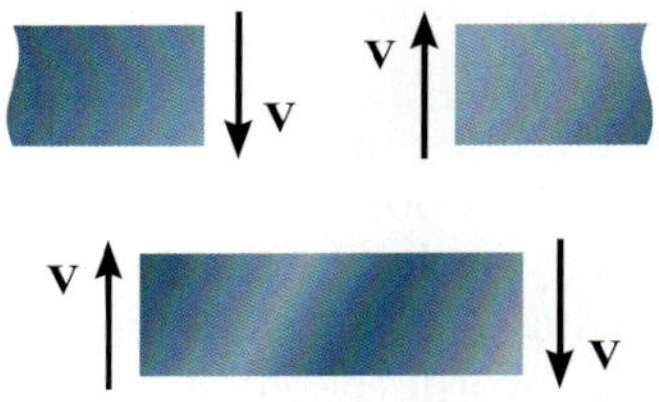

Positieve dwarskracht

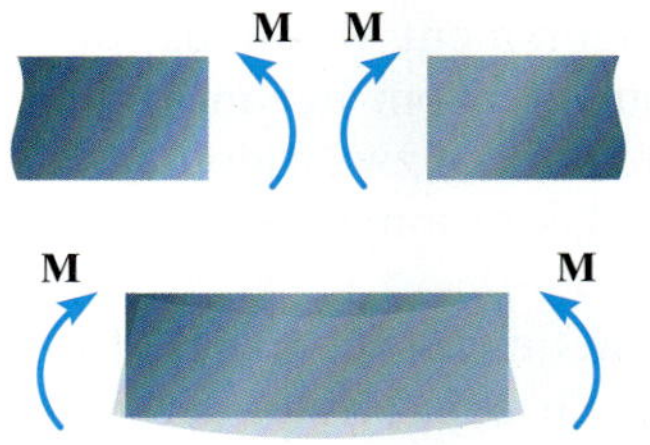

Positief moment

Vervolgens worden de dwarskracht- en de buigmomentgrafiek getekend.

Verbanden tussen dwarskracht en moment
De dwarskracht- en buigmomentgrafieken kunnen snel worden getekend door gebruik te maken van differentiaalrelaties tussen de verdeelde belasting w en V en M.

De helling van de dwarskrachtgrafiek is gelijk aan de verdeelde belasting op een bepaald punt. De helling is positief als de verdeelde belasting naar boven gericht is.

$$\frac{dV}{dx} = w$$

De helling van de buigmomentgrafiek is gelijk aan de dwarskracht op een bepaald punt. De helling is positief als de dwarskracht positief is.

$$\frac{dM}{dx} = V$$

De verandering in dwarskracht tussen twee punten is gelijk aan de oppervlakte onder de verdeelde belasting tussen de punten.

$$\Delta V = \int w\, dx$$

De verandering in buigmoment is gelijk aan de oppervlakte onder de dwarskrachtgrafiek tussen de punten.

$$\Delta M = \int V\, dx$$

Kabels
Wanneer op een flexibele en niet-uitrekbare kabel een reeks puntkrachten wordt uitgeoefend, kan de analyse van de kabel worden uitgevoerd door de evenwichtsvergelijkingen te gebruiken die toegepast worden op vrijlichaamsschema's van segmenten of punten waarop de belasting wordt uitgeoefend.

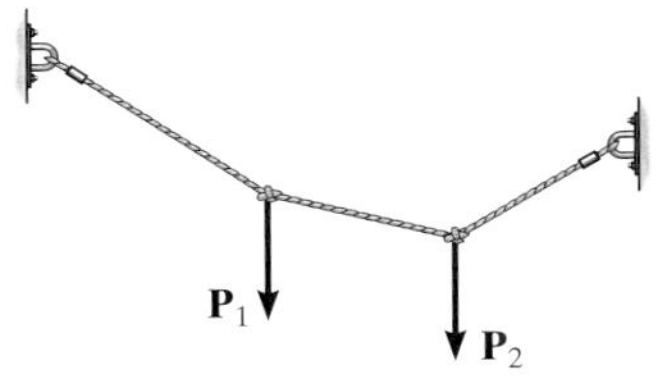

Wanneer externe verdeelde belastingen of het gewicht van de kabel in beschouwing dienen te worden genomen, dan moet de vorm van de kabel worden vastgesteld door eerst de krachten op een differentiaalsegmentje van de kabel te analyseren en de uitkomst vervolgens te integreren. De twee constanten, zeg C_1 en C_2, voortkomend uit de integratie worden bepaald door toepassen van de randvoorwaarden voor de kabel.

$$y = \frac{1}{F_H} \int \left(\int w(x)\, dx \right) dx$$

Verdeelde belasting

$$x = \int \frac{ds}{\left[1 + \frac{1}{F_H^2}\left(\int w(s)\, ds\right)^2\right]^{1/2}}$$

Gewicht van de kabel

Herhalingsvraagstukken

7.125. De balk wordt in C door een scharnier en een stang AB afgesteund. Bepaal de inwendige normaalkracht, de dwarskracht en het buigmoment in punt D.

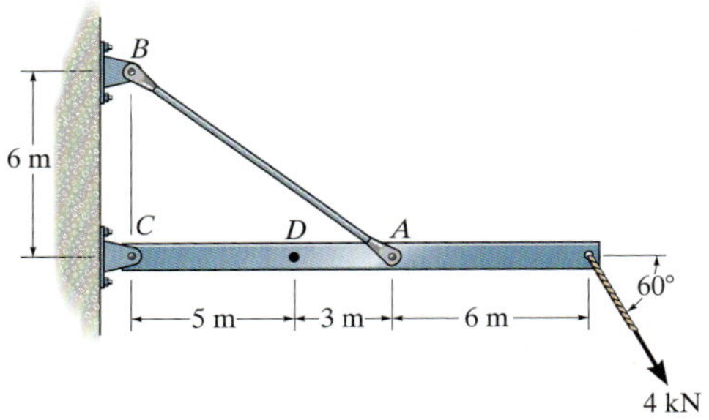

Vraagstuk 7.125

7.126. Teken de dwarskracht- en buigmomentgrafiekvoor de balk.

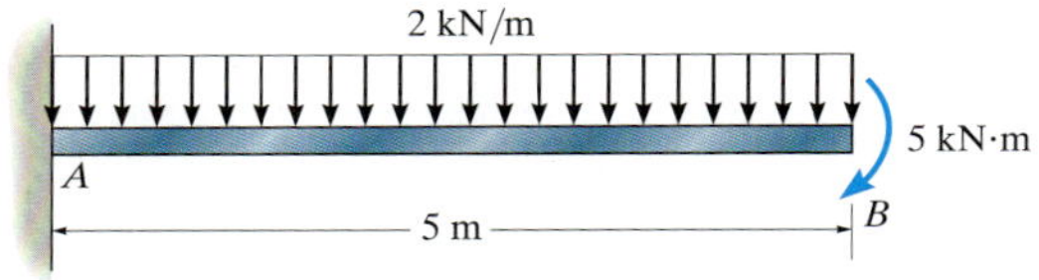

Vraagstuk 7.126

7.127. Bepaal de afstand a tussen de steunen uitgedrukt in de lengte van de ligger L, zodanig dat het moment in de symmetrische ligger in het middelpunt gelijk is aan nul.

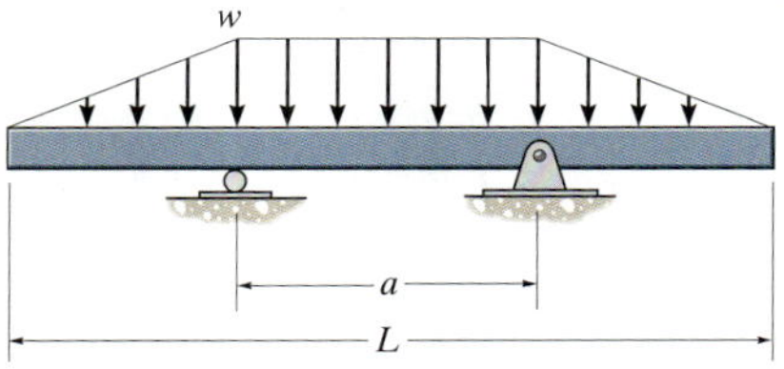

Vraagstuk 7.127

***7.128.** In de stapelkraan hangt een boot van 1,5 Mg, waarvan het massamiddelpunt zich bevindt in G. Bepaal de inwendige normaalkracht, de dwarskracht en het buigmoment in punt D in de gording. De loopwagen kan vrij bewegen over de gording en bevindt zich in de weergegeven positie. De enige verticale reactiekrachten treden op in A en B.

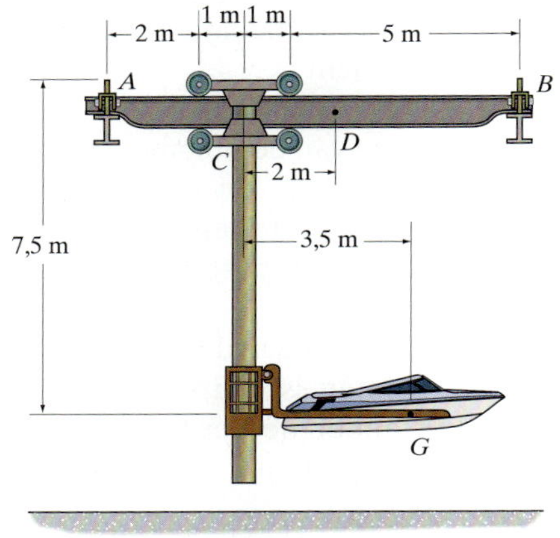

Vraagstuk 7.128

7.129. Het jacht ligt voor anker met een ketting van 40 m lang en een massa per eenheid van lengte van 18 kg/m. De trekkracht in de ketting in A is 7 kN. Bepaal de lengte van het stuk ketting l_d dat op de zeebodem ligt. Wat is de lengte d? Veronderstel dat effecten van de waterverplaatsing door het water verwaarloosbaar zijn. *Hint*: kies de oorsprong van het coördinatenstelsel in B, op de manier zoals is weergegeven in de figuur om de lengte BA van de ketting te bepalen.

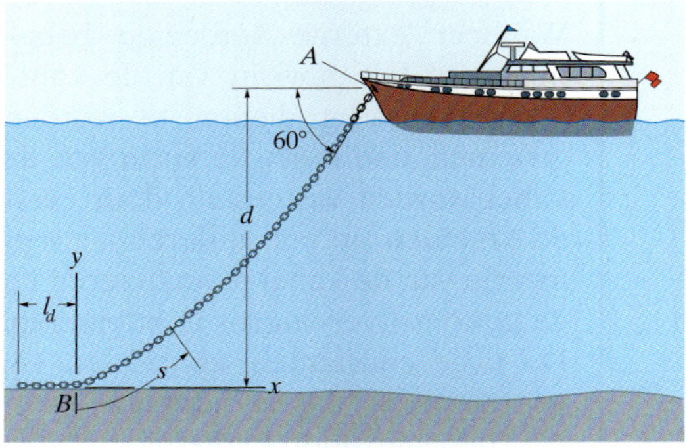

Vraagstuk 7.129

7.130. Bepaal de interne dwarskracht en het interne moment in de staaf ABC als functie van x, waarbij de oorsprong voor x in A genomen wordt.

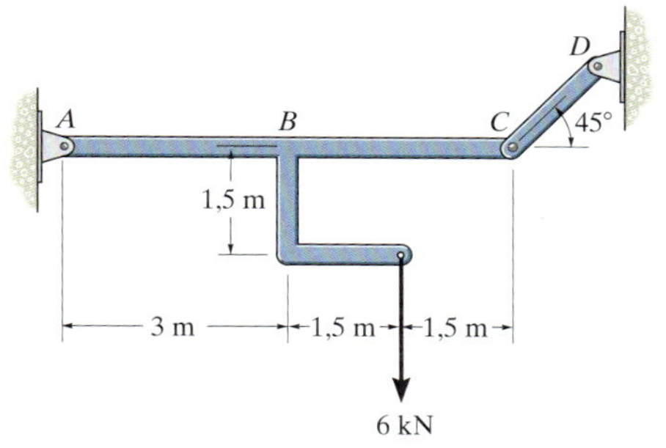

Vraagstuk 7.130

7.131. De as wordt in A afgesteund door een druklager en in B door een radiaallager. Bepaal de componenten van inwendige belasting in de x-, y- en z-richting in punt C.

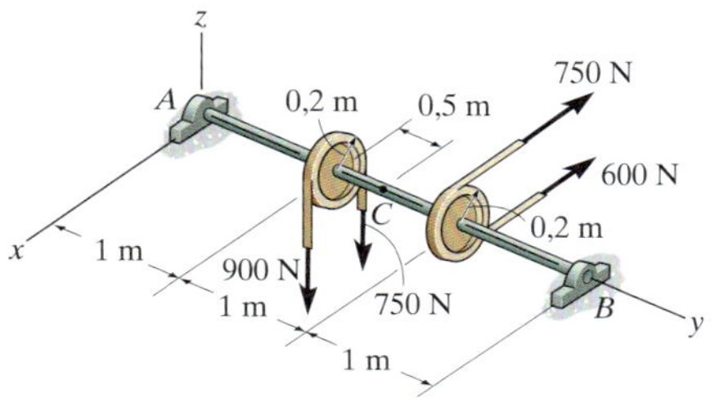

Vraagstuk 7.131

***7.132.** Een ketting is opgehangen tussen twee punten van gelijke hoogte met een onderlinge afstand van 60 m. Als de ketting een gewicht per lengte-eenheid van 0,5 kN/m heeft en de zakking is 3 m, bepaal dan de maximale trekkracht in de ketting.

7.133. Teken de dwarskrachtgrafiek en de buigmomentgrafiek voor de ligger.

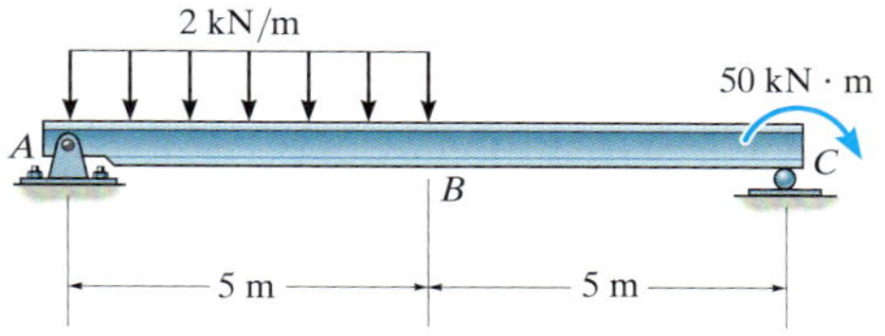

Vraagstuk 7.133

7.134. Bepaal de normaalkracht, de dwarskracht en het buigmoment in de punten B en C in de balk.

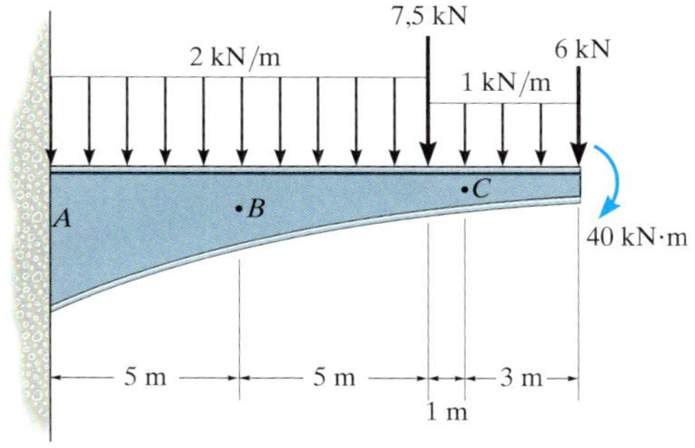

Vraagstuk 7.134

7.135. Teken de dwarskracht- en buigmomentgrafiek voor de balk.

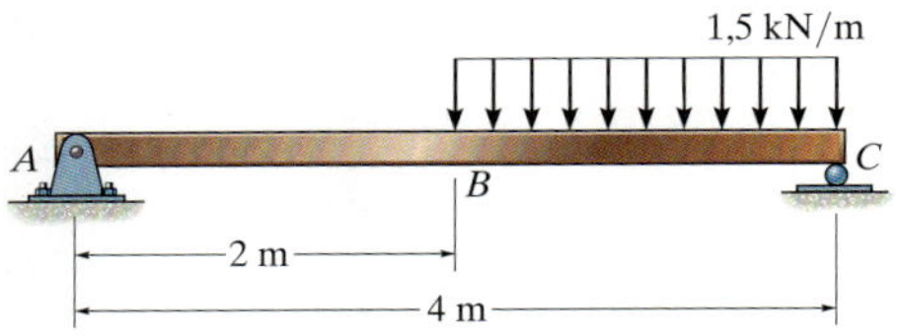

Vraagstuk 7.135

***7.136.** De 45 m lange kabel heeft een massa per eenheid van lengte van 5 kg/m. Bepaal de vergelijking van de kettinglijn van de kabel en de maximale trekkracht die in de kabel zal ontstaan.

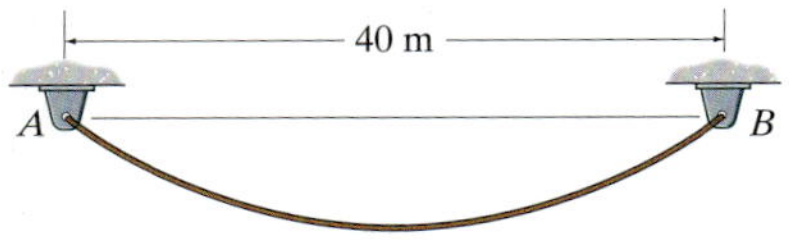

Vraagstuk 7.136

7.137. De rijdende kraan bestaat uit een 5 m lange ligger met een uniforme massa per lengte-eenheid van 20 kg/m. De kettingtakel en de ondersteunde belasting oefenen een kracht van 8 kN uit op de ligger, wanneer $x = 2$ m. Teken de dwarskrachtgrafiek en de buigmomentgrafiek voor de ligger. De geleidewielen aan de uiteinden A en B oefenen uitsluitend verticale reacties uit op de ligger. Verwaarloos de afmeting van het wagentje in C.

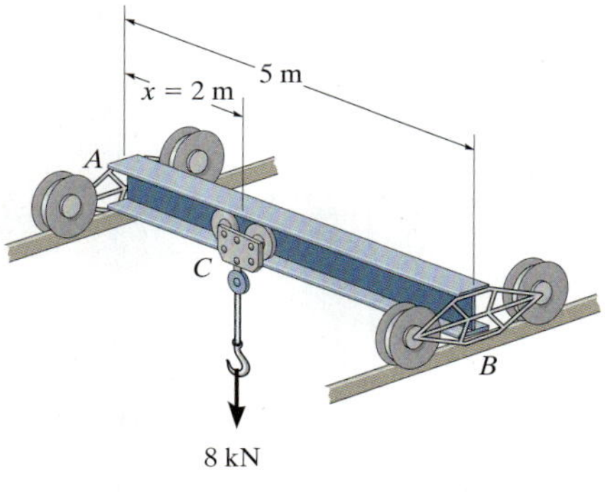

Vraagstuk 7.137

7.138. Teken de dwarskracht- en buigmomentgrafiek voor de balk.

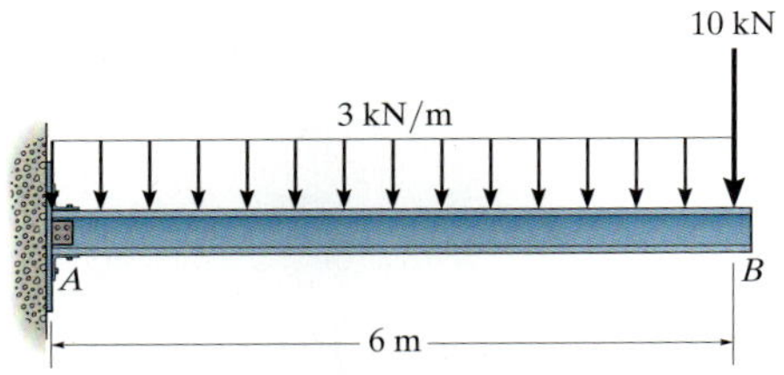

Vraagstuk 7.138

7.139. De motor van 300 kg hangt aan een juk. Teken de dwarskracht- en buigmomentgrafiek voor het juk.

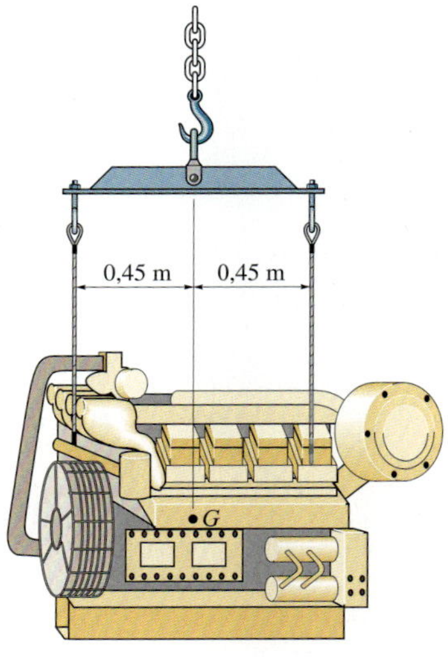

Vraagstuk 7.139

Om goed te werken moeten de remmen van dit wiel van een treinstel zo worden gedimensioneerd dat ze bestand zijn tegen de krachten die tussen het wiel en de remmen ontstaan. In dit hoofdstuk zullen we ingaan op droge wrijving en bekijken hoe wrijvingskrachten bij verschillende constructieve toepassingen kunnen worden geanalyseerd.

HOOFDSTUK

8 Wrijving

Ga naar www.pearsonmylab.nl voor studiemateriaal en toetsen om je begrip en kennis van dit hoofdstuk uit te breiden en te oefenen. Ook vind je daar video-uitwerkingen bij verschillende opgaven uit dit hoofdstuk.

Doelstellingen van dit hoofdstuk

- Het concept 'droge wrijving' introduceren en laten zien hoe het evenwicht kan worden geanalyseerd van starre lichamen die aan deze kracht onderworpen zijn.
- Het behandelen van specifieke toepassingen van de analyse van wrijvingskrachten op wiggen, schroeven, riemen en lagers.
- Het concept 'rolweerstand' verkennen.

8.1 Eigenschappen van droge wrijving

Wrijving is een kracht die weerstand biedt aan de beweging van twee oppervlakken die met elkaar in contact staan en ten opzichte van elkaar glijden. Deze kracht werkt altijd *tangentieel* op het oppervlak in de contactpunten en is zodanig gericht, dat hij de mogelijke of bestaande beweging tussen de oppervlakken tegenwerkt.

In dit hoofdstuk bestuderen we de effecten van *droge wrijving*, die soms ook *coulombwrijving* wordt genoemd, omdat de kenmerken ervan uitvoerig bestudeerd werden door C.A. Coulomb in 1781. Droge wrijving treedt op tussen de contactoppervlakken van lichamen wanneer er geen smeermiddel aanwezig is.*

Dat bij het schuren warmte wordt opgewekt is duidelijk te zien, wanneer deze slijpmachine wordt gebruikt om een metalen blad scherp te maken.

Theorie van droge wrijving De theorie van droge wrijving kan het best worden uitgelegd door de effecten te beschouwen die optreden wanneer we een blok met een gelijkmatig verdeeld gewicht **W** horizontaal voorttrekken over een ruw horizontaal oppervlak dat *niet-star maar dus vervormbaar* is, zie fig. 8.1*a*. Het bovenste gedeelte van het blok kan echter als star worden beschouwd. Zoals afgebeeld in het vrijlichaamsschema van het blok, zie fig. 8.1*b*, oefent de vloer in het contactvlak een ongelijke *verdeling* van zowel *normaalkrachten* $\Delta\mathbf{N}_n$ als wrijvingskrachten $\Delta\mathbf{F}_n$ uit. Bij evenwicht moeten de normaalkrachten naar boven werken om het gewicht **W** van het blok te compenseren en moeten de wrijvingskrachten naar links werken om te voorkomen dat de uitgeoefende kracht **P** het blok naar rechts beweegt. Als we de

* Een ander wrijvingstype, namelijk vloeistofwrijving, wordt bestudeerd in de vloeistofmechanica.

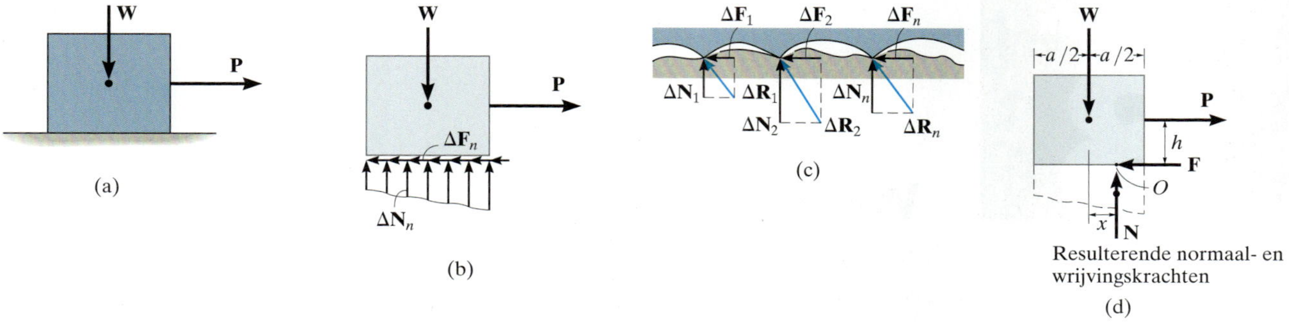

Fig. 8.1

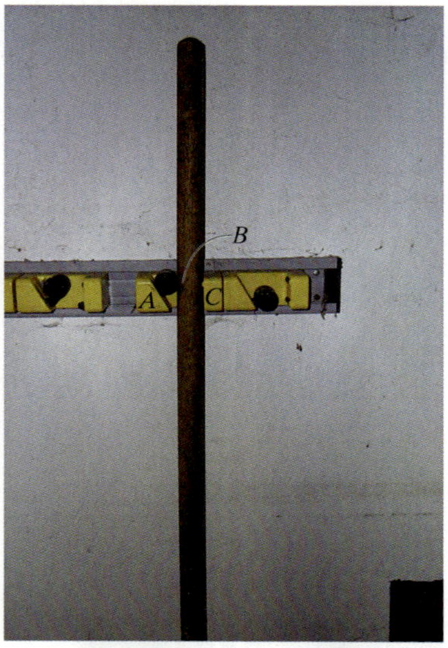

Ongeacht het gewicht van de opgehangen hark of schop is het werktuig zo ontworpen, dat het kleine rolwiel de steel in evenwicht houdt als gevolg van wrijvingskrachten, ontwikkeld in de contactpunten A, B en C.

contactvlakken tussen de vloer en het blok nauwkeurig bestuderen, zien we hoe deze wrijvings- en normaalkrachten ontstaan, zie fig. 8.1*c*. We zien dan dat de twee oppervlakken een groot aantal microscopisch kleine oneffenheden vertonen en daardoor worden er in elk contactpunt reactiekrachten $\Delta\mathbf{R}_n$ ontwikkeld.* Zoals in de figuur is aangegeven, draagt iedere reactiekracht bij tot zowel een wrijvingscomponent $\Delta\mathbf{F}_n$ als een normaalcomponent $\Delta\mathbf{N}_n$.

Evenwicht Het effect van de *verdeelde* normaalkrachten en wrijvingskrachten wordt voorgesteld door hun resulterende krachten **N** en **F**, die in het vrijlichaamsschema in fig. 8.1*d* zijn weergegeven. Merk op dat het aangrijpingspunt van **N** op een afstand x rechts van de werklijn van **W** ligt, zie fig. 8.1*d*. Dit punt valt samen met het zwaartepunt van de normaalkrachtverdeling in fig. 8.1*b*, omdat dit vereist is om het door **P** veroorzaakte 'kanteleffect' tegen te gaan. Bijvoorbeeld: wanneer **P** wordt uitgeoefend op een hoogte h vanaf het oppervlak, zie fig. 8.1*d*, dan wordt aan het momentenevenwicht om punt O voldaan, wanneer $Wx = Ph$ of $x = Ph/W$.

Neiging tot beweging In gevallen waarin de contactvlakken tamelijk glad zijn, kan het voorkomen dat de wrijvingskracht **F** *niet* groot genoeg is om **P** te compenseren en zal het blok dus de neiging hebben om weg te glijden. Met andere woorden: wanneer **P** langzaam groter wordt, neemt **F** ook toe, totdat deze een bepaalde *maximale waarde* F_s bereikt, die de *maximale statische wrijvingskracht* wordt genoemd, zie fig. 8.1*e*. Wanneer deze waarde wordt bereikt, verkeert het blok in een *instabiel evenwicht*, aangezien elke verdere toename van P ertoe leidt dat het blok gaat bewegen. Experimenteel is vastgesteld dat de maximale statische wrijvingskracht $\mathbf{F}_s$ *recht evenredig* is met de resulterende normaalkracht **N**. Dit kan als volgt wiskundig worden uitgedrukt:

$$F_s = \mu_s N \tag{8.1}$$

waarbij de evenredigheidsconstante μ_s de *statische wrijvingscoëfficiënt* wordt genoemd.

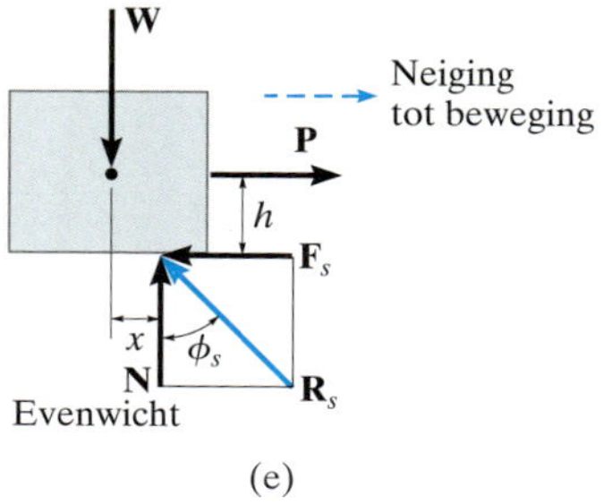

Fig. 8.1

* Naast de mechanische interacties die hier zijn behandeld, en die 'de klassieke benadering' wordt genoemd, moet een gedetailleerde behandeling van de aard van wrijvingskrachten ook de effecten van temperatuur, dichtheid, zuiverheid en atomaire of moleculaire aantrekking tussen de contactvlakken omvatten. *Zie* J. Krim, *Scientific American,* oktober 1996.

Dus als het blok *op het punt staat om te gaan glijden*, creëren de normaalkracht **N** en de wrijvingskracht $\mathbf{F}_s$ samen een resulterende $\mathbf{R}_s$, zie fig. 8.1*e*. De hoek ϕ_s die $\mathbf{R}_s$ met **N** maakt, wordt *statische wrijvingshoek* genoemd. Uit de figuur leiden we het volgende af:

$$\phi_s = \tan^{-1}\left(\frac{F_s}{N}\right) = \tan^{-1}\left(\frac{\mu_s N}{N}\right) = \tan^{-1}\mu_s$$

Een aantal karakteristieke waarden van μ_s worden gegeven in tabel 8.1. Merk op dat deze waarden kunnen variëren omdat experimentele tests bij wisselende ruwheid en zuiverheid van de contactoppervlakken werden uitgevoerd. Het is daarom belangrijk dat bij praktische toepassingen voorzichtig en oordeelkundig een wrijvingscoëfficiënt wordt gekozen voor een bepaalde situatie. Wanneer een nauwkeurigere berekening van F_s nodig is, dient de wrijvingscoëfficiënt experimenteel te worden bepaald met beide te gebruiken materialen.

Tabel 8.1 Gemiddelde waarden van μ_s

Contact-materialen	Statische wrijvings-coëfficiënt (μ_s)
Metaal op ijs	0,03–0,05
Hout op hout	0,30–0,70
Leer op hout	0,20–0,50
Leer op metaal	0,30–0,60
Aluminium op aluminium	1,10–1,70

Beweging Wanneer de grootte van de op het blok uitgeoefende kracht **P** wordt opgevoerd en iets groter wordt dan F_s, neemt de wrijvingskracht in het contactoppervlak af tot een kleinere waarde F_k, die de *dynamische wrijvingskracht* wordt genoemd. Het blok zal met toenemende snelheid gaan glijden, zie fig. 8.1*a*. Als dit gebeurt, gaat het blok bewegen over deze toppen bij de contactpunten, zoals weergegeven in fig. 8.2*b*. De verdere afbraak van het oppervlak is het dominante mechanisme voor het creëren van dynamische wrijving.

Experimenten met glijdende blokken tonen aan dat de grootte van de dynamische wrijvingskracht recht evenredig is met de grootte van de resulterende normaalkracht, wiskundig uitgedrukt als:

$$\boxed{F_k = \mu_k N} \tag{8.2}$$

De evenredigheidsconstante μ_k wordt de *dynamische wrijvingscoëfficiënt* genoemd. De waarden van μ_k zijn meestal ongeveer 25 procent *lager* dan de in tabel 8.1 vermelde waarden van μ_s.

Zoals in fig. 8.2*a* is te zien, heeft de resulterende kracht aan het contactoppervlak, $\mathbf{R}_k$, een werklijn die bepaald wordt door ϕ_k. Deze hoek wordt de *hoek van dynamische wrijving* genoemd, waarbij geldt dat:

$$\phi_k = \tan^{-1}\left(\frac{F_k}{N}\right) = \tan^{-1}\left(\frac{\mu_k N}{N}\right) = \tan^{-1}\mu_k$$

Ter vergelijking, $\phi_s \geq \phi_k$.

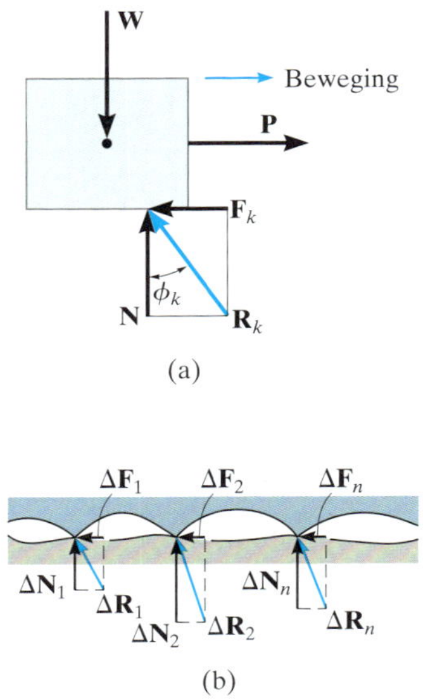

Fig. 8.2

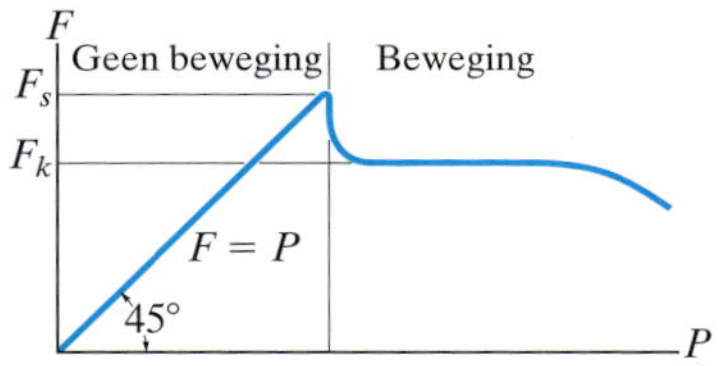

Fig. 8.3

Bovenstaande effecten met betrekking tot wrijving kunnen worden samengevat door te verwijzen naar de grafiek in fig. 8.3, die de wrijvingskracht F weergeeft als functie van de uitgeoefende belasting P. Hier wordt de wrijvingskracht op drie verschillende manieren benoemd:

- F is een *statische wrijvingskracht* wanneer er evenwicht is.
- F is een *maximale statische wrijvingskracht* F_s wanneer F een maximale waarde bereikt die nodig is voor evenwicht.
- F wordt een *dynamische wrijvingskracht* F_k genoemd wanneer de contactvlakken over elkaar glijden.

Merk op dat uit de grafiek blijkt dat voor zeer grote waarden van P of zeer hoge snelheden aerodynamische effecten F_k zullen doen afnemen, waardoor μ_k gaat dalen.

Eigenschappen van droge wrijving Op basis van *experimenten* die verband houden met de voorgaande bespreking kunnen de volgende regels worden opgesteld voor lichamen die onderhevig zijn aan droge wrijving.

- De wrijvingskracht werkt *tangentieel* aan de contactvlakken en in een richting die *tegengesteld* is aan de *beweging* of de neiging tot beweging van een vlak ten opzichte van een ander vlak.
- De maximale statische wrijvingskracht F_s die ontwikkeld kan worden, is onafhankelijk van de grootte van het contactvlak, mits de normaaldruk niet erg laag is, noch groot genoeg om de contactvlakken van de lichamen ernstig te vervormen of in te drukken.
- De maximale statische wrijvingskracht is over het algemeen in elk paar contactvlakken groter dan de dynamische wrijvingskracht. Wanneer echter een van de lichamen met een *zeer lage snelheid* over het oppervlak van het andere lichaam beweegt, wordt F_k bij benadering gelijk aan F_s, dat wil zeggen $\mu_s \approx \mu_k$.
- Wanneer een van de lichamen *op het punt staat* om *te gaan glijden*, is de maximale wrijvingskracht recht evenredig met de normaalkracht, zodat $F_s = \mu_s N$.
- Wanneer een van de lichamen aan het wegglijden is, is de dynamische wrijvingskracht recht evenredig met de normaalkracht, zodat $F_k = \mu_k N$.

8.2 Vraagstukken over droge wrijving

Als een star lichaam in evenwicht is wanneer hierop een krachtenstelsel wordt uitgeoefend, waarin ook de effecten van wrijving voorkomen, moet het krachtenstelsel niet alleen voldoen aan de evenwichtsvergelijkingen, maar *ook* aan de regels met betrekking tot wrijvingskrachten.

Soorten wrijvingsvraagstukken Over het algemeen zijn er drie soorten mechanicavraagstukken waarin sprake is van droge wrijving. Ze kunnen gemakkelijk worden geclassificeerd wanneer vrijlichaamsschema's zijn getekend. Daarnaast moet het aantal onbekenden worden vastgesteld en vergeleken met het totale aantal beschikbare evenwichtsvergelijkingen.

Geen duidelijke neiging tot beweging Vraagstukken in deze categorie zijn zuivere evenwichtsvraagstukken die vereisen dat het aantal onbekenden *gelijk* is aan het totale aantal beschikbare evenwichtsvergelijkingen. Als de wrijvingskrachten eenmaal zijn bepaald bij de oplossing, moeten de numerieke waarden van de uitkomsten echter gecontroleerd worden om er zeker van te zijn, dat ze voldoen aan $F \leq \mu_s N$; anders zal het lichaam wegglijden en niet in evenwicht blijven. Een vraagstuk van dit type is afgebeeld in fig. 8.4*a*. Hierbij moeten we de wrijvingskrachten in *A* en *C* bepalen om te controleren of de evenwichtspositie van het tweedelige frame kan worden gehandhaafd. Wanneer de staven uniform zijn en elk een gewicht van 100 N hebben, zien hun vrijlichaamsschema's eruit als in fig. 8.4*b*. Er zijn zes onbekende krachtcomponenten die met *alleen* de zes evenwichtsvergelijkingen kunnen worden opgelost (drie voor ieder element). Wanneer F_A, N_A, F_C en N_C zijn bepaald, blijven de staven in evenwicht, mits $F_A \leq 0{,}3N_A$ en $F_C \leq 0{,}5N_C$.

Neiging tot beweging in alle contactpunten In dit geval is het totale aantal onbekenden *gelijk* aan het totale aantal beschikbare evenwichtsvergelijkingen *plus* het totale aantal beschikbare wrijvingsvergelijkingen, $F = \mu N$. Wanneer er beweging ophanden is in de contactpunten, geldt dat $F_s = \mu_s N$, maar als het lichaam begint te glijden, geldt $F_k = \mu_k N$. Bekijk bijvoorbeeld het vraagstuk waarbij de kleinste hoek θ gevonden moet worden, waaronder de staaf van 100 N in fig. 8.5*a* tegen de muur kan worden gezet zonder dat hij wegglijdt. Het vrijlichaamsschema is afgebeeld in fig. 8.5*b*. Hier worden de *vijf* onbekenden bepaald uit de *drie* evenwichtsvergelijkingen en *twee* statische wrijvingsvergelijkingen die op *beide* contactpunten van toepassing zijn, zodat $F_A = 0{,}3N_A$ en $F_B = 0{,}4N_B$.

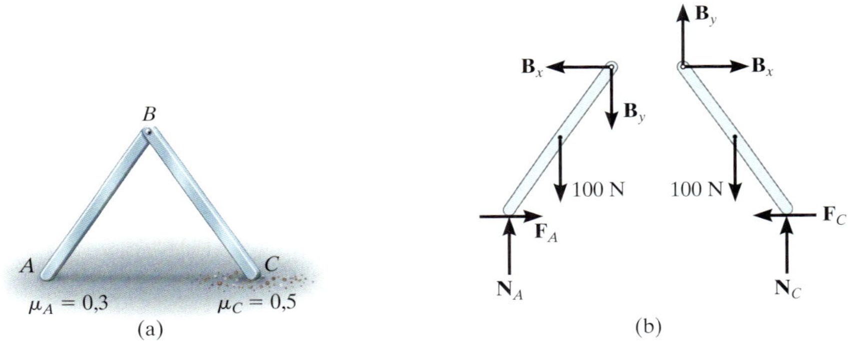

Fig. 8.4

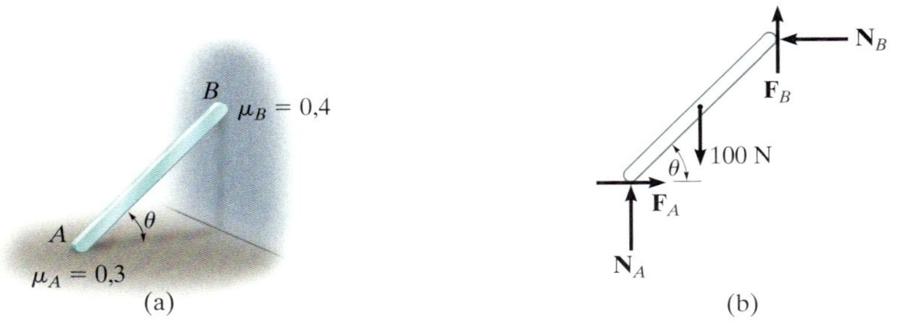

Fig. 8.5

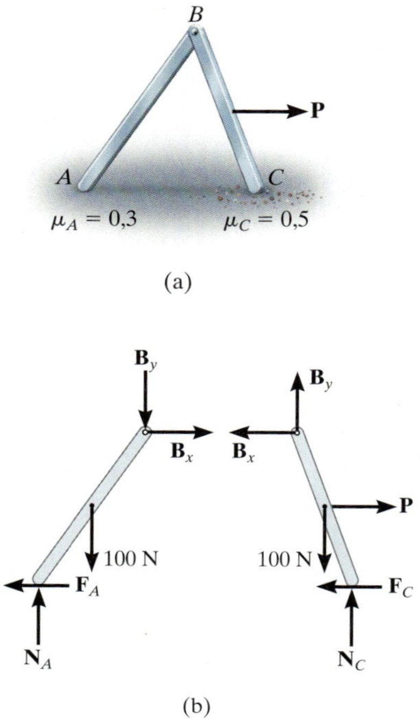

Fig. 8.6

Neiging tot beweging in sommige punten In dit geval is het aantal onbekenden *kleiner* dan het aantal beschikbare evenwichtsvergelijkingen plus het totale aantal beschikbare wrijvingsvergelijkingen of vergelijkingen voor kantelbewegingen. Daarom zijn er verschillende mogelijkheden voor beweging of neiging tot beweging en moet voor de oplossing van het vraagstuk ook de soort beweging worden bepaald, die daadwerkelijk optreedt. Neem bijvoorbeeld het tweedelige frame in fig. 8.6*a*. In dit vraagstuk willen we de horizontale kracht **P** bepalen die nodig is om beweging te veroorzaken. Wanneer elke staaf een gewicht van 100 N heeft, zien de vrijlichaamsschema's eruit als in fig. 8.6*b*. Er zijn *zeven* onbekenden. Voor een eenduidige oplossing moet aan de zes evenwichtsvergelijkingen voldaan zijn (drie voor elke staaf) en aan slechts *één* van de twee mogelijke statische wrijvingsvergelijkingen. Dit betekent dat toename van P leidt tot wegglijden in A en niet in C, zodat $F_A = 0{,}3N_A$ en $F_C \leq 0{,}5N_C$; of tot wegglijden in C en niet in A, in welk geval $F_c = 0{,}5\ N_C$ en $F_A \leq 0{,}3N_A$. De feitelijke situatie kan worden vastgesteld door P voor beide gevallen uit te rekenen en voor het geval te kiezen waarin P *kleiner* is. Wanneer in beide gevallen dezelfde waarde voor P wordt berekend, iets wat in de praktijk zeer onwaarschijnlijk is, zullen beide elementen gelijktijdig wegglijden, dat wil zeggen dat de *zeven onbekenden* zouden moeten voldoen aan *acht vergelijkingen*.

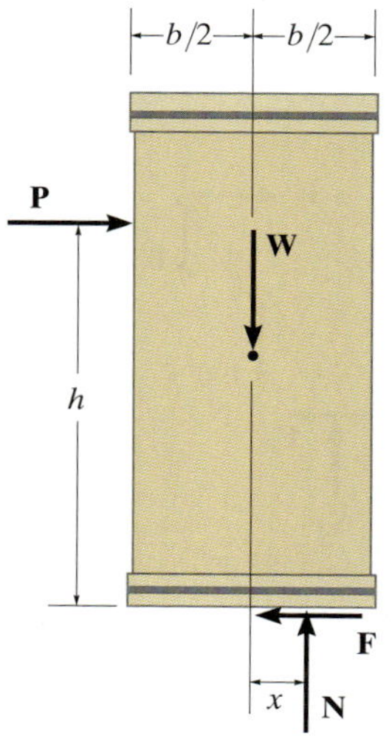

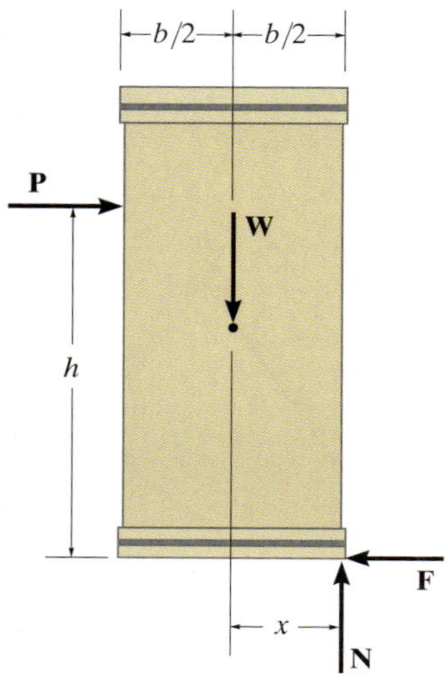

Er wordt geduwd tegen de uniforme kist die een gewicht W heeft en op het ruwe oppervlak rust. Zoals aangegeven in het eerste vrijlichaamsschema, zal de kist in evenwicht blijven als de waarde van **P** klein is. Wanneer P toeneemt, zal de kist op het punt staan over het oppervlak te gaan glijden ($F = \mu_s N$), of, als het oppervlak zeer ruw is (grote μ_s), zal de resulterende normaalkracht naar het hoekpunt verschuiven, $x = b/2$, zoals aangegeven in het tweede vrijlichaamsschema. Op dit punt begint de kist te kantelen. De kans dat de kist gaat kantelen, is groter als **P** op een grotere hoogte h boven het grondoppervlak wordt uitgeoefend of als de breedte b van de kist kleiner is.

Evenwichtsvergelijkingen versus wrijvingsvergelijkingen Wanneer we vraagstukken oplossen waarbij de wrijvingskracht F een 'evenwichtskracht' moet zijn en aan de ongelijkheid $F < \mu_s N$ moet voldoen, dan kunnen we een aanname doen over de zin van de richting van F in het vrijlichaamsschema. De juiste zin wordt bekend *na* het oplossen van de evenwichtsvergelijkingen voor F. Wanneer F een negatieve scalair blijkt te zijn, dan is de zin van **F** tegengesteld aan wat was aangenomen. Het is heel handig om **F** te kunnen aannemen en dat kan ook omdat *vectorcomponenten met dezelfde richting* gelijkgesteld worden aan nul in evenwichtsvergelijkingen. In gevallen waarin de wrijvingsvergelijking $F = \mu N$ wordt gebruikt om het vraagstuk op te lossen, verdwijnt echter de handige mogelijkheid om de zin van **F** *aan te nemen*. De wrijvingsvergelijking legt immers uitsluitend verband tussen de *groottes* van twee loodrechte vectoren. Daarom moet **F** altijd met zijn *juiste zin* worden afgebeeld in het vrijlichaamsschema wanneer de wrijvingsvergelijking wordt gebruikt om een vraagstuk op te lossen.

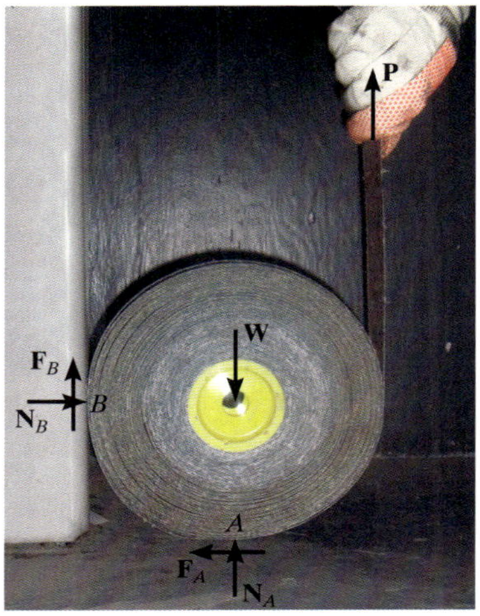

Analyseprocedure

Evenwichtsvraagstukken met betrekking tot droge wrijving kunnen met behulp van de volgende procedure worden opgelost.

Vrijlichaamsschema's

- Teken de nodige vrijlichaamsschema's en *geef de wrijvingskrachten altijd weer* als onbekenden, dat wil zeggen: *neem niet aan* dat $F = \mu N$, tenzij in het vraagstuk wordt gesteld dat er sprake is van een neiging tot beweging of wegglijden.
- Bepaal het aantal onbekenden en vergelijk dit met het aantal beschikbare evenwichtsvergelijkingen.
- Wanneer er meer onbekenden zijn dan evenwichtsvergelijkingen, zal het nodig zijn om de wrijvingsvergelijkingen toe te passen op een aantal of mogelijk alle contactpunten om de extra vergelijkingen te verkrijgen, die nodig zijn voor een volledige oplossing.
- Wanneer de vergelijking $F = \mu N$ gebruikt moet worden, moet de richting van **F** met de juiste zin worden aangegeven in het vrijlichaamsschema.

Wrijvings- en evenwichtsvergelijkingen

- Gebruik de evenwichtsvergelijkingen en de nodige wrijvingsvergelijkingen (of de voorwaardelijke vergelijkingen als kantelen tot de mogelijkheden behoort) om de onbekenden te bepalen.
- Wanneer in het vraagstuk sprake is van een driedimensionaal krachtenstelsel en het moeilijk wordt om de krachtcomponenten of benodigde momentarmen te bepalen, pas dan de evenwichtsvergelijkingen toe met gebruikmaking van cartesische vectoren.

Voorbeeld 8.1

De uniforme kist in fig. 8.7*a* heeft een massa van 20 kg. Bepaal of hij in evenwicht blijft, als een kracht $P = 80$ N op de kist wordt uitgeoefend. De statische wrijvingscoëfficiënt is $\mu_s = 0{,}3$.

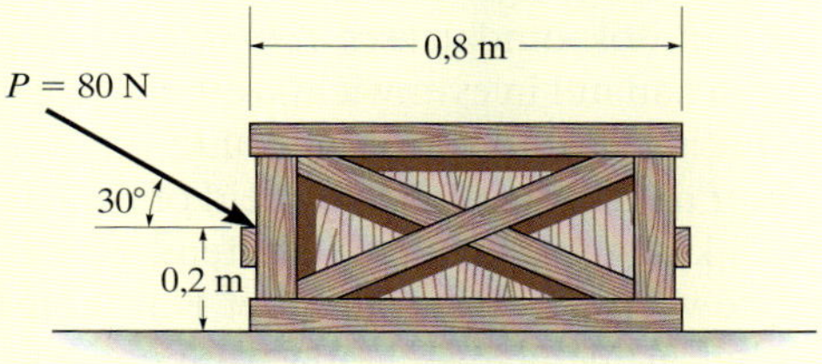

(a)

Fig. 8.7

OPLOSSING

Vrijlichaamsschema Zoals afgebeeld in fig. 8.7*b*, moet het aangrijpingspunt van de resulterende normaalkracht $\mathbf{N}_C$ op een afstand x van de middellijn van de kist liggen om het door **P** veroorzaakte kanteleffect tegen te gaan. Er zijn *drie onbekenden*: F, N_C en x, die uit de *drie* evenwichtsvergelijkingen kunnen worden bepaald.

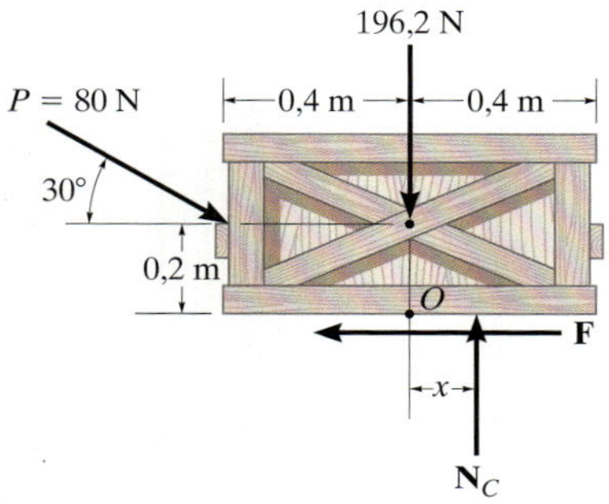

(b)

Evenwichtsvergelijkingen

$$\xrightarrow{+} \Sigma F_x = 0; \qquad 80 \cos 30^\circ \text{ N} - F = 0$$

$$+\uparrow \Sigma F_y = 0; \qquad -80 \sin 30^\circ \text{ N} + N_C - 196{,}2 \text{ N} = 0$$

$$\circlearrowleft + \Sigma M_O = 0; \qquad 80 \sin 30^\circ \text{ N}(0{,}4 \text{ m}) - 80 \cos 30^\circ \text{ N}(0{,}2 \text{ m}) + N_C(x) = 0$$

Wanneer we deze oplossen krijgen we:

$$F = 69{,}3 \text{ N}$$

$$N_C = 236 \text{ N}$$

$$x = -0{,}00908 \text{ m} = -9{,}08 \text{ mm}$$

Dat x negatief is, geeft aan dat het aangrijpingspunt van de *resulterende* normaalkracht *links* van de middellijn van de kist ligt. De kist zal niet kantelen aangezien $x < 0{,}4$ m. De *maximale* wrijvingskracht die in het contactvlak kan optreden, is $F_{max} = \mu_s N_C = 0{,}3(236 \text{ N}) = 70{,}8$ N. Aangezien $F = 69{,}3 \text{ N} < 70{,}8$ N zal de kist *niet gaan glijden*, hoewel het niet veel scheelt.

Voorbeeld 8.2

Waargenomen wordt dat wanneer de laadvloer van een kiepwagen omhoog wordt gebracht tot een hoek van $\theta = 25°$, de verkoopautomaten van de laadvloer beginnen af te glijden, zie fig. 8.8*a*. Bepaal de statische wrijvingscoëfficiënt tussen een verkoopautomaat en het oppervlak van de laadvloer.

(a)

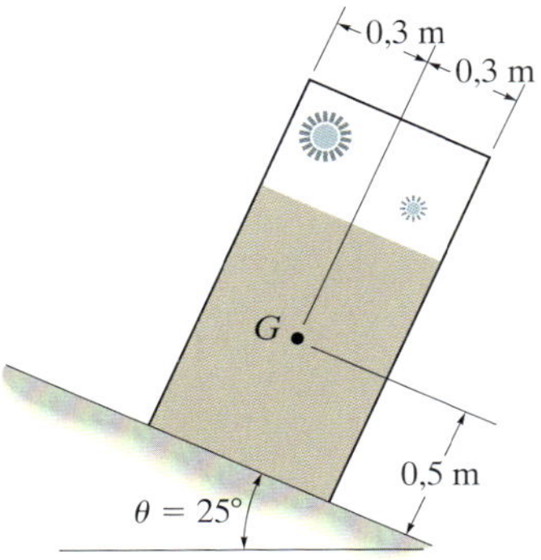

(b)

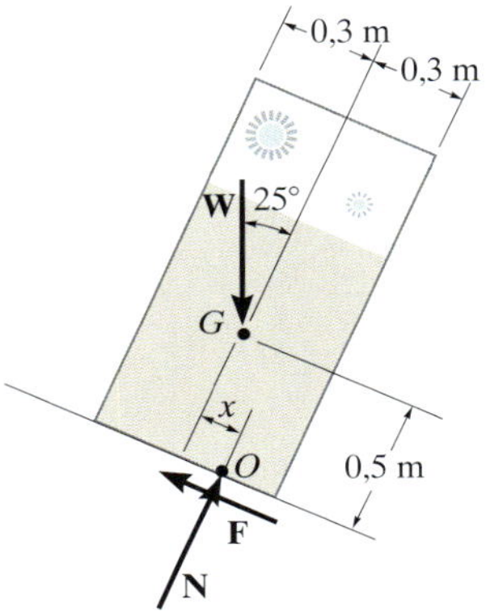

(c)

Fig. 8.8

OPLOSSING

In fig. 8.8*b* wordt een geïdealiseerd model gegeven van een verkoopautomaat die op de laadvloer van de truck staat. De afmetingen zijn opgemeten en het zwaartepunt is vastgesteld. We nemen aan dat de automaat een gewicht W heeft.

Vrijlichaamsschema Zoals weergegeven in fig. 8.8*c*, wordt de afmeting x gebruikt om de positie vast te stellen van de resulterende normaalkracht **N**. Er zijn vier onbekenden, N, F, μ_s en x.

Evenwichtsvergelijkingen

$$+\searrow \Sigma F_x = 0; \qquad W \sin 25° - F = 0 \qquad (1)$$

$$+\nearrow \Sigma F_y = 0; \qquad N - W \cos 25° = 0 \qquad (2)$$

$$\circlearrowleft + \Sigma M_O = 0; \quad -W \sin 25°(0{,}5 \text{ m}) + W \cos 25°(x) = 0 \qquad (3)$$

Aangezien het wegglijden begint bij $\theta = 25°$, vinden we met vgl. 1 en 2 dat:

$$F_s = \mu_s N; \qquad W \sin 25° = \mu_s(W \cos 25°)$$

$$\mu_s = \tan 25° = 0{,}466 \qquad \textit{Antw.}$$

De hoek $\theta = 25°$ wordt de *rusthoek* genoemd en is gelijk aan de statische wrijvingshoek, $\theta = \phi_s$. Merk bij de berekening op dat θ niet afhankelijk is van het gewicht van de automaat, en dat het dus handig is om de waarde van θ te weten voor het bepalen van de statische wrijvingscoëfficiënt.

OPMERKING: Uit vgl. 3 leiden we af dat $x = 0{,}233$ m. Aangezien $0{,}233 \text{ m} < 0{,}5$ m, zal de automaat inderdaad eerder gaan glijden dan kantelen, zoals we zagen in fig. 8.8*a*.

Voorbeeld 8.3

De uniforme 10 kg zware ladder in fig. 8.9*a* rust tegen de gladde wand in B, en het uiteinde A rust op het ruwe horizontale vlak waarvoor de statische wrijvingscoëfficiënt gelijk is aan $\mu_s = 0{,}3$. Bepaal de hellingshoek θ van de ladder en de normaalkracht in B als de ladder op het punt staat te gaan glijden.

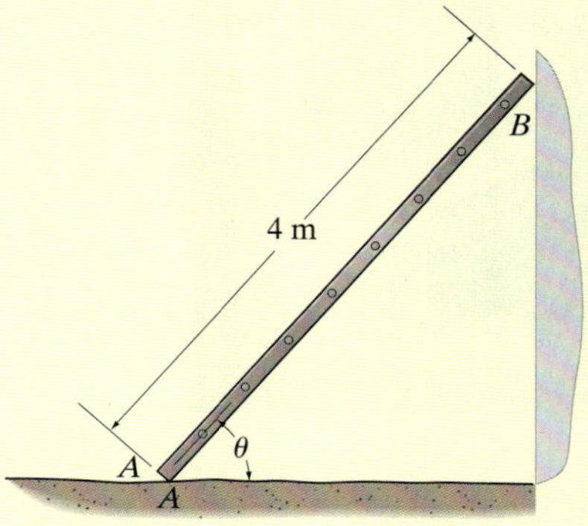

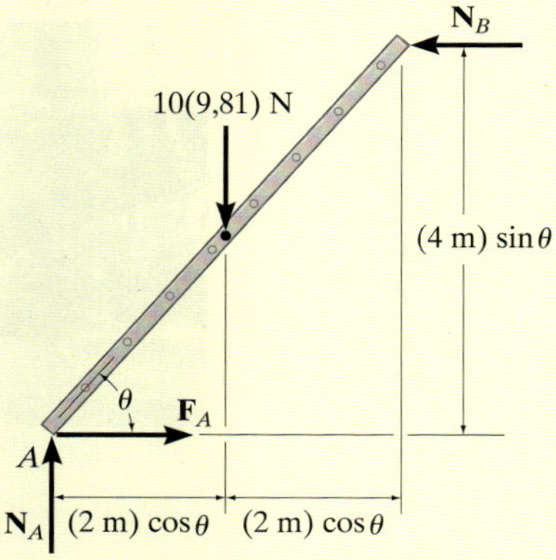

Fig. 8.9

OPLOSSING

Vrijlichaamsschema Zoals aangegeven in het vrijlichaamsschema, fig. 8.9*b*, moet de wrijvingskracht $\mathbf{F}_A$ naar rechts werken omdat de neiging tot beweging van A naar links gericht is.

Wrijvings- en evenwichtsvergelijkingen Omdat de ladder op het punt staat te gaan glijden, moet $F_A = \mu_s N_A = 0{,}3N_A$. Door een nadere beschouwing kan N_A rechtstreeks worden verkregen.

$$+\uparrow \Sigma F_y = 0; \qquad N_A - 10(9{,}81)\text{ N} = 0 \qquad N_A = 98{,}1\text{ N}$$

Gebruikmakend van dit resultaat vinden we $F_A = 0{,}3(98{,}1\text{ N}) = 29{,}43$ N. Nu kan N_B worden bepaald.

$$\overset{+}{\rightarrow} \Sigma F_x = 0; \qquad 29{,}43\text{ N} - N_B = 0$$

$$N_B = 29{,}43\text{ N} = 29{,}4\text{ N} \qquad \textit{Antw.}$$

Ten slotte kan de hoek θ worden bepaald door de momenten rond punt A op te tellen.

$$\circlearrowleft + \Sigma M_A = 0; \quad (29{,}43\text{ N})(4\text{ m})\sin\theta - [10(9{,}81)\text{ N}](2\text{ m})\cos\theta = 0$$

$$\frac{\sin\theta}{\cos\theta} = \tan\theta = 1{,}6667$$

$$\theta = 59{,}04^\circ = 59{,}0^\circ \qquad \textit{Antw.}$$

Voorbeeld 8.4

Op ligger AB wordt een uniforme belasting uitgeoefend van 200 N/m. De ligger wordt in B ondersteund door een paal BC, zie fig. 8.10*a*. De statische wrijvingscoëfficiënten in B en C zijn $\mu_B = 0{,}2$ en $\mu_C = 0{,}5$. Bepaal de kracht **P** die nodig is om de paal onder de ligger uit te trekken. Verwaarloos het gewicht van de verschillende elementen en de dikte van de ligger.

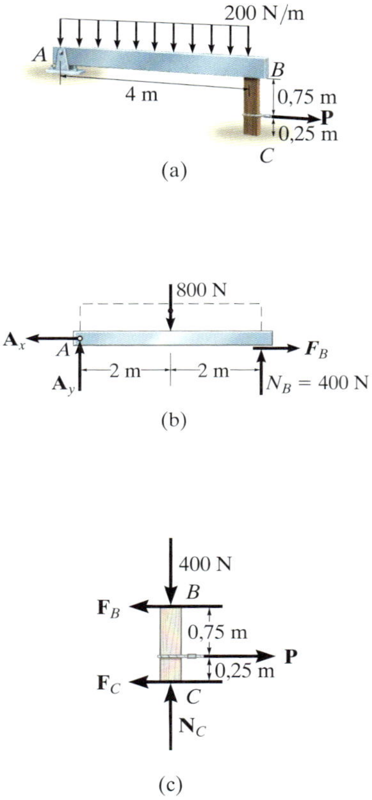

Fig. 8.10

OPLOSSING

Vrijlichaamsschema's Het vrijlichaamsschema van de ligger is afgebeeld in fig. 8.10*b*. Wanneer we $\Sigma M_A = 0$ toepassen, krijgen we $N_B = 400$ N. Dit resultaat is weergegeven in het vrijlichaamsschema van de paal, zie fig. 8.10*c*. Voor de paal worden de *vier* onbekenden F_B, P, F_C en N_C opgelost uit de *drie* evenwichtsvergelijkingen en *één* wrijvingsvergelijking die ofwel op B ofwel op C wordt toegepast.

Evenwichtsvergelijkingen en wrijvingsvergelijkingen

$$\overset{+}{\rightarrow} \Sigma F_x = 0; \qquad P - F_B - F_C = 0 \qquad (1)$$
$$+\uparrow \Sigma F_y = 0; \qquad N_C - 400\text{ N} = 0 \qquad (2)$$
$$\circlearrowleft + \Sigma M_C = 0; \qquad -P(0{,}25\text{ m}) + F_B(1\text{ m}) = 0 \qquad (3)$$

(De paal glijdt in *B* en roteert rond C) Hiervoor is nodig dat $F_C \leq \mu_C N_C$ en

$$F_B = \mu_B N_B; \qquad F_B = 0{,}2(400\text{ N}) = 80\text{ N}$$

Wanneer we deze uitkomst gebruiken en vgl. 1 t/m 3 oplossen, krijgen we het volgende:

$$P = 320\text{ N}$$
$$F_C = 240\text{ N}$$
$$N_C = 400\text{ N}$$

Aangezien $F_C = 240\text{ N} > \mu_C N_C = 0{,}5(400\text{ N}) = 200$ N, glijdt de paal in C. Dus moet het andere geval van beweging worden onderzocht.

(De paal glijdt in C en roteert rond *B*) Hier geldt dat $F_B \leq \mu_B N_B$ en

$$F_C = \mu_C N_C; \qquad F_C = 0{,}5\, N_C \qquad (4)$$

Wanneer we vgl. 1 t/m 4 oplossen, levert dit het volgende op:

$$P = 267\text{ N} \qquad \textit{Antw.}$$
$$N_C = 400\text{ N}$$
$$F_C = 200\text{ N}$$
$$F_B = 66{,}7\text{ N}$$

Dit geval treedt uiteraard als eerste op, aangezien hiervoor een kleinere waarde van P voldoende is.

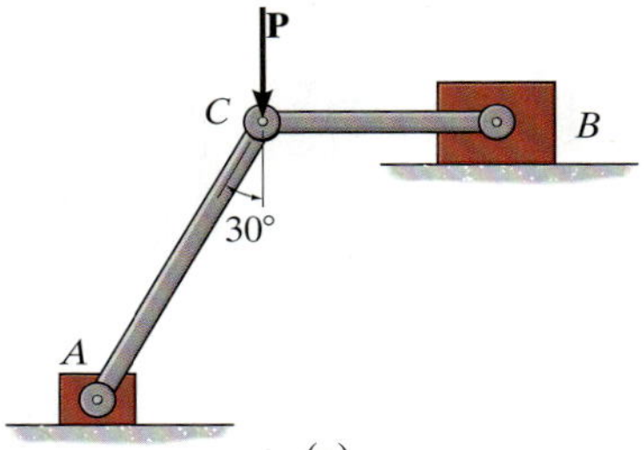

(a)

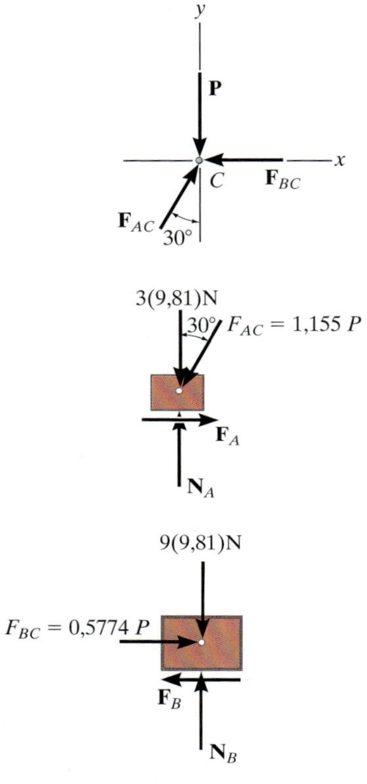

(b)

Fig. 8.11

Voorbeeld 8.5

De blokken A en B hebben massa's van respectievelijk 3 en 9 kg, en zijn verbonden met de massaloze verbindingen in fig. 8.11*a*. Bepaal de grootste verticale kracht **P** die op de pen C kan worden uitgeoefend zonder dat er beweging optreedt. De statische wrijvingscoëfficiënt tussen de blokken en de contactoppervlakken is $\mu_s = 0{,}3$.

OPLOSSING

Vrijlichaamsschema De verbindingen zijn massaloos en dus zijn de vrijlichaamsschema's van pen C en de blokken A en B weergegeven in fig. 8.11*b*. Omdat de horizontale component $\mathbf{F}_{AC}$ geneigd is blok A naar links te verschuiven, moet $\mathbf{F}_A$ naar rechts werken. Tegelijkertijd moet $\mathbf{F}_B$ naar links werken om de neiging van blok B om naar rechts te bewegen, veroorzaakt door $\mathbf{F}_{BC}$, tegen te gaan. Er zijn zeven onbekenden en zes beschikbare evenwichtsvergelijkingen voor de krachten, twee voor de pen en twee voor elk blok, zodat er *slechts één* wrijvingsvergelijking nodig is.

Evenwichtsvergelijkingen en wrijvingsvergelijkingen De kracht in de verbindingen AC en BC kan in verband worden gebracht met P door het evenwicht van pen C te beschouwen.

$$+\uparrow \Sigma F_y = 0; \qquad F_{AC}\cos 30^\circ - P = 0; \qquad F_{AC} = 1{,}155P$$
$$\overset{+}{\rightarrow} \Sigma F_x = 0; \qquad 1{,}155P\sin 30^\circ - F_{BC} = 0; \qquad F_{BC} = 0{,}5774P$$

Gebruikmakend van het resultaat voor F_{AC} voor blok A vinden we:

$$\overset{+}{\rightarrow} \Sigma F_x = 0; \qquad F_A - 1{,}155P\sin 30^\circ = 0; \qquad F_A = 0{,}5774P \qquad (1)$$
$$+\uparrow \Sigma F_y = 0; \qquad N_A - 1{,}155P\cos 30^\circ - 3(9{,}81\ \text{N}) = 0;$$
$$N_A = P + 29{,}43\ \text{N} \qquad (2)$$

Gebruikmakend van het resultaat voor F_{BC} voor blok B vinden we:

$$\overset{+}{\rightarrow} \Sigma F_x = 0; \qquad (0{,}5774P) - F_B = 0; \qquad F_B = 0{,}5774P \qquad (3)$$
$$+\uparrow \Sigma F_y = 0; \qquad N_B - 9(9{,}81)\ \text{N} = 0; \qquad N_B = 88{,}29\ \text{N}$$

De beweging van het stelsel kan worden veroorzaakt door het aanvankelijk glijden van blok A of blok B. Als we aannemen dat blok A als eerste gaat glijden, dan:

$$F_A = \mu_s N_A = 0{,}3N_A \qquad (4)$$

Substitutie van vgl. 1 en 2 in vgl. 4 levert:

$$0{,}5774P = 0{,}3(P + 29{,}43)$$
$$P = 31{,}8\ \text{N} \qquad \textit{Antw.}$$

Substitueren we dit resultaat in vgl. 3, dan vinden we $F_B = 18{,}4$ N. Omdat de maximale statische wrijvingskracht in B is $(F_B)_{max} = \mu_s N_B = 0{,}3(88{,}29\ \text{N}) = 26{,}5\ \text{N} > F_B$, zal blok B niet gaan glijden. Dus is eerder genoemde aanname correct. Merk op dat als aan de ongelijkheden niet zou zijn voldaan, we zouden moeten uitgaan van glijden van blok B en daaruit P zouden moeten oplossen.

Fundamentele vraagstukken

F8.1. Als $P = 200$ N, bepaal dan de wrijving die tussen de kist van 50 kg en de grond wordt ontwikkeld. De statische wrijvingscoëfficiënt tussen de kist en de grond is $\mu_s = 0{,}3$.

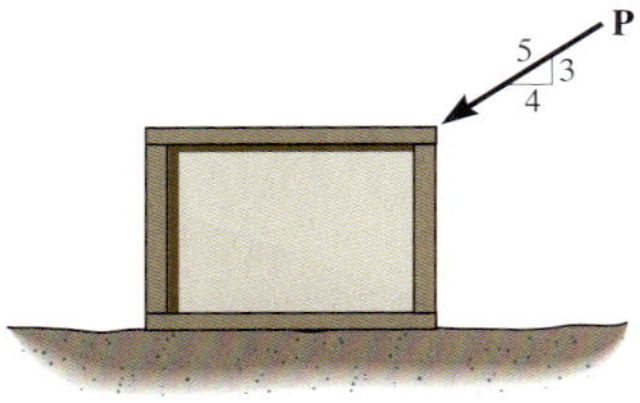

F8.1

F8.2. Bepaal de minimale kracht P om te voorkomen dat de 30 kg zware staaf AB gaat glijden. Het contactoppervlak in B is glad, terwijl de statische wrijvingscoëfficiënt tussen de staaf en de wand in A gelijk is aan $\mu_s = 0{,}2$.

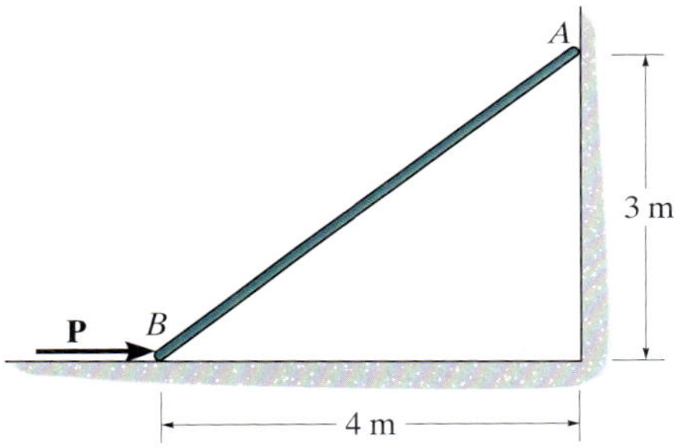

F8.2

F8.3. Bepaal de maximale kracht P die kan worden uitgeoefend, zonder dat de twee kisten van 50 kg gaan bewegen. De statische wrijvingscoëfficiënt tussen beide kisten en de grond is $\mu_s = 0{,}25$.

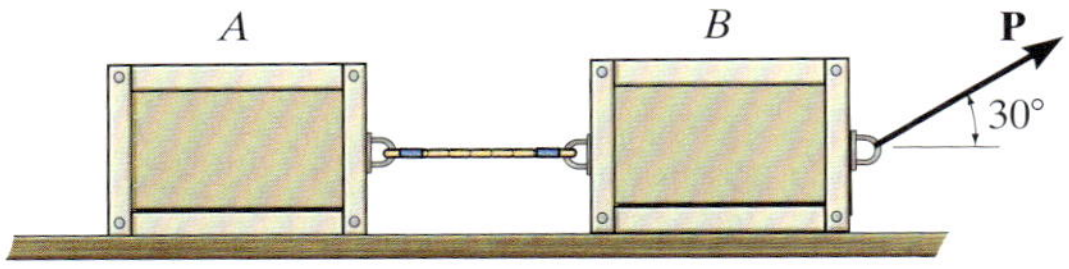

F8.3

F8.4. Als de statische wrijvingscoëfficiënt in de contactpunten A en B gelijk is aan $\mu_s = 0{,}3$, bepaal dan de maximale kracht P die kan worden uitgeoefend zonder dat de 100 kg zware spoel gaat bewegen.

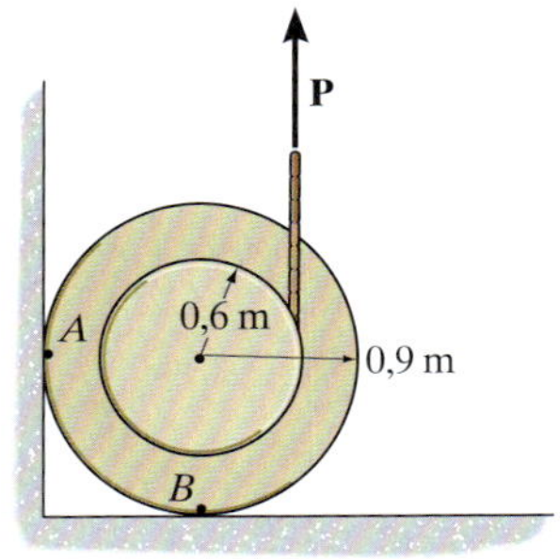

F8.4

F8.5. Bepaal de minimale kracht P die kan worden uitgeoefend, zonder dat dit een beweging van de 100 kg zware kist met een zwaartepunt in G tot gevolg heeft. De statische wrijvingscoëfficiënt op de vloer is $\mu_s = 0{,}4$.

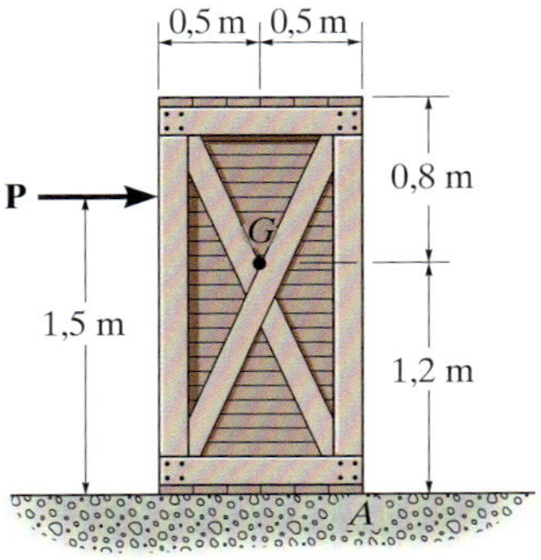

F8.5

F8.6 Bepaal de minimale statische wrijvingscoëfficiënt tussen de homogene, 50 kg zware spoel en de wand opdat de spoel niet slipt.

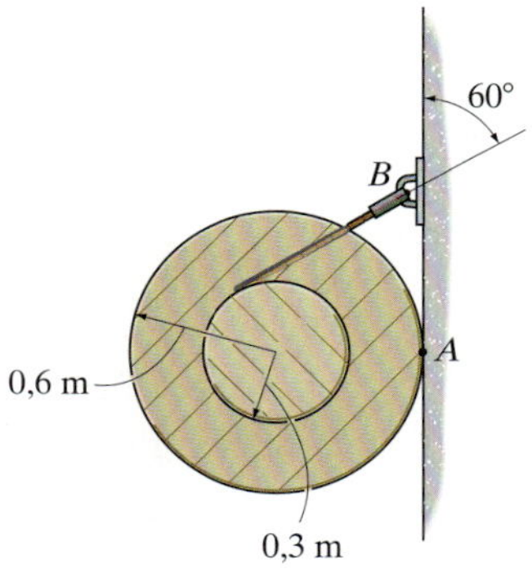

F8.6

F8.7. De blokken A, B en C hebben een gewicht van respectievelijk 50 N, 25 N en 15 N. Bepaal de kleinste horizontale kracht P die neiging tot beweging veroorzaakt. De statische wrijvingscoëfficiënt tussen A en B is $\mu_s = 0{,}3$, die tussen B en C $\mu'_s = 0{,}4$, en die tussen blok C en de grond $\mu''_s = 0{,}35$.

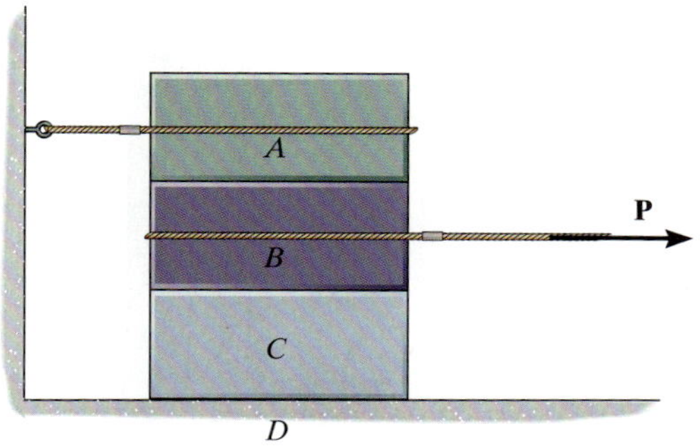

F8.7

F8.8. Als de statische wrijvingscoëfficiënt op alle contactoppervlakken gelijk is aan μ_s, bepaal dan de hellingshoek θ waarbij de identieke blokken, elk met gewicht W, beginnen te glijden.

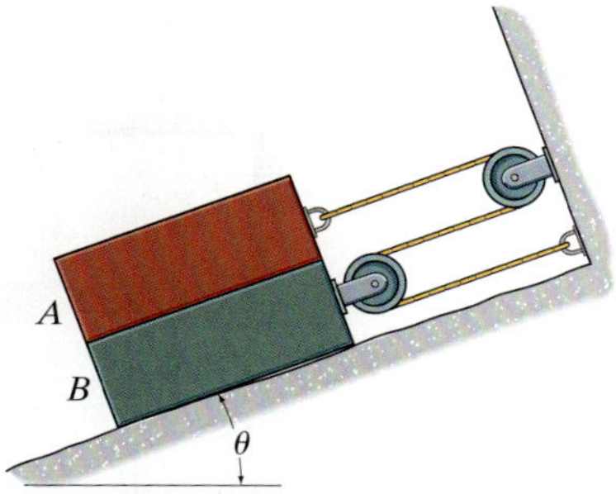

F8.8

F8.9. De blokken A en B hebben respectievelijk een massa van 7 en 10 kg. Gebruik de weergegeven statische wrijvingscoëfficiënten om de grootste kracht P te bepalen die op het touw kan worden uitgeoefend zonder dat de blokken ten opzichte van elkaar gaan bewegen. C en D zijn katrollen.

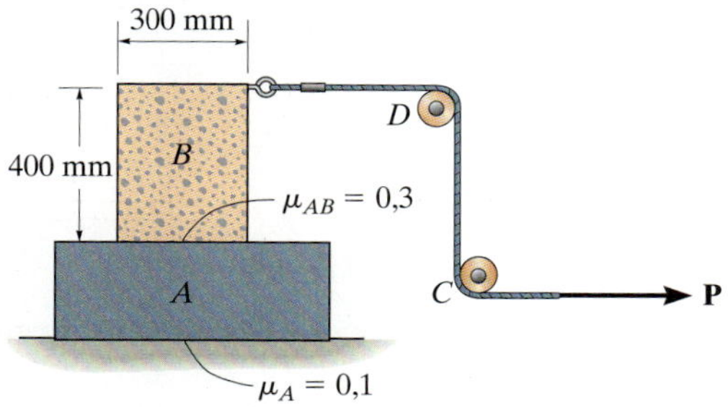

F8.9

Vraagstukken

8.1. De mijnwagen plus inhoud heeft een totale massa van 6 Mg en het zwaartepunt bevindt zich in G. De statische wrijvingscoëfficiënt tussen de wielen en de rails is $\mu_s = 0{,}4$ wanneer de wielen zijn geblokkeerd. Bepaal de normaalkracht op de voorwielen in B en de achterwielen in A wanneer de remmen op zowel de voor- als de achterwielen geblokkeerd zijn. Zal de wagen bewegen?

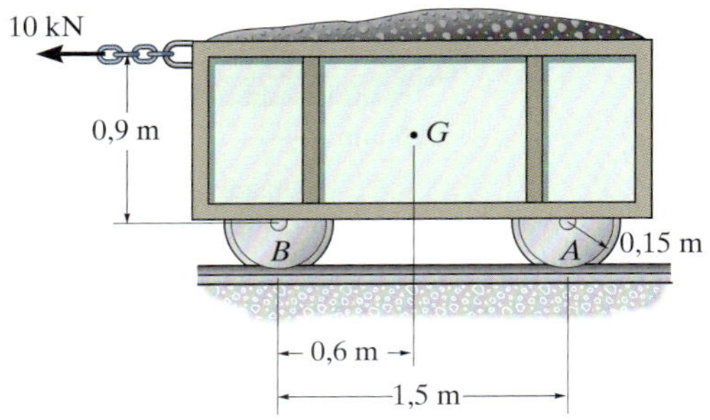

Vraagstuk 8.1

8.2. Bepaal de maximale kracht P waarmee de verbinding kan worden belast zonder dat de platen over elkaar gaan glijden. Voor de verbinding zijn vier bouten gebruikt, die elk zodanig zijn aangedraaid dat ze een klemkracht van 4 kN genereren. De statische wrijvingscoëfficiënt tussen de platen is $\mu_s = 0{,}4$.

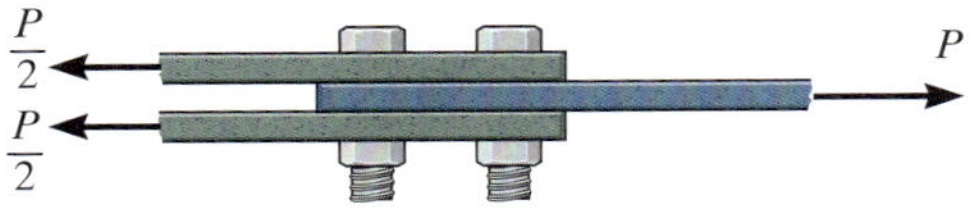

Vraagstuk 8.2

8.3. Als de statische wrijvingscoëfficiënt in A gelijk is aan $\mu_s = 0{,}4$, en de kraag in B is glad, zodat deze uitsluitend een horizontale kracht op de buis uitoefent, bepaal dan de minimale afstand x, zodanig dat de beugel de cilinder met een willekeurige massa kan dragen zonder te gaan glijden. Verwaarloos de massa van de beugel.

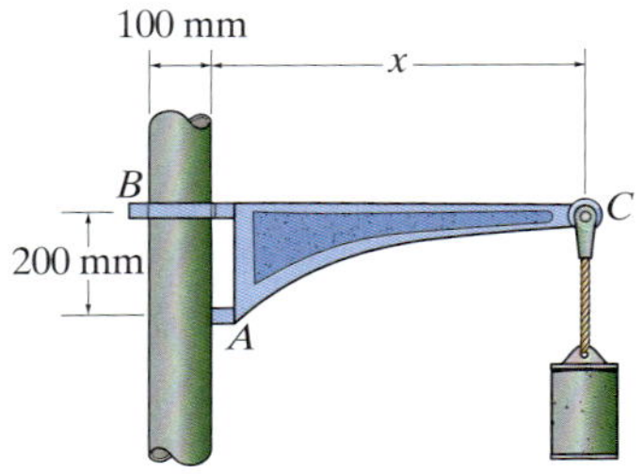

Vraagstuk 8.3

***8.4.** De statische wrijvingscoëfficiënt van het contactvlak tussen de blokken A en B is μ_s en die tussen blok B en de bodem $2\mu_s$. Bepaal de hellingshoek θ waarop de identieke blokken, met elk een gewicht W, net beginnen te glijden.

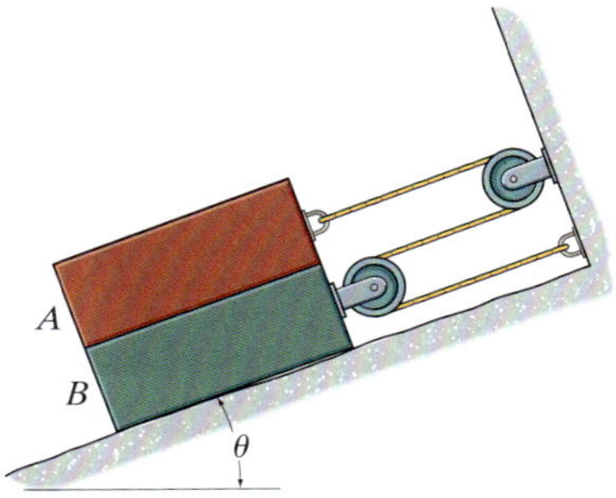

Vraagstuk 8.4

8.5. De statische en dynamische wrijvingscoëfficiënt tussen de trommel en de rem zijn respectievelijk $\mu_s = 0,4$ en $\mu_k = 0,3$. Als $M = 50$ N · m en $P = 85$ N, bepaal dan de horizontale en verticale componenten van de reactiekracht in de pen O. Verwaarloos het gewicht en de dikte van de rem. De trommel heeft een massa van 25 kg.

8.6. De statische wrijvingscoëfficiënt tussen de trommel en de rem is $\mu_s = 0,4$. Als het moment $M = 35$ N · m, bepaal dan de kleinste kracht P die op de rem moet worden uitgeoefend om te voorkomen dat de trommel gaat draaien. Bepaal ook de overeenkomstige horizontale en verticale componenten van de reactiekracht in pen O. Verwaarloos het gewicht en de dikte van de rem. De trommel heeft een massa van 25 kg.

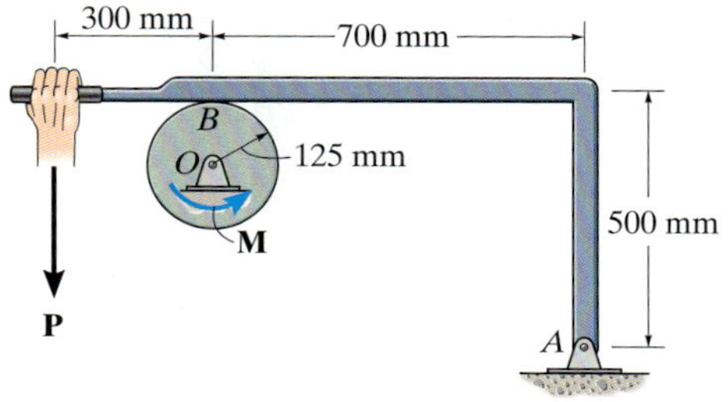

Vraagstukken 8.5/6

8.7. De blokrem bestaat uit een scharnierende hendel en een remblok in B. De statische wrijvingscoëfficiënt tussen het wiel en de hendel is $\mu_s = 0,3$ en op het wiel wordt een wringmoment van 5 N · m uitgeoefend. Bepaal of de rem het wiel stil kan houden wanneer de kracht op de hendel (a) $P = 30$ N en (b) $P = 70$ N is.

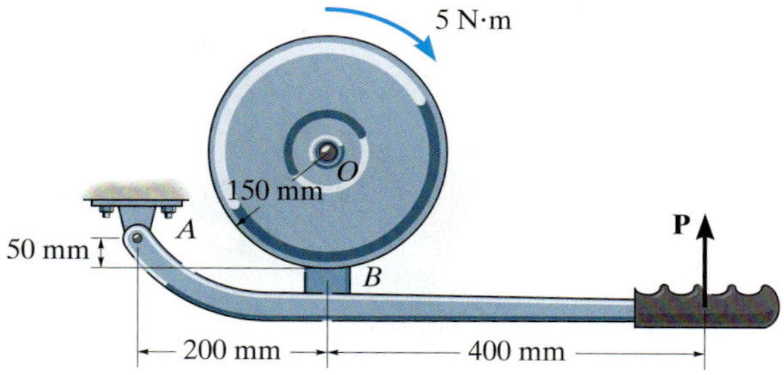

Vraagstuk 8.7

***8.8.** De blokrem bestaat uit een scharnierende hendel en een remblok in B. De statische wrijvingscoëfficiënt tussen het wiel en de hendel is $\mu_s = 0,3$ en op het wiel wordt een wringmoment van 5 N · m uitgeoefend. Bepaal of de rem het wiel stil kan houden wanneer de kracht op de hendel (a) $P = 30$ N en (b) P = 70 N is.

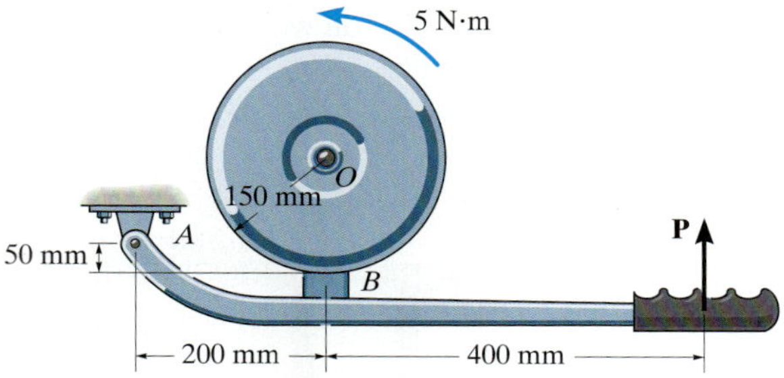

Vraagstuk 8.8

8.9. De homogene hoepel met gewicht W hangt aan de stift in A wanneer er in B voorzichtig een horizontale kracht P op wordt uitgeoefend. De hoepel begint te glijden in A als $\theta = 30°$. Bepaal dan de statische wrijvingscoëfficiënt tussen de hoepel en de stift.

8.10. De homogene hoepel met gewicht W hangt aan de stift in A wanneer er in B voorzichtig een horizontale kracht P op wordt uitgeoefend. De statische wrijvingscoëfficiënt tussen de hoepel en de stift is $\mu_s = 0,2$. Bepaal dan of de hoek $\theta = 30°$ kan zijn voordat de hoepel begint te glijden.

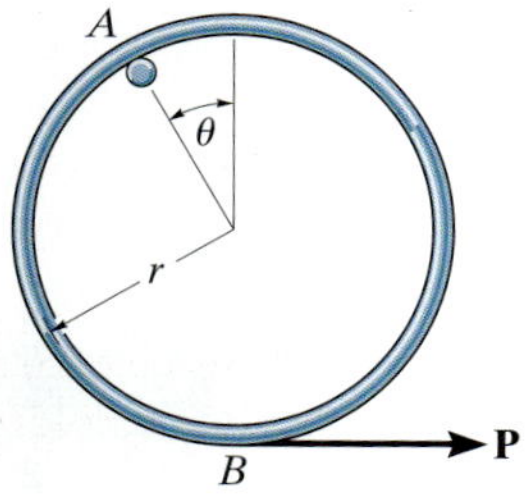

Vraagstukken 8.9/10

8.11. De heftruck heeft een gewicht van 12 kN en het zwaartepunt bevindt zich in *G*. De achterwielen zijn aangedreven en de voorwielen kunnen vrij draaien. Bepaal het maximale aantal kratten van 150 kg dat de heftruck vooruit kan duwen. De statische wrijvingscoëfficiënt tussen de wielen en de vloer is $\mu_s = 0{,}4$ en die tussen elk krat en de vloer $\mu'_s = 0{,}35$.

Vraagstuk 8.11

***8.12.** Op het vliegwiel wordt een wringmoment $M = 300$ N · m uitgeoefend. Bepaal de kracht die in de hydraulische cilinder *CD* moet worden ontwikkeld om te voorkomen dat het vliegwiel gaat draaien. De statische wrijvingscoëfficiënt tussen het remblok in *B* en het vliegwiel is $\mu_s = 0{,}4$.

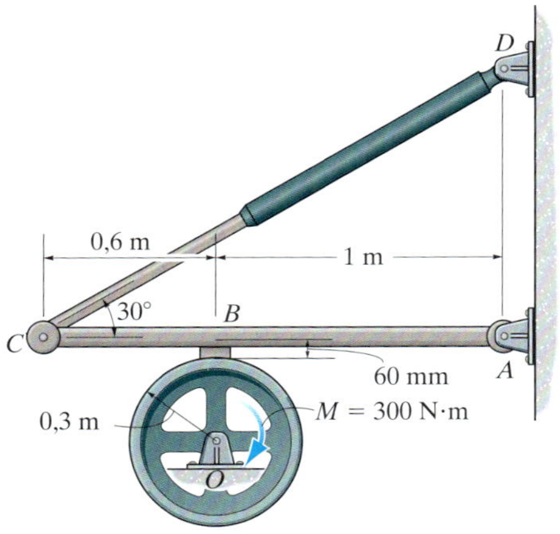

Vraagstuk 8.12

8.13. Op de nok werkt een koppel van 5 N · m. Bepaal de minimale kracht *P* die op de nokvolger moet worden uitgeoefend om de nok in de weergegeven stand te houden. De statische wrijvingscoëfficiënt tussen de nok en de nokvolger is $\mu_s = 0{,}4$. De geleider in *A* is glad.

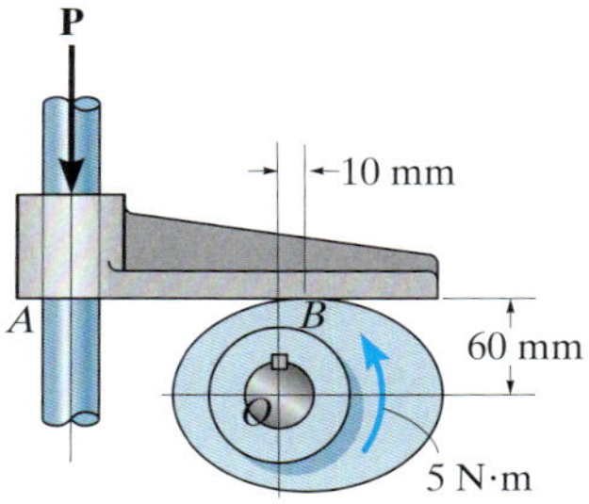

Vraagstuk 8.13

8.14. Een schijf van 35 kg rust op een hellend vlak met een statische wrijvingscoëfficiënt $\mu_s = 0{,}2$. Bepaal de maximale verticale kracht **P** die op de stang *AB* kan worden uitgeoefend zonder dat de schijf in *C* gaat glijden.

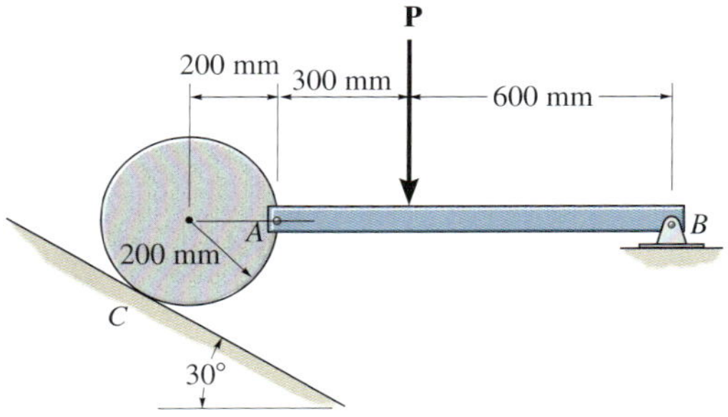

Vraagstuk 8.14

8.15. De auto heeft een massa van 1,6 Mg en het massamiddelpunt bevindt zich in *G*. De statische wrijvingscoëfficiënt tussen de verkante baan en de banden is $\mu_s = 0{,}4$. Bepaal de grootste hellingshoek θ die de berm kan hebben zonder dat de auto zal gaan glijden of kantelen als de auto met een constante snelheid door de berm rijdt.

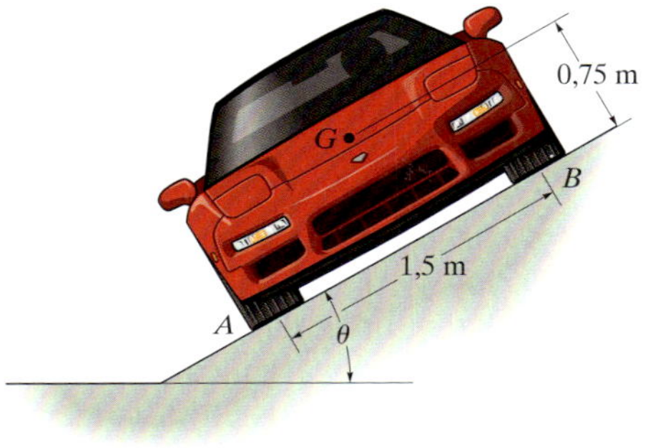

Vraagstuk 8.15

***8.16.** Als de statische wrijvingscoëfficiënt tussen de kragen A en B van de staaf $\mu_s = 0{,}6$ is, bepaal dan de maximale hoek voor het systeem om in evenwicht te blijven, ongeacht het gewicht van de cilinder D. Het gewicht van de verbindingen AC en BC is te verwaarlozen en AC en BC zijn door een pen verbonden in C.

8.17. Als $\theta = 15°$, bepaal dan de minimale statische wrijvingscoëfficiënt tussen de kragen A en B en de staaf die nodig is om het systeem, ongeacht het gewicht van de cilinder D, in evenwicht te houden. Het gewicht van de verbindingen AC en BC is te verwaarlozen en AC en BC zijn door een pen verbonden in C.

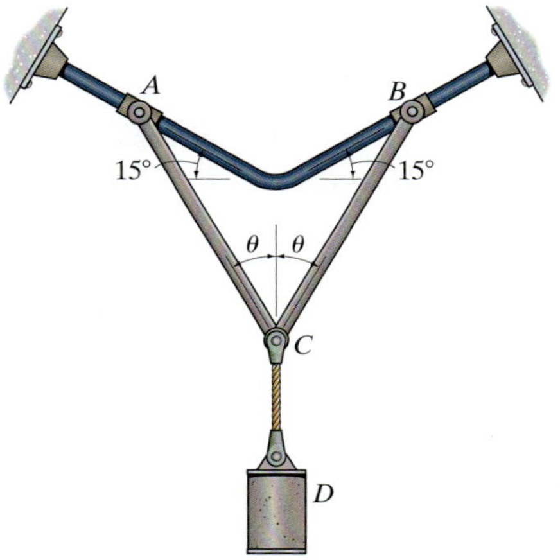

Vraagstukken 8.16/17

8.18. De 5 kg zware cilinder hangt aan twee even lange touwen. Het uiteinde van elk touw is bevestigd aan een ring met een verwaarloosbare massa die over een horizontale as kan glijden. De maximale afstand tussen de ringen d waarbij de cilinder nog steeds op dezelfde plaats blijft hangen is 400 mm. Bepaal de statische wrijvingscoëfficiënt tussen de ringen en de as.

8.19. De 5 kg zware cilinder hangt aan twee even lange touwen. Het uiteinde van elk touw is bevestigd aan een ring met een verwaarloosbare massa die over een horizontale as kan glijden. De statische wrijvingscoëfficiënt tussen elke ring en de as is $\mu_s = 0{,}5$. Bepaal de grootste afstand d die de ringen uit elkaar kunnen worden geschoven zonder dat de cilinder ze weer naar elkaar toe trekt.

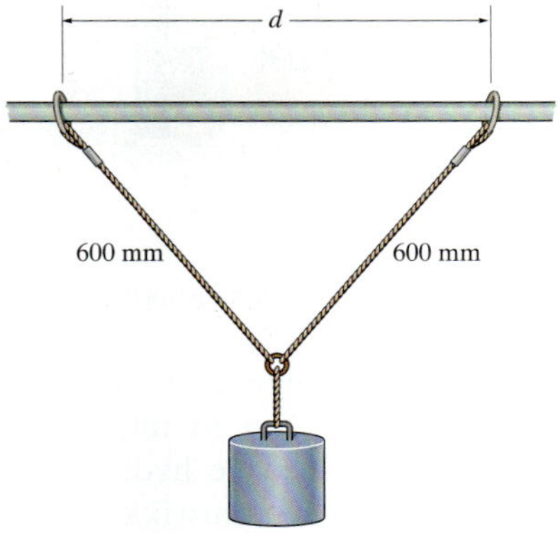

Vraagstukken 8.18/19

***8.20.** De buis wordt opgehesen met behulp van de hijsklem. De statische wrijvingscoëfficiënt in A en B is μ_s. Bepaal de kleinste afmeting b, zodanig dat een buis met een binnendiameter d kan worden opgehesen.

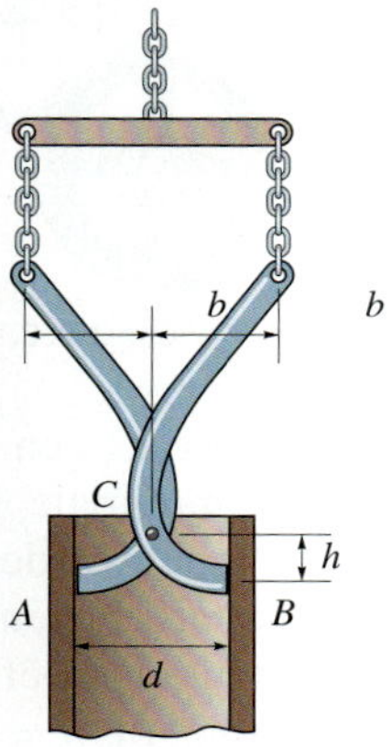

Vraagstuk 8.20

8.21. De homogene paal heeft een gewicht W en lengte L. Uiteinde B is vastgebonden aan een touw en uiteinde A is tegen de muur geplaatst. De statische wrijvingscoëfficiënt tussen de paal en de muur is μ_s. Bepaal de grootste hoek θ waaronder de paal kan worden geplaatst zonder te glijden.

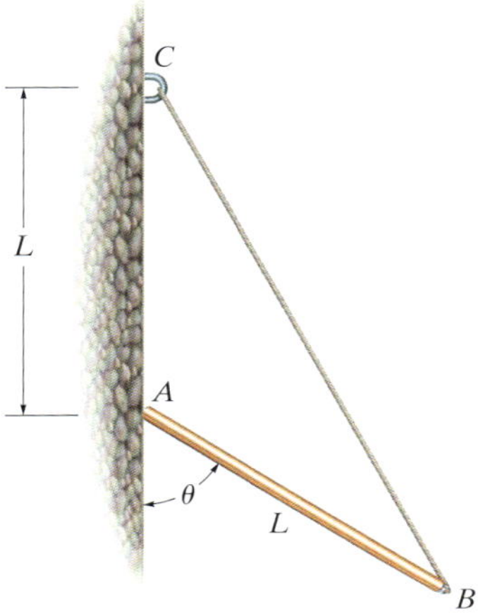

Vraagstuk 8.21

8.22. De klemkracht F = 200 N en elke plank heeft een massa van 2 kg. Bepaal het maximale aantal planken dat op deze manier kan worden ingeklemd. De statische wrijvingscoëfficiënt tussen de planken is μ_s = 0,3 en die tussen de planken en de klem is μ'_s = 0,45.

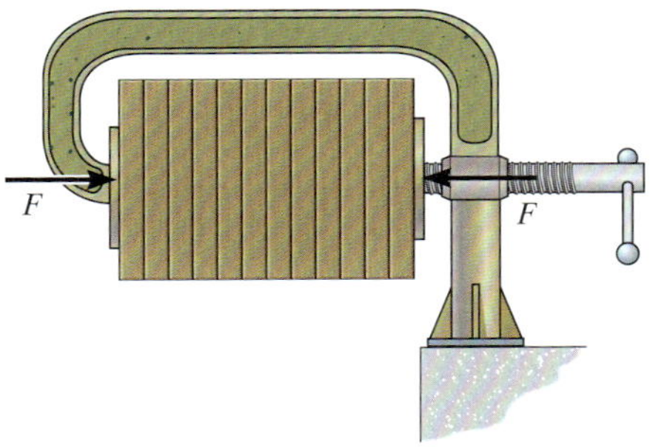

Vraagstuk 8.22

8.23. Een schijf van 35 kg rust op een hellend vlak met een statische wrijvingscoëfficiënt μ_s = 0,3. Bepaal de maximale verticale kracht **P** die op de stang AB kan worden uitgeoefend zonder dat de schijf in C gaat glijden.Laat de massa van de stang buiten beschouwing.

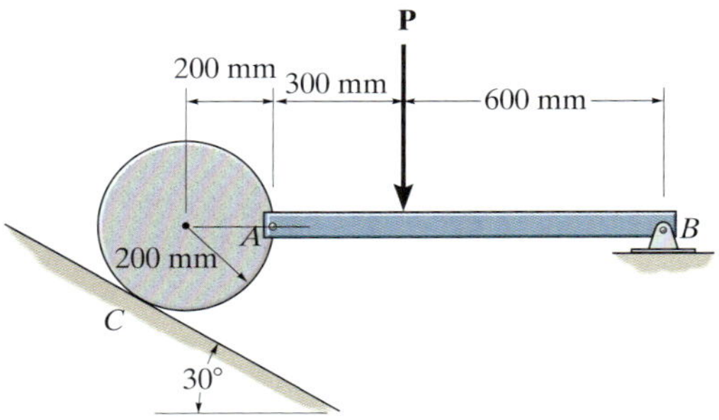

Vraagstuk 8.23

***8.24.** De statische wrijvingscoëfficiënt tussen de uiteinden A en B van de klem en het pallet is μ'_s = 0,5 en die tussen het pallet en de vloer is μ_s = 0,4. Op de klem wordt een horizontale trekkracht **P** = 300 N uitgeoefend. Bepaal de grootste massa die kan worden gesleept.

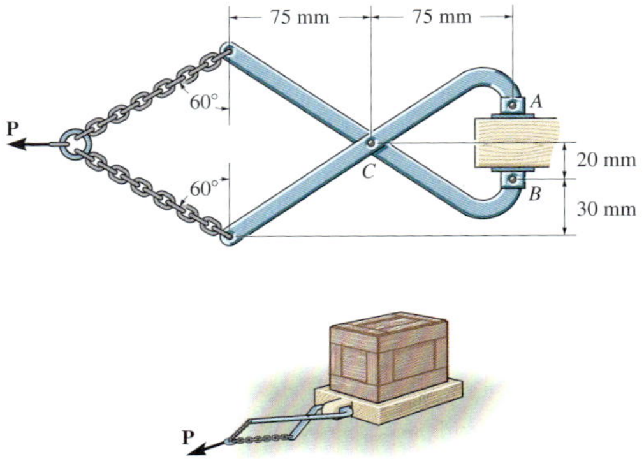

Vraagstuk 8.24

8.25. De blokrem wordt gebruikt om het wiel te blokkeren wanneer op het wiel een koppel $\mathbf{M}_0$ wordt uitgeoefend. De statische wrijvingscoëfficiënt tussen het wiel en het blok is μ_s. Bepaal de kleinste kracht P die moet worden uitgeoefend.

8.26. Toon aan dat de rem in vraagstuk 8.25 zelfblokkerend is, dat wil zeggen dat $\mathbf{P} \leq 0$ is, op voorwaarde dat $b/c \leq \mu_s$.

8.27. Los vraagstuk 8.25 op als het koppel $\mathbf{M}_0$ linksom werkt.

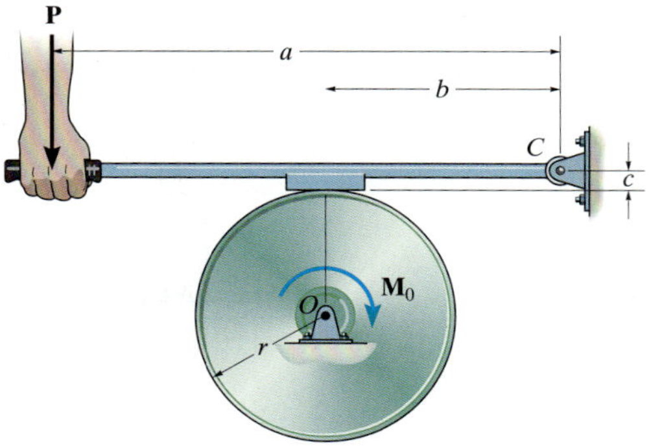

Vraagstukken 8.25/26/27

***8.28.** De 10 kg zware cilinder hangt aan twee even lange touwen. Het uiteinde van elk touw is bevestigd aan een ring met een verwaarloosbare massa, die kan bewegen over een horizontale as. De statische wrijvingscoëfficiënt tussen elke ring en de as is $\mu_s = 0{,}5$. Bepaal de grootste afstand d die de ringen uit elkaar kunnen worden geschoven zonder dat de cilinder ze weer naar elkaar toe trekt.

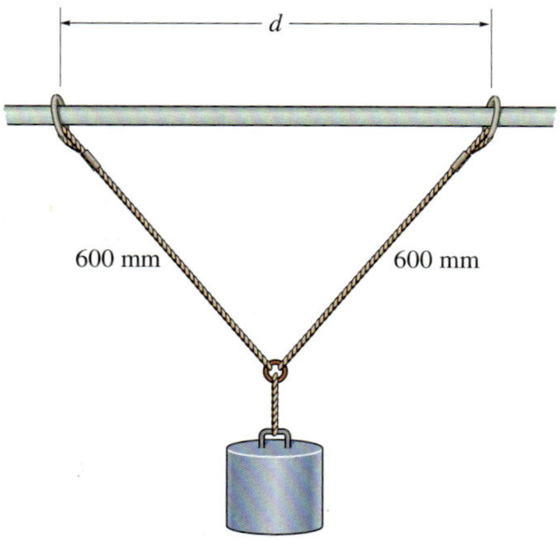

Vraagstuk 8.28

8.29. De wrijvingspal kan scharnieren in A en rust in B op het wiel. Door de pal kan het wiel vrij linksom draaien om C. Als het wiel met de wijzers van de klok mee draait zal de wrijving tussen de pal en het wiel de beweging van het wiel tegengaan. Veronderstel dat $(\mu_s)_B = 0{,}6$. Bepaal dan de ontwerphoek θ die rotatie van het wiel met de klok mee zal voorkomen bij elke waarde van het aangebrachte moment M. *Hint*: laat het gewicht van de pal buiten beschouwing, zodat die een tweekrachtenelement wordt.

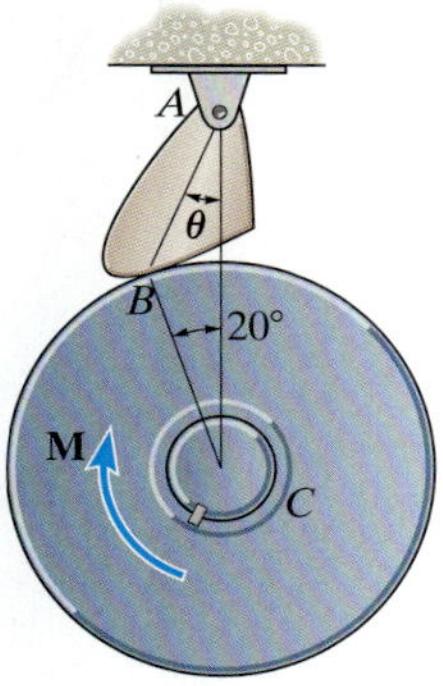

Vraagstuk 8.29

8.30. Veronderstel dat $\theta = 30°$. Bepaal dan de minimale statische wrijvingscoëfficiënt in A en B, zodanig de draagconstructie in evenwicht blijft, ongeacht de massa van cilinder C. Laat de massa van de staven buiten beschouwing.

8.31. De statische wrijvingscoëfficiënt in A en B is $\mu_s = 0{,}6$. Bepaal de maximale hoek θ, zodanig dat de draagconstructie in evenwicht blijft, ongeacht de massa van de cilinder. Laat de massa van de staven buiten beschouwing.

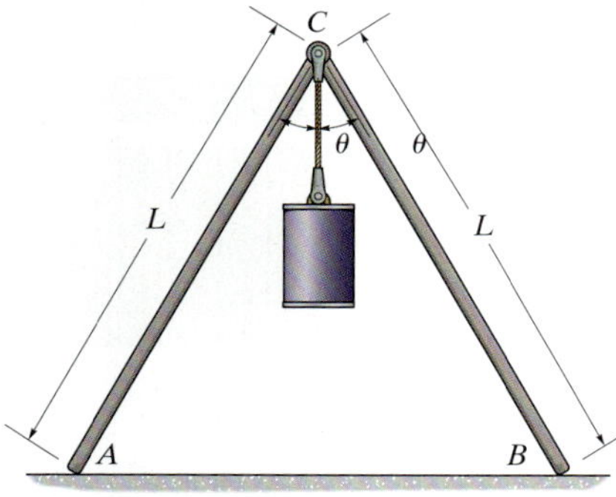

Vraagstukken 8.30/31

***8.32.** De halve cilinder met massa m en straal r ligt op het ruw hellend vlak. De hoek ϕ = 10° en de statische wrijvingscoëfficiënt is μ_s = 0,3. Bepaal of de halve cilinder omlaag zal glijden en, als dat niet het geval is, de hoek θ die de vlakke zijde AB van de cilinder zal maken met de horizontaal.

8.33. De halve cilinder met massa m en straal r ligt op het ruw hellend vlak. De hoek van het hellend vlak is ϕ = 15°. Bepaal dan de kleinste statische wrijvingscoëfficiënt waarbij de halve cilinder nog net niet zal gaan glijden.

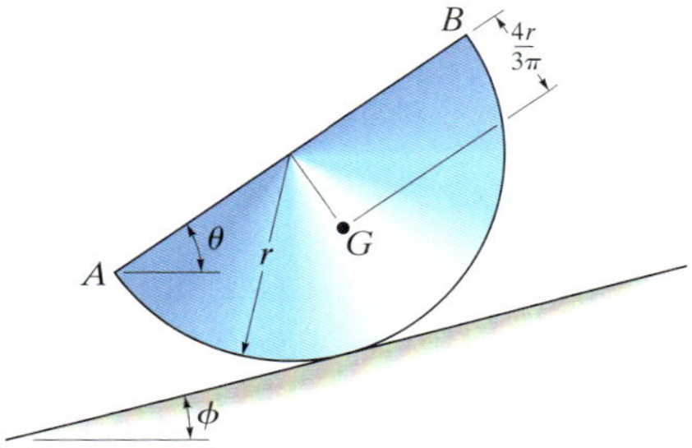

Vraagstukken 8.32/33

8.34. De statische wrijvingscoëfficiënt tussen de 150 kg zware kist en de grond is μ_s = 0,3, terwijl de statische wrijvingscoëfficiënt tussen de schoenen van de 80 kg wegende man en de grond gelijk is aan μ'_s = 0,4. Bepaal of de man de kist kan verschuiven.

8.35. Als de statische wrijvingscoëfficiënt tussen de kist en de grond gelijk is aan μ_s = 0,3, bepaal dan de minimale statische wrijvingscoëfficiënt tussen de schoenen van de man en de grond, zodanig dat de man de kist kan verschuiven.

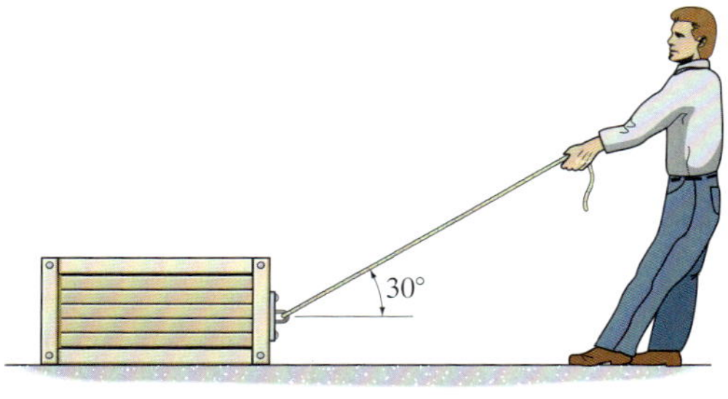

Vraagstukken 8.34/35

***8.36.** De dunne staaf heeft een gewicht W en rust tegen de vloer en de wand waarvoor de statische wrijvingscoëfficiënten respectievelijk μ_A en μ_B zijn. Bepaal de kleinste waarde van θ waarvoor de staaf niet gaat bewegen.

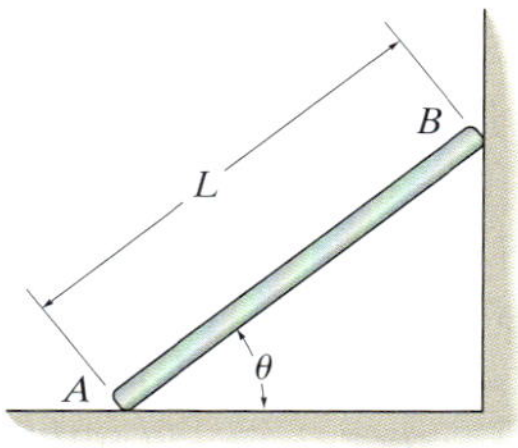

Vraagstuk 8.36

8.37. Bepaal de grootte van kracht **P** die nodig is om het krat van 40 kg in beweging te brengen. Bepaal ook de plaats van de resulterende normaalkracht op het krat, gemeten vanaf punt A. Veronderstel dat μ_s = 0,3.

8.38. Bepaal de wrijvingskracht op het krat van 40 kg, de resulterende normaalkracht en de plaats x daarvan, gemeten vanaf punt A, als de kracht **P** = 300 N. Veronderstel dat μ_s = 0,5 en μ_k = 0,2.

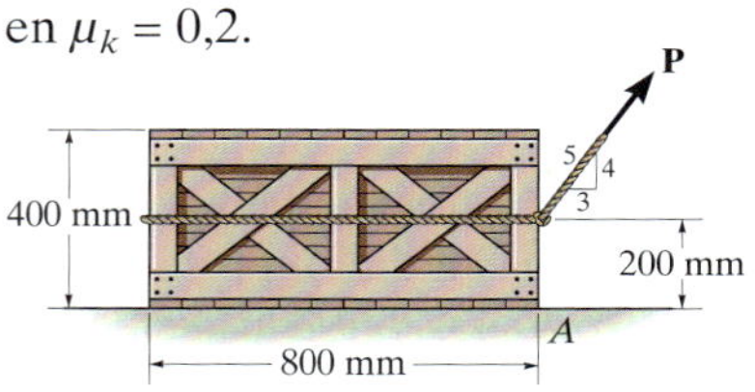

Vraagstukken 8.37/38

8.39. Bepaal de kleinste kracht die de man moet uitoefenen op het touw om het krat van 80 kg te verplaatsen. Hoe groot is de hoek θ op dat moment? De statische wrijvingscoëfficiënt tussen het krat en de vloer is μ_s = 0,3.

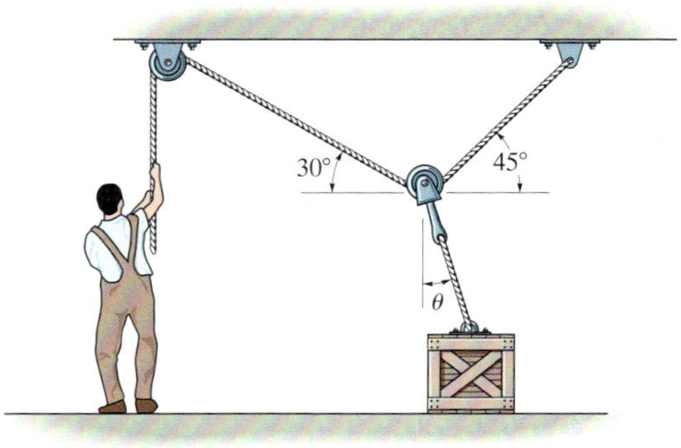

Vraagstuk 8.39

***8.40.** De kabelhaspel met een massa van 150 kg rust op de vloer bij A en tegen de muur bij B. Bepaal de kracht **P** die nodig is om de kabel horizontaal uit de haspel te trekken. De statische wrijvingscoëfficiënt tussen de haspel en de contactpunten is $\mu_s = 0{,}25$.

8.41. De kabelhaspel met een massa van 150 kg rust op de vloer bij A en tegen de muur bij B. Bepaal de krachten op de haspel in A en B als $\mathbf{P} = 800$ N. De statische wrijvingscoëfficiënt tussen de haspel en de vloer bij punt A is $\mu_s = 0{,}35$. De muur bij B is glad.

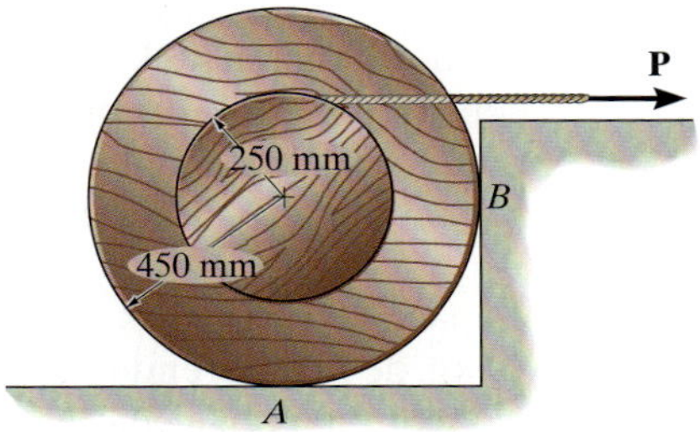

Vraagstukken 8.40/41

8.42. Het papierophangsysteem bestaat uit een star aluminiumprofiel waarin een cilinder met een verwaarloosbaar gewicht ligt opgesloten. Iemand steekt tussen de muur en de cilinder een stuk papier. Veronderstel dat $\theta = 20°$. Bepaal dan de kleinste statische wrijvingscoëfficiënt μ bij alle contactpunten, zodanig dat papier p met een willekeurig gewicht W zal blijven hangen.

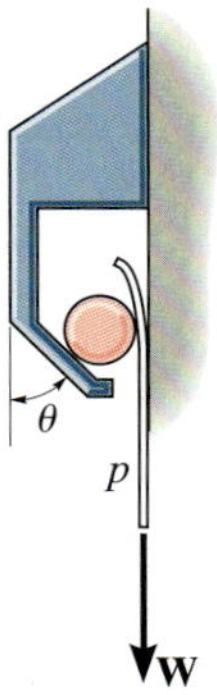

Vraagstuk 8.42

8.43. De homogene stang heeft een massa van 10 kg en rust tegen de binnenkant van de gladde ring in B en op de grond in A. De stang staat op het punt te gaan glijden. Bepaal de statische wrijvingscoëfficiënt tussen de stang en de grond.

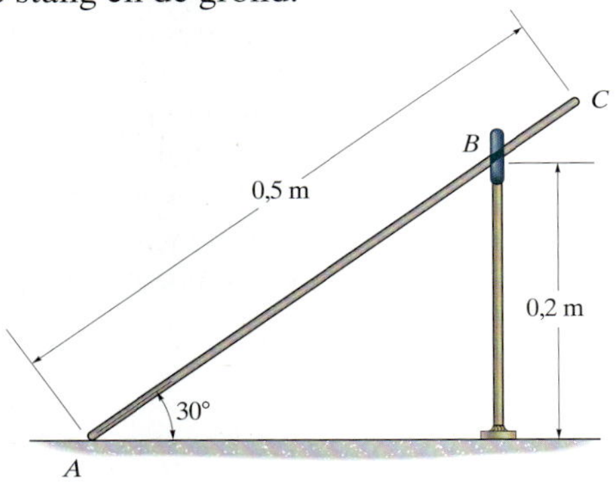

Vraagstuk 8.43

***8.44.** De ringen A en C hebben elk een gewicht W en rusten op de stang, die een statische wrijvingscoëfficiënt μ_s heeft. De hangende ring B heeft een gewicht $2W$. Bepaal de grootste afstand d tussen de ringen A en C, zodanig dat er geen beweging plaatsvindt. Laat het gewicht van de draad buiten beschouwing. De draad is glad en heeft een totale lengte l.

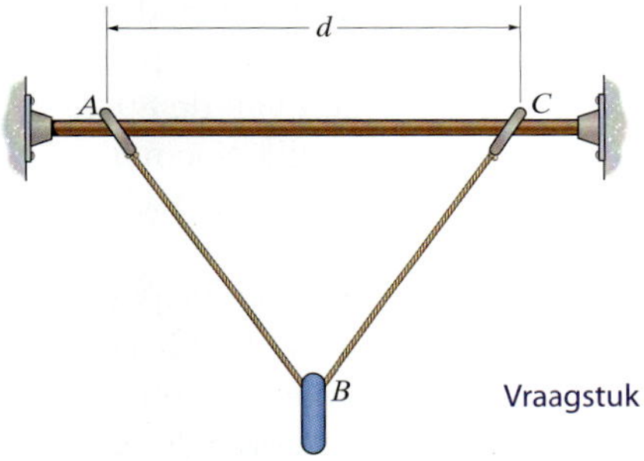

Vraagstuk 8.44

8.45. Auto A heeft een massa van 1,4 en het massamiddelpunt ervan bevindt zich in G. Auto B oefent een horizontale kracht van 2 kN uit op A. Bepaal of deze kracht groot genoeg is om auto A te verplaatsen. De statische- en kinetische wrijvingscoëfficiënt tussen de banden en de weg zijn respectievelijk $\mu_s = 0{,}5$ en $\mu_k = 0{,}35$. Veronderstel dat de bumper van auto B glad is.

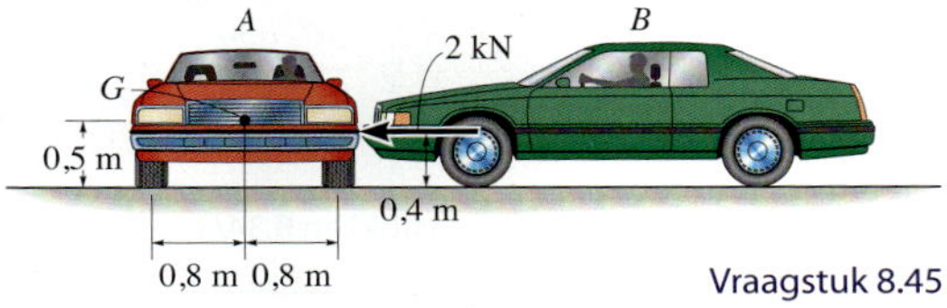

Vraagstuk 8.45

8.46. De balk AB heeft een verwaarloosbare massa en dikte en wordt belast met een driehoekige gelijkmatig verdeelde belasting. De balk wordt aan een uiteinde ondersteund door een scharnier en aan het andere uiteinde door een paal met een massa van 50 kg en een verwaarloosbare dikte. Bepaal de minimale kracht **P** die nodig is om de paal te verplaatsen. De statische wrijvingscoëfficiënten in B en C zijn respectievelijk $\mu_B = 0{,}4$ en $\mu_C = 0{,}2$.

8.47. De balk AB heeft een verwaarloosbare massa en dikte en wordt belast met een driehoekige gelijkmatig verdeelde belasting. De balk wordt aan een uiteinde ondersteund door een scharnier en aan het andere uiteinde door een paal met een massa van 50 kg en een verwaarloosbare dikte. Bepaal de twee statische wrijvingscoëfficiënten in B en C, zodanig dat als de grootte van de uitgeoefende kracht wordt verhoogd tot $P = 150$ N, de paal tegelijkertijd zowel bij B als bij C gaat glijden.

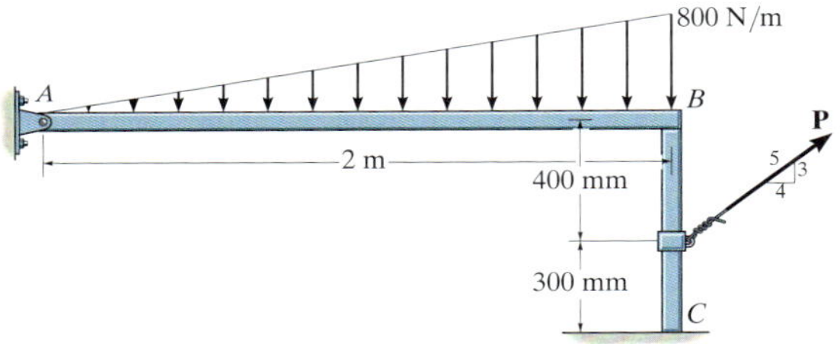

Vraagstukken 8.46/47

***8.48.** De balk AB heeft een verwaarloosbare massa en dikte en wordt belast met een kracht van 200 N. De balk wordt aan een uiteinde ondersteund door een scharnier en aan het andere uiteinde door een haspel met een massa van 40 kg. De kabel is gewikkeld om de kern van de haspel, Bepaal dan de minimale kabelkracht **P** die nodig is om de haspel in beweging te brengen. De statische wrijvingscoëfficiënten in B en D zijn respectievelijk $\mu_B = 0{,}4$ en $\mu_D = 0{,}2$.

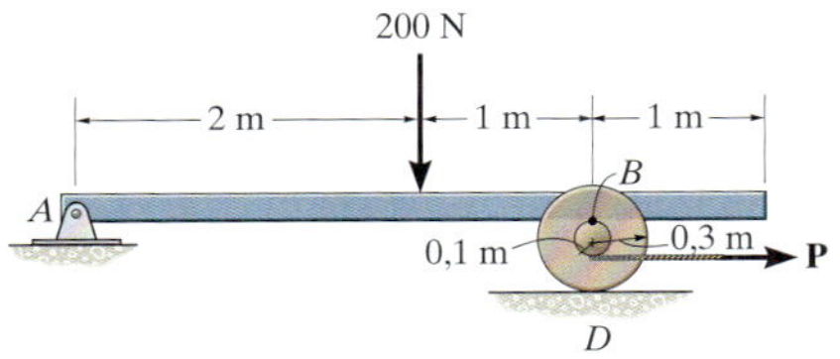

Vraagstuk 8.48

8.49. De 45 kg wegende schijf rust op het oppervlak waarvoor de statische wrijvingscoëfficiënt gelijk is aan $\mu_A = 0{,}2$. Bepaal het grootste koppelmoment M dat op de balk kan worden uitgeoefend zonder beweging te veroorzaken.

8.50. De 45 kg wegende schijf rust op het oppervlak waarvoor de statische wrijvingscoëfficiënt gelijk is aan $\mu_A = 0{,}15$. Als $M = 50$ N · m, bepaal dan de wrijvingskracht in A.

Vraagstukken 8.49/50

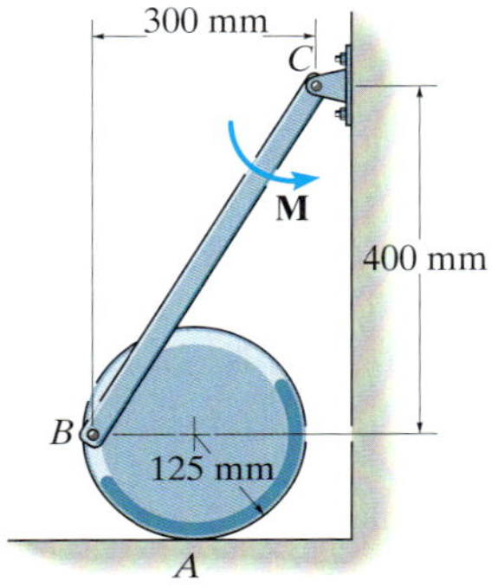

8.51. Het blok met gewicht W wordt het hellend vlak met een helling α opgetrokken met een kracht P. De werklijn van P maakt een hoek ϕ met de helling, op de manier zoals is weergegeven in de figuur. Toon aan dat het blok zal beginnen glijden als $P = W\sin(\alpha + \theta)/\cos(\phi - \theta)$, waarin θ de wrijvingshoek is; $\theta = \tan^{-1}\mu$.

***8.52.** Bepaal de hoek ϕ die de werklijn van **P** met de helling moet maken, zodanig dat de grootte van **P** om het blok het hellend vlak op te trekken minimaal is. Wat is de bijbehorende waarde van **P**? Het blok heeft een gewicht W en de hellingshoek van het vlak α is bekend.

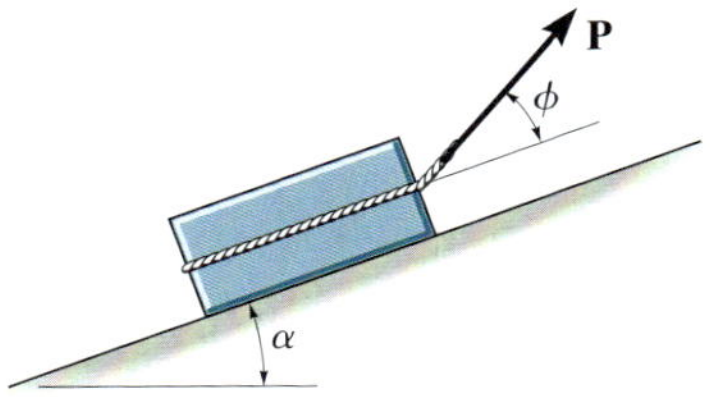

Vraagstuk 8.51/52

8.53. De homogene halve cilinder heeft een massa m en het massamiddelpunt ervan bevindt zich in G. Bepaal de grootste hoek θ van het hellend vlak waarbij de halve cilinder nog net op het vlak blijft liggen zonder omlaag te glijden. De statische wrijvingscoëfficiënt tussen het vlak en de cilinder is $\mu_s = 0{,}3$. Hoe groot is de hoek ϕ in dit geval?

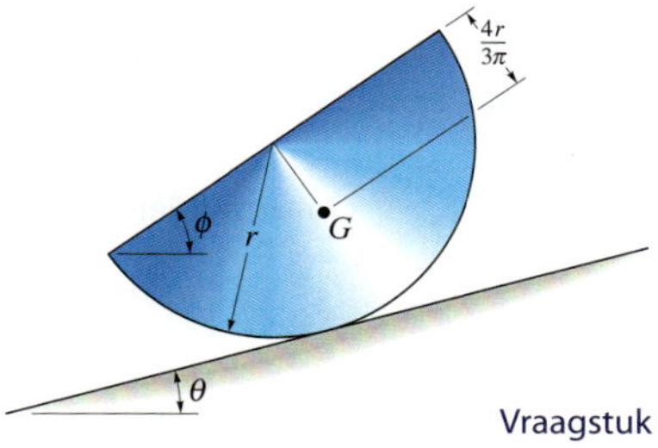

Vraagstuk 8.53

8.54. De homogene balk heeft een gewicht W en lengte $4a$. De balk rust in A en B op de starre rails. De statische wrijvingscoëfficiënt van de rails is μ_s. Bepaal de horizontale kracht **P** die loodrecht op het vlak van de balk moet worden uitgeoefend om die in beweging te brengen.

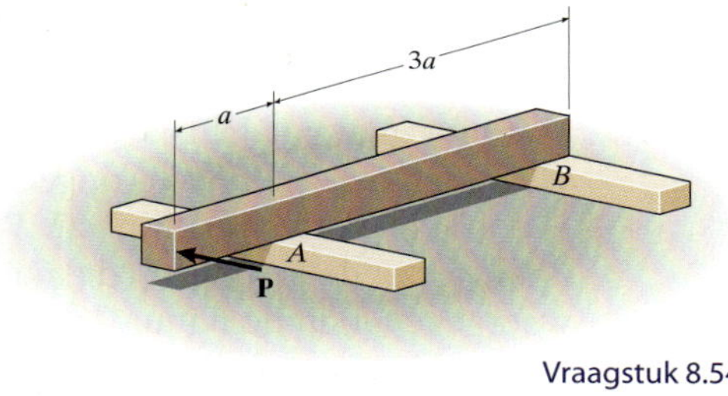

Vraagstuk 8.54

8.55. Bepaal de grootste hoek θ, zodanig dat de ladder niet gaat glijden wanneer een man van 75 kg op de hieronder getoonde plaats staat. De vloer is een beetje glad, zodat de statische wrijvingscoëfficiënt in A en B $\mu_s = 0{,}3$ is.

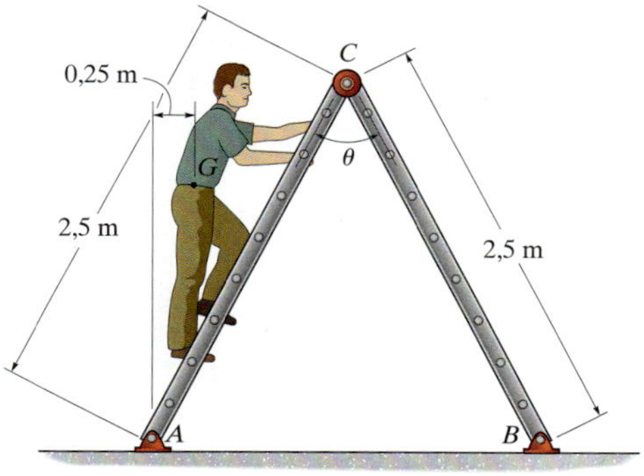

Vraagstuk 8.55

***8.56.** De homogene dunne stang van 6 kg staat in het midden van de bovenkant van het 3 kg zware blok. De statische wrijvingscoëfficiënten in de contactpunten zijn $\mu_A = 0{,}4$, $\mu_B = 0{,}6$ en $\mu_C = 0{,}3$. Bepaal het grootste koppelmoment M waarmee de stang kan worden belast zonder dat de stang in beweging komt.

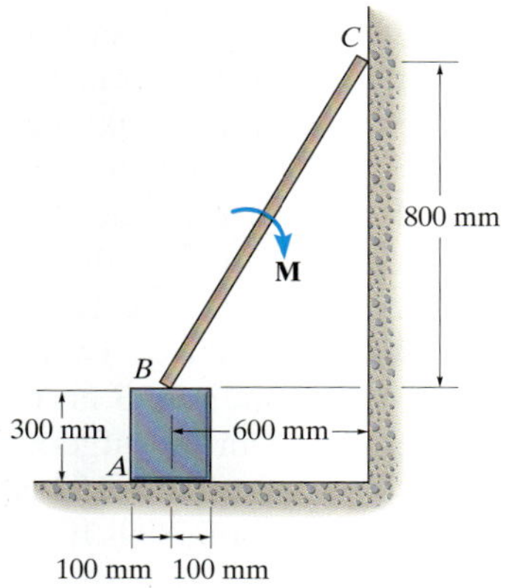

Vraagstuk 8.56

8.57. De schijf heeft een gewicht W en ligt op een vlak dat een statische wrijvingscoëfficiënt μ heeft. Bepaal de maximale hoogte h tot waar het vlak kan worden opgetild zonder dat de schijf gaat glijden.

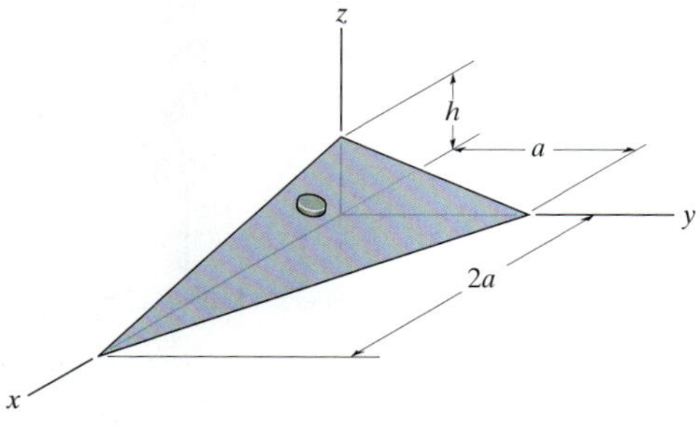

Vraagstuk 8.57

Praktijkvraagstukken

P8.1. Is het efficiënter om de belasting met constante snelheid naar voren te verplaatsen met de giek volledig uitgeschoven, of moet de giek volledig zijn ingetrokken? Het vermogen wordt geleverd aan de achterwielen. De voorwielen kunnen vrij rollen. Licht je antwoord toe met een evenwichtsanalyse.

P8.1

P8.2. De wielmoer op het vrijdraaiende wiel moet worden losgedraaid met de moersleutel. Wat is de effectiefste manier om kracht op de moersleutel te zetten? En waarom is het het beste om de autoband op de grond te houden in plaats van die eerst op te krikken? Licht je antwoorden toe met een evenwichtsanalyse.

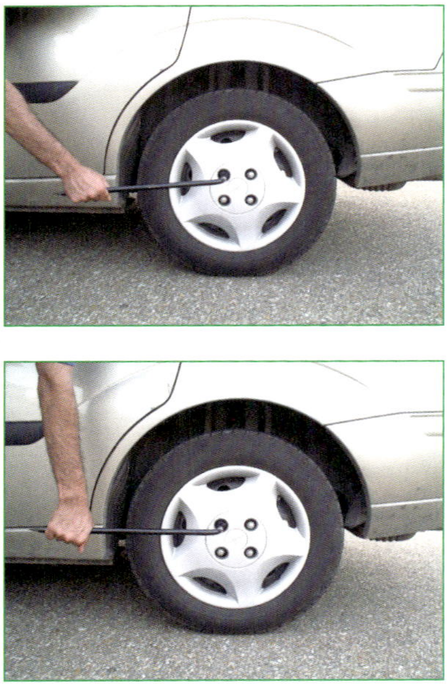

P8.2

P8.3. Aan de koelkast is een touw bevestigd om deze te verslepen. Is het het beste om het touw licht omhoog te trekken, zoals aangegeven, horizontaal te trekken of om iets naar beneden te trekken? En is het het beste om het touw hoger vast te maken, zoals weergegeven, of lager? Licht je antwoord toe met een evenwichtsanalyse.

P8.4. Aan de koelkast is een touw bevestigd om deze te verslepen. Als je wilt voorkomen dat je tijdens het verslepen zelf gaat glijden, is het dan het beste om het touw licht omhoog te trekken, zoals aangegeven, horizontaal te trekken of om iets naar beneden te trekken? Licht je antwoord toe met een evenwichtsanalyse.

P8.3/4

P8.5. Is het gemakkelijker om de belasting te verslepen door een kracht op de sleepbalk uit te oefenen wanneer die in een vrijwel horizontale stand is, zoals weergegeven, of is het beter om aan de sleepbalk te trekken wanneer die een steilere hoek maakt? Licht je antwoord toe met een evenwichtsanalyse.

P8.5

Ga naar www.pearsonmylab.nl voor de animatie: *Vrijlichaamsschema's voor wiggen*.

Wiggen worden vaak gebruikt om de hoogte van bouwelementen of mechanische onderdelen aan te passen. Ze geven ook stabiliteit aan objecten zoals aan deze buis.

8.3 Wiggen

Een *wig* is een eenvoudig werktuig dat vaak wordt gebruikt om een uitgeoefende kracht om te zetten in veel grotere krachten, die ongeveer loodrecht op de uitgeoefende kracht werken. Wiggen kunnen ook worden gebruikt om zware lasten enigszins te verplaatsen of aan te passen.

Bekijk bijvoorbeeld de wig die afgebeeld is in fig. 8.12*a* en die gebruikt wordt om het blok *omhoog te brengen* door een kracht op de wig uit te oefenen. Vrijlichaamsschema's van het blok en de wig zijn afgebeeld in fig. 8.12*b*. Hier hebben we geen rekening gehouden met het gewicht van de wig, aangezien dit meestal *klein* is vergeleken met het gewicht van het blok. Merk ook op dat de wrijvingskrachten $\mathbf{F}_1$ en $\mathbf{F}_2$ tegengesteld moeten werken aan de beweging van de wig. Zo moet ook de wrijvingskracht $\mathbf{F}_3$ van de muur op het blok naar beneden werken om de opwaartse beweging van het blok tegen te gaan. De posities van de resulterende normaalkrachten zijn niet belangrijk bij de krachtenanalyse, aangezien noch het blok noch de wig zal 'kantelen'. Daarom zullen de evenwichtsvergelijkingen van momenten niet in beschouwing worden genomen. Er zijn zeven onbekenden, namelijk de uitwendige kracht **P**, die nodig is om de wig in beweging te krijgen, en zes normaalkrachten en wrijvingskrachten. De zeven beschikbare vergelijkingen bestaan uit vier krachtenevenwichtsvergelijkingen ($\Sigma F_x = 0, \Sigma F_y = 0$) die op de wig en het blok worden toegepast en de drie wrijvingsvergelijkingen, $F = \mu N$, toegepast op het contactoppervlak.

Wanneer het blok *omlaag* moet worden gebracht, zullen alle wrijvingskrachten in een richting werken die tegengesteld is aan de richting die in fig. 8.12*b* is aangegeven. Mits de wrijvingscoëfficiënt heel *klein* is of wanneer de wighoek θ *groot* is, moet de uitgeoefende kracht **P** naar rechts werken om het blok op zijn plaats te houden. Anderzijds kan **P** tegengesteld gericht zijn en aan de wig *trekken* om deze te verwijderen. Wanneer **P** *niet wordt uitgeoefend* en de wrijvingskrachten het blok op zijn plaats houden, wordt de wig *zelfremmend* genoemd.

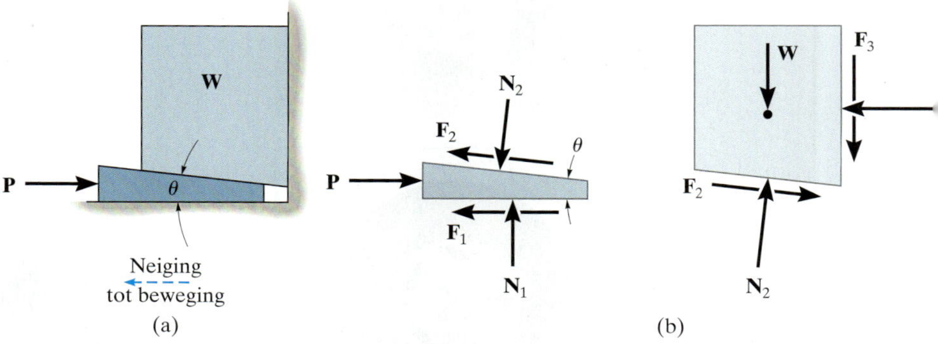

Fig. 8.12

Voorbeeld 8.6

De homogene steen in fig. 8.13*a* heeft een massa van 500 kg en wordt in een horizontale positie gehouden met behulp van een wig in *B*. De statische wrijvingscoëfficiënt is $\mu_s = 0{,}3$ in de contactvlakken. Bepaal hoe groot de kracht **P** minimaal moet zijn om de wig te verwijderen. Ga ervan uit dat de steen niet glijdt in *A*.

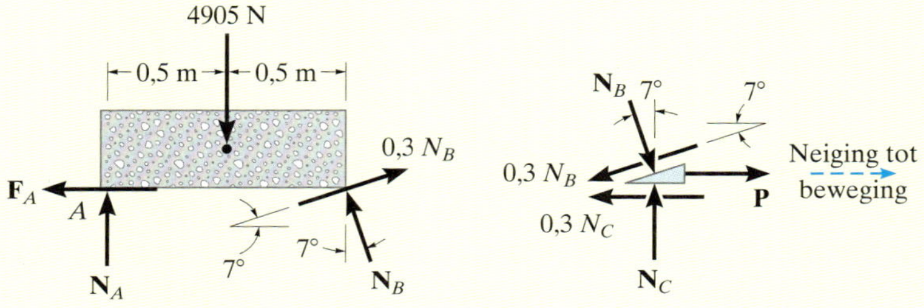

(b)

Fig. 8.13

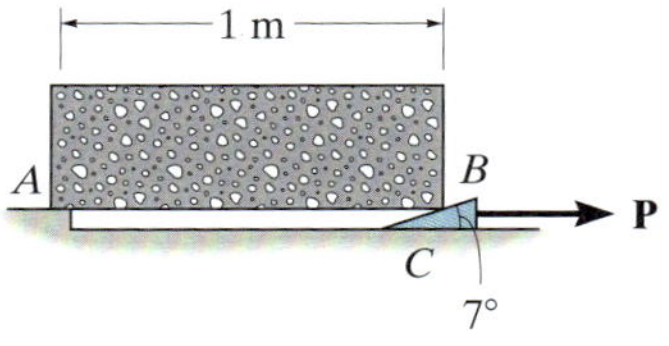

(a)

OPLOSSING

Voor een minimale kracht *P* moet gelden dat $F = \mu_s N$ bij de vlakken die in contact zijn met de wig. De vrijlichaamsschema's van de steen en de wig zijn afgebeeld in fig. 8.13*b*. Voor de wig geldt dat de wrijvingskracht de neiging tot beweging van de wig tegengaat en voor de steen in *A* geldt dat $F_A \leq \mu_s N_A$, aangezien de steen hier niet wegglijdt. Er zijn vijf onbekenden. Drie evenwichtsvergelijkingen voor de steen en twee voor de wig zijn beschikbaar voor de oplossing. Uit het vrijlichaamsschema van de steen kunnen we het volgende afleiden:

$$\circlearrowleft + \Sigma M_A = 0; \quad -4905\text{ N}(0{,}5\text{ m}) + (N_B \cos 7°\text{ N})(1\text{ m}) + (0{,}3 N_B \sin 7°\text{ N})(1\text{ m}) = 0$$

$$N_B = 2383{,}1\text{ N}$$

Als we deze uitkomst voor de wig gebruiken, krijgen we:

$$+\uparrow \Sigma F_y = 0; \quad N_C - 2383{,}1 \cos 7°\text{ N} - 0{,}3(2383{,}1 \sin 7°\text{ N}) = 0$$

$$N_C = 2452{,}5\text{ N}$$

$$\overset{+}{\rightarrow} \Sigma F_x = 0; \quad 2383{,}1 \sin 7°\text{ N} - 0{,}3(2383{,}1 \cos 7°\text{ N}) + P - 0{,}3(2452{,}5\text{ N}) = 0$$

$$P = 1154{,}9\text{ N} = 1{,}15\text{ kN}$$ *Antw.*

OPMERKING: Aangezien *P* positief is, moet de wig er inderdaad uitgetrokken worden. Als *P* gelijk aan nul zou zijn, zou de wig uiteraard op zijn plaats blijven (zelfremmend) en zou voor de in *B* en *C* ontwikkelde wrijvingskrachten gelden dat $F_B < \mu_s N_B$ en $F_C < \mu_s N_C$.

8.4 Wrijvingskrachten op schroeven

Schroeven met rechthoekige schroefdraad worden toegepast bij kleppen, krikken en bankschroeven; toepassingen waarbij zeer grote krachten langs de as van de schroef moeten worden ontwikkeld.

Schroeven worden meestal gebruikt als bevestigingsmiddelen, maar in veel werktuigen worden ze ook gebruikt om kracht of beweging van het ene deel van het werktuig over te brengen op het andere. Hiervoor wordt meestal een *schroef met vierkante draad* gebruikt, vooral als er grote krachten in de axiale richting worden uitgeoefend. In deze paragraaf analyseren we de krachten die op schroeven met vierkante draad worden uitgeoefend. De analyse van andere soorten schroefdraad, zoals de V-draad, is op dezelfde principes gebaseerd.

Bij analyse kan een schroef met vierkante draad, zoals in fig. 8.14, worden beschouwd als een cilinder met een schuine vierkante kam of *draad* eromheen gewikkeld. Als we de draad over één winding afwikkelen, zoals weergegeven in fig. 8.14*b*, wordt de hellingshoek oftewel *spoedhoek* θ bepaald uit $\theta = \tan^{-1}(l/2\pi r)$. Hierin zijn l en $2\pi r$ de verticale en horizontale afstanden tussen A en B, en is r de gemiddelde straal van de draad. De afstand l wordt de *spoed* van de schroef genoemd en is gelijkwaardig met de afstand die de schroef tijdens één omwenteling aflegt.

Neiging tot opwaartse beweging Laten we eens gaan kijken naar het geval van een schroef met vierkante draad die onderhevig is aan een neiging tot opwaartse beweging, die is veroorzaakt door het uitgeoefende koppelmoment **M**, fig. 8.15.* Een vrijlichaamsschema van de *volledig afgewikkelde draad* kan worden voorgesteld als een blok zoals weergegeven in fig. 8.16*a*. De kracht **W** is de verticale kracht op de draad of de axiale kracht op de as, fig. 8.15, en M/r is de resulterende horizontale kracht geleverd door het koppelmoment M rond de centrale as van de schroef. De reactiekracht **R** van de groef op de draad heeft zowel een wrijvingscomponent als een normale component, waarbij $F = \mu_s N$. De statische wrijvingshoek is $\phi_s = \tan^{-1}(F/N) = \tan^{-1}\mu_s$. Toepassen van de evenwichtsvergelijkingen voor krachten langs de horizontale en de verticale as levert:

$$\overset{+}{\rightarrow} \Sigma F_x = 0; \quad M/r - R\sin(\phi_s + \theta) = 0$$
$$+\uparrow \Sigma F_y = 0; \quad R\cos(\phi_s + \theta) - W = 0$$

Door R uit deze vergelijkingen te elimineren, vinden we:

$$M = rW\tan(\phi_s + \theta) \qquad (8.3)$$

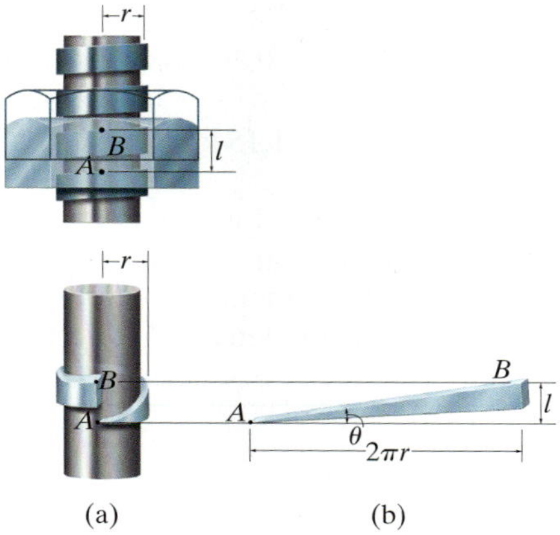

Fig. 8.14

* In de praktijk wordt **M** ontwikkeld door een loodrechte horizontale kracht **P** uit te oefenen op een hendel die aan de schroef vastzit.

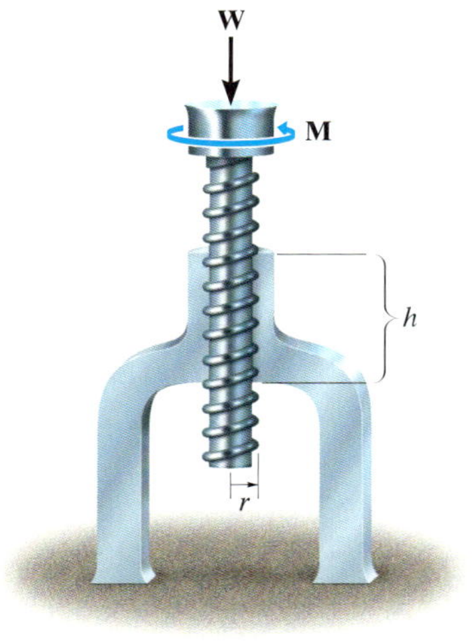

Fig. 8.15

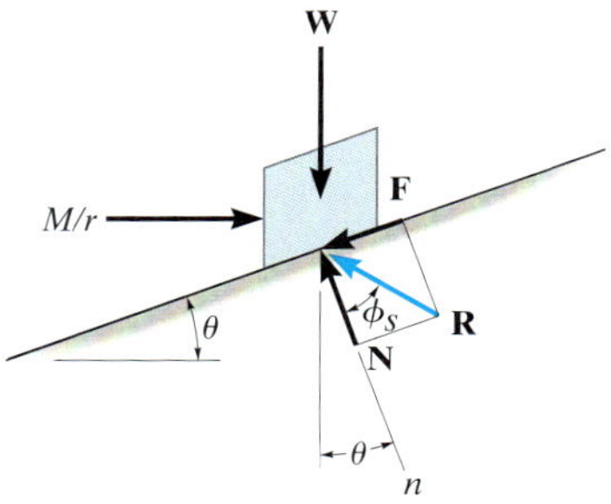

opwaartse schroefbeweging

(a)

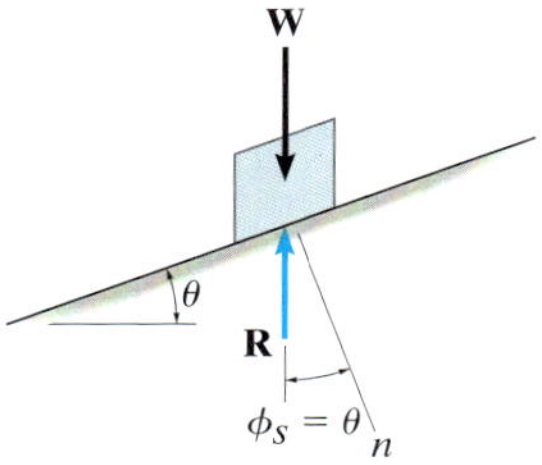

zelfremmende schroef ($\theta = \phi_s$)
(op het punt om naar beneden te draaien)

(b)

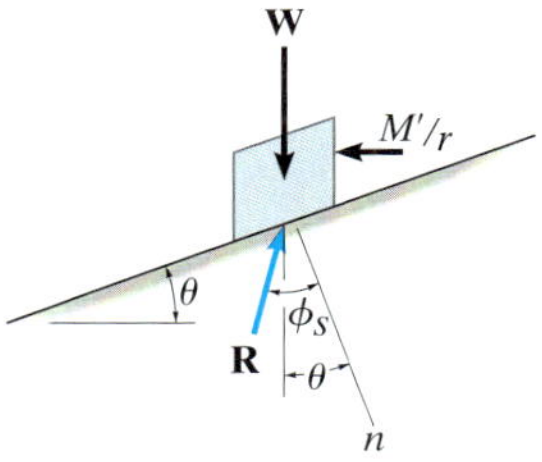

neerwaartse schroefbeweging ($\theta < \phi_s$)

(c)

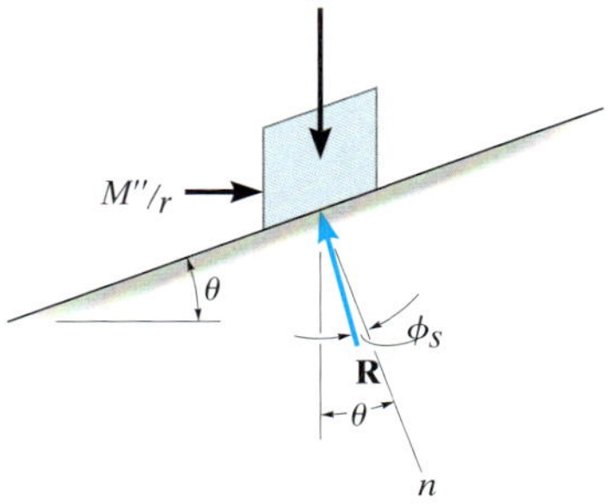

neerwaartse schroefbeweging ($\theta > \phi_s$)

(d)

Fig. 8.16

Zelfremmende schroef Een schroef wordt *zelfremmend* genoemd als hij bij een willekeurige axiale belasting **W** op zijn plaats blijft, wanneer het moment **M** wordt verwijderd. Om dit te laten gebeuren, moet de richting van de wrijvingskracht worden omgekeerd zodat **R** op de andere kant van **N** werkt. Hierbij wordt de statische wrijvingshoek ϕ_s groter dan of gelijk aan θ, fig. 8.16*d*. Als $\phi_s = \theta$, zie fig. 8.16*b*, dan zal **R** verticaal werken om tegenwicht tegen **W** te bieden, en zal de schroef op het punt staan naar beneden te draaien.

Neiging tot neerwaartse beweging ($\phi_s > \theta$). Als een schroef zelfremmend is, moet er om de schroef naar beneden te draaien op de schroef een koppelmoment **M**′ in tegengestelde richting worden uitgeoefend ($\phi_s > \theta$). Dit veroorzaakt een tegengestelde horizontale kracht M'/r die de draad naar beneden duwt, zoals aangegeven in fig. 8.16*c*. Met dezelfde procedure als eerder vinden we:

$$M' = rW \tan(\theta - \phi_s) \tag{8.4}$$

Neiging tot neerwaartse beweging ($\phi_s < \theta$). Als de schroef niet zelfremmend is, is het nodig een moment **M**″ uit te oefenen om te voorkomen dat de schroef naar beneden draait ($\phi_s < \theta$). Hierbij is een horizontale kracht M''/r vereist die tegen de draad duwt om te voorkomen dat die langs het vlak naar beneden glijdt, zie fig. 8.16*d*. Dus is de grootte van het moment **M**″ om dit afwikkelen te voorkomen gelijk aan:

$$M'' = Wr \tan(\phi_s - \theta) \tag{8.5}$$

Als *de schroef gaat bewegen*, kunnen vgl. 8.3, 8.4 en 8.5 worden toegepast door gewoonweg ϕ_s te vervangen door ϕ_k.

Voorbeeld 8.7

De spanschroef in fig. 8.17 heeft vierkante draad met een gemiddelde straal van 5 mm en een spoed van 2 mm. De statische wrijvingscoëfficiënt tussen de schroef en de spanschroef is $\mu_s = 0{,}25$. Bepaal het moment **M** dat moet worden uitgeoefend om de uiteinden van de schroeven naar elkaar toe te draaien.

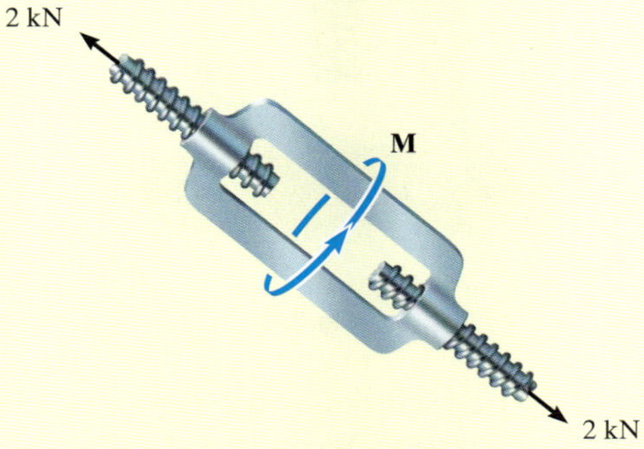

Fig. 8.17

OPLOSSING

Het moment kan worden bepaald met behulp van vgl. 8.3. Aangezien er bij *twee schroeven* wrijving moet worden overwonnen, is het volgende vereist:

$$M = 2[Wr \tan(\theta + \phi)] \qquad (1)$$

Hierbij is $W = 2000$ N, $r = 5$ mm, $\phi_s = \tan^{-1}\mu_s = \tan^{-1}(0{,}25) = 14{,}04°$, en $\theta = \tan^{-1}(l/2\pi r) = \tan^{-1}(2\text{ mm}/[2\pi(5\text{ mm})]) = 3{,}64°$. Wanneer we deze waarden substitueren in vgl. 1 en deze oplossen, krijgen we:

$$M = 2[(2000\text{ N})(5\text{ mm})\tan(14{,}04° + 3{,}64°)]$$
$$= 6374{,}7\text{ N}\cdot\text{mm} = 6{,}37\text{ N}\cdot\text{m} \qquad \textit{Antw.}$$

OPMERKING: Wanneer het moment wordt *weggenomen*, zal de spanschroef zelfremmend zijn, dat wil zeggen: hij zal niet terugdraaien, aangezien $\phi_s > \theta$.

Vraagstukken

8.58. Bepaal de grootste hoek θ waarbij de wig nog zelfborgend is, ongeacht de grootte van de horizontale kracht **P** die op de blokken wordt uitgeoefend. De statische wrijvingscoëfficiënt tussen de wig en de blokken is $\mu_s = 0{,}3$. Laat het gewicht van de wig buiten beschouwing.

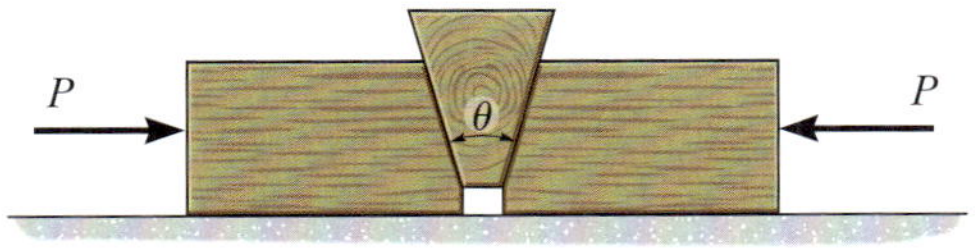

Vraagstuk 8.58

8.59. De balk AD wordt belast op de manier zoals is weergegeven in de figuur. Bepaal de horizontale kracht **P** die op de wig moet worden uitgeoefend om deze van onder de balk te laten glijden. De statische wrijvingscoëfficiënten aan de boven- en onderkant van de wig zijn respectievelijk $\mu_{CA} = 0{,}25$ en $\mu_{CB} = 0{,}35$. Is de wig zelfborgend wanneer $P = 0$? Laat gewicht en de afmetingen van de wig en de dikte van de balk buiten beschouwing.

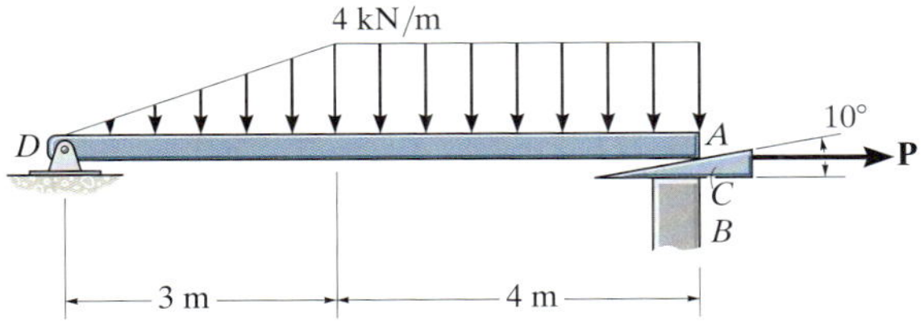

Vraagstuk 8.59

***8.60.** De wig heeft een verwaarloosbaar gewicht en een statische wrijvingscoëfficiënt $\mu_s = 0{,}35$ met alle contactoppervlakken. Bepaal de grootste hoek θ, zodanig dat de wig zelfremmend is. Dit vereist dat er, ongeacht de grootte van de kracht **P** die op het scharnier wordt toegepast, geen glijden optreedt.

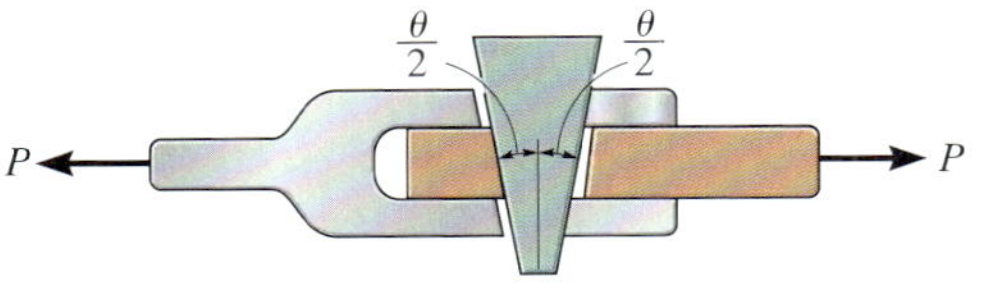

Vraagstuk 8.60

8.61. De veer wordt 60 mm ingedrukt en de statische wrijvingscoëfficiënt tussen de conische volger S en de glijder A is $\mu_{SA} = 0{,}5$. Bepaal de horizontale kracht **P** die nodig is om de glijder vooruit te duwen. De volger kan zonder wrijving vrij bewegen in de starre behuizing C. De statische wrijvingscoëfficiënt tussen A en oppervlak B is $\mu_{AB} = 0{,}4$. Laat het gewicht van de glijder en de volger buiten beschouwing.

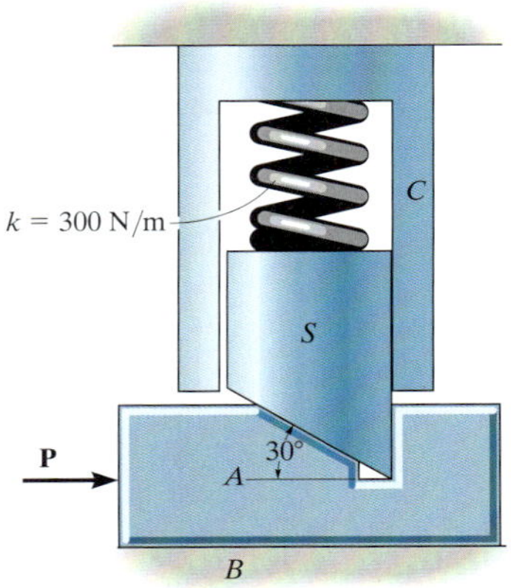

Vraagstuk 8.61

8.62. $P = 250$ N. Bepaal de minimaal benodigde indrukking van de veer, zodanig dat de wig niet naar rechts zal bewegen. Laat het gewicht van A en B buiten beschouwing. De statische wrijvingscoëfficiënt voor alle contactvlakken is $\mu_s = 0{,}35$. Laat de wrijving bij de rollers buiten beschouwing.

8.63. Bepaal de minimaal benodigde kracht **P** om de wig A naar rechts te bewegen. De veer is ingedrukt over een afstand van 175 mm. Laat het gewicht van A en B buiten beschouwing. De statische wrijvingscoëfficiënt voor alle contactvlakken is $\mu_s = 0{,}35$. Laat de wrijving bij de rollers buiten beschouwing.

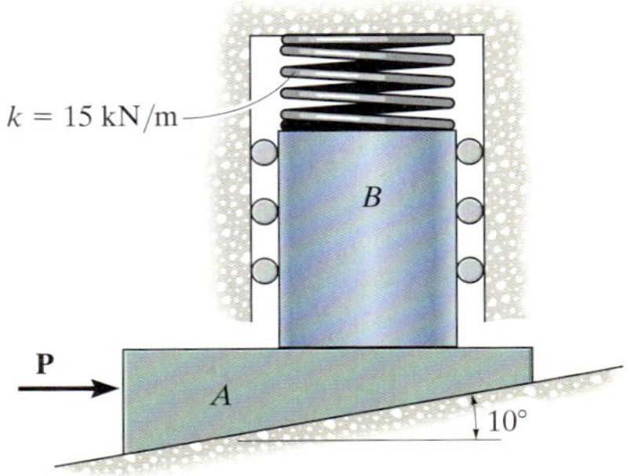

Vraagstukken 8.62/63

***8.64.** De wigblokken worden gebruikt om de proefstaaf in een spanningstestmachine op zijn plaats te houden. Bepaal de grootste ontwerphoek θ van de wiggen zodanig dat de proefstaaf niet gaat glijden, ongeacht de aangebrachte belasting. De statische wrijvingscoëfficiënten zijn $\mu_A = 0{,}1$ in A en $\mu_B = 0{,}6$ in B. Verwaarloos het gewicht van de blokken.

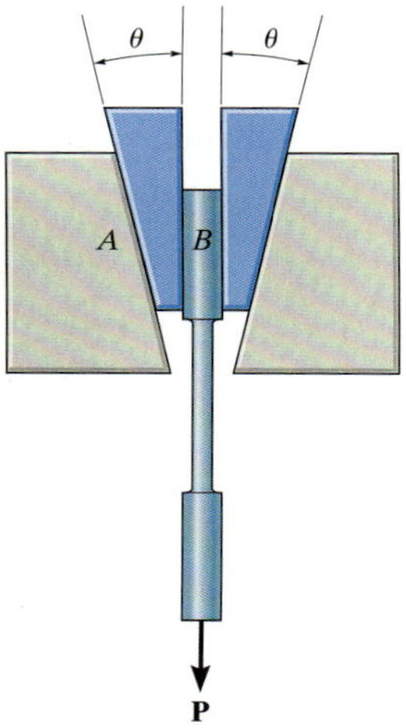

Vraagstuk 8.64

8.65. De statische wrijvingscoëfficiënt tussen de wiggen B en C is $\mu_s = 0{,}6$ en tussen de contactvlakken B en A en C en D is $\mu'_s = 0{,}4$. In de weergegeven positie is de veer 200 mm ingedrukt. Bepaal de kleinste kracht P die nodig is om wig C naar links te bewegen. Laat het gewicht van de wiggen buiten beschouwing.

8.66. De statische wrijvingscoëfficiënt tussen de wiggen B en C is $\mu_s = 0{,}6$ en tussen de contactvlakken B en A en C en D is $\mu'_s = 0{,}4$. $P = 50$ N. Bepaal de kleinste toelaatbare indrukking van de veer waarbij wig C nog net niet naar links beweegt. Laat het gewicht van de wiggen buiten beschouwing.

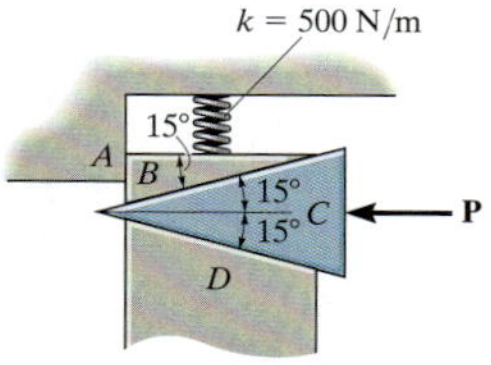

Vraagstukken 8.65/66

8.67. De machineklem wordt gebruikt om de buis in positie te houden. Op het uiteinde van de 250 mm lange hendel wordt een horizontale kracht van 100 N uitgeoefend, Bepaal de drukkracht F die in de buis ontstaat. De vierkante schroefdraadwindingen hebben een gemiddelde diameter van 37,5 mm en een spoed van 5 mm. Hoeveel kracht moet er loodrecht op de hendel van de machineklem worden uitgeoefend om die te lossen? Veronderstel dat $\mu_s = 0{,}3$.

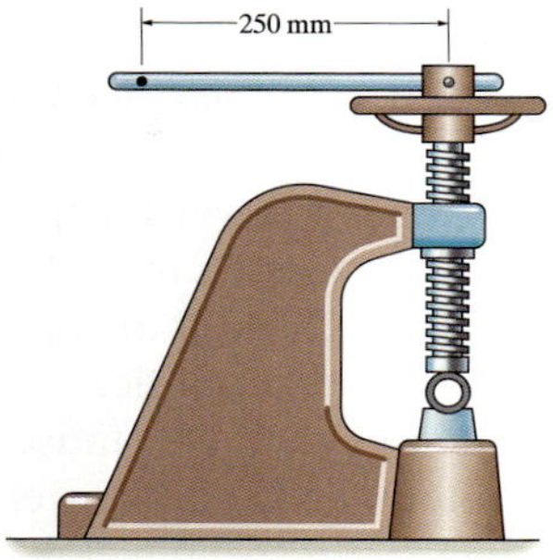

Vraagstuk 8.67

***8.68.** Bepaal de koppelkrachten F die op de hendel van de bankschroef moeten worden uitgeoefend om een drukkracht van 400 N op het blok te veroorzaken. Laat de wrijving in de lagering in A buiten beschouwing. De geleider in B is glad, zodat de axiale kracht op de spindel 400 N is. De enkele spindel heeft een gemiddelde straal van 6 mm en een spoed van 8 mm. De statische wrijvingscoëfficiënt is $\mu_s = 0{,}27$.

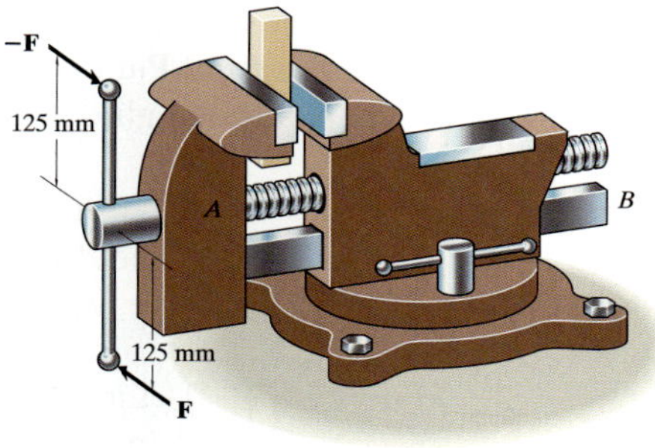

Vraagstuk 8.68

8.69. De kolom wordt gebruikt om de vloer te ondersteunen. Op de hendel wordt loodrecht een kracht $F = 80$ N uitgeoefend om de kolom uit te draaien. Bepaal de drukkracht in de kolom. De stempel heeft een spindel met vierkante schroefdraad. De schroefdraad heeft een statische wrijvingscoëfficiënt $\mu = 0{,}4$; de gemiddelde diameter is 25 mm en de spoed is 3 mm.

8.70. Bepaal of de spindel zelfborgend is als de kracht **F** van de hendel van de stempel in fig. 8.69 wordt weggenomen.

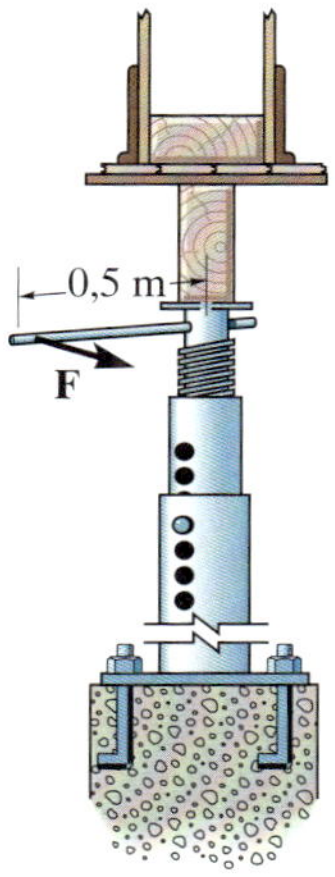

Vraagstukken 8.69/70

8.71. De klemkracht in G is 900 N. Bepaal dan de horizontale kracht **F** die loodrecht op het handvat van de hefboom in E moet worden uitgeoefend. De gemiddelde diameter en spoed van beide spindels met enkele vierkante schroefdraad in C en D zijn respectievelijk 25 en 5 mm. De statische wrijvingscoëfficiënt is $\mu = 0{,}3$.

***8.72.** Op het handvat in E wordt een loodrechte kracht $F = 50$ N uitgeoefend. Bepaal de klemkracht in G. De gemiddelde diameter en spoed van beide spindels met enkele vierkante schroefdraad in C en D zijn respectievelijk 25 en 5 mm. De statische wrijvingscoëfficiënt is $\mu_s = 0{,}3$.

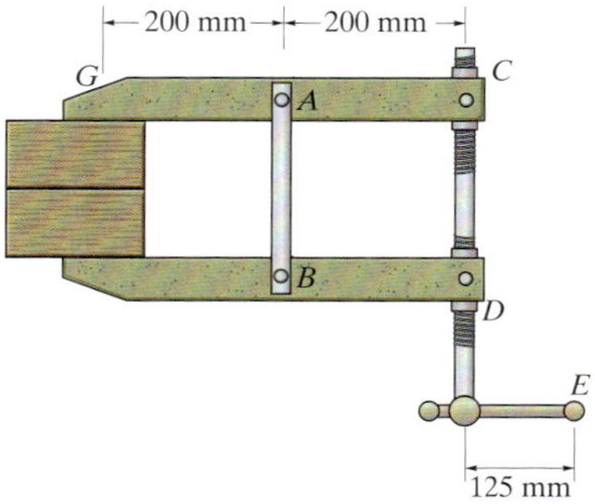

Vraagstukken 8.71/72

8.73. Een draadspanner zoals die is weergegeven in fig. 8.17 wordt gebruikt om staaf AB van het vakwerk op spanning te brengen. De statische wrijvingscoëfficiënt tussen de vierkante schroefdraad van de spanner en de draadspanner is $\mu_s = 0{,}5$. De schroeven hebben een gemiddeld straal van 6 mm en een spoed van 3 mm. Op de spanner wordt een wringmoment $M = 10$ N · m uitgeoefend om de uiteinden dichter naar elkaar te trekken. Bepaal dan de kracht in elke staaf van het vakwerk. Op het vakwerk werken geen uitwendige krachten.

8.74. Een draadspanner zoals die is weergegeven in fig. 8.17 wordt gebruikt om staaf AB van het vakwerk op spanning te brengen. De statische wrijvingscoëfficiënt tussen de vierkante schroefdraad van de spanner en de draadspanner is $\mu_s = 0{,}5$. De schroeven hebben een gemiddeld straal van 6 mm en een spoed van 3 mm. Bepaal het wringmoment M dat op de spanner moet worden uitgeoefend om de uiteinden dichter naar elkaar toe te trekken, zodanig dat er een drukkracht van 500 N in staaf BC ontstaat.

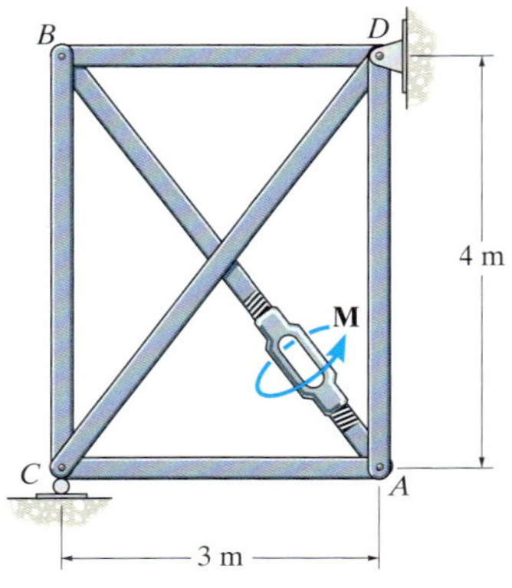

Vraagstukken 8.73/74

8.75. De as heeft een spindel met vierkante schroefdraad met een spoed van 8 mm en een gemiddelde straal van 15 mm. De spindel grijpt in een tandwiel met een gemiddelde straal van 30 mm. Bepaal het tegenwerkende wringmoment **M** op het tandwiel dat moet overwonnen worden wanneer er een wringmoment van 7 N • m op de as wordt uitgeoefend. De statische wrijvingscoëfficiënt in de spindel is $\mu_B = 0{,}2$. Laat de wrijving in de lageringen in A en B buiten beschouwing.

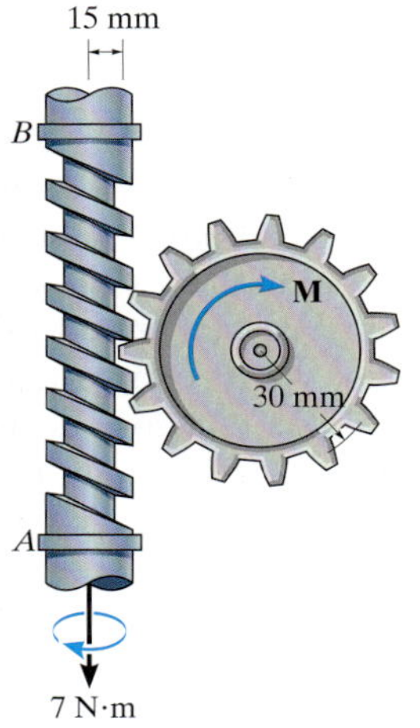

Vraagstuk 8.75

***8.76.** De schroef met vierkante schroefdraad van de klem heeft een gemiddelde diameter van 14 mm en een spoed van 6 mm. Als $\mu_s = 0{,}2$ voor de schroefdraden, en het koppelmoment op de handgreep is 1,5 N • m, bepaal dan de drukkracht F op het blok.

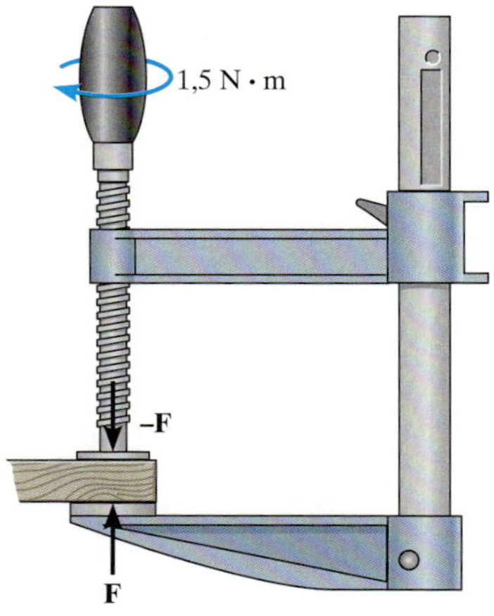

Vraagstuk 8.76

8.77. De klem bestaat uit een spindel met vierkante schroefdraad met een statische wrijvingscoëfficiënt $\mu_s = 0{,}3$; gemiddelde diameter van 3 mm en een spoed van 1 mm. De vijf in de figuur weergegeven punten zijn scharnieren. Bepaal de klemkracht ter plaatse van de gladde blokken D en E wanneer op het handvat van de spindel een wringmoment $M = 0{,}08$ N • m wordt uitgeoefend.

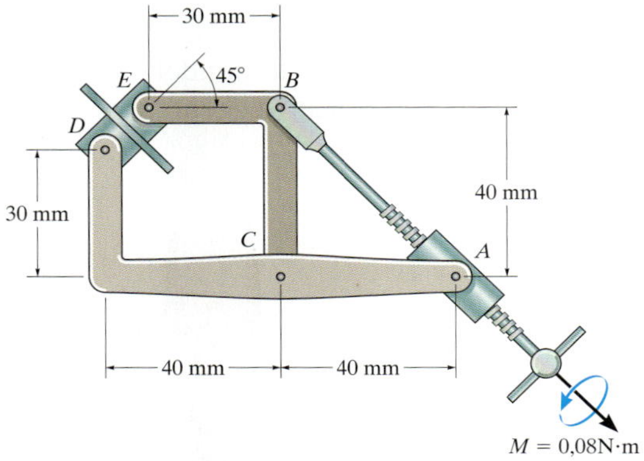

Vraagstuk 8.77

8.78. Het remmechanisme bestaat uit twee scharnierend bevestigde armen en een spindel met linkse en rechtse vierkante schroefdraad. Wanneer iemand aan de spindel draait worden de twee armen dus naar elkaar toe getrokken. De spoed van de schroefdraad is 4 mm, de gemiddelde diameter is 12 mm en de statische wrijvingscoëfficiënt is $\mu_s = 0{,}35$. Bepaal dan de trekkracht in de spindel wanneer er een wringmoment van 5 N • m op de spindel wordt uitgeoefend om de rem aan te trekken. De statische wrijvingscoëfficiënt tussen de remvoeringen A en B en de ronde as is $\mu'_s = 0{,}5$. Bepaal het maximale wringmoment M waarmee de rem kan worden belast.

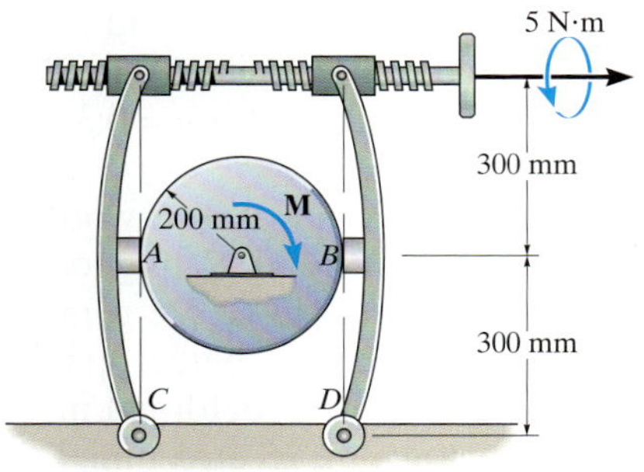

Vraagstuk 8.78

8.79. Loodrecht op het handvat van de hefboom wordt een horizontale kracht $P = 100$ N uitgeoefend in A. Bepaal de drukkracht **F** die op het materiaal wordt uitgeoefend. Elke spindel met enkele vierkante schroefdraad heeft een gemiddelde diameter van 25 mm en een spoed van 7,5 mm. De statische wrijvingscoëfficiënt in alle contactvlakken van de wiggen is $\mu_s = 0{,}2$ en de statische wrijvingscoëfficiënt in de spindel is $\mu'_s = 0{,}15$.

***8.80.** Bepaal de horizontale kracht **P** die in A loodrecht op het handvat van de hendel moet worden uitgeoefend om een drukkracht van 12 kN op het materiaal uit te oefenen. Elke spindel met enkele vierkante schroefdraad heeft een gemiddelde diameter van 25 mm en een spoed van 7,5 mm. De statische wrijvingscoëfficiënt in alle contactvlakken van de wiggen is $\mu_s = 0{,}2$ en de statische wrijvingscoëfficiënt in de spindel is $\mu'_s = 0{,}15$.

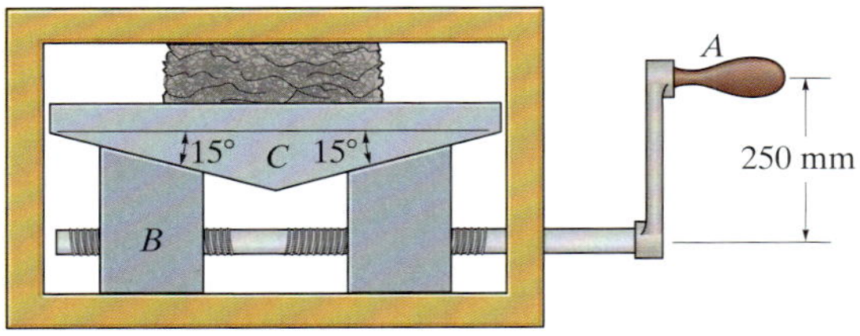

Vraagstukken 8.79/80

8.81. Bepaal de klemkracht op plaat A als de spindel van de klem wordt aangedraaid met een wringmoment $M = 8$ N · m. De enkele spindel heeft een gemiddelde straal van 10 mm een spoed van 3 mm. De statische wrijvingscoëfficiënt is $\mu_s = 0{,}35$.

8.82. De klemkracht op plaat A moet 50 N worden. Bepaal het wringmoment M dat daarvoor op het handvat van de klem moet worden uitgeoefend. De enkele spindel heeft een gemiddelde straal van 10 mm en een spoed van 3 mm. De statische wrijvingscoëfficiënt is $\mu_s = 0{,}35$.

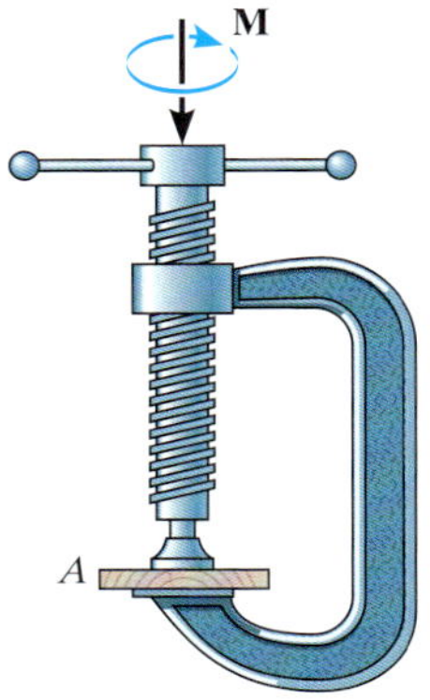

Vraagstukken 8.81/82

8.5 Wrijvingskrachten op vlakke riemen

Wanneer riemaandrijvingen of bandremmen worden ontworpen, moeten de wrijvingskrachten bepaald worden die optreden tussen de riem en het contactvlak. In deze paragraaf analyseren we de wrijvingskrachten die op een vlakke riem worden uitgeoefend, hoewel de analyse van andere soorten riemen, zoals de V-riem, op dezelfde principes is gebaseerd.

Hier behandelen we de vlakke riem die in fig. 8.18*a* is afgebeeld en over een vast, gebogen oppervlak loopt. De hoek in radialen waarover de riem contact maakt met het oppervlak is gelijk aan β en de wrijvingscoëfficiënt is gelijk aan μ. We zullen de trekkracht T_2 in de riem bepalen als functie van T_1, μ en β, waarbij we uitgaan van de situatie dat de riem op het punt staat te gaan slippen over het contactvlak, zodat de formule van de maximaal optredende wrijvingskracht kan worden toegepast voor de bepaling van de grootte van de wrijvingskracht tussen de riem en het contactvlak. Het is duidelijk dat $T_2 > T_1$.

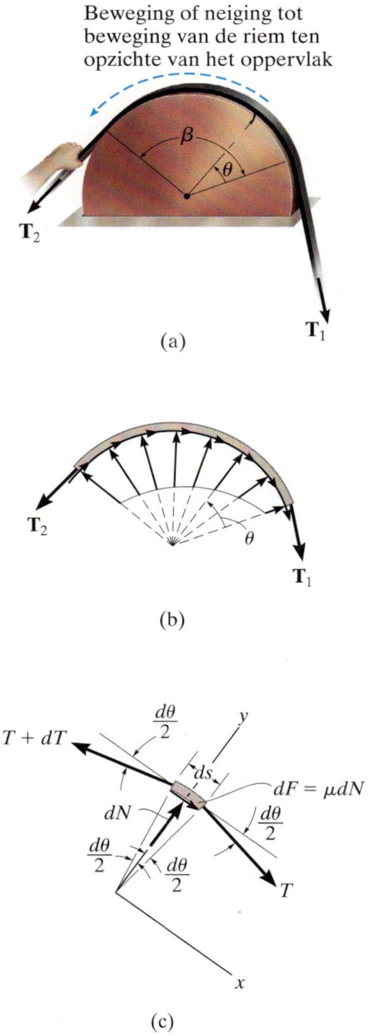

Fig. 8.18

Wrijvingsanalyse Een vrijlichaamsschema van het gedeelte van de riem dat in contact is met het oppervlak, is weergegeven in fig. 8.18*b*. Hierbij zullen de normaalkracht en de wrijvingskracht, die op verschillende punten van de riem worden uitgeoefend, zowel in grootte als richting variëren. Door deze *onbekende* verdeling moeten we eerst de krachten bestuderen die op een differentiaalelement van de riem worden uitgeoefend, voordat we verder kunnen gaan met de analyse.

Een vrijlichaamsschema van een element met een lengte ds is afgebeeld in fig. 8.18*c*. We nemen aan dat de grootte van de wrijvingskracht $dF = \mu\, dN$ als de riem op het punt van bewegen staat. Deze kracht gaat de slipbeweging van de riem tegen en vergroot daardoor de trekkracht in de riem met dT. Wanneer we de twee evenwichtsvergelijkingen toepassen, krijgen we het volgende:

$$\searrow + \Sigma F_x = 0; \qquad T\cos\left(\frac{d\theta}{2}\right) + \mu\, dN - (T + dT)\cos\left(\frac{d\theta}{2}\right) = 0$$

$$+\nearrow \Sigma F_y = 0; \qquad dN - (T + dT)\sin\left(\frac{d\theta}{2}\right) - T\sin\left(\frac{d\theta}{2}\right) = 0$$

De riem staat op het punt te gaan bewegen ten opzichte van het oppervlak (in de praktijk is dit de kritische overgangssituatie van geen slip naar slip, die men niet te dicht wil benaderen, want slip tussen de riem en het contactoppervlak zal men altijd trachten te vermijden).

Aangezien $d\theta$ *oneindig klein* is, kunnen $\sin(d\theta/2)$ en $\cos(d\theta/2)$ vervangen worden door respectievelijk $d\theta/2$ en 1. Ook kan het *product* van de twee oneindig kleine grootheden dT en $d\theta/2$ verwaarloosd worden wanneer ze worden vergeleken met oneindig kleine grootheden van de eerste orde. Als gevolg hiervan gaan deze twee vergelijkingen over in:

$$\mu\, dN = dT$$

en

$$dN = T\, d\theta$$

Wanneer we dN elimineren, krijgen we:

$$\frac{dT}{T} = \mu \, d\theta$$

Wanneer we deze vergelijking integreren voor alle contactpunten tussen de riem en het gebogen oppervlak, en opmerken dat $T = T_1$ bij $\theta = 0$ en $T = T_2$ bij $\theta = \beta$, levert dit het volgende op:

$$\int_{T_1}^{T_2} \frac{dT}{T} = \mu \int_0^{\beta} d\theta$$

$$\ln \frac{T_2}{T_1} = \mu\beta$$

Wanneer we T_2 oplossen, krijgen we:

$$\boxed{T_2 = T_1 e^{\mu\beta}} \qquad (8.6)$$

waarbij $T_2, T_1 =$ trekkrachten in de riem; $\mathbf{T}_1$ gaat tegen de richting van de beweging (of neiging tot beweging) van de riem in, gemeten ten opzichte van het oppervlak, terwijl $\mathbf{T}_2$ in de richting van de beweging (of neiging tot beweging) van de riem werkt; vanwege de wrijving is $T_2 > T_1$.

$\mu =$ statische of dynamische wrijvingscoëfficiënt tussen de riem en het contactvlak.

$\beta =$ contacthoek van de riem, gemeten in radialen.

$e =$ 2,718…, grondtal van de natuurlijke logaritme.

Merk op dat T_2 *onafhankelijk* is van de *straal* van het gebogen oppervlak, maar dat T_2 wel een functie is van de contacthoek β. Als gevolg hiervan is deze vergelijking geldig voor vlakke riemen die over een willekeurig gekromd contactoppervlak lopen.

Vlakke riemen of V-snaren worden vaak gebruikt om het door een motor ontwikkelde moment over te brengen op een ventilator of blazer.

Voorbeeld 8.8

De maximale trekkracht die in het koord van fig. 8.19*a* kan optreden, bedraagt 500 N. De riemschijf in A kan vrij draaien en de statische wrijvingscoëfficiënt bij de vaste riemschijven B en C is $\mu_s = 0{,}25$. Bepaal de grootste massa van de cilinder die door het koord omhoog getrokken kan worden.

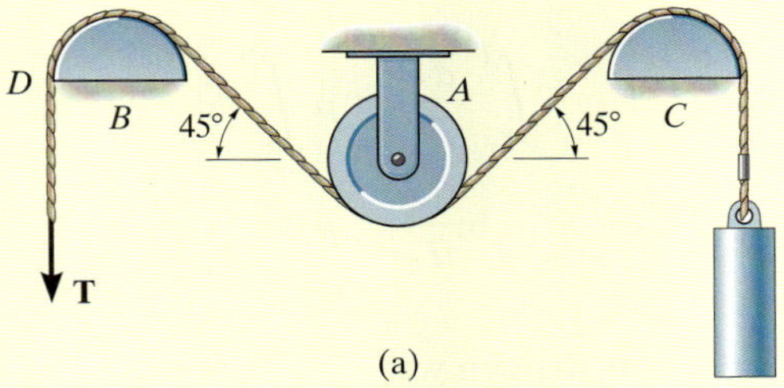

(a)

Fig. 8.19

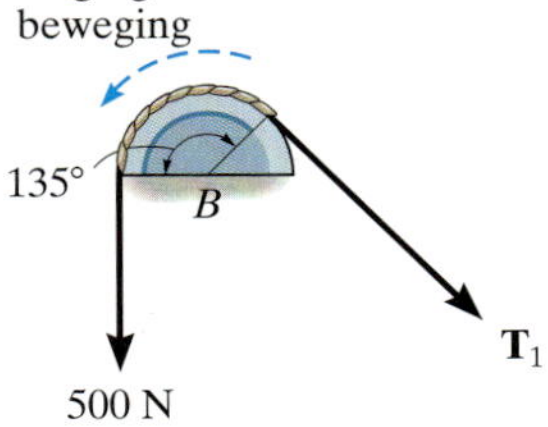

(b)

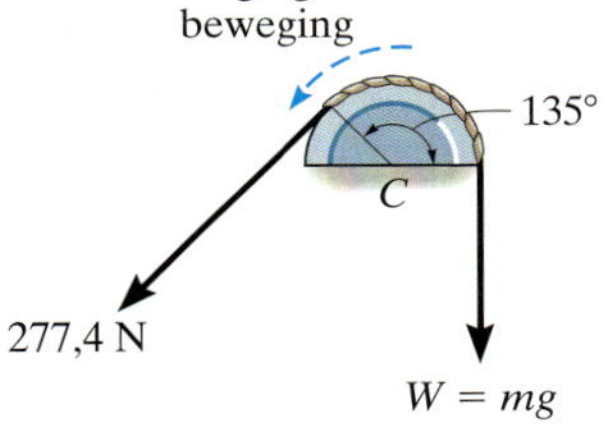

(c)

OPLOSSING

Als de cilinder met gewicht $W = mg$ omhoog wordt getrokken, beweegt de riem over de riemschijven in B en C; dus treedt de maximale trekkracht T_2 in het koord op in D. Daarom is $F = T_2 = 500$ N. In fig. 8.19*b* is het gedeelte van het koord dat over riemschijf B loopt weergegeven. Aangezien 180° = π rad, is de contacthoek tussen de riemschijf en de riem gelijk aan $\beta = (135°/180°)\,\pi = 3\pi/4$ rad. Wanneer we vgl. 8.6 toepassen, krijgen we het volgende:

$$T_2 = T_1 e^{\mu_s \beta}; \qquad 500\text{ N} = T_1 e^{0{,}25[(3/4)\pi]}$$

Dus

$$T_1 = \frac{500\text{ N}}{e^{0{,}25[(3/4)\pi]}} = \frac{500\text{ N}}{1{,}80} = 277{,}4\text{ N}$$

Aangezien de schijf in A vrij kan draaien, is het noodzakelijk voor het evenwicht dat de trekkracht in de riem aan *beide* kanten van de riemschijf gelijk blijft.

In fig. 8.19*c* is het gedeelte van het koord dat over riemschijf C loopt weergegeven.

Het gewicht $W < 277{,}4$ N. Waarom? Wanneer we vgl. 8.6 toepassen, krijgen we het volgende:

$$T_2 = T_1 e^{\mu_s \beta}; \qquad 277{,}4\text{ N} = W e^{0{,}25[(3/4)\pi]}$$
$$W = 153{,}9\text{ N}$$

zodat

$$m = \frac{W}{g} = \frac{153{,}9\text{ N}}{9{,}81\text{ m/s}^2} = 15{,}7\text{ kg}$$

Antw.

Vraagstukken

8.83. Een cilinder met een massa van 250 kg moet worden gedragen door het touw dat rond de pijp gewikkeld is. Bepaal de kleinste verticale kracht F die nodig is om de belasting te dragen als het het touw (a) eenmaal rond de pijp gewikkeld is, $\beta = 180°$, en (b) tweemaal rond de pijp gewikkeld is, $\beta = 540°$. Neem $\mu_s = 0{,}2$.

8.84. Een cilinder met een massa van 250 kg moet worden gedragen door het touw dat rond de pijp gewikkeld is. Bepaal de grootste verticale kracht F die op het touw kan worden uitgeoefend zonder de cilinder te bewegen. Het touw is (a) eenmaal rond de pijp gewikkeld, $\beta = 180°$, en (b) tweemaal rond de pijp gewikkeld, $\beta = 540°$. Neem $\mu_s = 0{,}2$.

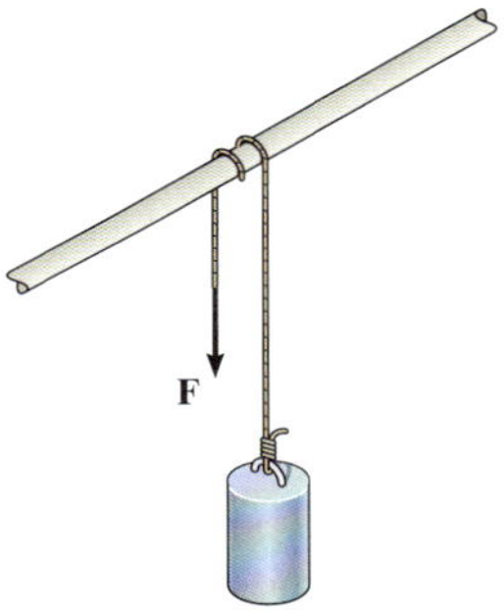

Vraagstukken 8.83/84

8.85. Het touw waaraan een cilinder van 6 kg is opgehangen loopt over drie pennen, A, B en C, waar $\mu_s = 0{,}2$. Bepaal het waardenbereik voor de grootte van de horizontale kracht **P** waarbij de cilinder niet omhoog of omlaag zal bewegen.

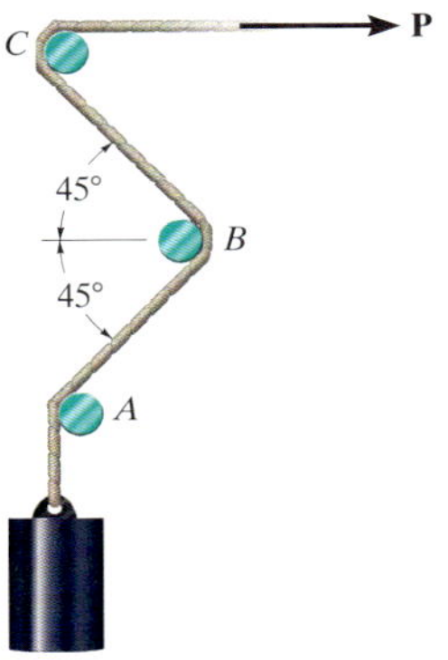

Vraagstuk 8.85

8.86. Een kracht $P = 25$ N is precies genoeg om te voorkomen dat de cilinder van 20 kg zakt. Bepaal de benodigde kracht **P** waarbij de cilinder omhoog zal gaan bewegen. Het touw ligt twee en een halve slag om de geruwde pen.

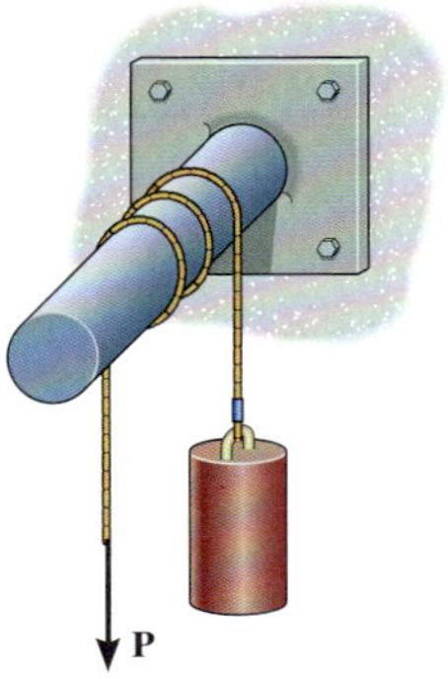

Vraagstuk 8.86

8.87. Cilinder A van 20 kg en cilinder B van 50 kg hangen aan de uiteinden van een touw dat twee en een halve slag om een ruwe pen is geslagen. De cilinders staan op het punt te gaan bewegen. Bepaal dan de statische wrijvingscoëfficiënt tussen het touw en de pen.

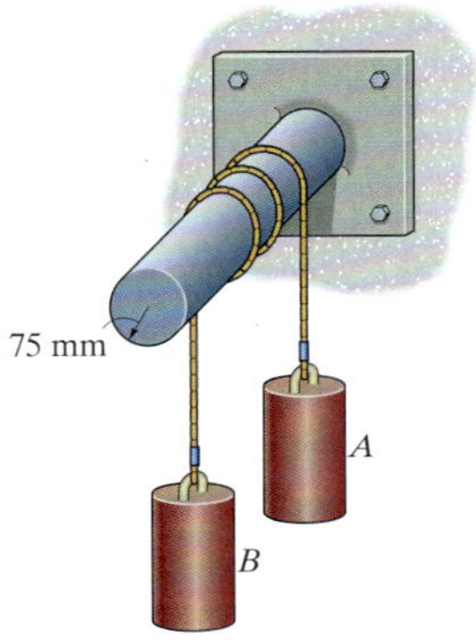

Vraagstuk 8.87

***8.88.** De homogene stang AB hangt aan een touw dat in C over een wrijvingsloze katrol en in D over een starre pen ligt. De statische wrijvingscoëfficiënt tussen het touw en de pen is $\mu_D = 0{,}3$. Bepaal de kleinste afstand x vanaf het uiteinde van de stang waar een kracht van 20 N moet worden uitgeoefend om de stang uit zijn evenwicht te brengen.

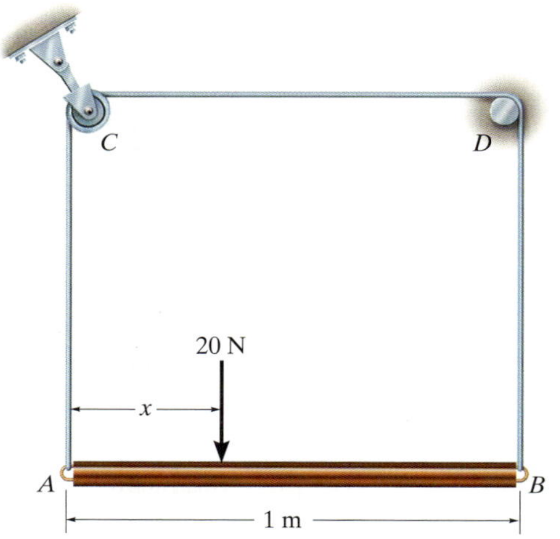

Vraagstuk 8.88

8.89. De SUV met een massa van 3,4 Mg moet over de helling omlaag gelaten worden met het touw dat om een boom geslagen is. De wielen kunnen vrij draaien en de man in A kan een trekkracht van 300 N ontwikkelen. Bepaal het minimaal aantal slagen dat het touw om de boom moet worden geslagen, zodat de man de vrachtwagen met een constante snelheid omlaag kan laten rollen. De kinetische wrijvingscoëfficiënt tussen de boom en het touw is $\mu_k = 0{,}3$.

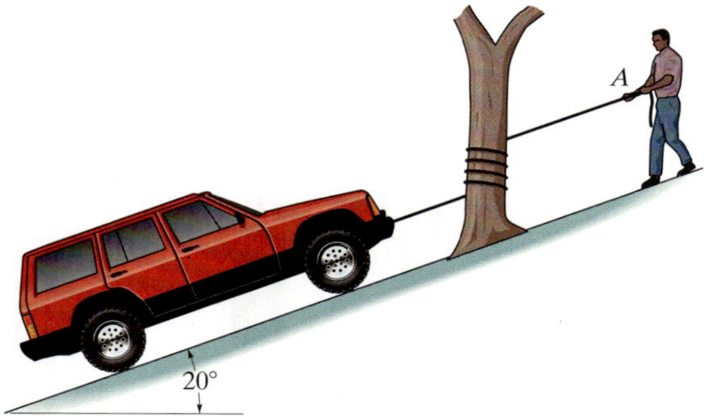

Vraagstuk 8.89

8.90. De gladde balk wordt opgehesen met behulp van een touw dat om de balk geslagen is en door een ring in A geleid is, op de manier zoals is weergegeven in de figuur. De trekkracht aan het eind van het touw is T en de statische wrijvingscoëfficiënt tussen het touw en de ring is $\mu_s = 0{,}3$. Bepaal de kleinste hoek θ bij evenwicht.

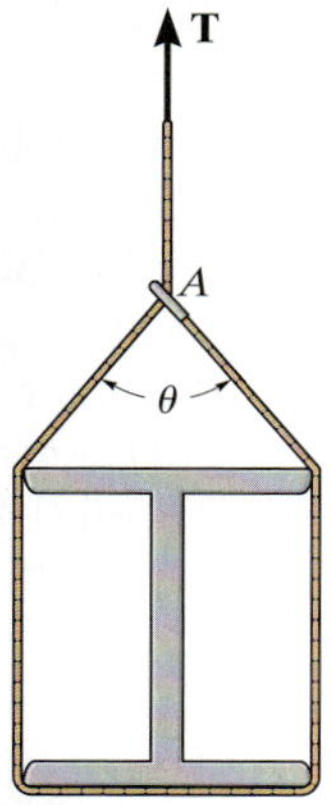

Vraagstuk 8.90

8.91. De kabel is bevestigd aan plaat B met een massa van 20 kg en loopt via de starre pen in C naar de bevestiging aan het blok in A. Gebruik de statische wrijvingscoëfficiënten zoals weergegeven in de figuur om de kleinste massa van blok A te bepalen, zodanig dat B nog net niet omlaag zal glijden over het vlak.

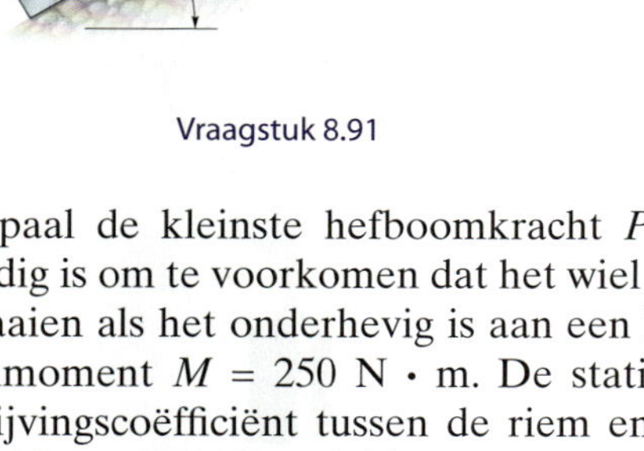

Vraagstuk 8.91

***8.92.** Bepaal de kleinste hefboomkracht P die nodig is om te voorkomen dat het wiel gaat draaien als het onderhevig is aan een koppelmoment $M = 250$ N · m. De statische wrijvingscoëfficiënt tussen de riem en het wiel is $\mu_s = 0{,}3$. Het wiel is met een pen verbonden in zijn middelpunt B.

8.93. Bepaal het wringmoment M dat op de bandrem kan worden uitgeoefend als op het handvat van de hefboom een kracht P = 30 N wordt uitgeoefend. De statische wrijvingscoëfficiënt tussen de band en de schijf is μ_s = 0,3. Het wiel is scharnierend bevestigd in het midden in B.

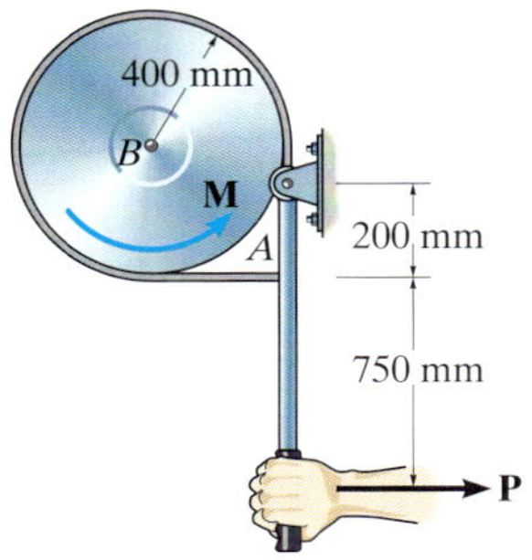

Vraagstukken 8.92/93

8.94. Blok A heeft een massa van 50 kg en rust op een oppervlak waarvoor μ_s = 0,25. Als de statische wrijvingscoëfficiënt tussen het touw en de vaste pen in C gelijk is aan μ'_s = 0,3, bepaal dan het grootste gewicht van de opgehangen cilinder D zonder dat er beweging optreedt.

8.95. Blok A heeft een massa van 50 kg en rust op een oppervlak waarvoor μ_s = 0,25. Als de massa van de opgehangen cilinder D 4 kg is, bepaal dan de wrijvingskracht op A en ga na of er beweging optreedt. De statische wrijvingscoëfficiënt tussen het touw en de vaste pen in C is μ'_s = 0,3.

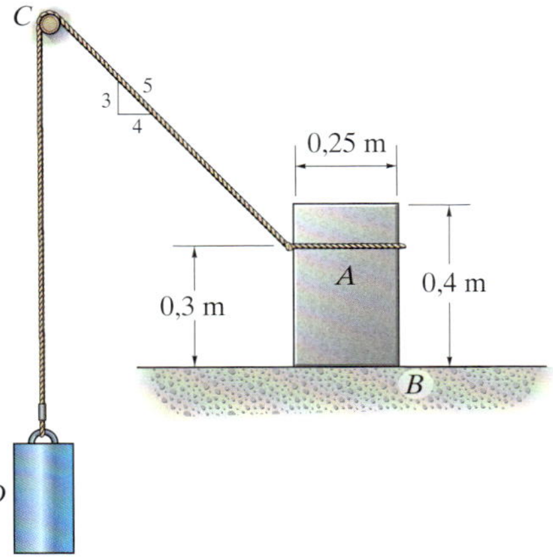

Vraagstukken 8.94/95

***8.96.** Het zwaartepunt van de motor van 20 kg bevindt zich in G. De motor is scharnierend bevestigd in C om de aandrijfriem op spanning te houden. Bepaal het kleinste wringmoment **M** tegen de klok in dat de motor moet leveren om schijf B te laten draaien als schijf A geblokkeerd is en de riem over de schijf B slipt. Er is geen slip in A. De statische wrijvingscoëfficiënt tussen de riem en de schijf B μ_s = 0,3.

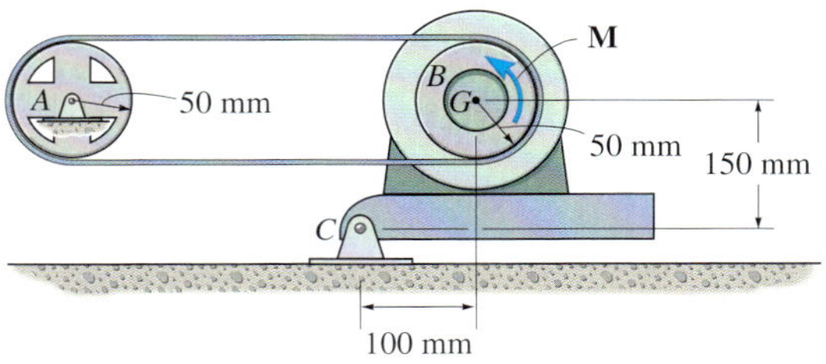

Vraagstuk 8.96

8.97. Bepaal de kleinste kracht **P** die nodig is om het krat van 40 kg op te tillen. De statische wrijvingscoëfficiënt tussen de kabel en elke pen is μ_s = 0,1.

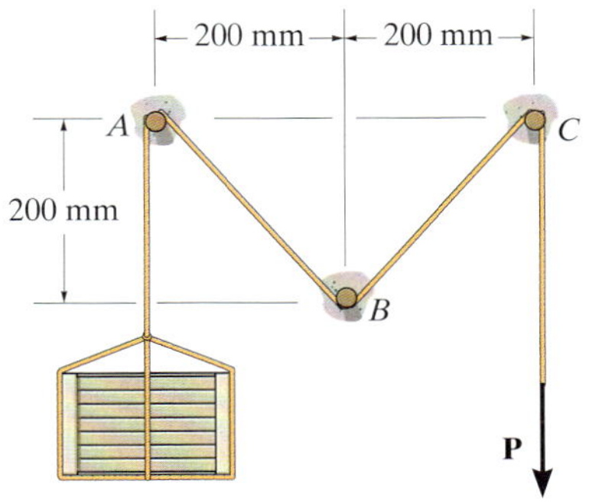

Vraagstuk 8.97

8.98. Toon aan de wrijvingsrelatie tussen de trekkrachten in de snaar, de wrijvingscoëfficiënt μ en de contacthoeken α en β voor de V-snaar wordt gegeven door $T_2 = T_1 e^{\mu\beta/\sin(\alpha/2)}$.

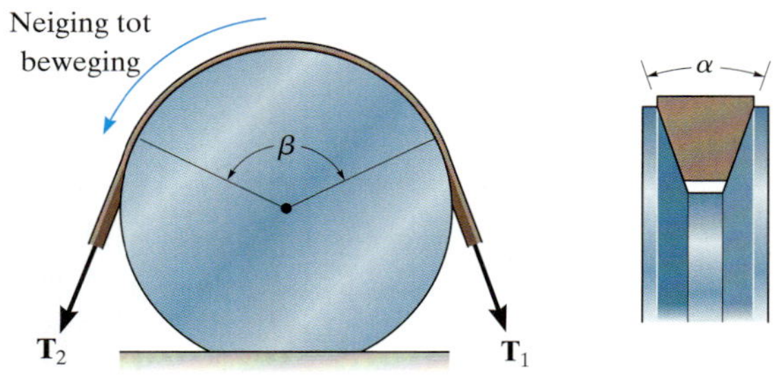

Vraagstuk 8.98

***8.100.** Een 10 kg zware cilinder D, bevestigd aan een kleine katrol B, hangt aan het touw zoals weergegeven. Bepaal de grootste hoek zodanig dat het touw niet over de pen in C gaat glijden. De cilinder in E heeft een massa van 10 kg, en de statische wrijvingscoëfficiënt tussen het touw en de pen is $\mu_s = 0{,}1$.

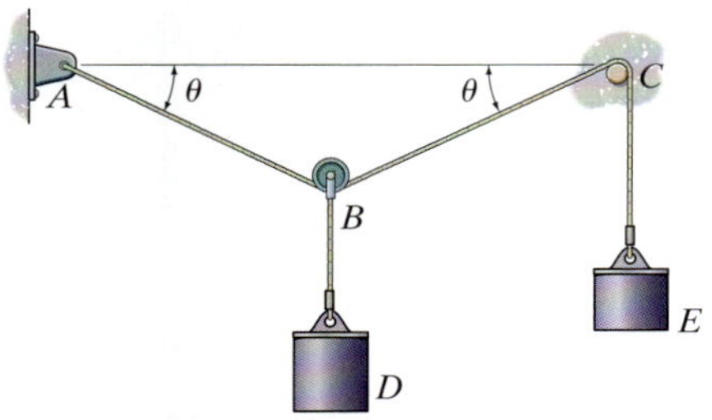

Vraagstuk 8.100

8.99. Als op de handgreep van de tuimelaar een kracht P = 200 N wordt uitgeoefend, bepaal dan het maximale koppelmoment M dat kan worden weerstaan, zodanig dat het vliegwiel niet op het punt staat in de richting van de wijzers van de klok te gaan roteren. De statische wrijvingscoëfficiënt tussen de remband en de rand van het wiel is $\mu_s = 0{,}3$.

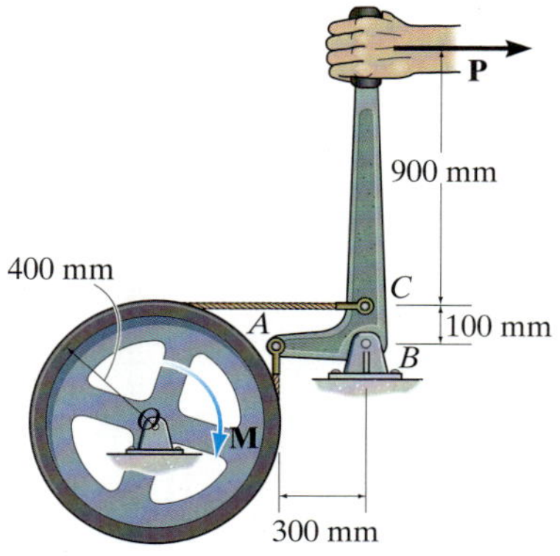

Vraagstuk 8.99

8.101. Riemschijf A van de motor is met een V-snaar verbonden met riemschijf B. De trekkracht in de snaar kan niet groter worden dan 1200 N. Bepaal de grootste massa van cilinder C die kan worden opgehesen en het bijbehorende wringmoment **M** dat op riemschijf A moet worden uitgeoefend. De statische wrijvingscoëfficiënt tussen de kleine riemschijf en de snaar is $\mu_s = 0{,}3$ en tussen de grote riemschijf en de snaar $\mu'_s = 0{,}20$. *Hint*: zie vraagstuk 8.98.

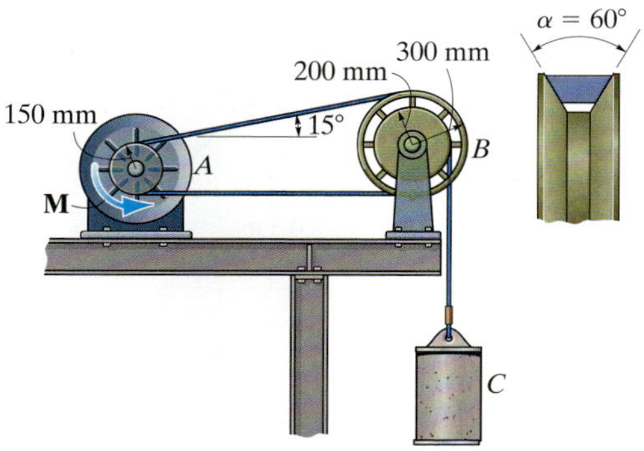

Vraagstuk 8.101

8.102. Het zwaartepunt van de motor van 20 kg bevindt zich in G. De motor is scharnierend bevestigd in C om de aandrijfriem op spanning te houden. Bepaal het kleinste wringmoment **M** tegen de klok in dat de motor moet leveren om schijf B te laten draaien als schijf A geblokkeerd is en de riem over de schijf slipt. Er is geen slip bij A. De statische wrijvingscoëfficiënt tussen de riem en de schijf is $\mu_s = 0{,}35$.

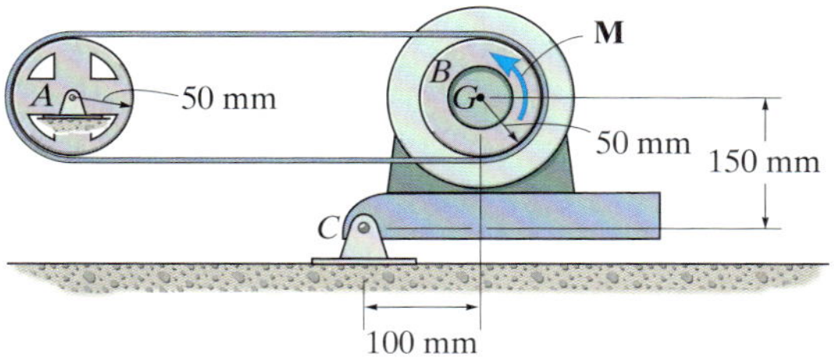

Vraagstuk 8.102

8.103. De blokken A en B hebben een massa van respectievelijk 100 en 150 kg. Als de statische wrijvingscoëfficiënt tussen A en B en tussen B en C gelijk is aan $\mu_s = 0{,}25$, en die tussen de touwen en de pennen D en E gelijk is aan $\mu'_s = 0{,}5$, bepaal dan de kleinste kracht F die nodig is om blok B in beweging te zetten als $P = 30$ N.

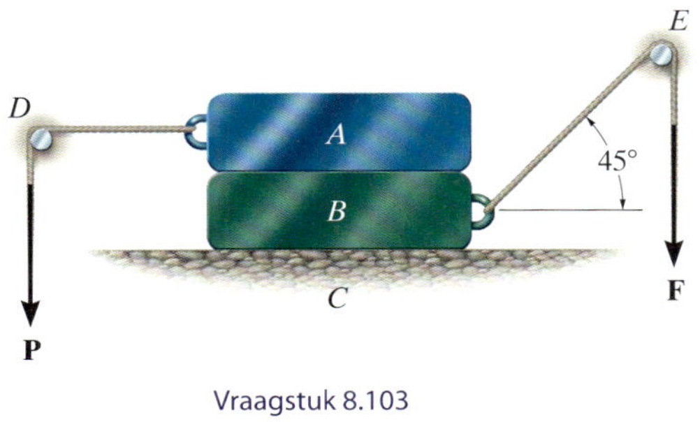

Vraagstuk 8.103

***8.104.** Bepaal de minimale statische wrijvingscoëfficiënt μ_s tussen de kabel en de pen en de plaats d van de kracht van 3 kN, zodanig dat de homogene balk van 100 kg in evenwicht blijft.

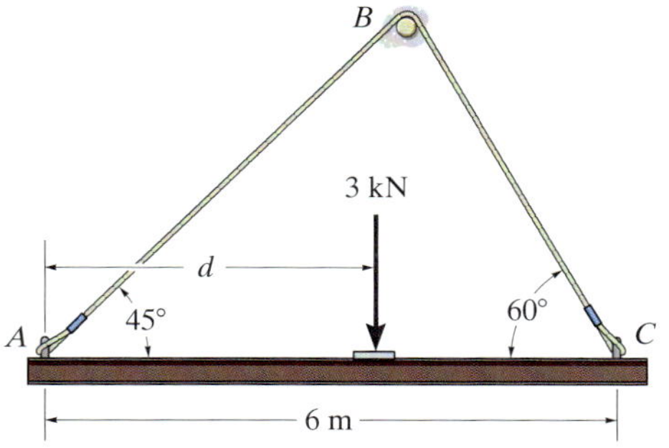

Vraagstuk 8.104

8.105. Een transportband wordt gebruikt om granulaten te transporteren en de wrijvingsweerstand bovenaan de band is $F = 500$ N. Bepaal de kleinste rek van de veer die is bevestigd aan de beweegbare as van de vrij draaiende schijf B, zodanig dat de band niet slipt bij de aandrijfrol A wanneer het wringmoment **M** wordt uitgeoefend. Hoe groot moet het wringmoment **M** minimaal zijn om de band in beweging te houden? De statische wrijvingscoëfficiënt in A tussen de band en de schijf is $\mu_s = 0{,}2$.

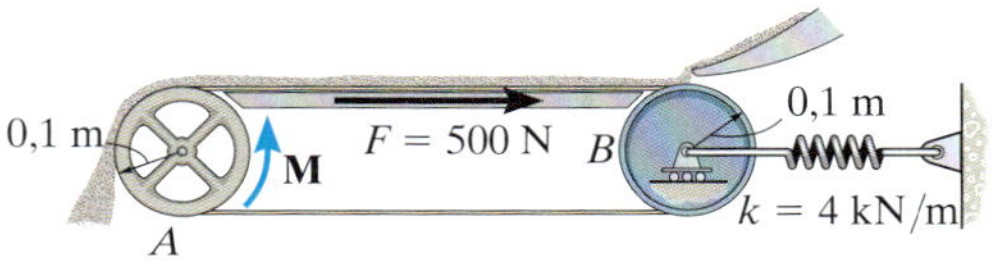

Vraagstuk 8.105

8.106. De aandrijfriem van de haardroger ligt om trommel D, omleidrol A en motorpoelie B. De motor kan een maximaal wringmoment $M = 0{,}80$ N · m leveren. Bepaal de kleinste veerspanning die nodig is om te voorkomen dat de riem slipt. De statische wrijvingscoëfficiënt tussen de riem en de trommel en de motorpoelie is $\mu_s = 0{,}3$.

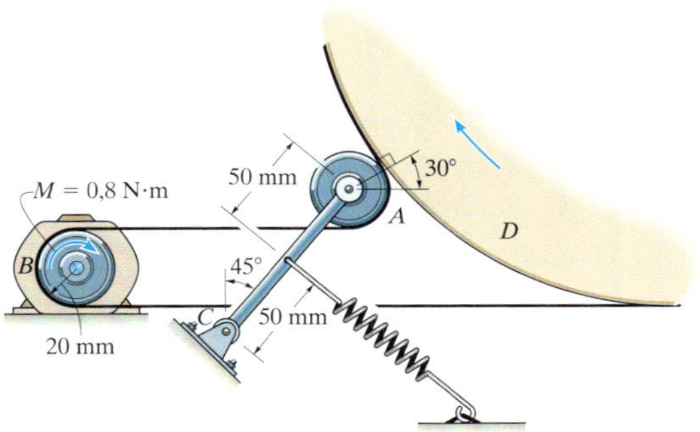

Vraagstuk 8.106

8.6 Wrijvingskrachten op kraaglagers, taatslagers en schijven

Kraaglagers en *taatslagers* worden vaak gebruikt in werktuigen om een *axiale belasting* op een roterende as te ondersteunen. Enkele typische voorbeelden zijn weergegeven in fig. 8.20. Wanneer de lagers niet of slechts gedeeltelijk gesmeerd zijn, mogen de wetten van de droge wrijving worden toegepast om te bepalen hoe groot het moment moet zijn om de as rond te laten draaien, als er een axiale kracht op de as wordt uitgeoefend.

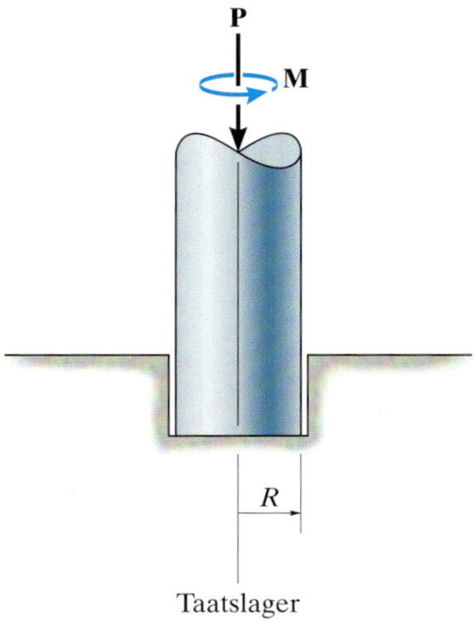

Taatslager

(a)

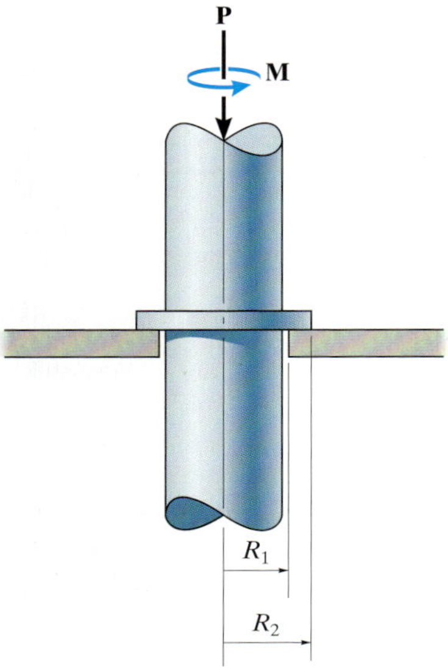

Kraaglager

(b)

Fig. 8.20

Wrijvingsanalyse Op het kraaglager aan de as die in fig. 8.21 is afgebeeld, wordt een axiale kracht **P** uitgeoefend. Het kraaglager heeft een contactoppervlak van in totaal $\pi(R_2^2 - R_1^2)$. Mits het lager nieuw is en gelijkmatig ondersteund wordt, zal de normaaldruk p op het lager *uniform* over dit oppervlak verdeeld zijn. Omdat $\Sigma F_z = 0$, zal p, gemeten als een kracht per oppervlakte-eenheid, gelijk zijn aan $p = P/\pi(R_2^2 - R_1^2)$.

Het moment dat nodig is om de as in de toestand te brengen dat hij op het punt staat om te gaan draaien om zijn as, kan worden bepaald uit het evenwicht van momenten om de z-as. Een differentiaalelement $dA = (rd\,\theta)(dr)$, dat afgebeeld is in figuur 8.21, is onderhevig aan zowel een normaalkracht $dN = pdA$ als een daarmee verbonden wrijvingskracht.

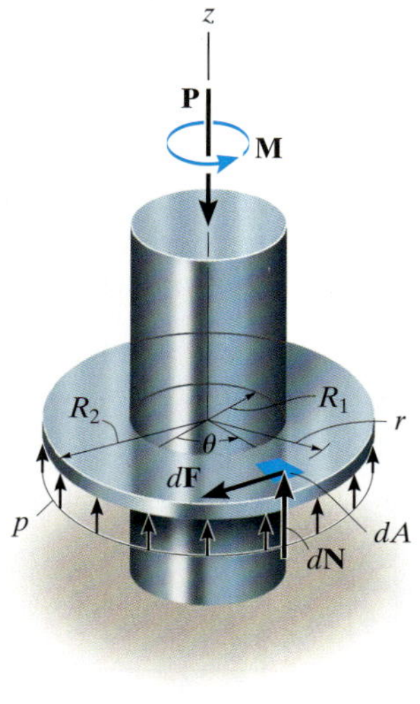

Fig. 8.21

$$dF = \mu_s\, dN = \mu_s p\, dA = \frac{\mu_s P}{\pi(R_2^2 - R_1^2)} dA$$

De normaalkracht creëert geen moment om de z-as van de as, maar de wrijvingskracht wel, namelijk $dM = rdF$. Integraalrekening is nodig om het uitgeoefende moment M te berekenen dat nodig is om alle wrijvingskrachten te overwinnen. Dus geldt voor de neiging tot draaiing:

$$\Sigma M_z = 0; \qquad M - \int_A r\, dF = 0$$

Als we de uitdrukkingen voor dF en dA substitueren en over het gehele lagergebied integreren, krijgen we:

$$M = \int_{R_1}^{R_2}\int_0^{2\pi} r\left[\frac{\mu_s P}{\pi(R_2^2 - R_1^2)}\right](r\, d\theta\, dr) = \frac{\mu_s P}{\pi(R_2^2 - R_1^2)}\int_{R_1}^{R_2} r^2\, dr \int_0^{2\pi} d\theta$$

of

$$M = \frac{2}{3}\mu_s P\left(\frac{R_2^3 - R_1^3}{R_2^2 - R_1^2}\right) \qquad (8.7)$$

De motor die de schijf van deze schuurmachine aandrijft, ontwikkelt een koppelmoment dat de wrijvingskrachten op de schijf moet overwinnen.

Het moment aan het uiteinde van de as, bij *rotatie* met constante snelheid, wordt bepaald door in vgl. 8.7 μ_k voor μ_s te substitueren. In het geval van een taatslager, fig. 8.20*a*, geldt $R_2 = R$ en $R_1 = 0$, en reduceert vgl. 8.7 tot:

$$M = \frac{2}{3}\mu_s P R \qquad (8.8)$$

Bedenk dat zowel vgl. 8.7 als vgl. 8.8 alleen gelden voor lageroppervlakken die aan een *constante druk* onderhevig zijn. Als de druk niet uniform is, moet een variatie van de druk als een functie van het lageroppervlak worden vastgesteld voordat er geïntegreerd wordt om het moment te bepalen. Het volgende voorbeeld illustreert deze gedachtegang.

Voorbeeld 8.9

De uniforme staaf die afgebeeld is in fig. 8.22*a* heeft een gewicht van 20 N (≈ 2 kg). We gaan ervan uit dat de normaaldruk op de contactvlakken lineair varieert over de lengte van de staaf, zoals afgebeeld. Bepaal het koppelmoment **M** dat nodig is om de staaf te draaien. Ga ervan uit dat de breedte van de staaf verwaarloosbaar is in vergelijking met zijn lengte. De statische wrijvingscoëfficiënt is gelijk aan $\mu_s = 0{,}3$.

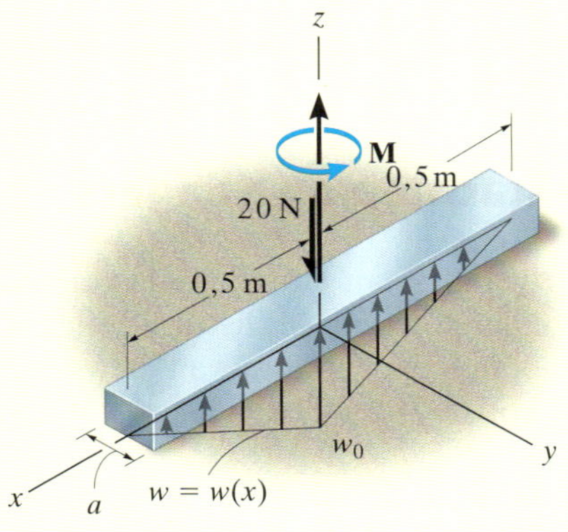

(a)

Fig. 8.22

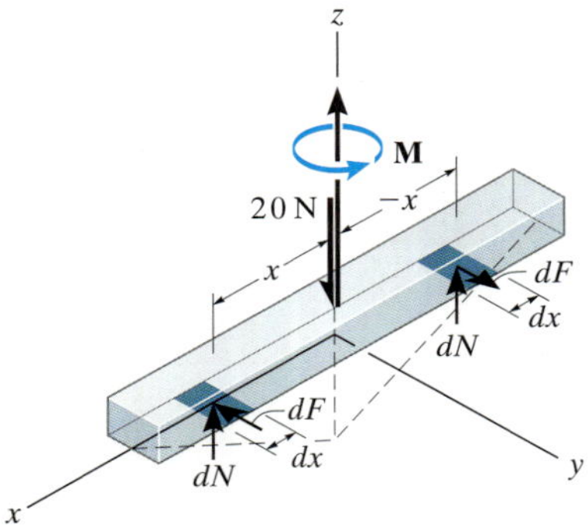

(b)

Fig. 8.22 (vervolg)

OPLOSSING

In fig. 8.22*b* is een vrijlichaamsschema van de staaf weergegeven. De intensiteit w_0 wordt van de verdeelde belasting in het midden ($x = 0$) bepaald uit het evenwicht van verticale krachten, zie fig. 8.22*a*.

$$+\uparrow \Sigma F_z = 0; \quad -20\text{ N} + 2\left[\frac{1}{2}\left(0{,}5\text{ m}\right)w_0\right] = 0 \qquad w_0 = 40\text{ N/m}$$

Aangezien $w = 0$ in $x = 0{,}5$ m, ziet de verdeelde belasting als functie van x er als volgt uit:

$$w = (40\text{ N/m})\left(1 - \frac{x}{0{,}5\text{ m}}\right) = 40 - 80x$$

De grootte van de normaalkracht die op een differentiaalsegment van het oppervlak met lengte dx wordt uitgeoefend, is derhalve:

$$dN = w\,dx = (40 - 80x)dx$$

De grootte van de wrijvingskracht die op hetzelfde segmentje van het oppervlak wordt uitgeoefend, is:

$$dF = \mu_s\,dN = 0{,}3(40 - 80x)dx$$

Het moment dat door deze kracht om de z-as wordt gecreëerd, is dus:

$$dM = x\,dF = 0{,}3(40x - 80x^2)dx$$

De sommatie van momenten om de z-as van de staaf wordt door integratie bepaald, en dit levert het volgende op:

$$\Sigma M_z = 0; \quad M - 2\int_0^{0,5} (0{,}3)(40x - 80x^2)\,dx = 0$$

$$M = 6\left(x^2 - \frac{4x^3}{3}\right)\Bigg|_0^{0,5}$$

$$M = 0{,}5\text{ N}\cdot\text{m}$$ *Antw.*

8.7 Wrijvingskrachten op aslagers

Wanneer een as onderhevig is aan laterale belastingen, wordt meestal een *aslager* gebruikt voor ondersteuning. Als het lager niet of slechts gedeeltelijk wordt gesmeerd, kan een redelijke analyse van de wrijvingsweerstand op het lager worden gebaseerd op de wetten van droge wrijving.

Wrijvingsanalyse In fig. 8.23*a* is een doorsnee aslager afgebeeld. Als de as draait, verschuift het contactpunt langs de wand van het lager omhoog in een bepaald punt A, waar de as slipt. Als de verticale belasting op het uiteinde van de as gelijk is aan **P**, dan is de reactiekracht **R** van het lager in A gelijk en tegengesteld aan **P**, zie fig. 8.23*b*. Het moment dat nodig is om de as met constante snelheid te laten roteren, kan worden gevonden door momenten om de z-as van de as te sommeren; dat wil zeggen:

$$\Sigma M_z = 0; \qquad M - (R \sin \phi_k) r = 0$$

of

$$M = Rr \sin \phi_k \tag{8.9}$$

waarbij ϕ_k de hoek van dynamische wrijving is, die gedefinieerd wordt door $\tan \phi_k = F/N = \mu_k N/N = \mu_k$. In fig. 8.23*c* zien we dat $r \sin \phi_k = r_f$. De met een streeplijn getekende cirkel met straal r_f wordt de *wrijvingscirkel* genoemd. Als de as roteert, zal de werklijn van de reactiekracht **R** altijd aan deze cirkel raken. μ_k is klein wanneer het lager gedeeltelijk gesmeerd is en daarom geldt $\sin \phi_k \approx \tan \phi_k \approx \mu_k$. In deze situatie kan het moment dat nodig is om de wrijvingsweerstand te overwinnen *redelijk* worden benaderd met:

$$M \approx Rr\mu_k \tag{8.10}$$

In de praktijk is dit type aslager niet geschikt voor langdurig gebruik, omdat de oppervlakken door de wrijving tussen het lager en de as snel zullen slijten. In plaats daarvan zullen ontwerpers als lagers kogellagers of rollagers inbouwen om wrijvingsverliezen te minimaliseren.

Om de kabel van deze haspel af te wikkelen, moet wrijving van de ondersteunende as worden overwonnen.

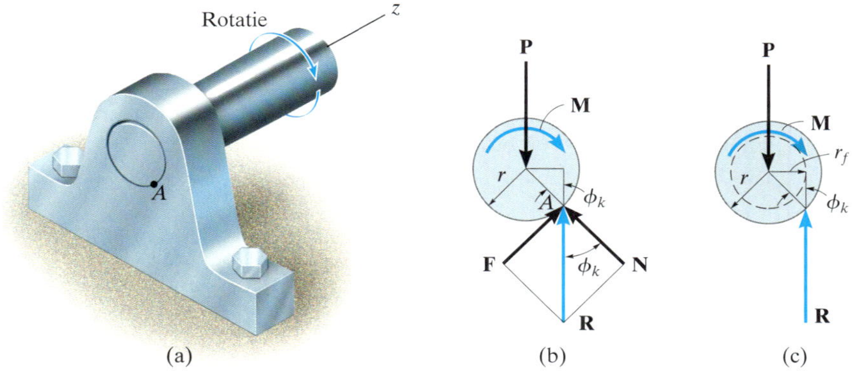

Fig. 8.23

Voorbeeld 8.10

De katrol met een diameter van 100 mm die in fig. 8.24*a* is afgebeeld, past ruim om een as met een diameter van 10 mm en een statische wrijvingscoëfficiënt $\mu_s = 0{,}4$. Bepaal de minimale trekkracht T in de riem die nodig is om (a) het blok van 100 kg op te hijsen en (b) te laten zakken. Ga ervan uit dat de riem niet over de katrol slipt en verwaarloos het gewicht van de katrol.

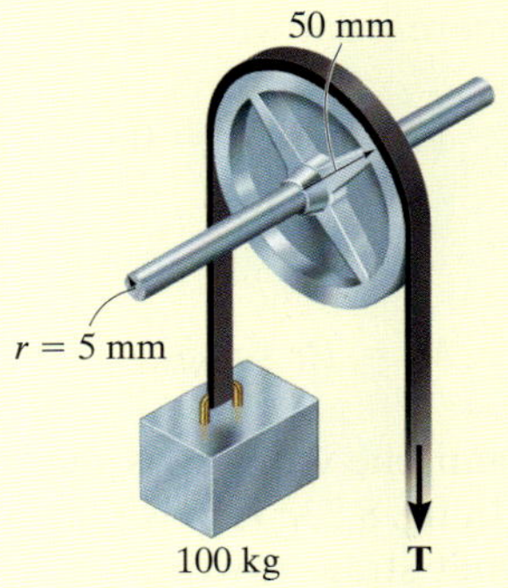

OPLOSSING

Deel (a) In fig. 8.24*b* wordt een vrijlichaamsschema van de katrol getoond. Wanneer de katrol aan beide kanten onderhevig is aan trekkrachten in de riem van 981 N maakt hij contact met de as in punt P_1. Wanneer de trekkracht T *toeneemt*, zal het contactpunt rond de as opschuiven naar punt P_2 voordat beweging plaatsvindt. De wrijvingscirkel in de figuur heeft een radius $r_f = r \sin \phi_s$. We maken gebruik van de vereenvoudiging dat $\sin \phi_s \approx \tan \phi_s \approx \mu_s$, dan $r_f \approx r\mu_s = (5 \text{ mm})(0{,}4) = 2$ mm, zodat sommatie van momenten om P_2 het volgende oplevert:

$$\circlearrowleft + \Sigma M_{P_2} = 0; \quad 981 \text{ N}(52 \text{ mm}) - T(48 \text{ mm}) = 0$$
$$T = 1063 \text{ N} = 1{,}06 \text{ kN} \qquad \textit{Antw.}$$

Wanneer een exactere analyse wordt gebruikt, geldt dat $\phi_s \approx \tan^{-1} 0{,}4 = 21{,}8°$. De straal van de wrijvingscirkel zou dus gelijk zijn aan $r_f = r \sin \phi_s = 5 \sin 21{,}8° = 1{,}86$ mm.
En dus:

$$\circlearrowleft + \Sigma M_{P_2} = 0;$$
$$981 \text{ N}(50 \text{ mm} + 1{,}86 \text{ mm}) - T(50 \text{ mm} - 1{,}86 \text{ mm}) = 0$$
$$T = 1057 \text{ N} = 1{,}06 \text{ kN} \qquad \textit{Antw.}$$

Deel (b) Als men het blok laat zakken, gaat de resulterende kracht **R** die op de as werkt door punt P_3, zoals aangegeven in fig. 8.24*c*. Sommatie van momenten om dit punt levert het volgende op:

$$\circlearrowleft + \Sigma M_{P_3} = 0; \quad 981 \text{ N}(48 \text{ mm}) - T(52 \text{ mm}) = 0$$
$$T = 906 \text{ N} \qquad \textit{Antw.}$$

OPMERKING: Het verschil tussen het ophijsen en het laten zakken van het blok is dus 157 N.

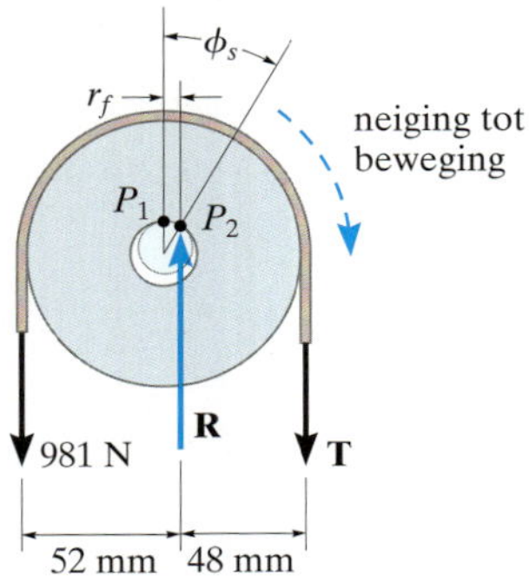

(b)

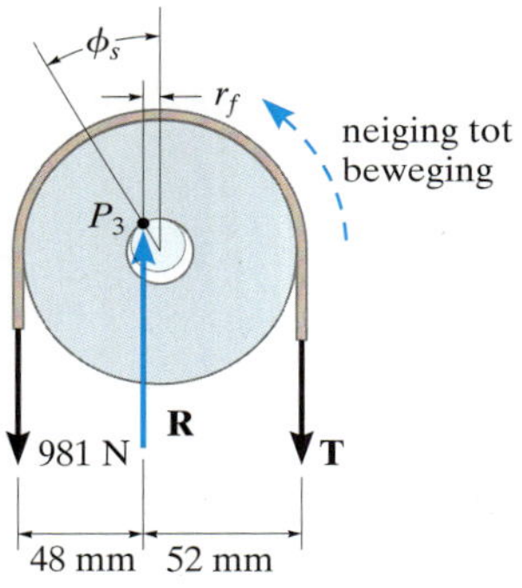

(c)

Fig. 8.24

8.8 Rolweerstand

Wanneer een *onvervormbare* cilinder met constante snelheid over een *onvervormbaar* oppervlak rolt, oefent het oppervlak een normaalkracht uit op de cilinder loodrecht op de raaklijn in het contactpunt, zoals afgebeeld in fig. 8.25*a*. In werkelijkheid bestaat er echter geen enkel materiaal dat volkomen *onvervormbaar* is en daarom bestaat de reactie van het oppervlak op de cilinder uit een verdeling van normaaldruk. Neem bijvoorbeeld het geval waarin de cilinder van een heel hard materiaal is gemaakt en het oppervlak waarover deze rolt relatief zacht is. De cilinder drukt door zijn gewicht de ondergrond in, zie fig. 8.25*b*. Als de cilinder rolt, vertraagt het ervoor liggende materiaal de beweging, omdat het *vervormt*, terwijl het materiaal erachter *terugveert* in de oude vorm en daarom de neiging heeft de cilinder naar voren te *duwen*. De normaalspanningen die op deze wijze op de cilinder worden uitgeoefend, zijn weergegeven in fig. 8.25*b* door hun resulterende krachten $\mathbf{N}_v$ en $\mathbf{N}_t$. De *vervormingskracht* en ook zijn horizontale component zijn *altijd groter* dan de kracht van het *terugverende* materiaal $\mathbf{N}_t$ en dus moet er een horizontale kracht **P** worden uitgeoefend op de cilinder om hem in beweging te houden, zie fig. 8.25*b*.*

Rolweerstand is met name het gevolg van dit effect, maar wordt in mindere mate ook veroorzaakt door oppervlakteadhesie en microverschuivingen tussen de contactvlakken. Omdat het moeilijk is om te bepalen hoe groot de feitelijke kracht **P** moet zijn om deze krachten te overwinnen, bespreken we hier een vereenvoudigde methode waarmee wetenschappers dit verschijnsel hebben geanalyseerd. Hierbij kijken we naar de resultante van de *gehele* normaaldruk $\mathbf{N} = \mathbf{N}_v + \mathbf{N}_t$ die op de cilinder werkt, zie fig. 8.25*c*. Zoals in fig. 8.25*d* is afgebeeld, werkt deze kracht onder een hoek θ ten opzichte van de verticale as. Om de cilinder in evenwicht te houden, dat wil zeggen rollend met een constante snelheid, moet de *werklijn van* **N** *samenvallen met de werklijn* van de drijvende kracht **P** en het gewicht **W**. Wanneer we de momenten om punt A optellen, krijgen we $Wa = P(r \cos \theta)$. Aangezien de vervormingen over het algemeen heel klein zijn in verhouding tot de straal van de cilinder, geldt dat $\cos \theta \approx 1$; en dus is:

$$Wa \approx Pr$$

of

$$P \approx \frac{Wa}{r} \qquad (8.11)$$

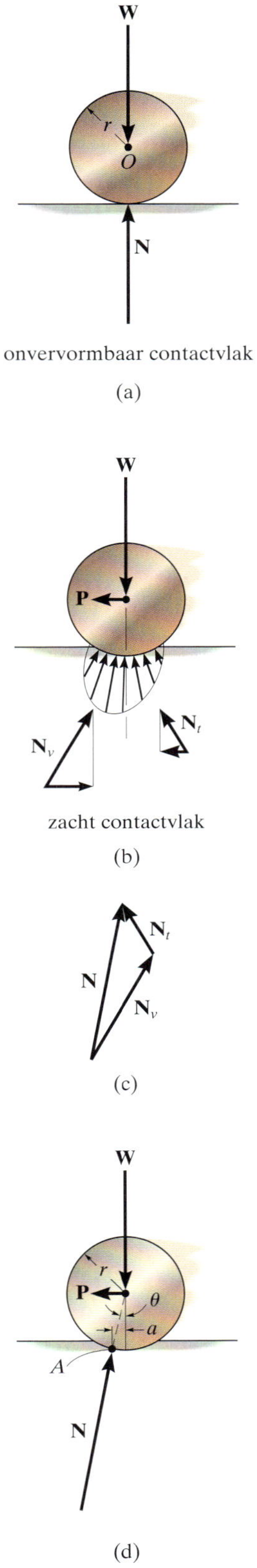

Fig. 8.25

* In werkelijkheid wordt er door de vervormingskracht $\mathbf{N}_d$ *energie* opgeslagen in het materiaal als deze kracht toeneemt, terwijl een deel van deze energie weer vrijkomt als de grootte van de terugveerkracht $\mathbf{N}_r$ afneemt. De resterende energie gaat *verloren*, aangezien deze wordt gebruikt om het oppervlak op te warmen, en wanneer het gewicht van de cilinder heel groot is, is er een blijvende vervorming van dit oppervlak. De horizontale kracht **P** moet dit verlies compenseren.

De rolweerstand van treinwielen is klein, omdat staal een zeer stijf materiaal is. De rolweerstand van de wielen van een tractor in een nat veld is daarentegen zeer groot.

De afstand a wordt de *rolweerstandscoëfficiënt* genoemd, die in lengte-eenheden wordt uitgedrukt. Bijvoorbeeld, $a \approx 0{,}5$ mm voor een wiel dat over een rail rolt als beide van zacht staal zijn gemaakt. Voor kogellagers van gehard staal geldt $a \approx 0{,}1$ mm. Deze factor is echter moeilijk experimenteel vast te stellen, omdat hij afhangt van parameters, zoals de rotatiesnelheid van de cilinder, de elastische eigenschappen van de contactvlakken en de afwerking van het oppervlak. Om deze reden zijn gegevens voor de bepaling van a weinig betrouwbaar. De analyse die hier wordt gepresenteerd, maakt echter wel duidelijk waarom een zware last (W) een grotere weerstand biedt aan beweging (P) dan een lichte last onder dezelfde omstandigheden. Verder is het zo dat de kracht die nodig is om de cilinder over het oppervlak te *rollen,* veel kleiner zal zijn dan de kracht die nodig is om de cilinder over het oppervlak te laten *glijden*, aangezien de verhouding Wa/r over het algemeen heel klein is vergeleken met $\mu_k W$. De analyse maakt dus duidelijk waarom er vaak kogellagers worden gebruikt om de wrijvingsweerstand tussen bewegende delen te minimaliseren.

Voorbeeld 8.11

Een stalen wiel van 10 kg, dat afgebeeld is in fig. 8.26*a*, heeft een straal van 100 mm en rust op een hellend vlak van zacht en vervormbaar hout. Bepaal de rolweerstandscoëfficiënt als θ wordt vergroot, zodat het wiel met constante snelheid de helling af begint te rollen als $\theta = 1{,}2°$.

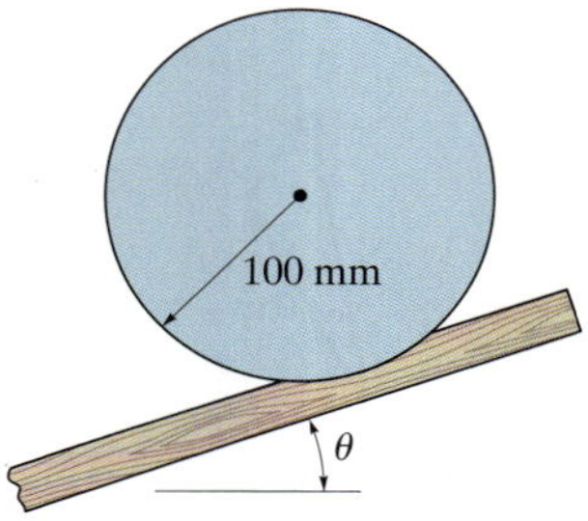

(a)

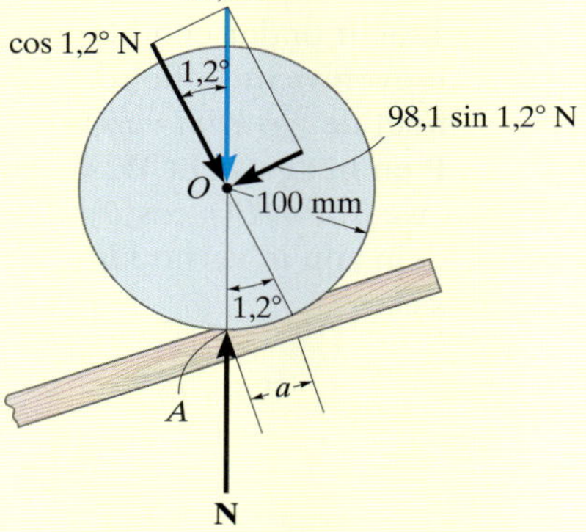

(b)

Fig. 8.26

OPLOSSING

Zoals blijkt uit het vrijlichaamsschema in fig. 8.26*b,* grijpt de normaalreactiekracht **N** aan in punt A op afstand a als het wiel op het punt van bewegen staat. Wanneer we het gewicht ontbinden in een evenwijdige en loodrechte component ten opzichte van het schuine vlak en de momenten om punt A sommeren, levert dit het volgende op:

$$\circlearrowleft + \Sigma M_A = 0;$$
$$-(98{,}1 \cos 1{,}2°\ \text{N})(a) + (98{,}1 \sin 1{,}2°\ \text{N})(100 \cos 1{,}2°\ \text{mm}) = 0$$

Als we deze vergelijking oplossen, krijgen we:

$$a = 2{,}09\ \text{mm}$$ *Antw.*

Vraagstukken

8.107. Het kraaglager ondersteunt uniform een axiale kracht $P = 4$ kN. Als de statische wrijvingscoëfficiënt gelijk is aan $\mu_s = 0{,}3$, bepaal dan het koppelmoment M dat nodig is om de wrijving te overwinnen.

***8.108.** Het kraaglager ondersteunt uniform een axiale kracht $P = 2{,}5$ kN. Als er een koppel $M = 5$ N · m op de as wordt uitgeoefend waardoor die met constante snelheid gaat draaien, bepaal dan de dynamische wrijvingscoëfficiënt aan het contactoppervlak.

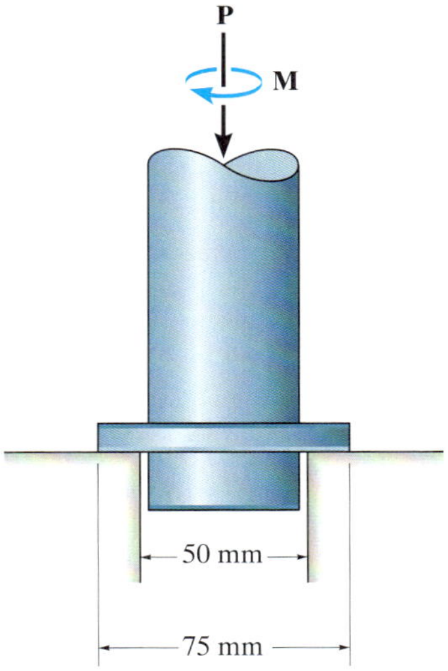

Vraagstukken 8.107/108

8.109. Het ringlager wordt belast met een drukkracht van 4000 N. De statische wrijvingscoëfficiënt $\mu_s = 0{,}35$. Bepaal het wringmoment M dat moet worden uitgeoefend om de wrijving te overwinnen.

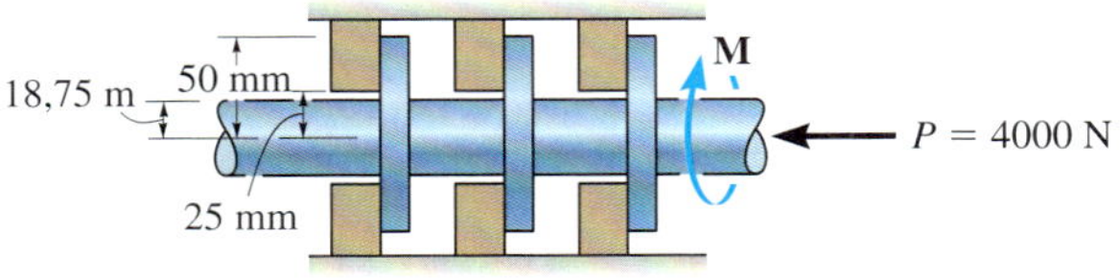

Vraagstuk 8.109

8.110. De as wordt in A afgesteund door een druklager en in B door een ashalslager. Bepaal het benodigde wringmoment **M** om de as met een constante hoeksnelheid te roteren. De kinetische wrijvingscoëfficiënt bij het druklager is $\mu_k = 0{,}2$. Laat de wrijving in B buiten beschouwing.

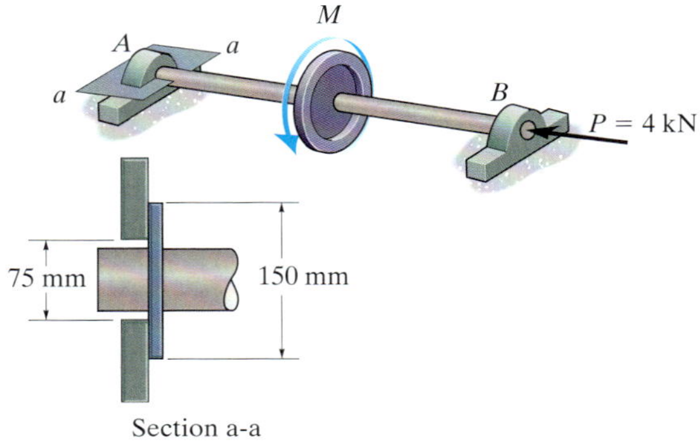

Vraagstuk 8.110

8.111. Het druklager steunt een axiale belasting **P** = 6 kN af. Om de as te roteren is een wringmoment $M = 150$ N · m nodig. Bepaal de statische wrijvingscoëfficiënt bij het vaste oppervlak.

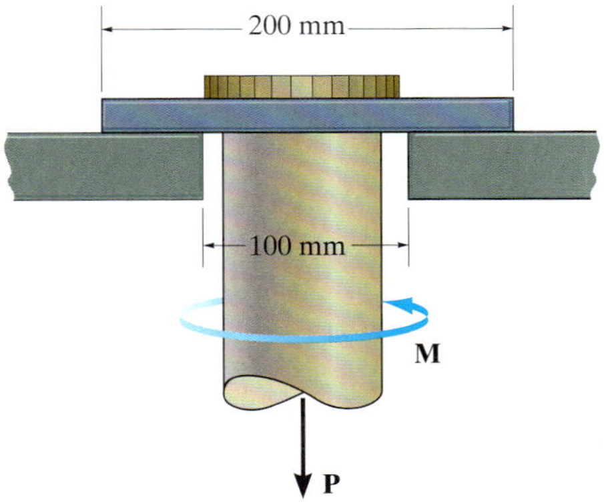

Vraagstuk 8.111

*8.112. Aangenomen dat de drukvariatie aan de onderkant van het taatslager gedefinieerd is als $p = p_0(R_2/r)$, bepaal dan het koppelmoment M dat nodig is om wrijving te overwinnen als de as onderhevig is aan een axiale kracht **P**. De statische wrijvingscoëfficiënt is μ_s. Voor de oplossing is het nodig om p_0 uit te drukken in P en in de afmetingen van het lager R_1 en R_2.

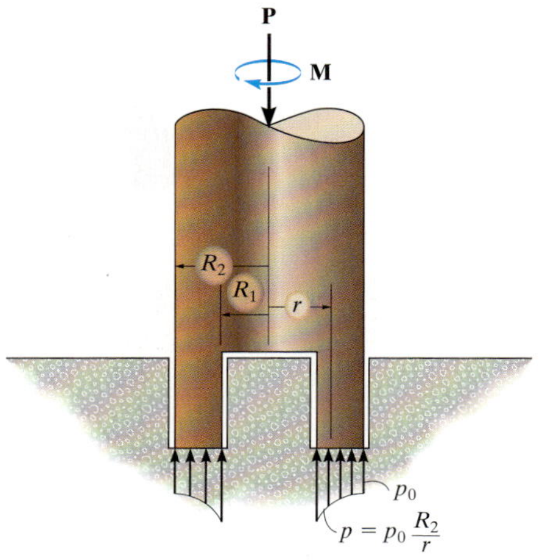

Vraagstuk 8.112

8.113. De plaatkoppeling bestaat uit een vlakke plaat A die kan schuiven over de roterende as S. De as is star bevestigd aan het aandrijfkroonwiel B. Op tandwiel C, dat ingrijpt in tandwiel B, wordt een wringmoment M = 0,8 N · m uitgeoefend. Bepaal de kleinste kracht P die moet worden uitgeoefend via de hefboom om de rotatie te stoppen. De statische wrijvingscoëfficiënt tussen de platen A en D is μ_s = 0,4. Veronderstel dat de lagerdruk tussen A en D overal gelijk is.

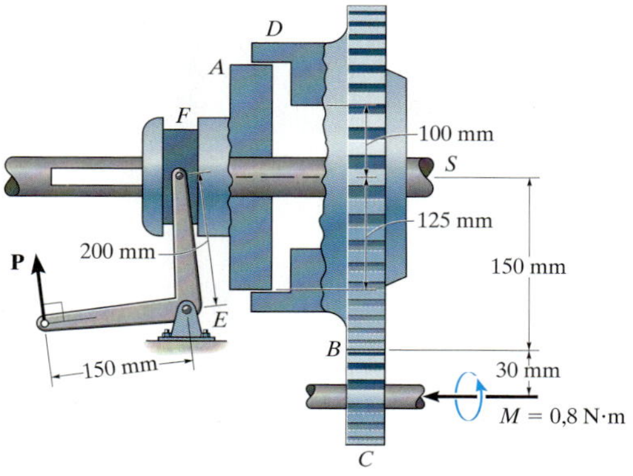

Vraagstuk 8.113

8.114. Het taatslager is onderhevig aan een constante drukverdeling aan het contactoppervlak. Als de statische wrijvingscoëfficiënt gelijk is aan μ_s, bepaal dan het koppelmoment M dat nodig is om de wrijving te overwinnen als de as een axiale kracht **P** ondersteunt.

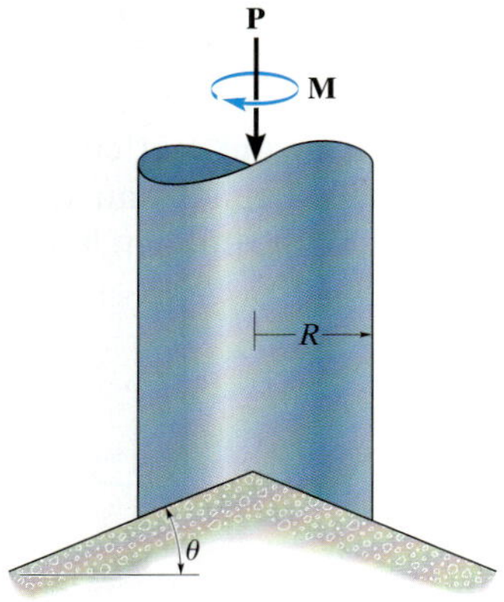

Vraagstuk 8.114

8.115. De drukbelasting op het contactvlak van het taatslager varieert op de manier zoals is weergegeven in de figuur. De statische wrijvingscoëfficiënt is μ. Bepaal het wringmoment M dat nodig is om de wrijving te overwinnen als de as een axiaalkracht **P** afsteunt.

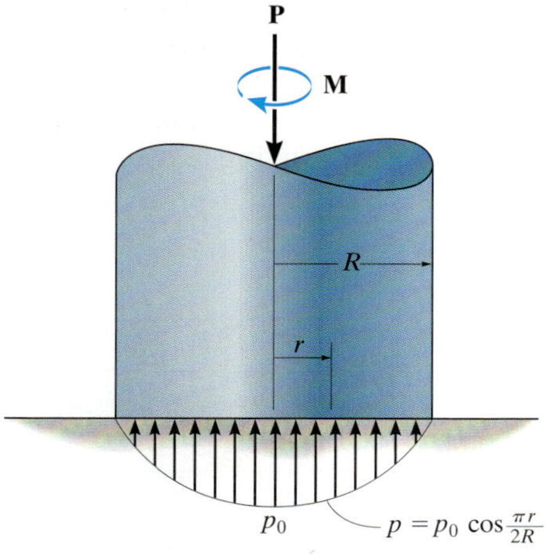

Vraagstuk 8.115

***8.116.** Een paal met een diameter van 200 mm wordt 3 m in zand gedreven. De statische wrijvingscoëfficiënt tussen het zand en de paal is $\mu_s = 0{,}3$. De *alzijdige normaaldruk* varieert lineair met diepte, op de manier zoals is weergegeven in de figuur. Bepaal het wrijvingskoppel **M** dat moet worden overwinnen om de paal te verdraaien.

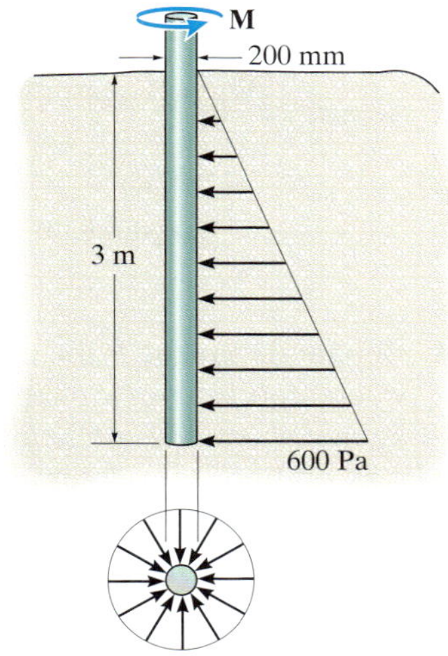

Vraagstuk 8.116

8.117. Een balk met een gelijkmatig verdeeld gewicht W ligt op een ruw horizontaal oppervlak met een statische wrijvingscoëfficiënt μ_s. De horizontale kracht **P** wordt loodrecht uitgeoefend op de lengterichting van de balk. Bepaal de plaats d van punt O waarom de balk begint te draaien.

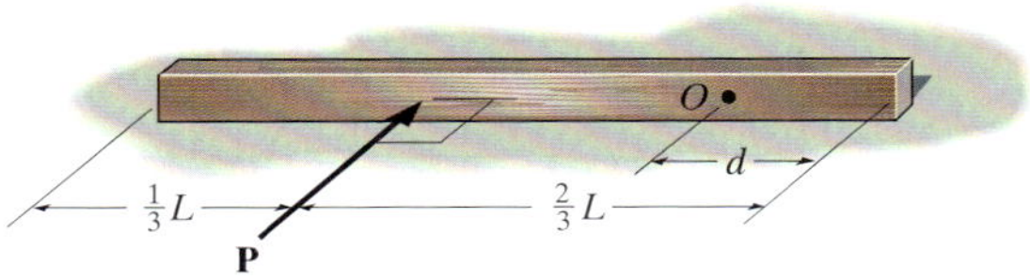

Vraagstuk 8.117

8.118. De drijfstang is in B aan de zuiger bevestigd door een pen met een diameter van 20 mm en aan de krukas door het lager A met een diameter van 50 mm. Als de zuiger naar beneden beweegt en de statische wrijvingscoëfficiënt in de contactpunten is $\mu_s = 0{,}2$, bepaal dan bij elke verbinding de straal van de wrijvingscirkel.

8.119. De drijfstang is in B aan de zuiger bevestigd door een pen met een diameter van 20 mm en aan de krukas door het lager A met een diameter van 50 mm. Als de zuiger naar boven beweegt en de statische wrijvingscoëfficiënt in de contactpunten $\mu_s = 0{,}3$ is, bepaal dan bij elke verbinding de straal van de wrijvingscirkel.

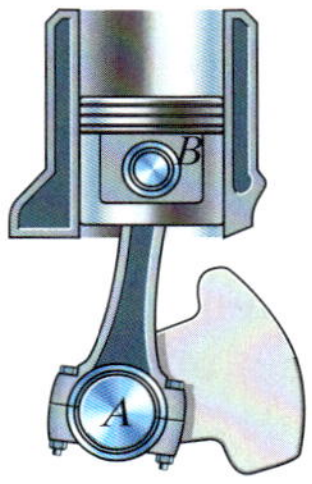

Vraagstukken 8.118/119

***8.120.** De 5 kg wegende katrol heeft een diameter van 240 mm en de as een diameter van 40 mm. Als de dynamische wrijvingscoëfficiënt tussen de as en de katrol gelijk is aan $\mu_k = 0{,}15$, bepaal dan de verticale kracht P op het touw die nodig is om het blok van 80 kg met constante snelheid op te hijsen.

8.121. Los vraagstuk 8.120 op als de kracht **P** horizontaal naar rechts wordt uitgeoefend.

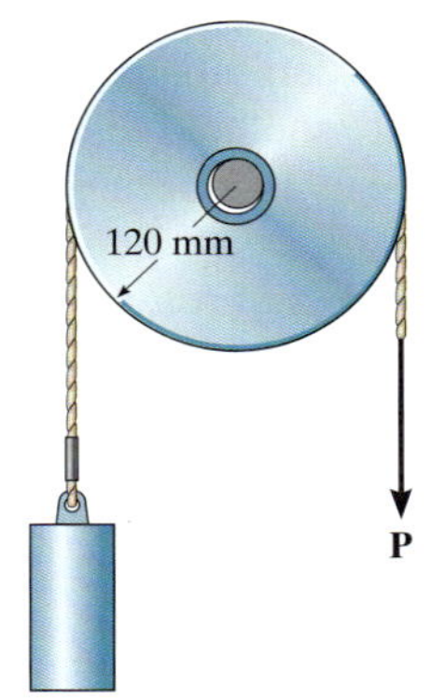

Vraagstukken 8.120/121

8.122. De mof past *losjes* om een starre as die een straal van 50 mm heeft. De kinetische wrijvingscoëfficiënt tussen de as en de mof is $\mu_k = 0{,}3$. Bepaal de kracht **P** op het horizontale segment van de riem, zodanig dat de mof *tegen de klok in draait* met een constante hoeksnelheid. Veronderstel dat de riem niet slipt op de mof, maar dat de mof op de as slipt. Laat het gewicht en de dikte van de riem en mof buiten beschouwing. De straal, gemeten vanaf het middelpunt van de mof tot de gemiddelde dikte van de riem, is 56,25 mm.

8.123. De mof past *losjes* om een starre as die een straal van 50 mm heeft. De kinetische wrijvingscoëfficiënt tussen de as en de mof is $\mu_k = 0{,}3$. Bepaal de kracht P op het horizontale segment van de riem, zodanig dat de mof *met de klok mee draait* met een constante hoeksnelheid. Veronderstel dat de riem niet slipt op de mof, maar dat de mof op de as slipt. Laat het gewicht en de dikte van de riem en mof buiten beschouwing. De straal, gemeten vanaf het middelpunt van de mof tot de gemiddelde dikte van de riem, is 56,25 mm.

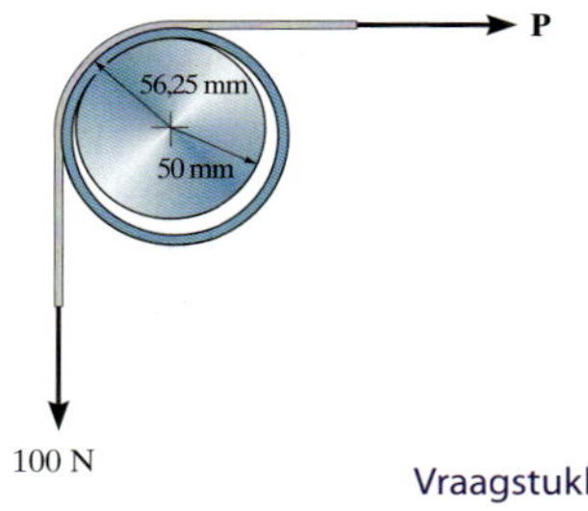

Vraagstukken 8.122/123

***8.124.** Een poelie met een diameter van 80 mm en massa van 1,25 kg wordt losjes ondersteund op een as met een diameter van 20 mm. Bepaal het wringmoment M dat op de poelie moet worden uitgeoefend om deze met een constante snelheid te laten draaien. De kinetische wrijvingscoëfficiënt tussen de as en de poelie is $\mu_k = 0{,}4$. Bereken ook de hoek. De as zelf kan niet roteren.

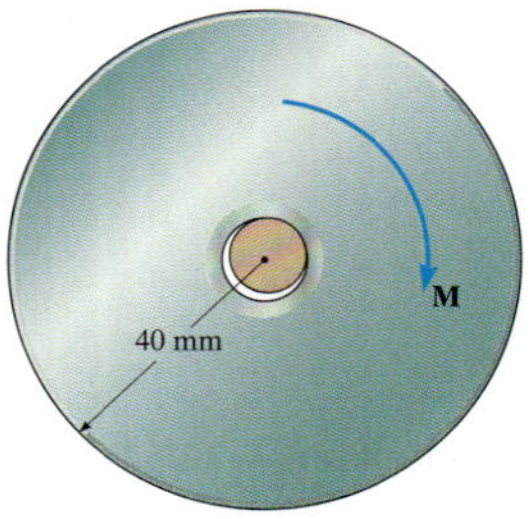

Vraagstuk 8.124

8.125. Het skateboard met een massa van 5 kg rolt met een constante snelheid omlaag over de helling van 5°. De kinetische wrijvingscoëfficiënt tussen de assen met een diameter van 12,5 mm en de wielen is $\mu_k = 0{,}3$. Bepaal de straal van de wielen. Laat de rolweerstand van de wielen op de vloer buiten beschouwing. Het massamiddelpunt van het skateboard bevindt zich bevindt in G.

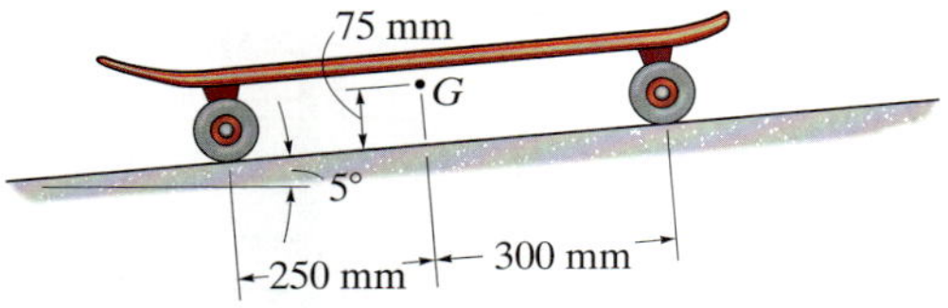

Vraagstuk 8.125

8.126. Bepaal de kracht P die nodig is om de rolweerstand te overwinnen en de rol van 50 kg met constante snelheid langs het hellend vlak omhoog te trekken. De rolweerstandscoëfficiënt is $a = 15$ mm.

8.127. Bepaal de kracht P die nodig is om de rolweerstand te overwinnen en de rol van 50 kg te ondersteunen als deze met constante snelheid langs het hellend vlak omlaag rolt. De rolweerstandscoëfficiënt is $a = 15$ mm.

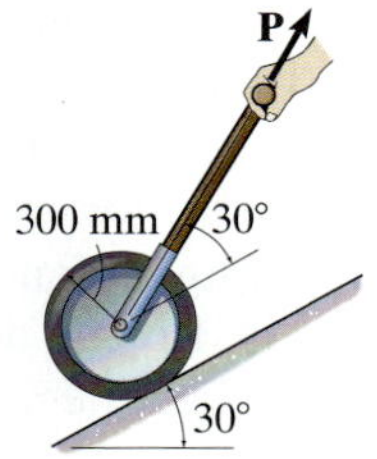

Vraagstukken 8.126/127

***8.128.** De grasrol heeft een massa van 80 kg. Als de arm BA onder een hoek van 30° van de horizontaal wordt gehouden en de rolweerstandscoëfficiënt van de roller is 25 mm, bepaal dan de kracht P die nodig is om de rol met constante snelheid voort te duwen. Verwaarloos de wrijving in de as A en neem aan dat de resulterende kracht **P** op de handgreep langs arm BA wordt uitgeoefend.

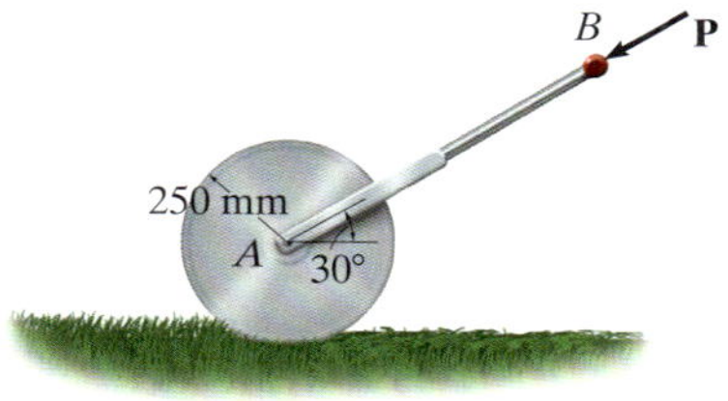

Vraagstuk 8.128

8.129. De machine van 1,4 Mg moet worden verplaatst over een vlakke ondergrond met behulp van een reeks rollers. De rolweerstandscoëfficiënt daarvan is 0,5 mm bij de ondergrond en 0,2 mm aan de onderkant van de machine. Bepaal de diameter van de rollers bij benadering, zodanig dat de machine vooruit kan worden geduwd met een horizontale kracht $P = 250$ N. *Hint*: gebruik de uitkomst van vraagstuk 8.131.

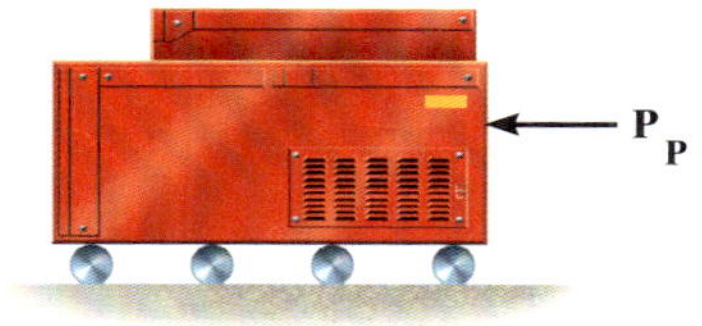

Vraagstuk 8.129

8.130. De handkar heeft wielen met een diameter van 80 mm. Op de kar wordt een krat met een massa van 500 kg geplaatst, waarbij elk wiel een even grote last ondersteunt. Bepaal de horizontale kracht P die op de handrail moet worden uitgeoefend om de rolweerstand te overwinnen. De rolweerstandscoëfficiënt is 2 mm. Laat de massa van de kar buiten beschouwing.

Vraagstuk 8.130

8.131. De cilinder is onderworpen aan een belasting met een gewicht W. Als de rolweerstandscoëfficiënten voor het boven- en ondervlak van de cilinder respectievelijk a_A en a_B zijn, toon dan aan dat voor het verschuiven van de belasting en het zo voort rollen van de cilinder een horizontale kracht met een grootte $P = [W(a_A + a_B)]/2r$ nodig is. Verwaarloos het gewicht van de cilinder.

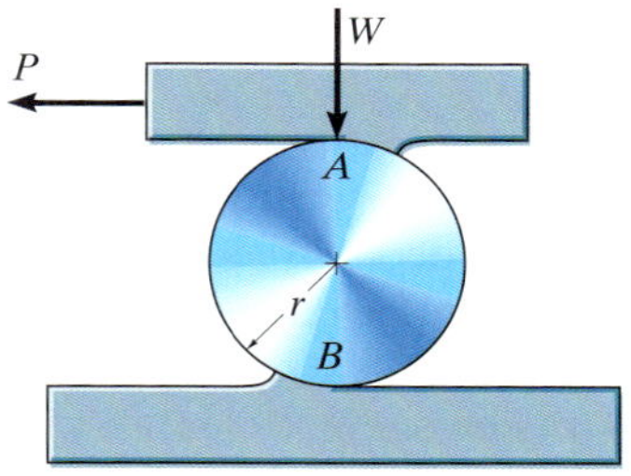

Vraagstuk 8.131

***8.132.** Een groot krat met een massa van 200 kg wordt over de ondergrond getransporteerd met behulp van een reeks rollers met een diameter van 150 mm. Hun rolweerstandscoëfficiënt bij de ondergrond is 3 mm en aan de onderkant van het krat 7 mm. Bepaal de horizontale kracht **P** die nodig is om het krat met een constante snelheid vooruit te duwen. *Hint*: gebruik de uitkomst van vraagstuk 8.131.

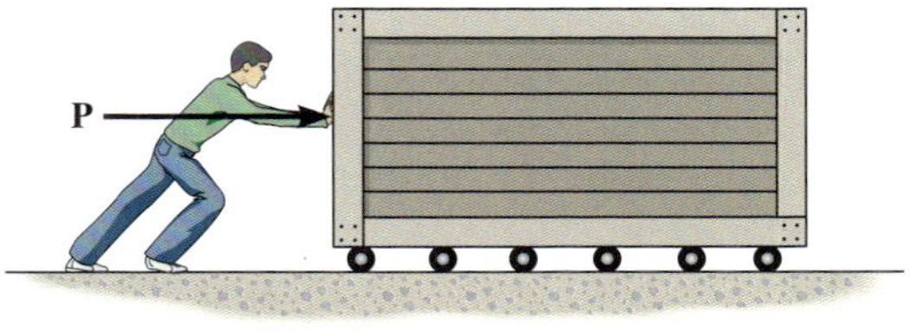

Vraagstuk 8.132

Samenvatting

Droge wrijving

Wrijvingskrachten treden op tussen twee ruwe contactoppervlakken. Deze krachten werken op een lichaam om zijn beweging of neiging tot beweging tegen te gaan.

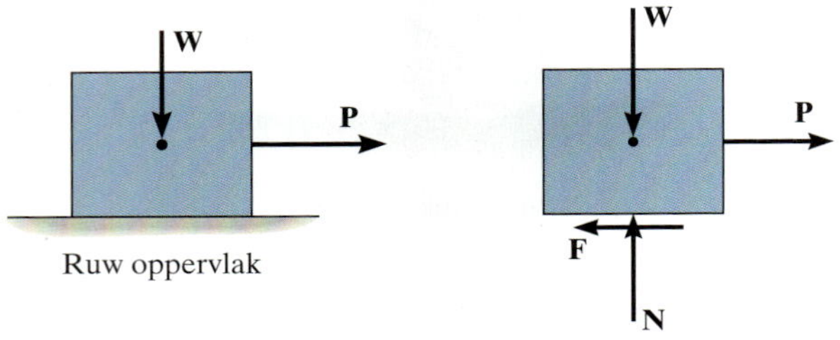

Een statische wrijvingskracht benadert een maximale waarde van $F_s = \mu_s N$, waarbij μ_s de *statische wrijvingscoëfficiënt* is. In dit geval is er tussen de contactoppervlakken sprake van een *neiging tot* beweging.

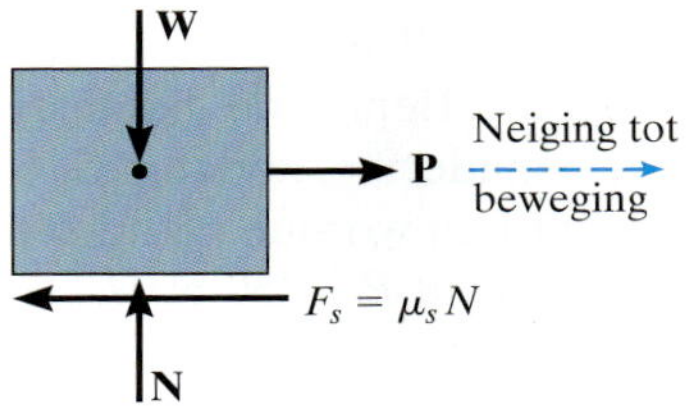

Als er sprake is van slippen of glijden, blijft de wrijvingskracht nagenoeg constant en gelijk aan $F_k = \mu_k$ N. Hierin is μ_k de *dynamische wrijvingscoëfficiënt.*

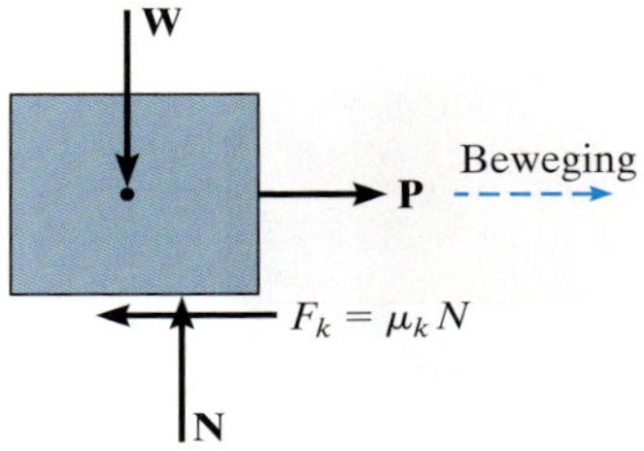

Om een vraagstuk met betrekking tot wrijving te kunnen oplossen, moet eerst het vrijlichaamsschema van het lichaam worden getekend. In het geval dat de onbekenden niet uit de evenwichtsvergelijkingen kunnen worden afgeleid, en er kans op slippen is, zou de wrijvingsvergelijking moeten worden toegepast op de juiste contactpunten om de oplossing te kunnen voltooien.

Bij smalle objecten, zoals bij kisten, bestaat de kans dat ze kantelen en ook deze mogelijkheid dient te worden onderzocht.

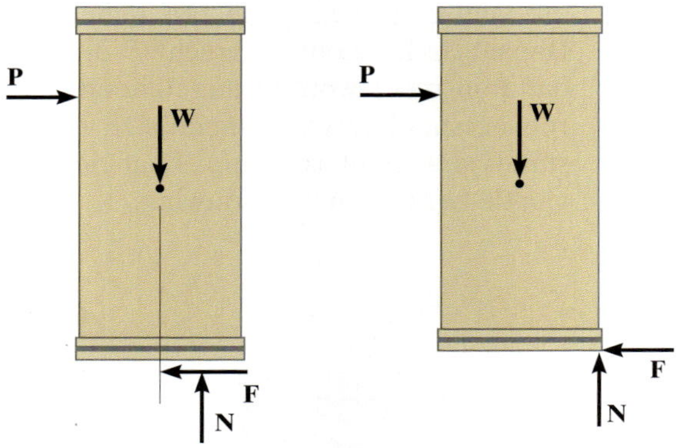

Neiging tot glijbeweging
$F = \mu_s N$

Kantelen

Wiggen

Wiggen zijn afgeschuinde blokken die worden gebruikt om het effect van een kracht te vergroten. De krachten op de wig worden beschreven door de twee evenwichtsvergelijkingen voor krachten.

$$\Sigma F_x = 0$$
$$\Sigma F_y = 0$$

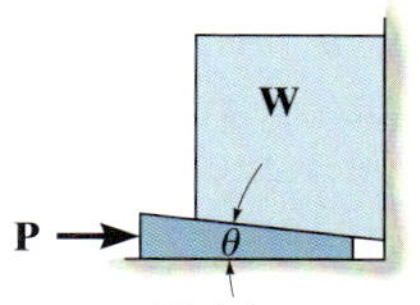

Om de wig naar rechts te verschuiven, moet er een kracht **P** worden uitgeoefend.

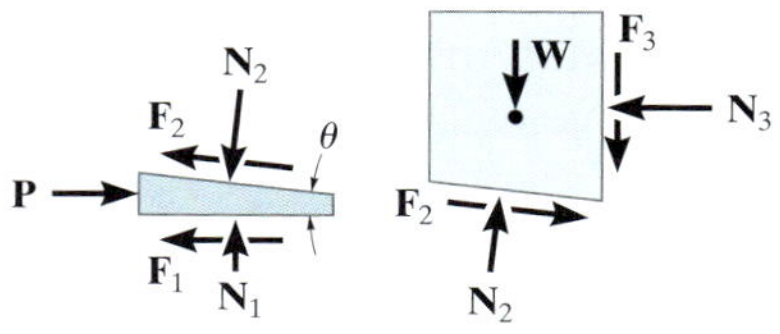

Als de wrijvingscoëfficiënten tussen de oppervlakken groot genoeg zijn, kan **P** worden verwijderd en kan de wig zelfremmend zijn en op zijn plaats blijven.

Schroeven

Schroeven met vierkante schroefdraad worden gebruikt om zware belastingen te verplaatsen. De spoed van de schroefdraad is meestal spiraalvormig.

$$M = Wr\tan(\theta + \phi_s)$$

Neiging tot opwaartse schroefbeweging.

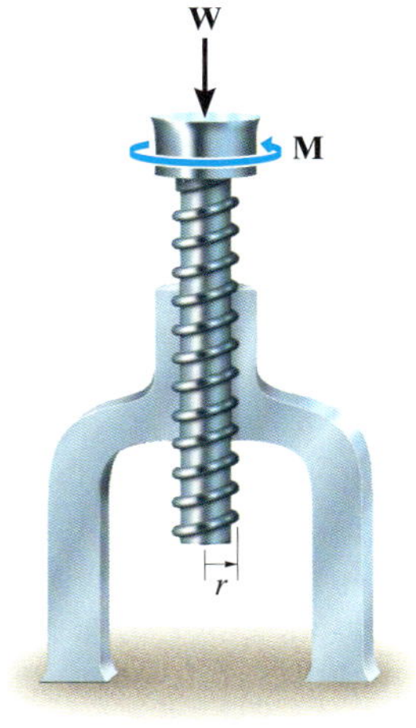

Het moment dat nodig is om een schroef aan te draaien, hangt af van de wrijvingscoëfficiënt en de spoedhoek θ van de schroef.

$$M' = Wr\tan(\theta - \phi_s)$$

Neiging tot neerwaartse schroefbeweging (zelfremmend).

$$\phi_s > \theta$$

Als de wrijvingscoëfficiënt tussen de oppervlakken groot genoeg is, dan zal de schroef de belasting dragen zonder te draaien, dat wil zeggen: hij zal zelfremmend zijn.

$$M'' = Wr\tan(\phi - \theta_s)$$

Neerwaartse schroefbeweging.

$$\phi_s < \theta$$

Riemen

De kracht die nodig is om een vlakke riem over een gekromd oppervlak te verschuiven, hangt uitsluitend af van de hoek van riemcontact en van de wrijvingscoëfficiënt.

$$T_2 = T_1 e^{\mu\beta}$$
$$T_2 > T_1$$

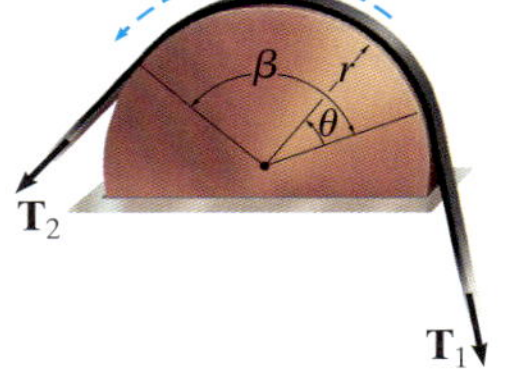

Kraaglagers en schijven
Bij de wrijvingsanalyse van een kraaglager of een schijf moet het differentiaalelement van het contactoppervlak bekeken worden. De normaalkracht die op dit element werkt, wordt bepaald door het krachtenevenwicht langs de as, en het moment dat nodig is om de as met constante snelheid te laten draaien, wordt bepaald door het evenwicht langs de as van de cilinder.

Als de druk op het oppervlak van een taatslager uniform is, levert integratie het gegeven resultaat.

$$M = \frac{2}{3}\mu_s P\left(\frac{R_2^3 - R_1^3}{R_2^2 - R_1^2}\right)$$

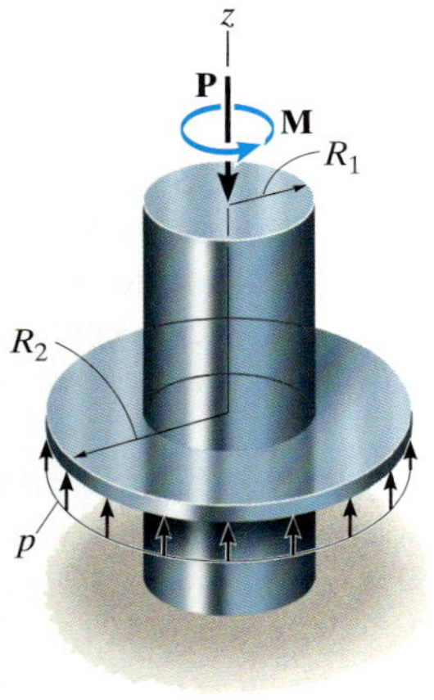

Aslagers
Wanneer een moment wordt uitgeoefend op een as in een niet-gesmeerde of gedeeltelijk gesmeerde aslager, zal de as de neiging hebben langs de zijkant van het lager omhoog te rollen, totdat er slippen optreedt. Dit definieert de straal van een wrijvingscirkel, waaruit het moment dat nodig is om de as te laten draaien, kan worden bepaald.

$$M = Rr \sin \phi_k$$

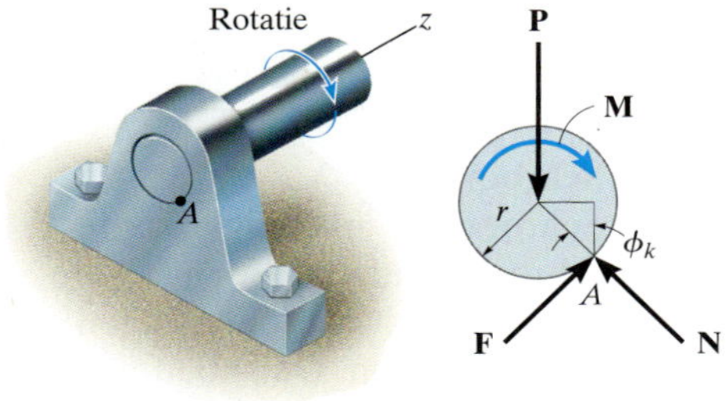

Rolweerstand
De weerstand van een wiel om over een oppervlak te rollen, wordt veroorzaakt door een plaatselijke *vervorming* van de twee in contact zijnde materialen. Door deze vervorming staat de resulterende normaalkracht op het rollende lichaam schuin, zodat deze een component levert die in de tegengestelde richting werkt van de toegepaste kracht **P** die de beweging veroorzaakt. Dit effect wordt gekarakteriseerd door de *rolweerstandscoëfficiënt a*, die experimenteel wordt bepaald.

$$P \approx \frac{Wa}{r}$$

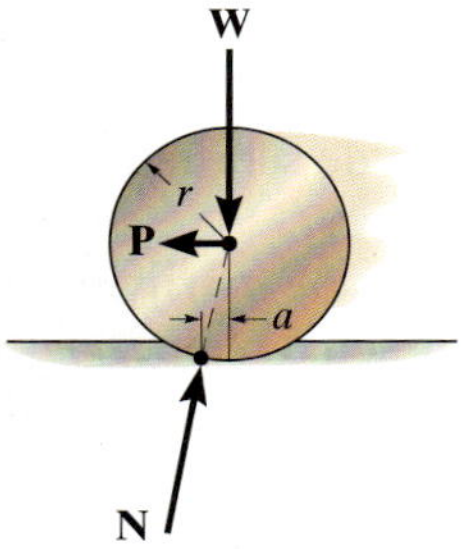

Herhalingsvraagstukken

8.133. Alle cilinders hebben een massa van 50 kg. De statische wrijvingscoëfficiënten in de contactpunten zijn $\mu_A = 0{,}5$; $\mu_B = 0{,}5$; $\mu_C = 0{,}5$ en $\mu_D = 0{,}6$. Bepaal het kleinste koppelmoment M dat nodig is om cilinder E te draaien.

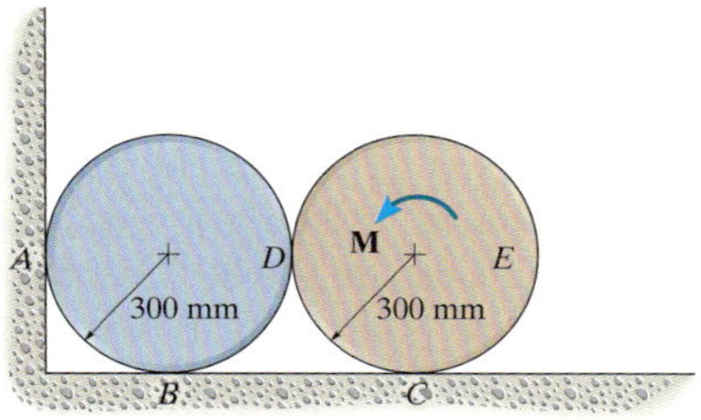

Vraagstuk 8.133

8.134. De klem wordt gebruikt om de verbinding tussen twee betonnen afvoerleidingen aan te trekken. Bepaal de kleinste statische wrijvingscoëfficiënt in A of B, zodanig dat de klem niet slipt, ongeacht de kracht in de as CD.

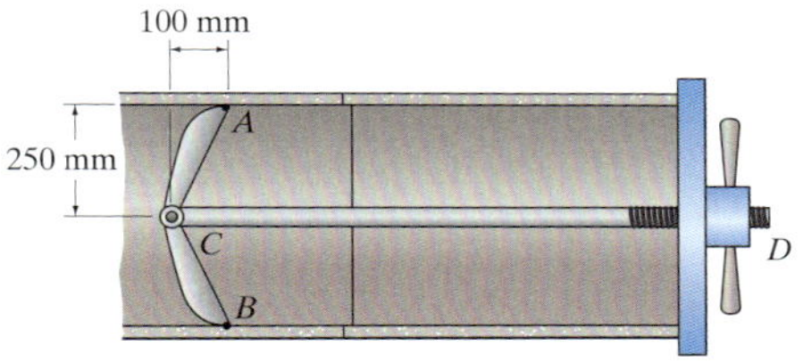

Vraagstuk 8.134

8.135. Op het handvat van de hefboom wordt een kracht $P = 900$ N uitgeoefend. Bepaal het maximale wringmoment M dat de konische koppeling kan overbrengen. De statische wrijvingscoëfficiënt in het contactvlak is $\mu_s = 0{,}3$.

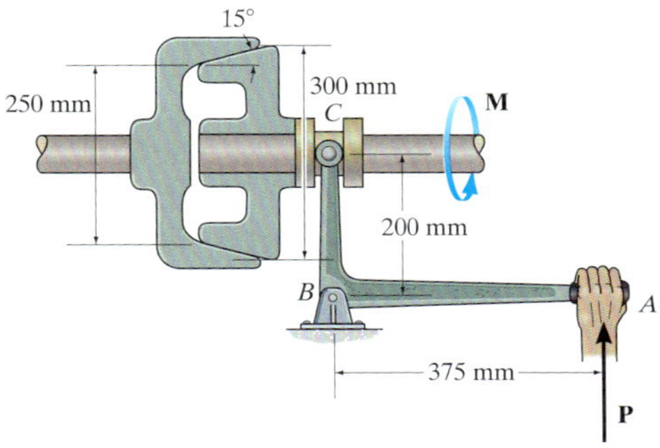

Vraagstuk 8.135

***8.136.** De gazonroller heeft een massa van 80 kg. De arm BA wordt onder een hoek van 30° met de horizontaal gehouden en de rolweerstandscoëfficiënt voor de roller is 25 mm. Bepaal dan de kracht **P** die nodig is om de roller met een constante snelheid te verplaatsen. Laat de wrijving in as A buiten beschouwing en veronderstel dat de werklijn van de resultante **P** op het handvat samenvalt met de lengterichting van BA.

Vraagstuk 8.136

8.137. Twee blokken A en B, elk met een massa van 6 kg, zijn met elkaar verbonden door het stangenmechanisme in de figuur. De statische wrijvingscoëfficiënten in de contactvlakken zijn $\mu_A = 0{,}2$ en $\mu_B = 0{,}8$. Bepaal de grootste verticale kracht **P** die moet worden uitgeoefend op scharnier C zonder dat de blokken gaan slippen. Laat het gewicht van het stangenstelsel buiten beschouwing.

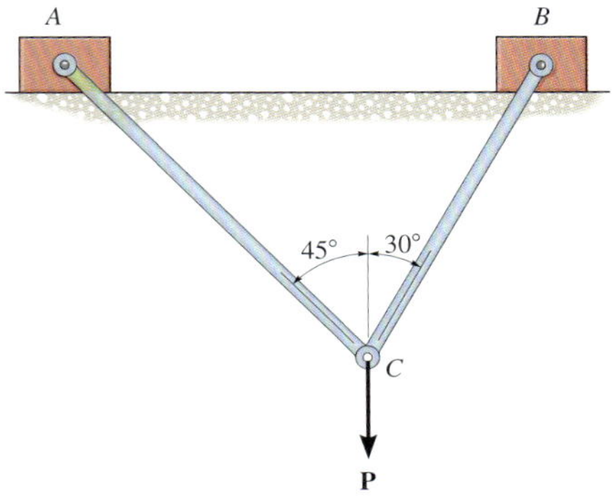

Vraagstuk 8.137

8.138. Het homogene krat C met een massa van 60 kg rust op karretje D, dat een massa van 10 kg heeft. De voorste zwenkwielen van het karretje in A zijn vastgezet en kunnen niet rollen, terwijl de zwenkwielen in B vrij kunnen rollen. Bepaal dan de maximale kracht **P** die kan worden uitgeoefend zonder dat het krat in beweging komt. De statische wrijvingscoëfficiënt tussen de zwenkwielen en de vloer is $\mu_{\text{vloer}} = 0{,}35$ en tussen het karretje en het krat $\mu_{\text{karretje}} = 0{,}5$.

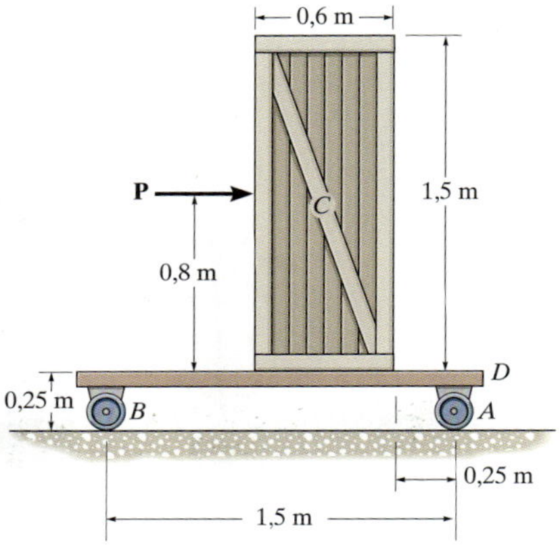

Vraagstuk 8.138

8.139. Het massamiddelpunt van de 3 Mg zware vierwielaangedreven SUV bevindt zich in G. Bepaal de maximale massa van de boomstam die met de SUV kan worden versleept. De statische wrijvingscoëfficiënt tussen de boomstam en de bodem is μ_s = 0,8 en die tussen de wielen van de SUV en de bodem is $\mu'_s = 0{,}4$. Veronderstel dat de motor van de SUV sterk genoeg is om een wringmoment te leveren waarbij de wielen slippen.

***8.140.** Het massamiddelpunt van de 3 Mg zware SUV met voorwielaandrijving bevindt zich in G. Bepaal de maximale massa van de boomstam die met de SUV kan worden versleept. De statische wrijvingscoëfficiënt tussen de boomstam en de bodem is $\mu_s = 0{,}8$ en die tussen de voorwielen van de SUV en de bodem is $\mu'_s = 0{,}4$. De achterwielen kunnen vrij rollen. Veronderstel dat de motor van de SUV sterk genoeg is om een wringmoment te leveren waarbij de voorwielen slippen.

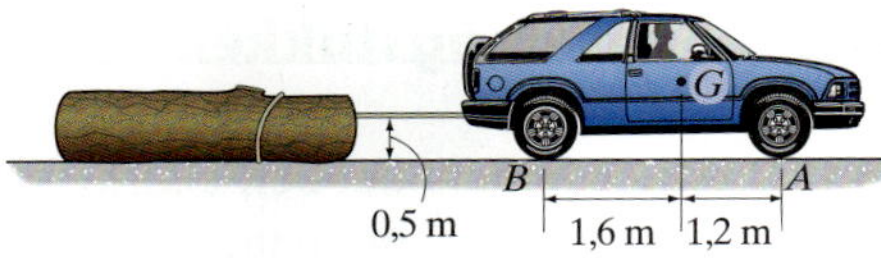

Vraagstukken 8.139/140

8.141. Een dakwerker met een massa van 70 kg, loopt langzaam rechtop langs het oppervlak van een koepeldak met een kromtestraal van r = 20 m. Als de statische wrijvingscoëfficiënt tussen zijn schoenen en het dak gelijk is aan $\mu_s = 0{,}7$, bepaal dan de hoek θ waarbij hij net gaat glijden.

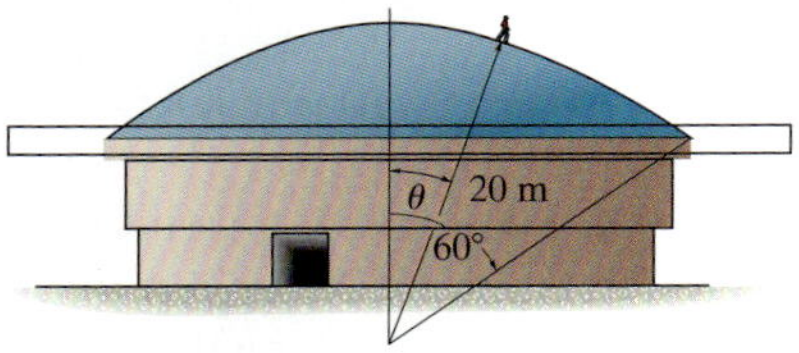

Vraagstuk 8.141

8.142. Bepaal de minimale horizontale kracht **P** die nodig is om te voorkomen dat het krat omlaag gaat glijden over het vlak. Het krat heeft een massa van 50 kg en de statische wrijvingscoëfficiënt tussen het krat en het vlak is $\mu_s = 0{,}25$.

8.143. Bepaal de minimale kracht **P** die nodig is om het krat het vlak op te duwen. Het krat heeft een massa van 50 kg en de statische wrijvingscoëfficiënt tussen het krat en het vlak is $\mu_s = 0{,}25$.

***8.144.** Een horizontale kracht P = 100 N is net genoeg om te voorkomen dat het krat omlaag gaat glijden over de helling. De horizontale kracht P = 350 N is nodig om het krat de helling op te duwen. Bepaal de statische wrijvingscoëfficiënt tussen het vlak en het krat en de massa van het krat.

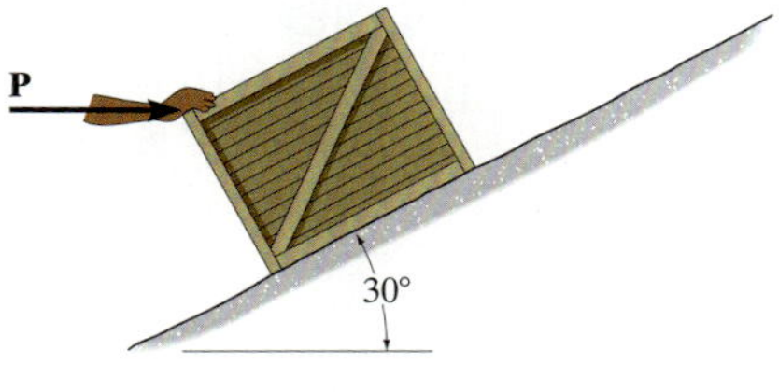

Vraagstukken 8.142/143/144

Bij het ontwerpen van een druktank met een willekeurige vorm, is het belangrijk om het zwaartepunt, het volume en de oppervlakte ervan te berekenen en de krachten van de vloeistoffen op de tank te bepalen. Al deze onderwerpen komen in dit hoofdstuk aan de orde.

HOOFDSTUK

9

Aangrijpingspunt van de zwaartekracht en positie van het zwaartepunt

Ga naar www.pearsonmylab.nl voor studiemateriaal en toetsen om je begrip en kennis van dit hoofdstuk uit te breiden en te oefenen. Ook vind je daar video-uitwerkingen bij verschillende opgaven uit dit hoofdstuk.

Doelstellingen van het hoofdstuk

- Behandeling van de concepten aangrijpingspunt van de zwaartekracht, massamiddelpunt en zwaartepunt.
- Laten zien hoe de posities van het aangrijpingspunt van de zwaartekracht en het zwaartepunt kunnen worden bepaald voor een systeem van afzonderlijke puntmassa's en een lichaam met een willekeurige vorm.
- De stellingen van Pappus en Guldin gebruiken voor het bepalen van de oppervlakte en het volume van een lichaam met axiale symmetrie.
- Een methode voorstellen om de resultante te bepalen van een willekeurig verdeelde belasting en laten zien hoe deze methode kan worden gebruikt om de resulterende kracht van een door een vloeistof ontstane drukbelasting te bepalen.

9.1 Aangrijpingspunt van de zwaartekracht, massamiddelpunt en het zwaartepunt van een lichaam

In deze paragraaf zullen we eerst laten zien hoe het aangrijpingspunt van de zwaartekracht van een lichaam kan worden bepaald en vervolgens zullen we aantonen dat het massamiddelpunt en het zwaartepunt van een lichaam op dezelfde manier kunnen worden berekend.

Aangrijpingspunt van de zwaartekracht Een lichaam is opgebouwd uit een oneindig aantal deeltjes met differentiaalafmetingen, en dus zullen al deze deeltjes, als het lichaam zich in een zwaartekrachtveld bevindt, een gewicht dW hebben, zie fig. 9.1*a*. Deze gewichten vormen een nagenoeg evenwijdig krachtenstelsel, en de resultante van dit systeem is het totale gewicht van het lichaam dat aangrijpt in een punt, dat het *aangrijpingspunt van de zwaartekracht G* wordt genoemd, fig. 9.1*b*.*

* Dit is waar, onder de aanname dat het zwaartekrachtveld overal gelijke grootte en richting heeft. Voor de meeste technische toepassingen is dit een correcte aanname, omdat de zwaartekracht tussen bijvoorbeeld de onder- en de bovenkant van een gebouw nauwelijks varieert.

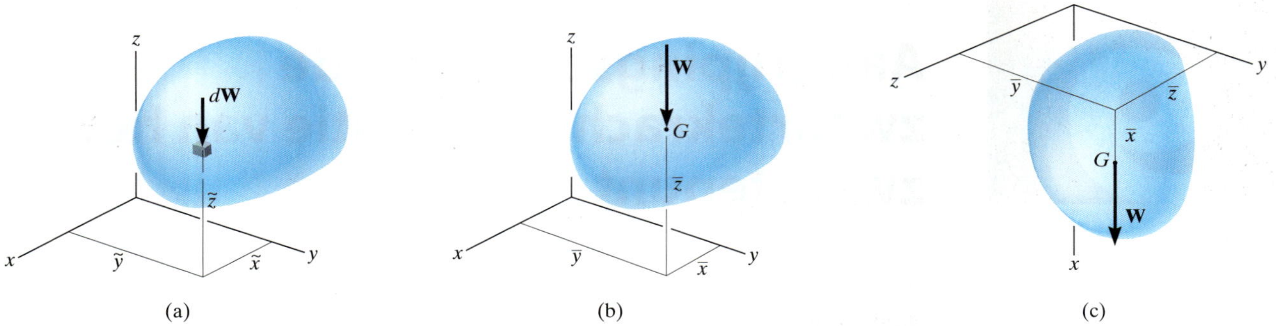

Fig. 9.1

Met de methoden uit par. 4.8 vinden we dat het gewicht van het lichaam gelijk is aan de som van de gewichten van alle deeltjes, dat wil zeggen:

$$+\downarrow F_R = \Sigma F_z; \qquad W = \int dW$$

De plaats van het aangrijpingspunt van de zwaartekracht, gemeten vanuit de y-as, wordt bepaald door het moment van W om de y-as, fig. 9.1b, gelijk te stellen aan de som van de momenten van de gewichten van de deeltjes om deze as. Als de plaats van dW wordt gegeven door $(\tilde{x}, \tilde{y}, \tilde{z})$, fig. 9.1$a$, dan:

$$(M_R)_y = \Sigma M_y; \qquad \bar{x}W = \int \tilde{x}dW$$

Evenzo volgt door sommeren van de momenten om de x-as:

$$(M_R)_x = \Sigma M_x; \qquad \bar{y}W = \int \tilde{y}dW$$

Veronderstel ten slotte dat het lichaam in het coördinatenstelsel vast is en dat dit stelsel 90° gedraaid wordt om de y-as, fig. 9.1c. Dan levert de som van de momenten om de y-as:

$$(M_R)_y = \Sigma M_y; \qquad \bar{z}W = \int \tilde{z}dW$$

Dus gaat de plaats van het gewichtszwaartepunt G ten opzichte van het x-y-z-assenstelsel over in:

$$\bar{x} = \frac{\int \tilde{x}\, dW}{\int dW} \qquad \bar{y} = \frac{\int \tilde{y}\, dW}{\int dW} \qquad \bar{z} = \frac{\int \tilde{z}\, dW}{\int dW} \tag{9.1}$$

Hierin zijn:
$\bar{x}$, $\bar{y}$, en $\bar{z}$ de coördinaten van het aangrijpingspunt van de zwaartekracht G, fig. 9.1b, en
$\tilde{x}$, $\tilde{y}$, $\tilde{z}$ de coördinaten van elk deeltje in het lichaam, fig. 9.1a.

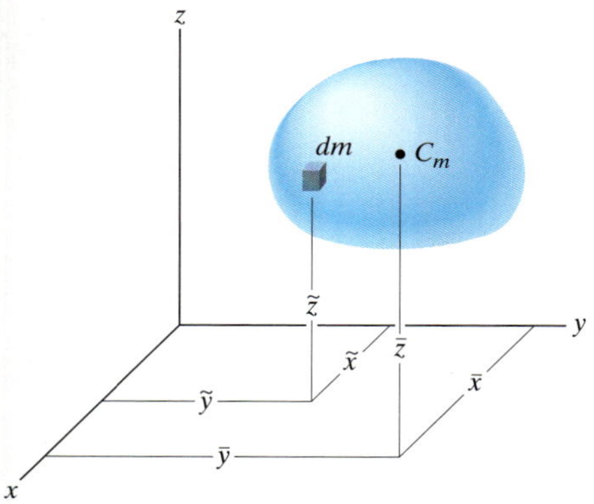

Fig. 9.2

Massamiddelpunt van een lichaam Om de *dynamische reactie* of de versnelde beweging van een lichaam te bestuderen, is het van belang de plaats van het massamiddelpunt C_m, fig. 9.2, te bepalen. Deze plaats kan worden bepaald door in vgl. 9.1 $dW = g\,dm$ te substitueren. Omdat g constant is, kunnen we deze uit de vergelijking wegdelen, en dus:

$$\bar{x} = \frac{\int \tilde{x}\,dm}{\int dm} \qquad \bar{y} = \frac{\int \tilde{y}\,dm}{\int dm} \qquad \bar{z} = \frac{\int \tilde{z}\,dm}{\int dm} \tag{9.2}$$

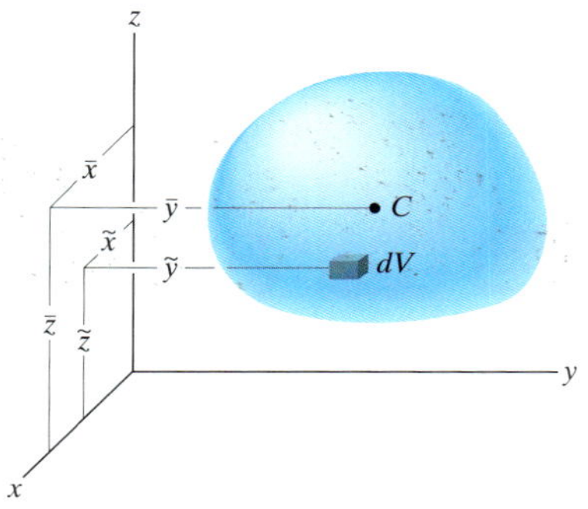

Fig. 9.3

Zwaartepunt van een volume Als het lichaam in fig. 9.3 van homogeen materiaal gemaakt is, dan is zijn soortelijke massa ρ (rho) constant. Dus heeft een differentiaalelement van volume dV een massa $dm = \rho\, dV$. Door dit te substitueren in vgl. 9.2 en ρ weg te delen, vinden we formules om het *zwaartepunt* C van het lichaam te bepalen, namelijk:

$$\bar{x} = \frac{\int_V \tilde{x}\,dV}{\int_V dV} \qquad \bar{y} = \frac{\int_V \tilde{y}\,dV}{\int_V dV} \qquad \bar{z} = \frac{\int_V \tilde{z}\,dV}{\int_V dV} \tag{9.3}$$

Deze vergelijkingen stellen het momentenevenwicht van het volume van het lichaam voor. Daarom moet bij een volume met twee symmetrievlakken het zwaartepunt altijd op de snijlijn van deze twee vlakken liggen. Zo heeft bijvoorbeeld de kegel in fig. 9.4 een zwaartepunt op de y-as, zodanig dat $\bar{x} = \bar{z} = 0$. De plaats $\bar{y}$ kan worden bepaald met één integratie door een differentiaalelement te kiezen dat kan worden voorgesteld door een *dunne schijf* met een dikte dy en een straal $r = z$. Het volume hiervan is $dV = \pi r^2\, dy = \pi z^2\, dy$ en het zwaartepunt wordt gegeven door $\tilde{x} = 0,\ \tilde{y} = y,\ \tilde{z} = 0$.

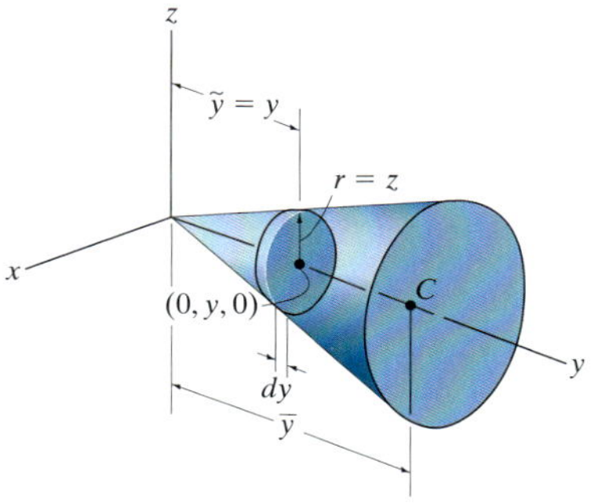

Fig. 9.4

Zwaartepunt van een oppervlak Als een oppervlak in het x-y-vlak ligt en begrensd is door de kromme $y = f(x)$, zoals weergegeven in fig. 9.5*a*, dan ligt het zwaartepunt in dit vlak en kan worden bepaald uit integralen die vergelijkbaar zijn met die van vgl. 9.3, namelijk:

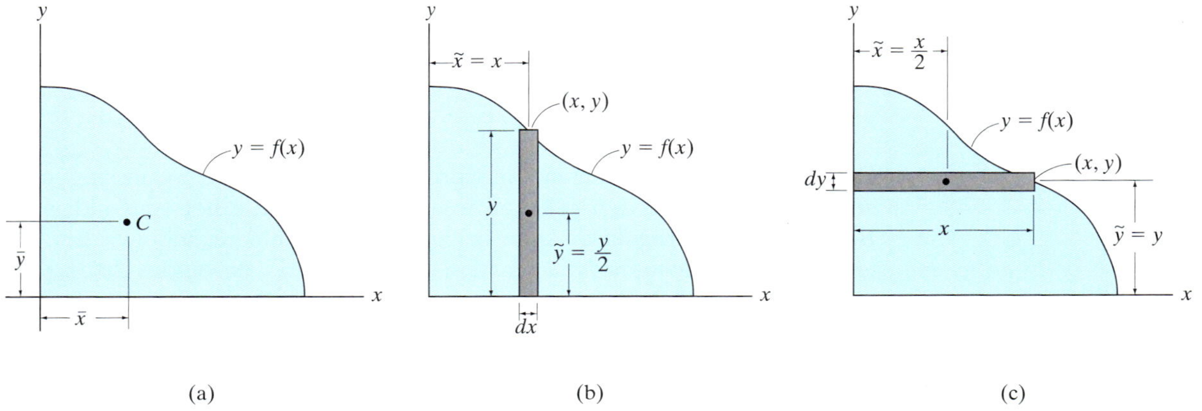

Fig. 9.5

Door de kromming van de steunpaal kan de plaats van het zwaartepunt van deze doelpaal alleen worden bepaald door te integreren.

$$\bar{x} = \frac{\displaystyle\int_A \tilde{x}\, dA}{\displaystyle\int_A dA} \qquad \bar{y} = \frac{\displaystyle\int_A \tilde{y}\, dA}{\displaystyle\int_A dA} \tag{9.4}$$

Voor het berekenen van deze integralen kunnen we met *één integratie* volstaan als we als differentiaalelement een *rechthoekige strip* nemen. Nemen we bijvoorbeeld een verticale strip, fig. 9.5*b*, dan is de oppervlakte van het element gelijk aan $dA = y\,dx$ en wordt de plaats van het zwaartepunt gegeven door $\tilde{x} = x$ en $\tilde{y} = y/2$. Beschouwen we een horizontale strip, fig. 9.5*c*, dan is $dA = x\,dy$ en wordt de plaats van het zwaartepunt gegeven door $\tilde{x} = x/2$ en $\tilde{y} = y$.

Zwaartepunt van een lijn Als een lijnsegment (of staaf) in het x-y-vlak ligt en kan worden beschreven door een dunne kromme $y = f(x)$, fig. 9.6*a*, dan kan zijn zwaartepunt worden bepaald uit:

$$\bar{x} = \frac{\displaystyle\int_L \tilde{x}\, dL}{\displaystyle\int_L dL} \qquad \bar{y} = \frac{\displaystyle\int_L \tilde{y}\, dL}{\displaystyle\int_L dL} \tag{9.5}$$

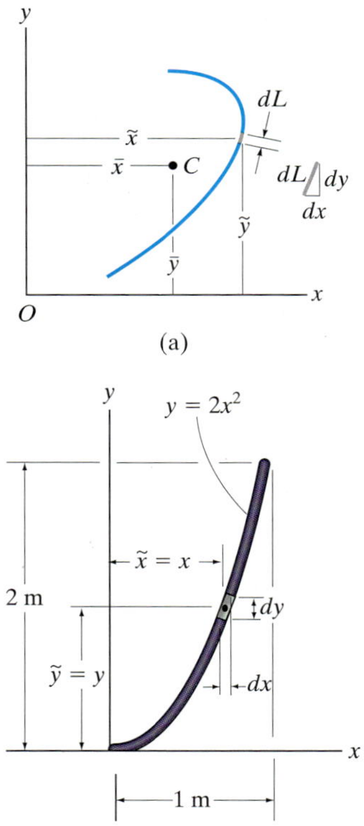

(a)

(b)

Fig. 9.6

Hierin wordt de lengte van het differentiaalelement gegeven door de stelling van Pythagoras, $dL = \sqrt{(dx)^2 + (dy)^2}$. Dit kan worden geschreven in de vorm:

$$dL = \sqrt{\left(\frac{dx}{dx}\right)^2 dx^2 + \left(\frac{dy}{dx}\right)^2 dx^2}$$

$$= \left(\sqrt{1 + \left(\frac{dy}{dx}\right)^2}\right) dx$$

ofwel:

$$dL = \sqrt{\left(\frac{dx}{dy}\right)^2 dy^2 + \left(\frac{dy}{dy}\right)^2 dy^2}$$

$$= \left(\sqrt{\left(\frac{dx}{dy}\right)^2 + 1}\right) dy$$

Elk van beide uitdrukkingen kan worden gebruikt; bij een toepassing moet echter die vorm worden gekozen waarbij de integratie het eenvoudigst is. Beschouw bijvoorbeeld de staaf in fig. 9.6*b*, gedefinieerd door $y = 2x^2$. De lengte van het element is $dL = \sqrt{1 + (dy/dx)^2}\, dx$, en omdat $dy/dx = 4x$ geldt $dl = \sqrt{1 + (4x)^2}\, dx$. De plaats van het zwaartepunt van dit element wordt gegeven door $\tilde{x} = x$ en $\tilde{y} = y$.

Om te onthouden!

- Het zwaartepunt is het meetkundig middelpunt van een lichaam. Dit punt valt alleen dan samen met het massamiddelpunt of het aangrijpingspunt van de zwaartekracht als het materiaal waaruit het lichaam bestaat, uniform of homogeen is.
- Formules die worden gebruikt om de positie te bepalen van het aangrijpingspunt van de zwaartekracht of het zwaartepunt, zijn eenvoudig gelijkstellingen van de som van alle momenten van alle onderdeeltjes van het systeem aan het moment van de 'resultante' voor het systeem.
- In sommige gevallen bevindt het zwaartepunt zich in een punt dat buiten het object ligt, zoals bij een ring, want het zwaartepunt van een ring ligt in het middelpunt van de ring. Dit punt zal ook op een symmetrieas van het lichaam liggen, zie fig. 9.7.

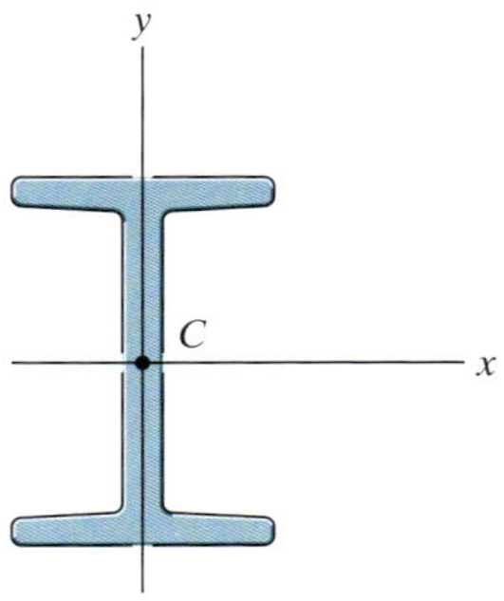

Fig. 9.7

Analyseprocedure

Het aangrijpingspunt van de zwaartekracht of het zwaartepunt van een object of vorm kan met enkelvoudige integraties worden bepaald als de volgende procedure wordt gevolgd.

Differentiaalelement

- Kies een geschikt coördinatenstelsel, specificeer de coördinaatassen en kies vervolgens een differentiaalelement voor integratie.
- Bij lijnen wordt het element voorgesteld door een differentiaallijnsegment met lengte dL.
- Bij oppervlakken is het element in het algemeen een rechthoek met oppervlakte dA, met een eindige lengte en een differentiaalbreedte.
- Bij volumes kan het element een cirkelvormige schijf met volume dV zijn, met een eindige straal en een differentiaaldikte.
- Plaats het element zodanig dat het raakt aan het willekeurige punt (x, y, z) op de kromme die de rand van de vorm definieert.

Afmetingen en momentarmen

- Druk de lengte dL, het oppervlak dA of volume dV van het element uit in termen van de coördinaten van de kromme.
- Druk de momentarmen $\widetilde{x}$, $\widetilde{y}$, $\widetilde{z}$ voor het zwaartepunt of het aangrijpingspunt van de zwaartekracht van het element uit in de coördinaten die de kromme beschrijven.

Integraties

- Substitueer de formules voor $\widetilde{x}$, $\widetilde{y}$, $\widetilde{z}$ en dL, dA, of dV in de bijbehorende vergelijkingen (vgl. 9.1 t/m 9.5).
- Druk de functie in de integrand uit in termen van *dezelfde variabele als de differentiaaldikte van het element.*
- De onder- en bovengrens van de integraal worden bepaald uit de twee uiterste posities van de differentiaaldikte van het element, zodat bij het 'sommeren' van de elementen of het uitvoeren van de integratie het hele gebied wordt bestreken.*

* In appendix *A* worden formules gegeven voor integratie.

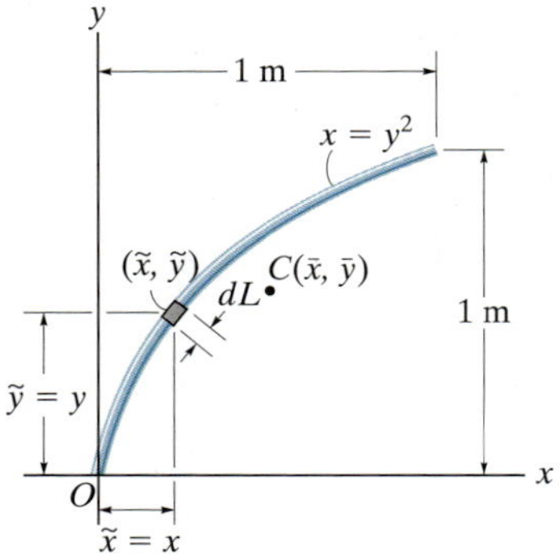

Fig. 9.8

Voorbeeld 9.1

Bepaal het zwaartepunt van de staaf die in de vorm van een parabool is gebogen, zoals afgebeeld in fig. 9.8.

OPLOSSING

Differentiaalelement Het differentiaalelement is weergegeven in fig. 9.8. Het bevindt zich op een *willekeurig punt* (x, y) van de kromme.

Gebied en momentarmen De differentiaallengte van element dL kan met behulp van de stelling van Pythagoras worden uitgedrukt in de differentialen dx en dy.

$$dL = \sqrt{(dx)^2 + (dy)^2} = \sqrt{\left(\frac{dx}{dy}\right)^2 + 1}\, dy$$

Aangezien $x = y^2$ geldt dat $dx/dy = 2y$. Wanneer we dL uitdrukken in y en dy, krijgen we:

$$dL = \sqrt{(2y)^2 + 1}\, dy$$

Zoals aangegeven in fig. 9.8, bevindt het zwaartepunt van het element zich in $\tilde{x} = x, \tilde{y} = y$.

Integraties Wanneer we vgl. 9.5 toepassen en integreren naar y met behulp van de formules in appendix A, dan krijgen we het volgende:

$$\bar{x} = \frac{\int_L \tilde{x}\, dL}{\int_L dL} = \frac{\int_0^{1\text{m}} x\sqrt{4y^2 + 1}\, dy}{\int_0^{1\text{m}} \sqrt{4y^2 + 1}\, dy} = \frac{\int_0^{1\text{m}} y^2\sqrt{4y^2 + 1}\, dy}{\int_0^{1\text{m}} \sqrt{4y^2 + 1}\, dy}$$

$$= \frac{0{,}6063}{1{,}479} = 0{,}410 \text{ m} \qquad \textit{Antw.}$$

$$\bar{y} = \frac{\int_L \tilde{y}\, dL}{\int_L dL} = \frac{\int_0^{1\text{m}} y\sqrt{4y^2 + 1}\, dy}{\int_0^{1\text{m}} \sqrt{4y^2 + 1}\, dy} = \frac{0{,}8484}{1{,}479} = 0{,}574 \text{ m} \qquad \textit{Antw.}$$

OPMERKING: Zo te zien aan de grafiek in fig. 9.8, lijken deze waarden voor C een logisch resultaat.

Voorbeeld 9.2

Bepaal het zwaartepunt van het cirkelvormige draadsegment in fig. 9.9.

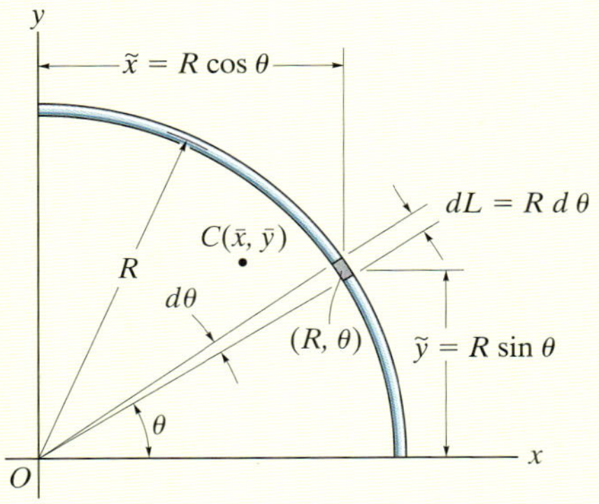

Fig. 9.9

OPLOSSING

Aangezien de boog cirkelvormig is, zullen voor de oplossing van dit vraagstuk poolcoördinaten worden gebruikt.

Differentiaalelement Er wordt een differentiaalelement van de cirkelvormige boog gekozen, zoals afgebeeld in de figuur. Dit element snijdt de kromme in (R, θ).

Lengte en momentarm De lengte van het differentiaalelement is $dL = R\,d\theta$ en het zwaartepunt ervan bevindt zich in $\tilde{x} = R\cos\theta$ en $\tilde{y} = R\sin\theta$.

Integraties Wanneer we vgl. 9.5 toepassen en integreren naar θ, dan krijgen we:

$$\bar{x} = \frac{\int_L \tilde{x}\,dL}{\int_L dL} = \frac{\int_0^{\pi/2} (R\cos\theta)R\,d\theta}{\int_0^{\pi/2} R\,d\theta} = \frac{R^2\int_0^{\pi/2} \cos\theta\,d\theta}{R\int_0^{\pi/2} d\theta} = \frac{2R}{\pi} \quad \textit{Antw.}$$

$$\bar{y} = \frac{\int_L \tilde{y}\,dL}{\int_L dL} = \frac{\int_0^{\pi/2} (R\sin\theta)R\,d\theta}{\int_0^{\pi/2} R\,d\theta} = \frac{R^2\int_0^{\pi/2} \sin\theta\,d\theta}{R\int_0^{\pi/2} d\theta} = \frac{2R}{\pi} \quad \textit{Antw.}$$

OPMERKING: Zoals verwacht, hebben de twee coördinaten vanwege de symmetrie van de draad dezelfde waarde.

Voorbeeld 9.3

Bepaal de afstand $\bar{y}$ van de x-as tot het zwaartepunt van het oppervlak van de driehoek in fig. 9.10.

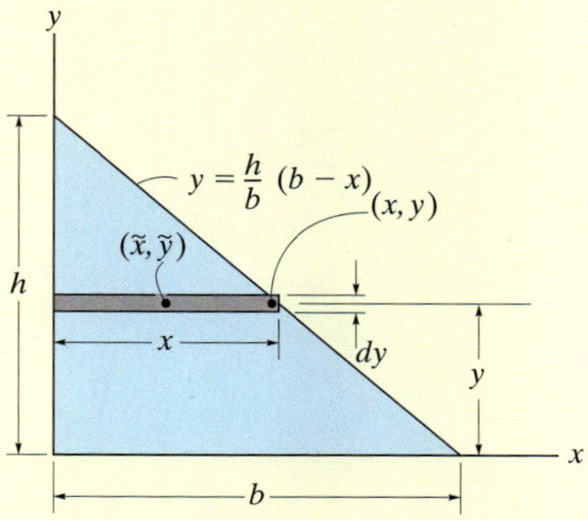

Fig. 9.10

OPLOSSING

Differentiaalelement Beschouw een rechthoekig element met een dikte dy op een willekeurige plaats zodanig dat het de omtrek in (x, y) snijdt, zie fig. 9.10.

Oppervlakte en momentarmen De oppervlakte van het element is $dA = x\,dy = \frac{b}{h}(h - y)\,dy$ en zijn zwaartepunt ligt op een afstand $\tilde{y} = y$ van de x-as.

Integraties Wanneer we de tweede vergelijking van vgl. 9.4 toepassen en integreren naar y, krijgen we:

$$\bar{y} = \frac{\int_A \tilde{y}\,dA}{\int_A dA} = \frac{\int_0^h y\left[\frac{b}{h}(h - y)\,dy\right]}{\int_0^h \frac{b}{h}(h - y)\,dy} = \frac{\frac{1}{6}bh^2}{\frac{1}{2}bh}$$

$$= \frac{h}{3} \qquad \textit{Antw.}$$

OPMERKING: Dit resultaat is geldig voor elke willekeurige driehoek. Het stelt dat het zwaartepunt, gemeten vanaf de basis van de driehoek, op een derde van de hoogte van de driehoek gelegen is.

Voorbeeld 9.4

Bepaal het zwaartepunt van een kwart cirkel, zie fig. 9.11.

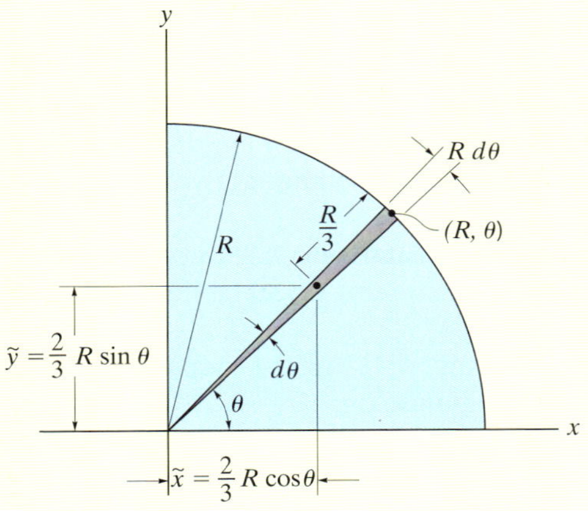

Fig. 9.11

OPLOSSING

Differentiaalelement Omdat de omtrek cirkelvormig is, zullen poolcoördinaten worden gebruikt. We kiezen het element in een vorm van een *driehoek*, zie fig. 9.11. (De vorm is in feite een cirkelvormig segment, maar als we afzien van termen van hogere orde, wordt het element driehoekig.) Het element snijdt de kromme in punt (R, θ).

Oppervlakte en momentarmen De oppervlakte van het element is:

$$dA = \tfrac{1}{2}(R)(R\,d\theta) = \frac{R^2}{2}d\theta$$

en wanneer we de uitkomsten van voorbeeld 9.3 gebruiken, wordt het zwaartepunt van het (driehoekige) element bepaald op $\widetilde{x} = \frac{2}{3}R\cos\theta$, $\widetilde{y} = \frac{2}{3}R\sin\theta$.

Integraties Wanneer we vgl. 9.4 toepassen en integreren naar θ, krijgen we:

$$\bar{x} = \frac{\int_A \widetilde{x}\,dA}{\int_A dA} = \frac{\int_0^{\pi/2}\left(\frac{2}{3}R\cos\theta\right)\frac{R^2}{2}d\theta}{\int_0^{\pi/2}\frac{R^2}{2}d\theta} = \frac{\left(\frac{2}{3}R\right)\int_0^{\pi/2}\cos\theta\,d\theta}{\int_0^{\pi/2}d\theta} = \frac{4R}{3\pi} \quad \textit{Antw.}$$

$$\bar{y} = \frac{\int_A \widetilde{y}\,dA}{\int_A dA} = \frac{\int_0^{\pi/2}\left(\frac{2}{3}R\sin\theta\right)\frac{R^2}{2}d\theta}{\int_0^{\pi/2}\frac{R^2}{2}d\theta} = \frac{\left(\frac{2}{3}R\right)\int_0^{\pi/2}\sin\theta\,d\theta}{\int_0^{\pi/2}d\theta} = \frac{4R}{3\pi} \quad \textit{Antw.}$$

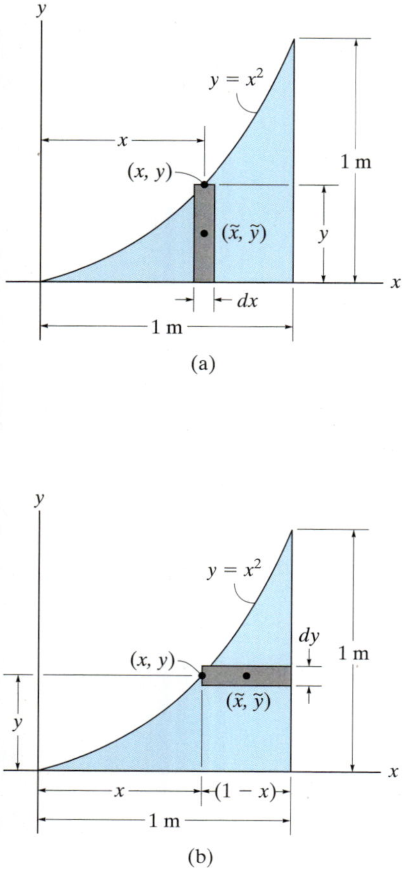

Fig. 9.12

Voorbeeld 9.5

Bepaal het zwaartepunt van het oppervlak in fig. 9.12*a*.

OPLOSSING I

Differentiaalelement Een differentiaalelement met dikte dx is afgebeeld in fig. 9.13*a*. Het element snijdt de kromme in een *willekeurig punt* (x, y) en heeft dus een hoogte y.

Oppervlakte en momentarmen De oppervlakte van het element is $dA = y\,dx$ en het zwaartepunt ervan bevindt zich in $\tilde{x} = x, \tilde{y} = y/2$.

Integraties Wanneer we vgl. 9.4 toepassen en integreren naar x, dan levert dit het volgende op:

$$\bar{x} = \frac{\int_A \tilde{x}\,dA}{\int_A dA} = \frac{\int_0^{1\text{m}} xy\,dx}{\int_0^{1\text{m}} y\,dx} = \frac{\int_0^{1\text{m}} x^3\,dx}{\int_0^{1\text{m}} x^2\,dx} = \frac{0{,}250}{0{,}333} = 0{,}75\text{ m} \qquad \textit{Antw.}$$

$$\bar{y} = \frac{\int_A \tilde{y}\,dA}{\int_A dA} = \frac{\int_0^{1\text{m}} (y/2)y\,dx}{\int_0^{1\text{m}} y\,dx} = \frac{\int_0^{1\text{m}} (x^2/2)x^2\,dx}{\int_0^{1\text{m}} x^2\,dx} = \frac{0{,}100}{0{,}333} = 0{,}3\text{ m} \qquad \textit{Antw.}$$

OPLOSSING II

Differentiaalelement Het differentiaalelement met dikte dy is afgebeeld in fig. 9.12*b*. Het element snijdt de kromme in een *willekeurig punt* (x, y) en heeft dus een lengte $(1 - x)$.

Oppervlakte en momentarmen De oppervlakte van het element is $dA = (1 - x)\,dy$ en het zwaartepunt ervan ligt in:

$$\tilde{x} = x + \left(\frac{1 - x}{2}\right) = \frac{1 + x}{2}, \tilde{y} = y$$

Integraties Wanneer we vgl. 9.4 toepassen en integreren naar y krijgen we:

$$\tilde{x} = \frac{\int_A \tilde{x}\,dA}{\int_A dA} = \frac{\int_0^{1\text{m}} [(1 + x)/2](1 - x)\,dy}{\int_0^{1\text{m}} (1 - x)\,dy} = \frac{\frac{1}{2}\int_0^{1\text{m}} (1 - y)\,dy}{\int_0^{1\text{m}} (1 - \sqrt{y})\,dy} = \frac{0{,}250}{0{,}333} = 0{,}75\text{ m} \qquad \textit{Antw.}$$

$$\bar{y} = \frac{\int_A \tilde{y}\,dA}{\int_A dA} = \frac{\int_0^{1\text{m}} y(1 - x)\,dy}{\int_0^{1\text{m}} (1 - x)\,dy} = \frac{\int_0^{1\text{m}} (y - y^{3/2})\,dy}{\int_0^{1\text{m}} (1 - \sqrt{y})\,dy} = \frac{0{,}100}{0{,}333} = 0{,}3\text{ m} \qquad \textit{Antw.}$$

OPMERKING: Teken deze resultaten in de figuur en merk op dat ze logisch lijken. Ook bij dit vraagstuk bieden elementen met dikte dx een eenvoudigere oplossing.

Voorbeeld 9.6

Bepaal het zwaartepunt van de halve ellips in fig. 9.13*a*.

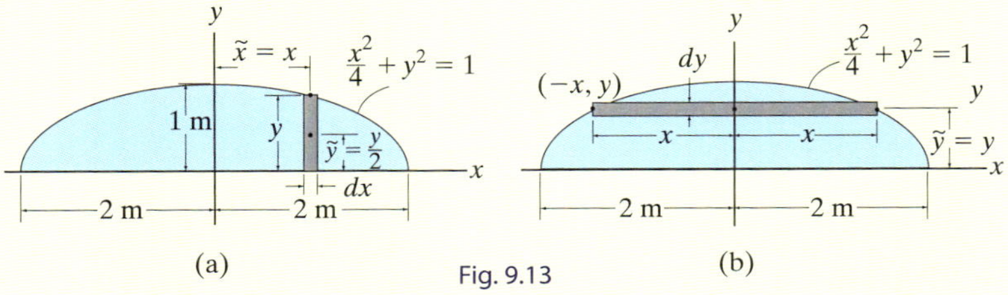

Fig. 9.13

OPLOSSING I

Differentiaalelement We beschouwen het grijze rechthoekige differentiaalelement evenwijdig aan de y-as in fig. 9.13*a*. Dit element heeft een dikte dx en een hoogte y.

Oppervlakte en momentarm Dus is de oppervlakte gelijk aan $dA = y\,dx$, en wordt de plaats van het zwaartepunt gegeven door $\tilde{x} = x$ en $\tilde{y} = y/2$.

Integraties Omdat het gebied symmetrisch is ten opzichte van de y-as geldt:

$$\bar{x} = 0 \qquad \textit{Antw.}$$

Toepassen van de tweede vgl. van 9.4 met $y = \sqrt{1 - \dfrac{x^2}{4}}$ levert:

$$\bar{y} = \frac{\int_A \tilde{y}\,dA}{\int_A dA} = \frac{\int_{-2\text{ m}}^{2\text{ m}} \frac{y}{2}(y\,dx)}{\int_{-2\text{ m}}^{2\text{ m}} y\,dx} = \frac{\frac{1}{2}\int_{-2\text{ m}}^{2\text{ m}}\left(1 - \frac{x^2}{4}\right)dx}{\int_{-2\text{ m}}^{2\text{ m}}\sqrt{1-\frac{x^2}{4}}\,dx} = \frac{4/3}{\pi} = 0{,}424\text{ m} \qquad \textit{Antw.}$$

OPLOSSING II

Differentiaalelement We beschouwen het gekleurde rechthoekige differentiaalelement met dikte dy en lengte $2x$ evenwijdig aan de x-as in fig. 9.13*b*.

Oppervlakte en momentarm De oppervlakte is gelijk aan $dA = 2x\,dy$, en de plaats van het zwaartepunt wordt gegeven door $\tilde{x} = 0$ en $\tilde{y} = y$.

Integratie Toepassen van de tweede vgl. in 9.4 met $x = 2\sqrt{1-y^2}$ levert:

$$\bar{y} = \frac{\int_A \tilde{y}\,dA}{\int_A dA} = \frac{\int_0^{1\text{ m}} y(2x\,dy)}{\int_0^{1\text{ m}} 2x\,dy} = \frac{\int_0^{1\text{ m}} 4y\sqrt{1-y^2}\,dy}{\int_0^{1\text{ m}} 4\sqrt{1-y^2}\,dy} = \frac{4/3}{\pi}\text{ m} = 0{,}424\text{ m} \qquad \textit{Antw.}$$

Voorbeeld 9.7

Bepaal het $\bar{y}$-zwaartepunt van de omwentelingsparaboloïde, weergegeven in fig. 9.14.

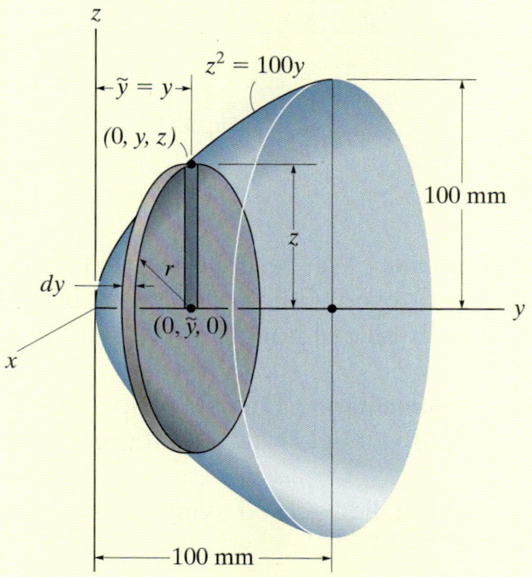

Fig. 9.14

OPLOSSING

Differentiaalelement Er wordt gekozen voor een element in de vorm van een *dunne schijf*. Dit element heeft een dikte dy, het snijdt de omwentelingskromme in het *willekeurige punt* $(0, y, z)$ en heeft dus een straal $r = z$.

Volume en momentarm Het volume van het element is $dV = (\pi\, z^2)\, dy$ en het zwaartepunt ervan ligt in $\tilde{y} = y$.

Integratie Wanneer we de tweede vergelijking van vgl. 9.3 toepassen en integreren naar y, krijgen we:

$$\bar{y} = \frac{\int_V \tilde{y}\, dV}{\int_V dV} = \frac{\int_0^{100\text{ mm}} y(\pi z^2)\, dy}{\int_0^{100\text{ mm}} (\pi z^2)\, dy} = \frac{100\pi \int_0^{100\text{ mm}} y^2\, dy}{100\pi \int_0^{100\text{ mm}} y\, dy} = 66{,}7\text{ mm}$$

Antw.

Voorbeeld 9.8

Bepaal het massamiddelpunt van de cilinder in fig. 9.15 als de soortelijke massa ervan recht evenredig toeneemt met de afstand tot het grondvlak, dat wil zeggen: $\rho = 200z$ kg/m^3.

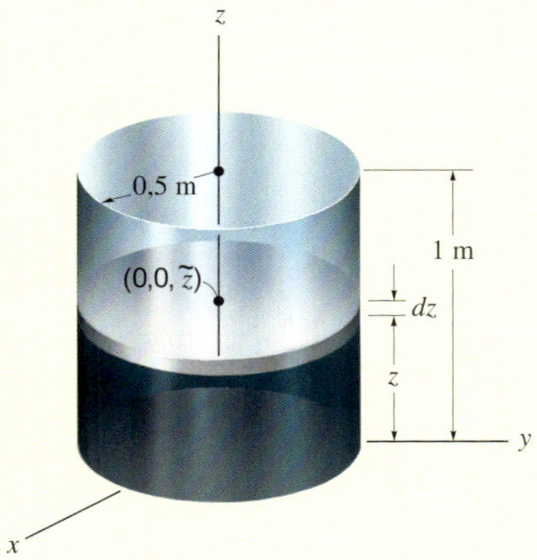

Fig. 9.15

OPLOSSING

Op grond van materiaalsymmetrie geldt:

$$\bar{x} = \bar{y} = 0 \qquad \textit{Antw.}$$

Differentiaalelement Voor de integratie wordt een schijfelement gekozen met een straal van 0,5 m en een dikte dz, zie fig. 9.15, aangezien de *soortelijke massa van het hele element constant is* voor een gegeven waarde van z. Het element ligt op de z-as, in het *willekeurige punt* (0,0, z).

Volume en momentarm Het volume van het element is $dV = \pi(0{,}5)^2\,dz$ en het zwaartepunt ervan bevindt zich in $\tilde{z} = z$.

Integraties Wanneer we een vergelijking gebruiken die lijkt op de derde van vgl. 9.2 en integreren naar z, waarbij we opmerken dat $\rho = 200z$, krijgen we:

$$\bar{z} = \frac{\displaystyle\int_V \tilde{z}\rho\, dV}{\displaystyle\int_V \rho\, dV} = \frac{\displaystyle\int_0^{1\text{ m}} z(200z)\left[\pi(0{,}5)^2\, dz\right]}{\displaystyle\int_0^{1\text{ m}} (200z)\pi(0{,}5)^2\, dz}$$

$$= \frac{\displaystyle\int_0^{1\text{ m}} z^2\, dz}{\displaystyle\int_0^{1\text{ m}} z\, dz} = 0{,}667 \text{ m} \qquad \textit{Antw.}$$

Fundamentele vraagstukken

F9.1. Bepaal het zwaartepunt ($\bar{x}$, $\bar{y}$) van het gekleurde gebied.

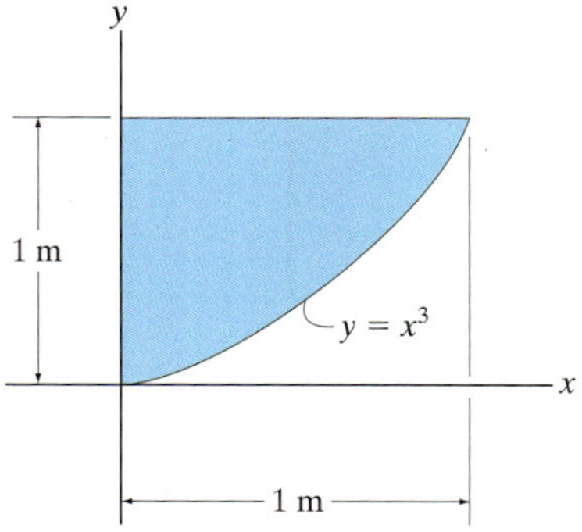

F9.1

F9.2. Bepaal het zwaartepunt ($\bar{x}$, $\bar{y}$) van het gekleurde gebied.

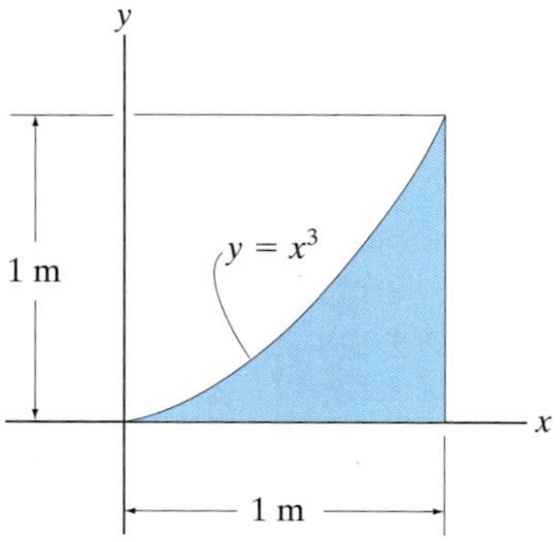

F9.2

F9.3. Bepaal het zwaartepunt $\bar{y}$ van het gekleurde gebied.

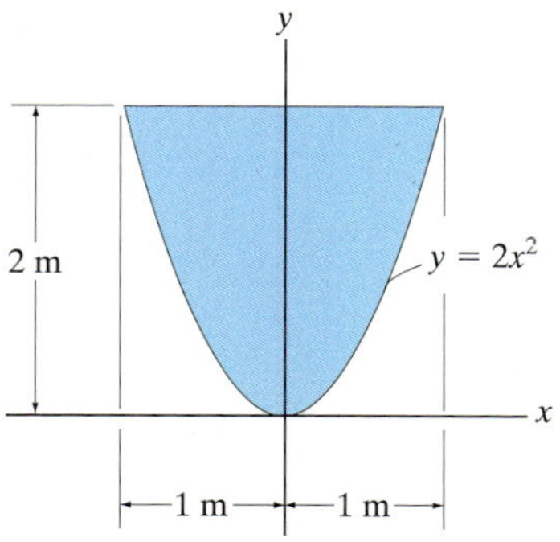

F9.3

F9.4. Bepaal de plaats van het massamiddelpunt $\bar{x}$, van de rechte staaf als de massa per lengte-eenheid gegeven is door $m = m_0(1 + x^2/L^2)$.

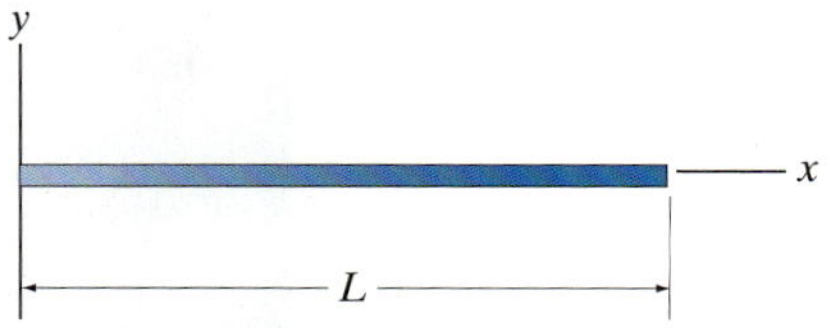

F9.4

F9.5. Bepaal het zwaartepunt $\bar{y}$ van het homogene vaste lichaam, gevormd door wenteling van het grijze gebied om de y-as.

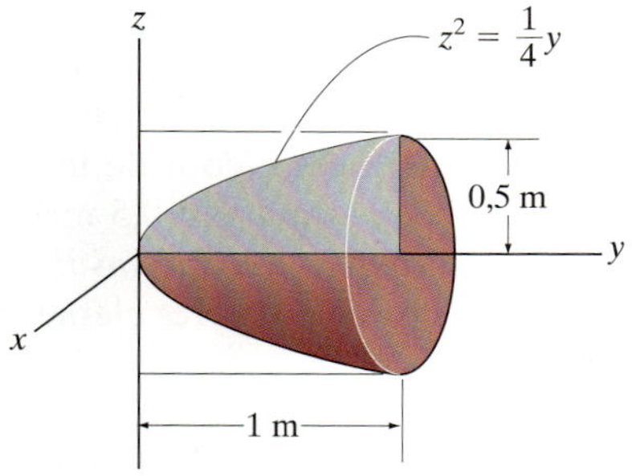

F9.5

F9.6. Bepaal het zwaartepunt $\bar{z}$ van het homogene vaste lichaam, gevormd door wenteling van het grijze gebied om de z-as.

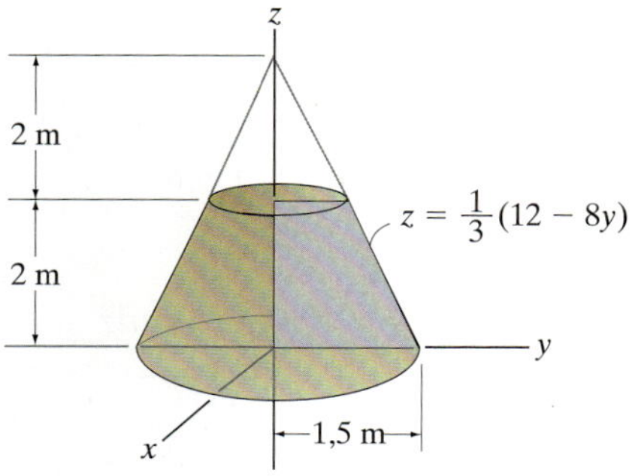

F9.6

Vraagstukken

9.1. Bepaal de plaats van het massamiddelpunt van de homogene stang in de vorm van een cirkelboog.

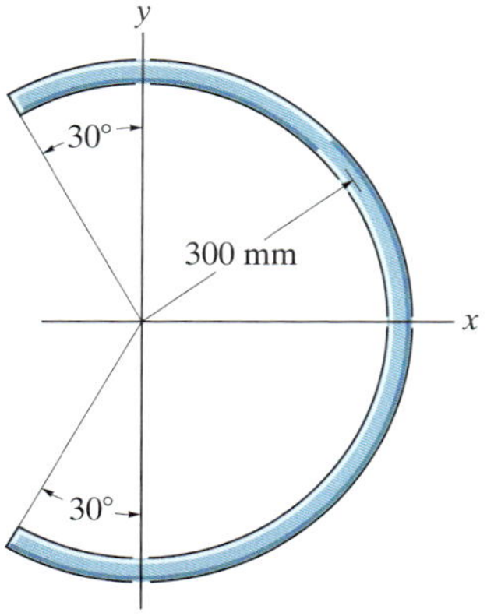

Vraagstuk 9.1

9.2. Bepaal de afstand tot het massamiddelpunt van de homogene, in de afgebeelde vorm gebogen staaf. Als de staaf een massa per lengte-eenheid van 0,5 kg/m heeft, bepaal dan de reactiekrachten in de vaste steun O.

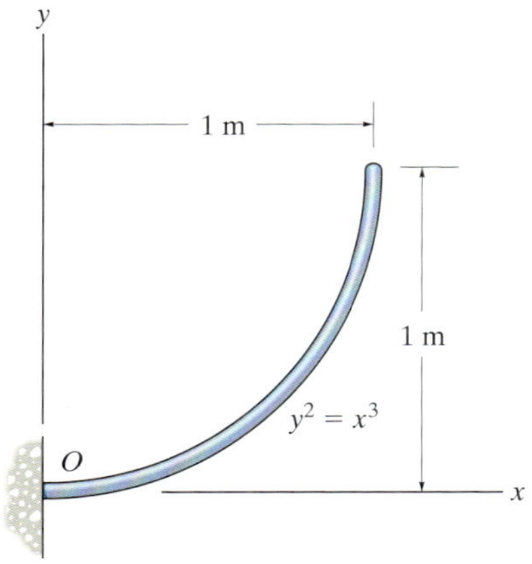

Vraagstuk 9.2

9.3. Bepaal de massa en de plaats van het massamiddelpunt $\bar{x}$, van de staaf als de massa per lengte-eenheid gelijk is aan $m = m_0(1 + x/L)$.

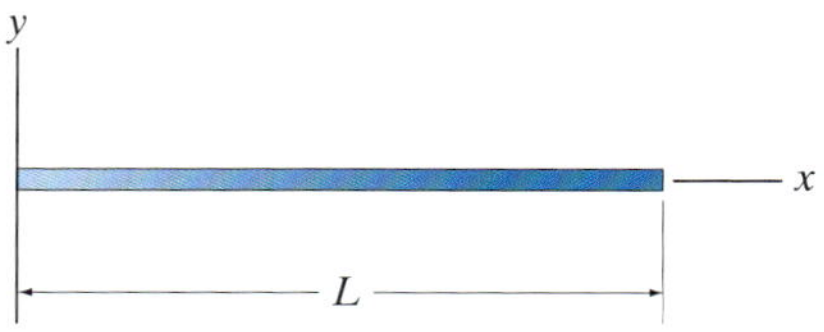

Vraagstuk 9.3

***9.4.** Bepaal de plaats van het zwaartepunt van het parabolische oppervlak.

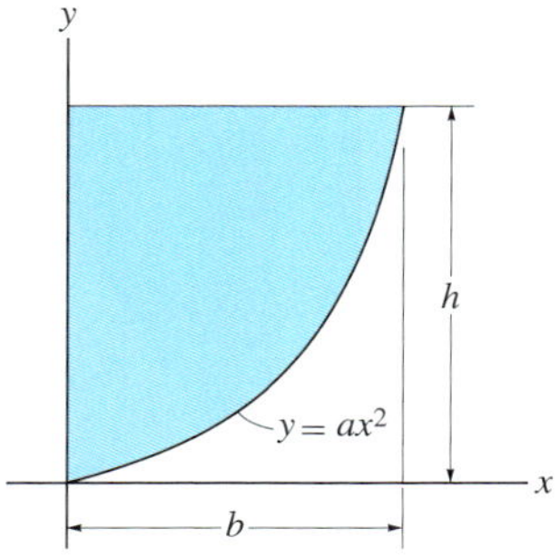

Vraagstuk 9.4

9.5. Bepaal de plaats van het zwaartepunt $(\bar{x}, \bar{y})$ van de homogene stang. Bepaal de integralen numeriek.

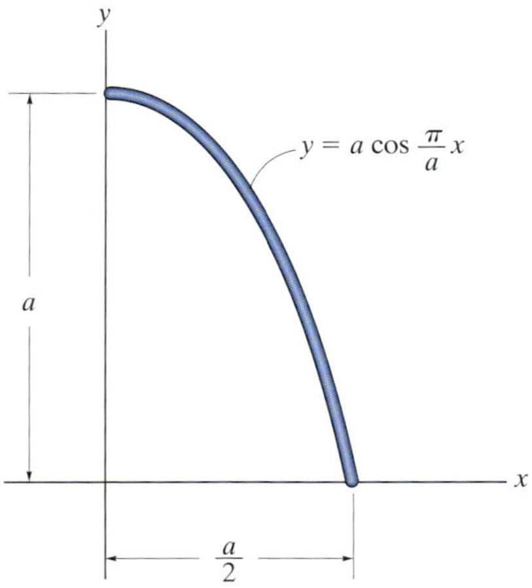

Vraagstuk 9.5

9.6. Bepaal de plaats van het zwaartepunt $(\bar{x}, \bar{y})$ van het gekleurd vlak.

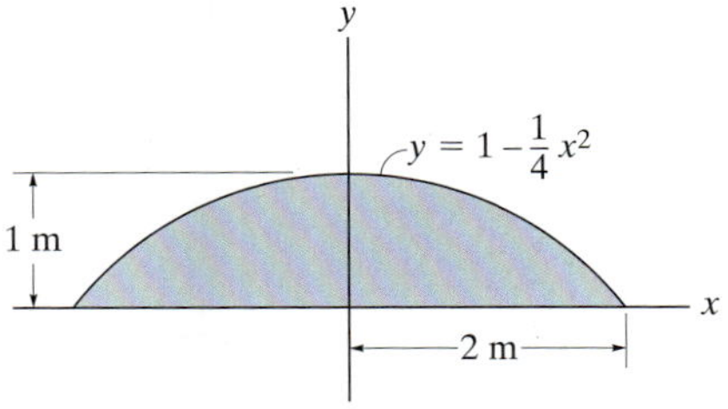

Vraagstuk 9.6

9.7. Bepaal de plaats $\bar{x}$ van het zwaartepunt van het parabolisch oppervlak.

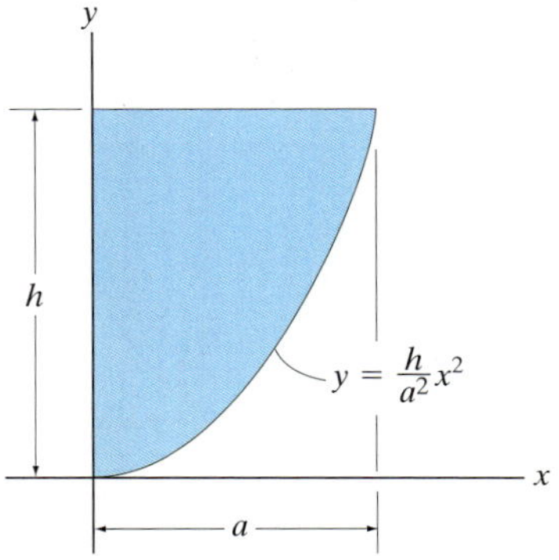

Vraagstuk 9.7

***9.8.** Bepaal de plaats $\bar{y}$ van het zwaartepunt van het parabolisch oppervlak.

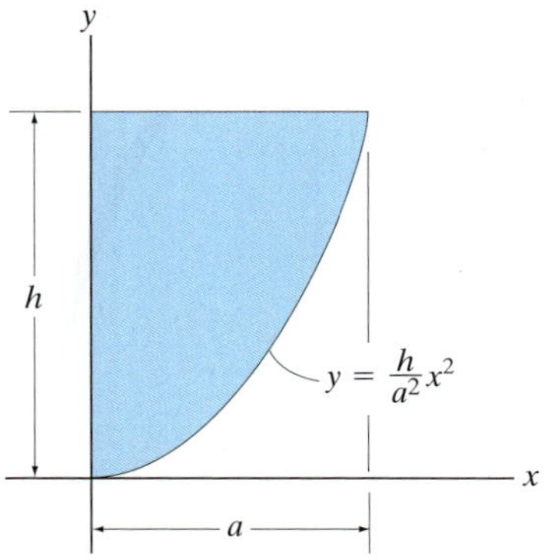

Vraagstuk 9.8

9.9. Bepaal de plaats van het zwaartepunt $\bar{x}$ van het oppervlak

9.10. Bepaal de plaats van het zwaartepunt $\bar{y}$ van het oppervlak.

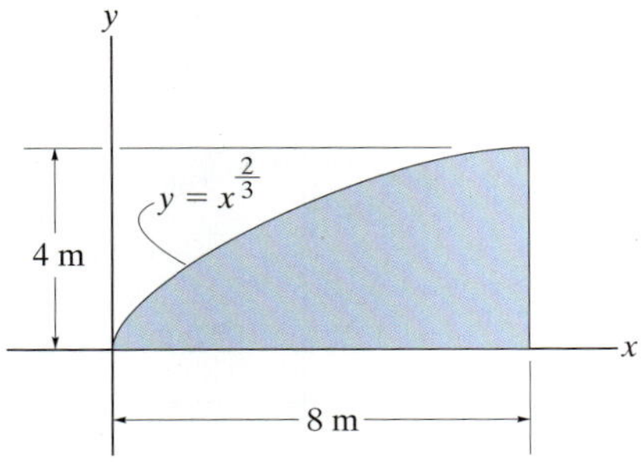

Vraagstukken 9.9/10

9.11. Bepaal de plaats van het zwaartepunt $\bar{x}$ van het oppervlak.

***9.12.** Bepaal de plaats van het zwaartepunt $\bar{y}$ van het oppervlak.

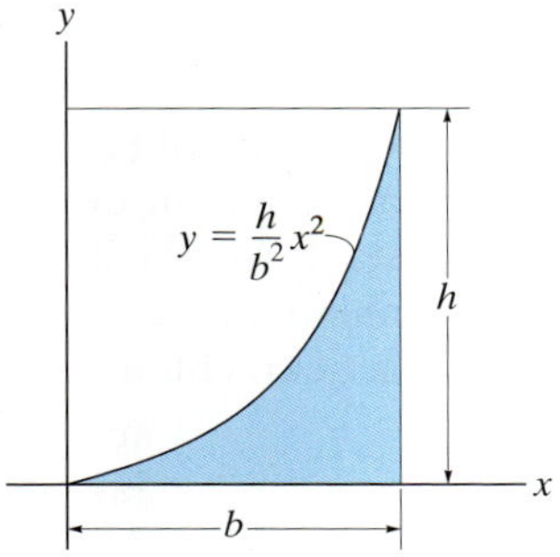

Vraagstukken 9.11/12

9.13. Bepaal de plaats van het zwaartepunt $\bar{x}$ van het oppervlak.

9.14. Bepaal de plaats van het zwaartepunt $\bar{y}$ van het oppervlak.

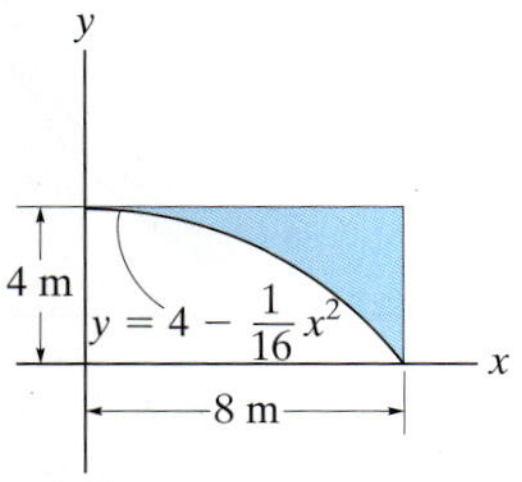

Vraagstukken 9.13/14

9.15. Bepaal de plaats van het zwaartepunt $\bar{x}$ van het oppervlak.

***9.16.** Bepaal de plaats van het zwaartepunt $\bar{y}$ van het oppervlak.

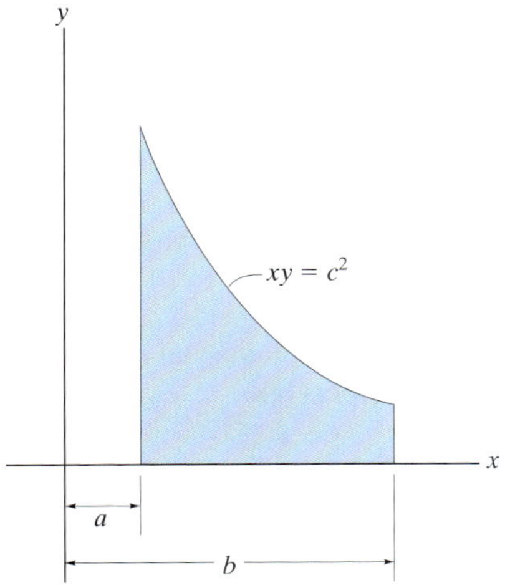

Vraagstukken 9.15/16

9.17. Bepaal de plaats van het zwaartepunt $\bar{x}$ van het gekleurde oppervlak.

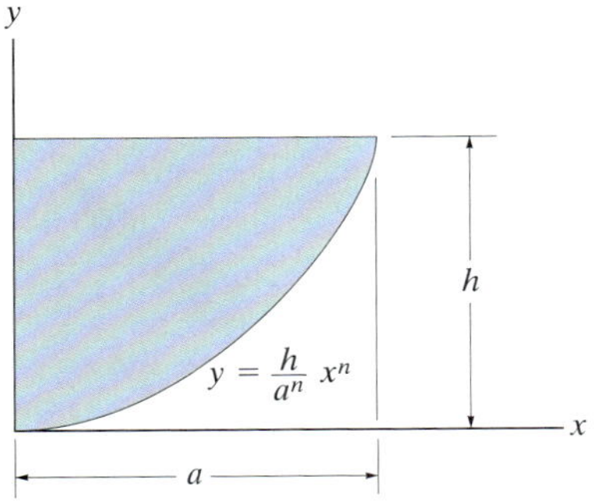

Vraagstuk 9.17

9.18. Bepaal de plaats van het zwaartepunt $\bar{x}$ van het oppervlak.

9.19. Bepaal de plaats van het zwaartepunt $\bar{y}$ van het oppervlak.

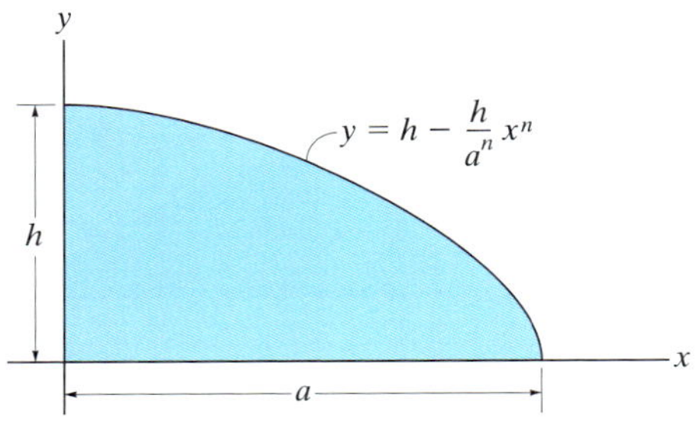

Vraagstukken 9.18/19

***9.20.** Bepaal de plaats van het zwaartepunt $\bar{y}$ van het gekleurde oppervlak.

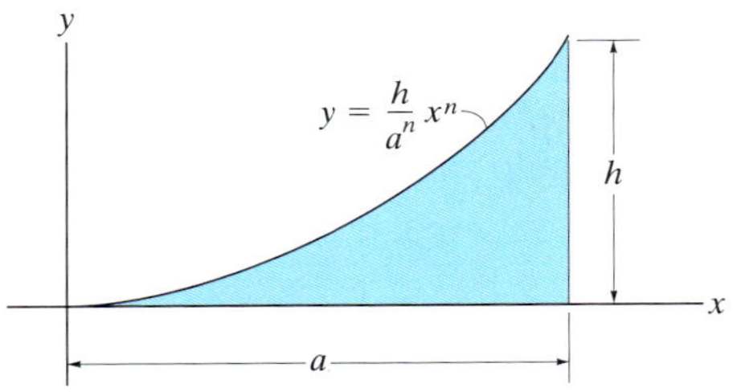

Vraagstuk 9.20

9.21. Bepaal de plaats van het zwaartepunt $\bar{x}$ van het oppervlak.

9.22. Bepaal de plaats van het zwaartepunt $\bar{y}$ van het oppervlak.

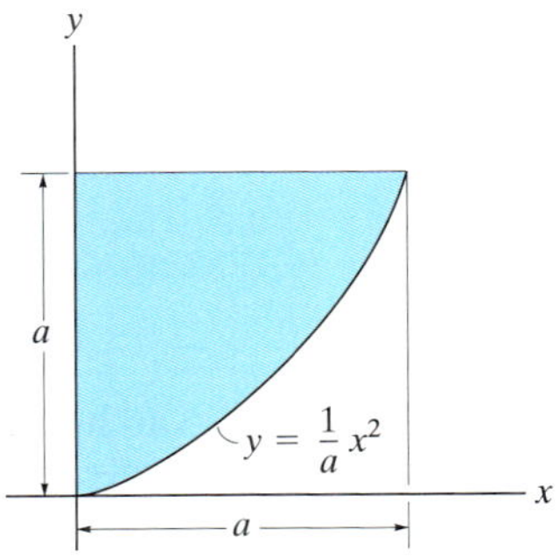

Vraagstukken 9.21/22

9.23. Bepaal de plaats van het zwaartepunt $\bar{x}$ van het kwart van het elliptische oppervlak.

***9.24.** Bepaal de plaats van het zwaartepunt $\bar{y}$ van het kwart van het elliptische oppervlak.

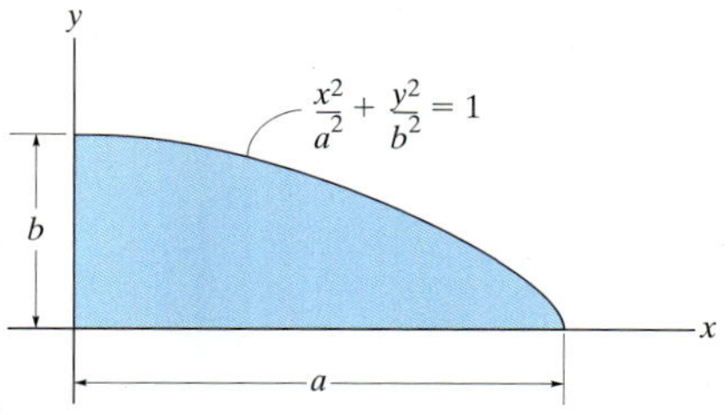

Vraagstukken 9.23/24

9.25. Bepaal de plaats van het zwaartepunt $\bar{y}$ van het gekleurde oppervlak. Los het vraagstuk op door de integralen te bepalen met behulp van de regel van Simpson.

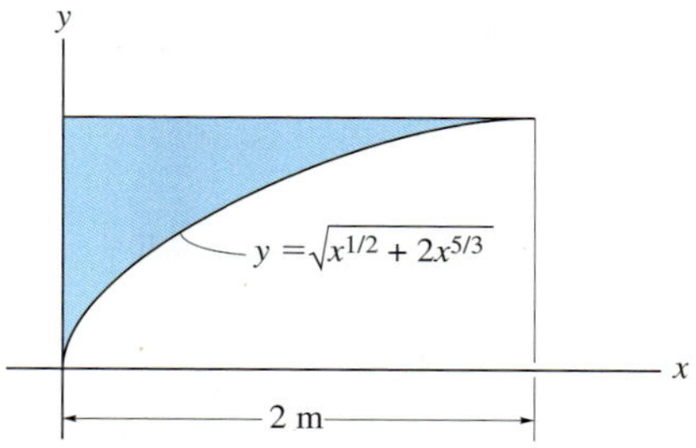

Vraagstuk 9.25

9.26. Bepaal de plaats van het zwaartepunt $\bar{x}$ van het oppervlak.

9.27. Bepaal de plaats van het zwaartepunt $\bar{y}$ van het oppervlak.

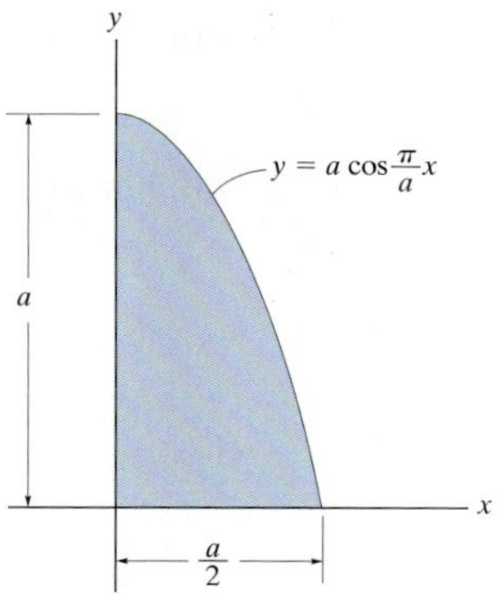

Vraagstukken 9.26/27

***9.28.** Bepaal de plaats van het zwaartepunt $\bar{x}$ van het oppervlak.

9.29. Bepaal de plaats van het zwaartepunt $\bar{y}$ van het oppervlak.

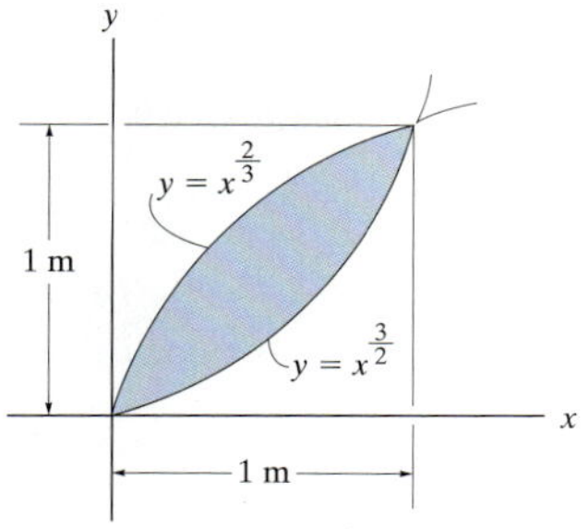

Vraagstukken 9.28/29

9.30. Bepaal de plaats van het zwaartepunt $\bar{x}$ van het oppervlak.

9.31. Bepaal de plaats van het zwaartepunt $\bar{y}$ van het oppervlak.

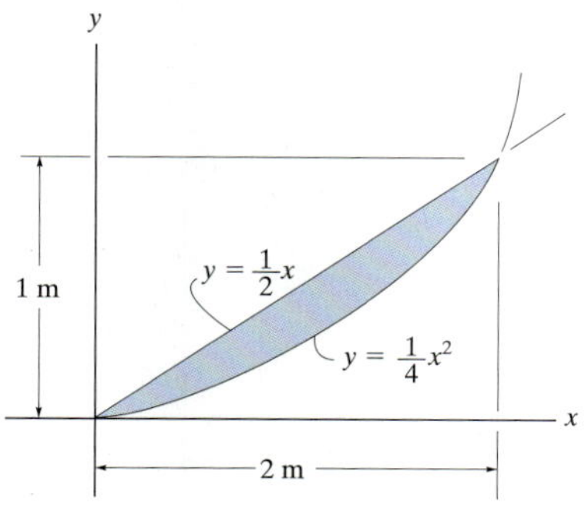

Vraagstukken 9.30/31

***9.32.** Bepaal de plaats van het zwaartepunt $\bar{x}$ van het oppervlak.

9.33. Bepaal de plaats van het zwaartepunt $\bar{y}$ van het oppervlak.

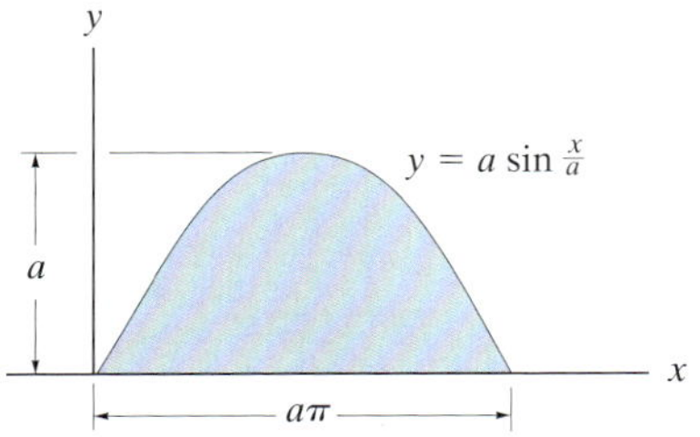

Vraagstukken 9.32/33

9.34. De stalen plaat is 0,3 m dik en heeft een dichtheid van 7850 kg/m^3. Bepaal de plaats van het massamiddelpunt. Bepaal ook de reactiekrachten in het scharnier en de rolondersteuning.

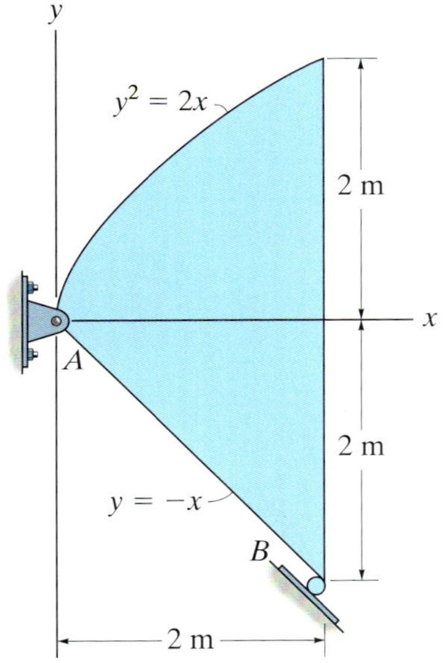

Vraagstuk 9.34

9.35. Bepaal de plaats van het zwaartepunt $\bar{x}$ van het gekleurde oppervlak.

***9.36.** Bepaal de plaats van het zwaartepunt $\bar{y}$ van het gekleurde oppervlak.

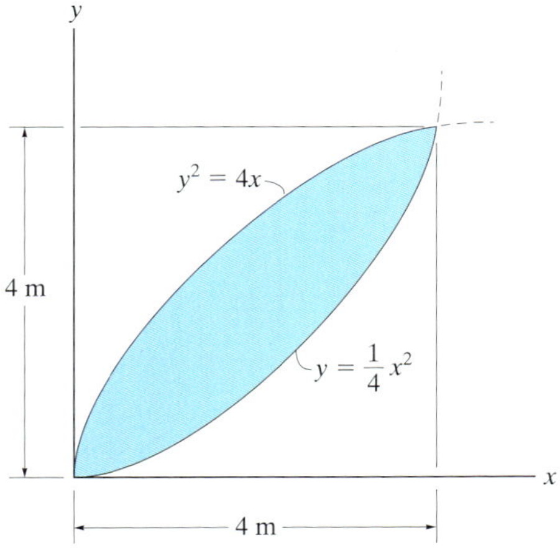

Vraagstukken 9.35/36

9.37. De dichtheid op een willekeurig punt op de ronde plaat wordt gedefinieerd door $\rho = \rho_0 xy$, waarin ρ_0 een constante is. Bepaal dan de massa en de plaats van het massamiddelpunt $(\bar{x}, \bar{y})$ van de plaat. De plaat heeft een dikte d.

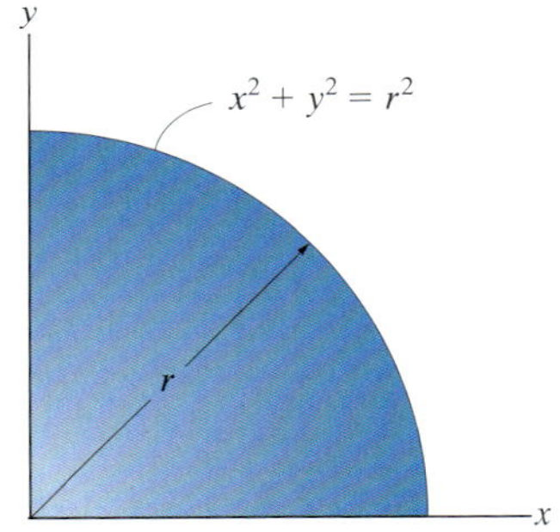

Vraagstuk 9.37

9.38. Bepaal de plaats $\bar{r}$ van het zwaartepunt C van de cardioïde, $r = a(1 - \cos\theta)$.

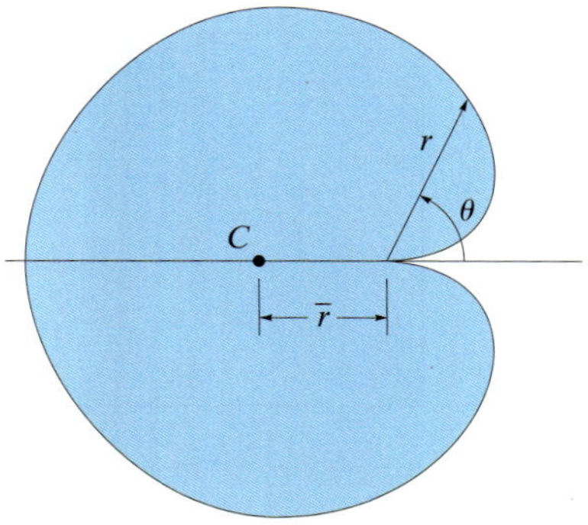

Vraagstuk 9.38

***9.40.** Bepaal de plaats van het zwaartepunt van het volume. Het materiaal is homogeen.

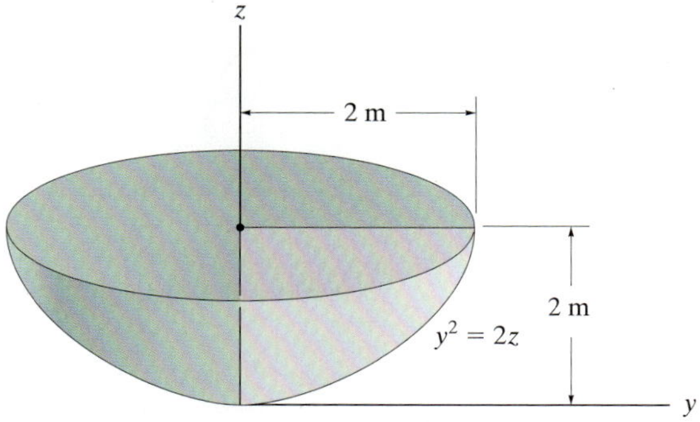

Vraagstuk 9.40

9.39. Bepaal de plaats van het zwaartepunt $\bar{y}$ van de omwentelingsparaboloïde.

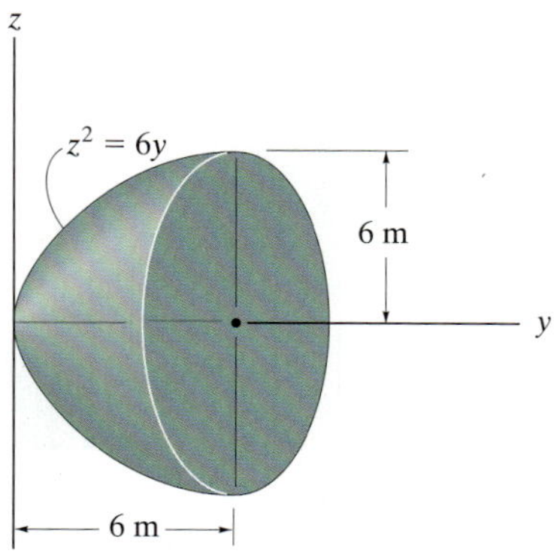

Vraagstuk 9.39

9.41. Bepaal de plaats van het zwaartepunt $\bar{z}$ van de halve bol.

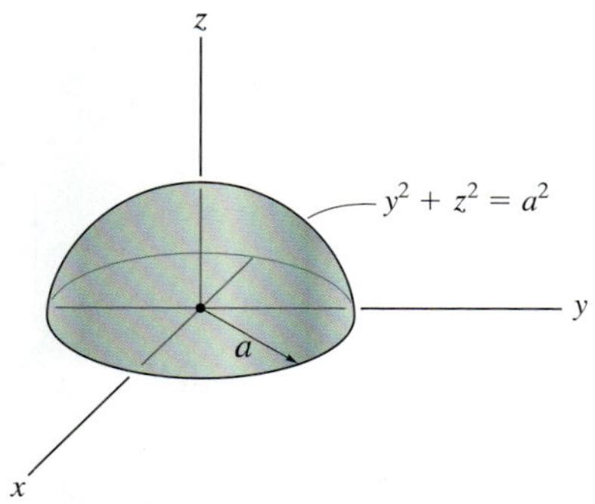

Vraagstuk 9.41

9.42. Bepaal de plaats van het zwaartepunt $\bar{y}$ van de omwentelingsparaboloïde.

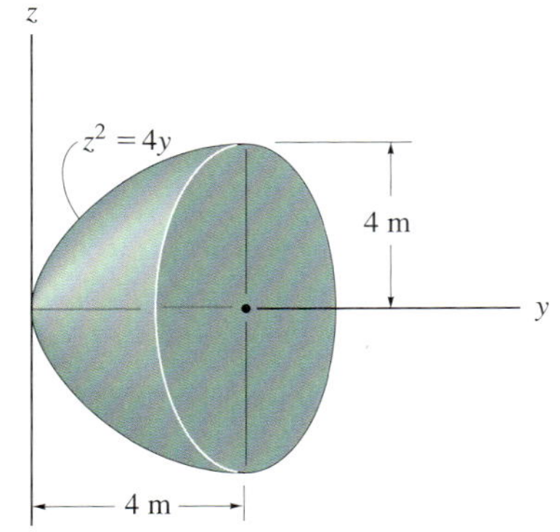

Vraagstuk 9.42

9.43. Bepaal de plaats van het zwaartepunt van het massieve lichaam.

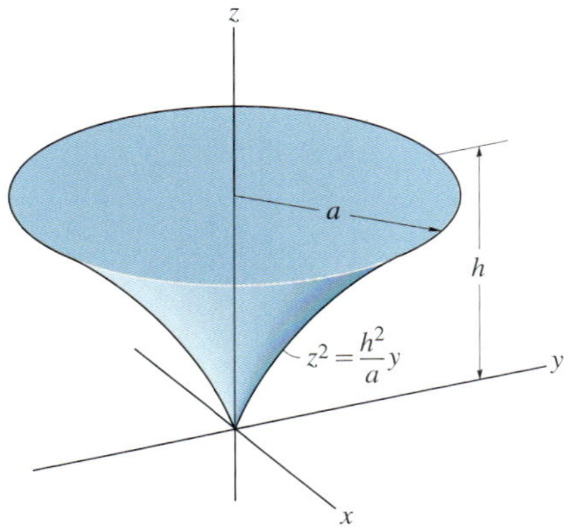

Vraagstuk 9.43

***9.44.** Bepaal de plaats van het zwaartepunt van de omwentelingellipsoïde.

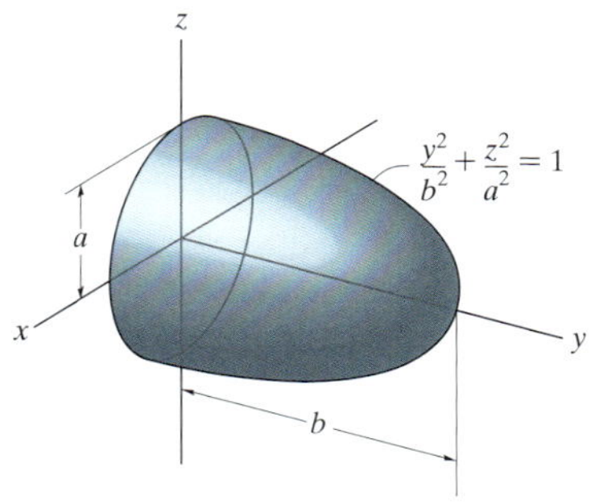

Vraagstuk 9.44

9.45. Bepaal de plaats van het zwaartepunt $\bar{z}$ van de afgeknotte omwentelingsparaboloide. Het materiaal is homogeen.

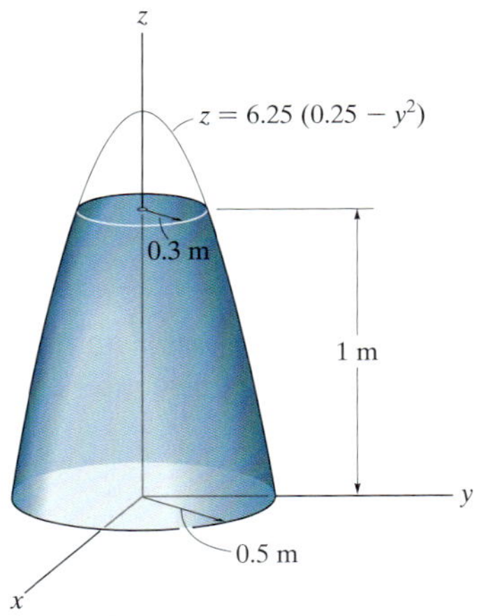

Vraagstuk 9.45

9.46. De halve bol met straal r is gemaakt van een stapel zeer dunne platen, zodanig dat de soortelijke massa verandert als functie van de hoogte, $\rho = kz$, met k een constante. Bepaal de massa en de afstand $\bar{z}$ tot het massamiddelpunt G.

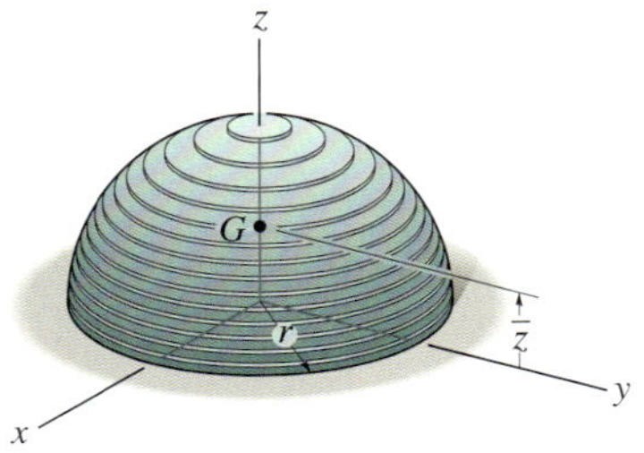

Vraagstuk 9.46

9.47. Bepaal de plaats van het zwaartepunt van de kwart kegel.

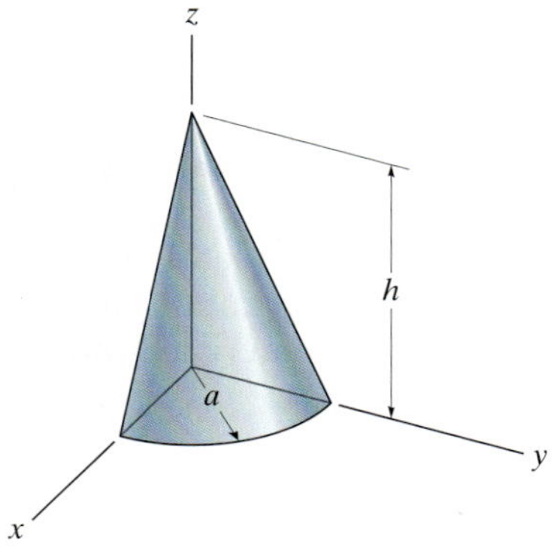

Vraagstuk 9.47

9.49. De plaats van de koningskamer van de grote piramide van Gizeh valt samen met het zwaartepunt van de piramide. Veronderstel dat de piramide massief is. Toon dan aan dat $\bar{z} = 1/4h$. *Hint*: gebruik een vlak rechthoekig differentiaalelement met een dikte dz en oppervlakte $(2x)(2y)$.

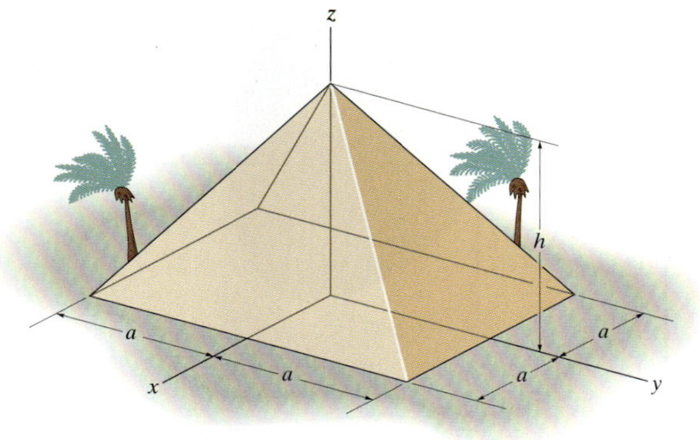

Vraagstuk 9.49

***9.48.** Bepaal de plaats van het zwaartepunt $\bar{z}$ van de afgeknotte rechte kegel.

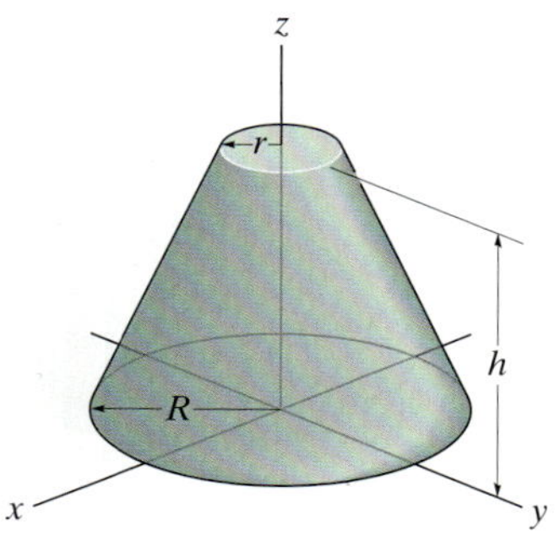

Vraagstuk 9.48

9.50. Bepaal de plaats $\bar{z}$ van het zwaartepunt van het viervlak. *Hint*: gebruik een vlak driehoekig differentiaalelement evenwijdig aan het x-y-vlak en met dikte dz.

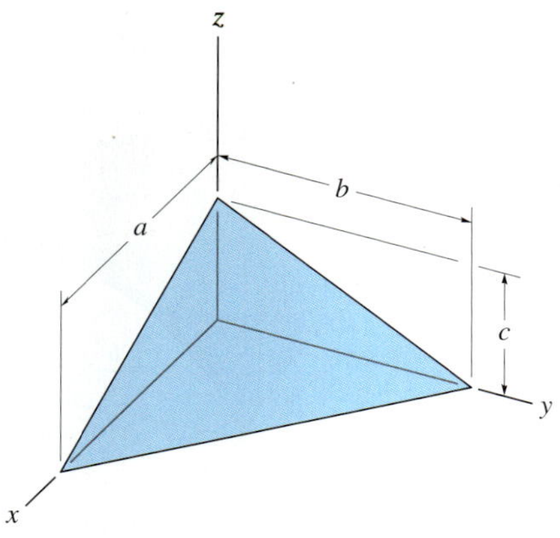

Vraagstuk 9.50

9.2 Samengestelde lichamen

Een *samengesteld lichaam* bestaat uit een aantal met elkaar verbonden eenvoudig gevormde lichamen, zoals lichamen met een rechthoekige, driehoekige, halfronde vorm enzovoort. Een dergelijk lichaam kan vaak worden opgedeeld in de samenstellende delen en als het *gewicht* en het aangrijpingspunt van de zwaartekracht van al deze delen bekend zijn, kunnen we zonder integratie het aangrijpingspunt van de zwaartekracht van het hele lichaam bepalen. Dit gebeurt door de procedure te volgen die in par. 9.1 is behandeld.

Dit leidt tot formules die analoog zijn aan vgl. 9.1. In plaats van rekening te houden met een oneindig aantal differentiaalgewichten, hebben we te maken met een eindig aantal gewichten. Dus geldt:

$$\bar{x} = \frac{\Sigma \tilde{x} W}{\Sigma W} \qquad \bar{y} = \frac{\Sigma \tilde{y} W}{\Sigma W} \qquad \bar{z} = \frac{\Sigma \tilde{z} W}{\Sigma W} \tag{9.6}$$

Hierin zijn

$\bar{x}, \bar{y}, \bar{z}$ de coördinaten van het aangrijpingspunt van de zwaartekracht G van het samengestelde lichaam.

$\tilde{x}, \tilde{y}, \tilde{z}$ de coördinaten van het aangrijpingspunt van de zwaartekracht van alle samenstellende delen afzonderlijk.

ΣW de som van de gewichten van alle samenstellende delen, of gewoon het totale gewicht van het hele lichaam.

Wanneer het lichaam een *constante soortelijke massa of soortelijk gewicht* heeft, *valt* het aangrijpingspunt van de zwaartekracht *samen* met het zwaartepunt van het lichaam. Het zwaartepunt van samengestelde lijnen, oppervlakken en volumes kan worden bepaald door gebruik te maken van relaties die analoog zijn aan vgl. 9.6, waarbij de W's worden vervangen door respectievelijk L's, A's en V's. Zwaartepunten van veelvoorkomende vormen van lijnen, vlakken, schalen en volumes zijn vermeld in de tabel op de binnenkant van de omslag.

Analyseprocedure

Het aangrijpingspunt van de zwaartekracht of het zwaartepunt van een samengesteld object, bestaande uit een lijn, een vlak of een volume, kan worden bepaald met behulp van de volgende procedure.

Samenstellende delen

- Deel het lichaam of object op in een eindig aantal delen met een eenvoudige vorm en schets deze onderdelen.
- Wanneer een samengesteld lichaam een *gat* heeft, of een geometrisch gebied zonder materiaal, neem dan het samengestelde lichaam in beschouwing zonder gat en beschouw het gat als een *extra* deel met een *negatief* gewicht of een *negatieve* afmeting.

Momentarmen

- Geef de coördinaatassen aan in de tekening en bepaal de coördinaten $\tilde{x}, \tilde{y}, \tilde{z}$ van het aangrijpingspunt van de zwaartekracht of het zwaartepunt van elk onderdeel.

Het aangrijpingspunt van de zwaartekracht van deze watertank kan worden bepaald door deze te verdelen in samenstellende delen en vgl. 9.6 toe te passen.

Optellingen

- Bepaal $\bar{x}$, $\bar{y}$, $\bar{z}$ door vgl. 9.6 met betrekking tot het aangrijpingspunt van de zwaartekracht toe te passen of gebruik de analoge zwaartepuntsvergelijkingen.
- Wanneer een object *symmetrisch* is ten opzichte van een as, dan ligt het zwaartepunt van het object op deze as.

Indien gewenst, kunnen de berekeningen in tabelvorm worden gezet, zoals in de volgende drie voorbeelden.

Voorbeeld 9.9

Bepaal het zwaartepunt van de draad die afgebeeld is in fig. 9.16*a*.

OPLOSSING

Samenstellende delen De draad is verdeeld in drie segmenten, zoals afgebeeld in fig. 9.16*b*.

Momentarmen Het zwaartepunt is voor ieder onderdeel bepaald en aangegeven in de afbeelding. Het zwaartepunt van segment ① wordt bepaald door integratie of door de tabel aan het einde van dit boek te gebruiken.

Optellingen Voor het gemak kunnen de berekeningen als volgt in de tabel worden gezet:

Segment	L (mm)	$\tilde{x}$ (mm)	$\tilde{y}$ (mm)	$\tilde{z}$ (mm)
1	$\pi(60) = 188{,}5$	60	−38,2	0
2	40	0	20	0
3	20	0	40	−10
	$\Sigma L = 248{,}5$			

$\tilde{x}L$ (mm^2)	$\tilde{y}L$ (mm^2)	$\tilde{z}L$ (mm^2)
11 310	−7200	0
0	800	0
0	800	−200
$\Sigma\tilde{x}L = 11\,310$	$\Sigma\tilde{y}L = -5600$	$\Sigma\tilde{z}L = -200$

Dus:

$$\bar{x} = \frac{\Sigma\tilde{x}L}{\Sigma L} = \frac{11\,310}{248{,}5} = 45{,}5 \text{ mm} \qquad \textit{Antw.}$$

$$\bar{y} = \frac{\Sigma\tilde{y}L}{\Sigma L} = \frac{-5600}{248{,}5} = -22{,}5 \text{ mm} \qquad \textit{Antw.}$$

$$\bar{z} = \frac{\Sigma\tilde{z}L}{\Sigma L} = \frac{-200}{248{,}5} = -0{,}805 \text{ mm}$$ *Antw.*

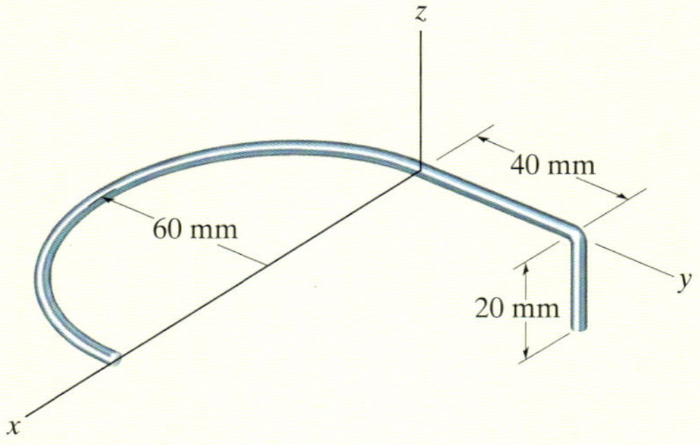

(a)

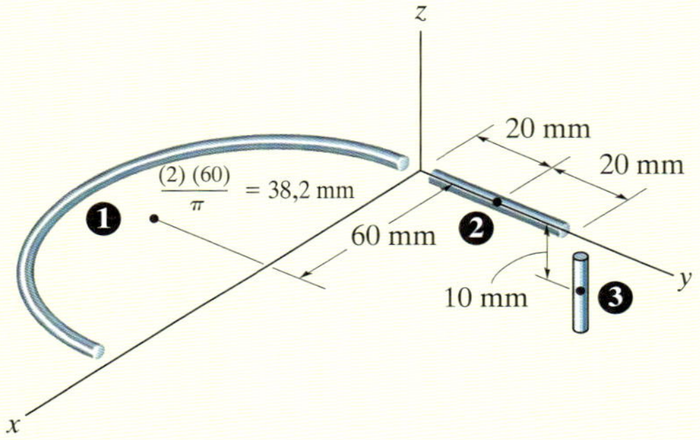

(b)

Fig. 9.16

Voorbeeld 9.10

Bepaal het zwaartepunt van het plaatoppervlak dat afgebeeld is in fig. 9.17*a*.

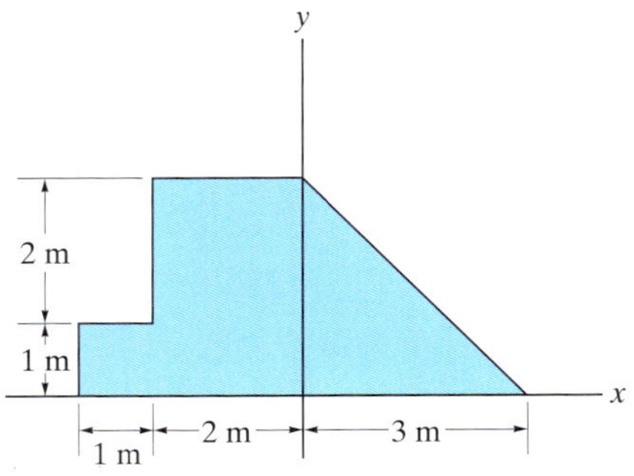

(a)

Fig. 9.17

OPLOSSING

Samenstellende delen De plaat is verdeeld in drie segmenten, zoals afgebeeld in fig. 9.17*b*. Hierbij wordt de oppervlakte van de kleine rechthoek ③ als 'negatief' beschouwd, aangezien deze moet worden afgetrokken van de oppervlakte van het grotere vlak ②.

Momentarmen Het zwaartepunt van elk segment is bepaald zoals in de figuur is aangegeven. Merk op dat de $\tilde{x}$-coördinaten van ② en ③ *negatief* zijn.

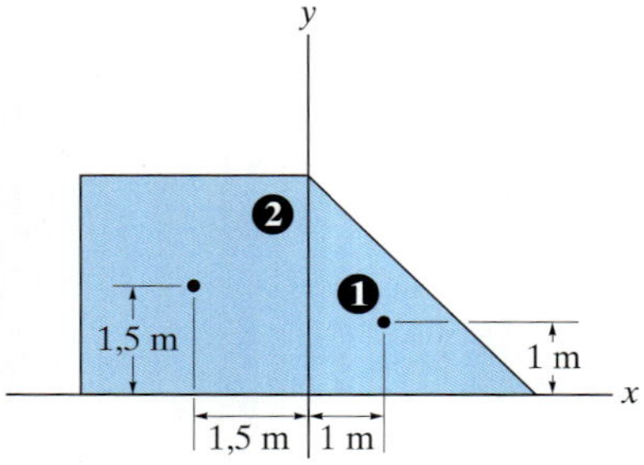

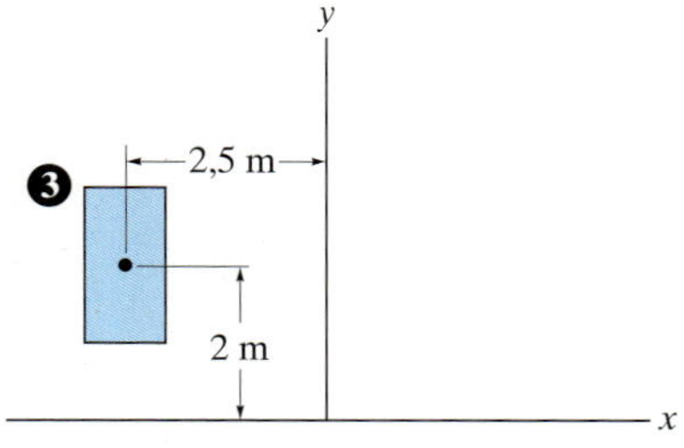

(b)

Fig. 9.17 (vervolg)

Optellingen Uitgaande van de gegevens in fig. 9.17b, worden de berekeningen als volgt in een tabel gezet:

Segment	A (m²)	$\tilde{x}$ (m)	$\tilde{y}$ (m)	$\tilde{x}A$ (m³)	$\tilde{y}A$ (m³)
1	$\frac{1}{2}(3)(3) = 4{,}5$	1	1	4,5	4,5
2	$(3)(3) = 9$	−1,5	1,5	−13,5	13,5
3	$-(2)(1) = -2$	−2,5	2	5	−4
	$\Sigma A = 11{,}5$			$\Sigma\tilde{x}A = -4$	$\Sigma\tilde{y}A = 14$

Dus:

$$\bar{x} = \frac{\Sigma\tilde{x}A}{\Sigma A} = \frac{-4}{11{,}5} = -0{,}348 \text{ m} \qquad \textit{Antw.}$$

$$\bar{y} = \frac{\Sigma\tilde{y}A}{\Sigma A} = \frac{14}{11{,}5} = 1{,}22 \text{ m} \qquad \textit{Antw.}$$

OPMERKING: Bij weergave in de grafiek in fig. 9.17 lijkt de plaats van punt C logisch.

Voorbeeld 9.11

Bepaal het massamiddelpunt van het samengestelde object in fig. 9.18a. De afgeknotte kegel heeft een soortelijke massa van $\rho_c = 8$ Mg/m^3 en de halve bol heeft een soortelijke massa van $\rho_h = 4$ Mg/m^3. In het midden van de afgeknotte kegel bevindt zich een cilindervormig gat met een straal van 25 mm.

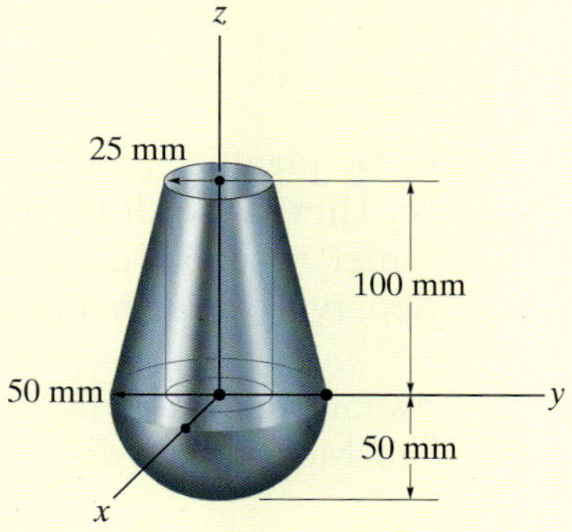

(a)

Fig. 9.18

OPLOSSING

Samenstellende delen Het voorwerp kan worden voorgesteld als bestaande uit vier segmenten, zoals afgebeeld in fig. 9.18*b*. Bij de berekeningen moeten ③ en ④ worden beschouwd als 'negatieve' segmenten, zodat de vier segmenten bij elkaar opgeteld de totale samengestelde vorm opleveren, zoals afgebeeld in fig. 9.18*a*.

Momentarm De tabel aan het einde van dit boek wordt geraadpleegd voor de berekeningen van het zwaartepunt $\tilde{z}$ van elk onderdeel. De berekeningen zijn weergegeven in de afbeelding.

Optellingen Merk op dat op grond van *symmetrie* geldt dat:

$$\bar{x} = \bar{y} = 0 \qquad \textit{Antw.}$$

Aangezien $W = mg$ en g constant is, wordt de derde vergelijking van vgl. 9.8 $\bar{z} = \Sigma\tilde{z}m/\Sigma m$. De massa van ieder onderdeel kan worden berekend uit $m = \rho V$ en worden gebruikt bij de berekeningen.
$1\ \text{Mg/m}^3 = 10^{-6}\ \text{kg/mm}^3$, zodat:

Segment	m (kg)	$\tilde{z}$(mm)	$\tilde{z}m$ (kg · mm)
1	$8(10^{-6})(\frac{1}{3})\pi(50)^2(200) = 4{,}189$	50	209,440
2	$4(10^{-6})(\frac{2}{3})\pi(50)^3 = 1{,}047$	−18,75	−19,635
3	$-8(10^{-6})(\frac{1}{3})\pi(25)^2(100) = -0{,}524$	100 + 25 = 125	−65,450
4	$-8(10^{-6})\pi(25)^2(100) = -1{,}571$	50	−78,540
	$\Sigma m = 3{,}142$		$\Sigma\tilde{z}m = 45{,}815$

Dus:

$$\bar{z} = \frac{\Sigma\tilde{z}m}{\Sigma m} = \frac{45{,}815}{3{,}142} = 14{,}6\ \text{mm} \qquad \textit{Antw.}$$

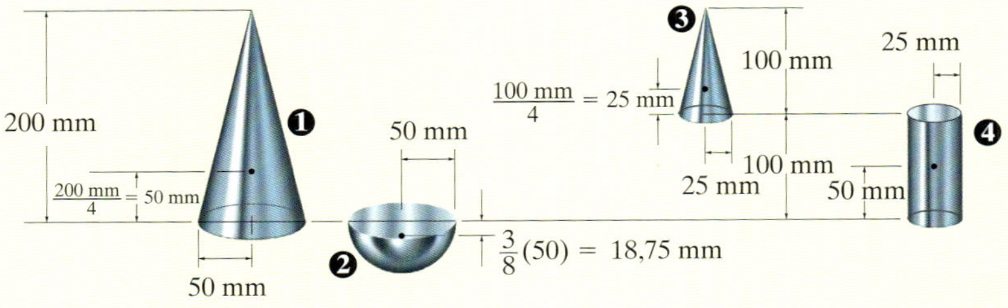

(b)

Fig. 9.18 (vervolg)

Fundamentele vraagstukken

F9.7. Bepaal de plaats van het zwaartepunt $(\bar{x}, \bar{y}, \bar{z})$ van de draad, die gebogen is in de aangegeven vorm.

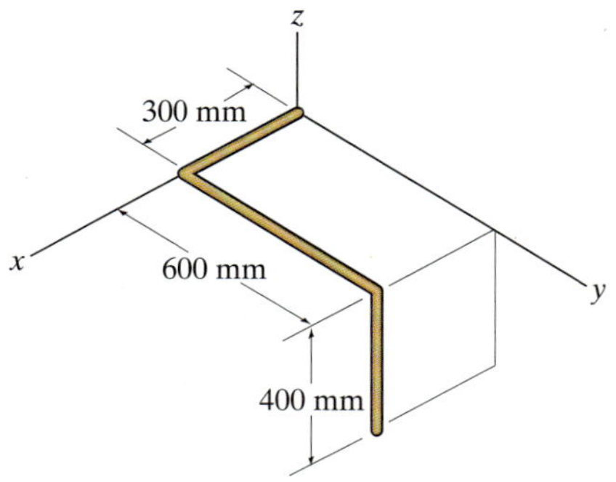

F9.7

F9.8. Bepaal de plaats van het zwaartepunt $\bar{y}$ van de dwarsdoorsnede van de balk.

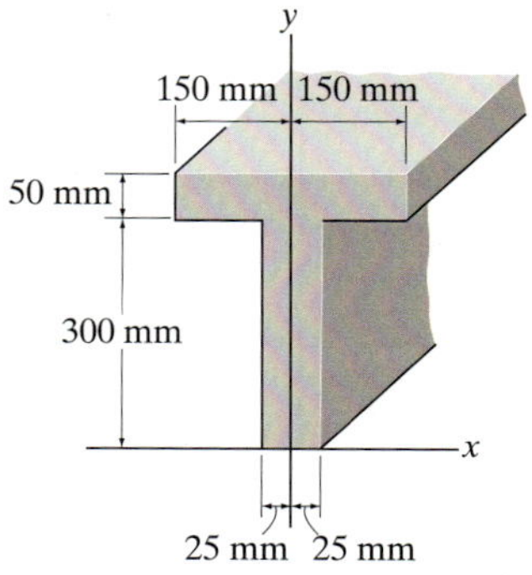

F9.8

F9.9. Bepaal de plaats van het zwaartepunt $\bar{y}$ van de dwarsdoorsnede van de balk.

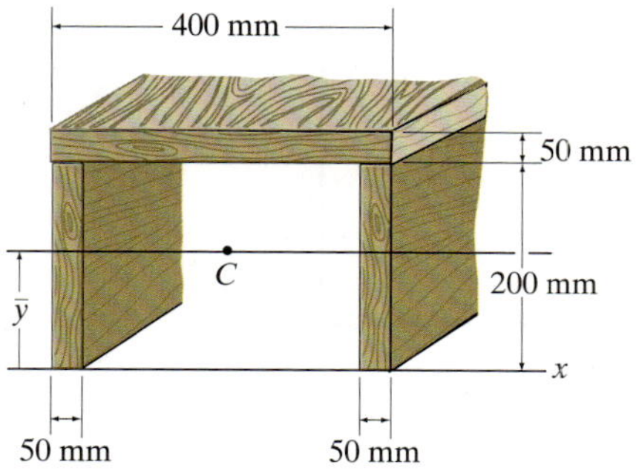

F9.9

F9.10. Bepaal de plaats van het zwaartepunt $(\bar{x}, \bar{y})$ van de dwarsdoorsnede.

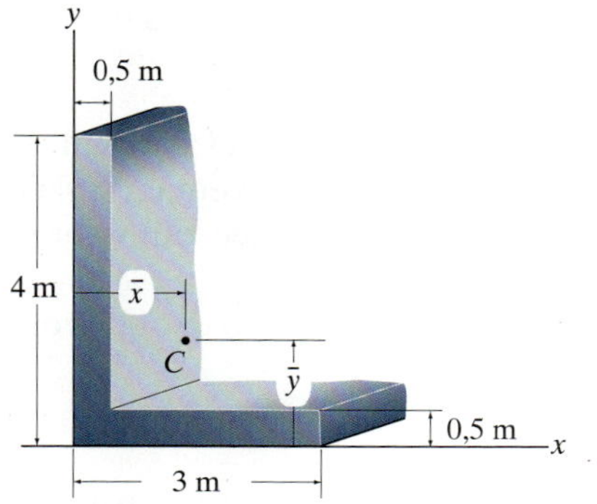

F9.10

F9.11. Bepaal het massamiddelpunt $(\bar{x}, \bar{y}, \bar{z})$ van het homogene blok.

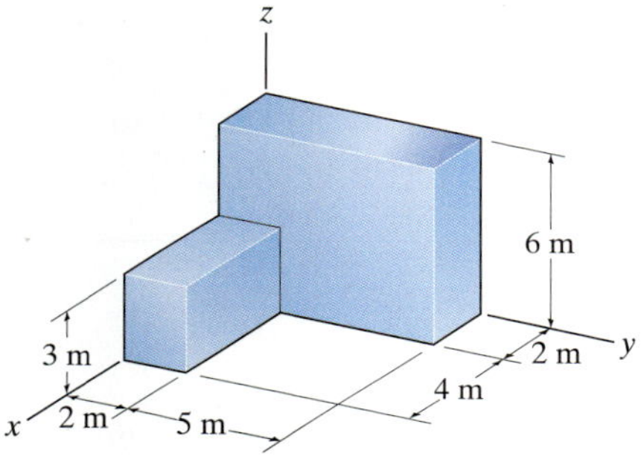

F9.11

F9.12. Bepaal het massamiddelpunt $(\bar{x}, \bar{y}, \bar{z})$ van het homogene blok.

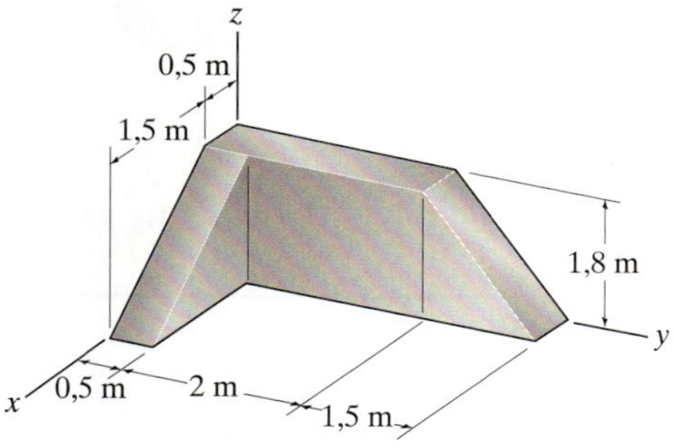

F9.12

Vraagstukken

9.51. Het vakwerk bestaat uit vijf staven die elk een lengte van 4 m en een massa per lengte-eenheid van 7 kg/m hebben. De massa van de schetsplaten bij de knopen en de dikte van de staven kan worden verwaarloosd. Bepaal dan de afstand d tot het punt waar de hijskabel moet worden bevestigd, zodanig dat het vakwerk niet zal kantelen wanneer het wordt opgehesen.

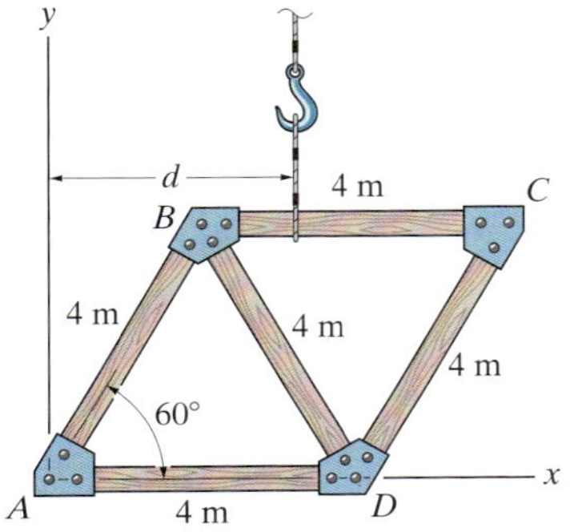

Vraagstuk 9.51

***9.52.** Bepaal de plaats van het zwaartepunt $(\bar{x}, \bar{y})$ van de homogene draad, die gebogen is in de aangegeven vorm.

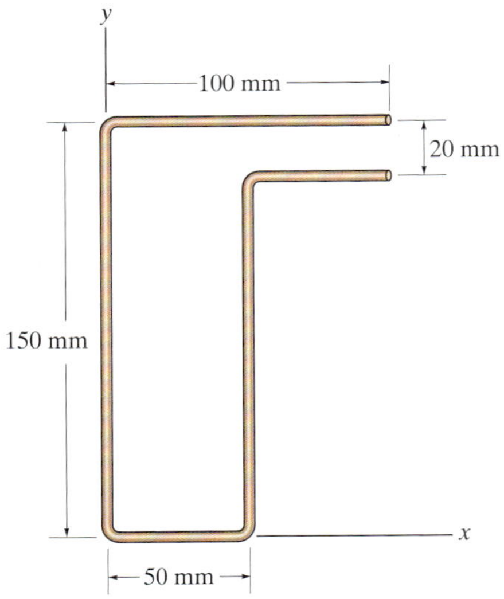

Vraagstuk 9.52

9.53. Bepaal de plaats van het zwaartepunt $(\bar{x}, \bar{y})$ van de dwarsdoorsnede. Alle afmetingen zijn gemeten tot het midden van de dikte van elk dun segment.

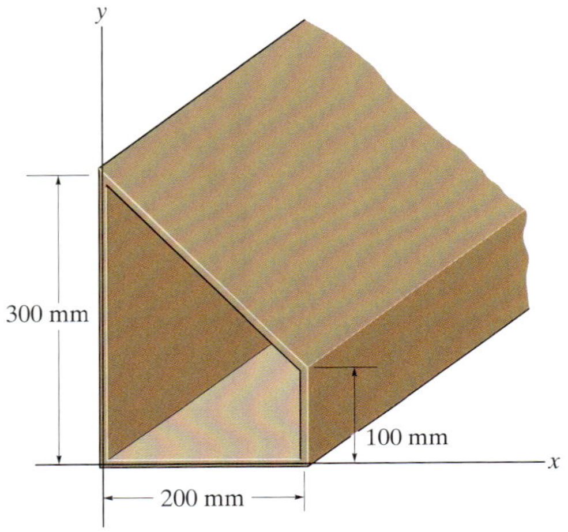

Vraagstuk 9.53

9.54. Bepaal de plaats van het zwaartepunt $(\bar{y}, \bar{y})$ van de doorsnede van het metalen profiel. Laat de dikte van het materiaal en de afrondingen van de hoeken buiten beschouwing.

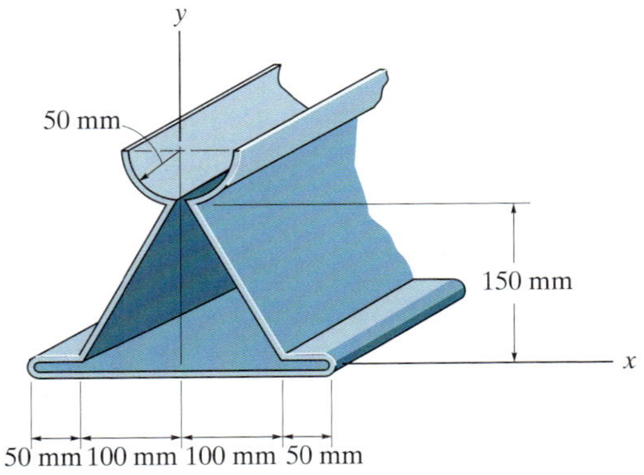

Vraagstuk 9.54

9.55. Elk van de drie staven van het vakwerk heeft een massa per lengte-eenheid van 6 kg/m. Bepaal de plaats $(\bar{x}, \bar{y})$ van het massamiddelpunt. Verwaarloos de afmetingen van de pennen bij de verbindingen en de dikte van de staven. Bereken ook de reactiekrachten in de schernieroplegging A en de roloplegging E.

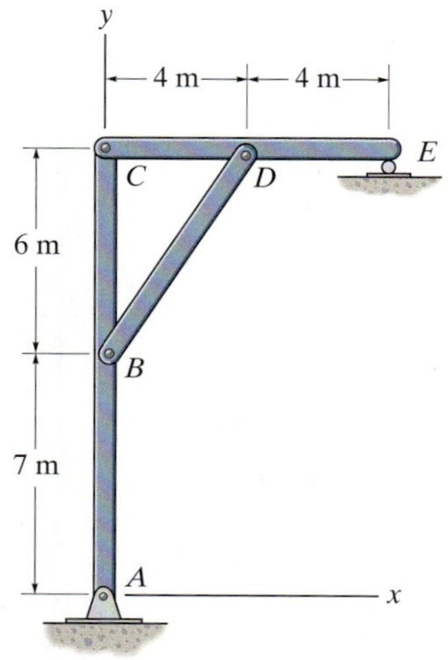

Vraagstuk 9.55

***9.56.** De constructie van staal- en aluminiumplaat is met bouten aan elkaar geschroefd en aan de muur bevestigd. De breedte van elke plaat is constant in de z-richting, namelijk 200 mm, en de dikte is 20 mm. De dichtheid van de stalen platen A en B is $\rho_s = 7{,}85$ Mg/m^3 en die van de aluminium plaat C is $\rho_{al} = 2{,}71$ Mg/m^3. Bepaal de plaats $\bar{x}$ van het massamiddelpunt. Verwaarloos de afmeting van de bouten.

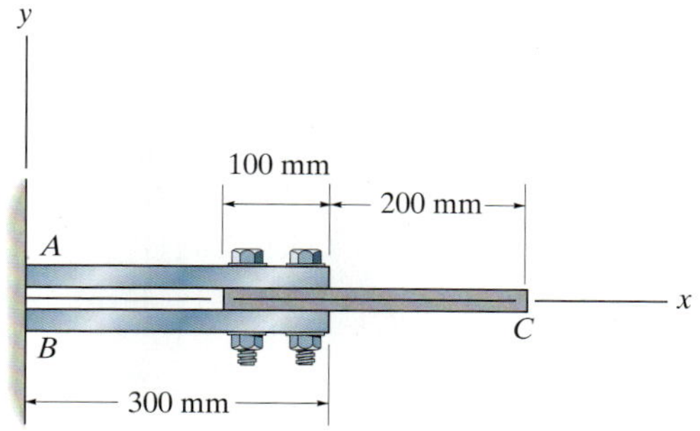

Vraagstuk 9.56

9.57. Om de plaats van het aangrijpingspunt van de zwaartekracht op de auto te bepalen, wordt deze eerst *waterpas* gezet, met twee wielen aan één kant rustend op de weegbrug P. In deze stand geeft de schaal een uitlezing van W_1. Vervolgens wordt één kant opgetild tot een geschikte hoogte c, zoals weergegeven. De nieuwe uitlezing op de schaal is W_2. Als de auto een totaal gewicht W heeft, bepaal dan de plaats van zijn aangrijpingspunt van de zwaartekracht $G\ (\bar{x}, \bar{y})$.

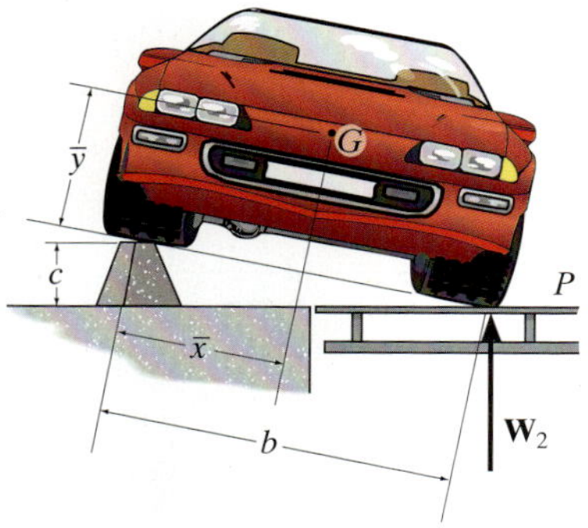

Vraagstuk 9.57

9.58. Bepaal de locatie $\bar{y}$ van de zwaartepuntsas $\bar{x}$-$\bar{x}$ van de dwarsdoorsnede van de balk. Verwaarloos in je berekening de afmetingen van de lasnaden in de hoeken in A en B.

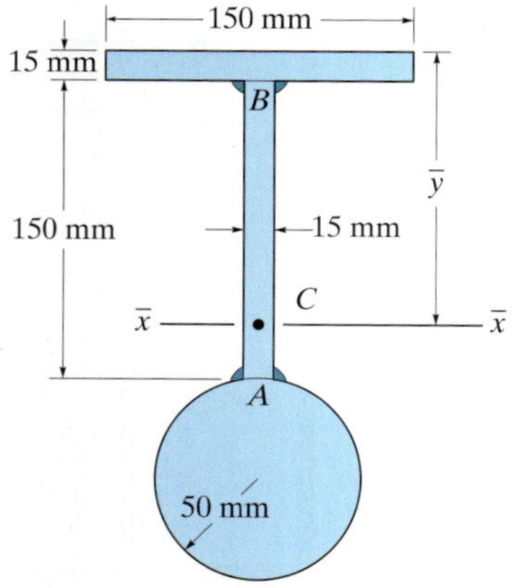

Vraagstuk 9.58

9.59. Bepaal de plaats van het zwaartepunt $\bar{y}$ van de dwarsdoorsnede van de samengestelde balk.

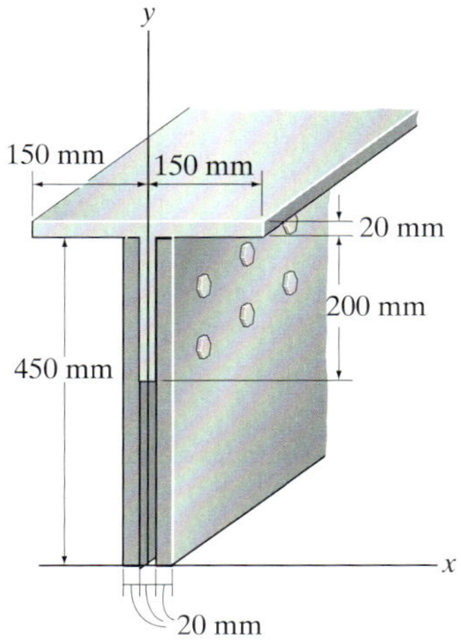

Vraagstuk 9.59

***9.60.** Bepaal de plaats van het zwaartepunt $\bar{y}$ van de dwarsdoorsnede van de samengestelde balk.

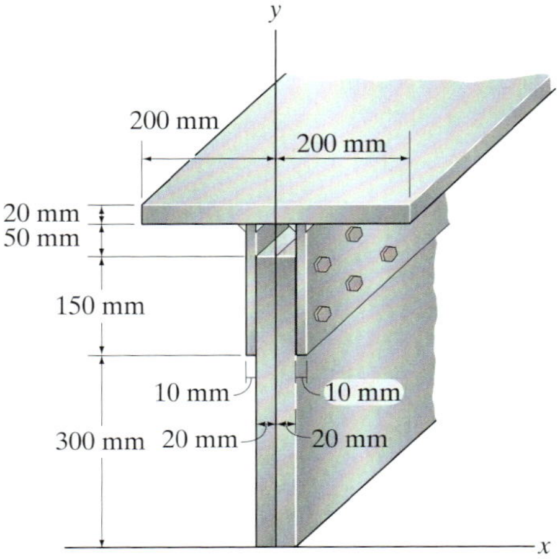

Vraagstuk 9.60

9.61. Bepaal de plaats van het zwaartepunt $(\bar{x}, \bar{y})$ van de dwarsdoorsnede van de staaf.

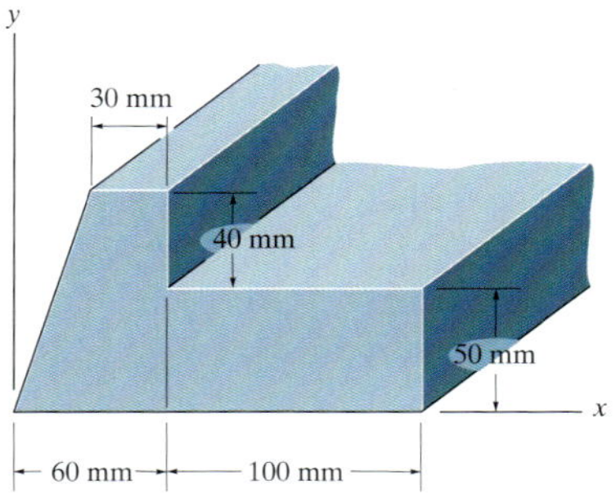

Vraagstuk 9.61

9.62. Bepaal de plaats van het zwaartepunt $\bar{y}$ van de doorsnede van het I-profiel.

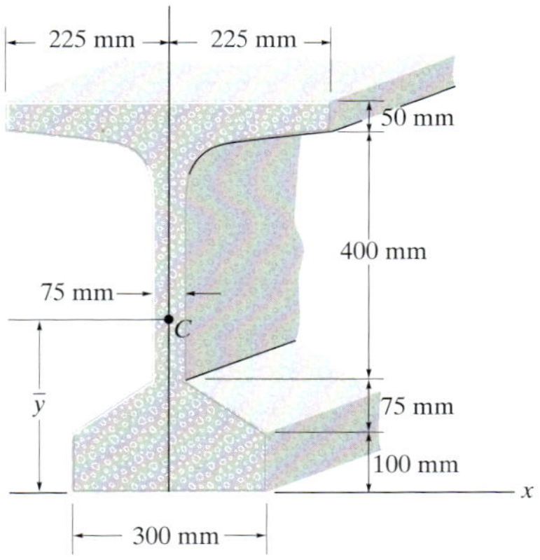

Vraagstuk 9.62

9.63. De zwaartekrachtsdam is gemaakt van beton. Bepaal de plaats $(\bar{x}, \bar{y})$ van het massamiddelpunt G van de dam.

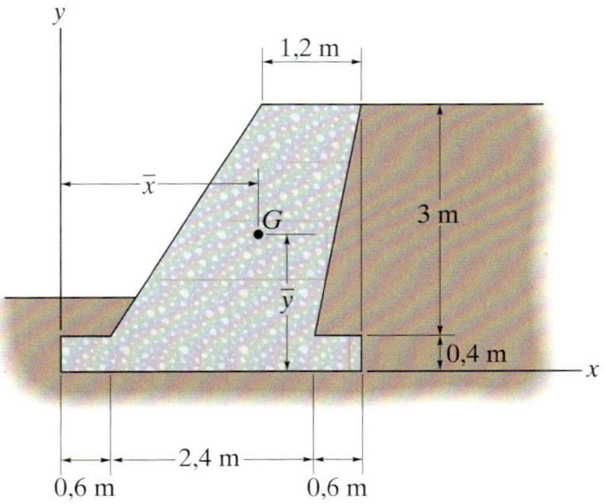

Vraagstuk 9.63

***9.64.** Bepaal de plaats van het zwaartepunt $\bar{y}$ van de betonnen balk met een conische dwarsdoorsnede.

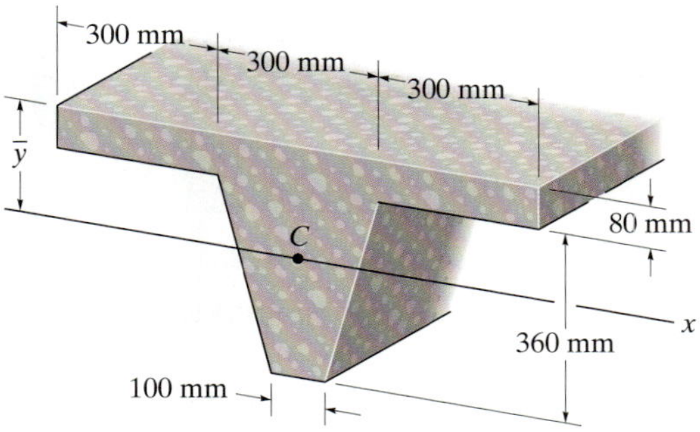

Vraagstuk 9.64

9.66. Bepaal de plaats van het zwaartepunt $\bar{y}$ van de dwarsdoorsnede van de samengestelde balk die bestaat uit een goot en een steunplaat. Veronderstel dat alle hoeken vierkant zijn en verwaarloos de afmetingen van de lasnaden in A.

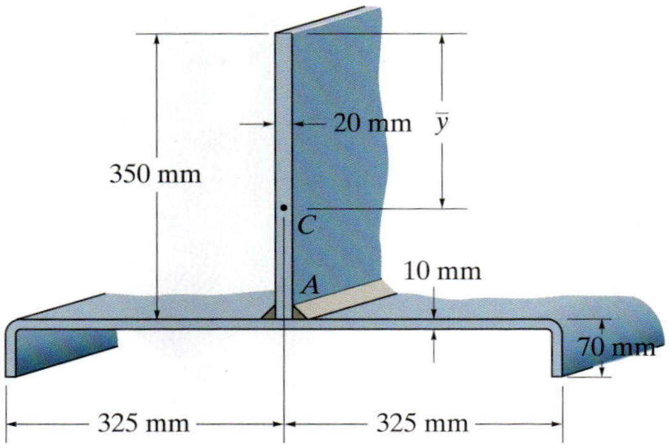

Vraagstuk 9.66

9.65. Bepaal de plaats van het zwaartepunt $G(\bar{x}, \bar{y})$ van de straatverlichting. Laat de dikte van elk segment buiten beschouwing. De massa per lengte-eenheid van elk segment is respectievelijk: $\rho_{AB} = 12$ kg/m, $\rho_{BC} = 8$ kg/m, $\rho_{CD} = 5$ kg/m en $\rho_{DE} = 2$ kg/m.

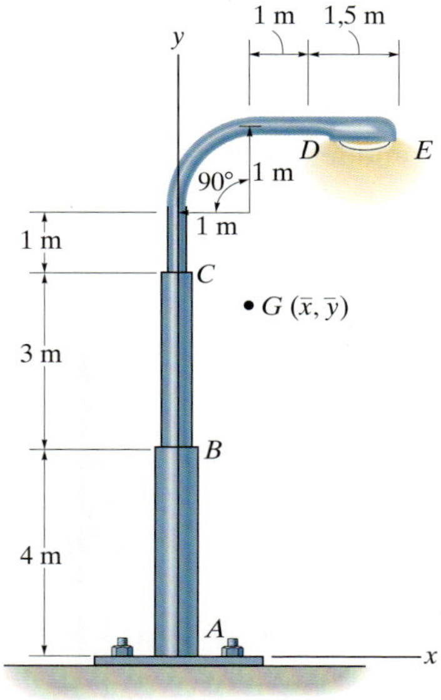

Vraagstuk 9.65

9.67. Een aluminium steun heeft een doorsnede zoals is weergegeven in de figuur. Bepaal de plaats $\bar{y}$ van de dwarsdoorsnede. Elk segment heeft een dikte van 10 mm.

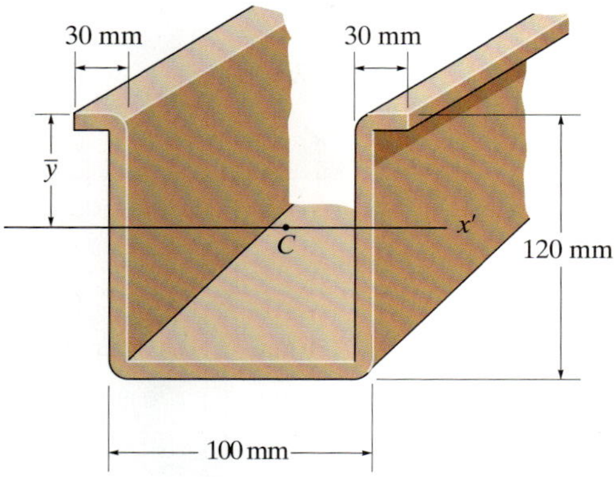

Vraagstuk 9.67

***9.68.** Bepaal de plaats van het zwaartepunt $\bar{y}$ van de dwarsdoorsnede van de balk.

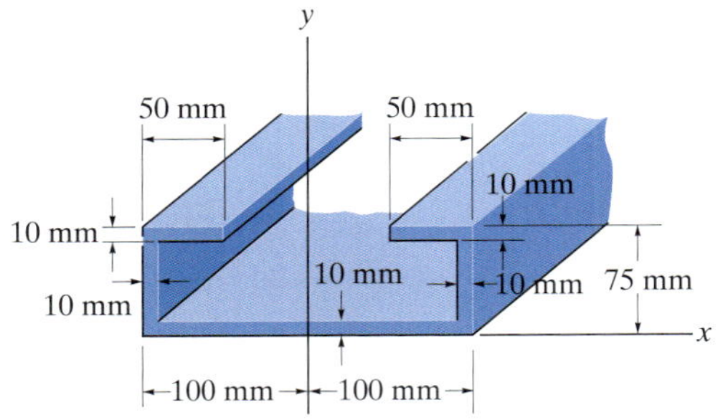

Vraagstuk 9.68

9.69. Bepaal de plaats $\bar{x}$ van het zwaartepunt C van het gekleurde gebied dat bestaat uit een deel van een cirkel met straal r.

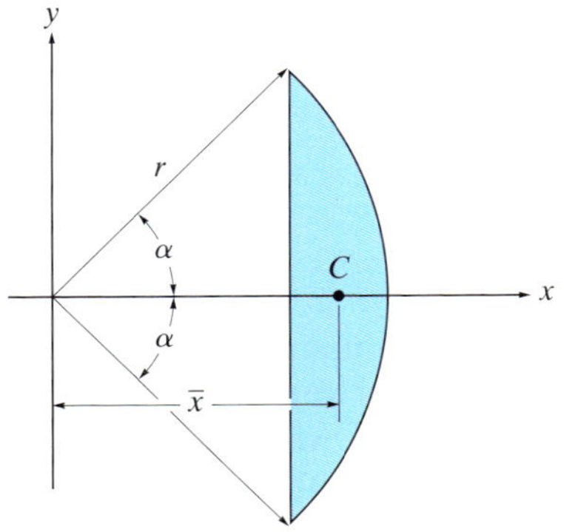

Vraagstuk 9.69

9.70. Bepaal de plaats van het zwaartepunt $\bar{y}$ voor de dwarsdoorsnede van het hoekprofiel.

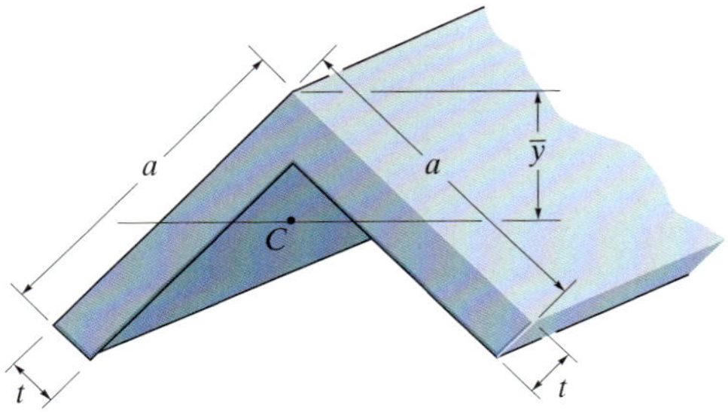

Vraagstuk 9.70

9.71. Bepaal de locatie $\bar{y}$ van het zwaartepunt van de dwarsdoorsnede van de balk. Verwaarloos in je berekening de afmetingen van de lasnaden in de hoeken in A en B.

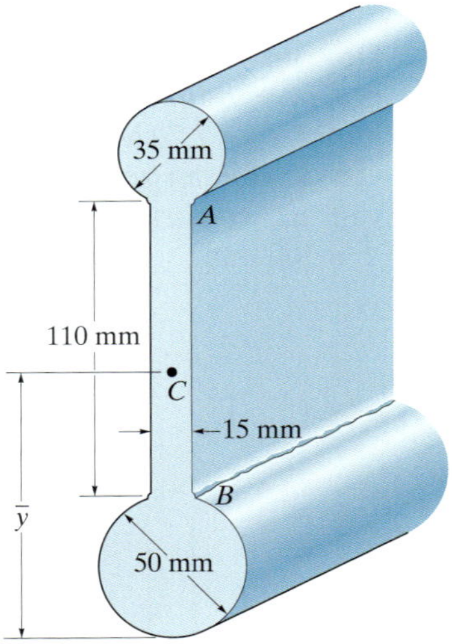

Vraagstuk 9.71

***9.72.** Homogene blokken met lengte L en massa m zijn op elkaar gestapeld, waarbij elk blok een afstand d overhangt boven het blok eronder, zoals weergegeven. Als de blokken op elkaar zijn gelijmd zodat ze niet kunnen omvallen, bepaal dan de plaats $\bar{x}$ van het massamiddelpunt van een stapel van n blokken.

9.73. Homogene blokken met lengte L en massa m zijn op elkaar gestapeld, waarbij elk blok een afstand d overhangt boven het blok eronder, zoals weergegeven. Toon aan dat het maximale aantal blokken dat op deze manier gestapeld kan worden, gelijk is aan $n < L/d$.

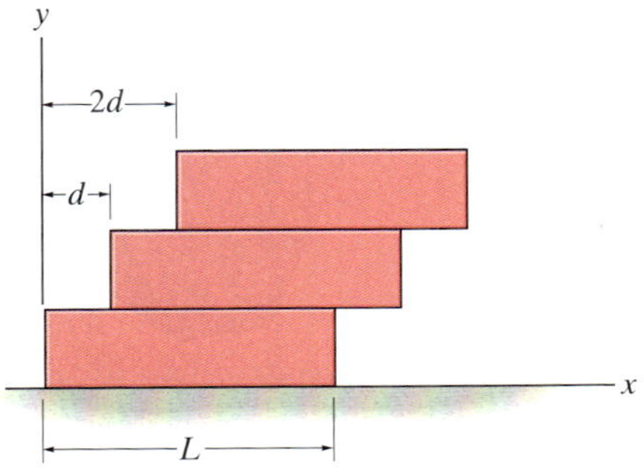

Vraagstukken 9.72/73

9.74. De constructie bestaat uit een stalen halve bol, ρ_{st} = 7,80 Mg/m^3, en een aluminium cilinder, ρ_{al} = 2,70 Mg/m^3. Bepaal het massamiddelpunt van de constructie als de hoogte van de cilinder gelijk is aan h = 200 mm.

9.75. De constructie bestaat uit een stalen halve bol, ρ_{st} = 7,80 Mg/m^3, en een aluminium cilinder, ρ_{al} = 2,70 Mg/m^3. Bepaal de hoogte h van de cilinder zodat het massamiddelpunt van de constructie gegeven wordt door $\bar{z}$ = 160 mm.

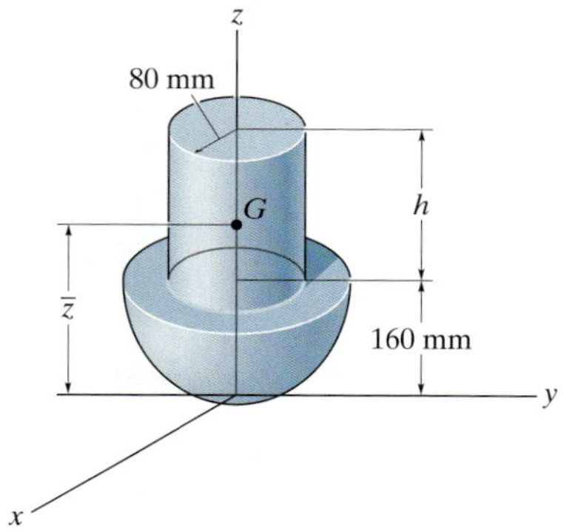

Vraagstukken 9.74/75

***9.76.** Bepaal de plaats van het zwaartepunt $\bar{y}$ van de dwarsdoorsnede van de balk.

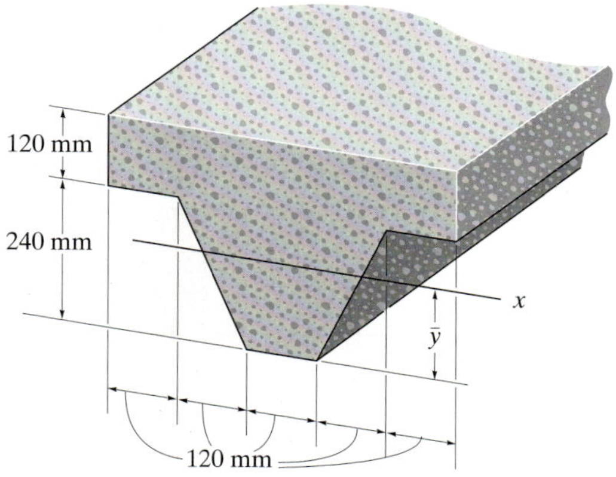

Vraagstuk 9.76

9.77. Bepaal de plaats van het zwaartepunt $\bar{y}$ van de dwarsdoorsnede van de drager.

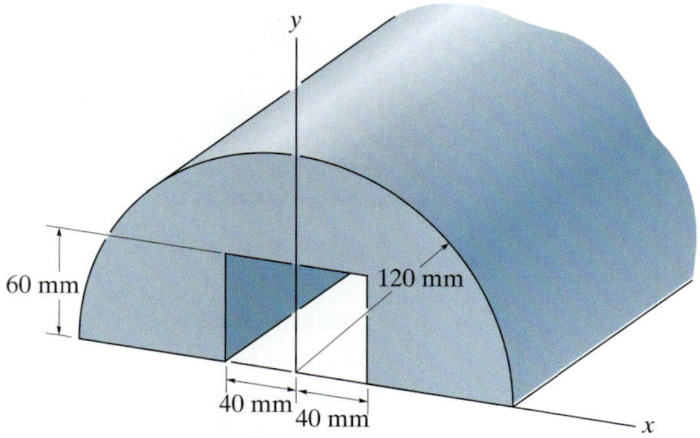

Vraagstuk 9.77

9.78. Een aluminium steun heeft een doorsnede zoals is weergegeven in de figuur. Bepaal de plaats $\bar{y}$ van de dwarsdoorsnede. Elk segment heeft een dikte van 10 mm.

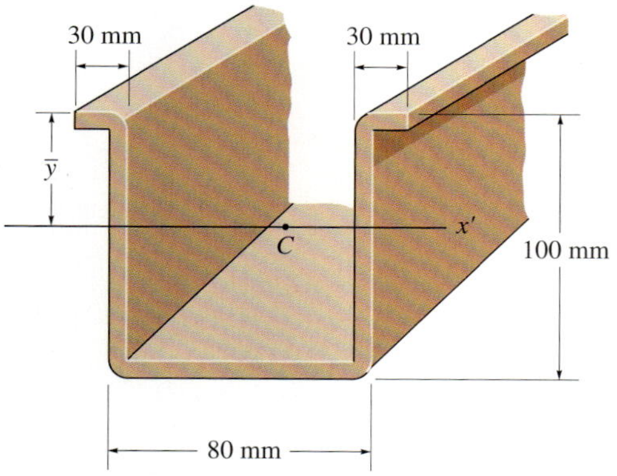

Vraagstuk 9.78

9.79. Bepaal de plaats van het massamiddelpunt van het blok. De materialen 1, 2 en 3 hebben een dichtheid van respectievelijk 2,70 Mg/m^3, 5,70 Mg/m^3 en 7,80 Mg/m^3.

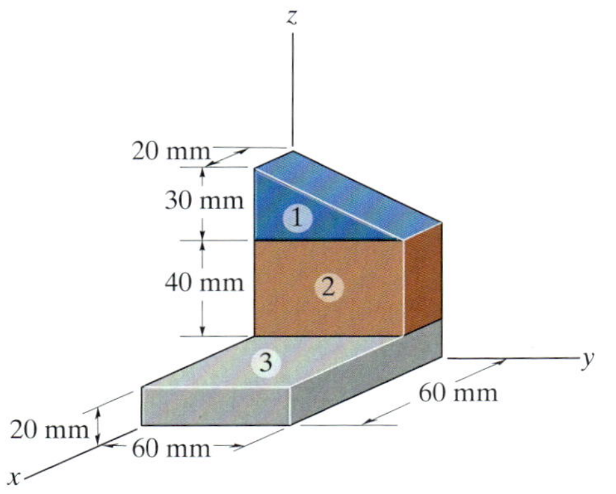

Vraagstuk 9.79

***9.80.** Bepaal de plaats van het zwaartepunt $\bar{z}$ van het homogene volume, dat bestaat uit kegel op een cilinder, waarin aan de onderkant een halfbolvormige boring is aangebracht.

9.81. Bepaal de plaats van het zwaartepunt $\bar{z}$ van het volume, dat bestaat uit kegel op een cilinder, waarin aan de onderkant een halfbolvormige boring is aangebracht. De kegel en de cilinder zijn gemaakt van een materiaal met een dichtheid van respectievelijk 7,80 Mg/m^3 en 2,70 Mg/m^3.

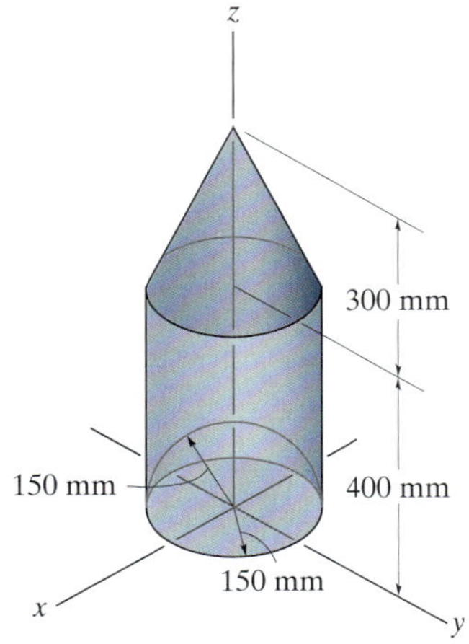

Vraagstukken 9.80/81

9.82. Bepaal de afstand h tot een gat met een diameter van 100 mm in de basis van de kegel, zodanig dat het massamiddelpunt van de resulterende vorm $\bar{z}$ zich bevindt op 115 mm. Het materiaal heeft een dichtheid van 8 Mg/m^3.

9.83. Bepaal de afstand $\bar{z}$ tot het zwaartepunt van de vorm die bestaat uit een kegel met in de basis een gat met een diepte $h = 50$ mm.

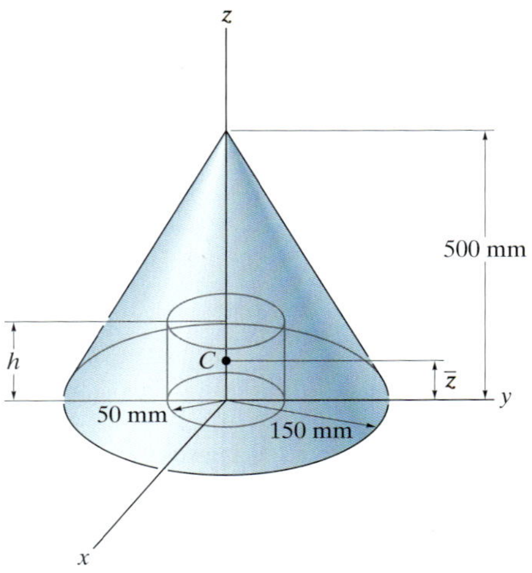

Vraagstukken 9.82/83

***9.84.** Bepaal de afstand $\bar{x}$ tot het zwaartepunt van de vorm die bestaat uit een cilinder met in de basis daarvan een gat met een diepte $h = 50$ mm.

9.85. Bepaal de diepte h van een gat dat in de cilinder moet worden geboord, zodanig dat het massamiddelpunt van het geheel zich bevindt in $\bar{x} = 64$ mm. Het materiaal heeft een dichtheid van 8 Mg/m^3.

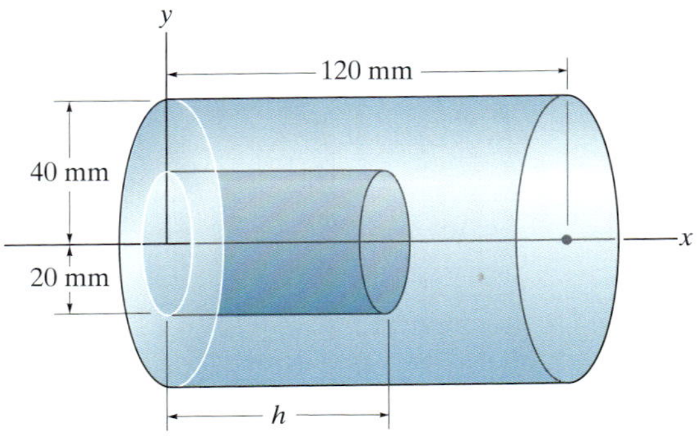

Vraagstukken 9.84/85

9.86. Bepaal de plaats van het massamiddelpunt $\bar{z}$ van de samenstelling. De samenstelling bestaat uit een cilindrische kern A, met een dichtheid van 7,90 Mg/m^3, en een cilindrisch buitendeel B, en een kegel, C, elk met een dichtheid van 2,70 Mg/m^3.

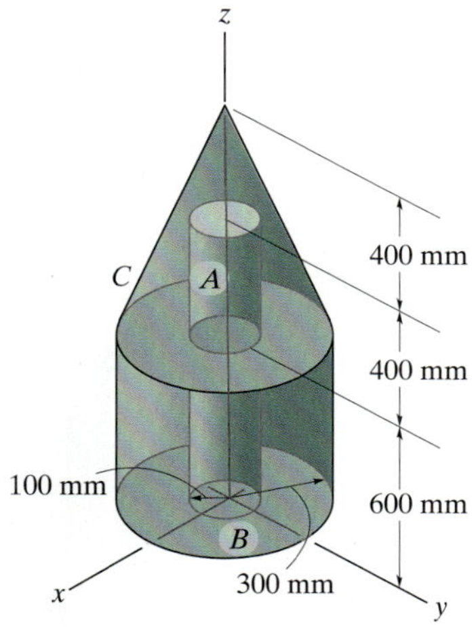

Vraagstuk 9.86

***9.88.** In het midden van het homogene blok moet een gat met een straal r worden geboord. Bepaal de diepte h van het gat, zodanig dat het zwaartepunt G zich zo laag mogelijk bevindt.

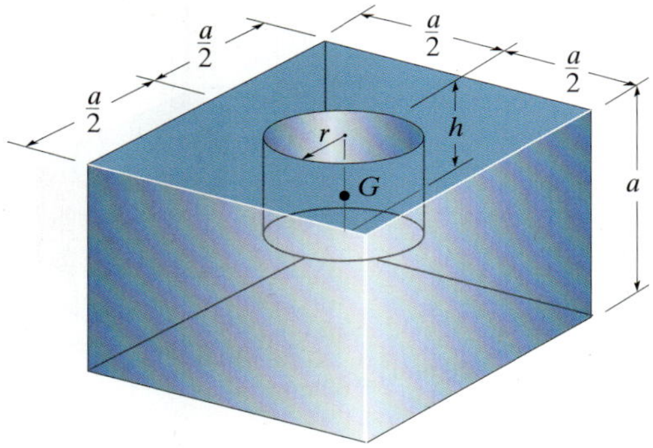

Vraagstuk 9.88

9.87. Bepaal de plaats van het massamiddelpunt $\bar{z}$ van de samenstelling. Het materiaal heeft een dichtheid $\rho = 3$ Mg/m^3. De boring met een diameter van 20 mm is centrisch uitgevoerd.

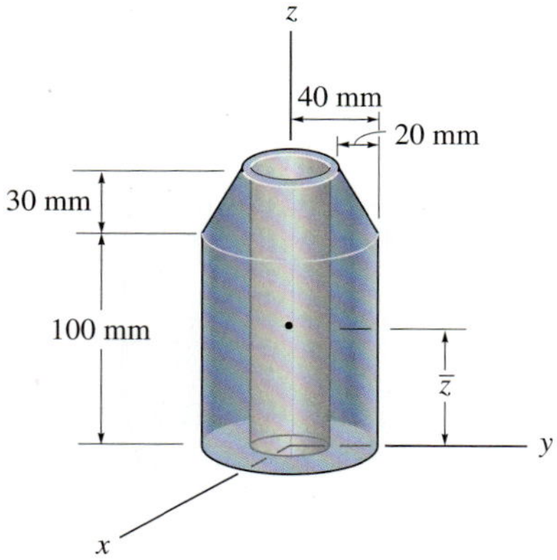

Vraagstuk 9.87

9.89. Bepaal de plaats van het massamiddelpunt $\bar{z}$ van de constructie. De cilinder en de kegel zijn gemaakt van materialen met soortelijke massa's van respectievelijk 5 Mg/m^3 en 9 Mg/m^3.

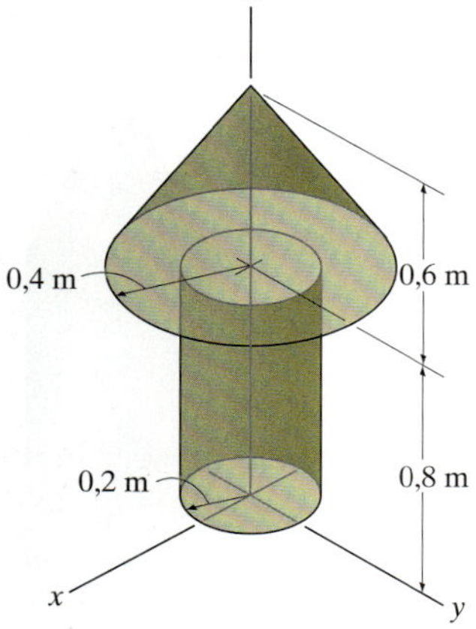

Vraagstuk 9.89

*9.3 Stellingen van Pappus en Guldin

De twee *stellingen van Pappus en Guldin* worden gebruikt om de grootte van het omwentelingsoppervlak en het volume van een willekeurig omwentelingslichaam te bepalen. Ze werden voor het eerst afgeleid door Pappus van Alexandrië in de vierde eeuw v.C. en later geherformuleerd door de Zwitserse wiskundige Paul Guldin oftewel Guldinus (1577–1643).

Omwentelingsoppervlak Als we een *vlakke kromme* wentelen om een as die de kromme niet snijdt, genereren we een *omwentelingsoppervlak*. Zo wordt bijvoorbeeld het omwentelingsoppervlak in fig. 9.19 gevormd door wentelen van de kromme met lengte L om de horizontale as. Voor het bepalen van de grootte van dit omwentelingsoppervlak beschouwen we eerst het differentiaal-lijnelement met lengte dL. Als dit element 2π radialen om de as wordt gewenteld, wordt er een ring met een oppervlakte $dA = 2\pi r\,dL$ gegenereerd. Dus is de grootte van het gehele omwentelingsoppervlak gelijk aan $A = 2\pi\int r\,dL$. Omdat $\int r\,dL = \bar{r}L$ (vgl. 9.5), is dus $A = 2\pi\,\bar{r}L$. Als de kromme slechts over een hoek θ (in radialen) wordt gewenteld, geldt:

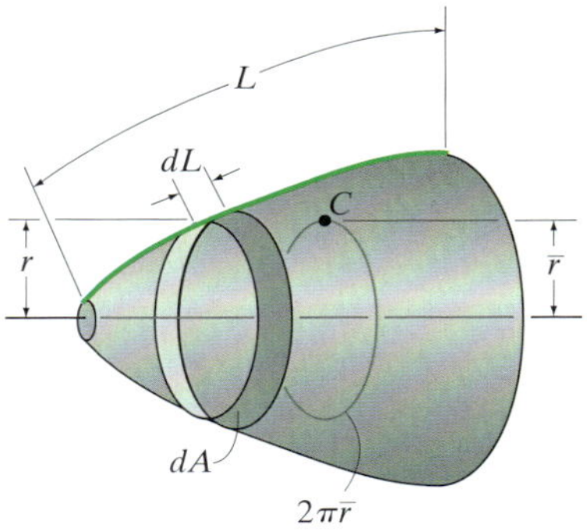

Fig. 9.19

$$A = \theta\bar{r}L \tag{9.7}$$

waarin

A	=	grootte van het omwentelingsoppervlak
θ	=	omwentelingshoek gemeten in radialen, $\theta \leq 2\pi$
$\bar{r}$	=	loodrechte afstand van de omwentelingsas tot het zwaartepunt van de vlakke kromme.
L	=	lengte van de vlakke kromme.

De eerste stelling van Pappus en Guldin stelt dus dat *de grootte van een omwentelingsoppervlak gelijk is aan het product van de lengte van de te roteren kromme en de afstand die het zwaartepunt van de kromme aflegt bij het genereren van het omwentelingsoppervlak.*

De hoeveelheid dakbedekkingsmaterialen die gebruikt is voor deze opslagfaciliteit, kan worden geschat met behulp van de stelling van Pappus en Guldin voor het bepalen van de oppervlakte.

Omwentelingslichaam Een *omwentelingslichaam* kan worden gegenereerd door een *vlak gebied* te wentelen om een as die het gebied niet snijdt. Als we bijvoorbeeld het grijze gebied A in fig. 9.20 om de horizontale as wentelen, genereert dit het getoonde omwentelingslichaam. Dit omwentelingslichaam kan worden bepaald door eerst het differentiaalelement met oppervlakte dA 2π radialen te wentelen om de as, zodat er een ring met volume $dV = 2\pi r\,dA$ wordt gegenereerd. Het volume van het gehele omwentelingslichaam is dus $V = 2\pi\int r dA$. Echter, $\int r dA = \bar{r}A$, vgl. 9.4, zodat $V = 2\pi\bar{r}A$. Als het gebied slechts over een hoek θ (in radialen) wordt gewenteld, geldt:

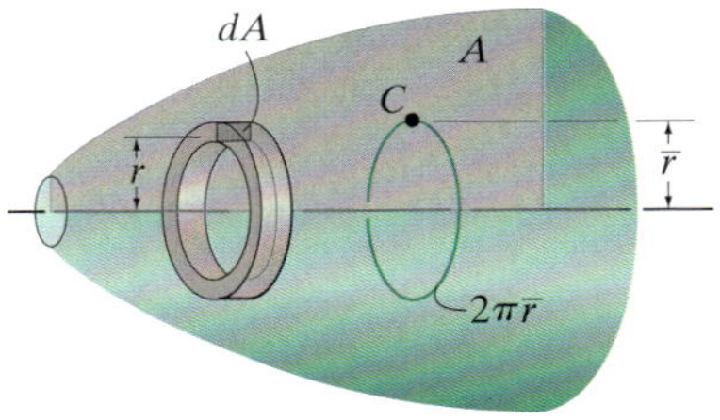

Fig. 9.20

$$V = \theta\bar{r}A \tag{9.8}$$

waarin

V	=	volume van het omwentelingslichaam.
θ	=	omwentelingshoek in radialen, $\theta \leq 2\pi$.
$\bar{r}$	=	loodrechte afstand van de omwentelingsas tot het zwaartepunt van het vlak dat om de as roteert.
A	=	oppervlakte van het vlak dat om de as roteert.

Het volume aan kunstmest binnen deze silo kan worden bepaald met behulp van de tweede stelling van Pappus en Guldin.

Daarom stelt de tweede stelling van Pappus en Guldin dat *het volume van een omwentelingslichaam gelijk is aan het product van de oppervlakte van het te roteren gebied en de afgelegde afstand door het zwaartepunt van het gebied bij het genereren van het omwentelingslichaam.*

Samengestelde vormen We mogen de twee stellingen hierboven ook toepassen op lijnen of vlakken die uit een aantal delen bestaan. In dit geval is de totale oppervlakte of het totale volume de som van de oppervlaktes of volumes die gegenereerd zijn door de samenstellende onderdelen. Als de loodrechte afstand van de omwentelingsas tot het zwaartepunt van elk samengesteld deel gelijk is aan $\tilde{r}$, dan:

$$A = \theta \Sigma(\tilde{r} L) \tag{9.9}$$

en

$$V = \theta \Sigma(\tilde{r} A) \tag{9.10}$$

De toepassing van de bovenstaande stellingen wordt numeriek geïllustreerd in het volgende voorbeeld.

Voorbeeld 9.12

Toon aan dat de oppervlakte van een bol gelijk is aan $A = 4\pi R^2$ en dat de inhoud gelijk is aan $V = 4/3\pi R^3$.

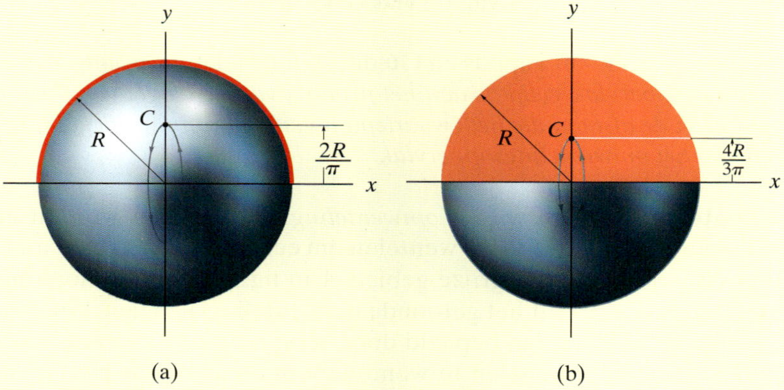

Fig. 9.21

OPLOSSING

Oppervlakte Het oppervlak van de bol in fig. 9.21*a* wordt gegenereerd door een halve cirkel om de *x*-as te laten roteren. Wanneer we de tabel aan het einde van dit boek raadplegen, zien we dat het zwaartepunt van deze boog op een afstand $\bar{r} = 2R/\pi$ van de omwentelingsas (*x*-as) ligt. Aangezien het zwaartepunt tijdens het genereren van de bol een hoek $\theta = 2\pi$ rad aflegt, levert toepassing van vgl. 9.7 het volgende op:

$$A = \theta \bar{r} L; \qquad A = 2\pi\left(\frac{2R}{\pi}\right)\pi R = 4\pi R^2 \qquad \textit{Antw.}$$

Volume Het volume van de bol wordt gegenereerd door de halve cirkel in fig. 9.21*b* om de *x*-as te laten wentelen. Wanneer we de tabel aan het einde van dit boek gebruiken, $\bar{r} = 4R/3\pi$, om de positie van het zwaartepunt van het vlak te bepalen en vgl. 9.8 toepassen, krijgen we:

$$V = \theta \bar{r} A; \qquad V = 2\pi\left(\frac{4R}{3\pi}\right)\left(\frac{1}{2}\pi R^2\right) = \frac{4}{3}\pi R^3 \qquad \textit{Antw.}$$

Voorbeeld 9.13

Bepaal de grootte van het omwentelingsoppervlak en het volume van het vaste lichaam in fig. 9.22*a*.

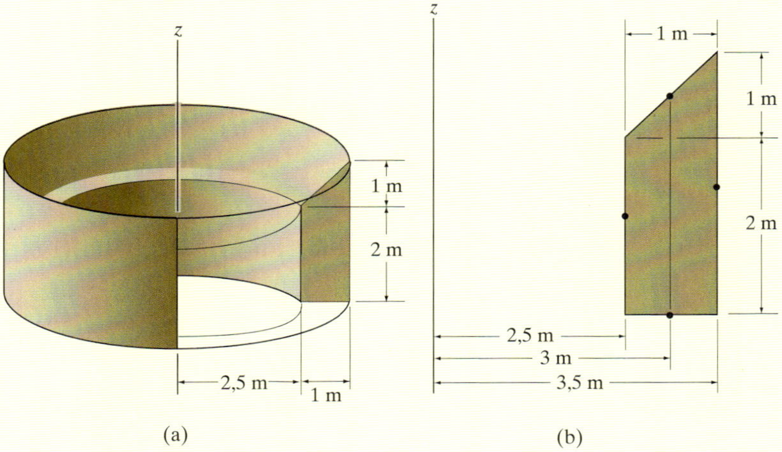

Fig. 9.22

OPLOSSING

Oppervlakte Het omwentelingsoppervlak wordt gegenereerd door de vier lijnsegmenten in fig. 9.22*b* 2π radialen om de *z*-as te wentelen. In de figuur zijn ook de afstanden van elk segment tot de *z*-as aangegeven. Toepassen van vgl. 9.7 levert:

$$A = 2\pi \Sigma \bar{r} L = 2\pi[(2{,}5\text{ m})(2\text{ m}) + (3\text{ m})\left(\sqrt{(1\text{ m})^2 + (1\text{ m})^2}\right)$$
$$+ (3{,}5\text{ m})(3\text{ m}) + (3\text{ m})(1\text{ m})]$$
$$= 143\text{ m}^2 \qquad \textit{Antw.}$$

Volume Het omwentelingslichaam wordt gegenereerd door het wentelen van de twee oppervlaktesegmenten in fig. 9.22*c* over 2π radialen om de z-as. In de figuur zijn ook de afstanden van elk segment tot de z-as aangegeven. Toepassen van vgl. 9.10 levert:

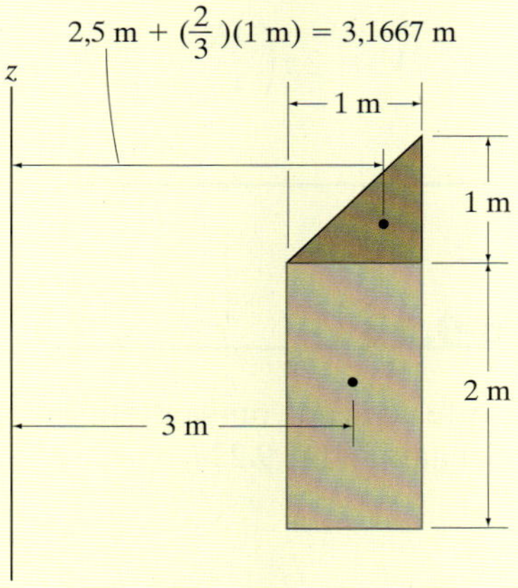

(c)

Fig. 9.22 (vervolg)

$$V = 2\pi\Sigma\bar{r}A = 2\pi\left\{(3{,}1667\text{ m})\left[\frac{1}{2}(1\text{ m})(1\text{ m})\right]+(3\text{ m})[(2\text{ m})(1\text{ m})]\right\}$$

$$= 47{,}6\text{ m}^3$$ *Antw.*

Fundamentele vraagstukken

F9.13. Bepaal de oppervlakte en het volume van het vaste lichaam dat wordt gevormd door het grijze vlak over 360° om de z-as te wentelen.

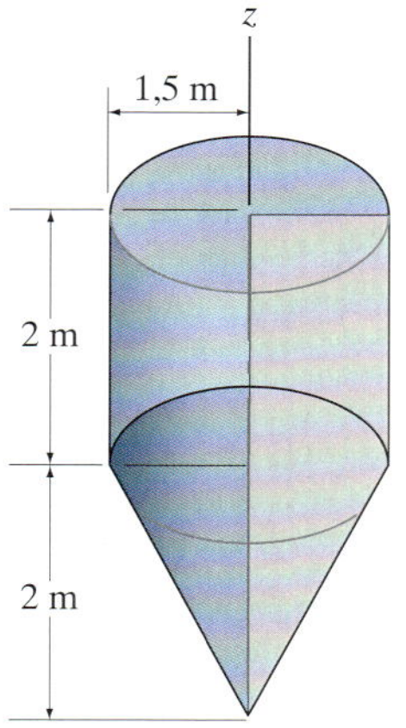

F9.13

F9.14. Bepaal de oppervlakte en het volume van het vaste lichaam dat wordt gevormd door het grijze vlak over 360° om de z-as te wentelen.

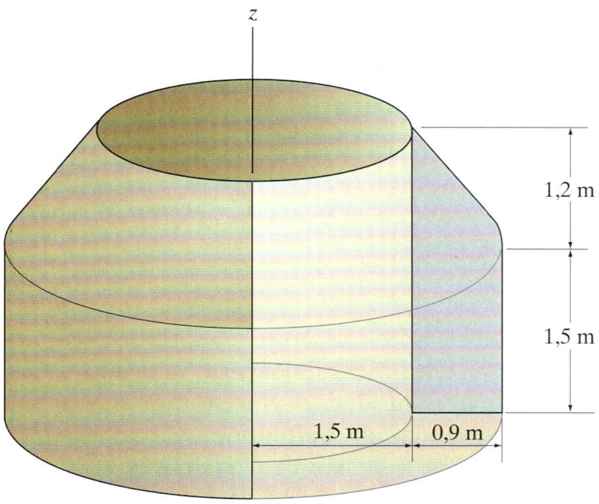

F9.14

F9.15. Bepaal de oppervlakte en het volume van het vaste lichaam dat wordt gevormd door het grijze vlak over 360° om de z-as te wentelen.

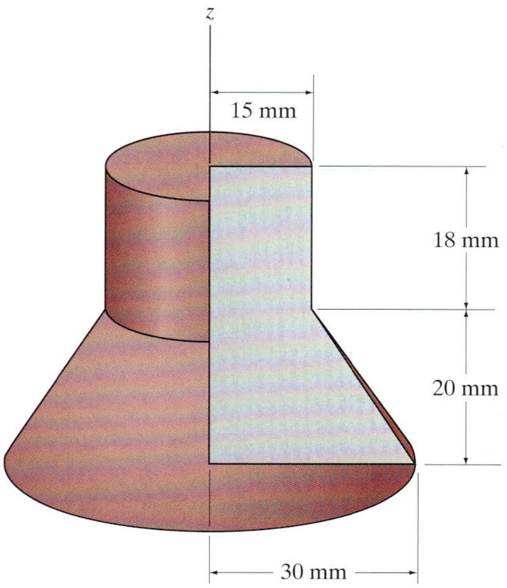

F9.15

F9.16. Bepaal de oppervlakte en het volume van het vaste lichaam dat wordt gevormd door het grijze vlak over 360° om de z-as te wentelen.

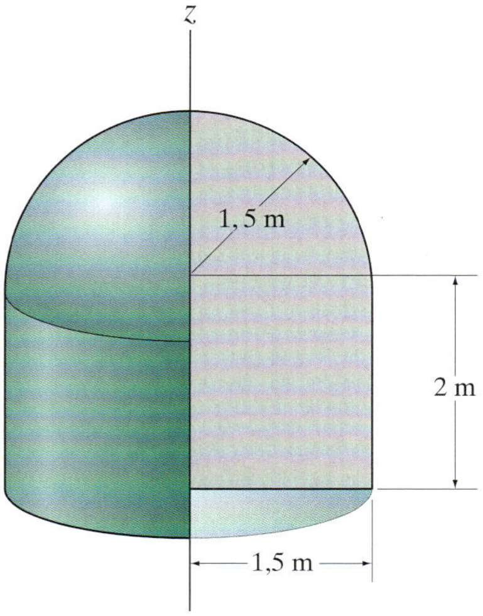

F9.16

Vraagstukken

9.90. De watertank AB heeft een halfronde bovenkant en is gemaakt van dunne staalplaat. Bepaal het volume binnen de tank.

9.91. De watertank AB heeft een halfrond dak en is gemaakt van dunne staalplaat. Als met een liter verf 3 m^2 van de oppervlakte van de tank geverfd kan worden, bepaal dan hoeveel liter er nodig is om het oppervlak van de tank tussen A en B te verven.

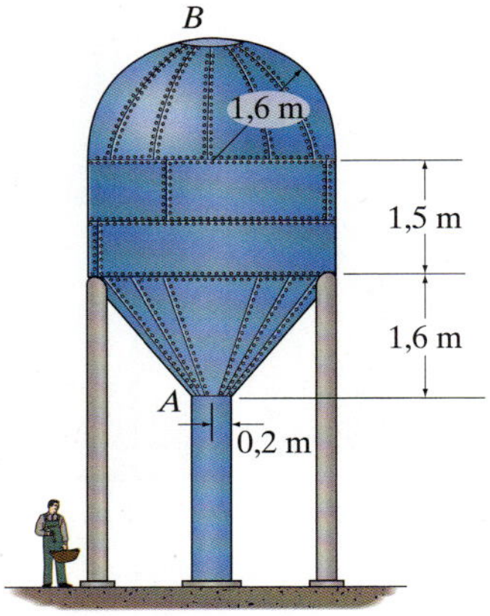

Vraagstukken 9.90/91

***9.92** Bepaal het oppervlak van de buitenkant van de silo.

9.93. De silo is tot bovenaan gevuld met steenkool. Geef een schatting van het volume van de steenkool als de tussenliggende lucht 30 procent van het volume van de silo bedraagt.

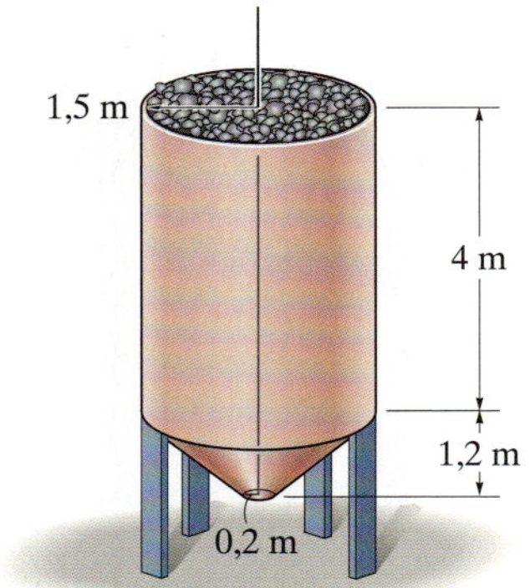

Vraagstukken 9.92/93

9.94. De *velg* van een vliegwiel heeft de doorsnede A-A zoals is weergegeven in de figuur. Bepaal het materiaalvolume van deze constructie.

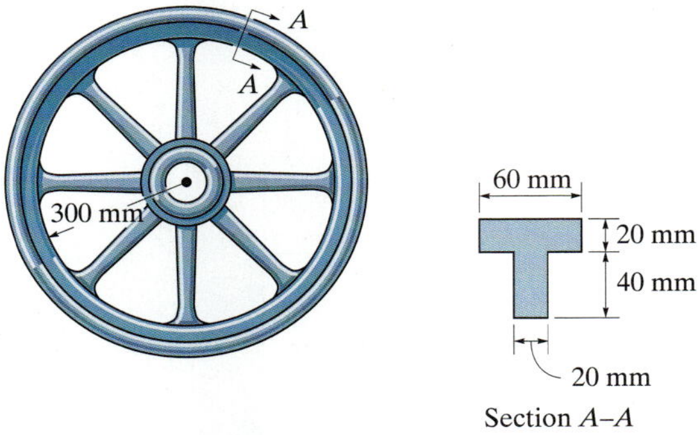

Vraagstuk 9.94

9.95. Bepaal de oppervlakte van de tank, bestaande uit een cilinder en een halfronde kap.

***9.96.** Bepaal het volume van de dunwandige tank, bestaande uit een cilinder en een halfronde kap.

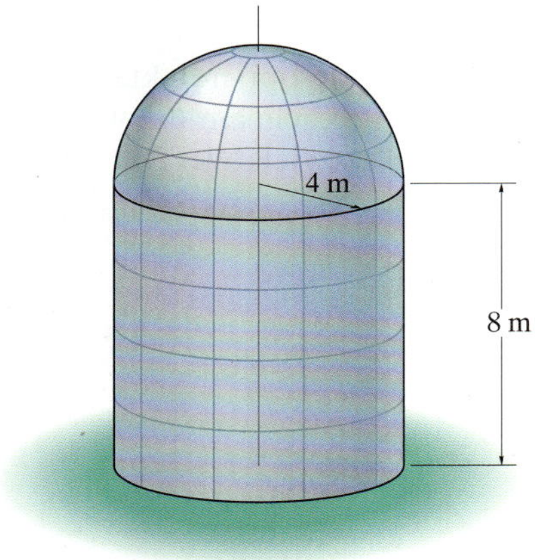

Vraagstukken 9.95/96

9.97. De procestank wordt gebruikt om tijdens de productie vloeistoffen in op te slaan. Schat de buitenoppervlakte van de tank. De tank heeft een vlakke bovenkant en het plaatmateriaal waarvan de tank gemaakt is heeft een verwaarloosbare dikte.

9.98. De procestank wordt gebruikt om tijdens de productie vloeistoffen in op te slaan. Schat het volume van de tank. De tank heeft een vlakke bovenkant en het plaatmateriaal waarvan de tank gemaakt is heeft een verwaarloosbare dikte.

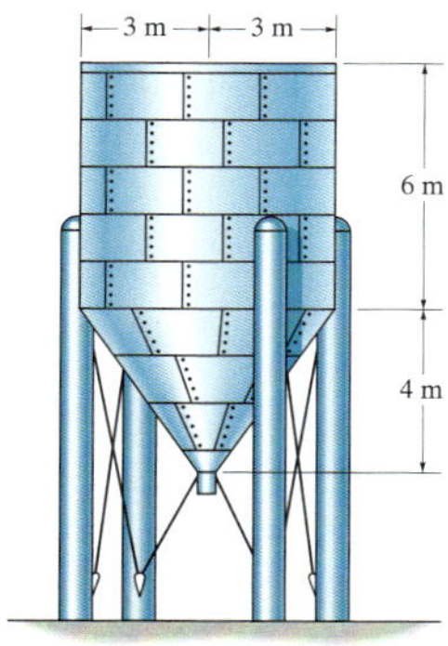

Vraagstukken 9.97/98

9.99 De silo is tot bovenaan gevuld met steenkool. Geef een schatting van het volume van de steenkool als de tussenliggende lucht 35 procent van het volume van de silo bedraagt.

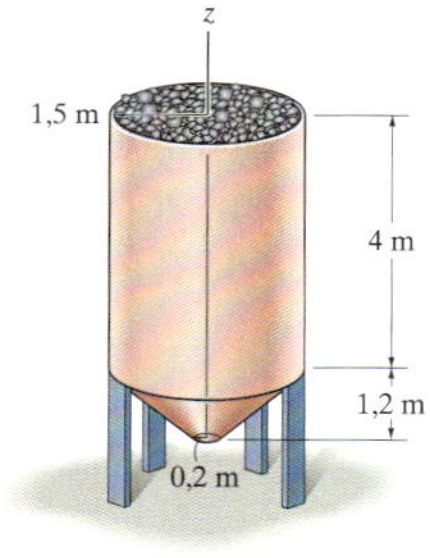

Vraagstuk 9.99

***9.100.** Het zand is tegen de twee muren gestort, op de manier zoals is weergegeven in de figuur. Veronderstel dat de zandhoop de vorm heeft van een kwart kegel en dat 26 procent van dit volume uit lucht bestaat. Gebruik de tweede stelling van Pappus-Guldin om het volume zand te bepalen.

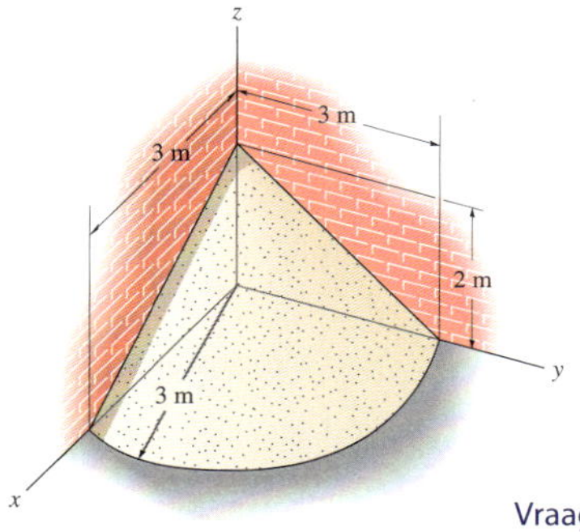

Vraagstuk 9.100

9.101. Bepaal de oppervlakte en het volume van de ring die ontstaat wanneer het vierkant om de verticale as wordt geroteerd.

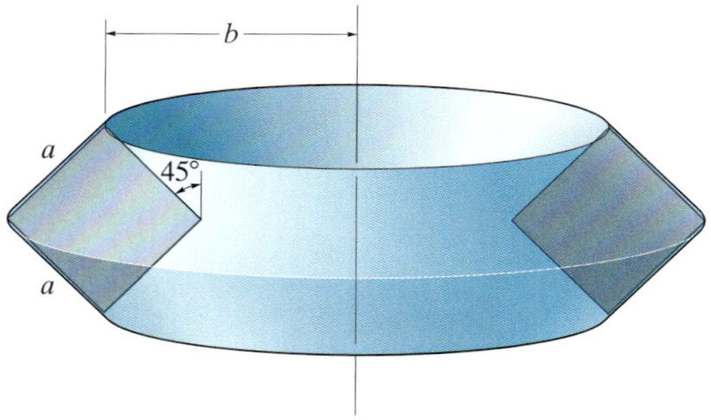

Vraagstuk 9.101

9.102. Bepaal het materiaalvolume dat nodig is om deze vorm te gieten.

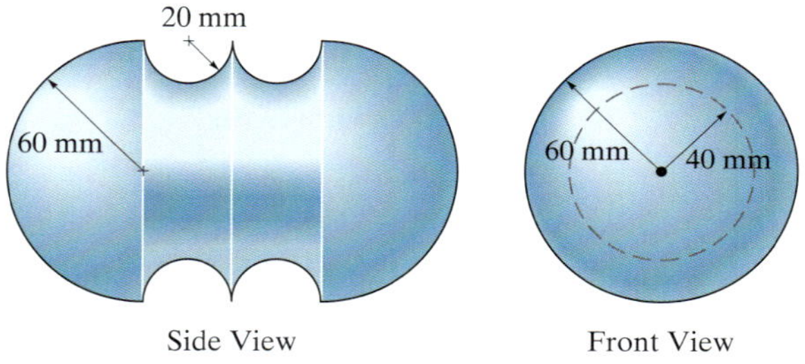

Vraagstuk 9.102

9.103. Bepaal de oppervlakte tussen A en B van de tank.

***9.104.** Bepaal het volume binnen de dunwandige tank tussen A en B.

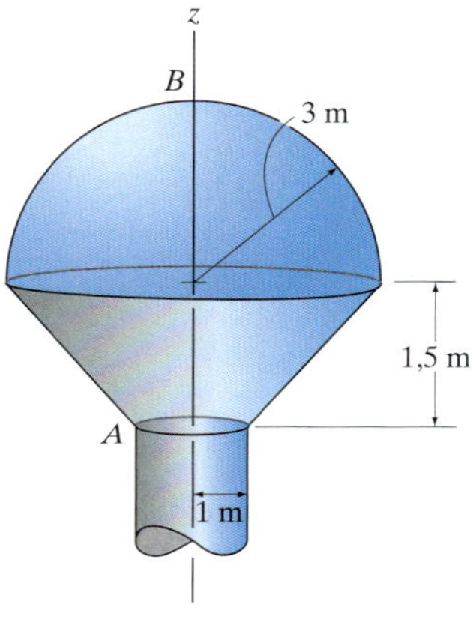

Vraagstukken 9.103/104

9.105. Een stalen wiel heeft een diameter van 840 mm en een dwarsdoorsnede zoals is weergegeven in de afbeelding. Bepaal de totale massa van het wiel als $\rho = 5\ \text{Mg/m}^3$.

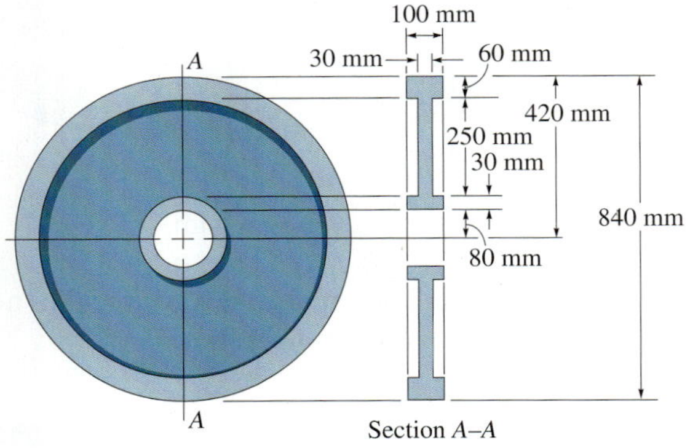

Vraagstuk 9.105

9.106. Bepaal het volume van een ellipsoïde die wordt gevormd door het gekleurde oppervlak om de x-as te roteren. Gebruik de tweede stelling van Pappus-Guldin. Bepaal eerst de oppervlakte en de plaats van het zwaartepunt $\bar{y}$ van het gekleurde oppervlak met behulp van integratie.

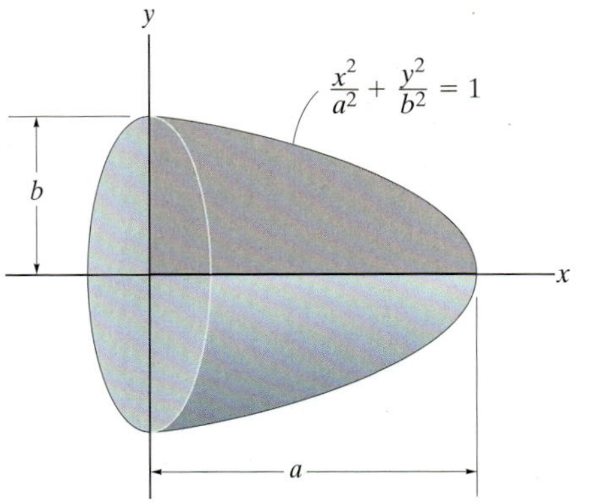

Vraagstuk 9.106

9.107. Bepaal zowel de oppervlakte als de zwaartepuntafstand $\bar{x}$ van het gekleurde oppervlak. Gebruik vervolgens de tweede stelling van Pappus-Guldin om het volume te bepalen van het lichaam dat ontstaat door het oppervlak om de y-as te roteren.

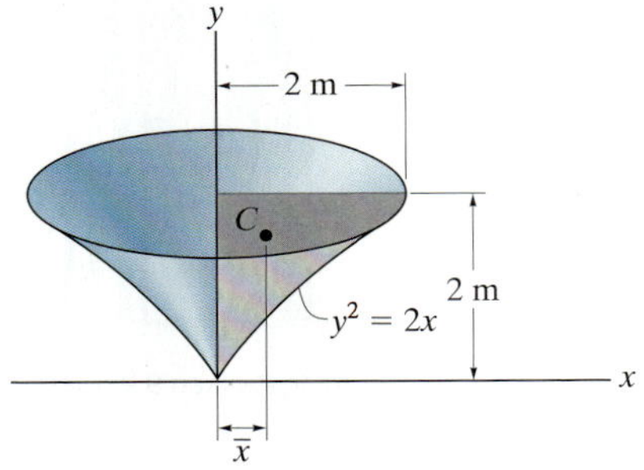

Vraagstuk 9.107

***9.108.** Bepaal de hoogte h tot waar de vloeistof in de kegelvormige papieren beker kan worden gegoten, zodanig dat deze de helft van het oppervlak aan de binnenzijde van de beker raakt.

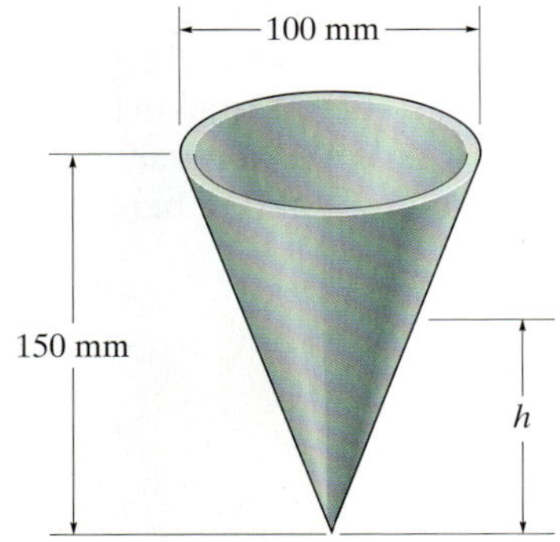

Vraagstuk 9.108

9.109. Bepaal de inwendige oppervlakte van de remzuiger. Het onderdeel is cirkelvormig en de dwarsdoorsnede is weergegeven in de figuur.

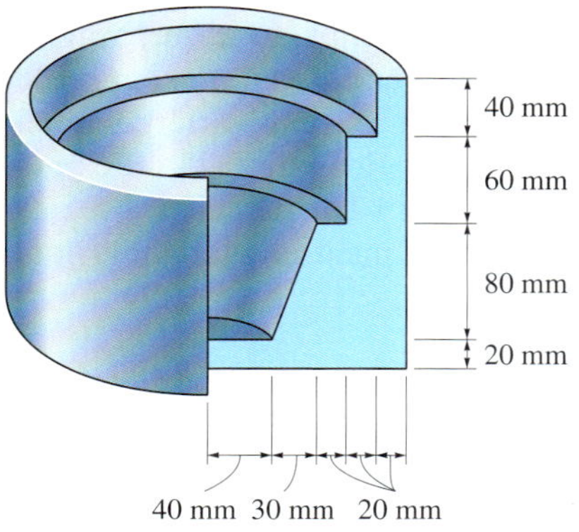

Vraagstuk 9.109

9.110. Bepaal de oppervlakte en het volume van het conische lichaam.

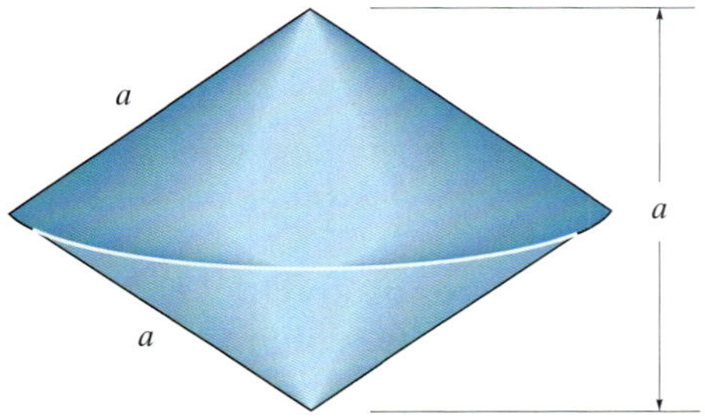

Vraagstuk 9.110

9.111. Bepaal de hoogte h tot waar vloeistof in de beker moet worden gegoten, zodanig dat de helft van het inwendige oppervlak in aanraking met vloeistof is. Verwaarloos de dikte van de beker in je berekening

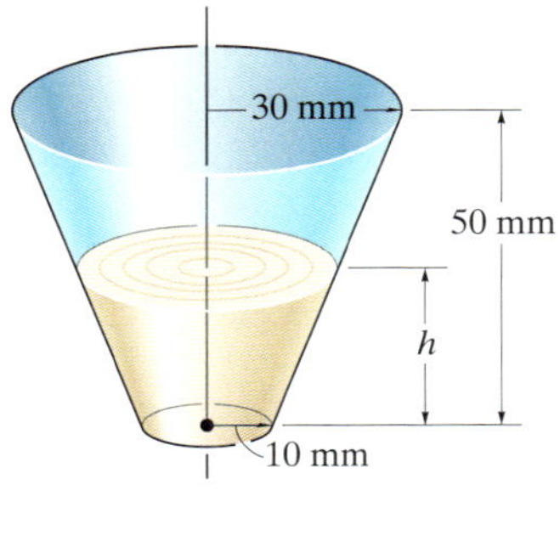

Vraagstuk 9.111

***9.112.** Het dak van de watertank heeft de vorm van een omwentelingsparaboloïde. Met een liter verf kan 3 m^2 tankoppervlakte worden geschilderd. Hoeveel liter verf is er nodig om het hele dak van de tank een kleur te geven?

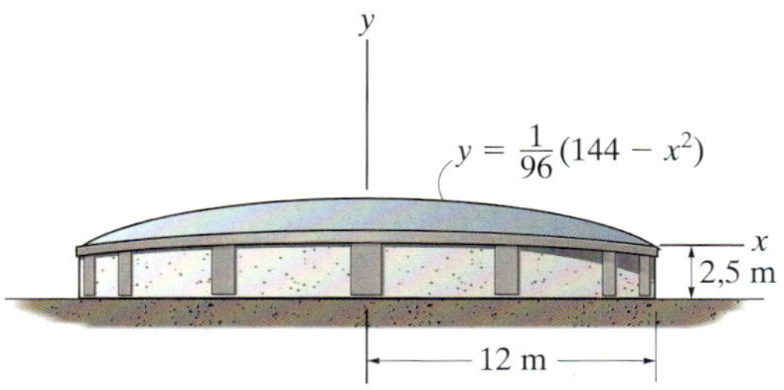

Vraagstuk 9.112

9.113. Een stalen wiel heeft een diameter van 840 mm en een dwarsdoorsnede zoals is weergegeven in de afbeelding. Bepaal de totale massa van het wiel als $\rho = 5$ Mg/m^3.

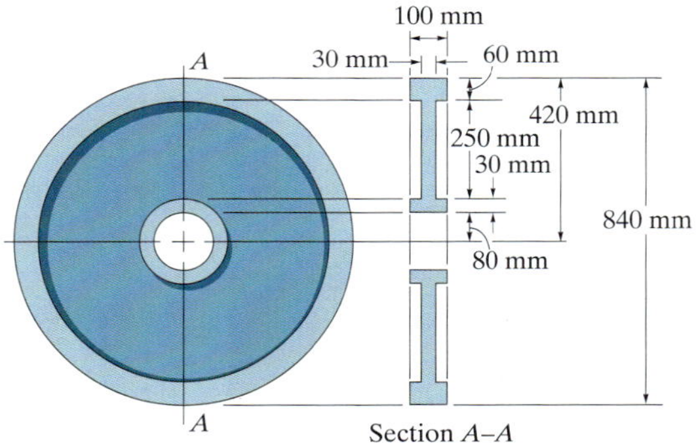

Vraagstuk 9.113

9.114. Bepaal de oppervlakte van het dak van het gebouw dat wordt gevormd door de parabool om de y-as te wentelen.

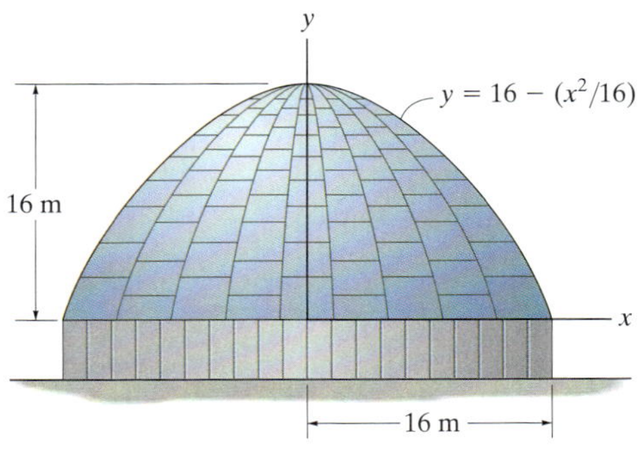

Vraagstuk 9.114

*9.4 Resulterende kracht van een willekeurig verdeelde belasting

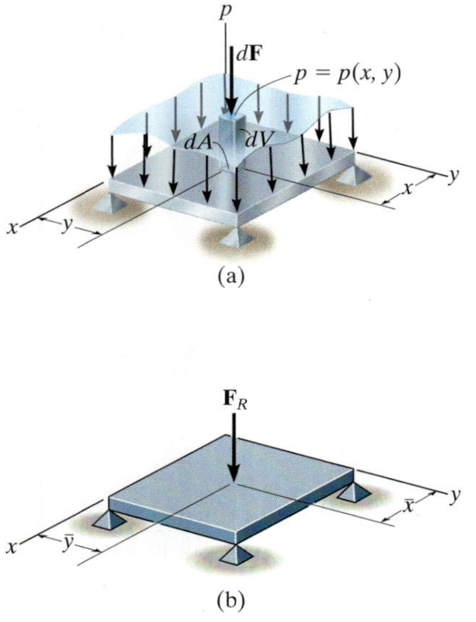

Fig. 9.23

In paragraaf 4.9 hebben we de methode besproken die gebruikt wordt om een tweedimensionale verdeelde belasting terug te brengen tot één resultante die in een specifiek punt aangrijpt. In deze paragraaf zullen we deze methode uitbreiden tot vlakke oppervlakken met een willekeurige vorm die onderworpen zijn aan een van punt tot punt variërende belasting. Beschouw bijvoorbeeld de vlakke plaat afgebeeld in fig. 9.23*a*, die onderhevig is aan een belasting van $p = p(x, y)$ Pa, waarbij 1 Pa (pascal) = 1 N/m^2. Met deze functie kunnen we de resultante $\mathbf{F}_R$ op de plaat en zijn aangrijpingspunt $(\bar{x}, \bar{y})$, fig. 9.23*b* bepalen.

Grootte van de resultante De kracht $d\mathbf{F}$ die op het differentiaalvlakje dA m^2 op een willekeurig punt (x, y) van de plaat wordt uitgeoefend, heeft een grootte van $dF = [p(x,y)\ \text{N/m}^2](dA\ \text{m}^2) = [p(x,y)\ dA]$ N. Merk op dat $p(x, y)\ dA = dV$, het gekleurde *differentiaalvolume-element*, zoals weergegeven in fig. 9.23*a*. De *grootte* van $\mathbf{F}_R$ is de som van de differentiaalkrachten die op het *gehele oppervlak A* van de plaat werken. Dus geldt:

$$F_R = \Sigma F; \qquad F_R = \int_A p(x, y)\, dA = \int_V dV = V \tag{9.11}$$

De uitkomst geeft aan dat de *grootte van de resulterende kracht gelijk is aan het totale volume onder het verdeelde-belastingdiagram.*

Aangrijpingspunt van de resulterende kracht Het aangrijpingspunt $(\bar{x}, \bar{y})$ van $\mathbf{F}_R$ wordt bepaald door de momenten van $\mathbf{F}_R$ gelijk te stellen aan de momenten van alle differentiaalkrachten $d\mathbf{F}$ om de respectieve x- en y-as. Wanneer we gebruikmaken van vgl. 9.11 volgt uit fig. 9.23*a* en 9.23*b* dat:

$$\bar{x} = \frac{\int_A x p(x,y)\, dA}{\int_A p(x,y)\, dA} = \frac{\int_V x\, dV}{\int_V dV} \qquad \bar{y} = \frac{\int_A y p(x,y)\, dA}{\int_A p(x,y)\, dA} = \frac{\int_V y\, dV}{\int_V dV} \tag{9.12}$$

Hieruit blijkt dat de *werklijn van de resulterende kracht door het geometrisch middelpunt of het zwaartepunt van het volume onder het diagram van de verdeelde kracht gaat.*

*9.5 Vloeistofdruk

Volgens de wet van Pascal oefent een vloeistof in rust in een punt een druk p uit die in alle richtingen hetzelfde is. De grootte van p, gemeten als kracht per oppervlakte-eenheid, hangt af van het soortelijk gewicht γ of de soortelijke massa ρ van de vloeistof en diepte z van het punt ten opzichte van de vloeistofspiegel.* Dit verband kan wiskundig als volgt worden uitgedrukt:

$$p = \gamma z = \rho g z \tag{9.13}$$

waarbij g de versnelling tengevolge van de zwaartekracht is. Deze vergelijking geldt alleen voor vloeistoffen waarvan wordt aangenomen dat ze *niet samendrukbaar* zijn, wat voor de meeste het geval is. Gassen zijn wel samendrukbaar, en aangezien hun soortelijke massa aanzienlijk varieert met zowel druk als temperatuur, kan vgl. 9.13 hierbij niet worden gebruikt.

Om te illustreren hoe vgl. 9.13 wordt toegepast, bekijken we de ondergedompelde plaat in fig. 9.24. Er zijn drie punten op de plaat aangegeven. Aangezien punt B zich op een diepte z_1 onder de vloeistofspiegel bevindt, heeft de druk op dit punt een grootte van $p_1 = \gamma z_1$. De punten C en D bevinden zich op een diepte z_2. Daarom is $p_2 = \gamma z_2$. In alle gevallen werkt de druk loodrecht op het vlakje dA dat zich in het aangegeven punt bevindt. Wanneer we vgl. 9.13 en de uitkomsten van paragraaf 9.4 gebruiken, kunnen we de resulterende kracht van de vloeistof en het aangrijpingspunt ervan op het oppervlak van een ondergedompelde plaat bepalen. Er worden nu drie verschillende plaatvormen behandeld.

Vlakke plaat met constante breedte Een vlakke rechthoekige plaat met een constante breedte, die ondergedompeld is in een vloeistof met een soortelijk gewicht γ, is afgebeeld in fig. 9.25*a*. Aangezien de druk recht evenredig is met de diepte, vgl. 9.15, kan de drukverdeling over de plaat worden voorgesteld als een trapeziumvormig volume met intensiteit $p_1 = \gamma z_1$ op diepte z_1 en $p_2 = \gamma z_2$ op diepte z_2. Zoals in paragraaf 9.4 werd opgemerkt, is de grootte van de resulterende kracht $\mathbf{F}_R$ gelijk aan het *volume* van dit belastingdiagram en gaat de werklijn van $\mathbf{F}_R$ door het zwaartepunt C van het volume. Het aangrij-

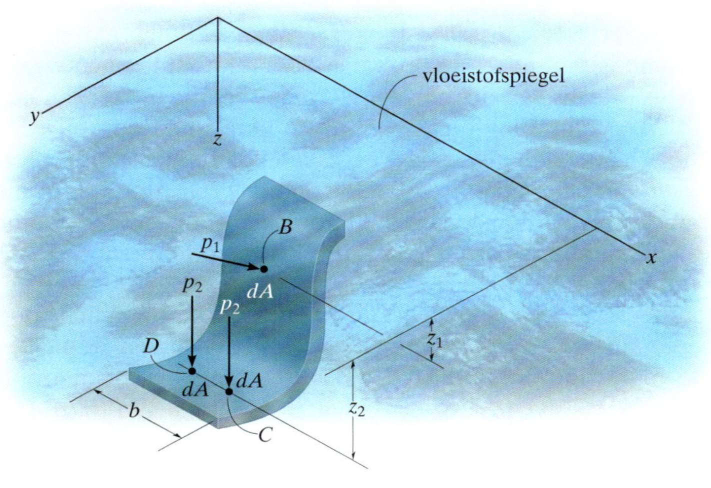

Fig. 9.24

De wanden van de tank moeten zodanig worden ontworpen dat ze de drukbelasting van de vloeistof erbinnen kunnen verdragen.

* Voor water bijvoorbeeld geldt dat $\gamma = 9810\ \text{N/m}^3$, aangezien $\rho = 1000\ \text{kg/m}^3$ en $g = 9{,}81\ \text{m/s}^2$.

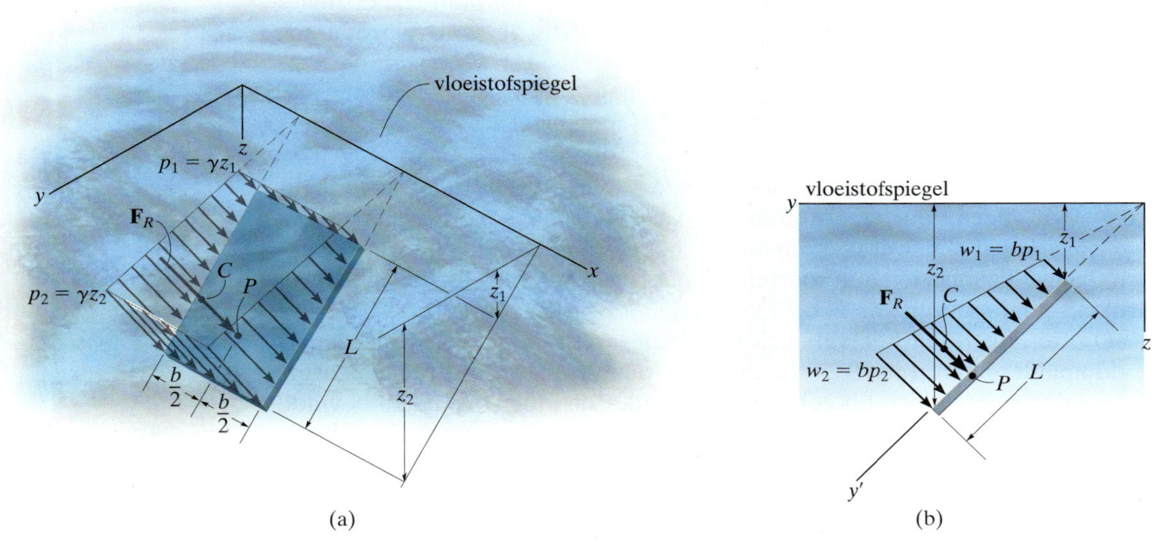

Fig. 9.25

pingspunt van $\mathbf{F}_R$ ligt dus niet in het zwaartepunt van de plaat, maar in punt P, het *drukpunt* genoemd.

Aangezien de plaat een *constante breedte* heeft, kan de belastingverdeling ook in twee dimensies worden beschouwd, zie fig. 9.25*b*. Hier is de intensiteit van de belasting uitgedrukt als kracht/lengte en deze neemt lineair toe van $w_1 = bp_1 = b\gamma z_1$ tot $w_2 = bp_2 = b\gamma z_2$. De grootte van $\mathbf{F}_R$ is in dit geval gelijk aan het trapeziumvormige *oppervlak* en de werklijn van $\mathbf{F}_R$ gaat door het *zwaartepunt C* van dit oppervlak. Voor numerieke toepassingen zijn in de tabel aan het einde van dit boek de oppervlakte en de positie van het zwaartepunt van een trapezium vermeld.

Gekromde plaat met constante breedte Wanneer de ondergedompelde plaat gekromd is, verandert de druk die loodrecht op de plaat werkt steeds zowel van grootte als van richting en daarom is het moeilijker om de grootte van $\mathbf{F}_R$ en het aangrijpingspunt P ervan te berekenen dan bij een vlakke plaat. Drie- en tweedimensionale weergaven van de belastingverdeling zijn weergegeven in respectievelijk fig. 9.26*a* en fig. 9.26*b*. Hoewel dit probleem met integratie kan worden opgelost, is er ook een eenvoudigere methode. Bij deze methode moeten aparte berekeningen van de horizontale en verticale *componenten* van $\mathbf{F}_R$ worden gemaakt.

Bijvoorbeeld: de verdeelde belasting op de plaat kan worden voorgesteld door de *gelijkwaardige belasting* in fig. 9.26*c*. Hier draagt de plaat het gewicht W_f van de vloeistof in blok BDA. Deze kracht heeft een grootte $W_f = (\gamma b)(\text{oppervlakte}_{BDA})$ en grijpt aan in het zwaartepunt van BDA. Daarnaast zijn er de drukverdelingen die veroorzaakt worden doordat de vloeistof een druk uitoefent op de horizontale en verticale kanten van het blok. Aan de verticale kant AD heeft de kracht $\mathbf{F}_{AD}$ een grootte die gelijk is aan de oppervlakte van het trapezium en als aangrijpingspunt het zwaartepunt C_{AD} van dit oppervlak. De verdeelde belasting op de horizontale kant AB is constant, aangezien alle punten in dit vlak zich op dezelfde diepte ten opzichte van de vloeistofspiegel bevinden. De grootte $\mathbf{F}_{AB}$ is eenvoudig gelijk aan de op-

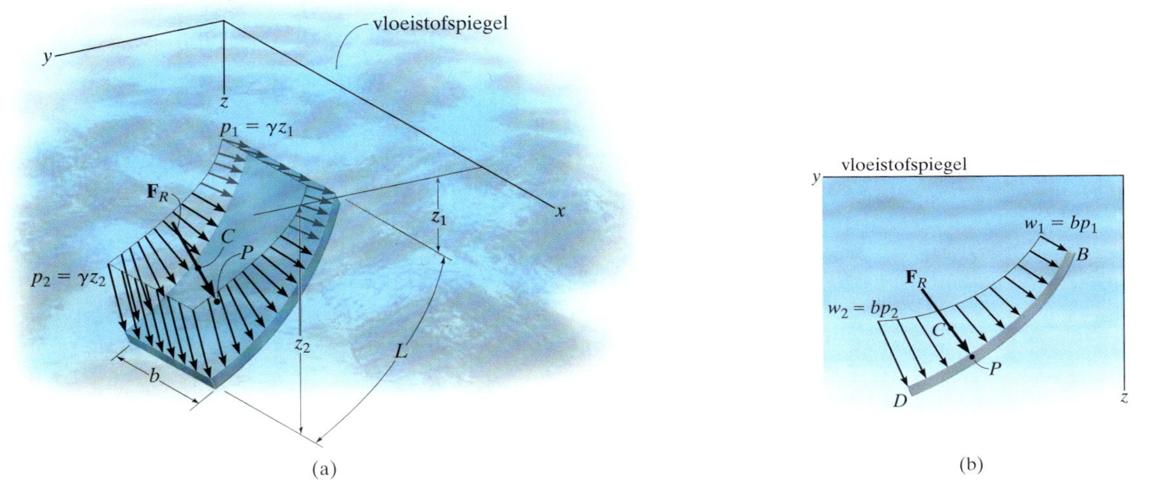

Fig. 9.26

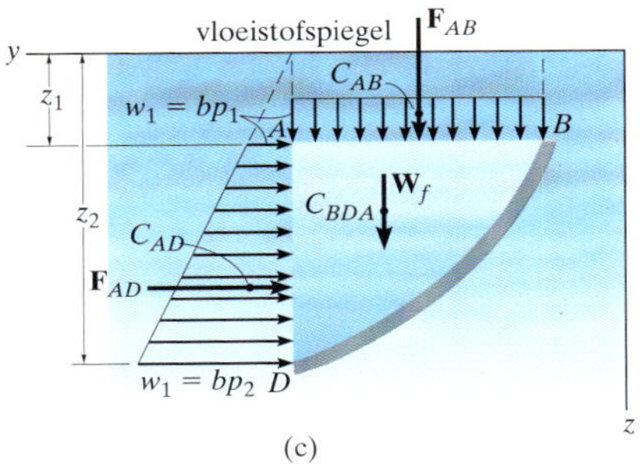

pervlakte van de rechthoek. Het aangrijpingspunt van deze kracht ligt in het zwaartepunt C_{AB} of het middelpunt van AB. Wanneer we deze drie krachten optellen, krijgen we $\mathbf{F}_R = \Sigma\mathbf{F} = \mathbf{F}_{AD} + \mathbf{F}_{AB} + \mathbf{W}_f$. Ten slotte wordt de positie van het drukpunt P op de plaat bepaald door toepassing van de vergelijking $M_R = \Sigma M$, waarmee wordt gesteld dat het moment van de resulterende kracht om een geschikt referentiepunt zoals D of B, zie fig. 9.26*b*, gelijk is aan de som van de momenten van de drie krachten in fig. 9.26*c* om dat punt.

Vlakke plaat met variabele breedte In fig. 9.27 is de drukverdeling afgebeeld die op het oppervlak van een ondergedompelde plaat met een variabele breedte werkt. Beschouwen we de kracht $d\mathbf{F}$, werkend op het differentiaal-

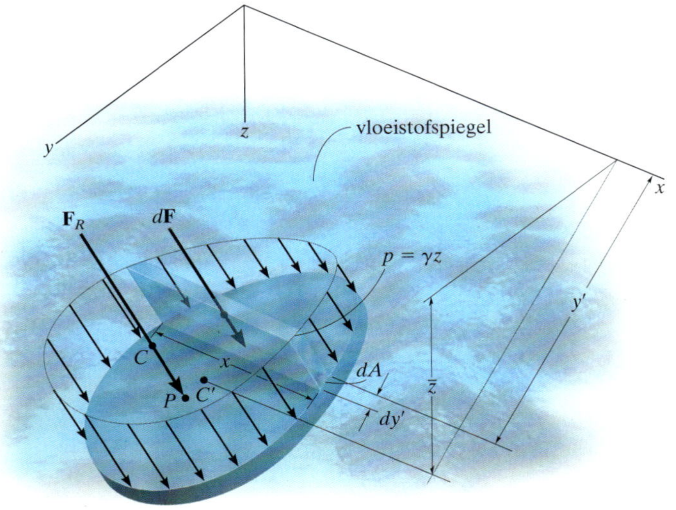

Fig. 9.27

De resulterende kracht van het water en het aangrijpingspunt ervan op de ellipsvormige achterplaat van deze tankwagen moeten met behulp van integraalrekening worden bepaald.

oppervlak dA, evenwijdig aan de x-as, dan wordt de grootte ervan gegeven door $dF = p\,dA$. Omdat de diepte van dA z is, is de druk op het element gelijk aan $p = \gamma z$. Dus is $dF = (\gamma z)dA$, en wordt de resultante gegeven door:

$$F_R = \int dF = \gamma \int z\,dA$$

Als de diepte tot het zwaartepunt C' van het oppervlak $\bar{z}$ is, fig. 9.27, dan geldt $\int z\,dA = \bar{z}A$. Door substitutie vinden we:

$$F_R = \gamma \bar{z} A$$

Met andere woorden: *voor elke vlakke plaat is de grootte van de resultante op de plaat gelijk aan het product van de oppervlakte A van de plaat en de druk* $p = \gamma\bar{z}$ *ter hoogte van het zwaartepunt van het oppervlak* C'. Zoals besproken in paragraaf 9.4 is deze kracht ook gelijkwaardig aan het volume onder de drukverdeling. Bedenk dat de werklijn van de kracht door het zwaartepunt C van dit *volume* gaat en de plaat in het drukcentrum P snijdt, fig. 9.27. Merk op dat de plaats van C' niet samenvalt met de plaats van P.

Voorbeeld 9.14

Bepaal de grootte en het aangrijpingspunt van de resulterende hydrostatische kracht die wordt uitgeoefend op de ondergedompelde rechthoekige plaat AB, die in fig. 9.28*a* is afgebeeld. De plaat heeft een breedte van 1,5 m; $\rho_w = 1000\ \text{kg/m}^3$.

OPLOSSING I

De waterdruk op diepte A respectievelijk B is:

$$p_A = \rho_w g z_A = (1000\ \text{kg/m}^3)(9{,}81\ \text{m/s}^2)(2\ \text{m}) = 19{,}62\ \text{kPa}$$
$$p_B = \rho_w g z_B = (1000\ \text{kg/m3})(9\ 81\ \text{m/s}^2)\ (5\ \text{m}) = 49{,}05\ \text{kPa}$$

Aangezien de plaat een constante breedte heeft, kan de drukbelasting in twee dimensies worden beschouwd, zie fig. 9.28*b*. De belasting in A respectievelijk B is:

$$w_A = bp_A = (1{,}5\ \text{m})(19{,}62\ \text{kPa}) = 29{,}43\ \text{kN/m}$$
$$w_B = bp_B = (1{,}5\ \text{m})(49{,}05\ \text{kPa}) = 73{,}58\ \text{kN/m}$$

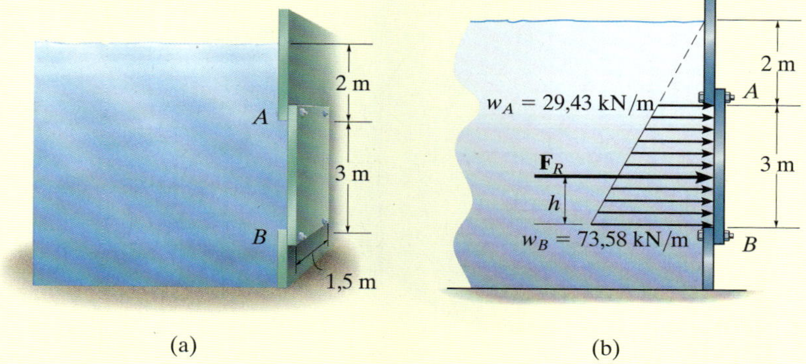

Fig. 9.28

Uit de tabel aan het einde van dit boek blijkt dat de grootte van de resulterende kracht $\mathbf{F}_R$ van de verdeelde belasting gelijk is aan:

$$F_R = \text{oppervlakte van trapezium}$$

$$= \tfrac{1}{2}(3)(29{,}4 + 73{,}6) = 154{,}5 \text{ kN} \qquad \textit{Antw.}$$

De werklijn van deze kracht gaat door het zwaartepunt van het oppervlak

$$h = \frac{1}{3}\left(\frac{2(29{,}43) + 73{,}58}{29{,}43 + 73{,}58}\right)(3) = 1{,}29 \text{ m} \qquad \textit{Antw.}$$

gemeten vanaf *B* naar boven, zie fig. 9.28*b*.

OPLOSSING II

Dezelfde uitkomsten kunnen worden verkregen door uit te gaan van twee componenten van $\mathbf{F}_R$, die bepaald worden door de driehoek en de rechthoek in fig. 9.28*c*. Het aangrijpingspunt van elke kracht ligt in het bijbehorende zwaartepunt en heeft een grootte van

$$F_{Re} = (29{,}43 \text{ kN/m})(3 \text{ m}) = 88{,}3 \text{ kN}$$
$$F_d = \tfrac{1}{2}(44{,}15 \text{ kN/m})(3 \text{ m}) = 66{,}2 \text{ kN}$$

Dus:

$$F_R = F_{Re} + F_d = 88{,}3 + 66{,}3 = 154{,}5 \text{ kN} \qquad \textit{Antw.}$$

Het aangrijpingspunt van $\mathbf{F}_R$ wordt bepaald door sommatie van de momenten om *B*, zie fig. 9.28*b* en *c*, dat wil zeggen:.

$$\circlearrowright +(M_R)_B = \Sigma M_B;\ (154{,}5)h = 88{,}3(1{,}5) + 66{,}2(1)$$

$$h = 1{,}29 \text{ m} \qquad \textit{Antw.}$$

OPMERKING: Met vgl. 9.14 volgt voor de resultante:

$F_R = \gamma \bar{z} A = (9810 \text{ N/m}^3)(3{,}5 \text{ m})(3 \text{ m})(1{,}5 \text{ m}) = 154{,}5 \text{ kN}.$

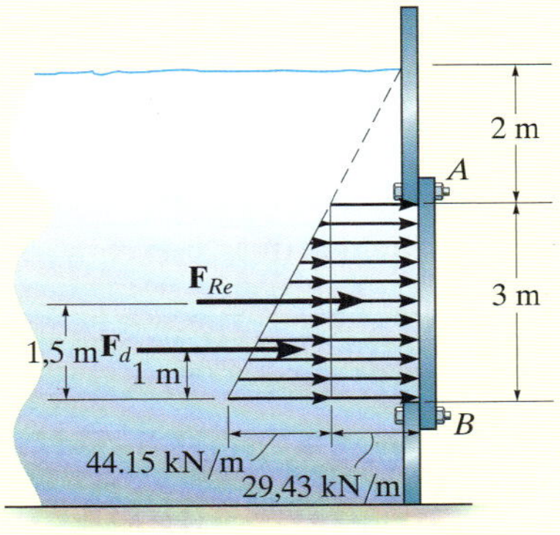

(c)

Fig. 9.28 (vervolg)

Voorbeeld 9.15

Bepaal de grootte van de resulterende hydrostatische kracht die wordt uitgeoefend op het oppervlak van een waterkering, die de vorm heeft van een parabool, zoals in fig. 9.29*a* is afgebeeld. De muur is 5 m lang; $\rho_w = 1020$ kg/m^3.

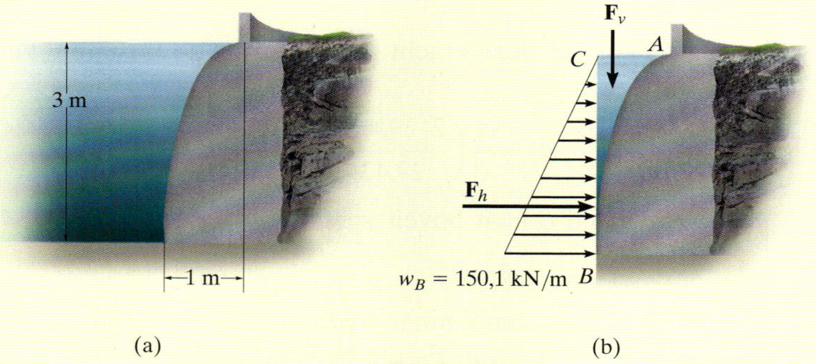

Fig. 9.29

OPLOSSING

De horizontale en verticale componenten van de resulterende kracht worden berekend, zie fig. 9.29*b*. Aangezien

$$p_B = \rho_w g z_B = (1020 \text{ kg/m}^3)(9{,}81 \text{ m/s}^2)(3 \text{ m}) = 30{,}02 \text{ kPa}$$

geldt:

$$w_B = bp_B = 5 \text{ m}(30{,}02 \text{ kPa}) = 150{,}1 \text{ kN/m}$$

Dus:

$$F_h = \tfrac{1}{2}(3 \text{ m})(150{,}1 \text{ kN/m}) = 225{,}1 \text{ kN}$$

De oppervlakte van het parabolische gebied *ABC* kan worden bepaald met behulp van de tabel aan het einde van dit boek. Het gewicht van het water binnen dit 5 m lange gebied is dus:

$$F_v = (\rho_w g b)(\text{oppervlakte}_{ABC})$$

$$= (1020 \text{ kg/m}^3)(9{,}81 \text{ m/s}^2)\,(5 \text{ m})[\,1/3\,(1 \text{ m})(3 \text{ m})] = 50{,}0 \text{ kN}$$

De resulterende kracht is dus:

$$F_R = \sqrt{F_h^2 + F_v^2} = \sqrt{(225{,}1 \text{ kN})^2 + (50{,}0 \text{ kN})^2}$$

$$= 231 \text{ kN}$$

Antw.

Voorbeeld 9.16

Bepaal de grootte en het aangrijpingspunt van de resulterende kracht die wordt uitgeoefend op de driehoekige eindplaten van de watertrog in fig. 9.30*a*; $\rho_w = 1000$ kg/m^3.

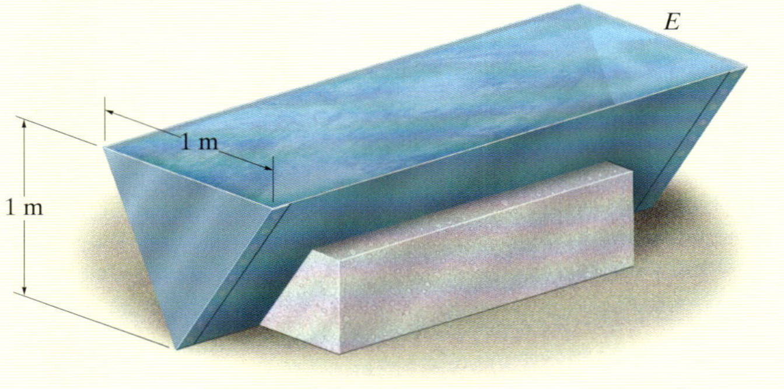

(a)

OPLOSSING

De drukverdeling op de eindplaat E is afgebeeld in fig. 9.30*b*. De grootte van de resulterende kracht is gelijk aan het volume van deze belastingverdeling. We lossen het vraagstuk op met behulp van integraalrekening. Wanneer we het differentiaalvolume-element kiezen dat aangegeven is in de figuur, krijgen we:

$$dF = dV = p\ dA = \rho_w g z(2x\ dz) = 19\ 620 zx\ dz$$

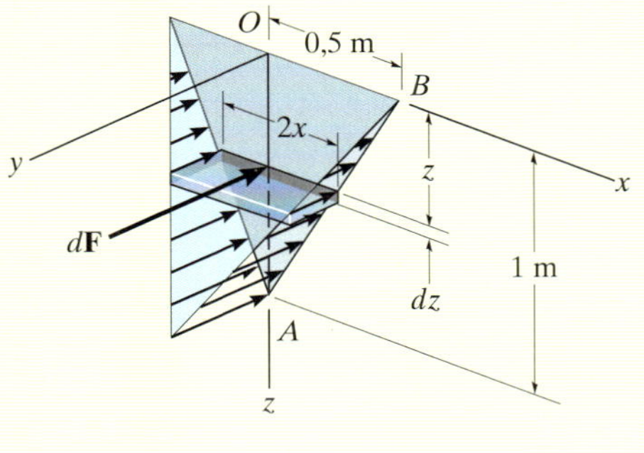

(b)

Fig. 9.30

De vergelijking van lijn AB is:

$$x = 0{,}5\,(1 - z)$$

Substitueren en integreren naar z van $z = 0$ tot $z = 1$ m levert het volgende op:

$$F = V = \int_V dV = \int_0^{1\text{ m}} (19\,620)z[0{,}5(1 - z)]\,dz$$

$$= 9810 \int_0^{1\text{ m}} (z - z^2)\,dz = 1635\text{ N} = 1{,}64\text{ kN} \qquad \textit{Antw.}$$

De werklijn van de resultante gaat door het *zwaartepunt van het volume*. Op grond van symmetrie geldt:

$$\bar{x} = 0 \qquad \textit{Antw.}$$

$\tilde{z} = z$ voor het volume-element, zodat:

$$\bar{z} = \frac{\int_V \tilde{z}\,dV}{\int_V dV} = \frac{\int_0^{1\text{ m}} z(19\,620)z[0{,}5(1 - z)]\,dz}{1635} = \frac{9810\int_0^{1\text{ m}} (z^2 - z^3)\,dz}{1635}$$

$$= 0{,}5\text{ m} \qquad \textit{Antw.}$$

OPMERKING: We kunnen de resultante ook bepalen door het toepassen van vgl. 9.14,

$F_R = \gamma\bar{z}A = (9810\text{ N/m}^3)(\tfrac{1}{3})(1\text{ m})[\tfrac{1}{2}(1\text{ m})(1\text{ m})] = 1{,}64\text{ kN}.$

Fundamentele vraagstukken

F9.17. Bepaal de grootte van de hydrostatische kracht per meter lengte van de muur. Water heeft een soortelijke massa van $\rho = 1$ Mg/m^3.

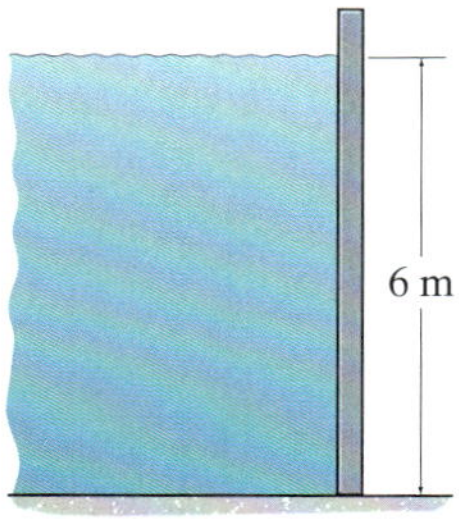

F9.17

F9.18. Bepaal de grootte van de hydrostatische kracht op poort AB, die een breedte heeft van 1 m. Het soortelijk gewicht van water is $\gamma = 9{,}81$ kN/m^3.

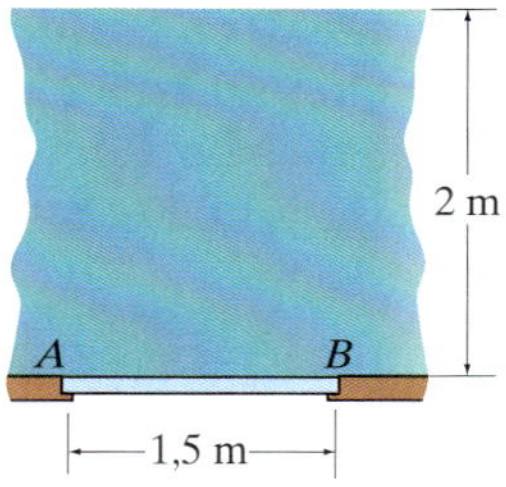

F9.18

F9.19. Bepaal de grootte van de hydrostatische kracht op poort AB, die een breedte heeft van 1,5 m. Water heeft een soortelijke massa van $\rho = 1$ Mg/m^3.

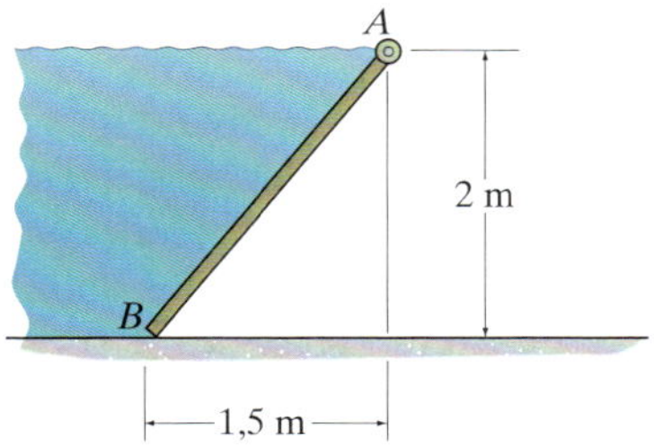

F9.19

F9.20. Bepaal de grootte van de hydrostatische kracht op poort AB, die een breedte heeft van 2 m. Water heeft een soortelijke massa van $\rho = 1$ Mg/m^3.

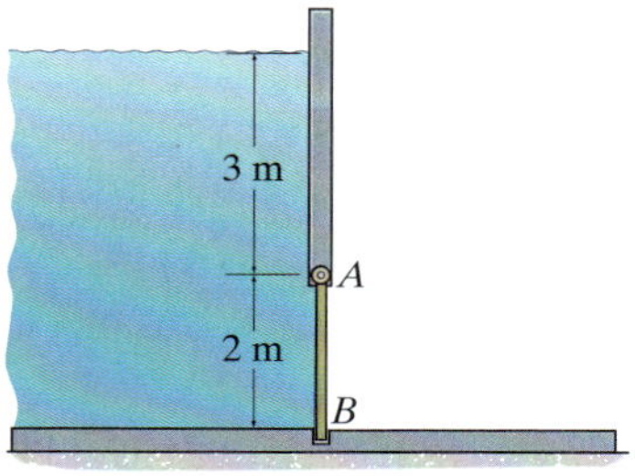

F9.20

F9.21. Bepaal de grootte van de hydrostatische kracht op poort AB, die een breedte heeft van 0,6 m. Het soortelijk gewicht van water is $\gamma = 9{,}81$ kN/m^3.

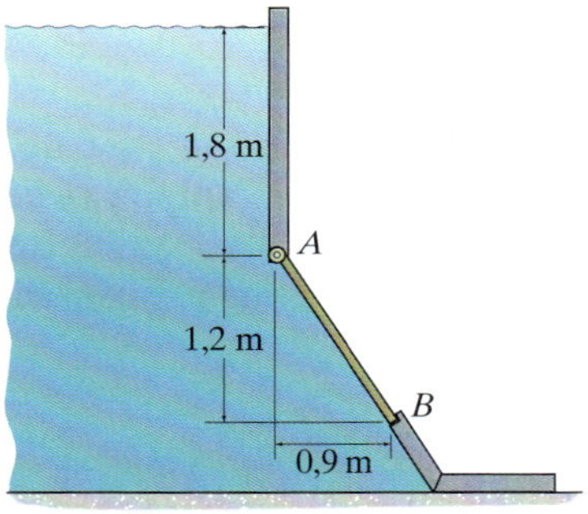

F9.21

Vraagstukken

9.115. De betonnen 'zwaartekrachtsdam' wordt op zijn plaats gehouden door zijn eigen gewicht. Als de soortelijke massa van het beton gelijk is aan $\rho_b = 2{,}5\ \text{Mg/m}^3$, en het water een soortelijke massa van $\rho_w = 1{,}0\ \text{Mg/m}^3$ heeft, bepaal dan de kleinste afmeting d die verhindert dat de dam om het uiteinde kantelt.

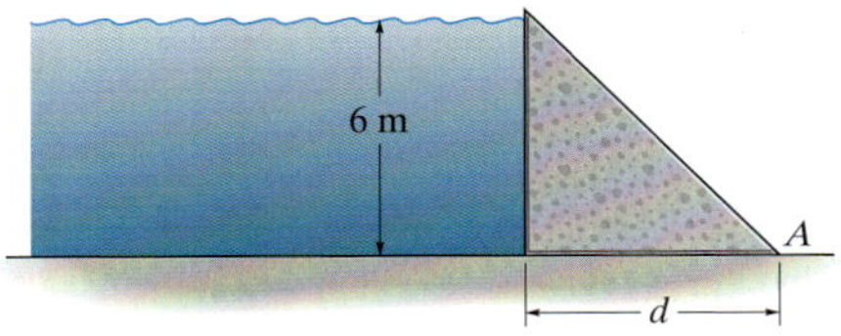

Vraagstuk 9.115

***9.116.** De belasting op een vierkante plaat kan worden voorgesteld als een parabolische drukverdeling. Bepaal de grootte van de resultante en de coördinaten ($\bar{x}$, $\bar{y}$) van het punt waar de werklijn van de kracht de plaat snijdt. Hoe groot zijn de reactiekrachten in de rollers B en C en het kogelgewricht A? Laat het gewicht van de plaat buiten beschouwing.

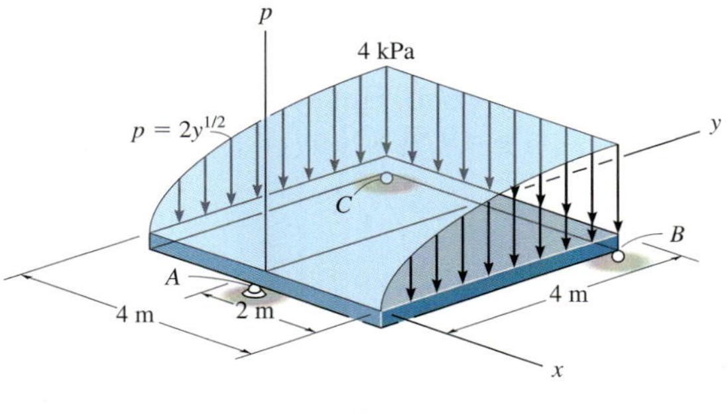

Vraagstuk 9.116

9.117. De belasting over de plaat varieert lineair langs de kanten van het plaat, zodanig dat $p = 2/3[x(4 - y)]$ kPa. Bepaal de resultante en de positie ($\bar{x}, \bar{y}$) ervan op de plaat.

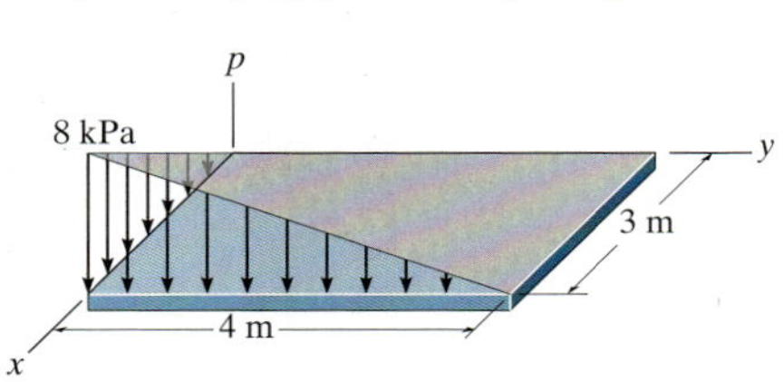

Vraagstuk 9.117

9.118. De rechthoekige plaat wordt over de *gehele oppervlakte* belast met een verdeelde belasting.De belasting wordt gedefinieerd door de vergelijking $p = p_0 \sin(\pi x/a) \sin(\pi y/b)$, waarin p_0 de druk is in het midden van de plaat. Bepaal de grootte en de plaats van de resultante op de plaat.

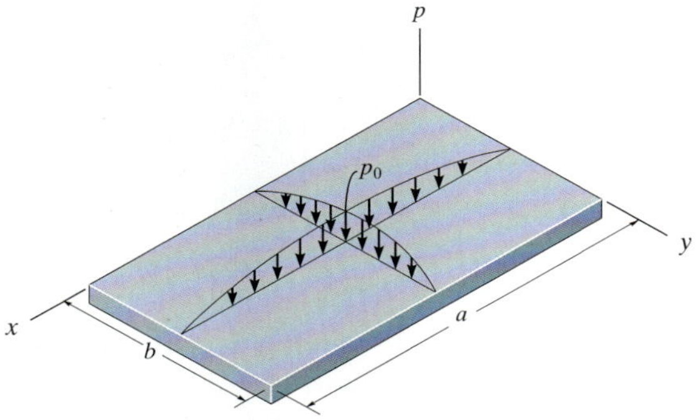

Vraagstuk 9.118

9.119. De klep AB is 8 m breed. Bepaal de horizontale en verticale krachtcomponenten op het scharnier in B en de verticale reactiekracht op de gladde ondersteuning A; $\rho_{\text{water}} = 1{,}0\ \text{Mg/m}^3$.

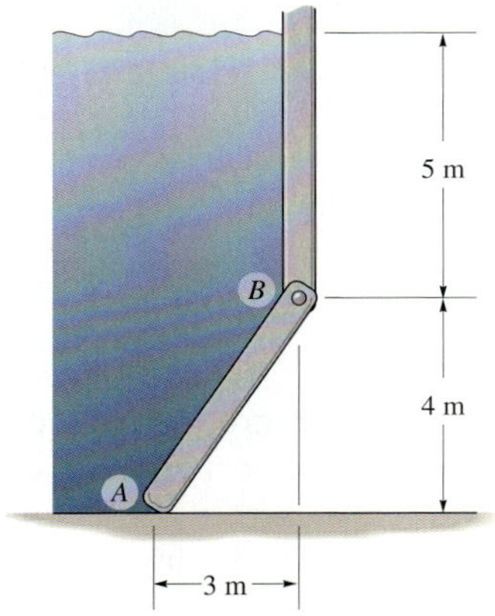

Vraagstuk 9.119

***9.120.** De tank is gevuld met water tot een diepte $d = 4$ m. Bepaal de resulterende kracht die het water uitoefent op zijkant A en zijkant B van de bak. Veronderstel nu dat de tank gevuld is met olie. Tot welke diepte d moet de tank dan worden gevuld om dezelfde resulterende krachten te bereiken? $\rho_{\text{olie}} = 900\ \text{kg/m}^3$ en $\rho_{\text{water}} = 1000\ \text{kg/m}^3$.

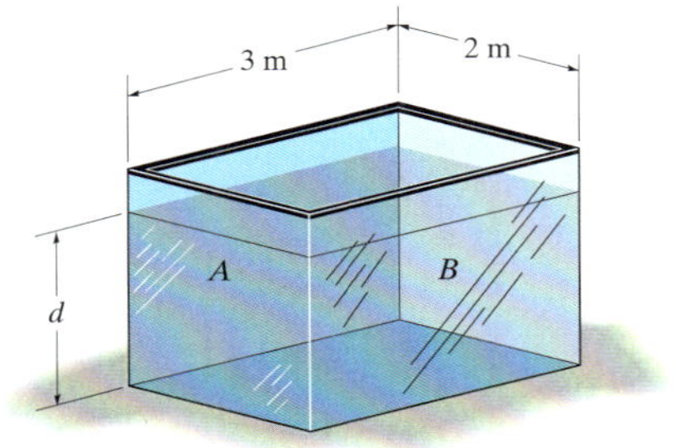

Vraagstuk 9.120

9.121. Wanneer het getijdewater A daalt, gaat de spuiklep automatisch open om moeras B te af te wateren. In de figuur is het hoog water. Bepaal de horizontale reactiekrachten in scharnier C en de aanslag D. De lengte van de klep is 6 m en de hoogte is 4 m. ρ_{water} = 1,0 Mg/m^3.

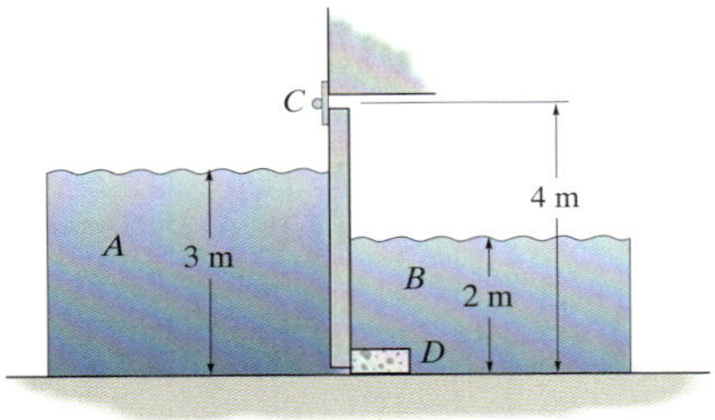

Vraagstuk 9.121

9.122. De symmetrische betonnen 'gewichtsdam' wordt op zijn plaats gehouden door zijn eigen gewicht. Als de soortelijke massa van het beton gelijk is aan ρ_b = 2,5 Mg/m^3, en het water een soortelijke massa van ρ_w = 1,0 Mg/m^3 heeft, bepaal dan de kleinste breedte d van de voet die verhindert dat de dam om het uiteinde A kantelt. De dam heeft een breedte van 8 m.

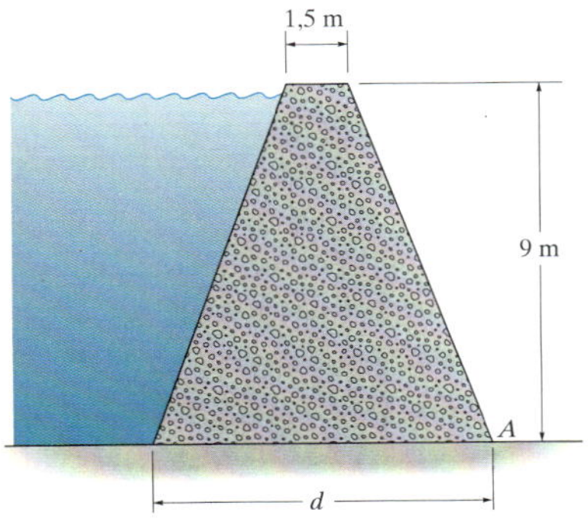

Vraagstuk 9.122

9.123. Bepaal de grootte van de resultante van de hydrostatische kracht op de dam. Bepaal ook de plaats ervan, gemeten vanaf de bovenkant van het water. De breedte van de dam is 8 m; ρ_{water} = 1,0 Mg/m^3.

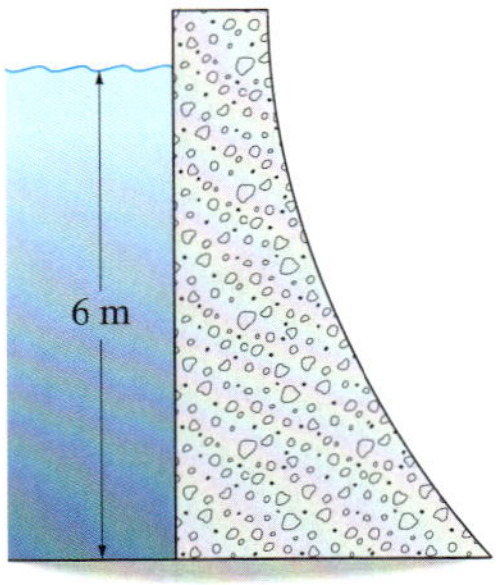

Vraagstuk 9.123

***9.124.** De betonnen wand heeft de vorm van een kwart cirkel. Bepaal de grootte van de resulterende hydrostatische kracht op de dam per lengte-eenheid. De dichtheid van water is ρ_{water} = 1 Mg/m^3.

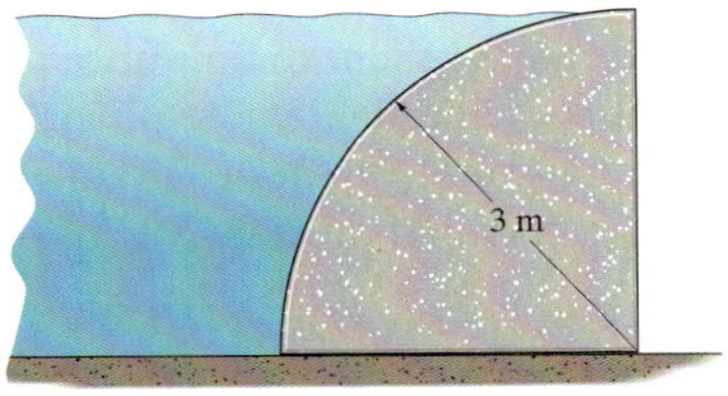

Vraagstuk 9.124

9.125. De opslagtank bevat olie met een soortelijk gewicht γ_{olie} = 9 kN/m^3. De breedte van de tank is 6 m. Bereken de resultante op de schuine zijkant BC van de tank, als gevolg van de olie en bepaal de plaats op BC, gemeten vanaf punt B waar de resultante aangrijpt. Bereken ook de totale resulterende kracht op de bodem van de tank.

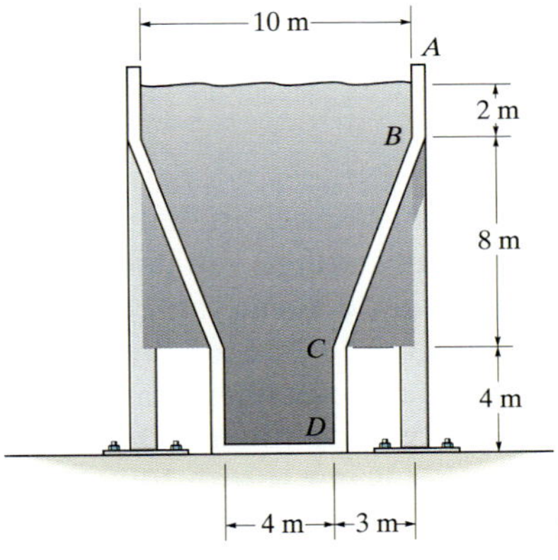

Vraagstuk 9.125

9.126. De tank is tot de rand ($y = 0{,}5$ m) gevuld met water met een dichtheid $\rho_{water} = 1{,}0$ Mg/m^3. Bepaal de resulterende kracht van de waterdruk op een vlakke eindplaat C van de tank en de plaats ervan, gemeten vanaf de bovenkant van de tank.

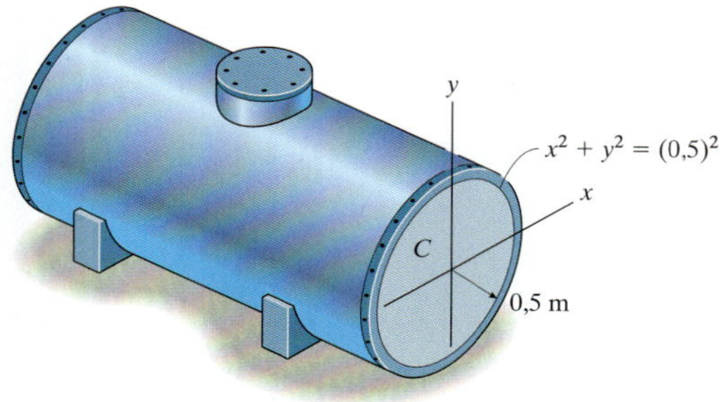

Vraagstuk 9.126

9.127. De tank is gevuld met een vloeistof die een dichtheid van 900 kg/m^3 heeft. Bepaal de resulterende kracht die hij uitoefent op de elliptische eindplaat en de plaats van het aangrijpingspunt van de resultante van de druk, gemeten vanaf de x-as.

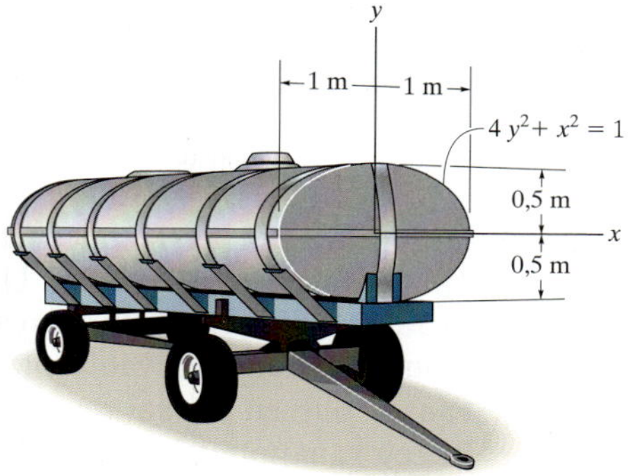

Vraagstuk 9.127

***9.128.** De onderwatertunnel in het watersportcentrum is vervaardigd van doorzichtig polycarbonaat in de vorm van een parabool. Bepaal de grootte van de hydrostatische kracht per lengte-eenheid langs het oppervlak AB van de tunnel. De soortelijke massa van het water is $\rho_w = 1000$ kg/m^3.

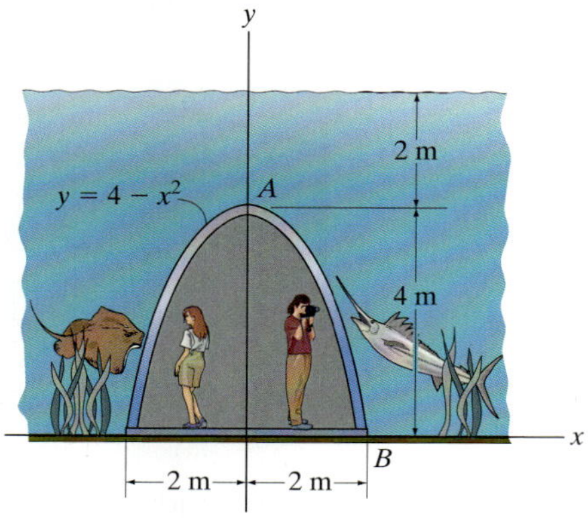

Vraagstuk 9.128

9.129. De halfcirkelvormige tunnel loopt onder een rivier die 9 m diep is. Bepaal de verticale resulterende hydrostatische kracht per lengte-eenheid langs de lengte van de tunnel. De tunnel is 6 m breed en $\rho_{water} = 1{,}0$ Mg/m^3.

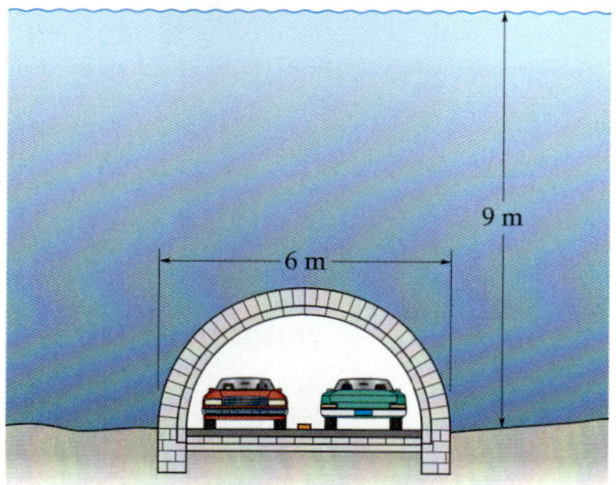

Vraagstuk 9.129

9.130. Het gewelfde oppervlak AB heeft de vorm van een halve cirkel. Het is 8 m lang. Bepaal de horizontale en verticale component van de resultante als gevolg van de waterdruk op het oppervlak; $\rho_{water} = 1{,}0$ Mg/m^3.

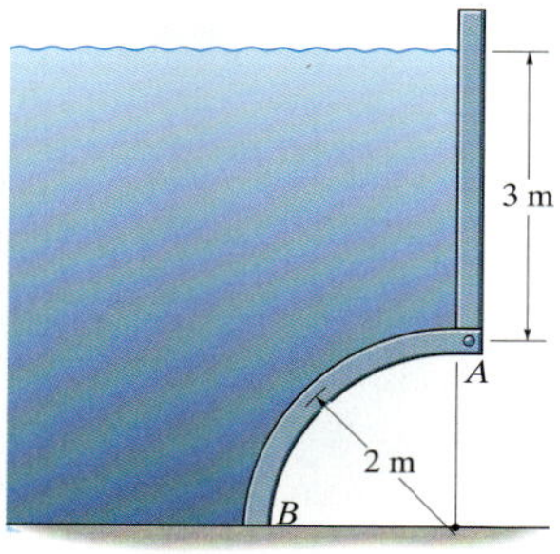

Vraagstuk 9.130

Samenvatting

Aangrijpingspunt van de zwaartekracht en massamiddelpunt
Het *aangrijpingspunt van de zwaartekracht G* kan worden opgevat als een punt waarin het gewicht van het lichaam is geconcentreerd. De afstand van een as tot dit punt kan worden bepaald uit een evenwicht van momenten. Hiervoor is nodig dat het moment van de gewichten van alle puntmassa's van het lichaam om deze as gelijk is aan het moment van het totale gewicht van het lichaam om de as.

$$\bar{x} = \frac{\int \tilde{x}\, dW}{\int dW}$$

$$\bar{y} = \frac{\int \tilde{y}\, dW}{\int dW}$$

$$\bar{z} = \frac{\int \tilde{z}\, dW}{\int dW}$$

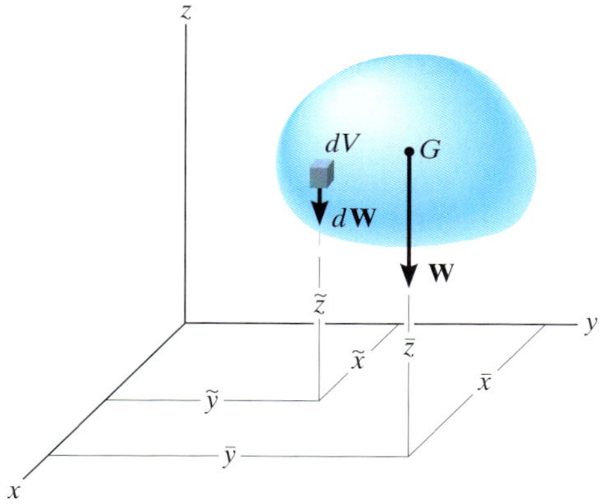

Als de versnelling van de zwaartekracht constant is, valt het massamiddelpunt samen met het aangrijpingspunt van de zwaartekracht.

$$\bar{x} = \frac{\int_L \tilde{x}\, dL}{\int_L dL} \qquad \bar{y} = \frac{\int_L \tilde{y}\, dL}{\int_L dL} \qquad \bar{z} = \frac{\int_L \tilde{z}\, dL}{\int_L dL}$$

Het *zwaartepunt* is de positie van het geometrische middelpunt van het lichaam. Dit punt wordt op eenzelfde wijze bepaald, met gebruikmaking van een momentenevenwicht van geometrische elementen, zoals segmenten van een lijn, vlak of volume. Bij lichamen die eenvormig zijn, worden de momenten opgeteld (geïntegreerd) met behulp van differentiaalelementen.

$$\bar{x} = \frac{\int_A \tilde{x}\, dA}{\int_A dA} \qquad \bar{y} = \frac{\int_A \tilde{y}\, dA}{\int_A dA} \qquad \bar{z} = \frac{\int_A \tilde{z}\, dA}{\int_A dA}$$

$$\bar{x} = \frac{\int_V \tilde{x}\, dV}{\int_V dV} \qquad \bar{y} = \frac{\int_V \tilde{y}\, dV}{\int_V dV} \qquad \bar{z} = \frac{\int_V \tilde{z}\, dV}{\int_V dV}$$

Als het materiaal homogeen is, dat wil zeggen: als de soortelijke massa van het materiaal overal hetzelfde is, valt het massamiddelpunt samen met het zwaartepunt. Het zwaartepunt ligt altijd op een symmetrieas.

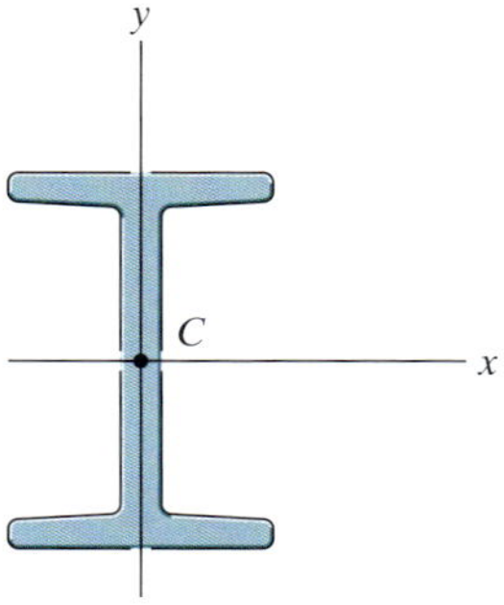

Samengesteld lichaam
Als het lichaam is samengesteld uit verschillende vormen, elk met een bekende plaats voor het aangrijpingspunt van de zwaartekracht of het zwaartepunt, kan de plaats van het aangrijpingspunt van de zwaartekracht of die van het zwaartepunt van het lichaam worden bepaald met behulp van sommaties over de samenstellende delen.

$$\bar{x} = \frac{\Sigma \tilde{x} W}{\Sigma W}$$

$$\bar{y} = \frac{\Sigma \tilde{y} W}{\Sigma W}$$

$$\bar{z} = \frac{\Sigma \tilde{z} W}{\Sigma W}$$

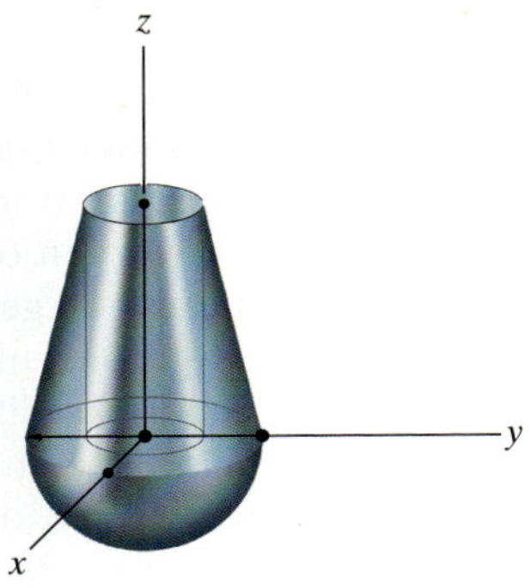

Stellingen van Pappus en Guldin
De stellingen van Pappus en Guldin kunnen worden gebruikt om de oppervlakte en het volume van een omwentelingslichaam te bepalen.

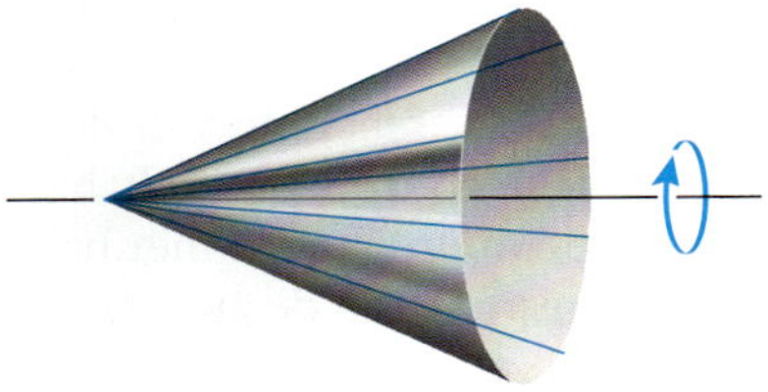

De *oppervlakte* is gelijk aan het product van de lengte van de roterende kromme en de afstand die het zwaartepunt van deze kromme aflegt bij het genereren van de oppervlakte.

$$A = \theta \bar{r} L$$

Het *volume* van het lichaam is gelijk aan het product van de oppervlakte van het roterende vlak en de afstand die het zwaartepunt van dit vlak aflegt bij het genereren van het volume.

$$V = \theta \bar{r} A$$

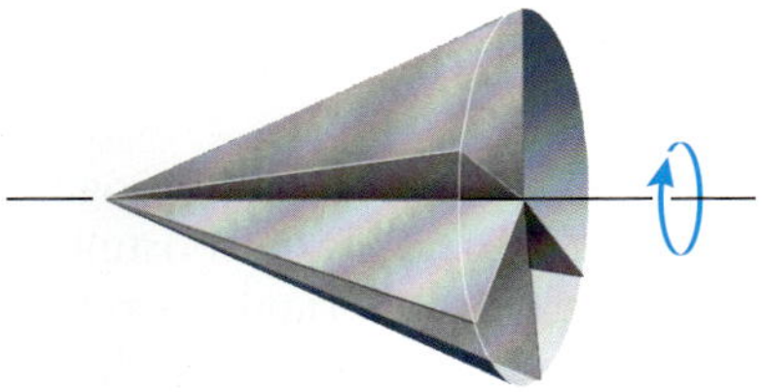

Algemene verdeelde belasting
De grootte van de resultante is gelijk aan het totale volume onder de belastingverdelingsfunctie. De werklijn van de resultante gaat door het meetkundig middelpunt oftewel het zwaartepunt van dit volume.

$$F_R = \int_A p(x, y)\, dA = \int_V dV$$

$$\bar{x} = \frac{\int_V x\, dV}{\int_V dV}$$

$$\bar{y} = \frac{\int_V y\, dV}{\int_V dV}$$

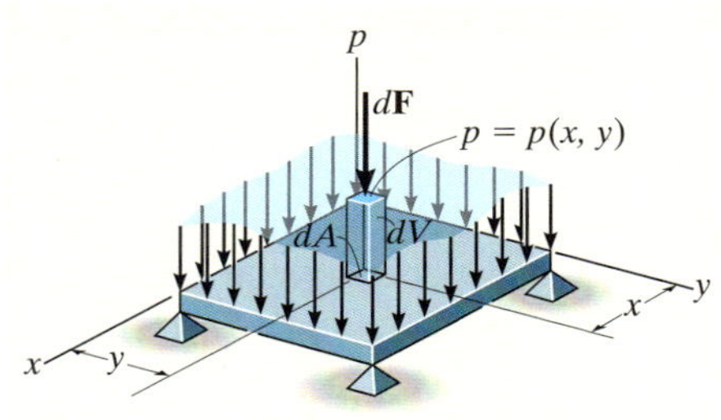

Vloeistofdruk
De door een vloeistof ontwikkelde druk in een punt op een ondergedompeld oppervlak hangt af van de diepte van dat punt en de soortelijke massa van de vloeistof overeenkomstig de wet van Pascal, $p = \rho g h = \gamma h$. Deze druk creëert een lineaire verdeling van de belasting op een vlak verticaal of hellend oppervlak.

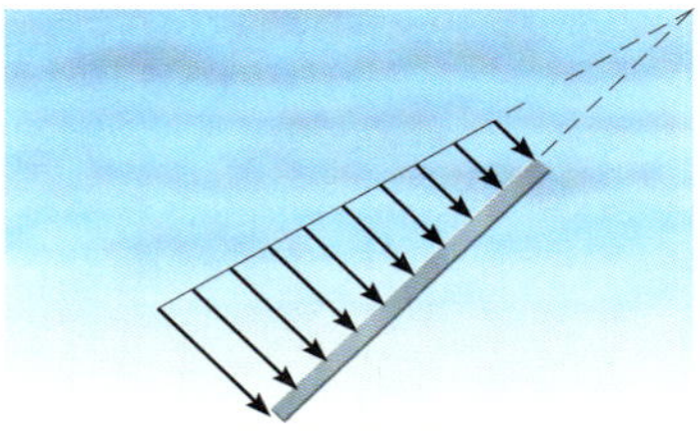

Als het oppervlak horizontaal is, zal de belasting *uniform* zijn.

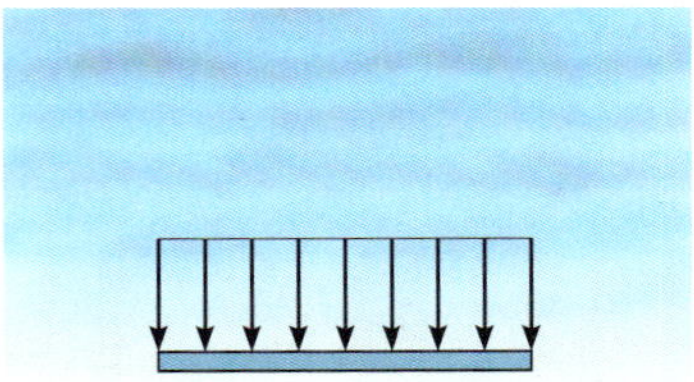

De resulterende krachten van deze belastingen kunnen in alle gevallen worden bepaald door het volume onder de belastingkromme te berekenen of gebruik te maken van $F_R = \gamma \bar{z} A$, waarbij $\bar{z}$ de diepte tot het zwaartepunt van het oppervlak van de plaat is. De werklijn van de resulterende kracht gaat door het zwaartepunt van het volume van de belastingkromme en grijpt aan in een punt P op de plaat dat het drukpunt wordt genoemd.

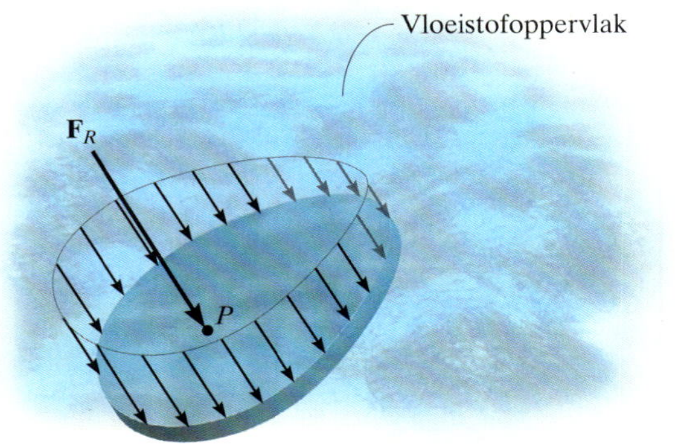

Herhalingsvraagstukken

9.131. Een ronde V-snaar heeft een inwendige straal van 600 mm en de dwarsdoorsnede zoals is weergegeven in de figuur. Bepaal het benodigde materiaalvolume om de snaar te maken.

***9.132.** Een ronde V-snaar heeft een inwendige straal van 600 mm en de dwarsdoorsnede zoals is weergegeven in de figuur. Bepaal de oppervlakte van de contactvlakken van de snaar.

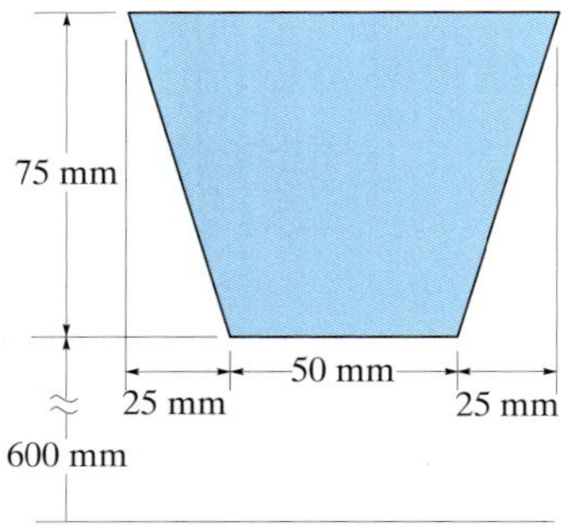

Vraagstukken 9.131/132

9.133. Bepaal de plaats van het zwaartepunt $\bar{y}$ van de dwarsdoorsnede van de balk.

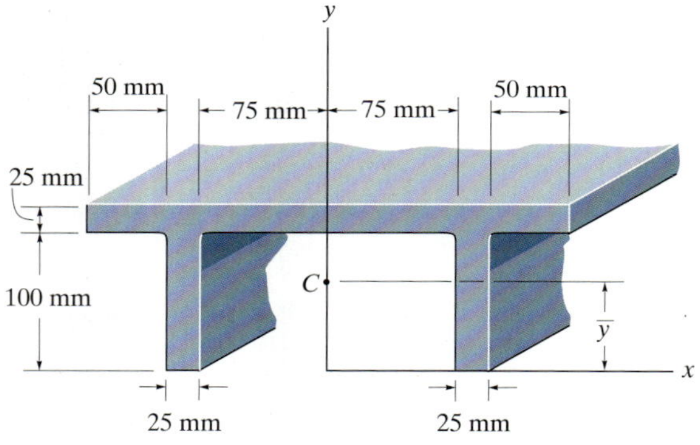

Vraagstuk 9.133

9.134. Bepaal de plaats van het zwaartepunt $\bar{z}$ van het lichaam.

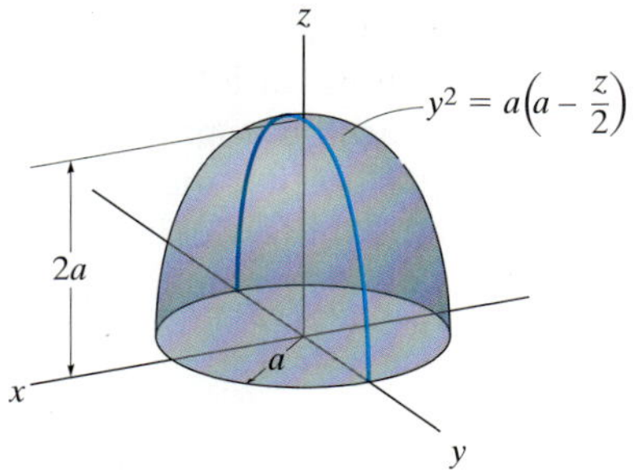

Vraagstuk 9.134

9.135. Bepaal de plaats $\bar{x}$ van het gekleurde driehoekige oppervlak.

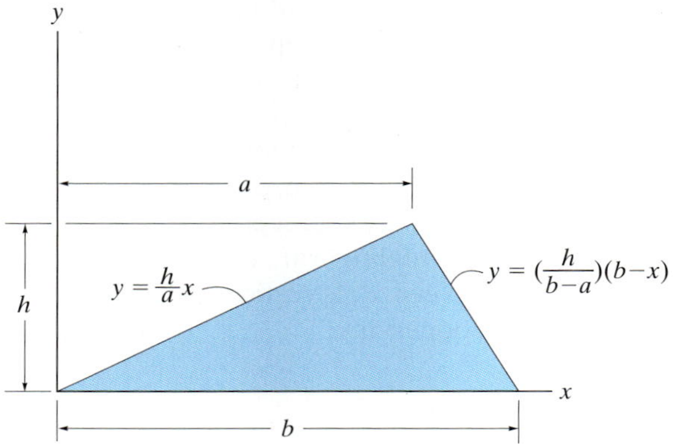

Vraagstuk 9.135

***9.136.** Bepaal de plaats van het zwaartepunt $\bar{y}$ van de doorsnede van het I-profiel.

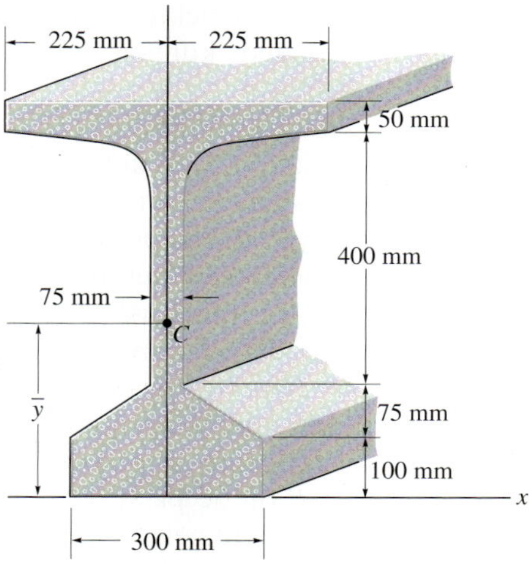

Vraagstuk 9.136

9.137. Bepaal de locatie $(\bar{x}, \bar{y})$ van het massamiddelpunt van de combinatie van de turbine en de compressor. De massa en het massamiddelpunt van de verschillende componenten zijn weergegeven in de onderstaande figuur.

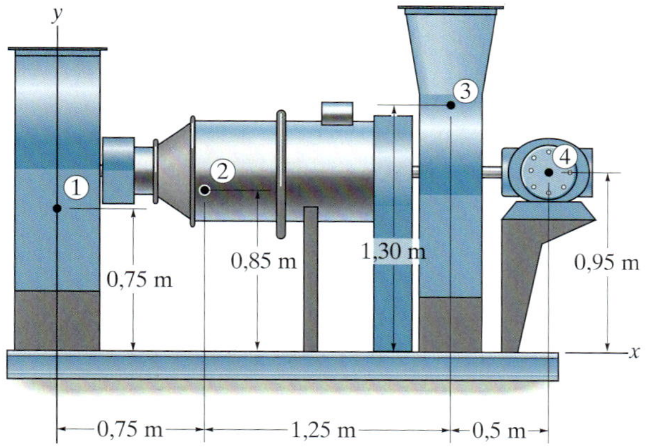

1. Inlaathuis	25 kg
2. Turbine	80 kg
3. Uitlaathuis	30 kg
4. Compressor	105 kg

Vraagstuk 9.137

9.138. De dichtheid, respectievelijk dikte van de drie aan de stang gelaste platen is gelijk, namelijk 6 Mg/m³ en 10 mm. Bepaal de lengte l van plaat C en de hoek θ waaronder de plaat aan de stang moet worden gelast, zodanig dat het massamiddelpunt van de constructie zich op de y-as bevindt. De platen A en B liggen respectievelijk in het x-y- en het z-y-vlak.

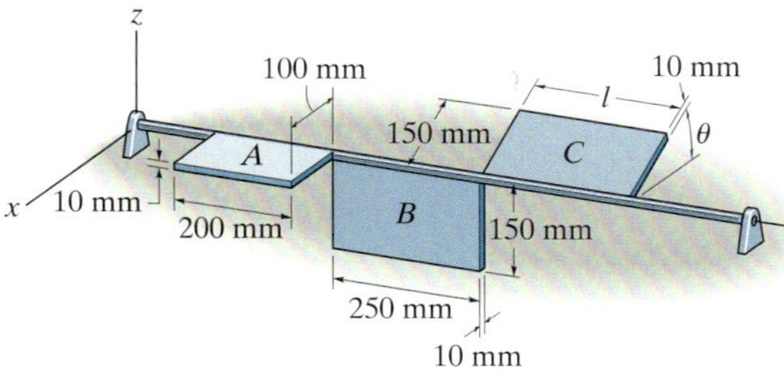

Vraagstuk 9.138

9.139. De klep AB is 5 m breed. Bepaal de horizontale en verticale krachtcomponenten op het scharnier in B en de verticale reactiekracht op de gladde ondersteuning A; $\rho_{\text{water}} = 1{,}0\ \text{Mg/m}^3$.

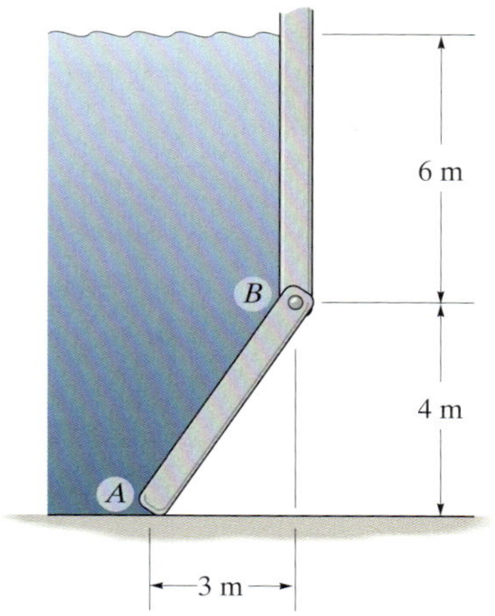

Vraagstuk 9.139

***9.140.** De drukbelasting op de plaat wordt beschreven met de vergelijking $p = \{-240/(x + 1) + 340\}$ Pa. Bepaal de grootte van de resultante en de coördinaten van het punt waar de werklijn van de kracht de plaat snijdt.

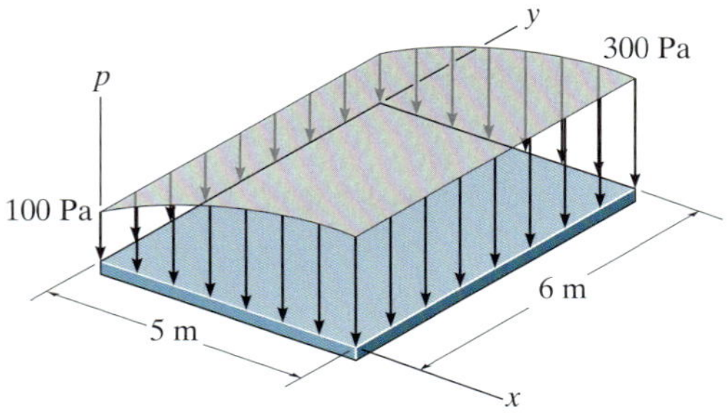

Vraagstuk 9.140

Om deze constructie-elementen goed te kunnen dimensioneren, moet het traagheids-moment van hun dwars-doorsnede worden berekend. In dit hoofdstuk zullen we bespreken hoe dat moet.

HOOFDSTUK

10 Traagheidsmomenten

Ga naar www.pearsonmylab.nl voor studiemateriaal en toetsen om je begrip en kennis van dit hoofdstuk uit te breiden en te oefenen. Ook vind je daar video-uitwerkingen bij verschillende opgaven uit dit hoofdstuk.

Doelstellingen van dit hoofdstuk

- Een methode ontwikkelen om het traagheidsmoment te bepalen voor een oppervlak.
- Het traagheidsproduct introduceren en laten zien hoe maximale en minimale traagheidsmomenten van een oppervlak kunnen worden bepaald.
- Het massatraagheidsmoment behandelen.

10.1 Definitie van de traagheidsmomenten voor oppervlakken

Wanneer een verdeelde belasting loodrecht op een oppervlak werkt en de grootte ervan lineair varieert, speelt bij de berekening van het moment van de belastingsverdeling om een as een grootheid een rol die we het *traagheidsmoment voor het oppervlak* of *oppervlaktetraagheidsmoment* zullen noemen. Beschouw bijvoorbeeld de plaat in fig. 10.1, die is onderworpen aan een vloeistofdruk p. Zoals besproken in paragraaf 9.5, hangt deze druk p lineair af van de diepte (wet van Pascal), zodanig dat $p = \gamma y$, waarbij γ het soortelijk gewicht van de vloeistof is. Dus is de kracht op het differentiaaloppervlak dA van de plaat gelijk aan $dF = p\, dA = (\gamma\, y) dA$. Het moment van deze kracht om de x-as is dus gelijk aan $dM = y\, dF = \gamma y^2 dA$, en dus levert integreren van dM over het gehele oppervlak van de plaat $M = \gamma \int y^2 dA$ op. De integraal $\int y^2 dA$ wordt het *traagheidsmoment* I_x van het oppervlak om de x-as genoemd. Integralen van deze vorm komen vaak voor in formules uit de vloeistofmechanica, materiaalkunde, constructieleer en mechanisch ontwerpen, en dus moet de technicus vertrouwd zijn met de hiervoor gebruikte berekeningsmethoden.

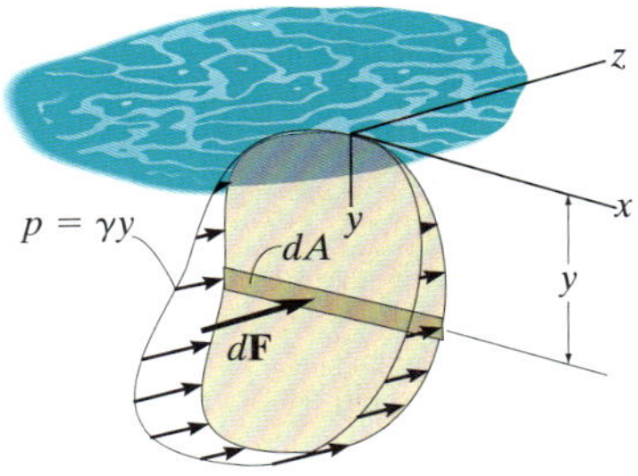

Fig. 10.1

Ga naar www.pearsonmylab.nl voor de animatie: *Traagheidsmoment.*

Traagheidsmoment Per definitie worden de traagheidsmomenten van een differentiaaloppervlak dA om de x- en om de y-as gegeven door respectievelijk $dI_x = y^2\,dA$ en $dI_y = x^2\,dA$, fig. 10.2. Voor het gehele oppervlak A worden de *traagheidsmomenten* bepaald door te integreren; dat wil zeggen:

$$I_x = \int_A y^2\,dA \qquad (10.1)$$
$$I_y = \int_A x^2\,dA$$

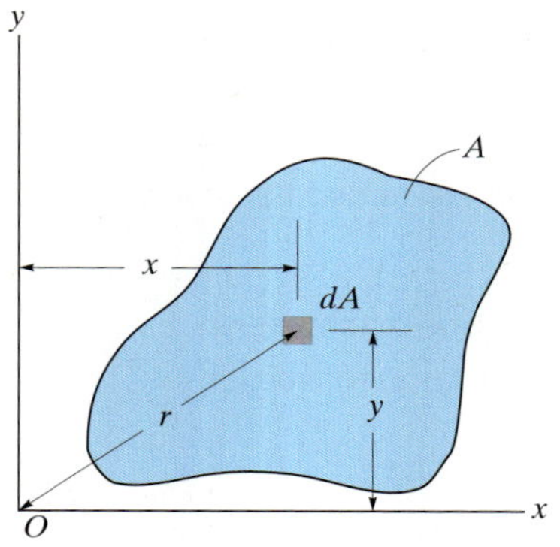

Fig. 10.2

We kunnen ook het traagheidsmoment voor dA om de oorsprong O of de z-as bepalen, zie fig. 10.2. Dit wordt het *polaire traagheidsmoment* genoemd, $dJ_O = r^2\,dA$. Hierin is r de loodrechte afstand van de oorsprong (z-as) tot het element dA. Het *polaire traagheidsmoment* van het gehele oppervlak is:

$$J_O = \int_A r^2\,dA = I_x + I_y \qquad (10.2)$$

Het verband tussen J_O en I_x, I_y is mogelijk aangezien $r^2 = x^2 + y^2$, zie fig. 10.2.

Uit de formules hierboven volgt dat I_x, I_y en J_O *altijd* positief zullen zijn, aangezien ze het product van de gekwadrateerde afstand en de oppervlakte omvatten. En daarnaast is het zo dat de eenheden van het traagheidsmoment de lengte tot de vierde macht omvatten, bijvoorbeeld m^4 of mm^4.

10.2 De stelling van Steiner voor een oppervlak

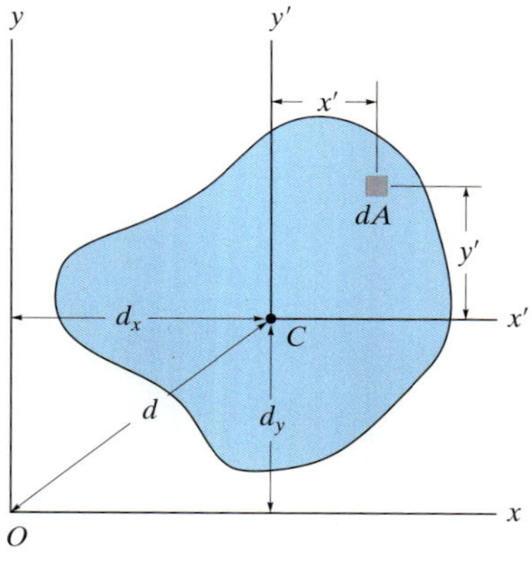

Fig. 10.3

De *stelling van Steiner* kan worden gebruikt voor het bepalen van het traagheidsmoment van een oppervlak om een *willekeurige* as, die evenwijdig is aan een as door het zwaartepunt en waarvan het traagheidsmoment bekend is. Voor het afleiden van deze stelling bepalen we het traagheidsmoment van het gekleurde gebied in fig. 10.3 om de x-as. Om te beginnen, kiezen we een differentiaalelement dA op een willekeurige afstand y' van de x'-as door het zwaartepunt. Als de afstand tussen de evenwijdige x- en x'-assen gelijk is aan d_y, dan is het traagheidsmoment van dA om de x-as gelijk aan $dI_x = (y' + d_y)^2\,dA$. Voor het hele gebied geldt:

$$I_x = \int_A (y' + d_y)^2\,dA$$
$$= \int_A y'^2\,dA + 2d_y \int_A y'\,dA + d_y^2 \int_A dA$$

De eerste integraal geeft het traagheidsmoment van het oppervlak om de zwaartepuntas $\overline{I}_{x'}$ weer. De tweede integraal is gelijk aan nul, aangezien de x'-as door het zwaartepunt C van het oppervlak gaat; dat wil zeggen: $\int y'\,dA = \bar{y}' \int dA = 0$, aangezien $\bar{y}' = 0$. Als we bedenken dat de derde integraal het totale oppervlak A weergeeft, dan is de uiteindelijke uitkomst dus:

$$I_x = \overline{I}_{x'} + A d_y^2 \qquad (10.3)$$

Een soortgelijke formule kan worden opgesteld voor I_y; dat wil zeggen:

$$I_y = \bar{I}_{y'} + Ad_x^2 \tag{10.4}$$

En, omdat voor het polaire traagheidsmoment $\bar{J}_C = \bar{I}_{x'} + \bar{I}_{y'}$ en $d^2 = d_x^2 + d_y^2$, hebben we tot slot de volgende formule:

$$J_O = \bar{J}_C + Ad^2 \tag{10.5}$$

In al deze vergelijkingen wordt gesteld dat *het traagheidsmoment van een oppervlak om een as gelijk is aan het traagheidsmoment om een evenwijdige as die door het zwaartepunt van het oppervlak gaat plus het product van de oppervlakte en het kwadraat van de loodrechte afstand tussen de assen.*

Om de sterkte en buiging van dit element te voorspellen, moet het traagheidsmoment van de dwarsdoorsnede worden berekend.

10.3 Traagheidsstraal van een oppervlak

De *traagheidsstraal* (of gyratiestraal of gyrostraal) van een oppervlak om een as wordt uitgedrukt in lengte-eenheden en is een grootheid die vaak wordt gebruikt bij het ontwerpen van kolommen in de constructieleer. Wanneer de oppervlakten en traagheidsmomenten *bekend* zijn, kunnen de traagheidsstralen worden bepaald met behulp van de volgende formules:

$$k_x = \sqrt{\frac{I_x}{A}}$$

$$k_y = \sqrt{\frac{I_y}{A}}$$

$$k_O = \sqrt{\frac{J_O}{A}} \tag{10.6}$$

Deze formules zijn gemakkelijk te onthouden, aangezien ze lijken op de formules voor het traagheidsmoment van een differentiaalvlakje om een as. Bijvoorbeeld: $I_x = k_x^2 A$, terwijl voor een differentiaalvlakje geldt: $dI_x = y^2\, dA$.

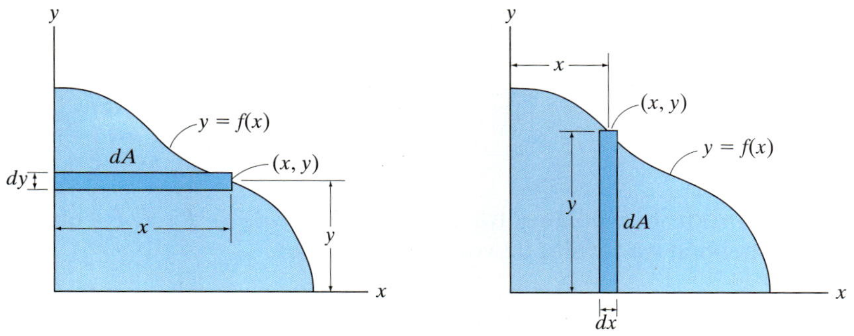

Fig. 10.4

Analyseprocedure

In de meeste gevallen kan voor de bepaling van het traagheidsmoment worden volstaan met één integratie. De volgende procedure toont twee manieren waarop dit kan worden uitgevoerd.

- Als de kromme die de rand van het gebied aangeeft, wordt omschreven als $y = f(x)$, kies dan een rechthoekig differentiaalelement zodanig dat het een eindige lengte en een oneindig kleine breedte heeft.
- Het element moet zo worden gekozen dat het de kromme in het *willekeurige punt* (x,y) doorsnijdt.

Geval 1

Kies het element zodanig dat het in de lengterichting *evenwijdig* is aan de as ten opzichte waarvan het traagheidsmoment wordt berekend. Deze situatie doet zich voor wanneer het rechthoekige element in fig. 10.4 wordt gebruikt om I_x van het oppervlak te bepalen. Hier ligt het gehele element op een afstand y van de x-as omdat het een dikte dy heeft. Dus geldt: $I_x = \int y^2 dA$. Voor het bepalen van I_y, wordt het element gericht zoals weergegeven in fig. 10.4*b*. Dit element ligt op *dezelfde* afstand x van de y-as, zodat $I_y = \int x^2 dA$.

Geval 2

Het element kan worden gericht in de *lengterichting loodrecht* op de as ten opzichte waarvan het traagheidsmoment wordt berekend; echter, vgl. (10.1) is *niet van toepassing*, aangezien de delen van het elementje niet allemaal dezelfde momentarm ten opzichte van de x-as hebben. Bijvoorbeeld: wanneer het rechthoekige element in fig. 10.4*a* wordt gebruikt om I_y van het oppervlak te bepalen, moeten we eerst het traagheidsmoment van het *element* bepalen ten opzichte van een as evenwijdig aan de y-as die door het zwaartepunt van het element gaat, en vervolgens het traagheidsmoment van het *element* ten opzichte van de y-as met behulp van de stelling van Steiner. Integreren van de uitkomst levert I_y op. Zie de voorbeelden 10.2 en 10.3.

Voorbeeld 10.1

Bepaal het traagheidsmoment van het rechthoekige vlak in fig. 10.5 ten opzichte van (a) de zwaartepunt-x'-as, (b) de as x_b die samenvalt met de basis van de rechthoek en (c) de oorsprong of z'-as die loodrecht staat op het $x'y'$-vlak en door het zwaartepunt C gaat.

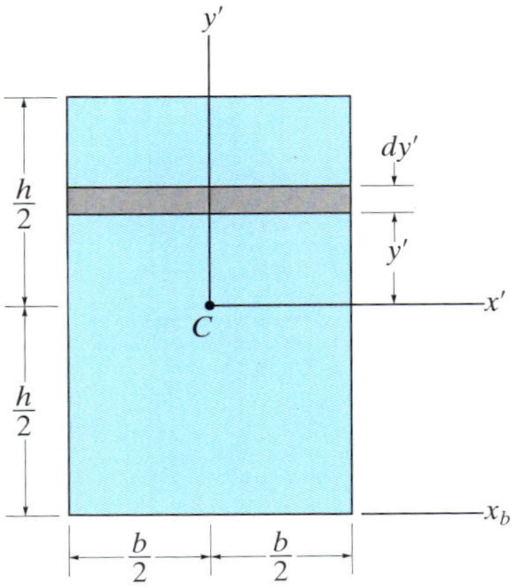

Fig. 10.5

OPLOSSING (GEVAL 1)

Deel (a) Voor de integraalberekening wordt het element gekozen dat afgebeeld is in fig. 10.5. Vanwege zijn positie en gerichtheid ligt het *hele element* op een afstand y' van de x'-as. In dit geval moeten we integreren van $y' = -h/2$ tot $y' = h/2$. Aangezien $dA = b\,dy'$ geldt:

$$\bar{I}_{x'} = \int_A y'^2\,dA = \int_{-h/2}^{h/2} y'^2(b\,dy') = b\int_{-h/2}^{h/2} y'^2\,dy'$$

$$\bar{I}_{x'} = \frac{1}{12}bh^3 \qquad \textit{Antw.}$$

Deel (b) Het traagheidsmoment om een as die samenvalt met de basis van de rechthoek kan worden verkregen door gebruik te maken van bovenstaande uitkomst van deel (a) en de stelling van Steiner (zie vgl. 10.3) toe te passen.

$$I_{x_b} = \bar{I}_{x'} + Ad_y^2$$

$$= \frac{1}{12}bh^3 + bh\left(\frac{h}{2}\right)^2 = \frac{1}{3}bh^3 \qquad \textit{Antw.}$$

Deel (c) Om het polaire traagheidsmoment om punt C te bepalen, moeten we eerst $\bar{I}_{y'}$ bepalen, die gevonden kan worden door de maten b en h in de uitkomst van deel (a) om te wisselen, dat wil zeggen:

$$\bar{I}_{y'} = \frac{1}{12}hb^3$$

Op grond van vgl. 10.2 is het polaire traagheidsmoment om C dus:

$$\bar{J}_C = \bar{I}_{x'} + \bar{I}_{y'} = \frac{1}{12}bh(h^2 + b^2) \qquad \textit{Antw.}$$

Voorbeeld 10.2

Bepaal het traagheidsmoment van het gekleurde oppervlak in fig. 10.6*a* om de *x*-as.

OPLOSSING I (GEVAL 1)

Voor de integraalberekening wordt een differentiaalelement van het vlak gekozen dat *evenwijdig* is aan de *x*-as, zoals afgebeeld in fig. 10.6*a*. Aangezien dit element een dikte dy heeft en de kromme in het *willekeurige punt* (x, y) doorsnijdt, is de oppervlakte $dA = (100 - x)\,dy$. Voorts ligt het element op dezelfde afstand y ten opzichte van de *x*-as. Integreren naar y, van $y = 0$ tot $y = 200$ mm levert dus het volgende op:

$$I_x = \int_A y^2\,dA = \int_0^{200\text{ mm}} y^2(100 - x)\,dy$$

$$= \int_0^{200\text{ mm}} y^2\left(100 - \frac{y^2}{400}\right)dy = \int_0^{200\text{ mm}}\left(100y^2 - \frac{y^4}{400}\right)dy$$

$$= 107(10^6)\text{ mm}^4$$

Antw.

OPLOSSING II (GEVAL 2)

Voor de integraalberekening wordt een differentiaalelement van het vlak gekozen dat evenwijdig is aan de *y*-as, zoals afgebeeld in fig. 10.6*b*. Het snijdt de kromme in het willekeurige punt (x, y). In dit geval liggen niet alle punten van het elementje op dezelfde afstand van de *x*-as en daarom moet de stelling van Steiner worden toegepast om het traagheidsmoment van het element ten opzichte van deze as te bepalen. Voor een rechthoek met basis b en hoogte h is in deel (a) van voorbeeld 10.1 het traagheidsmoment om de zwaartepuntas bepaald. De uitkomst was $\bar{I}_{x'} = \frac{1}{12}bh^3$. Voor het differentiaalelement in fig. 10.6*b* geldt $b = dx$ en $h = y$, en dus $d\bar{I}_{x'} = \frac{1}{12}dx\,y^3$. Aangezien het zwaartepunt van het element ligt op $\tilde{y} = y/2$ ten opzichte van de *x*-as, is het traagheidsmoment van het element om deze as gelijk aan:

$$dI_x = d\bar{I}_{x'} + dA\,\tilde{y}^2 = \frac{1}{12}dx\,y^3 + y\,dx\left(\frac{y}{2}\right)^2 = \frac{1}{3}y^3\,dx$$

(Deze uitkomst kan ook worden verkregen uit deel (b) van voorbeeld 10.1.)
Integreren naar x, van $x = 0$ tot $x = 100$ mm levert het volgende op:

$$I_x = \int dI_x = \int_0^{100\text{ mm}} \frac{1}{3}y^3\,dx = \int_0^{100\text{ mm}} \frac{1}{3}(400x)^{3/2}\,dx$$

$$= 107(10^6)\text{ mm}^4$$

Antw.

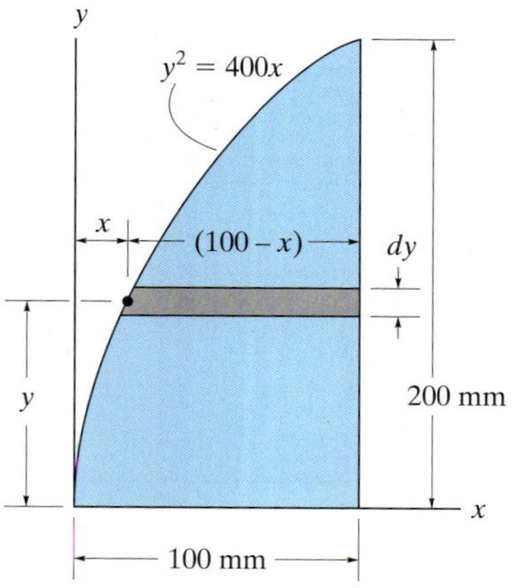

(a)

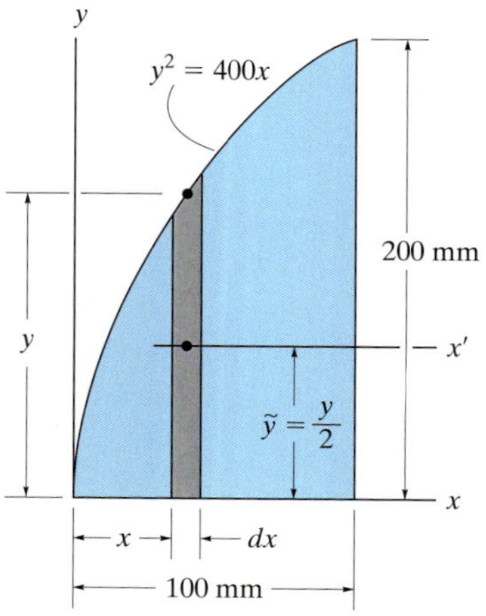

(b)

Fig. 10.6

Voorbeeld 10.3

Bepaal het traagheidsmoment ten opzichte van de x-as van het cirkelvormig vlak in fig. 10.7a.

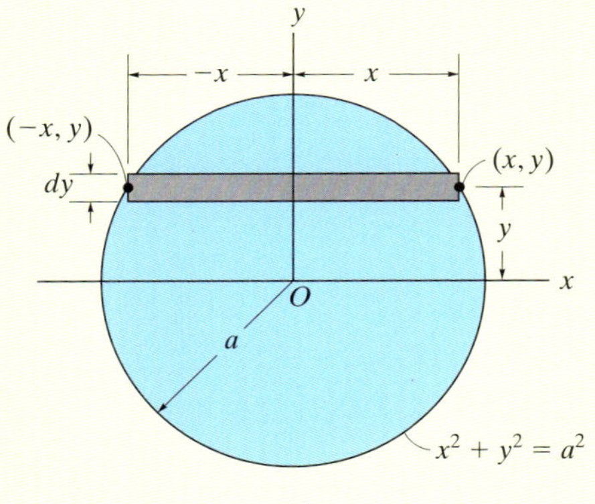

(a)

OPLOSSING I (GEVAL 1)

We gebruiken het differentiaalelement dat in fig. 10.7a is afgebeeld. Aangezien $dA = 2x\,dy$, geldt:

$$I_x = \int_A y^2\,dA = \int_A y^2(2x)\,dy$$

$$= \int_{-a}^{a} y^2\left(2\sqrt{a^2 - y^2}\right)dy = \frac{\pi\,a^4}{4} \qquad \textit{Antw.}$$

OPLOSSING II (GEVAL 2)

Wanneer een differentiaalelement dat is afgebeeld in fig. 10.7b wordt gekozen, blijkt het zwaartepunt van het element op de x-as te liggen, en omdat $\bar{I}_{x'} = \frac{1}{12}bh^3$ voor een rechthoek, krijgen we:

$$dI_x = \frac{1}{12}dx(2y)^3$$

$$= \frac{2}{3}y^3\,dx$$

Integreren naar x levert het volgende op:

$$I_x = \int_{-a}^{a} \frac{2}{3}(a^2 - x^2)^{3/2}\,dx = \frac{\pi a^4}{4} \qquad \textit{Antw.}$$

OPMERKING: Bij vergelijking blijkt voor oplossing I veel minder rekenwerk nodig te zijn. Probeer daarom het vraagstuk op te lossen door een element in de andere richting te kiezen als een integraal met een bepaald integratie-element lastig te berekenen blijkt te zijn.

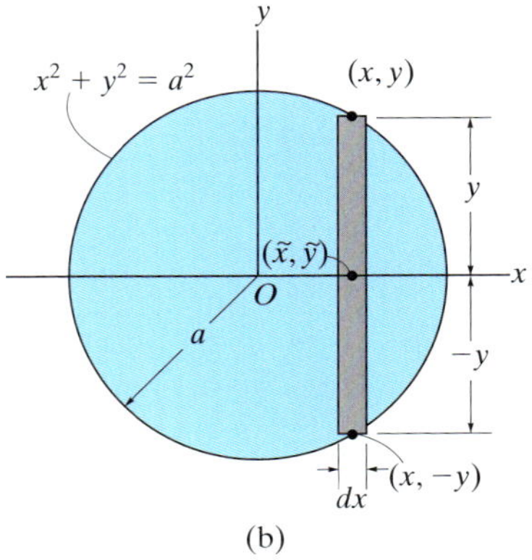

(b)

Fig. 10.7

Fundamentele vraagstukken

F10.1. Bepaal het traagheidsmoment van het gekleurde gebied om de x-as.

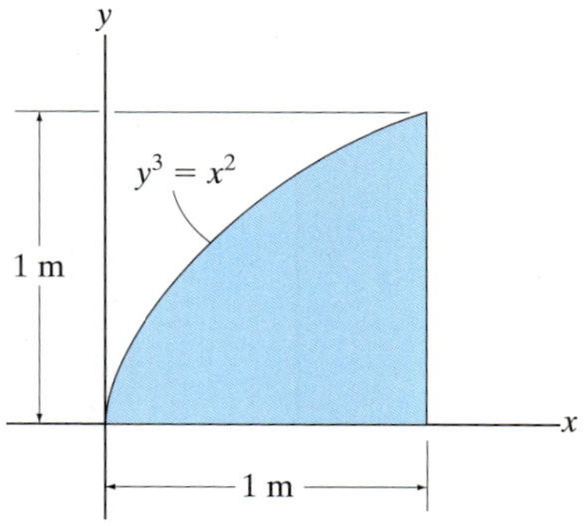

F10.1

F10.2. Bepaal het traagheidsmoment van het gekleurde gebied om de x-as.

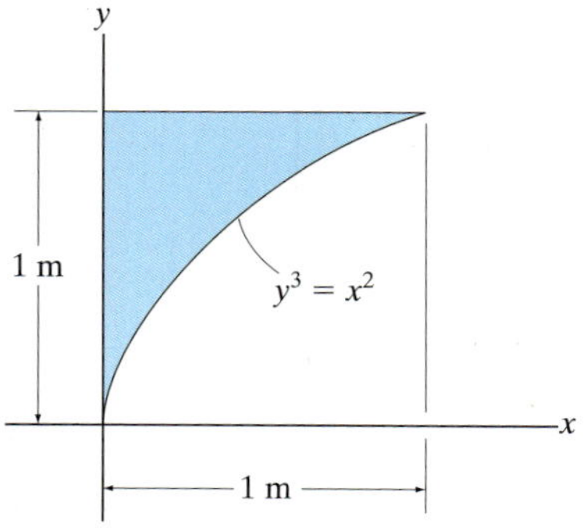

F10.2

F10.3. Bepaal het traagheidsmoment van het gekleurde gebied om de y-as.

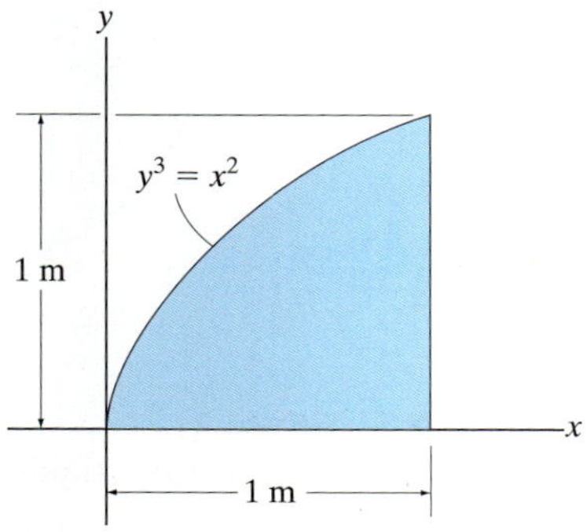

F10.3

F10.4. Bepaal het traagheidsmoment van het gekleurde gebied om de y-as.

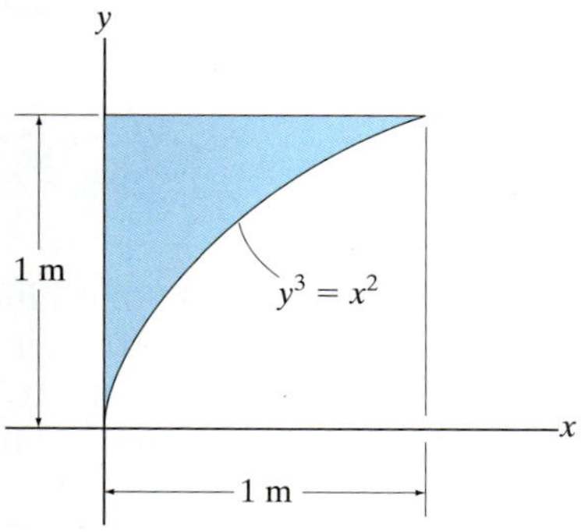

F10.4

Vraagstukken

10.1. Bepaal het traagheidsmoment van het gekleurde oppervlak om de x-as.

10.2. Bepaal het traagheidsmoment van het gekleurde oppervlak om de y-as.

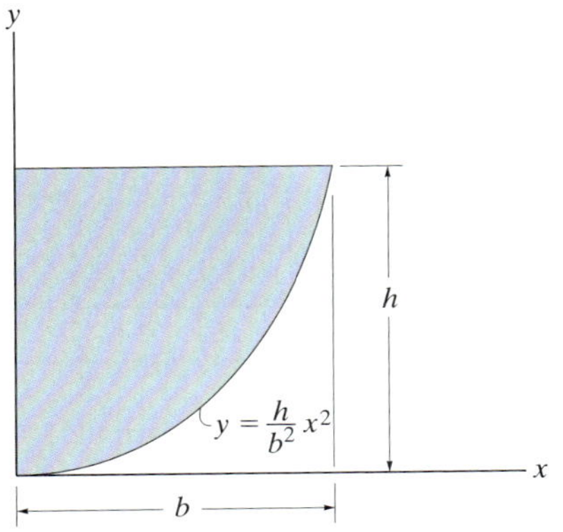

Vraagstukken 10.1/2

10.5. Bepaal het traagheidsmoment van het gekleurde oppervlak om de x-as.

10.6. Bepaal het traagheidsmoment van het gekleurde oppervlak om de y-as.

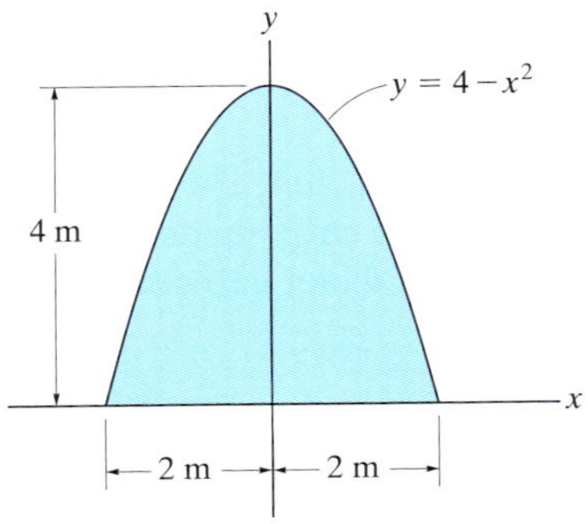

Vraagstukken 10.5/6

10.3. Bepaal het traagheidsmoment van het gebied om de x-as.

***10.4.** Bepaal het traagheidsmoment van het gebied om de y-as.

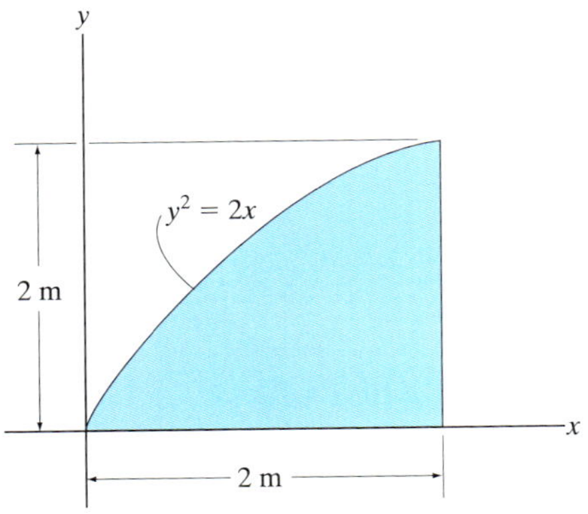

Vraagstukken 10.3/4

10.7. Bepaal het traagheidsmoment van het gekleurde oppervlak om de x-as.

***10.8.** Bepaal het traagheidsmoment van het gekleurde oppervlak om de y-as.

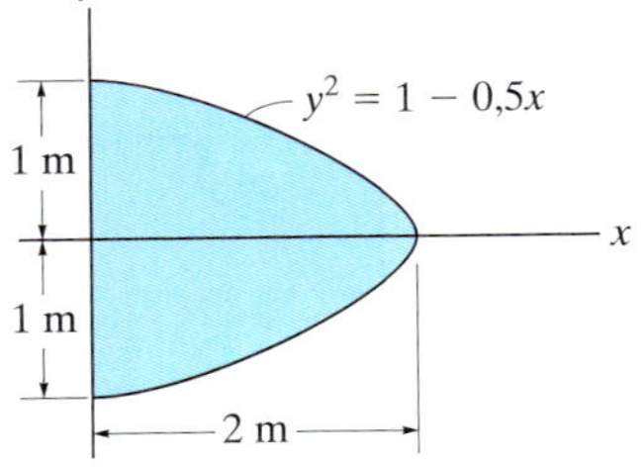

Vraagstukken 10.7/8

10.9. Bepaal het traagheidsmoment van het gekleurde oppervlak om de x-as.

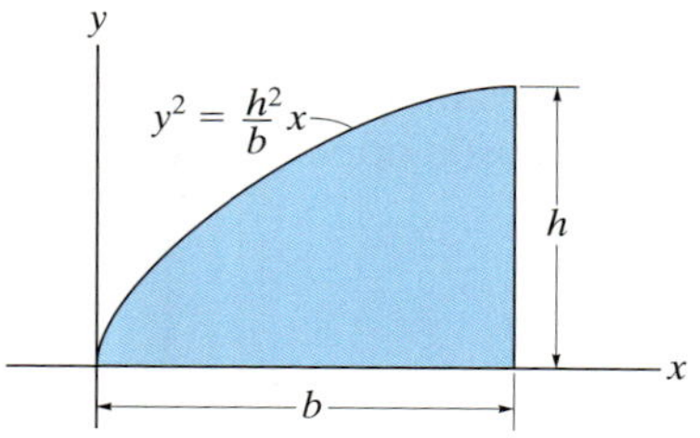

Vraagstuk 10.9

10.10. Bepaal het traagheidsmoment voor de dunne strip om de x-as. De strip maakt een hoek θ met de x-as. Veronderstel dat $t << l$.

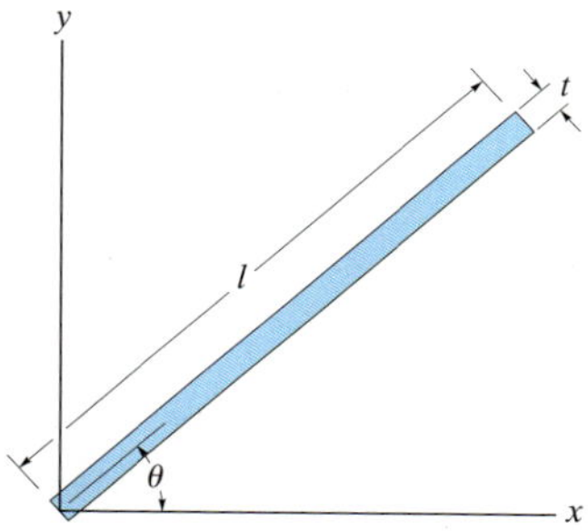

Vraagstuk 10.10

10.11. Bepaal het traagheidsmoment van het gekleurde oppervlak om de x-as.

***10.12.** Bepaal het traagheidsmoment van het gekleurde oppervlak om de y-as.

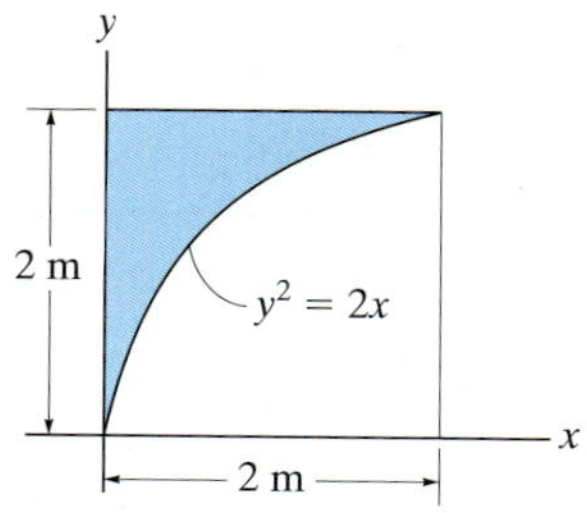

Vraagstukken 10.11/12

10.13. Bepaal het traagheidsmoment van het gekleurde oppervlak om de x-as.

10.14. Bepaal het traagheidsmoment van het gekleurde oppervlak om de y-as.

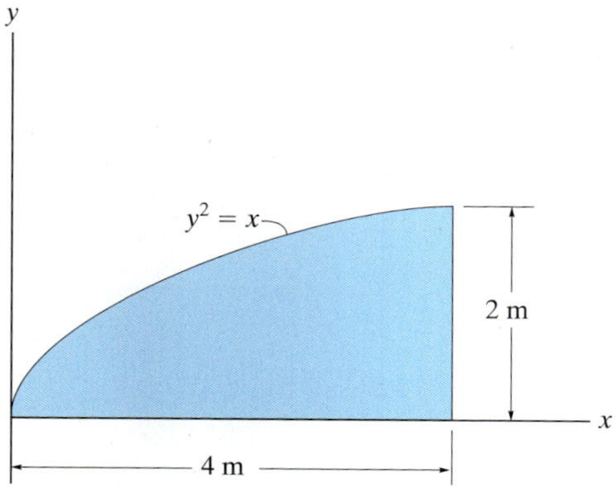

Vraagstukken 10.13/14

10.15. Bepaal het traagheidsmoment van het gekleurde oppervlak om de y-as. Gebruik de regel van Simpson om de integraal te bepalen.

***10.16.** Bepaal het traagheidsmoment van het gekleurde oppervlak om de x-as. Gebruik de regel van Simpson om de integraal te bepalen.

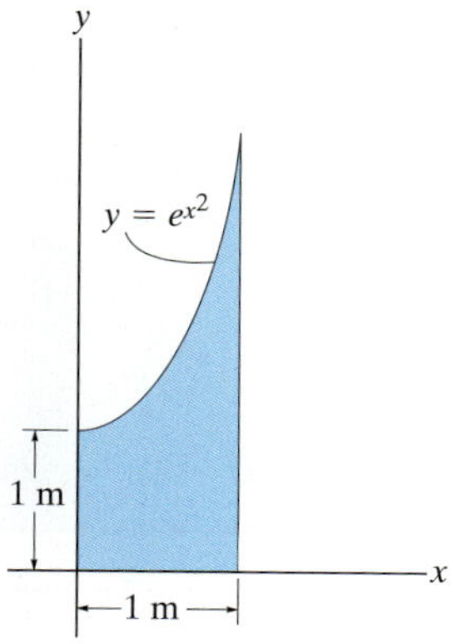

Vraagstukken 10.15/16

10.17. Bepaal het traagheidsmoment van het gekleurde oppervlak om de x-as.

10.18. Bepaal het traagheidsmoment van het gekleurde oppervlak om de y-as.

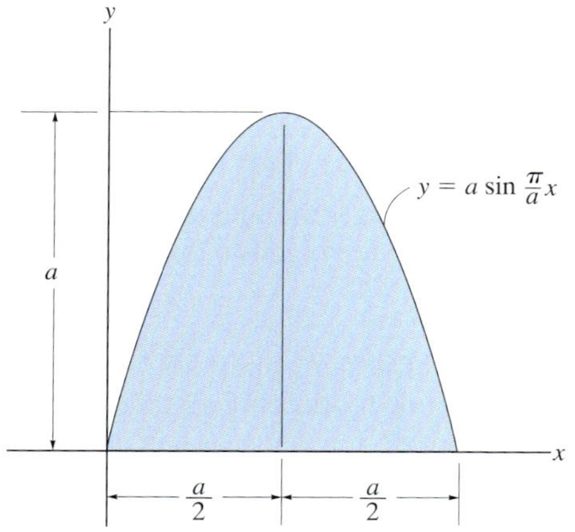

Vraagstukken 10.17/18

10.21. Bepaal het traagheidsmoment van het gekleurde oppervlak om de x-as.

10.22. Bepaal het traagheidsmoment van het gekleurde oppervlak om de y-as.

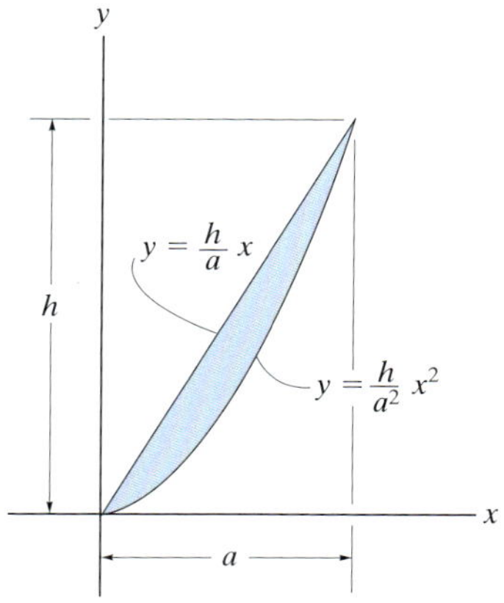

Vraagstukken 10.21/22

10.19. Bepaal het traagheidsmoment van het gekleurde oppervlak om de x-as.

***10.20.** Bepaal het traagheidsmoment van het gekleurde oppervlak om de y-as.

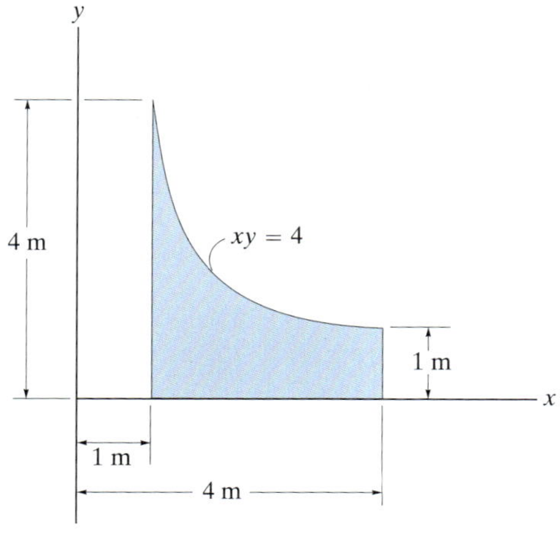

Vraagstukken 10.19/20

10.23. Bepaal het traagheidsmoment van het gekleurde oppervlak om de x-as.

***10.24.** Bepaal het traagheidsmoment van het gekleurde oppervlak om de y-as.

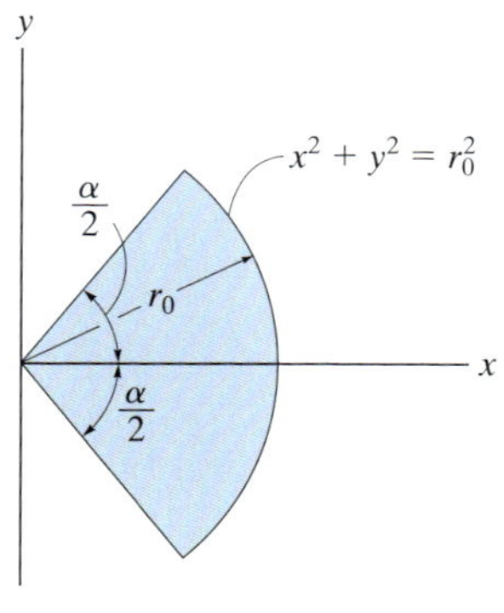

Vraagstukken 10.23/24

10.4 Traagheidsmomenten van samengestelde oppervlakken

Een samengesteld oppervlak bestaat uit een verzameling met elkaar verbonden, eenvoudige figuren, zoals rechthoeken, driehoeken en cirkels. Wanneer het traagheidsmoment van al deze onderdelen om een gemeenschappelijke as bekend is of bepaald kan worden, is het traagheidsmoment voor het samengestelde gebied om deze as gelijk aan de *algebraïsche som* van de traagheidsmomenten van alle samenstellende delen.

Analyseprocedure

Het traagheidsmoment van een samengesteld oppervlak om een referentieas kan met behulp van de volgende procedure worden bepaald.

Samenstellende delen

- Maak een schets waarin je het oppervlak verdeelt in zijn samenstellende delen en geef de loodrechte afstand van het *zwaartepunt* van ieder onderdeel tot de referentieas aan.

Stelling van Steiner

- Wanneer de zwaartepuntas niet samenvalt met de referentieas, dient de stelling van Steiner, $I = \overline{I} + Ad^2$, te worden gebruikt om het traagheidsmoment van het onderdeel om de referentieas te bepalen. Gebruik voor de berekening van $\overline{I}$ de tabel aan het einde van dit boek.

Optelling

- Het traagheidsmoment van het gehele oppervlak om de referentieas wordt bepaald door de uitkomsten van de samenstellende delen om deze as op te tellen.
- Wanneer er een gat of opening zit in een samengesteld oppervlak, kan het traagheidsmoment worden bepaald door het traagheidsmoment van het gat of opening 'af te trekken' van het traagheidsmoment van het gehele oppervlak zonder het gat of de opening.

Voor het ontwerpen of analyseren van dit T-stuk moet de ontwerper het zwaartepunt van de dwarsdoorsnede bepalen, en hieruit vervolgens het traagheidsmoment van dit oppervlak om de as door het zwaartepunt berekenen.

Voorbeeld 10.4

Bepaal het traagheidsmoment van het oppervlak in fig. 10.8*a* om de x-as.

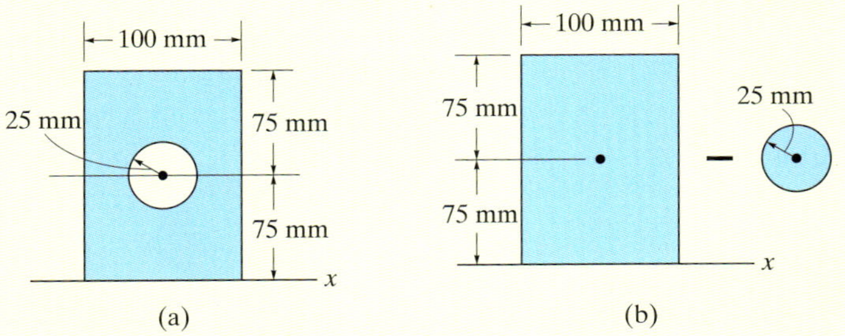

Fig. 10.8

OPLOSSING

Samenstellende delen Het oppervlak wordt verkregen door de cirkel van de rechthoek die in fig. 10.8*b* is afgebeeld *af te trekken*. Het zwaartepunt van elk oppervlak is aangegeven in de figuur.

Stelling van Steiner De traagheidsmomenten om de x-as worden bepaald met behulp van de stelling van Steiner en de gegevens in de tabel aan het einde van dit boek.

Cirkel

$$\begin{aligned} I_x &= \bar{I}_{x'} + Ad_y^2 \\ &= \frac{1}{4}\pi(25)^4 + \pi(25)^2(75)^2 = 11{,}4(10^6)\ \text{mm}^4 \end{aligned}$$

Rechthoek

$$\begin{aligned} I_x &= \bar{I}_{x'} + Ad_y^2 \\ &= \frac{1}{12}(100)(150)^3 + (100)(150)(75)^2 = 112{,}5(10^6)\ \text{mm}^4 \end{aligned}$$

Optelling Het traagheidsmoment van het oppervlak is dus:

$$\begin{aligned} I_x &= -11{,}4(10^6) + 112{,}5(10^6) \\ &= 101(10^6)\ \text{mm}^4 \end{aligned}$$ *Antw.*

Voorbeeld 10.5

Bepaal de traagheidsmomenten van de dwarsdoorsnede van het element in fig. 10.9*a* om de zwaartepuntassen *x* en *y*.

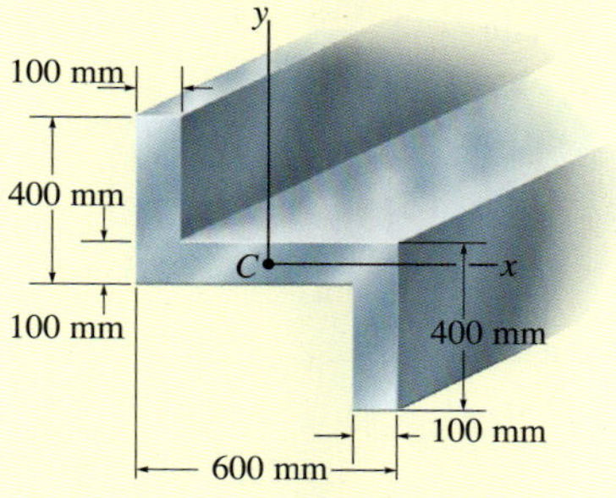

(a)

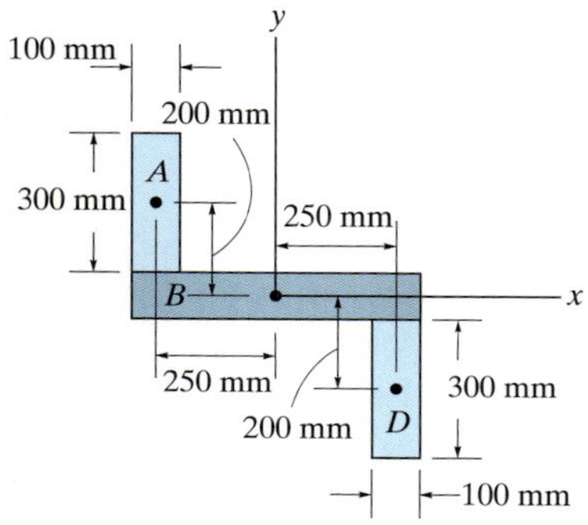

(b)

Fig. 10.9

OPLOSSING

Samenstellende delen De dwarsdoorsnede kan worden gezien, zijnde verdeeld in de drie rechthoekige vlakken *A*, *B* en *D*, die in fig. 10.9*b* zijn afgebeeld. Voor de berekening zijn de zwaartepunten van deze rechthoeken aangegeven in de figuur.

Stelling van Steiner In de tabel aan het einde van dit boek, of in voorbeeld 10.1, zien we dat het traagheidsmoment van een rechthoek om zijn zwaartepuntas gelijk is aan $\overline{I} = \frac{1}{12}bh^3$. Wanneer we de stelling van Steiner toepassen op de rechthoeken *A* en *D*, zijn de berekeningen dus als volgt:

Rechthoeken A en D

$$I_x = \overline{I}_{x'} + Ad_y^2 = \frac{1}{12}(100)(300)^3 + (100)(300)(200)^2$$
$$= 1.425(10^9)\text{ mm}^4$$

$$I_y = \overline{I}_{y'} + Ad_x^2 = \frac{1}{12}(300)(100)^3 + (100)(300)(250)^2$$
$$= 1{,}90(10^9)\text{ mm}^4$$

Rechthoek B

$$I_x = \frac{1}{12}(600)(100)^3 = 0{,}05(10^9)\text{ mm}^4$$
$$I_y = \frac{1}{12}(100)(600)^3 = 1{,}80(10^9)\text{ mm}^4$$

Optelling De traagheidsmomenten van de gehele dwarsdoorsnede zijn dus:

$$I_x = 2[1{,}425(10^9)] + 0{,}05(10^9)$$
$$= 2{,}90\ (10^9)\text{ mm}^4$$ *Antw.*

$$I_y = 2[1{,}90(10^9)] + 1{,}80(10^9)$$
$$= 5{,}60(10^9)\text{ mm}^4$$ *Antw.*

Fundamentele vraagstukken

F10.5. Bepaal de traagheidsmomenten van de dwarsdoorsnede van de balk om de x-as en de y-as door het zwaartepunt.

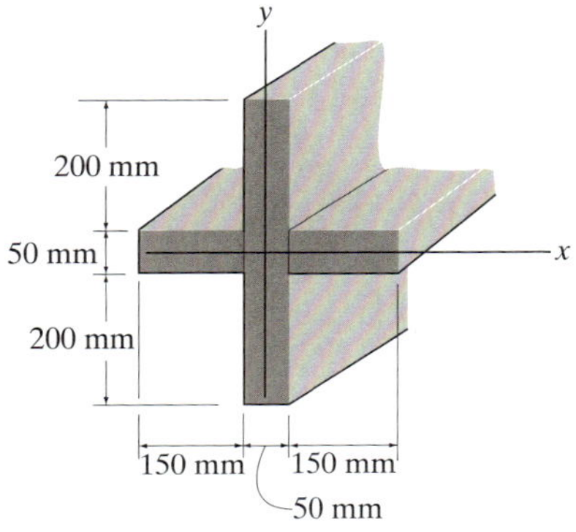

F10.5

F10.6. Bepaal de traagheidsmomenten van de dwarsdoorsnede van de balk om de x-as en de y-as door het zwaartepunt.

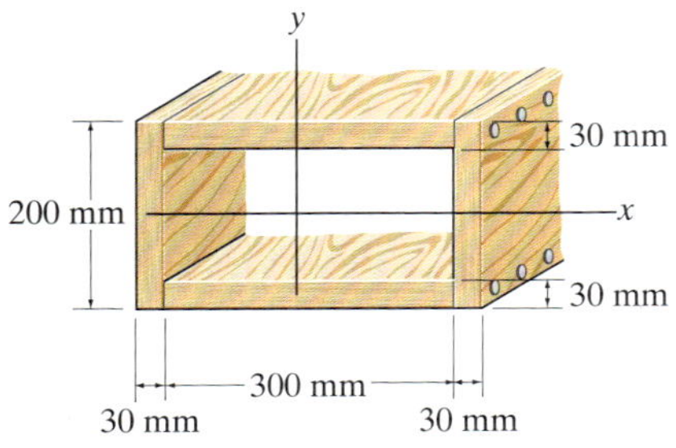

F10.6

F10.7. Bepaal het traagheidsmoment van de dwarsdoorsnede om de y-as.

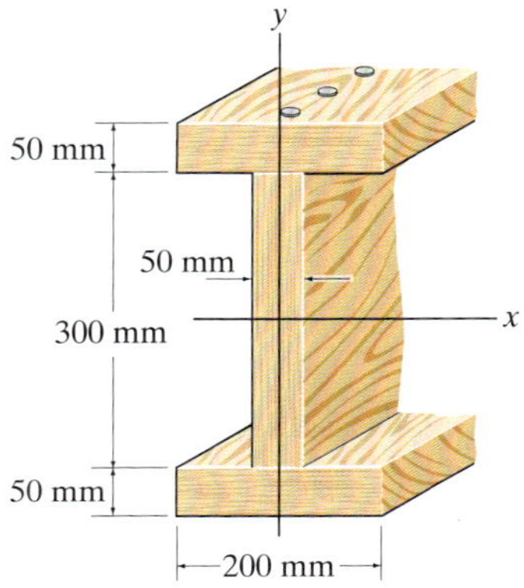

F10.7

F10.8. Bepaal het traagheidsmoment van de dwarsdoorsnede van het T-stuk om de x'-as die door het zwaartepunt van de dwarsdoorsnede loopt.

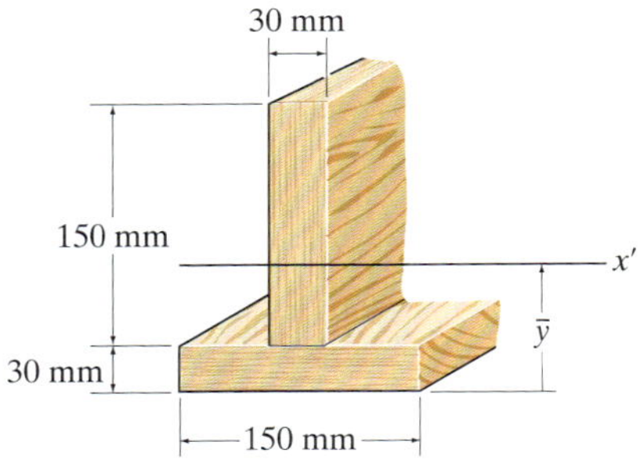

F10.8

Vraagstukken

10.25. Bepaal het traagheidsmoment van het samengestelde gebied om de x-as.

10.26. Bepaal het traagheidsmoment van het samengestelde gebied om de y-as.

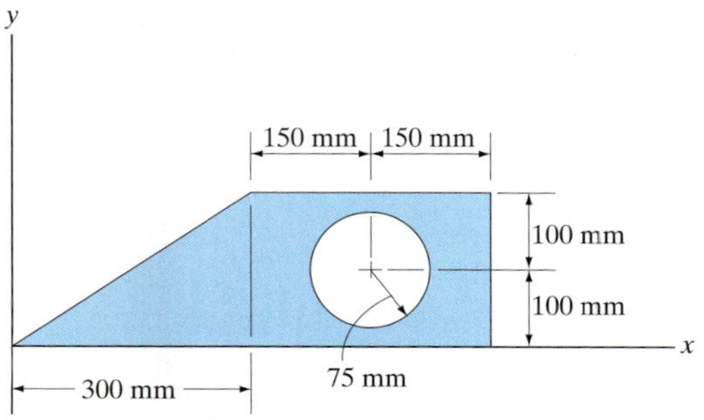

Vraagstukken 10.25/26

***10.28.** Bepaal het traagheidsmoment van de dwarsdoorsnede van de balk om de x-as.

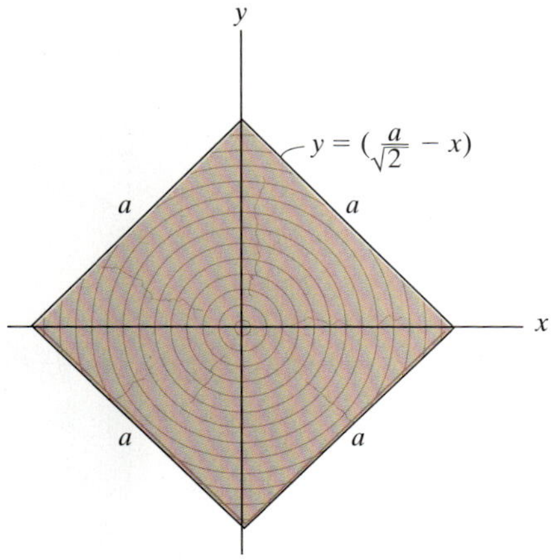

Vraagstuk 10.28

10.27. Bepaal de traagheidsstraal k_x voor de dwarsdoorsnede van de kolom

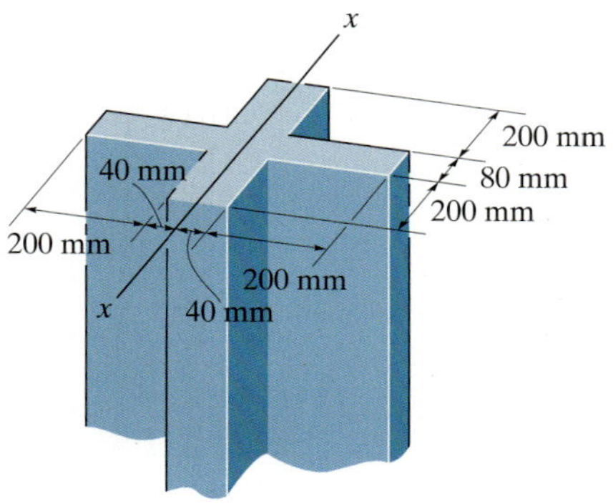

Vraagstuk 10.27

10.29. Bepaal de plaats van het zwaartepunt $\bar{y}$ van de dwarsdoorsnede en het traagheidsmoment van de dwarsdoorsnede om de x'-as.

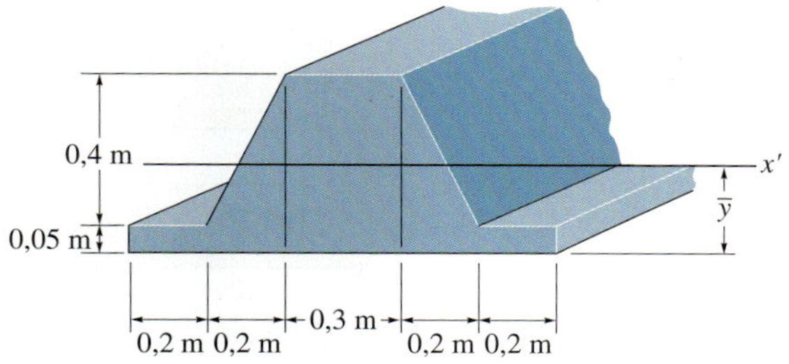

Vraagstuk 10.29

10.30. Bepaal de afstand $\bar{x}$ tot het zwaartepunt van de dwarsdoorsnede van de balk en het traagheidsmoment om de y'-as.

10.31. Bepaal het traagheidsmoment van de dwarsdoorsnede van de balk om de x'-as.

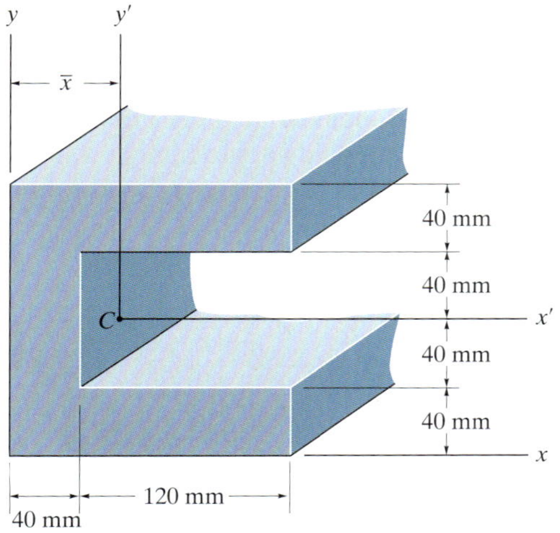

Vraagstukken 10.30/31

10.34. Bepaal het traagheidsmoment van de dwarsdoorsnede van de balk om de y-as.

10.35. Bepaal $\bar{y}$, de plaats van de zwaartepuntsas x'van de dwarsdoorsnede van de T-balk en het traagheidsmoment om de x'-as.

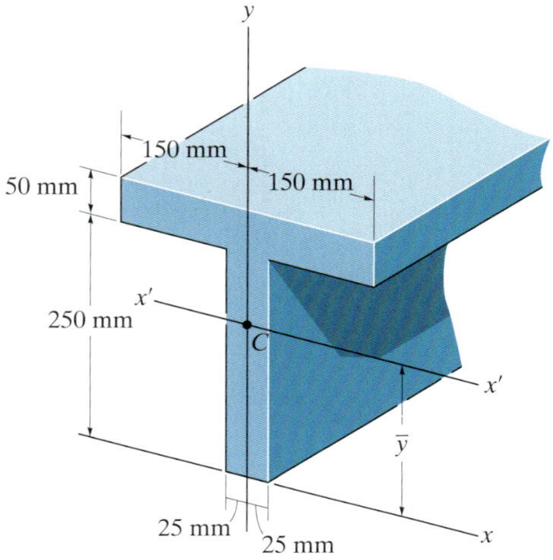

Vraagstukken 10.34/35

***10.32.** Bepaal het traagheidsmoment van het gekleurde oppervlak om de x-as.

10.33. Bepaal het traagheidsmoment van het gekleurde oppervlak om de y-as.

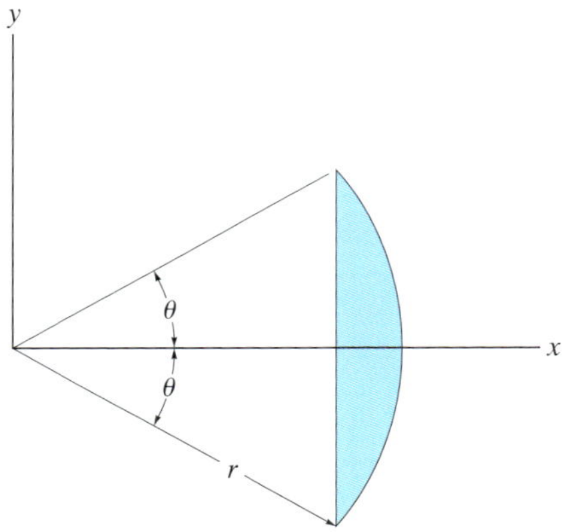

Vraagstukken 10.32/33

•10.36. Bepaal het traagheidsmoment van de dwarsdoorsnede van de balk om de x-as.

10.37. Bepaal het traagheidsmoment van de dwarsdoorsnede van de balk om de y-as.

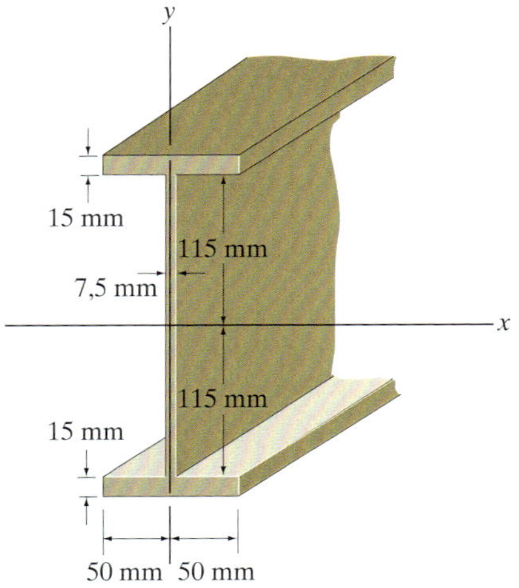

Vraagstukken 10.36/37

10.38. Bepaal het traagheidsmoment van de dwarsdoorsnede van de balk om de x-as.

10.39. Bepaal het traagheidsmoment van de dwarsdoorsnede van de balk om de y-as.

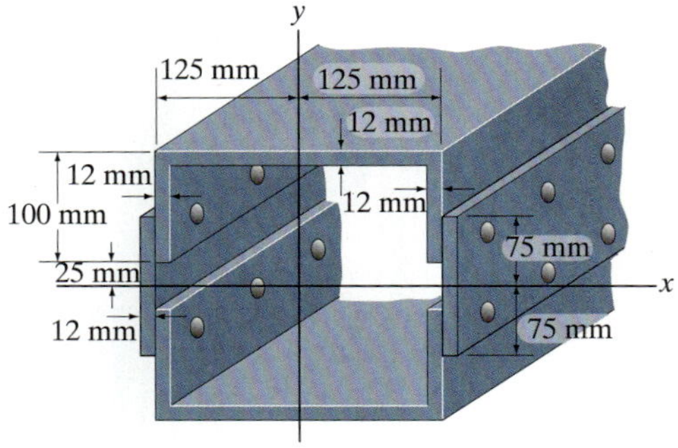

Vraagstukken 10.38/39

***10.40.** Bepaal het traagheidsmoment van de dwarsdoorsnede om de x-as.

10.41. Bepaal het zwaartepunt $\bar{x}$ van de dwarsdoorsnede van de balk en bepaal vervolgens het traagheidsmoment van dit gebied om de y'-as door het zwaartepunt.

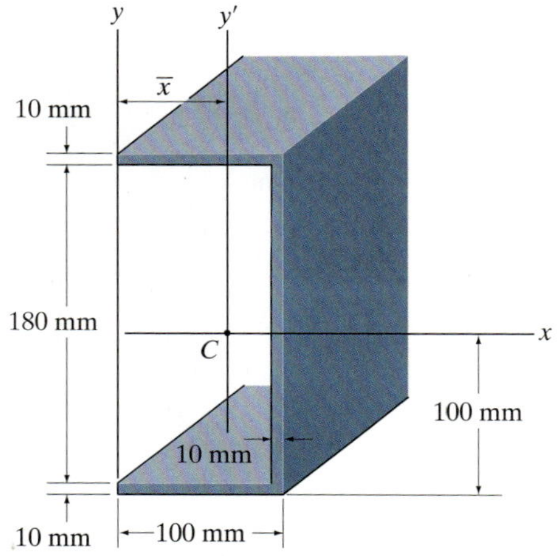

Vraagstukken 10.40/41

10.42. Bepaal het traagheidsmoment van de dwarsdoorsnede van de balk om de x-as.

10.43. Bepaal het traagheidsmoment van de dwarsdoorsnede van de balk om de y-as.

***10.44.** Bepaal de afstand $\bar{y}$ tot het zwaartepunt C van de dwarsdoorsnede van de balk en bereken dan het traagheidsmoment $\bar{I}_{x'}$ om de x'-as.

10.45. Bepaal de afstand $\bar{x}$ tot het zwaartepunt C van de dwarsdoorsnede van de balk en bereken dan het traagheidsmoment $\bar{I}_{y'}$ om de y'-as.

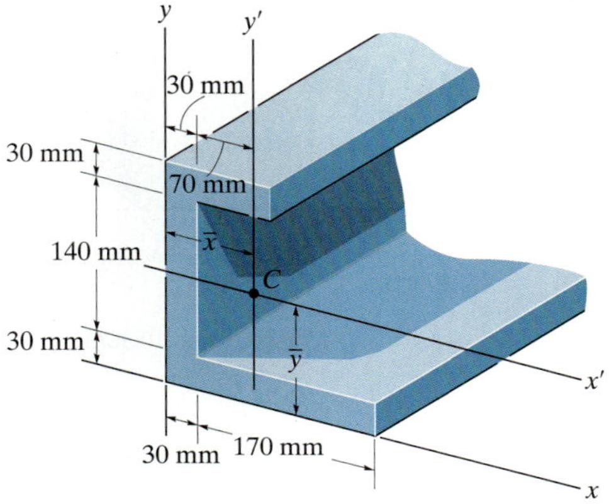

Vraagstukken 10.42/43/44/45

10.46. Bepaal de afstand $\bar{y}$ tot het zwaartepunt van de dwarsdoorsnede van de balk; bepaal vervolgens het traagheidsmoment om de x'-as.

10.47. Bepaal het traagheidsmoment van de dwarsdoorsnede van de balk om de y-as.

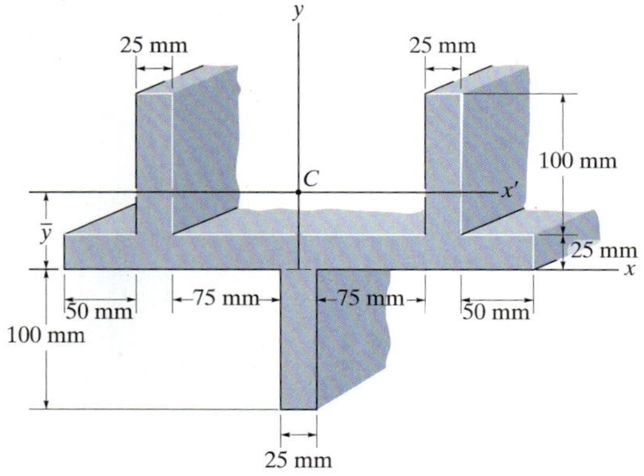

Vraagstukken 10.46/47

***10.48.** Bepaal het traagheidsmoment I_x van de balk om de x-as door het zwaartepunt.

10.49. Bepaal het traagheidsmoment I_y van de balk om de y-as door het zwaartepunt.

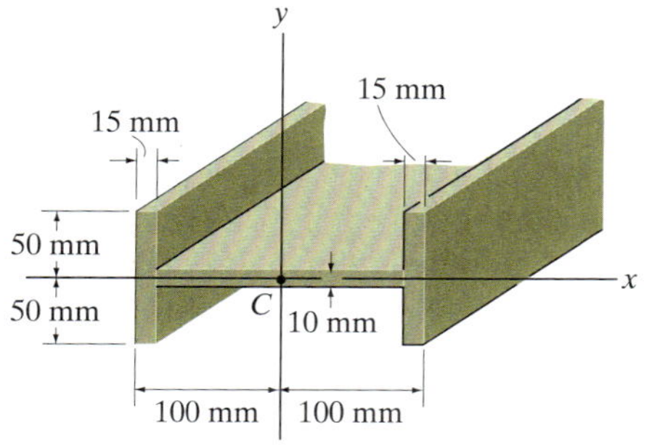

Vraagstukken 10.48/49

10.51. Bepaal het traagheidsmoment van de dwarsdoorsnede van de balk om de zwaartepuntsas x'. Laat de afmetingen van de koppen van de klinknagels, R, in je berekeningen buiten beschouwing. De handboekwaarden voor de oppervlakte, het traagheidsmoment en de plaats van het zwaartepunt C van een van de hoekprofielen zijn weergegeven in de figuur.

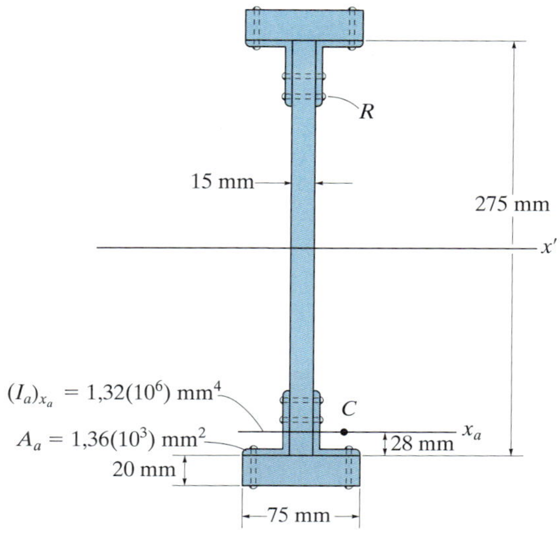

Vraagstuk 10.51

10.50. Bepaal de plaats van het zwaartepunt $\bar{y}$ van de dwarsdoorsnede en het traagheidsmoment van de dwarsdoorsnede om de x'-as.

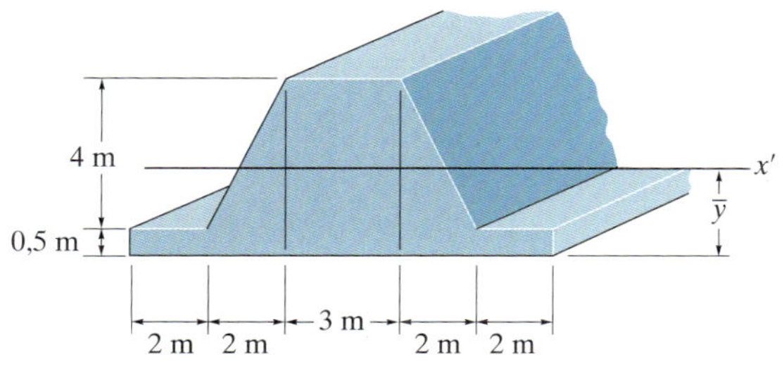

Vraagstuk 10.50

***10.52.** Bepaal het traagheidsmoment van het parallellogram om de x'-as die door het zwaartepunt C van het oppervlak loopt.

10.53. Bepaal het traagheidsmoment van het parallellogram om de y'-as die door het zwaartepunt C van het oppervlak loopt.

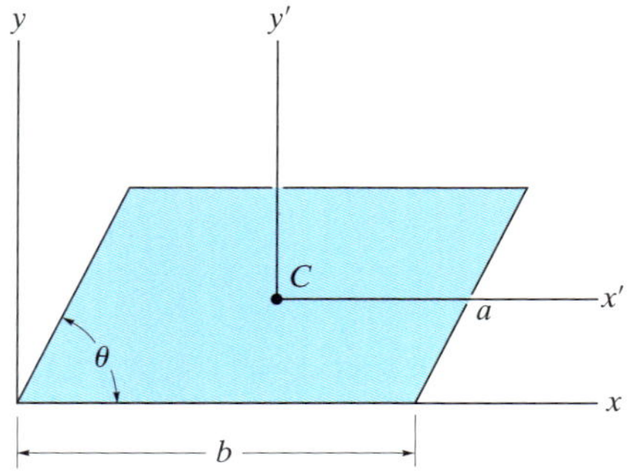

Vraagstukken 10.52/53

*10.5 Traagheidsproduct voor een oppervlak

In de volgende paragraaf zal worden aangetoond dat met een bepaalde eigenschap van een oppervlak, het *traagheidsproduct*, de *maximale* en *minimale* traagheidsmomenten voor het oppervlak kunnen worden berekend. Deze maximale en minimale waarden zijn belangrijke eigenschappen voor het ontwerpen van constructie-elementen en mechanische elementen zoals balken, pilaren en assen.

Het *traagheidsproduct* van het gebied in fig. 10.10 ten opzichte van de x- en de y-as is gedefinieerd als:

$$I_{xy} = \int_A xy \, dA \tag{10.7}$$

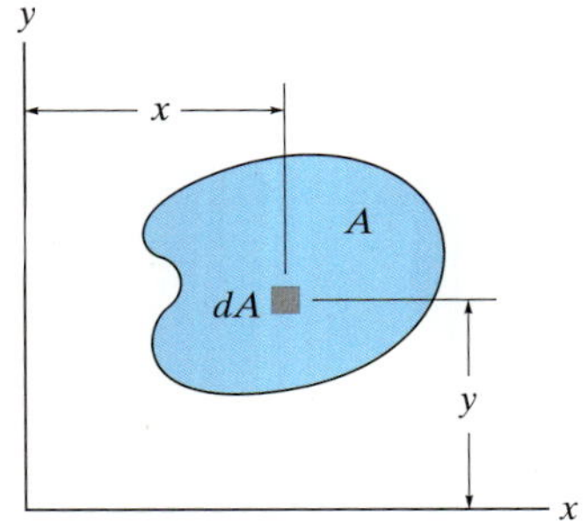

Fig. 10.10

Als het gekozen element van het oppervlak in twee richtingen een oneindig kleine afmeting heeft, zoals afgebeeld in fig. 10.10, moet een dubbele integratie worden uitgevoerd om I_{xy} te berekenen. Het is echter vaak eenvoudiger om een element te kiezen dat slechts in één richting een oneindig kleine afmeting of dikte heeft, in welk geval slechts één keer hoeft te worden geïntegreerd voor de berekening (zie voorbeeld 10.6).

Als de traagheidsmomenten en het traagheidsproduct bekend zijn, kan hiermee berekend worden hoe groot het maximale buigend moment is waarmee deze balk belast mag worden.

Het traagheidsproduct wordt net zoals het traagheidsmoment uitgedrukt in lengte-eenheden tot de vierde macht, bijvoorbeeld m^4, mm^4. Maar omdat x of y negatief kan zijn, kan het traagheidsproduct positief, negatief of nul zijn, afhankelijk van de plaats en de richting van de coördinaatassen. Bijvoorbeeld: het traagheidsproduct I_{xy} van een oppervlak zal nul zijn als of de x-as, of de y-as een symmetrieas is voor het oppervlak, zoals in fig. 10.11. Hierin heeft elk element dA in punt (x, y) een corresponderend element in $(x, -y)$. Aangezien de traagheidsproducten van deze elementen respectievelijk $xy\,dA$ en $-xy\,dA$ zijn, zullen alle elementen die op deze wijze worden gekozen elkaar opheffen bij de algebraïsche som of de integraalberekening van al deze elementen. Het traagheidsproduct van het totale oppervlak wordt bijgevolg nul. Uit de definitie van I_{xy} volgt ook dat het 'teken' van deze grootheid afhankelijk is van het kwadrant waarin zich het oppervlak bevindt. Zoals in fig. 10.12 wordt getoond, verandert I_{xy} van teken als het oppervlak van het ene naar het andere kwadrant roteert.

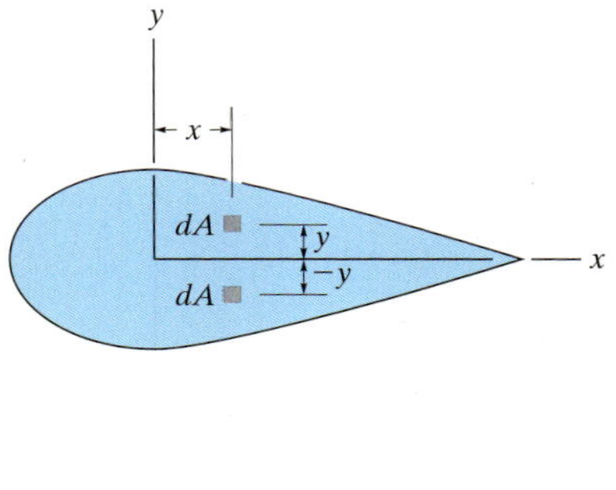

Fig. 10.11

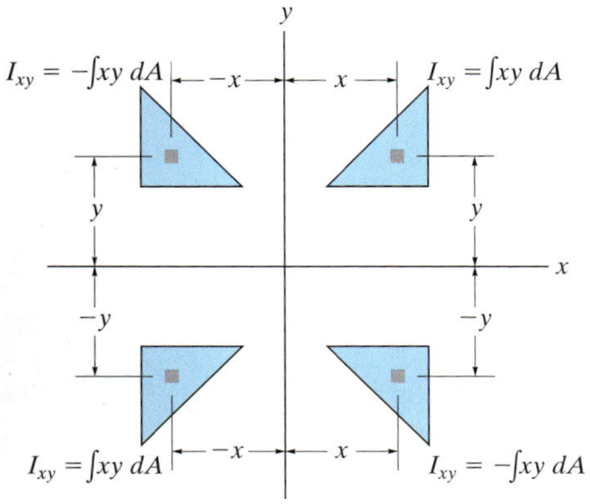

Fig. 10.12

Stelling van Steiner Beschouw het gekleurde oppervlak in fig. 10.13, waarbij x' en y' een assenstelsel vormen met het *zwaartepunt* van het oppervlak als oorsprong, en waarbij x en y een corresponderend assenstelsel vormen. Aangezien het traagheidsproduct van dA ten opzichte van de x- en y-as gelijk is aan $dI_{xy} = (x' + d_x)(y' + d_y)\,dA$, geldt voor het gehele oppervlak het volgende:

$$I_{xy} = \int_A (x' + d_x)(y' + d_y)\,dA$$
$$= \int_A x'y'\,dA + d_x\int_A y'\,dA + d_y\int_A x'\,dA + d_x d_y\int_A dA$$

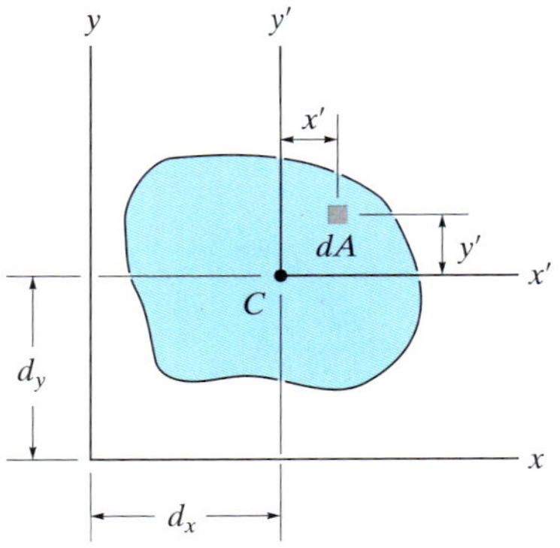

Fig. 10.13

De eerste term aan de rechterkant is het traagheidsproduct van het oppervlak ten opzichte van de zwaartepuntas $\bar{I}_{x'y'}$. De integralen in de tweede en derde term zijn nul, aangezien de momenten van het oppervlak om de zwaartepuntas worden genomen. Als we opmerken dat de vierde integraal gelijk is aan de gehele oppervlakte A, gaat de stelling van Steiner voor het traagheidsproduct over in:

$$\boxed{I_{xy} = \bar{I}_{x'y'} + Ad_xd_y} \qquad (10.8)$$

Het is van belang dat bij het toepassen van deze vergelijking de *algebraïsche tekens* voor d_x en d_y behouden blijven.

Voorbeeld 10.6

Bepaal het traagheidsproduct I_{xy} van de driehoek in fig. 10.14*a*.

OPLOSSING I

Een differentiaalelement met een dikte dx, zie fig. 10.14*b*, heeft een oppervlakte $dA = y\,dx$. Het traagheidsproduct van dit element ten opzichte van de x- en y-as wordt bepaald met behulp van de stelling van Steiner.

$$dI_{xy} = d\bar{I}_{x'y'} + dA\,\tilde{x}\,\tilde{y}$$

waarin $\tilde{x}$ en $\tilde{y}$ de positie van het zwaartepunt van het element of de oorsprong van de x'-as en y'-as bepalen. (Zie fig. 10.13.) Aangezien $d\bar{I}_{x'y'} = 0$, geldt op grond van symmetrie en het gegeven dat $\tilde{x} = x$, $\tilde{y} = y/2$ dat:

$$dI_{xy} = 0 + (y\,dx)x\left(\frac{y}{2}\right) = \left(\frac{h}{b}x\,dx\right)x\left(\frac{h}{2b}x\right)$$
$$= \frac{h^2}{2b^2}x^3\,dx$$

Integreren ten opzichte van x van $x = 0$ tot $x = b$ levert het volgende op:

$$I_{xy} = \frac{h^2}{2b^2}\int_0^b x^3\,dx = \frac{b^2h^2}{8} \qquad \textit{Antw.}$$

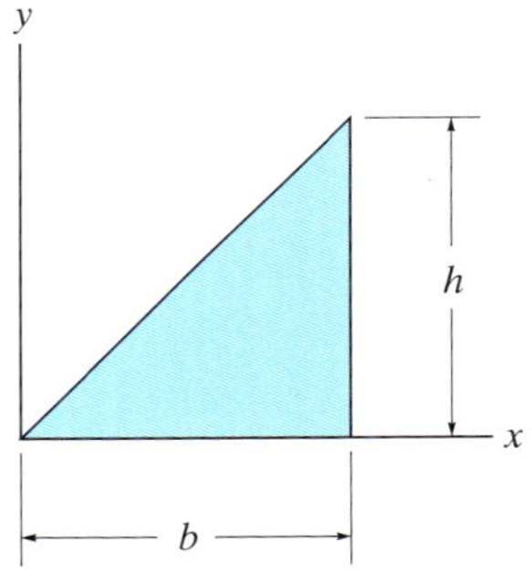

(a)

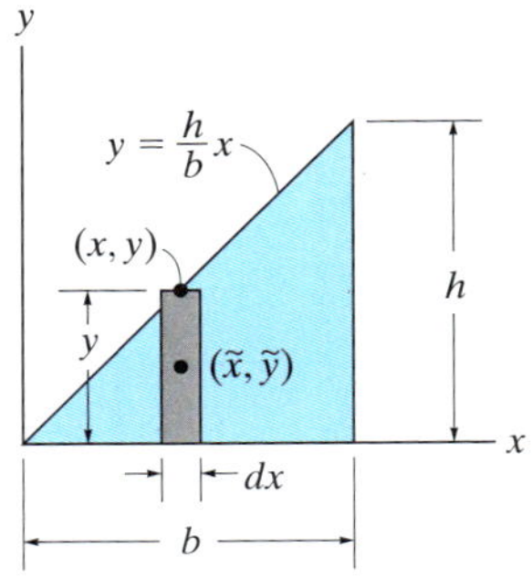

(b)

Fig. 10.14

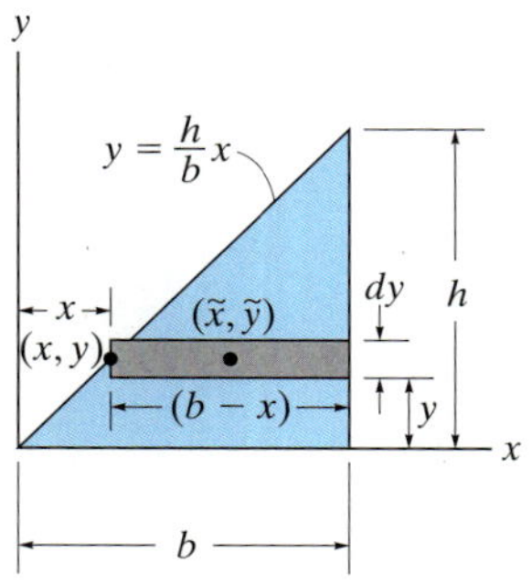

(c)

Fig. 10.14 (vervolg)

OPLOSSING II

Het differentiaalelement met een dikte dy, zie fig. 10.14*c*, kan ook worden gebruikt. Zijn oppervlakte is $dA = (b - x)\,dy$. Het *zwaartepunt* bevindt zich in punt $\tilde{x} = x + (b - x)/2 = (b + x)/2$, $\tilde{y} = y$, en het traagheidsproduct van het element wordt:

$$
\begin{aligned}
dI_{xy} &= d\bar{I}_{x'y'} + dA\,\tilde{x}\tilde{y} \\
&= 0 + (b - x)\,dy\left(\frac{b + x}{2}\right)y \\
&= \left(b - \frac{b}{h}y\right)dy\left[\frac{b + (b/h)y}{2}\right]y = \frac{1}{2}y\left(b^2 - \frac{b^2}{h^2}y^2\right)dy
\end{aligned}
$$

Integreren ten opzichte van y van $y = 0$ tot $y = h$ levert het volgende op:

$$I_{xy} = \frac{1}{2}\int_0^h y\left(b^2 - \frac{b^2}{h^2}y^2\right)dy = \frac{b^2h^2}{8} \qquad \textit{Antw.}$$

Voorbeeld 10.7

Bepaal het traagheidsproduct van de dwarsdoorsnede van de ligger, zoals afgebeeld in fig. 10.15*a*, om de *x*- en *y*-zwaartepuntassen.

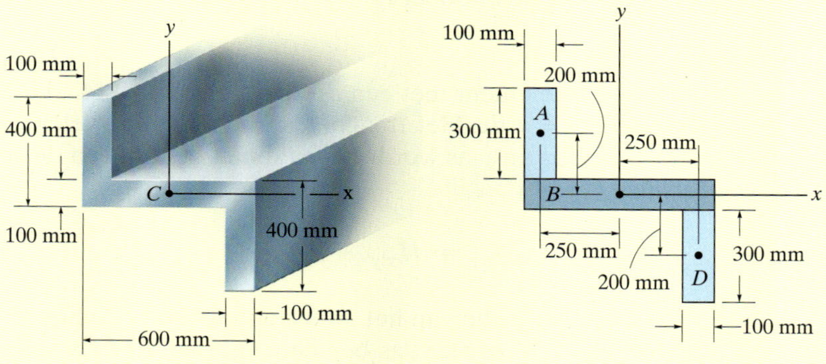

(a) (b)

Fig. 10.15

OPLOSSING

De dwarsdoorsnede kan net zoals in voorbeeld 10.5 worden onderverdeeld in een samengesteld geheel van drie rechthoekige vlakken A, B en D, zie fig. 10.15*b*. De coördinaten van de zwaartepunten van deze rechthoeken zijn aangegeven in de figuur. Vanwege de symmetrie is het traagheidsproduct van *elke rechthoek* gelijk aan *nul* om een stelsel van x'-, y'- assen dat door het zwaartepunt van elke rechthoek gaat. Met de stelling van Steiner vinden we:

Rechthoek *A*

$$I_{xy} = \bar{I}_{x'y'} + Ad_xd_y$$
$$= 0 + (300)(100)(-250)(200) = -1{,}50(10^9)\ \text{mm}^4$$

Rechthoek *B*

$$I_{xy} = \bar{I}_{x'y'} + Ad_xd_y$$
$$= 0 + 0 = 0$$

Rechthoek *D*

$$I_{xy} = \bar{I}_{x'y'} + Ad_xd_y$$
$$= 0 + (300)(100)(250)(-200) = -1{,}50(10^9)\ \text{mm}^4$$

Het traagheidsproduct van de gehele dwarsdoorsnede is dus:

$$I_{xy} = -1{,}50(10^9) + 0 - 1{,}50(10^9) = -3{,}00(10^9)\ \text{mm}^4 \qquad \textit{Antw.}$$

OPMERKING: Dit negatieve resultaat is het gevolg van het feit dat de rechthoeken A en D zwaartepunten met respectievelijk een negatieve x- en een negatieve y-coördinaat hebben.

*10.6 Traagheidsmomenten voor een oppervlak om schuine assen

Bij bouwkundige en werktuigbouwkundige ontwerpen moeten soms de momenten en traagheidsmomenten I_u, I_v, en I_{uv} van een oppervlak worden berekend ten opzichte van een schuine u- en v-as, wanneer de waarden voor θ, I_x, I_y, en I_{xy} bekend zijn. We zullen hiervoor transformatievergelijkingen gebruiken, waarin u en v worden uitgedrukt in x en y, zie fig. 10.16. Deze vergelijkingen zijn:

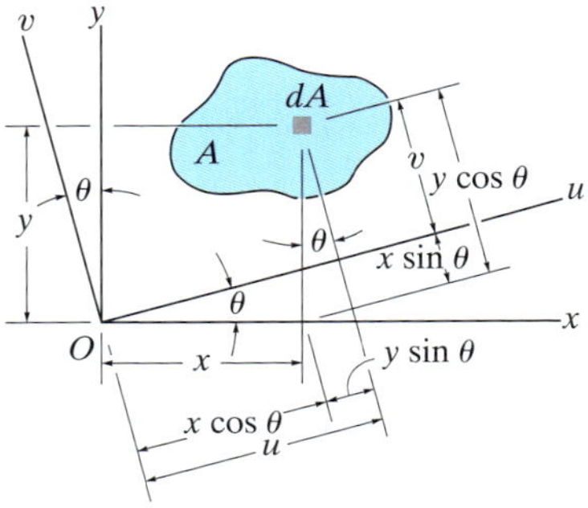

Fig. 10.16

$$u = x \cos\theta + y \sin\theta$$
$$v = y \cos\theta - x \sin\theta$$

Met deze vergelijking krijgen we de volgende traagheidsmomenten en -producten van dA om de u- en de v-as:

$$dI_u = v^2\, dA = (y \cos\theta - x \sin\theta)^2\, dA$$
$$dI_v = u^2\, dA = (x \cos\theta + y \sin\theta)^2\, dA$$
$$dI_{uv} = uv\, dA = (x \cos\theta + y \sin\theta)\,(y \cos\theta - x \sin\theta)\, dA$$

Als we elke uitdrukking uitwerken en integreren, waarbij we opmerken dat $I_x = \int y^2\, dA$, $I_y = \int x^2\, dA$, en $I_{xy} = \int xy\, dA$, krijgen we:

$$I_u = I_x \cos^2\theta + I_y \sin^2\theta - 2I_{xy} \sin\theta \cos\theta$$
$$I_v = I_x \sin^2\theta + I_y \cos^2\theta + 2I_{xy} \sin\theta \cos\theta$$
$$I_{uv} = I_x \sin\theta \cos\theta - I_y \sin\theta \cos\theta + I_{xy}\,(\cos^2\theta - \sin^2\theta)$$

Deze vergelijkingen kunnen worden vereenvoudigd met behulp van de trigonometrische gelijkheden $\sin 2\theta = 2 \sin\theta \cos\theta$ en $\cos 2\theta = \cos^2\theta - \sin^2\theta$, zodat:

$$\begin{aligned} I_u &= \frac{I_x + I_y}{2} + \frac{I_x - I_y}{2}\cos 2\theta - I_{xy}\sin 2\theta \\ I_v &= \frac{I_x + I_y}{2} - \frac{I_x - I_y}{2}\cos 2\theta + I_{xy}\sin 2\theta \\ I_{uv} &= \frac{I_x - I_y}{2}\sin 2\theta + I_{xy}\cos 2\theta \end{aligned} \tag{10.9}$$

Merk op dat als de eerste en tweede vergelijking bij elkaar worden opgeteld, we kunnen aantonen dat het polaire traagheidsmoment om de z-as door punt O, zoals verwacht, *onafhankelijk* is van de richting van de u-as en de v-as; dat wil zeggen,

$$J_O = I_u + I_v = I_x + I_y$$

Hoofdtraagheidsmomenten Uit vergelijkingen 10.9 blijkt dat I_u, I_v en I_{uv} afhankelijk zijn van de hellingshoek θ van de u-as en de v-as. We zullen nu de richting bepalen van deze assen, waaromheen de traagheidsmomenten van het oppervlak maximaal en minimaal zijn. De assen van dit assenstelsel worden de *hoofdtraagheidsassen* van het oppervlak genoemd, en de traagheidsmomenten ten opzichte van deze assen worden de *hoofdtraagheidsmomenten* genoemd. In het algemeen geldt dat er voor elke gekozen oorsprong een stelsel van hoofdtraagheidsassen is. Bij het ontwerpen van constructies en werktuigen wordt de oorsprong O in het zwaartepunt van het gebied genomen.

De hoek die de richting aangeeft van de hoofdtraagheidsassen, kan worden berekend door de eerste vergelijking van vgl. 10.9 te differentiëren naar θ en de uitkomst gelijk te stellen aan nul. Dus:

$$\frac{dI_u}{d\theta} = -2\left(\frac{I_x - I_y}{2}\right)\sin 2\theta - 2I_{xy}\cos 2\theta = 0$$

Derhalve geldt bij $\theta = \theta_p$:

$$\tan 2\theta_p = \frac{-I_{xy}}{(I_x - I_y)/2} \tag{10.10}$$

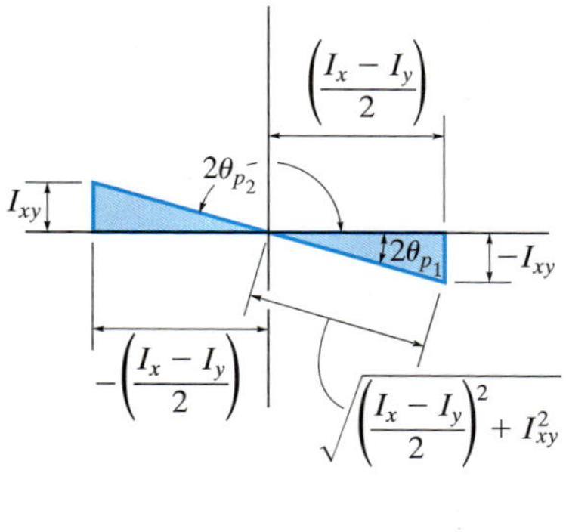

Fig. 10.17

De twee wortels θ_{p_1} en θ_{p_2} van deze vergelijking verschillen 90°, en specificeren dus elk de hellingshoek met een van de hoofdtraagheidsassen. Om ze in vgl. 10.9 te kunnen substitueren, moeten we eerst de sinus en cosinus van $2\theta_{p_1}$ en $2\theta_{p_2}$ bepalen. Dit kunnen we doen door gebruik te maken van de verhoudingen in de driehoeken in fig. 10.17, die op vgl. 10.10 zijn gebaseerd.

Wanneer we beide sinus/cosinusverhoudingen in de eerste of tweede vergelijking van vgl. 10.9 substitueren en vereenvoudigen, krijgen we:

$$I_{\substack{max \\ min}} = \frac{I_x + I_y}{2} \pm \sqrt{\left(\frac{I_x - I_y}{2}\right)^2 + I_{xy}^2} \qquad (10.11)$$

Deze uitkomst geeft, afhankelijk van het gekozen teken, het maximale of minimale traagheidsmoment voor het oppervlak. Wanneer bovenstaande trigonometrische vergelijkingen voor θ_{p_1} en θ_{p_2} in de derde vergelijking van vgl. 10.9 worden gesubstitueerd, kan verder worden aangetoond dat $I_{uv} = 0$; *dat wil zeggen dat het traagheidsproduct ten opzichte van de hoofdtraagheidsassen nul is*. Aangezien in paragraaf 10.6 werd aangegeven dat het traagheidsproduct nul is ten opzichte van elke symmetrieas, volgt hieruit dat *elke symmetrieas een hoofdtraagheidsas is voor het oppervlak*.

Voorbeeld 10.8

Bepaal de hoofdtraagheidsmomenten en de richting van de hoofdtraagheidsassen voor de dwarsdoorsnede van de staaf in fig. 10.18*a* ten opzichte van een as die door het zwaartepunt gaat.

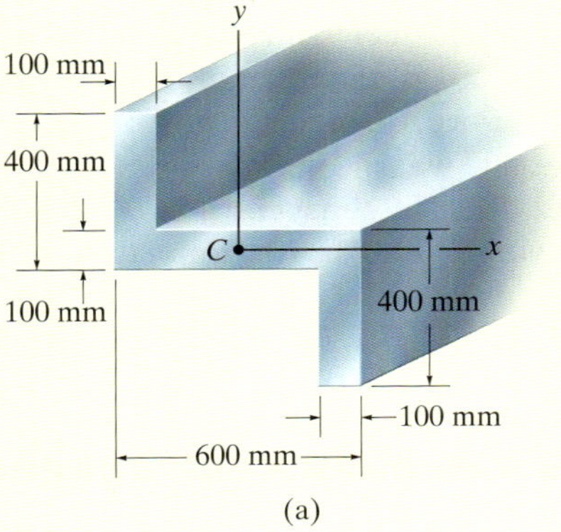

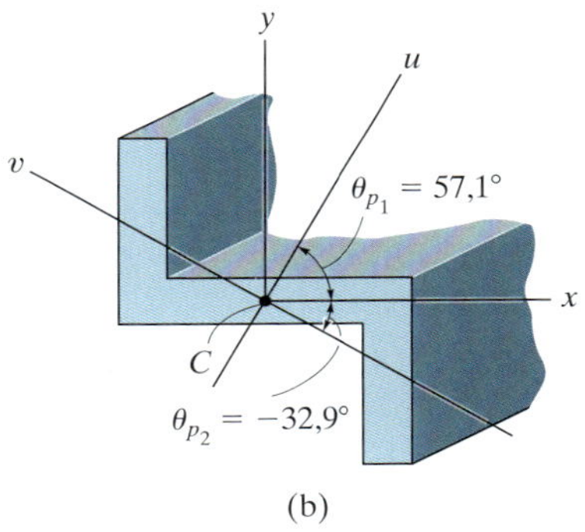

Fig. 10.18

OPLOSSING

De momenten en het traagheidsproduct van de dwarsdoorsnede ten opzichte van de x-as en y-as zijn bepaald in de voorbeelden 10.5 en 10.7. De uitkomsten zijn:

$$I_x = 2{,}90(10^9)\ \text{mm}^4 \qquad I_y = 5{,}60(10^9)\ \text{mm}^4 \qquad I_{xy} = -3{,}00(10^9)\ \text{mm}^4$$

We maken gebruik van vgl. 10.10 om de hellingshoeken van de hoofdtraagheidsassen u en v te berekenen:

$$\tan 2\theta_p = \frac{-I_{xy}}{(I_x - I_y)/2} = \frac{-[-3{,}00(10^9)]}{[2{,}90(10^9) - 5{,}60(10^9)]/2} = -2{,}22$$

$$2\theta_p = -65{,}8° \quad \text{en} \quad 114{,}2°$$

Dus, door te kijken naar fig. 10.18*b*:

$$\theta_{p_1} = -32{,}9° \qquad \text{en} \qquad \theta_{p_2} = 57{,}1°$$

De hoofdtraagheidsmomenten ten opzichte van deze assen worden bepaald met behulp van vgl. 10.11. Dus:

$$I_{\substack{max\\min}} = \frac{I_x + I_y}{2} \pm \sqrt{\left(\frac{I_x - I_y}{2}\right)^2 + I_{xy}^2}$$

$$= \frac{2{,}90(10^9) + 5{,}60(10^9)}{2}$$

$$\pm \sqrt{\left[\frac{2{,}90(10^9) - 5{,}60(10^9)}{2}\right]^2 + [-3{,}00(10^9)]^2}$$

Antw.

$$I_{\substack{max\\min}} = 4{,}25(10^9) \pm 3{,}29(10^9)$$

of

$$I_{max} = 7{,}54(10^9)\ \text{mm}^4 \qquad I_{min} = 0{,}960(10^9)\ \text{mm}^4$$

Antw.

OPMERKING: Het maximale traagheidsmoment, $I_{max} = 7{,}54(10^9)$ mm^4, is het traagheidsmoment om de u-as aangezien *nadere bestudering* leert dat het grootste deel van het oppervlak van de dwarsdoorsnede het verst verwijderd is van deze as. Met andere woorden: I_{max} doet zich voor om de u-as, aangezien deze op minder dan ±45° van de y-as ligt, die de grootste waarde heeft voor I ($I_y > I_x$). Dit kan ook worden geconcludeerd door de gegevens met $\theta = 57{,}1°$ te substitueren in de eerste van de vergelijkingen 10.9 en op te lossen naar I_u.

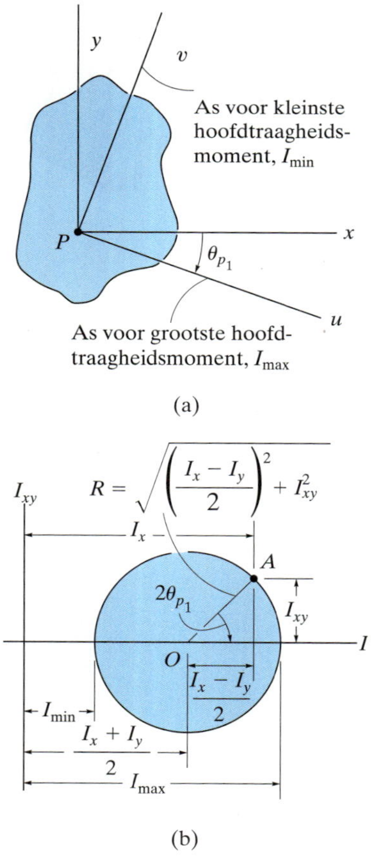

Fig. 10.19

*10.7 De Cirkel van Mohr voor traagheidsmomenten

Vergelijkingen 10.9 tot en met 10.11 bieden een grafische oplossing die gemakkelijk gebruikt en over het algemeen ook gemakkelijk onthouden kan worden. Wanneer we de eerste en derde vergelijking van vgl. 10.9 kwadrateren en optellen, krijgen we:

$$\left(I_u - \frac{I_x + I_y}{2}\right)^2 + I_{uv}^2 = \left(\frac{I_x - I_y}{2}\right)^2 + I_{xy}^2$$

Hierin zijn, I_x, I_y, en I_{xy} *bekende constanten*. Bovenstaande vergelijking kan dus in vereenvoudigde vorm worden geschreven als:

$$(I_u - a)^2 + I_{uv}^2 = R^2$$

Wanneer deze vergelijking grafisch wordt weergegeven ten opzichte van een stelsel van assen die het respectieve traagheidsmoment en het traagheidsproduct vertegenwoordigen, zie fig. 10.19, dan is de resulterende grafiek een *cirkel* met straal

$$R = \sqrt{\left(\frac{I_x - I_y}{2}\right)^2 + I_{xy}^2}$$

en het middelpunt in punt $(a, 0)$, waarbij $a = (I_x + I_y)/2$. De aldus geconstrueerde cirkel wordt de *Cirkel van Mohr* genoemd, naar de Duitse ingenieur Otto Mohr (1835–1918).

Analyseprocedure

De belangrijkste overweging om hier de Cirkel van Mohr te gebruiken, is dat het een eenvoudig hulpmiddel is voor het bepalen van de hoofdtraagheidsmomenten voor een oppervlak. De volgende procedure is een methode om dit te doen.

Bepaal I_x, I_y, en I_{xy}

- Bepaal de x-as en y-as en bepaal I_x, I_y, en I_{xy}, zie fig. 10.19*a*.

Construeer de cirkel

- Construeer een rechthoekig coördinatenstelsel waarin de x-as het traagheidsmoment vertegenwoordigt en de y-as het traagheidsproduct I_{xy}, zie fig. 10.19*b*.
- Bepaal het middelpunt van de cirkel, O, dat zich bevindt op een afstand $(I_x + I_y)/2$ van de oorsprong, en teken het referentiepunt A in met de coördinaten (I_x, I_{xy}). Bedenk dat I_x altijd positief is, terwijl I_{xy} positief of negatief kan zijn.
- Verbind het referentiepunt A met het middelpunt van de cirkel en bepaal de afstand OA met trigonometrie. Deze afstand is de straal van de cirkel, zie fig. 10.19*b*. Teken ten slotte de cirkel.

Hoofdtraagheidsmomenten

De punten waar de cirkel de I-as snijdt geven de waarden van de hoofdtraagheidsmomenten I_{min} en I_{max}. Merk op dat, zoals verwacht, het *traagheidsproduct nul zal zijn in deze punten*, zie fig. 10.19*b*.

Hoofdtraagheidsassen

- Maak om de richting van de belangrijkste hoofdtraagheidsas te bepalen, gebruik van goniometrische relaties voor het bepalen van de hoek $2\theta_{p_1}$, *gemeten vanaf de straal OA tot de positieve I-as*, zie fig. 10.19*b*. Deze hoek is gelijk aan *tweemaal* de hoek van de x-as tot de as van het maximale traagheidsmoment I_{max}, zie fig. 10.19*a*. Zowel de hoek in de cirkel, $2\theta_{p_1}$, als de hoek θ_{p_1}, *moeten op dezelfde manier worden gemeten*, zoals aangegeven in fig. 10.19. De as voor het minimale traagheidsmoment I_{min} staat loodrecht op de as voor I_{max}.

Met behulp van trigonometrie kan worden gecontroleerd of de procedure hierboven in overeenstemming is met de vergelijkingen die in paragraaf 10.6 zijn ontwikkeld.

Voorbeeld 10.9

Bepaal met behulp van de Cirkel van Mohr de hoofdtraagheidsmomenten en de richting van de hoofdtraagheidsassen voor de dwarsdoorsnede van de staaf die afgebeeld is in fig. 10.20*a*, ten opzichte van een as die door het zwaartepunt gaat.

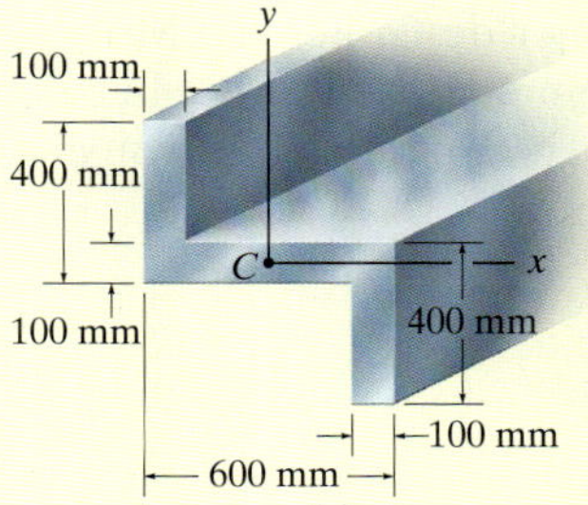

(a)

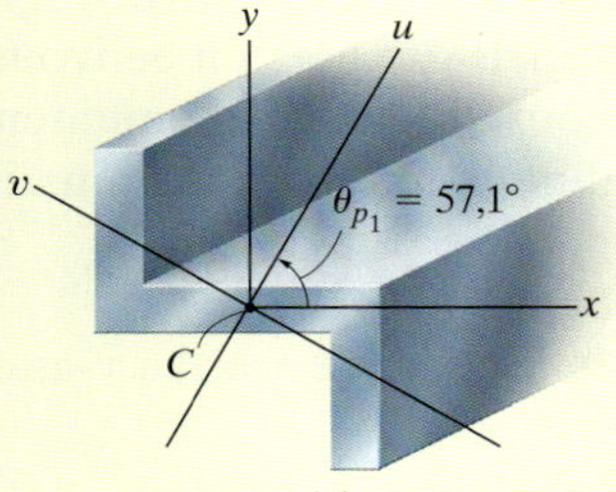

(d)

OPLOSSING

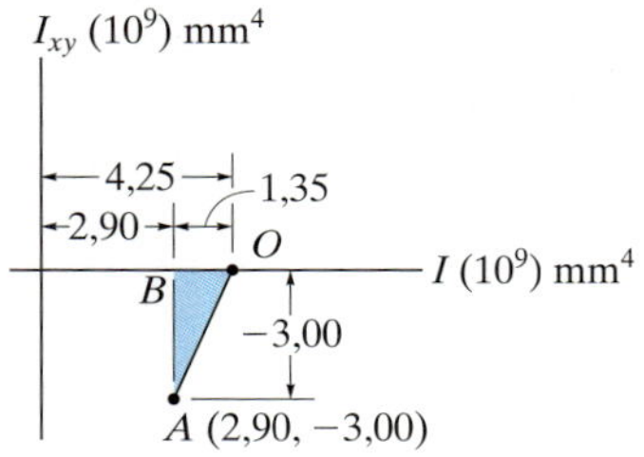

(b)

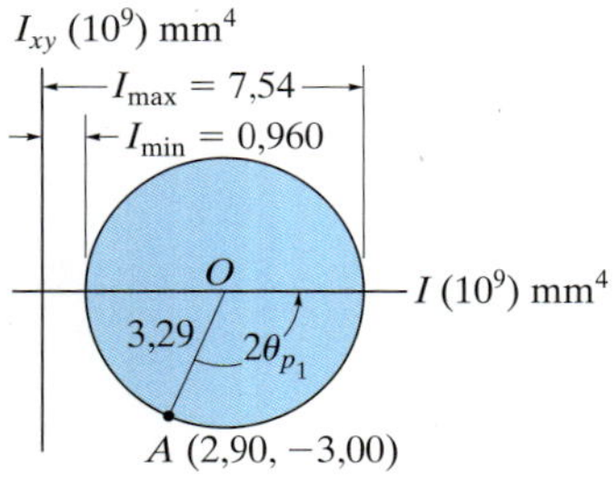

(c)

Fig. 10.20

Bepaal I_x, I_y, I_{xy} Het traagheidsmoment en traagheidsproduct zijn in de voorbeelden 10.5 en 10.7 bepaald ten opzichte van de x-as en y-as die afgebeeld zijn in fig. 10.20*a*. De uitkomsten zijn: $I_x = 2{,}90(10^9)$ mm^4, $I_y = 5{,}60(10^9)$ mm^4, en $I_{xy} = -3{,}00\ (10^9)$ mm^4.

Construeer de cirkel De I-as en de I_{xy}-as zijn afgebeeld in fig. 10.20*b*. Het middelpunt van de cirkel, O, ligt op een afstand $(I_x + I_y)/2 = (2{,}90 + 5{,}60)/2 = 4{,}25$ van de oorsprong. In het geval dat het referentiepunt $A(I_x, I_{xy})$ of $A(2{,}90, -3{,}00)$ verbonden is met punt O, wordt straal OA bepaald uit de driehoek OBA met behulp van de stelling van Pythagoras.

$$OA = \sqrt{(1{,}35)^2 + (-3{,}00)^2} = 3{,}29$$

Voor de constructie van de cirkel, zie fig. 10.20*c*.

Hoofdtraagheidsmomenten De cirkel snijdt de I-as in de punten (7,54, 0) en (0,960, 0). Daaruit volgt dat:

$$I_{max} = (4{,}25 + 3{,}29)10^9 = 7{,}54(10^9)\text{ mm}^4 \qquad \textit{Antw.}$$
$$I_{min} = (4{,}25 - 3{,}29)10^9 = 0{,}960(10^9)\text{ mm}^4 \qquad \textit{Antw.}$$

Hoofdtraagheidsassen Zoals in fig. 10.20*c* is aangegeven, wordt de hoek $2\theta_{p_1}$ bepaald uit de cirkel door tegen de wijzers van de klok in te meten vanaf OA in de richting van de *positieve* I-as. Dus:

$$2\theta_{p_1} = 180° - \sin^{-1}\left(\frac{|BA|}{|OA|}\right) = 180° - \sin^{-1}\left(\frac{3{,}00}{3{,}29}\right) = 114{,}2°$$

De richtingshoek van de hoofdas voor $I_{max} = 7{,}54(10^9)$ mm^4 is dus $\theta_{p_1} = 57{,}1°$, wanneer we *tegen de wijzers van de klok in* meten, vanaf de *positieve* x-as naar de *positieve* u-as. De v-as staat loodrecht op deze as. De uitkomsten worden gegeven in fig. 10.20*d*.

Vraagstukken

10.54. Bepaal het traagheidsproduct van de dunne strip om zowel de x- als y-as. De strip maakt een hoek θ met de x-as. Veronderstel dat $t << l$.

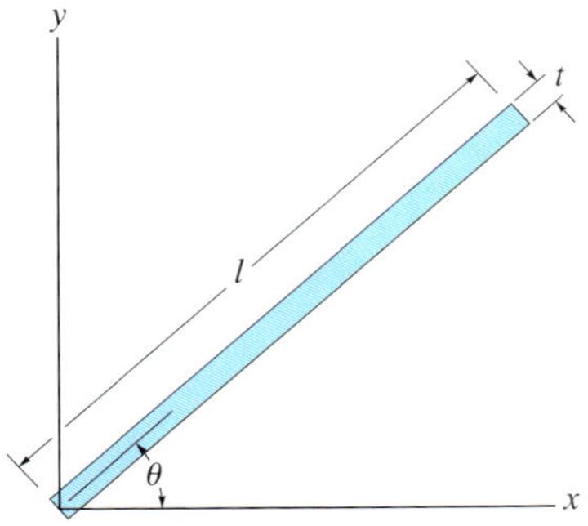

Vraagstuk 10.54

10.55. Bepaal het traagheidsproduct van het gekleurde oppervlak om zowel de x- als y-as.

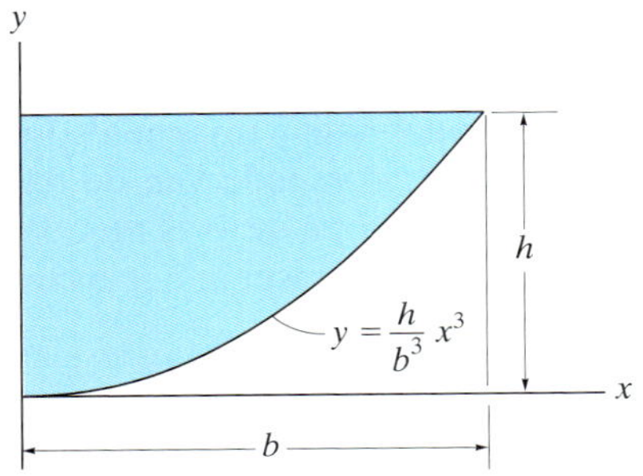

Vraagstuk 10.55

***10.56.** Bepaal het traagheidsproduct van het gekleurde deel van de parabool om de x- en y-as.

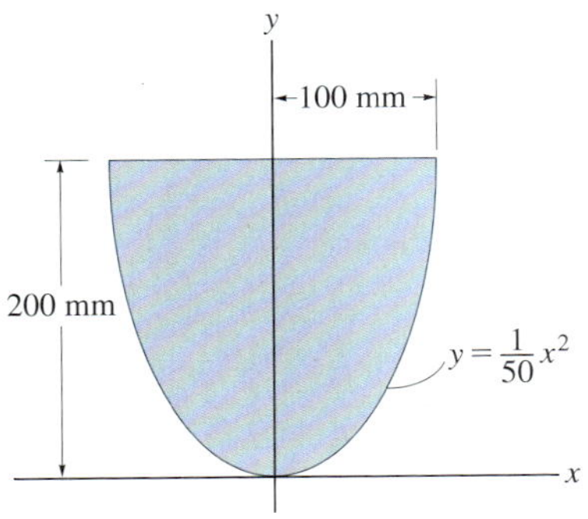

Vraagstuk 10.56

10.57. Bepaal het traagheidsproduct van het gekleurde oppervlak om zowel de x- als y-as.

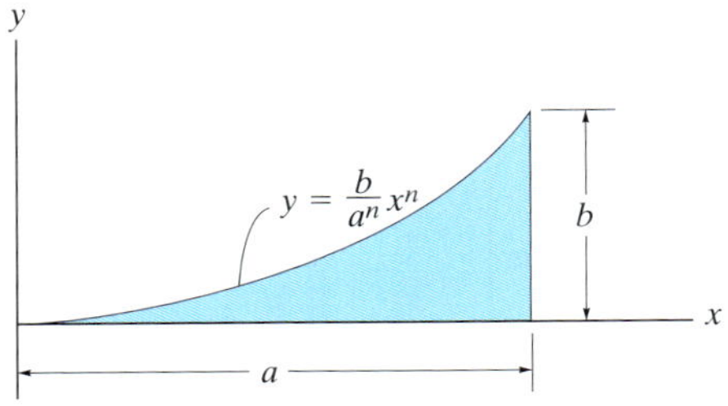

Vraagstuk 10.57

10.58. Bepaal het traagheidsproduct van het gekleurde oppervlak om zowel de x- als y-as en gebruik vervolgens de verschuivingsstelling om het traagheidsproduct van het oppervlak om de zwaartepuntsassen x' en y' te bepalen.

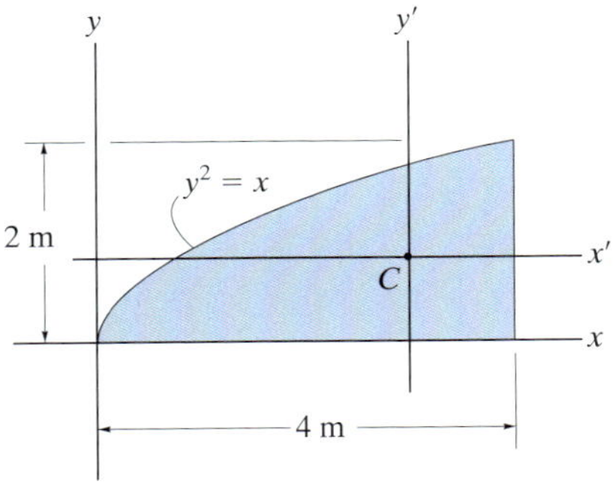

Vraagstuk 10.58

10.59. Bepaal het traagheidsproduct van het gekleurde oppervlak om zowel de x- als y-as. Gebruik de regel van Simpson om de integraal te bepalen.

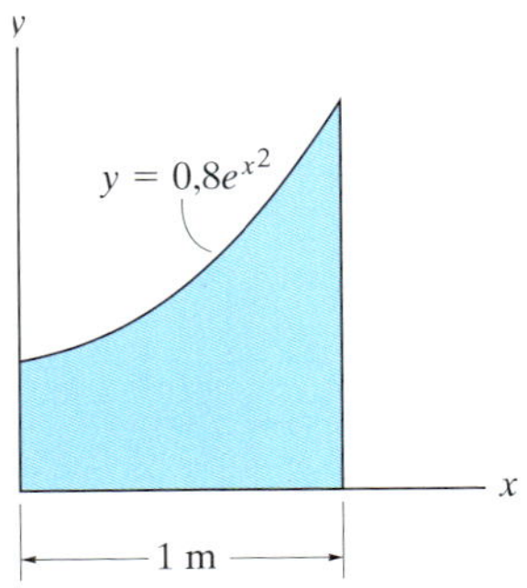

Vraagstuk 10.59

***10.60.** Bepaal het traagheidsproduct van het gebied ten opzichte van de x- en de y-as.

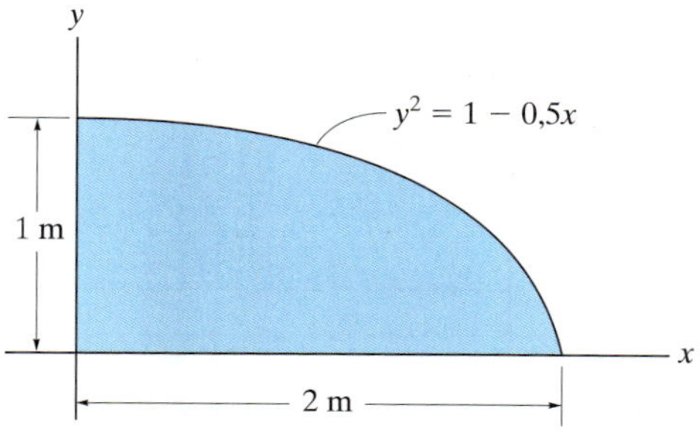

Vraagstuk 10.60

10.61. Bepaal het traagheidsproduct van het parallellogram om zowel de x- als y-as.

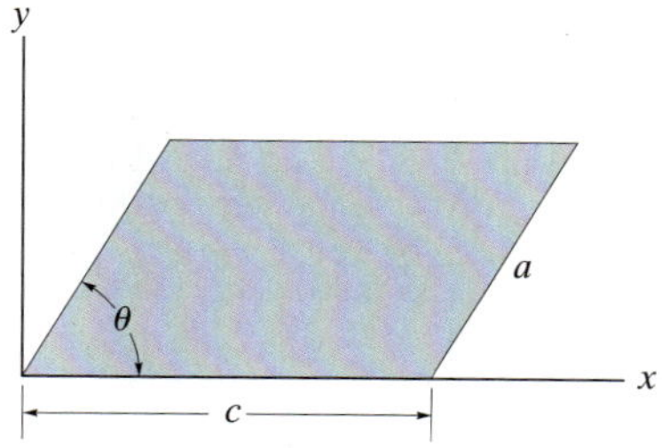

Vraagstuk 10.61

10.62. Bepaal het traagheidsproduct van het parabolische oppervlak om zowel de x- als y-as.

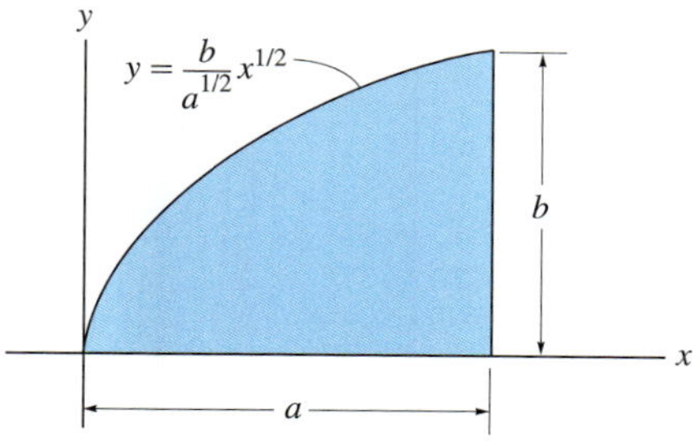

Vraagstuk 10.62

10.63. Bepaal het traagheidsproduct van de dwarsdoorsnede van de balk om de u- en v-as.

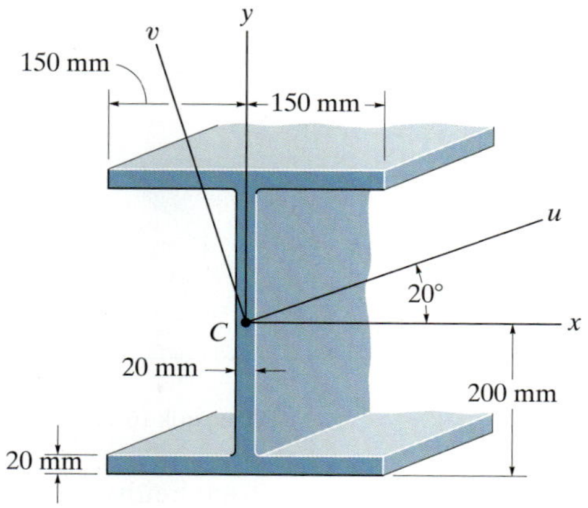

Vraagstuk 10.63

***10.64.** Bepaal het traagheidsproduct van de dwarsdoorsnede van de balk ten opzichte van de x- en de y-as met de oorsprong van het assenstelsel in het zwaartepunt C.

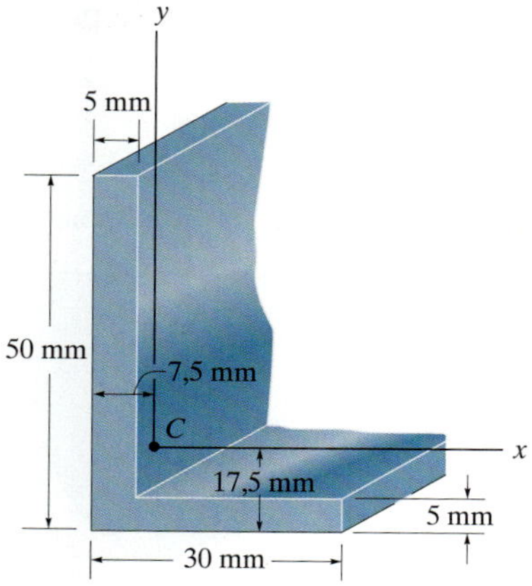

Vraagstuk 10.64

10.65. Bepaal het traagheidsproduct van de dwarsdoorsnede van de balk ten opzichte van de x- en de y-as met de oorsprong van het assenstelsel in het zwaartepunt C.

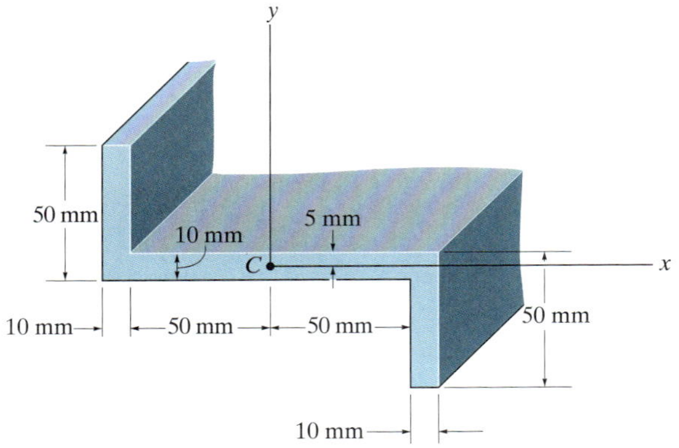

Vraagstuk 10.65

10.67. Bepaal het traagheidsproduct van de dwarsdoorsnede van de balk ten opzichte van de x- en de y-as.

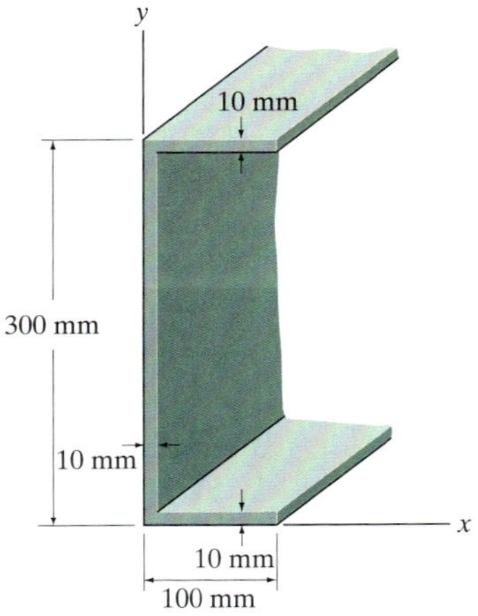

Vraagstuk 10.67

10.66. Bepaal het traagheidsproduct van de dwarsdoorsnede om de x- en y-as.

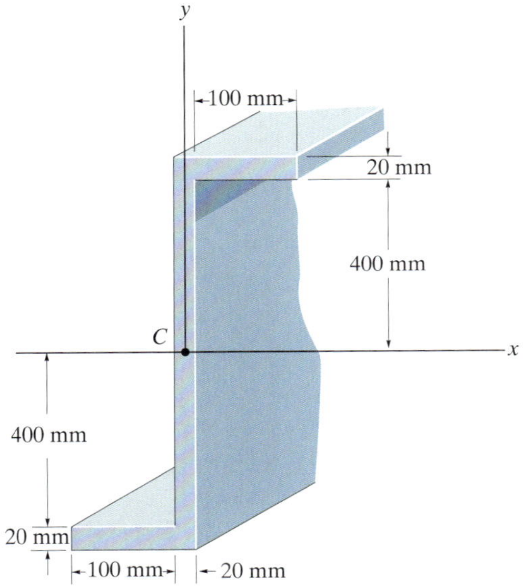

Vraagstuk 10.66

***10.68.** Bepaal de afstand $\bar{y}$ tot het zwaartepunt van het oppervlak en bereken dan de traagheidsmomenten I_u en I_v van de dwarsdoorsnede van het U-profiel. De oorsprong van de u- en v-as bevindt zich ter plaatse van het zwaartepunt C. Veronderstel voor de berekening dat alle hoeken recht (dus niet afgerond) zijn.

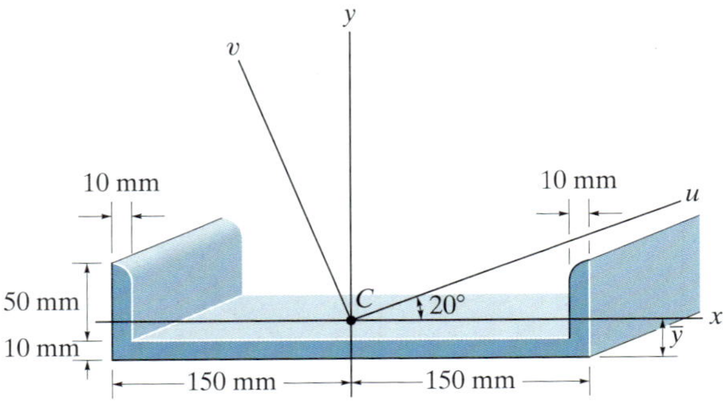

Vraagstuk 10.68

10.69. Bepaal de traagheidsmomenten I_u en I_v van het gekleurde oppervlak.

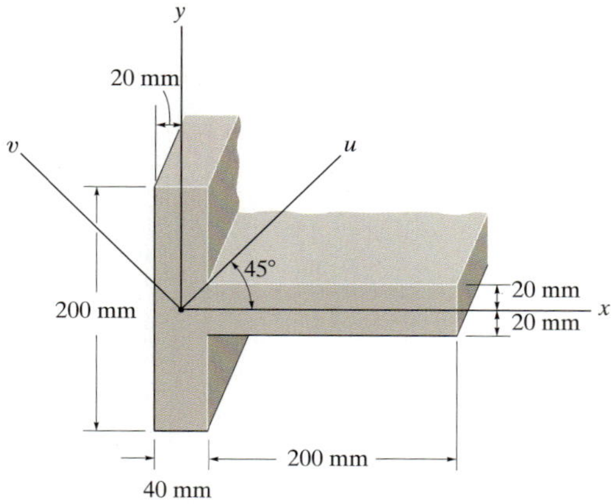

Vraagstuk 10.69

10.70. Bepaal de traagheidsmomenten en het traagheidsproduct van de dwarsdoorsnede van de balk om de *u*- en *v*-as.

10.71. Los vraagstuk 10.70 op met de cirkel van Mohr. *Hint*: bepaal eerst de cirkel en verdraai die dan $2\theta = 60^\circ$ tegen de klok in vanaf de referentie *OA*, bepaal dan de coördinaten van de punten die de diameter van de cirkel definiëren.

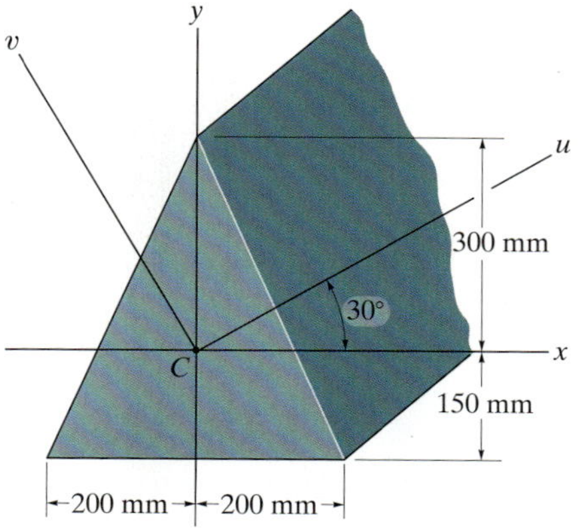

Vraagstukken 10.70/71

***10.72.** Bepaal het zwaartepunt $\bar{y}$ van de dwarsdoorsnede van de balk en bepaal vervolgens de traagheidsmomenten van dit gebied om de *u*- en om de *v*-as en het traagheidsproduct van dit gebied ten opzichte van de *u*- en de *v*-as.

10.73. Los vraagstuk 10.79 op met behulp van de cirkel van Mohr.

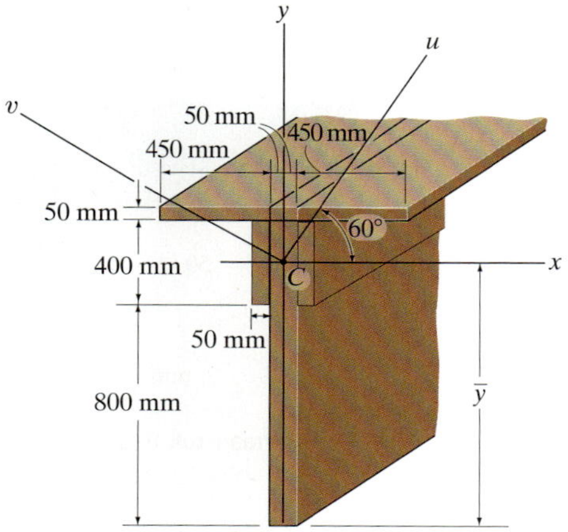

Vraagstukken 10.72/73

10.74. Bepaal het zwaartepunt $\bar{y}$ van de dwarsdoorsnede van de balk en bepaal vervolgens de traagheidsmomenten van dit gebied om de *u*- en om de *v*-as en het traagheidsproduct van dit gebied ten opzichte van de *u*- en de *v*-as. Het assenstelsel heeft zijn oorsprong in het zwaartepunt *C*.

10.75. Los vraagstuk 10.82 op met behulp van de cirkel van Mohr.

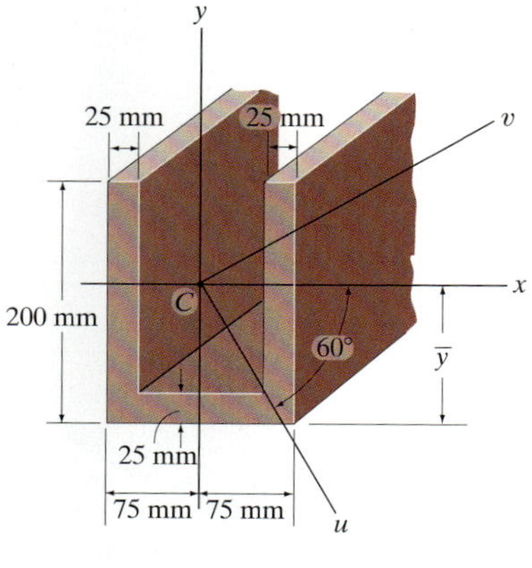

Vraagstukken 10.74/75

***10.76.** Bepaal het zwaartepunt van de dwarsdoorsnede van de balk en bepaal vervolgens de traagheidsmomenten van dit gebied om de u- en om de v-as en het traagheidsproduct van dit gebied ten opzichte van de u- en de v-as. Het assenstelsel heeft zijn oorsprong in het zwaartepunt C.

10.77. Los vraagstuk 10.75 op met behulp van de cirkel van Mohr.

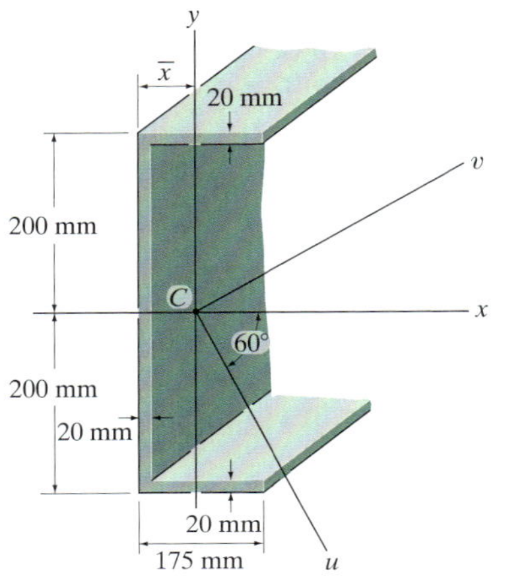

Vraagstukken 10.76/77

10.78. Bepaal de hoofdtraagheidsmomenten van de dwarsdoorsnede van het hoekprofiel om een stelsel hoofdassen waarvan de oorsprong zich in het zwaartepunt C bevindt. Gebruik de vergelijking die is afgeleid in paragraaf 10.7. Veronderstel voor de berekening dat alle hoeken recht (dus niet afgerond) zijn.

10.79. Los vraagstuk 10.78 op met de cirkel van Mohr.

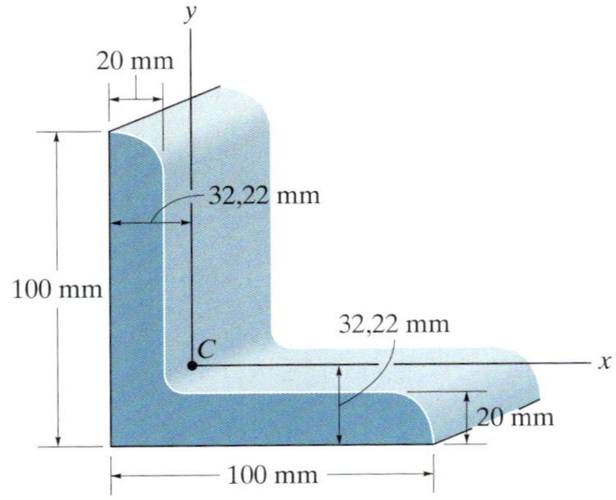

Vraagstukken 10.78/79

10.80. Bepaal de richting van de hoofdtraagheidsassen, die hun oorsprong hebben in het zwaartepunt C van de dwarsdoorsnede van de balk. Bepaal ook de hoofdtraagheidsmomenten.

10.81. Los vraagstuk 10.81 op met behulp van de cirkel van Mohr.

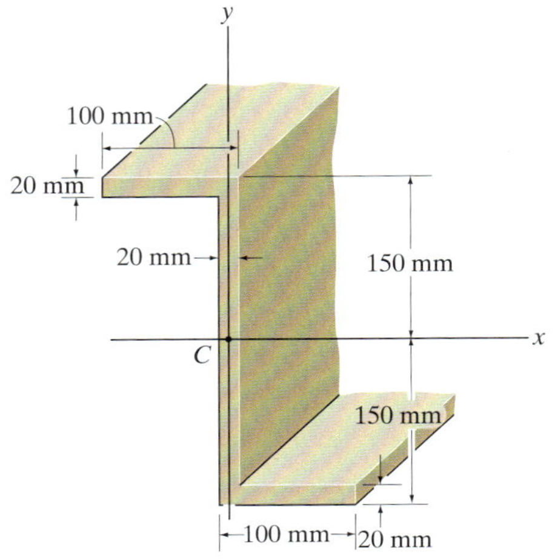

Vraagstukken 10.80/81

10.82. Bepaal het zwaartepunt y van de dwarsdoorsnede van de balk en bepaal vervolgens de traagheidsmomenten van dit gebied om de u- en om de v-as en het traagheidsproduct van dit gebied ten opzichte van de u- en de v-as. Het assenstelsel heeft zijn oorsprong in het zwaartepunt C.

10.83. Los vraagstuk 10.80 op met behulp van de cirkel van Mohr.

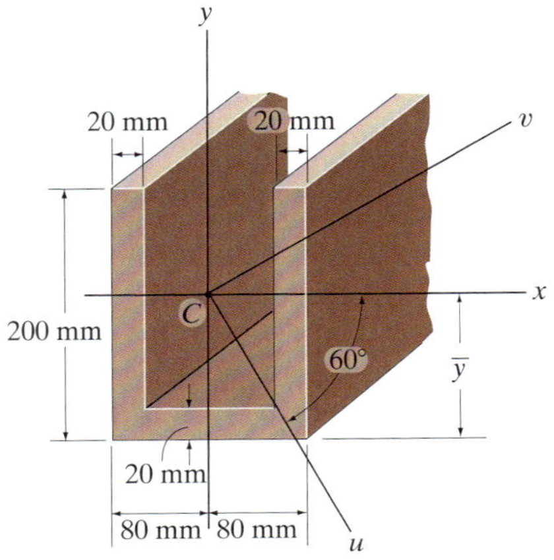

Vraagstukken 10.82/83

10.8 Massatraagheidsmoment

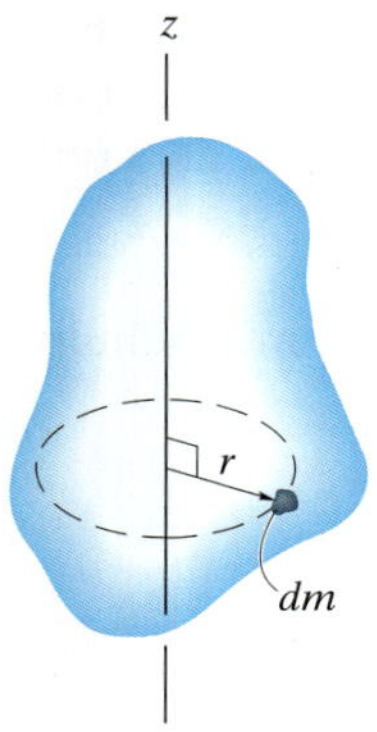

Fig. 10.21

Het massatraagheidsmoment van een lichaam is een maat voor de weerstand van dat lichaam tegen hoekversnelling. Aangezien het in de dynamica wordt gebruikt om draaiende bewegingen te bestuderen, worden hieronder methoden voor de berekening van het massatraagheidsmoment besproken.*

Beschouw het starre lichaam dat afgebeeld is in fig. 10.21. We definiëren het *massatraagheidsmoment* van het lichaam om de z-as:

$$I = \int_m r^2 \, dm \tag{10.12}$$

Hierbij is r de loodrechte afstand van de as tot het willekeurige element dm. Aangezien r in de formule voorkomt, is de waarde van I *uniek* voor elke as waaromheen hij wordt berekend. Maar de as die over het algemeen wordt gekozen, gaat door het massamiddelpunt G van het lichaam. De gebruikelijke eenheid voor een massatraagheidsmoment is $kg \cdot m^2$.

Als het lichaam bestaat uit een materiaal met een soortelijke massa ρ, dan is $dm = \rho \, dV$, fig. 10.22*a*. Door substitutie hiervan in vgl. 10.12 kan vervolgens het massatraagheidsmoment van het lichaam berekend worden met gebruikmaking van *volume-elementen* voor integratie; dat wil zeggen:

$$I = \int_V r^2 \rho \, dV \tag{10.13}$$

Bij de meeste toepassingen is ρ een *constante*, en dus kan deze term buiten de integraal geplaatst worden en de integraalberekening is dan nog slechts een geometrische functie:

$$I = \rho \int_V r^2 \, dV \tag{10.14}$$

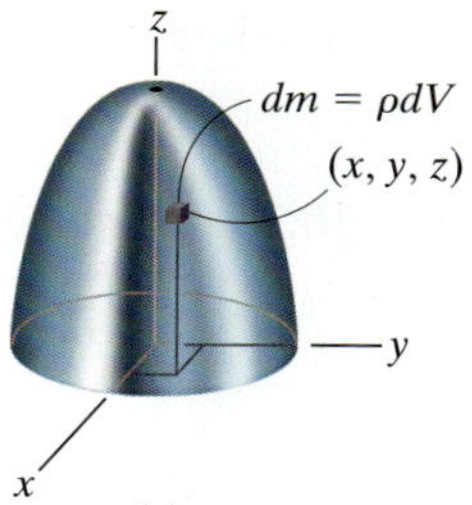

(a)

Fig. 10.22

* Een andere eigenschap van het lichaam dat de symmetrie van de massa van een lichaam ten opzichte van een coördinatenstelsel meet is het massatraagheidsproduct. Deze eigenschap geldt meestal voor de driedimensionale beweging van een lichaam en wordt besproken in *Dynamica* (hoofdstuk 9).

Analyseprocedure

Als een lichaam symmetrisch is ten opzichte van een as, zoals in fig. 10.22, dan kan voor het bepalen van het massatraagheidsmoment om de as worden volstaan met één integratie. Voor dit doel worden schaal- en schijfelementen gebruikt.

Schaalelement

- Wanneer voor een *schaalelement* met een hoogte z, een straal y, en een dikte dy wordt gekozen voor de integraalberekening, zie fig. 10.22*b*, dan is het volume $dV = (2\pi y)(z)\,dy$.
- Dit element kan worden gebruikt in vgl. 10.13 of 10.14 om het traagheidsmoment I_z van het lichaam om de z-as te bepalen, aangezien het *gehele element*, vanwege zijn 'dunheid', op *dezelfde* loodrechte afstand $r = y$ van de z-as ligt (zie voorbeeld 10.10).

Schijfelement

- Wanneer voor een schijfelement met een straal y en een dikte dz wordt gekozen voor de integraalberekening, zie fig. 10.22*c*, dan is het volume $dV = (\pi y^2)\,dz$.
- In dit geval is het element *eindig* in de radiale richting en dus liggen *niet* al zijn samenstellende delen op *dezelfde radiale afstand van de z-as*. Het gevolg hiervan is dat vgl. 10.13 of 10.14 *niet* kan worden gebruikt om I_z te bepalen. Voor een integraalberekening met dit element moeten we eerst het traagheidsmoment *van het element* om de z-as bepalen en dit resultaat vervolgens integreren (zie voorbeeld 10.11).

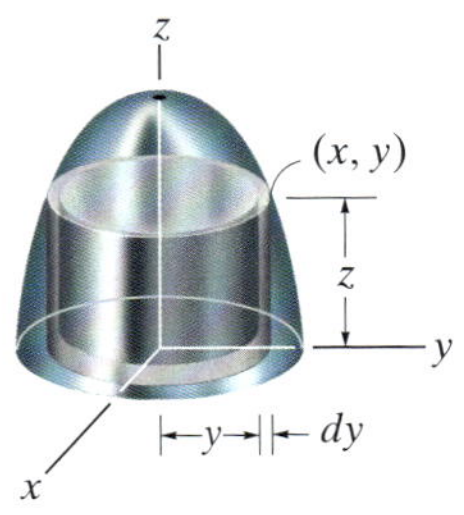

(b)

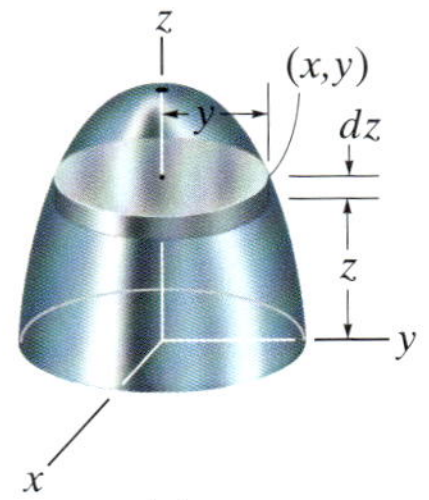

(c)

Fig. 10.22 (vervolg)

Voorbeeld 10.10

Bepaal het massatraagheidsmoment om de z-as van de cilinder die afgebeeld is in fig. 10.23*a*. De soortelijke massa van het materiaal, ρ, is constant.

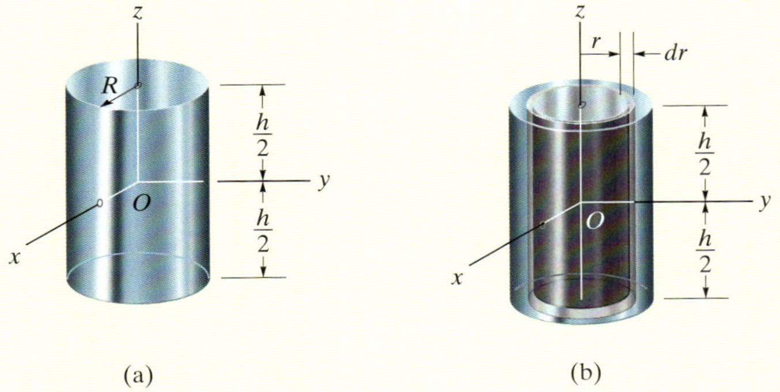

Fig. 10.23

OPLOSSING

Schaakelement Dit vraagstuk kan worden opgelost door gebruik te maken van het *schaalelement* in fig. 10.23*b* en dus hoeft er slechts één integratie te worden uitgevoerd. De volume van het element is $dV = (2\pi r)\,(h)\,dr$, zodat de massa van het element gelijk is aan $dm = \rho\, dV = \rho\,(2\pi hr\, dr)$. Aangezien het *gehele element* op dezelfde afstand r van de z-as ligt, is het traagheidsmoment *van het element* gelijk aan:

$$dI_z = r^2\, dm = \rho 2\pi h r^3\, dr$$

Integreren over het hele gebied van de cilinder levert het volgende op:

$$I_z = \int_m r^2\, dm = \rho 2\pi h \int_0^R r^3\, dr = \frac{\rho\pi}{2} R^4 h$$

Omdat de massa van de cilinder gegeven wordt door

$$m = \int_m dm = \rho 2\pi h \int_0^R r\, dr = \rho\pi h R^2$$

geldt

$$I_z = \frac{1}{2} m R^2$$

Antw.

Voorbeeld 10.11

Er wordt een massief lichaam gevormd door het gekleurde gebied dat afgebeeld is in fig. 10.24*a* om de y-as te laten draaien. De soortelijke massa van het materiaal is 5 Mg/m^3. Bepaal het massatraagheidsmoment om de y-as.

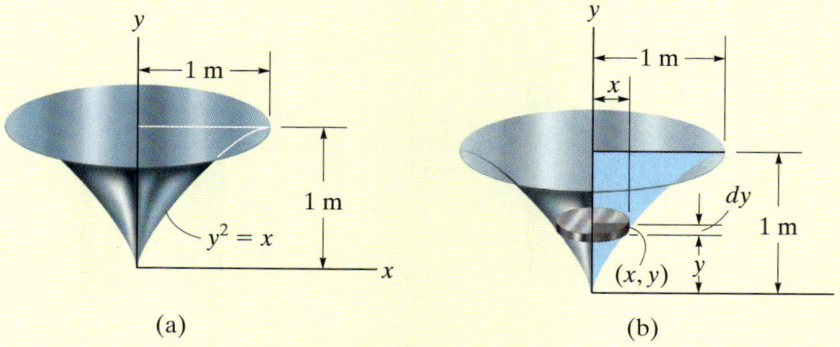

Fig. 10.24

OPLOSSING

Schijfelement Het traagheidsmoment wordt bepaald met behulp van een *schijfelement*, zoals afgebeeld in fig. 10.24*b*. Hier snijdt het element de kromme in het willekeurige punt (x, y) en het heeft een massa

$$dm = \rho\, dV = \rho\, (\pi x^2)\, dy$$

Hoewel alle punten van het element zich niet op dezelfde afstand van de y-as bevinden, is het toch mogelijk om het traagheidsmoment dI_y van het element om de y-as te bepalen. In het voorbeeld hiervoor zagen we dat het traagheidsmoment van een homogene cilinder om zijn lengteas gelijk is aan $I = \frac{1}{2}mR^2$, waarin m en R de massa en de straal van de cilinder zijn. Aangezien de hoogte van de cilinder niet voorkomt in deze formule, kunnen we hem ook voor een schijf gebruiken. Voor het schijfelement in fig. 10.24*b*, krijgen we dus

$$dI_y = \frac{1}{2}(dm)x^2 = \frac{1}{2}[\rho(\pi x^2)\, dy]x^2$$

Als we $x = y^2$, $\rho = 5\ \text{Mg/m}^3$ substitueren en integreren ten opzichte van y, van $y = 0$ tot $y = 1$ m, dan krijgen we het traagheidsmoment voor het hele massieve lichaam:

$$I_y = \frac{5\pi}{2}\int_0^{1\text{m}} x^4\, dy = \frac{5\pi}{2}\int_0^{1\text{m}} y^8\, dy = 0{,}873\ \text{kg}\cdot\text{m}^2 \qquad \textit{Antw.}$$

Stelling van Steiner Wanneer het traagheidsmoment van het lichaam om een as die door het massamiddelpunt van het lichaam gaat bekend is, kan het traagheidsmoment om elke andere *evenwijdige as* worden bepaald met behulp van de *stelling van Steiner*. Deze stelling kan worden afgeleid door het lichaam in beschouwing te nemen dat afgebeeld is in fig. 10.25. De z'-as gaat door het massamiddelpunt G, terwijl de corresponderende *evenwijdige z-as* op een constante afstand d ligt. Wanneer we het differentiaalelement van massa dm kiezen, dat zich bevindt in punt (x', y') en de stelling van Pythagoras toepassen in de vorm $r^2 = (d + x')^2 + y'^2$, is het traagheidsmoment van het lichaam om de z-as gelijk aan:

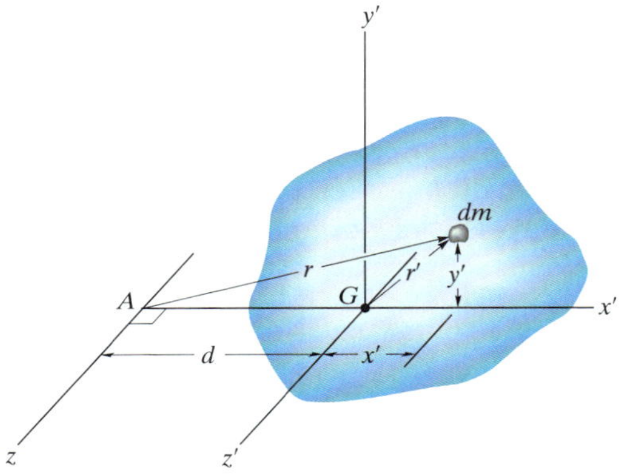

Fig. 10.25

$$I = \int_m r^2\,dm = \int_m [(d + x')^2 + y'^2]\,dm$$
$$= \int_m (x'^2 + y'^2)\,dm + 2d\int_m x'\,dm + d^2\int_m dm$$

Aangezien $r'^2 = x'^2 + y'^2$, vertegenwoordigt de eerste integraal I_G. De tweede integraal is gelijk aan *nul*, aangezien de z'-as door het massamiddelpunt van het lichaam gaat, d.w.z, $\int x'\,dm = \bar{x}\int dm = 0$ aangezien $\bar{x} = 0$. En tot slot is de derde integraal de totale massa m van het lichaam. Dus gaat het traagheidsmoment om de z-as over in:

$$I = I_G + md^2 \tag{10.15}$$

waarbij

I_G = traagheidsmoment om de z'-as die door het massamiddelpunt G gaat
m = massa van het lichaam
d = loodrechte afstand tussen de evenwijdige assen

Traagheidsstraal Soms wordt in handboeken de *traagheidsstraal*, k, gebruikt om het traagheidsmoment van een lichaam weer te geven. Deze waarde wordt uitgedrukt in eenheden van lengte, en wanneer deze straal en de lichaamsmassa m bekend zijn, kan het traagheidsmoment worden bepaald uit de vergelijking

$$I = mk^2 \quad \text{of} \quad k = \sqrt{\frac{I}{m}} \tag{10.16}$$

Dit vliegwiel, dat een metalen snijwerktuig aandrijft heeft een groot traagheidsmoment rond het middelpunt. Als hij eenmaal begint te roteren is het moeilijk om hem stop te zetten en daarom kan een uniforme beweging effectief worden overgebracht op het snijblad.

Let op de *overeenkomst* tussen de definitie van k in deze formule en r in de vergelijking $dI = r^2\,dm$, die het traagheidsmoment van een differentiaalelement met massa dm van het lichaam om de as weergeeft.

Samengestelde lichamen Wanneer een lichaam is samengesteld uit een aantal eenvoudige vormen, zoals schijven, bollen en staven, kan het traagheidsmoment van het lichaam om een as z worden bepaald door de berekende traagheidsmomenten om dezelfde as van alle samenstellende vormen algebraïsch bij elkaar op te tellen. Algebraïsche optelling is noodzakelijk aangezien een samenstellend deel als een negatieve grootheid moet worden beschouwd als het al opgenomen was in een ander samenstellend deel, zoals in het geval van een 'gat of opening' dat afgetrokken wordt van een massieve plaat. Ook is de stelling van Steiner nodig voor de berekeningen van elk samenstellend deel als het massamiddelpunt daarvan niet op de z-as ligt. Voor dit doel is achter in dit boek een tabel opgenomen met de massatraagheidsmomenten van enkele veelvoorkomende vormen zoals schijven, bollen en staven.

Voorbeeld 10.12

De plaat in fig.10.26*a* heeft een soortelijke massa van 8000 kg/m^3 en een dikte van 10 mm. Bepaal zijn massatraagheidsmoment om een as die loodrecht op de bladzijde staat en door de pen in O gaat.

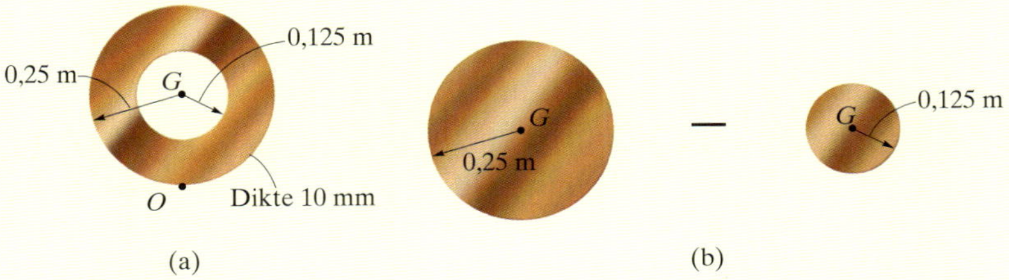

Fig. 10.26

OPLOSSING

De plaat bestaat uit twee samenstellende delen, de schijf met een straal van 250 mm *minus* een schijf met een straal van 125 mm, zie fig. 10.26*b*. Het traagheidsmoment om O kan worden bepaald door het traagheidsmoment van al deze delen om O te bepalen en de uitkomsten vervolgens *algebraïsch* op te tellen. De berekeningen worden uitgevoerd met behulp van de stelling van Steiner, samen met de gegevens in de tabel aan het einde van dit boek.

Schijf Het traagheidsmoment van een schijf om een as die loodrecht op het vlak van de schijf staat en door G gaat is $I_G = \frac{1}{2}mr^2$. Het massamiddelpunt van beide schijven ligt 0,25 m van punt O. Dus:

$$\begin{aligned} m_s &= \rho_s V_s = 8000\ \text{kg/m}^3\ [\pi(0{,}25\ \text{m})^2(0{,}01\ \text{m})] = 15{,}71\ \text{kg} \\ (I_O)_s &= \tfrac{1}{2}m_s r_s^2 + m_s d^2 \\ &= \tfrac{1}{2}(15{,}71\ \text{kg})(0{,}25\ \text{m})^2 + (15{,}71\ \text{kg})(0{,}25\ \text{m})^2 \\ &= 1{,}473\ \text{kg}\cdot\text{m}^2 \end{aligned}$$

Gat Voor de kleinere schijf (gat) geldt:

$$\begin{aligned} m_g &= \rho_g V_g = 8000\ \text{kg/m}^3\ [\pi(0{,}125\ \text{m})^2(0{,}01\ \text{m})] = 3{,}93\ \text{kg} \\ (I_O)_g &= \tfrac{1}{2}m_g r_g^2 + m_g d^2 \\ &= \tfrac{1}{2}(3{,}93\ \text{kg})(0{,}125\ \text{m})^2 + (3{,}93\ \text{kg})(0{,}25\ \text{m})^2 \\ &= 0{,}276\ \text{kg}\cdot\text{m}^2 \end{aligned}$$

Het traagheidsmoment van de plaat om de pen is dus:

$$\begin{aligned} I_O &= (I_O)_s - (I_O)_g \\ &= 1{,}473\ \text{kg}\cdot\text{m}^2 - 0{,}276\ \text{kg}\cdot\text{m}^2 \\ &= 1{,}20\ \text{kg}\cdot\text{m}^2 \end{aligned}$$

Antw.

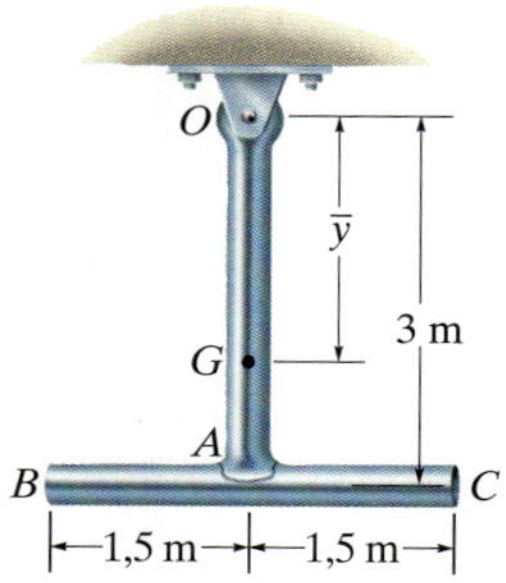

Fig. 10.27

Voorbeeld 10.13

De slinger in fig. 10.27 bestaat uit twee dunne staven met elk een massa van 100 kg. Bepaal het massatraagheidsmoment om een as die door (a) de pen bij O gaat, en (b) het massamiddelpunt G van de slinger gaat.

OPLOSSING

Deel (a) Met behulp van de tabel aan het einde van dit boek bepalen we het traagheidsmoment van de staaf OA om een as die loodrecht op de bladzijde staat en door het eindpunt O gaat. Het traagheidsmoment van de staaf is $I_O = \frac{1}{3}ml^2$. Dus:

$$(I_{OA})_O = \frac{1}{3}ml^2 = \frac{1}{3}(100\text{ kg})\ (3\text{ m})^2 = 300\text{ kg}\cdot\text{m}^2$$

Bedenk dat deze waarde kan worden berekend met behulp van $I_G = \frac{1}{12}ml^2$ en de stelling van Steiner; dat wil zeggen:

$$(I_{OA})_O = \frac{1}{12}ml^2 + md^2 = \frac{1}{12}(100\text{ kg})(3\text{ m})^2 + (100\text{ kg})(1{,}5\text{ m})^2$$
$$= 300\text{ kg}\cdot\text{m}^2$$

Voor staaf BC krijgen we:

$$(I_{BC})_O = \frac{1}{12}ml^2 + md^2 = \frac{1}{12}(100\text{ kg})(3\text{ m})^2 + (100\text{ kg})(3\text{ m})^2$$
$$= 975\text{ kg}\cdot\text{m}^2$$

Het traagheidsmoment van de slinger om punt O is dus:

$$I_O = 300 + 975 = 1275\text{ kg}\cdot\text{m}^2$$ *Antw.*

Deel (b) Het massamiddelpunt G zal zich op een bepaalde afstand tegenover de pen bij O bevinden. Als we aannemen dat deze afstand $\bar{y}$ is, zie fig. 10.27, en de formule gebruiken om het massamiddelpunt te bepalen, krijgen we:

$$\bar{y} = \frac{\Sigma\tilde{y}m}{\Sigma m} = \frac{(1{,}5\text{ m})(100\text{ kg}) + (3\text{ m})(100\text{ kg})}{(100\text{ kg}) + (100\text{ kg})} = 2{,}25\text{ m}$$

Het traagheidsmoment I_G kan op dezelfde manier worden berekend als I_O. Hiertoe moet de stelling van Steiner een aantal keren na elkaar worden toegepast om de traagheidsmomenten van staven OA en BC over te dragen op G. Een directere oplossing kan worden verkregen door de stelling van Steiner toe te passen met gebruikmaking van de uitkomst voor I_O die hierboven werd berekend; dat wil zeggen:

$$I_O = I_G + md^2;\ 1275\text{ kg}\cdot\text{m}^2 = I_G + (200\text{ kg})(2{,}25\text{ m})^2$$

$$I_G = 262{,}5\text{ kg}\cdot\text{m}^2$$ *Antw.*

Vraagstukken

***10.84.** Bepaal het traagheidsmoment van de dunne ring om de z-as. De ring heeft een massa m.

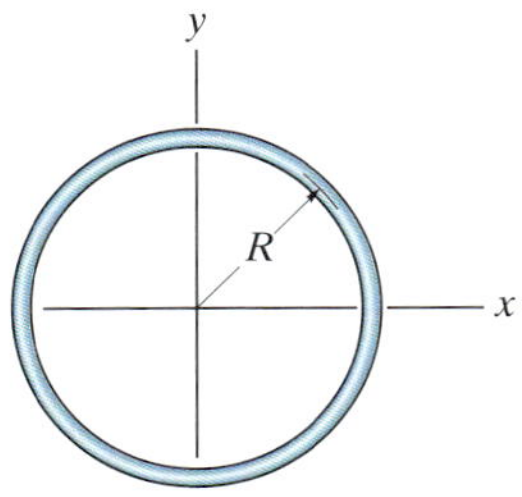

Vraagstuk 10.84

10.85. Bepaal het traagheidsmoment van het halfellipsvormige lichaam om de x-as en schrijf de uitkomst als functie van de massa m van het volume. Het materiaal heeft een constante dichtheid ρ.

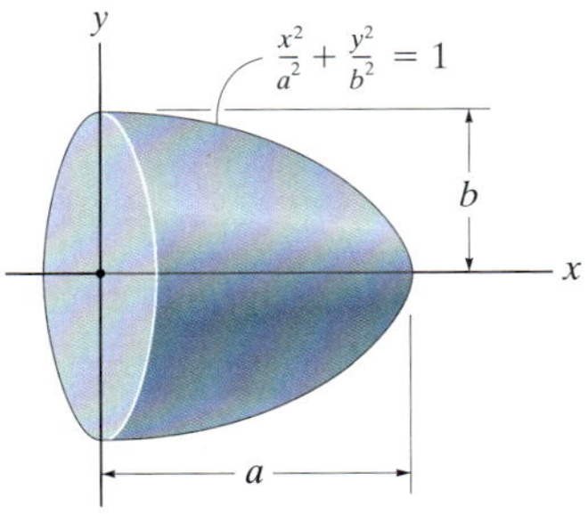

Vraagstuk 10.85

10.86. Bepaal het massatraagheidsmoment I_x van de kegel en druk het resultaat uit in de totale massa m van de kegel. De kegel heeft een constante soortelijke massa ρ.

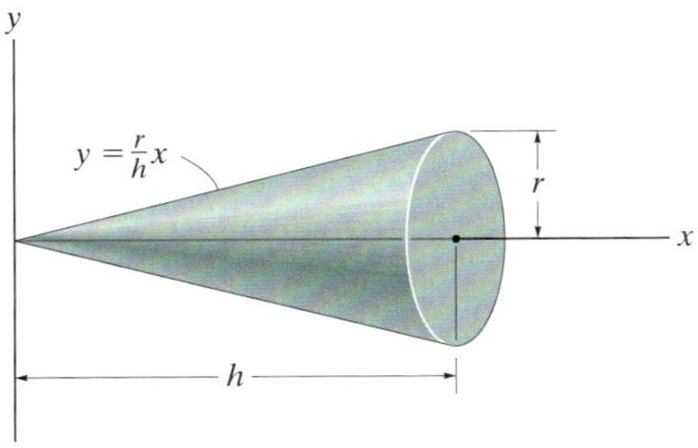

Vraagstuk 10.86

10.87. Bepaal de traagheidsstraal k_x van de omwentelingsparaboloïde. De dichtheid van het materiaal is $\rho = 5\ \text{Mg/m}^3$.

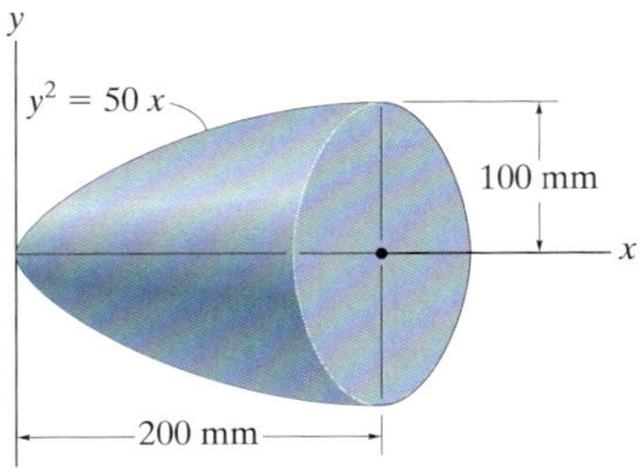

Vraagstuk 10.87

***10.88.** Bepaal het traagheidsmoment van het halfellipsvormige lichaam om de x-as en schrijf de uitkomst als functie van de massa m van het volume. Het materiaal heeft een constante dichtheid ρ.

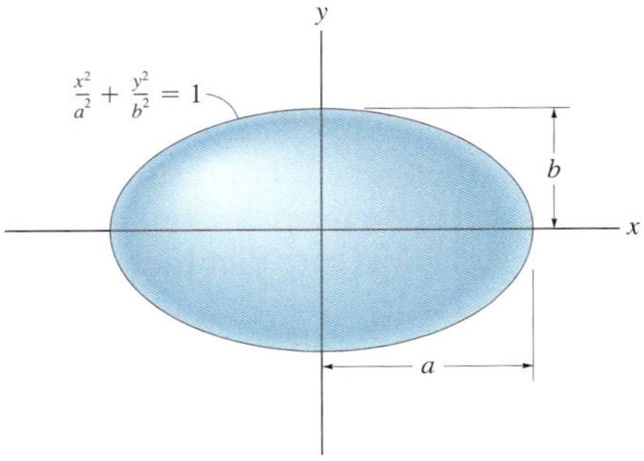

Vraagstuk 10.88

10.89. Bepaal het traagheidsmoment van het homogene driehoekige prisma om de y-as. Schrijf het resultaat als functie van de massa m van het prisma. *Hint*: gebruik voor de integratie differentiaalelementen evenwijdig aan het x-y-vlak met een dikte dz.

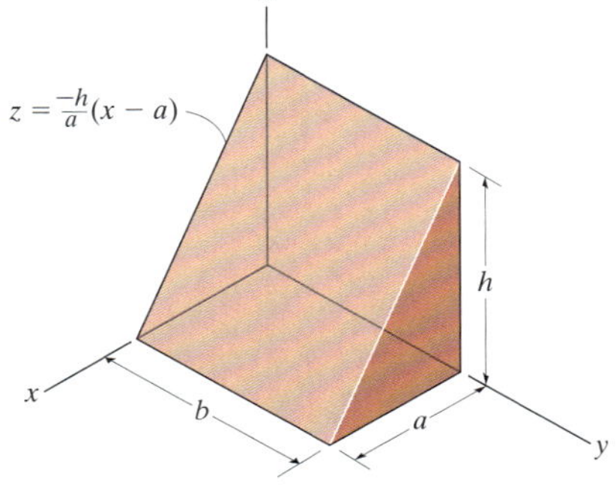

Vraagstuk 10.89

10.90. Bepaal het massatraagheidsmoment I_z van het volume dat ontstaat door het gekleurde oppervlak om de z-as te roteren. De dichtheid van het materiaal is ρ. Schrijf het resultaat als functie van de massa m van het volume.

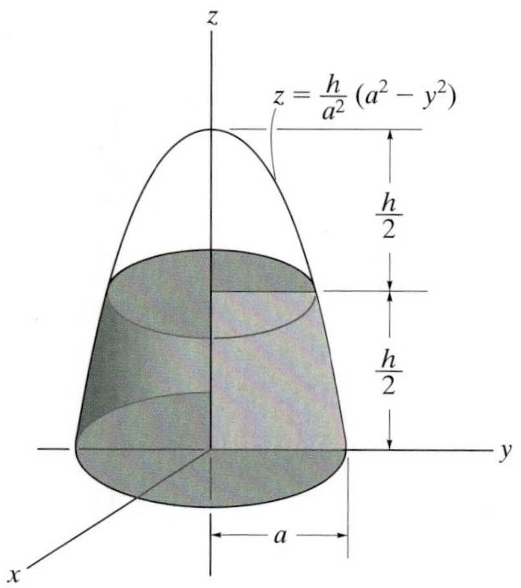

Vraagstuk 10.90

10.91. Bepaal het traagheidsmoment I_x van de bol en schrijf het resultaat als functie van de totale massa m van de bol. De bol heeft een constante dichtheid ρ.

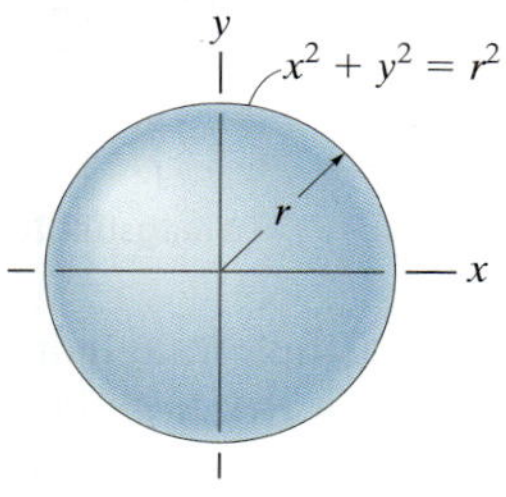

Vraagstuk 10.91

***10.92.** Bepaal het massatraagheidsmoment van de 2 kg zware gebogen staaf om de z-as.

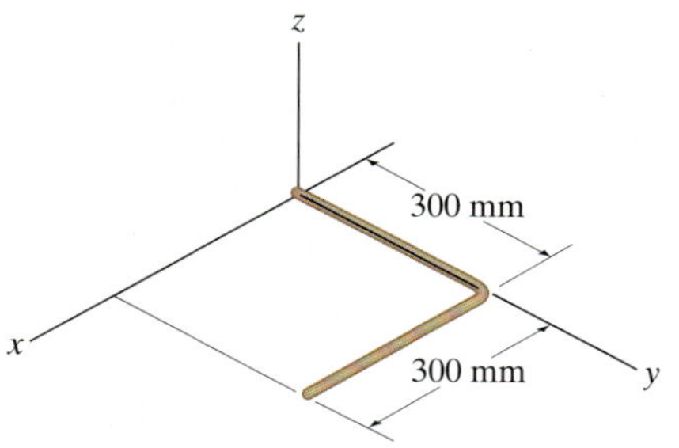

Vraagstuk 10.92

10.93. Bepaal het massatraagheidsmoment I_y van het vaste lichaam, gevormd door het wentelen van het grijze gebied om de y-as. De soortelijke massa van het materiaal is ρ. Druk het resultaat uit in de massa m van het vaste lichaam.

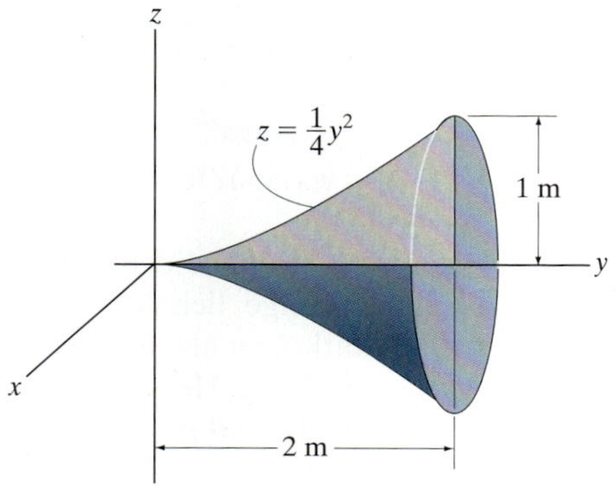

Vraagstuk 10.93

10.94. Bepaal het massatraagheidsmoment I_y van het lichaam gevormd door het wentelen van het grijze gebied om de y-as. De totale massa van het lichaam is 1500 kg.

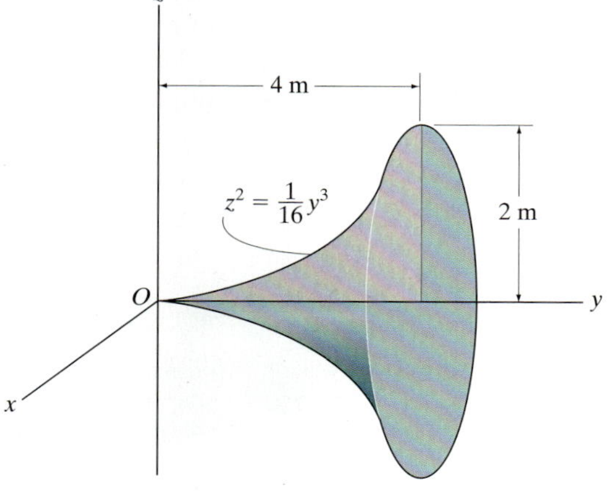

Vraagstuk 10.94

10.95. Bepaal het traagheidsmoment I_z van de afgeknotte kegel met de conische holte. Het materiaal heeft een dichtheid van 200 kg /m³.

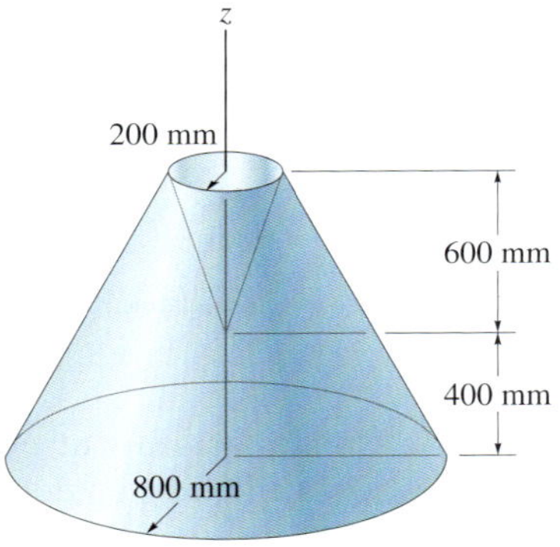

Vraagstuk 10.95

10.97. De slinger bestaat uit een dunne staaf van 3 kg en een dunne plaat van 5 kg. Bepaal de plaats $\bar{y}$ van het massamiddelpunt G van de slinger. Bepaal vervolgens het massatraagheidsmoment van de slinger om een as loodrecht op het papier die door G gaat.

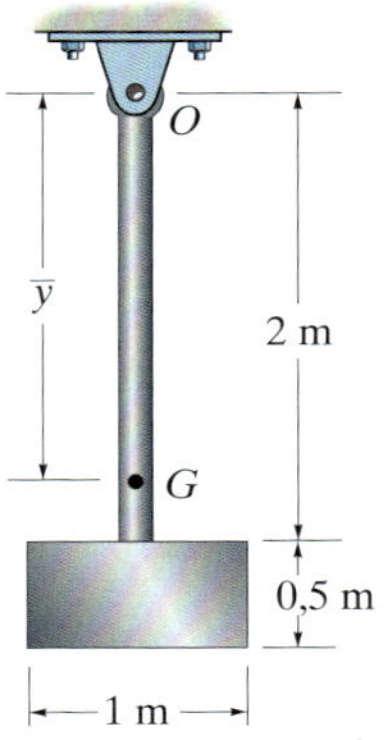

Vraagstuk 10.97

***10.96.** De slinger bestaat uit een schijf met een massa van 6 kg en dunne staven AB en DC met een massa per lengte-eenheid van 2 kg/m. Bepaal de lengte L van DC zodanig dat het massamiddelpunt zich in de lager O bevindt. Wat is het traagheidsmoment van de constructie om een as loodrecht op het papier die door punt O gaat?

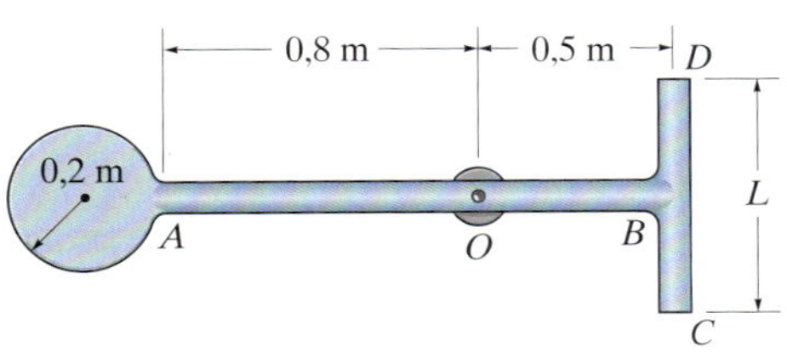

Vraagstuk 10.96

10.98. Bepaal de plaats $\bar{y}$ van het massamiddelpunt G van de vorm en bereken dan het traagheidsmoment om een as loodrecht op de pagina door G. Het blok heeft een massa van 3 kg en de massa van de halve cilinder is 5 kg.

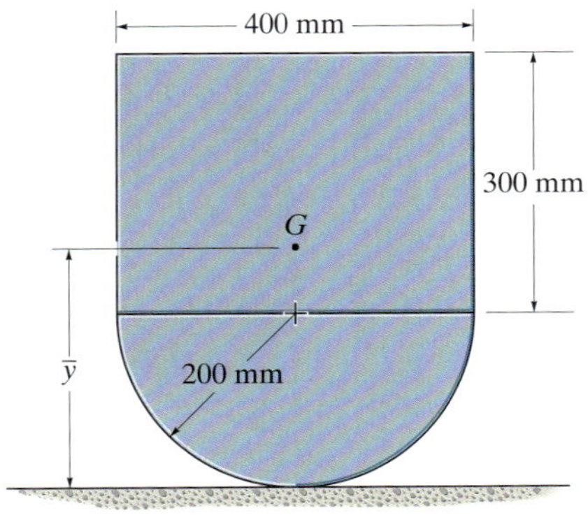

Vraagstuk 10.98

10.99. Als de grote ring, de kleine ring en elk van de spaken respectievelijk 500 N, 75 N en 100 N wegen, bepaal dan het massatraagheidsmoment van het wiel om een as loodrecht op het papier die door punt A gaat.

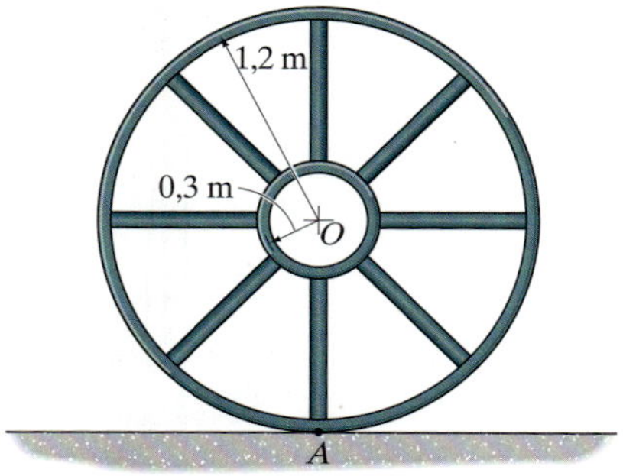

Vraagstuk 10.99

***10.100.** Bepaal het massatraagheidsmoment van de vorm om de z-as. De dichtheid van het materiaal is $\rho = 7{,}85\ \text{Mg/m}^3$.

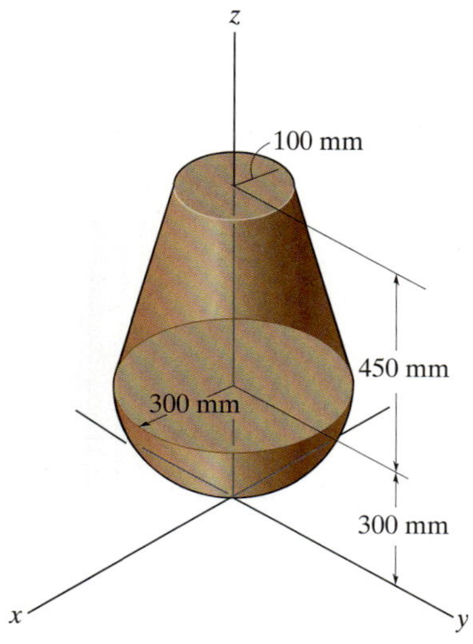

Vraagstuk 10.100

10.101. Bepaal het traagheidsmoment I_z van de afgeknotte kegel met de conische holte. Het materiaal heeft een dichtheid van $200\ \text{kg/m}^3$.

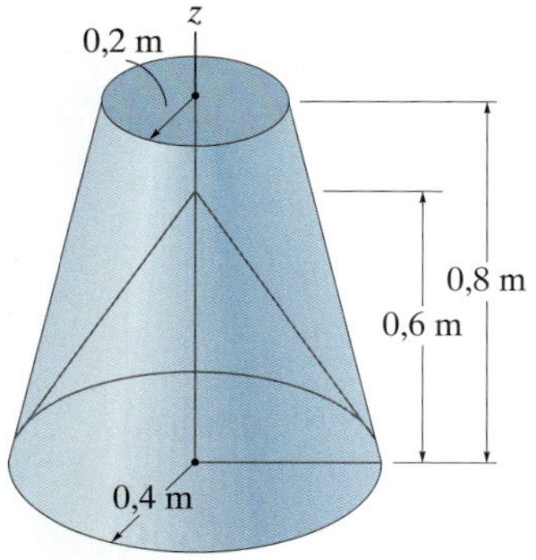

Vraagstuk 10.101

10.102. De slinger bestaat uit een plaat met een gewicht van 60 kg en een dunne stang met een gewicht van 20 kg. Bepaal de traagheidsstraal van de slinger om een as loodrecht op de pagina en door punt O.

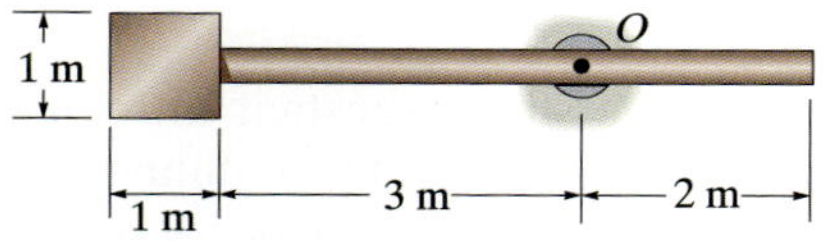

Vraagstuk 10.102

10.103. De dunne stangen hebben een massa van 3 kg/m. Bepaal het traagheidsmoment van de samenstelling om een as loodrecht op de pagina en door punt A.

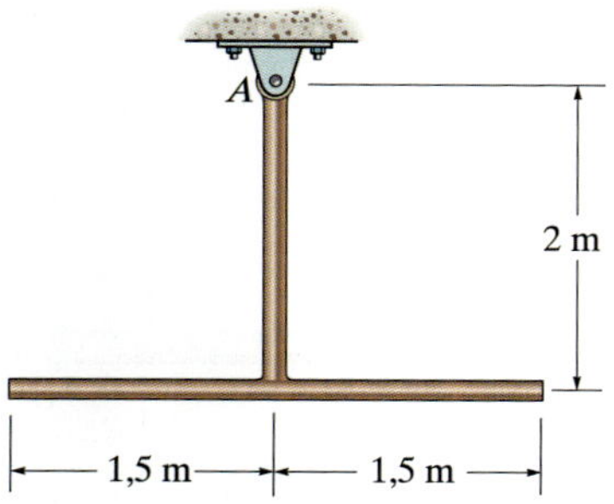

Vraagstuk 10.103

***10.104.** Bepaal het traagheidsmoment I_z van de afgeknotte kegel met de conische holte. Het materiaal heeft een dichtheid van 2000 kg /m^3.

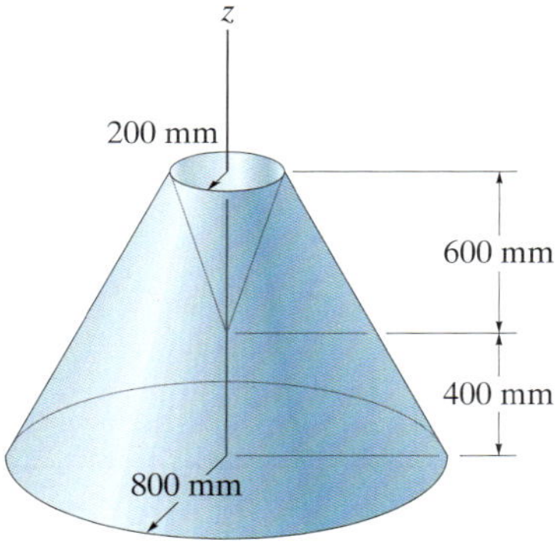

Vraagstuk 10.104

10.105. Bepaal het traagheidsmoment van de driehoekig gebogen draad om een as loodrecht op de pagina en door punt O. Bepaal ook de plaats van het massamiddelpunt G en het traagheidsmoment om een as loodrecht op de pagina en door punt G. De draad heeft een massa van 0,3 kg/m. Verwaarloos de afmetingen van de ring in O.

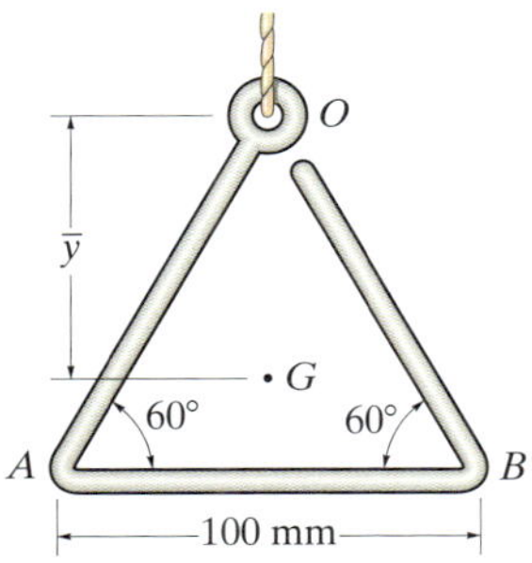

Vraagstuk 10.105

10.106. De dunne plaat heeft een massa per oppervlakte-eenheid van 10 kg/m^2. Bepaal zijn massatraagheidsmoment om de y-as.

10.107. De dunne plaat heeft een massa per oppervlakte-eenheid van 10 kg/m^2. Bepaal zijn massatraagheidsmoment om de z-as.

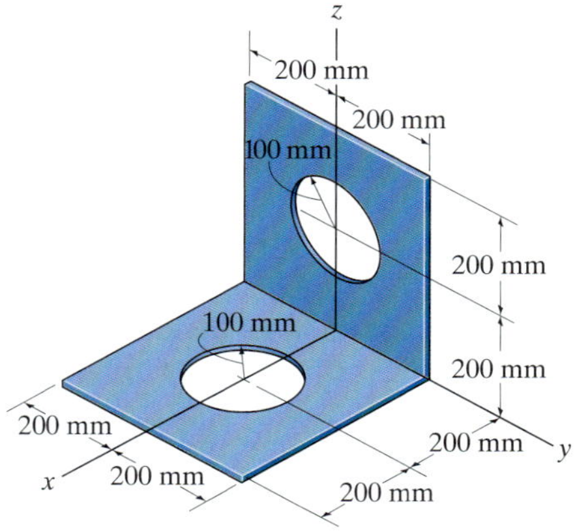

Vraagstukken 10.106/107

***10.108.** Bepaal het massatraagheidsmoment van de overhangende krukas om de x-as. Het materiaal is gemaakt van staal met een soortelijke massa ρ = 7,85 Mg/m^3.

10.109. Bepaal het massatraagheidsmoment van de overhangende krukas om de x′-as. Het materiaal is gemaakt van staal met een soortelijke massa ρ = 7,85 Mg/m^3.

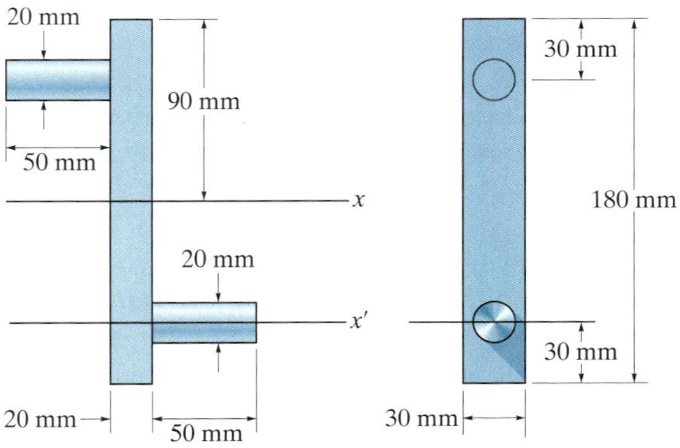

Vraagstukken 10.108/109

Samenvatting

Traagheidsmoment van een oppervlak

Het *traagheidsmoment van een oppervlak* is het tweede moment van het oppervlak om een as. Het wordt vaak gebruikt in formules die betrekking hebben op de sterkte en stabiliteit van contructie-elementen of mechanische elementen.

$$I_x = \int_A y^2\, dA$$

Wanneer de vorm van het oppervlak onregelmatig is, maar wiskundig kan worden beschreven, moet voor de bepaling van het traagheidsmoment een differentiaalelement worden geselecteerd en moet de integratie over het gehele oppervlak worden uitgevoerd.

$$I_y = \int_A x^2\, dA$$

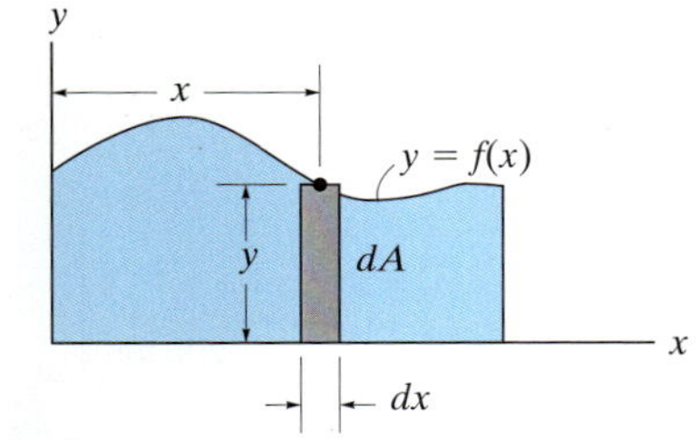

Stelling van Steiner

Als het traagheidsmoment voor een oppervlak om een as door het zwaartepunt bekend is, dan kan het traagheidsmoment om een evenwijdige as worden berekend met behulp van de stelling van Steiner.

$$I = \bar{I} + Ad^2$$

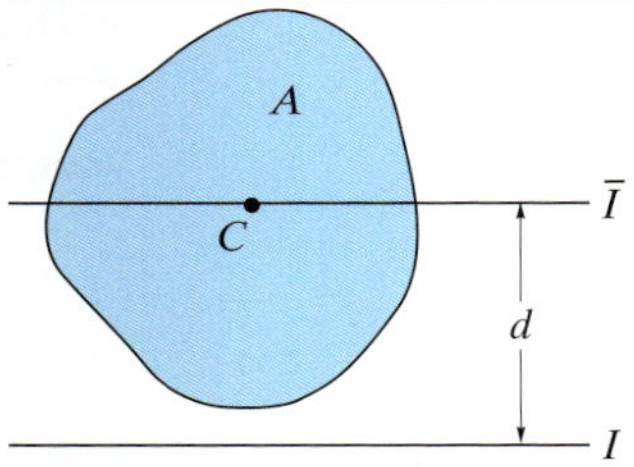

Samengesteld oppervlak

Wanneer een oppervlak samengesteld is uit veelvoorkomende vormen, zoals gegeven in de tabel achter in dit boek, dan is het traagheidsmoment van dat oppervlak gelijk aan de som van de traagheidsmomenten van al zijn samenstellende delen.

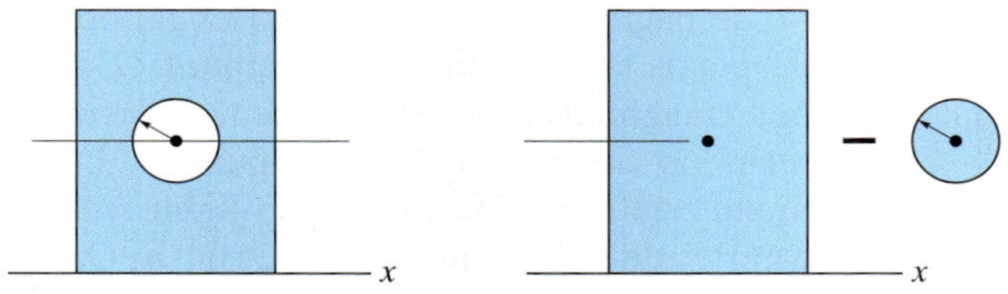

Traagheidsproduct

Het *traagheidsproduct* van een oppervlak wordt in formules gebruikt om de richting te bepalen van een as waaromheen het traagheidsmoment maximaal of minimaal is.

$$I_{xy} = \int_A xy\, dA$$

Wanneer het traagheidsproduct voor een oppervlak om zijn zwaartepuntassen x' en y' bekend is, dan kan de waarde worden berekend ten opzichte van alle x- en y-assen met behulp van de stelling van Steiner voor het traagheidsproduct.

$$I_{xy} = \bar{I}_{x'y'} + Ad_x d_y$$

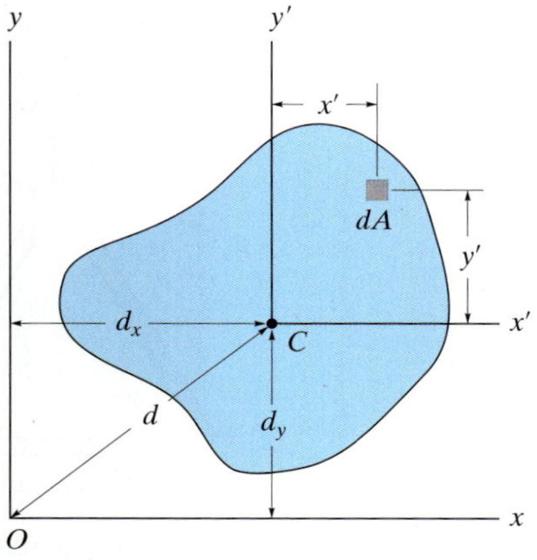

Hoofdtraagheidsmomenten

Wanneer de traagheidsmomenten I_x en I_y, en het traagheidsproduct I_{xy} bekend zijn, dan kunnen de transformatieformules, of de cirkel van Mohr, worden gebruikt om de maximum- en minimumtraagheidsmomenten of de *hoofdtraagheidsmomenten* voor het oppervlak te bepalen, evenals de richting van de hoofdtraagheidsassen.

$$I_{\substack{\max\\\min}} = \frac{I_x + I_y}{2} \pm \sqrt{\left(\frac{I_x - I_y}{2}\right)^2 + I_{xy}^2}$$

$$\tan 2\theta_p = \frac{-I_{xy}}{(I_x - I_y)/2}$$

Massatraagheidsmoment

Het *massatraagheidsmoment* geeft de grootte van de weerstand van het lichaam tegen een verandering in zijn rotatie aan. Het wordt gedefinieerd als het tweede moment van de massa-elementen van het lichaam om een as.

$$I = \int_m r^2\, dm$$

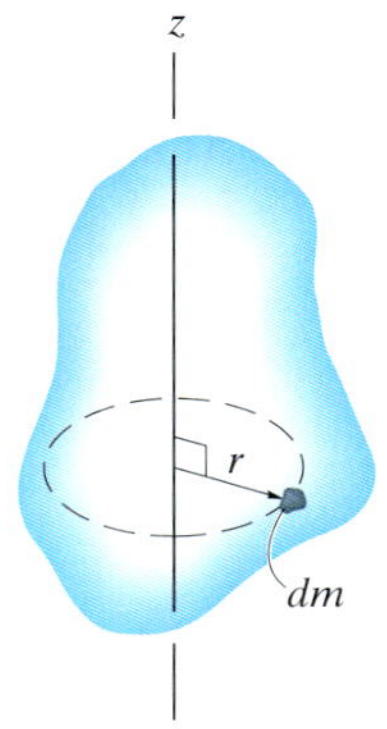

Bij homogene lichamen met omwentelingssymmetrie kan het massatraagheidsmoment worden bepaald met behulp van schijf- of schaalelementen.

$$I = \rho \int_V r^2 dV$$

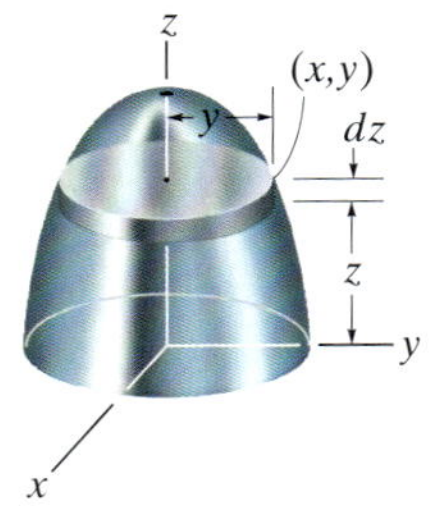

Het massatraagheidsmoment van een samengesteld lichaam wordt bepaald met behulp van tabelwaarden van zijn samenstellende delen, te vinden in de tabel achter in dit boek, en de stelling van Steiner.

$$I = I_G + md^2$$

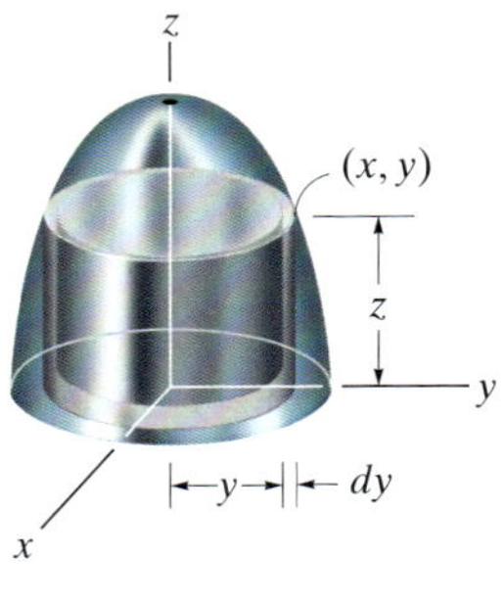

Herhalingsvraagstukken

10.110. Bepaal de traagheidsstraal k_x voor de dwarsdoorsnede van de kolom

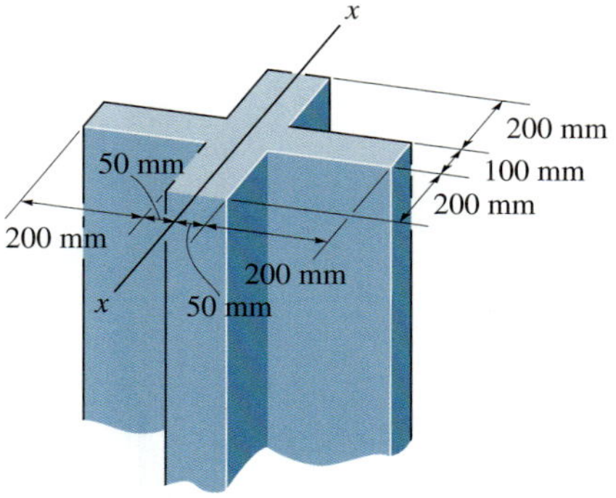

Vraagstuk 10.110

10.111. Bepaal het traagheidsmoment van het gebied om de x-as. Bepaal vervolgens met de stelling van Steiner het traagheidsmoment om de x'-as die door het zwaartepunt C van het gebied gaat. $\overline{y}$ = 120 mm.

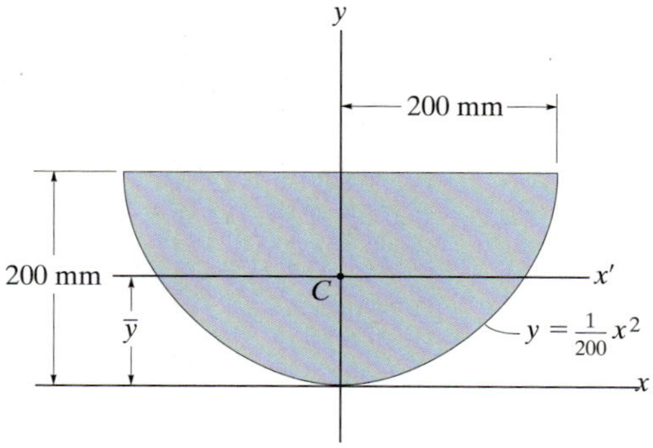

Vraagstuk 10.111

10.112. Bepaal het traagheidsproduct van het gebied ten opzichte van de x- en de y-as.

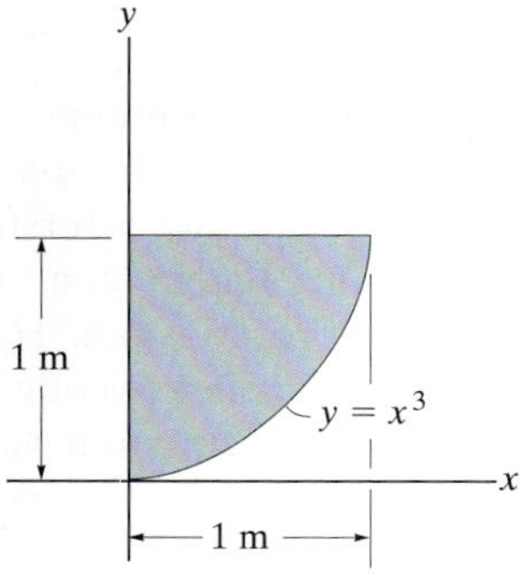

Vraagstuk 10.112

10.113. Bepaal het oppervlaktetraagheidsmoment van het driehoekige oppervlak om (a) de x-as en (b) de x'-as (de zwaartepuntsas).

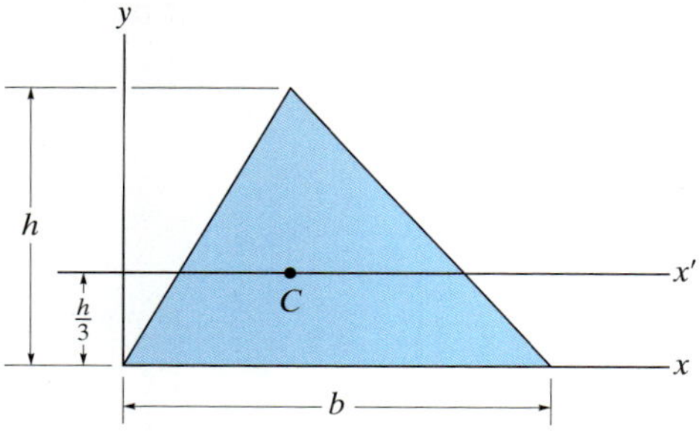

Vraagstuk 10.113

10.114. Bepaal het massatraagheidsmoment I_x van het lichaam en schrijf het resultaat als functie van de totale massa m van het lichaam. De dichtheid is constant.

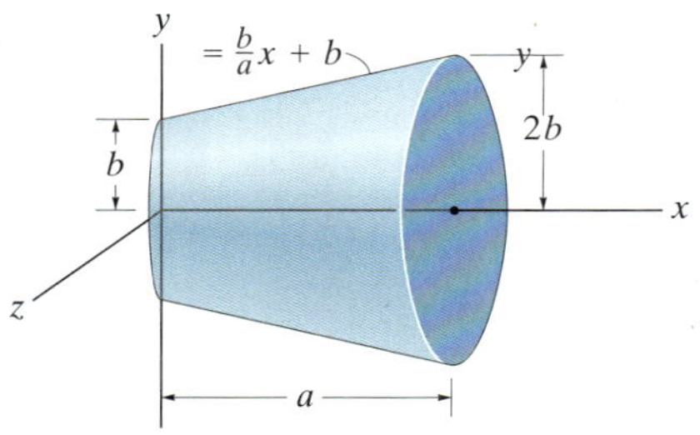

Vraagstuk 10.114

10.117. Bepaal de oppervlaktetraagheidsmomenten I_u en I_v en het traagheidsproduct I_{uv} van het halfcirkelvormige oppervlak.

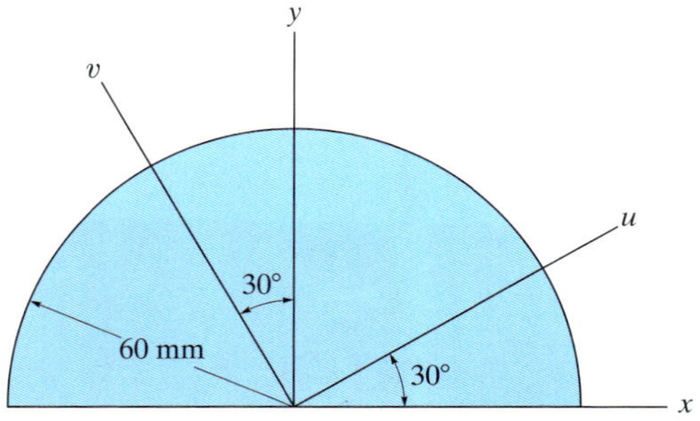

Vraagstuk 10.117

10.115. Bepaal het traagheidsmoment van het gekleurde oppervlak om de x-as.

***10.116.** Bepaal het traagheidsmoment van het gekleurde oppervlak om de y-as.

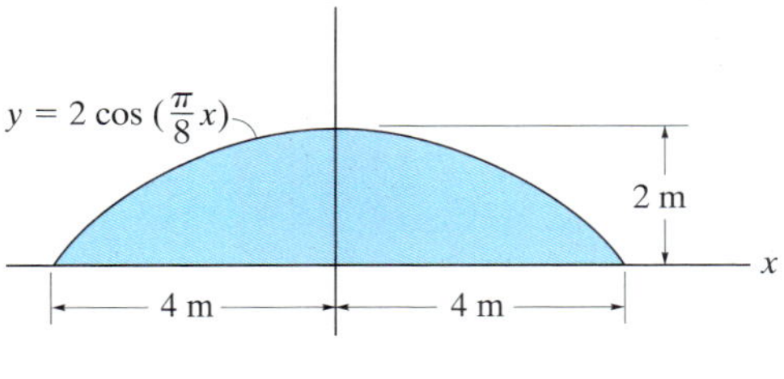

Vraagstukken 10.115/116

10.118. Bepaal het traagheidsmoment van de dwarsdoorsnede van de balk om de x-as die door het zwaartepunt C gaat.

10.119. Bepaal het traagheidsmoment van de dwarsdoorsnede van de balk om de y-as die door het zwaartepunt C gaat.

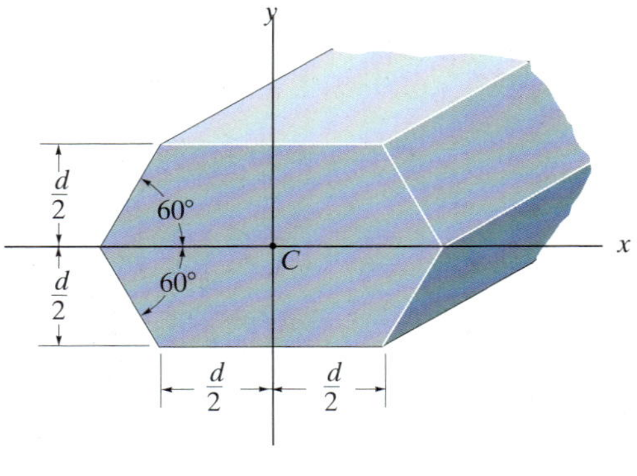

Vraagstukken 10.118/119

Evenwicht en stabiliteit van deze hoogwerker als functie van de plaats van de armen kan worden bepaald volgens de methodes van arbeid en energie, die in dit hoofdstuk worden besproken.

HOOFDSTUK

11 Virtuele arbeid

Ga naar www.pearsonmylab.nl voor studiemateriaal en toetsen om je begrip en kennis van dit hoofdstuk uit te breiden en te oefenen. Ook vind je daar video-uitwerkingen bij verschillende opgaven uit dit hoofdstuk.

Doelstellingen van dit hoofdstuk

- Het principe van virtuele arbeid introduceren en laten zien hoe dit principe kan worden toegepast om de evenwichtsconfiguratie van een systeem bestaande uit scharnierende met elkaar verbonden elementen te bepalen.
- De potentiële-energiefunctie definiëren en de potentiële-energiemethode gebruiken om de aard van het evenwicht of stabiliteit van een star lichaam of een systeem bestaande uit scharnierende met elkaar verbonden elementen te onderzoeken.

11.1 Definitie van arbeid

Het *principe van virtuele arbeid* werd in de achttiende eeuw geïntroduceerd door de Zwitserse wiskundige Jean Bernoulli. Het verschafte een alternatieve methode voor het oplossen van vraagstukken met betrekking tot het evenwicht van een deeltje, van een star lichaam, of van een systeem van verbonden starre lichamen. Vooraleer we dit principe verder gaan behandelen, moeten we eerst definiëren wat de arbeid is die door een kracht wordt geleverd, en wat de arbeid is die door een koppel wordt geleverd.

Arbeid van een kracht Een kracht verricht arbeid wanneer hij een verplaatsing in de richting van zijn werklijn ondergaat. Beschouw bijvoorbeeld de kracht **F** in fig. 11.1*a* die een differentiaalverplaatsing $d\mathbf{r}$ ondergaat. Als θ de hoek is tussen de kracht en de verplaatsing, dan is de component van **F** in de richting van de verplaatsing gelijk aan $F\cos\theta$. En dus is de door **F** geleverde arbeid gelijk aan:

$$dU = F\,dr\cos\theta$$

Merk op dat deze uitdrukking gelijk is aan het product van de kracht **F** en de component van de verplaatsing in de richting van de kracht, $dr\cos\theta$, fig. 11.1*b*. Met de definitie van het inwendig product (vgl. 2.14), kan de arbeid ook worden geschreven als:

$$dU = \mathbf{F}\cdot d\mathbf{r}$$

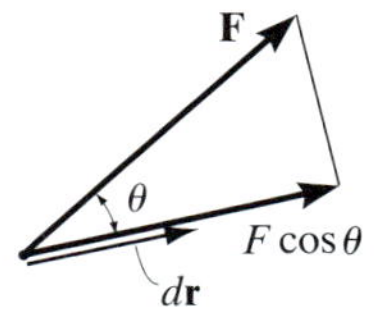

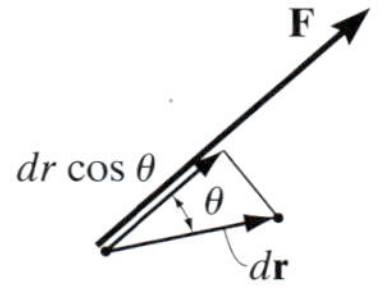

Fig. 11.1

Zoals aan deze vergelijkingen te zien is, is arbeid een *scalair*, die net als andere scalaire grootheden een grootte heeft die zowel *positief* als *negatief* kan zijn.

In het SI-systeem is de eenheid van arbeid de *joule* (J), de verrichte arbeid door een kracht van 1 N die zich over een afstand van 1 m in de richting van de kracht verplaatst (1 J = 1 N • m).

Het moment van een kracht heeft dezelfde combinatie van eenheden, maar de concepten 'moment' en 'arbeid' houden op geen enkele wijze verband met elkaar. Een moment is een vectorgrootheid, terwijl arbeid een scalaire grootheid is.

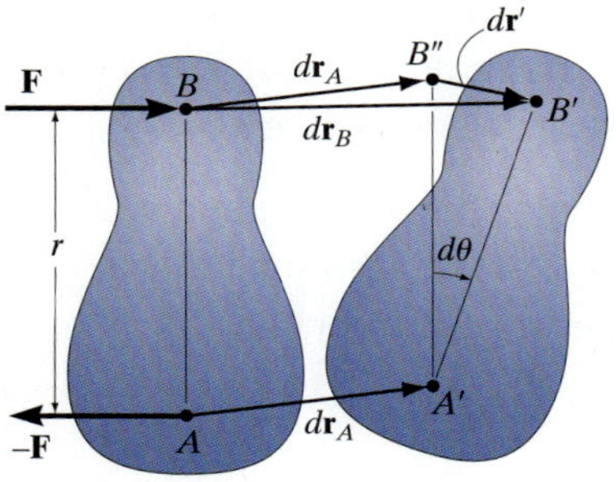

Fig. 11.2

Arbeid van een koppel Ook de rotatie van een koppel verricht arbeid. Beschouw het starre lichaam in fig. 11.2, waarop de koppelkrachten **F** en −**F** werken die een koppelmoment **M** met een grootte $M = Fr$ leveren. Wanneer het lichaam de weergegeven differentiaalverplaatsing ondergaat, verplaatsen de punten A en B over $d\mathbf{r}_A$ en $d\mathbf{r}_B$ naar hun respectievelijke eindposities A' en B'. Omdat $d\mathbf{r}_B = d\mathbf{r}_A + d\mathbf{r}'$, kan deze verplaatsing worden beschouwd als een *translatie* $d\mathbf{r}_A$, waarbij A en B zich verplaatsen naar A' en B'', en een *rotatie* om A', waarbij het lichaam roteert over de hoek $d\theta$. Tijdens de translatie $d\mathbf{r}_A$ verrichten de koppelkrachten geen arbeid, omdat iedere kracht een even grote verplaatsing in tegengestelde richting ondergaat, zodat de arbeid van de ene kracht en die van de andere tegen elkaar wegvallen. Tijdens de rotatie daarentegen wordt **F** verplaatst over $dr'' = r\,d\theta$, en verricht dus een arbeid van $dU = F\,dr'' = F\,r\,d\theta$. Omdat $M = Fr$, is de arbeid van het koppel met koppelmoment **M** gelijk aan:

$$dU = M d\theta$$

Als **M** en $d\theta$ dezelfde zin hebben, is de arbeid *positief*; hebben ze echter tegengestelde zin, dan is de arbeid *negatief*.

Virtuele arbeid De definities van de arbeid van een kracht en een koppel zijn behandeld in termen van *feitelijke bewegingen* uitgedrukt als differentiële verplaatsingen met groottes dr en $d\theta$. Beschouw nu een *imaginaire* of *virtuele beweging* van een lichaam in statisch evenwicht, die een verplaatsing of rotatie aangeeft die *verondersteld* wordt en *feitelijk niet bestaat*. Deze bewegingen zijn differentiële grootheden van de eerste orde en zullen respectievelijk worden aangeduid met de symbolen δr en $\delta\theta$ (delta r en delta θ). De *virtuele arbeid* verricht door een kracht die een virtuele verplaatsing δr ondergaat, is:

$$\boxed{\delta U = F \cos\theta\ \delta r} \tag{11.1}$$

Evenzo geldt voor een koppel dat een virtuele rotatie $\delta\theta$ ondergaat in het vlak van de koppelkrachten, dat de *virtuele arbeid* gelijk is aan:

$$\boxed{\delta U = M\ \delta\theta} \tag{11.2}$$

11.2 Principe van virtuele arbeid

Het principe van virtuele arbeid stelt dat als een lichaam in evenwicht is, de algebraïsche som van de virtuele arbeid verricht door alle krachten en koppelmomenten op het lichaam voor elke virtuele verplaatsing van het lichaam gelijk is aan nul. Dus:

$$\delta U = 0 \tag{11.3}$$

Beschouw, bijvoorbeeld, het vrijlichaamsschema van het deeltje (bol) dat op de grond rust, zie fig. 11.3. Als we ons 'voorstellen' dat de bal over een virtuele afstand δy naar beneden wordt verplaatst, dan verricht het gewicht positieve virtuele arbeid, $W\,\delta y$, en verricht de normaalkracht negatieve virtuele arbeid, $-N\,\delta y$. Bij evenwicht moet het totaal van de virtuele arbeid nul zijn, zodat $\delta U = W\,\delta y - N\,\delta y = (W - N)\,\delta y = 0$. Aangezien $\delta y \neq 0$, is $N = W$ zoals vereist, door het toepassen van $\Sigma F_y = 0$.

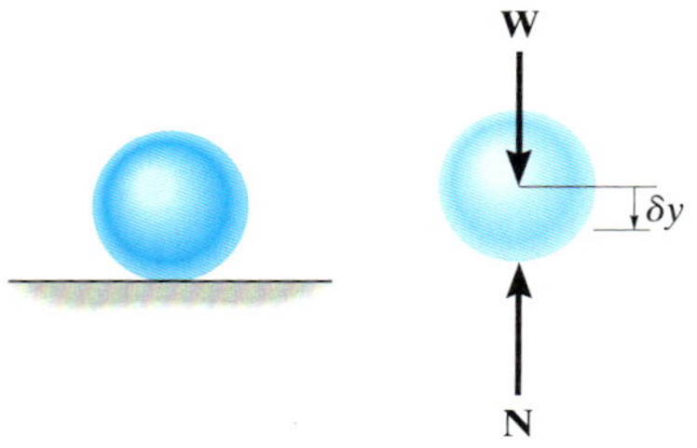

Fig. 11.3

We kunnen op soortgelijke wijze de drie virtuele-arbeidsvergelijkingen toepassen ($\delta U = 0$) voor een star lichaam dat onderworpen is aan een tweedimensionaal stelsel van krachten. Hierbij corresponderen afzonderlijke virtuele translaties in de x- en y-richting en een virtuele rotatie om een as die loodrecht op het x-y-vlak staat en door een willekeurig punt O gaat, met de drie evenwichtsvergelijkingen: $\Sigma F_x = 0$, $\Sigma F_y = 0$ en $\Sigma M_O = 0$. Wanneer we deze vergelijkingen opstellen, is het *niet nodig* om de arbeid op te nemen die verricht wordt door de *inwendige krachten* die binnen het lichaam werken, aangezien een star lichaam *niet vervormt* wanneer het onderhevig is aan een uitwendige belasting. Daarnaast geldt dat, wanneer het lichaam een virtuele verplaatsing ondergaat, de inwendige krachten in gelijke maar tegengesteld gerichte paren voorkomen, zodat de corresponderende arbeid die door elk paar krachten wordt verricht, wegvalt.

We kunnen dit illustreren met het voorbeeld van de eenvoudig ondersteunde ligger in fig. 11.4*a*. Wanneer aan de ligger een virtuele rotatie $\delta\theta$ om

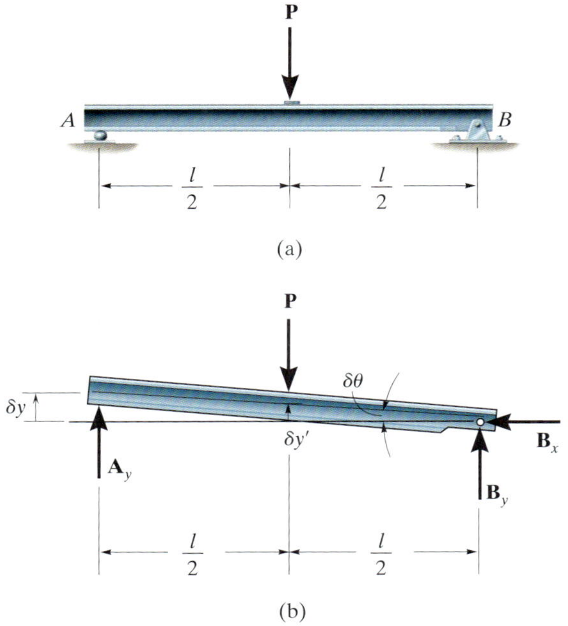

Fig. 11.4

punt B wordt gegeven, zie fig. 11.4*b*, dan zijn **P** en $\mathbf{A}_y$ de enige krachten die arbeid verrichten. Aangezien $\delta y = l\delta\theta$ en $\delta y' = (l/2)\ \delta\theta$, is de virtuele arbeidsvergelijking voor dit geval de volgende: $\delta U = A_y(l\delta\theta) - P(l/2)\ \delta\theta = (A_y l - Pl/2)\ \delta\theta = 0$. Aangezien $\delta\theta \neq 0$, $A_y = P/2$. Als we $\delta\theta$ buiten beschouwing laten, kunnen we opmerken dat de termen tussen de haakjes feitelijk de toepassing van $\Sigma M_B = 0$ voorstelt.

Zoals blijkt uit deze twee voorbeelden, wordt er geen extra voordeel behaald wanneer evenwichtsvraagstukken met betrekking tot deeltjes en starre lichamen worden opgelost met behulp van het principe van virtuele arbeid. Dit komt omdat voor elke toepassing van de vergelijking van virtuele arbeid de virtuele verplaatsing, die bij elke term hoort, wordt weggestreept, zodat er een vergelijking overblijft die op een *directere manier* zou kunnen zijn verkregen door eenvoudig de evenwichtsvergelijkingen toe te passen.

Ga naar www.pearsonmylab.nl voor de animatie: *Principe van virtuele arbeid.*

11.3 Principe van virtuele arbeid voor een systeem van met elkaar verbonden starre lichamen

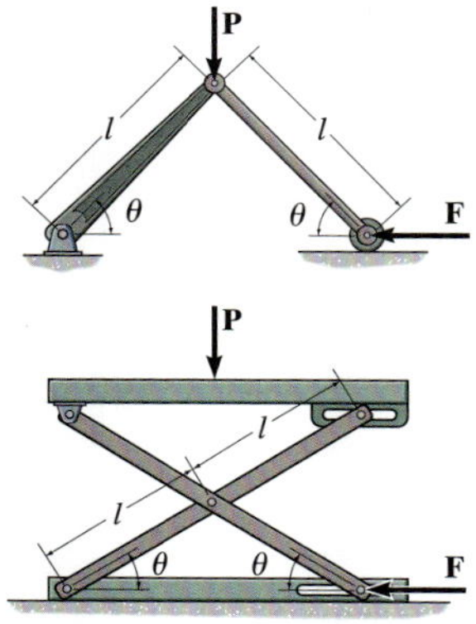

Fig. 11.5

De methode van virtuele arbeid is met name effectief voor het oplossen van evenwichtsvraagstukken bij systemen van verschillende, *met elkaar verbonden* starre lichamen, zoals de voorbeelden die zijn afgebeeld in fig. 11.5.

Van elk van deze systemen wordt gezegd dat het slechts één vrijheidsgraad heeft, omdat de rangschikking van de verbindingen met slechts één coördinaat θ kan worden vastgelegd. Met andere woorden: met deze ene coördinaat en de lengte van de elementen, kunnen we de plaats van de krachten **F** en **P** bepalen.

In dit boek beschouwen we uitsluitend de toepassing van het principe van virtuele arbeid op systemen met één vrijheidsgraad.* Omdat ze tamelijk eenvoudig zijn, dienen ze als basis voor methoden om ingewikkeldere vraagstukken met meer vrijheidsgraden aan te pakken. Verderop gaan we in op de procedure voor het oplossen van vraagstukken met systemen van wrijvingsloze verbonden starre lichamen.

Om te onthouden!

- Een kracht verricht arbeid als de bijbehorende verplaatsing in de richting van de kracht gebeurt. Een koppel verricht arbeid als het een rotatie om een as loodrecht op het vlak van het koppel maakt. Er wordt positieve arbeid verricht wanneer de kracht of het koppel en de verplaatsing ervan dezelfde zin of richting hebben.
- Het principe van virtuele arbeid wordt over het algemeen gebruikt om de evenwichtsconfiguratie te bepalen voor een systeem van meervoudig met elkaar verbonden elementen.
- Een virtuele verplaatsing is imaginair, dat wil zeggen: doet zich niet werkelijk voor. Het is een differentiaalverplaatsing die gegeven wordt in de positieve richting van de plaatscoördinaat.
- Krachten of koppels die zich niet virtueel verplaatsen, verrichten geen virtuele arbeid.

* Deze methode van toepassen van virtuele arbeid wordt soms de *methode van virtuele verplaatsingen* genoemd, aangezien een virtuele verplaatsing wordt toegepast, die resulteert in de berekening van een echte kracht. Hoewel het hier niet wordt gebruikt, kunnen we het principe van virtuele arbeid ook toepassen als een *methode van virtuele krachten*. Deze methode wordt vaak gebruikt om de verplaatsingen van punten van vervormbare lichamen te bepalen. Zie R.C. Hibbeler, *Sterkteleer*.

Analyseprocedure

Vrijlichaamsschema

- Teken het vrijlichaamsschema van het gehele systeem van met elkaar verbonden lichamen en definieer de *coördinaat* q.
- Schets de 'afwijkende positie' van het systeem in het vrijlichaamsschema als het systeem een positieve virtuele verplaatsing δq ondergaat.

Virtuele verplaatsingen

- Geef *plaatscoördinaten* s_i aan, elk gemeten vanaf een *vast punt* in het vrijlichaamsschema. Deze coördinaten zijn gericht naar de krachten die de arbeid verrichten.
- Elk van deze coördinaatassen dient evenwijdig te zijn aan de werklijn van de kracht waarop hij gericht is, zodat de virtuele arbeid langs de coördinaatas kan worden berekend.
- Breng elke plaatscoördinaat s_i in verband met de coördinaat q; *differentieer* deze uitdrukkingen vervolgens om elke virtuele verplaatsing δs_i uit te drukken in δq.

Virtuele-arbeidsvergelijking

- Stel de *virtuele-arbeidsvergelijking* op voor het systeem, ervan uitgaande dat, ongeacht of het mogelijk is, elke plaatscoördinaat een *positieve* virtuele verplaatsing δs ondergaat.
  Als een kracht of koppel in dezelfde zin werkt als de positieve virtuele verplaatsing, is de arbeid positief.
  Werkt een kracht of koppel in de tegengestelde zin dan is de arbeid negatief.
- Druk de arbeid van *elke* kracht en elk koppelmoment in de vergelijking uit in δq.
- Streep deze verplaatsing bij alle termen weg en bereken de onbekende kracht, het onbekende koppel, of de evenwichtspositie, q.

Deze schaarlift heeft één vrijheidsgraad. De kracht in de hydraulische cilinder *AB* die vereist is om de lift te laten werken, kan *direct* worden bepaald zonder dat het nodig is om het mechanisme te demonteren door eenvoudig het principe van virtuele arbeid te gebruiken.

Voorbeeld 11.1

Bepaal de evenwichtshoek θ van het tweedelige scharnierende verbindingstuk dat afgebeeld is in fig. 11.6*a*. Beide elementen hebben een massa van 10 kg.

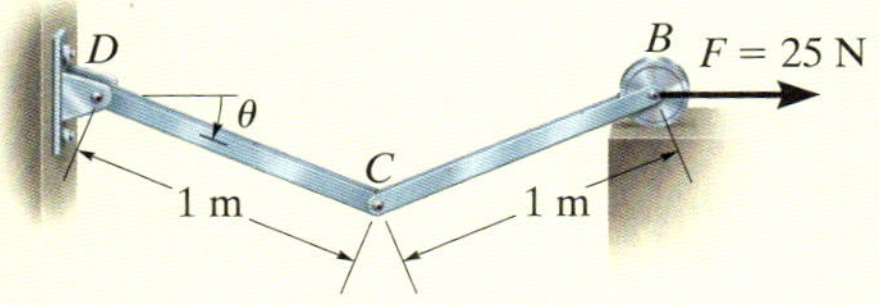

(a)

Fig. 11.6

OPLOSSING

Vrijlichaamsschema Het systeem heeft slechts één vrijheidsgraad aangezien de posities van beide elementen aangegeven kunnen worden met één enkele onafhankelijke coördinaat ($q =$) θ. We zien in het vrijlichaamsschema in fig. 11.6*b* dat wanneer θ een *positieve* (met de klok mee) virtuele rotatie $\delta\theta$ heeft, alleen de kracht **F** en de twee gewichten van 98,1 N arbeid verrichten. (De reactiekrachten $\mathbf{D}_x$ en $\mathbf{D}_y$ zijn constant, en $\mathbf{B}_y$ verplaatst zich niet langs zijn werklijn.)

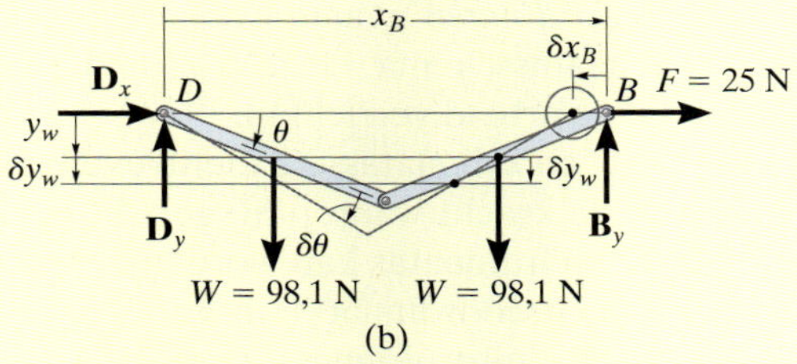

Fig. 11.6 (vervolg)

Virtuele verplaatsingen Wanneer de oorsprong van de coördinaten in de *vaste* penverbinding D wordt geplaatst, kunnen de posities van **F** en **W** worden bepaald met de *plaatscoördinaten* x_B en y_w. Om de arbeid te kunnen bepalen, moet worden opgemerkt dat, zoals vereist, deze coördinaten evenwijdig zijn aan de werklijnen van de krachten die erbij horen.

Wanneer we deze plaatscoördinaten uitdrukken in functie van θ en de afgeleiden nemen, krijgen we

$$x_B = 2(1 \cos\theta) \text{ m} \qquad \delta x_B = -2 \sin\theta\, \delta\theta \text{ m} \qquad (1)$$

$$y_w = \tfrac{1}{2}(1 \sin\theta) \text{ m} \qquad \delta y_w = 0{,}5 \cos\theta\, \delta\theta \text{ m} \qquad (2)$$

Aan de *tekens* van deze vergelijkingen is te zien, en in fig. 11.6*b* is aangegeven, dat een *toename* van θ (d.w.z. $\delta\theta$) leidt tot een *afname* in x_B en een *toename* in y_w.

Virtuele-arbeidsvergelijking Wanneer de virtuele verplaatsingen δx_B en δy_w *beide positief* zouden zijn, zouden de krachten **W** en **F** positieve arbeid verrichten, aangezien de krachten en hun corresponderende verplaatsingen dezelfde zin zouden hebben. De virtuele-arbeidsvergelijking voor de verplaatsing $\delta\theta$ is dus:

$$\delta U = 0; \qquad W\,\delta y_w + W\,\delta y_w + F\,\delta x_B = 0 \qquad (3)$$

Substitutie van vergelijkingen 1 en 2 in vgl. 3 om de virtuele verplaatsingen in verband te brengen met de algemene virtuele verplaatsing $\delta\theta$, levert het volgende op:

$$98{,}1(0{,}5 \cos\theta\,\delta\theta) + 98{,}1(0{,}5 \cos\theta\,\delta\theta) + 25(-2 \sin\theta\,\delta\theta) = 0$$

Merk op dat met de 'negatieve arbeid' die verricht is door **F** (een kracht met een zin die tegengesteld is aan de verplaatsing) feitelijk *rekening is gehouden* in bovenstaande vergelijking met het 'negatieve teken' van vgl. 1. Wanneer we de *algemene verplaatsing* $\delta\theta$ wegstrepen en θ berekenen, rekening houdend met het feit dat $\delta\theta \neq 0$, krijgen we:

$$(98{,}1 \cos\theta - 50 \sin\theta)\,\delta\theta = 0$$

$$\theta = \tan^{-1}\frac{98{,}1}{50} = 63{,}0^\circ \qquad \textit{Antw.}$$

OPMERKING: Wanneer dit vraagstuk zou zijn opgelost met behulp van de evenwichtsvergelijkingen, zou het noodzakelijk zijn om de elementen los te koppelen en drie scalaire vergelijkingen toe te passen op *elk* element. Het principe van virtuele arbeid heeft door middel van wiskundige analyse deze taak weggenomen, zodat het antwoord direct wordt verkregen.

Voorbeeld 11.2

Bepaal de kracht P in fig. 11.7*a* die nodig is om het evenwicht van het schaarvakwerk in stand te houden wanneer $\theta = 60^\circ$. De veer is in rust wanneer $\theta = 30^\circ$. Verwaarloos de massa van de verbindingen.

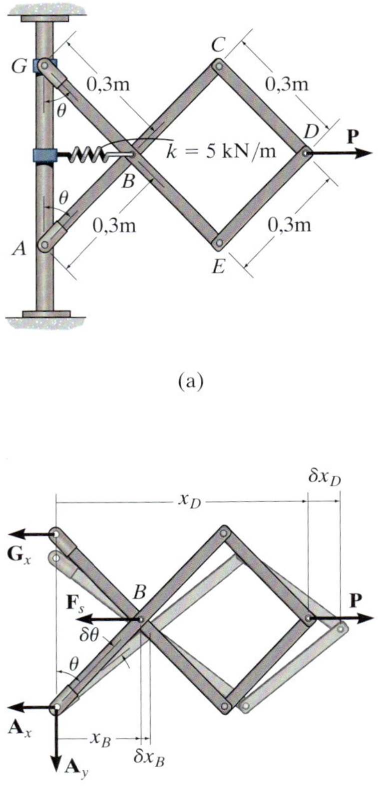

Fig. 11.7

OPLOSSING

Vrijlichaamsschema Bij een virtuele *positieve* verplaatsing van $\delta\theta$ wordt uitsluitend arbeid verricht door $\mathbf{F}_s$ en door $\mathbf{P}$, fig. 11.7*b*. In de willekeurige positie θ, is de veer uitgerekt over (0,3 m) sin θ – (0,3 m) sin 30°, zodat:

$$F_s = ks = 5000\ \text{N/m}\ [(0{,}3\ \text{m}) \sin\theta - (0{,}3\ \text{m}) \sin 30^\circ]$$
$$= (1500 \sin\theta - 750)\ \text{N}$$

Virtuele verplaatsingen De plaatscoördinaten, x_B en x_D, gemeten vanuit het *vaste punt A*, worden gebruikt voor het bepalen van de plaats van $\mathbf{F}_s$ en $\mathbf{P}$. Deze coördinaten zijn evenwijdig aan de werklijn van hun corresponderende krachten. Door x_B en x_D met behulp van goniometrie uit te drukken in de hoek θ:

$$x_B = (0{,}3\ \text{m}) \sin\theta$$
$$x_D = 3[(0{,}3\ \text{m}) \sin\theta] = (0{,}9\ \text{m}) \sin\theta$$

Door te differentiëren, verkrijgen we de virtuele verplaatsingen van de punten B en D.

$$\delta x_B = 0{,}3 \cos\theta\ \delta\theta \qquad (1)$$

$$\delta x_D = 0{,}9 \cos\theta\ \delta\theta \qquad (2)$$

Virtuele-arbeidsvergelijking De kracht **P** verricht positieve arbeid, omdat hij in dezelfde zin werkt als zijn virtuele verplaatsing. De veerkracht $\mathbf{F}_s$ verricht negatieve arbeid, omdat deze tegengesteld werkt aan zijn positieve virtuele verplaatsing. Dus gaat de virtuele-arbeidsvergelijking over in:

$$\delta U = 0; \qquad -F_s \delta x_B + P\delta x_D = 0$$

$$-[1500 \sin\theta - 750](0{,}3 \cos\theta\,\delta\theta) + P(0{,}9 \cos\theta\,\delta\theta) = 0$$

$$[0{,}9P + 225 - 450 \sin\theta] \cos\theta\,\delta\theta = 0$$

Omdat $\cos\theta\,\delta\theta \neq 0$, moet voor deze vergelijking dus gelden:

$$P = 500 \sin\theta - 250$$

Wanneer $\theta = 60°$

$$P = 500 \sin 60° - 250 = 183 \text{ N}$$ *Antw.*

Voorbeeld 11.3

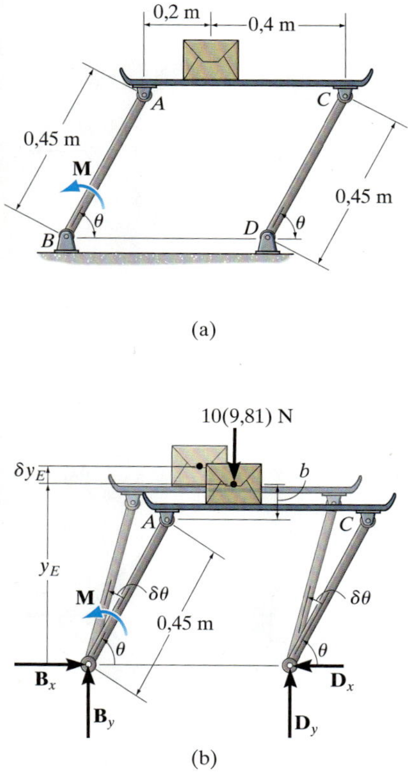

Fig. 11.8

Als de doos in fig. 11.8*a* een massa heeft van 10 kg, bepaal dan het koppelmoment M dat nodig is om evenwicht te bewaren wanneer $\theta = 60°$. Verwaarloos de massa van de elementen.

OPLOSSING

Vrijlichaamsschema Wanneer θ een positieve virtuele verplaatsing $\delta\theta$ ondergaat, wordt er uitsluitend arbeid verricht door het koppelmoment **M** en het gewicht van de doos, fig. 11.8*b*.

Virtuele verplaatsingen De plaatscoördinaat y_E, gemeten vanuit het *vaste punt B*, geeft de plaats van het gewicht, 10(9,81) N, aan. Hierin is:

$$y_E = (0{,}45 \text{ m}) \sin\theta + b$$

met b een constante afstand. Door deze vergelijking te differentiëren vinden we:

$$\delta y_E = 0{,}45 \text{ m} \cos\theta\,\delta\theta \qquad (1)$$

Virtuele-arbeidsvergelijking De virtuele-arbeidsvergelijking gaat over in:

$$\delta U = 0; \qquad M\delta\theta - [10(9{,}81) \text{ N}]\delta y_E = 0$$

Door vgl. 1 in deze vergelijking te substitueren vinden we:

$$M\delta\theta - 10(9{,}81)\ \text{N}(0{,}45\ \text{m}\cos\theta\,\delta\theta) = 0$$

$$\delta\theta(M - 44{,}145\cos\theta) = 0$$

Omdat $\delta\theta \neq 0$, volgt:

$$M - 44{,}145\cos\theta = 0$$

Omdat moet gelden dat $\theta = 60°$, volgt:

$$M = 44{,}145\cos 60° = 22{,}1\ \text{N}\cdot\text{m} \qquad \textit{Antw.}$$

Voorbeeld 11.4

Het mechanisme in fig. 11.9*a* draagt de cilinder van 500 N (≈ 50 kg). Bepaal de hoek θ bij evenwicht als de veer een rustlengte heeft van 2 m wanneer $\theta = 0°$. Verwaarloos de massa van de elementen.

OPLOSSING

Vrijlichaamsschema Wanneer het mechanisme een positieve virtuele verplaatsing $\delta\theta$ ondergaat, fig. 11.9*b*, wordt er uitsluitend arbeid verricht door $\mathbf{F}_s$ en de kracht van 500 N. Omdat de eindlengte van de veer gelijk is aan $2(1\ \text{m}\cos\theta)$, geldt:

$$F_s = ks = (2000\ \text{N/m})(2\ \text{m} - 2\ \text{m}\cos\theta) = (4000 - 4000\cos\theta)\ \text{N}$$

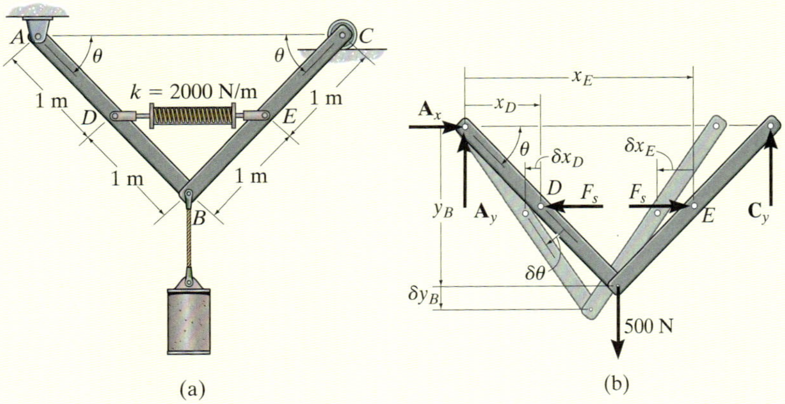

Fig. 11.9

Virtuele verplaatsingen De plaatscoördinaten x_D en x_E zijn vastgesteld vanuit het *vaste punt* A voor het bepalen van $\mathbf{F}_s$ in D en in E. De coördinaat y_B, eveneens gemeten vanuit A, geeft de plaats van de kracht van 500 N in B aan. Met behulp van goniometrie kunnen de coördinaten worden uitgedrukt in de hoek θ.

$$x_D = (1\text{ m})\cos\theta$$

$$x_E = 3[(1\text{ m})\cos\theta] = (3\text{ m})\cos\theta$$

$$y_B = (2\text{ m})\sin\theta$$

Door te differentiëren, vinden we voor de virtuele verplaatsingen van de punten D, E en B:

$$\delta x_D = -1\sin\theta\,\delta\theta \qquad (1)$$

$$\delta x_E = -3\sin\theta\,\delta\theta \qquad (2)$$

$$\delta y_B = 2\cos\theta\,\delta\theta \qquad (3)$$

Virtuele-arbeidsvergelijking De virtuele-arbeidsvergelijking is geformuleerd alsof alle verplaatsingen positief zijn, dus:

$$\delta U = 0; \qquad F_s\delta x_E + 500\delta y_B - F_s\delta x_D = 0$$

$$(4000 - 4000\cos\theta)(-3\sin\theta\,\delta\theta) + 500(2\cos\theta\,\delta\theta)$$
$$-(4000 - 4000\cos\theta)(-1\sin\theta\,\delta\theta) = 0$$
$$\delta\theta(8000\sin\theta\cos\theta - 8000\sin\theta + 1000\cos\theta) = 0$$

Omdat $\delta\theta \neq 0$, volgt:

$$8000\sin\theta\cos\theta - 8000\sin\theta + 1000\cos\theta = 0$$

Door oplossen met 'trial and error' vinden we:

$$\theta = 34{,}9^\circ \qquad \textit{Antw.}$$

Fundamentele vraagstukken

F11.1. Bepaal de vereiste grootte van de kracht **P** voor het in stand houden van het evenwicht van de tweedelige constructie bij $\theta = 60°$. Elk deel heeft een massa van 20 kg.

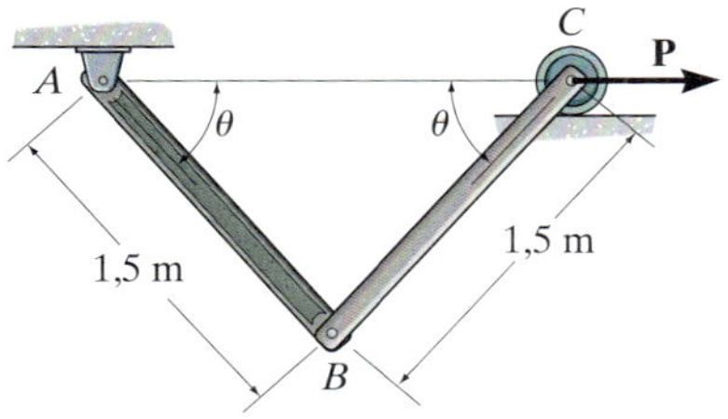

F11.1

F11.2. Bepaal de grootte van de kracht **P** die nodig is om de 50 kg gladde staaf in evenwicht te houden bij $\theta = 60°$.

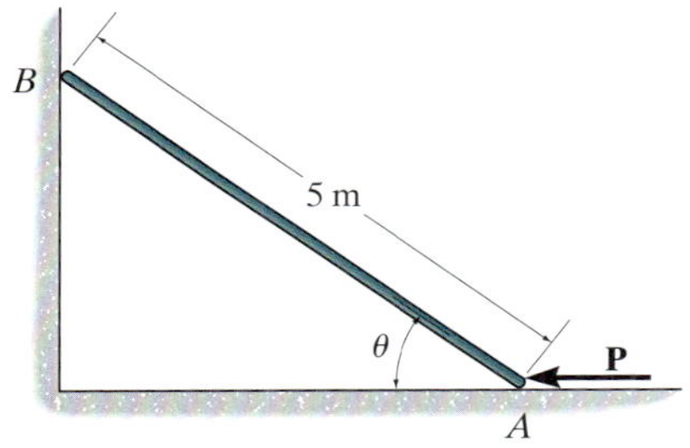

F11.2

F11.3. De constructie is onderhevig aan een kracht $P = 2$ kN. Bepaal de hoek θ bij evenwicht. De veer is in rust wanneer $\theta = 0°$. Verwaarloos de massa van de verbindingen.

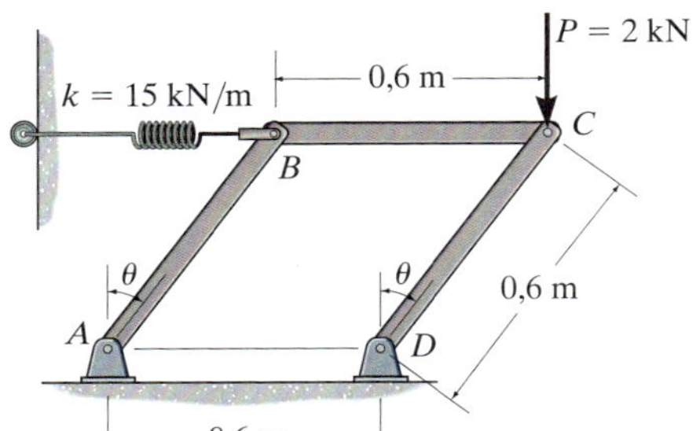

F11.3

F11.4. De constructie is onderhevig aan een kracht $P = 6$ kN. Bepaal de hoek θ bij evenwicht. De veer is in rust bij $\theta = 60°$. Verwaarloos de massa van de verbindingen.

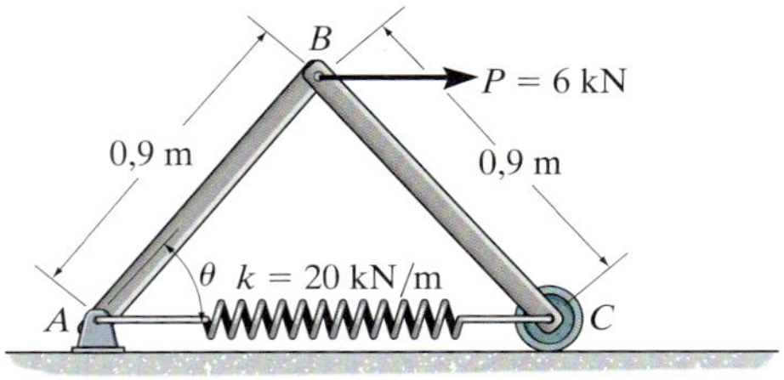

F11.4

F11.5. Bepaal de hoek θ waarbij de staaf van 50 kg in evenwicht is. De veer is in rust bij $\theta = 60°$.

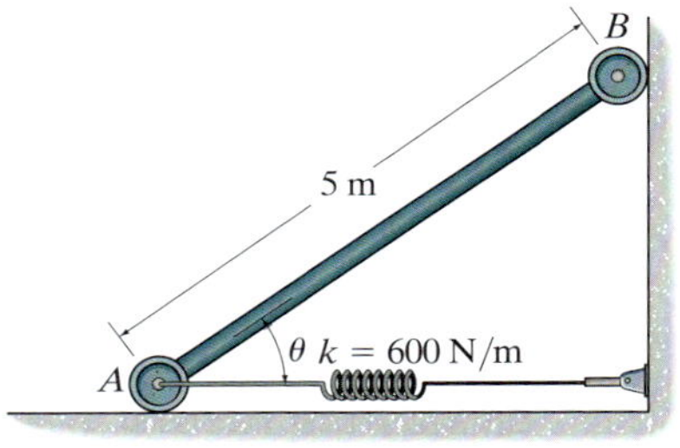

F11.5

F11.6. Op het schaarvakwerk werkt een kracht $P = 150$ N. Bepaal de hoek θ bij evenwicht. De veer is in rust bij $\theta = 0°$. Verwaarloos de massa van de verbindingen.

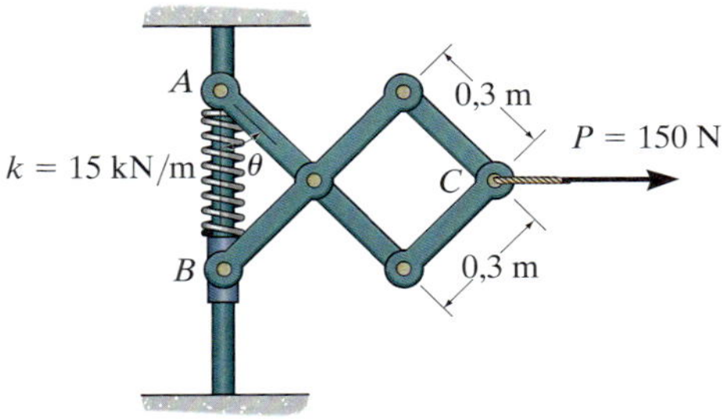

F11.6

Vraagstukken

11.1. De schaarlift wordt belast met een kracht **P**. Bepaal de axiale kracht in de spindel bij evenwicht wanneer de schaarkraan in de stand θ staat. Alle vier de stangen hebben een lengte $2L$ en zijn in het midden scharnierend bevestigd. De punten B en D kunnen horizontaal bewegen.

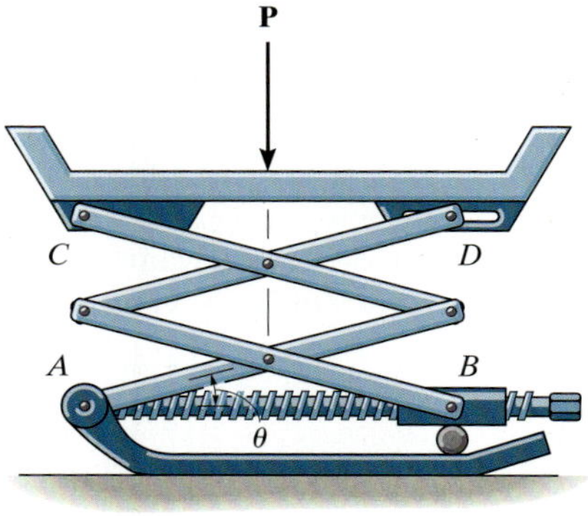

Vraagstuk 11.1

11.2. Bepaal de kracht **F** op het touw die nodig is om de 10 kg zware stang AB horizontaal in evenwicht te houden. *Hint*: druk de totale constante verticale lengte l van het touw uit als plaatscoördinaten s_1 en s_2. De afgeleide van deze vergelijking levert een relatie tussen s_1 en s_2.

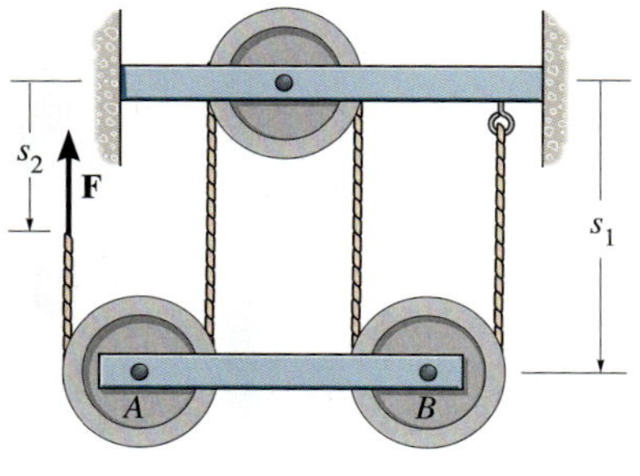

Vraagstuk 11.2

11.3. De afgebeelde machine wordt gebruikt voor het vormen van metalen platen. Ze bestaat uit twee kniestukken ABC en DEF, die worden bediend door de hydraulische cilinder. De kniestukken drukken de verschuifbare balk G naar voren, waardoor de plaat in de holte gedrukt wordt. Als de kracht die de plaat op de kop uitoefent gelijk is aan $P = 8$ kN, bepaal dan de kracht F in de hydraulische cilinder wanneer $\theta = 30°$.

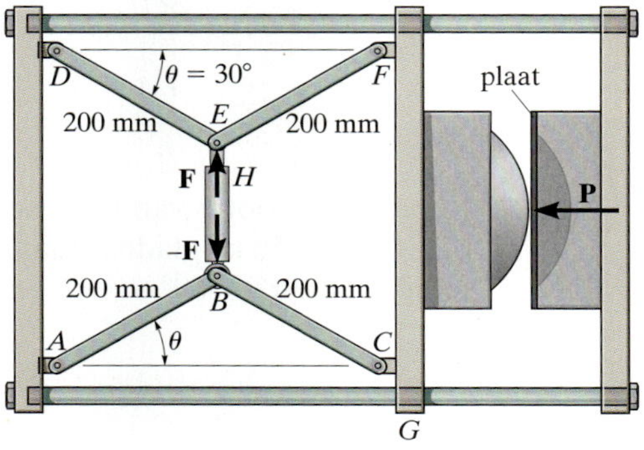

Vraagstuk 11.3

***11.4.** De veer heeft een rustlengte van 0,3 m. Bepaal de hoek θ bij evenwicht als de homogene koppelstangen elk een massa van 5 kg hebben.

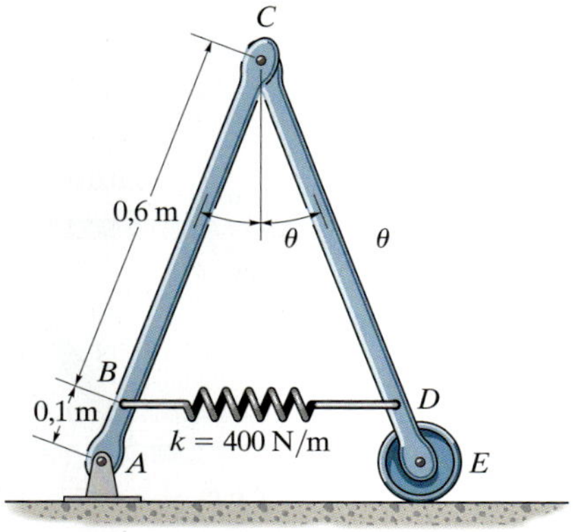

Vraagstuk 11.4

11.5. Elke staaf van het scharnierende mechanisme heeft een massa van 8 kg. De veer is in rust als $\theta = 0°$. Bepaal de hoek θ bij evenwicht. Veronderstel dat $k = 2500$ N/m en $M = 50$ N · m.

11.6. Elke staaf van het scharnierende mechanisme heeft een massa van 8 kg. De veer is in rust als $\theta = 0°$. Bepaal de veerstijfheid k, zodanig dat het mechanisme in evenwicht is als $\theta = 30°$. Veronderstel dat **M**= 0.

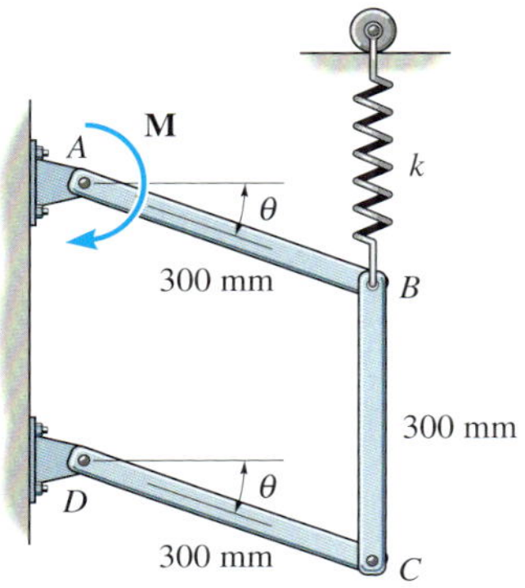

Vraagstukken 11.5/6

11.7. De schaarlift wordt belast met een kracht **P**. Bepaal de axiale kracht in de spindel bij evenwicht wanneer de schaarkraan in de stand θ staat. Alle vier de stangen hebben een lengte L en zijn in het midden scharnierend bevestigd. De punten B en D kunnen horizontaal bewegen.

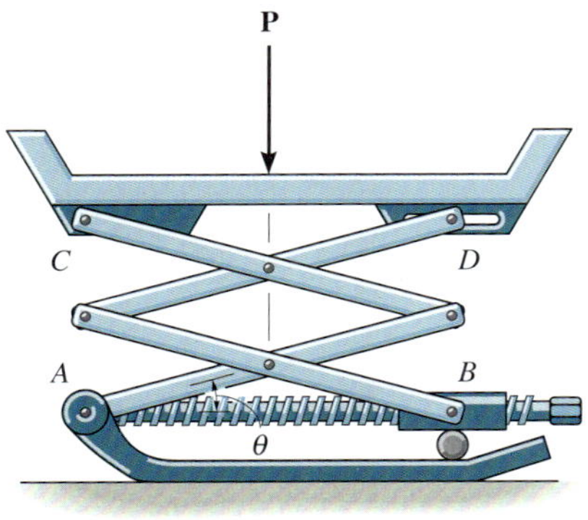

Vraagstuk 11.7

***11.8.** De knikverbinding wordt belast met een kracht **P**. Bepaal de drukkracht F die daardoor ontstaat op de cilinder in A als functie van θ.

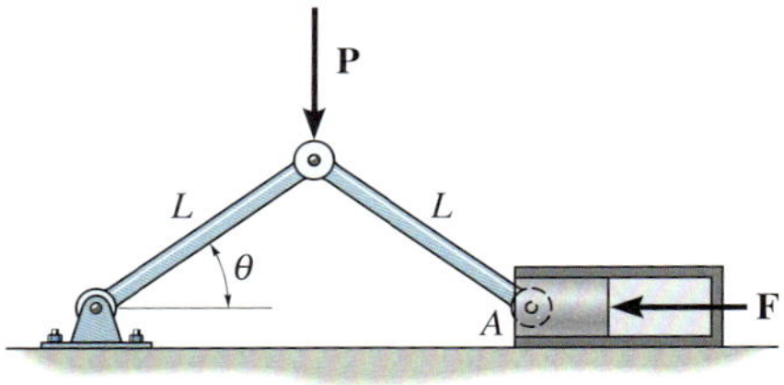

Vraagstuk 11.8

11.9. Bepaal de kracht F die nodig is om het blok met een massa van 50 kg op te hijsen. *Hint*: merk op dat er een verband bestaat tussen de coördinaten s_A en s_B en de *constante* verticale lengte l van het touw.

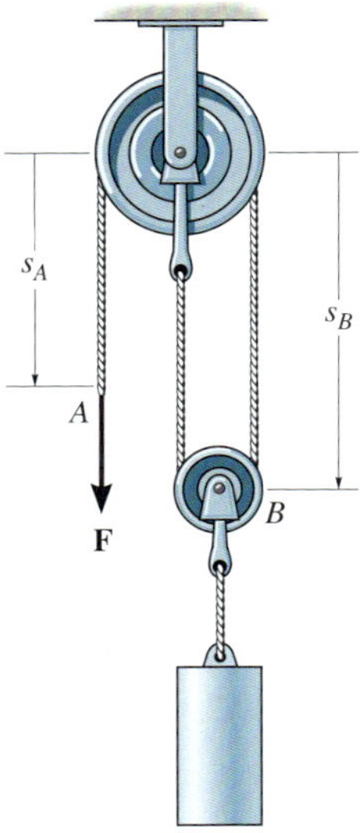

Vraagstuk 11.9

11.10. De dunne stang met gewicht W rust op de gladde vloer en tegen de gladde wand. Bepaal de grootte van de kracht **P** die nodig is om de stang in evenwicht te houden onder een bepaalde hoek θ.

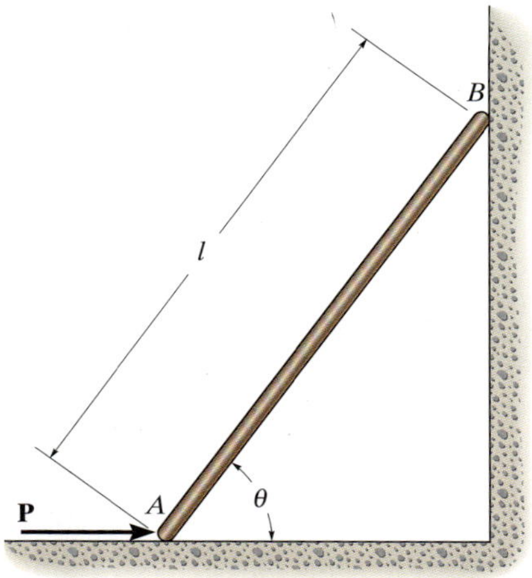

Vraagstuk 11.10

***11.12.** Dit instrument wordt gebruikt voor fitnessoefeningen. Het bestaat uit vier met pennen verbonden staven, elk met lengte L, en een veer met stijfheid k en rustlengte L. Als er horizontale krachten op de handgrepen worden uitgeoefend, zodat θ langzaam wordt verkleind, bepaal dan de hoek θ waaronder de grootte van **P** maximaal wordt.

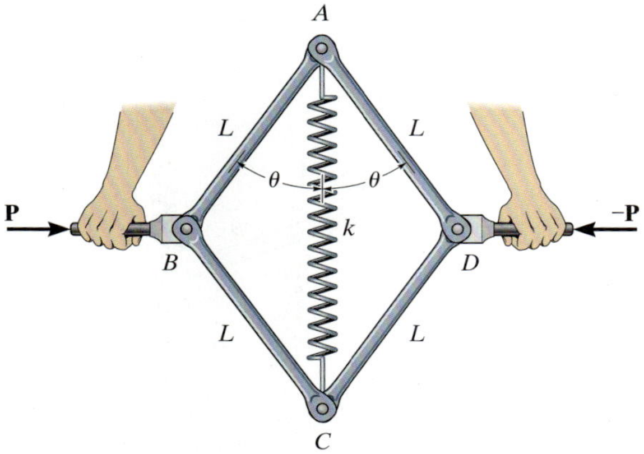

Vraagstuk 11.12

11.11. Bepaal de kracht **F** op het touw die nodig is om de 20 kg zware stang AB horizontaal in evenwicht te houden. *Hint*: druk de totale *constante verticale lengte l* van het touw uit als functie van de plaatscoördinaten S_1 en s_2.De afgeleide van deze vergelijking levert een relatie tussen δ_1 en δ_2.

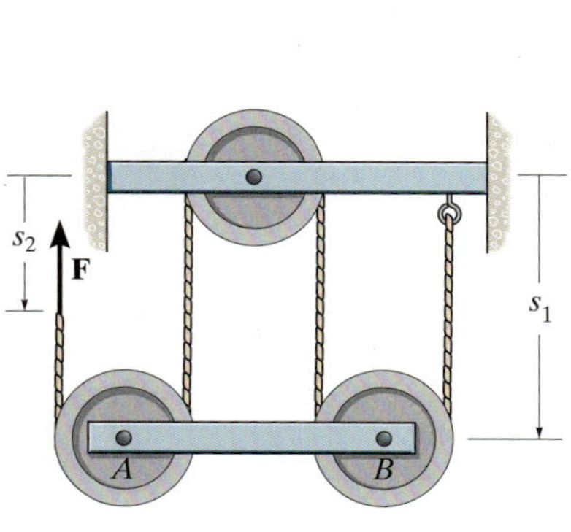

Vraagstuk 11.11

11.13. Elke staaf van het scharnierende mechanisme heeft een massa van 8 kg. De veer is in rust als $\theta = 0°$. Bepaal dan de hoek θ bij evenwicht. Veronderstel dat $k = 3000$ N/m en $M = 100$ N · m.

11.14. Elke staaf van het scharnierende mechanisme heeft een massa van 8 kg. De veer is in rust als $\theta = 0°$. Bepaal de veerstijfheid k, zodanig dat het mechanisme in evenwicht is als $\theta = 25°$. Veronderstel dat **M** = 0.

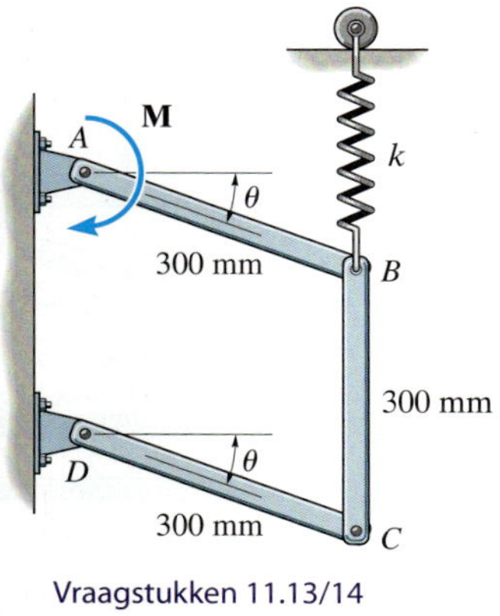

Vraagstukken 11.13/14

11.15. In het doorgeefluik in een fastfoodrestaurant zitten glazen deuren die automatisch met behulp van een motor openen en sluiten. Deze motor oefent een wringmoment **M** uit op elke deur. De uiteinden A en B bewegen in horizontale geleiders. Bepaal de horizontale kracht die de deuren uitoefenen bij een hoek θ wanneer er een dienblad tussen de deuren klem komt te zitten.

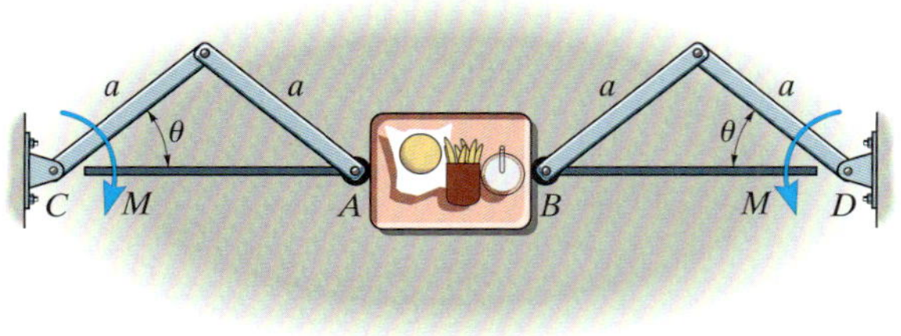

Vraagstuk 11.15

***11.16.** De veer is in rust als $\theta = 30°$, de massa van de cilinder is 25 kg en het mechanisme is in evenwicht als $\theta = 45°$. Bepaal dan de stijfheid k van de veer. Stang AB glijdt wrijvingsloos door de mof in A. Laat de massa van de staven buiten beschouwing.

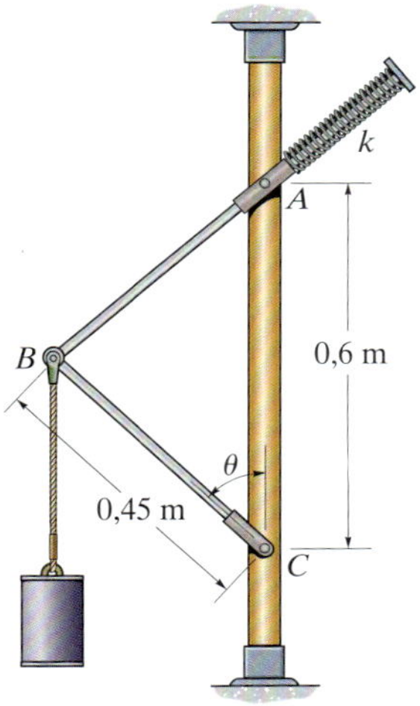

Vraagstuk 11.16

11.17. De veer heeft een torsiestijfheid $k = 300$ N · m/rad en is in rust bij $\theta = 90°$. Bepaal de hoek θ waarbij de constructie in evenwicht is.

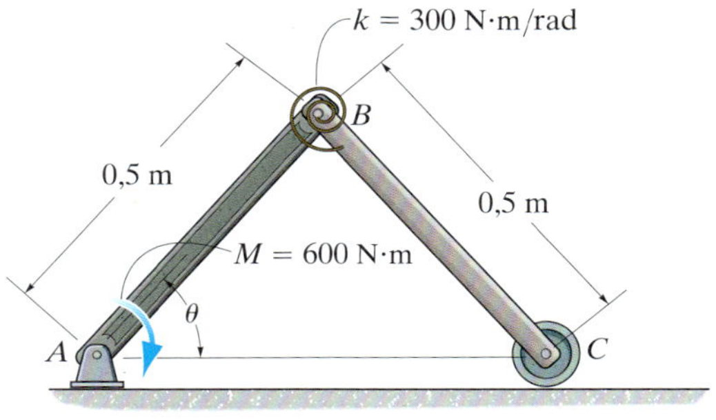

Vraagstuk 11.17

11.18. Een 5 kg zware homogene serveertafel wordt aan elke zijde gesteund door twee paar identieke verbindingen, AB en CD, en veren CE. Als de kom een massa van 1 kg heeft, bepaal dan de hoek θ waarbij de tafel in evenwicht is. De veren hebben elk een stijfheid $k = 200$ N/m en zijn in rust wanneer $\theta = 90°$. Verwaarloos de massa van de verbindingen.

11.19. Een 5 kg zware homogene serveertafel wordt aan elke zijde gesteund door twee identieke verbindingen, AB en CD, en veren CE. Als de kom een massa van 1 kg heeft en in evenwicht is wanneer $\theta = 45°$, bepaal dan de stijfheid k van elke veer. De veren zijn in rust wanneer $\theta = 90°$. Verwaarloos de massa van de verbindingen.

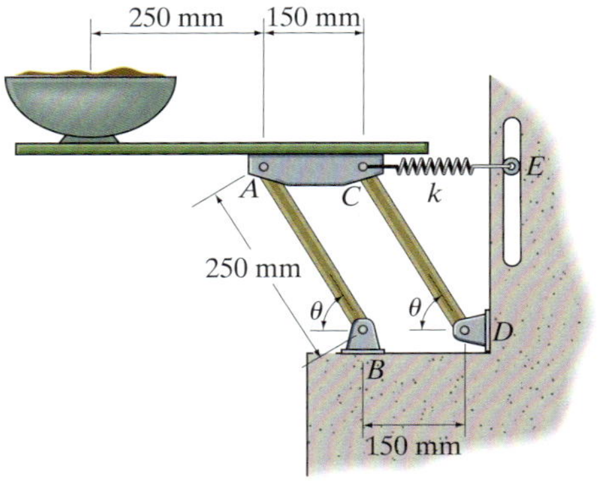

Vraagstukken 11.18/19

***11.20.** Op de 'Nuremberg schaarstructuur' werkt een horizontale kracht $P = 600$ N. Bepaal de hoek θ bij evenwicht. De veer heeft een stijfheid $k = 15$ kN/m en is in rust bij $\theta = 15°$.

11.21. Op de 'Nuremberg schaarstructuur' werkt een horizontale kracht $P = 600$ N. Bepaal de stijfheid k van de veer bij evenwicht wanneer $\theta = 60°$. De veer is in rust wanneer $\theta = 15°$.

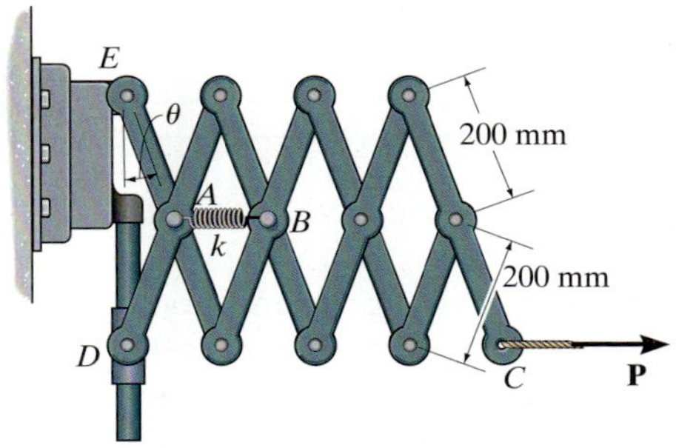

Vraagstukken 11.20/21

11.22. De kiepbak heeft een gewicht W en het zwaartepunt bevindt zich in G. Bepaal de kracht in de hydraulische cilinder die nodig is om de bak onder een hoek θ in evenwicht te houden.

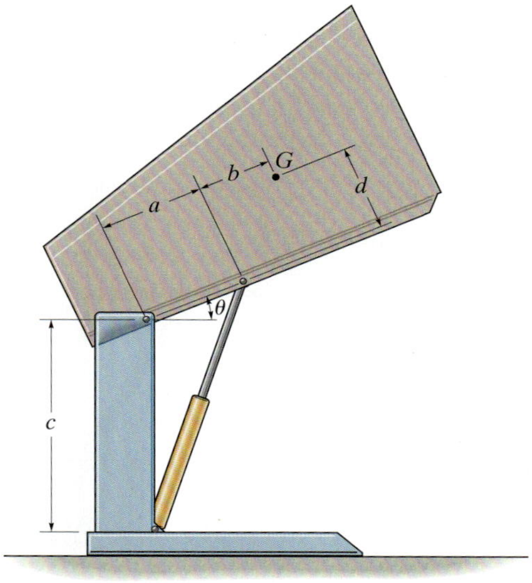

Vraagstuk 11.22

11.23. Op de krukas werkt een wringmoment $M = 50$ N · m. Bepaal de horizontale drukkracht F die bij evenwicht op de zuiger wordt uitgeoefend wanneer $\theta = 60°$.

***11.24.** Op de krukas werkt een wringmoment $M = 50$ N · m. Bepaal de horizontale drukkracht F en maak een grafiek van de uitkomst van F (horizontale as), ten opzichte van θ (verticale as) voor het interval $0° \leq \theta \leq 90°$.

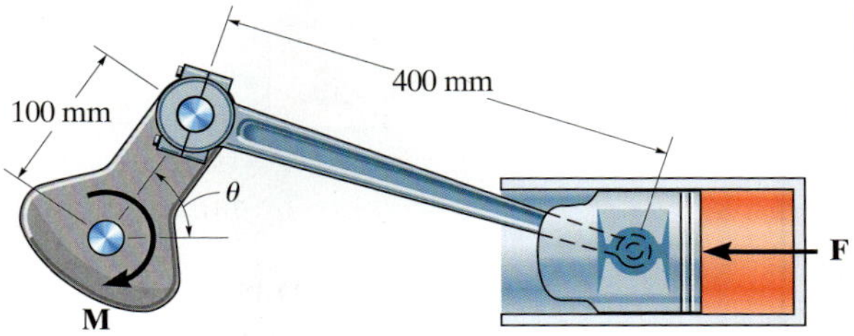

Vraagstukken 11.23/24

11.25. De massamiddelpunten van de stangen AB en BC bevinden zich precies in het midden van de stangen. Alle contactvlakken zijn glad en BC heeft een massa van 100 kg. Bepaal dan de massa die AB moet hebben voor evenwicht.

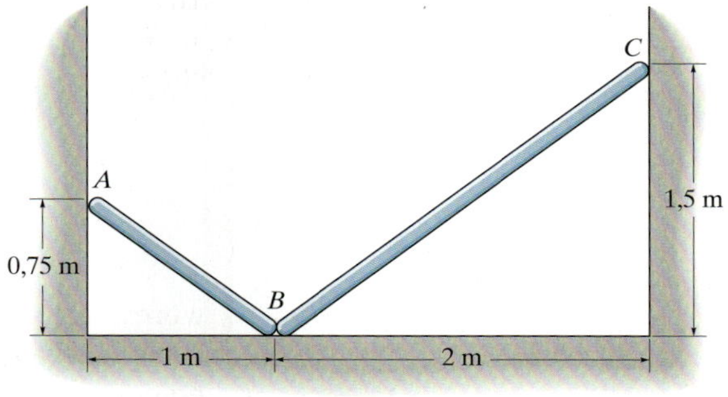

Vraagstuk 11.25

*11.4 Conservatieve krachten

Als de arbeid die door een kracht wordt verricht, uitsluitend afhangt van zijn begin- en eindpositie, en *onafhankelijk* is van de afgelegde weg, dan wordt de kracht een *conservatieve kracht* genoemd. Het gewicht van een lichaam en de kracht van een veer zijn twee voorbeelden van conservatieve krachten.

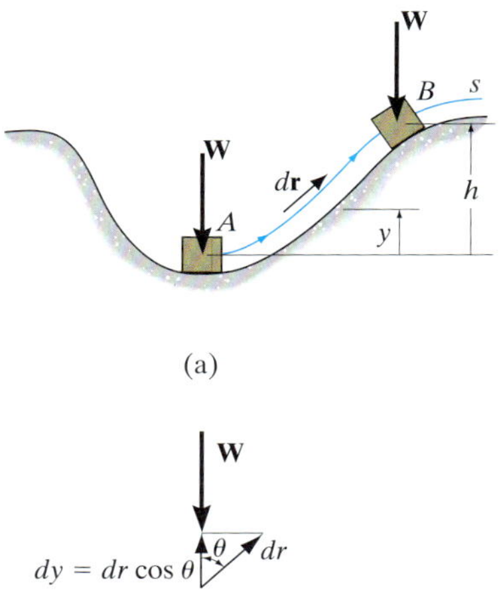

Fig. 11.10

Gewicht Beschouw een blok met gewicht $\mathbf{W}$ dat de weg in fig. 11.10*a* aflegt. Wanneer het langs de weg een verplaatsing $d\mathbf{r}$ ondergaat, is de verrichte arbeid gelijk aan $dU = \mathbf{W} \cdot d\mathbf{r}$ ofwel $dU = -W(dr \cos \theta) = -Wdy$, zoals te zien is in fig. 11.10*b*. In dit geval is de arbeid *negatief*, omdat $\mathbf{W}$ in de tegengestelde richting van dy werkt. Als het blok van A naar B beweegt, via de verticale verplaatsing h, is de arbeid gelijk aan:

$$U = -\int_0^h W\,dy = -Wh$$

Het gewicht van een lichaam is dus een conservatieve kracht, omdat de door het gewicht verrichte arbeid uitsluitend afhangt van de *verticale verplaatsing* van het lichaam, en onafhankelijk is van de door het lichaam afgelegde weg.

Veerkracht Beschouw nu de lineaire elastische veer in fig. 11.11, die een verplaatsing ds ondergaat. De door de veerkracht verrichte arbeid op het blok is gelijk aan $dU = -F_s\,ds = -ks\,ds$. De arbeid is *negatief*, omdat $\mathbf{F}_s$ in de tegengestelde richting van ds werkt. Dus is de arbeid van $\mathbf{F}_s$, wanneer het blok van $s = s_1$ naar $s = s_2$ wordt verplaatst, gelijk aan:

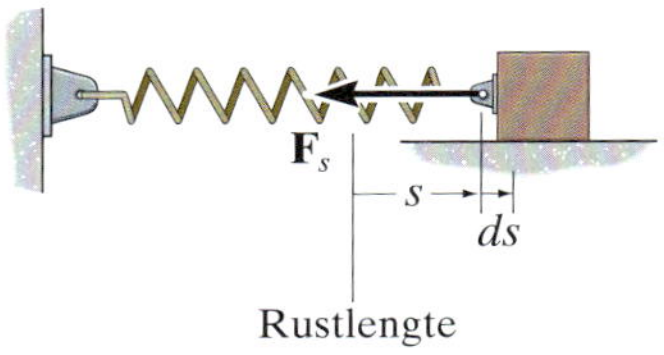

Fig. 11.11

$$U = -\int_{s_1}^{s_2} ks\,ds = -\left(\tfrac{1}{2}ks_2^2 - \tfrac{1}{2}ks_1^2\right)$$

Hierin hangt de arbeid uitsluitend af van de begin- en eindlengte van de veer, s_1 en s_2, gemeten vanuit de rustlengte van de veer. Omdat dit resultaat niet afhangt van de weg die het blok bij zijn verplaatsing aflegt, is een veerkracht eveneens een *conservatieve kracht*.

Wrijving Vergelijk een conservatieve kracht met de kracht van de *wrijving* die door een vast oppervlak wordt uitgeoefend op een glijdend lichaam. De arbeid die wordt verricht door de wrijvingskracht is afhankelijk van de weg; hoe langer de weg, hoe meer arbeid er is verricht. Wrijvingskrachten zijn dus *niet conservatief*, en de meeste verrichte arbeid gaat verloren in de vorm van warmte.

*11.5 Potentiële energie

Wanneer een conservatieve kracht wordt uitgeoefend op een lichaam, geeft deze kracht het lichaam de mogelijkheid om arbeid te verrichten. Deze mogelijkheid, die gemeten wordt als *potentiële energie*, is afhankelijk van de plaats van het lichaam ten opzichte van een vaste referentiepositie ofwel het nulpunt.

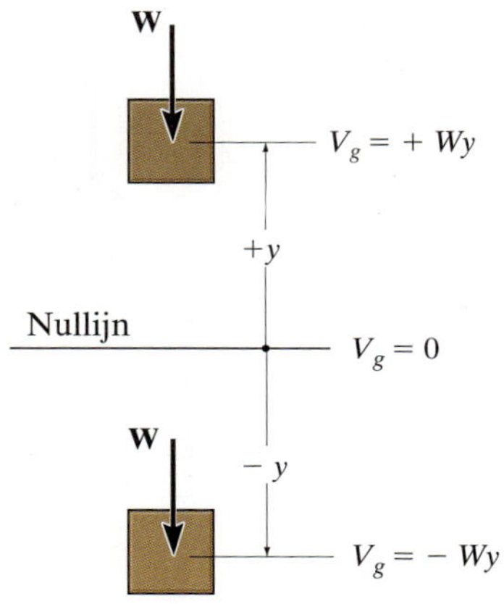

Fig. 11.12

Gravitationele potentiële energie Wanneer een lichaam zich op een afstand *y boven* een vaste horizontale nullijn bevindt, zie fig. 11.12, dan heeft het gewicht van het lichaam *positieve* gravitationele potentiële energie V_g, aangezien **W** de mogelijkheid heeft positieve arbeid te verrichten wanneer het lichaam weer neerwaarts naar de nullijn beweegt. Wanneer het lichaam zich op een afstand *y onder* de nullijn bevindt, dan is V_g *negatief* aangezien het gewicht negatieve arbeid verricht wanneer het lichaam opwaarts terug naar de nullijn beweegt. Op de nullijn geldt dat $V_g = 0$.

Als we *y* als *positief opwaarts* meten, is de gravitationele potentiële energie van het gewicht van het lichaam **W** bijgevolg gelijk aan:

$$V_g = Wy \tag{11.4}$$

Elastische potentiële energie Wanneer een veer vanuit zijn rustlengte (de nulpositie) over een afstand *s* wordt uitgerekt of ingedrukt, wordt de in de veer opgeslagen energie de *elastische potentiële energie* genoemd. Deze wordt bepaald uit:

$$V_e = \frac{1}{2} ks^2 \tag{11.5}$$

Deze energie is altijd een positieve grootheid omdat de veerkracht *positieve* arbeid op het lichaam verricht, zie fig. 11.13, wanneer het lichaam terugkeert naar de ruststand van de veer.

Potentiële-energiefunctie Wanneer een lichaam aan *zowel* gravitatie als aan elastische krachten wordt onderworpen, kan de *potentiële energie of potentiële-energiefunctie V* van het lichaam over het algemeen worden uitgedrukt als de algebraïsche som

$$V = V_g + V_e \tag{11.6}$$

waarbij de meting van *V* afhankelijk is van de plaats van het lichaam ten opzichte van een geselecteerde nullijn overeenkomstig vgl. 11.4 en 11.5.

In het bijzondere geval dat een *stelsel* van wrijvingsloos met elkaar verbonden starre lichamen *precies één vrijheidsgraad* heeft, zodanig dat de verticale afstand van de referentielijn wordt gedefinieerd door de coördinaat *q*, kan de potentiële energiefunctie voor het stelsel worden geschreven als

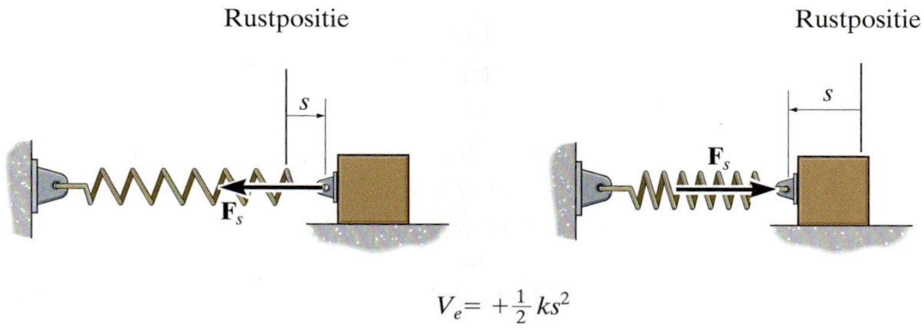

Fig. 11.13

$V = V(q)$. Alle arbeid die door het gewicht en de veerkrachten die op het stelsel werken wordt verricht om het van q_1 naar q_2 te verplaatsen, komt overeen met *verschil* in V, dat wil zeggen:

$$U_{1-2} = V(q_1) - V(q_2) \tag{11.7}$$

Bijvoorbeeld: de potentiële-energiefunctie voor een systeem bestaande uit een blok met gewicht **W** dat bevestigd is aan een veer, zie fig. 11.14, kan worden uitgedrukt in termen van de coördinaat ($q =$) y, gemeten vanaf een vast nulpunt dat zich bevindt bij de rustlengte van de veer. Hierin is:

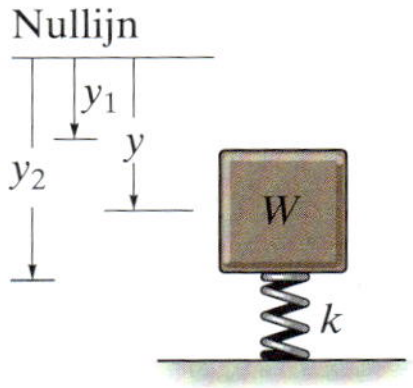

(a)

Fig. 11.14

$$\begin{aligned} V &= V_g + V_e \\ &= -Wy + \tfrac{1}{2}ky^2 \end{aligned} \tag{11.8}$$

Wanneer het blok van y_1 naar y_2 beweegt, dan levert toepassen van vgl. 11.7 op de arbeid van **W** en $\mathbf{F}_s$

$$U_{1-2} = V(y_1) - V(y_2) = -W(y_1 - y_2) + \tfrac{1}{2}ky_1^2 - \tfrac{1}{2}ky_2^2$$

*11.6 Het potentiële-energiecriterium voor evenwicht

Als een wrijvingsloos verbonden systeem één vrijheidsgraad heeft, en de plaats ervan gedefinieerd is door de coördinaat q, dan gaat vgl. 11.7 bij een verplaatsing van q naar $q + dq$ over in:

$$dU = V(q) - V(q + dq)$$

of

$$dU = -dV$$

In het geval dat het systeem een *virtuele verplaatsing* δq ondergaat, in plaats van een feitelijke verplaatsing dq, gaat de bovenstaande vergelijking over in $\delta U = -\delta V$. Echter, het principe van virtuele arbeid vereist dat $\delta U = 0$, en dus $\delta V = 0$, zodat we kunnen schrijven $\delta V = (dV/dq)\delta q = 0$. Omdat $\delta q \neq 0$, gaat deze vergelijking over in:

$$\boxed{\frac{dV}{dq} = 0} \tag{11.9}$$

Dus *wanneer een systeem van wrijvingloos met elkaar verbonden lichamen in evenwicht is, dan is de eerste afgeleide van zijn potentiaalfunctie gelijk aan nul.* Deze verandering wordt bepaald door de *eerste afgeleide* te nemen van de potentiële-energiefunctie en deze gelijk te stellen aan nul. Bijvoorbeeld: als we vgl. 11.8 gebruiken, kunnen we de evenwichtspositie voor de veer en het blok in fig. 11.14*a* bepalen. Er geldt:

$$\frac{dV}{dy} = -W + ky = 0$$

(b)

Fig. 11.14 (vervolg)

De evenwichtspositie $y = y_{\text{eq}}$ is dus:

$$y_{\text{eq}} = \frac{W}{k}$$

Natuurlijk wordt *hetzelfde resultaat* verkregen door $\Sigma F_y = 0$ toe te passen op de krachten in het vrijlichaamsschema van het blok, zie fig. 11.14*b*.

*11.7 Stabiliteit van een evenwichtsconfiguratie

De potentiaalfunctie V van een systeem kan ook worden gebruikt voor het onderzoeken van de stabiliteit van de evenwichtstoestand, die kan worden aangeduid als *stabiel*, *neutraal* of *instabiel*.

Bij deze simpele hefbrug wordt het gewicht van de vloer *B* in evenwicht gehouden door het contragewicht in *A*. Door de methode van potentiële energie toe te passen kunnen we de stabiliteit van de constructie bestuderen voor verschillende evenwichtsposities van de vloer.

Stabiel evenwicht Een systeem wordt *stabiel* genoemd als het bij een kleine verplaatsing geneigd is om terug te keren naar zijn beginpositie. In dit geval is de potentiële energie van het systeem *minimaal*. Een eenvoudig voorbeeld hiervan is te zien in fig. 11.15*a*. Wanneer de schijf een kleine verplaatsing ondergaat, zal zijn zwaartepunt G zich altijd terugverplaatsen (roteren) naar de evenwichtspositie, zijnde het *laagste punt* van zijn baan. Dit is het punt waar de potentiële energie van de schijf minimaal is.

Neutraal evenwicht Een systeem wordt in *neutraal evenwicht* genoemd als het bij een kleine verplaatsing vanuit zijn beginpositie nog steeds in evenwicht blijft. In dit geval is de potentiële energie van het systeem *constant*. Een voorbeeld van neutraal evenwicht is te zien in fig. 11.15*b*, waar een schijf met een pen verbonden is in G. Bij elke draaiing van de schijf stelt zich een nieuwe evenwichtspositie in en blijft de potentiële energie onveranderd.

Instabiel evenwicht Een systeem wordt *instabiel* genoemd als het bij een kleine verplaatsing geneigd is verder van zijn beginpositie vandaan te bewegen. In dit geval is de potentiële energie van het systeem *maximaal*. Een instabiele evenwichtspositie van de schijf is te zien in fig. 11.15*c*. Hier zal de schijf bij een kleine verplaatsing van zijn zwaartepunt van zijn evenwichtspositie vandaan bewegen. Op zijn *hoogste punt* is zijn potentiële energie *maximaal*.

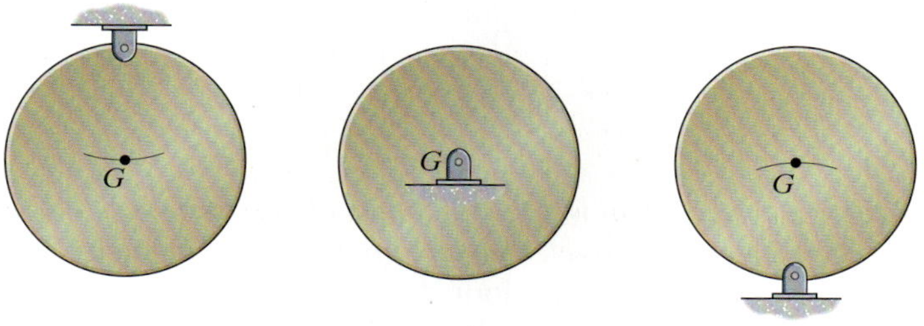

Stabiel evenwicht (a) | Neutraal evenwicht (b) | Instabiel evenwicht (c)

Fig. 11.15

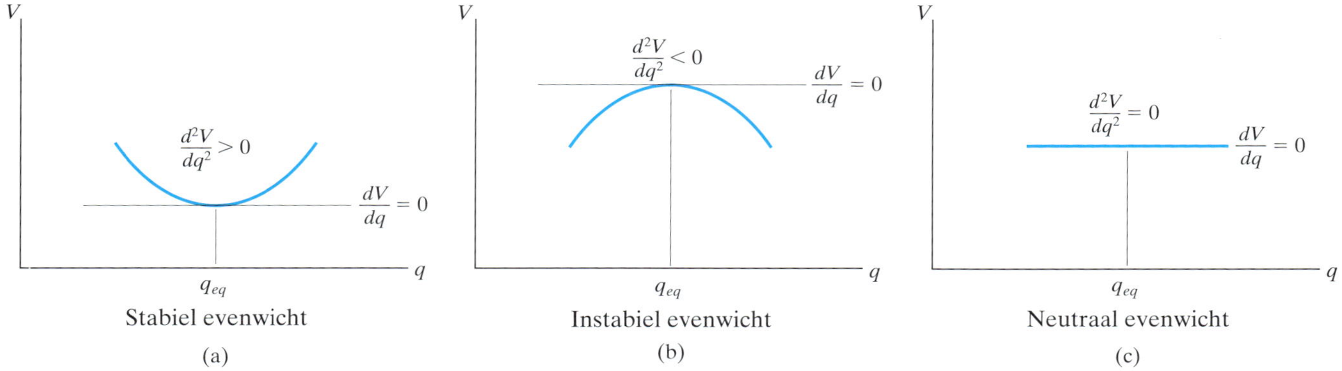

Fig. 11.16

Systeem met één vrijheidsgraad Als een systeem slechts één vrijheidsgraad heeft, en de plaats ervan is gedefinieerd door de coördinaat q, dan kan de grafiek van de potentiaalfunctie V voor het systeem als functie van q worden getekend, zie fig. 11.16. Als het systeem in *evenwicht* is, dan moet dV/dq, dat de helling van deze functie voorstelt, gelijk zijn aan nul. Om de stabiliteit van de evenwichtsconfiguratie te onderzoeken, moet dus de tweede afgeleide van de potentiaalfunctie worden berekend.

Als d^2V/dq^2 groter dan nul is, fig. 11.16*a*, zal de potentiële energie van het systeem *minimaal* zijn. Dit geeft aan dat de evenwichtsconfiguratie *stabiel* is. Dus geldt:

$$\frac{dV}{dq} = 0, \qquad \frac{d^2V}{dq^2} > 0 \qquad \text{stabiel evenwicht} \tag{11.10}$$

Als d^2V/dq^2 kleiner dan nul is, fig. 11.16*b*, zal de potentiële energie van het systeem *maximaal* zijn. Dit geeft een *instabiele* evenwichtsconfiguratie aan. Dus geldt:

$$\frac{dV}{dq} = 0, \qquad \frac{d^2V}{dq^2} < 0 \qquad \text{instabiel evenwicht} \tag{11.11}$$

Ten slotte zal, als d^2V/dq^2 gelijk is aan nul, het voor het bepalen van de stabiliteit, noodzakelijk zijn om de hogereordeafgeleiden te onderzoeken. De evenwichtsconfiguratie zal *stabiel* zijn als de eerste niet-nulafgeleide van een *even* orde is en *positief* is. Evenzo zal het evenwicht *instabiel* zijn als zijn eerste niet-nulafgeleide van oneven orde is of van even orde en negatief. Als alle hogereordeafgeleiden *nul* zijn, wordt gezegd dat het systeem in *neutraal evenwicht* is, fig 11.16*c*. Dus geldt:

$$\frac{dV}{dq} = \frac{d^2V}{dq^2} = \frac{d^3V}{dq^3} = \cdots = 0 \qquad \text{neutraal evenwicht} \tag{11.12}$$

Deze situatie doet zich alleen voor als de potentiële-energiefunctie voor het systeem constant is in of in de buurt van q_{eq}.

Deze suikerrietwagens kunnen bij krachtige wind en wanneer ze een bocht omgaan instabiel worden en omkiepen, aangezien hun aangrijpingspunt van de zwaartekracht hoog boven de weg ligt als ze volledig beladen zijn.

Analyseprocedure

Met behulp van potentiële-energiemethoden kunnen de evenwichtsposities en de stabiliteit van een lichaam of een systeem van met elkaar verbonden lichamen met één vrijheidsgraad worden bepaald door de hieronder beschreven procedure te volgen.

Potentiële-energiefunctie

- Maak een schets van het systeem, zodanig dat het zich in de *willekeurige positie* bevindt die aangegeven wordt door de coördinaat q.
- Bepaal een horizontale *nullijn* door een *vast punt** en druk de *gravitationele potentiële energie* V_g uit in termen van het gewicht W van elk lid en zijn verticale afstand y tot de nullijn, $V_g = W y$.
- Druk de elastische potentiële energie V_e van het systeem uit in termen van de uitrekking of indrukking, s, van een eventueel verbonden veer, $V_e = \frac{1}{2}ks^2$.
- Formuleer de potentiële-energiefunctie $V = V_g + V_e$ en druk de *plaatscoördinaten* y en s uit in termen van de enige coördinaat q.

Evenwichtspositie

- De evenwichtspositie wordt bepaald door de eerste afgeleide van V te nemen en deze gelijk te stellen aan 0, $dV/dq = 0$.

Stabiliteit

- Stabiliteit van de evenwichtspositie wordt bepaald door de tweede afgeleide of afgeleides van hogere ordes van V te berekenen.
- Wanneer de tweede afgeleide groter is dan nul, dan is het systeem stabiel, wanneer alle afgeleiden gelijk zijn aan nul, dan is het systeem in neutraal evenwicht, en wanneer de tweede afgeleide kleiner is dan nul, dan is het systeem instabiel.

* De plaats van de nullijn is *willekeurig* aangezien alleen de *veranderingen* of differentialen van V nodig zijn om de evenwichtspositie en zijn stabiliteit te onderzoeken.

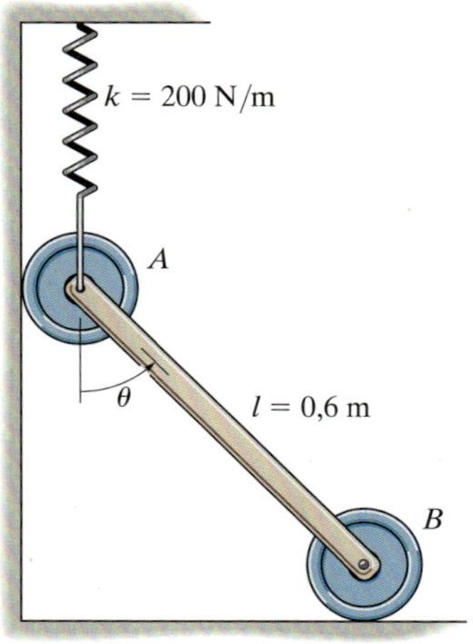

(a)

Fig. 11.17

Voorbeeld 11.5

Het uniforme element dat afgebeeld is in fig. 11.17*a* heeft een massa van 10 kg. De veer is in rust wanneer $\theta = 0°$. Bepaal de evenwichtshoek θ en onderzoek de stabiliteit van de evenwichtspositie.

OPLOSSING

Potentiële-energiefunctie De nullijn wordt geplaatst bij de onderkant van de verbinding, zie fig. 11.17*b*. Wanneer het element zich in de willekeurige positie θ bevindt, vermeerdert de veer zijn potentiële energie door uit te rekken en vermindert het gewicht zijn potentiële energie. Dus:

$$V = V_e + V_g = \frac{1}{2}ks^2 + Wy$$

Uit $l = s + l\cos\theta$ of $s = l(1 - \cos\theta)$, en $y = (l/2)\cos\theta$ volgt dat:

$$V = \frac{1}{2}kl^2(1 - \cos\theta)^2 + W\left(\frac{l}{2}\cos\theta\right)$$

Evenwichtspositie De eerste afgeleide van V is:

$$\frac{dV}{d\theta} = kl^2(1 - \cos\theta)\sin\theta - \frac{Wl}{2}\sin\theta = 0$$

of

$$l\left[kl(1 - \cos\theta) - \frac{W}{2}\right]\sin\theta = 0$$

Aan deze vergelijking wordt voldaan wanneer:

$$\sin\theta = 0 \qquad \theta = 0^\circ \qquad \textit{Antw.}$$

$$\theta = \cos^{-1}\left(1 - \frac{W}{2kl}\right) = \cos^{-1}\left[1 - \frac{10(9{,}81)}{2(200)(0{,}6)}\right] = 53{,}8^\circ \qquad \textit{Antw.}$$

Stabiliteit De tweede afgeleide van V is:

$$\frac{d^2V}{d\theta^2} = kl^2(1 - \cos\theta)\cos\theta + kl^2\sin\theta\sin\theta - \frac{Wl}{2}\cos\theta$$

$$= kl^2(\cos\theta - \cos 2\theta) - \frac{Wl}{2}\cos\theta$$

De constanten vervangen door hun waarden, met $\theta = 0^\circ$ en $\theta = 53{,}8^\circ$, levert het volgende op:

$$\left.\frac{d^2V}{d\theta^2}\right|_{\theta=0^\circ} = 200(0{,}6)^2(\cos 0^\circ - \cos 0^\circ) - \frac{10(9{,}81)(0{,}6)}{2}\cos 0^\circ$$

$$= -29{,}4 < 0 \qquad \text{(instabiel evenwicht bij } \theta = 0^\circ\text{)} \qquad \textit{Antw.}$$

$$\left.\frac{d^2V}{d\theta^2}\right|_{\theta=53{,}8^\circ} = 200(0{,}6)^2(\cos 53{,}8^\circ - \cos 107{,}6^\circ) - \frac{10(9{,}81)(0{,}6)}{2}\cos 53{,}8^\circ$$

$$= 46{,}9 > 0 \qquad \text{(stabiel evenwicht bij } \theta = 53{,}8^\circ\text{)} \qquad \textit{Antw.}$$

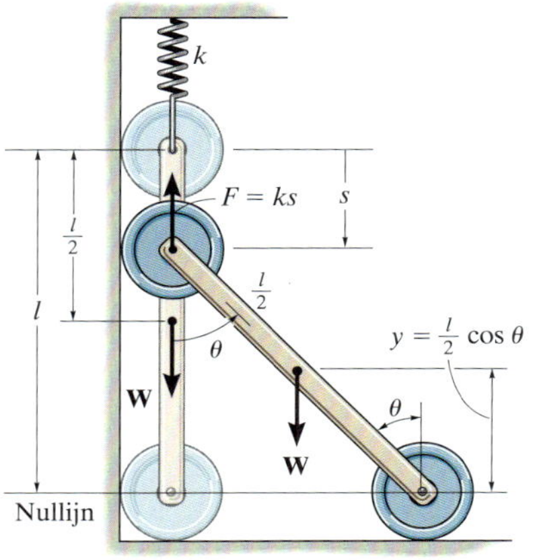

(b)

Fig. 11.17 (vervolg)

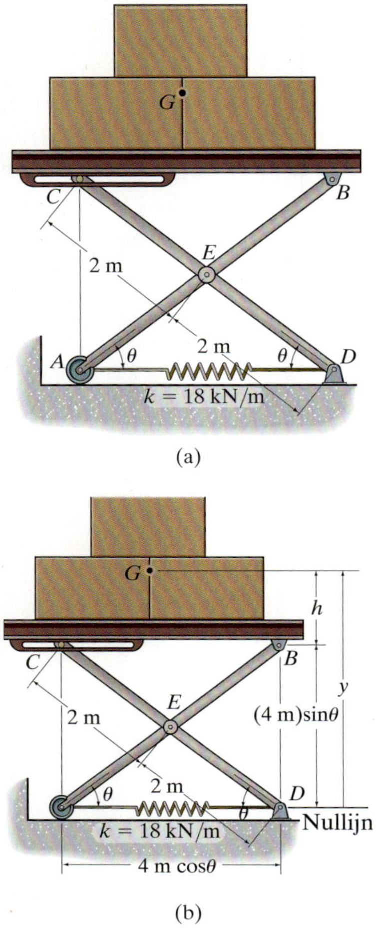

Fig. 11.18

Voorbeeld 11.6

Als de veer AD in fig. 11.18a een stijfheid heeft van 18 kN/m en in rust is wanneer $\theta = 60°$, bepaal dan de hoek θ bij evenwicht. De belasting heeft een massa van 1,5 Mg. Onderzoek de stabiliteit in de evenwichtspositie.

OPLOSSING

Potentiële-energiefunctie De gravitationele potentiële energie voor de belasting ten opzichte van het vaste nulpunt, afgebeeld in fig. 11.18b, is gelijk aan:

$$V_g = mgy = 1500(9{,}81)\text{ N}[(4\text{ m})\sin\theta + h] = 58\,860\sin\theta + 14\,715h$$

waarin h een constante afstand is. Vanwege de geometrie van het systeem is de uitrekking van de veer wanneer de belasting op het platform ligt, gelijk aan $s = (4\text{ m})\cos\theta - (4\text{ m})\cos 60° = (4\text{ m})\cos\theta - 2\text{ m}$. Dus is de elastische potentiële energie van het systeem gelijk aan:

$$V_e = \tfrac{1}{2}ks^2 = \tfrac{1}{2}(18\,000\text{ N/m})(4\text{ m}\cos\theta - 2\text{ m})^2 = 9000(4\cos\theta - 2)^2$$

Dus is de potentiële-energiefunctie van het systeem gelijk aan:

$$V = V_g + V_e = 58\,860\sin\theta + 14\,715h + 9000(4\cos\theta - 2)^2$$

Evenwichtspositie Wanneer het systeem in evenwicht is, geldt:

$$\frac{dV}{d\theta} = 58\,860\cos\theta + 18\,000(4\cos\theta - 2)(-4\sin\theta) = 0$$

$$58\,860\cos\theta - 288\,000\sin\theta\cos\theta + 144\,000\sin\theta = 0$$

Omdat $\sin 2\theta = 2\sin\theta\cos\theta$:

$$58\,860\cos\theta - 144\,000\sin 2\theta + 144\,000\sin\theta = 0$$

Door oplossen met 'trial and error' vinden we:

$$\theta = 28{,}18° \text{ en } \theta = 45{,}51° \qquad \textit{Antw.}$$

Stabiliteit Door de tweede afgeleide van vgl. 1 te nemen, vinden we:

$$\frac{d^2V}{d\theta^2} = -58\,860\sin\theta - 288\,000\cos 2\theta + 144\,000\cos\theta$$

Substitueren van $\theta = 28{,}18°$ levert:

$$\frac{d^2V}{d\theta^2} = -60\,409 < 0 \qquad \text{Instabiel} \qquad \textit{Antw.}$$

En voor $\theta = 45{,}51°$

$$\frac{d^2V}{d\theta^2} = 64\,073 > 0 \qquad \text{Stabiel} \qquad \textit{Antw.}$$

Voorbeeld 11.7

Het homogene blok met een massa m rust op de bovenkant van de cilinder, zie fig. 11.19a. Toon aan dat dit een toestand van instabiel evenwicht is als $h > 2R$.

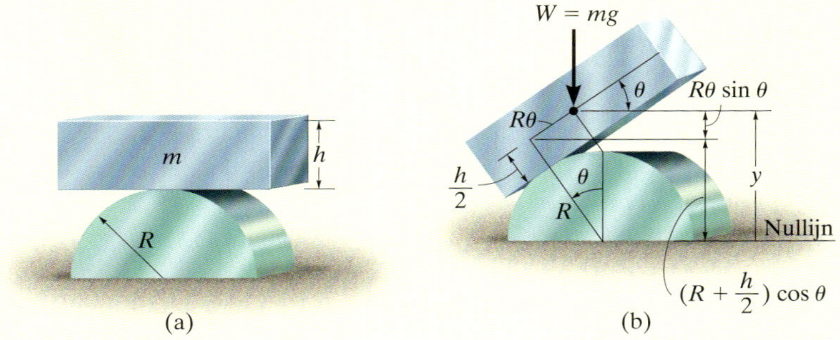

Fig. 11.19

OPLOSSING

Potentiële-energiefunctie De nullijn wordt getrokken bij de basis van de cilinder, zie fig. 11.19b. Wanneer het blok over θ graden uit de evenwichtspositie wordt gebracht, is de potentiaalfunctie gelijk aan:

$$\begin{aligned} V &= V_e + V_g \\ &= 0 + mgy \end{aligned}$$

Uit fig. 11.19b volgt dat:

$$y = \left(R + \frac{h}{2}\right)\cos\theta + R\theta\sin\theta$$

Dus:

$$V = mg\left[\left(R + \frac{h}{2}\right)\cos\theta + R\theta\sin\theta\right]$$

Evenwichtspositie

$$\begin{aligned} \frac{dV}{d\theta} &= mg\left[-\left(R + \frac{h}{2}\right)\sin\theta + R\sin\theta + R\theta\cos\theta\right] = 0 \\ &= mg\left(-\frac{h}{2}\sin\theta + R\theta\cos\theta\right) = 0 \end{aligned}$$

Merk op dat $\theta = 0^\circ$ voldoet aan deze vergelijking.

Stabiliteit Als we de tweede afgeleide van V nemen, krijgen we:

$$\frac{d^2V}{d\theta^2} = mg\left(-\frac{h}{2}\cos\theta + R\cos\theta - R\theta\sin\theta\right)$$

Bij $\theta = 0^\circ$,

$$\left.\frac{d^2V}{d\theta^2}\right|_{\theta=0^\circ} = -mg\left(\frac{h}{2} - R\right)$$

Aangezien alle constanten positief zijn, is het blok in een instabiel evenwicht, mits $h > 2R$, want dan geldt dat $d^2V/d\theta^2 < 0$.

Vraagstukken

11.26. Als de potentiële energie voor een conservatief systeem met één vrijheidsgraad gegeven is door de relatie $V = (3y^3 + 2y^2 - 4y + 50)$ J, waarbij y gegeven is in meter, bepaal de evenwichtsposities en onderzoek de stabiliteit van elk van deze posities.

11.27. De potentiële energiefunctie voor een conservatief stelsel met één vrijheidsgraad is $V = (8x^3 - 2x^2 - 10)$ J, waarin x in meter wordt uitgedrukt. Bepaal de posities voor evenwicht en onderzoek de stabiliteit van elk van deze posities.

***11.28.** De potentiële energiefunctie van een stelsel met één vrijheidsgraad is $V = (12 \sin 2\theta + 15 \cos \theta)$ J, waarin $0° < \theta < 180°$. Bepaal de posities voor evenwicht en onderzoek de stabiliteit van elk van deze posities.

11.29. Als de potentiële energie voor een conservatief systeem met één vrijheidsgraad gegeven is door de relatie $V = (24 \sin \theta + 10 \cos 2\theta)$ J, $0° \leq \theta \leq 90°$, bepaal de evenwichtsposities en onderzoek de stabiliteit van elk van deze posities.

11.30. De potentiële energiefunctie van een stelsel met één vrijheidsgraad is $V = (10 \cos 2\theta + 25 \sin \theta)$ J, waarin $0° < \theta < 180°$. Bepaal de posities voor evenwicht en onderzoek de stabiliteit van elk van deze posities.

11.31. Bepaal de hoek θ voor evenwicht en onderzoek de stabiliteit van het mechanisme in deze positie. De veer heeft een stijfheid k = 1,5 kN/m en is in rust bij $\theta = 90°$**.** Het blok A heeft een massa van 40 kg. Laat de massa van de koppelstangen buiten beschouwing.

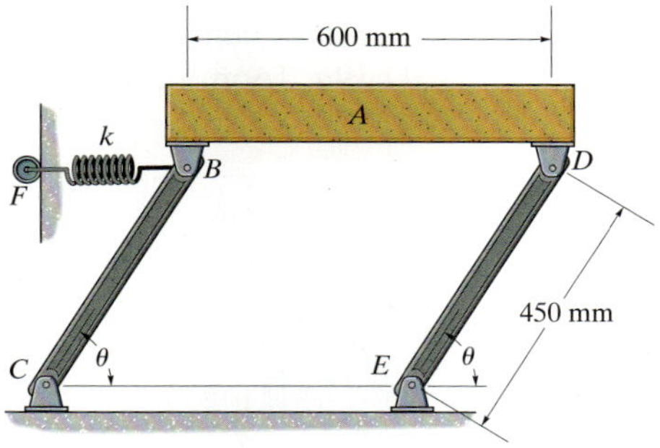

Vraagstuk 11.31

***11.32.** De veer van de weegschaal heeft een rustlengte a. Bepaal de hoek θ bij evenwicht wanneer er een gewicht W op de schaal ligt. Laat het gewicht van de staven buiten beschouwing. Welke waarde zou W moeten hebben als de weegschaal in neutraal evenwicht is wanneer $\theta = 0°$?

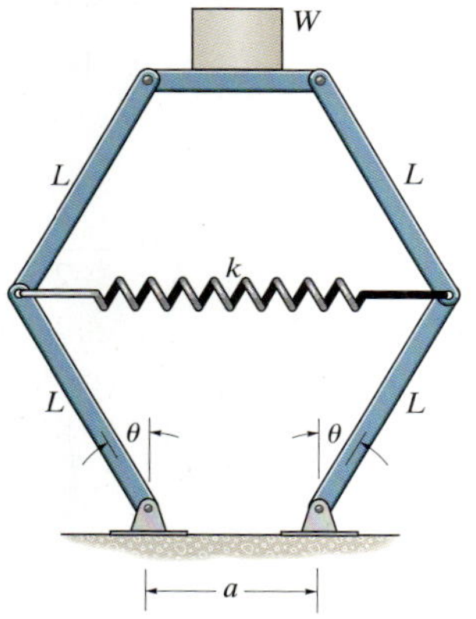

Vraagstuk 11.32

11.33. De beker heeft een halfronde bodem en een massa m. Bepaal de positie h van het massamiddelpunt G zodanig dat de beker in neutraal evenwicht is.

Vraagstuk 11.33

11.34. In de homogene kegel is een kegelvormige uitsparing uitgesneden, zoals afgebeeld in de figuur. Bepaal de diepte d van de uitsparing uitgedrukt in h, zodanig dat de kegel om de as balanceert en in neutraal evenwicht blijft.

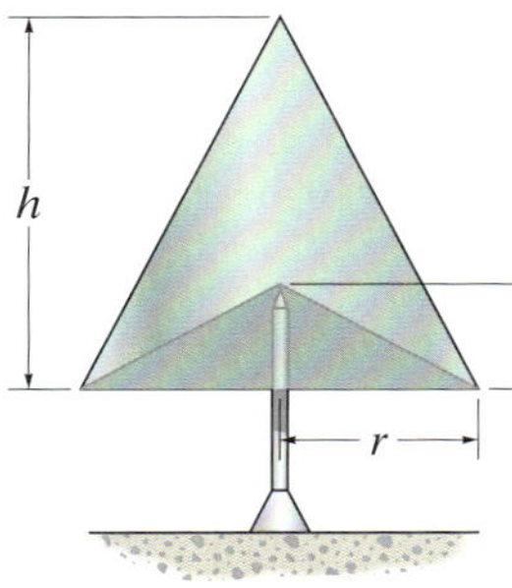

Vraagstuk 11.34

11.35. De homogene balk heeft een massa van 200 kg. De contactvlakken zijn glad. Bepaal de hoek θ bij evenwicht en onderzoek de stabiliteit van de balk in deze positie. De veer heeft een rustlengte van 0,5 m.

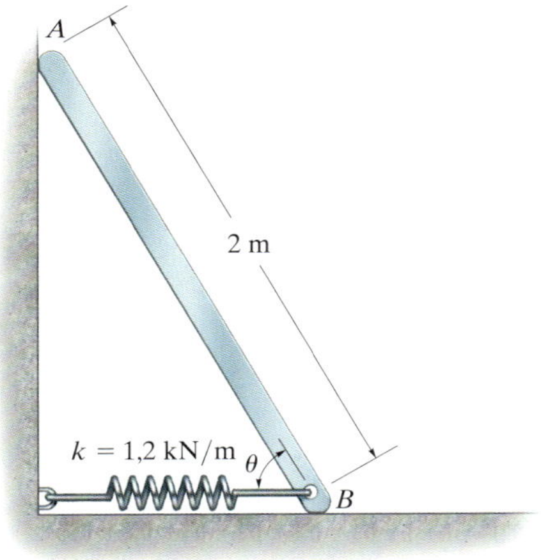

Vraagstuk 11.35

***11.36.** Bepaal de hoek θ bij evenwicht en onderzoek de stabiliteit in deze positie. De staven hebben elk een massa van 3 kg en het hangende blok D heeft een massa van 7 kg. Touw DC heeft een totale lengte van 1 m.

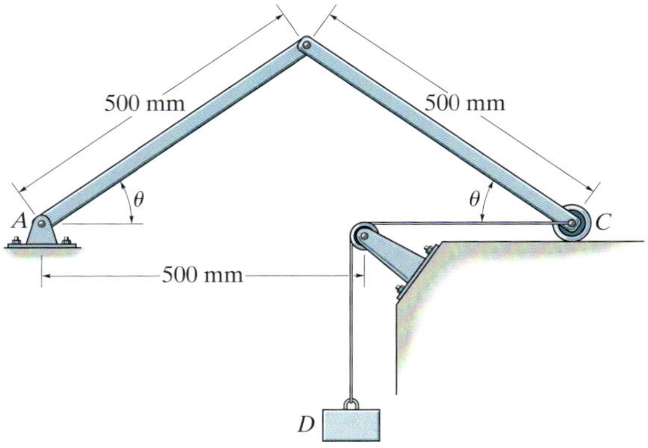

Vraagstuk 11.36

11.37. De beide veren hebben een rustlengte van 500 mm. Bepaal de massa m van de cilinder wanneer deze in de weergegeven evenwichtspositie wordt gehouden, dus wanneer $y = 1$ m.

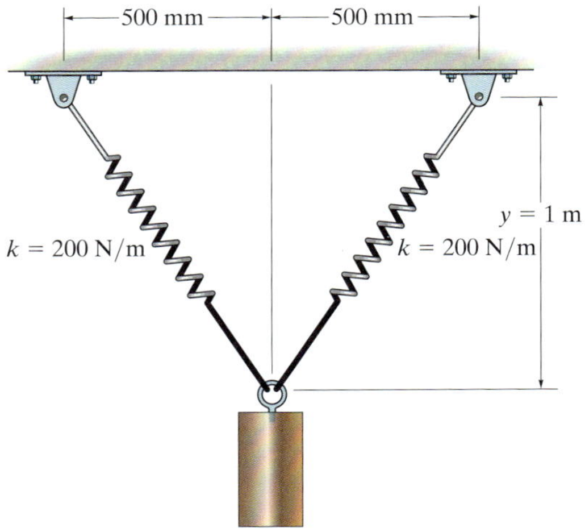

Vraagstuk 11.37

11.38. Een homogene kubus rust bovenop het cilindrisch oppervlak. Leid het verband af tussen de straal van de cilinder, r, en de ribbe van de kubus, b, bij stabiel evenwicht. *Hint:* Bepaal de potentiële-energiefunctie voor een kleine hoek θ, dat wil zeggen: bij benadering $\theta \approx 0$ en $\theta \approx 1 - \theta^2/2$.

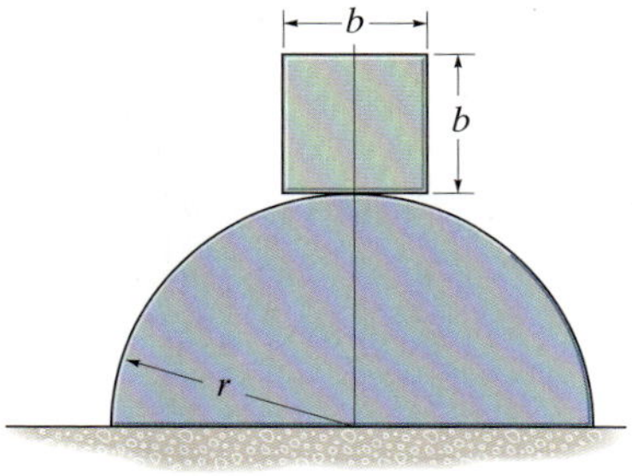

Vraagstuk 11.38

***11.40.** Een veer met een torsiestijfheid k is bevestigd aan het scharnier in B. De veer is in rust wanneer het stangenstelsel zich in de verticale positie bevindt. Bepaal het gewicht W van het blok waarbij het evenwicht neutraal is. *Hint*: bepaal de potentiële energiefunctie voor een kleine hoek θ, door aan te nemen dat sin $\theta \approx 0$ is en cos $\theta \approx 1 - \theta^2/2$.

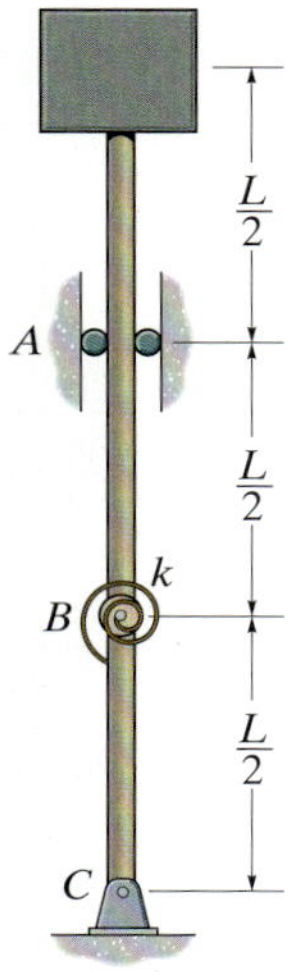

Vraagstuk 11.40

11.39. De homogene stang AB heeft een massa van 80 kg. Veer DC is in rust wanneer θ = 90°. Bepaal de hoek θ bij evenwicht en onderzoek de stabiliteit in de evenwichtspositie. Door de rolgeleider in D is de werklijn van de veerkracht altijd horizontaal.

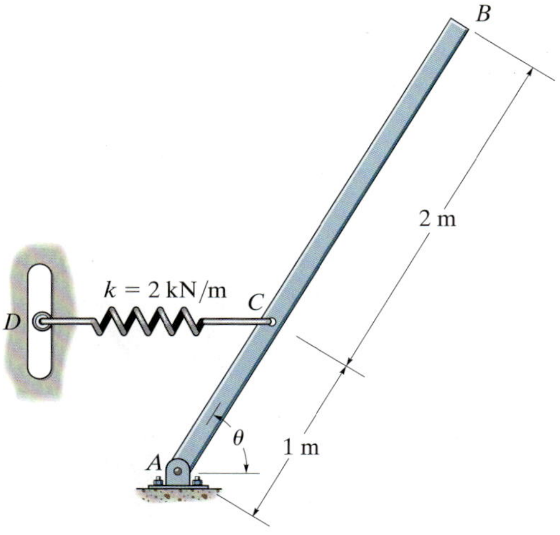

Vraagstuk 11.39

11.41. Elke stang heeft een massa per lengte m_0. Bepaal de hoeken θ en φ waarbij ze in evenwicht hangen. Het contactvlak in A is glad en beide stangen zijn scharnierend verbonden in B.

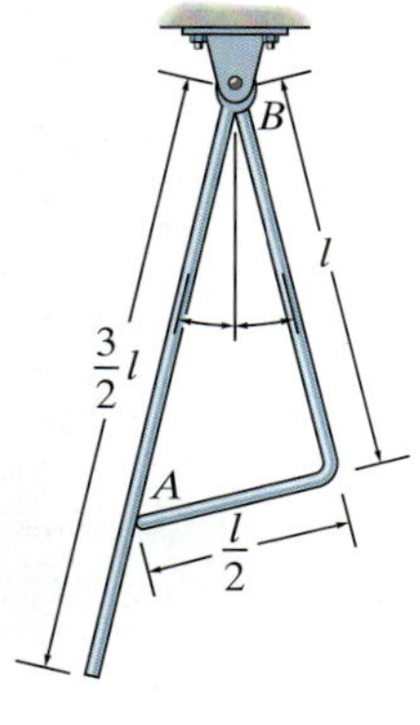

Vraagstuk 11.41

11.42. De kleine brievenweegschaal bestaat uit een tegengewicht W_1, dat bevestigd is aan de staven die een verwaarloosbaar gewicht hebben. Bepaal het gewicht W_2 dat op de schaal moet worden geplaatst als functie van de hoeken θ en φ en de in de figuur weergegeven afmetingen. Alle staven zijn scharnierend met elkaar verbonden.

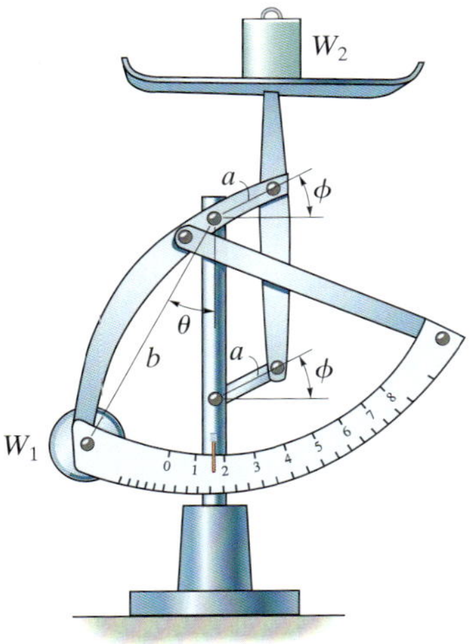

Vraagstuk 11.42

11.43 De veer heeft een torsiestijfheid $k = 300$ N · m/rad en is in rust wanneer $\theta = 90°$. Bepaal de hoek bij evenwicht als de bol een massa van 20 kg heeft. Onderzoek de stabiliteit in deze positie. Mof C kan vrij bewegen langs de verticale geleider. Laat het gewicht van de staven en de mof C buiten beschouwing.

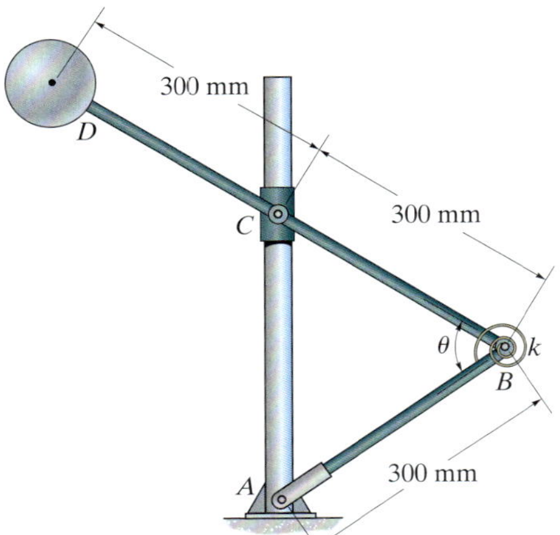

Vraagstuk 11.43

***11.44.** De vrachtwagen heeft een massa van 20 Mg en een massamiddelpunt in G. Bepaal de steilste hoek θ waarlangs hij kan parkeren, zonder te kantelen en onderzoek de stabiliteit in deze positie.

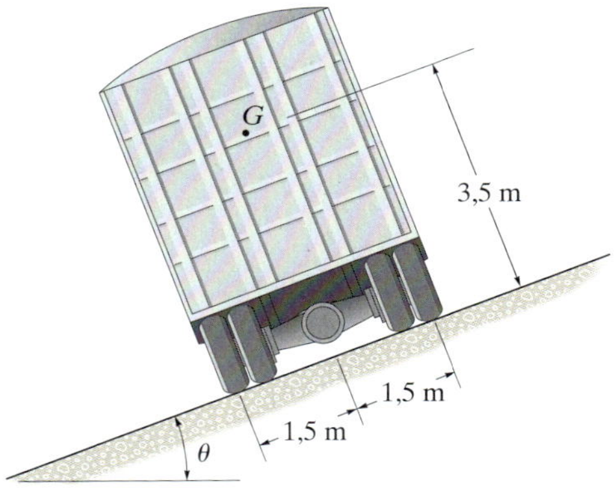

Vraagstuk 11.44

11.45. De cilinder is gemaakt van twee verschillende materialen zodanig dat deze een massa m heeft en een zwaartepunt in punt G. Toon aan dat wanneer G boven het zwaartepunt C van de cilinder ligt, het evenwicht instabiel is.

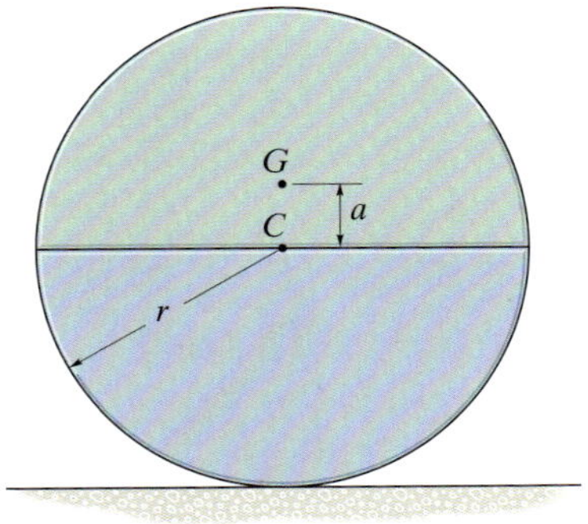

Vraagstuk 11.45

11.46. De drie koppelstangen van het mechanisme hebben elk een gewicht W. Bepaal de hoek θ bij evenwicht. De veer blijft altijd verticaal en is in rust als $\theta = 0°$.

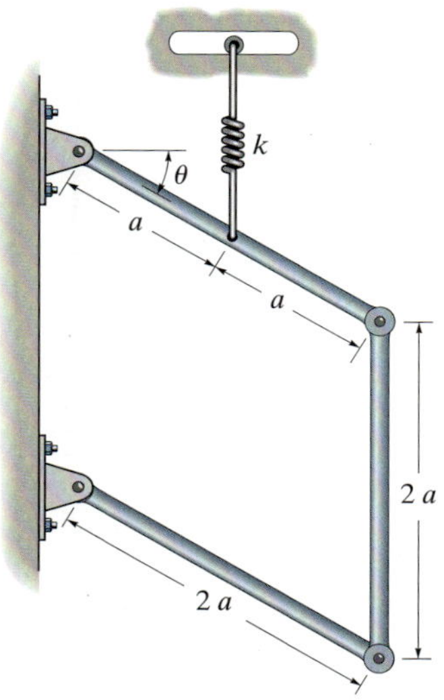

Vraagstuk 11.46

11.47. De homogene stang OA heeft een massa van 12 kg. Bepaal de massa m die de stang in evenwicht houdt bij $\theta = 30°$. Punt C valt samen met B wanneer OA horizontaal is. Verwaarloos de afmetingen van de katrol in B.

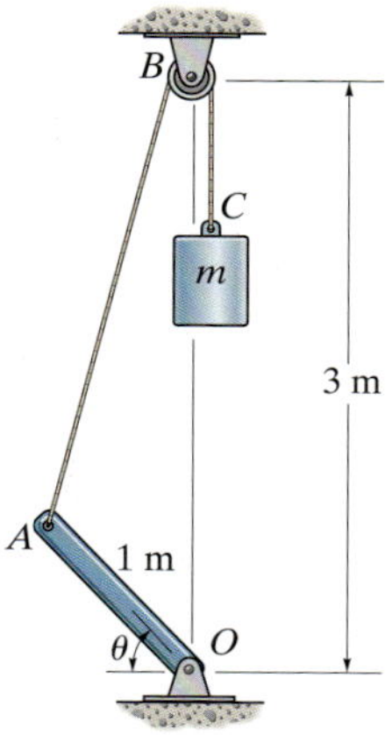

Vraagstuk 11.47

***11.48.** Het driehoekige blok heeft een gewicht W en rust op de gladde hoeken die zich op een afstand a van elkaar bevinden. De zijden van het blok zijn even lang en hebben een lengte d. Bepaal de hoek θ bij evenwicht.

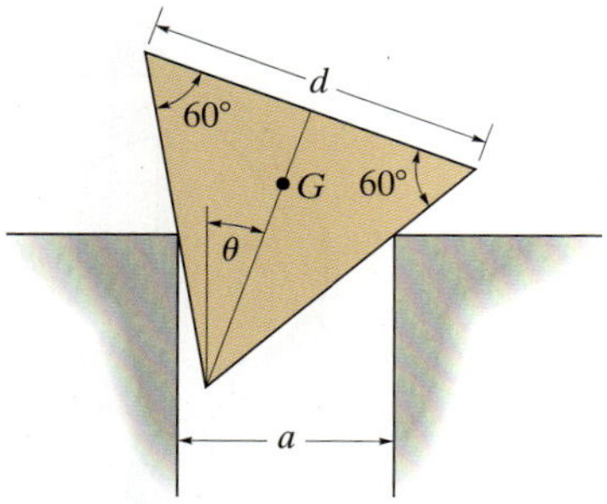

Vraagstuk 11.48

11.49. Twee homogene staven, elk met gewicht W, zijn aan de uiteinden scharnierend met elkaar verbonden. Toon aan dat, wanneer de staven over een glad cilindrisch oppervlak worden geplaatst, voor de hoek θ bij evenwicht moet gelden dat $\cos\theta/\sin^3\theta = a/2r$.

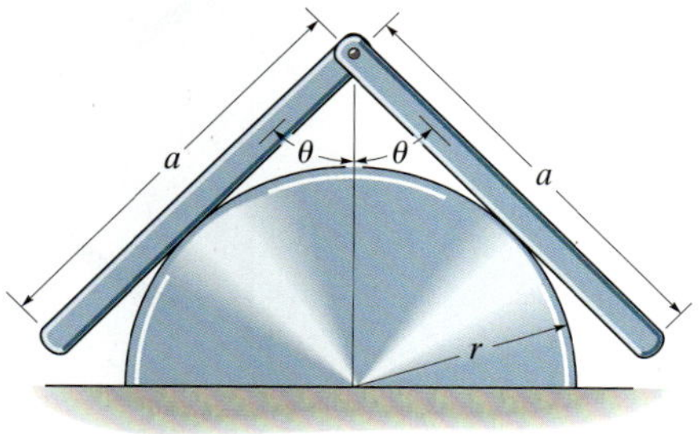

Vraagstuk 11.49

Samenvatting

Principe van virtuele arbeid
De krachten op een lichaam verrichten *virtuele arbeid* wanneer het lichaam een *imaginaire* differentiële verplaatsing of rotatie ondergaat.

δy, $\delta y'$ – virtuele verplaatsingen

$\delta\theta$ – virtuele rotatie

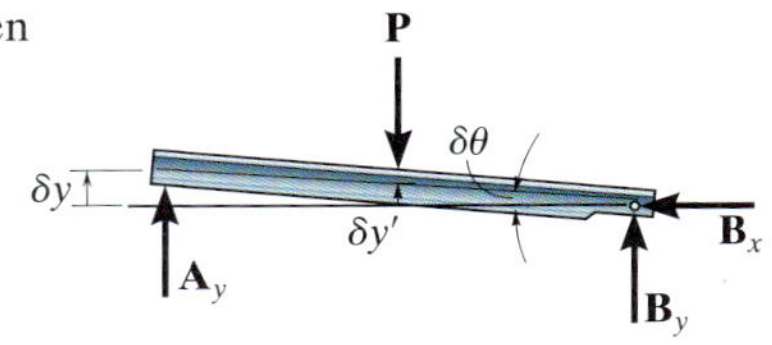

Bij evenwicht moet de som van de virtuele arbeid die verricht is, door alle krachten die op het lichaam werken bij elke virtuele verplaatsing, gelijk zijn aan nul. Dit wordt het *principe van virtuele arbeid* genoemd en dit principe kan worden gebruikt om de evenwichtstoestand te bepalen voor een mechanisme of een reactiekracht die op een aantal met elkaar verbonden elementen werkt.

$$\delta U = 0$$

Wanneer het systeem van verbonden elementen één vrijheidsgraad heeft, kan zijn positie worden aangegeven met een onafhankelijke coördinaat zoals θ.

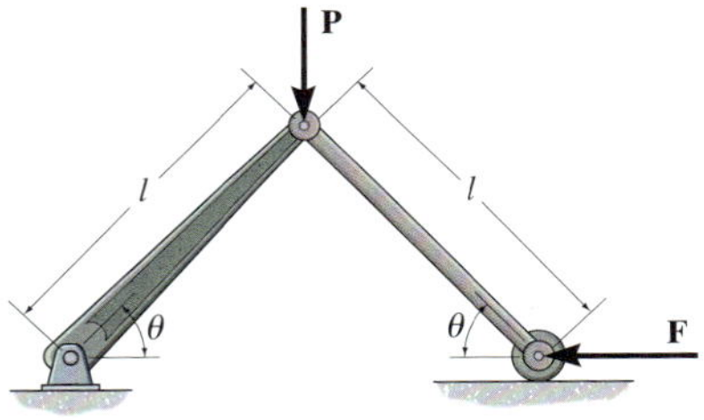

Voordat het principe van virtuele arbeid kan worden toegepast, moeten eerst *plaatscoördinaten* worden gebruikt om de plaatsen te bepalen van alle krachten en momenten op het mechanisme die arbeid zullen verrichten wanneer het mechanisme een virtuele verplaatsing $\delta\theta$ ondergaat.

De coördinaten worden in verband gebracht met de onafhankelijke coördinaat θ en vervolgens worden deze uitdrukkingen gedifferentieerd om de *virtuele* coördinaatverplaatsingen in verband te brengen met $\delta\theta$.

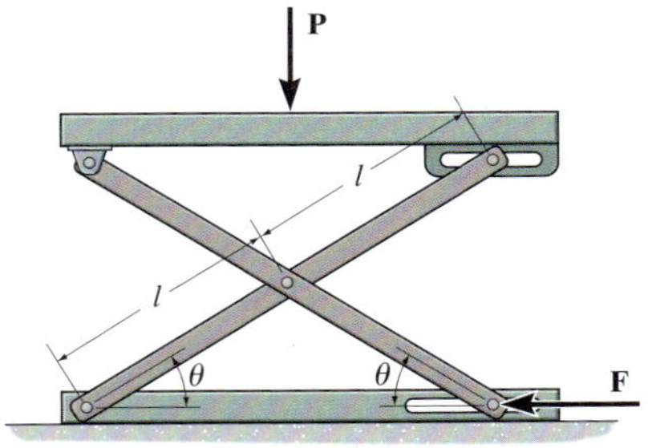

Ten slotte wordt de vergelijking van virtuele arbeid opgesteld voor de mechanismen in functie van de algemene virtuele verplaatsing $\delta\theta$, en vervolgens wordt deze gelijkgesteld aan nul. Door $\delta\theta$ weg te strepen uit de vergelijking kan hetzij de onbekende kracht of het onbekende koppelmoment worden bepaald, hetzij de evenwichtspositie θ.

Potentiële-energiecriterium voor evenwicht

Wanneer op een systeem uitsluitend conservatieve krachten worden uitgeoefend, zoals gewichten of veerkrachten, dan kan de evenwichtstoestand worden bepaald met behulp van de *potentiële-energiefunctie* V voor het systeem.

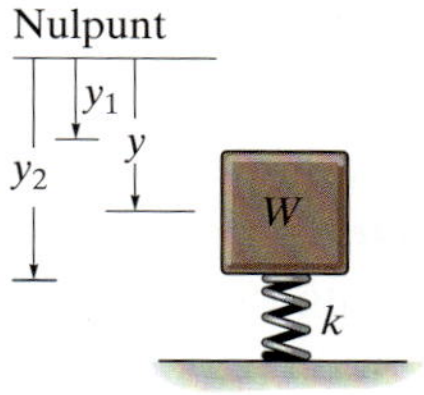

(a)

$$V = V_g + V_e = -W_y + \tfrac{1}{2} k y^2$$

De potentiële-energiefunctie wordt vastgesteld door de potentiële energie van het gewicht en de veer van het systeem uit te drukken in termen van de onafhankelijke coördinaat q.

Zodra de potentiële-energiefunctie is geformuleerd, wordt de eerste afgeleide gelijkgesteld aan nul. De oplossing levert de evenwichtspositie q_{eq} voor het systeem op.

$$\frac{dV}{dq} = 0$$

De stabiliteit van het systeem kan worden onderzocht door de tweede afgeleide van V te nemen.

$$\frac{dV}{dq} = 0, \quad \frac{d^2V}{dq^2} > 0 \qquad \text{stabiel evenwicht}$$

$$\frac{dV}{dq} = 0, \quad \frac{d^2V}{dq^2} < 0 \qquad \text{instabiel evenwicht}$$

$$\frac{dV}{dq} = \frac{d^2V}{dq^2} = \frac{d^3V}{dq^3} = \cdots = 0 \qquad \text{neutraal evenwicht}$$

Herhalingsvraagstukken

11.50. De zuiger C beweegt verticaal tussen de twee gladde wanden. De veer heeft een stijfheid $k = 1{,}5$ kN/m en is in rust wanneer $\theta = 0°$. Bepaal het koppel **M** dat op de stang AB moet worden uitgeoefend om het mechanisme in evenwicht te houden; $\theta = 30°$.

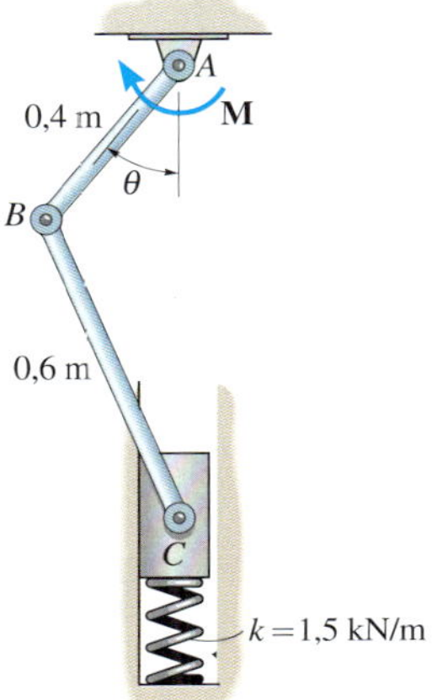

Vraagstuk 11.50

11.51. De homogene stang AB weegt 50 N (≈5 kg). De veer is in rust bij $\theta = 90°$. Gebruik de methode van virtuele arbeid om de hoek θ bij evenwicht te bepalen. Merk op dat de veer door de rolgeleider altijd in de verticale positie blijft.

***11.52.** Los vraagstuk 11.51 op met het principe van potentiële energie. Onderzoek de stabiliteit van de stang in de evenwichtspositie.

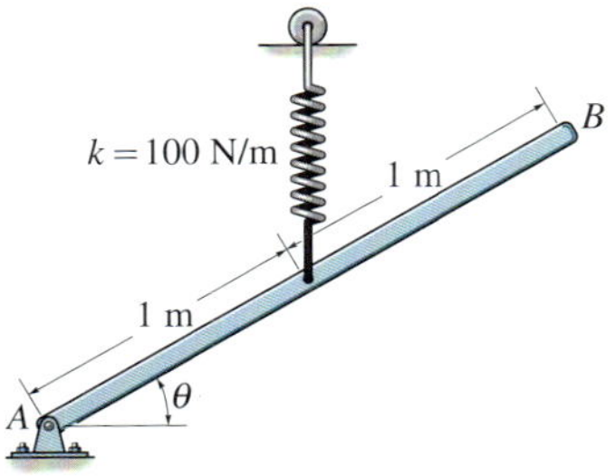

Vraagstukken 11.51/52

11.53. De homogene rechte ronde kegel met een massa m is met een touw aan de muur opgehangen, op de manier zoals is weergegeven in de figuur. Bepaal onder welke hoek θ de kegel in evenwicht zal hangen. Bevindt de kegel zich in stabiel evenwicht?

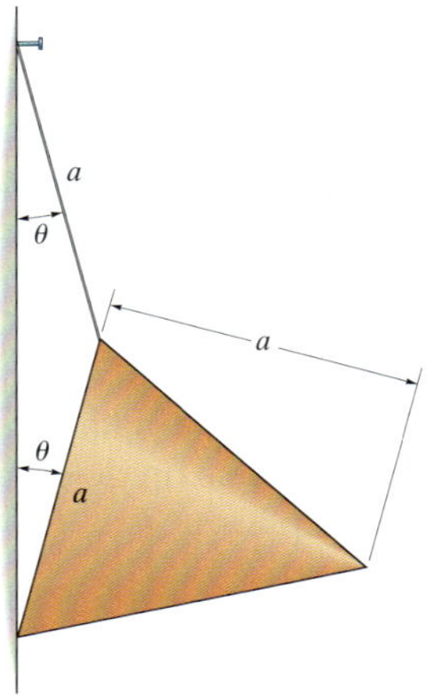

Vraagstuk 11.53

11.54. De afgebeelde constructie bestaat uit een halve cilinder en een rechthoekig blok. Als het blok 40 N weegt en de halve cilinder 10 N, onderzoek dan de stabiliteit wanneer de constructie in rust is in de evenwichtspositie. Neem $h = 100$ mm.

11.55. De 10 N (≈ 1 kg) zware halve cilinder steunt het blok dat een soortelijk gewicht $\gamma = 13{,}5$ kN/m^3 heeft. Bepaal de hoogte h van het blok dat in de aangegeven positie neutraal evenwicht oplevert.

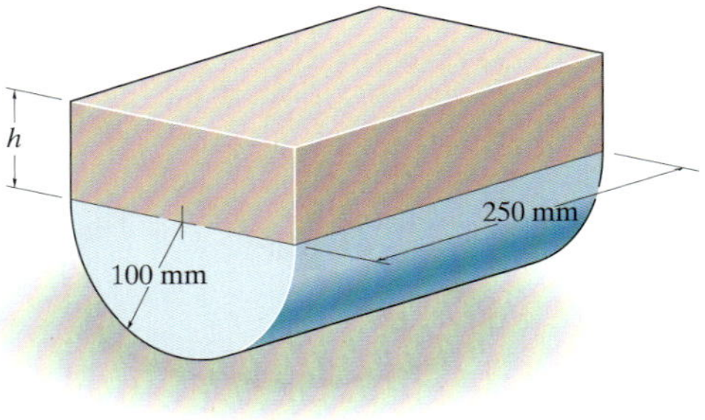

Vraagstukken 11.54/55

***11.56.** De potentiële energie voor een conservatief stelsel met één vrijheidsgraad kan worden gedefinieerd met de vergelijking $V = (4x^3 - x^2 - 3x + 10)$ J, waarin x in meter wordt uitgedrukt. Bepaal de evenwichtposities en onderzoek de stabiliteit van elke positie.

11.57. Bepaal het gewicht dat blok G moet hebben om de balans in evenwicht te houden wanneer er een belasting F van 100 N (≈10 kg) op de schaal wordt geplaatst. De balans is in evenwicht wanneer er niets op de schaal ligt en het blokje niet geplaatst is. Veronderstel dat x = 300 mm.

11.58. De belasting F weegt 100 N en blok G 10 N. Bepaal dan de plaats x voor evenwicht van de balans. De balans is in evenwicht wanneer er niets op de schaal ligt en het blokje niet geplaatst is.

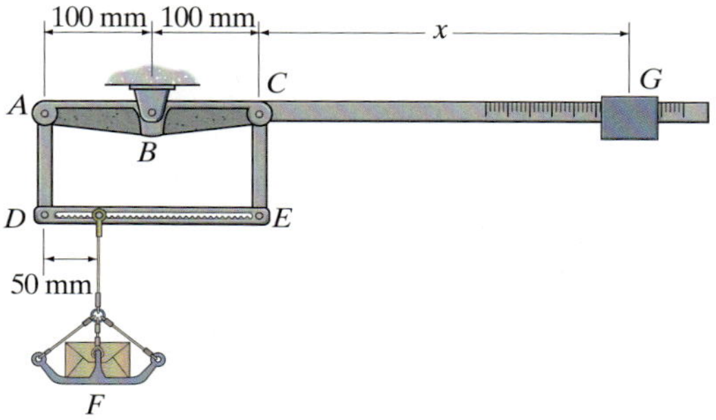

Vraagstukken 11.57/58

11.59. Op het eind van de hefboom wordt een kracht **P** uitgeoefend. Bepaal de horizontale kracht F op de zuiger voor evenwicht.

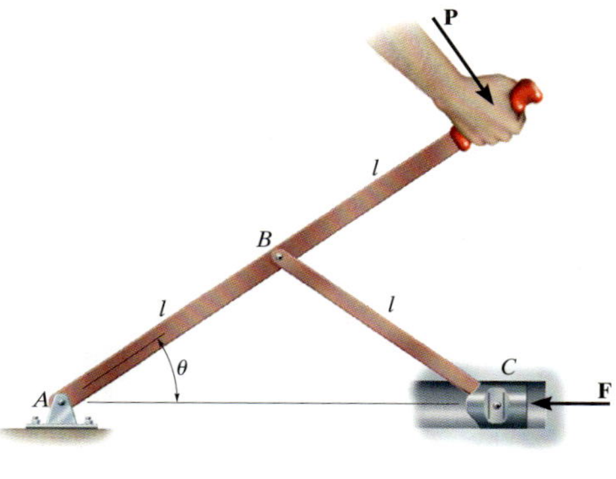

Vraagstuk 11.59

***11.60.** Een 5 kg zwaar dienblad wordt aan de zijkanten ondersteund door twee identieke koppelstangen AB en CD en de veren CE. De kom heeft een massa van 1 kg. Bepaal dan de hoek θ waarbij het dienblad in evenwicht is. De veren hebben elk een stijfheid k = 200 N/m en zijn ontspannen als θ = 90°. Laat de massa van de koppelstangen buiten beschouwing.

11.61. Een 5 kg zwaar dienblad wordt aan de zijkanten ondersteund door twee identieke koppelstangen AB en CD en de veren CE. De schaal heeft een massa van 1 kg en is in evenwicht als θ = 45°. Bepaal de stijfheid k van elke veer. De veren zijn ontspannen als θ = 90°. Laat de massa van de koppelstangen buiten beschouwing.

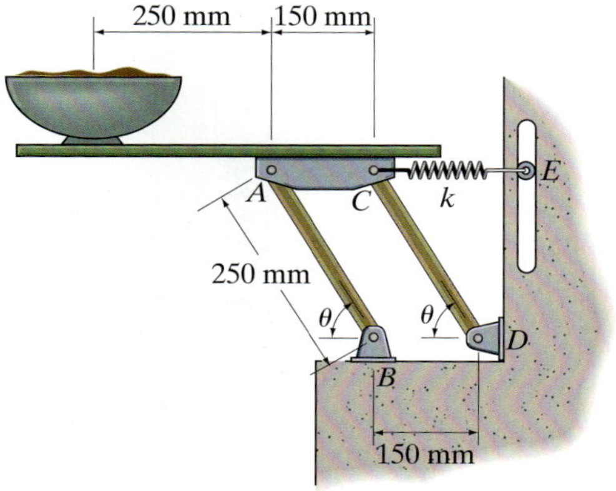

Vraagstukken 11.60/61

11.62. De massamiddelpunten van de stangen AB en BC bevinden zich precies in het midden van de stangen. Alle contactvlakken zijn glad en BC heeft een massa van 150 kg. Bepaal dan de massa die AB moet hebben voor evenwicht.

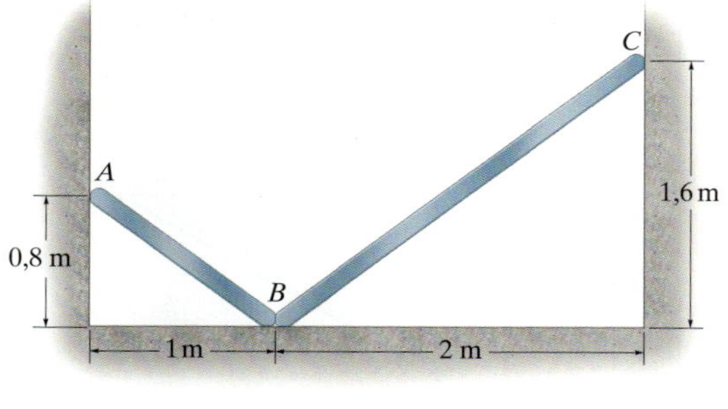

Vraagstuk 11.62

BIJLAGE A

Wiskundig overzicht en formules

Overzicht meetkunde en goniometrie

De hoeken θ in fig. A.1 tussen de snijdende lijn en de beide evenwijdige lijnen zijn gelijk.

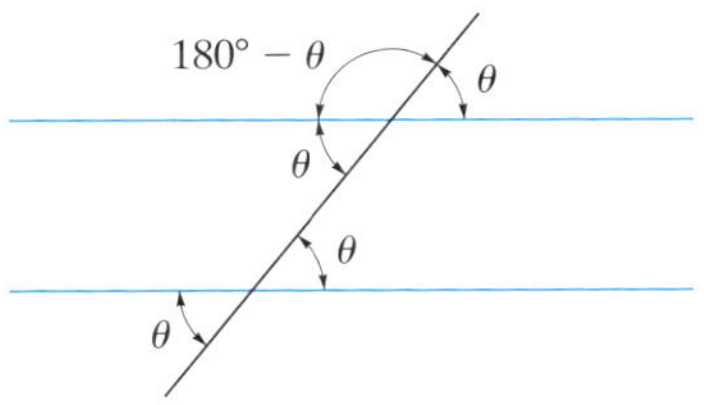

Fig. A.1

Voor een lijn en de normaal zijn de hoeken θ in fig. A.2 gelijk.

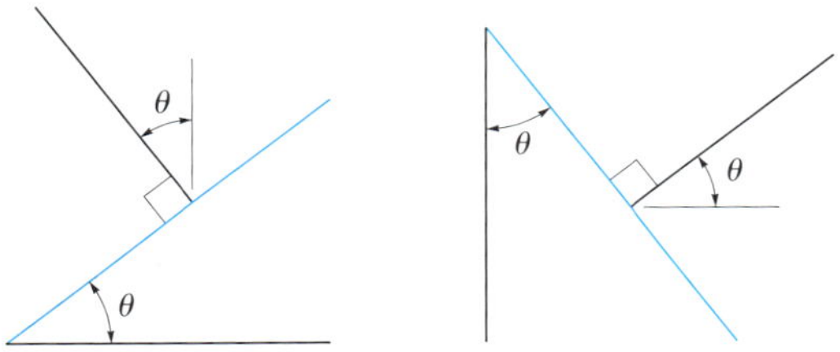

Fig. A.2

Voor de cirkel in fig. A.3 geldt $s = \theta\, r$, zodat wanneer $\theta = 360° = 2\pi$ rad de omtrek gelijk is aan $s = 2\pi r$. Ook geldt, omdat $180° = \pi$ rad, dat θ (rad) $= (\pi/180°)\theta°$. De oppervlakte van de cirkel is $A = \pi r^2$.

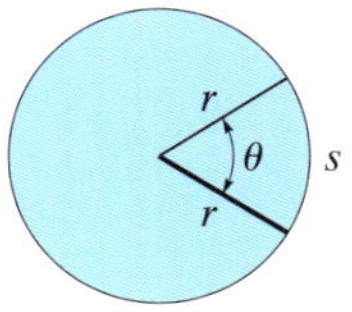

Fig. A.3

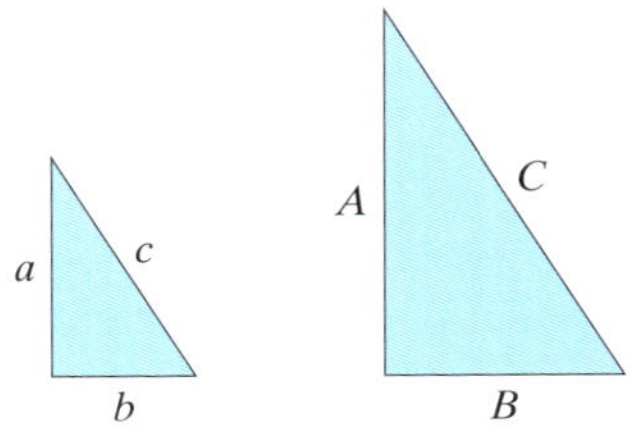

Fig. A.4

De zijden van een gelijkvormige driehoek kunnen worden verkregen door gebruik te maken van de verhoudingen, zoals in fig. A.4, waarin $\frac{a}{A} = \frac{b}{B} = \frac{c}{C}$.

Voor de rechthoekige driehoek in fig. A.5 volgt uit de stelling van Pythagoras:

$$h = \sqrt{(o)^2 + (a)^2}$$

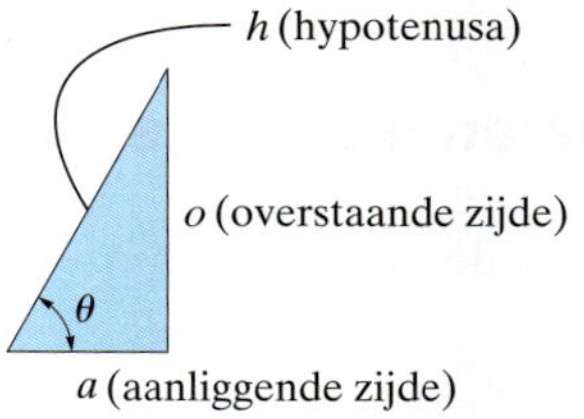

Fig. A.5

De goniometrische functies zijn:

$$\sin\theta = \frac{o}{h}$$

$$\cos\theta = \frac{a}{h}$$

$$\tan\theta = \frac{o}{a}$$

Dit is gemakkelijk te onthouden als 'soh, cah, toa', dat wil zeggen de sinus is de overstaande zijde gedeeld door de hypotenusa (schuine zijde), de cosinus de aanliggende zijde gedeeld door de hypotenusa en de tangens de overstaande zijde gedeeld door de aanliggende zijde. De andere goniometrische functies zijn hieruit af te leiden.

$$\csc\theta = \frac{1}{\sin\theta} = \frac{h}{o}$$

$$\sec\theta = \frac{1}{\cos\theta} = \frac{h}{a}$$

$$\cot\theta = \frac{1}{\tan\theta} = \frac{a}{o}$$

Trigonometrie

$$\sin^2\theta + \cos^2\theta = 1$$

$$\sin(\theta \pm \phi) = \sin\theta\cos\phi \pm \cos\theta\sin\phi$$

$$\sin 2\theta = 2\sin\theta\cos\theta$$

$$\cos(\theta \pm \phi) = \cos\theta\cos\phi \mp \sin\theta\sin\phi$$

$$\cos 2\theta = \cos^2\theta - \sin^2\theta$$

$$\cos\theta = \pm\sqrt{\frac{1+\cos 2\theta}{2}},\ \sin\theta = \pm\sqrt{\frac{1-\cos 2\theta}{2}}$$

$$\tan\theta = \frac{\sin\theta}{\cos\theta}$$

$$1 + \tan^2\theta = \sec^2\theta \qquad 1 + \cot^2\theta = \csc^2\theta$$

Kwadratische formules

$$\text{Als } ax^2 + bx + c = 0,\ \text{dan } x = \frac{-b \pm \sqrt{b^2 - 4ac}}{2a}$$

Hyperbolische functies

$$\sinh x = \frac{e^x - e^{-x}}{2},$$

$$\cosh x = \frac{e^x + e^{-x}}{2},$$

$$\tanh x = \frac{\sinh x}{\cosh x}$$

Afgeleiden

$$\sin x = x - \frac{x^3}{3!} + \cdots,\ \cos x = 1 - \frac{x^2}{2!} + \cdots$$

$$\sinh x = x + \frac{x^3}{3!} + \cdots,\ \cosh x = 1 + \frac{x^2}{2!} + \cdots$$

Integralen

$$\frac{d}{dx}(u^n) = nu^{n-1}\frac{du}{dx} \qquad \frac{d}{dx}(\sin u) = \cos u\frac{du}{dx}$$

$$\frac{d}{dx}(uv) = u\frac{dv}{dx} + v\frac{du}{dx} \qquad \frac{d}{dx}(\cos u) = -\sin u\frac{du}{dx}$$

$$\frac{d}{dx}\left(\frac{u}{v}\right) = \frac{v\dfrac{du}{dx} - u\dfrac{dv}{dx}}{v^2} \qquad \frac{d}{dx}(\tan u) = \sec^2 u\frac{du}{dx}$$

$$\frac{d}{dx}(\cot u) = -\csc^2 u\frac{du}{dx} \qquad \frac{d}{dx}(\sinh u) = \cosh u\frac{du}{dx}$$

$$\frac{d}{dx}(\sec u) = \tan u\sec u\frac{du}{dx} \qquad \frac{d}{dx}(\cosh u) = \sinh u\frac{du}{dx}$$

$$\frac{d}{dx}(\csc u) = -\csc u\cot u\frac{du}{dx}$$

Integralen

$$\int x^n\,dx = \frac{x^{n+1}}{n+1} + C, n \neq -1$$

$$\int \frac{dx}{a+bx} = \frac{1}{b}\ln(a+bx) + C$$

$$\int \frac{dx}{a+bx^2} = \frac{1}{2\sqrt{-ba}}\ln\left[\frac{a+x\sqrt{-ab}}{a-x\sqrt{-ab}}\right] + C,\quad ab < 0$$

$$\int \frac{x\,dx}{a+bx^2} = \frac{1}{2b}\ln(bx^2+a) + C$$

$$\int \frac{x^2\,dx}{a+bx^2} = \frac{x}{b} - \frac{a}{b\sqrt{ab}}\tan^{-1}\frac{x\sqrt{ab}}{a} + C, ab > 0$$

$$\int \sqrt{a+bx}\,dx = \frac{2}{3b}\sqrt{(a+bx)^3} + C$$

$$\int x\sqrt{a+bx}\,dx = \frac{-2(2a-3bx)\sqrt{(a+bx)^3}}{15b^2} + C$$

$$\int x^2\sqrt{a+bx}\,dx = \frac{2(8a^2-12abx+15b^2x^2)\sqrt{(a+bx)^3}}{105b^3} + C$$

$$\int \sqrt{a^2-x^2}\,dx = \frac{1}{2}\left[x\sqrt{a^2-x^2} + a^2\sin^{-1}\frac{x}{a}\right] + C,\quad a > 0$$

$$\int x\sqrt{a^2-x^2}\,dx = -\frac{1}{3}\sqrt{(a^2-x^2)^3} + C$$

$$\int x^2\sqrt{a^2-x^2}\,dx = -\frac{x}{4}\sqrt{(a^2-x^2)^3} + \frac{a^2}{8}\left(x\sqrt{a^2-x^2} + a^2\sin^{-1}\frac{x}{a}\right) + C, a > 0$$

$$\int \sqrt{x^2 \pm a^2}\,dx = \frac{1}{2}\left[x\sqrt{x^2 \pm a^2} \pm a^2\ln\left(x + \sqrt{x^2 \pm a^2}\right)\right] + C$$

$$\int x\sqrt{x^2 \pm a^2}\,dx = \frac{1}{3}\sqrt{(x^2 \pm a^2)^3} + C$$

$$\int x^2\sqrt{x^2 \pm a^2}\,dx = \frac{x}{4}\sqrt{(x^2 \pm a^2)^3} \mp \frac{a^2}{8}x\sqrt{x^2 \pm a^2} - \frac{a^4}{8}\ln\left(x + \sqrt{x^2 \pm a^2}\right) + C$$

$$\int \frac{dx}{\sqrt{a+bx}} = \frac{2\sqrt{a+bx}}{b} + C$$

$$\int \frac{x\,dx}{\sqrt{x^2 \pm a^2}} = \sqrt{x^2 \pm a^2} + C$$

$$\int \frac{dx}{\sqrt{a+bx+cx^2}} = \frac{1}{\sqrt{c}}\ln\left[\sqrt{a+bx+cx^2} + x\sqrt{c} + \frac{b}{2\sqrt{c}}\right] + C, c > 0$$

$$= \frac{1}{\sqrt{-c}}\sin^{-1}\left(\frac{-2cx-b}{\sqrt{b^2-4ac}}\right) + C, c < 0$$

$$\int \sin x\,dx = -\cos x + C$$

$$\int \cos x\,dx = \sin x + C$$

$$\int x\cos(ax)\,dx = \frac{1}{a^2}\cos(ax) + \frac{x}{a}\sin(ax) + C$$

$$\int x^2\cos(ax)\,dx = \frac{2x}{a^2}\cos(ax) + \frac{a^2x^2-2}{a^3}\sin(ax) + C$$

$$\int e^{ax}\,dx = \frac{1}{a}e^{ax} + C$$

$$\int xe^{ax}\,dx = \frac{e^{ax}}{a^2}(ax-1) + C$$

$$\int \sinh x\,dx = \cosh x + C$$

$$\int \cosh x\,dx = \sinh x + C$$

BIJLAGE B

Fundamentele vraagstukken, gedeeltelijke oplossingen

Hoofdstuk 2

F2.1.

$F_R = \sqrt{(2\text{ kN})^2 + (6\text{ kN})^2 - 2(2\text{ kN})(6\text{ kN})\cos 105^\circ}$

$= 6{,}798\text{ kN} = 6{,}80\text{ kN}$ *Antw.*

$\dfrac{\sin\phi}{6\text{ kN}} = \dfrac{\sin 105^\circ}{6.798\text{ kN}}, \quad \phi = 58{,}49^\circ$

$\theta = 45^\circ + \phi = 45^\circ + 58{,}49^\circ = 103^\circ$ *Antw.*

F2.2. $F_R = \sqrt{200^2 + 500^2 - 2(200)(500)\cos 140^\circ}$

$= 666\text{ N}$ *Antw.*

F2.3. $F_R = \sqrt{600^2 + 800^2 - 2(600)(800)\cos 60^\circ}$

$= 721{,}11\text{ N} = 721\text{ N}$ *Antw.*

$\dfrac{\sin\alpha}{800} = \dfrac{\sin 60^\circ}{721{,}11}; \quad \alpha = 73{,}90^\circ$

$\phi = \alpha - 30^\circ = 73{,}90^\circ - 30^\circ = 43{,}9^\circ$ *Antw.*

F2.4. $\dfrac{F_u}{\sin 45^\circ} = \dfrac{30}{\sin 105^\circ}; \quad F_u = 22{,}0\text{ N}$ *Antw.*

$\dfrac{F_v}{\sin 30^\circ} = \dfrac{30}{\sin 105^\circ}; \quad F_v = 15{,}5\text{ N}$ *Antw.*

F2.5. $\dfrac{F_{AB}}{\sin 105^\circ} = \dfrac{450}{\sin 30^\circ}$

$F_{AB} = 869\text{ N}$ *Antw.*

$\dfrac{F_{AC}}{\sin 45^\circ} = \dfrac{450}{\sin 30^\circ}$

$F_{AC} = 636\text{ N}$ *Antw.*

F2.6. $\dfrac{F}{\sin 30^\circ} = \dfrac{6}{\sin 105^\circ} \quad F = 3{,}11\text{ kN}$ *Antw.*

$\dfrac{F_v}{\sin 45^\circ} = \dfrac{6}{\sin 105^\circ} \quad F_v = 4{,}39\text{ kN}$ *Antw.*

F2.7. $(F_1)_x = 0 \quad (F_1)_y = 300\text{ N}$ *Antw.*

$(F_2)_x = -(450\text{ N})\cos 45^\circ = -318\text{ N}$ *Antw.*

$(F_2)_y = (450\text{ N})\sin 45^\circ = 318\text{ N}$ *Antw.*

$(F_3)_x = \left(\tfrac{3}{5}\right)600\text{ N} = 360\text{ N}$ *Antw.*

$(F_3)_y = \left(\tfrac{4}{5}\right)600\text{ N} = 480\text{ N}$ *Antw.*

F2.8. $F_{Rx} = 300 + 400\cos 30^\circ - 250\left(\tfrac{4}{5}\right) = 446{,}4\text{ N}$

$F_{Ry} = 400\sin 30^\circ + 250\left(\tfrac{3}{5}\right) = 350\text{ N}$

$F_R = \sqrt{(446{,}4)^2 + 350^2} = 567\text{ N}$ *Antw.*

$\theta = \tan^{-1}\frac{350}{446{,}4} = 38{,}1^\circ$ ⦣ *Antw.*

F2.9.

$\overset{+}{\rightarrow}(F_R)_x = \Sigma(FR)x;$

$(F_R)_x = -(700\text{ N})\cos 30^\circ + 0 + \left(\tfrac{3}{5}\right)(600\text{ N})$

$= -246{,}22\text{ N}$

$+\uparrow(F_R)_y = \Sigma F_y;$

$(F_R)_y = -(700\text{ N})\sin 30^\circ - 400\text{ N} - \left(\tfrac{4}{5}\right)(600\text{ N})$

$= -1230\text{ N}$

$F_R = \sqrt{(246{,}22\text{ N})^2 + (1230\ N)^2} = 1254\text{ N}$ *Antw.*

$\phi = \tan^{-1}\left(\frac{1230\ N}{246{,}22\ N}\right) = 78{,}68^\circ$

$\theta = 180^\circ + \phi = 180^\circ + 78{,}68^\circ = 259^\circ$ *Antw.*

F2.10. $\overset{+}{\rightarrow}(F_R)_x = \Sigma F_x;$

$750\text{ N} = F\cos\theta + \left(\tfrac{5}{13}\right)(325\text{ N}) + (600\text{ N})\cos 45^\circ$

$+\uparrow(F_R)_y = \Sigma F_y;$

$0 = F\sin\theta + \left(\tfrac{12}{13}\right)(325\text{ N}) - (600\text{ N})\sin 45^\circ$

$\tan\theta = 0{,}6190 \quad \theta = 31{,}76^\circ = 31{,}8^\circ$ ⦣ *Antw.*

$F = 236\text{ N}$ *Antw.*

F2.11. $\overset{+}{\rightarrow}(F_R)_x = \Sigma(FR)x;$

$(80\text{ N})\cos 45^\circ = F\cos\theta + 50\text{ N} - \left(\tfrac{3}{5}\right)(90\text{ N})$

$+\uparrow(F_R)_y = \Sigma F_y;$

$-(80\text{ N})\sin 45^\circ = F\sin\theta - \left(\tfrac{4}{5}\right)(90\text{ N})$

$\tan\theta = 0{,}2547 \quad \theta = 14{,}29^\circ = 14{,}3^\circ$ ⦣ *Antw.*

$F = 62{,}5\text{ N}$ *Antw.*

F2.12. $(F_R)_x = 15\left(\tfrac{4}{5}\right) + 0 + 15\left(\tfrac{4}{5}\right) = 24\text{ kN} \rightarrow$

$(F_R)_y = 15\left(\tfrac{3}{5}\right) + 20 - 15\left(\tfrac{3}{5}\right) = 20\text{ kN} \uparrow$

$F_R = 31{,}2\text{ kN}$ *Antw.*

$\theta = 39{,}8^\circ$ *Antw.*

F2.13. $F_x = 75\cos 30^\circ\sin 45^\circ = 45{,}93\text{ kN}$

$F_y = 75\cos 30^\circ\cos 45^\circ = 45{,}93\text{ kN}$

$F_z = -75\sin 30^\circ = -37{,}5\text{ kN}$

$\alpha = \cos^{-1}\left(\frac{45{,}93}{75}\right) = 52{,}2^\circ$ *Antw.*

$\beta = \cos^{-1}\left(\frac{45{,}93}{75}\right) = 52{,}2^\circ$ *Antw.*

$\gamma = \cos^{-1}\left(\frac{-37{,}5}{75}\right) = 120^\circ$ *Antw.*

F2.14. $\cos\beta = \sqrt{1 - \cos^2 120° - \cos^2 60°} = \pm 0{,}7071$

Eis dat $\beta = 135°$.

$\mathbf{F} = F\mathbf{u}_F = (500\text{ N})(-0{,}5\mathbf{i} - 0{,}7071\mathbf{j} + 0{,}5\mathbf{k})$

$= \{-250\mathbf{i} - 354\mathbf{j} + 250\mathbf{k}\}\text{ N}$ *Antw.*

F2.15. $\cos^2\alpha + \cos^2 135° + \cos^2 120° = 1$

$\alpha = 60°$

$\mathbf{F} = F\mathbf{u}_F = (500\text{ N})(0{,}5\mathbf{i} - 0{,}7071\mathbf{j} - 0{,}5\mathbf{k})$

$= \{250\mathbf{i} - 354\mathbf{j} - 250\mathbf{k}\}\text{ N}$ *Antw.*

F2.16. $F_z = (50\text{ N})\sin 45° = 35{,}36\text{ N}$

$F' = (50\text{ N})\cos 45° = 35{,}36\text{ N}$

$F_x = \left(\frac{3}{5}\right)(35{,}36\text{ N}) = 21{,}21\text{ N}$

$F_y = \left(\frac{4}{5}\right)(35{,}36\text{ N}) = 28{,}28\text{ N}$

$\mathbf{F} = \{-21{,}2\mathbf{i} + 28{,}3\mathbf{j} + 35{,}4\mathbf{k}\}\text{N}$ *Antw.*

F2.17. $F_z = (750\text{ N})\sin 45° = 530{,}33\text{ N}$

$F' = (750\text{ N})\cos 45° = 530{,}33\text{ N}$

$F_x = (530{,}33\text{ N})\cos 60° = 265{,}1\text{ N}$

$F_y = (530{,}33\text{ N})\sin 60° = 459{,}3\text{ N}$

$\mathbf{F}_2 = \{265\mathbf{i} - 459\mathbf{j} + 530\mathbf{k}\}\text{ N}$ *Antw.*

F2.18. $\mathbf{F}_1 = \left(\frac{4}{5}\right)(500\text{ N})\mathbf{j} + \left(\frac{3}{5}\right)(500\text{ N})\mathbf{k}$

$= \{400\mathbf{j} + 300\mathbf{k}\}\text{N}$

$\mathbf{F}_2 = [(800\text{ N})\cos 45°]\cos 30°\,\mathbf{i}$

$+ [(800\text{ N})\cos 45°]\sin 30°\,\mathbf{j}$

$+ (800\text{ N})\sin 45°\,(-\mathbf{k})$

$= \{489{,}90\mathbf{i} + 282{,}84\mathbf{j} - 565{,}69\mathbf{k}\}\text{N}$

$\mathbf{F}_R = \mathbf{F}_1 + \mathbf{F}_2 = \{490\,\mathbf{i} + 683\,\mathbf{j} - 266\,\mathbf{k}\}\text{ N}$ *Antw.*

F2.19. $\mathbf{r}_{AB} = \{-6\mathbf{i} + 6\mathbf{j} + 3\mathbf{k}\}\text{ m}$ *Antw.*

$r_{AB} = \sqrt{(-6\text{ m})^2 + (6\text{ m})^2 + (3\text{ m})^2} = 9\text{ m}$ *Antw.*

$\alpha = 132°,\quad \beta = 48{,}2°,\quad \gamma = 70{,}5°$ *Antw.*

F2.20. $\mathbf{r}_{AB} = \{-4\mathbf{i} + 2\mathbf{j} + 4\mathbf{k}\}\text{ m}$ *Antw.*

$r_{AB} = \sqrt{(-4N)^2 + (2N)^2 + (4N)^2} = 6\text{ m}$ *Antw.*

$\alpha = \cos^{-1}\left(\frac{-4\text{ m}}{6\text{ m}}\right) = 131{,}8°$

$\theta = 180° - 131{,}8° = 48{,}2°$ *Antw.*

F2.21. $\mathbf{r}_B = \{2\mathbf{i} + 3\mathbf{j} - 6\mathbf{k}\}\text{ m}$

$\mathbf{F}_B = F_B\mathbf{u}_B$

$= (630\text{ N})\left(\frac{2}{7}\mathbf{i} + \frac{3}{7}\mathbf{j} - \frac{6}{7}\mathbf{k}\right)$

$= \{180\mathbf{i} + 270\mathbf{j} - 540\mathbf{k}\}\text{ N}$ *Antw.*

F2.22. $\mathbf{F} = F\mathbf{u}_{AB} = 900\text{N}\left(-\frac{4}{9}\mathbf{i} + \frac{7}{9}\mathbf{j} - \frac{4}{9}\mathbf{k}\right)$

$= \{-400\mathbf{i} + 700\mathbf{j} - 400\mathbf{k}\}\text{ N}$

F2.23. $\mathbf{F}_B = F_B\mathbf{u}_B$

$= (840\text{ N})\left(\frac{3}{7}\mathbf{i} - \frac{2}{7}\mathbf{j} - \frac{6}{7}\mathbf{k}\right)$

$= \{360\mathbf{i} - 240\mathbf{j} - 720\mathbf{k}\}\text{ N}$

$\mathbf{F}_C = F_C\mathbf{u}_C$

$= (420\text{ N})\left(\frac{2}{7}\mathbf{i} + \frac{3}{7}\mathbf{j} - \frac{6}{7}\mathbf{k}\right)$

$= \{120\mathbf{i} + 180\mathbf{j} - 360\mathbf{k}\}\text{ N}$

$F_R = \sqrt{(480\text{ N})^2 + (-60\text{ N})^2 + (-1080\text{ N})^2}$

$= 1{,}18\text{ kN}$ *Antw.*

F2.24. $\mathbf{F}_B = F_B\mathbf{u}_B$

$= (600\text{ N})\left(\frac{1}{3}\mathbf{i} + \frac{2}{3}\mathbf{j} - \frac{2}{3}\mathbf{k}\right)$

$= \{-200\mathbf{i} + 400\mathbf{j} - 400\mathbf{k}\}\text{ N}$

$\mathbf{F}_C = F_C\mathbf{u}_C$

$= (490\text{ N})\left(\frac{6}{7}\mathbf{i} + \frac{3}{7}\mathbf{j} - \frac{2}{7}\mathbf{k}\right)$

$= \{-420\mathbf{i} + 210\,\mathbf{j} - 140\,\mathbf{k}\}\text{N}$

$\mathbf{F}_R = \mathbf{F}_B + \mathbf{F}_C = \{-620\mathbf{i} + 610\,\mathbf{j} - 540\,\mathbf{k}\}\text{ N}$ *Antw.*

F2.25. $\mathbf{u}_{AO} = -\frac{1}{3}\mathbf{i} + \frac{2}{3}\mathbf{j} - \frac{2}{3}\mathbf{k}$

$\mathbf{u}_F = -0{,}5345\mathbf{i} + 0{,}8018\mathbf{j} + 0{,}2673\mathbf{k}$

$\theta = \cos^{-1}(\mathbf{u}_{AO}\cdot\mathbf{u}_F) = 57{,}7°$ *Antw.*

F2.26. $\mathbf{u}_{AB} = -\frac{3}{5}\mathbf{j} + \frac{4}{5}\mathbf{k}$

$\mathbf{u}_F = \frac{4}{5}\mathbf{i} - \frac{3}{5}\mathbf{j}$

$\theta = \cos^{-1}(\mathbf{u}_{AB}\cdot\mathbf{u}_F) = 68{,}9°$ *Antw.*

F2.27. $\mathbf{u}_{OA} = \frac{12}{13}\mathbf{i} + \frac{5}{13}\mathbf{j}$

$\mathbf{u}_{OA}\cdot\mathbf{j} = u_{OA}(1)\cos\theta$

$\cos\theta = \frac{5}{13};\quad \theta = 67{,}4°$ *Antw.*

F2.28. $\mathbf{u}_{OA} = \frac{12}{13}\mathbf{i} + \frac{5}{13}\mathbf{j}$

$\mathbf{F} = Fu_F = [650\mathbf{j}]\text{ N}$

$F_{OA} = \mathbf{F}\cdot\mathbf{u}_{OA} = 250\text{ N}$

$\mathbf{F}_{OA} = F_{OA}\,\mathbf{u}_{OA} = \{231\mathbf{i} + 96{,}2\mathbf{j}\}\text{ N}$

F2.29. $\mathbf{F} = (400\text{ N})\dfrac{\{4\,\mathbf{i}+1\,\mathbf{j}-6\,\mathbf{k}\}\text{m}}{\sqrt{(4\text{ m})^2+(1\text{ m})^2+(-6\text{ m})^2}}$

$= \{219{,}78\mathbf{i} + 54{,}94\mathbf{j} - 329{,}67\mathbf{k}\}\text{ N}$

$\mathbf{u}_{AO} = \dfrac{\{-4\,\mathbf{j}-6\,\mathbf{k}\}\text{ m}}{\sqrt{(-4\text{ m})^2+(-6\text{ m})^2}}$

$= -0{,}5547\mathbf{j} - 0{,}8321\mathbf{k}$

$(F_{AO})_{\text{proj}} = \mathbf{F}\cdot\mathbf{u}_{AO} = 244\text{ N}$ *Antw.*

F2.30. $\mathbf{F} = [(-600\text{ N})\cos 60°]\sin 30°\,\mathbf{i}$

$+ [(600\text{ N})\cos 60°]\cos 30°\mathbf{j}$

$+ [(600\text{ N})\sin 60°]\mathbf{k}$

$= \{-150\,\mathbf{i} + 259{,}81\,\mathbf{j} + 519{,}62\mathbf{k}\}\text{ N}$

$\mathbf{u}_A = -\frac{2}{3}\mathbf{i} + \frac{2}{3}\mathbf{j} + \frac{1}{3}\mathbf{k}$

$(F_A)_{\text{proj}} = \mathbf{F}\cdot\mathbf{u}_A = 446{,}41\text{ N} = 446\text{ N}$ *Antw.*

$(F_A)_{\text{per}} = \sqrt{(600\text{ N})^2 - (446{,}41\text{ N})^2}$

$= 401\text{ kN}$ *Antw.*

F2.31. $\mathbf{F} = 56\text{ N}(\frac{3}{7}\mathbf{i} - \frac{6}{7}\mathbf{j} + \frac{2}{7}\mathbf{k})$

$= \{24\mathbf{i} - 48\mathbf{j} + 16\mathbf{k}\}\text{ N}$

$(F_{AO})_{\|} = \mathbf{F}\cdot\mathbf{u}_{AO} = \{24\,\mathbf{i} - 48\,\mathbf{j} + 16\,\mathbf{k}\cdot(-\frac{3}{7}\mathbf{i} - \frac{6}{7}\mathbf{j} - \frac{2}{7}\mathbf{k})$

$= 46.86\text{ N} = 46.9\text{ N}$ *Antw.*

$(F_{AO})_{\perp} = \sqrt{F^2 - (F_{AO})_{\|}} = \sqrt{(56)^2 - (46{,}86)^2}$

$= 30.7\text{ N}$ *Antw.*

Hoofdstuk 3

F3.1. $\xrightarrow{+}\Sigma F_x = 0;\ \frac{4}{5}F_{AC} - F_{AB}\cos 30° = 0$

$+\uparrow\Sigma F_y = 0;\ \frac{3}{5}F_{AC} + F_{AB}\sin 30° - 550 = 0$

$F_{AB} = 478\text{ N}$ *Antw.*

$F_{AC} = 518\text{ N}$ *Antw.*

F3.2. $+\uparrow\Sigma F_y = 0;\ -2(7{,}5)\sin\theta + 3{,}5 = 0$

$\theta = 13{,}5°$

$L_{ABC} = 2\left(\frac{1{,}5\text{ m}}{\cos 13{,}5°}\right) = 3{,}085\text{ m}$ *Antw.*

F3.3. $\xrightarrow{+}\Sigma F_x = 0;\quad T\cos\theta - T\cos\phi = 0$

$\phi = \theta$

$+\uparrow\Sigma F_y = 0;\quad 2T\sin\theta - 49{,}05\text{ N} = 0$

$\theta = \tan^{-1}\left(\frac{0{,}15\text{ m}}{0{,}2\text{ m}}\right) = 36{,}87°$

$T = 40{,}9\text{ N}$ *Antw.*

F3.4. $+\nearrow\Sigma F_x = 0;\ \frac{4}{5}(F_{sp}) - 5(9{,}81)\sin 45° = 0$

$F_{sp} = 43{,}35\text{ N}$

$F_{sp} = k(l - l_0);\ 43{,}35 = 200(0{,}5 - l_0)$

$l_0 = 0{,}283\text{ m}$ *Antw.*

F3.5. $+\uparrow\Sigma F_y = 0;\quad (392{,}4\text{ N})\sin 30° - m_A(9{,}81) = 0$

$m_A = 20\text{ kg}$ *Antw.*

F3.6. $+\uparrow\Sigma F_y = 0;\quad T_{AB}\sin 15° - 10(9{,}81)\text{ N} = 0$

$T_{AB} = 379{,}03\text{ N} = 379\text{ N}$ *Antw.*

$\xrightarrow{+}\Sigma F_x = 0;\quad T_{BC} - 379{,}03\text{ N}\cos 15° = 0$

$T_{BC} = 366{,}11\text{ N} = 366\text{ N}$ *Antw.*

$\xrightarrow{+}\Sigma F_x = 0;\quad T_{CD}\cos\theta - 366{,}11\text{ N} = 0$

$+\uparrow\Sigma F_y = 0;\quad T_{CD}\sin\theta - 15(9{,}81)\text{ N} = 0$

$T_{CD} = 395\text{ N}$ *Antw.*

$\theta = 21{,}9°$ *Antw.*

F3.7. $\Sigma F_x = 0;\quad \left[\left(\frac{3}{5}\right)F_3\right]\left(\frac{3}{5}\right) + 600\text{ N} - F_2 = 0 \quad (1)$

$\Sigma F_y = 0;\quad \left(\frac{4}{5}\right)F_1 - \left[\left(\frac{3}{5}\right)F_3\right]\left(\frac{4}{5}\right) = 0 \quad (2)$

$\Sigma F_z = 0;\quad \left(\frac{4}{5}\right)F_3 + \left(\frac{3}{5}\right)F_1 - 900\text{ N} = 0 \quad (3)$

$F_3 = 776\text{ N}$ *Antw.*

$F_1 = 466\text{ N}$ *Antw.*

$F_2 = 879\text{ N}$ *Antw.*

F3.8. $\Sigma F_z = 0;\quad F_{AD}\left(\frac{4}{5}\right) - 900 = 0$

$F_{AD} = 1125\text{ N} = 1{,}125\text{ kN}$ *Antw.*

$\Sigma F_y = 0;\quad F_{AC}\left(\frac{4}{5}\right) - 1125\left(\frac{3}{5}\right) = 0$

$F_{AC} = 843{,}75\text{ N} = 844\text{ N}$ *Antw.*

$\Sigma F_x = 0;\quad F_{AB} - 843{,}75\left(\frac{3}{5}\right) = 0$

$F_{AB} = 506{,}25\text{ N} = 506\text{ N}$ *Antw.*

F3.9. $\mathbf{F}_{AD} = F_{AD}\left(\frac{\mathbf{r}_{AD}}{r_{AD}}\right) = \frac{1}{3}F_{AD}\mathbf{i} - \frac{2}{3}F_{AD}\mathbf{j} + \frac{2}{3}F_{AD}\mathbf{k}$

$\Sigma F_z = 0;\quad \frac{2}{3}F_{AD} - 600 = 0$

$F_{AD} = 900\text{ N}$ *Antw.*

$\Sigma F_y = 0;\quad F_{AB}\cos 30° - \frac{2}{3}(900) = 0$

$F_{AB} = 692.82\text{ N} = 693\text{ N}$ *Antw.*

$\Sigma F_x = 0;\quad \frac{1}{3}(900) + 692{,}82\sin 30° - F_{AC} = 0$

$F_{AC} = 646{,}41\text{ N} = 646\text{ N}$ *Antw.*

F3.10. $\mathbf{F}_{AC} = F_{AC}\{-\cos 60°\sin 30°\,\mathbf{i}$

$+ \cos 60°\cos 30°\,\mathbf{j} + \sin 60°\,\mathbf{k}\}$

$= -0{,}25F_{AC}\,\mathbf{i} + 0{,}4330F_{AC}\,\mathbf{j} + 0{,}8660F_{AC}\,\mathbf{k}$

$\mathbf{F}_{AD} = F_{AD}\{\cos 120°\,\mathbf{i} + \cos 120°\,\mathbf{j} + \cos 45°\mathbf{k}\}$

$= -0{,}5F_{AD}\,\mathbf{i} - 0{,}5F_{AD}\,\mathbf{j} + 0{,}7071F_{AD}\,\mathbf{k}$

$\Sigma F_y = 0;\quad 0{,}4330F_{AC} - 0{,}5F_{AD} = 0$

$\Sigma F_z = 0;\quad 0{,}8660F_{AC} + 0{,}7071F_{AD} - 300 = 0$

$F_{AD} = 175{,}74\text{ N} = 176\text{ N}$ *Antw.*

$F_{AC} = 202{,}92\text{ N} = 203\text{ N}$ *Antw.*

$\Sigma F_x = 0;\quad F_{AB} - 0{,}25(202{,}92) - 0{,}5(175{,}74) = 0$

$F_{AB} = 138{,}60\text{ N} = 139\text{ N}$ *Antw.*

F3.11. $\mathbf{F}_B = \left(\frac{\mathbf{r}_{AB}}{r_{AB}}\right)$

$= F_B\left[\frac{\{-3\mathbf{i} - 1{,}5\mathbf{j} + 1\mathbf{k}\}\text{ m}}{\sqrt{(-3\text{m}^2) + (1{,}5\text{ m}^2) + (1\text{m}^2)}}\right]$

$= -\frac{6}{7}F_B\mathbf{i} + \frac{3}{7}F_B\mathbf{j} + \frac{2}{7}F_B\mathbf{k}$

$\mathbf{F}_C = \left(\frac{\mathbf{r}_{AC}}{r_{AC}}\right)$

$= F_C\left[\frac{\{-3\mathbf{i} - 1{,}5\mathbf{j} + 1\mathbf{k}\}\text{m}}{\sqrt{(-3\text{m}^2) + (1{,}5\text{ m}^2) + (1\text{m}^2)}}\right]$

$= -\frac{6}{7}F_C\mathbf{i} + \frac{2}{7}F_C\mathbf{j} + \frac{3}{7}F_C\mathbf{k}$

$\mathbf{F}_D = F_D\mathbf{i}$

$\mathbf{W} = \{-150\mathbf{k}\}\text{ N}$

$\Sigma F_x = 0;\ -\frac{6}{7}F_B - \frac{6}{7}F_C + F_D = 0$ (1)

$\Sigma F_y = 0;\ \frac{3}{7}F_B - \frac{2}{7}F_C = 0$ (2)

$\Sigma F_x = 0; -\frac{2}{7}F_B + \frac{3}{7}F_C - 150 = 0$ (3)

$F_B = 162\text{ N}$ *Antw.*

$F_C = 1{,}5(162\text{ N}) = 242\text{ N}$ *Antw.*

$F_D = 346{,}15\text{ N} = 346\text{ N}$ *Antw.*

Hoofdstuk 4

F4.1. $\circlearrowleft +M_O = 60\sin 50°\,(2{,}5) + 60\cos 50°\,(0{,}25)$

$= 124{,}5\text{ kN}$ *Antw.*

F4.2. $\circlearrowleft +M_O = -\left(\frac{4}{5}\right)(100\text{ N})(2\text{ m}) - \left(\frac{3}{5}\right)(100\text{ N})(5\text{ m})$

$= -460\text{ N}\cdot\text{m} = 460\text{ N}\cdot\text{m} \circlearrowright$ *Antw.*

F4.3. $\circlearrowleft +M_O = [(300\text{ N})\sin 30°][0{,}4\text{ m} + (0{,}3\text{ m})\cos 45°]$

$- [(300\text{ N})\cos 30°][(0{,}3\text{ m})\sin 45°]$

$= 36{,}7\text{ N}\cdot\text{m}$ *Antw.*

F4.4. $\circlearrowleft +M_O = (60\text{ kN})(4\text{ m} + (3\text{ m})\cos 45° - 1\text{ m})$

$= 307\text{ kN}\cdot\text{m}$ *Antw.*

F4.5. $\circlearrowright +M_O = 50\sin 60°\,(0{,}1 + 0{,}2\cos 45° + 0{,}1)$

$- 50\cos 60°(0{,}2\sin 45°)$

$= 11{,}2\text{ N}\cdot\text{m}$ *Antw.*

F4.6. $\circlearrowleft +M_O = 500\sin 45°\,(3 + 3\cos 45°)$

$- 500\cos 45°\,(3\sin 45°)$

$= 1{,}06\text{ kN}\cdot\text{m}$ *Antw.*

F4.7. $\circlearrowleft +(M_R)_O = \Sigma Fd;$

$(M_R)_O = -(600\text{ N})(1\text{ m})$

$+ (500\text{ N})[3\text{ m} + (2{,}5\text{ m})\cos 45°]$

$- (300\text{N})[(2{,}5\text{ m})\sin 45°]$

$= 1254\text{ N}\cdot\text{m} = 1{,}25\text{ kN}\cdot\text{m}$ *Antw.*

F4.8. $\circlearrowleft +(M_R)_O = \Sigma Fd;$

$(M_R)_O = \left[\left(\frac{3}{5}\right)500\text{ N}\right](0{,}425\text{ m})$

$- \left[\left(\frac{4}{5}\right)500\text{ N}\right](0{,}25\text{ m})$

$- [(600\text{ N})\cos 60°](0{,}25\text{ m})$

$- [(600\text{ N})\sin 60°](0{,}425\text{ m})$

$= -268\text{ N}\cdot\text{m} = 268\text{ N}\cdot\text{m} \circlearrowright$

F4.9. $\circlearrowleft +(M_R)_O = \Sigma Fd;$

$(M_R)_O = (30\cos 30°\text{ N})(3\text{ m} + 3\sin 30°\text{ m})$

$- (30\sin 30°\text{ N})(3\cos 30°\text{ m})$

$+ (20\text{ kN})(3\cos 30°\text{ m})$

$= 129{,}9\text{ kN}\cdot\text{m}$ *Antw.*

F4.10. $\mathbf{F} = F\mathbf{u}_{AB} = 500\text{ N}\left(\frac{4}{5}\mathbf{i} - \frac{3}{5}\mathbf{j}\right) = \{400\mathbf{i} - 300\mathbf{j}\}\text{ N}$

$\mathbf{M}_O = \mathbf{r}_{OA} \times \mathbf{F} = \{3\mathbf{j}\}\text{ m} \times \{400\mathbf{i} - 300\mathbf{j}\}\text{ N}$

$= \{-1200\mathbf{k}\}\text{ N}\cdot\text{m}$ *Antw.*

or

$\mathbf{M}_O = \mathbf{r}_{OB} \times \mathbf{F} = \{4\mathbf{i}\}\text{ m} \times \{400\mathbf{i} - 300\mathbf{j}\}\text{ N}$

$= \{-1200\mathbf{k}\}\text{ N}\cdot\text{m}$ *Antw.*

F4.11. $\mathbf{F} = F\mathbf{u}_{BC}$

$= 120\text{ kN}\left[\frac{\{4\mathbf{i} - 4\mathbf{j} + 2\mathbf{k}\}\text{ m}}{\sqrt{(4\text{ m}^2) + (-4\text{m}^2) + (-2\text{m}^2)}}\right]$

$= \{80\mathbf{i} - 80\mathbf{j} - 40\mathbf{k}\}\text{ kN}$

$$\mathbf{M}_O = \mathbf{r}_C \times \mathbf{F} = \begin{vmatrix} \mathbf{i} & \mathbf{j} & \mathbf{k} \\ 5 & 0 & 0 \\ 80 & -80 & -40 \end{vmatrix}$$

$= \{200\mathbf{j} - 400\mathbf{k}\}\text{ kN}\cdot\text{m}$ *Antw.*

of

$$\mathbf{M}_O = \mathbf{r}_B \times \mathbf{F} = \begin{vmatrix} \mathbf{i} & \mathbf{j} & \mathbf{k} \\ 1 & 4 & 2 \\ 80 & -80 & -40 \end{vmatrix}$$

$= \{200\mathbf{j} - 400\mathbf{k}\}\text{ kN}\cdot\text{m}$ *Antw.*

F4.12. $\mathbf{F}_R = \mathbf{F}_1 + \mathbf{F}_2$

$= \{(100 - 200)\mathbf{i} + (-120 + 250)\mathbf{j}$

$+ (75 + 100)\mathbf{k}\}\text{ kN}$

$= \{-100\mathbf{i} + 130\mathbf{j} + 175\mathbf{k}\}\text{ kN}$

$$(\mathbf{M}_R)_O = \mathbf{r}_A \times \mathbf{F}_R = \begin{vmatrix} \mathbf{i} & \mathbf{j} & \mathbf{k} \\ 4 & 5 & 3 \\ -100 & 130 & 175 \end{vmatrix}$$

$= \{485\mathbf{i} - 1000\mathbf{j} + 1020\mathbf{k}\}\text{ kN}\cdot\text{m}$ *Antw.*

F4.13. $M_x = \mathbf{i}\cdot(\mathbf{r}_{OB}\times\mathbf{F}) = \begin{vmatrix} 1 & 0 & 0 \\ 0{,}3 & 0{,}4 & -0{,}2 \\ 300 & -200 & 150 \end{vmatrix}$

$= 20\ \text{N}\cdot\text{m}$ *Antw.*

F4.14. $\mathbf{u}_{OA} = \frac{\mathbf{r}_A}{r_A} = \frac{\{0{,}3\mathbf{i} + 0{,}4\mathbf{j}\}\ \text{m}}{\sqrt{(0{,}3\ \text{m})^2 + (0{,}4\ \text{m})^2}}$

$M_{OA} = \mathbf{u}_{OA}\cdot(\mathbf{r}_{AB} \times \mathbf{F}) = \begin{vmatrix} 0{,}6 & 0{,}8 & 0 \\ 0 & 0 & -0{,}2 \\ 300 & -200 & 150 \end{vmatrix}$

$|M_{oa}| = 72\ \text{N}\cdot\text{m} \quad = -72\ \text{N}\cdot\text{m}$ *Antw.*

F4.15. Scalaire analyse

De groottes van de krachtcomponenten zijn:

$F_x = |\ 200 \cos 120°\ | = 100\ \text{N}$

$F_y = 200 \cos 60° = 100\ \text{N}$

$F_z = 200 \cos 45° = 141{,}42\ \text{N}$

$M_x = -F_y(z) + F_z(y)$

$= -(100\ \text{N})\ (0{,}25\ \text{m}) + (141{,}42\ \text{N})\ (0{,}3\ \text{m})$

$= 17{,}4\ \text{N}\cdot\text{m}$ *Antw.*

Vectoranalyse

$M_x = \begin{vmatrix} 1 & 0 & 0 \\ 0 & 0{,}3 & 0{,}25 \\ -100 & 100 & 141{,}42 \end{vmatrix} = 17{,}4\ \text{N}\cdot\text{m}$ *Antw.*

F4.16. $\mathbf{M}_y = \mathbf{j}\cdot(\mathbf{r}_A \times \mathbf{F}) = \begin{vmatrix} 0 & 1 & 0 \\ -3 & -4 & 2 \\ 30 & -20 & 50 \end{vmatrix}$

$= 210\ \text{N}\cdot\text{m}$ *Antw.*

F4.17. $\mathbf{u}_{AB} = \left[\frac{\mathbf{r}_{AB}}{r_{AB}}\right] = \left[\frac{\{-4\mathbf{j} + 3\mathbf{j}\}\text{m}}{\sqrt{(-4\text{m}^2) + (3\text{m}^2)}}\right] = -0{,}8\mathbf{i} + 0.6\mathbf{j}$

$M_{AB} = \mathbf{u}_{AB}\cdot(\mathbf{r}_{AC} \times \mathbf{F})$

$= \begin{vmatrix} -0{,}8 & 0{,}6 & 0 \\ 0 & 0 & 2 \\ 50 & -40 & 20 \end{vmatrix} = -4\text{kN}\cdot\text{m}$

$\mathbf{M}_{AB} = M_{AB}\mathbf{u}_{AB} = \{3,2\mathbf{i} - 2{,}4\mathbf{j}\}$ *Antw.*

F4.18. $F_x = \left[\left(\tfrac{4}{5}\right)500\ \text{N}\right]\left(\tfrac{3}{5}\right) = 240\ \text{N}$

$F_y = \left[\left(\tfrac{4}{5}\right)500\ \text{N}\right]\left(\tfrac{4}{5}\right) = 320\ \text{N}$

$F_z = (500\ \text{N})\left(\tfrac{3}{5}\right) = 300\ \text{N}$

$M_x = 300\ \text{N}(2\ \text{m}) - 320\ \text{N}(3\ \text{m})$

$= -360\ \text{N}\cdot\text{m}$ *Antw.*

$M_y = 300\ \text{N}(2\ \text{m}) - 240\ \text{N}(3\ \text{m})$

$= -120\ \text{N}\cdot\text{m}$ *Antw.*

$M_z = 240\ \text{N}(2\ \text{m}) - 320\ \text{N}(2\ \text{m})$

$= -160\ \text{N}\cdot\text{m}$ *Antw.*

Vectoranalyse

$F = \{-240\mathbf{i} + 320\mathbf{j} + 300\mathbf{k}\}\ \text{N}$

$r_{OA} = \{-2\mathbf{i} + 2\mathbf{j} + 3\mathbf{k}\}\ \text{m}$

$M_x = \mathbf{i}\ (\mathbf{r}_{OA} \times \mathbf{F}) = -360\ \text{N}\cdot\text{m}$

$M_y = \mathbf{j}\ (\mathbf{r}_{OA} \times \mathbf{F}) = -120\ \text{N}\cdot\text{m}$

$M_z = \mathbf{k}\ (\mathbf{r}_{OA} \times \mathbf{F}) = -160\ \text{N}\cdot\text{m}$

F4.19. $\circlearrowleft +M_{C_R} = \Sigma M_A = 400(3) - 400(5) + 300(5)$

$+ 200(0{,}2) = 740\ \text{N}\cdot\text{m}$ *Antw.*

Also,

$\circlearrowleft +M_{C_R} = 300(5) - 400(2) + 200(0{,}2)$

$= 740\ \text{N}\cdot\text{m}$ *Antw.*

F4.20. $\circlearrowleft +M_{C_R} = 300(0{,}4) + 200(0{,}4) + 150(0{,}4)$

$= 260\ \text{N}\cdot\text{m}$ *Antw.*

F4.21. $\circlearrowleft +(M_B)_R = \Sigma M_B$

$-1{,}5\ \text{kN}\cdot\text{m} = (2\ \text{kN})(0{,}3\ \text{m}) - F(0{,}9\ \text{m})$

$F = 2{,}33\ \text{kN}$ *Antw.*

F4.22. $\circlearrowleft +M_C = 10\left(\tfrac{3}{5}\right)(2) - 10\left(\tfrac{4}{5}\right)(4) = -20\ \text{kN}\cdot\text{m}$

$= 20\ \text{kN}\cdot\text{m} \circlearrowright$

F4.23. $\mathbf{u}_1 = \frac{\mathbf{r}_1}{r_1} = \frac{\{-2\,\mathbf{i} + 2\,\mathbf{j} + 3{,}5\,\mathbf{k}\}\text{m}}{\sqrt{(-2\ \text{m}^2) + (2\ \text{m}^2) + (3{,}5\ \text{m}^2)}}$

$= \tfrac{2}{4{,}5}\mathbf{i} + \tfrac{2}{4{,}5}\mathbf{j} + \tfrac{3{,}5}{4{,}5}\mathbf{k}$

$\mathbf{u}_2 = -\mathbf{k}$

$\mathbf{u}_3 = \tfrac{1{,}5}{2{,}5}\mathbf{i} - \tfrac{2}{2{,}5}\mathbf{j}$

$(\mathbf{M}_c)_1 = (M_c)_1\mathbf{u}_1$

$= (450\ \text{kN}\cdot\text{m})\left(\tfrac{2}{4{,}5}\mathbf{i} + \tfrac{2}{4{,}5}\mathbf{j} + \tfrac{3{,}5}{4{,}5}\mathbf{k}\right)$

$= \{-200\mathbf{i} + 200\mathbf{j} + 350\mathbf{k}\}\ \text{kN}\cdot\text{m}$

$(\mathbf{M}_c)_2 = (M_c)_2\mathbf{u}_2 = (250\ \text{kN}\cdot\text{m})(-\mathbf{k})$

$= \{-250\mathbf{k}\}\ \text{kN}\cdot\text{m}$

$(\mathbf{M}_c)_3 = (M_c)_3\,\mathbf{u}_3 = (300\ \text{kN}\cdot\text{m})\left(\tfrac{1{,}5}{2{,}5}\mathbf{i} - \tfrac{2}{2{,}5}\mathbf{j}\right)$

$= \{180\mathbf{i} - 240\mathbf{j}\}\ \text{kN}\cdot\text{m}$

$(\mathbf{M}_c)_R = \Sigma M_c;$

$(\mathbf{M}_c)_R = \{-20\mathbf{i} - 40\mathbf{j} + 100\mathbf{k}\}\ \text{kN}\cdot\text{m}$ *Antw.*

F4.24. $\mathbf{F}_B = \left(\tfrac{4}{5}\right)(450\ \text{N})\mathbf{j} - \left(\tfrac{3}{5}\right)(450\ \text{N})\,\mathbf{k}$

$= \{360\mathbf{j} - 270\mathbf{k}\}\ \text{N}$

$\mathbf{M}_c = \mathbf{r}_{AB} \times \mathbf{F}_B = \begin{vmatrix} \mathbf{i} & \mathbf{j} & \mathbf{k} \\ 0{,}4 & 0 & 0 \\ 0 & 360 & -270 \end{vmatrix}$

$= \{108\mathbf{j} + 144\mathbf{k}\}\ \text{N}\cdot\text{m}$ *Antw.*

Also,

$\mathbf{M}_c = (\mathbf{r}_A \times \mathbf{F}_A) + (\mathbf{r}_B \times \mathbf{F}_B)$

$= \begin{vmatrix} \mathbf{i} & \mathbf{j} & \mathbf{k} \\ 0 & 0 & 0{,}3 \\ 0 & -360 & 270 \end{vmatrix} + \begin{vmatrix} \mathbf{i} & \mathbf{j} & \mathbf{k} \\ 0{,}4 & 0 & 0{,}3 \\ 0 & 360 & -270 \end{vmatrix}$

$= \{108\mathbf{j} + 144\mathbf{k}\}\ \text{N}\cdot\text{m}$ *Antw.*

F4.25. $\overset{+}{\leftarrow} F_{Rx} = \Sigma F_x;\ F_{Rx} = 200 - \frac{3}{5}100 = 140 \text{ N}$

$+\downarrow F_{Ry} = \Sigma F_y;\ F_{Ry} = 150 - \frac{4}{5}(100) = 70 \text{ N}$

$F_R = \sqrt{140^2 + 70^2} = 157 \text{ N}$ *Antw.*

$\theta = \tan^{-1}\left(\frac{70}{140}\right) = 26{,}6°$ *Antw.*

$\curvearrowleft + M_{A_R} = \Sigma M_A;$

$M_{A_R} = \frac{3}{5}(100)(0{,}4) - \frac{4}{5}(100)(0{,}6) + 150(0{,}3)$

$M_{R_A} = 21{,}0 \text{ N}\cdot\text{m}$ *Antw.*

F4.26. $\overset{+}{\rightarrow} F_{Rx} = \Sigma F_x;\ F_{Rx} = \frac{4}{5}(50) = 40 \text{ N}$

$+\downarrow F_{Ry} = \Sigma F_y;\ F_{Ry} = 40 + 30 + \frac{3}{5}(50)$

$= 100 \text{ N}$

$F_R = \sqrt{(40)^2 + (100)^2} = 108 \text{ N}$ *Antw.*

$\theta = \tan^{-1}\left(\frac{100}{40}\right) = 68{,}2°$ *Antw.*

$\curvearrowleft + M_{A_R} = \Sigma M_A;$

$M_{A_R} = 30(3) + \frac{3}{5}(50)(6) + 200$

$= 470 \text{ N}\cdot\text{m}$ *Antw.*

F4.27. $\overset{+}{\rightarrow} (F_R)_x = \Sigma F_x;$

$(F_R)_x = 900 \sin 30° = 450 \text{ N} \rightarrow$

$+\uparrow (F_R)_y = \Sigma F_y;$

$(F_R)_y = -900 \cos 30° - 300$

$= -1079{,}42 \text{ N} = 1079{,}42 \text{ N} \downarrow$

$F_R = \sqrt{450^2 + 1079{,}42^2}$

$= 1169{,}47 \text{ N} = 1{,}17 \text{ kN}$ *Antw.*

$\theta = \tan^{-1}\left(\frac{1079{,}42}{450}\right) = 67{,}4°$ *Antw.*

$\curvearrowright + (M_R)_A = \Sigma M_A;$

$(M_R)_A = 300 - 900 \cos 30° (0{,}75) - 300(2{,}25)$

$= -959{,}57 \text{ N}\cdot\text{m}$

$= 960 \text{ N}\cdot\text{m} \curvearrowright$ *Antw.*

F4.28. $\overset{+}{\rightarrow} (F_R)_x = \Sigma F_x;$

$(F_R)_x = 150\left(\frac{3}{5}\right) + 50 - 100\left(\frac{4}{5}\right) = 60 \text{ N} \rightarrow$

$+\uparrow (F_R)_y = \Sigma F_y;$

$(F_R)_y = -150\left(\frac{4}{5}\right) - 100\left(\frac{3}{5}\right)$

$= -180 \text{ N} = 180 \text{ N} \downarrow$

$F_R = \sqrt{60^2 + 180^2} = 189{,}74 \text{ N} = 190 \text{ N}$ *Antw.*

$\theta = \tan^{-1}\left(\frac{180}{60}\right) = 71{,}6°$ *Antw.*

$\curvearrowright + (M_R)_A = \Sigma M_A;$

$(M_R)_A = 100\left(\frac{4}{5}\right)(0{,}1) - 100\left(\frac{3}{5}\right)(0{,}6) - 150\left(\frac{4}{5}\right)(0{,}3)$

$= -64{,}0 = 64{,}0 \text{ N}\cdot\text{m} \curvearrowright$ *Antw.*

F4.29. $\mathbf{F}_R = \Sigma \mathbf{F};$

$\mathbf{F}_R = \mathbf{F}_1 + \mathbf{F}_2$

$= (-300\mathbf{i} + 150\mathbf{j} + 200\mathbf{k}) + (-450\mathbf{k})$

$= \{-300\mathbf{i} + 150\mathbf{j} - 250\mathbf{k}\} \text{ N}$ *Antw.*

$\mathbf{r}_{OA} = (2 - 0)\mathbf{j} = \{2\mathbf{j}\} \text{ m}$

$\mathbf{r}_{OB} = (-1{,}5 - 0)\mathbf{i} + (2 - 0)\mathbf{j} + (1 - 0)\mathbf{k}$

$= \{-1{,}5\mathbf{i} + 2\mathbf{j} + 1\mathbf{k}\} \text{ m}$

$(\mathbf{M}_R)_O = \Sigma \mathbf{M};$

$(\mathbf{M}_R)_O = \mathbf{r}_{OB} \times \mathbf{F}_1 + \mathbf{r}_{OA} \times \mathbf{F}_2$

$$= \begin{vmatrix} \mathbf{i} & \mathbf{j} & \mathbf{k} \\ -1{,}5 & 2 & 1 \\ -300 & 150 & 200 \end{vmatrix} + \begin{vmatrix} \mathbf{i} & \mathbf{j} & \mathbf{k} \\ 0 & 2 & 0 \\ 0 & 0 & -450 \end{vmatrix}$$

$= \{-650\mathbf{i} + 375\mathbf{k}\} \text{N}\cdot\text{m}$ *Antw.*

F4.30. $\mathbf{F}_1 = \{-100\mathbf{j}\} \text{ N}$

$$\mathbf{F}_2 = (200 \text{ N})\left[\frac{\{-0{,}4\mathbf{i} - 0{,}3\mathbf{k}\} \text{ m}}{\sqrt{(-0{,}4 \text{ m})^2 + (-0{,}3 \text{ m})^2}}\right]$$

$= \{-160\mathbf{i} - 120\mathbf{k}\} \text{ N}$

$\mathbf{M}_c = \{-75\mathbf{i}\} \text{ N}\cdot\text{m}$

$\mathbf{F}_R = \{-160\mathbf{i} - 100\mathbf{j} - 120\mathbf{k}\} \text{ N}$ *Antw.*

$(\mathbf{M}_R)_O = (0{,}3\mathbf{k}) \times (-100\mathbf{j})$

$$+ \begin{vmatrix} \mathbf{i} & \mathbf{j} & \mathbf{k} \\ 0 & 0{,}5 & 0{,}3 \\ -160 & 0 & -120 \end{vmatrix} + (-75\mathbf{i})$$

$= \{-105\mathbf{i} - 48\,\mathbf{j} + 80\mathbf{k}\} \text{ N}\cdot\text{m}$ *Antw.*

F4.31. $+\downarrow F_R = \Sigma F_y;\quad F_R = 500 + 250 + 500$

$= 1250 \text{ kN}$ *Antw.*

$\curvearrowleft + F_R x = \Sigma M_O;$

$1250(x) = 500(3) + 250(6) + 500(9)$

$x = 6 \text{ m}$ *Antw.*

F4.32. $\overset{+}{\rightarrow} (F_R)_x = \Sigma F_x;$

$(F_R)_x = 100\left(\frac{3}{5}\right) + 50 \sin 30° = 85 \text{ kN} \rightarrow$

$+\uparrow (F_R)_y = \Sigma F_y;$

$(F_R)_y = 200 + 50 \cos 30° - 100\left(\frac{4}{5}\right)$

$= 163{,}30 \text{ kN} \uparrow$

$F_R = \sqrt{85^2 + 163{,}30^2} = 184 \text{ kN}$

$\theta = \tan^{-1}\left(\frac{163{,}30}{85}\right) = 62{,}5°$ *Antw.*

$\curvearrowright + (M_R)_A = \Sigma M_A;$

$163{,}30(d) = 200(3) - 100\left(\frac{4}{5}\right)(6) + 50 \cos 30°(9)$

$d = 3{,}12 \text{ m}$ *Antw.*

F4.33. $\xrightarrow{+}(F_R)_x = \Sigma F_x;$

$(F_R)_x = 15\left(\frac{4}{5}\right) = 12 \text{ kN} \rightarrow$

$+\uparrow (F_R)_y = \Sigma F_y;$

$(F_R)_y = -20 + 15\left(\frac{3}{5}\right) = -11 \text{ kN} = 11 \text{ kN} \downarrow$

$F_R = \sqrt{12^2 + 11^2} = 16{,}3 \text{ kN}$ *Antw.*

$\theta = \tan^{-1}\left(\frac{11}{12}\right) = 42{,}5°$ *Antw.*

$\circlearrowleft +(M_R)_A = \Sigma M_A;$

$-11(d) = -20(2) - 15\left(\frac{4}{5}\right)(2) + 15\left(\frac{3}{5}\right)(6)$

$d = 0{,}909 \text{ m}$ *Antw.*

F4.34. $\xrightarrow{+}(F_R)_x = \Sigma F_x;$

$(F_R)_x = \left(\frac{3}{5}\right) 5 \text{ kN} - 8 \text{ kN}$

$= -5 \text{ kN} = 5 \text{ kN} \leftarrow$

$+\uparrow (F_R)_y = \Sigma F_y;$

$(F_R)_y = -6 \text{ kN} - \left(\frac{4}{5}\right) 5 \text{ kN}$

$= -10 \text{ kN} = 10 \text{ kN}\downarrow$

$F_R = \sqrt{5^2 + 10^2} = 11{,}2 \text{ kN}$ *Antw.*

$\theta = \tan^{-1}\left(\frac{10 \text{ kN}}{5 \text{ kN}}\right) = 63{,}4°$ *Antw.*

$\circlearrowleft +(M_R)_A = \Sigma M_A;$

$5 \text{ kN}(d) = 8 \text{ kN}(3 \text{ m}) - 6 \text{ kN}(0{,}5 \text{ m})$

$- \left[\left(\frac{4}{5}\right)5 \text{ kN}\right](2 \text{ m})$

$- \left[\left(\frac{3}{5}\right)5 \text{ kN}\right](4 \text{ m})$

$d = 0{,}2 \text{ m}$ *Antw.*

F4.35. $+\downarrow F_R = \Sigma F_z; \quad F_R = 400 + 500 - 100$

$= 800 \text{ N}$ *Antw.*

$M_{Rx} = \Sigma M_x; -800y = -400(4) - 500(4)$

$y = 4{,}50 \text{ m}$ *Antw.*

$M_{Ry} = \Sigma M_y; \quad 800x = 500(4) - 100(3)$

$x = 2{,}125 \text{ m}$ *Antw.*

F4.36. $+\downarrow F_R = \Sigma F_z;$

$F_R = 200 + 200 + 100 + 100$

$= 600 \text{ N}$ *Antw.*

$M_{Rx} = \Sigma M_x;$

$-600y = 200(1) + 200(1) + 100(3) - 100(3)$

$y = -0{,}667 \text{ m}$ *Antw.*

$M_{Ry} = \Sigma M_y;$

$600x = 100(3) + 100(3) + 200(2) - 200(3)$

$x = 0{,}667 \text{ m}$ *Antw.*

F4.37. $+\uparrow F_R = \Sigma F_y;$

$-F_R = -6(1{,}5) - 9(3) - 3(1{,}5)$

$F_R = 40{,}5 \text{ kN} \downarrow$ *Antw.*

$\circlearrowleft +(M_R)_A = \Sigma M_A;$

$-40{,}5(d) = 6(1{,}5)(0{,}75)$

$- 9(3)(1{,}5) - 3(1.5)(3{,}75)$

$d = 1{,}25 \text{ m}$ *Antw.*

F4.38. $F_R = \frac{1}{2}(3)(150) + 4(150) = 825 \text{ kN}$ *Antw.*

$\circlearrowright +M_{A_R} = \Sigma M_A;$

$825d = \left[\frac{1}{2}(3)(150)\right](2) + [4(150)](5)$

$d = 4{,}18 \text{ m}$ *Antw.*

F4.39. $+\uparrow F_R = \Sigma F_y;$

$-F_R = -\frac{1}{2}(6)(3) - \frac{1}{2}(6)(6)$

$F_R = 27 \text{ kN} \downarrow$ *Antw.*

$\circlearrowleft +(M_R)_A = \Sigma M_A;$

$-27(d) = \frac{1}{2}(6)(3)(1) - \frac{1}{2}(6)(6)(2)$

$d = 1 \text{ m}$ *Antw.*

F4.40. $+\downarrow F_R = \Sigma F_y;$

$F_R = \frac{1}{2}(50)(6) + 150(6) + 500$

$= 1550 \text{ kN}$ *Antw.*

$\circlearrowright + M_{A_R} = \Sigma M_A;$

$1550\,d = \left[\frac{1}{2}(50)(6)\right](4) + [150\,(6)](3) + 500(9)$

$d = 5{,}03 \text{ m}$ *Antw.*

F4.41. $+\uparrow F_R = \Sigma F_y;$

$-F_R = -\frac{1}{2}(3)(4{,}5) - 3(6)$

$F_R = 24{,}75 \text{ kN} \downarrow$ *Antw.*

$\circlearrowleft +(M_R)_A = \Sigma M_A;$

$-24{,}75(d) = -\frac{1}{2}(3)(4{,}5)(1{,}5) - 3(6)(3)$

$d = 2{,}59 \text{ m}$ *Antw.*

F4.42. $F_R = \int w(x)\,dx = \int_0^4 2{,}5x^3\,dx = 160 \text{ N}$

$\circlearrowright +M_{A_R} = \Sigma M_A;$

$$x = \frac{\int x w(x)\,dx}{\int w(x)\,dx} = \frac{\int_0^4 2{,}5x^4\,dx}{160} = 3{,}20 \text{ m}$$

Hoofdstuk 5

F5.1. $\xrightarrow{+}\Sigma F_x = 0;\quad -A_x + 500\left(\frac{3}{5}\right) = 0$

$A_x = 300\text{ kN}$ *Antw.*

$\circlearrowleft +\Sigma M_A = 0;\quad B_y(10) - 500\left(\frac{4}{5}\right)(5) - 600 = 0$

$B_y = 260\text{ kN}$ *Antw.*

$+\uparrow\Sigma F_y = 0;\quad A_y + 260 - 500\left(\frac{4}{5}\right) = 0$

$A_y = 140\text{ kN}$ *Antw.*

F5.2. $\circlearrowleft +\Sigma M_A = 0;$

$F_{CD}\sin 45°(1{,}5\text{ m}) - 4\text{ kN}(3\text{ m}) = 0$

$F_{CD} = 11{,}31\text{ kN} = 11{,}3\text{ kN}$ *Antw.*

$\xrightarrow{+}\Sigma F_x = 0;\quad A_x + (11{,}31\text{ kN})\cos 45° = 0$

$A_x = -8\text{ kN} = 8\text{ kN}\leftarrow$ *Antw.*

$+\uparrow\Sigma F_y = 0;$

$A_y + (11{,}31\text{ kN})\sin 45° - 4\text{ kN} = 0$

$A_y = -4\text{ kN} = 4\text{ kN}\downarrow$ *Antw.*

F5.3. $\circlearrowleft +\Sigma M_A = 0;$

$N_B[6\text{ m} + (6\text{ m})\cos 45°]$

$- 10\text{ kN}[2\text{ m} + (6\text{ m})\cos 45°]$

$- 5\text{ kN}(4\text{ m}) = 0$

$N_B = 8{,}047\text{ kN} = 8{,}05\text{ kN}$ *Antw.*

$\xrightarrow{+}\Sigma F_x = 0;$

$(5\text{ kN})\cos 45° - A_x = 0$

$A_x = 3{,}54\text{ kN}$ *Antw.*

$+\uparrow\Sigma F_y = 0;$

$A_y + 8{,}047\text{ kN} - (5\text{ kN})\sin 45° - 10\text{ kN} = 0$

$A_y = 5{,}49\text{ kN}$ *Antw.*

F5.4. $\xrightarrow{+}\Sigma F_x = 0;\quad -A_x + 400\cos 30° = 0$

$A_x = 346\text{ N}$ *Antw.*

$+\uparrow\Sigma F_y = 0;$

$A_y - 200 - 200 - 200 - 400\sin 30° = 0$

$A_y = 800\text{ N}$ *Antw.*

$\circlearrowleft +\Sigma M_A = 0;$

$M_A - 200(2{,}5) - 200(3{,}5) - 200(4{,}5)$

$- 400\sin 30°(4{,}5) - 400\cos 30°(3\sin 60°) = 0$

$M_A = 3{,}90\text{ kN}\cdot\text{m}$ *Antw.*

F5.5. $\circlearrowleft +\Sigma M_A = 0;$

$N_C(0{,}7\text{ m}) - [25(9{,}81)\text{ N}]\,(0{,}5\text{ m})\cos 30° = 0$

$N_C = 151{,}71\text{ N} = 152\text{ N}$ *Antw.*

$\xrightarrow{+}\Sigma F_x = 0;$

$T_{AB}\cos 15° - (151{,}71\text{ N})\cos 60° = 0$

$T_{AB} = 78{,}53\text{ N} = 78{,}5\text{ N}$ *Antw.*

$+\uparrow\Sigma F_y = 0;$

$F_A + (78{,}53\text{ N})\sin 15°$

$+ (151{,}71\text{ N})\sin 60° - 25(9{,}81)\text{ N} = 0$

$F_A = 93{,}5\text{ N}$ *Antw.*

F5.6. $\xrightarrow{+}\Sigma F_x = 0;$

$N_C\sin 30° - (250\text{ N})\sin 60° = 0$

$N_C = 433{,}0\text{ N} = 433\text{ N}$ *Antw.*

$\circlearrowleft +\Sigma M_B = 0;$

$-N_A\sin 30°(0{,}15\text{ m}) - 433{,}0\text{ N}(0{,}2\text{ m})$

$+ [(250\text{ N})\cos 30°](0{,}6\text{ m}) = 0$

$N_A = 577{,}4\text{ N} = 577\text{ N}$ *Antw.*

$+\uparrow\Sigma F_y = 0;$

$N_B - 577{,}4\text{ N} + (433{,}0\text{ N})\cos 30°$

$- (250\text{ N})\cos 60° = 0$

$N_B = 327\text{ N}$ *Antw.*

F5.7. $\Sigma F_z = 0;$

$T_A + T_B + T_C - 20 - 50 = 0$

$\Sigma M_x = 0;$

$T_A(3) + T_C(3) - 50(1{,}5) - 20(3) = 0$

$\Sigma M_y = 0;$

$-T_B(4) - T_C(4) + 50(2) + 20(2) = 0$

$T_A = 35\text{ kN},\ T_B = 25\text{ kN},\ T_C = 10\text{ kN}$ *Antw.*

F5.8. $\Sigma M_y = 0;$

$600\text{ N}(0{,}2\text{ m}) + 900\text{ N}(0{,}6\text{ m}) - F_A(1\text{ m}) = 0$

$F_A = 660\text{ N}$ *Antw.*

$\Sigma M_x = 0;$

$D_z(0{,}8\text{ m}) - 600\text{ N}(0{,}5\text{ m}) - 900\text{ N}(0{,}1\text{ m}) = 0$

$D_z = 487{,}5\text{ N}$ *Antw.*

$\Sigma F_x = 0;\quad D_x = 0$ *Antw.*

$\Sigma F_y = 0;\quad D_y = 0$ *Antw.*

$\Sigma F_z = 0;$

$T_{BC} + 660\text{ N} + 487{,}5\text{ N} - 900\text{ N} - 600\text{ N} = 0$

$T_{BC} = 352{,}5\text{ N}$ *Antw.*

F5.9. $\Sigma F_y = 0;\quad 400\text{ N} + C_y = 0;$

$C_y = -400\text{ N}$ *Antw.*

$\Sigma M_y = 0;\quad -C_x\,(0{,}4\text{ m}) - 600\text{ N}\,(0{,}6\text{ m}) = 0$

$C_x = -900\text{ N}$ *Antw.*

$\Sigma M_x = 0;\quad B_z\,(0.6\text{ m}) + 600\text{ N}\,(1{,}2\text{ m})$

$+ (-400\text{ N})(0{,}4\text{ m}) = 0$

$B_z = -933{,}3\text{ N}$ *Antw.*

$\Sigma M_z = 0;$

$-B_x\,(0.6\text{ m}) + -(-900\text{ N})(1{,}2\text{ m})$

$+ (-400\text{ N})(0{,}6\text{ m}) = 0$

$B_x = 1400\text{ N}$ *Antw.*

$\Sigma F_x = 0;\quad 1400\text{ N} + (-900\text{ N}) - A_x = 0$

$A_x = 500\text{ N}$ *Antw.*

$\Sigma F_z = 0;\quad A_z - 933{,}3\text{N} + 600\text{ N} = 0$

$A_z = 333{,}3\text{ N}$ *Antw.*

F5.10. $\Sigma F_x = 0;\quad B_x = 0$ *Antw.*

$\Sigma M_z = 0;$

$C_y(0{,}4\text{ m} + 0{,}6\text{ m}) = 0 \quad C_y = 0$ *Antw.*

$\Sigma F_y = 0;\quad A_y + 0 = 0 \quad A_y = 0$ *Antw.*

$\Sigma M_x = 0; C_z(0{,}6\text{ m} + 0{,}6\text{ m}) + B_z(0{,}6\text{ m})$

$- 450\text{ N}(0{,}6\text{ m} + 0{,}6\text{ m}) = 0$

$1{,}2C_z + 0{,}6B_z - 540 = 0$

$\Sigma M_y = 0;\quad -C_z(0{,}6\text{ m} + 0{,}4\text{ m})$

$- B_z(0{,}6\text{ m}) + 450\text{ N}(0{,}6\text{ m}) = 0$

$-C_z - 0{,}6B_z + 270 = 0$

$C_z = 1350\text{ N} \quad B_z = -1800\text{ N}$ *Antw.*

$\Sigma F_z = 0;$

$A_z + 1350\text{ N} + (-1800\text{ N}) - 450\text{ N} = 0$

$A_z = 900\text{ N}$ *Antw.*

F5.11. $\Sigma F_y = 0;\quad A_y = 0$ *Antw.*

$\Sigma M_x = 0;\quad -9(3) + F_{CE}(3) = 0$

$F_{CE} = 9\text{ kN}$ *Antw.*

$\Sigma M_z = 0;\quad F_{CF}(3) - 6(3) = 0$

$F_{CF} = 6\text{ kN}$ *Antw.*

$\Sigma M_y = 0;\quad 9(4) - A_z(4) - 6(1{,}5) = 0$

$A_z = 6{,}75\text{ kN}$ *Antw.*

$\Sigma F_x = 0;\quad A_x + 6 - 6 = 0 \quad A_x = 0$ *Antw.*

$\Sigma F_z = 0;\quad F_{DB} + 9 - 9 + 6{,}75 = 0$

$F_{DB} = -6{,}75\text{ kN}$ *Antw.*

F5.12. $\Sigma F_x = 0;\quad A_x = 0$ *Antw.*

$\Sigma F_y = 0;\quad A_y = 0$ *Antw.*

$\Sigma F_z = 0;\quad A_z + F_{BC} - 80 = 0$

$\Sigma M_x = 0; (M_A)_x + 0{,}6F_{BC} - 80(0{,}6) = 0$

$\Sigma M_y = 0; 0{,}3F_{BC} - 80(0{,}15) = 0 \quad F_{BC} = 40\text{ N}$

Antw.

$\Sigma M_z = 0; (M_A)_z = 0$ *Antw.*

$A_z = 40\text{ N}\; (M_A)_x = 24\text{ N}\cdot\text{m}$ *Antw.*

Hoofdstuk 6

F6.1. *Knoop A.*

$+\uparrow\Sigma F_y = 0;\quad 225\text{ kN} - F\sin 45^\circ = 0$

$F_{AD} = 318{,}20\text{ kN} = 318\text{ kN (C)}$ *Antw.*

$\overset{+}{\rightarrow}\Sigma F_x = 0;\; F_{AB} - (318{,}20\text{ kN})\cos 45^\circ = 0$

$F_{AB} = 225\text{ kN (T)}$ *Antw.*

Knoop B.

$\overset{+}{\rightarrow}\Sigma F_x = 0;\; F_{BC} - 225\text{ kN} = 0$

$F_{BC} = 225\text{ kN (T)}$ *Antw.*

$+\uparrow\Sigma F_y = 0;\; F_{BD} = 0$ *Antw.*

Knoop D.

$\overset{+}{\rightarrow}\Sigma F_x = 0;$

$F_{CD}\cos 45^\circ + (318{,}20\text{ kN})\cos 45^\circ - 450\text{ kN} = 0$

$F_{CD} = 318{,}20\text{ kN} = 318\text{ kN(T)}$ *Antw.*

F6.2. *Knoop D.*

$+\uparrow\Sigma F_y = 0;\; \frac{3}{5}F_{CD} - 300 = 0;$

$F_{CD} = 500\text{ kN (T)}$ *Antw.*

$\overset{+}{\rightarrow}\Sigma F_x = 0; -F_{AD} + \frac{4}{5}(500) = 0$

$F_{AD} = 400\text{ kN (C)}$ *Antw.*

$F_{BC} = 500\text{ kN (T)}, F_{AC} = F_{AB} = 0$ *Antw.*

F6.3. $A_x = 0,\; A_y = C_y = 400\text{ kN}$

Knoop A.

$+\uparrow\Sigma F_y = 0;\; -\frac{3}{5}F_{AE} + 400 = 0$

$F_{AE} = 667\text{ kN (C)}$ *Antw.*

Knoop C.

$+\uparrow\Sigma F_y = 0; -F_{DC} + 400 = 0;$

$F_{DC} = 400\text{ kN (C)}$ *Antw.*

F6.4. *Knoop C.*

$+\uparrow \Sigma F_y = 0; \quad 2F \cos 30° - P = 0$

$F_{AC} = F_{BC} = F = \frac{P}{2 \cos 30°} = 0{,}5774P$ (C)

Knoop B.

$\overset{+}{\rightarrow} \Sigma F_x = 0; \quad 0{,}5774P \cos 60° - F_{AB} = 0$

$F_{AB} = 0{,}2887P$ (T)

$F_{AB} = 0{,}2887P = 2$ kN

$P = 6{,}928$ kN

$F_{AC} = F_{BC} = 0{,}5774P = 1{,}5$ kN

$P = 2{,}598$ kN

De *kleinste waarde* van P wordt gekozen:

$P = 2{,}598$ kN $= 2{,}60$ kN *Antw.*

F6.5. $F_{CB} = 0$ *Antw.*

$F_{CD} = 0$ *Antw.*

$F_{AE} = 0$ *Antw.*

$F_{DE} = 0$ *Antw.*

F6.6. *Knoop C.*

$+\uparrow \Sigma F_y = 0; \quad 259{,}81 \text{ kN} - F_{CD} \sin 30° = 0$

$F_{CD} = 519{,}62 \text{ kN} = 520 \text{ kN (C)}$ *Antw.*

$\overset{+}{\rightarrow} \Sigma F_x = 0; \quad (519{,}62 \text{ kN}) \cos 30° - F_{BC} = 0$

$F_{BC} = 450$ kN (T) *Antw.*

Knoop D.

$+\nearrow \Sigma F_{y'} = 0; \quad F_{BD} \cos 30° = 0 \quad F_{BD} = 0$ *Antw.*

$+\searrow \Sigma F_{x'} = 0; \quad F_{DE} - 519{,}62 \text{ kN} = 0$

$F_{DE} = 519{,}62 \text{ kN} = 520 \text{ kN(C)}$ *Antw.*

Knoop B.

$\uparrow \Sigma F_y = 0; \quad F_{BE} \sin \phi = 0 \quad F_{BE} = 0$ *Antw.*

$\overset{+}{\rightarrow} \Sigma F_x = 0; \quad 450 \text{ kN} - F_{AB} = 0$

$F_{AB} = 450$ kN (T) *Antw.*

Knoop A.

$+\uparrow \Sigma F_y = 0; \quad 340{,}19 \text{ kN} - F_{AE} = 0$

$F_{AE} = 340$ kN (C) *Antw.*

F6.7. $+\uparrow \Sigma F_y = 0; \; F_{CF} \sin 45° - 600 - 800 = 0$

$F_{CF} = 1980$ N (T) *Antw.*

$\circlearrowleft +\Sigma M_C = 0; \; F_{FE}(1) - 800(1) = 0$

$F_{FE} = 800$ N (T) *Antw.*

$\circlearrowleft +\Sigma M_F = 0; \; F_{BC}(1) - 600(1) - 800(2) = 0$

$F_{BC} = 2200$ N (C) *Antw.*

F6.8. $\circlearrowleft + \Sigma M_K = 0;$

$33{,}33 \text{ kN}(8 \text{ m}) - 40 \text{ kN}(2 \text{ m}) - F_{CD}(3 \text{ m}) = 0$

$F_{CD} = 62{,}22 \text{ kN} = 62{,}2 \text{ kN (T)}$ *Antw.*

$\overset{+}{\rightarrow} \Sigma F_x = 0; \quad F_{LK} - 62{,}22 \text{ kN} = 0$

$F_{LK} = 62{,}2$ kN (C) *Antw.*

F6.9. Uit de geometrie van het vakwerk volgt dat:

$\phi = \tan^{-1}(3 \text{ m}/2 \text{ m}) = 56{,}31°.$

$\circlearrowleft +\Sigma M_K = 0;$

$33{,}33 \text{ kN}(8 \text{ m}) - 40 \text{ kN}(2 \text{ m}) - F_{CD}(3 \text{ m}) = 0$

$F_{CD} = 62{,}2$ kN (T) *Antw.*

$\circlearrowleft +\Sigma M_D = 0; \quad 33{,}33 \text{ kN}(6 \text{ m}) - F_{KJ}(3 \text{ m}) = 0$

$F_{KJ} = 66{,}7$ kN (C) *Antw.*

$+\uparrow \Sigma F_y = 0;$

$33{,}33 \text{ kN} - 40 \text{ kN} + F_{KD} \sin 56{,}31° = 0$

$F_{KD} = 8{,}01$ kN (T) *Antw.*

F6.10. Uit de geometrie van het vakwerk volgt dat:

$\tan \phi = \frac{(3 \text{ m}) \tan 30°}{1 \text{ m}} = 1{,}732 \qquad \phi = 60°$

$\circlearrowleft +\Sigma M_C = 0;$

$F_{EF} \sin 30°(2 \text{ m}) + 300 \text{ N}(2 \text{ m}) = 0$

$F_{EF} = -600 \text{ N} = 600 \text{ N (C)}$ *Antw.*

$\circlearrowleft +\Sigma M_D = 0;$

$300 \text{ N}(2 \text{ m}) - F_{CF} \sin 60° (2 \text{ m}) = 0$

$F_{CF} = 346{,}41 \text{ N} = 346 \text{ N (T)}$ *Antw.*

$\circlearrowleft +\Sigma M_F = 0;$

$300 \text{ N}(3 \text{ m}) - 300 \text{ N}(1 \text{ m}) - F_{BC}(3 \text{ m})\tan 30° = 0$

$F_{BC} = 346{,}41 \text{ N} = 346 \text{ N (T)}$ *Antw.*

F6.11. Uit de geometrie van het vakwerk volgt dat:

$\theta = \tan^{-1}(1 \text{ m}/2 \text{ m}) = 26{,}57°$

$\phi = \tan^{-1}(3 \text{ m}/2 \text{ m}) = 56{,}31°.$

De plaats van G kan worden bepaald met behulp van gelijkvormige driehoeken.

$$\frac{1 \text{ m}}{2 \text{ m}} = \frac{2 \text{ m}}{2 \text{ m} + x}$$

$$4 \text{ m} = 2 \text{ m} + x$$

$$x = 2 \text{ m}$$

$\circlearrowleft +\Sigma M_G = 0;$

$26{,}25 \text{ kN}(4 \text{ m}) - 15 \text{ kN}(2 \text{ m}) - F_{CD}(3 \text{ m}) = 0$

$F_{CD} = 25$ kN (T) *Antw.*

$\circlearrowleft +\Sigma M_D = 0;$

$26{,}25 \text{ kN}(2 \text{ m}) - F_{GF} \cos 26{,}57°(2 \text{ m}) = 0$

$F_{GF} = 29{,}3$ kN (C) *Antw.*

$\circlearrowleft +\Sigma M_O = 0; \quad 15 \text{ kN}(4 \text{ m}) - 26{,}25 \text{ kN}(2 \text{ m})$

$- F_{GD} \sin 56{,}31°(4 \text{ m}) = 0$

$F_{GD} = 2{,}253 \text{ kN} = 2{,}25 \text{ kN (T)}$ *Antw.*

F6.12. $\circlearrowleft +\Sigma M_H = 0;$

$F_{DC}(4\text{ m}) + 12\text{ kN}(3\text{ m}) - 16\text{ kN}(7\text{ m}) = 0$

$F_{DC} = 19\text{ kN (C)}$ *Antw.*

$\circlearrowleft +\Sigma M_D = 0;$

$12\text{ kN}(7\text{ m}) - 16\text{ kN}(3\text{ m}) - F_{HI}(4\text{ m}) = 0$

$F_{HI} = 9\text{ kN (C)}$ *Antw.*

$\circlearrowleft +\Sigma M_C = 0;\ F_{JI}\cos 45°(4\text{ m}) + 12\text{ kN}(7\text{ m})$

$- 9\text{ kN}(4\text{ m}) - 16\text{ kN}(3\text{ m}) = 0$

$F_{JI} = 0$ *Antw.*

F6.13. $+\uparrow\Sigma F_y = 0;\quad 3P - 60 = 0$

$P = 20\text{ N}$ *Antw.*

F6.14. $\circlearrowleft +\Sigma M_C = 0;$

$-\left(\tfrac{4}{5}\right)(F_{AB})(3) + 400(2) + 500(1) = 0$

$F_{AB} = 541{,}67\text{ N}$

$\xrightarrow{+}\Sigma F_x = 0;\ -C_x + \tfrac{3}{5}(541{,}67) = 0$

$C_x = 325\text{ N}$ *Antw.*

$+\uparrow\Sigma F_y = 0;\ C_y + \tfrac{4}{5}(541.67) - 400 - 500 = 0$

$C_y = 467\text{ N}$ *Antw.*

F6.15. $\circlearrowleft +\Sigma M_A = 0;\ 100\text{ N}(250\text{ mm}) - N_B(50\text{ mm}) = 0$

$N_B = 500\text{ N}$ *Antw.*

$\xrightarrow{+}\Sigma F_x = 0;\quad (500\text{ N})\sin 45° - A_x = 0$

$A_x = 353{,}55\text{ N}$

$+\uparrow\Sigma F_y = 0;\ A_y - 100\text{ N} - (500\text{ N})\cos 45° = 0$

$A_y = 453{,}55\text{ N}$

$F_A = \sqrt{(353{,}55\text{ N})^2 + (453{,}55\text{ N})^2}$

$= 575\text{ N}$ *Antw.*

F6.16. $\circlearrowleft +\Sigma M_C = 0;$

$F_{AB}\cos 45°(1) - F_{AB}\sin 45°(3)$

$+ 800 + 400(2) = 0$

$F_{AB} = 1131{,}37\text{ N}$

$\xrightarrow{+}\Sigma F_x = 0;\ -C_x + 1131{,}37\cos 45° = 0$

$C_x = 800\text{ N}$ *Antw.*

$+\uparrow\Sigma F_y = 0;\ -C_y + 1131{,}37\sin 45° - 400 = 0$

$C_y = 400\text{ N}$ *Antw.*

F6.17. Plaat A:

$+\uparrow\Sigma F_y = 0;\ 2T + N_{AB} - 100 = 0$

Plaat B:

$+\uparrow\Sigma F_y = 0;\ 2T - N_{AB} - 30 = 0$

$T = 32{,}5\text{ N},\quad N_{AB} = 35\text{ N}$ *Antw.*

F6.18. Katrol C:

$+\uparrow\Sigma F_y = 0;\ T - 2P = 0; T = 2P$

Balk:

$+\uparrow\Sigma F_y = 0;\quad 2P + P - 6 = 0$

$P = 2\text{ kN}$ *Antw.*

$\circlearrowleft +\Sigma M_A = 0;\ 2(1) - 6(x) = 0$

$x = 0{,}333\text{ m}$ *Antw.*

F6.19. Element CD

$\circlearrowleft +\Sigma MD = 0; 600(1{,}5) - N_C(3) = 0$

$N_C = 300\text{ N}$

Element ABC

$\circlearrowleft +\Sigma M_A = 0; -800 + B_Y(2) - (300\sin 45°)\,4 = 0$

$B_Y = 824{,}26 = 824\text{ N}$ *Antw.*

$\xrightarrow{+}\Sigma F_x = 0; A_x - 300\cos 45° = 0;$

$A_x = 212\text{ N}$ *Antw.*

$+\uparrow\Sigma F_y = 0; -A_y + 824{,}26 - 300\sin 45° = 0;$

$A_y = 612\text{ N}$ *Antw.*

F6.20. AB is een tweekrachtenelement.

Element BC

$\circlearrowleft +\Sigma M_c = 0; 15(3) + 10(6) - F_{BC}(\tfrac{4}{5})(9) = 0$

$F_{BC} = 14{,}58\text{ kN}$

$\xrightarrow{+}\Sigma F_x = 0; (14{,}58)(\tfrac{3}{5}) - C_x = 0;$

$C_x = 8{,}75\text{ kN}$

$+\uparrow\Sigma F_y = 0; (14{,}58)(\tfrac{4}{5}) - 10 - 15 + C_y = 0;$

$C_y = 13{,}3\text{ kN}$

Element CD

$\xrightarrow{+}\Sigma F_x = 0;\quad 8{,}75 - D_x = 0;\quad D_x = 8{,}75\text{ kN}$ *Antw.*

$+\uparrow\Sigma F_y = 0; -13{,}3 + D_y = 0; D_y = 13{,}3\text{ kN}$ *Antw.*

$\circlearrowleft +\Sigma M_D = 0; -8{,}75(4) + M_D = 0; M_D = 35\text{ kN}\cdot\text{m}$ *Antw.*

F6.21. Gehele constructie

$\circlearrowleft +\Sigma M_A = 0; -600(3) - [400(3)](1{,}5) + C_y(3) = 0$

$C_y = 1200\text{ N}$ *Antw.*

$\xrightarrow{+}\Sigma F_x = 0; A_y - 400(3) + 1200 = A_y = 0$ *Antw.*

$+\uparrow\Sigma F_y = 0; 600 - A_x - C_x = 0$

Element AB

$\circlearrowleft +\Sigma M_B = 0; 400(1{,}5)(0{,}75) - A_x(3) = 0$

$A_x = 150\text{ N}$ *Antw.*

$C_x = 450\text{ N}$ *Antw.*

Dezelfde resultaten worden verkregen bij het bekijken van elementen AB en BC.

F6.22. Gehele constructie

$\circlearrowleft +\Sigma M_E = 0; 250(6) - A_y(6) = 0$

$A_y = 250\text{ N}$

$\xrightarrow{+}\Sigma F_x = 0; E_x = 0$

$+\uparrow\Sigma F_y = 0; 250 - 250 + E_y = 0; E_y = 0$

Element BD

$\circlearrowleft +\Sigma M_D = 0; 250(4.5) - B_y(3) = 0;$

$B_y = 375\text{ N}$

Element ABC

$\curvearrowleft +\Sigma M_C = 0; -250(3) + 375(1{,}5) + B_x(2) = 0$

$B_x = 93{,}75$ N

$\overset{+}{\rightarrow}\Sigma F_x = 0; C_x - B_x = 0; C_x = 93{,}75$ N *Antw.*

$+\uparrow \Sigma F_y = 0; 250 - 375 + C_y = 0; C_y = 125$ N *Antw.*

F6.23. AD, CB zijn tweekrachtenelementen.

Element AB

$\curvearrowleft +\Sigma M_A = 0; -[\frac{1}{2}(3)(4)](1{,}5) + B_y(3) = 0$

$B_y = 3$ kN

Omdat BC een tweekrachtenelement is

$C_y = B_y = 3$ kN en $C_x = 0$ ($\Sigma M_B = 0$).

Element EDC

$\curvearrowleft +\Sigma M_E = 0; F_{DA}(\frac{4}{5})(1{,}5) - 5(3) - 3(3) = 0$

$F_{DA} = 20$ kN

$\overset{+}{\rightarrow}\Sigma F_x = 0; E_x - 20(\frac{3}{5}) = 0; E_x = 12$ kN *Antw.*

$+\uparrow \Sigma F_y = 0; -E_y + 20(\frac{4}{5}) - 5 - 3 = 0;$

$E_y = 8$ kN *Antw.*

F6.24. AC en DC zijn tweekrachtenelementen.

Element BC

$\curvearrowleft + \Sigma M_C = 0; [\frac{1}{2}(3)(8)](1) - B_y(3) = 0$

$B_y = 4$ kN

Element BA

$\curvearrowleft +\Sigma M_B = 0; 6(2) - A_x(4) = 0$

$A_x = 3$ kN *Antw.*

$+\uparrow\Sigma F_y = 0; -4 \text{ kN} + A_y = 0; A_y = 4$ kN *Antw.*

Gehele constructie

$\curvearrowleft +\Sigma M_A = 0; [\frac{1}{2}(3)(8)](2) + D_y(3) = 0$

$D_y = 12$ kN *Antw.*

Omdat DC een tweekrachtenelement is ($\Sigma M_C = 0$) dan

$D_x = 0$ *Antw.*

Hoofdstuk 7

F7.1. $\curvearrowleft +\Sigma M_A = 0; \quad B_y(6) - 10(1{,}5) - 15(4{,}5) = 0$

$B_y = 13{,}75$ kN

$\overset{+}{\rightarrow}\Sigma F_x = 0; \quad N_C = 0$ *Antw.*

$+\uparrow\Sigma F_y = 0; \quad V_C + 13{,}75 - 15 = 0$

$V_C = 1{,}25$ kN *Antw.*

$\curvearrowleft +\Sigma M_C = 0; \quad 13{,}75(3) - 15(1{,}5) - M_C = 0$

$M_C = 18{,}75 \text{ kN}\cdot\text{m}$ *Antw.*

F7.2. $\curvearrowleft +\Sigma M_B = 0; \quad 30 - 10(1{,}5) - A_y(3) = 0$

$A_y = 5$ kN

$\overset{+}{\rightarrow}\Sigma F_x = 0; \quad N_C = 0$ *Antw.*

$+\uparrow\Sigma F_y = 0; \quad 5 - V_C = 0$

$V_C = 5$ kN *Antw.*

$\curvearrowleft +\Sigma M_C = 0; \quad M_C + 30 - 5(1{,}5) = 0$

$M_C = -22{,}5 \text{ kN}\cdot\text{m}$ *Antw.*

F7.3. $\overset{+}{\rightarrow}\Sigma F_x = 0; \quad B_x = 0$

$\curvearrowleft +\Sigma M_A = 0; \quad 30(6)(3) - B_y(9) = 0$

$B_y = 60$ kN

$\overset{+}{\rightarrow}\Sigma F_x = 0; \quad N_C = 0$ *Antw.*

$\curvearrowleft +\uparrow\Sigma F_y = 0; \quad V_C - 60 = 0$

$V_C = 60$ kN *Antw.*

$\curvearrowleft +\Sigma M_C = 0; \quad -M_C - 60(4{,}5) = 0$

$M_C = -270 \text{ kN}\cdot\text{m}$ *Antw.*

F7.4. $\curvearrowleft +\Sigma M_A = 0; \quad B_y(6) - 12(1{,}5) - 9(3)(4{,}5) = 0$

$B_y = 23{,}25$ kN

$\overset{+}{\rightarrow}\Sigma F_x = 0; \quad N_C = 0$ *Antw.*

$+\uparrow\Sigma F_y = 0; \quad V_C + 23{,}25 - 9(1{,}5) = 0$

$V_C = -9{,}75$ kN *Antw.*

$\curvearrowleft +\Sigma M_C = 0;$

$23{,}25(1{,}5) - 9(1{,}5)(0{,}75) - M_C = 0$

$M_C = 24{,}75 \text{ kN}\cdot\text{m}$ *Antw.*

F7.5. $\curvearrowleft +\Sigma M_A = 0; \quad B_y(6) - \frac{1}{2}(9)(6)(3) = 0$

$B_y = 13{,}5$ kN

$\overset{+}{\rightarrow}\Sigma F_x = 0; \quad N_C = 0$ *Antw.*

$+\uparrow\Sigma F_y = 0; \quad V_C + 13{,}5 - \frac{1}{2}(9)(3) = 0$

$V_C = 0$ *Antw.*

$\curvearrowleft +\Sigma M_C = 0; \quad 13{,}5(3) - \frac{1}{2}(9)(3)(1) - M_C = 0$

$M_C = 27 \text{ kN}\cdot\text{m}$ *Antw.*

F7.6. $\curvearrowleft +\Sigma M_A = 0;$

$B_y(6) - \frac{1}{2}(6)(3)(2) - 6(3)(4{,}5) = 0$

$B_y = 16{,}5$ kN

$\overset{+}{\rightarrow}\Sigma F_x = 0; \quad N_C = 0$ *Antw.*

$+\uparrow\Sigma F_y = 0; \quad V_C + 16{,}5 - 6(3) = 0$

$V_C = 1{,}50$ kN *Antw.*

$\curvearrowleft +\Sigma M_C = 0; \quad 16{,}5(3) - 6(3)(1{,}5) - M_C = 0$

$M_C = 22{,}5 \text{ kN}\cdot\text{m}$ *Antw.*

F7.7. $+\uparrow\Sigma F_y = 0; \quad 6 - V = 0 \quad V = 6$ kN

$\curvearrowleft +\Sigma M_O = 0; \quad M + 18 - 6x = 0$

$M = (6x - 18) \text{ kN}\cdot\text{m}$

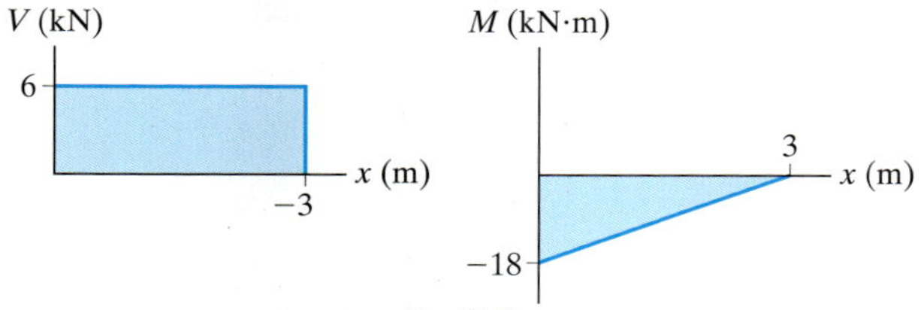

Fig. F7.7

F7.8. $+\uparrow \Sigma F_y = 0;$ $\quad -V - 2x = 0$

$$V = (-2\,x)\ \text{kN}$$

$\circlearrowleft + \Sigma M_O = 0;$ $\quad M + 2x\,\frac{x}{2} - 15 = 0$

$$M = \left(15 - x^2\right)\ \text{kN}\cdot\text{m}$$

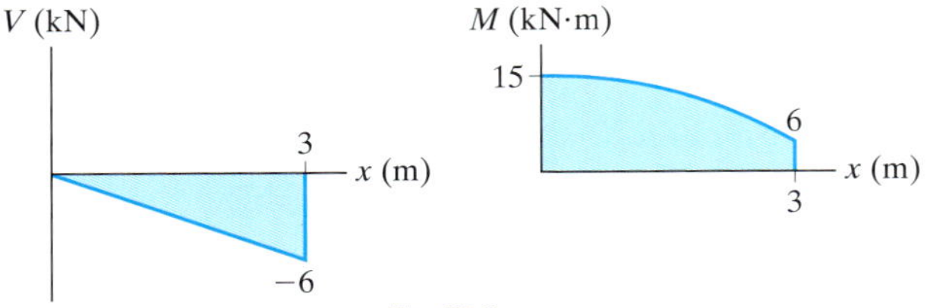

Fig. F7.8

F7.9. $+\uparrow \Sigma F_y = 0;$ $\quad -V - \frac{1}{2}(2x)(x) = 0$

$$V = -\left(x^2\right)\ \text{kN}$$

$\circlearrowleft + \Sigma M_O = 0;$ $\quad M + \frac{1}{2}(2x)(x)\left(\frac{x}{3}\right) = 0$

$$M = -\left(\tfrac{1}{3}x^3\right)\ \text{kN}\cdot\text{m}$$

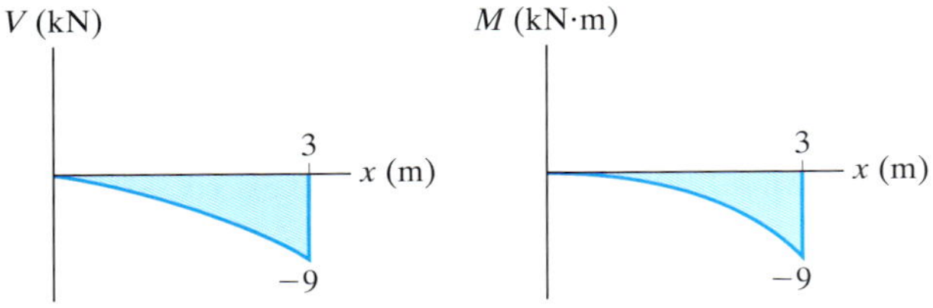

Fig. F7.9

F7.10. $+\uparrow \Sigma F_y = 0;$ $\quad -V - 2 = 0$

$$V = -2\ \text{kN}$$

$\circlearrowleft + \Sigma M_O = 0;$ $\quad M + 2x = 0$

$$M = (-2x)\ \text{kN}\cdot\text{m}$$

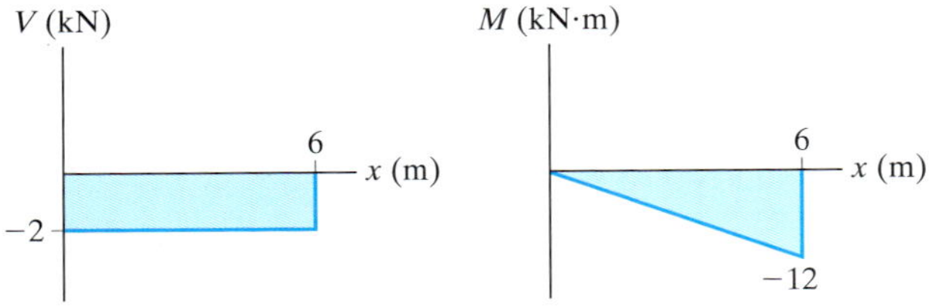

Fig. F7.10

F7.11. Gebied $3 \leq x < 3$ m

$+\uparrow \Sigma F_y = 0;$ $\quad -V - 5 = 0 \quad V = -5\ \text{kN}$

$\circlearrowleft + \Sigma M_O = 0;$ $\quad M + 5x = 0$

$$M = (-5x)\ \text{kN}\cdot\text{m}$$

Gebied $0 < x \leq 6$ m

$+\uparrow \Sigma F_y = 0;$ $\quad V + 5 = 0 \quad V = -5\ \text{kN}$

$\circlearrowleft + \Sigma M_O = 0;$ $\quad 5(6 - x) - M = 0$

$$M = \left(5(6 - x)\right)\ \text{kN}\cdot\text{m}$$

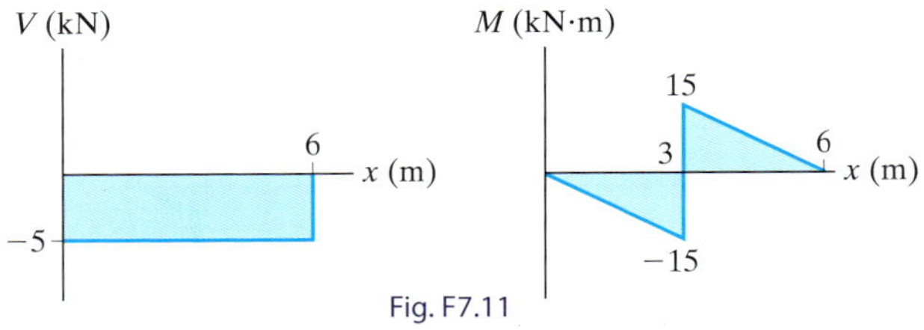

Fig. F7.11

F7.12. Gebied $0 \leq x < 3$ m

$+\uparrow \Sigma F_y = 0;$ $\quad V = 0$

$\circlearrowleft + \Sigma M_O = 0;$ $\quad M - 12 = 0$

$$M = 12\ \text{kN}\cdot\text{m}$$

Gebied $3\ \text{m} < x \leq 6$ m

$+\uparrow \Sigma F_y = 0;$ $\quad V + 4 = 0 \quad V = -4\ \text{kN}$

$\circlearrowleft + \Sigma M_O = 0;$ $\quad 4(6 - x) - M = 0$

$$M = \left(4(6 - x)\right)\ \text{kN}\cdot\text{m}$$

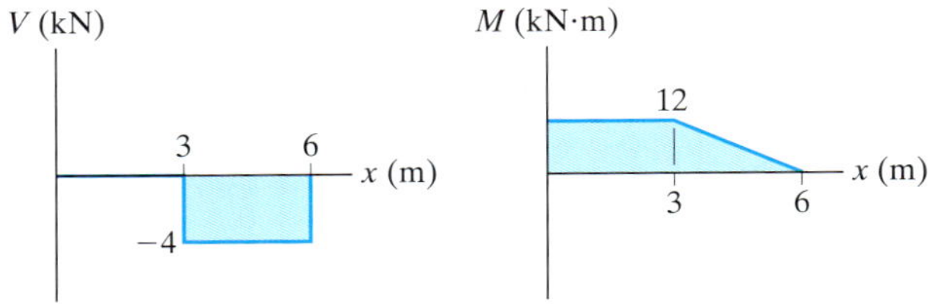

Fig. F7.12

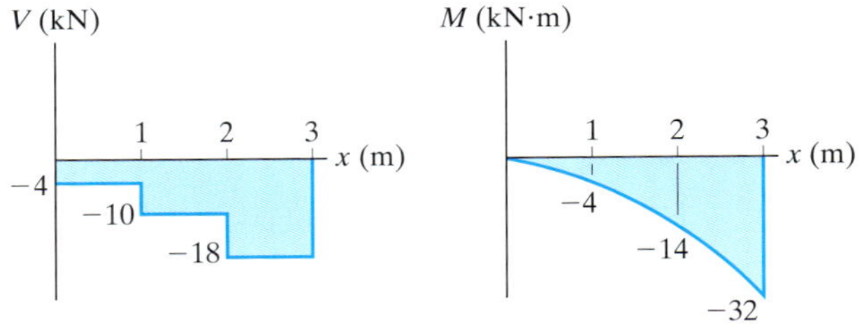

Fig. F7.13

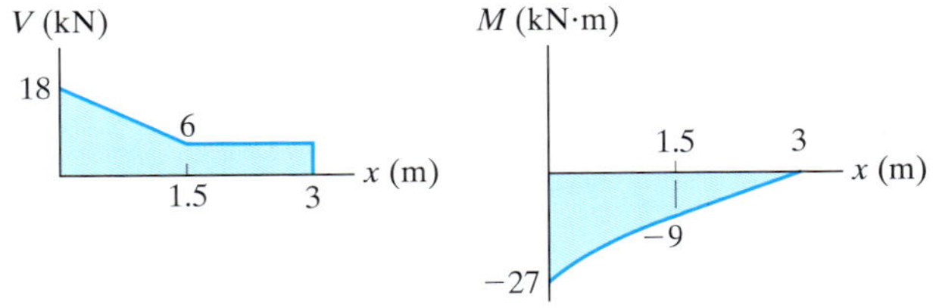

Fig. F7.14

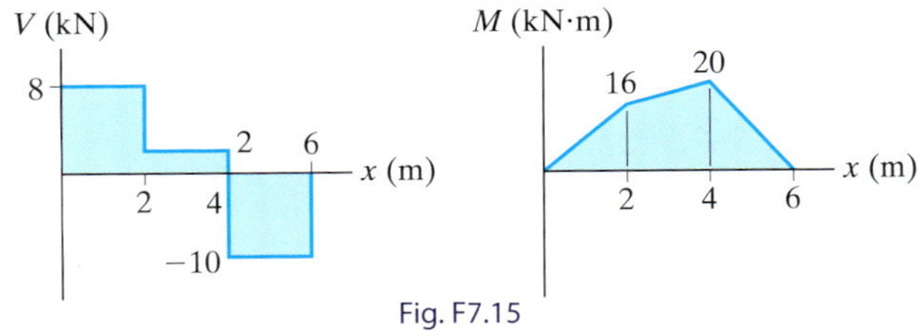

Fig. F7.15

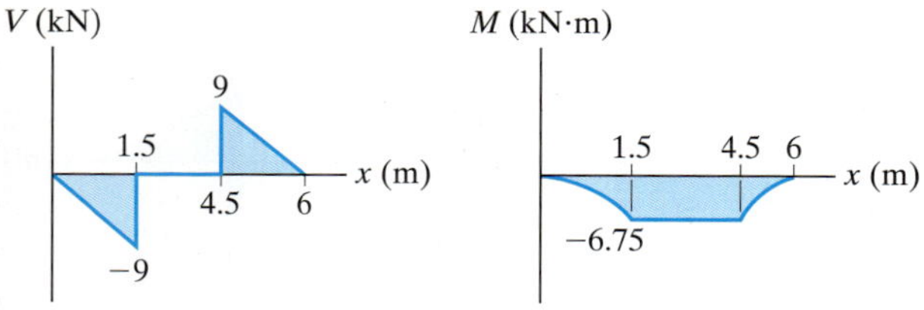

Fig. F7.16

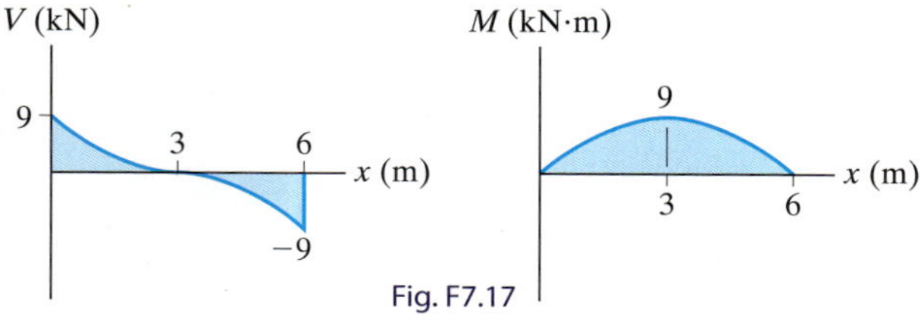

Fig. F7.17

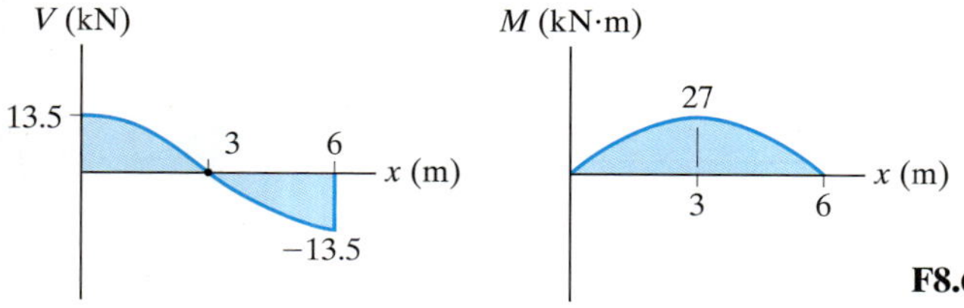

Fig. F7.18

Hoofdstuk 8

F8.1. $+\uparrow\Sigma F_y = 0; \quad N - 50(9{,}81) - 200\left(\frac{3}{5}\right) = 0$

$N = 610{,}5\text{N}$

$\overset{+}{\rightarrow}\Sigma F_x = 0; \quad F - 200\left(\frac{4}{5}\right) = 0$

$F = 160 \text{ N}$

$F < F_{\max} = \mu_s N = 0{,}3(610{,}5) = 183{,}15 \text{ N},$
dus $F = 160$ N *Antw.*

F8.2. $\circlearrowleft +\Sigma M_B = 0;$

$N_A(3) + 0{,}2N_A(4) - 30(9{,}81)(2) = 0$

$N_A = 154{,}89 \text{ N}$

$\overset{+}{\rightarrow}\Sigma F_x = 0; \quad P - 154{,}89 = 0$

$P = 154{,}89 \text{ N} = 155 \text{ N}$ *Antw.*

F8.3. Krat A

$+\uparrow\Sigma F_y = 0; \quad N_A - 50(9{,}81) = 0$

$N_A = 490{,}5 \text{ N}$

$\overset{+}{\rightarrow}\Sigma F_x = 0; \quad T - 0{,}25(490{,}5) = 0$

$T = 122{,}62 \text{ N}$

Krat B

$+\uparrow\Sigma F_y = 0; \quad N_B + P \sin 30^\circ - 50(9{,}81) = 0$

$N_B = 490{,}5 - 0{,}5P$

$\overset{+}{\rightarrow}\Sigma F_x = 0;$

$P \cos 30^\circ - 0{,}25(490{,}5 - 0{,}5\,P) - 122{,}62 = 0$

$P = 247 \text{ N}$ *Antw.*

F8.4. $\overset{+}{\rightarrow}\Sigma F_x = 0; \quad N_A - 0{,}3N_B = 0$

$+\uparrow\Sigma Fy = 0;$

$N_B + 0{,}3N_A + P - 100(9{,}81) = 0$

$\circlearrowleft +\Sigma M_O = 0;$

$P(0{,}6) \; - 0{,}3N_B(0{,}9)$

$- 0{,}3\,N_A\,(0{,}9) = 0$

$N_A = 175{,}70 \text{ N} \qquad N_B = 585{,}67 \text{ N}$

$P = 343 \text{ N}$ *Antw.*

F8.5. Bij glijden:

$+\uparrow\Sigma F_y = 0; \quad N_C - 100(9{,}81) = 0; \; N_C = 981 \text{ N}$

$\overset{+}{\rightarrow}\Sigma F_x = 0; \quad P - 0{,}4(981) = 0; \; P = 392{,}4 \text{ N}$

Bij kantelen:

$\circlearrowleft +\Sigma M_A = 0; \; -P(1{,}5) \; + 981(0,5) = 0$

$P = 327 \text{ N}$ *Antw.*

F8.6. $\circlearrowleft + \Sigma M_A = 0; \; 490{,}5(0.6) - T\cos 60^\circ\,(0{,}3 \cos 60^\circ + 0.6)$
$- T \sin 60^\circ\,(0.3 \sin 60^\circ) = 0$

$T = 490{,}5 \text{ N}$

$\overset{+}{\rightarrow}\Sigma F_x = 0; \; 490{,}5 \sin 60^\circ - N_A = 0; \; N_A = 424{,}8 \text{ N}$

$+\uparrow\Sigma F_y = 0; \quad \mu_s(424{,}8) + 490{,}5 \cos 60^\circ - 490{,}5 = 0$

$\mu_s = 0{,}577$ *Antw.*

F8.7. A beweegt niet. Veronderstel dat B op het punt staat langs C en A te schuiven, en dat C stationair is.

$\overset{+}{\rightarrow}\Sigma Fx = 0; \; P - 0{,}3(50) - 0{,}4(75); \; P = 45 \text{ N}$

Veronderstel dat C gaat schuiven, en dat B niet langs C schuift, maar op het punt staat langs A te schuiven.

$\overset{+}{\rightarrow}\Sigma F_x = 0; \; P - 0{,}3(50) - 0{,}35(90) = 0$

$P = 46{,}5 \text{ N} > 45 \text{ N}$

$P = 45 \text{ N}$ *Antw.*

F8.8. A staat op het punt om omlaag te bewegen en B beweegt omhoog.

Blok A

$+\nwarrow\Sigma F_y = 0; \; N = W\cos\theta$

$+\nearrow\Sigma F_x = 0; \; T \quad \mu_s(W\cos\theta) - W\sin\theta = 0$

$T = W\sin\theta - \mu_s\, W\cos\theta \qquad (1)$

Blok B

$+\nwarrow\Sigma F_y = 0; \; N' = 2W\cos\theta$

$+\nearrow\Sigma F_x = 0; \; 2T - \mu_s W\cos\theta - \mu_s(2W\cos\theta)$
$- W\sin\theta = 0$

Gebruik vergelijking(1);

$\theta = \tan^{-1} 5\mu_s$ *Antw.*

F8.9. Veronderstel dat B op het punt staat om over A te schuiven, $F_B = 0,3\ N_B$.

$\overset{+}{\rightarrow}\Sigma F_x = 0;\ P - 0,3(10)(9,81) = 0$

$P = 29,4\text{ N}$

$\curvearrowleft +\Sigma M_O = 0;\ 10(9,81)\ (0,15) - P(0.4) = 0$

$P = 36,8\text{ N}$

Veronderstel dat A op het punt staat te gaan schuiven, $F_A = 0,1\ N_A$.

$\overset{+}{\rightarrow}\Sigma F_x = 0\ P - 0,1\ [7(9,81) + 10(9,81)] = 0$

$P = 16,7\text{ N}$

Kies het kleinste resultaat. $P = 16,7$ N *Antw.*

Hoofdstuk 9

F9.1. $$\bar{x} = \frac{\int_A \tilde{x}\,dA}{\int_A dA} = \frac{\frac{1}{2}\int_0^{1\text{ m}} y^{2/3}\,dy}{\int_0^{1\text{ m}} y^{1/3}dy} = 0,4\text{ m}$$ *Antw.*

$$\bar{y} = \frac{\int_A \tilde{y}\,dA}{\int_A dA} = \frac{\int_0^{1\text{ m}} y^{4/3}\,dy}{\int_0^{1\text{ m}} y^{1/3}dy} = 0,571\text{ m}$$ *Antw.*

F9.2. $$\bar{x} = \frac{\int_A \tilde{x}\,dA}{\int_A dA} = \frac{\int_0^{1\text{m}} x(x^3\,dx)}{\int_0^{1\text{ m}} x^3\,dx}$$

$$= 0,8\text{ m}$$ *Antw.*

$$\bar{y} = \frac{\int_A \tilde{y}\,dA}{\int_A dA} = \frac{\int_0^{1\text{ m}} \frac{1}{2}x^3\left(x^3\,dx\right)}{\int_0^{1\text{ m}} x^3\,dx}$$

$$= 0,286\text{ m}$$ *Antw.*

F9.3. $$\bar{y} = \frac{\int_A \tilde{y}\,dA}{\int_A dA} = \frac{\int_0^{2\text{ m}} y\left(2\left(\frac{y^{1/2}}{\sqrt{2}}\right)\right)dy}{\int_0^{2\text{ m}} 2\left(\frac{y^{1/2}}{\sqrt{2}}\right)dy}$$

$$= 1,2\text{ m}$$ *Antw.*

F9.4. $$\bar{x} = \frac{\int_m \tilde{x}\,dm}{\int_m dm} = \frac{\int_0^L x\left[m_0\left(1 + \frac{x^2}{L^2}\right)dx\right]}{\int_0^L m_0\left(1 + \frac{x^2}{L^2}\right)dx}$$

$$= \frac{9}{16}L$$ *Antw.*

F9.5. $$\bar{y} = \frac{\int_V \tilde{y}\,dV}{\int_V dV} = \frac{\int_0^{1\text{ m}} y\left(\frac{\pi}{4}\,y dy\right)}{\int_0^{1\text{ m}} \frac{\pi}{4}y\,dy}$$

$$= 0,667\text{ m}$$ *Antw.*

F9.6. $$\bar{z} = \frac{\int_V \tilde{z}\,dV}{\int_V dV} = \frac{\int_0^{2\text{ m}} z\left[\frac{9\pi}{64}(4 - z)^2\,dz\right]}{\int_0^{2\text{ m}} \frac{9\pi}{64}(4 - z)^2\,dz}$$

$$= 0,786\text{ m}$$ *Antw.*

F9.7. $$\bar{x} = \frac{\Sigma\tilde{x}\,L}{\Sigma L}$$

$$= \frac{150(300) + 300(600) + 300(400)}{300 + 600 + 400}$$

$$= 265\text{ mm}$$ *Antw.*

$$\bar{y} = \frac{\Sigma\tilde{y}\,L}{\Sigma L}$$

$$= \frac{0(300) + 300(600) + 600(400)}{300 + 600 + 400}$$

$$= 323\text{ mm}$$ *Antw.*

$$\bar{z} = \frac{\Sigma\tilde{z}\,L}{\Sigma L}$$

$$= \frac{0(300) + 0(600) + (-200)(400)}{300 + 600 + 400}$$

$$= -61,5\text{ mm}$$ *Antw.*

F9.8. $$\bar{y} = \frac{\Sigma\tilde{y}\,A}{\Sigma A} = \frac{150[300(50)] + 325[50(300)]}{300(50) + 50(300)}$$

$$= 237,5\text{ mm}$$ *Antw.*

F9.9. $$\bar{y} = \frac{\Sigma\tilde{y}\,A}{\Sigma A} = \frac{100[2(200)(50)] + 225[50(400)]}{2(200)(50) + 50(400)}$$

$$= 162,5\text{ mm}$$ *Antw.*

F9.10. $$\bar{x} = \frac{\Sigma\tilde{x}\,A}{\Sigma A} = \frac{0,25[4(0,5)] + 1,75[0,5(2,5)]}{4(0,5) + 0,5(2,5)}$$

$$= 0,827\text{ m}$$ *Antw.*

$$\bar{y} = \frac{\Sigma\tilde{y}\,A}{\Sigma A} = \frac{2[4(0,5)] + 0,25[(0,5)(2,5)]}{4(0,5) + (0,5)(2,5)}$$

$$= 1,33\text{ m}$$ *Antw.*

F9.11. $$\bar{x} = \frac{\Sigma\tilde{x}\,V}{\Sigma V} = \frac{1[2(7)(6)] + 4[4(2)(3)]}{2(7)(6) + 4(2)(3)}$$

$$= 1,67\text{ m}$$ *Antw.*

$$\bar{y} = \frac{\Sigma\tilde{y}\,V}{\Sigma V} = \frac{3,5[2(7)(6)] + 1[4(2)(3)]}{2(7)(6) + 4(2)(3)}$$

$$= 2,94\text{ m}$$ *Antw.*

$$\bar{z} = \frac{\Sigma\tilde{z}\,V}{\Sigma V} = \frac{3[2(7)(6)] + 1,5[4(2)(3)]}{2(7)(6) + 4(2)(3)}$$

$$= 2,67\text{ m}$$ *Antw.*

F9.12. $\bar{x} = \dfrac{\Sigma \tilde{x} V}{\Sigma V}$

$$= \frac{0{,}25[0{,}5(2{,}5)(1{,}8)] + 0{,}25\left[\frac{1}{2}(1{,}5)(1{,}8)(0{,}5)\right] + \left[\frac{1}{2}(1{,}5)(1{,}8)(0{,}5)\right]}{0{,}5(2{,}5)(1{,}8) + \frac{1}{2}(1{,}5)(1{,}8)(0{,}5) + \frac{1}{2}(1{,}5)(1{,}8)(0{,}5)}$$

$= 0{,}391$ m *Antw.*

$\bar{y} = \dfrac{\Sigma \tilde{y} V}{\Sigma V} = \dfrac{5{,}00625}{3{,}6} = 1{,}39$ m *Antw.*

$\bar{z} = \dfrac{\Sigma \tilde{z} V}{\Sigma V} = \dfrac{2{,}835}{3{,}6} = 0{,}7875$ m *Antw.*

F9.13. $A = 2\pi \Sigma \tilde{r} L$

$= 2\pi\left[0{,}75(1{,}5) + 1{,}5(2) + 0{,}75\sqrt{(1{,}5)^2 + (2)^2}\right]$

$= 37{,}7 \text{ m}^2$ *Antw.*

$V = 2\pi \Sigma \tilde{r} A$

$= 2\pi\left[0{,}75(1{,}5)(2) + 0{,}5\left(\tfrac{1}{2}\right)(1{,}5)(2)\right]$

$= 18{,}8 \text{ m}^3$ *Antw.*

F9.14. $A = 2\pi \Sigma \tilde{r} L$

$= 2\pi\left[1{,}95\sqrt{(0{,}9)^2 + (1{,}2)^2} + 2{,}4(1{,}5) + 1{,}95(0{,}9) + 1{,}5(2{,}7)\right]$

$= 77{,}5 \text{ m}^2$ *Antw.*

$V = 2\pi \Sigma \tilde{r} A$

$= 2\pi\left[1{,}8\left(\tfrac{1}{2}\right)(0{,}9)(1{,}2) + 1{,}95(0{,}9)(1{,}5)\right]$

$= 22{,}6 \text{ m}^3$ *Antw.*

F9.15. $A = 2\pi \Sigma \tilde{r} L$

$= 2\pi\left[7{,}5(15) + 15(18) \quad + 22{,}5\sqrt{15^2 + 20^2} + 15(30)\right]$

$= 8765 \text{ mm}_2$ *Antw.*

$V = 2\pi \Sigma \tilde{r} A$

$= 2\pi\left[7{,}5(15)(38) + 20\ \left(\tfrac{1}{2}\right)(15)(20)\right]$

$= 45\,710 \text{ mm}^3$ *Antw.*

F9.16. $A = 2\pi \Sigma \tilde{r} L$

$= 2\pi\left[\tfrac{2(1{,}5)}{\pi}\left(\tfrac{\pi(1{,}5)}{2}\right) + 1{,}5(2) + 0{,}75(1{,}5)\right]$

$= 40{,}1 \text{ m}^2$ *Antw.*

$V = 2\pi \Sigma \tilde{r} A$

$= 2\pi\left[\tfrac{4(1{,}5)}{3\pi}\left(\tfrac{\pi(1{,}5^2)}{4}\right) + 0{,}75(1{,}5)(2)\right]$

$= 21{,}2 \text{ m}^3$ *Antw.*

F9.17. $w_b = \rho_w g h b = 1000(9{,}81)(6)(1)$

$= 58{,}86$ kN/m

$F_R = \tfrac{1}{2}(58{,}76)(6) = 176{,}58 \text{ kN} = 177$ kN *Antw.*

F9.18. $w_b = \gamma_w hb = 9{,}81\ (2)(1) = 19{,}62$ kN/m

$F_R = 19{,}62(1{,}5) = 29{,}43$ kN *Antw.*

F9.19. $w_b = \rho_w g h_B b = 1000(9{,}81)(2)(1{,}5)$

$= 29{,}43$ kN/m

$F_R = \tfrac{1}{2}(29{,}43)\left(\sqrt{(1{,}5)^2 + (2)^2}\right)$

$= 36{,}8$ kN *Antw.*

F9.20. $w_A = \rho_w g h_A b = 1000(9{,}81)(3)(2)$

$= 58{,}86$ kN/m

$w_B = \rho_w g h_B b = 1000(9{,}81)(5)(2)$

$= 98{,}1$ kN/m

$F_R = \tfrac{1}{2}(58{,}86 + 98{,}1)(2) = 157$ kN *Antw.*

F9.21. $w_A = \gamma_w h_A b = 9{,}81(1{,}8)(0{,}6) = 10{,}59$ kN/m

$w_B = \gamma_w h_B b = 9{,}81(3{,}0)(0{,}6) = 17{,}66$ kN/m

$F_R = \tfrac{1}{2}(10{,}59 + 17{,}66)\left(\sqrt{(0{,}9)^2 + (1{,}2)^2}\right)$

$= 21{,}2$ kN *Antw.*

Hoofdstuk 10

F10.1.

$I_x = \int_A y^2\, dA = \int_0^{1\text{ m}} y^2\left[\left(1 - y^{3/2}\right)dy\right] = 0{,}111 \text{ m}^4$ *Antw.*

F10.2.

$I_x = \int_A y^2\, dA = \int_0^{1\text{ m}} y^2\left(y^{3/2}\, dy\right) = 0{,}222 \text{ m}^4$ *Antw.*

F10.3.

$I_y = \int_A x^2\, dA = \int_0^{1\text{ m}} x^2\left(x^{2/3}\right)dx = 0{,}273 \text{ m}^4$ *Antw.*

F10.4.

$I_y = \int_A x^2\, dA = \int_0^{1\text{ m}} x^2\left[(1 - x^{2/3})\, dx\right] = 0{,}0606 \text{ m}^4$ *Antw.*

F10.5. $I_x = \left[\tfrac{1}{12}(50)\left(450^3\right) + 0\right] + \left[\tfrac{1}{12}(300)\left(50^3\right) + 0\right]$

$= 383\left(10^6\right) \text{ mm}^4$ *Antw.*

$I_y = \left[\tfrac{1}{12}(450)\left(50^3\right) + 0\right]$

$+ 2\left[\tfrac{1}{12}(50)\left(150^3\right) + (150)(50)(100)^2\right]$

$= 183\left(10^6\right) \text{ mm}^4$ *Antw.*

F10.6. $I_x = \tfrac{1}{12}(360)\left(200^3\right) - \tfrac{1}{12}(300)\left(140^3\right)$

$= 171\left(10^6\right) \text{ mm}^4$ *Antw.*

$I_y = \tfrac{1}{12}(200)\left(360^3\right) - \tfrac{1}{12}(140)\left(300^3\right)$

$= 463\left(10^6\right) \text{ mm}^4$ *Antw.*

F10.7. $I_y = 2\left[\frac{1}{12}(50)\left(200^3\right) + 0\right]$
$+ \left[\frac{1}{12}(300)\left(50^3\right) + 0\right]$
$= 69{,}8\ (10^6)\ \text{mm}^4$ *Antw.*

F10.8.
$$\bar{y} = \frac{\Sigma \tilde{y} A}{\Sigma A} = \frac{15(150)(30) + 105(30)(150)}{150(30) + 30(150)} = 60\ \text{mm}$$
$\bar{I}_{x'} = \Sigma(\bar{I} + Ad^2)$
$= \left[\frac{1}{12}(150)(30)^3 + (150)(30)(60 - 15)^2\right]$
$+ \left[\frac{1}{12}(30)(150)^3 + 30(150)(105 - 60)^2\right]$
$= 27{,}0\ (10^6)\ \text{mm}^4$ *Antw.*

Hoofdstuk 11

F11.1. $y_G = 0{,}75 \sin\theta \qquad \delta y_G = 0{,}75 \cos\theta\ \delta\theta$
$x_C = 2(1{,}5)\cos\theta \qquad \delta x_C = -3\sin\theta\ \delta\theta$
$\delta U = 0; \qquad 2W\delta y_G + P\delta x_C = 0$
$(294{,}3\cos\theta - 3P\sin\theta)\delta\theta = 0$
$P = 98{,}1 \cot\theta|_{\theta=60^\circ} = 56{,}6\ \text{N}$ *Antw.*

F11.2. $x_A = 5\cos\theta \qquad \delta x_A = -5\sin\theta\ \delta\theta$
$y_G = 2{,}5\sin\theta \qquad \delta y_G = 2{,}5\cos\theta\ \delta\theta$
$\delta U = 0; \qquad -P\delta x_A + (-W\delta y_G) = 0$
$(5P\sin\theta - 1226{,}25\cos\theta)\delta\theta = 0$
$P = 245{,}25\cot\theta|_{\theta=60^\circ} = 142\ \text{N}$ *Antw.*

F11.3. $x_B = 0{,}6\sin\theta \qquad \delta x_B = 0{,}6\cos\theta\ \delta\theta$
$y_C = 0{,}6\cos\theta \qquad \delta y_C = -0{,}6\sin\theta\ \delta\theta$
$\delta U = 0; \qquad -F_{sp}\delta x_B + (-P\delta y_C) = 0$
$-9\left(10^3\right)\sin\theta\ (0{,}6\cos\theta\ \delta\theta)$
$- 2000(-0{,}6\sin\theta\ \delta\theta) = 0$
$\sin\theta = 0 \qquad \theta = 0^\circ$ *Antw.*
$-5400\cos\theta + 1200 = 0$
$\theta = 77{,}16^\circ = 77{,}2^\circ$ *Antw.*

F11.4. $x_B = 0{,}9\cos\theta \qquad \delta x_B = -0{,}9\sin\theta\delta\theta$
$x_C = 2(0{,}9\cos\theta) \qquad \delta x_C = -1{,}8\sin\theta\delta\theta$
$\delta U = 0; \qquad P\delta x_B + \left(-F_{sp}\,\delta x_C\right) = 0$
$6\left(10^3\right)(-0{,}9\sin\theta\ \delta\theta)$
$- 36\left(10^3\right)(\cos\theta - 0{,}5)(-1{,}8\sin\theta\ \delta\theta) = 0$
$\sin\theta\ (64\,800\cos\theta - 37\,800)\delta\theta = 0$
$\sin\theta = 0 \qquad \theta = 0^\circ$ *Antw.*
$64800\cos\theta - 37\,800 = 0$
$\theta = 54{,}31^\circ = 54{,}3^\circ$ *Antw.*

F11.5. $y_G = 2{,}5\sin\theta \qquad \delta y_G = 2{,}5\cos\theta\ \delta\theta$
$x_A = 5\cos\theta \qquad \delta x_C = -5\sin\theta\ \delta\theta$
$\delta U = 0; \qquad -W\delta y_G + \left(-F_{sp}\delta x_A\right) = 0$
$(15\,000\sin\theta\cos\theta - 7500\sin\theta$
$- 1226{,}25\cos\theta)\delta\theta = 0$
$\theta = 56{,}33^\circ = 56{,}3^\circ$ *Antw.*
of $\theta = 9{,}545^\circ = 9{,}55^\circ$ *Antw.*

F11.6. $F_{sp} = 15\,000\ (0{,}6 - 0{,}6\cos\theta)$
$x_C = 3[0{,}3\sin\theta] \qquad \delta x_C = 0{,}9\cos\theta\ \delta\theta$
$y_B = 2[0{,}3\cos\theta] \qquad \delta y_B = -0{,}6\sin\theta\ \delta\theta$
$\delta U = 0; \qquad P\delta x_C + F_{sp}\delta y_B = 0$
$(135\cos\theta - 5400\sin\theta + 5400\sin\theta\cos\theta)\delta\theta = 0$
$\theta = 20{,}9^\circ$ *Antw.*

BIJLAGE C

Geselecteerde vraagstukken, oplossingen

Hoofdstuk 1

1.1. **a.** 4,66 m
b. 55,6 s
c. 4,56 kN
d. 2,77 Mg

1.2. **a.** GN/s
b. Gg/N
c. GN/(kg · s)

1.3. **a.** km/s
b. mm
c. Gs/kg
d. mm · N

1.5. **a.** Gg/s
b. KN/m
c. KN/(kg · s)

1.6. **a.** MN/s
b. kg/N
c. GN/(kg · s)

1.7. **a.** 3,53 Gg
b. 34,6 MN
c. 5,68 MN
d. 3,53 Gg

1.9. **a.** 5,10 g
b. 25,5 Mg
c. 8,15 Gg

1.10. **a.** 0,04 MN2
b. 25 μm2
c. 0,064 km3

1.11. **a.** 0,185 Mg2
b. 4 μg2
c. 0,0122 km3

1.13. **a.** 8,653 s
b. 8,368 kN
c. 893 g

1.14. 26,9 μm · kg/N

1.15. F = 10,0 nN
$W_1 = 78{,}5$ N
$W_2 = 118$ N

Hoofdstuk 2

2.1. $F_R = 867$ N
$\phi = 108°$

2.2. $F_R = 497$ N
$\phi = 155°$

2.3. $F = 960$ N
$\theta = 45{,}2°$

2.5. $F_{1u} = 205$ N
$F_{1u} = 160$ N

2.6. $F_{2u} = 376$ N
$F_{2u} = 482$ N

2.7. $F_R = 3{,}92$ kN
$\theta = 78{,}6°$

2.9. $F_{1u} = 129$ N
$F_{1u} = 183$ N

2.10. $F_{2u} = 77{,}6$ N
$F_{2u} = 150$ N

2.11. $F_A = 774$ N
$F_B = 3$ N

2.13. $F_x = -125$ N
$F_{y'} = 317$ N

2.14. $F_{x'} = -183$ N
$F_y = 344$ N

2.15. $F_R = 10{,}8$ kN
$\phi = 3{,}16°$

2.17. $F_A = 3{,}66$ kN
$F_B = 7{,}07$ kN

2.18. $F_A = 8{,}66$ kN
$F_B = 5{,}00$ kN
$\theta = 60°$

2.19. $F_R = 19{,}2$ N
$\theta = 2{,}37°$ ∢

2.21. $\theta = 75{,}5°$

2.22. $\phi = \frac{\theta}{2}$
$F_R = 2F_{\cos}\left(\frac{\theta}{2}\right)$

2.23. $\theta = 36{,}9°$
$F_R = 920$ N

2.26. $F_A = 439$ N
$F_B = 311$ N

2.27. $\theta = 60°$
$F_A = 520$ N
$F_B = 300$ N

2.29. $F_R = 4{,}01$ kN
$\phi = 16{,}2°$

2.30. $\theta = 90°$
$F_B = 1$ kN
$F_R = 1{,}73$ kN

2.31. $F_R = 400$ N
$\theta = 60°$

2.33. $F_R = 546$ N
$\theta = 253°$

2.34. $\mathbf{F}_1 = \{200\mathbf{i} + 346\mathbf{j}\}$ N
$\mathbf{F}_2 = \{177\mathbf{i} - 177\mathbf{j}\}$ N

2.35. $F_R = 413$ N
$\theta = 24{,}2°$

2.37. $F_R = 1{,}96$ kN
$\theta = 4{,}12°$

2.38. $F = 11{,}3$ kN

2.39. $\mathbf{F}_1 = \{400\mathbf{i} + 693\mathbf{j}\}$ N
$\mathbf{F}_2 = \{-424\mathbf{i} + 424\mathbf{j}\}$ N
$\mathbf{F}_3 = \{600\mathbf{i} - 250\mathbf{j}\}$ N

2.41. $FR = 25{,}1$ kN
$\theta = 184{,}5°$

2.42. $\theta = 68{,}6°$
$F_B = 960$ N

2.43. $F_R = 839$ N
$\theta = 14{,}8°$

2.45. $F_1 = 143$ N
$F_R = 91{,}9$ N

2.46. $\phi = 29{,}2°$, $F_1 = 528$ N

2.47. $F_R = \sqrt{F_1^{\,2} + F_2^{\,2} + 2F_1F_2\cos\phi}$

$\tan\theta = \dfrac{F_1 \sin\phi}{F_2 F_1 \cos\phi}$

2.49. $\phi = 42{,}4°$
$F_1 = 731$ N

2.50. $\theta = 29{,}1°$
$F_1 = 275$ N

2.51. $FR = 1{,}03$ kN
$\theta = 87{,}9°$

2.53. $\mathbf{F} = 2{,}03$ kN
$\mathbf{F}_R = 7{,}87$ kN

2.54. $\theta = 37{,}0°$
$F_1 = 889$ N

2.55. $F_R = 717$ N
$\phi = 37{,}1°$

2.57. $F_R = 1{,}23$ kN
$\theta = 6{,}08°$

2.58. $\phi = 10{,}9°$
$F_1 = 474$ N

2.59. $F_R = \sqrt{(0{,}5F_1 + 300)^2 + (0{,}866F_1 - 240)^2}$

$F_R = 380$ N
$F_1 = 57{,}8$ N

2.61. $\mathbf{F}_1 = \{-159\mathbf{i} + 276\mathbf{j} + 318\mathbf{k}\}$ N
$\mathbf{F}_2 = \{424\mathbf{i} + 300\mathbf{j} - 300\mathbf{k}\}$ N
$\gamma = 120°$

2.62. $\mathbf{F}_R = \{265{,}16\mathbf{i} + 575{,}5\mathbf{j} + 18{,}20\mathbf{k}\}$ N
$\mathrm{F}_R = 634$ N
$\alpha = 65{,}3°$
$\beta = 24{,}8°$
$\gamma = 88{,}4°$

2.63. $F_x = 40$ N
$F_y = 40$ N
$F_z = 56{,}6$ N

2.65. $F_R = 50$ N
$\alpha = 59{,}1°$
$\beta = 52{,}2°$
$\gamma = 53{,}1°$

2.66. $F_1 = 87{,}7$ N
$\alpha_1 = 46{,}9°$
$\beta_1 = 125°$
$\gamma_1 = 62{,}9°$
$F_2 = 98{,}6$ N
$\alpha_2 = 114°$
$\beta_2 = 150°$
$\gamma_2 = 72{,}3°$

2.67. $\mathbf{F}_1 = \{-2\mathbf{j}\}$ N
$\mathbf{F}_2 = \{2{,}5\mathbf{i} + 3{,}54\mathbf{j} + 2{,}5\mathbf{k}\}$ N

2.69. $F_R = 733$ N
$\alpha = 53{,}5°$
$\beta = 65{,}3°$
$\gamma = 133°$

2.70. $F_R = 369$ N
$\alpha = 19{,}5°$
$\beta = 78{,}3°$
$\gamma = 105°$

2.71. $\mathrm{F}_R = 754$ N
$\alpha = 121°$
$\beta = 52{,}5°$
$\gamma = 53{,}1°$

2.73. $\mathrm{F}_3 = 428$ N
$\alpha = 88{,}3°$
$\beta = 20{,}6°$
$\gamma = 69{,}5°$

2.74. $F_3 = 250$ N
$\alpha = 87{,}0°$
$\beta = 142°$
$\gamma = 53{,}1°$

2.75. $\alpha = 46{,}1°$
$\beta = 114°$
$\gamma = 53{,}1°$

2.77. $\mathbf{F}_1 = \{225\mathbf{j} + 268\mathbf{k}\}$ N
$\mathbf{F}_2 = \{70{,}7\mathbf{i} + 50{,}0\mathbf{j} - 50{,}0\mathbf{k}\}$ N
$\mathbf{F}_3 = \{125\mathbf{i} - 177\mathbf{j} + 125\mathbf{k}\}$ N
$F_R = 407$ N
$\alpha_x = 61{,}3°$
$\beta_y = 76{,}0°$
$\gamma_z = 32{,}5°$

2.78. F3 = 166 N
$\alpha = 97{,}5°$
$\beta = 63{,}7°$
$\gamma = 27{,}5°$

2.79. $\alpha_{F1} = 36{,}9°$
$\beta_{F1} = 90{,}0°$
$\gamma_{F1} = 53{,}1°$
$\alpha_R = 69{,}3°$
$\beta_R = 52{,}2°$
$\gamma_R = 45{,}0°$

2.81. $\alpha_1 = 90°$
$\beta_1 = 53{,}1°$
$\gamma_1 = 66{,}4°$

2.82. $F_2 = 363$ N
$\alpha_2 = 15{,}8°$
$\beta_2 = 104°$
$\gamma_2 = 82{,}6°$

2.83. $F_R = 180$ N
$\alpha = 147°$
$\beta = 119°$
$\gamma = 75{,}0°$

2.85. $F = 2{,}02$ kN
$F_y = 0{,}523$ kN

2.86. $\gamma_{AB} = 467$ mm

2.87. $r_{AD} = 1{,}50$ m
$r_{BD} = 1{,}50$ m
$r_{CD} = 1{,}73$ m

2.89. $x = 5{,}06$ m
$y = 3{,}61$ m
$z = 6{,}51$ m

2.90. $\mathbf{F}_B = \{-400\mathbf{i} - 200\mathbf{j} + 400\mathbf{k}\}$ N
$\mathbf{F}_c = \{-200\mathbf{i} + 200\mathbf{j} + 350\mathbf{k}\}$ N

2.91. $F_R = 960$ N
$\alpha = 129°$
$\beta = 90°$
$\gamma = 38{,}7°$

2.93. $F_R = 1{,}17$ kN
$\alpha = 68{,}0°$
$\beta = 96{,}8°$
$\gamma = 157°$

2.94. $F_R = 1{,}49$ kN
$\alpha = 79{,}8°$
$\beta = 88{,}4°$
$\gamma = 169{,}7°$

2.95. $d = 6{,}71$ km

2.97. $F_R = 3.59$ kN
$x = 1{,}25$ m
$z = 2{,}20$ m

2.98. $\mathbf{F}_A = \{285\mathbf{j} - 93{,}0\mathbf{k}\}$ N
$\mathbf{F}_C = \{159\mathbf{i} + 183\mathbf{j} - 59{,}7\mathbf{k}\}$ N

2.99. $F_R = 316$ N
$\alpha = 60{,}1°$
$\beta = 74{,}6°$
$\gamma = 146°$

2.101. $\mathbf{r}_A = \{14{,}9\mathbf{i} + 7{,}5\mathbf{j} - 18{,}6\mathbf{k}\}$ m

2.102. $\mathbf{F}_{EA} = \{12\mathbf{i} - 8\mathbf{j} - 24\mathbf{k}\}$ kN
$\mathbf{F}_{EB} = \{12\mathbf{i} + 8\mathbf{j} - 24\mathbf{k}\}$ kN
$\mathbf{F}_{EC} = \{-12\mathbf{i} + 8\mathbf{j} - 24\mathbf{k}\}$ kN
$\mathbf{F}_{ED} = \{-12\mathbf{i} - 8\mathbf{j} - 24\mathbf{k}\}$ kN
$\mathbf{F}_R = \{-96\mathbf{k}\}$ kN

2.103. $x = 3{,}82$ m, $y = 2{,}12$ m, $z = 1{,}88$ m

2.105. $F_R = 1{,}50$ kN
$\alpha = 77{,}6°$
$\beta = 90{,}6°$
$\gamma = 168°$

2.106. $\mathbf{F}_A = \{144{,}12\mathbf{i} - 83{,}21\mathbf{j} - 249{,}62\mathbf{k}\}$ N
$\mathbf{F}_B = \{-144{,}12\mathbf{i} - 83{,}21\mathbf{j} - 249{,}62\mathbf{k}\}$ N
$\mathbf{F}_C = \{166{,}41\mathbf{j} - 249{,}62\mathbf{k}\}$ N
$F_R = 748{,}85$ N
$\alpha = 90°$
$\beta = 90°$
$\gamma = 180°$

2.107. $F = 260{,}4$ N

2.109. $F_C = 442$ N; $F_B = 318$ N; $F_D = 866$ N

2.110. $|\mathbf{r}_{AB}| = 567{,}2$ m

2.111. $\mathbf{F}_A = \{-1{,}46\mathbf{i} + 5{,}82\mathbf{k}\}$ kN
$\mathbf{F}_B = \{0{,}970\mathbf{i} - 1{,}68\mathbf{j} + 7{,}76\mathbf{k}\}$ kN
$\mathbf{F}_C = \{0{,}857\mathbf{i} + 0{,}857\mathbf{j} + 4{,}85\mathbf{k}\}$ N
$\alpha = 88{,}8°$
$\beta = 92{,}6°$
$\gamma = 2{,}81°$

2.113. $\theta = 82{,}0°$

2.114. $\theta = 74{,}2°$

2.115. $r_{BC} = 5{,}39$ m

2.117. $r_1 \cdot u_2 = 2{,}99$ m, $r_2 \cdot u_1 = 1{,}99$ m

2.118. Proj$F = 0{,}667$ kN

2.119. $\theta = 64{,}6°$

2.121. $F_u = 71{,}6$ N

2.122. $(F_{AB})_z = 3$ kN

2.123. $(F_{AC})_z = 2{,}846$ kN

2.125. $(F_{BC})_{\text{paral}} = 245$ N
$(F_{BC})_{\text{per}} = 316$ N

2.126. $\theta = 70{,}5°$

2.127. $\phi = 65{,}8°$

2.129. $(F_1)_{OA} = 18{,}5$ N
$(F_2)_{OA} = 21{,}3$ N

2.130. $\theta = 132°$

2.131. $\theta = 74{,}4°$
$\theta = 55{,}4°$

2.133. $\theta = 97{,}3°$

2.134. $\theta = 127{,}8°$

2.135. $F_{AB} = 31{,}1$ N

2.137. $F_{\|} = 82{,}4$ N
$F_{\perp} = 594$ N

2.138. $\mathbf{F} = (-300 \sin 30° \sin 30° \mathbf{i} + 300 \cos 30° \mathbf{j} + 300 \sin 30° \cos 30° \mathbf{k})$
$F_x = 75$ N
$F_y = 260$ N

2.139. $\mathbf{F} = (-300 \sin 30° \sin 30° \mathbf{i} + 300 \cos 30° \mathbf{j} + 300 \sin 30° \cos 30° \mathbf{k})$
$F_{OA} = 242$ N

2.141. $F_{1x} = 141$ N
$F_{1y} = 141$ N
$F_{2x} = -130$ N
$F_{2y} = 75$ N

2.142. $F_R = 217$ N
$\theta = 87{,}0°$

2.143. $F_u = 186$ N
$F_v = 98{,}7$ N

2.145. $F_R = 25{,}1$ kN
$\theta = 185°$

2.146. $F_{proj} = 48{,}0$ N

2.147. $F_R = 178$ N
$\theta = 85{,}2°$

2.149. $\theta = 53{,}5°$
$F_{AB} = 621$ N

Hoofdstuk 3

3.1. $F_2 = 9{,}45$ kN
$F_1 = 3{,}49$ kN

3.2. $\theta = 15{,}36°$ $F_1 = 4{,}91$ kN

3.3. $F_{AC} = F_{AB} = F = \{2{,}45 \csc \theta\}$ kN
$l = 2{,}80$ m

3.5. $T = 13{,}3$ kN, $F = 10{,}2$ kN

3.6. $T = 14{,}3$ kN, $\theta = 36{,}3°$

3.7. $F_{BC} = 2{,}99$ kN, $F_{AB} = 3{,}78$ kN

3.9. $F_{AB} = 239$ N, $F_{AC} = 243$ N

3.10. $F_{CA} = 80{,}0$ N, $F_{CB} = 90{,}4$ N

3.11. $\theta = 64{,}3°$
$F_{CB} = 85{,}2$ N
$F_{CA} = 42{,}6$ N

3.13. $F = 95{,}0$ N

3.14. $d = 0{,}997$ m

3.15. $F_{BD} = 171$ N
$F_{BC} = 145$ N

3.17. $m = 2{,}37$ kg

3.18. $x_{AC} = 0{,}793$ m
$x_{AB} = 0{,}467$ m

3.19. $m = 8{,}56$ kg

3.21. $d = 1{,}56$ m

3.22. $F_A = F_D = 14{,}9$ N
$F_C = F_B = 40{,}8$ N

3.23. $P = 147$ N

3.25. $F_{BC} = 2{,}90$ kN
$y = 841$ mm

3.26. $F_1 = 1{,}83$ kN
$F_2 = 9{,}60$ kN

3.27. $\theta = 4{,}69°$
$F_1 = 4{,}31$ kN

3.29. $m = 20{,}4$ kg

3.30. $\tan\theta = dy/dx = 5{,}0\ (0{,}4)$
$m_B = 3{,}58$ kg
N = 19,7 N

3.31. $F_{CD} = 359$ N
$F_{BD} = 440$ N
$F_{AB} = 622$ N
$F_{BC} = 228$ N

3.33. $y = 6{,}59$ m

3.34. $F = 1{,}13$ mN

3.35. $(3{,}5 - x)/\cos \phi + x/\cos\phi = 5$
$x = 1{,}38$ m, $T = 687$ N

3.37. $\theta = 15°$
$F_{AB} = 98{,}1$ N

3.38. $F_{AC} = F_{AB} = (2{,}45 \csc\theta)$ kNa
$l = 1{,}72$ m

3.39. $T_{AB} = 340$ N
$T_{AE} = 170$ N
$T_{BD} = 490$ N
$F_{BC} = 562$ N

3.41. $F_{AB} = 98{,}6$ N, $F_{AC} = 267$ N

3.42. $d = 2{,}42$ m

3.43. $P = 1{,}61$ kN
$\alpha = 136°$
$\beta = 128°$
$\gamma = 72°$

3.45. $F_1 = 800$ N
$F_2 = 147$ N
$F_3 = 564$ N

3.46. $F_{DA} = 107{,}7$ N
$F_{DB} = 69{,}9$ N
$F_{DC} = 88{,}1$ N

3.47. $S_{OB} = 327$ mm
$S_{OA} = 218$ mm

3.49. $F = 843$ N

3.50. $F_{AO} = 319$ N
$F_{AB} = 110$ N
$F_{AC} = 85{,}8$ N

3.51. $W = 138$ N

3.53. $F_{AB} = 520$ N
$F_{AC} = 260$ N
$F_{AD} = 260$ N
$d = 3{,}61$ m

3.54. $F_{AB} = 1{,}21$ kN, $F_{AC} = 606$ N
$F_{AD} = 750$ N

3.55. $F_{AB} = 1{,}31$ kN
$F_{AC} = 763$ N
$F_{AD} = 708{,}5$ N

3.57. $W = 55{,}77$ N

3.58. $F_{AB} = 6{,}848$ kN
$F_{AC} = 3{,}721$ kN
$F_{AD} = 8{,}518$ kN

3.59. $F_{AB} = 7{,}337$ kN
$F_{AC} = 4{,}568$ kN
$F_{AD} = 7{,}098$ kN

3.61. $F_{AB} = 831$ N
$F_{AC} = 35{,}6$ N
$F_{AD} = 415$ N

3.62. $m = 90{,}3$ kg

3.63. $F_{AB} = F_{AC} = F_{AD} = 426$ N

3.65. $F_B = 858$ N
$F_C = 0$
$F_D = 858$ N

3.66. $m = 2{,}62$ Mg

3.67. $F_{AB} = 2{,}52$ kN
$F_{CB} = 2{,}52$ kN
$F_{BD} = 3{,}64$ kN
$d = 3{,}61$ m

3.69. $\theta = 23{,}24°$, $F_1 = 2{,}63$ kN

3.70. $F2 = 9{,}26$ kN, $F_1 = 1{,}91$ kN

3.71. Ja, Romeo kan in het touw omhoog klimmen
Ja, Romeo en Julia kunnen omlaag klimmen

3.73. $F_{AD} = 1{,}20$ kN
$F_{AC} = 0{,}40$ kN
$F_{AB} = 0{,}80$ kN

3.74. $F_{AB} = 873{,}4$ N
$l = 0{,}703$ m

3.75. $w = \dfrac{2W}{L - y}\sqrt{(L - y)^2 - d^2}$

3.77. $F_1 = 400$ N
$F_2 = 280$ N
$F_3 = 357$ N

Hoofdstuk 4

4.5. $M_P = 3{,}15$ kN · m (*Tegen de klok in*)

4.6. $M_A = \{1{,}18 \cos\theta\ (7{,}5 + x)\}$ kN · m
(*Met de klok mee*)
Het maximale moment rond A vindt plaats wanneer $\theta = 0°$ en $x = 5$ m,
$\circlearrowright + (M_A)_{max} = 14{,}7$ kN · m (*Met de klok mee*)

4.7. $\circlearrowright + (M_{F1})_A = 433$ N · m (*Met de klok mee*)
$\circlearrowright + (M_{F2})_A = 1{,}30$ kN · m (*Met de klok mee*)
$\circlearrowright + (M_{F3})_A = 800$ N · m (*Met de klok mee*)

4.9. $\circlearrowright + M_0 = 3{,}57$ kN · m $\circlearrowright$

4.10. $\circlearrowright + M_P = 3{,}15$ kN · m $\circlearrowright$

4.11. $(M_R)_A = 2{,}08$ kN · m (*Tegen de klok in*)

4.13. **a.** $\circlearrowleft + MA = 73{,}9$ N · m
b. $F_C = 82{,}2$ N

4.14. $\theta max = 37{,}9°$, $M_{Amax} = 79{,}812$ N · m
$\theta min = 128°$, $M_{Amin} = 0$ N · m

4.15. $(M_R)_A = 2{,}09$ N · m (*Met de klok mee*)

4.17. $\circlearrowright + M_A = 0{,}418$ N · m (*Tegen de klok in*)
$\circlearrowright + M_B = 4{,}92$ N · m (*Met de klok mee*)

4.18. $(M_R)_A = 76{,}0$ kN · m (*Tegen de klok in*)

4.19. $M_C = 4{,}97$ Mg

4.21. $\theta = 28{,}6°$

4.22. $M_A = 13{,}0$ N · m
$F = 35{,}2$ N

4.23. $\circlearrowright + (M_0)max = 80$ kN · m $\circlearrowright$
$x = 24{,}0$ m

4.25. $M_A = -2{,}532$ kN · m (*Met de klok mee*)

4.26. $F_3 = 1{,}593$ kN

4.27. $M_A = -100$ N · m (*Met de klok mee*)

4.29. $F = 239$ N

4.30. $\mathbf{M}_A = \{-16{,}0\mathbf{i} - 32{,}1\mathbf{k}\}$ N · m

4.31. $\mathbf{M}_O = \{-720\mathbf{i} + 120\mathbf{j} - 660\mathbf{k}\}$ N · m

4.33. $\mathbf{M}_O = [1080\mathbf{i} + 720\mathbf{j}]$ N · m

4.34. $\mathbf{M}_O = [-720\mathbf{i} + 720\mathbf{j}]$ N · m

4.35. $M_{max} = 90°$, $M_{min} = 0°, 180°$

4.37. $\mathbf{M}_B = \{-37{,}6\mathbf{i} + 90{,}7\mathbf{j} - 155\mathbf{k}\}$ N · m

4.38. $\mathbf{M}_A = \{1{,}56\mathbf{i} - 0{,}750\mathbf{j} - 1{,}00\mathbf{k}\}$ kN · m

4.39. $\mathbf{M}_B = \{1{,}25\mathbf{i} - 0{,}937\mathbf{j} - 1{,}95\mathbf{k}\}$ kN · m

4.41. $\mathbf{M}_B = \{10{,}6\mathbf{i} + 13{,}1\mathbf{j} + 29{,}2\mathbf{k}\}$ N · m

4.42. $\mathbf{M}_O = \{373\mathbf{i} - 99{,}9\mathbf{j} + 173\mathbf{k}\}$ N · m

4.43. $\mathbf{M}_O = \{-84\mathbf{i} - 8\mathbf{j} - 39\mathbf{k}\}$ kN · m

4.45. $y = 2$ m
$z = 1$ m

4.46. $y = 1$ m
$z = 3$ m
d = 1,15 m

4.47. $(M_{AB})_1 = 72{,}0$ N · m
$(M_{AB})_2 = 0$
$(M_{AB})_3 = 0$
4.49. $\mathbf{M}_{OD} = \{11{,}3\mathbf{i} + 11{,}3\mathbf{j} + 5{,}67\mathbf{k}\}$ N · m
4.50. $M_{CA} = 226$ N · m
4.51. $M_X = 137$ N · m
4.53. $M_{x\max} = 22{,}5$ N · m Toereikend!
4.54. $M_x = -21{,}7$ N · m
4.55. $F = 139$ N
4.57. $\mathbf{M}_x = \{77{,}1\mathbf{i}\}$ N · m
$\mathbf{M}_z = \{-91{,}9\mathbf{k}\}$ N · m
4.58. $M_x = 73{,}0$ N · m
4.59. $F = 771$ N
4.61. $F = 20{,}2$ N
4.62. **a.** $M_x = 15{,}0$ kN · m, $M_y = 4{,}00$ kN · m, $M_z = 36{,}0$ kN · m
b. $M_x = 15{,}0$ kN · m, $M_y = 4{,}00$ kN · m, $M_z = 36{,}0$ kN · m
4.63. $\mathbf{M}_{AC} = \{11{,}5\mathbf{i} + 8{,}64\mathbf{j}\}$ kN · m
4.65. $F_B = 192$ N
$F_A = 236$ N
4.66. $M_x = 0{,}211$ N · m
4.67. $F = 133$ N
$P = 800$ N
4.69. $F = 625$ N
4.70. $F = 111$ N
4.71. $\theta = 56{,}1°$
4.73. $M_C = 22{,}5$ N · m ↻
4.74. $F = 83{,}3$ N
4.75. $N = 26{,}0$ N
4.77. $P = 70{,}7$ N
4.78. $P = 49{,}5$ N
4.79. $|\mathbf{M}| = 45{,}1$ N · m
4.81. $(M_C)_R = 5{,}20$ kN · m (*Met de klok mee*)
4.82. $F = 14{,}2$ kN
4.83. $\mathbf{M}_C = \{-5\mathbf{i} + 8{,}75\mathbf{j}\}$ N · m
4.85. $\mathbf{M}_R = \{52{,}0\mathbf{i} + 50\mathbf{j} + 30\mathbf{k}\}$ N · m
$M_R = 78{,}1$ N · m
$\alpha = 48{,}3°$
$\beta = 50{,}2°$
$\gamma = 67{,}4°$
4.86. $M_R = 59{,}9$ N · m
$\alpha = 99{,}0°$
$\beta = 106°$
$\gamma = 18{,}3°$
4.87. $P = 200$ N
4.89. $\mathbf{M}_R = \{-12{,}1\mathbf{i} - 10{,}0\mathbf{j} - 17{,}3\mathbf{k}\}$ N · m
4.90. $d = 342$ mm
4.91. $M_C = 40{,}8$ N · m
$\alpha = 11{,}3°$
$\beta = 101°$
$\gamma = 90°$
4.93. $\mathbf{M}_C = \{7{,}01\mathbf{i} + 42{,}1\mathbf{j}\}$ N · m
4.94. $F = 35{,}1$ N
4.95. $(M_C)_R = 71{,}9$ N · m
$\alpha = 44{,}2°$
$\beta = 131°$
$\gamma = 103°$
4.97. $F_R = 2{,}10$ kN
$\theta = 81{,}6°$ ⦣
$M_O = 10{,}6$ kN · m ↻
4.98. $F_R = 2{,}10$ kN
$\theta = 81{,}6°$ ⦣
$M_P = 16{,}8$ kN · m ↻
4.99. $F_R = 5{,}93$ kN
$\theta = 77{,}8°$ ⦣
$M_{RA} = 34{,}8$ kN · m (*Met de klok mee*)
4.101. $|F_R| = 294$ N
4.102. F = 1302 N , $\theta = 84{,}5°$ ⦣
$x = 7{,}36$ m
4.103. $F = 1302$ N
$\theta = 84{,}5°$
$x = 1{,}36$ m (naar rechts)
4.105. $F_R = 8{,}27$ kN
$\theta = 69{,}9°$ ⦣
$(M_R)_A = 9{,}77$ kN · m (*Met de klok mee*)
4.106. $F_R = 650$ N
$\theta = 72{,}0°$ ⦣
$(M_R)_A = 431$ N · m (*Tegen de klok in*)
4.107. $\mathbf{F}_R = \{270\mathbf{k}\}$ N
$\mathbf{M}_{RO} = \{-2{,}22\mathbf{i}\}$ N · m
4.109. $\mathbf{F}_R = \{400\mathrm{i} + 300\mathbf{j} - 650\mathbf{k}\}$ N
$\mathbf{M}_{RA} = \{-3100\mathbf{i} + 4800\mathbf{j}\}$ N · m
4.110. $\mathbf{F}_R = \{-40\mathbf{j} - 40\mathbf{k}\}$ N
$\mathbf{M}_{RA} = \{-12\mathbf{j} + 12\mathbf{k}\}$ N · m
4.111. $\mathbf{F}_R = \{-28{,}3\mathbf{j} - 68{,}3\mathbf{k}\}$ N
$\mathbf{M}_{RA} = \{-20{,}5\mathbf{j} + 8{,}49\mathrm{k}\}$ N · m
4.113. $\mathbf{F}_V = \{187{,}5\mathbf{i} - 324{,}76\mathbf{j}\}$ N
$M_O = -100{,}481$ N · m
4.114. $\mathbf{F}_v = \{187{,}5\mathbf{i} - 324{,}76\mathbf{j}\}$ N
$M_P = 736{,}58$ N · m (*Tegen de klok in*)
4.115. $F = 4{,}427$ kN
$\theta = 71{,}565°$ (*Tegen de klok in*)
$d = 3{,}524$ m
4.117. $F = 1302$ N
$\theta = 84{,}5°$ ⦣
$x = 8{,}51$ m
4.118. $F = 1302$ N
$\theta = 84{,}5°$ ⦣
$x = 2{,}52$ m (naar rechts)
4.119. $F_R = 4{,}50$ kN
$d = 2{,}22$ m
4.121. $F_R = 991$ N
$\theta = 63{,}0°$ ⦣
$x = 2{,}64$ m
4.122. $\mathbf{F}_R = \{0{,}077\mathbf{i} + 2{,}188\mathbf{j}\}$ kN
$M_O = 6{,}92$ kN · m
4.123. $F_R = 2{,}19$ kN
$M_P = 0{,}358$ kN · m
4.125. $F_R = 542$ N
$\theta = 10{,}6°$ ⦣
$d = 2{,}17$ m
4.126. $F_R = 50{,}2$ kN
$\theta = 84{,}3°$
$d = 4{,}79$ m

4.127. $F_C = 600$ N, $F_D = 500$ N
4.129. $\mathbf{F}_R = \{8\mathbf{i} + 6\mathbf{j} + 8\mathbf{k}\}$ kN
$\mathbf{M}_R = \{-10\mathbf{i} - 30\mathbf{j} - 20\mathbf{k}\}$ kN · m
4.130. $F_R = 140$ kN ↓
$y = 7{,}14$ m
$x = 5{,}71$ m
4.131. $F_R = 140$ kN, $x = 6{,}43$ m, $y = 7{,}29$ m
4.133. $F_A = 30$ kN
$F_B = 20$ kN
$F_R = 190°$ kN
4.134. $\mathbf{F}_R = \{141\mathbf{i} + 100\mathbf{j} + 159\mathbf{k}\}$ N
$\mathbf{M}_{RO} = \{122\mathbf{i} - 183\mathbf{k}\}$ N · m
4.135. $F_R = -10$ kN
$x = 1{,}00$ m
$z = 1{,}40$ m
4.137. $F_R = 990$ N
$M_R = 3{,}07$ kN · m
$x = 1{,}16$ m
$y = 2{,}06$ m
4.138. $F_{RO} = 70$ N ↓
$x = 0{,}107$ m
4.139. $F_R = 6{,}75$ kN ↓
$\bar{x} = 2{,}5\ m$
4.141. $F_R = 0$
$M_{RA} = 3{,}75$ kN · m
4.142. $F_R = 90$ kN ↓
$M_{RO} = 338$ kN · m ↻
4.143. $F_R = 0{,}525$ kN ↑
$d = 0{,}171$ m
4.145. $F_R = 60$ kN
$x = 3{,}89$ m
4.146. $F_R = \frac{1}{2} w_0 L$ ↓
$\bar{x} = \frac{5}{12} L$
4.147. $F_R = 11{,}25$ kN
$d = 4{,}05$ m
4.149. $a = 1{,}539$ m
$b = 5{,}625$ m
4.150. $F_R = 51{,}0$ kN ↓
$M_{RO} = 914$ kN · m (*Met de klok mee*)
4.151. $F_R = 51{,}0$ kN ↓
$d = 17{,}9$ m
4.153. $F_R = 3{,}46$ kN
$\theta = 47{,}5°$
$M_{RB} = 5{,}04$ kN · m ↺
4.154. $F_R = 1{,}35$ kN
$\theta = 42{,}0°$
$y = 0{,}1$ m
4.155. $F_R = 1{,}35$ kN
$x = 0{,}556$ m
4.157. $F_R = 36$ kN ↓
$\bar{x} = 2{,}17$ m
4.158. $F_R = 3$ kN
$M_O = 2{,}25$ kN · m
4.159. $F_R = 107$ kN ←
$h = 1{,}60$ m
4.161. $F_R = 14{,}9$ kN ↓
$\bar{x} = 2{,}27$ m
4.162. $F_R = 14{,}9$ kN
$\bar{x} = 2{,}27$ m
4.163. $\mathbf{M}_{CR} = \{63{,}6\mathbf{i} - 170\mathbf{j} + 264\mathbf{k}\}$ N · m
4.165. $\mathbf{M}_O = \{1{,}06\mathbf{i} + 1{,}06\mathbf{j} - 4{,}03\mathbf{k}\}$ N · m
$\alpha = 75{,}7°$
$\beta = 75{,}7°$
$\gamma = 160°$
4.166. $\mathbf{M}_{RP} = \{-26\mathbf{i} + 357\mathbf{j} + 127\mathbf{k}\}$ N · m
4.167. $\mathbf{M}_O = 28{,}1$ N · m (*Met de klok mee*)
$\theta = 88{,}6°$
$(M_O)_{\max} = 32{,}0$ N · m (*Met de klok mee*)
4.169. $\mathbf{M}_O = \{440\mathbf{i} + 220\mathbf{j} + 990\mathbf{k}\}$ N · m
4.170. $\mathbf{M}_A = \{-59{,}7\mathbf{i} - 159\mathbf{k}\}$ N · m
4.171. $M_{a-a} = 59{,}7$ N · m

Hoofdstuk 5

5.10. $N_B = 3{,}46$ kN
$A_x = 1{,}73$ kN
$A_y = 1{,}00$ kN
5.11. $B_y = 586$ N
$F_A = 413$ N
5.13. $B_y = 736$ N
$A_x = 920$ N
$B_x = 920$ N
5.14. $F_{BC} = 3{,}92$ kN
$A_x = 3{,}13$ kN
$A_y = 950$ N
5.15. $F_B = 10{,}5$ N
$A_x = 42{,}0$ N
$A_y = 10{,}5$ N
5.17. $F_B = 105$ N
5.18. $N_A = 105$ kN
$B_x = 97{,}4$ kN
$B_y = 269$ kN
5.19. $B_x = 989$ N
$A_x = 989$ N
$B_y = 186$ N
5.21. $w_1 = 413$ kN/m
$w_2 = 407$ kN/m
5.22. $k = 1{,}33$ kN/m
$A_x = 398$ N
$A_y = 300$ N
5.23. $\theta = 23{,}1°$
$A_x = 353$ N
$A_y = 300$ N
5.25. $M_A = 10{,}6$ N · m
5.26. $N_B = 2{,}11$ N
$F_A = 2{,}81$ N
5.27. $F_B = 3{,}68$ kN, $x_A = 53{,}2$ mm, $x_B = 50{,}5$ mm
5.29. $\alpha = 1{,}02°$
5.30. $K_B = 2{,}50$ kN/m
5.31. $F_{AB} = 38{,}3$ kN
$C_x = 30{,}7$ kN
$C_y = 3{,}37$ kN
5.33. $F_{BD} = 628$ N
$C_x = 432$ N
$C_y = 68{,}2$ N
5.34. $\theta = a\cos\left[\dfrac{L + \sqrt{L^2 + 128r^2}}{16\,r}\right]$

5.35. $l = 0,67664$ m

$\theta = 2,1332$ N

$F_s = 2,1332$ N
$C_x = 432$ N
$N_B = 1,89$ N
$F_A = 2,52$ N

5.37. $F_{CB} = 782$ N
$A_x = 625$ N
$A_y = 681$ N

5.38. $F_2 = 724$ N
$F_1 = 1,45$ kN
$F_A = 1,75$ kN

5.39. $N_C = 213$ N
$A_x = 105$ N
$A_y = 118$ N

5.41. $T = \dfrac{W \cos\theta}{2\sin(\phi - \theta)}$

$A_x = \dfrac{W \cos\phi \cos\theta}{2\sin(\phi - \theta)}$

$A_x = \dfrac{W (\sin\phi \cos\theta - 2\cos\phi \sin\theta}{2\sin(\phi - \theta)}$

5.42. $F = 10$ mN

5.43. $k = 250$ N/m

5.45. $F_B = 6,38$ N
$A_x = 3,19$ N
$A_y = 2,48$ N

5.46. $d = \dfrac{3a}{4}$

5.47. $\triangle_A = 0,1067$ m
$\triangle_B = 0,05333$ m

5.49. $P = 71,3$ N
N = 446 N

5.50. $\theta = \tan^{-1}\dfrac{b}{a}$

5.51. $F_B = 0,3\,P$
$F_C = 0,6\,P$
$x_c = 0,6\,P/k$

5.53. $T = \dfrac{W \cos\theta}{2\sin(\phi - \theta)}$

$A_x = \dfrac{W \cos\phi \cos\theta}{2\sin(\phi - \theta)}$

$A_x = \dfrac{W (\sin\phi \cos\theta - 2\cos\phi \sin\theta)}{2\sin(\phi - \theta)}$

5.54. $d = \dfrac{a}{\cos^3\theta}$

5.55. $N_A = 346$ N
$N_B = 693$ N
$a = 0,650$ m

5.57. $F = 5,20$ kN
$N_A = 17,3$ kN
$N_B = 24,9$ kN

5.58. $\theta = 63,4°$
$T = 29,2$ kN

5.59. $a = \sqrt{(4r^2 l)^{\frac{2}{3}} - 4r^2}$

5.61. $h = \sqrt{\dfrac{s^2 - l^2}{3}}$

5.62. $T = 1,84$ kN
$F = 6,18$ kN

5.63. $R_D = 113,1$ kN
$R_E = 113,1$ kN
$R_F = 68,7$ kN

5.65. $N_C = 289$ N
$N_A = 213$ N
$N_B = 332$ N

5.66. $T_{BC} = T_{BD} = 17$ kN
$A_x = 0$
$A_y = 11,3$ kN
$A_z = -15,7$ kN

5.67. $T_B = 16,7$ kN
$A_x = 0$
$A_y = 5,00$ kN
$A_z = 16,7$ kN

5.69. $C_y = -318$ N
$C_z = 500$ N
$B_x = 239$ N
$B_z = -273$ N
$A_x = -239$ N
$A_z = 90,9$ N

5.70. $d = \dfrac{r}{2}(1 + \dfrac{W}{P})$

5.71. $N_B = 1000$ N
$(M_A)_z = 0$
$A_y = 0$
$(M_A)_y = -560$ N · m
$A_z = 400$ N

5.73. $T_{CD} = 3$ kN
$T_{EF} = 2,25$ kN
$T_{AB} = 0,75$ kN

5.74. $x = 0,667$ m
$y = 0,667$ m

5.75. $A_y = 0$
$T = 1,23$ kN
$B_x = -433$ N
$B_z = 1,42$ kN
$A_x = 867$ N
$A_z = 711$ N

5.77. $P = 0,5$ W

5.78. $C_y = 450$ N, $C_z = 250$ N
$B_x = 25$ N, $B_z = 1,125$ N
$A_x = 475$ N, $A_z = 125$ N

5.79. $F_{AC} = F_{BC} = 6,13$ kN
$F_{DE} = 19,62$ kN

5.81. $F_{BD} = 294$ N
$F_{BC} = 589$ N
$A_x = 0$
$A_y = 589$ N
$A_z = 490,5$ N

5.82. $T_{BD} = T_{CD} = 116,7$ N
$A_x = 66,7$ N
$A_y = 0$
$A_z = 100$ N

5.83. $T = 58,0$ N, $C_z = 87,0$ N, $C_y = 28,8$ N, $D_x = 0$
$D_y = 79,2$ N, $D_z = 58,0$ N

5.85. $F = 354$ N

5.86. $N_A = 8{,}00$ kN, $B_x = 5{,}20$ kN, $B_y = 5{,}00$ kN
5.87. $N_B = 400$ N, $F_A = 721$ N
5.89. $\theta = \tan^{-1}(\frac{1}{2}\cot\psi - \frac{1}{2}\cot\phi)$
5.90. $A_x = 35{,}1$ N, $A_y = 343$ N, $N_B = 343$ N
5.91. $A_x = 0$
$A_y = -200$ N, $A_z = 150$ N, $(M_A)_x = 100$ N · m
$(M_A)_y = 0$, $(M_A)_z = 500$ N · m

Hoofdstuk 6

6.1. $F_{AB} = 60$ kN (T), $F_{BD} = 40$ kN (C)
$F_{AD} = 84{,}9$ kN (C), $F_{DC} = 141$ kN (T)
$F_{BC} = 60$ kN (T), $F_{DE} = 160$ kN (C)
6.2. $F_{AD} = 113$ kN (C)
$F_{AB} = 80$ kN (T)
$F_{BD} = 0$
$F_{BC} = 80$ kN (T)
$F_{DC} = 113$ kN (T)
$F_{DE} = 160$ kN (C)
6.3. $F_{CD} = 5{,}21$ kN (C)
$F_{CB} = 4{,}17$ kN (T), $F_{AD} = 1{,}46$ kN (C)
$F_{AB} = 4{,}17$ kN (T), $F_{BD} = 4$ kN (T)
6.5. $F_{DC} = 400$ N (C)
$F_{DA} = 300$ N (C)
$F_{BA} = 250$ N (T)
$F_{BC} = 200$ N (T)
$F_{CA} = 283$ N (C)
6.6. $F_{DE} = 1{,}00$ kN (C)
$F_{DC} = 800$ N (T)
$F_{CE} = 900$ N(C)
$F_{CB} = 800$ N (T)
$F_{EB} = 750$ N (T)
$F_{EA} = 1{,}75$ kN (C)
6.7. $F_{JD} = 33{,}3$ kN (T)
$F_{AL} = F_{GH} = F_{LK} = F_{HI} = 28{,}3$ kN (C)
$F_{AB} = F_{GF} = F_{BC} = F_{FE} = F_{CD} = F_{ED} = 20$ kN (T)
$F_{BL} = F_{FH} = F_{LC} = F_{HE} = 0$
$F_{CK} = F_{EI} = 10$ kN (T)
$F_{KJ} = F_{IJ} = 23{,}6$ kN (C)
$F_{KD} = F_{ID} = 7{,}45$ kN (C)
6.9. $F_{AB} = 7{,}5$ kN (T), $F_{AE} = 4{,}5$ kN (C)
$F_{ED} = 4{,}5$ kN (C), $F_{EB} = 8$ kN (T)
$F_{BD} = 19{,}8$ kN (C), $F_{BC} = 18{,}5$ kN (T)
6.10. $F_{AB} = 196$ N (T), $F_{AE} = 118$ N (C)
$F_{ED} = 118$ N (C), $F_{EB} = 216$ N (T)
$F_{BD} = 1{,}04$ kN (C), $F_{BC} = 857$ N (T)
6.11. $F_{DE} = 16{,}3$ kN (C), $F_{DC} = 8{,}40$ kN (T)
$F_{EA} = 8{,}85$ kN (C), $F_{EC} = 6{,}20$ kN (C)
$F_{CF} = 8{,}77$ kN (T), $F_{CB} = 2{,}20$ kN (T)
$F_{BA} = 3{,}11$ kN (T), $F_{BF} = 6{,}20$ kN (C)
$F_{FA} = 6{,}20$ kN (T)
6.13. $F_{GB} = 30$ kN (T)
$F_{AF} = 20$ kN (C), $F_{AB} = 22{,}4$ kN (C)
$F_{BF} = 20$ kN (T), $F_{BC} = 20$ kN (T)
$F_{FC} = 28{,}3$ kN (C), $F_{FE} = 0$
$F_{ED} = 0$, $FEC = 20{,}0$ kN (T), $F_{DC} = 0$

6.14. $F_{CB} = 3{,}00$ kN (T)
$F_{CD} = 2{,}60$ kN (C)
$F_{DE} = 2{,}60$ kN (C)
$F_{DB} = 2{,}00$ kN (T)
$F_{BE} = 2{,}00$ kN (C)
$F_{BA} = 5{,}00$ kN (T)
6.15. $F_{CB} = 8{,}00$ kN (T)
$F_{CD} = 6{,}93$ kN (C)
$F_{DE} = 6{,}93$ kN (C)
$F_{DB} = 4{,}00$ kN (T)
$F_{BE} = 4{,}00$ kN (C)
$F_{BA} = 12{,}0$ kN (T)
6.17. Maximale kracht:
$F_{DC} = F_{CB} = F_{CE} = F_{BE} = F_{BA} = 1{,}1547\,P$
$P = 5{,}20$ kN
6.18. $F_{CD} = 3{,}61$ kN (C), $F_{CB} = 3$ kN (T)
$F_{BA} = 3$ kN (T), $F_{BD} = 3$ kN (C)
$F_{DA} = 2{,}70$ kN (T), $F_{DE} = 6{,}31$ kN (C)
6.19. $F_{CD} = 467$ N (C), $F_{CB} = 389$ N (T)
$F_{BA} = 389$ N (T), $F_{BD} = 314$ N (C)
$F_{DE} = 1{,}20$ kN (C), $F_{DA} = 736$ N (T)
6.21. $P = 1{,}25$ kN
6.22. $F_{FE} = 0{,}667\,P$ (T), $F_{FD} = 1{,}67\,P$ (T)
$F_{AB} = 0{,}471\,P$ (C), $F_{AE} = 1{,}67\,P$ (T)
$F_{AC} = 1{,}49\,P$ (C), $F_{BF} = 1{,}41\,P$ (T),
$F_{BD} = 1{,}49\,P$ (C), $F_{EC} = 1{,}41\,P$ (T),
$F_{CD} = 0{,}471\,P$ (C)
6.23. $F_{CD} = 0{,}577\,P$ (C), $F_{DB} = 0{,}289\,P$ (T)
$F_{CE} = 0{,}577\,P$ (T), $F_{BC} = 0{,}577\,P$ (C)
$F_{BE} = 0{,}577\,P$ (T), $F_{AB} = 0{,}577\,P$ (C)
$F_{AE} = 0{,}577\,P$ (T)
6.25. $F_{BA} = P\csc 2\theta$(C), $F_{BC} = P\cot 2\theta$ (C)
$F_{CA} = (\cot\theta\cos\theta - \sin\theta + 2\cos\theta)\,P$ (T)
$F_{CD} = (\cot 2\theta + 1)\,P$ (C)
$F_{DA} = (\cot 2\theta + 1)(\cos 2\theta)\,(P)$ (C)
6.26. Maximale kracht: $F_{CA} = 2{,}732\,P$ (T),
$F_{CD} = 1{,}577\,P$ (C), $P_{max} = 732$ N
6.27. $F_{GF} = 8{,}08$ kN (T)
$F_{BC} = 7{,}70$ kN (C)
$F_{CG} = 0{,}770$ kN (C)
6.29. $F_{LD} = 0$, $F_{LK} = -112{,}5$ kN (C)
$F_{CD} = 112{,}5$ kN (T), $F_{KD} = -50$ kN (C)
6.30. $F_{JI} = -75$ kN (C)
$F_{JE} = -50$ kN (C)
$F_{DE} = 75$ kN (T)
6.31. $F_{CB} = 5$ kN (T), $F_{BE} = 21{,}2$ kN (T)
$F_{EF} = -25$ kN (C)
6.33. $F_{BC} = -3{,}25$ kN (C)
$F_{CH} = 1{,}923$ kN (T)
6.34. $F_{CD} = -1{,}917$ kN (C), $F_{GF} = 1{,}533$ kN (T)
6.35. $F_{BC} = 10{,}4$ kN (C), $F_{HG} = 9{,}15$ kN (T),
$F_{HC} = 2{,}24$ kN (T)
6.37. $F_{KJ} = 3{,}07$ kN (C), $F_{CD} = 3{,}07$ kN (T)
$F_{ND} = 0{,}167$ kN (T), $F_{NJ} = 0{,}167$ kN (C)
6.38. $F_{JI} = 2{,}13$ kN (C)
$F_{DE} = 2{,}13$ kN (T)
6.39. $F_{IC} = 5{,}62$ kN (C), $F_{CG} = 9{,}00$ kN (T)
6.41. $F_{CB} = 3{,}60$ kN (T), $F_{GC} = 1{,}80$ kN (C)
$F_{FG} = 4{,}02$ kN (C)

6.42. $F_{ML} = 38{,}4$ kN (T)
$F_{DE} = -37{,}1$ kN (C)
$F_{DL} = -3{,}8$ kN (C)

6.43. $F_{EF} = -37{,}1$ kN (C)
$F_{EL} = 6$ kN (T)

6.45. $F_{AB} = P$ (T), $F_{EF} = P$ (C), $F_{BF} = 1{,}41\ P$ (C)

6.46. *BN, NC, DO, OC, HJ, LE* en*G* zijn alle nulkrachtstaven.
$F_{CD} = 5{,}625$ kN (T), $F_{CM} = 2{,}00$ kN (T)

6.47. *BN, NC, DO, OC, HJ, LE* en *JG* zijn alle nulkrachtstaven.
$F_{EF} = 7{,}88$ kN (T), $F_{LK} = 9{,}25$ kN (C)
$F_{ED} = 1{,}94$ kN (T)

6.49. $F_{BG} = \{-600 \text{ esc } \theta\}$ N
$F_{BC} = -200L$ N
$F_{HG} = 400L$ N

6.50. $F_{AB} = 584$ N (T)
$F_{AC} = -1133$ N (C)
$F_{BC} = -142$ N (C)

6.51. $F_{AB} = 6{,}46$ kN (T), $F_{AC} = F_{AD} = 1{,}50$ kN (C)
$F_{BC} = F_{BD} = 3{,}70$ kN (C), $F_{BE} = 4{,}80$ kN (T)

6.53. $F_{BD} = 896$ N(C), $F_{DC} = 554$ N (T)
$F_{DA} = 146$ N (C), $F_{AB} = 52{,}1$ N (T)
$F_{AC} = 31{,}25$ N (T), $F_{CB} = 448$ N (C)

6.54. $F_{DB} = 474$ N (C), $F_{DC} = 146$ N (T)
$F_{DA} = 1{,}08$ kN (T), $F_{AB} = 385$ N (C)
$F_{AC} = 231$ N (C), $F_{CB} = 281$ N (T)

6.55. $F_{BC} = F_{BD} = 1{,}34$ kN (C), $F_{AB} = 2{,}4$ kN (C)
$F_{AG} = F_{AE} = 1{,}01$ kN (T), $F_{BG} = 1{,}80$ kN (T)
$F_{BE} = 1{,}80$ kN (T)

6.57. $F_{CE} = 721$ N (T), $F_{BC} = 400$ N (C)
$F_{BE} = 0$, $F_{BF} = 2{,}10$ kN (T)

6.58. $F_{AB} = 1{,}50$ kN (C), $F_{AF} = 1{,}08$ kN (C)
$F_{AD} = 600$ N (T), $F_{FD} = 0$, $F_{ED} = 1{,}40$ kN (C)
$F_{BD} = 361$ N (C)

6.59. $F_{AE} = F_{AC} = 220$ N (T)
$F_{AB} = 583$ N (C)
$F_{BD} = 707$ N (C)
$F_{BE} = F_{BC} = 141{,}4$ N (T)

6.61. $P = 18{,}9$ N

6.62. $P = 368$ N

6.63. $P = 40{,}0$ N, $x = 240$ mm

6.65. $P = 2{,}24$ kn

6.66. $A_x = 4{,}20$ kN, $B_x = 4{,}20$ kN, $A_y = 4{,}00$ kN
$B_y = 3{,}20$ kN, $C_x = 3{,}40$ kN, $C_y = 4{,}00$ kN

6.67. $B_x = 4{,}00$ kN
$B_y = 2{,}00$ kN
$A_x = 6{,}00$ kN
$A_y = 0$

6.69. $C_x = 167$ N, $C_y = 111$ N
$A_x = 167$ N, $A_y = 389$ N

6.70. $3{,}64\ F$

6.71. $N_E = 5$ kN
$D_x = 0$
$N_C = 16{,}7$ kN
$A_x = 0$
$A_y = 2{,}67$ kN
$M_A = 21{,}5$ kN · m

6.73. $C_y = 0$
$B_y = 7{,}50$ kN
$M_A = 45{,}0$ kN · m
$A_y = -7{,}50$ kN
$A_x = 0$

6.74. $m = 1{,}71$ kg

6.75. $m = 106$ kg

6.77. $m = 366$ kg, $F_A = 2{,}93$ kN

6.78. $N_A = 3{,}67$ kN, $M_A = 5{,}55$ kN · m
$C_x = 2{,}89$ kN, $C_y = 1{,}32$ kN

6.79. $F_E = 4{,}55\ F$

6.81. $F_{AB} = 9{,}23$ kN, $C_x = 2{,}17$ kN, $C_y = 7{,}01$ kN
$D_x = 0$, $D_y = 1{,}96$ kN, $M_D = 2{,}66$ kN · m

6.82. $A_x = 2{,}98$ kN, $A_y = 235$ N
$B_x = 2{,}98$ kN, $B_y = 549$ N
$C_x = 2{,}98$ kN, $C_y = 1{,}33$ kN

6.83. $A_x = 500$ N, $A_y = 1000$ N
$C_x = 500$ N, $C_y = 500$ N

6.85. $F_A = 130$ N

6.86. $N_B = N_C = 49{,}5$ N

6.87. $R_E = 177$ N, $R_A = 128$ N

6.89. $m = 1{,}11$ Mg

6.90. $F_C = 28{,}8$ kN

6.91. $A_y = 3{,}09$ kN, $C_y = 1{,}52$ kN
$B_x = 3{,}5$ kN, $B_y = 23{,}5$ kN

6.93. $N_A = 490{,}5$ N, $N_B = 294{,}3$ N, $T = 353{,}70$ N,
$\theta = 33{,}7°$, $x = 177$ mm

6.94. **a.** $F = 875$ N, $N_C = 1750$ N
b. $F = 437{,}5$ N, $N_C = 437{,}5$ N

6.95. **a.** $F = 1025$ N, $N_C = 1900$ N
b. $F = 512{,}5$ N, $N_C = 362{,}5$ N

6.97. $T = 9{,}60$ N

6.98. $B_x = 4{,}28$ kN, $B_y = 3{,}15$ kN, $A_x = 4{,}28$ kN
$A_y = 4{,}05$ kN, $C_x = 3{,}38$ kN, $C_y = 4{,}05$ kN

6.99. $F = 370$ N

6.101. $N_A = 11{,}1$ kN, $N_B = 3{,}37$ kN, $F_{CD} = 6{,}5$ kN
$F_E = 5{,}88$ kN

6.102. $F_{AB} = 1{,}18$ kN, $F_E = 3{,}17$ kN, $F_{CD} = 19{,}6$ kN
$F_F = 16{,}8$ kN

6.103. $F_N = 26{,}25$ N

6.105. $F_{DB} = 2{,}601$ kN, $F_{FB} = 1{,}94$ kN

6.106. $F = 562{,}5$ N

6.107. $P = 80$ N

6.109. $E_x = 6{,}79$ kN, $E_y = 1{,}55$ kN
$D_x = 981$ N, $D_y = 981$ N

6.110. $M = 2{,}43$ kN · m

6.111. $F = 5{,}07$ kN

6.113. $A_x = 0{,}2629$ kN, $A_y = 0{,}6495$ kN
$B_x = 0{,}4871$ kN, $B_y = 0{,}6495$ kN

6.114. $E_x = 4{,}7243$ kN, $E_y = 2{,}5$ kN
$D_x = 4{,}7243$ kN, $D_y = 5$ kN

6.115. $F_s = 286$ N

6.117. $P = B_z = D_z = B_y = D_y = 283$ N
$B_x = D_x = 0$

6.118. $A_x = -172{,}3$ N, $A_y = -114{,}8$ N, $A_z = 0$ N
$C_x = 47{,}3$ N, $C_y = -61{,}9$ N, $C_z = -125$ N
$M_{Cy} = -429$ N · m, $M_{Cz} = 0$ N · m

6.119. $F_{AB} = 981$ N, $F_E = 2{,}64$ kN
$F_{CD} = 16{,}3$ kN, $F_F = 14{,}0$ kN

6.121. $A_y = 250$ N, $A_x = 1{,}40$ kN, $C_x = 500$ N,
$C_y = 1{,}70$ kN

6.122. $N_A = 4{,}60$ kN
$C_y = 7{,}05$ kN
$N_B = 7{,}05$ kN

6.123. $m = 3{,}86$ kg

6.125. $A_x = 117$ N, $A_y = 397$ N
$B_x = 97{,}4$ N, $B_y = 97{,}4$ N

6.126. $F_{AB} = 21{,}9$ kN (C), $F_{BG} = 17{,}5$ kN (T)
$F_{AG} = 13{,}1$ kN (T), $F_{BC} = 13{,}1$ kN (C)
$F_{GC} = 3{,}12$ kN (T), $F_{GF} = 11{,}2$ kN (T)
$F_{CF} = 3{,}12$ kN (C), $F_{CD} = 9{,}38$ kN (C)
$F_{DE} = 15{,}6$ kN (C), $F_{DF} = 12{,}5$ kN (T)
$F_{EF} = 9{,}38$ kN (T)

Hoofdstuk 7

7.1. $N_A = 5$ kN, $N_C = 4$ kN, $N_B = 3$ kN

7.2. $T_A = 100$ N · m, $T_B = 200$ N · m
$T_C = 200$ N · m, $T_D = 0$

7.3. $d = 0{,}200$ m

7.5. $V_A = 3$ kN, $N_A = 13{,}2$ kN, $M_A = 3{,}82$ kN · m
$V_B = 3$ kN, $N_B = 16{,}2$ kN, $M_B = 14{,}3$ kN · m

7.6. $a = \frac{L}{3}$

7.7. $N_E = 0$, $V_E = -50$ N, $M_E = -100$ N · m
$N_D = 0$, $V_D = 750$ N, $M_D = -1300$ N · m

7.9. $N_C = -30$ kN, $V_C = -8$ kN, $M_C = 6$ kN · m

7.10. $P = 0{,}533$ kN, $N_C = -2$ kN, $V_C = -0{,}533$ kN
$M_C = 0{,}400$ kN · m

7.11. $M_E = 7{,}5$ kN · m, $N_E = 0$, $V_E = 5$ kN
$M_D = -9{,}75$ kN · m, $N_D = 0$, $V_D = 8$ kN

7.13. $N_C = 0$, $V_C = -1$ kN, $M_C = 9$ kN · m

7.14. $N_D = -800$ N, $V_D = 0$, $M_D = 1{,}20$ kN · m

7.15. $w = 100$ N/m

7.17. $N_E = -1{,}92$ kN, $V_E = 800$ N, $M_E = 2{,}40$ kN · m

7.18. $N_C = 0$
$V_C = \frac{3w_0L}{8}$
$M_C = \frac{5}{48}w_0L^2$

7.19. $N_E = 470$ N, $V_E = 215$ N
$M_E = 660$ N · m, $N_F = 0$
$V_F = -215$ N, $M_F = 660$ N · m

7.21. $N_D = 4$ kN, $V_D = -9$ kN, $M_D = -18$ kN · m
$N_E = 4$ kN, $V_E = 3{,}75$ kN, $M_E = -4{,}875$ kN · m

7.22. $N_E = 0$, $V_E = -1{,}17$ kN, $M_E = 4{,}97$ kN · m
$N_F = 0$, $V_F = 1{,}25$ kN, $M_F = 2{,}5$ kN · m

7.23. $V_D = 168$ N, $N_D = -110$ N, $M_D = 348$ N · m
$N_E = -168$ N, $V_E = -90{,}4$ N, $M_E = 190$ N · m

7.25. $N_C = 0$, $V_C = 0$, $M_C = 1{,}5$ kN · m

7.26. $A_y = (\frac{w}{6b})(2a + b)(a - b)$, $\frac{a}{b} = \frac{1}{4}$

7.27. $N_D = 2{,}40$ kN, $V_D = 50$ N, $M_D = 1{,}35$ kN · m

7.29. $N_D = 1{,}26$ kN, $V_D = 0$, $M_D = 500$ N · m

7.30. $N_E = -1{,}48$ kN
$V_E = 500$ N
$M_E = 1000$ N · m

7.31. $N_A = V_A = 2{,}83$ kN, $M_A = 212$ N·m

7.33. $a = \frac{2}{3}L$

7.34. $N_C = -\frac{wL}{2}\csc\theta$, $V_C = 0$, $M_C = \frac{wL^2}{8}\cos\theta$

7.35. $V_E = 0$, $N_E = 894$ N, $M_E = 0$, $V_F = 447$ N,
$N_F = -224$ N, $M_F = 224$ N · m

7.37. $N_C = -1{,}91$ kN, $V_C = 0$, $M_C = 382$ N · m

7.38. $N_D = 981$ N, $V_D = 0$, $M_D = 1{,}32$ kN · m
$N_E = 1{,}77$ kN, $V_E = 589$ N, $M_E = 1{,}68$ kN · m

7.39. $V = -0{,}293\, rw_0$, $N = -0{,}707\, rw_0$
$M = -0{,}0783\, r^2w_0$

7.41. $C_x = -150$ kN, $C_y = -350$ kN, $C_z = 700$ kN
$M_{Cx} = 1{,}40$ MN · m, $M_{Cy} = -1{,}20$ MN · m,
$M_{Cz} = -750$ kN · m

7.42. $N_C = -170$ kN, $(V_C)_y = -50$ kN
$(V_C)_z = 500$ kN
$(M_C)_x = 1$ MN · m
$(M_C)_y = 900$ kN · m
$(M_C)_z = -260$ kN · m

7.43. $N_{Dy} = -65$ kN, $V_{Dx} = 116$ kN, $V_{Dz} = 0$
$M_{Dx} = 49{,}2$ kN · m
$M_{Dy} = 87{,}0$ kN · m
$M_{Dz} = 26{,}2$ kN · m

7.45. Voor $0 \leq x < b$, $V = -\frac{Pa}{b}$, $M = -\frac{Pa}{b}x$.
Voor $b < x \leq a + b$, $V = P$, $M = -P(a + b - x)$,

7.46. Voor $0 \leq x < 2$ m, $V = 0{,}25$ kN,
$M = (0{,}25x)$ kN · m,
Voor 2 m $< x \leq 3$ m, $V = (3{,}25 - 1{,}5x)$ kN,
$M = (-0{,}75x^2 + 3{,}25x - 3{,}0)$ kN · m,

7.47 **a.** Voor $0 \leq x < a$, $V = P$, $M = Px$,
Voor $a < x < L - a$, $V = 0$, $M = Pa$,
Voor $L - a < x \leq L$, $V = -P$,
b. Voor $0 \leq x < 1{,}5$ m, $V = 4$ kN,
$M = (4x)$ kN · m,
Voor 1,5 m $< x < 2{,}1$ m, $V = 0$,
$M = 6$ kN · m,
Voor 2,1 m $< x \leq 3{,}6$ m, $V = -4$ kN,
$M = (14{,}4 - 4x)$ kN · m,

7.49. $M_{max} = 2$ kN · m

7.50. $V = (4 - 2x)$ kN
$M = (-x^2 + 4x - 10)$ kN · m

7.51. Voor $0 \leq x < \frac{L}{2}$,
$V = \frac{wL}{8}$,
$M = \frac{wL}{8}x$.
Voor $\frac{L}{2} < x \leq L$,
$V = \frac{w}{8}(5L - 8x)$, $M = \frac{w}{8}(-L^2 + 5Lx - 4x^2)$.

7.53. Voor $0 \leq x < 8$ m, $V = 140 - 40x$ kN,
$M = (140x - 20x^2)$,
Voor 8 m $< x \leq 11$ m, $V = 20$ kN,
$M = (20x - 320)$ kN · m,

7.54. $V = (525 - 300x)$ kN
$M = (-150x^2 + 525x + 300)$ kN · m

7.57. $V = 5(3 - x)$
$M = (15x - 2{,}5x^2 - 0{,}25)$ kN · m

7.58. Voor $0 \leq x < L$, $V = \frac{w}{18}(7L - 18x)$
$M = \frac{w}{18}(7Lx - 9x^2)$.
Voor $L \leq x < 2L$, $V = \frac{w}{2}(3L - 2x)$,
$M = \frac{w}{18}(27Lx - 20L^2 - 9x^2)$,
Voor $2L < x \leq 3L$, $V = \frac{w}{18}(47L - 18x)$,
$M = \frac{w}{18}(47Lx - 9x^2 - 60L^2)$.

7.59. $x = 1{,}732$ m
$M_{max} = 0{,}866$

7.61. $V = \left\{3{,}00 - \frac{x^2}{4}\right\}$kN
$M = \left\{3{,}00x - \frac{x^3}{12}\right\}$kN · m

7.62. $V = \frac{\gamma ht}{2d}x^2$, $M = x - \frac{\gamma ht}{6d}x^3$

7.63. Voor $0 \leq x < 5$ m, $V = 2{,}5 - 2x$, $M = 2{,}5x - x^2$,
Voor 5 m $< x \leq 10$ m, $V = -7{,}5$, $M = -7{,}5x - 25$.

7.65. Voor $0 \leq x < 3$ m, $V = \{-650 - 50{,}0x^2\}$ N,
$M = \{-650x - 16{,}7x^3\}$ N · m.
Voor 3 m $< x \leq 7$ m, $V = \{2100 - 300x\}$ N,
$M = \{-150(7-x)^2\}$ N · m,

7.66. $V = \frac{w}{12L}(4L^2 - 6Lx - 3x^2)$.
$M = \frac{w}{12L}(4Lx^2 - 3L^2x - x^3)$, $M_{max} = 0{,}0940wL^2$

7.67. $N = \frac{P}{2}\cos\theta$
$V = \frac{P}{2}\sin\theta$
$M = \frac{Pr}{2}(1 - \cos\theta)$

7.69. $V = |P|$
$M = |Pr\cos\theta|$
$T = |Pr(1 - \sin\theta)|$

7.94. $T_{BD} = 390{,}9$ N, $T_{AC} = 378{,}4$ kN
$T_{CD} = 218{,}4$ N, $l = 4{,}674$ m

7.95. $P = 360$ N

7.97. $y_B = 2{,}60$ m, $y_D = 2{,}11$ m

7.98. $P_1 = 3288{,}1$ N, $y_D = 1{,}933$ m

7.99. $T_{AB} = 413$ N
$T_{BC} = 282$ N
$T_{CD} = 358$ N
$y_C = 3{,}08$ m

7.101. $T_{max} = 5{,}36$ kN, $L = 51{,}3$ m

7.102. $T_A = 46{,}4$ kN
$T_B = 54{,}5$ kN

7.103. $w_o = 4{,}40$ kN/m

7.105. $T_B = 48{,}7$ MN, $T_A = 51{,}4$ MN

7.106. $w_o = 77{,}8$ kN/m

7.107. $m_C = 478$ kg
$h = 0{,}827$ m
$L = 13{,}2$ m

7.109. $T_{max} = 594$ kN

7.110. $T_{min} = 552$ kN

7.111. $y = 4{,}5(1 - \cos\frac{\pi}{24}x)$m
$T_{max} = 60{,}2$ kN

7.113. $w_o = 0{,}846$ kN/m

7.114. $h = 3{,}104$ m

7.115. $L = 10{,}39$ m

7.118. $h = 1{,}47$ m

7.119. $(F_V)_A = 165$ N, $(F_H)_A = 73{,}9$ N

7.121. $F_A = F_C = 11{,}1$ kN, $h = 23{,}5$ m

7.122. $\frac{h}{L}$ 0,141

7.123. $y = 45{,}512\,\{\cos h\,(0{,}0219722x) - 1\}$ m
$L = 52{,}55$ m

7.125. $N_D = -6{,}08$ kN
$V_D = -2{,}6$ kN, $M_D = -12{,}99$ kN · m

7.126. $V = 10 - 2x$
$M = 10x - x^2 - 30$

7.127. $a = 0{,}366\,L$

7.129. $l_d = 5{,}67$ m, $d = 19{,}8$ m

7.130. Voor $0 \leq x < 3$ m, $V = 1{,}50$ kN,
$M = \{1{,}50\,x\}$ kN · m,
Voor 3 m $< x \leq 6$ m, $V = -4{,}50$ kN,
$M = \{27{,}0 - 4{,}50x\}$ kN · m,

7.131. $(V_C)_x = 450$ N, $N_C = 0$, $(V_C)_z = -550$ N
$(M_C)_x = -825$ N · m, $T_C = 30$ N · m,
$(M_C)_z = 675$ N · m

7.133. Voor $0 \leq x < 5$ m, $V = (2{,}5 - 2x)$ kN,
$M = (2{,}5x - x^2)$ kN · m,
Voor 5 m $< x \leq 10$ m, $V = -7{,}5$ kN,
$M = (25 - 7{,}5x)$ kN · m,

7.134. $N_C = 0$, $V_C = 9{,}0$ kN, $M_C = -62{,}5$ kN·m,
$N_B = 0$, $V_B = 27{,}5$ kN,
$M_B = -184{,}5$ kN · m

7.135. $V_1(x) = A_y \frac{1}{kN}$
$M_1(x) = A_y x \frac{1}{kN \cdot m}$
$V_2(x) = [A_y - w(x-a)]\ \frac{1}{kN}$
$M_2(x) = [A_y x - w\,\frac{(x-a)^2}{2}]\ \frac{1}{kN \cdot m}$

7.137. Voor $0 \leq x = 2$ m, $V = \{5{,}29 - 0{,}196x\}$kN,
$M = \{5{,}29x - 0{,}0981x^2\}$ kN · m,
Voor 2 m $< x \leq 5$ m,
$V = \{-0{,}196x - 2{,}71\}$ kN,
$M = \{16{,}0 - 2{,}71x - 0{,}0981x^2\}$ kN · m,

7.139. Voor $0 \leq x < 0{,}45$ m, $V = -1{,}47$ kN,
$M = (-1{,}47x)$ kN · m,
Voor 0,45 m $\leq x \leq 0{,}9$ m, $V = 1{,}47$ kN,
$M = (1{,}47x - 1{,}324)$ kN · m,

Hoofdstuk 8

8.1. $N_A = 16{,}5$ kN,
$N_B = 42{,}3$ kN, het mijnwagentje beweegt niet.

8.2. $P = 12{,}8$ kN

8.3. $x = 0{,}5$ m

8.5. $O_x = 46{,}4$ N, $O_y = 400$ N

8.6. $O_x = 280$ N, $O_y = 945$ N

8.7. **a.** Nee
b. Ja

8.9. $\mu = 0{,}27$

8.10. Het is niet mogelijk, want
$\mu = 0{,}2 < 0{,}27$.

8.11. $n = 6$

8.13. $P = 147$ N

8.14. $P = 182$ N, $N_C = 606{,}6$ N

8.15. $\theta = 21{,}8°$

8.17. $\mu_s = 0{,}577$

8.18. $\mu = 0{,}354$

8.19. $d = 537\ \text{mm}^{-1}$

8.21. $\theta = 2\tan\ \boldsymbol{\mu}$s

8.22. Glijden bij klem, n = 9,17, glijden tussen eindplanken;
$n = 8{,}12$, gebruik $n = 8$,

8.23. $P = 371{,}4$ N

8.25. $P = \dfrac{M_o(b - \mu_s c)}{\mu_s r a}$

8.26. $P = \dfrac{M_o(b + \mu_s c)}{\mu_s r a}$
$P < 0$ als $(b - \mu_s c) < 0$ i,e, als $\frac{b}{c} < \mu_s$

8.27. $P = \dfrac{M_o(b + \mu_s c)}{\mu_s r a}$

8.29. $\theta = 11{,}0°$

8.30. $\mu_{s'} = 0{,}577$

8.31. $\theta = 31{,}0°$

8.33. $\mu_s = 0{,}268$

8.34. Hij kan het krat verschuiven.

8.35. $\mu_{s'} = 0{,}376$

8.37. $P = 140$ N , $x_A = 523{,}5$ mm

8.38. $F_C = 30{,}5$ N, $N_C = 152{,}3$ N
$x_1 = 0{,}79$ m
8.39. $\theta = 7{,}50°$, $T = 452$ N
8.41. $F_A = 0{,}44$ kN, $N_A = 1{,}47$ kN, $N_B = 1{,}24$ kN
8.42. $\mu = 0{,}176$
8.43. $\mu_s = 0{,}509$
8.45. Auto A zal niet bewegen.
8.46. $P = 355$ N
8.47. $\mu_C = 0{,}0734$, $\mu_B = 0{,}0964$
8.49. $M = 77{,}3$ N · m
8.50. $F_A = 71{,}4$ N
8.53. $f = 42{,}6°$
8.54. $P = \frac{1}{2}\mu_s W$
8.55. $\theta = 33{,}4°$
8.57. $\mathbf{N} = (-a\mathbf{j} + h\mathbf{k}) \times (2a\mathbf{i} - a\mathbf{j})$, $n = \mathbf{N}/N$,
$h = \frac{2}{\sqrt{5}} a\mu$
8.58. $\theta = 33{,}4°$
8.59. $P = 5{,}53$ kN
Aangezien er een kracht P (> 0) nodig is om de wig van onder de balk te laten glijden, is de wig zelfborgend wanneer
$P = 0$,
8.61. $P = 34{,}5$ N
8.62. $x = 18{,}3$ mm
8.63. $P = 2{,}39$ kN
8.65. $P = 304$ N
8.66. $x = 32{,}9$ mm
8.67. $F = 3{,}84$ kN , $P = 73{,}3$ kN
8.69. $W = 7{,}19$ kN
8.70. Aangezien ϕs > θp, is de schroef zelfborgend.
8.71. $F = 66{,}7$ N
8.73. $F_{AB} = 1{,}38$ kN (T) , $F_{BD} = 828$ N (C)
$F_{BC} = 1{,}10$ kN (C) , $F_{AC} = 828$ N (C)
$F_{AD} = 1{,}10$ kN (C), $F_{CD} = 1{,}38$ kN (T)
8.74. $M = 4{,}53$ N · m
8.75. $M = 48{,}3$ N · m
8.77. $F_E = 72{,}7$ N
$F_D = 72{,}7$ N
8.78. $P = 880$ N
$M = 352$ N · m
8.79. $T = 4{,}02$ kN, $F = 11{,}6$ kN
8.81. $P = 1{,}98$ kN
8.82. $M = 0{,}202$ N · m
8.83. **a.** $F = 1{,}31$ kN
b. $F = 372$ N
8.85. 15,9 N < P < 217,4 N
8.86. $P = 1{,}54$ kN
8.87. $\mu_s = 0{,}0583$
8.89. Ongeveer, 2 slagen (695°)
8.90. $\theta = 99{,}2°$
8.91. $m_A = 2{,}22$ kg
8.93. $M = 177$ N · m
8.94. $m_D = 25{,}6$ kg
8.95. $m_A = 7{,}82$ kg
8.97. $P = 736$ N
8.99. $M = 187$ N · m
8.101. $m_C = 136$ kg, $M = 134$ N · m
8.102. $M = 3{,}93$ N · m
8.103. $F = 2{,}49$ kN
8.105. $M = 50{,}0$ N · m, $x = 286$ mm
8.106. $F_s = 85{,}4$ N
8.107. $M = 19$ N · m
8.109. $M = 54{,}4$ N · m
8.110. $M = 46{,}7$ N · m
8.111. $\mu_s = 0{,}321$
8.113. $P = 118$ N
8.114. $M = \dfrac{2\mu_s PR}{3\cos\theta}$
8.115. $M = 0{,}521$ PμR
8.117. $d = 0{,}140$ L
8.118. $(\gamma f)_A = 5$ mm, $(\gamma f)_B = 2$ mm
8.119. $(\gamma f)_A = 7{,}5$ mm, $(\gamma f)_B = 3$ mm
8.121. $P = 814$ N
8.122. $P = 68{,}97$ N
8.123. $P = 145{,}0$ N
8.125. $r = 20{,}6$ mm
8.126. $P = 299$ N
8.127. $P = 266$ N
8.129. $d = 38{,}5$ mm
8.130. $P = 245$ N
8.133. $M = 90{,}6$ N · m
8.134. $\mu_s = 0{,}4$
8.135. $M = 270$ N · m
8.137. $P = 40{,}2$ N
8.138. Controleer of het krat op het karretje glijdt, of het krat kantelt, of of het karretje kantelt,
$P = 196$ N.
8.139. $m_l = 1500$ kg
8.141. $\theta = 35{,}0°$
8.142. $P = 140$ N
8.143. $P = 474$ N

Hoofdstuk 9

9.1. $\bar{x} = 124$ mm
$\bar{y} = 0$
9.2. $\bar{x} = 0{,}546$ m, $O_x = 0$, $O_y = 7{,}06$ N
$M_O = 3{,}85$ N · m
9.3. $m = \frac{3}{2} m_o L$, $\bar{x} = \frac{5}{9} L$
9.5. $\bar{x} = 0{,}299a$
$\bar{y} = 0{,}537a$
9.6. $\bar{y} = \frac{2}{5}$ m
9.7. $\bar{x} = \frac{3}{8} a$
9.9. $\bar{x} = 5$ m
9.10. $\bar{y} = 1{,}43$ m
9.11. $\bar{x} = \frac{3b}{4}$
9.13. $\bar{x} = 6$ m
9.14. $\bar{y} = 2{,}8$ m
9.15. $\bar{x} = \dfrac{b-a}{\ln\frac{b}{a}}$
9.17. $\bar{x} = \dfrac{n+1}{2(n+2)} a$
9.18. $\bar{x} = \dfrac{(n+1)}{2(n+2)} a$
9.19. $\bar{y} = \dfrac{hn}{2n+1}$
9.21. $\bar{x} = \dfrac{3a}{8}$
9.22. $\bar{y} = \dfrac{3a}{5}$
9.23. $\bar{x} = \dfrac{4a}{3\pi}$

9.25. $\bar{x} = 0{,}649$ m

9.26. $\bar{x} = (\frac{\pi-2}{2\pi})a$

9.27. $\bar{y} = \frac{\pi}{8}a$

9.29. $\bar{y} = \frac{25}{56}a$

9.30. $\bar{x} = 1$ m

9.31. $\bar{y} = 0{,}4$ m

9.33. $\bar{y} = \frac{\pi a}{8}$

9.34. $\bar{x} = 1{,}26$ m
$\bar{y} = 0{,}143$ m
$N_B = 47{,}9$ kN
$A_x = 33{,}9$ kN
$A_y = 73{,}9$ kN

9.35. $x_c = 1{,}80$ m

9.37. $dm = \rho dV = \rho_0 xy\ (tydx), m = \frac{1}{8}\rho_0 r^4 t$
$\bar{x} = \frac{1}{8}r$
$\bar{y} = \frac{1}{8}r$

9.38. $\bar{r} = 0{,}833a$

9.39. $\bar{y} = 4$ m

9.41. $\bar{z} = \frac{3}{8}a$

9.42. $\bar{y} = 2{,}67$ m

9.43. $\bar{z}\ \frac{5h}{6}$

9.45. $z_C = 0{,}422$ m

9.46. $\bar{z} = \frac{8}{15}\mathrm{r}$

9.47. $\bar{z} = \frac{h}{4}, \bar{x} = \bar{y} = \frac{a}{\pi}$

9.50. $\bar{z} = \frac{c}{4}$

9.51. $d = 3$ m

9.53. $\bar{x} = 77{,}3$ mm
$\bar{y} = 121$ mm

9.54. $\bar{x} = 0, \bar{y} = 58{,}3$ mm

9.55. $\bar{x} = 1{,}65$ m, $\bar{y} = 9{,}25$ m
$A_x = 0, A_y = 1{,}32$ kN
$E_y = 342$ N

9.57. $\bar{x} = \frac{W_1}{W}b$
$\bar{y} = \frac{b(W_2 - W_1)\sqrt{b^2 - c^2}}{cW}$

9.58. $\bar{x} = 154$ mm

9.59. $\bar{y} = 293$ mm

9.61. $\bar{x} = 77{,}2$ mm, $\bar{y} = 31{,}7$ mm

9.62. $\bar{y} = 291$ mm

9.63. $\bar{x} = 2{,}22$ m, $\bar{y} = 1{,}41$ m

9.65. $x_c = 0{,}2$ m, $y_c = 4{,}365$ m

9.66. $\bar{y} = 272$ mm

9.67. $\bar{y} = 66{,}1$ mm

9.69. $\bar{x} = \dfrac{\frac{2}{3} r \sin^3\alpha}{\alpha - \frac{\sin 2\alpha}{2}}$

9.70. $\bar{y} = \dfrac{\sqrt{2}\,(a^2 + at - t^2)}{2(2a - t)}$

9.71. $\bar{y} = 85{,}9$ mm

9.73. $n \leq \frac{L}{d}$

9.74. $\bar{z} = 122$ mm

9.75. $h = 385$ mm

9.77. $y_c = 56{,}6$ m

9.78. $\bar{y} = 53{,}0$ mm

9.79. $\bar{x} = 22{,}7$ mm
$\bar{y} = 29{,}5$ mm
$\bar{z} = 22{,}6$ mm

9.81. $\bar{z} = 359$ mm

9.82. $h = 323$ mm

9.83. $\bar{z} = 128$ mm

9.85. $h = 48$ mm

9.86. $\bar{z} = 463$ mm

9.87. $\bar{z} = 58{,}1$ mm

9.89. $\bar{z} = 754$ mm

9.90. $V = 25{,}5\ m^3$

9.91. 14,4 liter

9.93. $V = 22{,}1\ m^3$

9.94. $V = 4{,}25\ (10^6)\ mm^3$

9.95. $A = 302\ m^2$

9.97. $A = 188\ m^2$

9.98. $V = 207\ m^3$

9.99. $V_c = 20{,}5\ m^3$

9.101. $A = 8\pi ba, V = 2\pi ba^2$

9.102. $A = 1{,}403\ (106)\ mm^3$

9.103. $A = 88{,}0\ m^2$

9.105. $m = 138$ kg

9.106. $V = \frac{2}{3}\pi ab^2$

9.107. $A = 1{,}33\ m^2$
$\bar{x} = 0{,}6$ m
$V = 5{,}03\ m^3$

9.109. $A = 119\ (10^3)\ mm^2$

9.110. $A = \sqrt{3}\pi a^2$
$V = \frac{\pi}{4}a^3$

9.111. $h = 29{,}9$ mm

9.113. $m = 138$ kg

9.114. $A = 1365\ m^2$

9.115. $d = 2{,}68$ m

9.117. $F_R = \frac{2}{3}(xdx)[(4 - y)dy], F_R = 24{,}0$ kN
$\bar{x} = 2{,}00$ m, $\bar{y} = 1{,}33$ m

9.118. $F_R = \frac{4ab}{\pi^2}p_0$
$\bar{x} = \frac{a}{2}\ \ \bar{y} = \frac{b}{2}$

9.119. $A_y = 2{,}51$ MN
$B_x = 2{,}20$ MN
$B_y = 859$ kN

9.121. $D_x = 101$ kN
$C_x = 46{,}6$ kN

9.122. $d = 3{,}65$ m

9.123. $F = 1{,}41$ MN, $h = 4$ m

9.125. $F_R = 2{,}77$ MN
$h = 5{,}22$ m, $F_{bot} = 3{,}02$ MN

9.126. $F = 3{,}85$ kN
d' = 0,625 m

9.127. $F_R = 6{,}93$ kN, $\bar{y} = -0{,}125$ m

9.129. $F = 391$ kN/m

9.130. $F_x = 628$ kN
$F_y = 538$ kN

9.131. $V = 22{,}7\ (10)^{-3}\ m^3$

9.133. $\bar{y} = 87{,}5$ mm

9.134. $\bar{x} = \bar{y} = 0,\ \bar{z} = \frac{2}{3}a$

9.135. $x_C = \frac{a+b}{3}$

9.137. $x_C = 1{,}594$ m, $y_C = 0{,}940$ m

9.138. $l = 265$ mm
$\theta = 70{,}4°$

9.139. $A_y = 1{,}77$ MN, $B_x = 1{,}57$ MN, $B_y = 594$ kN

Hoofdstuk 10

10.1. $I_x = \frac{2}{7} bh^3$

10.2. $I_y = \frac{2}{15} hb^3$

10.3. $I_x = 2{,}13$ m^4

10.5. $I_x = 39{,}0$ m^4

10.6. $I_y = 8{,}53$ m^4

10.7. $I_x = 0{,}533$ m^4

10.9. $I_x = \frac{2}{15} bh^3$

10.10. $I_x = \frac{1}{3} tl^3 \sin^2(\theta)$

10.11. $I_x = 3{,}20$ m^4

10.13. $I_x = 4{,}27$ m^4

10.14. $I_y = 36{,}7$ m^4

10.15. $I_y = 0{,}628$ m^4

10.17. $I_x = \frac{4a^4}{9\pi}$

10.18. $I_y = \left[\frac{\pi^2 - 4}{\pi^3}\right] a^4$

10.19. $I_x = 10$ m^4

10.21. $I_x = \frac{ah^3}{28}$

10.22. $I_y = \frac{a^3 h}{20}$

10.23. $dA = (rd\,\theta)dr$, $y = \text{r} \sin\theta$, $I_x = \frac{r_0^4}{8}(\alpha - \sin\alpha)$

10.25. $Ix = 798\ (10^6)$ mm^4

10.26. $Iy = 10{,}3\ (10^9)$ mm^4

10.27. $k_x = 103{,}5$ mm

10.29. $\bar{y} = 0{,}181$ m, $I_{x'} = 4{,}23\ (10^{-3})$ m^4

10.30. $\bar{x} = 68{,}0$ mm, $I_{y'} = 36{,}9\ (10^6)$ mm^4

10.31. $I_{x'} = 49{,}5\ (10^6)$ mm^4

10.33. $I_y = \frac{r^4}{4}(\theta + \frac{1}{2}\sin 2\theta - 2\sin\theta \cos^3\theta)$

10.34. $I_y = 115\ (10^6)$ mm^4

10.35. $\bar{y} = 207$ mm
$\bar{I}_{x'} = 222\ (10^6)$ mm^4

10.37. $I_y = 2{,}51\ (10^6)$ mm^4

10.38. $I_x = 115\ (10^6)$ mm^4

10.39. $I_y = 153\ (10^6)$ mm^4

10.41. $\bar{x} = 71{,}32$ mm
$I_{y'} = 3{,}60\ (10^6)$ mm^4

10.42. $I_x = 154\ (10^6)$ mm^4

10.43. $I_y = 91{,}3\ (10^6)$ mm^4

10.45. $\bar{x} = 61{,}6$ mm, $\bar{I}_{y'} = 41{,}2\ (10^6)$ mm^4

10.46. $\bar{y} = 22{,}5$ mm, $\bar{I}_{x'} = 34{,}4\ (10^6)$ mm^4

10.47. $I_y = 122\ (10^6)$ mm^4

10.49. $I_y = 29{,}8\ (10^6)$ mm^4

10.50. $\bar{y} = 1{,}81$ m, $\bar{I}_{x'} = 42{,}33$ m^4

10.51. $\bar{I}_{x'} = 162\ (10^6)$ mm^4

10.53. $\bar{I}_{y'} = \frac{ab\sin\theta}{12}(\text{b}^2 + \text{a}^2\cos^2\theta)$

10.54. $I_{xy} = \frac{1}{6} l^3 t \sin 2\theta$

10.55. $I_{xy} = \frac{3}{16} b^2 h^2$

10.57. $Ixy = \frac{a^2\,b^2}{4(n+1)}$

10.58. $\bar{I}_{xy} = 1{,}07$ m^4

10.59. $I_{xy} = 0{,}511$ m^4

10.61. $I_{xy} = \frac{a^2 c \sin^2\theta}{12}(4a\cos\theta + 3c)$

10.62. $I_{xy} = \frac{1}{6} a^2 b^2$

10.63. $I_{uv} = 135\ (10)^6$ mm^4

10.65. $I_{xy} = -1{,}10\ (10^6)$ mm^4

10.66. $I_{xy} = 98{,}4\ (10^6)$ mm^4

10.67. $I_{xy} = 17{,}1\ (10^6)$ mm^4

10.69. $I_u = 85{,}3\ (10^6)$ mm^4
$I_v = 85{,}3\ (10^6)$ mm^4

10.70. $I_u = 909\ (10^6)$ mm^4
$I_v = 703\ (10^6)$ mm^4
$I_{uv} = 179\ (10^6)$ mm^4

10.71. $I_u = 909\ (10^6)$ mm^4
$I_v = 703\ (10^6)$ mm^4
$I_{uv} = 179\ (10^6)$ mm^4

10.73. $\bar{y} = 82{,}5$ mm
$I_u = 109\ (10^8)$ mm^4
$I_v = 238\ (10^8)$ mm^4
$I_{uv} = 111\ (10^8)$ mm^4

10.74. $\bar{y} = 82{,}5$ mm
$I_u = 43{,}4\ (10^6)$ mm^4
$I_v = 47{,}0\ (10^6)$ mm^4
$I_{uv} = -3{,}08\ (10^6)$ mm^4

10.75. $\bar{y} = 82{,}5$ mm
$I_u = 43{,}4\ (10^6)$ mm^4
$I_v = 47{,}0\ (10^6)$ mm^4
$I_{uv} = -3{,}08\ (10^6)$ mm^4

10.77. $\bar{x} = 48{,}2$ mm
$I_u = 112\ (10^6)$ mm^4
$I_v = 258\ (10^6)$ mm^4
$I_{uv} = -126\ (10^6)$ mm^4

10.78. $I_{max} = 4{,}92\ (10^6)$ mm^4, $I_{min} = 1{,}36\ (10^6)$ mm^4

10.79. $I_{max} = 4{,}92\ (10^6)$ mm^4, $I_{min} = 1{,}36\ (10^6)$ mm^4

10.81. $\theta = 12{,}3°$ (*Tegen de klok mee*)
$\theta = 77{,}7°$ (*Met de klok mee*)

10.82. $\bar{y} = 79{,}23$ mm
$I_u = 42{,}2\ (10^6)$ mm^4
$I_v = 41{,}9\ (10^6)$ mm^4
$I_{uv} = 0{,}28\ (10^6)$ mm^4

10.83. $\bar{y} = 79{,}23$ mm
$I_u = 42{,}19\ (10^6)$ mm^4
$I_v = 41{,}86\ (10^6)$ mm^4
$I_{uv} = 0{,}28\ (10^6)$ mm^4

10.85. $I_x = \frac{2}{5} mb^2$

10.86. $I_x = \frac{3}{10} mr^2$

10.87. $k_x = 57{,}7$ mm

10.89. $I_y = \frac{m}{6}(a^2 + h^2)$

10.90. $I_z = \frac{7}{18} ma^2$

10.91. $I_x = \frac{2}{5} mr^2$

10.93. $I_y = \frac{5}{18} m$

10.94. $I_y = 1{,}71\ (10^3)$ kg · m^2

10.95. $I_z = 34{,}2$ kg · m^2

10.97. $\bar{y} = 1{,}78$ m, $I_G = 4{,}45$ kg · m^2

10.98. $\bar{y} = 203$ mm, $I_G = 0{,}230$ kg · m^2

10.99. $I_A = 327{,}3$ kg · m^2

10.101. $I_z = 1{,}53$ kg · m^2

10.102. $k_O = 3{,}15$ m

10.103. $I_A = 50{,}75$ kg · m^2

10.105. $I_O = 0{,}450\ (10^{-3})$ kg · m^2
$\bar{y} = 57{,}7$ mm
$I_G = 0{,}150\ (10^{-3})$ kg · m^2

10.106. $I_y = 0{,}144$ kg · m^2

10.107. $I_z = 0{,}113\ \text{kg} \cdot \text{m}^2$
10.109. $I_{z'} = 7{,}19\ \text{kg} \cdot \text{m}^2$
10.110. $k_x = 109$ mm
10.111. $I_x = 914\ (10^6)\ \text{mm}^4$
$\bar{I}_x = 146\ (10^6)\ \text{mm}^4$
10.113. **a.** $I_x = \frac{bh^3}{12}$
b. $\bar{I}_x = \frac{bh^3}{36}$
10.114. $I_x = \frac{93}{70} mb^2$
10.115. $I_x = 9{,}05\ \text{m}^4$
10.117. $I_u = 5{,}09\ (10^6)\ \text{mm}^4$, $I_v = 5{,}09\ (10^6)\ \text{mm}^4$, $I_{uv} = 0$
10.118. $I_y = 0{,}0954\ d^4$
10.119. $I_y = 0{,}187\ d^4$

Hoofdstuk 11

11.1. $F = 2P \cot \theta$
11.2. $F = 24{,}5$ N
11.3. $F = 4{,}62$ kN
11.5. $\theta = 27{,}4°$ or $72{,}7°$
11.6. $k = 1{,}05$ kN/m
11.7. $F = 2P \cot\theta$
11.9. $F = 245{,}25$ N
11.10. $P = \frac{W}{2}\cot\theta$
11.11. $F = 49{,}1$ N
11.13. $\theta = 42{,}7°, \theta = 54{,}8°$
11.14. $k = 1{,}24$ kN/m
11.15. $F = \dfrac{M}{2a\sin\theta}$
11.17. $M_{sp} = 300[2(\pi/2 - \theta)], \theta = 61{,}4°$
11.18. $\theta = 90°, \theta = 17{,}1°$
11.19. $k = 136$ N/m
11.21. $k = 9{,}88$ kN/m
11.22. $F = \left[\dfrac{W\ (a+b-\tan\theta)}{ac}\right]\sqrt{a^2 + c^2 + 2\,ac\sin\theta}$
11.23. $F = 512$ N, $\delta_x = -0{,}09769\ \delta\theta$
11.25. $m = 100$ kg
11.26. $y = -925$ m Instabiel
$y = 0{,}481$ m
11.27. $x = 0$ Instabiel
$x = 0{,}167$ m Stabiel
11.29. $\theta = 36{,}9°$ Instabiel
$\theta = 90°$ Stabiel
11.30. $\theta = 38{,}7°$ Instabiel
$\theta = 90°$ Stabiel
$\theta = 141°$ Instabiel
11.31. $\theta = 35{,}5°$ Instabiel
$\theta = 90°$ Stabiel
11.33. $h = 0$
11.34. $d = \dfrac{h}{3}$
11.35. $\theta = 36{,}4°$ Instabiel
$\theta = 62{,}3°$ Stabiel
11.37. $M = 22{,}5$ kg
11.38. $b < 2r$
11.39. $\theta_1 = 36{,}1°$ Instabiel
$\theta_2 = 90°$ Stabiel
11.41. $\theta = 9{,}18°$, $\phi = 17{,}38°$
11.42. $W_2 = W_1\left(\dfrac{b}{a}\right)\dfrac{\sin\theta}{\cos\phi}$
11.43. $\theta = 76{,}8°$ Stabiel
11.46. $\theta = \sin^{-1}\left(\dfrac{4W}{ka}\right), \theta = 90°$
11.47. $m = 5{,}29$ kg
11.49. $V = 2W\,(r \csc\theta - (a/2)\cos\theta)$
11.50. $M = 42{,}5\ \text{N} \cdot \text{m}$
11.51. $\theta = 90°, \theta = 30°$
11.53. $\theta = 9{,}46°$ Stabiel
11.54. $\theta = 0$ Instabiel
11.55. $h = 35{,}46$ mm
11.57. $W_G = 12{,}5$ N
11.58. $x = 400$ mm
11.59. $F = P \csc(\theta)$
11.61. $k = 166$ N/m
11.62. $m_{AB} = 150$ kg

Index

A
aangrijpingspunt van de
  zwaartekracht .455
afronden van getallen .10
algemene analyseprocedure .10
arbeid
  koppel .566
  virtuele .565
arbeid van een koppel .566
Archimedes .3
aslagers .434
  wrijvingsanalyse .434

B
belasting
  gelijkmatig verdeelde .179
  tekenconventie .331
Bernoulli, Jean .565
bewegingswetten .5
buigmoment
  componenten .330
buigmomentgrafiek
  analyseprocedure .346

C
cartesische vectoren .40
  optellen en aftrekken .43
  cartesische vectornotatie .30
cijfers
  significante .9
cirkel van Mohr .540
  analyse-procedure .541
rechthoekige .40
conservatieve krachten
  veerkracht .581
coördinatenstelsel, rechtshandig .53
coplanaire krachten .30
coulombwrijving .389

D
dimensionele homogeniteit .9
draagconstructies .291
  analyse-procedure .298
  vrijlichaamsschema .291
driehoeksregel .16
droge wrijving
  beweging .391
  eigenschappen .392
  evenwicht .390
  neiging tot beweging .390
  tabelwaarden van μ_s .391
  theorie .389
  vraagstukken over .392
drukkracht .263
dwarskracht
  componenten .330
dynamica .3

E
effect
  uitwendig .200
effecten
  externe .156
evenwicht .83
  instabiel .584
  neutraal .584
  stabiel .584
  van star lichaam .196
evenwicht in drie dimensies .233
evenwichtsconfiguratie
  stabiliteit van .584
evenwichtsvergelijkingen .210
  en driedimensionale krachten-
    stelsels .100
  en tweedimensionale
    krachtenstelsels .87
  puntmassa .83
  versus wrijvingsvergelijkingen . .395

G
Galileï, Galileo .4
gelijkwaardige koppels .145
gelijkwaardig stelsel .156
gewicht .6
graviatiewet .6
Guldin, Paul .487
gyratiestraal. *Zie* traagheidsstraal

I
idealiseringen .4
Internationale Eenhedenstelsel .8
inwendig product .66, 136
toepassingen .67

K
kabels .365
  waarop puntbelastingen worden
    uitgevoerd .365
kabels en katrollen .84
knooppuntmethode .264
  analyse-procedure .265
koppelmoment .144, 355
  resulterend .145
koppels
  gelijkwaardige .145
kraaglagers .432
  wrijvingsanalyse .432
kracht .4
  inwendige .200
  tangentieel .389
  ontbinden in componenten .18
krachtenstelsel
  coplanair .166, 196
  evenwijdige .166
  tweedimensionaal .196
krachtvector .17
  langs een lijn .56
  optellen .17

L
langsliggers .262
lengte .4
liggers .345

M
maateenheden .7
massamiddelpunt .452
massatraagheidsmomenten .548
  samengestelde lichamen .552
  stelling van Steiner .551
  traagheidsstraal .552
mechanica .3

modellen 4
momentas .136
momentenprincipe. 124
moment van een koppel 144
moment van een kracht om een
gegeven as 136

N

Newton, Isaac 5
bewegingswetten 5
graviatiewet 6
notatie
wetenschappelijke 9
nulkrachtstaven 269
numerieke berekeningen 9

O

omwentelingslichaam 487
omwentelingsoppervlak 487
analyseprocedure. 19
optellen van krachtvectoren 17

P

Pappus en Guldin
eerste stelling van 487
parallellogramregel 16
plaatsvectoren 53
polaire traagheidsmoment. 516
potentiaalfunctie 585
primair vakwerk 263
principe van overdraagbaarheid . . .156
puntkracht 5
puntmassa 5

R

rechtshandig coördinatenstelsel 40
reductie van een gelijkmatig
verdeelde belasting 179
resultante. 16
krachten. .17
van willekeurig verdeelde
belasting. 496
resulterend koppelmoment 145
richtingshoek. 41
rolweerstand 437
rolweerstandscoëfficiënt 438
ruimtevakwerk
analyse-procedure 287
primair. .287

S

samengestelde lichamen 473
scalair 15
scalaire analyse 136
schroeven .416
wrijvingskrachten op. 416
SI-eenheden. .7
snedemethode 277
analyse-procedure 279, 331
star lichaam .5
principe van virtuele arbeid
voor 567
statica 3
Steiner stelling van 516
stelsel van krachten en koppels
verdere reductie. 166
resultanten analyse-
procedure. 158, 168
steunpuntreacties. 233
systeem met 1 vrijheidsgraad 585

T

taatslagers .432
wrijvingsanalyse 432
tetraëder. 287
torsiemoment. 330
traagheidsmoment
voor oppervlak. 515
cirkel van Mohr 540
traagheidsmomenten van een
oppervlak om hellende assen
hoofdtraagheidsmomenten 538
traagheidsmomenten van
samengestelde oppervlakken. . . .526
analyseprocedure. 526
traagheidsmomenten voor
oppervlakken. 517
analyse-procedure 518
traagheidsproduct 534
traagheidsproduct voor een
oppervlak. 534
stelling van Steiner 535
traagheidsstraal voor een
oppervlak. 517
trekkracht 84, 263, 331
tweedimensionale
krachtenstelsels 86
analyseprocedure. 87

V

vakwerk. 261
primair. .263
vector. 15
grootte 15
richting 15
zin van de richting. 15
vectoranalyse. 136
vectorbewerkingen 16
aftrekken .17
delen 16
verbindingen 262
verbindingspunten van een
star lichaam 239
verdeelde belasting 354
veren 84
virtuele arbeid
voor een puntmassa 567
voor een star lichaam. 567
voor een systeem van met elkaar
verbonden starre lichamen. . . .568
vlakke riemen 424
wrijvingsanalyse 424
wrijvingskrachten op. 424
vloeistofdruk 496
vloerbalken 262
vrijlichaamsschema
draagconstructies. 291
drie-dimensionale
krachtenstelsels 100
kabels en katrollen. 84
tweedimensionale krachtenstelsels .87
veren 84
werktuigen. 291

W

werklijnen
door gemeenschappelijk punt . . .166
werktuigen. 291
analyseprocedure. 298
vrijlichaamsschema 291
wiggen. 414
zelfremmend 414
wrijving. 389
droge 389
wringing 168

Z

zwaartekracht 6
zwaartepunt. 535

Basisformules van de statica

Cartesische vector

$$\mathbf{A} = A_x\mathbf{i} + A_y\mathbf{j} + A_z\mathbf{k}$$

Grootte

$$A = \sqrt{A_x^2 + A_y^2 + A_z^2}$$

Richtingen

$$\mathbf{u}_A = \frac{\mathbf{A}}{A} = \frac{A_x}{A}\mathbf{i} + \frac{A_y}{A}\mathbf{j} + \frac{A_z}{A}\mathbf{k}$$
$$= \cos\alpha\mathbf{i} + \cos\beta\mathbf{j} + \cos\gamma\mathbf{k}$$
$$\cos^2\alpha + \cos^2\beta + \cos^2\gamma = 1$$

Inwendig product

$$\mathbf{A}\cdot\mathbf{B} = AB\cos\theta$$
$$= A_xB_x + A_yB_y + A_zB_z$$

Uitwendig product

$$\mathbf{C} = \mathbf{A}\times\mathbf{B} = \begin{vmatrix} \mathbf{i} & \mathbf{j} & \mathbf{k} \\ A_x & A_y & A_z \\ B_x & B_y & B_z \end{vmatrix}$$

Cartesische plaatsvector

$$\mathbf{r} = (x_2 - x_1)\mathbf{i} + (y_2 - y_1)\mathbf{j} + (z_2 - z_1)\mathbf{k}$$

Cartesische krachtvector

$$\mathbf{F} = F\mathbf{u} = F\left(\frac{\mathbf{r}}{r}\right)$$

Moment van een kracht

$$M_O = Fd$$
$$\mathbf{M}_O = \mathbf{r}\times\mathbf{F} = \begin{vmatrix} \mathbf{i} & \mathbf{j} & \mathbf{k} \\ r_x & r_y & r_z \\ F_x & F_y & F_z \end{vmatrix}$$

Moment van een kracht om een gegeven as

$$M_a = \mathbf{u}\cdot\mathbf{r}\times\mathbf{F} = \begin{vmatrix} u_x & u_y & u_z \\ r_x & r_y & r_z \\ F_x & F_y & F_z \end{vmatrix}$$

Vereenvoudiging van een stelsel van krachten en koppels

$$\mathbf{F}_R = \Sigma\mathbf{F}$$
$$(\mathbf{M}_R)_O = \Sigma\mathbf{M} + \Sigma\mathbf{M}_O$$

Evenwicht

Puntmassa

$$\Sigma F_x = 0, \Sigma F_y = 0, \Sigma F_z = 0$$

Star lichaam – Twee dimensies

$$\Sigma F_x = 0, \Sigma F_y = 0, \Sigma M_O = 0$$

Star lichaam – Drie dimensies

$$\Sigma F_x = 0, \Sigma F_y = 0, \Sigma F_z = 0$$
$$\Sigma M_{x'} = 0, \Sigma M_{y'} = 0, \Sigma M_{z'} = 0$$

Wrijving

Statisch (maximaal) $F_s = \mu_s N$

Kinetisch $F_k = \mu_k N$

Aangrijpingspunt van de zwaartekracht

Puntmassa's

$$\bar{r} = \frac{\Sigma\tilde{r}W}{\Sigma W}$$

Lichaam

$$\bar{r} = \frac{\int \tilde{r}\,dW}{\int dW}$$

Traagheidsmomenten van vlakken en massa's

$$I = \int r^2\,dA \qquad I = \int r^2\,dm$$

Evenwijdige assenstelling

$$I = \bar{I} + Ad^2 \qquad I = \bar{I} + md^2$$

Traagheidsstraal

$$k = \sqrt{\frac{I}{A}} \qquad k = \sqrt{\frac{I}{m}}$$

Virtuele arbeid

$$\delta U = 0$$

Voorvoegsels

Getal	*Exponentiële vorm*	*Voorvoegsel*	*SI-symbool*
1 000 000 000	10^9	giga	G
1 000 000	10^6	mega	M
1 000	10^3	kilo	k
Deelgetal			
0,001	10^{-3}	milli	m
0,000 001	10^{-6}	micro	μ
0,000 000 001	10^{-9}	nano	n

Conversiefactoren (FPS) naar (SI)

Grootheid	*Meeteenheid (FPS)*	*is gelijk aan*	*Meeteenheid (SI)*
Kracht	lb		4,4482 N
Massa	slug		14,5938 kg
Lengte	ft		0,3048 m

Conversiefactoren (FPS)

1 ft = 12 in. (inches)
1 mi. (mijl) = 5280 ft
1 kip (kilopound) = 1000 lb
1 ton = 2000 lb

Geometrische eigenschappen van lijn- en oppervlakte-elementen

Plaats van het zwaartepunt	Plaats van het zwaartepunt	Traagheidsmoment van oppervlak

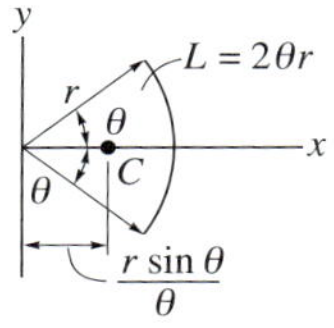

Segment van een cirkelboog

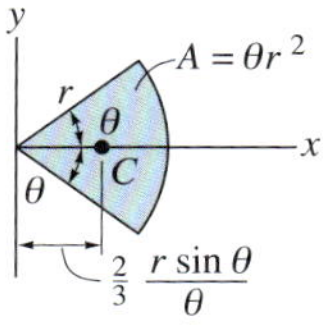

Segment van een cirkelvlak

$$I_x = \frac{1}{4}r^4(\theta - \frac{1}{2}\sin 2\theta)$$

$$I_y = \frac{1}{4}r^4(\theta + \frac{1}{2}\sin 2\theta)$$

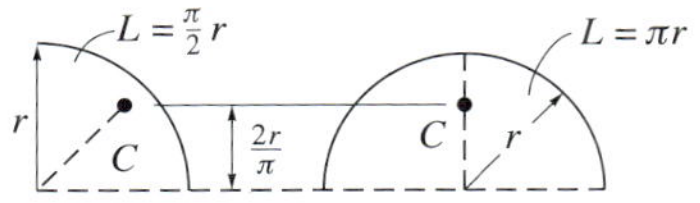

Kwart en halve cirkelboog

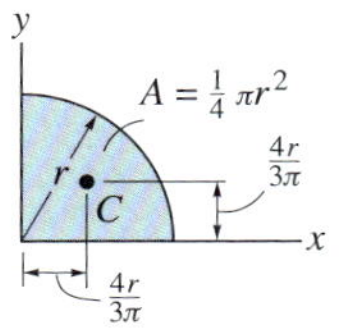

Kwart cirkelvlak

$$I_x = \frac{1}{16}\pi r^4$$

$$I_y = \frac{1}{16}\pi r^4$$

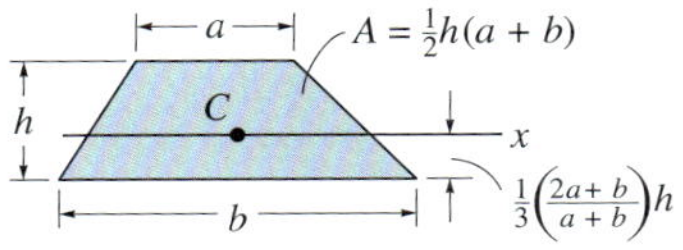

Het vlak van een trapezoïde

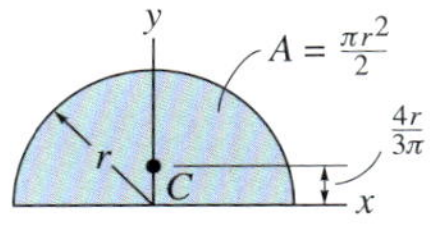

Half cirkelvlak

$$I_x = \frac{1}{8}\pi r^4$$

$$I_y = \frac{1}{8}\pi r^4$$

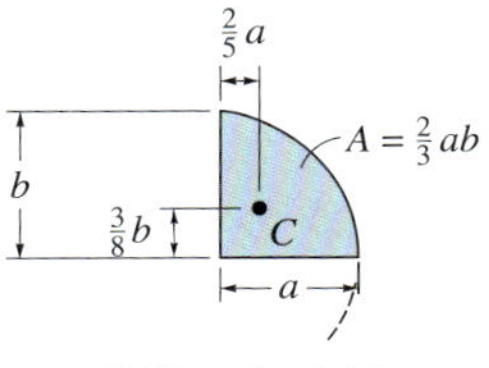

Half paraboolvlak

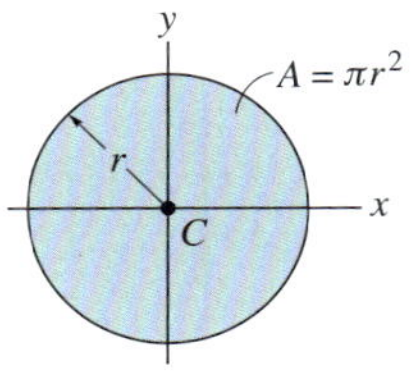

Cirkelvlak

$$I_x = \frac{1}{4}\pi r^4$$

$$I_y = \frac{1}{4}\pi r^4$$

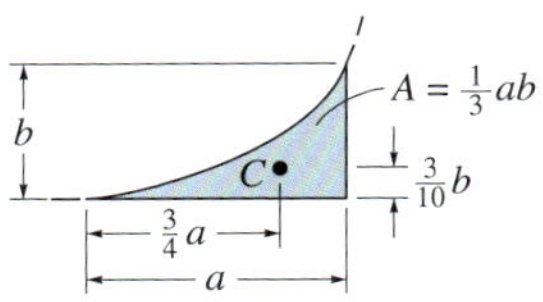

Exparaboolvlak

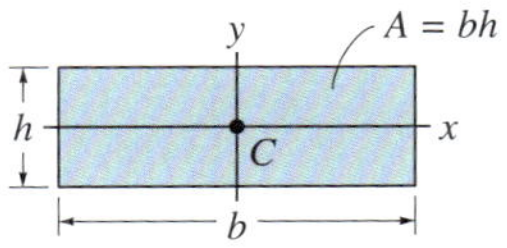

Rechthoekig vlak

$$I_x = \frac{1}{12}bh^3$$

$$I_y = \frac{1}{12}hb^3$$

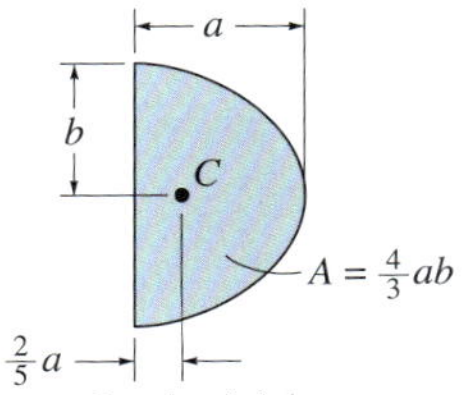

Paraboolvlak

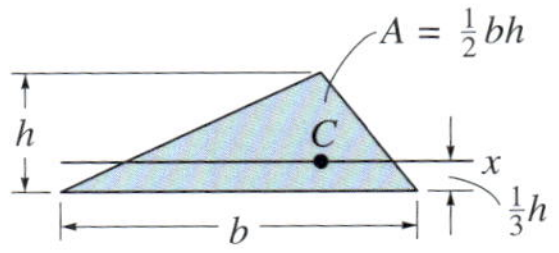

Driehoekig vlak

$$I_x = \frac{1}{36}bh^3$$

grijpingspunt van de zwaartekracht en massatraagheidsmoment van mogene massieve lichamen

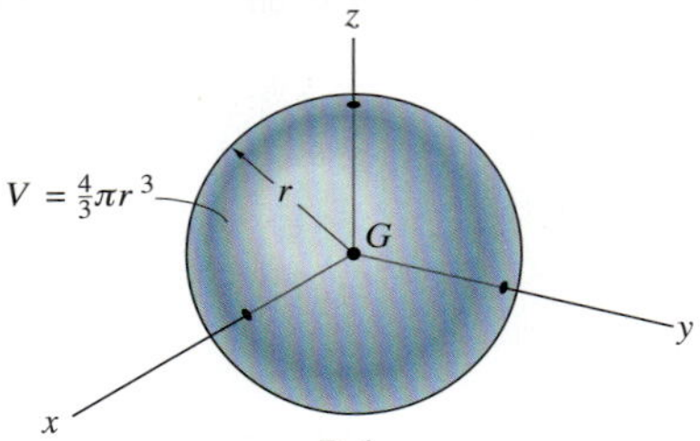

Bol

$I_{xx} = I_{yy} = I_{zz} = \frac{2}{5} mr^2$

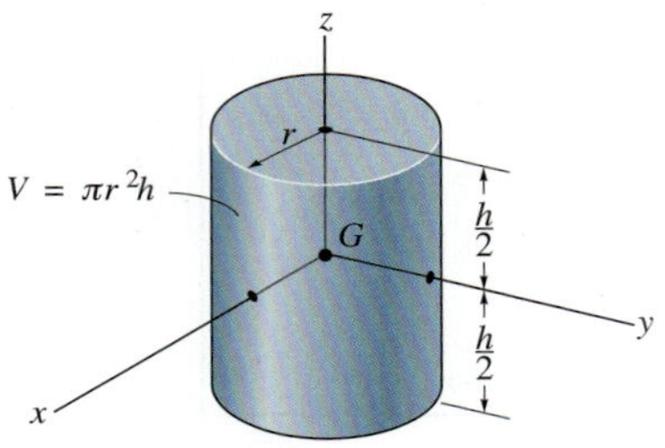

Cilinder

$I_{xx} = I_{yy} = \frac{1}{12} m(3r^2 + h^2) \quad I_{zz} = \frac{1}{2} mr^2$

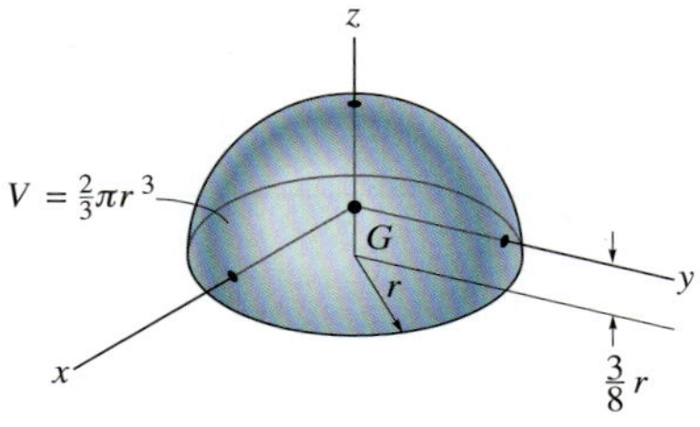

Halve bol

$I_{xx} = I_{yy} = 0{,}259mr^2 \quad I_{zz} = \frac{2}{5}mr^2$

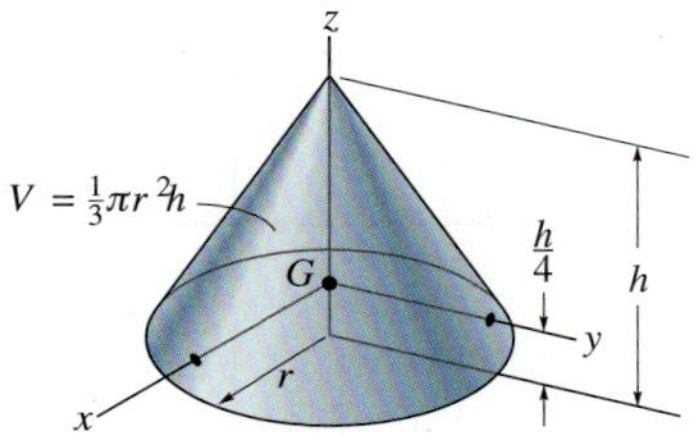

Kegel

$I_{xx} = I_{yy} = \frac{3}{80} m (4r^2 + h^2) \quad I_{zz} = \frac{3}{10} mr^2$

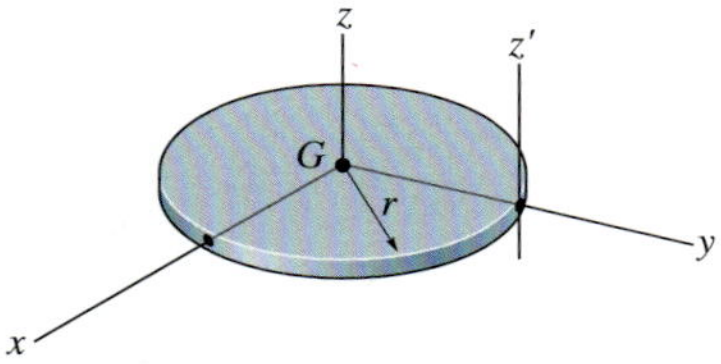

Dunne cirkelvormige schijf

$I_{xx} = I_{yy} = \frac{1}{4} mr^2 \quad I_{zz} = \frac{1}{2}mr^2 \quad I_{z'z'} = \frac{3}{2} mr^2$

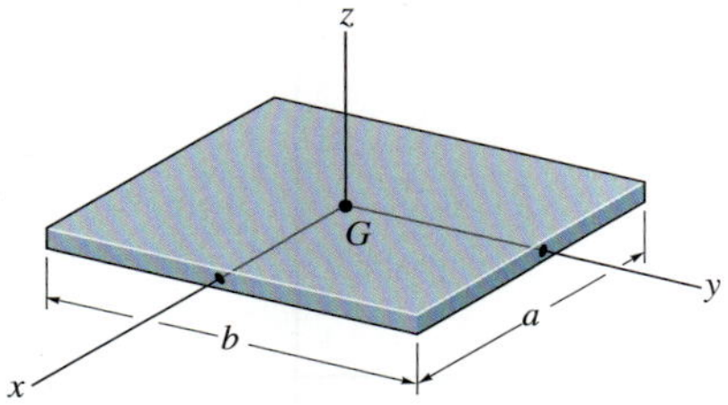

Dunne plaat

$I_{xx} = \frac{1}{12} mb^2 \quad I_{yy} = \frac{1}{12} ma^2 \quad I_{zz} = \frac{1}{12} m(a^2 + b^2)$

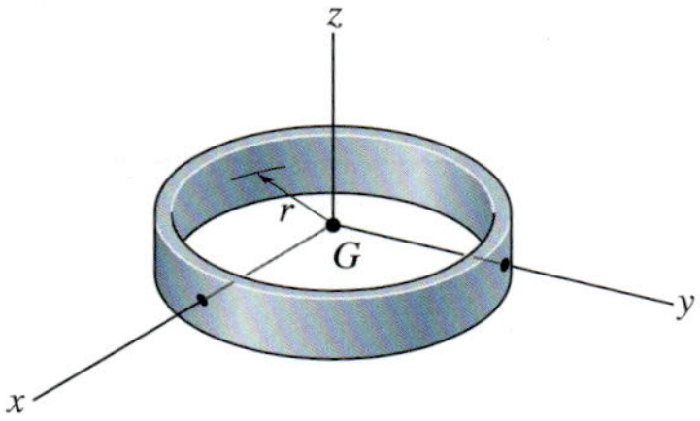

Dunne ring

$I_{xx} = I_{yy} = \frac{1}{2} mr^2 \quad I_{zz} = mr^2$

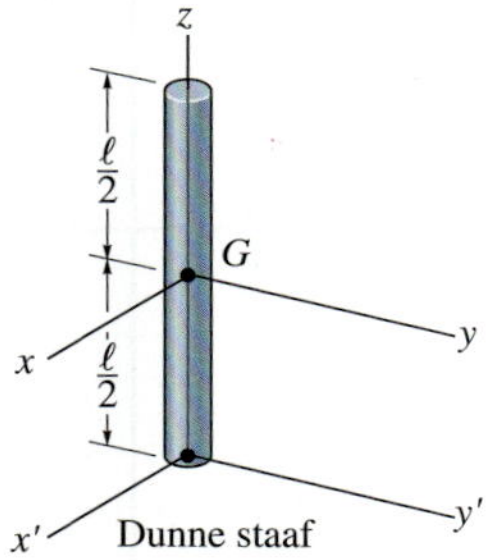

Dunne staaf

$I_{xx} = I_{yy} = \frac{1}{12} m\ell^2 \quad I_{x'x'} = I_{y'y'} = \frac{1}{3} m\ell^2 \quad I_{z'z'} = 0$